全国企业管理现代化创新成果

（第二十八届）

上　册

中国企业联合会　编

图书在版编目(CIP)数据

全国企业管理现代化创新成果. 第二十八届. 上 /中国企业联合会编. -- 北京:企业管理出版社,2022.6

ISBN 978-7-5164-2603-6

Ⅰ.①全… Ⅱ.①中… Ⅲ.①企业管理-现代化管理-创新管理-成果-汇编-中国 Ⅳ.①F279.23

中国版本图书馆 CIP 数据核字(2022)第 066042 号

书　　名:全国企业管理现代化创新成果(第二十八届)上册
书　　号:ISBN 978-7-5164-2603-6
作　　者:中国企业联合会
责任编辑:尤颖　黄爽　徐金凤　宋可力　田天
出版发行:企业管理出版社
经　　销:新华书店
地　　址:北京市海淀区紫竹院南路 17 号　　邮编:100048
网　　址:http://www.emph.cn　　电子信箱:emph001@163.com
电　　话:编辑部(010)68701638　　发行部(010)68701816
印　　刷:河北宝昌佳彩印刷有限公司
版　　次:2022 年 6 月第 1 版
印　　次:2022 年 9 月第 2 次印刷
开　　本:880mm×1230mm　1/16 开本
印　　张:35 印张
字　　数:1008 千字
定　　价:488.00 元(全三册)

全国企业管理现代化创新成果（第二十八届）

顾　问：王忠禹

主　编：邵　宁　朱宏任

副主编：于　吉

专家组成员：（按姓氏笔画排序）

王永贵　王利平　王继成　王　辉　王　毅
叶康涛　田慧蓉　史　丹　冯海旗　宁连举
吕　萍　刘丽文　杜莹芬　李彦斌　李晓光
杨子真　吴贵生　吴剑锋　汪　涛　宋毓钟
张学平　张秋生　陆　燕　范合君　罗　鹏
周绍朋　周　剑　郑明身　项安波　赵剑波
赵　艳　赵　峰　秦志华　徐东华　高红岩
崔永梅　崔新健　董小英　焦　豪　蔡曙涛
蔺　雷　魏秀丽

把握发展趋势　创新企业管理　加快向高质量发展转变

中国企业联合会、中国企业家协会党委书记、常务副会长兼理事长　朱宏任

各位嘉宾、各位企业家、同志们、朋友们：

大家上午好！

金秋十月，丹桂飘香。我们齐聚杭州汽轮动力集团有限公司（以下简称杭汽轮公司）召开管理创新经验推广交流现场会，深入研讨“十四五”企业管理创新方向，分享交流杭汽轮公司的管理创新经验，很有意义。值此机会，我代表中国企业联合会、中国企业家协会，向对本次会议给予大力支持的工业和信息化部产业政策与法规司、杭汽轮公司、浙江省企联表示衷心的感谢，向与会的各位领导、各位嘉宾表示热烈的欢迎。

2021 年是党的百年华诞，是“十四五”规划开局之年，也是我国全面建设社会主义现代化国家新征程的开启之年。站在“两个一百年”奋斗目标的历史交汇点上，在工信部产业政策与法规司的全面指导与通力支持下，我们在杭汽轮公司召开现场会，就是希望每一个致力于不断进取的企业面对全球环境的深刻变化，秉持新发展理念，提升管理创新水平，不断做优做强，以期推动企业更好地发挥现代化经济体系建设作用。

一、通观全局，把握企业管理创新面对的新形势

企业管理是企业经营中的一项基础性工作，了解大势，把握宏观，是做好企业管理的首要。习近平总书记强调，“领导干部要胸怀两个大局，一个是中华民族伟大复兴的战略全局，一个是世界百年未有之大变局，这是我们谋划工作的基本出发点”。可以说，“两个大局”既是企业战略谋划的基本出发点，也是企业管理创新的基本出发点。2021 年 9 月 25 日，中国企联在吉林省长春市召开的高峰论坛上发布了“2021 中国企业 500 强”的榜单。这个榜单显示出中国大企业的运行特点，应能作为企业立足“两个大局”、谋划做好管理创新工作的重要参照点。

2020 年以来，面对新冠肺炎疫情（以下简称疫情）全球大流行及对世界经济发展带来的严重冲击，在以习近平同志为核心的党中央坚强领导下，全国上下统筹推进疫情防控和经济社会发展，取得显著成效，在全球主要经济体中唯一实现经济正增长。“2021 中国企业 500 强”榜单数字显示，我国大企业在上一年中直面风险挑战，积极应对，加强管理创新，做强做优做大取得新进展，交出了一份令人满意的答卷。

一是做强势头更趋明显。中国企业 500 强创新发展成果显著，研发投入增长 21.5%，研发投入总额占到当年全国研发投入总额的 53.5%；研发强度为 1.77%，创下历史新高；持有的全部专利中，发明专利占比继续提高，达到 41.1%，发明专利总量占到全国发明专利的 26.7%。

二是做优势头更趋成熟。中国企业 500 强结构调整持续深化。高技术产业和现代服务业的入围企业数量继续增加，企业发展战略性新兴业务取得积极进展，传统产业转型升级持续推进。

三是做大势头更趋强劲。中国企业 500 强的发展态势明显好于世界 500 强和美国 500 强，实现营业收入 89.8 万亿元，较上年增长 4.4%，实现净利润 4.1 万亿元，较上年增长 4.5%；而同期美国 500 强和世界 500 强的营业收入分别下滑了 3.2% 和 4.8%，净利润分别大幅下滑了 29.8% 和 20.0%。

四是全球行业地位更加突出。132家内地企业入围2021世界企业500强，较上年增加11家；其中15家企业分别成为所在行业的全球龙头企业。

大企业取得的成绩和广大中小企业的共同努力，使国民经济总体呈持续稳定恢复、稳中加固、稳中向好的态势。今年上半年，GDP增长12.7%，规模以上工业增加值增长15.9%；考虑去年基数较低的原因，两年平均分别增长5.7%、7%，就业比较充分，日均净增企业1.2万户。不少企业反映，今年上半年已经进入与疫情前类似的轨道，经济供需循环较为畅通，企业进一步加强管理创新，提升增长效益和质量的要求更为迫切。

二、深入思考，理顺企业管理创新面对的新关系

在宏观经济基本面整体向好的大背景下，也应看到，一些风险因素不仅存在，而且随时可能袭来。全球疫情持续演变，国际市场不稳定不确定因素较多；国内疫情散点时发情况仍然出现并影响到物流与交通，经济恢复不均衡，原材料等大宗商品价格居高不下，制造业企业生产经营成本上升，应收账款增加，灾情影响亟待恢复，最近局部拉闸限电情况一度较为严重。

面对当前错综复杂的经济环境，企业唯有坚决和中央步调保持一致，依据国内外发展大势和产业动态做出战略研判，把企业技术创新和管理创新放在前所未有的重要位置，苦练内功，做到进一步优化竞争能力，巩固发展基础，有力应对困难挑战。有三个方面的关系需要更加关注。

一是处理好稳增长与促创新的关系。今年以来，由于存在成本上升、融资乏力、物流不畅、人才短缺等种种阻碍发展因素的影响，许多企业受到维持自身经营增长的巨大压力，地方政府也对企业保持增长有更迫切的要求。许多企业家和企业企盼尽快摆脱疫情影响，使企业回到原有发展轨道之上。但必须指出，应冷静面对现实，形势环境变化之大，矛盾困难出现之多，重复“昨天的故事”已不可能。要步入稳增长的新轨道，唯有坚持创新。

创新是经济发展的动力源泉，也是企业在市场竞争中发展壮大的制胜法宝。改革开放40多年来特别是党的十八大以来，我国涌现出一批勇立潮头的创新型企业，大力推进创新，在智能制造、服务型制造、低碳经济等方面不断探索，走在了行业前列。

杭汽轮公司即是其中的佼佼者。企业坚持创新驱动，矢志发挥自身专业优势不动摇，在以工业汽轮机为主的高端装备制造业领域深耕60余载，坚持走“引进、消化、吸收、再创新”的发展道路，创造了一系列国产工业汽轮机数量、品种、质量的第一，创造的重要创新技术成果先后获得国家科技进步二等奖4项、一等奖2项、特等奖1项的殊荣，并拥有一批核心技术专利。杭汽轮公司在拥有15万等级工业汽轮机、20万等级发电汽轮机技术储备的基础上，正在向被喻为“皇冠上的明珠”的燃气轮机的研发展开攻坚战，不断取得新进展。同时，创新带动了企业经济规模与效益的持续增长，成为让国外同行刮目相看的竞争者，其经验应为大家学习借鉴。

二是处理好技术创新与管理创新的关系。技术创新的重要性对于企业来说是不言而喻的，但仅限于此，远远不够。我国企业的创新步伐不断加快，已经实现了部分领域的并跑甚至领跑。但总体上看，我国不少企业处于全球价值链中低端，面临发展中国家中低端分流和发达国家高端压制的双向挤压。要摆脱这一处境，我国企业发展就不能止步于过去的发展模式，必须加快转变发展方式，不仅从技术端而且从管理端，将技术创新与管理创新的融合作为提升企业发展水平的核心密码，协同推进发展理念、发展方式、企业文化等方面的管理创新，以质量变革、效率变革、动力变革全面实现高质量发展。

杭汽轮公司坚持技术创新与管理创新相互促进，相得益彰。一方面，围绕工业汽轮机优势产品，持续不断延伸产品内涵，开发新产品，丰富经营模式，完善服务方式。另一方面，对外组织燃机产业链企业，成立以燃气轮机整机技术研发为主营业务、全产业链融合的股份制公司，形成以省内企业为主体的燃机产业链创新生态系统。对内积极开展公司内部转型升级、优化结构、资源整合，抓好经营管理人才、专业技术人才、高技能人才队伍的建设，努力实现企业由制造业向制造服务业的整体转型升级。杭汽轮公司定期召开本企业干部职工参加的管理创新大会，深入挖掘蕴含在企业内部的巨大潜力，值得充分肯定。

三是处理好完成碳达峰任务与坚持绿色发展的关系。扎实做好2030年前碳达峰、2060年前碳中和各项工作，是我国向世界做出的庄严承诺，也是一场广泛而深刻的经济社会变革。我国要实现碳达峰和碳中和的目标，需要付出艰巨的努力，需要全国上下凝心聚力，众志成城，这其中企业的作用尤显重要。

近期一些地区片面理解碳达峰的要求，采取层层加码、一窝蜂式的行政举措提出限制企业用能目标，受到中央批评。还有一些地区因能源供应短缺，出现影响企业运行的拉闸限电现象，被误读为落实碳达峰目标所致，与事实不符。在推动企业管理创新中一定要厘清概念，把握先机，争取主动。

“绿水青山就是金山银山”是近年来党中央、国务院反复强调的发展要求，也在企业管理创新举措中加以体现。在政府引导和企业积极行动下，我国已成为全球最大的可再生能源发电市场，风电、光伏、新能源汽车等规模持续扩大，市场渗透率不断提升，可再生能源发电装机有望从2020年的5.6亿千瓦增至2060年的60亿千瓦以上。我国在产业链中下游，风电、光伏、储能和电动汽车等行业产能规模较大、产业链配套齐全，产品具有全球竞争力。与此同时也要看到，新能源技术路线尚在探索实践中，相关产业链投资面临较大的不确定性，由于新技术迭代速度快，仍处在多元竞争阶段，部分新技术投资尚存在一定风险。企业作为应对气候变化的主力军，面对碳达峰、碳中和的要求，尽管新能源技术路线尚在探索实践中、相关产业链投资面临不确定性，但不能有丝毫犹豫，要站在永续发展的企业管理创新角度，构建绿色发展新体系，做出着眼长远利益的抉择。

杭汽轮公司在加强企业管理创新的总体谋划中，正确理解重构新能源产业链供应链的长期战略价值。企业从顶层设计着手，及早研究制定战略和政策，科学规划、超前布局，加大投入，整体发力，培育开发技术含量更高、节能效果更加明显的大功率汽轮机和燃气轮机，着力提升新能源产业创新能力，争取早日成为具有国际竞争力的领航企业。

三、扎实前行，推进企业管理创新面对的新进展

“十四五”时期是我国开启全面建设社会主义现代化国家新征程的第一个五年，今年是企业迈向高质量发展新阶段的重要起点。历史经验告诉我们，没有国际一流的管理水平，就不可能造就世界一流的企业，没有世界一流的企业，就不可能造就真正的世界强国。每一位企业家和企业的管理人员都应明白，推进企业管理创新，从来没有像今天这样重要和迫切。“十四五”期间，中国企联、各级企联将和各类企业紧密携手，遵循政府部门指导，推动企业管理创新活动在坚持以往行之有效做法的基础上，进一步高度重视变革，加快转型升级步伐，在把握时代新要求和总结企业新实践过程中，大胆探索，扎实苦干，争取能对企业的管理创新活动给予实实在在的推动与帮助。

一是进一步重视把握企业管理创新的工作方向。围绕实现高质量发展的目标，今年政府部门进一步加大了对企业管理创新的引导。2021年以来，工信部会同科技部、财政部、商务部、国资委、证监会联合发布《关于加快培育发展制造业优质企业的指导意见》，明确提出了推动优质企业持续做强做优做大，促进提升产业链供应链现代化水平，推进制造强国建设不断迈上新台阶的目标要求。国资委组织开展了国有重点企业管理标杆创建行动，公布了管理标杆企业、标杆项目和标杆模式，促进国有企业不断强化管理体系和管理能力建设，与世界一流企业对标，加快向世界一流迈进。国家发改委有关领导在2021中国500强高峰论坛上指出，各类企业都要持续增强与时俱进的战略管理能力，提升日常运营管理的水平，强化风险管理体系建设。政府部门关于企业加强管理创新的要求清晰明确，结合各自的职责定位又有所侧重，企业和各地企联组织要认真学习领会，将其作为下一阶段做好工作的依据。

二是进一步重视提升企业管理创新的活动水平。改革开放至今40多年以来，无论是企联等社会组织还是企业自身，各种形式的企业管理创新活动层出不穷，有些已经形成了品牌形象与效应。中国企联每年开展企业管理创新成果的审定与发布，历时20多年，众多企业积极参与并受到社会相关方面的欢迎。下一步，我们将积极争取政府部门的指导与大专院校及研究部门的参加合作，推动成果质量的提升，突出成果审定的科学化、规范化、权威化，不断提升成果质量，吸引更多企业参与。

三是进一步重视开展企业管理创新的实践总结。管理创新的主体是企业，千万企业的实践使其具有鲜明的时代特征。随着新一代科技革命和产业变革的出现，企业管理创新被要求有适应性的互动与反映。下一步，要充分发挥中国企联管理创新成果平台集聚企业管理资源的重要作用，让更多管理类院校和科研部门参与其中，推动并应邀帮助企业将管理方面的经验总结提炼，形成中国企业的共同财富。

四是进一步重视加强企业管理创新的理论探索。中国有着世界上数量最为庞大的企业群体，经济增速也长时间居于世界前列。中国特色社会主义市场经济的特征、规律及企业的管理理论，可以向成熟市场经济体制下的西方国家学习借鉴，但很难也不可能完全等同。对中国式企业管理创新模式的探索，一直是企业家和专家学者的夙愿。华为、海尔等中国领先企业已经成功实践且不断总结提升的优秀管理经验，就具有很鲜明的中国特色，并开始走向世界。中国企联将会推动中国式企业管理理论的研究探索，也将积极支持世界优秀管理理论的导入与学习借鉴。

五是进一步重视实施企业管理创新的成果推广。中国优秀企业管理创新成果的案例汇集，不仅有着理论研究的意义，更有作为典型示范的作用。更多企业通过对比，可以查找自身管理薄弱环节，持续加强企业管理的制度体系、组织体系、责任体系、执行体系、评价体系等建设，全面提升管理能力和水平。中国企联将在有关政府部门的指导下，进一步推动分层分类总结，提炼管理成功经验，助力更多企业分享成功经验，最终提升竞争力。

同志们，创新是企业生存和发展的源泉，管理创新是企业保持和提升经济效益的关键。中国企业联合会愿意同大家一道，以习近平新时代中国特色社会主义思想为指引，立足新发展阶段，完整、准确、全面贯彻新发展理念，服务和融入新发展格局，积极探索中国企业管理创新之路，深入推进绿色低碳发展，努力开创企业高质量发展新局面，为全面建设社会主义现代化国家做出更大的贡献。

谢谢大家。

（2021年10月12日在杭州汽轮管理创新经验推广交流现场会上的讲话）

目　　录

复杂系统工程研制与技术创新管理

数字化转型与智能化升级

转型升级与新兴产业拓展

复杂系统工程研制与技术创新管理

头部企业主导的国家油气科技重大专项实施管理

中国石油天然气集团有限公司

中国石油天然气集团有限公司（以下简称中国石油）是国有重要骨干企业和中国主要的油气生产商、供应商之一，是集油气生产、加工与贸易业务、油田技术服务、石油工程建设、石油装备制造、金融服务和新能源开发于一体的综合性国际能源公司，在全球35个国家和地区开展油气勘探开发和新能源、炼化销售和新材料、支持和服务、资本和金融等业务。2020年，中国石油实现国内原油产量1.02亿吨、天然气产量1304亿立方米，同比增长4.8%、9.9%；海外油气权益产量当量达到1.0亿吨。其中，国内油气产量分别占全国油、气总产量的52%和69%，在国内油气勘探开发中居主导地位。

一、头部企业主导的国家油气科技重大专项实施管理背景

（一）确保国家油气安全，满足我国油气增储、上产稳产的战略需要

油气是关系到国家发展与安全的重要战略资源。中华人民共和国成立以来，我国石油产量稳定增长，天然气产量快速提高。但随着国民经济持续发展，油气需求缺口不断加大，供需矛盾进一步突出。油气重大专项实施前的2007年对外依存度已高达48.8%，而且总量和依存度双增的趋势还在加剧。然而，我国油气增储面临困境。经过50多年的勘探，陆上油气勘探对象呈现出“丰度低、埋深大、目标隐蔽”的新特点，海上剩余复杂油气藏需要的海上岩性地层油气藏勘探技术、海上复杂油气藏地震勘探技术、深水陆坡盆地大型油气田勘探及其配套技术尚未形成。同时，我国油气上产稳产面临世界性难题，包括：陆上高含水、低渗、特低渗、深层稠油的开发难度特大；气田压力高、酸性高、岩性复杂，难以开发；海上重质稠油缺乏高效开发技术体系等。国家科技重大专项是为了实现国家目标，通过核心技术突破和资源集成，在一定时限内完成的重大战略产品、关键共性技术和重大工程。2008年6月11日，国务院常务委员会议审议通过国家科技重大专项“大型油气田及煤层气开发”（以下简称油气重大专项或专项）实施方案。围绕国家战略布局和产业发展需求，油气重大专项论证提出产业发展目标：到2020年，通过专项攻关，使我国油气科技自主创新能力显著增强，油气勘探开发整体技术水平达到或接近国际先进水平；建立起和我国油气工业发展相适应的完善的科技创新体系。油气重大专项由中国石油天然气集团有限公司牵头，是16个国家科技重大专项中唯一由企业牵头组织的专项，实施周期为2008—2020年。

（二）实施国家油气科技重大专项需要探索新型创新体制机制

油气重大专项立项之初，国内油气产业战略性关键领域内的核心技术共研、共享体系尚未建立，国内油气科技界仍存在彼此分割、相对独立、各自为战的“作坊”式研发状态，企业、高校、研究院所之间存在壁垒，科研人员的主观积极性激发乏力。油气重大专项是企业从未做过的巨型科技攻关项目，实施面临专业广、难度高、数量多的技术挑战。油气上游工业涵盖地质勘查、地球探测与信息、油气藏工程、钻井工程、采油采气工程等专业，相关技术和装备领域产业链长，技术体系跨度大，而且彼此紧密关联，其中任何一项不突破都会形成短板，成为整个技术体系提升的瓶颈。油气重大专项肩负的重大使命和科研攻关创新环境现状之间的矛盾，需要形成破除壁垒、多方参与、高效协同、补位合作和错位竞争的新型举国体制。

（三）实施油气重大专项面临组织管理的巨大挑战

实施油气重大专项将面临项目组织管理层级多和参研单位数量多的巨大挑战，参加企业和高校院所

多达200多家，不同类型组织的目标不同。例如，参研的研究院所和高校关心的是探索新理论，研究人员重视学术成果，关注论文发表；企业重视产业发展和经济效益，这也是产学研联合的普遍难点，对于重大专项来说是绕不开的坎儿。众多不同类型的参研单位在科研管理制度、项目组织方式、科研经费管理等方面也存在较大差异。大型复杂创新工程管理难度为世界所公认，我国尚缺乏企业主导类似工程的经验，而管理对项目的成败又起着关键作用。油气重大专项要探索与之相适应的组织体系和管理模式。

二、头部企业主导的国家油气科技重大专项实施管理主要做法

（一）注重前期研究，制订总体实施方案和目标体系

1. 研究先行，制订实施方案

2006年，国务院确定的“大型油气田及煤层气开发”重大专项只给出了大题目，如何破题、合理分解总课题是首先要解决的问题。为此，油气重大专项聘请在石油天然气工业及煤层气领域理论造诣深、实践经验丰富的两院院士和知名专家学者，组成油气重大专项专家委员会，从产业总体层面来明确需要解决的重要问题，对油气重大专项立项设计提出咨询意见。2006年11月14日，召开油气重大专项第一次领导小组会议，成立了专项领导小组办公室和实施方案编制组，正式启动油气重大专项的编制工作。2007年3月到2008年1月，油气重大专项对实施方案进行了4轮修订，并向部委领导进行了立项汇报，至2008年5月确定最终实施方案，为专项的总体设计打下了扎实的基础。

2. 确定以产业发展目标为牵引的目标体系

围绕国家战略布局和产业发展需求，油气重大专项论证提出产业发展目标：通过专项攻关，使我国油气科技自主创新能力显著增强，油气勘探开发整体技术水平达到或接近国际先进水平，建立起和我国油气工业发展相适应的完善的科技创新体系；为我国新发现一批大中型油气田，石油和天然气资源探明率分别提高10%和20%，油气先导性试验区石油采收率提高到40%～45%，大型煤层气富集区和先导性试验区资源探明率分别为3%和10%，实现东部地区油气长期稳产、西部地区油气储产量快速增长，煤层气经济开发水平大幅度提高，确保我国油气和煤层气储、产量中长期规划目标的实现和油气供给安全。

这一总体目标牵引形成四个层次的目标体系（见图1）：理论基础与机理突破、应用基础与技术创新、示范工程与先导试验、规模推广。应用基础与技术创新是实现大型油气田及煤层气开发的关键。通过原始创新、集成创新和引进消化吸收再创新，实现油气和煤层气勘探开发工程核心技术的重大突破和大幅度提升重大装备的研发水平，整体提高油气科技自主创新能力，重大装备实现国产化和产业化。示范工程与先导试验是重大专项实施过程中的重要环节，是关键技术和重大装备规模推广的试验基地。

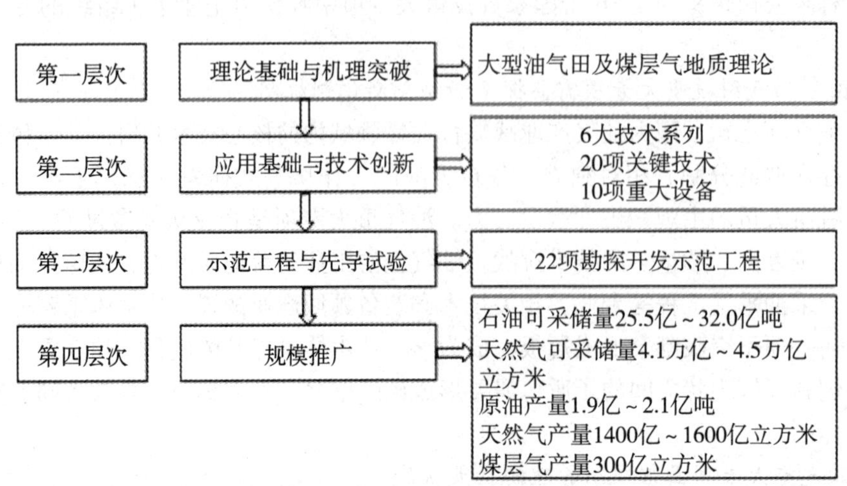

图1　油气重大专项目标体系

3. 围绕目标体系，确定“6212”攻关内容

根据上述目标体系，把技术方向细化确定为“6212”科技攻关内容（见图2），即攻关实现油气和煤层气勘探开发工程核心技术六大技术系列、创新突破20项关键技术、研发制造10项具有自主知识产权的重大设备。通过攻关，我国油气勘探开发整体技术水平达到或接近国际大石油公司的水平。围绕陆上油气勘探、陆上油气开发、工程技术、海洋油气勘探开发、海外油气勘探开发、煤层气勘探开发六个专业领域的重点攻关内容，“十一五”至“十三五”专项三期共设立135个项目，下设740个课题、任务，并设立22项示范工程。

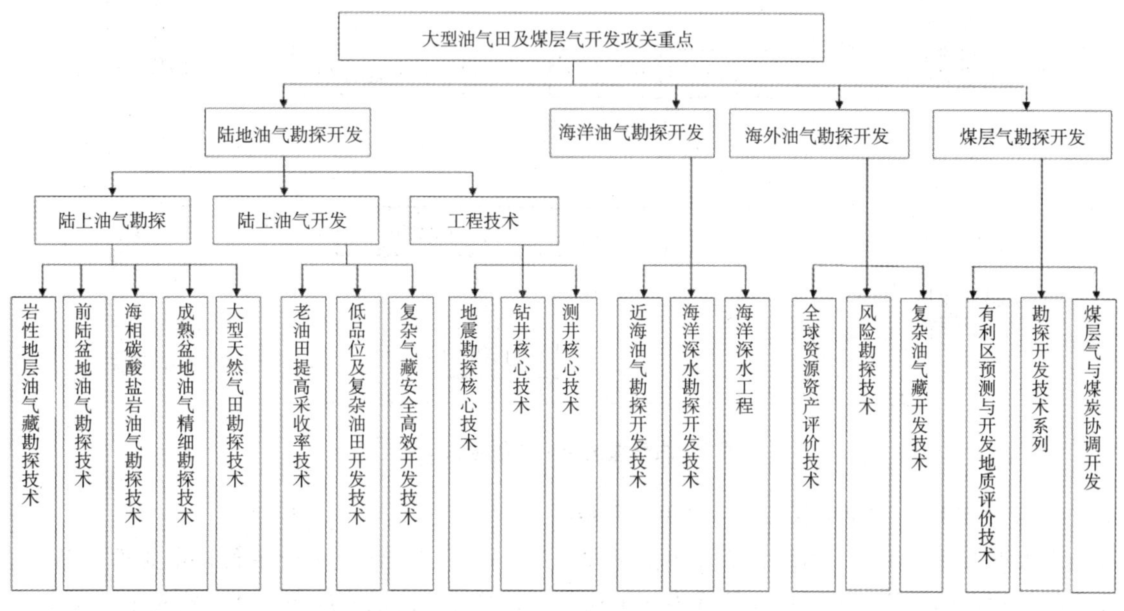

图2　大型油气田及煤层气开发重大专项重点攻关内容

（二）构建四级组织体系，为专项运行提供组织保障

油气重大专项建立了四级组织体系，既发挥国家部委的引导、协调、监督职能，也依托各企业科技创新与管理体系，做到责权利相统一。四级组织体系分别落在部委、产业、企业和项目组四个层级上（见图3）。

1. 国家专项领导小组负责引导和督导

根据国务院办公厅2006年67号文件，科技部会同国家发展和改革委员会（国家能源局）、财政部（以下简称三部委）成立“大型油气田及煤层气开发”重大专项领导小组，负责研究解决重大专项组织实施中的重大问题，共同推动重大专项的组织实施管理，发挥国家对专项的宏观政策引导、统筹发展方向、协调各方决策、监督实施进展的作用。科技部负责协调重大专项与国家其他科技计划（专项、基金等）的衔接；牵头组织研究制定重大专项相关管理办法及与实施相关的科技配套政策；汇总重大专项各类信息，提出信息汇总的统一要求；向国务院汇报年度工作计划、年度执行情况。发展改革委牵头研究制定重大专项组织实施中的相关产业配套政策等；负责协调重大专项与国家重大工程的衔接等。财政部负责研究制定重大专项组织实施中的相关财政政策，牵头研究制定中央财政安排的重大专项资金的管理办法；负责提出重大专项概预算编制的要求，牵头审核重大专项总概算和阶段概算，审核并批复重大专项分年度概算和年度预算；按规定审核批复重大专项概预算调剂。

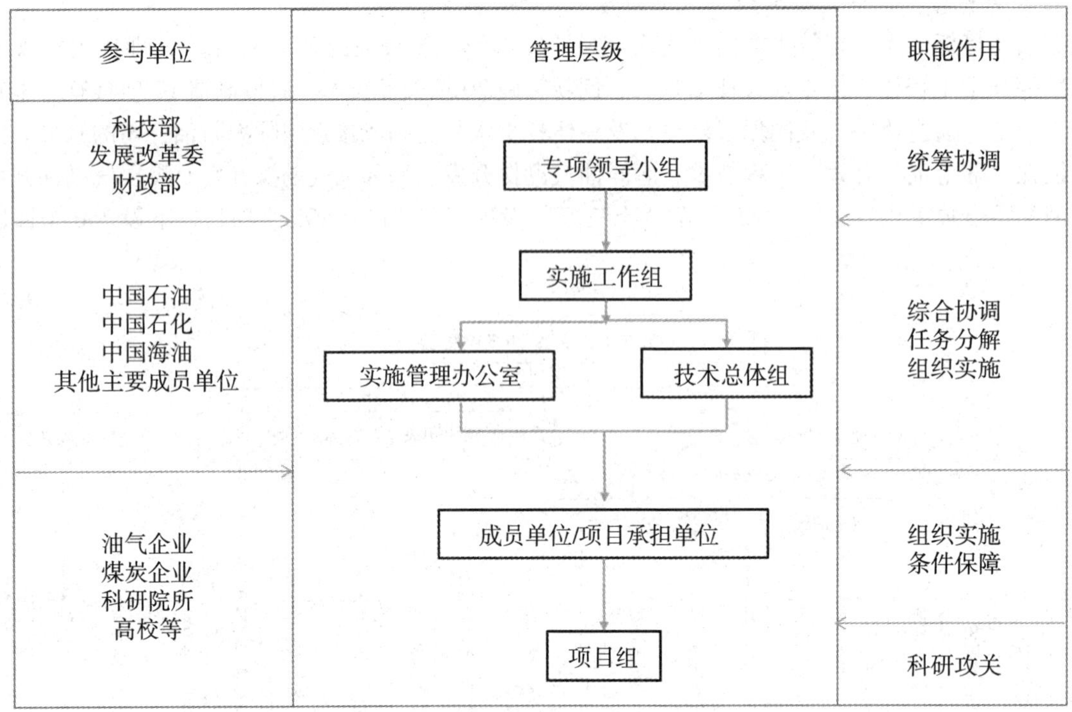

图3　油气重大专项四级组织体系

2. 企业专项实施工作组开展综合协调和技术指导

成立由大型石油企业牵头组织，成员包括三大石油公司等主要油气企业主管科技业务的副总经理/副总裁、科技管理部门负责人，以及各部委相关业务主管领导在内的实施工作组，负责油气重大专项的具体目标和任务的分解、实施监督、综合协调，通过强化宏观管理、战略规划和政策保障，建立多部门共同参与的机制，在充分调动、发挥行业领军企业在决策协调作用的同时，调动全社会力量参与重大专项实施，保证重大专项顺利组织实施并完成预期目标。在实施工作组下，成立实施管理办公室，负责油气重大专项组织实施中的日常协调、管理、监督工作；由油气勘探开发领域主要科技领军人物组成技术总体组，负责专项的技术方向把关和技术路线制定、调整工作。

3. 企业专项实施工作组负责具体部署和推进

专项主要成员单位中国石油集团、中国石化集团、中国海洋石油集团等，成立由企业主要负责人组成的本单位油气重大专项实施工作组，依托本单位科技管理部门的专项实施管理办公室，统一部署和推进下属单位承担的专项项目与示范工程攻关，对项目的实施过程、经费管理、关键环节进行把控；及时落实国家及专项的相关政策，培训宣贯国家及专项最新管理制度与办法；依据国家和油气重大专项管理办法，制定针对本单位的专项管理规章制度。油田单位落实攻关团队、企业配套经费，各高校及研究院所落实科研攻关团队。

4. 项目攻关团队负责一体化执行

攻关项目按照项目、课题、任务三级分解，示范工程按照工程、任务两级分解，依据需求组建“产学研用”一体化协同攻关团队。全面推行项目长负责制，项目长作为项目组织实施、经费使用、任务完成和成果形成与应用的第一责任人，投入项目组织和研究工作的时间达到其工作总时间的60%以上，并在专项年度检查和项目验收等关键时间环节，亲自组织实施和到会汇报，保障各项攻关任务的落实。

5. 各层级协同一致，确保落实专项各项任务

一是发挥技术总体组的技术统领作用，确保攻关方向准确。技术总体组由石油天然气工业及煤层气领域理论造诣深、实践经验丰富的两院院士和科技领军人物组成，设技术总师一名作为专项专职技术责任人。油气重大专项赋予技术总体组及技术总师研究方向决定权、重大技术路线决策权、任务和经费等重大事项调整建议权，有效保证了技术总体组的技术统领作用的发挥。

二是发挥专项实施管理办公室的组织协调作用，确保关键节点工作到位。专项实施管理办公室立项阶段做好前期谋划和统筹布局，负责组织编写专项阶段实施计划、年度计划，并进行经费预算的编制，组织研讨新启动项目（课题）和示范工程可行性研究、任务合同书的审查和签订工作；实施过程中紧抓阶段性目标落实，负责组织中期执行情况检查和阶段验收等重点工作，协调落实项目承担单位及相关支撑条件；组织开展项目（课题）和示范工程的年度自查和中期检查；在验收阶段，配合三部委监督评估组和中国工程院专项中期评估组，完成专项执行情况的年度监督评估和中期评估工作。

三是发挥项目实施单位的主体责任作用，确保组织保障有力。项目实施单位是项目（课题）执行责任主体，承担项目实施中的内部控制、风险管理、落实配套支撑条件、组织任务实施、规范使用资金、促进成果转化等责任，接受专项及成员单位的指导、检查，并配合评估和验收工作。为发挥好实施单位的主体责任作用，各项目实施单位健全油气重大专项管理机构，设立专项管理科室，制定管理办法和实施细则，明确职责划分、工作流程和质量控制要求。加强项目组织管理，采取项目长和技术首席负责制，实行项目—课题—任务三级责任管理机制。项目长、专家组进行指导和监督，建立定期检查制度。各级负责人签订承诺书，接受领导与专家监督。

（三）大力开展理论创新和技术创新，突破核心技术和“卡脖子”技术

1. 以新理论突破新技术，助推勘探大发现

针对油气勘探面临的新领域、新问题，油气重大专项集中攻关国内陆上、海上、海外油气勘探面临的技术难题，通过探索新理论、突破新技术，挖掘新油气储藏。一是陆上勘探关键核心技术突破助推储量规模增长。比如，新一代岩性地层油气藏勘探重大技术攻关形成了大型敞流湖盆沉积模式与油气大面积成藏理论及砂体识别技术，推动在鄂尔多斯湖盆中心勘探禁区发现姬塬、华庆等多个数亿吨级大油田。二是海洋勘探理论和技术取得重大进展，指导海上整装大气田大发现。创造性地揭示了晚期快速沉降控制大面积生气机理、深层变质岩潜山“优势矿物—多期应力—双向流体”三元共控成储机理、晚期构造活动区超压动力封闭的天然气富集成藏模式，指导发现了渤海湾盆地首个整装千亿方凝析气田渤中19－6。三是创新海外油气风险勘探理论和技术，指导我国油气公司在海外获得新发现。比如，创新发展了复杂裂谷、含盐盆地与被动大陆边缘盆地石油地质理论与勘探技术，有效支撑非洲、南美洲的部分大型油田的发现。

2. 突破“卡脖子”油气开发技术，支撑稳油增气

油气重大专项重点部署了“陆上油气开发技术系列”，并在海上、煤层气/非常规勘探开发和海外相应技术系列中围绕开发面临的问题部署了相关技术攻关课题。一是陆上常规油气开发突破精细化开发系列技术。比如，高含水、特高含水油田开发的攻关形成了以特高含水挖潜、二类聚合物驱和三元复合驱、高温高盐Ⅰ类聚合物驱后油藏井网调整非均相复合驱为核心的新一代稳产技术。低渗透、特低渗透油气田开发重大技术的攻关，创建了致密气田规模效益开发模式。中深层稠油、超稠油开发重大技术攻关实现了火驱理论及中深层稠油开发技术和现场试验的重大突破。突破高含硫等复杂类型天然气藏开发技术，推动特大型超深高含硫气田安全高效开发技术工业化应用。二是非常规油气勘探开发一体化技术为储产量接替形成准备。“十一五”末期，伴随全球油气产业变革及我国资源发展突破，油气重大专项在“十二五”期间将除煤层气外的页岩油气等非常规资源勘探开发技术纳入攻关系列，并取得突破性

进展。中低阶煤煤层气勘探理论和开采技术指导国内首个中低煤阶保德煤层气田勘探发现和快速建产。中高阶煤煤层气开发配套技术，指导建成我国第一个煤层气数字化气田。三是海上稠油开发技术攻关成功。研发了海上丛式井网整体加密、多枝导流适度出砂等海上稠油开发新技术。海外重油和高凝油开发重大技术攻关形成了一套泡沫超重油整体丛式水平井冷采开发技术，台内滩叠合气藏高效开发、缓坡礁滩气藏整体大斜度井快速建产等关键技术取得新进展。

3. 突破油气工程“卡脖子”环节，提升上游工程能力

油气重大专项设立了“工程技术系列”攻关课题，专门针对上游工程技术中存在的“卡脖子”环节进行技术攻关。一是地球物理勘探攻关高精度地震勘探。以具有自主知识产权的核心软件装备和适用新技术为基础，创新集成了陆上宽方位高密度地震勘探配套技术与装备。从物探数据采集到处理解释，地球物理勘探的高端装备与大型软件全面实现了国产化。二是油气藏测井评价技术攻关，形成常规测井、成像测井和随钻测井关键技术，发展了致密砂岩、碳酸盐岩、火山岩及页岩等复杂储层测井解释与产能预测技术。三是深井钻完井工程技术攻克一批深井超深井钻完井关键技术。研制了一批重大核心装备，发展形成配套技术系列。四是储层压裂改造重大技术推动非常规油气增储上产。形成了提高裂缝程度的体积压裂改造及配套技术、“缝控储量”压裂改造技术、多井联合监测采集处理解释技术、长水平段分簇射孔技术 4 项关键核心技术，推动储层改造工艺技术升级换代，大幅度提高了单井产量和非常规油气动用程度。五是初步形成具有自主知识产权的南海深水油气开发工程技术体系。自主研发了世界首座“南海级”超深水半潜式钻井平台——海洋石油 981 深水半潜式钻井平台，形成了我国完整的深海半潜式平台设计建造体系，多项关键技术指标达到世界一流。

4. 创立示范工程，落实成果转化应用

示范工程旨在将理论创新、关键技术和重大装备进行先试先行，建立了科技攻关项目与示范工程有机衔接的“研究—示范—产业化应用”一条龙的模式。通过专项实施，建成了特高含水老油田提高采收率、低渗—特低渗油气田开发、煤层气开发技术和页岩气开发等 35 项示范工程，促进了重大技术的集成、配套与示范，推动了专项新理论技术的发展、完善和规模推广。

（四）赋权、激励与约束并重，建立高效运行机制

1. 逐级赋权，激活创新主动性

国家专项领导小组全面贯彻落实党中央、国务院关于推进科技领域“放管服”改革要求，只把握整体和关键节点，赋予专项牵头组织单位充分的自主权。一是赋予技术总体组在重大专项主攻方向、项目顶层设计、核心目标体系构成、先导试验与示范工程布局等方面具有决策权，并根据新趋势和新要求调整专项攻关方向和重点；对重大专项技术路线制定、完善和调整具有决策权。二是赋予任务、经费等重大事项调整建议权。为保障油气科技关键技术体系单元完整性，确保预期成果的取得，技术总体组对任务、经费等重要事项的调整具有建议权。三是赋权创新团队，形成“产学研用”跨界融合新模式。按照“以一线需求为导向，企业发挥资源优势，教育部、中科院有关院所发挥基础研究、学科和人才优势”的原则打造了一批跨企业、跨公司、跨部门的“产学研用”联合攻关团队，如测井技术联合攻关团队、富油凹陷精细勘探关键技术联合攻关团队、大型地震资料处理解释一体化系统——GeoEast 国际化软件联合研发团队等。

为发挥好科研团队的创新攻关主体作用，重大专项采取了一系列措施激活和保障团队的主动性和创造性：一是建立人才流动机制，拓宽团队的人才引进、培养渠道。在重大专项框架内组建的产学研战略联盟团队探索了灵活有效的人才流动机制，积极引进海外高层次人才，担任关键任务的负责人，发挥核心作用；充分发挥教育部、中科院有关院所的基础研究、学科优势，以院所重点实验室和优势学科为依托，联合培养人才，打造结构合理的团队研究梯队。二是建立经费持续投入机制，创造利于团队稳定的

良好生态。对重点研究团队的重点研究方向，按照五年计划分阶段投入科研经费；向实施进展好、专项总体目标贡献大的项目团队提供滚动经费支持，持续的经费投入机制为稳定科研团队、让科研人员潜心研究创造了良好的外部条件。

2. 完善激励机制，调动科研人员积极性

重大专项经过多方协调努力，推动《国家科技重大专项（民口）资金管理办法》关于“间接费绩效支出安排应当与科研人员在项目工作中的实际贡献挂钩”的要求落地，让参与专项攻关的科研人员具有获得感。一是推行科研绩效考核“四有”举措，打破激励“大锅饭”。项目实施单位在重大专项激励费支出上推行“有办法、有考核、有标准、有差别”的“四有”举措。以大庆长垣高含水示范工程建设为例，长垣示范工程在立项、过程、结题、应用4个关键环节24个节点的考核设立不同的激励机制，实行“基本工资＋绩效奖金＋成果奖励＋推广收益”四位一体激励，鼓励科技人员专注技术研发与成果推广。二是建立人才晋升序列绿色通道，形成多角度激励。与油气重大专项参与单位联合建立科研人才晋升序列绿色通道，在重大专项内部完善高级专家选拔和培养制度，在参研单位形成在评选高级技术专家等方面优先向参与专项攻关的科研人员倾斜制度，让科研人员体会到事业成就感。

3. 建章立制，约束规范专项实施行为

《大型油气田及煤层气开发重大专项实施管理暂行办法》对专项的组织、机构、各单位职责和关键节点控制等做出明确规定，是专项实施的总体纲领性制度。在此基础上，油气重大专项制定了《大型油气田及煤层气开发重大专项知识产权管理办法》和《大型油气田及煤层气开发重大专项保密规定》对专项产出成果的归属权和发布权进行了规定。《大型油气田及煤层气开发国家重大专项预算编制指南》对财务管理进行规定。实施过程中，专项管理办公室与12家成员单位和责任单位签署《大型油气田及煤层气开发国家重大专项财务管理与会计核算遵守协议》，解决实际运行中出现的各项经费管理问题。

2019年，专项办结合油气专项实际情况，开展项目（课题）/示范工程综合绩效评价工作办法的制订，2020年正式下发《大型油气田及煤层气开发国家科技重大专项项目（课题）/示范工程综合绩效评价细则》。

（五）产学研用多级融合，形成协同创新机制

油气重大专项由中国石油天然气集团公司牵头，联合中国石油化工集团公司、中国海洋石油集团公司，集聚170余家企业，50余所高校、30多家科研院所，举全社会优势力量协同创新。

1. 高水平联合团队融合，形成协同创新联合体

以重大专项为平台，联合各类研究机构形成创新实施联合体。在专项联合工作组的统一组织下，重点形成13支以院士及行业领军科学家为核心力量，企业、高校、科研院所共同构建的高水平联合创新联合体。联合创新团队覆盖了石油工业上游科技领域，有利于协同创新实现关键技术与装备的快速突破。

2. 企业间融合，在发挥各企业优势的基础上形成协同

专项打破石油公司间的壁垒，部署22个联合攻关项目。其中，“渤海湾盆地精细勘探关键技术攻关团队”以中石化为牵头单位，与中石油联合，攻关成果推进了中石油大港油田、冀东油田、中石化胜利油田等渤海湾老油田的可持续发展。“复杂油气藏测井综合评价技术、配套装备与处理解释软件攻关团队”以中石油为牵头单位，与中海油联合开展攻关，研制出具有自主知识产权的EILog国产化系列测井新仪器，打破了国外公司的技术垄断。“海洋深水区油气勘探关键技术攻关团队”以中海油为牵头单位，与中石油联合攻关，发现和落实深水区油气地质资源量350亿吨油当量，实现了南海深水勘探的重大突破，引领了高端海洋工程制造业转型升级，使我国深水油气勘探技术跻身于世界前列。“鄂尔多斯盆地东缘煤层气开发示范工程团队”以中石油为牵头单位，与中联煤公司联合开展该示范工程建设，

实现了保德低煤阶煤层气勘探新突破和工业化开发。

3. 产学研用联合攻关，实现跨界多组织协同

在专项实施方案和阶段实施计划中，发挥高校与科研院所技术优势，针对深层油气成藏、复杂油气田开发及煤层气等相关重点领域，专门设立由高校与科研院所牵头承担项目。发挥企业主导带动产学研用协同创新的优势，以企业发展和生产需求为导向，企业科技人员与中科院、高校的研究人员协同研究、紧密结合，研究成果直接应用于企业生产实践中，企业为研究成果转化提供了依托工程和实验场所，确保了研究成果快速转化应用，并通过应用反馈将研究成果不断完善。以“海洋石油 981”为例，“海洋石油 981”设计工作采取“产学研用”联合攻关协作模式。深水钻井船工程项目组、中海石油研究总院、七〇八研究所等单位共同组成的联合设计团队广泛吸纳国内海洋工程界学术权威、专家、教授和大批富有海洋石油工程经验的专业技术人员，充分发挥我国船舶、海洋石油行业和相关科研院所的科研优势，通过自主研发关键核心技术和船型，自主完成扩展基本设计与详细设计，以及平台建造、设备集成与调试。

三、头部企业主导的国家油气科技重大专项实施管理效果

（一）高质量全面完成重大专项任务，成功达到预定目标

一是油气增储上产取得突破。油气勘探地质理论框架和示范工程，有效指导了陆上 7 大盆地的油气勘探，推动了 21 个大型油气田（区）的发现和增储。专项实施期间新增石油探明可采储量为 26.1 亿吨，新增天然气探明可采储量为 4.59 万亿方，海外累计权益油可采储量 8.65 亿吨。国内石油产量从 2007 年的 1.86 亿吨稳步增长到 2.15 亿吨（2020 年原油产量 1.95 亿吨），保持世界第六产油大国地位；国内天然气产业实现“探明储量、产量和能源结构占比”三个翻一番，我国天然气产量从 2007 年的 677 亿方增长到 2020 年的 1925 亿方，成为世界第四产气大国。页岩气产量达到 200.4 亿方，海外权益油年产量 1.56 亿吨、天然气 545 亿方，主体任务指标完成。

二是掌握核心技术，突破“卡脖子”技术。通过专项攻关，专项全面完成“6212”科技攻关目标，形成了七大标志性成果，显著提升了我国油气产业上游科技水平，解决了长期影响油气供给的“卡脖子”问题，有力保障了国家油气供给安全。围绕陆上油气勘探开发、工程技术等六大重点领域，申请发明专利 8709 件、授权 4843 件，获得软件著作权 2398 项；制订国家标准 79 项、行业标准 409 项，发明新产品、新材料、新工艺、新装置 2135 项；累计获得国家科技进步特等奖 3 项、一等奖 13 项、二等奖 37 项。

（二）工程实施和创新体系建设取得重要突破

油气专项全面梳理了油气产业技术体系，识别了短板，明确了重点攻关方向，项目实施结果突破了瓶颈，全面提升了产业技术水平。油气专项通过跨界联合等方式实现了各单个企业独立创新所不能达到的产业创新目的，油气专项的实践为产业创新和产业创新体系建设提供了重要启示。油气专项推出的示范工程，打通创新链，将理论创新和技术创新的成果落实到实际应用，为大型创新工程管理提供了又一个范例。油气专项根据产业技术发展需要，建成（建设）国家重点实验室 10 个、国家级研发中心 16 个；在重点科研团队主导下，新建覆盖油气领域主体专业的 28 个重点实验室，科研仪器设备信度系数从 34% 提高到 78%；培育形成了 13 支以重点实验室和先导试验基地为创新平台，以院士及其团队为核心的攻关力量，全面覆盖了石油工业上游科技领域，不仅对油气重大专项的任务完成起到重要作用，也为油气上游领域技术体系化的持续建设和科技的持续进步奠定了坚实的基础。

（三）成功探索了行业头部企业主导实施国家重大科技工程的经验

油气重大专项是在政府引导下，以中国石油等大型国有企业为主体，统筹行业各类创新资源，集中力量突破一批“卡脖子”技术，提升产业整体竞争优势的“举国体制”的生动实践，在破除创新孤岛、

突破企业壁垒、移除行业屏障、融通各种资源、衔接各个产业、激发各方力量等方面做出了开创性的工作，是对“以领军企业为主体的创新联合体”模式的典型探索。根据国务院部署，中国工程院牵头组织179位专家（其中院士46位）对民口10个科技重大专项进行了中期评估。评估专家组在充分肯定油气重大专项取得的成果和实施成效的同时，对以企业为主体的国家科技重大专项创新联合体及赋能创新管理机制给予了高度评价，值得其他专项推广和借鉴。由于优秀的组织和良好的效果，国家决定“十四五”期间油气重大专项将延续实施，再次向石油科技新高峰发起冲击。

（成果创造人：王宜林、贾承造、匡立春、袁士义、钟太贤、李　阳、何治亮、陈　伟、周建良、傅国友、赵孟军）

“嫦娥五号”系统可信研制管理

北京空间飞行器总体设计部

北京空间飞行器总体设计部（中国空间技术研究院总体设计部）成立于1968年8月16日，隶属中国航天科技集团有限公司，承担以载人航天和深空探测为代表的国家重大工程，并负责开展相关领域的国际合作。自2004年2月中央决策实施探月工程以来，作为探月工程探测器系统的总体单位，圆满完成了探月工程第一步（环绕探测）、第二步（月面着陆及巡视探测）工程研制任务，并于2020年圆满完成月面自动采样返回任务，人类时隔44年后再次获取月壤样本。探月工程“绕、落、回”三步走圆满收官，推动中国航天又向前迈进了一大步，为我国深空探测领域科学技术创新与工程管理创新做出了系统的创造性贡献。

一、“嫦娥五号”系统可信研制管理背景

（一）确保“嫦娥五号”月面自动采样返回任务圆满成功的需要

“嫦娥五号”探测器是我国探月工程“绕、落、回”三步走的收官之作，实现我国首次地外天体采样返回，并突破月面采样封装、月面起飞上升、月球轨道交会对接与样品转移、第二宇宙速度再入返回等多项国内首次且国外封锁的关键技术，在轨23天需经历11个飞行阶段、6次分离、1次对接及21次轨道机动，意义重大、举国关注、举世瞩目，任务只能成功、不容失败。“嫦娥五号”探测器“万无一失”的任务要求，需要在产品“可靠”的基础上，进一步提高标准做到“不带疑点出厂、不带隐患发射”，进而实现任务的圆满成功。鉴于此，围绕“高标准、高质量、高效率”的目标开展航天器可信研制管理体系和机制创新，是确保“嫦娥五号”月面自动采样返回任务圆满成功的必然选择。

（二）全面提升我国重大航天项目研制管理能力，是推进航天强国建设的必然选择

重大航天项目建设与实施已成为世界各国发展的强大推动力与国际竞争的利器。为实现重大航天项目的任务目标，不仅需掌握全球领先的航天科技，还需匹配全球领先的重大航天项目研制管理能力。以“嫦娥五号”探测器为例，相较常规航天器规模更大，由四个器构成，包括655台/套硬件产品、69个软件配置项、100个FPGA配置项；新研产品占比更高，新研硬件产品接近50%，新研软件/FPGA产品超过91%；技术跨度更大，需要突破系统级7大项、分系统级84项关键技术，攻关单机109台/套；验证难度更大，月球轨道自主交会对接距离更远、第二宇宙速度再入返回气动环境更恶劣，对验证实施带来了更大的难度；月面采样封装、起飞上升环境不确定性高，对验证方法创新性提出了更高的要求，验证手段亟须由传统向数字化、智能化转型升级；过程控制难度更大，工作项目多、资源约束多、参研单位多、管理规模大，对过程控制实施带来了更大的难度；新品率高和产品子样少带来的数据积累有限、四器构型和分器实施带来的反复拆装，对过程控制方法提出了更高的要求，亟须通过大数据及数据挖掘相关技术提升过程控制的效率和精准度。在有限的时间和资源约束下解决上述管理难题，并满足重大航天项目“保成功”和“促发展”的双重需求，对航天项目研制管理提出了更高的要求。

二、“嫦娥五号”系统可信研制管理主要做法

（一）建立“嫦娥五号”系统可信研制管理框架

欧洲空间标准化合作组织标准（ECSS－Q－30）中指出，可信性是可靠性、可用性和维修性的集合性术语，定义为需要时按要求执行的能力。航天器研制管理的核心目的是圆满实现任务目标，借鉴可信性的定义，在航天器研制管理范畴中提出“系统可信”，并将其概括为圆满实现任务目标的能力。以无疑点、

无隐患圆满完成"嫦娥五号"月面自动采样返回任务为目标，将航天领域多年的项目管理和型号产品保证管理经验与"嫦娥五号"探测器研制特点相结合，剖析实现系统可信、确保任务圆满成功的充要条件，在传统质量、进度、经费、风险等项目管理范畴的基础上，建立以设计、验证、过程控制和研制团队为剖面的研制管理新框架，将航天器实现系统可信的标准定义为"设计正确、验证充分、过程受控"。

"嫦娥五号"系统可信研制管理本质就是在技术条件、时间、资源等约束下，从设计、验证和过程控制三个方面构建管理新机制，并打造可信团队保障实施，通过设计、验证、过程控制及团队的全面可信实现系统可信（见图1）。在此基础上，依托"嫦娥五号"研制牵引和带动各级研制单位以"设计正确、验证充分、过程受控"为目标持续开展贯穿全寿命周期的可信构造与确认，将各级产品可信构造与确认工作开展情况和结果纳入阶段评审把关确认，优化系统可信性，确保任务圆满成功。

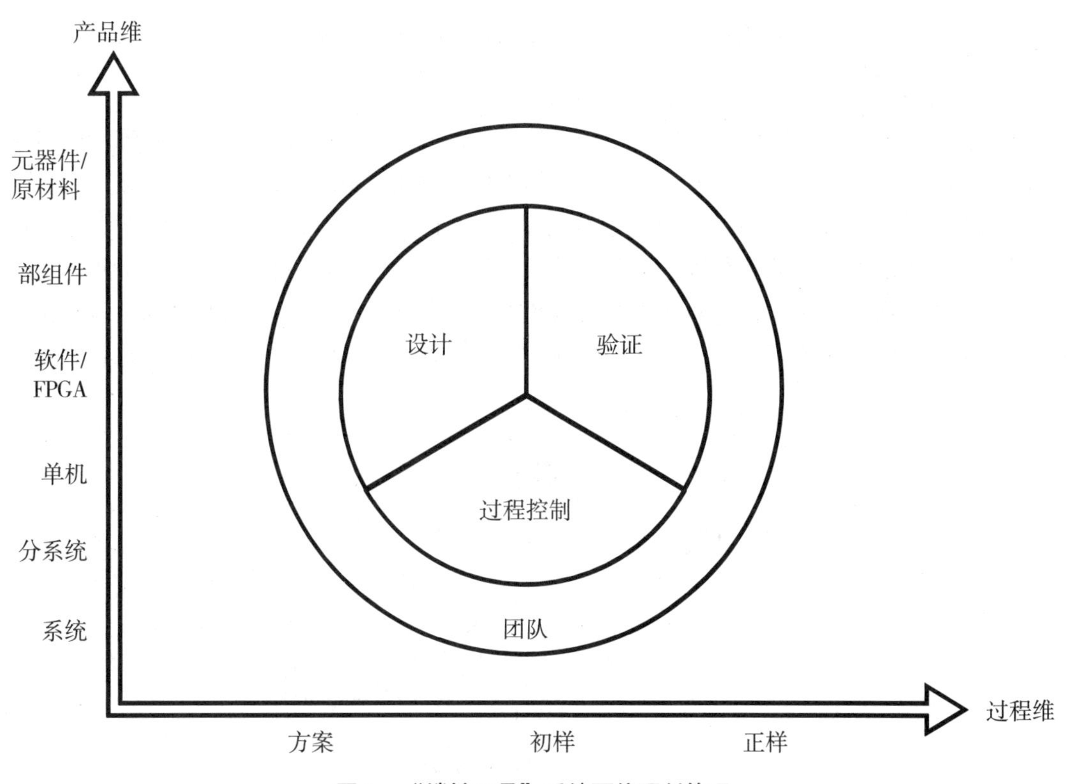

图1 "嫦娥五号"系统可信研制管理

（二）构建系统驱动的重大航天项目设计机制，实现设计正确

1. 开展总体主导的全系统方案设计，实现技术方案总体优化

在系统工程"分解—集成"核心思想的基础上，进一步强调总体抓总，充分发挥顶层作用，总体主导自上而下统一设计、统一管理，实现技术方案总体优化。在常规系统工程"V"字形设计方法的基础上，打破传统方案设计组织架构，提出双"V"字形的系统级方案设计方法（见图2）。强调先在总体层面独立开展系统设计，完成顶层的架构、组成、实施方案设计及功能性能指标的优化和分解，再进行后续的分解—集成工作。使用该方法，在系统顶层进行优化，确保系统指标分解合理优化的同时，减少了系统与各分系统间的设计迭代过程，确保了方案设计正确。例如，为满足国家战略需要，在方案设计中没有采用常规的三器对接方案（三器组合体直接落月，上升器和返回器组合体从月面起飞并直接返回地球，无须月球轨道交会对接），而是采用了技术难度更大的四器对接的新方案（着陆器和上升器组合体落月，完成月面采样后，上升器从月面起飞，与轨道器和返回器组合体在月球轨道交会对接，并

返回地球），在完成自身任务目标的同时还为后续的载人月球探测返回进行了先期技术验证。

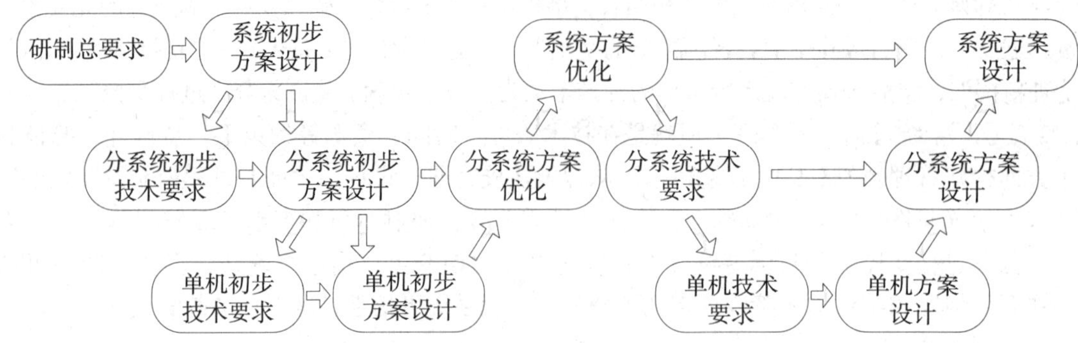

图 2　双"V"字形的系统级方案设计方法

2. 构建目标导向的情景式流程设计，实现流程优化

研制流程是研制工作的顶层依据和指导，系统的可信性在一定程度上依托于研制流程的科学性和正确性。为确保系统可信的要求能够在项目全寿命周期得到有效的贯彻和落实，针对各级产品、各研制要素、各研制阶段的流程，充分识别可能影响系统可信的全部风险，并深度剖析系统要素间、关键技术间、任务环节间、研制阶段间的复杂耦合关系，在 5W2H 分析法的基础上，打破原有研制流程设计方法，将工作项目的风险（Risk）管理和结果评估（Result evaluation）前移，强调目标风险分析和结果对研制流程的影响，拓展建立 5W2H2R 分析方法（见图 3），即目标导向的情景式流程设计方法。

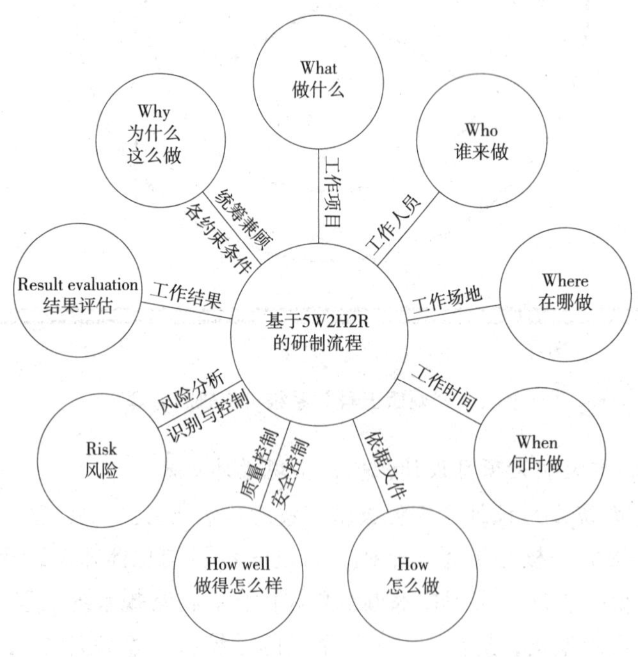

图 3　基于 5W2H2R 的研制流程

5W2H2R 分析方法涵盖了重大航天项目研制流程指定的全部要素，包括工作项目、质量和安全控制、依据文件、岗位人员、资源、工期、风险、工作结果等方面，按照可信的要求，将所有内容整合，按照设计、验证和过程控制进行统筹分析，最终得到科学合理可实施、精准全面可量化的研制流程。秉承"可信性是设计出来的"的理念，通过流程正确支撑设计正确。

3. 推动设计开发过程的模型化、工具化，实现设计指标持续优化

针对"嫦娥五号"探测器在轨飞行过程中多器并行、动作紧凑、环环相扣、关键动作不可逆等特点，打破以往型号飞行程序基于时序的文件设计方式，采用自动机方法和理论，提出了一种基于状态转移的航天器飞行程序设计方法，完成飞行程序设计。按照任务剖面进行状态分析和识别，将探测器在轨全寿命周期划分为19个原子状态，来表征在轨重点关注的状态变化情况，通过"2静+1动"的状态转移分析方法确认飞行程序的正确性。通过系统级过程重点项目及其关联关系的识别，指导研制过程，并按照状态转移方法设计模拟飞行测试用例，提高了验证和设计迭代效率，实现了状态全局受控，保证了设计正确。

面对以往航天型号重大失误中能源安全问题占比较高的情况，在探测器研制过程中，为进一步确保探测器用电安全，组织研发了PDS数字化设计验证系统。一方面，构建具有静态分析功能的探测器供配电大图，实现了探测器供配电链路信息的结构化、可视化管理，支持从宏观到微观、整体到局部展示复杂航天器供配电链路信息。另一方面，建立仿真模型库，基于仿真模型库完成探测器系统级能量平衡分析、太阳翼输出特性分析、蓄电池组电压和容量输出特性分析等，为系统优化设计提供了准确、高效的支撑。PDS数字化设计验证系统于2017年12月作为航天五院"宇航智造工程"示范项目向全院发布，并推广应用于航天一院、航天八院等单位20余型号。

（三）构建智能驱动的重大航天项目验证机制，实现验证充分

1. 基于真实任务环境打造全系统、全过程验证策划

基于"嫦娥五号"探测器在轨不可维修、多环节相互串联且过程不可逆等特点，为确保任务圆满成功，需打破传统航天器"整器—分系统—单机—部组件—物资"分层级各有侧重的验证方法，各层级均需考虑真实在轨环境对其的影响。一方面，在地面验证策划过程中引入飞行程序，全面识别探测器各层级产品真实在轨所处的完整自然环境和诱导环境，开展全系统验证策划。例如，探测器整器，除了进行比常规航天器更为复杂的力学试验、热试验、电性能综合试验和大系统对接试验等地面试验外，还针对任务特点策划实施了月面1/6重力着陆起飞综合验证试验、交会对接过程GNC全物理试验、无重力条件下样品转移验证试验、真空环境全尺寸羽流导流试验等十余项大型专项试验。

另一方面，打破以往的研制流程和分工，对各类验证实施时机和实施方法开展正向构造，用紧前安排和全面实施的原则开展全过程验证策划。方案阶段，利用原理样机策划实施适宜的性能和可靠性验证，提前暴露设计问题；初样阶段，在系统层面规划验证产品的验证目的、验证方案及对验证产品的功能要求，编制验证产品投产矩阵，确保全系统策划的验证项目能够有效贯彻实施；正样阶段，始终贯彻飞行状态的首次实施及任何变化后都要进行完整的功能验证和必要的性能验证。按照上述原则开展全过程的验证策划，确保了验证充分。

2. 构建动静结合、智能决策的验证体系

面对探测器在轨关键过程的深度耦合性、环境的高度不确定性，以及对关键指标的极高要求，传统航天器依据标准规范和上级分解确定验证条件和工况的方法无法完全覆盖深度耦合下的诱导环境，也无法适应高度不确定性和极高要求下对极端和边界工况精确性的要求。基于此，打造了动静结合、智能决策的验证方法，通过验证工作的系统性设计并引入数字化仿真、分析和大数据决策工具，实现动态过程诱导环境的真实模拟和极端/边界工况的精准识别，以及对在轨决策的快速和精准支持。

在动态方面，对深度耦合的动态过程进行联合验证，确保诱导环境的真实模拟。例如，在着陆专项试验和起飞专项试验的基础上，开展着陆起飞联合工况专项验证，有效模拟了真实着陆对起飞能力的影响。在静态方面，对数字化仿真精度与物理试验能力和资源进行深度统筹协同，确保各类环境的极端工况能够充分识别。具体是在数字化仿真模型建立过程中将初始条件参数选择定义为随机性问题，使用蒙

特卡洛法通过大量的打靶确保极端工况能够充分暴露。基于打靶结果设计物理试验工况，再用物理试验结果修正数字化仿真模型，最后用修正的仿真模型再开展大量随机仿真工作，实现充分验证。基于物理验证和仿真验证的过程数据搭建试验数据系统，采用机器学习算法建立设计输入与试验工况的关联模型，实现在设计输入发生变化时快速精准预测在轨环境，形成验证工况和在轨决策。

3. 构建总体牵引、深度协同的验证实施机制

面对各级产品需开展的复杂验证要求和各级协作配套单位在试验资源和能力上的不均衡，打破传统的试验责任单位分工界限，在全系统范围内进行统筹，以确保验证项目充分且必要为前提，实现了有限的试验资源能够跨研制层级、跨承研单位、跨专业领域进行优化配置，形成了总体牵引、深度协同的验证组织实施机制。

在组织层面，基于协同理论搭建目标协同、技术协同、流程协同、制度协同和资源协同的“五协同”试验验证架构。成立试验实施领导小组，并在领导小组的统一指挥下组建专项试验试验队。在执行层面，对各专项试验进行总体设计，科学分配形成各专项试验目标，使各专项试验目标统一、紧密配合，实现目标协同。充分识别各专项试验间的技术相关性，开展共性技术的统一攻关和技术共享，同时对各专项试验结果开展联合比对，确保各关键技术见底，实现技术协同。在各试验单独的技术流程基础上，考虑试验间的技术耦合、资源及设备等约束，围绕总目标对各试验流程进行优化再设计，从而达到整体优化，实现流程协同。领导小组决策重大事件并协调、监督各试验队，各试验队之间共享信息和资源，通过试验队统一的制度和机制，缩短管理链条，打破各参试单位的行政壁垒，确保各参研单位紧密配合、协同高效，实现制度协同。结合各试验的技术状态和流程，统筹策划试验资源、充分考虑可复用的设备，统一制订参试产品投产矩阵和试验资源需求计划，提前识别资源冲突风险并制定措施，试验过程中根据各试验的进展由领导小组动态调配试验资源，实现资源协同。

针对各项关键技术验证的充分性高度依赖技改建设的特点，为避免型号研制与技改建设进度不匹配的问题，总体牵头提出同设计、同协调、同实施的“三同”模式，通过方案协同论证、实施协调匹配、试验总结与技改验收工作关联等机制，有效促进了型号研制与技改建设的有机结合。通过该模式的实施实现了多项技改能力建设“同年立项、同年建设、同年试验”的创举，在100%实现型号验证需求的同时，建成了大型超平支撑平台、六自由度气浮台、着陆起飞试验架、真空试车台等多项试验验证基础设施，孵化出GNC全物理仿真实验室等多个重点实验室，搭建形成了月面自动采样返回技术验证平台，具备了相关关键技术及基础理论研究的地面试验验证能力。

（四）构建数据驱动的重大航天项目过程控制与确认机制，实现过程受控

1. 基于设计特性构造实现过程控制策划

针对研制流程中每项具体工作，项目从“控得全”和“控得住”两个维度策划控制措施。其中“控得全”是针对通用特性，按照各级标准、规范及要求策划控制措施；“控得住”是针对型号产品特有的专用特性，围绕设计确定的关键原因、风险隐患及实施难点等策划专项控制措施。同时按照正向构造的方法将各项控制措施细化为过程记录的方法、内容、时机及记录载体，以此形成过程控制策划。

2. 通过技术过程的全面数据化与确认，驱动过程正确、结果可信

型号队伍借鉴前沿的大数据理论和应用研究，提出通过过程的全面数据化确保过程的正确性和结果的可确认性。具体是将过程记录划分为可量化的量数记录和不可量化的据数记录，进而实现过程的全面数据化，其中据数记录由常规的工艺执行记录和执行全过程的图像、视频、音频等多媒体记录构成。例如，“嫦娥五号”探测器针对总装过程梳理形成了表面状态、接地状态、电缆焊接状态等22类多媒体记录要素，并针对各类要素建立能够表征其完整执行过程的证明元素。正样阶段共完成5125个多媒体记录项目，形成30758张照片记录、54段视频记录和125段音频记录，通过上述记录完整还原了探测

器正样研制过程，确保了总装过程的正确性和总装结果的可确认性。

通过技术过程的全面数据化，获取了大量的研制过程数据，运用大数据思维，开展数据的深度挖掘分析工作。通过挖掘获取最终状态过程和结果的判别标准，以此做到在过程中确认最终结果的正确性。对于可量化的量数数据：针对成熟产品建立成功包络线，针对新研产品建立研制包络线；基于包络线和实时生成数据，制定“同一参数纵向比、同类参数横向比、相关参数联合比”的“三比”判读方法。通过包络线分析和“三比”判读确认量数数据的正确性和稳定性，并在研制过程转阶段等多个评审环节进行反复、迭代确认。对于不可量化的据数数据，一方面将研制过程中通过力、热等各类考核的真实状态的设计文件和实施过程记录作为标准状态，并在射前将最终状态的设计和实施过程与标准状态进行全面比对；另一方面针对多发火工品等相同工作，通过规范拍摄角度，建立集中判读比对库，组织相关设计师现场实物确认、工艺专家记录专项确认、总师亲自参与的阶段性集中再确认等环节确认最终状态实施的正确性。

3. 通过管理过程的全面数据化与确认，实现精细管控

识别管理过程通用特性，设计制定针对特定管理过程的通用数据化记录工具，通过清单化消除过程的人因风险，通过执行过程的不断总结、迭代及数据挖掘实现精细化管控。一是针对单机硬件和软件的质量确认过程。通过梳理提炼，形成一套内容全面、易于沟通传递的产品通用质量要素，即硬件 36 条和软件 28 条。一方面规范单机研制过程及记录保存，另一方面规范总体层面的质量确认过程，通过全周期的迭代应用和累计记录，单机研制单位实现了数据包积累和实施过程固化，总体层面实现了质量确认过程的深层次、专业化实施，有效避免了人因风险，确保了确认评价工作的客观、准确。

二是针对 AIT 技术状态控制过程。定义一种包含 25 个维度的探测器技术状态描述方法，并建立两表制度，实现 AIT 技术状态控制过程的数据化记录。总体技术状态控制人员按日形成动态表，按周形成静态表，实时记录探测器状态。为主观的现场跟产活动制定了客观标准，确保了整器技术状态受控。

三是针对型号供应商管理。通过基于产品结构和研制过程的全面梳理，形成型号供应商数据库。纵向按照“系统—分系统—单机（含软件和 FPGA）—零部件—物资（标准件/元器件/原材料）”五级结构构建型号产品结构树，梳理产品结构树上每一个构成要素的供应商；横向将产品结构树每一个构成要素按照设计、分析、生产/装配、测试、试验、验收等研制过程，梳理每一个研制过程的供应商。开展供应商特点交集分析和确认工作，实现针对供应商的精细化管控：特点分析方面是从承担任务量、提供产品/过程复杂程度、提供产品/过程关键程度、是否首次提供该产品/过程、供应商单位性质、供应商质量履历六个方面对供应商开展特点分析，针对分析识别出的供应商，依据其特点制定相应的控制措施。交集分析是借鉴航天领域一直使用的一种质量风险控制方法，具体是针对特点分析识别出的供应商，找出同时具有三个以上特点的供应商作为重点风险控制对象，通过研制过程跟产、专家现场审核等手段确认供应商提供的产品/过程质量受控。

（五）构建人员可信四维模型和成长机制，打造可信团队

“嫦娥五号”探测器立项初期，按照“国家队”的高标准，提出了岗位任职素质要求，开展了各岗位人员的培训与选拔，调动、吸收国内各方优势科研力量，集中国内 130 多家科研院所、30 多家高校、140 多家企业，组建以型号总体为核心，科研院所、高校与企业多点支撑，产学研相互协同的创新型研制团队。同时，将科学研究能力和工程实施能力放在同等重要的位置，充分吸收型号预研论证人员，并补充有完整大型型号工程研制经历的工程研制人员，在总体主任设计师、分系统主任设计师等重要岗位按照技术背景和专业选择拔尖人才，确保重要岗位人员的工程经验、学术能力均能够达到岗位的任职要求。

基于可信的要求，构建了“能力、效率、专注、作风”的型号团队可信四维模型。研制过程中，

按照可信四维模型建立成长机制，持续指导团队建设，通过宣贯、培训、研讨、考核等手段不断提升人员素养，切实打造可信团队。在能力方面，型号始终引导团队成员坚持“知其然、知其所以然”的学术氛围，注重团队成员创新能力培养，通过形式多样的培训、交流和全员上讲台等活动，碰撞思想、专业融合，打造创新型组织。在效率方面，始终强调采用科学的方法实现一次做对，用避免反复提高效率；同时建立有效的沟通机制，建立周例会、月例会和专项例会的例会制度，建立进度快报、质量问题快报等快速决策机制。在专注方面，以任务定人员，型号始终坚持合理配备队伍，按照每台单机产品固定主管设计师，依靠型号牵引、组织保障确保型号研制全周期始终有一支责任清晰、构成稳定的研制队伍，同时在总体层面把握人员精力分配，确保有限的人力资源专注于当前最重要的工作；同时通过充分合理授权、明确团队成员的责任范围，用清晰的责任边界驱动团队成员专注、深入地工作。在作风方面，始终引导团队落实“严、慎、细、实”的工作作风，严格要求自己、慎重对待自己的工作，将工作落小、落细、落实；同时着重强调“实”，技术上用扎实的科学素养打造型号成功的基石，管理上始终要求队伍“凡事有交代、件件有着落、事事有回音”，要求队伍“说到做到、一次做对”，用“靠谱”的团队名片保障各项工作顺利推进。

三、“嫦娥五号”系统可信研制管理效果

（一）圆满实现了探月工程第三步目标，取得了重大科技创新成果

“嫦娥五号”探测器于2020年11月24日发射，经过23天在轨运行，于12月17日返回四子王旗预定着陆区，获取月球样品1731克，用零缺陷的在轨表现，圆满实现了探月工程第三步目标，取得了重大的科技创新成果。“嫦娥五号”探测器成果鉴定意见指出，项目“实现了多项核心关键技术自主可控”“代表了当今月面自动采样返回的世界最高水平”。项目获评2020年度中国航天十大新闻第一位和世界航天十大新闻第二位，采集的月壤为我国月球科学研究取得重大突破奠定了坚实的基础，在国内和国际反响强烈。

（二）大幅提升了重大航天项目研制管理的能力，为航天强国建设做出了贡献

“嫦娥五号”的系统可信研制管理是在航天器研制规模和复杂程度不断升级及数字化和人工智能相关技术发展背景下理论和实践融合创新的成果。在原有航天成熟研制管理模式的基础上，引入系统可信，并基于数字化和人工智能等前沿技术构建机制和方法，打造了通过自主创新实现重大科技突破、使卓越形成常态，通过过程正确确保结果圆满、使成功成为必然的重大航天项目研制管理新体系，提升了多约束下型号研制管理效率和组织效益。系统可信的理论体系和创新机制具有技术和管理的先进性和解决问题的有效性，形成的一系列工具和方法具有集成化、专业化、模块化的特点，移植灵活，适用范围广，可推广到复杂科技工程各个领域。

（成果创造人：杨孟飞、张　高、周佐新、曹瑞强、苏若曦、
张　伍、史　伟、张　杨、贺晓洋、王　硕）

基于新型科技攻关理念的重型燃气轮机工程技术创新体系构建

中国联合重型燃气轮机技术有限公司

中国联合重型燃气轮机技术有限公司（以下简称中国重燃），是国家“航空发动机及燃气轮机国家科技重大专项”中重型燃气轮机工程的具体实施单位。中国重燃由国家电力投资集团有限公司控股，上海电气（集团）总公司、哈尔滨电气股份有限公司、东方电气股份有限公司参股，于2014年9月28日在上海注册成立。2016年12月，国务院明确国家电力投资集团有限公司是重型燃气轮机工程的实施责任单位，中国重燃负责具体实施，承担重型燃气轮机工程型号研制、工程验证机研制、关键技术研究与验证、基础研究等项目任务。截至2021年9月，中国重燃注册资本16.2亿元人民币，在职员工450人。

一、基于新型科技攻关理念的重型燃气轮机工程技术创新体系构建背景

（一）按期高质量完成国家科技重大专项的客观需要

重型燃气轮机集成了气动、燃烧、传热、控制、冶金材料、机械制造、电子等多学科领域大量高精尖技术，产业链长、覆盖面广、附加值高，是代表国家科技水平和保持工业竞争力的标志性产品、战略性能源装备，被誉为装备制造业“皇冠上的明珠”。重型燃气轮机设计、制造难度极大，核心技术被美国通用电气、德国西门子、日本三菱重工、意大利安萨尔多四家国际公司长期垄断。

我国重型燃气轮机起步于20世纪50年代，经历了跟踪研仿、停滞不前、自主研发等阶段，国家有关部门、地方政府、企业、高校院所依托“863计划”“973计划”等科技项目，开展了局部领域原理探索、部分学科基础研究、单项技术开发等工作，形成了系列科研成果，但始终未从整体上掌握关键核心技术。2002年起，我国实施重型燃气轮机“打捆招标”，以市场换技术，初步形成了重型燃气轮机冷端部件制造及总装能力，但仍未形成自主知识产权的重型燃气轮机产品，未建立起自主可控的产业技术体系。国内约200台重型燃气轮机机组的核心技术完全依赖于国外，不但影响机组运行经济性，而且影响国家能源安全。

为突破重型燃气轮机“卡脖子”关键核心技术、研制自主知识产权产品，建立我国重型燃气轮机自主可控的产业技术体系，打破对国外技术与产品的持续依赖，推动我国装备制造业转型升级，加快从制造大国转向制造强国，2015年，党中央、国务院决定实施重型燃气轮机工程国家科技重大专项（简称重燃专项）。按照有关部署，需在2020年突破型号产品关键技术，到2023年建成试验机组并示范运行。要实现上述目标，原有模式难以支撑，必须创新思路，探索新型科技攻关模式。

（二）践行新型举国体制，建立中国自主重型燃气轮机产业链的战略需要

由于一直未掌握正向开发技术、缺乏核心设计技术牵引，我国重型燃气轮机产业布局不完整，相关科研院所、企业基本均处于价值链低端，关键环节长期受制于人，在全球产业格局动荡、逆全球化加快演进的形势下，断链断供风险持续增大；已有产业资源各环节组织松散、接口复杂，未形成专业化分工协作网络，未建立利益共享与风险共担机制，协调配合不够，制约了整个产业的高质量发展。中国重燃作为重燃专项的具体实施单位，有责任依托国家科技重大专项，集聚全国碎片化资源，培育起自主可控、能够应对国际市场竞争的重型燃气轮机产业链。在传统举国体制下，通过行政指令式、批示型管理，可以将全国资源迅速集中到某一产品研制上，但中国重燃作为一个企业，无法简单套用上述管理模式。因此，必须践行新型举国体制，探索一条计划（国家下达任务）与市场（以市场方式组织攻关）

相结合，能够有效集聚资源并带动全产业链共同发展、向中高端跃升的新路径。

（三）破解科研管理难题，构建符合专项特征的项目管理方式的需要

中国重燃2016年承接重燃专项时，面临一无人才、二无经验、三无保障条件的“三无困境”。同时，企业创立之初，人员多来自高校院所，科研氛围浓厚，技术攻关趋向于“无组织创新”，呈现明显的独立性、个体性、不可控性，主要体现在：一是聚焦于单一专业的某一细分领域技术突破，各自追求本领域设计最优、性能最佳，对总体性能关注不够；二是专注于探索个人认为有价值、有意义的领域，对研究成果与组织目标实现之间的关系并不关心；三是质量、进度、成本意识欠缺，对重大工程的多目标约束认识不足。在上述情况下，型号研制各项工作一度全面落后于整体进度安排，上级主管单位要求中国重燃快速提升重大工程管理能力。考虑重燃专项作为科技攻关活动，本身具有明显的科学研究及知识活动属性，中国重燃必须在尊重“认识逐步加深、设计不断迭代”的知识创新活动客观规律前提下，建立一套符合专项特征的项目管理方式，实现技术、进度、质量、成本等多目标强约束下的综合平衡，确保按期高质量完成国家下达的专项任务。

二、基于新型科技攻关理念的重型燃气轮机工程技术创新体系构建主要做法

（一）创新理念，总体部署重燃工程技术创新体系建设

1. 提出“科研工程化”新理念

2018年7月，中国重燃公司党委召开管理务虚会，就专项推进思路及路径进行充分研讨。会议明确将重燃专项定位为“基于知识活动的重大工程实施”，提出以“科研工程化”为指导理念，探索构建新型科技攻关模式，即：运用工程思维及方法，对重大科技攻关项目进行有效管理，实现“有组织创新”，完成专项任务；同时肩负产业工程化使命，打通从科研院所“原理突破”到制造企业“产品量产”之间的创新链条，带动国内重型燃气轮机产业技术水平整体提升。

以“科研工程化”为指导理念的新型科技攻关模式，主要特征为：一是科研内核、工程驱动，即以“工程方法”为驱动，在尊重科研活动客观规律的前提下，夯实技术状态、质量、进度、成本等项目管理四大要素，强化系统性、结构性、可控性，推动所有参研人员将注意力集中到型号产品开发主线上，共同对最终结果负责。二是架构引领、系统集成，即以“系统工程”为视角，以掌握总体架构技术为前提，面向原理突破、研发设计、试验试制、运行维护等全生命周期，聚焦各部件技术耦合关系，通过系统集成实现客户确定的性能目标，保证重型燃气轮机安全、稳定、可靠运行。三是链条贯通、整体提升，即以“工程思维”为指引，发挥企业“出题者”作用，践行新型举国体制，构建一套符合市场规律的组织方式，构建头部企业牵引、高校院所支撑、各创新主体相互协同的创新联合体，有效贯通从科研到产业化的全链条资源，带动产业技术水平整体提升。

2. 形成工程技术创新体系框架

中国重燃以完成国家战略使命、突破重大装备“卡脖子”技术为目标，在“科研工程化”理念及新型科技攻关模式牵引下，探索形成重型燃气轮机工程技术创新体系。该创新体系，既适用于重型燃气轮机工程，也能为其他重大装备自主研制提供良好借鉴。

一是资源整合方面，践行新型举国体制，创新组织形式，有效贯通科研与产业化全链条，高效集聚科研（前沿探索、基础研究）、设计、试制、安装、试验、产业化（量产制造、销售、运维）等环节的碎片化资源，并进行科学合理分工；二是技术攻关方面，建立自主产品正向开发流程、攻克材料领域关键核心技术、培育自主可控试验试制能力；三是项目管理方面，建立涵盖“1+3”（技术状态+质量、进度、成本）核心要素、有别于传统科研/工程企业、适用于重大专项实施的工程化项目管理方法。此外，为确保体系构建工作顺利实施，从组织领导、理念宣贯、人力动员、激励约束四个维度提供保障。重型燃气轮机工程技术创新体系框架如图1所示。

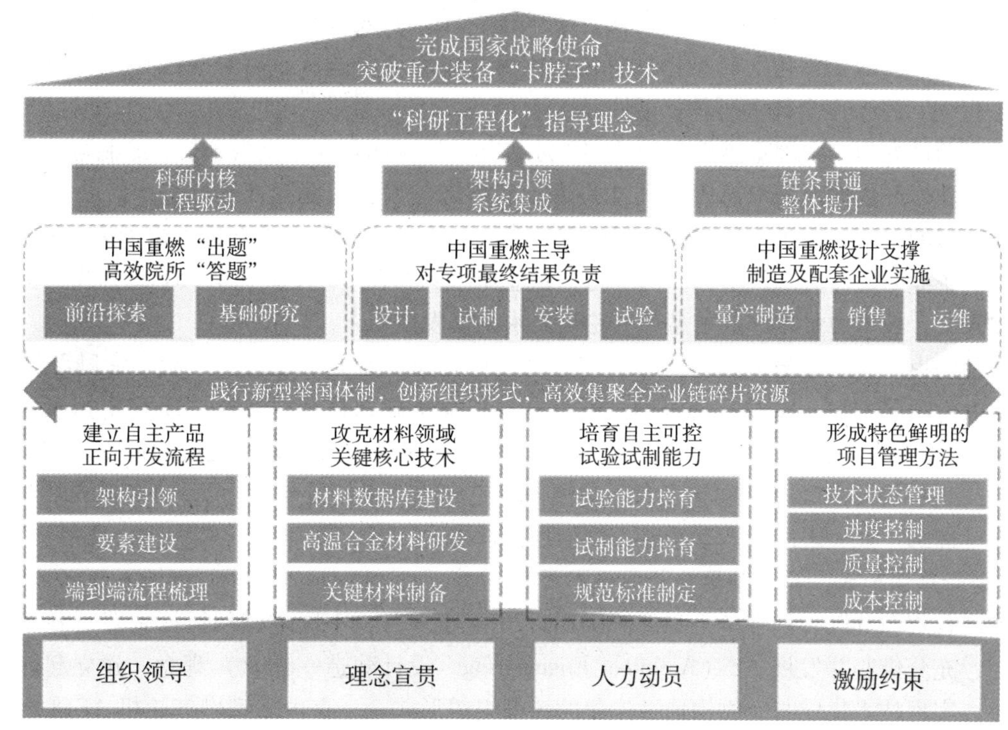

图 1　重型燃气轮机工程技术创新体系框架

3. 明确工程技术创新体系建设路径

中国重燃结合型号产品研制阶段特征，制定推动重型燃气轮机工程技术创新体系落地的“三步走”路径。

第一步：2018 年 8 月至 2019 年 6 月，在开展型号产品概念设计的同时，绘制产业资源地图，形成产品正向开发流程建设规划，初步构建满足零部件级研制的材料数据库、材料技术、试验试制能力，试点引入项目管理方法。第二步：2019 年 6 月至 2020 年 12 月，在开展型号产品初步设计的同时，建立新型组织形式集聚产业链资源，以总体架构技术为牵引开展产品正向开发流程建设，初步构建满足部件级研制的材料数据库、材料技术、试验试制能力，在试点基础上初步形成有特色的项目管理方法。第三步：2020 年 12 月至 2021 年 12 月，在开展型号产品详细设计的同时，进一步整合产业链资源，完成产品正向开发流程构建，完成满足部件/系统级研制的材料数据库及关键技术、试验试制能力，形成可在其他型号产品上复制推广的项目管理方法。

4. 确立四方面保障措施

一是组织领导方面。国家层面设立重型燃气轮机工程“两总”系统（行政总指挥系统、总设计师系统），行政总指挥由国家电力投资集团有限公司董事长担任，常务副总指挥由中国重燃董事长担任，总设计师由中国重燃总设计师担任。国家电力投资集团有限公司层面，成立重燃专项领导小组，由集团董事长担任组长，举全集团之力支持中国重燃实施专项任务；中国重燃层面，为破解稀缺资源高效配置难题，于 2018 年 8 月起按“前台主战、后台主建”原则，进行项目式矩阵型变革，成立 5 个前台项目部，聚焦关键技术攻关；成立 10 个后台专业室，专注于体系能力建设。

二是理念宣贯方面。中国重燃 2018 年 10 月发布“科研工程化”文化手册，引导研发设计人员集体“刷新认识”，从“R（Research）、D（Design）”转变为“E（Engineering）”，从单纯的“科学家”

转变为“产品工程师”，从聚焦前沿单项技术突破转变为聚焦产品实现，从发散探索转为价值实现；成立“科研工程化”品牌官、宣传员、记者团三支队伍，深入研发设计一线、试验试制现场，挖掘典型人物事迹，做好“科研工程化”转型榜样宣传，用身边事教育身边人；召开3次全产业链宣贯会，推动“科研工程化”理念向全体参研单位延伸、落地。

三是人力动员方面。中国重燃于2018年10月结合国际对标和人才供需分析，绘制全球重型燃气轮机人才地图，随后开创性地采取海内外人才共济、市场化与编制聘用互补等形式，借助“猎头”等渠道网罗五湖四海的人才，短短3年时间，国内重型燃气轮机专业人才几乎全部汇聚而来，8位具有海外主流燃气轮机企业研发经验的科学家回国效力，企业研发人员从50人跃升至351人，成为国内唯一一支专业门类齐全、技术力量雄厚的重型燃气轮机高水平研发队伍。

四是激励约束方面。中国重燃于2018年11月，建立起“计划、预算、考核、激励”一体化管理制度，发布1份顶层方案、10份实施细则，逐级分解和承接规划目标，实现“千斤重担众人挑、人人身上有指标”；率先在央企走出一条科技企业前期攻坚阶段即获中长期激励批复的道路，实行基于过程节点考核的“里程碑节点激励”和基于专项整体任务完成的“最终成果激励”，将专项成败与核心技术骨干利益深度捆绑，最大限度地调动参研人员的积极性。

（二）创新组织形式，高效集聚全产业链资源

为破解产业资源分散、创新链条割裂等困局，2019年6月，中国重燃积极探索践行新型举国体制的有效路径，充分借鉴并发展AE（Architect Engineering，设计建造一体化）理念，建立起能够贯通科研与产业化、实现技术集成与实物构造一体化的新型组织形式——自主重型燃气轮机AE平台。自主重型燃气轮机AE平台采取“前后台、矩阵型”运作模式，前台成立重型燃气轮机型号研制项目部，由中国重燃牵头运作，下设R（基础研究）、E（设计）、P（试制）、M（材料）、C（安装）、S（试验）板块，负责型号产品开发；后台由产业链各法人单位构成，通过与中国重燃成立联合实验室、协同创新中心、AE工作站等灵活形式，向前台派出资源，以型号为牵引开展相关工作。

一是基础研究方面。中国重燃联合清华大学、上海交大、哈工大、北科大、上海大学、华东理工大学、中科院金属所等知名高校院所共建7家AE联合实验室/协同创新中心，共同攻克共性关键技术、前沿引领技术。2018—2021年，上述高校院所参研人数达850人。二是设计方面。2018—2021年，三大动力、上海成套院及相关单位派出有工程设计经验的人才约70人，以“大协作人员”身份，加入型号研制项目部参与产品设计。“大协作人员”劳动关系仍在原单位，但接受中国重燃统一领导、统一考核、统一绩效分配，很好地解决了跨法人单位间指挥不灵、协同乏力的难题。三是试制方面。2018—2021年，中国重燃出资4.5亿元，以揭榜挂帅、“赛马”竞争机制，组织三大动力、中科院金属所、江苏永瀚、北京北冶、江苏隆达、无锡透平、成都和鸿、二重、钢研院等20余家单位开展关键部件试制工作。各单位派出试制人员约1450人，加入型号研制项目部AE工作站，与研发、设计、材料人员无缝衔接，截至2021年9月累计开展200余次技术交流，解决1500余项主要技术问题，有效提升重型燃气轮机设计的可制造性、可装配性。四是材料方面。中国重燃于2018年10月与清华大学、北科大、三大动力、中科院金属所等11家单位，组建“重型燃气轮机材料研发及产业联盟”，开展重型燃气轮机材料研究和技术合作；2019年7月出资1.76亿元，整合社会资源，组织北科大、三大动力、中科院金属所等9家单位，以“联合体”的形式共同开展材料数据测试工作。五是试验方面。2018—2021年，中国重燃出资5.2亿元，与清华大学、西安交大、哈工大、西工大、三大动力、624所、606所等单位合作，对11个压气机试验台、12个燃烧室试验台、16个透平试验台进行适应性改造，开展关键技术试验验证；通过揭榜挂帅机制，累计实施总金额达10亿元的70余个试验项目。

此外，为进一步整合全产业链资源、夯实AE平台基础，中国重燃于2020年9月联合清华大学、

上海交大、三大动力、北京北冶等66家单位成立全国性、开放性的创新联合体——中国燃气轮机产业创新联盟；充分利用信息化技术，在各主要协作单位统一搭建基于 Teamcenter 的产品协同开发管理平台，让全体协同作战人员在一个平台上工作、一个频道上对话。

（三）强化架构引领，建立自主产品正向开发流程

1. 以总体架构技术为引领，开展各专业设计要素建设

中国重燃基于对系统工程的认识，遵循逐级向下分解设计、逐级向上验证的“V”形逻辑，攻克总体架构技术。一是全面分析产品需求，形成产品需求规范，随后由总体性能、总体结构牵头，各相关专业参与，自顶向下分解燃机部件设计指标和结构设计边界；二是按部件设计要求向下分解对应零部件的设计指标及要求，开展零部件设计、优化调整等工作；三是从零部件、部件、系统逐级向上开展试验验证，最终完成重型燃气轮机的产品验证，从而形成重型燃气轮机从需求到产品实现的总体架构技术。

在总体架构技术引领下，中国重燃开展面向各专业设计的底层要素构建。2018 年起，用时 3 年，开展总体性能、总体结构、压气机、燃烧室、透平、控制系统核心设计软件、流程、准则、规范、数据库建设。在要素建设过程中，以型号产品关键技术试验验证结果为根本判据，对要素有效性、可靠性进行校验；通过序列化先进重型燃气轮机技术和产品开发，对要素进行持续改进、验证和提升。目前，各要素已初步建成，支撑了自主型号产品研制。

2. 基于产品全生命周期，构建端到端产品开发流程

2020 年 10 月起，中国重燃结合系统工程理论和集成产品开发理念，在全力推进各专业设计要素建设的同时，围绕产品“市场分析、产品/技术规划、技术开发、产品开发、产品交付及运行维护”等全生命周期，在国内重型燃气轮机领域构建起首个端到端的自主产品结构化开发流程（见图 2），统领整个产品研制全过程。产品开发流程包含 1 个顶层流程（L1）、5 个主干流程（L2）、4 个支撑/使能流程（L2），其中主干流程中的产品开发（L2）流程贯穿全生命周期，涵盖有严密内生逻辑关系的 230 项母任务、3000 余项子任务。

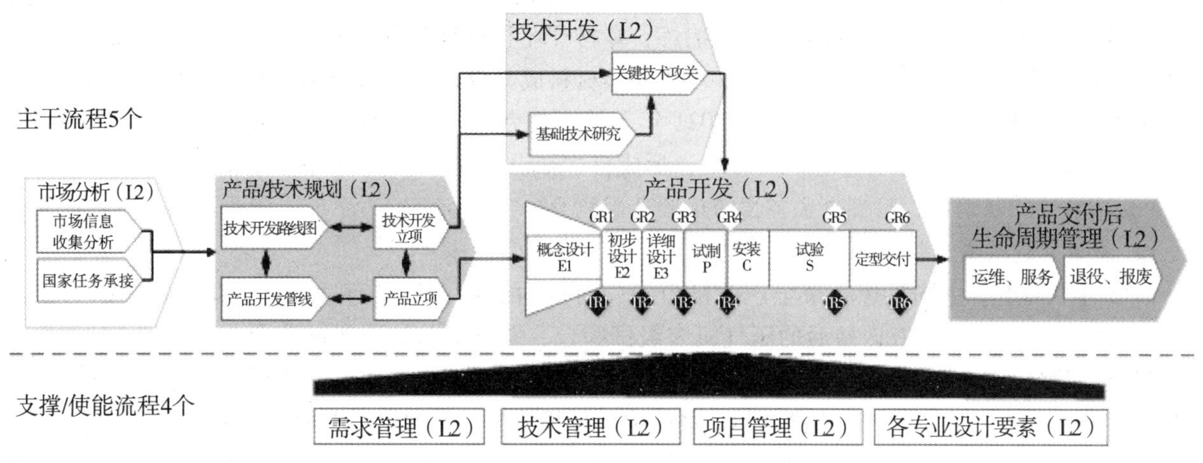

图 2 面向全生命周期的端到端的产品结构化开发流程

考虑国内重型燃气轮机运行维护长期受制于人、费用高昂的现状，中国重燃在产品结构化开发流程中，强调以设计为主导，提前谋划运维能力建设。通过在概念设计阶段设置的模块化分解机制，确保可按照产品的服务特性进行结构化拆分，从而建立面向市场服务的功能模块组；以此为基准，在初步设计和详细设计阶段有的放矢地开展面向维护的设计工作（DFM，Design for Maintenance），确保在产品交付后可开展定制的模块化性能管理或可靠性提升工作，全面掌握自主重型燃气轮机的运行维护服务技术。

（四）聚焦痛点难点，攻克材料领域关键核心技术

对于高端装备，“设计是灵魂，材料是基础”，只有材料先行，正向设计才具备基础。尽管重型燃气轮机与航空发动机工作原理相同，且航空发动机领域积累了一定材料数据及技术，但重型燃气轮机尺寸大（透平叶片长 300 ~ 900 毫米，航空发动机透平叶片长 30 ~ 200 毫米）、寿命长（透平叶片寿命5 万 ~ 10万小时，航空发动机透平叶片寿命0.2 万 ~ 2 万小时），后者无法满足重型燃气轮机需求。中国重燃开展产品正向开发，必须首先攻克材料领域关键核心技术。

1. 系统梳理，精准识别材料领域痛点难点

中国重燃基于型号产品开发及序列化发展的需求，系统盘点国内已有材料数据及相关制备技术，识别出制约我国自主重型燃气轮机研制的痛点难点。主要痛点是未建立材料数据库，材料性能数据严重缺乏，特别是高温长时数据匮乏。主要难点是材料性能指标落后，未掌握材料制备技术，如高温合金元素控制范围、工艺性能、力学性能无法满足透平叶片需要；大尺寸轮盘锻件、热障涂层粉末制备技术不过关；燃烧室用先进高温合金板材受国外专利限制等。

2. 瞄准痛点，快速推进材料数据库建设

2018 年起，面对材料数据少、缺、散的现状，中国重燃联合相关单位，全面整合国内已有的碎片化材料数据，基于数字化管理平台，共建重型燃气轮机材料数据库。数据库建设中，中国重燃组织各专业设计人员，根据设计需求，形成需要补充测试的材料清单和测试方案，并制定材料测试、质量评估、数据处理等规范，随后开展 32 种材料、17 种性能的材料数据补充测试。通过数据收集、试验验证、补充测试等方式，2021 年 9 月初步形成国内首个支撑型号产品正向开发的重型燃气轮机材料数据库。

3. 聚焦难点，有序开展材料研制关键技术攻关

2018 年 8 月起，中国重燃组织相关单位，共同开展等轴晶、定向柱晶、单晶母合金研究，对母合金成分范围进行反复摸索，经数十轮试验，成功攻克母合金纯净化冶炼与成分精确控制技术，形成相关规范，元素控制范围、典型力学性能、铸造工艺性能符合设计规范要求，达到国际同等水平；2020 年 8 月，攻克转子用钢的超纯净化冶炼和热处理技术，完成高强超纯净合金钢轮盘锻造，达到国际先进水平；2020 年 12 月，攻克大尺寸高温合金锭冶炼、棒材开坯和轮盘锻造技术，完成大尺寸高温合金轮盘锻造，满足设计规范要求；2020 年 12 月，攻克粉体材料成分设计与制备技术，研发出新型热障涂层材料，满足透平叶片隔热性能和寿命要求；2021 年 3 月，攻克高温合金均匀化冶炼和宽板轧制技术，研发出燃烧室新一代变形高温合金（UGTC39），形成自主知识产权产品，突破国外限制。

（五）补齐短板弱项，培育自主可控的试验试制能力

1. 改建并进形成试验能力，掌握试验技术

2018 年 9 月起，中国重燃凝聚全产业链资源，对国内试验台架进行适应性改造。2019 年 1 月至 2021 年 9 月，中国重燃依托改造后的压气机多级试验台、燃烧室单筒性能试验台、透平综合冷效试验台等多个试验台，累计实施 70 余项关键技术试验，形成系统、部件、零部件级试验规范，掌握了相关试验核心技术。面向重型燃气轮机高参数、高效率、低排放的发展方向，中国重燃对自主试验台架进行长远布局，于 2019 年启动压气机全级缩尺试验台、多级透平试验台、透平冷效试验台、燃烧室点火联焰流动分析试验台、燃烧室冷却技术试验台、盘腔试验台 6 个部件台架及 1 个整机试验台架建设，即将建成首批 2 个部件试验台架，2023 年建成整机试验台架及 4 个部件试验台架，届时将成为国内唯一、国际领先、支撑重型燃气轮机序列化发展的大型试验验证基地。

2. 联合攻关，培育产业链单位试制能力

2018 年 9 月起，中国重燃组织产业链优势单位联合攻关，进行关键部件试制，开展了透平动叶、透平静叶、燃烧室等 34 项试制工作，带动上下游全链条单位试制能力整体提升。2019 年 6 月，攻克等

轴晶静叶精密铸造和精密加工技术，掌握大尺寸复杂结构静叶试制能力，完成透平第一级静叶首件鉴定；2019 年 8 月，攻克定向柱晶动叶精密铸造和精密加工技术，掌握大尺寸定向柱晶动叶试制能力，完成透平第一级动叶首件鉴定；2019 年 12 月，攻克燃烧室复杂型面成型、焊接等技术，完成首套燃烧室试制；2020 年 12 月，攻克多孔复杂型面叶片热障涂层制备技术，透平第一级动叶热障涂层通过寿命考核。通过上述关键部件试制，国内产业链单位基本具备了保障型号产品正向开发的试制能力，标志着我国迈出突破国外热端核心部件技术封锁、实现重型燃气轮机自主化发展的坚实一步。

（六）突出工程要素，形成特色鲜明的项目管理方法

中国重燃结合专项特征，构建涵盖“1+3”（技术状态+质量、进度、成本）核心要素、有别于传统科研/工程企业的“工程化”项目管理方法。

1. 正向溯源、由点及面，严控技术状态

2018 年 8 月，中国重燃详细对比重型燃气轮机研发与其他常规设备研发的异同，认识到对重型燃气轮机的技术管理，不能停留在“点”的层面，必须建立适配大型复杂产品正向开发特征的全面系统的技术状态管理体系。2018 年 10 月，中国重燃在总师办公室成立技术管理组，牵头启动技术状态管理工作，紧扣技术状态项、技术状态文件、技术状态基线、更改控制等关键要素，厘清管理的底层逻辑，实行“大状态+小状态”分级管控，发布技术状态管理系列程序 6 份。同时，在全公司开展程序宣贯及执行督查，推动技术状态管理成为全体设计、管理人员的共识。“大状态”方面，中国重燃在传统的“功能基线、分配基线、产品基线”三条基线基础上，增加“设计基线”，确保不同法人实体的产业链单位遵循同一个设计基准，据此形成四条基线“大状态”。“小状态”方面，以 BOM（Bill of Material）清单为纲，根据图纸迭代、分阶段发布计划，增加阶段性冻结图纸的“小状态”管理，抓实详细设计阶段的技术状态。

为避免技术状态无序变更，按“论证充分、各方认可、审批完备、落实到位”的原则，建立变更申请、论证、评审、实施及验证流程规范，将流程固化到研发设计管理平台中，实现技术状态总体可控、可追溯。型号研制产品 100 余份重大技术报告未发生颠覆性不匹配问题，2610 份图纸分阶段发布、迭代升版过程中未出现重大不一致问题；213 项专业设计内部接口、850 项设计制造外部接口、60 项重要变更管控有序，单个接口、变更的处理时间由原来的 15 天缩短至 5 天，一次关闭率由 70% 提升到 96%，极大地加速了设计活动从发散到收敛的过程。

2. 敏捷冲刺、刚柔并济，做实进度控制

重型燃气轮机产品正向开发需进行设计、试验和制造间的多轮迭代，不确定性高，层层压任务的刚性进度约束会抹杀研发设计人员的创造性。2019 年起，中国重燃从软件开发领域创造性地引入适应快速迭代的敏捷管理方法（Scrum），实现进度管控的“刚柔并济”：首先，公司级进度管控体系减为三级，且第三级进度计划颗粒度最多到月；其次，对于月度内的任务，采用敏捷管理模式，成立跨专业敏捷团队，赋予团队充分自主权，以“增量开发、小步快跑、分步验证”的方式，开展月度冲刺。

2019 年，中国重燃共组织敏捷管理主题沙龙及专题培训 10 次，21 人获得敏捷教练资格；同年 12 月，制定发布“典型试点、推广应用”两阶段实施方案。典型试点阶段，2020 年在支撑型号产品初步设计的压气机后半段试验项目中，成立由项目经理担任产品负责人、相关专业 7 位工程师为成员的敏捷团队，通过计划会议、每日站会、评审会等形式实行月度冲刺，最终按期高质量完成试验任务。推广应用阶段，中国重燃结合试点情况，编制发布《敏捷管理实施细则》，2020—2021 年在透平叶片设计制造、压气机全级缩尺试验、燃烧室和透平静叶联合试验等项目上，先后成立 56 个自管理的 Scrum 敏捷团队，在整体技术路线框架不变的前提下，动态制订冲刺计划，进行敏捷冲刺，充分调动一线研发设计人员的创造性和主动性，各项目均圆满高效完成目标任务。

3. 规范过程、允许失败，做优质量控制

2018 年下半年，经过深入分析，中国重燃构建起一套行之有效的质量控制方法，即允许结果失败，但必须确保过程严格遵守规范要求。

一是在研发设计环节，强调以过程符合性来确保结果的可靠性，而非确保设计必须一次成功。针对型号产品开发，中国重燃识别梳理设计关键节点，累计设置 170 个“质量门”，将其作为进入下一活动的控制点，利用技术专家和质量人员的合力，阶段性、系统性地检查设计活动是否符合既定要求，既不影响正常迭代，也起到过程把关的作用，截至 2021 年 9 月已释放质量门 133 个。与此同时，为提升设计质量，中国重燃于 2019 年 1 月引入 FMEA（潜在失效模式及影响分析，Failure Mode and Effects Analysis）工具和经验反馈机制，建立“举手免责”细则，截至 2021 年 9 月累计识别 80 余项关键技术风险，建立 517 条经验反馈，实现预防性质量管控。

二是在试验试制环节，强调试验试制过程符合既定规范要求，而非确保试验试制一次成功。中国重燃结合工艺全流程，累计发布针对各项目的质量计划 218 份，设置 6000 余个“质量门”，派驻质量人员全程参与见证，截至 2021 年 9 月已释放质量门 5610 个。与此同时，成立中国重燃项目办质控人员、第三方监造人员、项目承担单位质控人员组成的“三级 QC”小矩阵，实现全产业链过程质量控制工作的联动。2020 年以来，中国重燃充分利用区块链技术“可追溯、不可篡改”的特征，建立基于区块链技术的质量控制系统，进一步强化过程质量信息收集与管控。

4. 确立基线、分步达成，做好成本控制

中国重燃基于重型燃气轮机定型即面临全球竞争的形势和“设计决定 80% 成本”的认识，2018 年起即按照“明确目标、建立基线、压实责任、管控偏差”的管理思路，建立“五步法”（定义产品—设定目标成本—分解目标成本—找到削减成本的方法—实施成本削减）工作流程，发布《产品目标成本控制实施细则》。中国重燃对标市场主流机型，确定自主重型燃气轮机量产型产品目标成本，并按照“三个阶段、三条基线”的思路，形成首台（套）基线、定型基线、量产型基线，将远期目标与近期目标匹配联动；依据各阶段目标成本基线，遵循“谁设计谁对成本负责”的原则，形成目标成本责任矩阵，完成 124 项部套产品目标成本逐级分解，将产品偏差控制责任压实到一线设计人员。在各类评审导则中，将成本责任落实情况作为评审能否通过的重要判据之一。

三、基于新型科技攻关理念的重型燃气轮机工程技术创新体系构建效果

（一）突破“卡脖子”关键技术，按期高质量实现国家阶段性战略目标

截至 2021 年 9 月，累计突破 85 项“卡脖子”关键技术，填补了国内空白，打破了国外垄断。其中，全面掌握了重型燃气轮机总体架构技术、压气机气动通流设计、燃烧室火焰筒冷却设计、透平高温叶片冷却设计与热分析等 57 项关键设计技术，并通过了 446 个试验件、14632 小时的系统/部件/零部件级试验验证；掌握了重型燃气轮机部件试验技术，形成了 70 余项零部件、部件试验规范；掌握了高温母合金纯净化冶炼、大尺寸高温合金空心叶片精密铸造及加工等 28 项关键制造技术，形成 94 项制造工艺规范；获取了 120 种材料的性能数据，形成 88 项材料规范。截至 2021 年 9 月，中国重燃共获授权发明专利 142 项，授权实用新型专利 261 项，软著登记 54 项，发布企业技术标准 233 项。

专项推进之初的延误被动局面迅速扭转，一级里程碑完成率从 2018 年的 38% 提升到 2021 年的 91%，二级里程碑完成率从 2018 年的 61% 提升到 2021 年的 90%。中国重燃于 2020 年按期高质量完成了国家确定的阶段性战略任务，于 2021 年完成型号产品全部研发设计工作，全面转入制造阶段。2021 年 2 月，在国家有关工作会议上受到充分肯定。

（二）初步探索出新型举国体制下的科技攻关新模式，带动全产业链整体提升

中国重燃充分发挥国家科技重大专项的辐射带动作用，依托自主重型燃气轮机 AE 平台，有效促进

了创新要素在创新链、产业链间跨单位的高效流动，打通了从科研院所“原理突破”到制造企业“产品量产”的创新链条，通过推进设计制造材料一体化，有机整合了分散在国内不同法人实体间的创新资源，聚集了14家高校、14家科研院所、25家国有企业、14家民营企业开展联合攻关，形成了以清华大学、上海交大、北科大、哈工大等为代表的前端技术创新主体，以三大动力为代表的整机制造和总装厂，以哈汽、中科院金属所、江苏永瀚、北京北冶、无锡透平、成都和鸿等为代表的热端部件供应商，带动了60余家单位整体提升，初步探索出新型举国体制下的科技攻关新模式，形成了可推广的重大装备工程技术创新体系，为我国其他重大科技专项及大型复杂装备正向研制提供了有益借鉴。

（三）形成可复制的工程化管理方式，为后续专项实施奠定基础

中国重燃准确把握知识创造活动特征，以“科研工程化”为指导理念，狠抓“1+3”（技术状态+进度、质量、成本）核心要素，探索出一套适用于重大装备技术攻关的“工程化”项目管理方式，固化形成可复制、可推广的230份流程及程序文件，推动攻关活动由“独立性、个体性、不可控性”转为“系统性、结构性、可控性”，既为后续型号研发奠定坚实基础，也为其他重大科技专项项目管理做出了良好示范。

（成果创造人：束国刚、张　伟、马耀飞、高　骊、米文真、谢　琪、
辛国柏、王　暾、孙海江、李　艳、刘　伟、王召锋）

军工集团支撑国防和军队“三步走”战略的装备研发体系建设

中国兵器工业集团有限公司

中国兵器工业集团有限公司（以下简称兵器工业）是由中央管理的国有特大型企业，是我军机械化、信息化、智能化装备发展的骨干，全军毁伤打击的核心支撑，现代化新型陆军体系作战能力科研制造的主体，是国家“一带一路”建设的主力。多年来兵器工业始终坚持国家利益至上，将装备保障放在首要位置，是各大军工集团中唯一一家面向陆军、海军、空军、火箭军、战略支援部队及武警公安提供武器装备和技术保障服务的企业集团。兵器工业总部位于北京，现有50余家子集团和直管单位，主要分布在北京市、陕西省、内蒙古自治区等29个省、自治区、直辖市，在全球70余个国家和地区设立了100余家境外子公司和代表处。2020年年末，兵器工业资产总额4545亿元，人员总量23万余人，连续17个年度和5个任期蝉联国务院国资委业绩考核A级，位列世界500强企业排名第127位。

一、军工集团支撑国防和军队“三步走”战略的装备研发体系建设背景

（一）完整准确全面贯彻党中央决策部署的根本要求

党的十九大对国防和军队现代化做出了“三步走”的战略部署：确保到2020年基本实现机械化，信息化建设取得重大进展，战略能力有大的提升；力争到2035年基本实现国防和军队现代化；到21世纪中叶把人民军队全面建成世界一流军队。习近平总书记指出，要坚持体系建设思想，每一型武器装备要不要发展、发展多少，都要以对作战体系的贡献率为评价标准，纳入武器装备体系大盘子考虑。兵器工业贯彻落实好中央的新部署、新要求，必须转变“重单装、轻体系，重传统、轻新兴”的思维观念，树立“集中力量办大事、联合起来求发展”的系统思维，优化科研组织架构，强化顶层引领、资源统筹和内外协作，跨越提升整体创新能力，引领和支撑兵器工业做强做优做大，在国防和军队现代化建设中体现更多担当、发挥更大作用。

（二）整合力量支撑“能打胜仗”的必然选择

随着科学技术的突飞猛进，以网络信息、智能科技为核心的世界新军事革命，引发了包括武器装备、体制编制、作战理论等方面的重大变革。现代战争信息化程度不断提高，智能化特征日益显现，不再是单一领域、单一武器平台之间的对抗，而是基于网络信息体系的联合作战、全域作战，是作战体系之间的对抗。因此，军队要求着力转变武器装备单平台、单系统发展的传统模式，更加注重装备发展的体系设计、体系建设，瞄准体系作战能力需求构建装备体系，以体系贡献率为评价标准发展每一型装备，推动装备发展模式由“先装备后体系”向“先体系后装备”转变。兵器工业作为向各军兵种和武警部队提供武器装备的企业集团，由于历史原因，装备产品繁多、科研能力分散、装备型谱杂乱、厂所科研力量相对弱小与封闭，与装备体系化发展的要求不相适应。必须树立体系化思维，整合科研资源构建体系化的科研能力，高效推进装备体系建设发展，适应体系作战的需求。

（三）转型升级实现高质量发展的战略支撑

按照“设计武器装备就是设计未来战争”的要求，兵器工业从2015年开始对装备体系化发展进行了探索和实践，虽然取得了一定成效，但由于没有按照装备体系化发展的要求从科研组织架构上进行顶层设计和优化调整，技术创新资源散乱弱、专业技术能力不强、整体效率效能不高等突出问题依然没有得到根本性解决。例如，兵器工业弹药总体主要由2所和13厂组成，产品范围涵盖导弹、火箭、制导炮弹、灵巧弹药、巡飞弹药、常规弹药和航空弹药等。虽然各单位都有各自传统的技术领域和专业特

长，但支撑弹药发展的关键核心技术具有通用性，随着弹药信息化、智能化和远程化发展，由于顶层设计和资源统筹不够，弹药行业科研力量散乱弱的弊端逐步暴露，在每一项关键技术领域都有不止一家单位在开展科研攻关，本就不强的厂所科研资源形不成合力，科研与生产衔接不紧密，同质化竞争严重，既造成了资源浪费，也限制了相关攻关效果和技术能力提升幅度。要构建“能打胜仗”的装备体系，就必须要有相应的装备研发体系，从武器装备发展的理论、方法、技术、试验、评估、标准等各个环节上全面发力、打牢基础，走自主创新、自主发展的路子，体系化推进兵器工业转型升级，实现科技创新引领的高质量发展。

二、军工集团支撑国防和军队“三步走”战略的装备研发体系建设主要做法

（一）强化战略引领，明确装备研发体系建设思路与原则

为确保党中央关于国防和军队现代化战略部署在兵器工业全面贯彻与落地，一方面，积极承担和参加军队有关发展战略研究，深刻领会国防和军队现代化新目标、新要求，装备发展新需求、新理念，指导兵器装备科技发展目标、发展思路、发展方向；另一方面，开展兵器装备科技发展战略研究，充分响应军队有关战略需求，强化对装备研发体系建设及装备科技中长期发展的指导和引领，有效支撑国防和军队“三步走”战略。

1. 积极承担军队有关发展战略研究，准确把握军事需求

围绕国防和军队“三步走”战略部署，装备发展部、科技委等军委部门及各军兵种开展2035年前装备技术和2050年前国防科技发展战略研究。兵器工业贯彻军事需求、技术发展“双牵引双驱动”理念，着眼从技术推动角度，主动与军队沟通对接，积极承担技术发展类课题研究任务，全面参与相关装备发展类课题研究任务。在军委科技委牵头承担《2050年前某领域国防科技发展战略研究》等11项战略先导课题，军委装备发展部及陆军牵头承担《2035年前某领域装备技术发展》等18项课题研究，参与《2035年前网络信息体系装备发展研究》等33项课题研究。通过承担和参与军队有关发展战略研究，深刻领会“三步走”战略部署，准确把握军事需求，为兵器工业研究相关技术领域的发展目标及总体思路、优选发展方向与重点、制定分阶段实施路线图提供依据。

2. 明确装备研发体系建设的目标任务，充分响应战略需求

为充分发挥装备研发体系对“三步走”战略的支撑作用，在启动装备研发体系总体策划的同时，同步谋划2035年前兵器装备科技发展战略、“十四五”军品科研规划的研究论证。研究形成兵器工业《2035年前装备研发战略研究课题指南》和《军品科研“十四五”发展规划要点》，明确兵器装备科技发展的重大方向和主要内容，作为装备研发体系建设思路、目标和原则的依据，与《装备研发体系建设方案》一并发布实施。

围绕研究课题指南组建相关课题组，按照“注重需求牵引、突出技术创新、强化体系建设、做好军地衔接”的原则，组织行业内外专家，深入开展研究，形成各课题的研究报告。在此基础上，兵器工业以军队相关战略研究成果为依据，对2035年前兵器装备科技的发展方向、研究重点、技术路径、实施步骤、资源配置等方面进行顶层设计，形成兵器工业《2035年前装备科技发展战略研究报告》，召开三次评审会，得到军队装备发展战略编制单位、军队国防科技发展战略编制单位、陆军发展战略编制单位等专家的高度肯定，以文件形式发布。“十四五”军品科研规划树立体系化论证思路，形成由1个总体规划、7个专项规划、18个领域子体系规划及5个配合军方规划等四个方面构成的规划体系。《2035年前装备科技发展战略研究报告》和“十四五”军品科研规划体系，为装备研发体系建设及装备科技发展的目标任务提供系统、科学的指导。

3. 确定装备研发体系建设思路与原则

通过发展战略和规划的研究，结合现状分析，兵器工业形成“强化顶层引领、优化资源配置、

理顺管理关系、创新体制机制、系统协同推进，构建聚焦主业、集约高效的装备研发体系”的建设总体思路，这一思路的核心是既要解决国防和军队现代化建设的现实需求，又要布局战略性、前沿性、基础性技术创新与积累；既要强调体系和系统集成创新，又要强化核心关键技术攻关，持续提升兵器工业技术创新能力和产业竞争力，为履行好强军首责、实现高质量发展、服务国防和军队现代化提供强大支撑。

在这一思路下确定装备研发体系建设原则：一是围绕强军核心使命，把贯彻落实国防和军队“三步走”战略部署作为构建装备研发体系的出发点和着力点，统筹承担的“十三五”装备研制任务，强化对“十四五”将要启动的装备型号研制任务的支撑，同时瞄准 2035 年前兵器装备科技的目标任务。二是强化自主创新与产业化转化，明确中国兵器科学研究院（简称兵科院）、总体院所和专业院所、企业科技力量聚焦主业、错位发展、高效协同关系——兵科院重点强化装备体系策划与实施；总体院所和专业院所主要负责相关领域顶层规划与发展路线图制定、复杂武器系统抓总研制和关键核心技术研究；企业主要负责与自身生产定位相关的特色技术攻关、工程化和装备保障。三是建立科研力量“双重管理”模式，在不改变单位行政隶属关系的同时，在产品研发方面强化装备研发部及各领域子体系牵头单位对相关科研单位的业务管理和考核。四是坚持开放合作，以国家利益至上、军队利益至上，在充分发挥自身优势的同时，统筹联合和利用外部优质社会资源力量，发挥新型举国体制的优势。

（二）坚持系统谋划，重塑装备研发组织体系

为适应现代战争体系对抗发展趋势，系统构建和打通作战需求、体系需求、装备需求、技术需求、基础需求的整个链路，兵器工业着眼履行好强军首责、推动高质量发展，优化完善技术创新体系，构建装备研发体系。

1. 系统构建自主可控装备研发体系总体架构

为全面系统论证装备研发体系建设方案，在论证过程中，先后赴一线新质作战力量部队听取装备建设发展需求；赴军口、民口科研单位调研科技发展趋势和科研管理创新机制；赴国家核定保留军品科研能力的兵器科研单位调研科研能力现实条件和发展态势；在深度调研基础上，多次召开各类专题会、研讨会、交流会。通过调研军地 20 多家外部单位，与行业内 62 家支撑单位研讨，经过 10 多轮研究讨论和迭代完善，设计以中国兵科院为兵器装备体系总体研发单位，总体研究院所和相关专业院所为研发中心，企业科技力量及社会创新资源为有力支撑的三个层次装备研发体系总体架构，第一步构建 18 个领域子体系，分别由兵器工业 17 个科研院所作为牵头单位，分为体系级 2 个、装备级 11 个、分系统级 3 个、保障级 2 个（见图 1）。同时明确 18 个领域子体系的牵头单位和基本组织形式：在体系级，兵科院牵头装备体系设计和新兴领域研究，提供体系作战能力解决方案，培育新的装备体系；在装备级，北方车辆研究所等单位分别牵头相关领域装备产品研究，支撑军队装备建设需求。在分系统级，北方发动机研究所等单位分别牵头相关领域装备分系统研究。在保障级，兵器工业试验测试研究院服务保障装备产品试验验证，北方科技信息研究所为装备研发提供科技情报保障。另外，充分利用和联合全社会科研资源，加强开放合作协同创新。

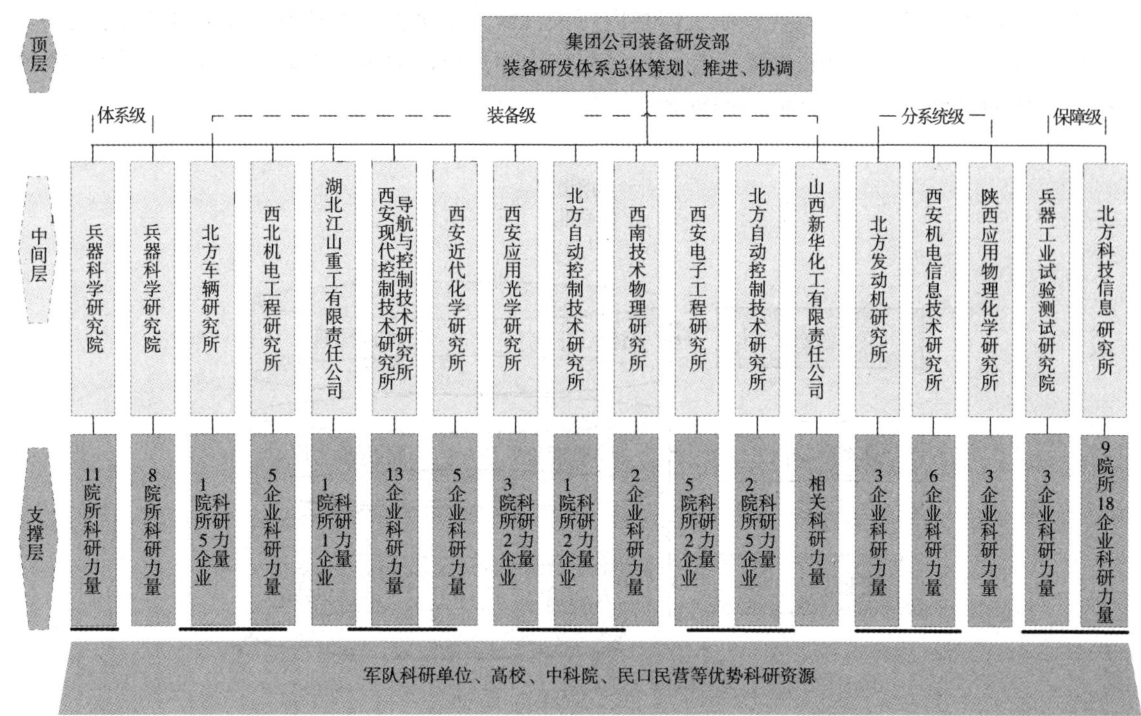

图 1　装备研发体系架构

2. 确定装备研发各领域子体系基本方案

根据装备研发体系的建设思路与目标、建设原则和总体架构，组织各领域子体系牵头单位，研究确定各领域子体系的目标功能、组织架构、分工布局、关键技术支撑、先行先试项目等基本方案，明确各领域子体系推进工作的责任主体：成立子体系推进组，组长一般由子体系牵头单位主要领导担任，成员由子体系内各单位主要领导组成，负责对子体系构建、工作计划、运行存在的重大问题等进行研究、决策、部署；成立子体系推进办公室，主任一般由子体系牵头单位主管科研的厂所级领导担任，成员由各单位科研管理部门主要负责人组成，负责子体系日常组织协调，负责提出子体系工作计划、项目安排及分工建议，经子体系推进组审定后组织实施；设立子体系专家委员会，主要依托相关领域专家组成，指导本领域发展战略、中长期发展规划制定，进行技术咨询、论证、评估。选择 47 个先行先试项目，作为各领域子体系推进工作的抓手。制定《装备研发体系推进工作指导意见》，从总体要求、组织机构与职责、运行方式三个方面提出 12 项顶层指导意见，明确 18 个领域子体系推进的责任体系，强化责任落实，加快推进各领域子体系的运行。

（三）赋权牵头单位，构建高效协同的管理体系

坚持整体性谋划、体系化推进的系统思维方法。体系化构建的科研组织形态，必须建立体系化的运行机制、体系化的科研管理。

1. 实行科研力量“双重管理”

运用现代项目管理的理念和方法，建立科研力量“双重管理”模式：在不改变科研力量行政隶属关系的同时，在装备产品研发方面，强化装备研发部及各领域子体系牵头单位对相关科研单位的业务管理和考核。如图 2 所示，在装备研发体系三层组织架构中，强化装备研发部对各领域子体系运行工作的业务管理和考核，装备研发部主要负责各领域子体系之间的综合协调管理，重点解决其他领域子体系解决不了的问题、各领域子体系建设交叉融合和动态调整的问题。强化各领域子体系牵头单位对子体系内

相关科研力量的业务管理和考评，各领域子体系内相关科研力量负责人的选拔任用需征求子体系牵头单位意见，各领域子体系内相关项目绩效考核评价结果作为相关科研力量负责人选拔任用、薪酬激励等的重要依据，实现创新导向，有效开展协同创新。

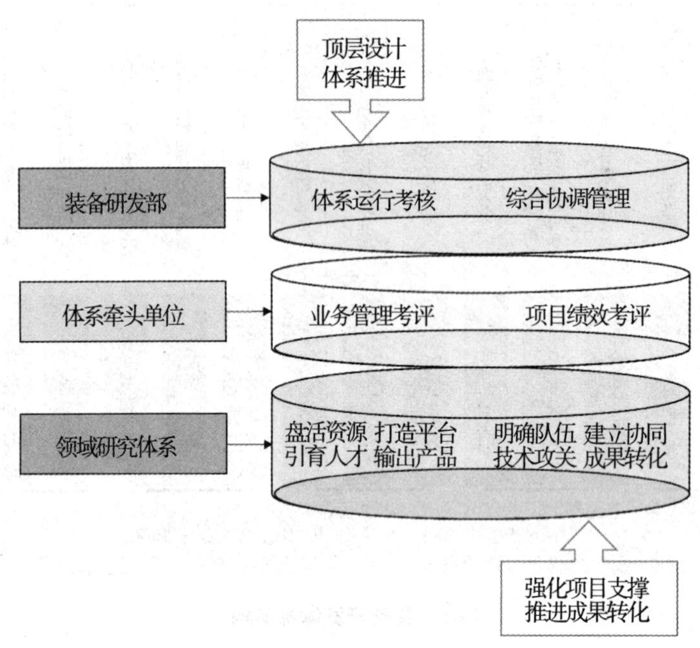

图 2　三层组织架构下的科研力量"双重管理"模式

根据不同领域的产品与任务特点，各领域子体系采取不同的管理与运行方式，创新管理运行机制盘活资源、打造平台、吸引培育人才、输出好技术好产品，重点在四个方面下功夫：一是在充分发挥子体系牵头单位牵引带动作用上下功夫，各领域子体系牵头单位履行"领头羊"职责，充分调动子体系各成员单位的技术优势和研发力量，细化专业方向、明确研究队伍、落实各项支撑条件，按照总体策划、分步实施、试点先行的原则，深入细化分解子体系工作、压实责任，保障子体系有序运行；二是在跨子体系协同配合上下功夫，各领域子体系牵头单位结合自身发展定位和使命任务，积极组织与相关领域子体系建立协同机制，按照体系级、装备级、分系统级、保障级的子体系分工，积极与相关子体系建立常态化对接机制，畅通子体系之间的沟通交流渠道，形成相辅相成、高效敏捷的协同关系；三是在关键核心技术研究和协同攻关上下功夫，各领域子体系牵头单位组织梳理本领域关键技术谱系，摸清子体系内各单位优势和短板，体系化组织推进关键核心技术攻关，扬长补短、精准突破；四是在技术成果转化推广上下功夫，各领域子体系强化项目间的支撑关系，加强不同研究阶段的技术工艺衔接，构建高效沟通与紧密协作机制，健全"产学研用"相结合的技术成果转化链条，对该转的、能转的技术成果，积极、及时向生产企业转化，形成上下联动"一盘棋"格局，实现利益共享、风险分担、合作共赢。

2. 建立装备体系建设管理机制

从事装备体系设计的子体系，是装备研发体系的第一个子体系，主要职能：一是常态化开展军事需求与发展战略研究，根据国家军事战略、重要战略方向作战任务和典型部队遂行使命任务的能力需求，提出兵器装备体系发展思路；二是研究战争形态演变，推进作战概念设计和装备体系创新，提出相应的装备体系构想。兵科院担任子体系牵头单位，主要由装备级子体系牵头单位提供支撑，联合军队科研单位、民口民营优势科研力量，面向军委机关及各军兵种，策划并组织落实装备体系建设。明确子体系牵头单位兵科院履行"双重职责"：一是履行兵器工业军品科研总体研究院职能，突出装备体系策划论证与实施；二是承担兵器工业总部装备研发部职能，加强装备科研规划计划、专项工程科研、装备科研项目竞标、前沿科技创新攻关的综合管理。“双重职责”强化兵科院作为装备体系总体研发单位的地位和作用，为高效推进装备体系建设提供组织机制保障。

该子体系运行除了实行“双重管理”模式，并充分利用兵器工业科技委的平台作用和科技委专家的技术交流渠道，搭建作战需求与装备体系设计、技术创新与军事运用互动的桥梁，经常性会同军队军事理论、作战需求专家开展综合集成研讨、头脑风暴等互动模式，迭代研究生成军事需求。除了积极争取承担军委机关、各军兵种战略研究和装备体系策划项目外，兵器工业每年从科技开发自有资金中投入专项研究经费，专项用于常态化战略性课题研究和装备体系策划，相关成果如被军委机关、各军兵种采纳，可作为加分项，作为对相关科研力量负责人及团队选拔任用、奖励与激励等的重要依据。项目立项后，优先向上级机关推荐论证组成员担任项目主要研发人员。

3. 推进装备研发管理能力现代化

以体系化、流程化、制度化、信息化为方向，建立健全装备研发管理的制度体系和信息化管理系统，推进装备研发管理能力现代化。修订《中国兵器工业集团有限公司军品科研管理办法》等制度，制定《中国兵器工业集团有限公司装备研发体系运行管理办法》等制度。构建装备研发信息化管理系统，通过信息化管控平台，打通兵器工业总部、牵头单位与参研单位的项目管控业务流程和数据通道，有效提升装备研发管控质量和效率。18 个领域子体系分别制订实施方案及管理办法。装备研发管理体系在构建运行中通过不断丰富拓展和动态调整，持续改进，PDCA 循环，不断优化完善自主创新、自主供给、自主保障的长效机制，打造聚焦主业、错位发展、高效协同、运行顺畅、可持续创新发展的新格局。

（四）面向体系作战，开展装备体系设计

针对体系对抗的现代战争特点，建立“体系建、建体系”的装备创新发展模式。立足装备研发体系，着眼体系作战能力的军事需求，开展装备体系设计，论证各型装备在装备体系中的位置，从体系对抗的角度完善各型装备功能、性能指标设计，确保每型装备能够有机融入装备体系，发挥应有的作战效能。

1. 搭建“兵器装备顶层规划与设计研发平台”

围绕新形势下我军装备发展的新理念、新要求，面向典型作战部队装备体系的设计与开发，建设“兵器装备顶层规划与设计研发平台”，该平台是国家国防科工局在装备体系设计能力建设领域投资军工集团的首个试点项目，为基于信息系统的新型装备体系论证设计、试验验证、效能评估提供全新的环境、科学的方法和适用的工具；为现役装备体系改造升级提供必要的环境、方法和工具；为新型武器装备型号立项提供基于体系作战能力要求的需求与战技指标论证的环境、方法和工具。

充分利用该平台条件，开展装备体系设计与综合评估、装备体系集成与系统试验等方面的工作，为装备体系虚拟设计与评估提供平台和手段。

装备体系设计与综合评估：对军事需求及需求论证结果进行采集、获取、梳理、衔接和追踪，对各层次需求和相关要求进行分析、分解与转化；建立装备体系结构设计与样机设计的关系，进行装备体系样机方案设计、装备样机设计及设计优化，明确接口、协议和标准等，分解装备体系功能、性能要求，建立基于系列化、模块化、通用化、标准化的装备体系样机数字模型，对装备体系进行多目标、多方案综合分析与优化。

装备体系集成与系统试验：进行团、营、连等不同战术规模装备体系的集成与试验。通过二、三维演示手段，实现新型装备体系的虚拟展示。通过试验数据采集、分析和评估手段，实现装备体系功能和性能的综合测试，为装备体系的优化设计提供定量分析依据。

2. 开展装备体系设计与评估

根据系统工程生命周期的七个环节，装备体系设计采用基于 DoDAF 的设计方法，围绕军事需求，完成作战体系设计和装备体系设计，打通从作战任务—能力需求—装备体系编配—涉及的技术领域—物化为何种技术装备的链路。

装备体系评估采用的手段：一是基于仿真评估验证系统开展分析验证评估工作；二是综合利用典型要素部队能力试验验证。

借鉴上述基于模型的系统工程方法，紧密结合我国国情、军情及兵器工业特点，充分利用国家投资建设的“兵器装备顶层规划与设计研发平台”，兵器工业装备体系总体设计的组成及关系如图 3 所示。以国家军事战略需求、典型作战部队使命任务、编制体制等为顶层输入，通过装备体系需求研究、典型作战单元装备体系结构设计、装备体系仿真分析系统、装备体系效能评估和装备编配优化分析，为典型作战部队装备体系建设和型号研制提供顶层指导。

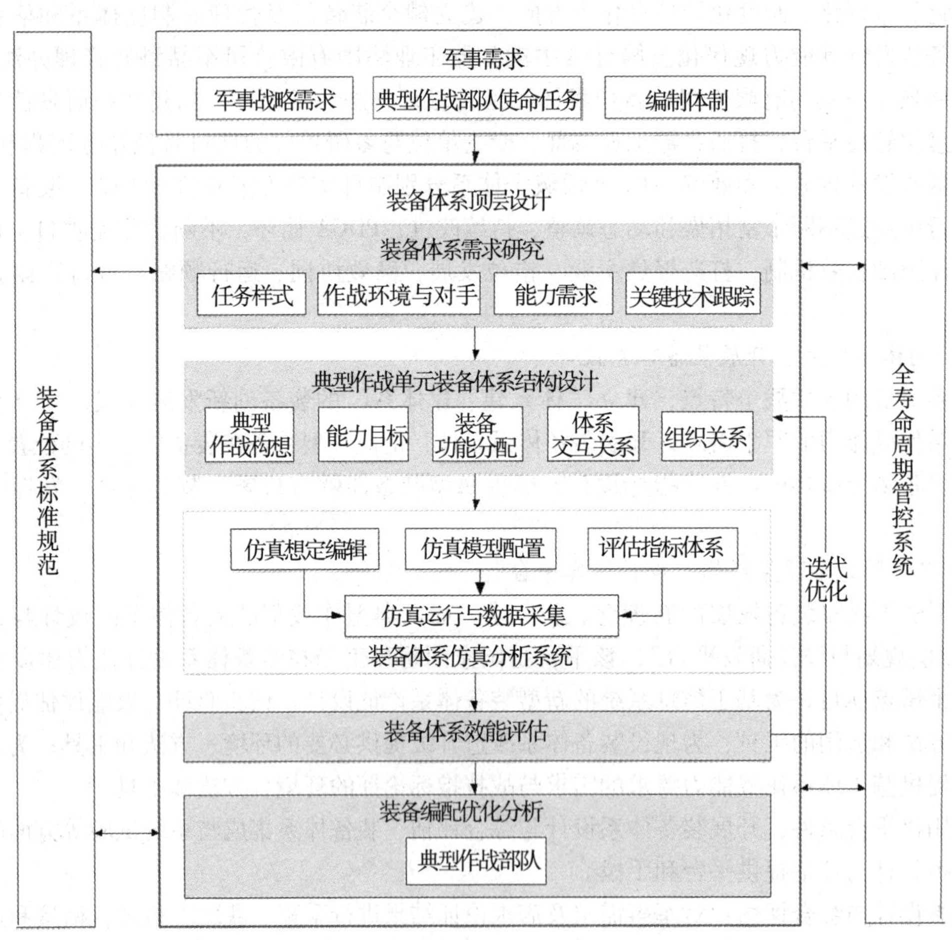

图 3　兵器工业装备体系总体设计的组成及关系

装备体系设计过程中，装备体系需求研究、典型作战单元装备体系结构设计的研究成果，是装备体系仿真分析系统的输入，并在仿真分析系统支撑下完成装备体系效能评估，支撑开展典型作战部队装备编配优化分析、装备建设发展研究。同时，典型作战部队装备体系顶层设计既依赖于典型作战部队标准体系规范，又为制定体系层标准提供依据；既是典型作战部队装备体系全寿命周期管控系统的管理对象，又为管控系统提供基础管理数据。

装备体系效能评估的基本方法是：在多种装备编配方案和装备功能、性能约束下，评估装备体系作战效能，分析装备体系情报侦察能力、指挥控制能力、立体机动能力、火力打击能力、多维防护能力和综合保障能力等，给出装备体系能力建设和装备发展建议，支撑典型作战部队装备体系优化和典型作战单元装备体系结构设计研究等。

“体系建、建体系”的装备创新发展思路，以及取得的一系列重要成果，得到了军委副主席的充分肯定，认为兵器工业的科技创新思路和举措很有价值、创新性很强，军委联合参谋部、装备发展部多位首长到兵器工业专题调研指导，为兵器工业深入开展“十四五”典型作战部队装备体系设计、评估、建设，实现“先体系后装备”发展模式起到良好的促进与带动作用。

（五）强化协同创新，高效完成“十三五”任务和“十四五”布局

充分发挥新型举国体制的优势，立足装备研发体系形成的体系化装备研发力量，联合国家有关部委、军队科研单位、中科院系统、高等院校和民口民营单位等相关专业领域的优势资源，组建相关专业领域“国家队”，高效完成“十三五”任务和“十四五”布局。

1. 强化军民协同按期完成国家专项工程研制建设任务

国家北斗地基增强系统：联合国家六部委，全面完成两个阶段研制建设任务，建成全球规模最大的北斗地基增强系统和综合数据处理中心，与阿里巴巴集团合作成立千寻位置网络有限公司，共同打造军民共用、自主可控的高精度时空基础设施。构建军事“北斗+”应用体系，通过在线开放的军用时空服务平台，面向全军用户提供服务。联合中国移动、华为等龙头企业，建设北斗三号系统民用短报文应用服务平台，为我国及亚太地区实时提供短报文通信、位置报告、应急搜救等特色服务。与中国铁建联合承担北斗铁路行业综合应用示范工程，成体系开展国家战略行业北斗应用。充分发挥军贸、国际化经营和海外资源优势，成功实施阿尔及利亚国家地基增强网等一批海外合作项目。

某突击装备系统：针对体系作战特点，创新构建“3+1+N”的系统概念方案，联合中科院、清华大学、中电科、航天科工、一汽等50多家行业外单位开展协同创新，按期完成预先研究任务，实现从单装跟踪模仿向武器系统原始创新的重大跨越，对陆军和陆战领域的体系作战能力整体跃升具有战略意义。

某毁伤专项：强化基础研究和成果推广应用，联合中科院、浙江大学、上海交大、第三军医大学、国防科大、北理工、南理工、中物院等40多家行业外单位开展协同创新，技术水平与军事强国的差距由“代际差”缩小到“代内差”，部分研究成果已在军兵中大量应用。

2. 强化产学研用结合论证实施“十四五”国家专项工程

某突击装备专项工程：根据该项目自主创新引领性突出，起点高、概念新、跨度大等特点，充分发挥装备研发体系的整体科研能力，联合中电科、航天科工、清华大学、北航、陆军研究院、装甲兵学院等产学研用优势单位，组建“国家级”联合论证团队，秉承小系统承载大使命、小系统融入大体系、小系统跨越大时代的战略思维，以机械化、信息化、智能化融合发展为指引，以作战概念创新为牵引，构建开放式系统架构，通过能力层层映射，形成包括系统、平台、分系统等各层级技术方案的论证报告，经中央批准立项实施。

某引信专项工程：充分发挥“1+6+N”架构的领域子体系作用，联合航空、航天、船舶、中物院等科研院所及北理工、南理工、军队院校等，全面对接各军种装备论证部门，组建“国家级”论证团队，召开十余次专题讨论会，经过多轮论证，形成项目方案设计，构建形成科研院所以项目方案设计研发与前期性能试验验证为主、企业以工艺设计与产品装配及试验考核为主的“所—企”联合研发模式。军队立项评审专家充分肯定专项的“体系化”论证思路，认为“论证提出的统筹全国优势资源，军方主导、多方参与，集中优势力量，形成赶超世界先进水平整体合力，成体系开展协同攻关的组织措施，

充分体现了开放合作、竞争发展的思路”。目前中央已经批准立项实施。

3. 立足国家科技基础加快前沿探索

构建新兴领域子体系，与高等院校、中科院及地方政府签署多项战略合作协议，加强技术合作和人才联合培养等多种方式的合作，加快前沿领域的合作步伐。通过承担军委装备发展部《武器装备机械化信息化智能化融合发展研究》重点装备理论研究课题，深入认识“三化”融合发展的概念内涵、特点规律，为兵器工业厘清“三化”发展思路，明确方向重点提供指导。通过研究编制兵器工业《2035年前军事智能化发展战略研究报告》，对2035年前军事智能化的发展方向、研究重点、技术路径、实施步骤、资源配置等进行顶层设计，为兵器工业军事智能化中长期发展提供前瞻性战略指引。论证编制兵器工业《“十四五”智能化技术发展规划》，提出兵器智能技术特别是发展更为紧迫、要求更高的智能陆战技术发展思路。论证启动军事智能试验场和研究院建设，为兵器工业加快前沿新兴领域发展奠定良好基础。开展智能化体系、未来城市作战、海外利益维护、多域作战、模拟训练仿真对抗、高超声速、电磁脉冲武器等前沿新兴领域技术研究，加强空白和瓶颈技术的合作引进，部分项目与相关研究机构建立全面战略合作关系，互派研究人员，共同组成项目研究团队，形成深入融合、共同发展、战斗力快速生成的一体化协作环境。

通过战略规划引领，联合承担多项国家和军队重大科技专项和前沿创新重点项目研究任务，科技自主创新能力得到大幅提升。高超声速武器技术进入国家第一梯队，红外器件部分关键指标达到国际先进水平，中波和长波红外探测器组件支撑战略武器核心元器件自主可控，车载战术激光武器、电磁轨道炮、侦打突击战车、新型无人机、突防协同打击武器等新概念武器研制取得重要突破，推动新质战斗力生成。

三、军工集团支撑国防和军队“三步走”战略的装备研发体系建设效果

通过装备研发体系建设，构成了聚焦主业、集约高效的整体装备科研能力，有效解决了技术创新资源散乱弱、专业技术能力不强、整体效率效能不高等突出问题，顶层引领、统筹资源和协同创新能力持续增强，成为国家战略科技力量的重要组成部分，在履行政治责任、经济责任、社会责任方面发挥了中央企业的重要作用。兵器工业“支撑国防和军队‘三步走’战略的装备研发体系建设”入选国务院国资委国有重点企业管理标杆创建行动100个标杆项目。

（一）履行使命担当成效突出

在国家科技自立自强方面。国家北斗地基增强系统建成了由155个框架网基准站和2800多个区域增强站组成的自主可控的“全国一张网”，具备在全国范围内提供实时米级、分米级、厘米级，后处理毫米级的高精度位置服务能力。面向军事领域、战略行业、区域经济、大众应用、海外市场五个领域的应用全面展开，打破了GPS多年来的技术垄断，在国家科技自立自强中发挥了重要作用。一批军队专项工程、装备体系和重点装备按期完成研制任务，实现了由跟踪仿研向自主创新的跨越。

在落实国家战略需求方面。充分发挥科技创新新型举国体制的优势，承担了多项面向2035年的国家专项工程，提升了兵器工业在国家和军队中的战略地位。先期策划12个装备体系得到军队认可启动实施，兵器工业成为多个典型作战部队装备体系试点建设技术总师单位。

在前沿科技布局方面。承担了23项“核高基”国家重大科技专项，完成15项研究形成技术积累。一批新概念武器项目取得了重大突破，地面无人平台形成体系研发能力，无人机形成产品体系，多个军事智能项目完成一期研究，有力支撑我军壮大新域新质战斗力。

（二）企业实现高质量发展

立足装备研发体系形成的体系化创新能力，紧盯专项工程、装备体系，体系化提升自主创新能力，着力攻克关键核心技术，在2019年、2020年军工集团军品任务考核中位列第一。深化论证专项工程，

得到军委首长和军队、国防科工局机关总体认可，“十四五”兵器科技发展布局基本落地。两年多来仅专项工程和装备体系已争取科研经费200多亿元。

（三）社会效益明显

在装备研发体系的支撑下，组织各相关单位圆满完成2019年阅兵装备技术保障重大政治任务，彰显了兵器工业装备研制的最新成就，以“零隐患、零故障、零抛锚”的高标准，牵头保障全部32个地面装备方队受阅，成功接受党和人民检阅，受到习近平总书记通令嘉奖和军队各级首长、受阅部队的高度肯定，也极大地振奋了国威军威，增强了全体中华儿女的民族自豪感。

（成果创造人：焦开河、缪文民、宋跃进、吴明曦、苏晓东、杨　栋、周旭芒、姜忠明、朱　丹、任　杨、李晓飞、鲍亚红）

以“并行迭代”为主要特征的某新概念飞行器研制管理

中国运载火箭技术研究院

中国运载火箭技术研究院（以下简称一院），是中国航天事业的发祥地，是中国航天史上第一个火箭研制基地，是中国第一枚导弹“1059”的诞生地，是中国首次“两弹一星”试验任务的结合者；已培养六位“两弹一星”元勋、三十三位两院院士、两位国家最高科学技术奖获得者。作为中国航天史上地位最重要、规模最大、历史最长的导弹武器和运载火箭研制、试验、生产基地，一院成功研制系列导弹武器，奠定国家安全基石；成功研制18型长征系列运载火箭，具备发射近地轨道、太阳同步轨道、地球静止轨道等多种轨道载荷的能力；成功发射我国第一颗人造地球卫星、第一艘载人飞船和第一颗探月卫星，为实现中国航天三个里程碑的跨越做出突出贡献，是中华民族千年飞天梦想的承载者。

一、以“并行迭代”为主要特征的某新概念飞行器研制管理背景

（一）引领国防装备跨越发展、维护大国地位的需要

推进航天强国建设，需要建设世界一流宇航企业、研制世界一流航天产品。某工程立项研制的新概念飞行器，是世界各国均力争掌控的国防装备制高点，立项之初，尚无国家取得成功，我国如能率先取得突破，将为确保我国国防装备的威慑性和作战效能的有效性、维护国家安全稳定和大国地位、建设航天强国做出重要贡献。

（二）提升国防新兴科技领域创新能力、带动相关学科发展的需要

某工程是近代中国少有的与世界强国同时起步的研究项目，其原创性和探索性极强，新概念飞行器的远距离、长时间飞行理论、仿真验证技术、工程设计等理论和方法不成熟，地面试验手段等保障条件十分欠缺，具有深度不确定性。承载国家意志，某工程必须立足国情、自主探索，通过工程实施带动相关领域的科学与技术发展，形成扎实的科学基础和完善的技术体系，培养高水平的科研队伍，带动领域保障能力建设和产业升级，促进我国领域自主创新能力的重大跨越。

（三）形成高效管理机制、确保实现工程既定目标的需要

为应对深度不确定性，某工程需要打破从基础理论研究、关键技术突破到型号研制和飞行验证传统的串行研制模式，并同时部署基础理论研究、关键技术攻关、飞行试验验证和保障条件建设四条任务线的创新活动：基础理论研究需从概念出发，进入未知领域进行原理探索，突破领域的理论空白，为技术攻关提供理论和方法支撑；关键技术攻关需自主探索技术路线、掌握核心技术；需要以飞行试验验证为手段，在各种功能层次上开展技术集成，验证理论和关键技术攻关成果；需要应对技术储备、设计方法、生产工艺、试验能力等严重匮乏的局面，为理论研究、关键技术攻关和飞行试验验证提供能力保障。四条任务线的管理特征迥异，同时相互关联、高度融合，其管理的复杂程度在航天研制管理中尚属首例。某工程需要针对四条任务线实施精准统筹管理，有效协调和推进四条任务线工作，打通从理论研究、技术攻关到型号装备工程研制的创新链，探索和实践可复制、可借鉴的管理机制，推动我国国防重大复杂工程管理跃上新台阶。

二、以“并行迭代”为主要特征的某新概念飞行器研制管理主要做法

（一）一体统筹，部署四条任务线协同推进

1. 澄清逻辑关系，确定某工程研制管理的总体思路

某工程集预先研究和工程研制于一体，四条任务线相辅相成、有机融合、有效衔接，其逻辑关系

为：关键技术攻关是工程研制的核心，基础理论研究为关键技术攻关提供原理支撑、指引攻关探索方向，攻关过程中如果发现模型不准、需要补充认知时，需反馈到理论研究任务线，推动理论成果的修正和完善；地面和飞行试验验证为关键技术攻关提供验证手段，关键技术攻关则为演示验证中的技术难点提供解决方案；关键技术先经地面集成演示验证，成功后再经真实飞行环境进行演示验证，同时反馈支撑理论的完善和关键技术的成熟度提升，最终完成技术的全面突破，持续夯实领域的技术基础，逐渐完成领域知识体系的构建。保障条件建设需同步于其他三条任务线，为基础研究、技术攻关和试验验证提供基础能力准备，四条任务线的逻辑关系如图1所示。

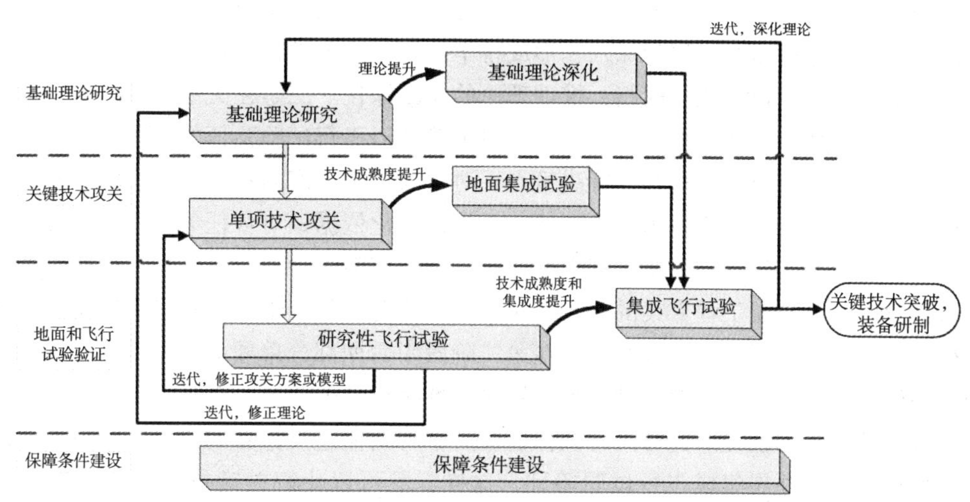

图1　四条任务线的逻辑关系

根据四条任务线并行创新探索需要，确定某工程的研制管理总体思路为“三准则一策略”：面临高度复杂性，遵循“复杂性降解”准则，通过在思维层面建立工程要素属性及关联的逻辑体系，“降低”和“分解”工程的固有复杂性，从而获得认知启发、把握科学与工程规律；面临深度不确定性，遵循“适应性选择”准则，通过动态应变不断探索和验证工程解决方案；面对多任务线的差异化管理需求，遵循“多尺度管理”准则，在对问题做出整体性把握的基础上，实行精细化、有针对性的管理，回应工程管理的现实需求；面对高难度、目标难以一次达成的技术攻关任务，采取“迭代式生成”策略，把问题的整体复杂性分解到方案生成过程中的多个阶段，每个阶段只应对整体复杂性的一部分，并通过多次适应性迭代形成方案序列，逐渐逼近最终方案。

2. 一体部署研制实施策略，制定总体与分阶段目标

基于上述管理思路，某工程对各任务线任务活动及所涉及要素的管理特征加以识别，确定某工程的研制管理策略为“一体统筹、分段迭代、异步并行、分类精准”，即全面规划和制订实施方案，相辅相成，协同推进四条任务线；以全程评估和分段决策支持迭代式生成最优方案，全面践行异步并行工程理念和“边探索、边研究、边验证、边研制，总体渐进、局部螺旋”的迭代式推进，确保工程能够动态应变和稳步推进；针对各任务线存在显著差异的独特管理需求，分类精准、差异化管理各任务线上的研制活动。

将工程的整个研制周期划分为2~5年不等的三个研制阶段，立足当时科研生产条件和国内技术水平，将总规划目标分解为环环相扣、层层递进的阶段性目标。将工程的全寿命周期划分为“打牢基础”“攻关集成”和“飞行验证”三个阶段。围绕工程总目标，设定三个阶段的分目标，分别为：在“打牢基础”阶段，建立领域基础理论体系，明确各系统关键技术攻关目标和方案，确定飞行试验总体规划，

开展设计仿真和急需保障条件建设；在“攻关集成”阶段，要完成基础理论应用研究、单项关键技术攻关突破并经地面集成试验验证（部分核心关键技术经过若干研究性飞行试验验证）、关键技术收敛并具备开展集成飞行试验条件，同时完成设计、制造和试验能力体系建设；在“飞行验证”阶段，将所有经地面试验验证的关键技术按工程条件开展产品研制，完成真实集成飞行试验考核，并完成补充能力建设，为装备量产奠定基础。

（二）分段迭代扎实推进攻关进程，分段验证提高验证效能

1. 分段迭代、各个击破攻关难题，化解实施风险

一是在基础理论研究任务线，集国家优势力量、开放创新，从概念原理探索起步，按照原理探索→完善理论→深化理论的迭代路线，逐步深入、形成科学认知，为关键技术攻关提供方向，并经关键技术攻关加以逐步验证，经过多轮迭代、回归，推动理论的不断深化。二是在关键技术攻关任务线，通过迭代的螺旋上升过程，按照单项技术攻关→地面集成演示验证→飞行试验验证的迭代路线，在采用多方案并举的同时，在工程的三个研制阶段末设置决策点，对单项技术、产品、制造和系统等实施多层次、多维度、全过程的成熟度评估，依据技术成熟度评估提供的量化依据，对各任务线在各阶段的任务完成情况加以评估，结合后续工作的预判分析，多方案迭代，动态调整下一阶段的规划目标和筛选下一阶段的技术路线，以分阶段决策实现工程方案的逐步聚焦、工程难题的各个击破。在飞行试验验证任务线，按照研究性飞行试验→集成飞行试验两步开展。在第二阶段中后期部分单项关键技术取得突破时，按照先行先试原则，采用成熟的试验平台对关键技术进行研究性飞行试验验证。待第二阶段结束，全部关键技术取得突破、关键核心技术已经研究性飞行试验验证后，将新概念飞行器的全部关键技术集成，瞄准最终装备的使用性能目标，开展集成飞行试验验证。这样，既可以化解关键技术一次集成飞行的重大风险，又能够促进领域技术的逐步递进迭代突破，为装备工程化研制奠定扎实基础。

2. 分段试验求证全程，提高验证效能

某工程待验证的试验项目数量多、状态多，且飞行产品的生产周期长、飞行试验的窗口期短，必须大幅度提高验证效能才能达成工程目标；必须革新验证理念，才能突破无法开展1∶1飞行试验的限制。为此，某工程引入“研究性飞行试验”验证新理念，将验证关键技术突破作为飞行试验的核心任务，以关键技术突破牵引试验验证，利用有限的飞行产品，探索和验证更多的专业特性及关键技术，为装备型号完成总体方案闭合提供支撑，并在确保做到“控制风险保成功”的同时，努力实现“摸边探底触极限”，提升飞行试验的验证效能。

某工程引入“分段验证、求证全程”的验证理念，在工程研制的不同阶段采取差异化的验证策略，以解决国内靶场条件无法实施全程考核的难题。将全程考核目标分解为初段、中段和末段三段目标，将飞行试验剖面进行相应划分和设计，再按照“一体化分步推进”策略设计飞行试验方案，在综合集成飞行演示验证飞行试验之前，先开展“研究性飞行试验”来认识领域环境、解决地面试验无法验证或无条件验证的关键技术（如气动特性、热环境等），为各项地面集成演示验证试验提供准确的环境条件依据；再结合仿真分析，对受国内靶场条件限制无法在飞行试验中得到考核的关键技术、综合集成飞行演示试验及地面严加考核等的结果做出是否满足型号总体方案的相关结论。

在飞行试验开展初期，将完整飞行作为验证目标，赋予任务团队宽松的环境；在飞行试验后期，将识别问题、摸清设计边界、掌握设计裕度作为验证目标，通过增加“探索飞行段”，在飞行试验的“规定动作”、飞行试验判据“圆满成功”后，设计新的飞行动作，以有效利用有限的飞行试验子样，大胆验证飞行方案参数裕度和产品性能余量，探索验证更多的专业特性和关键技术，回归修正理论和设计模型，直接提高工程设计水平，并为制订后续飞行试验方案提供依据。

（三）全面践行异步并行理念，高效推进工程研制进程

1. 贯通基础理论到工程研制的创新链，异步并行推进四条任务线

某工程突破“沿创新链依次开展理论研究、技术攻关和试验验证”的传统研制路径，提出异步并行、协同推进基础理论研究、关键技术攻关、飞行试验验证和保障条件建设四条任务线，快速打通理论研究到工程研制及型号装备的创新链条，将20~30年的传统串行研制周期缩短为十年左右时间，大大缩短从基础理论研究到形成装备能力的时间长度，确保我国率先占领该领域的科技制高点。

第一阶段理论先行，以厘清领域科学和理论问题为目标，联合全国优势力量，专业覆盖全面地开展理论研究，探索关键技术攻关的方向；随着攻关和理论研究深入，第二阶段以理论应用为目标，在深化基础理论研究的同时，通过关键技术攻关和飞行试验开展理论验证；第三阶段在经过第二阶段研究和验证基础上完善理论和模型，实现理论研究的回归迭代。三个阶段中，基础理论研究任务线是一个逐渐聚焦、收敛和深化的过程。

关键技术攻关是工程研制的核心。三个阶段按照制订攻关方案→多路线单项技术攻关→地面集成演示验证→飞行试验验证的顺序开展，各系统技术方案从不确定到确定、技术成熟度从低到高逐步进阶，集成范围和规模逐步从小到大，多攻关方案逐渐收敛，通过一系列地面关键技术集成试验，实现关键技术突破和成熟度进阶。

飞行试验验证是关键技术的验证手段。基于成熟度评估，随着基础理论和关键技术成熟度的逐渐提升，对达到一定成熟度标准的技术通过研究性飞行试验进行验证，并逐渐扩展研究性飞行试验所囊括和验证的技术范围，最终在所有关键技术取得地面集成试验成功、核心关键技术通过研究性飞行试验验证的基础上，集成工程的所有关键技术，通过真实环境下的系列集成飞行试验的全面考核，实现关键技术全面突破、工程目标全部达成。

保障条件建设是工程实施的能力基础。改变“先审批后建设”的传统做法，通过“统筹规划、急需先行、分步实现”，确保保障条件建设与其余三条研制任务线进度相匹配，最大限度地满足研制需要。

2. 革新理念、优化流程，高效开展技术攻关和试验验证

为在有限的时间窗口期内开展创新度极高的前沿性探索，某工程瞄准最终研制与飞行考核目标，采用并行工程方法对传统研制流程加以优化（见图2），将初样和试样阶段合并为工程研制阶段，并在关键技术攻关阶段引入研究性飞行试验，助推关键技术攻关和突破。同时，某工程采用异步并行研制理念，根据各项关键技术的成熟度等级的差异，异步开展关键技术的研究性飞行试验验证，先成熟先验证，直到全部关键技术完成集成飞行试验，从而大幅度提高关键技术攻关和试验验证的效率。

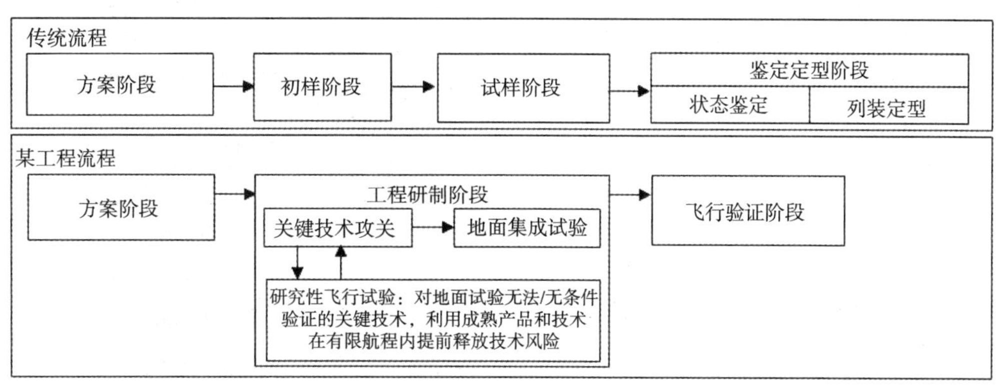

图2 基于异步并行理念的研制流程

一是异步并行开展不同成熟度等级的各分系统（单机）研制。量化评估各单机和分系统所依托的关键技术的成熟度等级，对成熟度等级较高的单机和分系统，跨越方案阶段直接从工程阶段开展相关研制工作，将节约的时间用于提前开展更高等级技术的突破，以降低研制风险和节约研制经费。

二是并行产品投产。在方案研制后期、转段前，依据技术、产品成熟等级分类开展研制阶段工作和试验产品备料、投产。在整个研制过程中，全面实施 IPT 的产品集成开发，对系统与单机、部段结合制造工艺并行开展详细设计，在方案阶段及早暴露设计问题，提前确定产品元器件和原材料的选用方案；完成技术审查后，提前开展初样和飞行产品的元器件和原材料采购、备料和投产；方案转段完成后，在对设计进行确认的基础上，快速将产品的数字化设计模型及相关要求下达给生产单位开展生产，从而大幅节约研制周期。

三是并行、组拼开展大型试验。改变传统的基于串行研制流程的验证管理模式，在工程研制试验尚在进行中即并行投产飞行试验产品。将大型试验中耗时最久、参与系统最多的两整发产品试验，作为初样大型试验的两条主研制线；在两整发产品的包络时间内，依据试验大纲和试验方案，对其余试验产品采用“一品多试、一试多效”的原则开展试验，以缩短大型试验周期、减少配套产品当量，从而减少资源冲突、节约成本和避免产品进度拖延，确保大型试验按时完成。

（四）开展全过程成熟度评估，实施分类精准管理

1. 拓宽成熟度评估作用域，构建四维一体成熟度评估体系

为解决决策问题、化解研制风险，某工程拓宽成熟度评估的作用域，构建技术成熟度、制造成熟度、产品成熟度和系统成熟度四维一体的多层次、全过程成熟度评估体系（见图 3），将成熟度评估的作用域从事后确认拓展为事先策划和全程监测。分析单项关键技术攻关、集成地面演示验证、飞行试验验证等活动中的技术风险控制重点及难点，确定技术攻关过程中的大型试验与技术成熟等级的映射关系，设置若干技术状态基线的确认节点，作为成熟度评估的实施点；设定六级成熟度标准，一旦某项技术在某个节点的评估中达到五级成熟度水平，即可部署对该项技术开展飞行验证。在每个确认节点上，将评估结果与事前策划时确定的攻关工作要求进行比较，明确进展情况和存在的差距，为制定关键决策和精准管理措施提供量化依据。

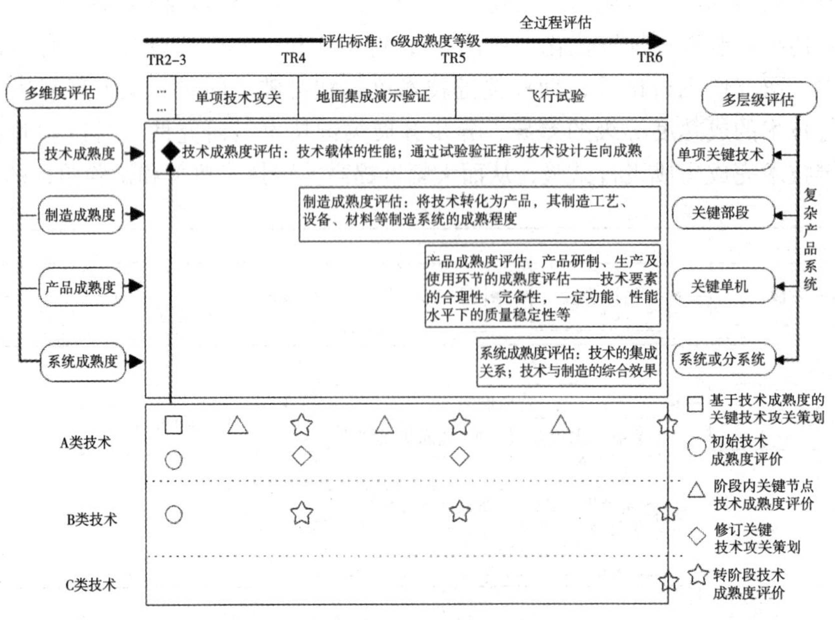

图 3　四维一体的多层次、全过程成熟度评估体系

2. 基于成熟度评估，对核心任务线实施分类精准管理

一是对基础理论逐步收敛。基础理论研究是一个逐步收敛聚焦的过程。在工程实施伊始，梳理出123项科学和基础理论问题，全国各大高校和科研院所同步开展研究，针对理论的高度不确定性，部分课题选择若干家同时开展。在第一阶段末期对各课题进行成熟度评估，评估结果分成三类：理论的技术成熟度没有提升、对关键技术攻关作用不明显且有替代方案的，直接终止研究；理论的技术成熟度有所提升，但未达到直接应用的TRL3级，且工程急需的，安排开展专题研究；理论的技术成熟度达到三级以上，直接转入单项关键技术攻关，并在攻关中进一步验证和修正理论模型，实现基础理论的迭代和螺旋上升。经过逐步聚焦收敛，基础理论研究由最早的123项收敛到第二阶段的16个专题、第三阶段的8个专题，并与关键技术攻关和飞行验证紧密结合。

二是对关键技术实施“分类差异化”管理。提出技术关键程度概念和识别方法，确定三级分类和差异化管理准则，将17类、77项待突破的关键技术划分为重大、重点和一般三类，确定三类技术的差异化攻关目标为：14项重大技术关乎工程总体目标实现，技术指标必须100%严格实现；56项重点技术影响总体方案闭合，技术指标允许部分调整；7项一般技术不影响总体方案闭合，技术指标可做适应性微调。其中，重大技术采取多方案同步、择机评估确定的方式予以实施，如气动外形、热结构材料体系、轻质高效能源等。

以技术成熟度评估指导单项关键技术的分类和差异化过程管理：通过规范和量化的技术辨识，避免漏选和错选关键技术；通过技术分类，对攻关目标实行量化管理，使攻关工作更聚焦、要求更明确；及时掌握关键技术攻关的进展情况，有效识别技术与制造的薄弱环节和风险点，避免不成熟技术的提前转段；精准把握技术的成熟规律，系统策划、梳理和清晰技术路线，科学合理制定规划，牵引攻关工作的整体协调发展。

经评估达到TRL4的单项关键技术才能具备进入地面集成演示验证条件；先行达到TRL5的部分关键技术才能安排研究性飞行试验验证；第二阶段结束，对全部关键技术开展评估，全部关键技术达到TRL5以上，开展集成飞行试验。通过关键技术的技术成熟度评估，不断促进关键技术成熟度水平的提升，待工程结束，促进了装备的快速立项研制和能力形成，超额完成了工程目标。

三是对地面和飞行试验实施“分类定制化”管理。将地面试验项目分为两类：考核性试验项目，必须试验通过才能确定方案和技术状态，否则就会面临较大技术风险；验证性试验项目，为提高技术成熟度而安排，即便试验未通过，一般也不会引起方案性颠覆。面向总体方案闭合，通过总体统筹，每发飞行试验均策划目的不同的、分属不同类型的多项试验项目，只要全部考核性试验通过，则立即确定产品的技术状态，并按所确定的状态进行产品备料投产，从而充分利用有限的飞行产品开展验证，并大幅度加快研制进度，确保在最短时间内齐套飞行试验产品、按计划完成验证任务。

四是指导工程试验样机制造管理。例如，通过对全部热结构部段开展制造成熟度评估和制造风险分析，化解热结构制造这一关键制造难题；持续跟踪短板的技术和制造元素的提升及改进情况，为化解技术和制造风险提供重要支撑。以系统成熟度评估指导集成验证飞行器的状态确定，以制造成熟度和产品成熟度评估，指导工程飞行试验阶段的全面风险管理和转型号决策。

（五）创新组织机制，打造能力保障体系

1. 建立紧耦合、穿透式组织机制，牵引各子系统的协同攻关

工程立项伊始，一院成立某工程专项办公室，通过构建一体化、紧耦合的穿透式组织机制，强化四条任务线和计划经费的一体化管理。汇集国内该领域数十位顶级院士专家，成立专家组，把关工程的重大决策，并深入研制一线解决研制过程中的各类重大问题，强力推动工程研制进程；跨越传统的航天专业分工体系界面，成立飞行器总体、结构、防隔热、电气和控制等专业闭环的飞行器总体技术研究所，

作为工程的技术抓总单位，牵引各子系统的协同攻关；联合国内代表领域最高水平的近400家科研院所和高校及军、民企业，遴选基础理论研究的首席专家，组建工程研制的国家队，开展集智攻关；通过建成领域的产业创新生态，为工程研制提供强大的智力保障。

2. 一体统筹科研生产与条件建设，打造能力保障体系

为支持三条研制任务线活动，一院一体统筹科研生产与条件建设。匹配科研生产的总体和阶段目标，同步规划条件建设的总体与阶段目标：在第一阶段，对总体设计、高性能计算能力和热试验风洞等急需项目先行建设，对风险较大或需求暂不明确的项目，采取“谨慎决策”方针，如立项之初率先建设百万亿次计算系统和50MW电弧风洞，为核心任务线的活动开展提供重要手段和试验条件；在第二阶段，根据关键技术攻关的进展，对项目建设必要性或内容进行评估并适时调整规划，全面开展生产和试验能力建设；在第三阶段，补充批量生产能力建设。

三、以“并行迭代”为主要特征的某新概念飞行器研制管理效果

（一）圆满完成了工程既定目标，推动我国该领域装备跨代升级

某工程立足国情，通过科学有效的管理策略和组织实施，在极短时间内，成功研制出领域内世界首型新概念飞行器，并于2019年完成项目验收，圆满实现前沿理论探索不断深入、关键技术攻关不断推进、飞行试验成功、保障条件建设等多重目标，抢占该领域的科技制高点，赢得与强敌战略博弈的主动权。背景型号总体方案已实现闭合并通过飞行试验验证，标志我国全面突破该领域的核心关键技术，并正向多平台拓展应用，牵引带动领域内不同应用场景的若干装备型号立项，为该领域装备的体系化、系列化发展奠定了坚实基础。

（二）牵引了多学科跨越式发展，使我国在该领域迈入世界前列

某工程用十年左右时间，攻克77项关键技术，全部十余次飞行试验连续取得圆满成功，获取一套型号系统方案设计、虚拟试验和地面试验等参数，掌握一套领域特种装备设计准则和性能评价方法，形成一套基于国情的全新考核验证理念和飞行试验方法，实现该领域应用基础研究从“0”到“1”的理论方法跨越，推动了力学、控制、材料学等多学科的蓬勃发展，部分学科达到或接近国际领先水平，推动“我国在该领域技术迈入世界前列”。

（三）有效带动了该领域装备保障能力提升

某工程牵引了全国近400家科研院所、高校、军工企业和民营企业，形成拥有528套关键设施设备的六大保障平台和飞行试验走廊，快速拉升我国在材料、电子、加工等领域的市场化保障能力，有效弥补我国在该领域装备设计、制造与试验研制保障能力的不足，实现该领域研制能力的自主化、碳基/陶瓷基复合材料的国产化和工业化，促进了国防科技成果的转化，不仅为后续装备的研制奠定了坚实的基础，也为国民经济和社会发展提供了重要的内驱力。

（成果创造人：阎　君、张志强、方建平、李　亮、刘　涛、姚承照、宋凯歌、任晶志、涂积奇、李　丹）

突破世界技术难题的流域梯级水电工程项目建设与运营管理

华能澜沧江水电股份有限公司

华能澜沧江水电股份有限公司（以下简称澜沧江公司）是由中国华能集团有限公司控股的国有大型流域水电企业。公司成立20年来，装机容量超2300万千瓦，累计输送清洁能源8500亿千瓦时，资产规模突破1800亿元，资产负债率、盈利能力等指标保持行业领先，是一个集水、风、光于一体的清洁能源领域的上市公司，云南省最大的电力企业、国内第二大水电流域公司和澜沧江—湄公河次区域最大的发电企业。澜沧江公司始终以建设世界一流绿色电力企业为目标，相继建成以小湾、糯扎渡、黄登等国际里程碑工程为代表的大型水电工程13座，创造出多个“中国第一”“世界第一”，在打造世界原创技术策源地、水电产业链“链长”中取得了显著成效，打造绿色电力全流域开发保护与生态文明建设标杆项目，为国家构建清洁低碳、安全高效的能源体系，实现“3060”双碳目标做出积极贡献。

一、突破世界技术难题的流域梯级水电工程项目建设与运营管理背景

（一）开发绿色能源保障经济社会发展需求

工业革命以来，世界能源消费剧增，煤炭、石油等化石能源资源消耗迅速，温室气体排放导致日益严峻的全球气候变化，人类社会的可持续发展受到严重威胁。20世纪70年代，能源的绿色、低碳变革已经在世界范围内成为一种发展趋势，水力发电、风力发电、太阳能发电等具有低污染、可再生、节能减排的绿色能源开发利用受到世界各国的高度重视。水电作为可再生清洁能源，具有运行成本低、便于电力调峰等特点，有利于提高资源利用率和经济社会综合效益。在全球传统能源日益紧张的情况下，世界各国普遍优先开发水电以充分利用水能资源，其中欧美发达国家水电开发率20世纪80年代就普遍超过90%。

在我国，增加能源供应、保障能源安全，大力发展可再生能源，促进经济社会可持续发展和生态环境保护，是一项重大战略任务。水电资源是我国的优势资源，开发水电是能源产业发展与结构调整的要求，是国土资源利用与区域经济振兴的要求，是国家环境保护与可持续发展的要求。国家能源发展“十三五”规划提出使可再生能源逐步成为我国能源供应增量主体，水电是绿色电力的主力军之一，在我国能源发展中占有极其重要的地位。进入21世纪，随着经济和社会的进一步发展，环保要求的日益提高，电力结构的优化调整，以及西部大开发战略的全面实施，水电产业凭借其可开发量大、技术成熟、清洁稳定等优势，成为我国经济社会可持续发展的重要支撑。

澜沧江—湄公河是一条流经中国、缅甸、老挝、泰国、柬埔寨和越南6个国家的跨国界河流，全长4880千米，其中境内干流长2161千米，流域集水面积约17.4万平方千米，水力资源极为丰富，共规划23个梯级水电站，总装机容量约3200万千瓦，年发电量约1470亿千瓦时，是中国重要的水电能源基地。全面推进澜沧江流域水电开发，对国家实施西部大开发和“西电东送”战略，保障国家能源安全，促进经济社会可持续发展，具有十分重要的意义。

（二）突破流域水电开发建设中的世界级工程难题

澜沧江流域水电站工程特性、地质条件十分复杂，多项工程建设过程中遇到的难题国内外均无可供参考借鉴的规范或经验。面临诸多世界级难题，为实现高质量建设、高质量运行目标，自主创新能力亟待提升。

小湾电站工程工区狭窄、山高坡陡，地处高地震烈度区和泥石流多发区，地质条件复杂，其建设难

度在全国当时的在建水电工程中首屈一指。小湾电站最大坝高 294.5 米，最大水头 251 米，开挖边坡高度近 700 米，150 亿立方米多年调节水库，大坝承受最大水推力近 2000 万吨，最大泄洪功率超过 4600 万千瓦，同时还面临巨大的温控防裂技术难题亟待解决。作为世界首座 300 米级的混凝土双曲拱坝，小湾工程建设在许多方面没有成熟的理论、规范和经验可供参考。

景洪电站通航建筑物水力式升船机当时在国内外无设计、科研、施工经验可供借鉴，其建设实践过程充满了挑战。

糯扎渡电站挡水建筑物为心墙堆石坝，坝高 261.5 米，比中国已建同类坝型跨越 100 米台阶，超出中国现行规范的适用范围，很多技术没有规范和经验可借鉴。糯扎渡电站大坝工程量大，料源复杂，坝体填筑强度高、持续时间长，过程质量控制要求高。溢洪道工程规模巨大，高水头、大泄量、高流速等泄洪消能问题突出。

黄登电站地处滇西北横断山区，自然条件差，冰水作用形成的堆积体分布普遍，枢纽区坝顶以上分布有倾倒蠕变岩体，地震设防烈度较高。工程枢纽区河谷狭窄，施工布置困难。地下洞室群规模大，岩体卸荷较深，且有较软的凝灰岩夹层分布，对洞室群稳定有不利影响。

通过以上实例可以看出，水电建设过程中的问题接二连三、错综复杂。两院院士潘家铮等专家院士多次说过："世界最难看小湾，等小湾建成了，是世界向我们学习。""水电大坝是土木工程之王，小湾大坝是王中之王！"除了小湾工程，建成、在建和规划中的二十多座水电站汇集了众多世界级水电技术难题，双曲拱坝、混凝土重力坝、心墙堆石坝等坝型囊括了世界上所有主要坝型，澜沧江流域成为名副其实的世界水电坝型博物馆。强化科技引领、提升自主创新能力，是保障本质安全、确保高质量建设运营的必由之路。

（三）在建设和运营中贯彻新发展理念的客观要求

妥善处理好水电开发建设与环境之间的关系，是一个十分重要的课题。澜沧江流域不同江段都有各自独特的自然环境，地理、气候差异性极大，野生生物种类资源和生态系统类型都极为丰富，其中不乏很多珍稀、特有，甚至是较为古老的生物种群。需要切实有效地做好水电建设过程中的生态环保工作，以及持续加强建成后的生态环境保护。

以小湾、黄登电站为例，小湾水库淹没范围涉及大量陆生动植物，包含珍稀植物红椿、千果榄仁等多种植物，以及白腹锦鸡、白鹇鸡、红胸角雉、獐子、麂子、黑熊等多种动物。黄登电站段生存着光唇裂腹鱼、灰裂腹鱼、澜沧裂腹鱼、后背鲈鲤等大量澜沧江土著鱼。如何实现对当地野生动物、植物的保护，水生生物特别是土著特有鱼类的保护，以及水环境等方面的保护，是水电开发过程中极为重要的一个环节。

征地和移民搬迁安置工作贯穿整个水电工程建设的始终，也是工程建设成败的关键。澜沧江干流在云南省境内规划 15 个梯级电站，流域水电工程多是高坝大库，涉及的工程占地和淹没量大，山高坡陡，耕地少，可安置容量小，工程征地和移民安置工作难度极大。规划移民人口约 14.4 万人，涉及迪庆、丽江、怒江、大理、保山、临沧、普洱、西双版纳等 8 个州市近 30 个县（区），征地移民投入达数百亿元。流域电站地处少数民族聚居地，地瘠民贫，如何处理好与当地少数民族的关系，妥善解决移民故土难离的情结，促进民族团结，保障移民合法权益，有效帮扶脱贫出列及助力乡村振兴等一系列的问题需要更深入的研究。

二、突破世界技术难题的流域梯级水电工程项目建设与运营管理主要做法

（一）目标引领理念先行，构建"分级一体全链条"管理体系

强化顶层设计，确立"五个一"水电开发理念，整体推进"流域、梯级、滚动、综合"开发。率先成立流域水电集控中心，实现对流域电站的远程集中运行控制管理，形成"集中管理、分级负责"

的管理架构。锚定构建生态、智造、和谐多维立体管控这一目标，构筑“科技创新深度融合，本质安全横向贯通建设、生产、运营全链条”的项目建设运营管理体系。奠定了可持续发展的坚实基础，实现有序、有度、有效发展，形成“水风光一体、跨流域开发、国内外协同”的良好发展格局。

1. 确立“五个一”水电开发建设理念，明确项目建设运营的指导原则

提出“建好一座电站、带动一方经济、保护一片环境、造福一方百姓、共建一方和谐”的“五个一”水电开发理念，多个领域成为行业标杆。强化基建质量、安全施工、进度、造价、设计、技术、达标投产、验收等环节管控，持续完善标准化、制度化体系。充分尊重工程建设的客观规律，以确保工程安全和工程质量为核心，科学确定建设工期和工程造价。个性化剖析工程所处的自然环境、人文环境等因素，更加注重生态环境保护和造福移民，把当地的特色元素融入工程建设中，促使人文、自然与工程和谐依存，获取良好的社会效益，切实推进生态环境保护、造福移民、建设和谐社会。

2. 本质安全工作横向贯通，筑牢建设运营全链条安全防线

以落实全员安全生产责任制为核心，以健全完善安全风险分级管控和隐患排查治理双重预防机制为重点，多措并举、强化制度体系建设执行、技术技能提升、外包工程管理、应急管理、安全文化建设等专项工作，积极应用“工业互联网＋”技术，建设和运用安全信息化、一体化管理平台，在水电工程建设、生产、运营各阶段应用实施，形成可复制、可推广的“1＋2＋X＋N”（其中1代表落实全员安全生产责任制，2代表双重预防机制，X代表制度执行、技术技能提升等多种举措，N代表互联网管理方式）本质安全管理模式。同时，不断总结流域水电开发、建设、运行安全管理经验，主动打破传统管理模式，成立集控中心、检修中心、科技中心，积极探索和实施“建管合一”和“一厂两站”管理模式，从组织措施上实现“减人”；大力推进科技兴安，充分应用远程集中监测、预警和控制技术，从技术措施上实现“少人”；全面推进“无人值班”生产管理模式，从管理措施上实现“无人”，不断推动公司本质安全管理水平取得新突破。

3. “纵向到底、横向到边”，项目建设运营全链条深度契合层序分明

依托“集中管理、分级负责”的管理架构，控稳建设、生产、运营各环节平稳有序过渡。找准业务链条衔接“环扣”，踏踏实实深潜“探底”，平铺“摸边”。立稳“本质安全”这根脊梁骨，系统衔接“一级法人，两级管理，四项机制（业主负责制、合同管理制、招标投标制、项目监理制）”的建设管理体系、“大公司、小电厂、运维检合一”的生产管理体系、“远程集控、无人值班”的发电运行管理体系、“直营、自营、大客户直供”的多样化营销管理体系。将科技创新融入血脉，作为堵点难点的敲门砖、劈山斧贯穿管理全链条，秉持水电人逢山开路、遇水搭桥的精神，千方百计打通各个“门槛石”，铸造一体化纵横协同管理组织体系，推进流域水电工程项目建设运营稳步有序攻坚克难。

（二）强化科技创新，突破世界级技术难题

澜沧江流域从开发之初就注入了“强国芯”。从2001年小湾水电工程开始筹建，成立了以两院院士、“水电泰斗”张光斗为顾问，两院院士、中国工程院副院长潘家铮任主任委员，中国工程院院士谭靖夷任副主任委员的小湾水电站专家委员会，并在此基础上组建了流域电站专家委员会，对电站建设过程中的重大技术、安全、质量、进度、投资等方面的工作进行全面的指导、检查和督促；成立以马洪琪院士担任组长的澜沧江流域质量检查专家组，每年对流域开展工程质量检查。

1. 科技创新与工程建设一体化管理

聚焦国家战略需要，瞄准水电关键核心技术特别是“卡脖子”问题，大力实施科技创新。一是搭建完善的科技创新平台。建成了由国家能源水能高效利用与大坝安全技术研发中心、马洪琪院士工作站等构成的“国家—省部—集团—公司”四位一体科技创新平台，强化了科技研发和成果转化应用的基础。形成了一支由行业领军人带领的结构合理、素质优良的科技创新团队，建立了“院士—专家传帮

带”人才培养模式，并获“中央企业优秀科技创新团队”称号。成立了流域专家委员会和流域质量专家组，形成了以企业为主体，产学研及专家团队相结合的科技创新体系。二是不断优化科技创新布局。聚焦澜沧江流域电站建设难点，利用研发平台协同各参建单位、设计院、科研机构、高校联合攻关，实现了在工程技术、施工工艺、智能建造等方面全力开展前瞻性重大技术难题攻关，引领了世界水电行业全产业链的发展进步。三是重点攻关“卡脖子”技术。系统解决特高拱坝体型结构、大体积混凝土温控防裂、高坝复杂地基处理、高坝抗震及防渗、超高边坡（700 米级）加固治理、高水头大容量高转速水轮发电机、高坝通航及过鱼设施等大水电开发“卡脖子”关键技术。小湾水电工程被业内专家称为“中国水电的巨人肩膀”，工程突破现行技术规范，开创了我国乃至全世界建设 300 米级高拱坝的先例，系统解决超高混凝土坝温控技术，创造性地采用中期冷却和多次小温差冷却技术，成功控制混凝土温度裂缝。小湾电站 4 号机组成为中国水电装机突破 2 亿千瓦的标志性机组。

2. “三精三化”推进工程建设

厚植华能“两高一低”基建文化，大力实施精品工程战略，积极探索实践“精心设计、精细施工、精益管理”和“信息化、数字化、智能化”工程管理。

推行“三精”管理。一是精心设计，协同攻坚破难题。围绕工程安全建设、绿色智能建造、流域运行安全、水能高效利用、智慧企业建设等重点方向开展科技研发攻关，在集成创新基础上强化基础研究、原始创新和前瞻性研究。澜沧江流域高坝建设一批核心技术成果已成为行业规范，推广运用到锦屏、白鹤滩等多座巨型水电站建设中，引领世界坝工技术发展。创新特大地下洞室群建设技术体系，小湾、糯扎渡超大规模地下洞室群均是国内一流水平和规模的典型工程。建成世界首创、中国原创、具有中国完全自主知识产权的景洪水力式新型升船机。二是精细施工，多措并举建精品。围绕“安全零隐患、质量零缺陷、环保零违规、进度零延误、资金零浪费、纪律零问责”的“六零”基建管理目标，多措并举创建精品工程。建立“业主负责、设计支撑、施工保证、社会监理、专家把关、政府监督”的工程质量管理体系，建设世界一流精品工程。推行“架子队”施工模式，外包作业人员及施工过程管控水平得到全面提升。研发运用三维可视化工法库，实现施工工艺标准化、作业人员培训规范化、高效化。三是精益管理，敢试敢为出创新。针对澜沧江公司水电开发点多面广、战线长等特点，围绕资源节约集约利用探索实践精益管理。成功探索实践了“一级法人、两级管理”“强业主、大监理”“一局两站、建管合一”等模式，大幅减少管理人员、提升管理效能。统筹全流域电站梯级滚动开发建设，集约交通、物资、机电等施工资源多工程共用共享。多渠道优化降低工程建设成本，全流域电站造价较可研概算降低 15% 以上。

推动“三化”发展。深度挖掘信息物联网技术和工程建设的融合应用，成功促进了工程建设由信息化、数字化向智能化模式快速发展。2004 年率先实施“数字小湾”，实现大坝安全监测系统与数字模拟仿真分析技术结合。2008 年首创研发了糯扎渡“数字大坝”系统，实现了大坝建设质量、施工、安全管控数字化。2015 年迭代升级实施“智能黄登”，促进了数字大坝向智能大坝转变，形成了以智能仿真、智能碾压、智能温控、智能通水、智能管理集成平台等为核心技术的水电工程智能建造体系，引领坝工建设由信息化、数字化建设迈入智能化。

3. 精研细琢持续优化流域集控一体化

随着澜沧江集控中心水情自动测报系统的不断发展和扩充，系统复杂程度不断增加，自主研制“大型流域水情自动测报系统”，提高系统遥测电站可用度和畅通率。开展流域集中智能控制研究，以数据共享标准统一为原则，数据安全管理为核心，打造涵盖智能技术支持、分析计算与存储、数据的采集分类与汇总、安全防护设备、数据网、电厂专业/采集系统等多维一体化集成。基于“吴英劳模创新工作室”“水电远程集控技术创新工作室”双工作室，研究构建了集控中心管控一体化平台，将海迅实时数据库、海迅关系数据库、数据汇集引擎、数据统一访问接口等软件有机结合，综合应用于流域集控。针对多类型、跨流域电站、多业务，面向集控中心构建数据建模规则，实现全局数据的汇聚和分发。首次将管控平台实时数据接口内嵌至计算机监控系统中，实现了生产数据高实时性、海量交互，并采用先进的手段实现了动态组屏技术、自动开停机智能算法等。将大量的人工运算变为自动计算，大幅减少了人工工作强度和时间。

4. 推进水电领域国产化原创技术策源地研发

为解决长期以来水电站计算机监控系统作为水电核心控制技术长期依赖国外产品这一“卡脖子”难题，澜沧江公司开展小湾水电站全国产水电计算机监控系统改造工作，国内单机容量（700MW）最大的全国产水电计算机监控系统研发成功。本次国产化研发过程中，首次采用 AGC/AVC 独立装置，并在国内水电行业工控领域首次成功应用全球通用标准 IEC－61850 通信协议。同时融入澜沧江大规模水电站集群运营管理丰富经验，为我国水电计算机监控系统国产化推广应用提供了“华能样板”。对推动我国水电站控制系统领域现代产业链的发展，提升水电控制系统和产业链安全，推动工控系统产业链国产化进程加速发展具有十分重要的意义，是澜沧江公司争当水电工控系统及其他水电现代产业链链长、积极研究建设水电领域原创技术策源地的生动实践。

（三）智能技术赋能，实施全流域阶梯化调度管控

1. 推进澜沧江流域梯级水电站远程集控运行

深入研究澜沧江梯级优化调度关键技术，积极探索适应新形势的梯级水库联合运行方式，对澜沧江流域已投产 10 个电站、50 台机组、2000 万千瓦容量的远程集控，其中 8 个电站已实现“无人值班”，形成了“远程集控、统一运营、运维检合一”的生产运行管理模式。统筹兼顾防洪、发电、蓄水、航运等综合利用效益，全面统筹电力供需、市场交易、电网运行形势，有效化解汛前高原融雪导致来水异常增加等诸多压力，顺利完成两库消落目标；平衡两库蓄水与径流式电厂发电之间的关系，汛期通过两库合理蓄水腾出发电空间，充分利用梯级水电站联合调度的优势及小湾、糯扎渡两大调节水库的调蓄能力，实现水资源高效、经济、综合利用，构建起澜沧江流域梯级水库联合优化调度格局，提升澜沧江流域梯级水库群综合效能，获评国家能源水能高效利用示范基地。2016 年，根据国家有关部委要求向澜沧江下游应急补水 126.5 亿立方米，有效缓解下游国家旱情，为国家实施“水外交”做出积极贡献。

2. 智能化发展促进生产管理转型升级

结合生产管理存在的痛点、难点及面临的形势，以提升设备精益化管理为目标，树立利用大数据、人工智能等新一代信息技术提升设备管理的理念，建立基于工业互联网的水电站全设备在线数据远程智能分析系统。按照“全系性、普适性、前瞻性、先进性”的原则，有序推进水电工业互联网顶层设计。深入研究建立典型故障预测机理，建立故障预测模型。充分应用工业互联网、大数据分析手段开展设备数据分析，由“时间域”向“模型域”转变，由“实时数据报警”向“状态数据分析预测”转变、由“单一维度”向“关联多维度”转变，更加全面地分析评价设备状态。有效提升设备精益化管理水平，助力打造“精品”机组，深化设备状态检修，夯实设备本质安全基础，提升设备管理效率和质量，有力推动生产管理变革，有效促进生产管理转型升级。

（四）多层次立体化跨纬度，实施全流域生态环境保护

1. 强化规划引领，构建澜沧江生态保护立体防线

聚焦澜沧江生物多样性保护，强化环境规划刚性引领，以项目为载体，从澜沧江生态系统整体性出发，强化上下游、跨纬度、干支流等不同区域环境生态保护要素的综合治理。规划阶段优化调整，取消了果念等电站的开发计划，对古学、勐松等电站改变开发方式、时序，避让保护区，保留天然河段，实现环保与发展的“最大公约数”。建设阶段在澜沧江重要河段和关键项目积极推进水环境治理、水生态

修复、过鱼设施建设等重要生态措施，构建多层次“立体化保护、项目化管理”新型全流域生态保护体系。持续整合资源，实现流域珍稀植物保护、高坝过鱼、增殖放流等环保措施合理布局、资源共享，凝聚全流域生态保护合力，形成绿色生态网络。

2. 打造生物多样性环境，护航绿色生态

着力攻克水电环保科技难点，建成国内首例正式投运的升鱼机，实现澜沧江 11 种土著鱼类增殖放流，开创分层取水全国水电环保设计的先河。大批行业创新示范强的环保科研成果在流域得到了示范和应用，护航绿色生态。在多个电站因地制宜布置鱼类增殖站、珍稀植物园等设施，着力降低工程建设和生产运营对生态环境的影响，护航电站周边生物多样性环境。以糯扎渡电站的“两站一园”（珍稀动物拯救站、鱼类增殖放流站和珍稀植物保护园）为例，糯扎渡珍稀动物拯救站是国内第一个由企业投资建设的动物拯救站，共计救护、暂养国家Ⅰ级保护动物蜂猴等、Ⅱ级保护动物白鹇等及“三有动物”600 余只（头），放生至野外或当地森林公园野生动物黑熊、蜂猴等 8 种 200 余只（头、条）。鱼类增殖放流站主要对澜沧江中下游珍稀特有鱼类（包括红鳍方口鲃、中国结鱼、后背鲈鲤、叉尾鲇、巨魾、中华刀鲇等），采取野生亲本捕捞、驯养、人工繁殖（孵化）、苗种培育、放流等措施进行保护。世界上首次成功实现人工繁殖巨魾，先后人工增殖叉尾鲇、中国结鱼、中华刀鲇等澜沧江特有鱼种，实施增殖放流珍稀鱼类 32.12 万尾，网捕过坝经济鱼类 600 万尾。珍稀植物保护园主要对枢纽区和水库淹没区分布的国家Ⅰ级保护植物宽叶苏铁和篦齿苏铁、国家Ⅱ级保护植物合果木和金荞麦等 11 种国家重点保护植物及其他珍贵植物群种进行迁地保护。共计移栽国家保护植物 8824 株，种植野生植物 4620 株，现有保护植物和野生植物共计 24892 株。“两站一园”的多年高效运行，对当地及云南省生态多样性保护起到了积极作用。

（五）企地和谐共建，服务区域经济、民生

1. 立足库区可持续发展推动征地移民

澜沧江公司在自身发展的同时牢固树立并始终贯彻“创新、协调、绿色、开放、共享”五大发展理念，坚持以“改善民生”为重点，以“搬得出、稳得住、能发展”为目标，采取五方面举措，推动工程建设、移民安置、环境保护和地方经济发展的统筹共赢。一是结合环境容量，开展移民生产安置，提升移民经济收入；二是结合地方发展规划，推进移民生活安置，有效改善人居环境；三是结合产业规划，完善移民发展方式，实现移民可持续发展；四是坚持集约用地，优化工程用地方式，切实保护土地资源；五是共享水电开发成果，实施惠民利民工程，投资 100 亿元建设沿江公路、桥梁、引水灌渠等基础设施，为移民及周边群众打通致富路、小康路、幸福路。

2. 精准帮扶助力脱贫攻坚

实践“一个民族一个行动计划、一个集团帮扶”的云南脱贫攻坚模式，从 2016 年至 2019 年，每年投入 5 亿元，共 20 亿元，创建企业与省、州、县三级联席工作协调机制，推动实现党建与扶贫“双推进”，构建各方力量互为支撑、多种举措有机结合的扶贫工作格局。坚持扶贫先扶志、扶贫保生态、强基促脱贫、产业发展稳增收，深入探索教育帮扶、就业扶贫、旅游扶贫、产业扶贫、生态扶贫、基层党建扶贫双推进等有效模式和途径，创建产业、科技、消费、结对、智力“五维帮扶”措施。积极参与西藏“强基惠民”行动，连续 8 年共选派 8 批驻村工作队进驻芒康县洛尼乡当佐村，相关工作多次受到肯定和表彰。

3. 大力实施“百千万工程”

2006 年起，澜沧江公司启动支持社会主义新农村建设澜沧江“百千万工程”行动，实施“四个一百、三个一千、两个一万、一个十万”工程；2012 年起，公司启动新一轮“百千万工程”，实施素质提高、民生保障、民族文化和生态保护四项主题工程。两轮“百千万工程”累计投入 2.4 亿元，实施帮扶项目1000余个，惠及云南省、西藏自治区等40余个省（区），直击澜沧江流域周边群众吃水难、出行难、上学难、就医难、发展难等痛点，有效解决老百姓实实在在的生产生活问题。2021年起，公司启动新时代“百千万工程”，计划5年内再投入1.25亿元，以“农村美”“农民富”“农业强”为目标，着力实施产业兴农、生态宜居、文化引领、社会治理、民生保障“五个一批”工程，巩固脱贫成果，助力乡村振兴，构建澜沧江绿色经济走廊和乡村振兴示范带。

（六）强化保障，确保项目建设运营顺利开展

1. 加强党的建设

坚持把党的建设作为国有企业的“根”和“魂”，坚持党的政治建设为统领，坚持党对企业的全面领导。坚持以加强党的建设形成的凝聚力、战斗力继续引领和推进改革发展，把“千条线”拧成“一股绳”，从政治、战略和文化三个维度引领改革发展各项任务，“政治引领”把关定向、“战略导向”谋篇布局、“文化铸魂”凝心聚力，切实把党的政治优势和组织优势转化为推动发展的强大力量。党的建设始终贯穿改革发展各方各面，充分发挥中央企业“六个力量”战略引领作用，以全面从严治党新成效推进公司不断完善治理体系、提升治理能力，以高质量党建引领公司高质量发展。

2. 夯实人才保障

坚持把人才队伍作为第一资源。始终把人才强企作为公司最重要的战略摆在突出位置，培养一批政治过硬、业务精湛、作风优良、富有朝气的干部员工队伍，筑牢公司持续做强做优做大的强大基石。全面深化干部人才队伍建设，统筹用好各年龄段干部，大力推进年轻干部队伍建设，选优配强各级领导班子。加大各领域人才培养储备力度，探索建立公司和基层单位两级年轻干部人才库，推进人才队伍“双通道”建设，积极打造人才队伍“孵化器”平台。继续加强基建人才的培养和管理，提高从业人员专业技术水平和基建管理能力。根据各项目建设的实际需求，按人尽其才、用其所长的原则，合理调配使用基建人才，持续加强基建人才相互交流力度，为夯实基本建设工作提供强大支撑。

3. 深入培育企业文化

坚持水电开发与带动地方经济社会协同发展、水电开发与社会责任建设和谐发展、水电开发与生态环境协调发展，秉承“能源于水、有容乃大”的企业信仰，围绕“加快建设世界一流现代化绿色电力企业”的战略目标，认真履行国有企业经济责任、政治责任、社会责任。同时，积极倡导“以奋斗者为本、以奋斗者为荣”，拓展和衍生“六个小湾”“金沙文化”等子文化，推动“道德讲堂”活动常态化、制度化，创办“职工文化展厅”，充分发挥广大员工在企业文化建设中的主体作用，传播好澜沧江声音，讲好澜沧江人的故事。以“三色”水文化为推动实现更有质量、更有效率、更可持续发展的文化动力，全面提升“华能澜沧江”品牌的知名度和社会美誉度。

三、突破世界技术难题的流域梯级水电工程项目建设与运营管理效果

（一）突破世界级技术难题，高质量建设梯级流域水库群

澜沧江公司始终坚持以建设世界一流绿色电力企业为目标，夯实企业高质量发展基础，稳步提升管理水平，持续挑战水电工程技术高峰，不断将世界水电建设水平推向新的高度。在高坝建设运行、长引水隧洞、升船机研发等各项技术创新方面取得突出成就，水电数字化、信息化、智能化技术得到全面推行运用。相继建成小湾、糯扎渡、黄登等国际里程碑工程为代表的大型水电工程13座，创造出多个“中国第一”“世界第一”。1个项目获“菲迪克奖”；2个项目获“中国土木工程詹天佑奖”，3座电站获“国际里程碑工程奖”，2座电站获“国家优质工程金奖”；境外2个电站分别荣获“中国电力优质工程奖（境外）”“国家优质工程银奖”，是境外项目的最高奖项。发明了世界首创、中国原创、具有中国完全自主知识产权的景洪水力式新型升船机，在世界高坝通航领域创造了中国品牌。破解特高拱坝体型结构、温控防裂、大跨度大断面地下洞室安全高效开挖支护、变形稳定控制等多项世界级水电建设技

术难题。高坝建设核心技术成果固化至行业规范，创造出的一系列世界水电的新纪录、新标准，推广运用到锦屏、两河口、溪洛渡、白鹤滩、乌东德、丰满等多座巨型水电站建设中，为中国水电打造“世界名片”做出了积极的贡献。

（二）流域梯级电站运营效益显著

整体推进“流域、梯级、滚动、综合”开发，构建生态、智造、和谐多维立体管理体系，实现有序、有度、有效发展，形成“水风光一体、跨流域开发、国内外协同”的良好发展格局，实现防洪、发电、生态、航运等综合效益最大化。超 2000 万千瓦装机远程集控，超半数机组“无人值班”。每年约减少全网弃水电量超 200 亿千瓦时，枯水期出境流量翻番。澜沧江上游梯级全部投产首年就实现全年发电量 267.29 亿千瓦时，较设计年发电量增加 31.29 亿千瓦时。打造了股东方投入与资本市场融资双轮驱动发展，构建起“融资—建设—盈利—投资”的良性循环，为全流域长期投资开发创造了有利的财务条件。2017 年公司成功上市，为开发上游电站募集资金 39.06 亿，权益资本得到补充，为企业高速发展提供了有力支撑。

（三）实现了与利益相关者的共享发展

绿色发展态势良好，环境保护卓有成效。累计输送清洁能源超 8500 亿千瓦时，相当于节约标煤 2.7 亿吨，减少二氧化碳排放超 7 亿吨。移栽珍稀植物 10 万余株，实现澜沧江 11 种土著鱼类增殖，放流澜沧江土著鱼类 900 余万尾，建成动物保护点 3 处，大批行业创新示范强的环保科研成果在流域得到了示范和应用。

推动流域和谐共处，助力地方脱贫振兴。投入扶贫资金超 22.4 亿元，有效促进解决电站周边区域 25 个县 11 万群众“住房难、看病难，饮水难、行路难”等民生难题，在澜沧、沧源、耿马、双江四县 269 个贫困村 31.67 万人脱贫摘帽中发挥重要作用。为云南省、西藏自治区脱贫攻坚取得全面胜利做出了重要贡献，获得当地移民群众、各级政府和广大媒体的广泛关注和一致好评，为建设“全流域多民族绿色生态型和谐社会”做出突出贡献。

先后荣获“全国五一劳动奖状”“中央企业思想政治工作先进单位”“中国十佳绿色责任企业”“中国能源企业 50 强”“全国企业文化优秀成果”“全国文明单位”“第十一届中华慈善奖”等一批国家及省部级荣誉，涌现出全国劳动模范、全国三八红旗手等为代表的一大批先进模范人物。小湾电站被授予“全国企业文化示范基地”称号，糯扎渡电站荣获“新中国 70 年企业文化建设优秀单位”“全国企业文化最佳实践企业”等荣誉。

（成果创造人：袁湘华、孙　卫、张洪涛、周　建、邓炳超、邓　海、王子伟、鲁俊兵、周　华、马洪琪）

军工院所实现核心技术突破与产业孵化有机结合的创新链建设

北京遥感设备研究所

北京遥感设备研究所（以下简称北遥所）创建于1965年，是我国精确制导领域的领军单位，是我国国防科技工业的骨干研究所，现有职工2100余名，共获得包括3项国家科技进步特等奖在内的各级各类科技奖250余项，有效专利数1213件，专利申请近3000件，多项科技成果达到国际领先水平。研制的关键设备填补多项国内空白，被称为装备系统的“高空之眼”。近年来，北遥所经济运行指标持续改善，营业收入近71亿元，利润总额突破7亿元。

一、军工院所实现核心技术突破与产业孵化有机结合的创新链建设背景

（一）落实国家战略，保障装备安全的需要

履行强军首责是北遥所的第一任务，然而我国长期以来在装备制造和消费电子等领域上采用的中高端芯片严重依赖进口，芯片已连续多年超过石油成为我国第一大进口商品。以中兴、华为事件为标志，美国对我国实施的出口管制敲响了进口元器件全面禁运的警钟，芯片短缺俨然成为制约我国科技发展的“卡脖子”问题，武器装备建设领域更是亟待完成芯片的安全升级。作为武器装备“眼睛”的精导系统，面临目标、任务和干扰环境多样化的挑战，要求大幅提升精导设备在复杂电磁环境下抗干扰、多目标识别等性能。为了应对这些多样化发展趋势，要求精导设备向复合化、集成化、小型化、轻质化、高可靠性方向发展。同时，随着军事需求的不断升级，聚集国家安全战略的信息化、智能化武器装备建设对国防科技创新提出了更为紧迫的要求。落实国家战略部署，解决武器系统“缺芯卡脖”等问题，以核心技术创新突破提升武器装备性能，为国防现代化建设提供稳定、安全、智能、可控、规模化的精确打击能力成为北遥所的重要使命和责任。

（二）夯实产业基础，实现高质量发展的需要

北遥所在精确制导领域保持领先优势的同时，也长期存在着产业基础薄弱等突出问题。芯片技术是支撑北遥所三大主力产业的共性基础技术之一，以高端芯片为代表的核心技术在北遥所产业布局中占有重要地位。北遥所作为航天科工集团工业基础能力提升体系高端芯片方向的牵头单位，为有效防范和化解供应链安全风险，补齐产业链短板，向价值链高端延伸布局，亟须加快以芯片为代表的科技创新和产业化建设，以培育专精特新企业方向，夯实产业基础，实现更高质量发展。

（三）健全市场激励机制，激发创新活力的需要

北遥所为核心技术研发前期投入了大量资源，积累了宝贵的技术和人才优势，然而作为军工院所，对人才的激励相对有限，离市场上“年薪＋股权增值＋年度分红”的全方位激励机制仍有一定的差距，核心团队面临流失风险。北遥所传统技术研发在科研生产、经营管理、市场拓展等方面受所内军品惯性影响较深，计划与审批管控的色彩较重。同时，国家在科技创新、关键技术突破方面给予了大量政策支持，国企混合所有制改革也为健全对科技人才的市场激励机制留足了政策空间。因此，抓住机遇，优化企业经营的体制机制，健全市场激励机制，激发创新主体在战略性新兴产业领域精耕细作的主动性，才能有效吸引和留住关键人才，提高企业内生发展活力。

二、军工院所实现核心技术突破与产业孵化有机结合的创新链建设主要做法

（一）以战略为牵引，为推动技术创新和产业发展擘画蓝图

1. 开展顶层规划设计，明确高质量发展的产业路径

2019年，北遥所在充分调研和分析论证后，提出“四个新”（新精导、新布局、新模式、新协同）

的总体战略思路和“1+1+3+N”总体战略布局，着力构建由1个防务装备基业、1个航天新质产业和以“微波探测、光电探测、先进通信”为主驱力的3个主力产业，以及以“高端芯片”“微波高密度集成”“3D打印”等为辅助的N个支撑产业构成的大精导百亿产业布局。推动北遥所由传统军工研究所的发展方式向“现代企业经营架构”转变，推动“以北京为主体布局”向“以北京为中心、全国多区域协同布局”转变，推动“分散独立”发展模式向“集约集群共同发展”模式转变。瞄准军、民两个市场，用好国内、国际两种资源，推动“实体产业、综合创新、资本市场、人力资源”四要素协同，创新链、产业链融合发展。

2. 围绕核心技术，为创新链构建明确总体思路

以高端芯片为代表的核心技术是北遥所跨域多体制精导主力产业高质量发展的重要支撑，对促进所内业务体系融合及弹载武器装备跨代升级具有重大意义。在总体战略牵引下，不同于传统型号“两总”线的科研生产组织管理模式，北遥所从不同客户的创新需求出发，理顺核心技术创新链条各环节之间的关系，开展从基础研究立项、应用技术开发、产品试制改进到组织机制调整再到市场化、产业化发展的全链条管理优化。从总体思路上明确了核心技术创新链管理的路径，即研究新技术、开发新产品、形成新治理、打造新动能。技术积累和不断创新是开发高端芯片产品的原始基础，产品设计形态的多元化、系列化为后续市场化需求做了供给储备，产品创新和成果转化推广需要激发人才团队的活力，新的治理格局为培育和发展高端芯片产业做好了组织和机制准备；借力资本运营，为新技术、新产品的迭代优化注入市场新动能，拓宽异地空间布局，做足人员、技术和产业增量，为新技术的落地提供广阔的产业空间，并进一步促进创新需求的提升，驱动核心技术的创新突破，形成创新动力的正向循环。军工院所实现核心技术突破与产业孵化有机结合的创新链管理示意图如图1所示。

（二）聚焦资源投入，为共性基础技术平台开辟多元应用

在技术需求的牵引下，北遥所为打破“孤岛式”“烟囱式”的部门分工和技术壁垒，根据共性基础技术从开发到一般技术应用再到市场推广的三个阶段，立足型号研制实际，推进资源投入向研发过程倾斜。

1. 整合专业方向，搭建共性技术平台，打造集成开发模式

北遥所导引头体制齐全、种类繁多，对芯片技术的需求也是五花八门，芯片设计在架构规划、功能模块设计与验证、系统集成、前后端设计与验证等各个环节中均需要不同能力的设计人员的通力合作。在以型号任务为主的原部门下，研究人员依据型号模块功能的不同进行分配，呈现出专业方向和驱动力分散的问题。北遥所将原来分布在多个部门的数字方向和射频方向进行了全面整合。通过协调专业方向配置，成立专研机构，实现了对芯片研发团队的独立管理，推动了研发管理的扁平化，保障了研发经费投入，建立了以数字芯片和射频芯片技术为核心竞争力的大规模信息处理微系统技术平台。

在顶层产品规划上，芯片开发从定义阶段就参与到型号研制的论证规划中，梳理多型应用对芯片的需求，聚焦当前技术、产品、成本方面的“卡脖子”问题，形成以数字雷达处理芯片产品为主线的信号处理SoC产品和以毫米波/射频收发T/R芯片、射频频率合成器芯片为代表的射频系列化芯片产品的研发布局。在中间层的具体芯片研发上，基于微系统技术平台开展系列化芯片的研发，抽取共性技术指标和共用电路模块，形成雷达处理、T/R、频率合成器等几大类芯片的基本架构和内核，在雷达处理方面形成了信息处理、数据融合、感知运算等系列产品，在T/R芯片方面形成X、Ku、K、Ka等不同波段，1/2/4等不同通道数，高功率、低噪声等不同特性的系列化产品；在频率合成器芯片方面则形成覆盖不同频段、适应不同分频比、不同输出通道数量等要求的系列化产品。在底层的电路单元设计上，针对重复利用率高的电路模块，提取各个电路的公共“因子”，将电路模块还原为最简底层单元，形成类似于代工厂PDK文件的共享单元库，在开展各类射频芯片研发过程中不再是直接采用PDK文件中的器件搭建，而是基于共享单元库的电路模块来搭建，极大简化设计过程并提高设计效率。此种集成化产品

开发模式，通用性和个性化兼顾，每种新产品的开发都基于原有产品 70% 以上的已有模块来开展，极大减少了重复开发和验证工作，加速了产品开发周期。

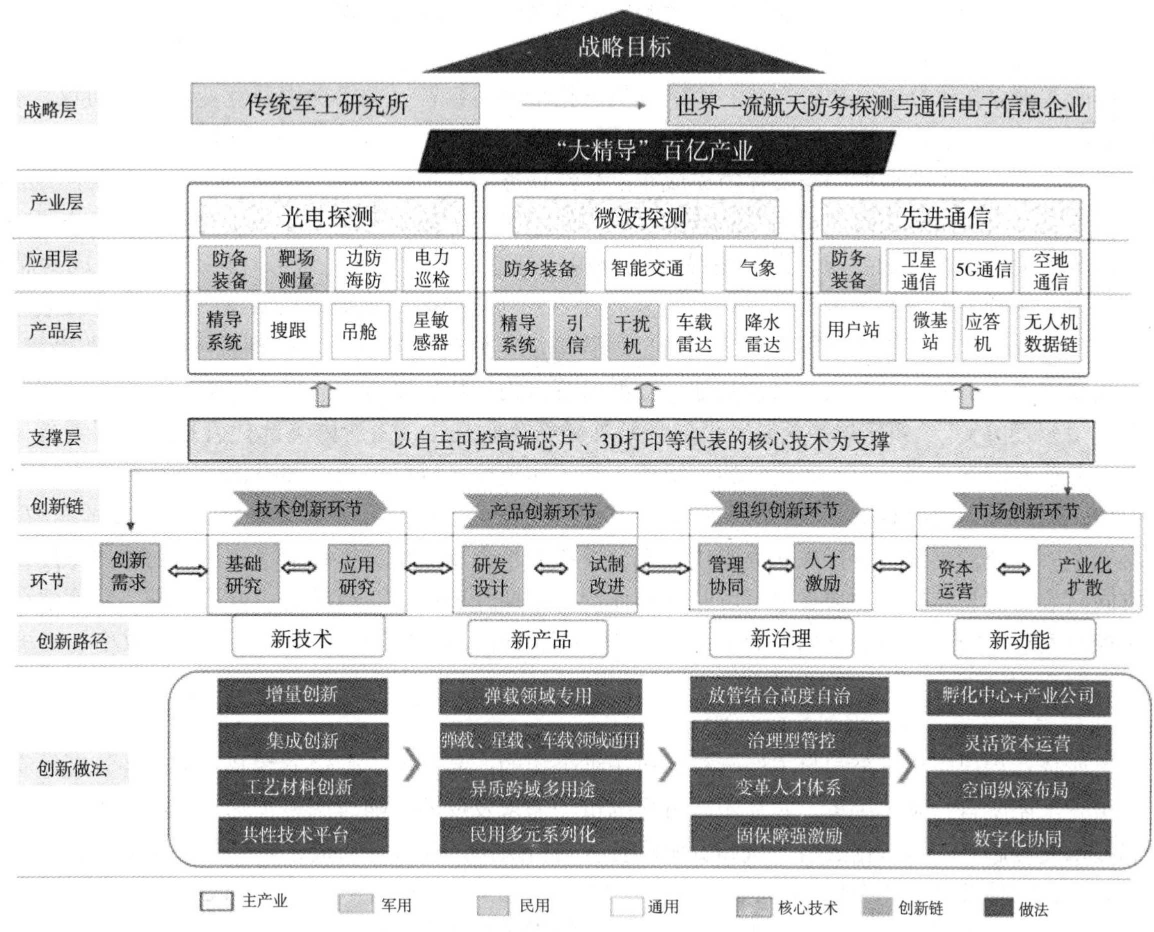

图 1 军工院所实现核心技术突破与产业孵化有机结合的创新链管理示意图

2. 开展领域专用—领域通用—民用领域系列化多元产品设计

以国内弹载应用为支点，持续做优弹载领域专用研发平台，以雷达和通信两大共性技术作为切入点，制定领域专用——领域通用——民用等产品演进路线。在满足目标型号基本要求基础上，根据不同功能、指标要求，尽最大可能加大设计余量，增强芯片指标的全面覆盖程度和工作模式的可选择性，提高芯片的配置灵活性。对特殊应用领域的特殊要求，在保持通用功能的基础上加强芯片应用的可扩展性。例如，多通道 T/R 芯片在面向高功率应用时，输出功率可能不足，则可基于芯片的扩展性功能，增加高功率放大器，形成 T/R 套片来实现相关指标。

面向安防、无人机、5G、卫星通信等应用领域，研制同军用领域具有相似属性的民用芯片，形成红外图像处理、防撞雷达、相控阵通信、手机基站等多类新生产品线，实现从军用向民用、从芯片向系统的不断拓展。通过不断拓展民用领域，将优秀的产品需求和应用技巧复刻到主线产品上，促进主线产品和外延产品的相互完善。多款芯片已在民用领域得到了初步应用，进一步推进了军用、民用融合发展的远景目标。

（三）理顺放管结合，为企业注入市场基因

北遥所为留住和激发核心创新团队，按照《北遥所股权投融资管理办法》对芯片技术成果的产业化落地构建了实体载体——通过混改设立公司制企业（拓维公司）。坚持分类管理，北遥所科学合理界定与拓维公司的权责边界，以保障履行强军首责为核心，以放管结合、高度自治为手段，以"一定要管""一定不管""充分放权"的三类权责利事项清单为举措，一方面为企业把好航行之舵，确保企业发展方向正确、行稳致远，另一方面让企业摆脱体制机制约束，轻装上阵充分享受市场化红利。

1. 坚守强军首责，构建治理型管控模式

北遥所在设立拓维公司之初，与核心团队成员、拓维公司签署《关于保密及竞业禁止的协议》《关于规范关联交易的协议》《离岗创业协议》，与各股东达成一致意见，在公司章程中明确约定：公司应当坚守强军首责，根据北遥所的需要保障完成军品生产任务。与拓维公司的业务工作中，以强有力的产品需求和市场牵引，指导拓维公司的军品技术发展和研用循环，提升其产业体系化发展。拓维公司坚决履行公司章程中的强军首责要求，深耕军品市场资源，打造产品—营销—服务保障体系，形成"精导芯"三号智能芯片、宽带频率源芯片、射频收发芯片等系列化产品，支撑军品系统产品的有序发展。

北遥所持续优化管控模式，制定《北遥所公司管理规定》规范参股公司管理及派出董、监事管理，建立以党建覆盖为引领、以股权关系为基础、以派出董事为依托、以协同监督为保障的治理型管控。坚持以党建"强筋补钙"、筑牢思想根基，以航天精神涵养企业文化，由所内支部代管拓维公司党员，北遥所党委派驻专职党支部书记，实现党的组织覆盖和工作覆盖；以股东角色和身份参与企业重大决策和经营管理，通过股东大会表决、派出两名董事（其中一名任董事长）和一名监事等方式行使股东权利，全面落实董事会经营决策、投资规划等职权，充分发挥董事会定战略、作决策、防风险的重要作用；建立了协同高效的监督体制，加强事中事后监管和评价，定期开展审计，指导公司合规管理、制度建设及风险防控，实现出资人监督、党内监督和审计监督有机融合，推动公司更高质量、更有效率、更可持续、更为安全的发展。

2. 保障自主经营，放权内部管理和资源配置

北遥所依章程保障拓维公司自主经营权，对拓维公司的产品发展、营销方案及内部任务管理等完全放开，由骨干团队自行制定决策。芯片团队可根据市场需求及反馈，随时调整技术发展路线以适应市场竞争和技术发展趋势；可依据战略考量和资源配置，自行决策产业资源布局；可立足发展需要，自行选择项目和合作伙伴开展商业合作。

在北遥所完全放开内部管理后，拓维公司结合市场需求和武器系统发展趋势，提前布局了具有新一代产品特征的优异化技术，围绕新的工艺产品，充分利用其高集成度和低功耗、低成本，可替代传统需要多颗芯片实现的分离方案，以单颗芯片实现多通道，集成度提高十倍，成本降低50%以上，目前已成为国内硅基TR芯片的排头力量。在频率源方面，实现宽带输出的单片集成，完成了传统需要3～6片分离和多工艺芯片的替代，功耗降低为原来的30%，实现国内该领域唯一解决方案，已获市场数十家客户的采购和使用。根据营销与产品紧耦合的特点，拓维团队在做好技术和产品外，加大对市场营销领域的资源投入，招聘专职的市场运营人员，对产品和市场界面进行划分。深耕传统优势的纵向军品市场，争取相关领域横向军品市场，突破广阔的民用市场。根据不同市场用户特点，科学深入分析用户需求，通过"专项专案"的产品设计，"一品一策"的项目推广，以军工研究所为主，国有军工企业为辅，民营企业为补充，以战略合作为依托，迅速建立市场基础和产品知名度。积极申报和高质量完成上级单位的预研、在研课题，快速增进了拓维美誉度，扩大了品牌影响力。

（四）注重资本运营，为产品转化打造政策特区

北遥所确保军品任务高质量完成之外，结合自身产业技术优势，推动国有资本与战略性新兴产业发展协同联动，有效提升芯片设计能力和应用水平，支撑战略规划目标的实现，促进国有资本的大幅增值。同时，通过国有资本与社会资本的共同运营，采用双向使用专利和成果等方式，打破创新主体之间的壁垒，构建系统集成的创新网络，推动各类主体融通创新，形成强大的创新原动力，推动北遥所高端

芯片产业进入外延发展快车道。

1. 引资参股，灵活设计股权实施方案

北遥所结合实际情况依照现行政策，引资参股，设立公司，灵活设计股权实施方案，以参股方式分步进入公司，与核心创业团队、A 基金、B 基金共同现金出资设立拓维公司。其中，北遥所占股39.5%，核心创业团队占股35.5%，A 基金占股10%，B 基金占股15%。在拓维公司创立初期给予团队更大的自主性，同时北遥所保留了适时启动控股的权力，在公司运行正常后，以公司经营效益为标准，通过估值调整的方式对公司股权进行调整，将拓维公司纳入北遥所的产业体系，充分兼顾了北遥所和拓维公司的权益和发展诉求。

2. 溢价转化，创新构建资本运营模式

根据《中央级事业单位国有资产管理暂行办法》，北遥所一般性对外投资有800万元的规模限制。经测算，拓维公司前三年资金需求约为6000万元，仅靠创业团队的出资难以满足。深入研究后，北遥所认识到对高投入、高风险的芯片产业发展来说，借力社会资本力量，以风险共担、利益共享的市场化机制运作是解决拓维公司资金需求并降低投资风险的有效途径。经资产评估，结合现有技术成果、品牌和团队优势，公司设立之初估值为4.2亿元，拓维公司注册资本为2000万元，引入的A 基金出资4200万元，占注册资本200万元，股权占比为10%。A 基金以市场化溢价方式入资，解决拓维公司的资金需求，降低国资和核心创业团队出资压力。为支持拓维公司发展，按照普通许可方式，北遥所与拓维公司双向共同使用专利技术。双方协商约定，专利许可使用费按10年分期支付，按照50%计算，经专项审计后约为2150万元，前3年每年支付200万元，后7年每年支付300万元，最终许可使用费为2700万元，进一步实现科技成果溢价转化的效果。

（五）重保障强激励，为创新团队变革人才体系

北遥所为吸引、留住、用好高端芯片专业人才，探索员工持股制度的有效性，用足政策空间，强化制度保障，变革人才选育留用体系，构建人才与企业利益共同体的强激励、强约束机制，激发创新主体在战略性新兴产业领域精耕细作的主动性，有效吸引和留住关键人才，进一步激发企业家的主体地位和无需扬鞭自奋蹄的意识，提高企业内生发展活力。

1. 在职离岗，有效稀释创新创业风险

芯片创新创业团队一共被授予35.5%的股权，自有出资额达710万元，已达自身风险承受极限。为稀释创业压力，解决团队的后顾之忧，降低可能因创业失利而导致核心团队大面积流失的风险，经与上级积极汇报沟通，根据国务院《关于进一步做好新形势下就业创业工作的意见》（国发〔2015〕23号），鼓励高校、科研院所等事业单位专业技术人员在职创业、离岗创业；集团公司《促进专有云双创活动持续深入发展的有关工作要求》（天工技〔2016〕893号）鼓励所属单位创客积极参与创新创业，推动“在岗创新，在职创业”，北遥所获得上级批准，核心团队成员以“在职离岗”方式创业，赋予核心团队成员选择身份的权力，继续保留核心团队创业期的基本福利待遇，为创业人员解除了后顾之忧，为开拓者保驾护航。

2. 优化机制，以市场化激励健全人才体系

传统院所体制下人事制度以团队的平衡稳定为主要考量，在人才的选用方式、梯次培养、考核评估、竞争意识、更新换代等方面尚有欠缺。北遥所充分尊重创业团队成员的选择权和决定权，由董事会授权公司制定人事制度，推行员工公开招聘、管理人员选聘竞聘、末等调整和不胜任退出，形成独立的人员选用、培养、任免、考评绩效体系。保障公司财务自治权，由公司推荐财务总监，制定财务制度，参考市场化水平进行企业的预算制定和决算处理。为破除考核的简单平均主义，激发员工的争先意识，通过制定行为锚定等级绩效评价方法，结合研制过程的关键事件对成果的定性贡献，将员工综合绩效按等级量化细化，考评维度、指标清晰，公平衡量员工实际业务能力和水平，建立了具有市场竞争力的薪

酬制度，为优化内部人才治理体系夯基垒台。

（六）拓布局促协同，为核心技术的产业化扩散赋能增效

1. 拓宽空间布局，为走向全国大纵深储备增益潜能

加强科技成果转化、产业孵化，推进产业发展是北遥所企业规模、经济实力快速发展的“加速引擎”。面对常态化的市场竞争，北遥所围绕“3 + N”产业布局，系统性部署京外产业集群，大力开展战略合作，坚持“为我所用”和“为我所有”并举，打造和提升北遥所品牌技术口碑。一是立足产业孵化中心作为所级产业孵化特区的使命，通过制度建设不断搭建更为完善的管理平台，相继设立光电事业部、5G 通信导航事业部。二是通过协同政、产、学、研，吸引外部资金、人才和地方政策支持，以共同设立孵化中心、研发中心和公司等产业化基地为合作形式，持续拓宽产业发展平台。围绕研发设计和生产制造能力提升，在西北、西南地区打造了北遥所西安研发中心和成都研发中心，围绕新技术突破和产业培育，在威海、长沙、新昌设立了北遥所产业孵化和生产制造中心。以异地产业空间布局的拓展，做足三类增量：人员增量，解决总部的人力压力；技术增量，解决总部储备的压力；产业增量，解决总部发展的压力。为走出永定路，走向全国的大纵深做了技术、人员和产业的培育、储备，蓄积增益潜能。

2. 提升基础协同，为创新链管理营造数字化高效生态

北遥所对标世界一流企业做了大量基础协同的提升工作。以智慧化为方向，结合以导引头为代表的产品研制发展需求，构建与科研生产紧密结合的数字化体系，提升协同设计能力。在创新团队内部搭建共有信息系统平台，平台上传包括工艺文档、行业信息、文献资料、技术总结、会议纪要在内的各种项目资源，通过推动信息系统互联和公共数据共享，所有团队成员均可高效获取所需的各类资源，避免重复性工作，促进芯片团队内部的高效学习共享，极大提升研发效率。上线和应用数字化任务交互平台，深度整合项目任务节点管理、OKR、在线沟通等需求，从流程到目标到成果，做到信息实时共享和传递。任务下达后的交互时间由原来的 1 小时缩短到 1 分钟内，缩短决策链条，驱动研发任务高效完成。

在异地协同上，北京研发团队负责需求分析、产品定义、设计实现、技术支持等工作。京外研发团队负责芯片设计、产品测试、应用开发及模组设计工作。北京骨干人员协助京外分所完成建章立制和内控管理，京外研发部门培养和授权专职负责人，综合管理市场与运营工作。京外研发团队保持与北京团队同频共振，定期召开视频会议，不定期召开项目例会，即时共享项目进度等信息，京内外新入职员工同期开展入职培训，有紧急任务时北京派驻人员进行技术指导。通过异地分工布局，发挥区位人才和成本优势，以信息化智能交互平台完成协同研发，最大限度地降本、提质、增效，为核心技术的产业化扩散构筑了高效的运营生态。

三、军工院所实现核心技术突破与产业孵化有机结合的创新链建设效果

（一）关键核心技术实现有效突破，有效支撑国家重大战略

北遥所在数字芯片领域发布了雷达信息处理系列芯片、数据链芯片产品，实现了高端处理芯片从通用处理、软件定义再到多模复合感知芯片的快速稳步发展；成功应用于多型导弹武器装备，有效解决了对进口高端芯片的依赖问题，有效强化了北遥所供应链敏捷、稳健、安全可控的保障能力；在射频芯片领域，收发芯片在立足军用的基础上，成功应用于某无人机系列产品，完全替代同类进口产品；宽带频率源芯片，填补了国内某频段宽带芯片的空白，一经推出，6 个月内即实现 50 多家客户试用和 20 多家客户订单，有力满足了装备智能化发展及核心高端芯片自主研发的需求。承接科技部重点研发计划，军科委、装备发展部等数十项重点项目，产品支撑科工集团多家总体单位的系统需求，积极拓展横向军品市场，获得兵器集团、中电集团、核工业集团等单位的客户认可和应用；快速拓展民用领域，将芯片产品拓展到无人机、卫星通信、5G 等相关领域，获得某重点大厂的认可和市场订单，芯片作为支撑北遥所大精导产业链关键环节的作用得到有效加强。

（二）实现了国有资产保值增值，获得显著经济、社会效益

根据上级单位对北遥所参股设立拓维公司的批复，拓维公司成立第一年需要完成营业收入 2875 万元，净利润 -4937 万元。对于长期高投入、短期难盈利的集成电路行业，拓维公司实现成立即创造经济效益的佳绩，第一年实现营业收入 6870 万元，净利润 1638 万元，远超预期。估值大幅增加，市盈率远超同行业公司。拓维运营一年半，资本市场对公司整体的估值由成立初期的 4.2 亿元提升到 10 亿 ~ 12 亿元，估值增加了 140% ~162.5%，市盈率约为 62.5% ~75%，短期内实现市场价值的大幅提升。

拓维公司市盈率为 62.5% ~75%，高于行业平均水平 12% ~34%。实现国有资产保值增值，孕育巨大发展潜力，获得显著经济效益。形成了专利、论文等知识产权作品 30 余项，各类应用产品、需求证明 10 余项，在行业内外起到了创新引领作用，取得了良好的社会效益。

（三）初步形成技术转化和产业孵化高地，取得良好的创新示范效应

北遥所实施基于战略导向的核心技术创新链管理，形成了成熟量产的数字及射频芯片产品十余款，所有数字芯片产品均实现一次流片成功，成为集团科技委集成电路与芯片专业组的组长单位。北遥所对参股设立的拓维公司实施差异化的治理型管控取得良好效果，探索出了一种针对所属企业开展治理型管控的新模式，为探索科技创新与产业转化积累了宝贵的管理经验，在所内形成了显著的"鲶鱼效应"，极大地鼓舞了各技术团队投身科技创新和产业化的热情，形成了巨大的创新示范效应，为进一步推进企业高质量发展积蓄了强大动力。拓维公司从成立之初的 30 余人快速增长到目前的 80 余人，其中硕士、博士人数比例达到 80%，人才集聚效应显现，团队平均收入水平较公司成立前提升 20% 以上，人员获得感有效增强。北遥所以此成功案例为牵引，成立产业孵化中心，定位为所内技术创新转化和产业孵化的政策特区，极大加快了从实验室样机到正式产品、商品的研发进程，进一步提升了北遥所的产业发展水平。

（成果创造人：曹　哲、肖海潮、曹小康、刘春利、李　齐、门　杰、徐　磊、高腾腾、刘志哲、郑　茜、杨全义、吴志刚）

加速科研成果产业化的“企业 + 联盟”研发机构建设

株洲国创轨道科技有限公司

株洲国创轨道科技有限公司（以下简称国创公司）始建于 2018 年 2 月，注册资本 4.8 亿元，是由中车株机牵头，联合 4 家中车在湘核心企业、株洲国投等株洲市国有平台公司、清华大学等科研院校、联诚控股等民营企业，以及金蝶软件（中国）等上市公司，共计 12 家企业联合组建的国有控股公司。2019 年 1 月，国创公司经国家制造强国建设领导小组办公室认定，成为全国第十家、湖南省及非省会城市第一家轨道交通装备行业唯一一家国家级创新中心（以下简称创新中心）。自 2018 年成立以来，连续三年实现盈利，净利润近 1500 万元，累计实现总收入 9000 余万元，总资产超过 3 亿元，平均年复合增长率超过 20%。

一、加速科研成果产业化的“企业 + 联盟”研发机构建设背景

当前世界正经历百年未有之大变局，全球政治经济格局错综复杂，国际轨道交通形势面临大变局，竞争与合作相互交织。中国中车与阿尔斯通、西门子等国际行业寡头正面交锋日益频繁，发达国家和国际同行加大对技术转移、跨国投资等方面的限制，对我国轨道交通装备制造企业创新资源配置、供应链产业链安全、技术合作、国际市场开拓等形成巨大挑战。纵览全球竞争大格局，德国、法国、日本等传统高铁强国，都纷纷出台下一代高速列车研发计划，在新制式轨道交通、磁浮交通、超高速管道列车等领域竞相争夺；美国、韩国、加拿大等国家也不甘示弱，开始进行大量高速车的理论研究和试验工作，试图在这场科技竞赛中抢占一席之地。同时，随着我国对外开放的持续深化，“一带一路”成为国际公共产品合作平台，推动全球互联互通、建立人类命运共同体仍然是未来的大趋势，更广泛的竞争与合作将成为主旋律。

面对轨道交通领域日益激烈的国际竞争，在基础性共性关键技术研究方面，我们还有所欠缺，市场研发储备不足，独有技术、独创技术、前瞻技术偏少，行业引领地位不突出，以市场带动技术提升的情况仍然普遍。在“走出去”方面，面临国际市场发达国家与地区的技术规范、技术标准要求，我国轨道交通装备总体处于初期阶段，各类产品的技术风险、标准风险、可靠性风险仍然偏高。造成这些问题的一个重要原因是占据国家创新体系重要位置的传统科研机构和代表高端制造业的轨道交通装备制造企业之间缺乏科技成果产业化的有效渠道。

（一）突破产业化瓶颈，弥补技术创新与产业发展断层的需要

改革开放 40 多年来，我国科技体制改革不断深化。特别是党的十八大以来，党中央、国务院密集出台了一批重大改革政策举措，解决了一大批制约科技创新发展的制度性难题。但科研机制在前瞻性及关键性共性技术的创新方面仍然存在软肋：企业研发机构，受限于传统商业模式的盈利要求，难以长期投入对行业发展起到支撑作用的前瞻性技术、基础性技术研发，其结果是慢性的创新能力不足与长期的原始创新能力缺位；以高等院校为代表的科研院所则困于其机制体制，存在对市场需求不敏感、对应用环境不了解的现象，处在相对有限的研发资源和研发成果转化机会缺乏、远离生产实际的矛盾之中。面对轨道交通领域日益激烈的国际竞争，需要不断地持续创新以保持并跑，实现领跑。传统研发机构已满足不了当前激烈的竞争态势，迫切需要构建新的研发机构运营管理体系，整合优势资源实现协同创新发展新模式。

（二）以产学研多元股权组建创新中心，构建产业化生态圈的需要

轨道交通装备制造业的产业链比较长，上到材料下到运维服务，涉及冶金行业、规划设计、电子信息行业、制造行业、管理运营等多个领域，上中下游企业的战线长且分散。各个企业相对独立，股权结构单一，且相互之间存在竞争关系，因此很难集中创新资源，无法覆盖产业生态体系全体的利益诉求。为此，迫切需要以科研成果产业化为核心的“企业 + 联盟”的研发机构运营管理机制，重塑产业生态体系，整合产业链上下游企业、行业高等院校、科研院所等多元股权组建的创新中心，构建“聚智、协同、转移、辐射、合作”的创新能力生成新模式，从而打破“技术孤岛”效应，实现创新资源“串珠成链”，加速形成高效的科研成果产业化生态圈。

（三）去中心化的运营管理，整合与高效利用产业化资源的需要

中国轨道交通装备企业与西门子、阿尔斯通等国际一流跨国公司相比仍然存在“短板”，也面临“大产品受制于小产品”的尴尬局面。究其缘由，源自国内轨道交通行业产业生态“技术孤岛”现象严重，创新资源要素在产业链各环节上的多头部署和分散投入，现有众多创新载体在技术产生、扩散、首次商业化、产业化中存在重复投入、同质竞争和沟通不畅的现象。“企业 + 联盟”研发机构运营管理的构建正是以产业为本体、市场为导向、企业为主体，打造从创新生态到产业生态的去中心化运营管理体系，整合与高效利用产业化资源，打造“样品—产品—商品”的快速转换平台，跨越实验室到产业化之间的死亡之谷。

二、加速科研成果产业化的“企业 + 联盟”研发机构建设主要做法

（一）以研发成果产业化为导向，组建产学研多元股权、资源共享型创新中心

1. 以研发成果产业化为导向，探索互补多元股权架构

为保障研发成果产业化全过程具备重组的资源支撑，早在 2016 年筹备之初，互补多元化就成为遴选创新中心股东单位的重要依据。2018 年 2 月，国创公司通过资本的形式整合“产、学、研、用、政、金、商”等创新主体，形成利益共同体。一是采用混合所有制，既有国有资本、又有民营资本及投资基金，设立核心技术管理人才持股等激励方式，保障了企业发展活力。二是高效决策和有效监督，董事会确保了决策高效，监事保障了有效监督，顾全中小股东的利益。三是股权不固化，注册资本 4.8 亿元，根据经营发展变化，适时吸纳股东和战略投资者，构建了有进有出的股权结构。其既不是单纯的共性技术研发组织和产业技术研究院，也不是单纯的产业技术联盟。其物理概念包括承载其发展的园区，实施主体包括创新中心运营公司及其股东单位和产业联盟。

2. 以股东资源共享为支撑，为协同创新保驾护航

按照产业链布局进行选择后，创新中心股东汇聚企业、高等院校、科研院所、政府机关、用户单位、金融机构等“产、学、研、用、政、金”多方优势资源，在“企业 + 联盟”运营管理过程中起到支撑作用。一是中车株机、中车株洲所等中车在湘核心企业提供技术支撑。一方面，创新中心股东单位在共性关键技术研发、行业技术瓶颈突破、先进技术示范与推广等环节中，充分发挥资源应用优势，协同创新中心开展研发攻关；另一方面，通过仪器设备共享协议实现了行业超过 50% 的国家创新平台的集聚，对主要科研仪器设备进行共享，旗下检测认证子公司目前已获得国家认监委认定的 CMA 检测资质 21 项。二是清华大学、国投集团等科研院校和国有平台公司共享行业高端人才。股东单位与创新中心共享轨道交通核心人才，共建院士工作站、博士后工作站，在技术研发、产业政策支持等方面提供外部人才支撑，共同构建专兼职相结合的多元化研发队伍。三是联诚控股、金蝶集团等配套企业、上市公司提供首次示范应用。在激光清洗、激光增材制造等先进激光制造技术的首次应用推广中，联诚集团、九方装备为先进技术应用示范率先开放市场；在轨道交通工业互联网平台的搭建中，金蝶集团协同创新

中心，共同推动轨道交通行业智能化、数字化、信息化发展。四是在重大问题决策方面，探索实施现代企业化的管理组织模式。依照公司章程，实行董事会决策制、总经理负责制、专家委员会咨询制。其中，公司董事会负责审定技术创新中心发展规划和管理制度，审议技术创新中心年度工作计划和总结，监督和审查财务预决算，协调技术创新中心建设和运行过程中的其他事项。专家委员会负责审议技术创新中心的研究目标、研究方向，参与创新中心重要学术活动，为技术创新中心开展技术研发、成果转化提供技术咨询。经营管理和技术研发各司其职，能够为创新中心的建设发展提供基础保障。

（二）以创新中心为基点，打造产业化生态圈

产业生态圈的打造以创新中心为内核，外圈为300多家创新联盟单位，组成联合研发、利益共享集群命运共同体。轨道交通产业链包含众多相关行业（见图1），上游为原材料供应商、基础建筑设计与施工单位、工程机械和轨道基建配套设备研发设计企业，如中车株洲电力机车研究所、中车青岛四方车辆研究所有限公司、中铁二院工程集团有限责任公司、中铁第四勘察设计院集团有限公司；中游研发和生产的整车车辆及其关键零配件是整个产业链的核心，主要由分布在株洲、长春、青岛等地以中车株洲电力机车有限公司、中车长春轨道客车有限公司、中车四方车辆有限公司为代表的车辆制造企业完成；下游是运营维修、租赁和物流等售后维护环节，大修由轨道交通制造商完成，其他辅修等由铁路运输系统的车辆段、机务段完成。

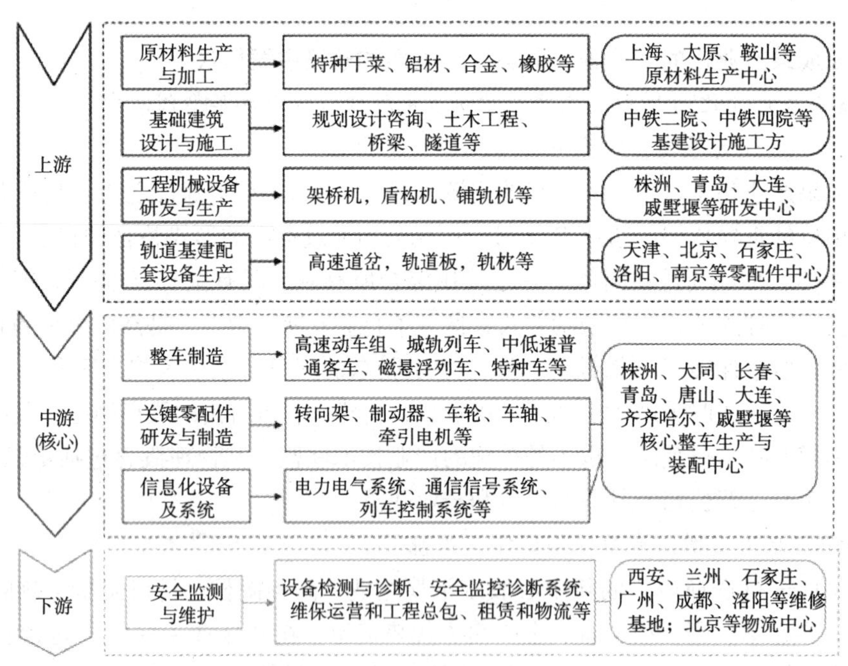

图1　轨道交通产业链结构

1. 以创新中心为内核，涵养共生共荣产业生态

创新中心由企业、科研院所、高校等各类创新主体自愿组合、自主结合，以产业为本体、市场为导向、企业为主体，具有法人治理结构，面向先进轨道交通装备产业创新发展的重大需求，突出协同创新。为聚集整合创新联盟统一战线，凝聚行业合力，创新中心在原本松散的协会联盟体系中设立产业集群促进机构，致力于建设成为公共服务示范点、产业发展助推器、创新人才集聚区、关键技术策源地，促进产业集群做强、做大、做优。从而摆脱传统模式“单打独斗”的困境，以服务产业的定位与内涵、具备的核心特征和功能作为评判标准，因地制宜探索工作模式和方法，携手协会联盟共同优化产业生

态，承担轨道交通生态圈上下游尤其是中小企业的管理咨询项目、技术成果交易、技术委托研发、产权入股和检测认证等服务，高效服务于集群相关企业和组织，涵养产业共生生态。

2. 以创新联盟为外圈，扩大成果扩散辐射范围

2019年，创新中心牵头成功申报国家级先进制造业集群（轨道交通装备），以打造世界级轨道交通产业集群为抓手，高效运营中国先进轨道交通装备创新联盟的日常工作。在政府和相关龙头企业的支持下，通过“政府赋权、企业赋能、协会赋势”，按照“当好四员、扩大两圈”的发展思路：把握发展趋势，当好“领航员”；推进政企联动，当好“联络员”；依托平台公司，当好“服务员”；布局产业链条，当好“战斗员”，全方位整合产业链上下游资源。扩大集群“朋友圈”，构建最广泛的统一战线；共建产业“生态圈”，构建集群命运共同体。先后整合了城市轨道交通产业技术创新战略联盟、中国智能无人系统产学研联盟、轨道交通装备产业工业互联网联盟三个分联盟，形成以轨道交通装备行业为基础，覆盖产业链上下游的综合性创新联盟，汇聚了包括上海地铁、广州地铁、青岛四方、长客股份、唐山客车、华为公司、清华大学等各类创新主体超过300家。通过组建产业联盟，为先进的技术成果在中车株机、株洲时代电气、上海地铁、南宁地铁、广州地铁、联诚集团和其他联盟成员中开展成果转化提供试验装车条件和实施基础。

（三）践行去中心化的运营管理模式，有效整合与利用产业化生态圈的核心资源

创新中心定位平台公司，作为新型研发独立实体，在自负盈亏的同时，需要开展大量共性关键技术研发项目，这些项目往往具备研发周期长、前期投入大、成果转化慢的特点，因而风险较高。为充分发挥资本效益，创新中心通过“平台公司+项目公司”模式汇聚创新资源，通过“平台+创客”体系加速创新资源成果产业化进程，并依托“平台+产业链”机制化解技术孵化的行业难题。

1. “平台+项目”孵化模式，放大资源杠杆

为充分发挥资本效益，创新中心按照“平台公司+项目公司”的模式，在平台公司层面通过科研项目进行基础研究，针对研发推进良好的科研项目，通过“孵化+创投”的形式，投资组建项目公司，独立运营。

为打造轨道交通公共服务平台，打造面向行业的轨道交通装备检测认证机构，创新中心依托株机公司检测试验资源，同时引入上海轨道交通检测技术有限公司，创新中心占股45%，上海轨道交通检测技术有限公司占股50%，同时引入5%的核心员工入股，共同组建湖南国基检测技术有限公司，目前已经获得国家认监委CMA检测资质，拥有轨道车辆整车、辅助供电系统、制动系统、空调系统、照明系统等21项检验检测能力，为国内先进技术成果进入西欧等海外市场的标准符合性提供保障。为突破轨道交通工业设计技术，创新中心依托股东单位资源，联合株洲联诚、湖南交通控股、今创集团、湖南大学、华中科技大学等7家单位组建湖南国研交通装备工业设计公司，致力于创建国家级工业设计研究院，打造行业工业设计高地。创新中心依托平台通过不断地孵化项目公司，不仅放大了自身技术和资源，同时也将创新成果快速引入生产系统和市场，加快创新成果大规模商用进程。

2. “平台+创客”创新模式，加速研发成果产业化

创新中心通过“企业+联盟”的组建模式，不断整合行业资源，但同时面临资源配置的难点。通过借鉴区块链技术的理念，采用去中心化、分布式的“平台+创客”模式，在“企业+联盟”大平台中建立攻克关键共性技术并实现研发供给、转移扩散和首次商业化的众多小“平台”，吸引行业创新人才以“创客”形式参与小平台的创新项目。“创客”加入“平台”后，创新中心优先提供场地和资金支持，随着技术积累和经济效益的渐变式发展，快速推动项目团队—研究室—研究所—事业部—项目子公司的孵化发展。目前，形成“一中心三研究所”的研发平台架构：技术研发中心为公司技术研发部

门，具体承担技术中长期规划及趋势研究，归口技术与质量管理日常工作，研究所立足轨道交通行业，解决遏制行业技术发展的关键共性问题，研发关键共性技术。

依托“平台 + 创客”模式，创新中心先后吸引了以湖湘人才刘翊为代表的工业智能团队、以马明明博士为代表的激光先进制造团队、以刘凯博士为代表的智能感知器件团队、以黄志华博士、孙双成为代表的新能源技术团队，分别组建了工业智能研究所、激光先进制造研究所、基础器件研究所、新能源系统研究所。每个研究所独立开展技术成果研发，由创新中心提供配套基础设施和经营服务支撑，加速技术成果转化。工业智能研究所在此体系下成立不到 2 年，已实现对轨道交通装备全寿命周期健康管理的技术和研发，带动轨道交通装备检修由“故障修”向“状态修”迈进；激光先进制造研究所实现了激光增材、激光焊接、激光清洗在轨道交通装备应用行业的多个第一；新能源系统研究所突破了氢能源燃料电池试验阶段加氢过程的行业难题。先后承担国家重点研发计划 1 项、湖南省重点研发计划、长株潭标志性工程等多项科研任务，研发团队获得中国创新创业大赛省级表彰，相关技术应用于广州地铁、南宁地铁、上海地铁等单位。

3. “平台 + 产业链”科研模式，挖掘创新源头

创新中心聚焦于先进轨道交通装备领域关键共性技术的研发，根据制定的技术边界与技术路线，整合核心单位的科研资源，有序推进科研项目，通过科研项目带动技术孵化。

创新中心联合中车株机公司、西南交通大学、同济大学申报的《长定子中速磁浮列车与轨道耦合振动控制技术及应用研究》获批 2020 年湖南省高新技术产业科技创新引领计划项目，通过开发更高效、更经济的常导磁浮车轨耦合振动综合控制技术，降低磁浮车轨桥动力作用水平，提高长定子中速磁浮列车适应不同刚度轨道梁的能力；成功申报湖南省标准化研究项目《激光先进制造标准化研究》和湖南省地方标准制修订项目《城市轨道车辆激光清洗机》，牵头《面向轨道交通全自动驾驶的自复位液磁断路器产品研发及产业化项目》成功申报“2021 年中央引导地方科技发展专项”，《智轨云轨道交通装备智能运维平台》入选 2021 年省级工业互联网平台建设计划。创新中心牵头，创新链承担的 2019 年国家重点研发计划项目中：从事科研和基础性研究的西南交大、东北大学等高等院校为整个项目提供理论方法研究基础；中机生产力促进中心、中机寰宇等为与安全寿命相关的技术进行攻关指导；国家纳米科学中心等研究机构制备在线检验监测设备和试验设备，为运行质量提升提供算法原理支持和数据支撑；创新中心、中车株机等将关键零部件运行安全寿命评估体系理论算法通过程序编写融入具体的轨道交通装备和车辆所搭载的检验监测服务中；深圳地铁等为测试、验证和优化项目成果提供真实、完整的示范体系。按照协同攻关的思路，通过创新链联动，完成从“理论方法创新突破—重大技术攻关—硬件设备研发—标准规范制定—成果应用及示范”的完整流程，最终实现轨道交通装备运行质量的提升。协作的方式，除此之外，创新中心还与湖南科技大学共同承担 2018 年度湖南省重点研发计划，就轨道交通车辆关键部件的可视化预测性运维开展合作；与湖南大学共同承担 2019 年度湖南重点研发计划，在高压、温度范围宽的复杂轨道交通车辆运行状态信息采集共同研制无线无源感知器件与系统；与华东交通大学成立联合创新实验室，针对轨道交通装备电机状态智能检测与产业化及相关领域展开研究并进行产品化和产业化。

（四）打破现有体制机制束缚，激活产业生态人才集聚

1. “专职 + 兼职”内外结合，突破传统体制人才任用约束

创新中心采用“专职 + 兼职”的形式，汇聚智力资源。在全职人才方面，一是充分利用各级政府的人才政策，面向海内外招聘高端人才，补充创新中心领军人才和核心骨干人才；二是基于各项目的需要，面向高校，招聘有潜质的优秀大学生，实现人才队伍梯度化，扩大创新中心人才队伍力量。通过外

部招聘，面向高校、社会招聘全职高层级技术人员近百人，其中30～40岁技术人员超过60%。

在兼职人才方面，采用“不求所有，但求所用”的原则，一方面根据项目需要，与高校建立战略合作关系共建校企联合实验室，聘请高校有关人才到创新中心兼职工作，按照项目合同支付薪酬；另一方面，根据项目研发需要，由各股东企业推荐合适的人才到创新中心的项目团队中兼职工作，薪酬由原单位代发，年底由创新中心与原单位结算。项目结束后，推荐人员返回原单位，或者通过创新中心的录用考核征求本人和原单位同意而留在创新中心，与创新中心签订正式劳动合同，转变为正式职工，既保障了人员的流动性，也有助于择优选取人才。通过企业共享，探索双方关键共性技术需求，制定和论证关键共性技术研发项目，采取项目制方式进入项目团队的共计68人。依托股东和联盟资源，面向行业优势高校，通过人才共享的形式整合高校才智资源，目前已突破传统体制限制，引入5名院士、24名教授、28名博士等高端人才。

2. “院士＋博士”师徒协同，引领行业技术创新发展

创新中心结合发展环境和行业特点制定个性化举措，确保创新人才团队稳定高质高效：一是以行业内院士牵头，成立专家委员会，通过专家委员会对行业技术难点的分析和判断，整体统筹并规划急需解决的关键共性技术清单，并通过专家委员会制定行业技术标准，规范攻克的关键共性技术，纳入现行标准体系。二是建立院士工作站，由院士工作站直接负责具体的关键共性技术项目攻关，引进相关专业的博士作为主要技术骨干，提升技术攻关的可靠性。三是营造技术攻关的良好氛围，通过与科研院校签订校企战略合作协议，组建联合实验室、企业硕博创新实践基地等，针对需要攻克的关键共性技术配置科研设备，搭建一流的科研硬件条件，吸引行业专业领域高端人才，如杰出青年、湖湘青年英才、博士等加入联合实验室，最大限度发挥高端技术人才创新能力。四是为人才提供“保姆式”的精准服务，坚持“引进一个领军人才、集聚一个创新团队、建设一个产业孵化基地、创办一个高新技术企业”的用人理念，着力构建“院士＋博士”的科研项目攻关机制，院士把好科研创新的“方向盘”、博士作为科研项目“带头人”、再配备相关专业领域硕士，作为博士实施具体项目的“贤内助”。

通过实施“院士＋博士”的攻关模式，一是院士可精准定位人才的科研方向，科学规划发展路径，向行业前沿性产业发展和卡脖子技术攻关方面聚焦；二是为人才搭建团队，配备助手，充分授权，让高端人才从烦琐的事务中抽身，俯下身，沉下心地将主要精力真正投入项目建设中，深入企业的生产经营一线、科研战场的前沿阵地，培养艰苦奋斗的作风，从而收获人生价值，实现事业梦想。

3. “纵向晋升＋横向发展”双管齐下，打通人才发展通道

一是将任职资格与职位晋升挂钩，建立纵向晋升发展通道。将国家职业资格认证与公司内部资格认证系统结合，通过建立员工任职资格标准体系、任职资格认证机制、任职资格认证结果规范运用，系统构建面向全员的任职资格体系。所有从业人员在1～2年内获取相应职业资格证书，每名管理人员至少要通过所从事业务的资格认证考试并取得证书；从现岗位流动到新产业、新模式领域，至少要获得两种以上业务的资格认证；从现职位纵向晋升必须在两种以上业务中获得高级资格认证，有效确保了人才的综合素质和业务水平。二是建立员工职业横向发展通道。采用“可进可出”的方法，建立“轮岗交流”机制，通过技术层级、管理层级评定，满足不同阶段、不同水平的人才流动需求，逐步实现职位、能力和职业发展三位一体的管理，帮助员工实现自我价值。同时，大力倡导“工匠精神”，鼓励员工立足本职工作，向专业顶尖迈进，建立充足的“内脑”资源储备。

三、加速科研成果产业化的“企业＋联盟”研发机构建设效果

（一）高效建设创新中心，管理运营成效初步形成

创新中心按照“三做三不做”原则实施“企业＋联盟”的研发机构运营管理，做行业共性技术，

不做具体产品技术；做技术转移扩散和首次商业化，不做产品生产；做企业创新服务平台，不做企业竞争者。在此基础上，持续深入开展技术研究及科技成果转化，构建创新生态发展体系，坚持自主经营、自我造血、自负盈亏。自 2018 年成立以来，公司连续三年实现盈利，净利润近 1500 万元，总资产超过 3 亿元，累计实现总收入 9000 余万元，平均复合增长率超过 20%。

一是搭建了人才集聚高地。组建了 8 名院士领衔、20 余位行业专家、近百名中青年骨干组成的专家委员会，建设了一支以首席科学家为龙头、以领军人才为核心、以骨干人才为主体的专兼职结合、形式多样的高水平人才队伍；成功设立陈晓红、周祖德两个院士工作站以及企业博士后流动工作站、清华大学株洲硕博实践基地。二是构筑了产业生态高地。研发的新型开关接触器成功打破国外垄断，填补我国该技术领域空白；全球首列智轨列车、储能式有轨电车、双层动车组、动力集中型动车组、永磁电机及控制系统等 10 余项原创技术实现产业化，动车组、调车机车等产品获得欧盟认证，打入欧美发达国家市场；联合 SRCC 试验检测公司共建了第三方行业检验检测和标准认证平台；创建国家市场监管技术创新中心（轨道交通装备质量与安全领域）。三是科技创新成果效果显著。充分发挥国家创新平台优势，先后承担《轨道交通装备运行质量检验监测科技服务技术研发与应用项目》等国家重点研发项目 3 项、省级重点研发计划 8 项。成功斩获国家创新方法工作专项 1 项，湖南省高新技术产业科技创新引领计划 3 项，中车科技研究计划项目 3 项。申请国际 PCT 专利 5 项、国家发明及实用新型专利 44 项，获授权 13 项。申请软件著作权 11 项，获授权 10 项。发表 SCI 论文 6 篇、EI 论文 2 篇。参与制定国际标准《轨道交通机车车辆电气隐患防护的规定》，参与制定《工业互联网平台选型指南》国家标准，牵头制定团体标准《声学超构材料术语》，牵头起草地方标准《城市轨道车辆激光清洗机》第一部分“牵引电机”等。相关技术成果获工业 APP 创新成果转化二等奖和优秀解决方案奖、中车科学技术二等奖和中国科技创新发明成果金翅奖和司南奖等。

（二）培育“企业＋联盟”生态圈，助力世界级产业集群培育

通过出资设立产业集群促进机构“株洲国联轨道交通产业服务中心”，构建了以服务中心为内核、行业协会为中环、产业联盟为外圈的促进机制，助推株洲轨道交通产业集群向世界迈进。一是产业基础进一步夯实。推动株洲构建了覆盖“整机、系统、部件”完整产业链，产值规模、市场份额、出口金额、人均产值等位居全国首位；新增规上企业 18 家，高企 46 家，单项冠军 2 家；9 个项目获批工信部智能制造项目，7 家企业入选 2019 年工信部第五批绿色制造名单。二是网络化协作进一步高效。本地配套率提高到 80%；与 60 多家科研院所、10 余家国际机构开展合作；组织了 10 余场展会、50 余场峰会论坛；转移扩散 100 多项科研成果，成功获批行业唯一的国家级创新中心，成为国际领先的产业创新资源交汇地。三是技术创新能力显著增强。围绕“高速重载、绿色智能”发展方向，编制了技术路线图；新增国家级平台 8 家、省级 16 家，突破了 IGBT、永磁电机等 8 个“卡脖子”技术；新增发明专利授权 587 件，主导或参与制定国际标准 84 项、国家标准 112 项，成为国家高端装备制造业知识产权与标准化试点区。四是要素资源进一步集聚集约。新设“千里马”“梧桐树”等 5 支基金，新增 3 家上市企业、3 名全国劳模、4 名全国优秀企业家，形成了以 4 名院士领衔的万余名科研团队；占地 8000 多亩的 6 个产业园全面建成，产城融合的轨道科技城呼之欲出。

（三）促进研发成果产业化，引领样品到商品的创新进化

通过创新中心建设，整合产业链上下游企业、科研单位、高等院所、行业协会等创新资源，实现科研人才和设备共享共建，形成跨界融合、协同创新的局面，解决了目前创新资源要素在产业链各环节上的多头部署和分散投入，以及现有众多创新载体在“技术产生、扩散、首次商业化、产业化”的链条上衔接不畅的问题。

推动高铁“大脑”网络控制系统、高铁“心脏”牵引电机、永磁同步电传动系统等高铁核心系统核心技术成果产业化，攻克了IGBT中国芯、高性能聚酰亚胺薄膜等一系列进口替代前沿基础和“卡脖子”技术，永磁电机等多项技术国内领先，IGBT中国芯、PI膜等成功替代进口，涌现全球首台智轨列车等大批高端装备，产业优势明显，整体处于全球产业链、价值链中高端。电力机车、动车组、城轨车辆等整机产品，轨道交通电传动系统、网络控制系统、轨道交通车辆牵引电机和牵引变压器等核心零部件的国内外市场占有率均居第一位，电力机车产品占全球市场份额的27%，居世界第一位，城轨车辆国内市场占有率30%，动车组出口份额全国第一，整机及配套出口全国第一，全球最大功率电力机车、中低速磁浮车辆、超级电容储能式有轨/无轨电车、智轨电车等新型轨道交通车辆均为行业首创。

（成果创造人：廖洪涛、李 林、陈 皓、肖黎亚、李 栎、方 昕、李沛钊、曹德龙、周晓彤）

面向航天复杂系统的软件研制管理体系构建

中国空间技术研究院

中国空间技术研究院（以下简称研究院）隶属于中国航天科技集团有限公司，成立于 1968 年 2 月 20 日，主要从事空间技术开发、航天器研制、空间领域对外技术交流与合作、航天技术应用等业务。自 1970 年 4 月 24 日成功发射我国第一颗人造地球卫星以来，研究院抓总研制和发射了 300 余颗航天器，成为中国主要的空间技术及其产品研制基地。研究院拥有完整的研制生产体系，现有中国科学院和中国工程院院士 9 人、国际宇航科学院院士 13 人、俄罗斯宇航科学院院士 9 人，13 名国家级突出贡献专家和 5000 余名高级专业技术人才，获得“全国文明单位”“全国创先争优先进基层党组织”“全国模范职工之家”等荣誉称号。

一、面向航天复杂系统的软件研制管理体系构建背景

（一）航天重大工程任务系统复杂性高，原有软件研制体系难以适应

随着空间站等航天重大工程的实施，软件功能越发复杂，软件数据处理能力要求大幅度增加，软件运行平台更新快，软件规模急剧增加。面对数量庞大的软件配置项，以及大幅增长的软件需求，面向单个软件配置项的管理方式显得捉襟见肘，软件管理迫切需要从“软件配置项级管理”向“软件系统级与配置项级管理并重”转变。

（二）对标航天软件高可靠、高安全要求，质量管理迫切需要转型升级

软件作为航天复杂系统的神经中枢，在保证系统安全稳定运行、可靠完成任务方面发挥着至关重要的作用，其可靠性、安全性已成为关乎型号任务成败的关键因素之一，因软件质量问题造成型号任务失败的案例时有发生。软件在研在轨质量问题层出不穷，充分暴露了软件在需求分析、设计开发、测试验证等关键环节存在技术风险和共性问题，亟须加强以高可靠为核心的软件产品保证工作，实现软件质量管理从“管理过程把关”向“管理过程与技术管控并重”转变。

（三）面对航天器高密度发射任务形势，软件设计开发效率无法匹配

研究院近几年宇航型号任务呈大幅增加的趋势，导致软件开发和测试任务繁重，资源矛盾日益突出。与此同时研究院还面临更加激烈的国内外市场竞争，需要型号研制周期更短、质量更高、成本更低。原有的软件研制管理效率已无法满足新的任务形势的需要，因此进一步提升航天复杂软件系统研制管理能力迫在眉睫。

二、面向航天复杂系统的软件研制管理体系构建主要做法

（一）科学筹划统一构建，牵引软件系统研制体系转型

1. 科学筹划，组织整体推进协调落实

面对软件研制新挑战，为高质量完成航天重大工程任务，研究院一方面以问题为导向，系统总结软件研制中的经验教训，另一方面以目标为导向，面向航天强国、一流军队建设目标，面向高质量、高效率、高效益发展要求，满足未来任务需求。研究院确立了“打造世界一流航天软件研制体系”的目标，以产品保证为核心，以数字质量为手段，以“体系牵引、流程保证、知识驱动、数字赋能”为实施路径，积极开展软件研制管理转型的探索和创新。

研究院明确提出航天软件研制新体系要积极推动软件工程化发展实现三个转变：一是软件管理从“软件配置项级管理”向“软件系统级与配置项级管理并重”转变；二是软件开发从“文档驱动开发”

向“模型驱动开发”转变；三是航天器研制从“硬件为主、软件为辅”向“硬件标准选用、软件定义功能”转变。

为此，研究院在继承软件工程化已有成果的基础上，提出了由以系统设计为核心的软件研制（System）、以高可靠为核心的产品保证（Assurance）、支持拓展应用的新技术新工具（Technology +）和组织基础保障四个模块构成的服务航天重大工程的复杂软件系统研制体系（以下简称软件“SAT +”研制体系）。“S”以“统筹”为特征，加强型号顶层规划，通过流程驱动，实现由“软件配置项级管理”向“软件系统级与配置项级管理并重”转变；“A”以“精准”为特征，提炼产保技术要素，通过知识驱动，将技术风险转化为知识，嵌入研制流程，实现研制过程中精准推送；“T +”以“高效”为特征，打通双向交互链路，通过数据驱动，实现高效迭代，提高组织的效率和效益。

研究院发布“院长六号令”即《宇航型号软件研制工作规定》，以最高行政命令的手段在全院强力推进体系构建与实施。研究院成立领导组、专家组和工作组，定期召开专题会议，定期组织院级培训考核，保证研究院软件研制各级各类人员能力满足要求；通过定期组织单位和型号间交流，广泛征求型号两总、厂所正职、各级设计师意见，强化体系落实；各单位正职高度重视体系构建工作，提供了充足的资源保障，配合组织机构调整，建立独立的软件研制组织和软件产品保证队伍，持续推进软件专业发展。

从2012年起，每年度研究院以“质量工作要点”“宇航能力节点”的形式明确各单位体系建设目标、工作要点和时间节点，并纳入院考核，每年定期组织专家组现场检查，建立“定期、量化、自动”的软件质量数据分析机制，按照单位、型号、配置项等维度发布排行榜，寻找薄弱环节，制定改进措施。

2. 组织变革，建立专业人才发展通道

为支撑研究院软件“SAT +”研制体系有效运行，根据“院长六号令”要求，研究院成立软件产品保证中心，作为型号软件产品保证专业技术研究、技术支持和人才培养的技术支撑机构，负责制定软件产品、保证专业技术发展规划并牵头开展研究工作，建立和维护研究院软件产品保证标准规范体系，为研究院型号任务提供软件产品保证专业技术支持服务，培养系统级软件产品保证工程师队伍。

院内502所、西安分院、510所、513所等软件研制单位严格落实“院长六号令”要求，积极开展组织机构调整，成立软件中心，通过集中资源强化软件研制队伍建设，实现需求、设计、测试人员三分离，为体系有效实施提供人才队伍保障。

研究院以软件专业人才发展为目标，强化软件系统级研制队伍的建设。在型号设立宇航型号软件项目总监、软件系统设计师、系统级软件产品保证工程师岗位，强化系统级人员建设，支撑系统级研制管理需求。为切实发挥型号软件项目总监抓总系统设计和产品保证工作实效，研究院从领域/平台要求、重大工程要求及专业能力要求等方面，不断强化型号软件项目总监的职业能力和履职绩效。

3. 统一要求，建立统一的标准规范体系

研究院以“院长六号令”为总要求，从执行和支持两个维度，形成“总要求”“技术标准”“模板、指南、实践案例”三层架构的宇航软件标准体系，体系具有自主知识产权，覆盖完整软件生命周期，是统一思想、统一流程、统一执行的重要抓手。

研究院构建新的软件标准体系，自主创新地提出并实践了软件系统设计、FPGA产品技术要求等工程软件标准规范，先进理念纳入GJB 5000（国家军用软件顶级标准）和载人航天工程标准，引领了软件工程技术发展。

4. 持续改进，建立体系效能评估机制

为了持续提升体系运行效益，研究院建立过程评估模型，支撑研制单位持续提升系统设计能力、工程实现能力和产品保证能力，优化研制队伍建设和工具建设，逐步辐射和牵引合作伙伴及供方，建立起整体共赢的格局。

（二）顶层规划软件系统，推动航天软件系统全局最优

1. 建立软件系统优化方案，提出软件系统研制流程

软件系统设计是系统级研制流程的关键核心，它从系统层面规划航天器系统的信息流、控制流、资源分配等，从软件层面分析航天器系统设计中可能存在的缺陷，协调各软件配置项之间的配合与交互，提升航天器系统可靠性、安全性。

通过强化软件系统总体的统筹规划，改变观念，重心前移，由原有的“自底向上”改为“自顶向下”的分析设计，由总体对各分系统软件设计进行统筹规划，统一调配各分系统资源和指标，实现全局最优。通过信息资源的统筹使用提升系统的功能与效能，提升航天器的好用性、易用性。

在此基础上明确软件系统级工作范畴，显式地提出将系统信息流、控制流、通信协议与遥测遥控格式、信息资源分配、与软件相关的系统级验证等工作纳入软件系统级工作范畴，并首次提出以软件系统为核心的研制流程。

2. 精细化管理软件需求，实现需求全周期双向追溯

研究院组织各软件研制单位协同改进软件需求管理方式。从系统级、分系统级到配置项级软件功能需求均统一进行需求建模并条目化管理，任务交办方通过在线方式向任务承制方提交条目化需求。在需求建模基础上，使用软件研制一体化工具平台，实现用户需求、软件需求、设计、代码、测试用例的双向追溯与精细化管理。在需求变更时能够自动识别与分析需求变更影响，对变更技术状态实现精细化控制。

3. 系统级测试验证充分，促进系统设计迭代完善

软件系统级测试验证能够反向修正前期软件系统设计的缺陷和错误，实现系统设计的迭代和完善。针对软件系统级测试验证过于依赖硬件环境的问题，研究院自主研发全数字仿真测试工具，通过模拟硬件环境，从而在系统设计早期，脱离硬件环境实现软件的系统级测试，全数字仿真测试验证手段已在多个型号的软件测试中得到了应用，实现了软硬件并行研制，有效解决了软件系统级测试验证滞后问题，降低了修正软件系统设计缺陷和错误的难度及成本。

针对系统验证阶段软件状态控制困难问题，研究院组织各总体单位建立了软件交星状态确认机制，在软件交电性星和正样星整星测试前，开展软件交星状态确认。交星状态确认机制目前已在研究院载人领域、导航领域、遥感领域多个型号推广应用，有效解决了目前复杂系统型号整星测试软件配置项繁多、版本更换频繁的现实问题，是开展系统级验证与确认工作的可靠手段。

（三）产保要素融入流程，驱动航天软件质量精益管控

1. 提炼软件产品保证技术要素，聚焦软件薄弱环节

研究院承制的宇航软件包括平台软件和各类载荷软件，研制单位众多，各类软件又具有各自的特点。为了既能适应每类软件的个性特点，又能充分体现行业的统一要求，研究院以宇航软件的高可靠、高安全为核心，运用分级分类方法，提出了“通用 + 专用”的软件产品保证技术要素。

在充分总结航天器软件研制领域特征，吸收历年典型案例和在轨在研问题经验的基础上，研究院针对宇航软件研制过程中存在的共性问题和薄弱环节，精准分析，提炼形成“五控制、五设计、两编程、两验证”的通用产品保证技术要素，共计 193 项。为充分适应各类软件业务领域特点、功能要求和研制单位组织结构特征，发挥各研制单位主观能动性，院内各单位在总结经验的基础上，提炼形成专用产品保证技术要素。“通用 + 专用”的软件产品保证技术要素，聚焦软件研制薄弱环节，有效解决了现有质量管理方法不能指导精准识别技术风险的问题，进一步加强对保证设计正确、验证有效的支撑作用。

2. 产保要素融入软件研制流程，推动落实质量精益管控

为提高软件产品保证技术要素的可执行性，研究院配套建立了《航天器软件产品保证技术要素实施要求》《航天器软件产品保证技术要素实施指南》等标准规范，对每项产品保证要素进行分解细化，通过结构化的方式说明各要素的检查要点、检查阶段、落实文件、责任岗位等实施要求。通过明确责任岗位，有效解决了软件研制过程中岗位协同关系不清晰的问题；通过明确落实文件和检查要点，有效解决了产品保证融入研制流程中递进关系和验证闭环关联不足的问题。

为确保要素在研制过程中实施到位，由软件设计师、各级软件产品保证工程师分别结合软件研制流程及重点关注内容，逐条逐项开展技术要素确认工作。将产品保证工作按适宜的时机融入软件研制流程，形成控制点，确保了过程产品检查的时效性，实现质量重心前移，确保产品安全可靠。统一设计协调层级间的工作接口，构建相关要求上传下达渠道，明确传递和反馈时机，使各层级研制流程通畅，确保各层级协调实施。通过设计串入式产品保证控制点和层级间接口，将通用及专用技术要素融入软件研制流程，落实软件质量精益管控。

3. 发布软件通用文档模板，推动落实"边开发边确认"

为了进一步加强软件产品保证技术要素落实，研究院对现有的标准规范中对于软件文档的要求进行了梳理和对标，融合各级标准要求，在总结各厂所、重点型号软件文档模板运行情况的基础上，坚持可行性、可用性与规范性相结合的原则，形成并发布一套适合航天型号软件的工程文档模板共 22 份，包括软件通用文档模板 11 份，FPGA 通用文档模板 11 份，纳入产品保证技术要素要求，用于全面指导五院软件研制各类人员按通用模板规范、有序地开展各阶段研制工作。

软件开发人员使用通用模板编制相应阶段的软件技术文档，依据文档进行设计和自查确认，以研制流程中必做的工作替代设计师以检查单进行自确认的方式，软件产保人员结合代码入库、基线发布、各级评审等软件研制各个质量控制点，检查技术文件按照新模板的执行情况，并按要素检查单进行确认。该套通用模板首次对研究院各单位、各型号软件文档模板从顶层进行统一，覆盖软件研制全流程，从组织层面推动了软件文档要求的一致性、规范性。以通用模板为抓手，确保了产保技术要素执行有载体、不漏项、不弱化，避免要素确认事后补做，流于形式，实现在软件研制过程中"边开发边确认"。

（四）打造全新技术工具，实现全过程全层级数字赋能

1. 顶层规划自主研发新工具，实现软件研制全层级、全过程、全要素支撑

研究院全面总结宇航软件研制所使用的工具现状，结合软件"SAT +"研制体系的要求，对院级、型号/系统级、分系统级、软件配置项级等各级软件研制管理需求进行了梳理，形成新工具平台的顶层需求，明确了"顶层规划、统筹推进、自主研发、数据驱动、一体化"的建设原则，并进一步提出了一体化工具平台的业务架构，将新工具平台覆盖的范围延伸到软件研制涉及的各个单位及型号总体、分系统和单机各个产品层级。

基于顶层业务架构，研究院自主研发了一体化工具平台。该平台提供了系统需求、软件需求、软件设计、编码、测试、运行维护等全过程，以及项目策划、项目监控、测量分析、产品保证、配置管理等全要素的管理功能，以需求为源头对研制数据进行条目化，并建立了不同条目之间的关联关系，实时生成双向可追溯矩阵，实现精细化的跟踪与管理。平台提供了软件研制数据集成交互能力，可以将研制中使用的静态代码检查工具、单元集成测试工具、自动化动态测试工具、全数字测试仿真工具等无缝集成，实现各单点工具互联互通，使软件研制"技术线"和"管理线"的融合成为可能。该平台以全层级、全过程、全要素的结构化数据为基础，形成了软件管理和工程的数据中心，从底层打通数据传输通道，实现数据驱动的软件高效研制。

2. 自主研发自动化测试验证工具，通过持续集成满足软件快速交付需求

为提升软件测试自动化程度，研究院组织自主研发了全数字仿真测试平台和自动化缺陷检测工具。

一是全数字仿真测试平台。借助模拟仿真平台针对嵌入式软件实施数字化、虚拟化仿真验证，对嵌入式软件的功能、性能、时序等质量要素进行全方位验证。平台支持常见嵌入式软件系统仿真测试，积累硬件层仿真构件 7 大类 62 个，支持各种仿真协议和数据进行可视化配置。

二是自动化缺陷检测工具。研究院自主研发了自动化缺陷检测工具，包括静态代码检查工具、单元集成测试工具、自动化动态测试工具等，从运行错误检测、典型故障模式检测、预防性静态分析等多个维度，快速检测代码中的问题，保证代码可靠性。这些工具与一体化工具平台无缝对接，实现持续集成。一旦软件发生变更，平台就会自动检出代码并自动完成静态分析，根据设计变更自动筛选用例进行单元回归测试，根据需求变更自动筛选配置项测试用例并完成动态测试。

3. 应用推广软件新技术，拓展一体化平台应用场景

第一，实施模型驱动开发，实现快速系统论证和设计。针对重大型号软件可靠性安全性要求高、软件算法复杂的任务特点，研究院借鉴 NASA 模型驱动开发方法，结合宇航软件研制特点，建立了面向重大型号的模型驱动开发模型，实现快速系统论证，提前发现系统设计风险。

在系统分析和论证阶段，基于模型生成原型代码可以在目标平台更充分地对系统方案进行验证；在软件设计实现阶段，以系统模型作为软件设计的初始基线，基于模型生成产品代码既提升了软件实现的效率，又保证代码实现与系统需求的一致性。

第二，本地化应用敏捷开发，建立适合商业航天的快速研制流程。为了适应商业航天软件研制周期短、需求变更频繁的特点，研究院对航天型号高可靠、高安全要求和宇航软件原有的瀑布开发模型进行深入分析，提出了适合商业航天的敏捷开发模型。该模型将敏捷开发模型同瀑布开发模型进行有效结合，减小瀑布模型的颗粒度，采用敏捷开发的优秀实践和方法，提高开发效率。在软件研制一体化工具平台支持下实现软件快速迭代开发、多次发布，通过计划驱动改为需求驱动等手段提升软件研制效率、确保研制质量。

第三，推广面向领域的产品化开发，构建高可靠软件货架。为了适应批产型号和应用型号的任务特点，研究院通过对现有及未来产品需求进行分析，结合型号特点，对领域产品型谱进行规划，在软件研制一体化平台支持下，应用 A（完全复用领域核心软件资产）+B（配置参数，包括算法、硬件接口等）+C（扩展功能开发）的产品化开发技术和方法，构建高可靠软件货架，并在型号中得到应用，实现“一次开发、多次使用”。

三、面向航天复杂系统的软件研制管理体系构建效果

（一）助力航天重大工程圆满成功，关键指标达到国际先进水平

近几年研究院抓总负责的航天器发射成功率 100%，在轨功能性能全部满足要求，产品的关键指标达到国际先进水平。特别是在载人航天工程、北斗导航工程、探月工程和火星探测等国家重大工程专项领域，连续成功捷报频传，这其中软件系统功不可没。空间站由软件实现的安全关键功能达到 70%，“嫦娥五号”由软件实现的安全关键功能超过 60%，北斗导航卫星由软件实现的安全关键功能超过 61%。

（二）质量精益管控水平大幅提升，实现软件在轨异常问题为零

研究院通过落实“院长六号令”，持续识别和完善软件产品保证技术要素，并固化在软件研制流程中，质量精益管控水平持续提升。通过产品保证技术要素的有效实施，研究院软件研制缺陷逐步减少。近五年，软件缺陷密度从 1.40 下降到 0.82，FPGA 缺陷密度从 1.56 下降到 0.54。同时，研究院软件在轨在研问题也明显下降，2012 年至 2021 年，软件在轨异常从 19 个下降至 0，在研质量问题从最高 15

个下降至2个。

（三）新技术新工具全面自主可控，加速软件研制效率，使效益倍增

通过构建以工程活动为核心，覆盖软件研制全层级、全过程、全要素的软件研制一体化工具平台，建立了自主可控的软件研制工具链。有效整合“技术线”和“管理线”各个环节的活动，支持模型驱动开发、敏捷开发和产品化开发等多种软件开发技术，为软件研制从技术到管理、从系统到配置项、从需求到交付的全过程提供有效支撑。

通过体系构建，研究院整体的软件管理效益不断提高，软件生产率指标大幅提升。从2016年至2020年，研究院软件生产率从2016年的9000行/人年提升到2020年的15745行/人年，增长约75%，取得了可观的经济效益。

（四）软件系统研制体系实现再造，引领军工软件产业转型发展

软件“SAT+”研制体系提出了国家航天重大工程复杂软件系统研制管理的工作思路和方法，首次在型号研制中明确提出“软件系统”概念，率先将可编程逻辑器件软件纳入软件产品保证体系管理。研究院依托体系的丰富实践经验，通过竞标成功成为国家军用软件顶层标准《军用软件研制能力成熟度模型》GJB 5000B工程标准内容及《基于可编程逻辑器件软件的GJB 5000B实施说明》配套规范的牵头编制单位，将体系多年实践沉淀的丰富经验纳入标准，作为国家装备软件领域顶层标准规范在国防科技工业范围内推广实施，有效带动了国防科技工业软件研制管理水平的提升，持续为我国军事装备智能化、网络化发展发挥重要作用。

（成果创造人：张笃周、张　璐、于　潇、赵　宁、冶元菲、
韩　维、江云松、张　抒、龚　喆、胡智华）

军工科研院所实现多任务高效协同的强矩阵管理

中国航空工业集团公司沈阳飞机设计研究所

中国航空工业集团公司沈阳飞机设计研究所（以下简称航空工业沈阳所）现隶属于中国航空工业集团有限公司，成立于1961年8月，是中华人民共和国成立后组建最早的飞机设计研究所，主要从事战斗机的总体设计与研究工作。航空工业沈阳所现有职工2300人，技术人员1911人，硕士及以上学历1098人，高级工程师及以上职称1015人，共培养院士6人、国家万人计划2人、国防科技卓越青年3人、航空工业集团首席/特级专家38人，已形成一支以院士和航空工业集团专家领军的高素质航空科研设计队伍；设有15个航空重点专业领域、130个二级专业方向，涵盖了飞机设计、试验验证和技术支持三大类，拥有隐身技术、电磁环境效应、增材制造、空战系统技术四个航空科技重点实验室，以及飞控、航电、无人机综合等22个国内领先的系统验证实验室。

一、军工科研院所实现多任务高效协同的强矩阵管理背景

（一）新时代航空强国战略对多项目协同创新能力提出更高要求

党的十九大提出坚定不移走中国特色强军之路，发展新型作战力量和保障力量，加快实施国防科技和武器装备重大战略工程，把人民军队全面建成世界一流军队，全面提高新时代备战打仗能力。航空工业集团承接新时代强军目标，提出航空强国战略，变革实施“集团抓总、主机牵头、体系保障”的军品业务管理新模式，增强主机单位竞争意识，压实主机作为总师单位的引领作用。新军事变革对大量新型武器装备的急迫需求和新时代航空强国建设的使命要求，对研究所集成研制能力、多项目协同创新能力提出更高要求和更大挑战。航空工业沈阳所是研制战斗机的主机单位，新形势客观上要求必须聚焦强军首责，切实发挥主机牵头作用，实施自主创新和协同创新，提升对系统协同创新的管理能力与研制能力，快速研制一批一流武器装备，支撑世界一流军队建设。

（二）客户产品升级换代要求全面提升研制能力和资源配置效率

面对现代战争向基于信息网络体系的联合作战、全域作战及高强度、高消耗的方向发展，军队对武器装备的需求趋向多品种和高端化，对研制质量要求更严、研制周期要求更短、保障效率要求更高。军队的多样需求、技术的升级换代催生装备研制任务和预先研究项目“井喷式”增长，航空工业沈阳所4大系列10余种10多个重点型号、80余个专项、200余个预研项目并行开展。传统的直线职能制管理暴露出一线无法呼唤炮火、响应决策慢、研制效率低、资源配置不合理等体系性、体制性的综合管理问题，必须实施系统性改革，全面提升研制能力与人力等各类资源配置效率，满足客户期待。

（三）多项目并行研制要求研究所快速提升研制效率与保障效率

随着任务“井喷式”增长、多任务并行，任务需求与资源供给矛盾日益凸显，部分在研项目出现“拖、降、涨”；装备在试飞试验和部队使用中质量问题不断，在研练、竞赛中能力表现不足，导致客户抱怨增多，研究所信誉受损。航空工业沈阳所原有科研管理模式存在“部门强、项目弱”问题，跨部门、跨专业协调困难，项目顶层管理力出多孔，责权利不统一，导致研制效率低下，急需构建以项目为中心、高效协同的新型科研管理模式，以打破“部门墙”“隔热层”，激发科研人员激情，筑牢内生发展动力，提升研制效率，高质、高效推进装备研制。

二、军工科研院所实现多任务高效协同的强矩阵管理主要做法

（一）系统策划强矩阵管理架构，构建“能量自循环型组织”

1. 战略引领系统策划顶层管理架构

随着外部形势变化，航空工业沈阳所业务呈现出以下特点：一是业务种类多，贯穿技术探索、装备研制到装备大修保障全过程，顶层需要高度统筹；二是各类业务是有机整体，之间衔接性强、成果继承性强、反哺性强，管理上需要高度协同；三是装备品种多、技术复用多，呈现多机种并行发展、一个平台系列化发展、多代装备叠加研制等多种并行情况，技术上需要体系化支撑。直线职能制下的组织结构、项目管理机制不能满足装备快速研制需求。航空工业沈阳所以“创新型、智慧化、国际化”研究所战略目标为导向，面向可持续发展及解决当下资源紧张等具体问题，系统设计管理体制机制，构建人才和成果等能量自循环的生态型组织架构。新架构下，实施部门型号研制和专业建设两种职能分离，部门主要发挥建设作用，为项目供给合格人才、提供工具与方法、分享多源知识，成为“人才蓄水池”“能力与技术超市”，形成能力建设中心；项目团队主要发挥快速研制装备作用，聚焦装备研制和过程质量管控，同时锻炼人才、检验工具，促进部门能力提升；同时将项目细分成装备研制和科技创新两类，分别形成装备研制中心、协同创新中心。人才和成果在三大中心之间流动，协同创新中心为装备研制输送技术，装备研制中心验证创新成果，人才在合适的岗位上发挥最大作用，成果得到快速转化，形成“项目主战、部门主建、体系保障”的强矩阵管理体系，能量在研究所内部实现高效自循环，建立适用科学发展的新平台、新体系和新模式。

2. 优化组织机构并明晰职责分工

基于“项目主战、部门主建”原则，建立项目实施的组织载体并细化业务分工。一是优化调整组织机构。部门层面，按业务方向在科研管理部下设 1 个综合管理室 +7 个项目管理室，赋予统筹管理和牵头组织项目全要素管理权限；质量部负责的过程质量管理调整至综合管理室，从组织上保证质量管理与研制耦合。项目层面，设置项目管理领导小组、小组办公室及项目团队、质量师系统两个研究所一级组织等项目组织机构，赋予选人用人、计划考核和资源分配权力，压实项目管理、技术研发和过程质量监管责任。二是细分业务管理分工。基于支撑性、产出性原则实施业务划分，部门负责人才培养、平台建设、制度制定、基础预研、重要预研等 16 项支撑类工作；演示验证、型号研制、加改装等产品开发类项目，决定未来发展的战略性预研项目和服务保障类项目，按“强项目”管理，快速提供满足顾客要求的装备与服务。

3. 建立支撑强矩阵管理的敏捷流程

根据航空工业精益运营管理体系（AOS），按照强矩阵管理架构，聚焦为客户创造价值和企业持续成功，全面梳理型号、创新、能力三大主业务域，建立“客户需求—产品研制—客户满意”“客户需求—技术创新—客户满意”“项目需求—能力建设—项目成功”端到端流程，实现研究所三大主价值链闭合管理，由职能型向流程型的根本转变，实现绩效的飞跃。项目管理由原“所长—项目责任人—多个管理部门—多个科研部门”职能性模式调整为面向产品的“所长—项目责任人—项目团队”模式，改变管理责任传递途径、计划分解方式和绩效考核方式，保证项目各级人员的责权利统一，实现项目流程闭环管理，解决直线职能制架构下流程存在的决策慢、多指令输入和管理不闭环等问题。

（二）组建高效协同的项目团队，推动项目快速组织实施

1. 建立支撑装备快速研制的“细腰型”技术体系

强矩阵管理模式下，为支撑不同类别装备快速交付，部门发挥建设作用，组织总结装备研制与科技创新经验，提炼研究成果，固化各装备高度复用的技术和基础产品，构建公共基础模块（CBB），形成核心技术支持核心基础产品、核心基础产品支持系统解决方案的“细腰型”装备研发技术体系。根据

客户群体不同需求，将实施“强项目”管理的 100 多个战略预研类、研制类、加改装类、服务保障类等项目进一步划分成 19 个项目群，并成立相应的项目研制团队，开展装备研制和技术攻关，支持不同装备“细腰型”研发技术体系的精准构建。

2. 构建责权利高度统一的“强项目”管理模式

以项目为中心，构建全局以项目管理领导小组统筹管理，单个项目内部有项目责任人—“大项目办”—工作包责任人—任务包责任人纵向四层、管理—技术—质量横向三线、项目全要素管理的“四层、三线、全要素”项目管理模式。项目管理领导小组、小组办公室统筹人、财、物在项目间分配，协调解决重大及共性问题。项目责任人受所长委托对项目全面负责，管理、技术、质量三线对项目责任人负责，管理线统筹技术线、质量线开展研制和质量监管。每个项目内部成立“大项目办”，成员包含项目管理办公室人员（进度、质量、合同、人力、财务、技改等职能部门人员）、型号总设计师和型号总质量师，负责进度、质量、成本等项目 10 个维度的顶层管理，融合多部门职能，在组织层面打破“部门墙”“隔热层”，力出一孔，保证各类工作同策划、同下达、同执行、同考核，各类指令相互协同，提高运营效率。

强项目团队内部革新管理线、延承技术线、专业化质量线。管理线方面，调整“项目责任人—管理部门—科研部门—专业室”的原有组织推进模式，依托新构建的“项目责任人—‘大项目办’—工作包责任人—任务包责任人”的模式，分解科研计划并实施考核，压实管理责任传递。技术线方面，根据不同“细腰型”研发技术体系特点，有针对性地设计技术责任体系，其中型号技术线由型号总设计师、型号副总设计师、主任设计师、副主任设计师、主管设计师和一般设计人员组成；背景预研项目技术线由技术负责人、专题负责人、主任设计师、副主任设计师、主管设计师和一般设计人员组成。质量线方面，建立专业化、专职化的质量师系统队伍，由总质量师、副总质量师、主任质量师和主管质量师组成。

3. 以资源最优配置及健全配套机制保证项目运行

一是基于“部门推送、双向选择、组织决定”原则组建研制团队。制定通用岗位模板，各项目责任人、“大项目办”适应性裁剪，分别组建所负责的项目团队，确保项目间资源均衡。经策划，100 余个项目团队设置 332 个工作包、1288 个任务包，以及 365 个型号副总师、1478 个主任设计师、3124 个副主任设计师岗位。项目管理领导小组办公室组建线上虚拟“人力市场”，发布人力资源需求；部门发挥主建作用，综合考虑项目技术相似性和员工精力，组织员工应聘；团队实施逐级系列化选聘，确保信息有效传递和充分借鉴。累计完成 22000 人次的团队组建，110 人成为工作包责任人、419 人成为任务包责任人；91 人成为型号副总师（原 15 人）、368 人成为主任设计师（原 125 人）、673 人成为副主任设计师（原 286 人）。新模式下，建立管理、技术、管理 + 技术等多种才艺展示舞台，提供更多高层次岗位；非行政化的项目管理人员大幅增加，计划分解更加详细；技术人员大量复用，责任传递更加精准。二是基于“小核心、大协作”原则组建质量师系统。“小核心”，设置 1 个总质量师岗位、4 个专职副总质量师岗位、28 个专职主任质量师岗位；“大协作”，设置 228 个兼职主管质量师岗位，由项目团队技术人员兼任，实现质量与技术融合。

为规范项目管理，全面调整、优化进度、成本等相关制度和流程。一是建立项目管理领导小组、小组办公室、项目团队三级推进机制，层层压实责任，实现多项目协同管理；依据系统工程思想，制定项目策划书模板，按照项目类别和研制阶段建立工作分解结构模板，每个项目团队结合实际剪裁使用。二是实行经济责任制，建立贯穿“所长—项目责任人—‘大项目办’—项目其他成员”的“项目主战”责任传递渠道。三是建立项目全寿命周期经费管控体系，多维度制定全寿命周期收支规划，打通基于工作包的经费概算、预算与核算管控体系，实现经费与任务强关联，推进科研经费精准管理；实施项目经济、技术一体化设计，从源头控制研制成本。

（三）变革质量管理的工作模式，强化过程质量精准管理

1. “双环驱动”促进质量保证能力持续提升

为快速推进装备研制同时保证研制质量，适应“强项目”制下的“多项目垂直并行推进、责任垂直传递”新情况，以“体系落地、精准管控、项目互通、组织提升”为目标，设计“体系+项目”双环驱动质量持续改进机制。体系外环改进机制，质量部通过审核和专项审查，从外部检查项目贯彻质量管理体系，通过质量奖惩促进项目质量提升；质量师系统将监管发现的体系性问题反馈给质量部和顶层专业，支撑质量体系和研制体系改进，同时与信息化部门合作，升级信息化手段，提升设计要素自动检测能力，提高质量审查全面性和准确性，释放人力资源。项目内环改进机制，质量师系统改变以往跟随、被动式质量管理局面，将质量监管与研制紧耦合，基于要素实施过程质量精准管理，实现“事后处理”到“事前预防”“事中管控”转变；项目团队内部三条战线的共同努力和相互监督，促使项目自我完善与提升；项目团队与主机厂等联动，对配套单位实施监管，提升供应链整体质量水平。

2. “双流耦合”保证研制过程质量精准管控

质量师系统内部实行矩阵式管理。横向，在业务建设时，发挥专业优势，健全本领域监管流程；在项目管控时，副总质量师、主任质量师、主管质量师负责所有项目本领域过程管理，保证项目间互通；纵向，按型号系列设置一名常务副总质量师，协助总质量师，保证质量监管有统筹和专业间无缝衔接，实现质量总体要求落地和质量体系系统性改进。质量师系统基于研制流程和项目需求，识别质量活动，建立与“V”形研制模型紧耦合的“V”形质量管控模型，形成一套包括相似机型问题确认、数模抽查等活动的工作规范；识别控制点，建立质量要素集，缩短监控步长，实现符合性精准检查和需求在供应链上闭环监督，改变以往监控不细和多“事后处理”局面。经过三年多建设，已形成一套完整的涵盖装备研制全寿命周期的3层9类62份项目质量审查文件，包含44类4800余项监控要素。

3. “双面审查”保证装备研制质量有效提升

实施内部评审放行制度，按研制阶段编制内部评审指导书，识别技术审查要素与判定准则，形成面向不同设计标的物的多维度技术审查表单，实现技术精准审查，将评审落到实处；建立内部评审专家管理制度，组建跨专业、跨部门、跨项目团队的技术质量审查专家库，制定审查工作量标准和审查业务能力评价方法，鼓励技术人员参与所内项目间的评审工作，项目间在技术水平和研制质量上形成竞争态势，又实现项目间经验共享、信息传递，促进共同提升；实施伴随式技术审查，组建由各领域经验丰富的设计人员组成的项目伴随式技术审查小组，从项目外部开展日常技术审查，提前释放技术风险。内部评审、伴随式技术审查和质量符合性审查构成三道防线，全方位保证项目研制质量。

（四）实施计划要素的融合管理，发挥计划的指挥棒作用

1. 以计划为牵引全力推进多项目并行实施

一是科研计划实行强覆盖，项目、部门建设等所有工作均需明确任务目标和执行三级计划分解；二是工作推进实行计划强约束，工作实施以信息系统中计划为依据；三是计划与责任传递强关联，计划细化分成项目管理、技术管理、技术实施三类并实施分级考核，每条计划在各环节按角色均有相应的管理、技术、质量监管等责任人；四是计划与资源分配强耦合，项目年度工作量刚性管控，每条计划均匹配工作量；五是计划节点强管控，计划录入信息系统进行管理，打破以往“电话问、邮件催”被动管理方式。

2. 建立工作量标准支撑科研活动量化评价

一是建立统一的工作量评估基准，针对不同属性的各类科研工作，通过定义单位工作量1人·天和单位绩效津贴的方式统一工作量评估基准，量化绩效工资核算。二是建立工作量标准“字典”，针对研

制类工作，梳理各领域各阶段活动之间的任务量相对关系，配置工作量，并结合历史大数据修订，制定涵盖方案设计、详细设计等8个研制阶段、15个专业领域的工作量标准“字典”；针对保障类工作，基于参数估算法原理，构建包含装备数量、专项工作、“浴盆曲线”特性等多因子的工作量估算模型。三是建立工作量综合评估程序，制定包含评估策划、项目自评、专家评估、项目领导小组评估、所长办公室决议5大步骤12个环节，以及四类经典工作量评估方法（类比估算法、自上而下估算法、自下而上估算法、德尔菲法）综合应用的项目工作量评估程序，实现项目间工作量公平分配。

3. 打造以任务为中心的协同管理信息系统

为保证强矩阵管理体系有效运行，以任务为中心，全面改造项目、成本等管理信息系统，实现多系统互联、项目全要素协同管理。一是建立多项目协同管理系统，实现科研任务管理全覆盖。项目层面将强项目管理模型信息化，贯穿装备全寿命周期，支撑技术研究、型号研制及服务保障的协同管理。系统中不同任务之间工作量分配有着一定程度的公开性，利于相互监督。计划按月考核，系统自动检索当月封闭计划及对应工作量，形成员工月度完成工作量，直接用于绩效工资发放，不经任何层级平衡；未完成计划，系统自动评估滞后影响程度，判断变更审批级别。二是以计划统领项目多维度管理，升级成本控制、采购等系统，优化预算管理、收支规划管理等功能，实现与多项目协同管理系统交互，项目科研费到款、直接成本费用支出等各类预算指标直接分解至各项目团队，实现预算与科研计划紧耦合、费用与任务强关联，执行过程自动监控预警。

（五）多维实施人才队伍的建设，夯实持续发展的原动力

1. 建立新体制下的员工成长通道

基于强矩阵管理架构下的三大中心，建立“干部”“管理专家”“技术权威”“复合型人才”多元职业发展通道。一是革新职岗位体系，畅通人才发展通道。封存事业单位岗位设置，建立干部、技术、管理3个职位族6级20等的职业生涯发展通道，明确各通道间的转换关系，通过建立横向纵向发展多种路径，打破职称制度的“天花板”。二是构建基于能力和贡献的任职资格体系，形成能上能下的良性动态管理机制，引导和激励员工自我发展，促进人才队伍持续优化发展，提升研究所人才核心竞争力。三是构建完善专家体系，实行技术带头人聘期管理和去行政化，项目角色去行政化，为人才在项目间流动循环做好机制保障，增强管理队伍与技术序列的有效流动，为年轻人才的成长开辟空间。

2. 健全支撑持续发展的人才队伍

一是以部门为主体开展人才规划、引进、梯队建设及能力成长评价，将人才培养与管理人员收入挂钩。重点关注新员工成长，实施三年培养计划，指定发展辅导人和能力培养人，设定职业发展目标和短期计划，扎实做好源头培养。二是大力培育创新人才，实行“启航、护航、领航”科研创新人才发展计划，着力造就一支具有前瞻思维、自主创新能力强、年龄层次搭配合理的科研核心人才队伍。三是实施开放的人才政策，搞活人才循环，依托三大中心，搞活内部人才循环，科研人员在型号任务、预研课题、专业建设之间流动，在不同的岗位上锻炼人才，在适合的岗位上尽其才能，从管控员工转变为赋能员工。

3. 以目标绩效考核激发员工激情

一是革新绩效管理，建立基于职岗位的绩效管理体系，强化组织与员工协调发展。聚焦年度重点目标，团队、部门签署组织绩效承诺书（OBC），将“主战”“主建”分别纳入考核，结果ABC强制分布，影响评先评优、干部任免及部门主要领导薪酬；员工签署个人绩效承诺书（PBC），将组织维度、项目维度贡献纳入考核，结果ABCD强制分布，A上调一档工资，D下调一档工资，两年为D须待岗或解除劳动关系，统一组织目标与个人目标。二是重塑薪酬管理，实现全员“二元固定+一元浮动”的薪酬结构到“动态能力工资+动态绩效工资”为主体的二元薪酬结构转变，颠覆干部员工“资历替代

能力、资历大于业绩”以及薪酬“只涨不降”的认知。聚焦能力提升，建立与职业生涯发展通道耦合、与绩效考核结果挂钩的能力工资增长机制，取消中层正职年薪制、封存事业单位基本工资、取消科研人员岗位津贴等多项与资历相关的固定工资项目，形成“起点有保障、发展有空间、晋升有导向、有涨也有降”的能力工资；聚焦价值创造，构建与任务直接相关的科研绩效工资分配机制，调整分配主体，实行“谁管项目/业务谁分配”，由原部门统一分配调整为多项目或多任务“背靠背”分配，基于科研任务量化评价，实现绩效工资量化精准分配；调整薪酬结构占比，能力、业绩影响占比分别达35%、60%，实现高能者多得和多劳者多得，促进当期任务目标实现，促进人才自身价值和业绩转化同步提升。

三、军工科研院所实现多任务高效协同的强矩阵管理效果

（一）建立新的科研管理模式，研究所竞争力不断提升

改革后，人才和成果在装备研制中心、协同创新中心和能力建设中心之间实现高效循环，型号、创新、能力相互促进提升，初步建成基于强矩阵架构的生态型组织。科学的资源匹配机制营造了公平氛围，绩效津贴上不封顶、下不保底，能力工资倍差24倍，前10%员工的绩效工资是后10%的7倍，充分体现“多劳多得”，激发了奋斗热情；多个舞台上涌现了大量不同类型的人才，2人入选“万人计划”，3人获“卓青”，新增各级、各类专家100余人、劳模23人；多个重点项目在竞争中胜出，研究所竞争力不断提升。

（二）提升装备并行研制效率，型号科研任务圆满完成

三年来，在详细计划牵引下，研制风险充分暴露，研制成本得到有效控制，实现年度收支平衡；23次内部评审发现各类问题2万余项，新研型号数模更改率较以往型号同期下降45%，技术文件问题率降低70%，降低了全寿命周期成本；劳动生产率实现跃升，集团公司核定近三年年均增长19.2%，2020年实现集团公司内部同类单位生产率及增速双第一；新项目周期显著缩短，某项国家重大工程设计、试制周期比以往型号缩短近2个月；任务完成率持续向好，2018年23项任务3项拖期，2019年28项、2020年44项任务全面完成，连续获2019年、2020年集团年度工作会表扬。

（三）满足客户对装备的需求，行业示范影响不断扩大

装备能力稳步提升，2020年装备完好率较2017年提高8个百分点，多型装备在竞赛中连续取得佳绩。军方首长高度评价，客户信任不断提升，2018年以来实现3个重点型号、1个战略背景项目、20余个专项批复立项，3个重点型号通过立项审查，任务量年均增长32%。行业影响扩大，20余家单位来所调研交流，多项子成果在多家单位推广应用。

（成果创造人：刘志敏、奚继兴、王东石、姚佰栋、赵业伟、李　琦、孙乃喜、宁永前、于建文、赵冠成、禹彬彬、张志冰）

实现新技术与创业孵化有效衔接的“四位一体”创新链建设

中科院（合肥）技术创新工程院有限公司

2014 年 6 月，合肥市人民政府与中国科学院合肥物质科学研究院签订战略合作协议，共建中科院合肥技术创新工程院、中科院（合肥）技术创新工程院有限公司（以下合称合肥创新院）采用“两块牌子、一套人马”的模式，以企业化运作方式推进科技成果的转化、落地。中科院合肥技术创新工程院实行理事会决策制，由院长负责日常经营，主要职能是人才的引进培养、技术研发、成果转化。中科院（合肥）技术创新工程院有限公司为企业化运作，依据《公司法》采取“三会一层”的治理模式，实行董事会领导下的总经理负责制，主要职能为创业投资与企业孵化。

一、实现新技术与创业孵化有效衔接的“四位一体”创新链建设背景

（一）传统创新平台难以贯通科技成果转化全过程

创新平台是科技成果、技术需求与产业发展实现多向互动和平向转移的重要载体和重要阵地，而不同类型的创新平台专注各自功能，难以全面关注科技成果转化全过程，无法解决科研与经济发展“两张皮”的问题，导致科研与生产需求相脱节的现象依然存在。为此，创新平台亟须构建全链条转化模式，将科学研究、技术开发和企业孵化相互贯通，进一步提高科技成果转化效率。

（二）有效解决合肥创新院发展问题的需要

作为院地共建的创新平台，合肥创新院成为推动产学研协同创新的重要组织形态和区域创新体系的关键组成部分。然而，这类新兴事物在实际运营中往往会面临一些问题和挑战：一是单一的盈利模式。国有创新平台尚未摸索出成熟的盈利模式，其运营经费主要靠地方政府提供，一旦政府提供资金合约到期，绝大多数都处于亏损状态。部分院地合作共建的创新平台，甚至将盈利点转向了工业地产行业。合肥创新院作为国有创新平台，也会面临盈利模式单一的问题，亟须在科技成果转化全过程中寻找新的盈利模式。二是合肥创新院作为国内创新平台的典范，有责任和有义务落实“大众创业、万众创新”，探索新型的发展道路，推动整个科技成果转化行业的发展，为行业提供可复制可推广的做法。

二、实现新技术与创业孵化有效衔接的“四位一体”创新链建设主要做法

（一）确立“四位一体”创新链建设的总体框架

1. 明确“四位一体”创新链的主要内容

合肥创新院“四位一体”创新链是指“技术孵化—成果选择—创业投资—企业培育”，四个连续、动态的环节（见图 1）。其专注于科技成果从实验室研究、技术转化、成立企业到走向市场的全过程服务，实现了知识、技术、资本、人才的流动、协同和增值，提高创新平台科技成果转化的能力。

“四位一体”创新链的建设分为三个层次（见图 2）：第一层为路径层，即根据科研团队在科技成果转化各阶段的诉求，合肥创新院对应锚定的路径；第二层为业务层，即根据不同的路径开展与之对应的转化孵化业务；第三层为机制层，即根据对应的业务模块设计相应的管理体制机制。为使“四位一体”高效运行，合肥创新院还创新实践了企业化管理与市场化运营、授权管理与尽职免责等方面的支撑保障方式。

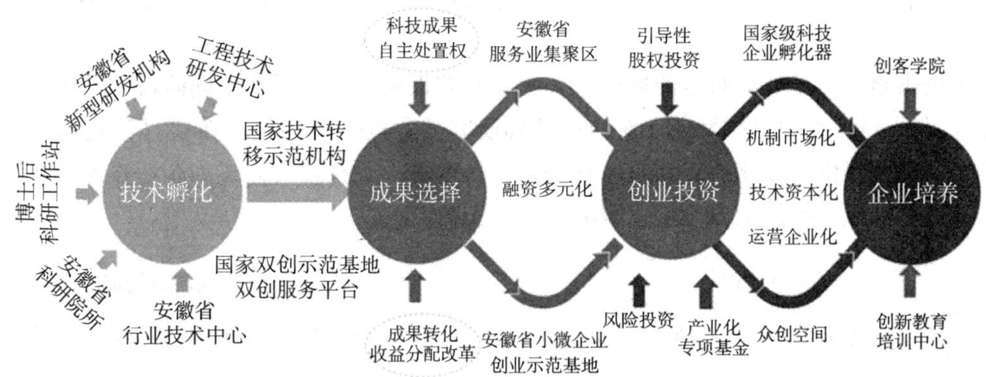

图1 “四位一体”创新链示意图

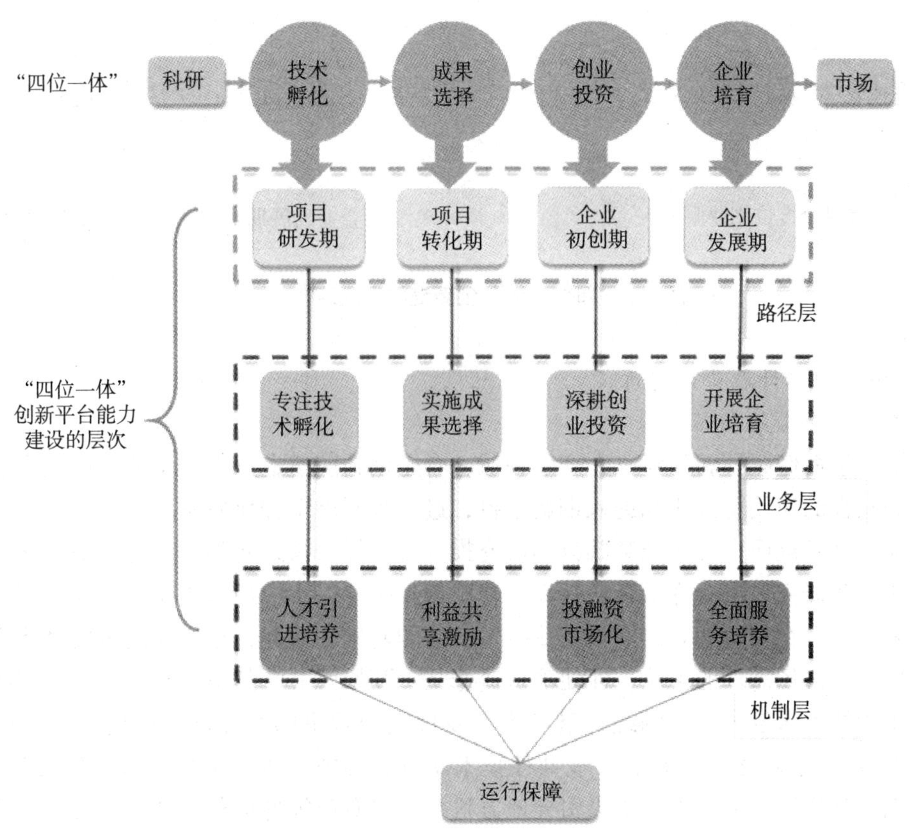

图2 “四位一体”创新链建设的内容

2. 确立“四位一体”创新链的建设路径

合肥创新院在实践中，将科技成果转化全周期大致分为四个阶段：第一阶段是项目研发期，包括技术研究、小试、中试等活动，在这一阶段，科研团队需要对应用基础研究进行进一步的熟化和二次开发；第二阶段是项目转化期，包括技术评估、分割确权、作价投资等活动，这一阶段技术团队需要面临如何评估项目价值、如何获得转化收益、以何种方式转化科技成果的问题，从而实现科技成果商品化；第三阶段是企业初创期，此时企业初步进入市场，由于科研经费不足，又难以融到市场化资金，企业面临着资金匮乏的困境，需要跨越“死亡之谷”；第四阶段是企业发展期，这一阶段企业需要财务、法务、金融等各方面的资源、信息支持自身发展，并以成熟的产品或服务成功地开拓市场，从而实现科技成果规模化。

为打通科技供给与市场需求对接的通道，合肥创新院根据科研项目在不同阶段的需求确立相应的具体实施路径（见图3）：在项目研发期，对应用基础研究技术进一步孵化；在项目转化期，激励科研团队就地转化，并为其提供转化路径；在企业初创期，采取多种股权投资方式为企业投入资金；在企业发展期，进一步培育企业，提供全方位创业服务和资源支持。

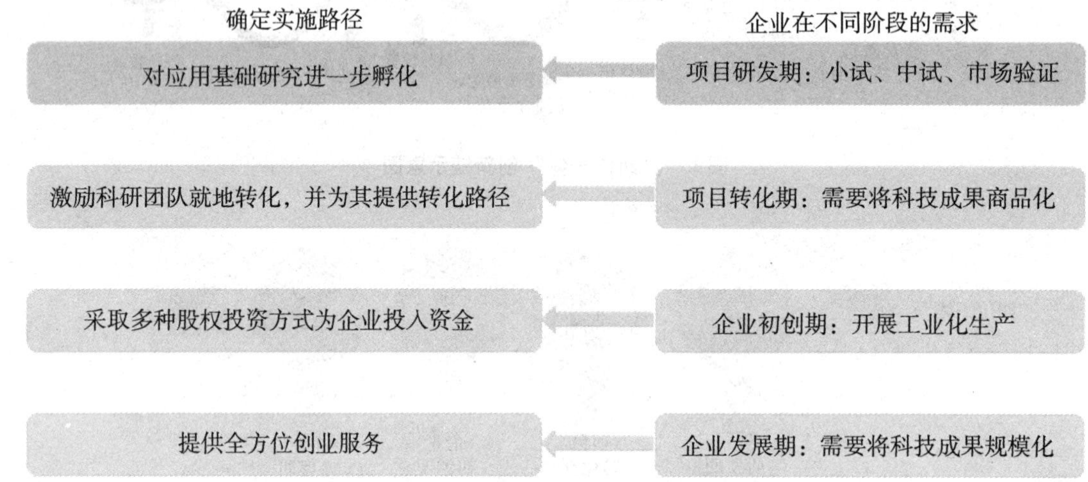

图3　“四位一体”创新链的实施路径

（二）围绕实施路径，开展业务创新

1. 专注技术孵化，研发高价值成果

围绕数字经济、生命健康、新材料三大产业领域，合肥创新院遴选一批技术成熟度较高、市场前景明确和产业竞争力较强的应用基础研究进入创新平台，进一步开展工程化研发和熟化。

第一，聚焦应用型基础研究。传统基础科学研究投入大、耗时长，此类活动更加适合在科研院所进行，创新平台采用此类研究成果会降低转化效率。合肥创新院专注于应用基础研究，即指那些方向已经比较明确、利用其成果可在较短期间内取得工业技术突破的基础性研究，主要面向国民经济主战场，以提高成果转化效率。对市场需求的关注，促使项目遴选从一开始就关注其市场化、商业化的潜力。

第二，建立工程技术研发中心。围绕经济和产业发展亟须解决的产业共性问题，合肥创新院建设16个工程技术研发中心（见表1），开展产业共性技术研发。各中心负责承担国家自然科学基金项目、国家重点研发计划、省科技重大专项、中央引导地方科技发展专项等各级科技计划项目，以及推进待产业化成果的小试、中试进程。

表1　合肥创新院建立的16个工程研发中心

序号	工程技术研发中心名称	团队负责人	主要内容
1	移动互联网工程技术研发中心	吴仲城研究员	移动互联网共性技术研发、技术服务与成果转化
2	健康促进服务工程技术研发中心	孙怡宁研究员	基于生活方式干预的健康促进服务系统共性技术研发、技术服务与成果转化

续表

序号	工程技术研发中心名称	团队负责人	主要内容
3	智能系统与装备工程技术研发中心	孙丙宇研究员	智能系统与装备网共性技术研发、技术服务与成果转化
4	精准靶向药物工程技术研发中心	刘青松研究员	开展用于肿瘤精准治疗的新型靶向药物的开发及为本行业提供相关的研发服务
5	肿瘤测序与分子诊断工程技术研发中心	林文楚研究员	肿瘤测序与肿瘤大数据分析技术研发、技术服务与成果转化
6	水环境监测工程技术研发中心	刘锦淮研究员	以水质检测、水面机器人、智能信息与控制技术等在水环境检测中的共性技术研发、技术服务与成果转化
7	智能感知工程技术研发中心	曾新华副研究员	机器视觉与数字图像处理、生物特征识别与应用、物联网检测技术与行业应用、网络大数据处理与应用等
8	能源林技术工程中心	吴丽芳研究员	瞄准兼具绿化和油料功能的能源林树种，建立品种选育和工厂化繁育平台，同时开发能源林剩余物高附加值产品
9	光化学工程技术研发中心	臧庆研究员	开展光化学理论与技术的研究、方法标准的制定、规模设备的研制、优势产品的产业化等工作
10	大数据农业应用技术工程中心	宋良图研究员	致力于农业行业大数据基础平台研究、大数据分析模型构建和核心应用系统开发
11	石墨烯技术研究中心	王奇副研究员	成为石墨烯制备及应用领域的应用基础研究、工程化开发、成果产业化平台和基地
12	液相环境激光制备与加工工程技术研发中心	梁长浩研究员	致力于利用激光制备技术在液相体系生产超纯净且高活性的各类胶体纳米颗粒，克服常规化学方法的不足之处，以满足生物医用、环境、能源等领域对高效功能材料的需求
13	微流控基因检测工程中心	朱灵副研究员	积极发展基于微流控芯片的基因检测新技术，研发用于核酸定量检测、基因突变和单核苷酸多态性分析的高品质新型分子诊断产品
14	机器人感知与控制工程技术研发中心	黄炫副研究员	在工业视觉传感器、vSlam室内机器人导航及基于机器学习的视觉感知三大技术方面开展研究
15	区块链与感知计算工程技术研发中心	李晓风研究员	利用区块链技术为传统行业赋能，形成标准化可复制的区块链解决方案，实现拥有自主知识产权的企业级区块链平台
16	工业互联网技术研发中心	陈鹏研究员	构建面向工业企业的智能云平台，通过云计算、物联网、大数据等技术手段，以开放的生态体系，帮助工业企业实现数字化转型

2. 选择科技成果，落实“三就地”目标

为落实合肥市关于科技成果就地交易、就地转化、就地应用的“三就地”目标，合肥创新院以服务创业为主旨，科技创新为原则，将引进到创新平台的职务科技成果进行分割确权、评估作价入股后成立高科技企业，促使科技成果就地转化。在职务科技成果转化的众多方式中，合肥创新院主要实践的是作价投资方式对科研人员实施股权激励，即将职务科技成果分割确权、作价投资，折算股份或者出资比例奖励成果发明人。对合肥创新院团队自主孵化的技术，在通过评审遴选与专家论证的基础上，合肥创新院以“协议转让为主、评估定价为辅”的方式评估职务科技成果的价值，并将该项科技成果形成的股份或出资比例中不低于70%的比例奖励给科研团队。对直接从中科院合肥物质科学研究院购买的技术，若由合肥创新院柔性引进的科研团队进行二次开发，在成果转化时合肥创新院将不低于职务科技成果增值部分的70%奖励给科研团队。

3. 深耕创业投资，巧用产业化经费

由于科技企业创业初期存在无可抵押固定资产、缺乏流动资金、没有信誉等“三无”现象，债权融资无比艰难，但是因其高成长性，合肥创新院通过产业化经费进行股权投资，既部分解决了企业初创期缺乏资金的问题，又为自身经营开辟了盈利路径。合肥创新院的创业投资业务主要有以下三种形式。

第一，引导性股权直投。合肥创新院对单个转化项目进行评估后给予50万～100万元的引导性股权投资，同时鼓励团队成员以现金参股，既提升科研人员的创业积极性，又增强社会资本和市场的认同度与信心。第二，成果转化定投。2016年，合肥创新院倡导并发起设立我国首支科技成果转化定投基金——中科高新股权投资基金。合肥创新院作为出资主体投资500万元，募集基金规模达到3300万元，资金杠杆超过6倍。募集的资金定向投资合肥创新院孵化的10家企业。第三，产业化经费跟投。为避免国有新型研发机构在设立企业以及股权退出阶段面临的审批流程烦琐、周期较长等问题，合肥创新院作为安徽省全面创新改革试点单位，打破国有创新平台使用注册资本投资的传统模式，利用政府拨付的产业化经费进行跟投。产业化经费跟投使合肥创新院可以自主选择对拟孵化企业进行股权投资，并且按照市场化程序办理股权退出，从而放大财政资金的引领和杠杆效应，激发了国有创新平台的活力。

4. 开展企业培育，孵化科技型企业

通过开展股权架构设计、创业服务等企业培育活动，合肥创新院为广大创客及创业团队提供一个兴趣分享、知识传播、创新实践、创业就业的平台，促进优势项目的快速落地和企业健康持续发展。

第一，进行股权顶层架构设计。基于科技工作者在创业过程中缺乏控制权的概念，合肥创新院倡议初创企业做好股权顶层架构设计，确保创业者的利益；为了提高科技创业团队的积极性，通过设立持股平台、公司控股权设计、国有股8年内协议定向转让、政府引导基金回购，确保创业团队在融资过程中始终保有创业公司的控制权。

第二，提供多元化股权融资服务。为解决企业发展中的融资问题，除了创新平台的直投外，合肥创新院还通过集聚金融服务资源，为孵化企业提供融资服务：在企业筹建期，通过定期举办资本项目对接会、科技金融路演、创客沙龙等活动，帮助科技成果与社会资本对接；企业成立后，组织企业申报市、区级政府天使基金，帮助企业度过发展低谷；合肥创新院还与多家政府投资基金、风险投资机构建立良好合作关系，定期向其推荐优质孵化项目，待企业步入发展正轨后，牵线搭桥，为企业引入外部投资。

第三，举办创业培训活动。创业培训活动能够帮助创业者解决创业过程中遇到的共性问题、提升创业者的相关素质。合肥创新院已建立“科学岛创客学院”“创新教育培训中心”“科学岛双创中心”等创业培训平台，通过创业要素、管理策略、战略思维等内容的培训，拓宽科研工作者相对单一的知识结构，转变思维模式。

第四，开展创业咨询辅导。合肥创新院针对企业在初创成立、开拓市场、爬坡过坎、加速发展等不同阶段的需求，进行“一对一”的培训辅导，解决企业创新路上的个性问题。通过与创业者的深入沟通交流，指导他们参加各类创新创业大赛，为他们提供商业策划书撰写咨询服务，帮助他们开展人才招聘和市场推广活动。

（三）建立长效机制，支撑创新业务

1. 人才引进培养机制

技术的进一步孵化需要人才的支撑。为集聚人才，合肥创新院率先凝练提出“帮助既有创新能力又有创业意愿的科技工作者实现创富的梦想”的“创新＋创业＋创富”的三创理念，通过建立如下机制，引进培育了一批引领性人才和高层次团队：

第一，建立项目聘用制。为充分利用合肥创新高地的科研人才资源，避免人才闲置，合肥创新院在全国率先实施“项目聘用制”试点，即为完成专项科研任务或管理工作而设置的阶段性岗位，主要为工程技术研发中心所采用，对科研课题设置阶段性任务，通过项目合同委托方式招聘研究人员，以完成项目为期限签订短期合同。相比以往长期聘用人员的方式，“项目聘用制”使各项科研课题的形式更为灵活，科研人才可以在自己的专业领域，为不同的主体和课题提供研究服务，促进了科研人才的自由流动和资源共享。

第二，实施同岗同酬制。为改变国有创新平台不同身份科研人员之间的薪资落差，提升员工开展科技创新工作的积极性，合肥创新院在国内率先开展市场化薪酬制度改革，支持事业单位、国有企业委派的管理人员与市场化方式引进的人才实行同岗同酬，突破了国有科研机构人才选聘方式的限制。

第三，探索科技成果转化人才激励机制。近年来，成果转化事业发展的瓶颈逐渐从“缺少千里马（应用价值高的科技成果）”演变为“缺少伯乐（专业的技术转化人才）”，尤其是缺乏兼具科技成果转移转化、投资基金、专利布局、经营管理等专业能力的高端复合型人才。但是，科技成果转化人才并未获得与其重要性相匹配的岗位待遇、职业地位和发展通道，职业荣誉感也未能充分体现。合肥创新院建立比照科研人才的国有科技成果转化人才激励机制，通过科技成果转化人才的定位、评估、引培、激励，明晰科技成果转化人才界定标准，建立以科技成果市场价值为导向的分配政策与科技服务相关专业职称。

第四，创新研究生培养机制。为充分利用中科院合肥物质科学研究院的科教资源，发挥合肥创新院科技服务优势，合肥创新院创新提出建立“产学研”深度融合的研究生培养机制，探索和发展“研究生＋导师”的创新创业模式。

2. 利益共享激励机制

科研人员在进行转化时，往往会存在“不想转”和“不敢转”两个问题。为此，合肥创新院针对“不想转”的问题将成果处置权下放给科研人员，并建立协议转让机制和完善收益分配机制；针对“不敢转”的问题，探索职务科技成果退出国有资产清单的机制。

第一，下放科技成果处置权给技术发明人。根据国家相关规定，职务发明创造申请专利的权利属于该单位，申请被批准后，该单位为专利权人，科研人员与科技成果“一刀两断”，这种做法难以调动科研人员创新的积极性。合肥创新院创新提出将科技成果处置权下放给技术发明人，对合肥创新院持有的科技成果，在符合相关规定的前提下，按照申请、备案和公示的流程，授予职务科技成果发明人对科技成果的处置权，包括科研人员对科技成果财产权利进行处分的权利等。

第二，建立科技成果协议转让机制。在科技成果转让方面，研究院所和高校传统上使用以中介评估机构的估价作为确认科技成果价值，这种方式不但程序复杂、耗时费力，而且很难体现科技成果的使用价值。合肥创新院则率先建立“协议转让为主、评估定价为辅”的转让机制，由科技成果购买方与技术发明人通过市场化协商确定科技成果价值为主要方式，以中介评估价格为参考，按照市场化方式估算科技成果在产业化应用阶段所蕴含的价值。

第三，完善科技成果转化收益分配机制。在《中华人民共和国促进科技成果转化法》中关于“职务科技成果转化中重要贡献人收益比例不低于50%”的规定基础上，合肥创新院采取不低于先发地区

的股权激励比例：在自身的技术成果落地并成立企业时，将不低于70%的股权奖励给研发团队；对于外购的知识产权并通过院地合作平台进行二次开发增值的，将不低于于职务科技成果增值部分的70%奖励给科研团队。合肥创新院建立的领先全国水平的职务发明人收益分配机制，进一步激发科研团队双创积极性。

第四，职务科技成果退出国有资产清单。科研院所和高校部分占有的职务科技成果所有权属于国有资产，转移转化受到多种管理制度制约，一定程度上引发科研人员和管理人员“不敢转”的问题。因此，合肥创新院在不谋取私利、不损失单位权益的前提下，不再将职务科技成果纳入国有资产管理清单，国有资产审计、国有资产清产核资时不再包括职务科技成果，极大提高科研人员创新创业的积极性。

3. 投融资市场化机制

第一，扩大科技成果转化投资基金。充分发挥政府拨付的产业化经费的作用，积极吸引省市区各类社会资本与合肥创新院共同设立科技成果转化投资基金，并通过与国内外知名投资机构积极开展合作、举办各类创新创业大赛等多种方式，集聚整合各类创业创新资源，为科技型企业成果转化提供融资服务。允许合肥创新院核心创业创新团队依据《国务院关于促进创业投资持续健康发展的若干意见》（国发〔2016〕53号）等文件精神出资参与基金设立和基金管理，核心创业创新团队持有的基金股权不超过30%。

第二，强化国有资产投资，实行分级管理。涉及创新平台利用政府拨付的财政资金或国有参股的投资引导基金参与的科技成果转移转化，合肥创新院率先探索相关机制，明确该部分资金的监督管理、绩效考核等区别于一般国有资产对待，由国资监管部门授权创新平台行使专项投资管理职能。投资项目的可行性、合法性及合规性由创新平台按照内部审批程序自主决策，定期报上级国资监管部门备案审查，提高转化效率。

第三，鼓励科研人员现金投资自有科技成果转化项目。职务科技成果转化的项目通常由政府和创新平台进行现金投入，而技术团队会以知识产权进行投资。如果项目成功，团队会获得收益，项目失败团队也不会产生任何现金损失，这种收益和风险的不匹配使得项目在关键时刻面临发展瓶颈。合肥创新院鼓励技术团队成员通过现金方式参股，更加紧密地将团队和项目联系在一起，同时也进一步激发了科研人员创造经济利益和社会价值的积极性。

除了建立针对企业的投融资机制外，合肥创新院还创新了院地合作共建平台出资方式（见图4）。先将所引进与培养的团队产生的职务科技成果通过评估就地转化孵化企业，再对该企业进行遴选与评估，将大院大所所持具有一定市场价值和发展潜力的企业国有股份与地方股东以现金方式同比例对合作共建的创新平台进行出资或增资，促进院地合作共建平台规模化、市场化发展。

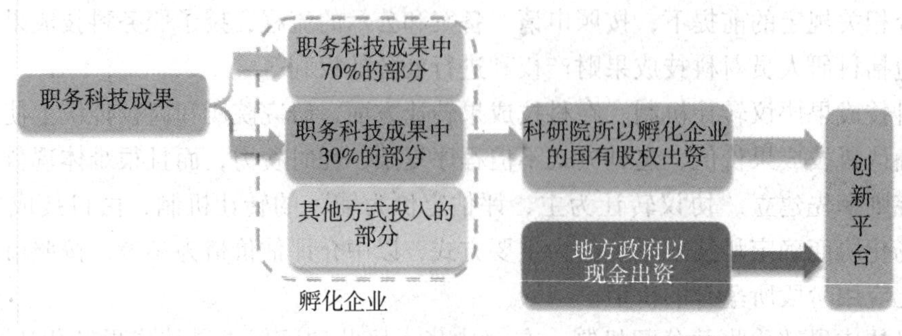

图4　院地合作共建平台出资方式

4. 全面服务培育机制

第一，建立以需求为导向的全方位服务机制。针对在孵企业的具体情况及个性化需求，合肥创新院提供包括股权设计、大赛辅导、项目路演、创业咨询、创业融资、商业策划、企划宣传等在内的双创“一站式”配套服务，帮助企业快速步入发展正轨。第二，企业毕业后跟踪服务。在孵企业达到毕业条件后，合肥创新院与毕业企业签订跟踪服务协议，继续对毕业企业跟踪服务，允许毕业企业继续共享孵化器内的服务设施和资源，并提供相应的孵化服务；建立与毕业企业之间的定期访问机制，关注毕业企业的最新动向，帮助毕业企业解决运营过程中的实际问题；为毕业企业与在孵企业之间搭起对接的通道，同时在日常经营中为毕业企业寻找合作伙伴。

（四）做好底层建设，提供运营保障

1. 企业化管理和市场化运营

与传统产业技术研究院不同，合肥创新院围绕合肥综合性国家科学中心和安徽“三重一创”建设需求，聚集合肥研究院的优质资源，增强自我创新能力，打造一流的创新平台，建立并完善以市场配置资源为导向、以服务企业为宗旨的新型管理体制和运行机制，采用“两块牌子、一套人马”的模式，以企业化运作方式推进科技成果转移转化，实现自主经营、自负盈亏，并通过市场化运营实现创新要素的自由流动与高效配置。

2. 授权管理与尽职免责

由于中央单位和地方隶属关系不同，院地合作共建的创新平台往往缺少自主决策权，一般或重大事项均需经中央驻地领导层或者报请中央单位和地方政府审定，决策链条较长。为突破这一局限，除委派院长外，中国科学院基本不干涉合肥创新院的日常管理；合肥创新院则通过董事会授权实行决策权下放，500 万元内的产业投资由经营层自主决定，为科研成果转化项目前期的决策效率提供保障。此外，合肥创新院负责人履行勤勉尽职义务，严格执行集体决策、重大事项公示等管理制度，在没有牟取非法利益的前提下，可以免予追究其在科技成果定价、自主决定资产评估以及科技成果赋权中的相关决策失误责任。

三、实现新科技与创业孵化有效衔接的“四位一体”创新链建设效果

（一）有效赋能科技成果转化全过程

在技术研发方面，合肥创新院一方面通过多种方式引进人才超过 100 人，其中 49 人（团队）入选国家各类双创人才计划，另一方面通过与中科院合肥物质科学研究院、中国科学技术大学、安徽大学等高校合作培养工程硕、博士，为科技成果转化集聚人才。目前，这些高层次人才在合肥创新院建立的 16 个工程研发中心中开展技术研发，共提交知识产权 270 项、获得知识产权 126 项、累计承担横向技术合同 157 项。在成果选择方面，合肥创新院采取作价入股方式新设企业 100 余家，为进一步对接市场提供基础。在创业投资方面，目前已投资企业 107 家，投资金额超过 5000 万元。在企业培育方面，已开展“科学岛创客学院”培训活动 50 期，参训企业超过 800 家，已组织创新教育培训中心 25 场，培训人次超过 3000 人。合肥创新院为企业提供多元化融资服务，对有融资需求的企业，引荐科技贷款、担保、过桥、融资租赁等金融机构和天使基金、市场化基金等股权投资机构，目前共帮助 38 家初创企业完成各类融资超过 6 亿元。

（二）促进了科技成果转化孵化和地方经济发展

“四位一体”创新链的建设与实施，使得中科院合肥物质研究院的应用基础研究成果在合肥创新院得到进一步的孵化与转化。截至 2020 年年底，已有涉及数字经济、生命健康和新材料三大领域的 144 家科技成果转化设立企业。目前，合肥创新院共孵化企业 170 余家，其中 43 家通过“国家高新技术企业”认定，较 2019 年增长 19.44%，占合肥市高企数量的 1.29%；46 家被科技部火炬中心认定为“科

技型中小企业”，占合肥市科技型中小企业数量的 1.3%；7 家入选合肥市 2021 年高成长企业榜单，占比 2.61%。2020 年合肥创新院在孵企业实现营业收入 40637 万元，吸纳就业约 700 人，为合肥打造创新高地和发展区域经济提供强劲动力。

（三）提供了可复制可推广的经验

合肥创新院“四位一体”创新链的建设得到广泛认可，为行业发展提供可复制经验。2016 年，合肥创新院被列为“安徽省系统推进全面创新改革”全省 11 个试点单位之一。2017 年 6 月，作为“全创改”单位代表，合肥创新院向国家全创改中期检查组及安徽省发改委做了试点工作推进情况汇报，并得到充分肯定。同年 11 月，安徽省委副书记、省长李国英在合肥调研科技成果转化工作会议上对合肥创新院促进科技成果转化工作给予了高度评价。2018 年 10 月，国家发改委发布《全面创新改革试验百佳案例》，合肥创新院作为典型案例成功入选，先后获得国家技术转移示范机构、国家级科技企业孵化器、国家双创示范基地双创服务平台三个国家级荣誉。

（成果创造人：黄叙新、吴仲城、李　昂、韦　娜、姚　瑞、黄婷婷、张　菡）

支撑煤层气规模开发的国家级技术创新平台构建

中联煤层气国家工程研究中心有限责任公司

中联煤层气国家工程研究中心有限责任公司（以下简称工程中心）于2006年由国家发展改革委批准组建，2011年通过国家发展改革委验收正式挂牌运行，是国内唯一一家专门从事煤层气勘探开发利用技术研发和成果转化推广的国家创新平台。为有效运营，工程中心注册了法人单位“中联煤层气国家工程研究中心有限责任公司”，作为依托单位，注册资本为8571万元，由中国石油天然气股份有限公司、中国石油化工股份有限公司、中国地质大学（北京）三家共同出资，按科研企业运行，主管部门为中国石油天然气集团有限公司，授权中石油煤层气有限责任公司作为二级单位管理。成立14年来，工程中心围绕煤层气地质评价、钻井工程、增产改造、排采工艺等关键共性问题，开展技术攻关，构建煤层气产业技术体系，研究制定行业技术标准，积极为国家煤层气产业政策决策和相关企业发展提供技术咨询服务，推动国际合作交流，培养行业高水平工程技术与管理人才，为建成沁水和鄂尔多斯盆地东缘国家煤层气产业化、规模化生产基地做出了突出贡献，在深部煤层气勘探、煤炭地下气化等新层系、新领域取得了重大突破。已建成支撑煤层气产业化发展的国家创新科研平台，并荣获“国际标准化组织煤层气技术委员会（ISO/TC263）业务指导单位和秘书处单位”“国家能源行业煤层气标准化技术委员会（NEA/TC13）秘书处单位”等荣誉。

一、支撑煤层气规模开发的国家级技术创新平台构建背景

（一）构建国家创新平台，是落实中央创新发展战略的需要

建设国家创新平台旨在坚定实施创新驱动发展战略，服务经济社会发展，支撑关键核心技术研发，围绕产业链部署创新链，围绕创新链布局产业链，提升产业链供应链稳定性和竞争力，推动经济高质量发展。国家创新平台以国家和行业需求为出发点，通过建立工程化研究、验证设施和有利于技术创新、成果转化的机制，培育、提高创新能力，搭建产业发展与科技创新之间的桥梁，推动产业关键共性技术、前沿引领技术、现代工程技术、颠覆性技术创新，加快科研成果向现实生产力转化，促进重大科研成果转化应用以及产业基础高级化和产业链现代化。构建煤层气国家创新平台是国家赋予我们的使命和责任，初衷是保障煤矿安全、供应清洁能源、保护生态环境。

（二）构建国家创新平台，是保障国家煤矿安全生产的需要

在过去相当长的一段时期内，我国煤矿一次死亡10人以上特大事故中，瓦斯事故占到80%以上，造成很大的人员伤亡、经济损失和社会负面影响。瓦斯抽采程度无法满足煤炭安全生产需求也是造成重特大瓦斯事故频发的关键原因之一。近年来，国家实施了煤矿区井下抽采和煤炭规划区地面开发等多措并举的方针，变中、高瓦斯矿井为低瓦斯矿井，煤矿瓦斯灾害大幅度减少，虽然全国煤炭产量逐年大幅增加，但瓦斯事故起数和伤亡人数均在大幅降低。刚刚过去的2020年更是取得历史最佳成绩：新中国成立以来首次实现全年未发生一次死亡10人以上的重大瓦斯事故；全国24个产煤省区市中有18个实现瓦斯“零事故”，全国煤矿瓦斯事故起数、死亡人数比2005年分别下降98.3%、98.6%。

（三）构建国家创新平台，是保障国家清洁能源供应的需要

能源是国家经济社会发展的重要支撑，能源问题关系到国家安全、经济发展和社会稳定，煤层气开发利用对于优化我国能源消费结构具有重要意义。我国煤层气资源丰富，据2015年全国煤层气资源量动态评价，全国埋深2000米以浅煤层气资源量30.05万亿立方米，居世界第三位。埋深2000米以深资

源量还未评价，据工程中心研究，鄂尔多斯盆地东缘伊陕斜坡带埋深1500米以深稳定发育原生结构煤层面积约10万平方千米，实测含气量20方/吨左右，估算煤层气资源量大于20万亿立方米，具备整装效益开发地质条件，标志着中国深部煤层气开发前景广阔、大有可为。我国煤层气储层地质条件复杂，孔隙度、渗透率普遍偏低，不同区块差异性较大，效益开发难度极大，导致行业发展缓慢。亟须构建国家创新平台，培育出煤层气领域科研攻关的“国家队”，培养出大批行业工程技术和管理人才，尽快突破制约煤层气勘探开发的“卡脖子”问题，形成系列引领性技术和颠覆性技术，带动引领煤层气产业发展进入快车道。

（四）构建国家创新平台，是促进国家生态环境保护的需要

矿井瓦斯抽采主要目的是煤矿安全生产，抽采气甲烷浓度多低于40%，矿井乏风的甲烷浓度甚至低于1%，抽采量受煤炭产量影响而难于稳定，加之抽采站点多且分散、单个抽采点产量不高、难以规模性集输等因素，利用率总体不高，排空现象严重。地面井抽采煤层气甲烷浓度95%以上，为优质清洁能源，可以和天然气管网同输，对温室气体减排、促进国家“双碳”目标早日实现、保护生态环境具有重大意义。

二、支撑煤层气规模开发的国家级技术创新平台构建主要做法

（一）配精设备设施，搭建国际一流煤层气实验平台

1. 高起点配置实验设备，有效促进研究能力迈向领先

构建煤层气实验平台瞄准高起点、国际领先，为此多方筹集资金11166.45万元，累年购置固定资产仪器设备1089台（套），其中实验仪器设备235台（套），设立吸附解吸、钻井、压裂、渗流四个实验室和大宁现场实验室。具备煤层气含量、煤岩特征、钻完井液配方、压裂液配方、支撑剂配方、破胶剂配方、相渗试验、入井材料质检、气体质检等18大类78小类335项参数实验检测能力，获得中国国家认证认可监督管理委员会颁发的检验检测机构资质认定证书。累计为煤层气行业产学研机构提供实验检测服务23500余样次，支撑了多项国家科技重大专项等各类科研生产项目，形成国际标准2项、行业标准5项、专利17项，显著提升了我国煤层气行业创新研发能力和对外影响力。加快从实验检测向实验研究转变，将其打造成有特色、高水平的国家级非常规油气科研实验平台。

2. 设备仪器填补行业空白，不断提高自主研发水平

工程中心针对我国煤层气“三低一高”煤储层特点研制多台（套）具有自主知识产权和我国煤层气勘探开发技术特性的专业实验设备，包括地层条件下原煤渗流特性测定仪、原煤等温吸附解吸仪、煤基质气体扩散系数测定仪、地下煤层气解吸排采模拟装置、煤层气排采井筒流动模拟装置。

3. 不断理顺、畅通试验运行体系，提高信息化水平

不断完善管理体系规范。工程中心从人、机、料、法、环等方面全面开展管理体系建设，形成质量手册1册、程序文件35份、作业文件17份，各类表单81个，规范有序地理顺了各项质量活动的方法、程序、职责和相互关系。

促进管理体系严格有序运行。领导高度重视，充分调动实验室全体员工的积极性，进行有效的开放沟通与反馈，力促全员主动参与，确保管理体系运转畅、检测结果质量高。强化内部审核，每年由质量负责人组织和策划一次内部审核，有效实现管理评审，为采取纠正和预防措施提供信息。实事求是地开展各项活动，保持管理体系的动态化。解决问题，持续改进，使管理体系的运行处于一种良性循环的状态。

多次通过权威资质认定。2011年通过国家资质认定石油评审组的现场评审，获得中国国家认证认可监督管理委员会颁发的国家资质认定证书和CMA徽标印章。之后连续多年均通过了国家认监委的复评审。2020年9月，国家计量认证石油评审组对基础实验中心的组织管理、技术检测能力和实验室建

设给予了充分肯定。这对工程中心管理水平和技术能力的进一步增强、对检测能力及行业认知度的进一步提高、对服务认可度和公信力的进一步提升，具有重要意义。

建立实验室管理信息系统。工程中心结合实验项目，按照实验室业务管理流程，研发一套管理信息系统软件（LabLIMS），采用先进的管理思想和先进的数据库技术，在符合 ISO 9001 标准和实验室认证标准的基础上，充分利用仪器设备和人力资源，提高了工作效率，提升了检测和质量管理水平，实现以实验室为核心的整体环境的全方位管理，使实验中心能够有序高效运转，进一步健全了工程中心的技术服务体系，既能满足外部的日常管理要求，又能保证实验室分析数据的严格管理和控制，达到国内同行业领先水平。

（二）革新技术体系，支撑煤层气行业产业化开发

1. 分级、分类持续攻关支撑国家科技规划

近三年，工程中心承担国家科技项目 25 项，同时承担地方政府、中国石油集团、横向课题等项目 169 项，为解决科研项目多、来源多、重复立项的问题，提供高质量科技成果供给，提升科研效率，按照项目级别（国家项目、地方项目、中石油集团项目、横向项目）与项目类型（产业规划、基础研究、资源评价、技术攻关、新技术推广）两个维度分级归类。紧紧围绕服务国家战略、推动产业发展来推进项目实施，实现了合理安排各类项目资源投人、重点攻克关键技术瓶颈、储备核心技术人才的目的。

2. 构建强而有力的组织保障体系推动项目高效实施

设立专门机构精心组织，成立了以主要领导为组长、各相关部门负责人为成员的专项领导小组，下设管理办公室，由专人负责协调管理。在领导小组的大力支持和有效协调下，各项目长充分发挥管理办公室的作用，与各课专题有效沟通。课题长全面负责课题实施，依据任务合同书制订课题实施方案，确定工作目标、进度、人员安排等；科技管理办公室负责对课题实施进行跟踪检查、督促、协调、考核，并向领导小组汇报实施进展；各业务部门负责执行经费并实行属地管理，落实课题所需人员、设备、材料、实（试）验测试和 HSE 管理等，保障课题实施。

3. 利用信息系统开展考核评分、实行过程监管

通过应用科技管理信息系统，实行实施过程考核评分制度。根据年度研究计划，项目经理每季度在科技系统上填报进展情况及实证材料。科技管理岗对项目经理提交材料进行审查，依据评分标准系统量化打分，经人工审核确认后，考核结果反馈给项目经理，并报主管领导审批。考核全过程确保了评分的客观性，杜绝了人情分、面子分，极大提升了项目管理效率。科技项目进展达标率提升 25% 以上。

4. 以数据库为基础指导高效研发

以自 2018 年 1 月 1 日起至 2020 年底的 173 项研究项目的大量数据为基础，建设完善科研数据库，实现数据指导研发。

一是进行不同专业、不同类别项目的研发与产出分析，指导修正研发方向，及时做出预警，提高科技贡献率。对包括技术方法、成果创新性、人员重复性等，与万方数据平台、已有的科技项目、科技成果数据库进行自动查重并预警。二是通过人员专业、年龄结构与成果水平的多维度分析，指导科研人员能力培训，寻找重大专项各阶段需要的科技人才、优化人才结构。三是扩大成果共享。在线登记已形成的科技成果，解决成果信息的碎片化，打破内部创新成果信息流通阻碍，实现集中管理，高效共享。四是以完善的专家队伍为基础，实施专家主导的项目。在科技项目立项、开题、验收等流程中，系统按专业从专家库中选取专家组成专家组进行评审，避免行政干预。在科技项目实施过程中，项目组可在各个阶段向各专业专家提交审查申请，听取专家意见，指导项目实施。

由于组织措施得力，构建的平台比较系统、科研和管理执行力强，工程中心有效开展了一系列研究，取得一系列科研成果。针对煤层气地质、钻井、压裂、排采难题开展攻关，创新形成引领煤层气产

业发展的8大关键核心技术，达到国际或国内领先水平，实现了我国煤层气勘探开发关键核心技术自主可控，有效支撑了沁水和鄂尔多斯盆地东缘两大国家煤层气产业化基地取得勘探突破和效益开发。

（三）变革运行模式，实施四级管控科研项目制

1. 通过管理提升遴选技术需求

在建设科技管理体系之前，随着规模扩大和业务发展，煤层气行业技术需求与技术储备不足的矛盾日益显现。而非常规能源产业抗风险能力弱，短期投资回报率低，在主营业务领域拥有世界领先、自主知识产权的核心技术是科技创新的必然要求。而孵化技术，首先需要明确技术需求和攻关方向。

围绕制约发展的难题，工程中心采用“一线工作法”，开展大量现场调研，坚持聚焦重点、有的放矢，按照“问题导向、生产导向、效益导向”，重点围绕制约增储上产的瓶颈短板，找准科技创新主攻方向和突破口，构建基础研究、勘探开发地质领域、工程技术领域、预研究项目、颠覆性技术的研究体系。

2. 统筹科研项目管理

在明确技术需求的基础上，煤层气国家工程中心整合科研力量，做好顶层设计，统筹制定重点科研攻关项目计划和实施方案，组建攻关项目组，集中优势力量开展攻关。

工程中心承担的各项科研项目可按照经费投入主体的不同分为国家科技重大专项、中国石油集团公司重大科技项目、中石油煤层气公司和分公司两级科技项目等四个层级。这些项目来源不同，研究任务和内容难免存在部分交叉、重叠。工程中心从业务发展全局出发，认真分析生产经营目标对科技的需求，按照“设计一体化、组织一体化、实施一体化、目标一体化”理念，以国家科技重大专项攻关为龙头，股份专项实施为抓手，构建起较强灵活性、针对性和时效性的科研攻关体系。

国家、股份专项框架内，将制约国家、集团公司煤层气产业发展的重大共性瓶颈技术问题纳入这个框架，开展攻关研究，研发周期3～5年，力求取得重大理论创新、技术突破，构建起煤层气行业技术体系框架和关键核心技术。与此同时，科技项目聚焦生产现场遇到的具体技术问题，重点解决1～2年内即可攻关的、生产现场亟须解决的技术问题，科研生产一体化，成果直接应用到生产，既解决现场生产实际问题，又对重大专项起很好的支撑作用。由此形成保障公司实现生产经营目标的科技支撑方案，既实现国家项目、集团公司项目和企业项目的任务、目标，也实现资源配置统筹安排，并吸收社会优质科技资源，共同促进公司整体业务目标的实现和科技自主创新能力的提升。

（四）强化成果转化，打造一流技术服务实力

1. 探索建立知识产权创效机制

根据煤层气行业初创特点，布局全链条的技术知识产权创造。全面布局覆盖煤层气地质选区评价、地球物理勘探、钻完井、增产改造、排采、集输、经济评价等7大主要核心技术领域知识产权创造。

从提高科技成果转化效率出发，建设责任明确、成果共享的知识产权环境。聚焦于制度体系和流程规范、人才队伍、相关资源共享、价值评估以及专利运营等统筹管理，着重从业务需求、先进实用性、市场竞争等方面评价专利、技术秘密和计算机软件著作权的质量，杜绝产生无效专利；更加严格限制专利申请中的实用新型专利比例，提高创造性在知识产权评价中的比重。

实现煤层气技术输出，在市场中锻炼队伍、体现企业价值。以国家级研究中心品牌为保证，以自主知识产权技术为利器，积极开展技术服务创效，实现对外技术服务，先后承担国内外石油公司、国家有关研究机构、高等院校等样品检测任务20000余样次，同时参与俄罗斯煤层气勘探开发潜力研究项目、澳大利亚煤层气田设计开发项目等。

2. 推进创新成果转化落地示范

激发研发活力，整合、融合创新主体。持续投入建设煤层气国家工程研究中心，孵化有国际影响力

的、具有自主知识产权的创新成果；依靠中国石油整体优势，与国内知名专业技术企业建立联合体，形成地震处理解释、测井评价等专业技术团队，建立知识产权共享合作机制；通过建立成果登记、成果鉴定、内部推广应用激励等制度，完善对研发机构的考核和评价；通过侧重高水平成果奖励、鼓励论文代表作制度，形成研发人员重视创新、积极投身科研的学术风气。

通过示范项目实现科技成果向有效技术的转化。国内外率先开展以大面积煤层气三维地震评价为基础的开发井位部署优化；推广煤层气丛式井台和井眼轨迹设计方法，改变了我国2000米以浅煤层气开发以单直井为主的传统模式，走向水平井开发技术发展方向；首创煤层气“双压箱型六段式”排采技术和配套工艺，建立煤层气排采上产稳产和连续排采的行业标准。

整合煤层气勘探开发配套技术推动鄂东煤层产业化、规模高效开发。整合地质选区评价、地球物理勘探、钻完井、增产改造、排采、集输、经济评价等技术系列主体有效技术，通过技术手册、宣传册等形式提高技术可操作性，推进主体配套技术规模应用，为我国鄂尔多斯盆地东缘中低煤阶煤层气的快速发展发挥了引领和示范作用。

（五）主导国际标准，确立领先地位

工程中心作为首家同时承担国际标准化组织煤层气技术委员会（ISO/TC263）和能源行业煤层气标准化技术委员会（NEA/TC13）秘书处工作的单位，将标准化工作与科技创新相结合，构建了“科技创新推进标准化，标准化促进业务发展”的管理体系，主导了国际国内煤层气领域标准化研究与管理，进一步强化了中国石油集团公司在国内外煤层气领域的影响力和话语权。目前在已发布和在编的国际、行业标准中，工程中心牵头或参与编制的标准比例达78%，充分体现了工程中心在国内外煤层气行业中“标准规范制定者”的领先地位。2015年牵头发布了国际标准《煤层气含量测定方法》（ISO 18871：2015）和《煤层气勘探开发术语定义》（ISO 18875：2015），实现我国在煤层气国际标准制定方面零的突破。

1. 从零起步，实现我国煤层气标准体系框架新突破

创新构建一体化管理机制。设立标准化研究所，统一协调管理国际、行业等各级标准化管理，实现了秘书处组织建设、归口项目管理、标准体系建设及人才队伍建设等方面的一体化管理。创新构建标准制修订管理流程。逐步将不同组织的标准制修订流程合并、统一为立项审查、人员培训、督导跟进、技术和格式审查、委员表决、报批发布、实施后评价等7个主要环节，用模板化、表单化的简化管理材料形式，大幅度减少工作量，提高了工作效率，确保了标准项目的高效运作和标准文本的质量，能源行业、集团企标、煤层气公司企标实现当年立项、当年完成审核报批。建立标准项目一体化选题模式。从标准选题的提出、论证、列入计划等环节打破标准层级的限制，将技术成熟度、推广价值等因素与需求充分结合起来，有针对性地将分散到各标准组织的专家资源整合起来，实现专家资源共享、各组织标准技术信息共享，避免内容重复、技术指标矛盾等问题。

2. 建立标准编制导入科研管理机制

构建科学合理标准体系是解决煤层气标准匮乏的重要抓手。工程中心积极依托各级科研项目，特别是国家、中国石油集团公司提供的科研项目和资金支持，加强标准体系建设和标准化工作的研究，用科学手段建立和完善煤层气标准体系架构。专门设立课题“煤层气经济评价与标准体系研究”，开展煤层气标准体系构建研究，确立“系统配套、适用性广、优化简化、前瞻性强”的编制原则，对地质勘探（DZ）、石油（SY）、煤炭（MT）等行业或国标（GB）的多个领域技术标准进行研究、整理和科学论证，吸收可以用于煤层气的技术标准，甄别出一批符合煤层气技术特点的适用标准，建立由国际、行业、集团、煤层气公司等四级标准有机构成的一体化煤层气标准体系框架，该框架包含通用、地震勘探类、地质与气藏、钻采工程、地面工程、煤层气利用、实验与计量、经济评价、HSE技术九大类、677

项标准，并根据煤层气业务发展需要，提出拟制定标准113项，一体化的标准体系架构既满足了生产急需，又为四级标准制定指明了方向，基本满足了行业、中国石油集团和中石油煤层气公司非常规油气业务发展的需要。

（六）引领国家产业政策和规划，掌握行业话语权

主要领导高度重视，主动与煤层气产业政策管理和产业发展管理相关的国家部委沟通交流，了解国家产业政策规划及发展需求，不计报酬、委派骨干力量、优先承担国家部委项目，积极发挥支撑国家决策的参谋作用。

近年来承担国家能源局《煤层气"十二五"发展规划研究》《煤层气产业发展战略研究》《煤层气开发技术对策研究》《煤层气（煤矿瓦斯）开发利用研究》《国内外煤层气勘探开发技术调研》，国土资源部《全国煤炭、煤层气矿权重叠调研》《全国煤层气矿产资源规划》《全国煤层气战略选区》《煤层气资源开发利用专项规划》《全国煤层气保护区和勘探区划分》《鄂尔多斯盆地东缘大型煤层气田勘探开发实践》，中国工程院《我国煤层气开发利用战略研究》等课题10多项。

提出"煤层气2014—2020年煤层气勘探开发行动计划"、煤层气勘探开发产业布局、建设深部煤层气开发中试基地、煤系气综合勘探开发等系列建议，被国家制定煤层气产业政策和"十四五"规划采纳。为国家煤层气产业政策和"十四五"发展规划制定发挥了重要技术保障和参谋作用，受到国家能源局高度评价。

（七）锻造核心人才，培养大批行业领军骨干

1. 创新人才培养模式，构建协同驱动联盟

工程中心内部积极推进"三个一批"人才培养模式。内部培养接替一批。聚焦主营业务，重点提升核心领域、关键环节、重要岗位员工素质和能力水平，使人才能有序接替。推进专家工作室建设，大力培养勘探开发领军人才。推行"项目化"管理，对重点难点问题采取项目攻关，集中优势兵力破解发展难题。按照"共享＋一体化"理念，打破单位界限组建项目团队，实行项目化管理，快速集中优势力量、管理资源，快速研究攻关，快速解决问题。外部引进充实一批。聚焦勘探开发、工程技术"卡脖子"技术，积极争取政策支持，在系统内引进紧缺的勘探开发高手、钻井压裂工程地质一体化多面手、安全环保能手以及对外协调强手，引进调入技术、管理成熟骨干，精准补充核心业务和关键岗位，有利于煤层气发展的人才得到进一步保障。项目合作共享一批。积极推进与兄弟油田、科研院所大力合作，探索在煤层气领域组建协同驱动联盟，签订战略合作协议，在业务合作、人才培养等方面实现取长补短、优势叠加。选派技术骨干到重点工程、重大建设项目等急难险重岗位接受锻炼，提高处理现场难题和带队伍的能力。有侧重地安排技术骨干参与、承担科研项目和管理研究，在培养期内作为主要负责人承担研究项目1～2项。探索在勘探开发、安全管理和新建产能等方面引进技术管理团队合作共享，深化"校企合作"和"院企合作"，联合建立急需的技术支持与研发中心，为提供技术支撑。

行业间积极推进项目共建培养模式。作为新疆阜康白杨河煤层气开发利用先导性示范工程的主要技术支撑单位，工程中心与新疆煤田地质局共同派员组建了示范工程领导小组、现场指挥部和联合项目部，双方管理和技术人员联合工作，共同负责项目的顶层设计、单项工程设计、工程质量和产品质量监督等工作，通过项目共建，为新疆煤层气发展组建了队伍，培养了专业技术和管理人才，针对示范区"高倾角、多煤层、大厚度"等地质特点形成了特色技术，建立了新疆煤层气开发模式，为推动新疆煤层气产业发展做出重大贡献。

2. 打通人才晋升通道，搭建快速成长阶梯

完善三支队伍岗位体系。按照中国石油集团公司经营管理岗位序列设置，细化企业经营管理岗位设置，设单位正职、副职、高级主管、主管、主办、助理主办等岗位；设置专业技术岗位，包括首席技术

专家、企业技术专家、一级工程师、二级工程师、三级工程师、助理工程师、技术员等；完善操作技能等级序列，分别为企业技能专家、首席技师、高级技师、技师、高级工、中级工、初级工。三支队伍岗位体系进一完善，人才强企战略得到全面践行，有力推动各类人才不断涌现、创新创效活力竞相迸发。

畅通人才序列间转换通道。在人才成长通道纵向贯通晋升的基础上，建立横向顺畅转换机制，明确经营管理、专业技术、操作技能序列间相关层级的转换对应关系。各序列互认对应各层级专业一致（或相近）的从业经历和资历，根据各序列岗位选聘条件和程序，遵循分类评价考察的选拔原则，各类人才可在序列间对应层级同层及以下“转换”参加竞聘，跨序列间和专业技术岗位序列内均不实行兼岗兼职。全面推进“双序列”改革，制定人才成长通道建设管理办法，为专业技术人员建立更加独立、畅通、稳定的职业发展通道，建立岗位能上能下、薪酬能高能低的动态运行机制，充分调动专业技术人员的积极性，激发人才活力，形成浓厚的、积极向上的科研学术氛围。

3. 打造特色培训体系，能力水平快速提升

以服务煤层气行业为己任，统筹优化各类人才的激励与培养，创新培训管理和运行机制，以“过关”培训及全员从业准入为抓手，以学分制管理为手段，以岗位赋能培训为目标，打造“互联网＋培训”模式，体现训用结合，确保人才培训与选用相挂钩，全力推进“五种转变”整体发力。一是由统一集中培训为主导向分层分类培训转变。二是由面授培训为主导向在线网络培训转变。三是实现由标准化、制式化的培训向个性化、定制化的培训转变。四是实现由注重专业理论知识培训向注重实效、现场经验传授的培训转变。五是实现员工由被动接受培训向自发自主要求培训转变。近三年，通过项目合作、标准宣贯、技术交流、师带徒等方式培训行业技术人才 2207 人次；开放科研平台和实验平台，面向社会产学研同行及在读研究生、在站博士后共用平台、共享成果，向自然资源部、兄弟油田单位、高校等科研院所输送了大量人才。

三、支撑煤层气规模开发的国家级技术创新平台构建效果

（一）煤层气产业关键核心技术屡被攻克

创新形成引领煤层气产业发展的 8 大关键核心技术。基于国家科技重大专项等项目支撑，创新形成引领煤层气产业发展的地质评价、钻完井、压裂、排采等方面 8 大关键核心技术，达到国际先进或国内领先水平，实现了我国煤层气勘探开发关键核心技术自主可控，有效支撑了沁水和鄂尔多斯盆地东缘两大国家煤层气产业化基地取得勘探突破和效益开发。2020 年全国煤层气产量 83 亿立方米，由工程中心技术支撑的沁水和鄂尔多斯盆地东缘产量 77.66 亿立方米，占全国产量的 93%。

颠覆性技术攻关初见成效。煤炭地下气化是煤炭清洁利用的颠覆性技术，是落实党中央碳达峰、碳中和重大战略目标、构建清洁低碳安全高效能源体系的有效路径之一。据预测，我国陆上埋深 1000～3000 米煤炭资源量 3.77 万亿吨，气化动用率按 40% 计算，估算煤炭气化天然气资源量约 300 万亿立方米，是常规天然气资源量的 3 倍，有望成为我国重要战略接替能源。现已形成关键技术 7 项，为现场试验和示范项目建设打下坚实基础。

近 3 年取得大批重大技术攻关成果。全部在研项目数 170 个，其中国家级科技项目 25 个。制定国际标准 2 个、行业标准 10 个。被受理的发明专利申请数 41 件，其中 PCT 专利 3 件。拥有的有效发明专利数 66 件。研发设备 3 套，软件著作权 4 项，发表核心及以上论文 74 篇，出版专著 1 部。获得国家科技进步一等奖 1 项、二等奖 1 项，省部级奖 8 项。

（二）对国家战略任务和重点工程提供有力支撑

承担国家级项目 25 个（主持 19 个、参与 6 个）。《大型油气田及煤层气开发》（2016ZX05）是唯一一项由企业组织的“十三五”国家科技重大专项，其中设立煤层气项目 10 个，工程中心承担了项目 22、项目 41、项目 42、项目 43、项目 65 所属任务 15 个；同时，承担“十四五”规划技术支撑、创新

能力建设、国际行业标准编制、实验研究等国家部委项目 10 个。研究成果在有效支撑沁水和鄂尔多斯盆地东缘两大国家煤层气示范基地增储上产的同时，推动煤层气产业实现了两大革命性转变，一是深部煤层气勘探取得突破，二是开发模式由直井向水平井转变。为国家煤层气产业政策与“十四五”发展规划制定发挥了重要技术保障和参谋作用，受到国家能源局高度好评。

（三）推动技术成果应用和煤层气产业快速上产

一是推动煤层气勘探取得突破性进展。有力支撑鄂尔多斯盆地东缘煤系地层立体勘探“三气统采”，促进深部煤层气勘探取得重大突破，提交探明储量 2376 亿立方米，其中 2020 年提交了国内首块深部煤层气探明储量 762.08 亿立方米。据 2015 年全国煤层气资源量动态评价，全国埋深 2000 米以浅煤层气资源量 30.05 万亿立方米。工程中心研究成果表明，鄂尔多斯盆地东缘伊陕斜坡带埋深 1500 米以深稳定发育原生结构煤层面积约 10 万平方千米，实测含气量 20 方/吨左右，估算煤层气资源量大于 20 万亿立方米，具备整装效益开发地质条件，标志着中国深部煤层气开发前景广阔、大有可为。

二是推动煤层气开发实现跨越式发展。以中石油煤层气公司及三交、三交北、石楼西、紫金山等 8 个对外合作项目为依托，积极开展发明专利、科研成果推广应用，部署开发井 2764 口，编制开发/试采方案 19 份，支撑产建规模达到 67 亿立方米/年。煤层气年产量由起步时的不足 1 亿立方米快速上产到 2020 年的 25 亿立方米，较“十二五”末增长了 286%，有力保障了鄂尔多斯盆地东缘煤层气产业化基地稳产超产，新区产量持续上升。

三是推动技术成果转移扩散成效显著。近 3 年实现技术性收入 16914.86 万元，其中专利许可收入 1127.73 万元，技术成果推广服务 15041.92 万元，接受委托科研收入 745.21 万元。发明专利、技术成果推广应用带动产业发展成效显著。

四是引领煤层气行业标准制定。作为国际标准化组织煤层气技术委员会（ISO/TC263）业务指导单位和秘书处单位，组织国际标准化会议 2 次，形成国际标准草案 2 项。作为国家能源行业煤层气标准化技术委员会（NEA/TC13）秘书处单位，组织编制涉及 13 个专业 430 项标准的煤层气标准体系，发布行业标准 55 项。主持制定煤层气国际标准 2 项。主持或参加制定煤层气行业标准 10 项，为规范国内煤层气产业高质量发展发挥了引领作用。

（成果创造人：徐凤银、王　平、王红娜、葛沭杉、徐博瑞、张双源、
尹军杰、陈　东、杨　赟、吴　鹏、袁　媛、赵　倩）

科研院所基于产研融合的技术创新体系建设

中建材蚌埠玻璃工业设计研究院有限公司

中建材蚌埠玻璃工业设计研究院有限公司（以下简称蚌埠院）是1953年中国第一批成立的全国综合性甲级科研设计单位，是国家高新技术企业。2000年加入中国建材集团有限公司（以下简称中国建材集团），并改制成立中国建材国际工程集团有限公司。2004年，蚌埠院将工程服务主营业务分离给中国建材工程集团有限公司，由此，蚌埠院成为存续企业。在工程服务主业分离之前，蚌埠院拥有建筑材料行业、轻纺（日用硅酸盐）、建筑工程、环境污染治理专项工程的设计和工程总承包、工程咨询等甲级资质及对外经营权。主业分离之后，通过集成创新体系建设，蚌埠院聚焦玻璃新材料主业，业务涵盖显示材料、新能源材料、应用材料开展技术研发和产业孵化等多个领域。近年来，蚌埠院相继研发出30微米柔性可折叠玻璃、世界最薄的0.12毫米超薄触控玻璃、中国首片8.5代液晶玻璃基板、中硼硅5.0药用玻璃管等产品，科技创新成果显著。2020年蚌埠院总资产146亿元，营业收入38亿元，利润总额1亿元，蚌埠院的总资产、主营业务收入和利润总额比改制之初的2000年分别增长68倍、66倍和757倍，科技研发投入年度增长率超过10%、科技成果转化率达到60%以上。

一、科研院所基于产研融合的技术创新体系建设背景

（一）企业发展的战略选择

习近平总书记在十九大报告中指出，“创新是引领发展的第一动力，是建设现代化经济体系的战略支撑。加强国家创新体系建设，建立以企业为主体、市场为导向、产学研深度融合的技术创新体系，强化基础研究，加强应用基础研究”。中国工程院发表的《面向2035的新材料强国战略研究》中指出，我国包括玻璃新材料在内的新材料产业存在“材料支撑保障力不强”“创新链不通畅”“新材料研发投入方式单一，投入不足且分散，原始创新能力弱”“产业支撑体系不健全”“未形成良好的产业发展生态”等核心问题。我国部分玻璃新材料研发成果达到国际先进水平，但是产业基础薄弱，智控装备、关键零部件和数字化技术成为产业化发展“瓶颈”，亟须整合科研、工程、装备和生产制造科研资源，真正形成高科技产业化运作能力。

蚌埠院围绕玻璃新材料主业，大力发展的信息显示材料、新能源材料、应用材料等产业，不仅是信息显示、新能源、半导体、航空航天、深海探测、生物医疗等战略性新兴产业不可或缺的关键功能材料，也是中国建材集团着力培育发展新材料产业中的重要组成部分，具有良好的发展环境与发展潜能。

（二）可持续发展的必然选择

2000年前后，国内行业科研院所大部分由事业单位转为企业，推向市场，自负盈亏。失去了国家拨款的科研院所一度举步维艰，相当一部分院所选择“研究开发+技术转让”的发展模式，通过研究开发转让技术获取收益，勉强在市场中生存。但这种发展模式使得院所在企业化过程中，常常过于追求短期经济效益，难以持续开展核心技术研发，更难以实现创新成果的产业化、规模化，结果往往导致重经济效益和应用型研究、轻社会效益和基础研究的片面发展格局，使得科研院所逐步丧失传统的技术优势。

蚌埠院充分利用60多年的基础条件和优势，将发展的主业定位在擅长的技术领域，聚焦新玻璃、新材料、新能源和中央应用研究院的产业发展方向，通过技术集成创新，将产业化作为科研开发的主要

目标，通过与中国建材国际工程的业务整合，打通新玻璃产业链，探索转制科研院所向科技型企业可持续发展的道路。

（三）人才激励的现实需要

在科技强国和材料强国战略部署下，蚌埠院心怀“国之大者”、打造“国之大材”，打造了由两院院士、海外高层次人才、百名博士组成的创新团队。蚌埠院不断探索运用中长期激励工具箱，企业负责人任期激励、项目分红激励、员工持股、科技成果转化专项奖励等。探索在科技人员中开展股权激励，核心科研人员（骨干）持股，根据贡献大小，实施相应比例的股权奖励，采用多形式的成果转化方式，激发各环节的转化活力，促进了各方结成紧密的利益共同体。

二、科研院所基于产研融合的技术创新体系建设主要做法

（一）“三子联动”建立一体化的科技成果转化链条

蚌埠院依据自身实际，利用中国建材集团的规模优势，围绕产业链、创新链布局，将成果转化的各个环节在集团内部实现一体化，形成了上游做研发、中游做中试、下游做产业的全链条成果转化模式。

1. 上游做研发——以产业化为目标

在研发平台方面，蚌埠院先后建设浮法玻璃新技术国家重点实验室、玻璃工业节能技术国家地方联合工程研究中心、国家级博士后科研工作站、安徽省院士工作站、硅基材料安徽省实验室等 18 个国家级和省部级创新平台。其中，坐落于蚌埠院自主建设的产业孵化园区内的浮法玻璃新技术国家重点实验室，是我国玻璃领域多学科融合交叉的开发研究平台，具有高度的产业化特征，已成为蚌埠院的核心研发力量，实现了从研发到产业化的空间距离最小化。

在研发机构方面，先后组建了功能玻璃所、薄膜技术所、慕尼黑光伏研究中心、美国新能源材料研究中心等研发机构，同时推进下属各分子公司分支研发机构的建设，完善了研究开发体系。

在研发路径方面，蚌埠院以玻璃为主业，采用技术领先战略，开发具有高附加值的前沿技术，抢占市场先机，通过广泛募集研发经费、自有资金、政府补贴等各种资金，开展科技成果转化体系建设；以玻璃技术为基础，围绕产业化的目标开展课题立项，以自主研发为主，引进领先技术进行集成创新，联合攻关；针对产业化需求，开发配套装备、控制系统等产业化核心要素，延伸上下游产业链，从而保证企业技术和产品的双领先优势，确保产品具有广阔的市场前景。

2. 中游做中试——开发核心装备及系统

在中试方面，由中国建材集团所属工程公司负责产品中试和成果工程化。根据蚌埠院的产业布局，围绕成果产业化的需求进行生产工艺、配套装备、控制系统、生产线设计等产业化技术突破；将开发的技术进行计算机建模，通过软件模拟进行技术检验和改进；利用开发的成套技术和装备建成中试线，进行产业化试验，为成果产业化提供可靠技术方案。

针对我国高端浮法玻璃产品长期依赖进口以及能耗普遍偏高的状况，蚌埠院立项开发“浮法玻璃微缺陷控制与高效节能关键技术”，在充分发挥上游科研开发、集成创新以及中游中试、工程化的强大优势下，团队集中在关键技术研发和应用上进行攻关，最终形成了三大技术创新：一是通过研究新型浮法玻璃熔窑与玻璃液回流、熔化质量等变化规律关系，确定熔窑阶梯阶数以及与之相适应的熔窑整体结构和尺寸，成功开发“全等宽、宽窑池、台阶池底、窄长卡脖”的新结构玻璃熔窑，使每吨玻璃 0.1 ~ 0.3mm 微气泡数量下降到 40 个以内，玻璃质量达到国际先进水平，600t/d 玻璃熔窑单位能耗下降到 6182kJ/kg 玻璃液，节能 15% 以上，实现了玻璃质量的全面提高和玻璃熔窑高效节能；二是通过集成玻璃熔窑新工艺及玻璃熔窑节能新技术的研究成果，成功投产了目前世界最大规模的 1200t/d 大型优质浮法玻璃生产线，使得熔窑能耗降至 5200kJ/kg 玻璃液，节能技术达到国际领先水平，产品质量更加稳定，实现了超大型高端浮法玻璃技术的持续创新；三是根据新玻璃熔窑的结构特征和实践经验，针对各种原料分解和溶解的温度不同的特点，开发“配合料快速同步熔化技术”，有效调整玻璃液温度场与流场，进一步实现玻璃质量提升。基于该技术的成套装备先后出口到美国、韩国、印度、伊朗、印度尼西亚等17个国家，在国内高端玻璃市场占有率达到80%以上。该研究成果获2013年国家科技进步奖二等奖。

蚌埠院在超薄电子信息显示玻璃基板技术方面具有多年的技术储备，瞄准国内玻璃基板的厚度极限，由于开展的技术瞄准的是国内空白，无经验可以借鉴。在原有多年的玻璃生产线设计和建设的基础上，进行玻璃生产工艺、生产线设计以及控制系统等产业化技术突破，成功开发出“变量熔化、等梯度温降成形、空间立体网状退火”等关键技术与成套装备，攻克并解决了微波纹和翘曲控制等诸多难题，稳定量产了国内最薄0.12mmTFT－LCD超薄浮法电子玻璃基板，彻底改变了国内触控所需0.5mm及以下超薄玻璃依赖进口的局面，该研究成果获2016年国家科技进步二等奖。

3. 下游做产业——建立产业运营机制

蚌埠院以项目公司的形式对科技成果转化进行产业化运作，项目的建设由注册成立的独立经营、自负盈亏的经营实体负责，项目公司采用股份制合资经营，便于引进战略投资人。项目科研团队技术负责人整体负责产业化项目的建设和运营，院本部和产业化公司之间实施扁平化管理，院本部工作人员和相关技术人员进入产业化公司的董事会兼职，实现对公司有效管控，通过市场化方式聘请或选派专业的经营团队和核心技术人员，推进成果的产业化进程。

针对具体项目，由蚌埠院发起成立控股和参股的产业公司。依托蚌埠院产业化平台，3个“115”团队先后成立了安徽中创电子信息材料有限公司、安徽方兴光电新材料科技有限公司、安徽凯盛基础材料科技有限公司3家科技人员持股的混合所有制企业，采用混合所有制形式引入社会资本合作经营，对科技成果进行规模化和市场化运作，建立起多方投入、风险共担、利益共享的产业运营机制。

按照中国建材集团大力发展新材料产业的规划，为推进空心玻璃微珠研发成果的产业化，2016年7月，蚌埠院和研发团队持股的蚌埠飞扬企业运营管理有限公司合资成立了安徽凯盛基础材料科技有限公司（以下简称凯盛基材），主要从事高性能空心玻璃微珠研发、制造及销售，其中蚌埠院持股70%、研发团队持股30%，是中国建材集团实施国有企业混合所有制改革的试点企业之一。目前，凯盛基材用玻璃粉末法制造出来的空心玻璃微珠样品达到美国3M同类产品性能指标，处于国际先进水平，打破了国外对空心玻璃微珠的技术封锁。

为推进纳米钛酸钡、稀土抛光粉、稳定型氧化锆的产业化应用，2014年蚌埠院科研创新团队蚌埠中创投资有限责任公司与安徽方兴科技股份有限公司合资成立安徽中创电子信息材料有限公司，科研创新团队持股30%。2016年中创创新团队与省高新投、蚌埠市产业引导基金达成协议，2家各投入600万合计1200万，2019年安徽中创电子税收达到业绩奖励条件，2020年省高新投退出，2020年12月蚌埠市产业引导基金退出，两家企业投入1200万所持股权奖励中创创新团队，当前持股比例为创新团队持股37.43%，万兴科技股份持股62.57%。

通过“115”创新团队的创新管理方式，安徽中创快速发展，成长为全国第二家、全球第三家采用水热法工艺工业化生产纳米钛酸钡的厂家，稀土抛光材料占据安徽省50%以上份额，稳定型氧化锆占据行业市场31%份额，位居行业第二位。公司连续4年销售收入和利润总额增长超20%。2020年受国内外疫情影响，经济形势极其严峻，及时调整公司市场战略、改变技术方向实现销售额和利润逆势增长，2020年实现销售收入4.4亿元，上缴税收800多万元，较上年同期增长幅度较大，企业上升势头强劲。为蚌埠市的经济建设、高质量发展、稳定就业和招商引资做出了较大贡献，获得“蚌埠市工业企业三十佳”“淮上区纳税超千万元企业”等荣誉称号。

（二）“打破藩篱”实现科技成果转化的深度协同

1. 研发与中试的协同

充分考虑科研成果的工程化和可操作性，对负责中试的工程公司提出操作要求，工程公司据此不断完善核心设备和关键工艺，并对中试结果遇到的实际问题改进技术原型，实现双向良性促进。

以空心玻璃微珠的制备技术及其专用生产设备的研制开发为例，在实验室研发阶段前期物性、工艺参数探索的成果上，建设小试线，探索设备、工艺的匹配性及产品的稳定性，逐步确定玻璃粉末法制备空心玻璃微珠的工艺路径，建设中试线，固化关键设备选型、工艺参数设计及质量控制方案，具备小批量的生产能力。同时，根据中试过程出现的问题，持续进行过程的模拟、仿真及实践研究，指导中试过程的开展。不断进行工艺参数改进，陆续研制出国家“863”项目三种型号的高性能空心玻璃微珠产品，经过测试全面完成各项指标，通过国家验收。

2. 中试与产业化的协同

技术产品批量生产前，工程公司与产业公司紧密结合，将中试环节的关键科技人员与产业化过程中的核心技术人员组成项目团队，根据市场需求进行成果改进，降低科技成果转化面临的市场不确定性。

蚌埠院建设国内第一条完全具有自主知识产权的超薄高铝盖板玻璃生产线，由于高铝盖板玻璃原材料难熔化、难澄清、高黏度、难成形的特殊性，加之生产工艺长期被国外封锁垄断和知识产权壁垒，无任何值得借鉴的经验可循，为产品的技术攻关研究带来了极大的困难。为解决各工序的重大质量和工艺技术问题，蚌埠院国家重点实验室功能玻璃所研发团队、工程公司核心工程设计人员与高铝公司技术团队联合成立了技术攻关小组，对料方调整、熔化、成形、退火、切裁、装载、包装等各个工序环节的数十个工艺与设备难题进行技术攻关研究，经历了无数次的调整、摸索、尝试和努力，不断降低能耗、提升品质、稳定运行，最终实现了平整度、厚薄差、表面缺陷等好转，为超薄高铝盖板玻璃的成功下线奠定了坚实的基础。2018 年 4 月 3 日，项目产业化公司中建材（蚌埠）光电材料有限公司成功下线超薄高铝盖板玻璃。高铝盖板玻璃的成功量产将实现高端盖板玻璃的国产化，增强产品国际市场话语权，对完善我国光电显示产业链、促进我国光电显示产业健康发展有积极作用。

3. 研发与产业化的协同

蚌埠院以产业化需求为目标，所有研发的技术、工艺、装备和系统，都需要在产业化过程中进行验证，在产业化过程中出现的问题，又会反馈到研发部门去，进行技术改进和更新。反过来，产业化过程中精细化的管理和技术、装备的创新，进一步促进技术的迭代提升，又为科研提供了实践的基地。以开发的 0. 12mm 超薄电子信息显示玻璃生产线为例，研究开发初期设计目标厚度为 0. 33mm，通过技术攻关实现了设计厚度玻璃基板的成功量产，但是由于柔性显示技术的蓬勃发展以及玻璃在线切割、堆垛和包装中出现了玻璃易碎难题。问题反馈到研发部门后，通过反复试验，对装备和系统进行改进，再试验，再研发，如此反复，形成了良性循环，实现技术的迭代提升，先后突破 0. 3mm、0. 25mm、0. 2mm、0. 15mm，并最终创造了 0. 12mm 超薄浮法电子玻璃工业化稳定量产的世界纪录。

（三）“带土移植”架设连接科研与产业的桥梁

1. 首席科学家指导产业化项目技术运营

蚌埠院在研发中实施首席科学家制。由中国工程院院士、国家海外高层次技术人才担任项目首席科学家，带领研发团队开展共性技术、关键技术应用基础研究以及核心装备、生产控制系统等成套装备的研究开发，并且参与成果转化的各个环节。

首席科学家徐根保博士，不仅在国家重点实验室带领团队承担数个科研课题，后任铜铟镓硒产业化公司凯盛光伏材料有限公司总经理，2017 年带领团队成功生产出我国首片铜铟镓硒薄膜太阳能电池模组；首席科学家潘锦功博士，任职碲化镉产业化公司成都中建材光电材料有限公司总经理，带领团队于

2017年成功生产出世界首块大面积碲化镉薄膜太阳能发电玻璃；首席科学家夏申江博士带领团队2017年成功研制出CIGS薄膜太阳能电池背电极玻璃，并出口德、日等国，创造了我国同类产品首批出口德国的纪录。安徽中创电子信息材料有限公司引进了曾就职于世界500强Hanwha Chemical Co.，Ltd.的Jin Soo，Baik，主要负责水热法合成钛酸钡粉体的研发，解决了产品分散性差、Ba/Ti摩尔比偏高等问题，开发出具有世界先进水平的钛酸钡粉体。

同时，蚌埠院指派技术专家指导后续环节的技术运营，一边培养下游企业的工程师掌握核心技术，一边带领一线员工制定工艺流程，形成大规模制造能力。进入下一环节的科研人员，身份可以继续保留在原单位，这为科技人员从事成果转化解决了后顾之忧。

2. 核心技术骨干进入项目公司董事会

蚌埠院以项目公司的形式对科技成果转化进行产业化运作，项目的建设由注册成立的独立经营、自负盈亏的经营实体负责。项目公司采用股份制合资经营，便于引进战略投资人。蚌埠院本部指派技术负责人，整体负责产业化项目的建设和运营。院本部和产业化公司之间实施扁平化管理，院领导和相关技术人员进入产业化公司的董事会兼职，实现对公司有效管控。派出核心技术骨干进入产业公司董事会，在制度上保证了研发团队的自主决策权。

空心玻璃微珠项目“115”团队人员9人，2016年团队持股的蚌埠飞扬企业运营管理有限公司与蚌埠院合资成立了凯盛基材。团队领军人才王芸任凯盛基材的董事兼总经理，团队核心成员任技术、销售、生产副总经理，在团队带领下成功开发国内唯一具有自主知识产权的玻璃粉末法制备空心玻璃微珠工业化生产核心技术及关键装备，制定发布我国首部空心玻璃微珠行业标准。

安徽中创创新团队人员4人，均为该行业的领军人物。成立伊始，秉承“以创新求发展”的理念。高效的新产品开发团队是一个将公司创新思想、理念、客户需求转换成产品的关键实现者，新产品的开发需要许多人在不同的工作领域内应用不同的技术协作共进，团队领军人才王永和任安徽中创电子信息材料有限公司董事长，“115”创新团队的设立保证了团队成员的成功合作、目标一致、相互沟通、共同决策。

（四）“量体裁衣”实现成果转化各环节的股权激励

经过不断探索，蚌埠院推行“公司控股、战略投资者参股、技术骨干持股”的激励方案。研发、中试、产业化三个环节的核心科技人员，按一定比例的现金入股，从而提高各方参与成果转化的积极性，实现风险共担、收益共享。

1. 研发按劳分配、按知分配

蚌埠院建立以人才资本价值实现为导向的分配激励机制。在研发过程中不论资排队，不限职务，分配与实际挂钩。对成绩显著的管理人员和科技人员，由上级部门予以表彰奖励，对有突出贡献的，给予重奖。同时鼓励研发技术人员申请专利，根据专利所产生的经济效益不同进行评奖，蚌埠院专利申请量逐年递增，对既有核心技术和未来待发展方向的知识产权形成有效的保护体系。

2. 中试项目经理负责制

研发项目中试实行项目经理负责制，充分调动研发技术人员的工作积极性，高质量、高效率、高经济性地完成研发工作任务。在项目开发规定期限内能完成或提前完成全部开发要求或取得突破性、阶段性进展，给予项目团队和个人一定的奖励。

3. 产业化股权激励

蚌埠院建立科技成果转化收益分配和激励机制。以技术转让或者许可方式转化科技成果的，从技术转让或者许可所取得的净收入中提取不低于30%的比例用于奖励；采用股份形式实施技术成果转化的，技术成果作价出资设立公司或者开展股权投资时，可以从该科技成果入股时作价所得股份中提取30%

用于奖励。

一是科研成果产业化中的研发团队持股。空心玻璃微珠科研项目中推行股权激励计划，项目团队9名核心科研人员（骨干）实现全部持股。凯盛基材已建成国内首条年产5000吨玻璃粉法高性能空心玻璃微珠生产线，并于2016年成功实现超轻高强空心玻璃微珠的工业化量产，拥有数十种达国际一流水平的核心产品，相关产品成功应用于4500米级深海潜水器“海马号”，航天发动机、返回舱烧蚀材料，5G高频通讯覆铜板等领域，实现了深海探测固体浮力材料、航天烧蚀材料、高频高速电子通讯低介电材料的关键原材料国产化，突破了超轻高强空心玻璃微珠在国内高端领域应用的“卡脖子”环节，推动了相关产业上下游的快速发展，彻底解决了超轻高强空心玻璃微珠完全依赖进口的国家级难题。2021年“超轻高强空心玻璃微珠制备技术及产业化”成果被授予安徽省科技进步一等奖。

二是联合重组中的核心团队持股。中国建材集团大力发展新能源产业，为在太阳能光伏终端领域完成产业布局，抢占光伏市场，2010年，入股安徽天柱绿色能源科技有限公司（以下简称安徽天柱）。2011年10月蚌埠院增资，增资入股后蚌埠院持股72%，核心管理团队持股28%。2010年，蚌埠院入股之前，安徽天柱资产总额227万元、营业收入67万元，2011年入股当年资产总额、营业收入实现成倍增长，2016年产值突破亿元大关。安徽天柱依托蚌埠院资金、技术、管理优势，积极拓展光伏电站产业国内外市场、加大新能源研发，混合所有制的十年实现了质的飞越。

三、科研院所基于产研融合的技术创新体系建设效果

（一）科技创新成果显著

截至2020年，蚌埠院累计获得国家科技进步二等奖3项，中国工业大奖1项，省部级科技进步奖50余项；累计授权专利1700余件，其中国际专利197件，发明专利282件；主持或参与制定标准共计47项，其中国家标准14项，行业标准24项，内容涉及新兴产业的多个领域。

蚌埠院开发的光伏玻璃“宽液流成形”工艺技术，良品率、能耗等技术指标均优于国外水平，成果获2011年国家科技进步二等奖；开发的新型玻璃熔窑技术，解决了生产高品质浮法玻璃微缺陷控制的世界性难题，成果获2013年国家科技进步二等奖；成功开发出变量熔化、等梯度温降成形、空间立体网状退火等关键技术与成套装备，攻克并解决了微波纹和翘曲控制等诸多难题，成果获2016年国家科技进步二等奖和2018年中国工业大奖。蚌埠院通过多年来的集成创新，研发生产出中国首片8.5代TFT－LCD浮法玻璃基板、世界最薄0.12mm触控显示玻璃，通过集成吸收再转化，研发生产出世界最高光电转换率19.64%的300mm×300mm铜铟镓硒薄膜太阳能冠军模组、建成世界第一条1200mm×1600mm大面积碲化镉发电玻璃生产线，将中国玻璃成功缔造成为世界制造业的“中国名片”，助推中国玻璃产业在国际上由追赶型进入领跑型，得到习近平、李克强等党和国家领导人高度肯定。

（二）科技成果转化效果明显

蚌埠院聚焦三大主业，以研发创新为核心，以打造“拳头”产品为抓手，延伸信息显示材料、新能源材料、应用材料产业链，推动玻璃新材料产业稳健高质量发展。

在信息显示产业链方面，蚌埠院是国内唯一一家掌握超薄触控玻璃、高强盖板玻璃、TFT－LCD玻璃基板三大主流显示玻璃基板核心技术的企业，创造了国内外显示玻璃基板领域多项第一：研发并量产世界最薄的0.12mm超薄触控玻璃，作为玻璃行业的唯一展品，在新中国成立70周年大型成就展上展示，获国家科技进步二等奖、2018年中国工业大奖、全国制造业单项冠军，目前全球市场占有率近30%。在国内率先开发出30μm柔性玻璃，成为目前全球唯一一家能够实现原片+后加工全流程自主化开发30μm柔性玻璃的企业，技术水平达到国际领先。建成了国内首条4.5代TFT－LCD玻璃基板溢流下拉法生产线，国内市场占有率达到60%。主持承担的“十三五”国家重点专项8.5代TFT－LCD玻璃基板项目，实现我国高世代液晶玻璃基板零的突破，入选国资委“2019年十大创新工程”。

在新能源产业链方面，蚌埠院主要开展太阳能光伏和光热发电所需的光伏盖板玻璃、光热玻璃、高应变点玻璃、薄膜太阳能电池等新能源材料技术研发与产业化，已完成从石英原料—新能源玻璃—薄膜电池—下游应用的全产业链构建。

在应用新材料产业链方面，硅基资源大力开展技术创新与资源整合，承担了安徽省科技重大专项，建成国内首条 TFT－LCD 玻璃基板用高纯石英砂生产线，填补国内空白；开展硅基功能材料梯级加工关键技术研发，生产低铁石英砂、高纯超细球形硅微粉、电工电子级硅微粉等产品。依托蚌埠院技术的凯盛君恒成功生产中国首片高品质中性硼硅药用玻璃，是国内唯一采用国际先进“全氧燃烧”熔化技术和丹纳法成型工艺实现中性硼硅药用玻璃管量生产的企业，产品质量达国际一流水平，实现了我国中性硼硅药用玻璃产业的固链补链强链，2020 年 9 月荣获“中国国际工业博览会大奖”。

（三）企业效益大幅提升

通过科研院所融合的技术创新体系建设，蚌埠院走出了一条具有鲜明特色的转制科研院所发展道路，成为以技术和市场双引领的国家级领先型科研院所，实现了跨越式发展。2020 年蚌埠院总资产 146 亿元，营业收入 38 亿元，利润总额 1 亿元，总资产、主营业务收入和利润总额分别比改制之初的 2000 年增长 68 倍、66 倍和 757 倍，科技研发投入年度增长率超过 10%、科技成果转化率达到 60% 以上。

（成果创造人：彭　寿、李志铭、陶立纲、夏　宁、周　鸣、官　敏、谢浏莎、胡华波、王小飞）

装备制造企业助推高质量发展的多维创新体系建设

中车石家庄车辆有限公司

中车石家庄车辆有限公司（以下简称石家庄公司），是中国中车齐车集团的一级子公司，始建于1905年，历经一百多年的发展，现已成为集铁路货车、铁路特种车辆、轨道装备空调、城轨车辆、新能源汽车、环保新材料、冷链装备、工业装备数字化服务等制造、修理、服务于一体的现代大型国有企业。2020年，实现营业收入25.92亿元，现有员工3500余人，资产总额34亿元，拥有石家庄国祥运输设备有限公司、石家庄中车轨道交通装备有限公司、河北中车环保科技有限公司三家子公司。近年来，荣获了河北省创新型企业、河北省诚信企业、河北省两化融合示范企业、全国文明单位等称号，助推企业发展迈上新台阶。

一、装备制造企业助推高质量发展的多维创新体系建设背景

（一）主动适应国家推进创新驱动发展战略的新形势

在面对百年未有之大变局战略大背景下，十九届五中全会指出，我国的创新能力不适应高质量发展的要求，全面实施创新驱动发展战略，坚持创新在我国现代化建设全局中的核心地位，把科技自立自强作为国家发展的战略支撑，凸显了坚持创新驱动发展战略的重要性和迫切性。习近平总书记强调创新的重要战略意义，鼓励广大企业家勇于创新，做创新发展的探索者、组织者、引领者，努力把企业打造成为强大的创新主体。在视察中车时特别强调自主创新的重要意义。企业作为创新主体，必然要适应和跟进国家实施创新驱动发展战略的新形势、新举措、新要求。

（二）积极应对行业发展环境变化所带来的新变革

从铁路行业来看，中国国家铁路集团有限公司由原先的政府主管部门转变为企业，实施市场化的运行机制，在货车招投标规则、质量标准、价格与修程等方面的改变，为铁路车辆的制造与修理等上游企业增加了获利的难度。货车市场竞争本身就异常激烈，生产能力严重过剩，导致成本不断上升，利润逐年下降，这为严重依赖铁路市场生存的石家庄公司增添了经营压力；从中车集团来看，对子公司考核力度逐年加大，国有资本保值增值任务更加艰巨。在这种变革背景下，只有创新经营机制和发展模式，才能应对外部环境的变化，才能助推企业高质量发展。

（三）加快提升全员创新意识和创新能力的新要求

作为传统装备制造企业，由于产品结构单一，员工养成“工作基本靠熟练，管理基本靠经验，技术基本靠引进，市场基本靠分配”的思维定式，导致整体创新能力不足。一是缺乏顶层设计，创新体系不完善、不健全，系统化管理不足；二是创新制度内容不全面，缺乏技能类创新规定与激励办法，适用范围未涵盖子公司创新问题；三是缺乏创新动力保障与激励机制，未能与员工的晋升、晋级、专家评审、荣誉、绩效等完全挂钩，未能与单位组织绩效挂钩，未能与企业的贡献相联系。因此，现有的制度难以有效促进和助推高质量发展。

基于上述分析，2019年，石家庄公司立足传统装备制造业，构建全员、全方位的创新驱动体系，经过一年多的实施，取得显著成效。

二、装备制造企业助推高质量发展的多维创新体系建设主要做法

（一）确立创新驱动制度体系

石家庄公司在现有创新制度的基础上，从顶层设计出发，整合技术、管理、专利、标准化、精益等

具有创新性质的管理要素和制度资源，针对创新性质不同归纳为技术创新、管理创新、微创新等三个不同的层面，进而策划确立“1+6”创新驱动工作制度体系，即一个总办法和六个实施细则，形成企业创新驱动体系框架。

创新工作管理办法是创新工作的总纲，石家庄公司对技术创新、管理创新、微创新的工作制度进行规范，明确创新工作的类别和方法，规定创新工作的职责、原则、工作计划、成果申报和评审程序、奖励方式，以及对外部创新奖励实施管理，确立为《创新工作管理办法》。

（二）建立创新驱动体系的运行保障机制

1. 建立创新驱动组织领导机制

石家庄公司成立创新工作领导小组，负责构建创新驱动体系的组织领导、制度机制建设、成果审批发布、重大奖励事项等的审核批准。下设管理创新、技术创新（含专利、技术标准）、微创新（含提案改善）工作组。

设立创新驱动工作总归口管理部门，改变以往创新多头管理的弊端。规划运营部门作为创新工作的总归口管理部门，对创新工作领导小组负责，主要负责创新驱动体系的组织、协调、推进工作，负责制定创新工作办法，负责制定创新指标考核体系和考核规则，负责督促检查指导评价各单位的创新工作开展情况，负责管理创新体系的管理与建设；技术部门负责技术创新体系的管理与建设；生产制造部门负责微创新体系的管理与建设。

2. 建立创新驱动基础保障体系

为推进创新工作规范化、系统化，设计开发创新驱动管理程序。为做好管理创新、技术创新、微创新以及专利、技术标准、提案改善等程序化管理工作，设计开发创新项目管理程序，从立项、申报到评审和审定等一整套创新工作流程软件系统，奠定深入推进创新工作的基础。2020年技术创新、管理创新、微创新申报与评审都是通过软件系统完成，促进成果基础管理更加规范、扎实、公平、高效。

按照“1+6”创新驱动体系不同的类别，建立技术、管理、微创新三类专家库，评审内容及范围涵盖管理创新、技术创新、微创新、技术标准、专利、提案改善、QC小组评审、群众性经济技术活动评审、五小创新、青年创新项目等等，制定评审专家选拔及管理制度，专家库采取人力资源部门与专业系统管理部门相结合的“双管理”机制。

加强基层单位创新基础保障建设，组织抽查各单位、子公司创新体系建设情况，是否成立创新工作领导小组，是否设专人负责创新工作，是否建立创新工作责任制度和运行机制，是否制定创新工作的计划、具体项目和措施，创新项目完成的时间节点等等，促进基层单位创新工作的规范性、实效性。

3. 建立创新驱动指标保障机制

为促进创新工作制度化、常态化和绩效建设，制定并下发《关于下发创新工作考核指标（试行）的通知》（石车运营〔2020〕68号），设置创新考核指标，对各单位、子公司创新工作开展情况进行考评。一是根据各单位在生产经营管理中承担的职责范围、人员数量和侧重点不同，划分经营管理层、生产实施层、技术工艺层、党群及其他职能管理层四个层次，按层次设置基本指标，创新指标分为微创新、管理创新、技术创新三类；二是根据各单位、子公司含有中车级、公司级专家数量，设置不同的增加指标，基本指标与增加指标之和即为该单位、子公司年度创新考核指标。同时还制定考核标准、考核流程、考核应用等规定，为推进创新工作的扎实有效开展奠定基础。

4. 建立创新驱动与精益生产双重保障机制

近年来，石家庄公司一直推进精益生产，并取得一定成效。为深入推进精益生产，改变精益项目流程，在策划创新体系过程中，将精益生产的项目立项、实施、申报、评价、推广等流程与创新项目流程同步进行，纳入自主创新工作体系。一是将精益生产重大推进项目分别归入技术创新和管理创新统筹管理与运作，改变精益生产与技术创新、管理创新多头存在的繁杂局面；二是通过设立微创新运作体系，着重解决重大项目与提案改善之间的制度断档问题，突出建立“上下够不着”的创新项目制度建设，以及与提案改善管理内容的区别；三是规范提案改善的运作方式、评价和奖励标准。

（三）加强技术创新体系建设，提高在企业高质量发展中的贡献率

1. 加强铁路特种货车车辆研发

石家庄公司一直坚持“特种 + 专用”铁路货车研发策略，铁路特种车辆研发制造也是企业重要经济增长点之一。近年来，研发载重 60 ~ 80 吨特种凹底平车，形成 40 ~ 80 吨的特种凹底车产品谱系，并实现批量生产能力。研制的具有完全自主知识产权的 D6 型凹底平车顺利通过设计定型评审，取得国家铁路局颁发的型号合格证和制造许可证，整车技术达到国际领先水平，获得授权多项核心专利，荣获中国中车科技二等奖；不断拓展海外特种铁路货车市场，深入研究铁路漏斗车上下部传动技术与底门开闭技术，获得多项技术突破，取得多项科技创新成果并实现产业化应用，形成多种标准系列产品。分别完成出口蒙古国 KZ75 – 1520 型石砟漏斗车、新加坡 KZ42 – 1435 型石砟漏斗车、泰国 KZ42 – 1000 型米轨石砟漏斗车、几内亚 GF48 – 1000 型米轨氧化铝粉漏斗车等 6 种漏斗车产品研发与批量生产，多项关键核心技术属于行业首创，获得 10 余项发明专利。

2. 加强蓄冷式智能冷链装备研发

为增加新的经济增长点，石家庄公司研发蓄冷式智能冷链装备系统，该系统采用国际先进的有机环保（可回收、寿命长）相变材料作为蓄冷载体，首次通过蓄冷装置将相变材料的潜热进行高能量密度储存和高效利用，以实现冷链装备内环境的精准控温，第一次将相变蓄冷技术与标准化、集装化冷链装备结合，并首次通过公铁联运运用试验，验证多式联运的适用性以及全程恒温恒湿不断链的保鲜品质。蓄冷式智能冷链装备亦库亦车，“北斗 + 5G”物联网技术的应用不仅实现冷链装备全程状态监控、全寿命周期信息记录等温控管理，并首次提出冷能量化的方法，实现冷能的柔性能量管理基础开发，自主研发智能算法、通信协议以及数据库，全面掌握“源代码”和核心数据，突破国外制冷设备品牌对信息源代码的垄断，保障冷链信息安全和国家安全。

3. 加强轨道装备空调技术研发

随着轨道装备空调竞争日趋激烈，加大技术创新投入，研发基于“国祥云”系统的智能空调，已实现远程数据采集并解析成用户可识别、理解的数据，以图形化方式展示给用户，用户通过系统可以随时查看空调的运行数据，并显示数据波动情况曲线图，进行大数据的对比。研发舒适控制智能化，通过温度控制、湿度控制、风速控制、空气污染物控制、对噪音的控制、对烟火的报警等手段，提高乘客的舒适度。具备运行监控和故障预警功能的“专家系统”，已经实现对压缩机、风机、电加热等设备远程监控功能，将运行数据传输到国祥服务器，后台专家系统对数据进行加工分析，通过阈值判断，将超出阈值范围的数据生成预警信息，推送到“国祥云”，提前对可能发生的故障进行预警，并提供维修建议，该系统已在呼和浩特一号线项目上联合调试上线运营。

4. 加强设备能源信息化开发

为实现节能降耗，提升能源信息化管理水平，自主研发智能化能源管理系统，具备产能设备能效管理、能源供应过程控制、用能设备在线监测、能耗成本分析管理、新型能源管控方式等功能，实现水、电、蒸汽、压缩气体、工业用燃气等能源消耗的集中监测、数据采集和远程控制。能源信息化开发不仅减少运行成本，而且用能指标明显改善。单车用电由 2015 年的 1740 度降至 2019 年的 1382 度，单车用天然气由 114 立方米降至 88 立方米，单车用水由 21 吨降至 16 吨。为扩大技术开发成果，设计开发同行业企业中车眉山车辆有限公司、沈阳机车车辆有限公司“神经元”式能源管控系统。

5. 加强铁路货车轮轴智能制造项目开发

货车轮轴智能制造项目建设取得重要成果。在工位制节拍化生产为核心的精益制造基础上，以基于数字化的轮轴生产线项目为载体，围绕质量、效率、成本，探索以数字化车间建设为代表的智能制造模式，启动轮轴智能制造项目，作为轮轴生产的智能支援系统，实现中国国家铁路集团有限公司履历信息下载并应用到工位，HMIS 系统与智能设备之间的数据信息双向传递、共享，信息的工位级传递和核对，故障的闭环处理和零故障交车，质量记录电子化、质量自控信息化和质量可追溯，以及不同系统、不同工位之间的数据传递和共享等功能，提高生产组织效率，为企业实施数字化转型探索经验。

6. 加强铁路货车工艺技术创新

为推进创新驱动体系建设，制订工艺创新三年提升计划，优化工艺流程，促进双层车检修能力提升。由于双层车检修市场需求增加，企业现有生产能力不能满足市场变化需要。通过工艺创新，查找解决瓶颈工序，提高 JSQ6 型车厂修生产能力；围绕 JSQ 系列车开展工艺创新专项活动，检修工艺进行优化，JSQ5 车单车成本降低近 3000 元，JSQ6 车单车成本降低近 8000 元。

（四）全面推进管理创新体系建设，增强企业创新发展驱动力

1. 突出运用价值链分析方法，建立价值链体系框架

运用价值链分析方法，分析企业的资源状态，识别价值链的关键环节，建立并利用“价值链”模型，对各项业务和流程进行梳理，把识别的流程和现有制度对应到价值链模型中，与各职能部门主管业务人员进行研讨、组织各单位领导进行评审并不断完善，最终确立 4 个一级价值链、30 个二级价值链、若干个三级价值链比较完善的“价值链体系框架”，为流程优化和组织机构优化打下基础。

2. 突出管理流程优化，提升管理效率和效益

通过构建价值链体系，形成覆盖经营管理各环节的全流程框架和流程目录。在集团管控与组织优化设计环节中，以整合精简职能单一部门、优化部门专业分工为核心思路，成立冷链事业部，整合集成规划运营部、市场部、生产制造部、综合保卫部、生产车间等职能，形成定岗定编方案。通过梳理优化流程，建立主要流程清单，固化 14 项流程要素，增加 4 个新流程，合并、消除 3 个不增值流程，在流程优化中划分价值链各项价值的归口、主责及执行的管理定位。通过流程优化，对部分组织机构及职责进行调整，进一步优化组织机构与职责，使流程更加顺畅、职责更加明确。

3. 突出管理方法创新，提升全面预算指标管控力度

突出抓好全面预算管理方法的创新。近年来，指标控制存在着弹性空间，在推进落实费用指标压降过程中人为因素较大。通过全面预算管理方法创新，改变费用指标压降的方法，推进“1+6”创新驱动平台建设。建立预算指标责任体系，加强预算执行的动态监控、分析、反馈和纠偏调整，以月保季、以季保年，努力实现预算指标均衡达成。在费用指标设置上，从系统管理角度出发，运用精细化管理思维，从业务的角度考虑费用压减，规范费用列支范围、强化预算归口管理、对重点费用实行零基预算管理。在 2019 年降低的基础上，2020 年全年比 2019 年降低 1358 万元，降幅 8%。

4. 突出经营机制创新，提升经营管理的效益效率

突出抓好“双效优先”经营管理机制的创新。2020 年，为调动起车间、部室积极性，改变原来采用薪酬考核与评价打分相结合的评价考核方式，下发《关于发布实施〈双效优先业绩评价考核办法〉的通知》（石车运营〔2020〕51 号），建立组织层级、管控维度网格化的运营指标体系，将各生产单位、分公司、子公司、职能部门的各项指标划分为经营绩效与发展、管理品质与效率、团队建设与创新等三大类，差异化设置指标类型、指标值及考核标准，“一个单位一套指标、一套个性化奖惩标准”，促进生产单位向生产经营责任主体转变、促进人浮于事向精干高效转变，促进服务作风和管理向高品质、高效率转变，促进薪酬分配从注重公平向注重贡献转变的最终目标。

(五) 全面推进微创新体系实施,挖掘"大众化"全员创新价值

1. 加强职能部门微创新工作的开展

技术研发部门研制米轨转向架,填补企业自主开发该类产品的空白,增加经济效益。2019 年,拟采购轨距为 1000 毫米、车轮直径为 φ750 毫米,且下心盘相对较低的新型米轨转向架。由于采购数量少,运费高,供应商不愿供货。技术部门经市场调研,最低采购价格为 18 万元/辆,自主研发、制造转向架为 165545 元/辆(包括原材料、人工等全部成本),节省成本 14455 元/辆。技术部门通过自主设计开发制造米轨转向架,已成功应用至几内亚两种车型中,共计节省成本 289100 元。

信息技术部门根据货车新造制动梁配件变为外部采购后,采取人工质量追溯方式耗时大、也容易出错的实际问题,运用数据共享及异步数据库联合查询等技术,利用质量追溯系统(QMIS)和铁路货车技术管理信息系统(HMIS)数据信息,在不增加系统操作录入的前提下,设计出包含制动梁单件质量追溯、合格证基础信息修改、合格证编号统计、制动梁批量追溯等功能的新造车制动梁质量追溯软件,实现制动梁配件单件及批量质量追溯,满足监造质量管理要求,实现省时省力降成本的目标。

2. 加强基层单位微创新工作的开展

新制车间充分发挥技能专家的专长,通过微创新降低消耗。喷枪长时间使用,受油漆压力、枪身油漆过多影响,以致喷枪内枪簧卡位,每把喷枪 6667 元,一个月更换一把,以旧换新造成极大的经济损失。通过实施微创新,自行修复喷枪十把,节约成本 6. 6 万元。

转向架车间通过开展微创新,设计制作装夹工装,利用制动梁闸瓦拖进行固定,无须新增固定装置。一是新工装投入使用后可取消安全链检修工序,节约人工成本;二是使制动梁检修工序更加顺畅,减少物料搬倒次数;三是节约物料成本,安全链不解体之后制动梁安全链链环螺栓可不报废,计算如下:螺栓单价 4. 97 元/个,螺母 0. 21 元/个,共 5. 18 元,单个制动梁节约 10. 36 元,每辆车节约 41. 44 元,共节约 38 万元左右。

钢结构车间从微创新变革入手,系统分析入厂车的基本情况,制定车型搭配方案,源头解决入厂车均衡问题:一是通过 60 吨敞车的预分解,平衡生产节拍,防止入厂破损车集中。二是对车体开工工序每日开工车型进行搭配:罐车数≤12 ~ 14;棚车数≤10;C70 数 >8;60 吨非地板车车数≥8;60 吨地板车数≤8。实施车型搭配微创新方案,基本解决入厂车均衡问题。

(六) 建立全员创新驱动激励和应用机制

一是应用于员工职务晋升、岗位晋级。比如在提拔中层干部、由副职晋升正职,以及一般技术、管理、技能人员上升到更高岗级时,在同等条件下,获得创新成果奖励且成果奖励高等级的人员优先晋升。

二是应用于人才成长发展通道。以创新驱动人才培养,又以人才的培养与发展来促进创新深入开展。2019 年 10 月,策划并下发《管理技术人才职业发展通道建设管理办法(试行)》(石车人〔2019〕122 号),规定各通道层级人才以创新为主体的评选标准、评选程序、责任待遇、培养考核等内容,全面规划人才晋升发展通道,下发实施《职业发展通道管理技术、管理专家人才管理办法》《技能操作职业发展通道建设管理办法(试行)》。

三是应用于先进集体、先进个人评比。创新指标完成得好、成效显著,被评为创新先进集体或者个人,同时其他单项先进集体的荣誉中,创新也占有一定的比例分值。同时创新成果还应用到工会群众性经济技术活动、团委青年技术能手、青年创新培养体系中,以及共享到 QC 小组项目的评审上。

四是基层单位建立鼓励开展创新工作激励机制。钢结构车间作为主要的生产单位,建立车间级创新管理工作体系,制定车间创新工作条例,详细规定开展创新工作内容及考核办法,车间所有班组均成立班组级创新小组,并承担一定数量的创新指标。用于班组内部课题攻关、提升技能、输出创新成果,最

终形成班组内部的创新文化，员工个人创新成果采用积分制，用于评优评先、技能人才申报、定岗定级、绩效评价、劳务工转招等方面的重要依据。

（七）营造全员创新文化氛围，增强全员创新意识和能力

石家庄公司通过创新驱动体系建设，推进战略、生产经营管理、企业文化、党务建设、廉政建设等一系列理念与方法、手段的创新，通过广播、报纸、杂志、微信、短视频等各种宣传媒介，塑造企业创新文化。在中车集团及所属《管理与实践》杂志社的支持下，以“自主创新”为主题，设计制作石家庄公司创新专栏，得到集团的认可。

为提高全员创新工作意识，激发全员创新热情，为提升全员创新知识与技能，分别举办不同层次、不同类别的创新培训班。组织中层以上管理人员管理创新理念及精益生产深化培训班，邀请中车主管企业管理创新和精益生产的专家授课，使所有受训者进一步掌握企业管理创新的理念与知识体系。举办三期150名管理骨干管理创新培训班；邀请专家学者进行一次技术创新方法（TRIZ）培训，110名技术人员参加培训。组织技术创新培训20场次，共计培训500余人次，进行课件开发20项，提升技术管理人员创新意识和能力。

三、装备制造企业助推高质量发展的多维创新体系建设效果

（一）构建了一套系统化的创新驱动体系

通过创新驱动体系建设，建立和完善了“1+6”创新驱动工作制度体系，形成了包括技术创新、管理创新、微创新等系统化与专业化相结合的创新驱动体系，实现了企业创新的“网络化与全覆盖”。

（二）增强了全员创新意识和能力，涌现出一大批创新成果

通过创新驱动体系建设，增强了全员创新思维和意识，使企业上下达成了共识，全员创新的主动性、积极性和创造性显著增强，涌现出一大批创新成果。2020年，技术创新项目同比增加了42.86%；专利项目同比增加了31.25%；管理创新项目同比增加了61.11%，均涵盖了三个子公司；微创新共评出94件。专利和技术标准建设方面，冷链装备项目申请专利27项，其中授权10项，参与行业标准编写3项，其中交通运输行业标准 JT/T 1288－2020《冷藏集装箱多式联运技术要求》已颁布实施，还参与了《移动冷库通用技术与管理要求》和《产地预冷库操作技术规程》行业标准的编制工作。

技术创新《铁路漏斗车研制与关键技术研究及应用》项目获得河北省科学技术进步三等奖，《漏斗车卸砟门开度限位控制的关键技术研究与应用》获得中车科技三等奖；管理创新《基于城轨装备业务战略协同发展机制的构建与实施》《基于资源优化配置的精细化全面预算管理方法》两项成果获得河北省企业管理现代化创新成果一等奖。

（三）助推了企业经济效益增加和实现高质量发展

通过创新驱动体系建设，即使在新冠疫情和货车新造减少等双重影响下，企业全年实现营业收入接近25.92亿元，完成了齐车集团下达的考核指标。通过实施管理创新，全年降低可控管理费用1500余万元；通过实施技术创新，新产品贡献率达到了30%以上；微创新累计实现效益约630万元。创新驱动体系建设，激发了企业活力，助推了企业实现高质量发展。

（成果创造人：王　华、张建武、孙瑞林、尹立涛、姚　勇、白　华、温学春、许秀峰）

油田企业以科技成果高效应用为目标的重大科技项目实施管理

中海石油（中国）有限公司天津分公司

中海石油（中国）有限公司天津分公司（以下简称渤海油田）主要负责渤海油田油气勘探、开发和生产管理业务，是中国海上最大的油气生产企业，为保障国家能源安全提供重要支撑力量，同时也为保障环渤海地区天然气供应发挥重要作用。截至2020年年底，公司现有6个下属作业公司，50个在生产油气田，172座平台设施，4艘FPSO（大型浮式储卸油装置），6个陆地终端，海管256条共2363千米，已建成环渤海三省一市，是集勘探开发、工程建设、生产运行于一体的综合性油气生产基地。渤海油田2010年上产3000万吨油当量，成为中国第二大原油生产基地。2020年，公司实现油气当量3124万吨，实现税前利润254.73亿元，完成工业总产值587亿元，实缴各项税费137.87亿元。

一、油田企业以科技成果高效应用为目标的重大科技项目实施管理背景

（一）提升勘探开发力度、保障国家能源安全的迫切需要

能源是经济社会发展的动力之源。我国是油气进口第一大国，近年来我国油气对外依存度不断攀升，2020年石油对外依存度攀升至73%，天然气对外依存度攀升至43%，能源安全形势严峻。中国海油贯彻落实“四个革命、一个合作”的能源安全新战略，研究制订“七年行动计划”，专门成立“加大国内勘探开发专责领导小组”，大力推进油田增储上产，其中渤海油田油气当量2025年将上产4000万吨。为此，渤海油田设立了油田稳产上产重大科技专项，开展科技攻关，重点解决增储上产关键技术瓶颈。渤海专项作为“七年行动计划”实施方案重要组成部分，是“七年行动计划”顺利推进和公司高质量发展的坚实保障。

（二）践行中国海油发展战略的内在需求

中国海油提出了创新驱动的发展战略，将科技创新放在了核心地位，为产业未来发展提供了根本遵循，明确了增储上产的重大地位以及科技支撑的实现途径。中国海油科技创新工作成绩斐然，但与国际一流能源公司相比，仍存在一定差距：一些关键领域、核心技术存在“卡脖子”风险；科研成果转化速度慢，新技术、新模式推广力度有待提升；以信息化、智能化推动技术变革和生产运行优化升级任重道远；科技领军人才、高层次创新人才和科技管理人才相对匮乏等。为落实渤海油田增储上产任务，迫切需要组织实施一场大规模、多层次、高水平的科技创新活动，通过有明确目标、有详细计划、有精准措施的科技攻关，全面提升核心竞争力，为公司高质量发展提供全方位科技支撑。

（三）突破渤海油田发展关键技术瓶颈的现实需求

渤海油田开发面临着三大主要矛盾，即老油田稳产与剩余经济可采储量挖潜的矛盾、新油田开发与用海制约的矛盾、“低边稠”储量与经济有效开发的矛盾，迫切需要围绕科技前沿和增储上产技术瓶颈，加大科技攻关力度，及时转化推广应用。因此，渤海油田提出了“稳定老油田、加快新油田、突破低边稠”为攻关方向的稳产上产科技重大专项，其实施成效直接影响着能否在老油田稳产、新油田开发、低边稠油气储量有效动用三方面取得关键性突破，为渤海油田高质量发展提供强有力的科技支撑。

自2018年开始，渤海油田为了保障国家能源安全、践行公司发展战略、解决油田开发主要矛盾，以“科技支撑渤海油田稳产上产”为目标导向，正式启动了渤海专项科技攻关工作。

二、油田企业以科技成果高效应用为目标的重大科技项目实施管理主要做法

（一）整体统筹，集合行业智慧，做好顶层规划设计

1. 制定工作思路，明确科技专项对稳产上产的支撑作用

渤海专项是中国海油首个为解决油田稳产上产中各项技术难题而设立的科技工程，是涉及内容多、范围广、综合性强的系统工程。需要清楚地认识渤海油田开发现状、开发规律和各项挑战，更要从全局出发统筹各类资源，对项目各个层次、各个要素进行统一调配。渤海专项成功的关键是要从战略高度做好顶层设计，整体谋划，系统设计，给予配套政策支持，实现资源配置效率最大化。集团公司领导明确提出渤海专项为一把手工程，由分公司总经理任项目长，总体负责并组织实施，立足系统思维，有效融合行业和公司内外科研力量、管理资源，以渤海油田稳产上产为目标导向，通过深入剖析“稳定老油田、加快新油田、突破低边稠”的技术瓶颈，设置技术攻关课题，高效推进科技成果的研发、试验和推广应用，有效支撑渤海油田的高质量发展。

2. 强化顶层设计，“四结合”绘制渤海油田发展总蓝图

遵循目标一体化原则，采用“技术研究、矿场试验、专家评估、示范及推广应用”一体化融合模式，以“四结合”为手段，精准绘制渤海专项总蓝图。一是结合渤海油田勘探开发特点，以问题为导向，深入分析渤海油田勘探开发规律、潜力以及主要技术瓶颈；二是结合众家之长，先后5次邀请业内知名院士、各级专家学者充分研讨，为渤海油田稳产上产高质量发展精准把脉；三是结合国际一流石油公司成功开发经验及管理经验，深入调研、对标研究设计总蓝图；四是结合中国海油所属单位正在开展与渤海油田有关的国家重大科技专项和有限科研项目，整合资源、化零为整、统筹考虑课题设置。明确“稳定老油田、加快新油田、突破低边稠”稳产上产总方针、项目攻关目标和课题设置，确立“通过地质油藏、采油工艺、钻完井、海洋工程等多专业综合技术集成攻关和矿场试验，完善两项理论、创新形成八项关键技术系列，突破制约渤海油田稳产上产技术瓶颈”工作目标，历经一年编制完成顶层设计方案。

渤海专项预算加大矿场试验费用比例，矿场试验预算近80%，为稳产上产任务与科技攻关融合推进奠定坚实的基础。规范和统一渤海专项经费管控，天津分公司协调北京研究中心，依托现有WBS架构，核算共分5个大类，16个明细类，将渤海专项费用统一上转，统一管理。

3. 产量与科技规划一体化，将总蓝图转化为路线图

在总蓝图基础上，以课题为单位，要求各课题组均制定实施详细路线图。各课题以增储上产为目标，明确工作任务，制定技术发展目标、关键路径及经济技术指标。技术发展目标强化多专业集成攻关，共同促进技术研究和发展。关键路径是围绕渤海油田中长期发展规划为目标，制订阶段性实施计划，要求有明确时间节点，确定可操作可实现的具体步骤。技术经济指标量化成果工业化试验、产业化推广的应用指标，明确技术成果产业化支撑和应用目标，如“渤海油田强化水驱及增产挖潜技术”，提出绥中36－1、秦皇岛32－6、渤中28－2南等目标油田递减率要降低3个百分点，油田开发水平达到I类水平。技术发展目标、关键路径以及关键经济技术指标系统地描述“技术—中间试验—工业化试验—产业化推广”发展过程，将规划目标落地，将任务层层分解，为下步工作指明方向。

（二）组织要素融合，结构化管理，有效整合管理和研究力量

1. 建立健全组织机构，为科技攻关和成果转化提供组织保障

渤海专项涉及内容多、单位多、人员多、范围广，为有效整合各方力量，推动科技攻关和加速成果转化，中国海油统筹整合资源，将各条科研战线的力量集中部署，建立健全组织机构，形成了跨单位管理的渤海专项“三层级”管理组织机构。中海石油（中国）有限公司成立重大专项领导小组，负责审定总体技术方案及预算，协调解决重大问题，督促落实重大事项，统筹推进各项工作。下设领导小组办

公室，负责组织集团公司层面计划预算、成果审查及进展汇报。由天津分公司牵头成立渤海专项协调小组，建立一支稳定的专职队伍，专项负责该项工作，负责项目研究成果审定并推进项目的成果转化，协调解决重大问题和事项。下设协调小组办公室，负责组织方案编制，制定管理制度，项目运行跟踪汇报。渤海石油研究院牵头成立研究与实施小组，联合相关研究单位、作业公司和两个中心，负责项目方案设计、关键技术攻关和研究成果转化。课题组人员不仅包括技术攻关与研究人员，还包括油田作业公司和海油系统内专业公司人员。课题长将各项工作层层分解，落实子课题级别负责人、关键技术与考核分解指标。管理上，采用项目长、课题长、子课题长三级管理架构，明晰责权，逐级分解责任，确保信息传递快，工作执行力强，高效解决专项中遇到的问题，提高运行效率。通过健全的组织机构，确保渤海专项运行过程中“事事早谋划、件件有落实”。

2. 实施项目长负责制，联合作业公司推进科技成果转化

渤海专项实行跨单位、跨部门、跨专业的项目化管理模式，建立项目长负责制，加强组织管理，落实主体责任。由天津分公司总经理担任项目长，协调各课题长完成。各课题长由天津分公司和北京研究中心两个单位的技术负责人担任，全面负责课题的计划、进度、经费、质量控制等工作，全权负责推动课题运作。坚持“工作项目化、项目责任化、责任具体化”，将各项工作任务分解成具体目标，使每项工作、每个环节都有明确的责任主体，做到事事有人管、人人有责任。项目化管理具有明确目标、预算和进度要求，按项目专业化技术、方法和任务进行分类管理，层层分解责任，确保项目完成质量及进度。

（三）业务融合，一体化推进科技研发、试验和应用推广

1. 科研和勘探开发协同，支撑渤海油田“七年行动计划”

首次创建以增储上产为目标的勘探开发和科研一体化协同机制，即按照课题工作计划形成了科技专项支持下的规划目标。每年初课题承担单位对课题支撑的储量及产量进行预测，将每项科研技术对应解决支持的储量、产量目标进行量化，每季度对课题承担的储量、产量完成情况进行跟踪。项目从稳定老油田、加快新油田和突破低边稠三个方向进行攻关，支撑渤海油田增储上产。老油田以控制递减率、提高采收率为目标，持续在水驱、化学驱方面深化增产挖潜技术；新油田以推动发现储量和加快有效开发为导向，攻关中深层复杂油气藏开发、水下生产系统国产化和新领域勘探技术；低边稠储量开发方面，持续探索稠油热采、低渗油藏注气开发和边际油田开发配套技术，争取突破关键核心技术。

2. 技术攻关与安全生产一体化，确保攻关技术安全应用

始终将试验安全放在首位，严控试验风险，同时充分利用海上宝贵而有限的试验资源，坚持“先陆地后海上”原则，针对热采一体化管柱、高温安全控制、热采长效防砂、国产化水下生产系统等攻关难度大、意义突出的重大成果先在陆地试验成功后，通过进一步优化和完善再进行海上试验，确保技术成果安全投用，如国产化水下生产系统设备需要经过工厂测试、扩展测试、极限测试、陆地集成测试、海上试验等一系列测试试验以保障技术的安全可靠。

（四）明晰责权，实施节点把控，实现流程化规范化管理

考虑到渤海专项与其他科技项目的不同之处，为保障渤海专项的高效实施，针对渤海专项项目特点，单独创建项目实施管理办法、跟踪管理办法、奖励激励制度以及研究与实施工作小组管理细则等多项管理制度。各项管理制度经过两年的实践检验和磨合，经过多次反复修改和完善，逐步实现项目流程化、模板化和规范化，使管理更先进、更科学。

渤海专项以项目组形式运行，打破常规部门及单位之间的界线，以天津分公司渤海石油研究院和北京研究中心为科研的责任主体，负责相关科研课题正常推进和科研成果的产出；天津分公司各作业公司主要负责科研成果矿场实验和推广应用。通过建立不同层次的保障制度，厘清了工作职责，规范工作流

程，建立从立项、预算、实施、变更、经费、验收、中试、矿场试验与推广应用全流程管理体系，确保项目合法合规运行，促使项目管理监督到位。

同时，建立工作例会制、工作月报制实行关键节点把控。中海石油（中国）有限公司领导小组至少每季度听取一次工作进展情况，渤海专项协调小组由项目长定期召开例会，协调解决项目中存在的问题，对重点工作实行特事特办、急事急办、限时办结制度。协调小组办公室每个月至少召开一次工作例会，厘清项目中存在的问题和关键节点。建立月报制度，协调小组办公室每月将月报上报有限公司领导小组及协调小组，并报送各课题长及研究与实施小组，促进各课题按月完成既定目标。工作月报制度有利于领导小组、协调小组及时了解各课题工作进展情况，适时有效督促，有利于各课题之间工作横向交流，形成良好的竞争氛围，持续推动重大科技专项的研究进度和质量提升。

（五）严格考核激励，推动全员参与，激发科技创新积极性

1. 技术攻关和成果转化并重，目标严考核，奖励硬兑现

为有效推进科技成果转化应用，切实为油田稳产上产提供科技支撑，落实技术研究、矿场试验与应用主体责任，明确将课题考核指标、计划试验任务纳入年度考核。在课题考核指标中，支撑储量、产量指标完成的贡献占比30%，有效推进应用型技术攻关和成果转化。同时，建立责任目标明确到人、任务目标明确到井的“严考核”责任制，推动各个油田作业公司积极试验、推广应用科技成果。每年进行专项执行情况阶段检查和成果总结，由集团公司领导和专家组成专家组，严格按照考核指标进行评估，对于检查评分低于90分的课题，要求课题组严肃对待，查找问题，抓紧整改，再次组织检查考评。关于项目成员的绩效考核，打破过去仅由直属领导考核的惯例，按照项目长负责制的管理模式建立考核评价制度，由各个课题长与副课题长组成专家团队，给每个成员打分，并将日常考核与年终考核紧密结合起来，作为项目年终工作绩效综合评价的主要依据。

激励方面，除了公司已有的总经理即时奖、产量贡献奖和储量发现奖向渤海专项核心科技研发人员倾斜外，该重大科技项目为首个获得董事长签批的重大科技专项激励，重点奖励取得重要技术突破、应用效果好、产量贡献大的科技成果和科研人员。奖励范围不仅涉及科技攻关的技术人员，还包括各个作业公司积极试验、推广应用科技创新成果的单位和个人。

2. 打造全员参与的创新生态，助力科技攻关和成果应用

科研与竞赛相结合，开展劳动技能竞赛，打造重大科技专项全员参与的新生态。集团公司、天津分公司、北京研究中心以及中海油服、海油发展、海油工程等各层级开展形式多样的劳动技能竞赛活动，激发广大员工竞技、创新的热情，为稳产上产凝聚磅礴动力。鼓励各单位推行即时奖励机制、完善奖惩机制；最终融合成为一个横跨津京两地，涵盖5家内部公司的重点项目作为科技领域的竞赛单元，打造重大科技专项全员竞赛的新生态。其中，天津分公司总经理即时奖励创新创效项目21项，覆盖16个单位和部门，获奖人数达50人以上。通过“渤海油田劳动和技能竞赛”“青年创新创效论坛”等系列活动，建立了全新的创新文化宣传阵地，将文化建设融入科研攻关、生产经营全过程。

（六）动态优化，实时调整项目计划，支撑油田稳产上产

1. 坚持目标和问题导向，动态调整项目内容和攻关课题

渤海专项成立以来，紧紧围绕渤海油田发展规划，聚焦增储上产的目标任务，目标导向和问题导向相结合，实时进行运行课题和计划内容的调整。2018年3月，“渤海油田3000万吨持续稳产”重大科技专项正式启动，董事长要求立足现有资源，稳定老油田，加快新油田，突破“低边稠”，聚焦关键技术，攻克开发瓶颈，以技术创新带动全面创新，以管理创新提升经济效益，助力渤海油田实现3000万吨持续稳产。2019年，中国海油部署“七年行动计划”方案，渤海油田在稳产3000万吨初始目标基础上，全力上产4000万吨。根据新目标，2019年12月专项更名为“渤海油田稳产3000万吨，上产4000

万吨关键技术研究”，要求加快水下生产系统国产化研究与应用，增加勘探攻关内容。同时，针对渤海油田勘探开发和专项运行过程中遇到的新问题，实时调整研究内容及目标，将对增储上产有重要意义的研究内容调整到重大专项中统筹管理。课题层面，如渤海环境受限储量有效开发迫在眉睫，及时新增课题“渤海油气田水下生产系统国产化研究与示范”，协调小组组织数次协调会，明确组织机构、顶层设计、课题设置、研究内容和目标，加快推进水下生产系统研究进程。子课题层面，如面对蓬莱19－3油田递减增大和部分油田低阻油层识别开发难等新问题，及时增加了相应子课题进行攻关。

2. 建立实时跟踪反馈机制，确保项目稳步实施

统筹考虑渤海油田中长期工作重点，分层次、分类别制订年度工作计划，确保资源最大化利用，确定强化水驱及增产挖潜技术、化学驱提高采收率技术、稠油规模化热采有效开发技术等课题重点开展新技术、新工艺矿场试验，辅以新技术攻关，“十四五”具备工业推广基础；渤海中深层复杂油气藏高效开发技术、渤海低渗油藏注气提高采收率技术、渤海边际油田高效开发配套技术等课题重点开展新技术的研发与试验，以储备技术为主，“十四五”具备矿场试验基础。对于需要进行技术攻关课题，确立立项开题、中期交流、阶段检查、年度验收等关键节点；对于需要开展矿场试验课题，明确目标油田、试验井次、试验时间、试验内容等关键节点。

建立渤海专项跟踪反馈机制，督导各课题工作计划落实，并根据矿场试验实施情况进行优化调整。制定跟踪管理办法，明确重点项目及关键时间节点，确立跟踪反馈机制的工作流程及工作职责，由各课题长牵头编制年度工作计划，分公司协调小组办公室组织对年度工作计划审查，研究与实施工作组根据矿场试验结果进行评估，实行月报、重大事项（包括重大突破）随时报告和年度检查制度，按月跟踪反馈项目/课题进展、存在问题和下步建议，项目/课题取得重大突破或出现重要问题实时报告。办公室组织对需要调整项目进行专家审查并上报分公司协调小组，各课题组依据审查意见进一步优化方案及下步工作计划。跟踪反馈机制通过责任分解、定期督导、实时跟踪、优化调整，不但确保工作计划落实，而且及时根据矿场试验结果进行调整，做到研究到位，管理到位，实施到位，效果到位。

三、油田企业以科技成果高效应用为目标的重大科技项目实施管理效果

（一）实现原油大幅增产，经济效益可观，保障国家能源安全

渤海专项通过创新构建系统融合管理体系，统筹推进了技术研发、矿场试验和推广应用的高效融合，多项技术已在绥中36－1、秦皇岛32－6、渤中28－2南等目标油田进行了应用，各类技术措施增油410万吨，累计实现经济效益超过61亿元，创造了巨大的经济价值。渤海专项的有效实施及形成的系列创新思路、技术，极大支撑了渤海油田的稳产上产。2020年中国海油国内原油同比增产240万吨，占全国原油产量增幅的80%以上，其中渤海油田原油产量同比增产高达132万吨，约占国内原油总增产量的45%，助力渤海油田“十三五”发展圆满收官，充分发挥了技术攻关先锋队和油气上产主力军的作用。

（二）项目管理水平取得明显提升，科研成果优质高效转化

通过渤海专项管理体系的实施，取得了以项目快速推进、专业高度融合、成果高效转化的“一快两高”为主要特点的项目管理成效。通过完善重大科研项目管理流程、健全科技成果转化机制，完善考核激励机制，提升了项目管理水平，为公司培育科技创新氛围提供了有力保障。该管理体系实现了思想上“一条心”、行动上“一盘棋”，保障项目成果的快速研发、试验和推广应用。例如流场调控、有缆智能测调、中深层钻井提速提效等15项研究专题当年开题，当年攻关，当年试验，当年见效，及时推广。在2019、2020年度集团公司重大专项执行情况检查及成果总结评比中，渤海专项连续两年获得第一名，各项成果得到了公司各级领导专家的高度认可。

通过实践探索，建立集技术研究、矿场试验、系统评估、示范推广于一体的高效成果转化机制，实

现各环节高效联动、互相促进，各项成果快速转化，20 项关键技术已投入矿场试验并取得显著成效。例如在稳定老油田方面，海上陆相沉积油藏双高阶段油藏精细描述及高效挖潜技术有效指导 3 个目标油田流场调控及调整挖潜的实施，自然递减率平均降低 3.0%，含水上升率平均降低 0.6%，开发水平达到企标 I 类水平，被评为“注水标杆油田”。在加快新油田方面，渤海中深层复杂油气藏精细描述及高效开发技术体系指导垦利 10－1 油田、旅大 16－3 油田完成 43 口开发井高效实施；中深层油气藏钻井提效关键技术应用使得探井建井周期由 105 天下降至 71 天，提效超 32%，开发井钻井周期 40 天，提效 37%。在突破低边稠方面，稠油热采关键技术研究成果已应用于海上首个蒸汽驱项目——南堡 35－2 油田中，采收率提高 14.4%；注采一体化工艺在旅大 27－2 油田开展现场试验，并应用于旅大 5－2 北油田开发设计中，单井热采操作费降低 30% 以上。大位移钻完井技术使得延伸极限提升超 20%、钻速提高 28%、建井周期缩短 30%。

（三）渤海油田技术体系完善升级，科技人才队伍持续增强

渤海专项以油田稳产上产需求为导向，聚焦重大技术瓶颈问题，通过三年的技术攻关和矿场试验，20 项关键技术取得重大突破。完善了渤海陆相沉积砂岩油藏“双高”阶段高效水驱开发理论、海上砂岩油藏化学驱油理论 2 项理论，强化水驱及增产挖潜技术、化学驱提高采收率技术、中深层复杂油气藏高效开发技术、稠油热采规模化有效开发技术、低渗油田注气提高采收率技术、边际油田高效开发钻完井配套技术、水下生产系统国产化配套技术等七项关键技术系列取得突破性创新。其中攻关成果荣获国家级奖励 1 项、省部级奖励 13 项、分公司奖励 22 项，为渤海油田可持续发展提供了坚实的技术保障。在科技管理和技术研发水平提升的同时，培养了一支紧跟相关领域科技前沿、具有较强技术实力和创新活力的科技人才队伍。三年来，依托渤海专项已培养百余名技术骨干及专家，其中享受国务院特殊津贴专家 6 名，省部级/集团公司级专家及人才 45 名、所属单位专家及各类人才 47 名。同时，建立创新文化宣传阵地，将文化建设融入科研攻关和生产经营全过程，使“稳定老油田、加快新油田、突破低边稠”的稳产上产理念深植人心，充分激发了全体干部员工的创新热情，为渤海油田发展注入了强劲动力，引领了海洋石油工业的创新发展。

（成果创造人：徐可强、曹新建、赵春明、苏彦春、林　琳、李其正、
张　媛、秦　薇、李　功、刘英宪、吴立伟、陈国成）

以国产化为目标的首套百万千瓦级火电机组分散控制系统升级管理

华能（浙江）能源开发有限公司玉环分公司

华能（浙江）能源开发有限公司玉环分公司（原华能玉环电厂，以下简称华能玉环电厂）是我国首座投入商业运行的百万千瓦等级超超临界火力发电厂，是国家“863计划”中引进超超临界机组技术、逐步实现国产化的依托工程，是中国电力工业发展史上的里程碑。华能玉环电厂先后荣获“国家科技进步一等奖”“国家优质工程金质奖”“国家环境友好工程”“中华宝钢环境奖”新中国成立60周年‘百项经典暨精品工程’。2019年，作为全国唯一火电项目参展“伟大历程 辉煌成就——新中国成立70周年大型成就展”，并入选“新中国成立70周年百项经典工程”，成为华能履行央企政治责任和社会责任的靓丽名片。截至目前，累计发电超过3000亿千瓦时，上缴税费近90亿元，为浙江省经济社会发展提供了坚强的电力保障，为电网安全稳定运行发挥了重要作用。

一、以国产化为目标的首套百万千瓦级火电机组分散控制系统升级管理背景

（一）火电机组分散控制系统核心芯片和嵌入式操作系统严重依赖进口，存在安全隐患

火电机组分散控制系统（以下简称DCS）是以微处理器为基础，遵循控制功能分散、显示操作集中、兼顾分而自治和综合协调的设计原则，被喻为电厂的“大脑”，是保障电力设备安全稳定运行的“神经中枢”，控制着发电设备的正常运转。

国内火力发电行业所使用的DCS系统分为进口品牌和国产品牌。其中，进口品牌DCS系统主要有艾默生公司的OVATION、WDPF系统，ABB公司的SYMPHONE、AC800系统以及西门子公司T2000、T3000系统，此类系统在300MW、600MW、1000MW等级机组的占有率分别为45%～50%、80%、75%。国产品牌主要以和利时的HOLLiAS MACS、国电智深的EDPF－NT、科远的NT6000、上海新华的OptiMumC系统等为代表，主要应用于300MW及以下机组，占比约50%左右，600MW及以上机组占比仅有20%～25%。

近30年来，国产DCS控制系统已取得显著发展，但还未完全掌握从嵌入式操作系统到控制器和IO模件硬件芯片在内的全国产技术，包括内部CPU（中央处理器）、MCU、FPGA等核心芯片仍需进口，严重依赖国外厂商，而控制器嵌入式操作系统、上位机操作系统等多采用非开源的进口操作系统。国内外品牌DCS系统均基于美国微软操作系统开发。核心芯片和嵌入式操作系统严重依赖进口，在复杂的国际环境下，存在重大网络安全隐患和断供风险，严重威胁我国电力生产安全。

（二）服务国家战略，保障能源安全

根据有关研究显示，中国遭受来自境外的网络攻击正持续增加，受计算机恶意程序攻击的IP地址超过4200万个，约占我国IP总数的12.4%，特别是工业控制系统的网络资产持续遭受来自境外的扫描嗅探，日均超过2万次，目标涉及境内能源、制造、通信等重点行业的联网工业控制设备和系统，给我国网络空间安全带来巨大隐患。直接原因正是来自于对工业控制系统的网络攻击。

为加快我国工业控制系统信息安全保障体系建设，提升安全防护能力，促进工业信息安全产业发展，工信部于2017年底印发《工业控制系统信息安全行动计划（2018—2020）》，旨在加快培育一批技术水平高、业务规模大、竞争能力强的生产企业和安全服务商，支持龙头骨干企业突破核心技术，研发关键产品、提高服务能力、创新商业模式，联合工业企业开展优秀产品及解决方案示范，推动行业应用。为彻底摆脱发电领域大型工业控制系统对国外软硬件产品的依赖，中国华能集团举全集团之力，坚

定加快推进全国产 DCS 系统研发攻关工作。

（三）履行央企责任，体现华能担当

为贯彻落实党中央决策部署和习近平总书记关于深入开展电力网络风险管控研究的重要批示精神，中国华能集团提出，要始终坚持总体国家安全观，在打赢“电力战”中有担当、出实招，充分发挥中央企业“顶梁柱”的作用，针对电源侧工业控制系统重大安全隐患，设立重大科技专项，全面开展全国产工控系统研制工作，由西安热工院承担全国产安全智能型 DCS 开发与应用项目。2020 年 1 月，中国华能集团正式与南瑞继保、中国电子等国内多家骨干央企合作，联合攻克“卡脖子”核心技术难题。2020 年，华能玉环电厂 1 号机组被确定为百万机组全国产 DCS 示范应用机组。

二、以国产化为目标的首套百万千瓦级火电机组分散控制系统升级管理主要做法

（一）建立层级清晰、职责明确的组织体系，高效推进筹划准备

2019 年 3 月，中国华能集团成立电力基础设施网络安全领导小组，设立重大专项，全面开展全国产 DCS 系统研发攻关。2019 年 4 月至 12 月，中国华能集团多次召开会议研究部署相关工作，制定科技创新战略规划，依托西安热工院，发挥主导作用，强强联合、优势互补，与用户企业紧密协同，打通上下游产业链，以应用促研发、以研发保应用，形成了新时代举全集团之力、推动“产、学、研、用”多方技术力量融合的创新体制机制。

2020 年 1 月，中国华能集团联合南瑞继保、中国电子等单位开展合力攻关；6 月，开发出全国产睿渥 DCS 样机，随后确定在华能玉环电厂 1 号机组实施百万机组全国产 DCS 示范应用。中国华能集团立即组建以集团首席技师为骨干力量的专家团队，反复研究设计方案，及时沟通解决现场和测试环节遇到的疑难问题。浙江分公司成立 DCS 示范应用领导小组和工作小组，全面贯彻落实集团公司决策部署，强化内部组织领导，落实资源保障，做好重大问题协调。

华能玉环电厂主要负责人亲自挂帅，深度介入工程设计及实施方案研究，成立系统技术、施工管理、调试运行、综合协调 4 个专项小组。其中，系统技术小组负责技术管理工作，做好与参研单位的设计对接，制订技术方案，验收系统软硬件；施工管理小组负责施工管理工作，协调施工单位制订施工计划、合理安排施工工序，做好施工质量和进度管理；调试运行小组负责系统调试及各项试验的相关工作，配合制订调试计划，按计划协调开展各项试验；综合协调小组负责工期的调整以及与网调、省能监办等上级单位的协调沟通工作。各小组各司其职、有效衔接，保障了组织体系的高效运转。

（二）明确“四化”总体指导思想，确保高质量完成研发攻关任务

1. 组织管理现代化

树立思想统一、自上而下、汇集众力的系统观念，建立全系统、全过程、全员参与的管理思想。明确示范应用目标，通过制定、控制和评价管理目标以及建立实现目标所需的任务指标，将传统管理思维转变为追求卓越、精益的全过程管理，确保示范应用效果达到预期。

2. 技术管理一体化

技术管理是项目实施能否成功的关键，设计、施工、调试的基础工作对系统能否可靠运行具有重要影响，各环节的全过程管理以及操作人员同步参与监督讨论，敢于向厂家、设备单位提出意见和建议，独立思考、实事求是，确保系统投产后实现机组稳定可靠运行的本质安全。

3. 施工管理标准化

充分准备，深入思考，精准演练，找到最佳的施工工艺，运用标准化管理的科学方法，拓展施工管理体系覆盖的深度和广度，实现事前预控、事中可控、事后在控的全面施工模式，将复杂的、粗放的施工管理转化为精细化的标准管理，最终达到施工管理的“预控、可控、在控”。

4. 过程管理精智化

示范应用过程是华能建设“三色三强三优”世界一流现代化清洁能源企业和华能玉环电厂争当“六个新领先”主力军的生动实践。全体参建人员人人参与管理、个个参与创新，研发单位、施工单位、应用单位深度融合，创新大协同工作模式，优化不合理工艺流程，凝聚智慧和力量，在风险和收益、质量和成本、效率和控制、创新和稳健中寻求最优平衡，致力于打造华能自主创新、自力更生的样本，提供经验示范。

（三）深度参与研发测试，以用户侧需求促进设计优化

尽管国产化 DCS 系统在国内已有多年应用历史，但只有部分软件和硬件达到了国产化，而本次研发的难点是全国产化，即从中央处理器及 IO 卡键的核心芯片到基础的电子元器件，从操作系统、数据库到应用软件全部使用自主技术。

华能玉环电厂作为应用方，先后派出三批专业技术人员赴研发单位现场踏勘学习、研究样柜，实地调研应用情况。结合多年的系统维护经验，反复研究可能存在的薄弱环节，在已固化设计思路基础上，针对 CPU 温度、机柜布置、网络结构、MFT 设计、电源柜设计、屏蔽接地、机柜底座安装方法等方面提出创新优化意见建议 54 条。主动参与测试全过程，发现系统网络架构、机柜布置、电源设计等多项问题，协助源代码编写人员修改系统版本 12 次，堵塞系统漏洞 11 项。电厂测试人员提出的关键性问题，在后续应用过程中逐步得到细化完善，有力推动全国产 DCS 系统从实验室走向工程应用。

（四）科学分析研判，识别实施难点

华能玉环电厂四台百万千瓦机组采用机、炉、电、网、化、灰集中控制方式，机组 DCS 控制系统采用艾默生（EMERSON）过程控制有限公司的 OVATION 系统。DCS 系统按照功能分类主要包括 DAS、SCS、MCS、CCS、FSSS 等系统，已运行超过 15 年。本次利用 1 号机组 B + 级检修暨增容提效改造的时间窗口期，同步实施全国产 DCS 系统示范应用重大项目，时间紧、任务重，且尚无同类机组检修管理经验可以借鉴，给项目实施带来了艰巨挑战。

为组织管理好这次具有划时代意义的任务，华能玉环电厂多次召开专题会，分析研判所面临的诸多不利因素，总结出常规 DCS 改造存在的主要难题：一是合作单位多、准备时间较长，缺乏明确的阶段性目标，组织保障的时效性无法充分体现。二是 DCS 组态基本是在研发单位进行，一台百万机组 DCS 组态一般 6 个人预计需要三个月完成，用时较长。三是设计单位通常结合业主提供的基础数据编制图纸，如施工、调试过程中发现问题，再进行完善，现场存在一定量的返工，耗时费力。

在施工阶段，还要解决以下问题。

一是合理安排旧机柜的拆除和新机柜的安装流程。传统方式是将旧机柜连同盘柜一同拆除，再根据新机柜的盘柜尺寸进行开孔安装，做好相应的盘柜接地处理，并在盘柜和柜体之间做好绝缘，柜体的固定在盘柜安装后进行，而由于柜内空间狭小，严重影响施工进度。每一面机柜的安装至少需要经历拆盘柜、扩孔、安装盘柜、盘柜焊接、接地连接、做绝缘等步序，将花费极大的人力成本和时间成本。

二是避免穿线返工。在新机柜安装完毕后，将进行旧电缆在新机柜内的走线打把工作。由于机柜底部封堵拆除，传统接线工一般先根据电缆套管的编号进行机柜正反面电缆的分线，再通过在机柜底部固定一段仪表管的方式协助机柜线缆进线的固定绑扎。由于电缆绑扎采用单端固定的方式，容易导致底部电缆的交错，从而影响电缆绑扎的美观，而通过识别套管电缆编号的方式容易造成线缆错位，从而给后续拆把返线带来较大的工作量。

三是提高接线准确率。在系统改造工程中最重要的是保证改造后系统机柜接线准确。传统的施工方式是通过原有设计院图纸定义的电缆清册，以及新系统设计的电缆清册进行匹配，将打印有电缆编号的套管安装于线缆头部，接线工依据新电缆编号的线头进行接线。由于原系统部分线缆套管的缺失，以及

部分测点线缆存在移位和变更，使用传统的方式将造成缺失原套管的线缆难以溯源，无法规避因电缆编号识别错误引起的线缆错位，给后续拆把返线带来一定的返工工作量。

四是要优化封堵方式。常规施工流程是完成机柜内电缆线接线，待测试电缆对线无误后，清理柜内卫生，最后进行机柜防火封堵。常规方式下，为了柜内美观通常采用全方位封堵，这样不利于后续电缆变更或调整后的柜内电缆穿线，容易造成柜内封堵工作的返工以及材料的浪费。

（五）打破惯性思维，解决技术难题

专题组坚持问题导向和目标导向，摒弃惯性思维，打破路径依赖，通过管理理念的大胆创新，推动技术层面难题的有效解决，确保项目又快又好实施。

1. 现场组态，工作量细化到天

组态人员走出实验室进驻现场，与电厂专业人员面对面联合组态，遇到问题当面沟通，立刻解决，充分发挥研发单位组态经验丰富和电厂对自身设备熟悉的优势，极大程度地提高了组态效率，仅用13天就完成了常规方式下2～3个月的工作量。华能玉环电厂相关专业全员参与组态过程，主动承担组态任务，完成了约20%工作量。

在组态核查和系统测试阶段，电厂专业人员与研发单位技术人员点对点对接，测试与组态核查过程多头并进，仅用21天就完成系统通道测试、组态测试、系统性能测试、系统应用功能测试。同时，针对系统应用提出近百条优化建议。

2. 应用绝活，施工环节无缝对接

华能玉环电厂积极主导本次施工全过程，科学高效组织，在创新施工工艺上开动脑筋、狠下功夫，仅用8.5天就完成了全部机柜的安装、接线和上电工作。

一是提出“一目了然”线号标记法。线号管编号通常按照KKS编码及新接线端子进行编码，接线人员核对图纸打把接线，增加接线及错误溯源的工作量。为节省安装时间及确保接线正确性，本次施工保留原线号管，新号管含原接线端子+新接线端子编号，直接定位到接线端子，施工工艺一目了然。无须接线人员到厂消化技术资料，不同水平施工人员均能快速掌握，大大提高了接线准确率。目前，该方法已申请实用新型专利2项。

二是革新绝缘垫安装步序。以往是将机柜框架放置在地面与绝缘垫、机柜连接，因机柜重，安装过程需进行多次调整并破坏绝缘，在研发单位安装一个机柜需耗时近2个小时。为使分散绝缘垫与增加机柜框架快速连接，确保机柜绝缘能够一次测试通过，华能玉环电厂采用固定胶将绝缘垫直接固定在框架上，一个机柜仅用时3分钟即可完成安装固定。

三是采用“F1赛车换轮胎”方式安装机柜。借鉴“F1赛车换轮胎”方式进行机柜安装，3人负责吊装平台接卸、倒运，4人负责电子间机柜安装就位，4人负责机柜水平找正、屏体固定。提前组织对整套工序进行演练，单个机柜从起吊到就位仅用时6分钟，两天即完成全部73面机柜安装，绝缘测试一次通过。

3. 成立专项小组，促进新系统快速安全投运

为实现全国产DCS示范应用机组尽早并网、安全并网、稳定运行的目标，华能玉环电厂将1号机组运行人员进行动态重组，精选十余人成立“检修调试小组”，抽调三名值长（或副值长）担任组长、副组长，分别负责热机、电气检修工作，并对小组成员进行日常管理，小组成员全面负责检修机组的工作票办理、安措执行、检修设备分步试运以及整套启动前系统恢复、各项试验工作。

检修调试小组管理模式在于科学整合各班组运行人员力量，形成一支组织明确、能力较强、责任清晰、独立使命的运行专职参修队伍，化“分散管理”为“独立团队”，解决了大量工作交接中产生的效率低下、失误差错、目标差异、重复劳动、责任不清等管理难题，小组集“检修全程管控”于“一

身”，直接赋予其机组检修中运行计划、准备、统筹、协调、执行、总结、改进等“PDCA”循环使命。

（六）完善配套机制，确保顺利推进与高效运行

1. 完善协同机制，实现信息网格化

根据工作职能，建立信息组、技术组、施工组、调试组等微信群。厂领导在专项工作群中实时督办，各小组成员在微信群中及时通报工作进度、存在问题以及整改情况。遇到难题，各小组组长第一时间组织碰头会，梳理难点，提出解决方案。电厂主要领导每天召开协调会，研究解决微信群内反映的重点难点问题，确保问题不过夜；分管领导带领团队成员从细节上逐条逐项完善，集思广益、争分夺秒，形成“分级监督、分工协作，整合力量、全员互动”，相互督促、特事急办，所有问题均第一时间提出、第一时间解决。

2. 强化外包队伍组织，全天候管理、全过程监督

华能玉环电厂专业人员下沉施工现场最前沿，每天参加施工队伍早班会，细致部署当天重点任务和安全注意事项，合理分配工作量。电厂施工负责人全天候紧盯现场，吃饭时间轮流换岗，确保现场不停工、人歇工程不停。针对施工过程中遇到的技术难题，就地开碰头会，第一时间予以解决，并根据工作进展情况，及时调配补充人员力量。设置专项奖励，激励施工人员又快又好地完成工程进度。为施工人员提供强有力的后勤保障，送餐至施工现场，安排专车进行接送，最大限度地保证有效工作时间，确保当天工作任务能够顺利完成。

3. 提前介入学习，以过硬技能素质确保安全灵活应用

为了能够更全面、更深入地掌握全国产 DCS 系统，华能玉环电厂在整体设计阶段即提前介入，技术人员第一时间拿到组态软件，自行研究学习组态，操作人员第一时间了解应用画面，熟悉工具用途。在过程中培训，在讨论中学习。电厂先后派出 10 批次技术人员和应用人员对系统进行测试，每批次人员明确各自的工作任务后前往研发单位同步培训学习。其中设备专业人员分 3 批次共计 20 人次参加培训，操作人员分 7 批次共计 50 余人参加培训。在现场组态阶段，以干促学、以干代训，自主完成近 20% 逻辑组态工作，有效提升设备专业人员和操作人员的技能储备，为后期系统长周期运行后的设备维护奠定了良好基础。

三、以国产化为目标的首套百万千瓦级火电机组分散控制系统升级管理效果

（一）顺利完成首套百万千瓦级火电机组分散控制系统全国产化替代升级

通过参建单位的不懈奋斗，百万千万级火电机组全国产 DCS 示范应用项目从实验室到工程应用仅用 76 天，最终实现了前期设计资料准确率 100%、施工准确率 100%、新系统功能实现率 100%、逻辑及画面 100% 核查、通道 100% 测试、系统性能和功能 100% 测试、测点 100% 核对、单体设备 100% 传动。

（二）攻克核心技术，推动我国火力发电行业控制系统的自主可控、安全运行

全国产 DCS 示范应用项目一举攻克分散控制系统多项关键核心技术难题：一是通过全国产芯片替代实现硬件 100% 全国产化开发；二是完成嵌入式及桌面操作系统的适配，让 DCS 的运行环境不再依赖非开源的进口操作系统；三是大规模移植开发 DCS 上下位控制软件、全国产化 DEH 系统；四是启动三轮大规模测试，通过综合多种类型 DCS 的优点，系统性能得到逐步完善优化。

华能玉环电厂 1 号机组全国产 DCS 控制柜内所有器件为 100% 国产器件。全国产 DCS 投运后在线顺利完成机组 RB 试验、负荷摆动、AGC 试验，1055 增容项目等各项试验，DCS 各控制器的负荷率最大未超过 20%，控制器温度最高未超过 40℃，控制系统自投用以来一直保持安全可靠运行，整体系统稳定性已达到国内先进水平。

（三）推广应用，发挥行业示范作用

中国华能集团自主研发的国内首套100%全国产化百万千瓦级华能睿渥DCS控制系统在华能玉环电厂成功投运，标志着我国高参数、大容量发电领域核心控制设备实现完全自主可控，并极大地带动了国产软硬件与产业链发展，提振了国人自主创新的信心与决心，对提高电力基础设施安全水平、实现高水平科技自立自强具有重大意义。相关专题报道在央视播出，同时获得人民网、浙江卫视、《中国证券报》等众多媒体刊发转载，充分展现了华能自主研发创新、解决"卡脖子"技术难题的央企的责任担当。

华能玉环电厂及时总结经验成果，加快推进项目科技成果转化，已完成相关标准操作卡、维护手册及施工标准等规范性资料整理工作，申请并受理发明专利70项、9项已获得授权，申请并受理实用新型专利6项、2项已获得授权，获得外观专利7项。目前，华能睿渥全国产DCS已在华能系统内瑞金、大连、西固等多家电厂机组成功应用，实现了良好的商业价值。

（成果创造人：陈　锋、蒋　斌、沈正华、王　俊、李来春、李晓燕、韦玉华、郭　雷、张文博、郑高阳、徐　晶）

提升五大能力的“三位一体”数字化研制体系构建

山东航天电子技术研究所

山东航天电子技术研究所（以下简称研究所）位于山东省烟台市高新区，成立于1958年，是隶属于中国航天科技集团有限公司第五研究院的航天企业，是航天器和防务装备综合电子设备研制生产的重要单位。建所60余年来，成功参与实施了以载人航天与探月工程、北斗导航、高分辨率对地观测系统为代表的多个国家科技重大专项，参与了我国自行研制的所有宇航型号，为我国航天事业做出了重要贡献，被评为“中国载人航天工程突出贡献集体”。共有150余项科技成果获奖，其中全国科学大会奖3项，国家科技进步奖特等奖4项、一等奖4项；获得授权专利共226项。近年来，在集团公司、五院的带领下，研究所取得长足的进步，产业生产能力、经济指标显著提升，员工积极性和幸福感显著增强，2020年，研究所人员规模为1200人，实现营业收入30.12亿元，利润总额3.02亿元。

一、提升五大能力的“三位一体”数字化研制体系构建背景

（一）响应数字中国战略、抢占发展机遇的必然选择

以习近平同志为核心的党中央高度重视数字化发展，明确提出数字中国战略，明确提出“加快数字化发展”是构建以国内大循环为主体、国内国际双循环相互促进的新发展格局和打造高质量发展新引擎的现实需要。航天领域作为数字化转型最为密集的行业之一，正经历着一次前所未有的转型变革，加快数字化发展将是历史给予企业一次难得的机遇与挑战。研究所需改变传统的管理模式和“人海战术”，结合物联网、大数据、区块链、数字孪生等新一代信息技术，探索、跟踪新兴产业发展的重大装备、智能机器人等核心技术，大力发展智能制造，实施工业互联网创新发展战略，推动数字化研制体系的建设，必须紧紧抓住数字技术变革机遇，充分释放数字化发展的放大、叠加、倍增效应，抢占新一轮发展制高点，牢牢把握时代主动权。

（二）建设世界一流企业、支撑航天强国的使命所在

根据习近平总书记对集团公司在建设航天强国使命上的指示精神，要求集团公司做出更大的贡献。2018年，国资委推出航天科技、中国石油、国网公司等10家企业作为创建世界一流的示范企业，进一步提出“三个领军”“三个领先”“三个典范”世界一流企业标准，并明确指出和世界一流企业相比，我国企业无论在技术、管理、核心竞争力方面均存在差距。面向支撑“航天强国建设”和“世界一流军队建设”，研究所提出“建设世界一流军工电子企业”的战略发展目标，到2040年，全面建成世界一流军工电子企业。其中，“精益管理+数字化技术+智能制造技术”是提高企业生产制造管理水平的重要途径。因此，研究所切实需要建立数字化研制体系，使之与任务发展、“世界一流”要求相适应，为推动航天强国建设和世界一流宇航企业建设提供有力支撑。

（三）推动能力快速提升、促进企业转型的内在需求

“十三五”以来，面对航天高密集发射和武器装备升级换代的迫切需求，研究所承担的宇航军品型号任务逐年增多，且呈现出多品种、小批量、周期短的任务特点，原有的研制组织模式难以满足型号任务需求，必须探索基于新技术手段的组批研制模式，针对精益管理、大数据、智能制造等先进理念大胆进行探索和创新实践，推进以五大能力提升为导向的数字化研制体系建设，以应对需求倍增、保质交付所带来的严峻挑战。另外，新时期的研究所急需按照国家数字化发展、航天强国建设、研制模式转型的发展战略，通过助推产业数字化的协同发展、改善先进制造技术的研发模式等多个层面技术水平的共同

提升，才能实现高质量、高效率、高效益发展，以更低的成本、更快的速度占领市场，为建设世界一流的军工电子企业奠定坚实基础。

二、提升五大能力的“三位一体”数字化研制体系构建主要做法

（一）明确总体工作思路，构建“三位一体”数字研制体系

研究所以先进的电子产品自动化生产线和工艺方法为基础，以航天电子产品研制全周期为脉络，将“精益管理理念”“数字化”“智能制造”深度融合创新，形成适合航天电子产品研制的研发设计域、生产制造域、数据应用域“三位一体”的构建思路，将精益生产、数字设计、智能制造等先进生产管理理念，融入产品数据管理 PDM、生产制造管理 MES、数字孪生等信息技术中，实现信息流驱动生产要素和资源运行的模式，以数字量代替模拟量作为生产组织、管理、拉动与控制的基本形态，达到“物流、信息流、工作流”的高度同步，实现快速动态响应和敏捷制造，从而全面提升研究所快速设计能力、精益生产管理能力、先进生产制造能力、全面产品保证能力和数据深度挖掘能力，提高产品交付质量，缩短交付周期，降低生产成本。

（二）搭建协同设计生态网络，形成产品快速设计能力

1. 建立以产品为中心的结构化数据管理模式，推动流程科学规范管理

将产品装配关系转化为树状方式描述产品结构。产品结构树中各节点分别表示部件或组件，叶节点表示零件，整个产品结构树表达一个产品，所有的设计对象都基于结构进行管理，其他数据也支持通过结构关系进行管理，便于追溯各类数据之间的关联关系和借用关系。

流程审签管理是过程控制和质量控制的基础，通过平台实现产品设计与修改过程的跟踪与控制，在平台中实现电子流程审签、签字、圈阅功能，在平台中通过更改模型关联所有更改信息，对于项目文档电子化更改管理、更改过程信息、更改对象内容等可以随流程流转，实现更改闭环控制，并且设计人员可以对更改过程进行追溯。

2. 实施知识和资源集中统一管理，持续提升快速设计水平

通过对产品设计过程中的知识和资源集中统一管理，提升设计师快速设计产品的能力。同时，统一数据源，规范所级知识库的标准化机制，确保数据来源的唯一性和准确性。按照零部件的特性分类，提供新的组织产品信息的方法，提供基于零部件特性的信息查询，支持建立并维护优选材料、优选标准件的清单，促进产品的标准化、系列化、通用化。

通过与电路设计工具 Altium、Cadence 集成，实现接口自动保存电路工程到系统，后台自动生成可视化 PCB 板、自动生成元器件 BOM，减少大量报表生成工作量；通过与三维结构设计工具 Creo6.0 集成，支持通过 PCB 工具将电路可视化数据与结构可视化数据结合，形成机电一体化三维模型统一管理，方便装配。

3. 搭建产业协同设计云平台，提升协同设计仿真能力和数据安全管理能力

引入“云计算”理念，使用工控网络环境下的虚拟化技术，高性能计算资源管理技术、版本控制与安全技术、基于 WEB 的平台门户技术，搭建协同设计云平台，将协同设计云化管理，不同设计师通过登录 WEB 的平台门户协同作业，云平台均衡管理计算资源、网络资源、存储资源，当任务量较小的时候，使用一般的优先级算法，当任务量大的时候，使用其他的智能随机算法，用以提高任务的调度管理效率。针对航天电子系统领域中关于数据安全和版本控制的要求，设计权限管理和版本控制模块。权限管理，在传统的基于角色的访问控制模型的基础上，引入权限密级的概念，实现对数据的分密级管理。版本控制，一个完整的航天电子系统设计必然经历模型设计、仿真验证、修改和综合权衡的过程，版本控制将实现对这个创造过程的记录，以及对设计仿真软件和设计模型的版本管理和控制。

引入“区块链”技术，设计一个基于区块链的多节点分布式可信数据交换系统，可承载协同设计云平台业务流程和协同设计过程中各个部门产生的数据信息、摘要信息、知识产权信息，利用区块链智能合约特性进行指定数据资源的自动获取、存储与隐私计算，并在区块链基础服务之上构建协同设计云平台所需的数据交换服务，有效解决数据确权不清晰、数据流向不清晰、使用安全性无法保证的问题。

（三）构建组批研制生产模式，形成精益生产管理能力

1. 建立灵活可配置化产品基线管理模式，优化产品投产流程

研究所依据 Q/QJA32《航天产品技术状态更改控制要求》和《五院宇航产品生产基线管理办法》，开发基线管理系统，系统以已投产产品或模块为原型，涵盖产品电装及结构投产流程文件、PCB 设计文件、外协文件、软件文件、设计文件、工艺文件、物料 BOM 等信息，同时建立一套合理有效的基线数据使用流程，优化新产品生产流程，实现批产产品“设计师免参与”，达到了“一键式”投产。

建立基线库及严格的基线归档模块作为后续产品的指导性、纲领性数据源，基线产品由各主管部门申请发行，基线系统自动抓取 PDM、MES、物资和科研平台等系统相关数据，设计师确认数据准确性后经过专家组评审后进入基线库中。区别于常规做法，宇航、防务装备类新产品在使用基线过程中，可灵活使用一至多个基线库模块配置组合成新的产品，对于在基线产品基础之上某一部分结构（电路）进行调整的变形或衍生产品，基线会明显标示出差异部分，以供生产及审核人员有效辨别，从而确保产品的质量。新产品确认与基线产品关联后便无须设计人员参与后续流程，可直接使用基线数据指导后续生产。

通过将基线产品的物料数据归档，后续产品在投产前通过基线产品物料信息实现提前备料、快速打料，缩短物料准备时间。

通过将 MES 中数据归档至基线中，新产品的工艺文件、生产信息、生产设备信息、生产程序等均直接采用基线数据，极大提升了生产效率，既避免了重复工作，又可避免出现低层次错误。

通过收集基线产品的测试检验数据，可为后续产品测试检验提供参考及警示，对于重点易错处重点关注，提升检验效率、避免漏项。

通过整合科研平台数据至基线中，产品在交付用户前一系列评审流程数据均可在基线中找到参考文件，在保证产品交付质量的同时提升了产品出所的效率。

2. 自研适合企业管理特色的 MES 系统，实现生产管理精益化

针对原有单件研制型生产组织模式难以满足目前批产型号任务需求的问题，基于精益化生产的理念，通过自研生产管理 MES 系统的建设完善标准、编码等基础数据，打通设计、工艺、物资采购、生产、调度管理等环节，实现生产过程数据全集管理与智能分析。通过对现场设备、工具、人员等的全面管控，实现生产制造精益化管理，打破信息壁垒，加快在生产管理、制造过程管控、数据交互、智能装备等方面的应用，实现流程驱动的精细管控和基于数据的决策管理，全面提升生产质量、效率和安全管理水平。

自研 MES 系统的引入满足了不同产品和不同生产模式的应用需求，建立覆盖物料、质量、生产准备、SMT 贴装、单板电装、部装、总装、机加、测试试验等全流程的精益生产智造平台，实现生产过程的各类信息表达的规范化、型号产品生产过程的精细化、透明化、生产过程及现场的可视化、车间现场作业的无纸化管理，实现数据包信息采集的自动化，提高生产过程管控能力和效率。同时将生产过程中的不确定性通过系统化的规范转变为确定性，使各节点有法可依，有据可查，在任务快速增长的同时更好的控制人员的递增，保证生产线具有弹性，激发部门内部员工能力，优化生产线构造，做到快速动态响应和敏捷制造。

3. 推进基于有限产能的启发式排程，实现最大化排产

建立以“设备资源 + 工时 + 物料”为重点的弱约束条件下工序级任务排产模型，定义模型核心参数与排产最小数据集，以产品结构树为基础，建立生产任务、异类资源和多版本工艺的数据映射关系，以树形逻辑结构组织排产数据源信息，对生产数据梳理与标准化。包含工艺变更对生产计划的影响，批次管理和单件管理，生产批次合批和分批等功能。通过排程模组实现物料、设备、人员、生产进度的联动。以制造资源能力平衡为条件，通过系统反馈进行资源能力平衡的智能排产，以自动化设备有效运行时间最大化为目标，以各工站为单元，重点关注紧急任务。实现可视化最大优化的排产管理，缩短制造准备周期，提高交付率。

区别于常规做法，结合企业任务重要程度、紧急程度、产品类型、差异性管理办法等不同的排产控制参数，结合“启发式算法”，支持从订单排序、任务排序、设备模具优选、计划方案优选四个维度进行启发式规则设置，可制定与现场实际相符合的计划结果，并能快速调整重排，对比结果，优化参数，实现基于约束规则的优化排程。

（四）采用智能装备赋能生产，形成先进生产制造能力

1. 采用注入“孔明算法”的智能仓储系统，驱动物料管理智能高效运行

区别于常规仓储系统，根据所内“ABCD 类分类、为出而存、任务均布”管理策略，通过对物资配套数据的深度加工，开发特色的“孔明算法”，融入算法的智能仓储系统通过穿梭车、提升机、环形传送线实现物料箱的“最优、最短、最可靠”上货架和配送至分拣台，出库人员在固定分拣台完成物料的入库、出库工作。实现从原材料进厂到成品出库全流程拉通，物流与数据流双向闭环，数据实时、准确、完整。

智能化入库：对空箱内最小单元格进行一对一标记管理，接收物资系统入库指令后，通过扫描入库单上的物料条码信息，将“物料”和“单元格进行”绑定，待箱体装完投箱后，系统自动计算出目标存储位置并记录，库前线体自动将物料运送到指定的智能仓，完成智能入库。

智能化出库：接收到物资系统出库指令后，对出库任务进行确认，根据入库时储存的货位号，穿梭车自动找到并取出货箱，通过升降机传送到库前线体，库前线体自动将物料运送到自动拣选台，物料从料箱取出后，系统自动更新库存信息，完成智能出库。

智能化输送：物料出库后进行电装前生产准备工作，包括分料、减腿、成形和搪锡工作，待生产准备完成后，WMS 将根据 MES 系统中的输送指令信息，通过楼宇间吊装线体自动输送至 1#车间电装一部或 3 #车间电装二部。

智能化配送：接收 MES 下达任务，通过智能环形输送线及调度系统实现产品在不同加工工序间的自动流转，并通过 RFID 技术实现工件规格的自动识别以及基本数据的采集和追踪，达到改善现场作业环境，提高生产效率的效果，满足生产智能化、精益化的要求。

2. 采用自主研发的智能生产单元，提高工序作业生产效率和质量

结合生产模式和各工序作业需求，大力推动生产装备智能化升级，全面实现电装生产准备、SMT 印刷、SPI 检测、贴片、回流焊接、清洗、自动搪锡、去金、波峰焊、三防、点封和各工序检验过程自动化，并结合信息系统，实现生产、检验、测试过程数据在线采集。同时，具备自主知识产权的自动搪锡设备、自动喷漆设备和自动点胶设备已完成研发并投入使用，工作过程自动化水平大幅提升、工作效率和质量显著改善。

3. 开展基于三维模型的数字化检验，提高批产设备的检测效率

针对产品批量化生产造成的人力不足，产品总量提升造成的数据管理不足，用户需求多样造成能力提升不足，新老技术、人员换代造成的能力、经验不足等问题，研究所进行如下基于三维模型的数字化

检验能力提升的项目：

一是可视化三维检验系统：基于三维标注进行检验要求的定义、完整性审查、显示控制、对定义的关键检验尺寸进行信息提取，进而生成三维轻量化检验模型和检验尺寸清单报表，提供下游三维质量数据采集系统使用。在三维图纸模式下，软件配合游标卡尺可实现测量数据的实时自动采集与判读。与以往常规测量相比，该软件可实现电子通用模板数据记录，替代现有的纸质检验记录，使部门工作形式更加统一、规范，方便统一管理。

二是产品结构快速自动化CAD比对：使用低畸变光学镜头对机加工零件进行图像识别，提取零件边界线条，由计算机系统自动生成CAD格式文件并导入工程CAD原始文件，设置偏离公差，并对CAD线条不吻合部位进行报错标记。如示意图中布片遮挡部位就是模拟加工错误或者漏加工部位，系统会自动标红报错，极大地提高了检验效率，降低了检验人员的工作强度。目前已基本实现射频类产品的自动比对，重复投产的零件可直接调用程序比对，大大提高了批产类产品的检验效率，降低了漏检率。

三是轴类零件大批量快速检测：可以实现不间断的无人干预的自动识别测量，即在测量时不再需要人工按测量键，系统实时自动寻找被测零件，有被测零件进入视野即可自动测量输出测量结果。相比于传统的一键式闪测仪，效率更高。根据镜头的曝光参数对曝光时间和节奏进行调整，与传链系统结合即可实现全自动实时测量，结合激光计数器等传感器和动作机构即可实现不合格品的自动筛选，满足大规模产线的测量需求，大大提高了断接器等批量产品的测量效率。

四是检测数据自动判读分析系统：针对检验记录电子化后，如果纯人工输入数据存在错输、漏输、错行等问题，这也是人工输入不可避免的问题。所以为提高数据的真实性和可靠性，研究所统一规划测试模板，后续输入数据时在指定位置输入，系统即会对相应数据进行抓取并代入条件判读，对不符合要求的数据进行标记报错，对漏输位置进行标记提醒，提高了数据的可视化，降低了检验人员的数据识别压力。同时，系统也可自动对数据进行统计，形成质量分析曲线，为后续的质量分析等提供更直观的数据。

（五）建立生产过程追溯体系，形成全面产品保证能力

1. 推进表单流转签核电子化，实现数据标准化和作业无纸化

发布《研究所物资编码规则》，完成7万余条物料信息的校核及编码，同步完成设计封装库与物料编码的绑定，保证批产产品物料的采购→入库→出库→生产等全流程的数据同源性，确保产品保证要求的有效落实。全面导入物料编码，实现物料编码标准化；推进BOM标准化，规范设计师物料选用和作业流程，建立工序标准库，实现工艺标准化管理。引入基于模型的通用流程表单设计器，实现表单流转电子化、签核电子化。电子化日常作业流程，取消部门间流程性纸质文件等。电子化设计和工艺数据，避免纸质文件的流转和下发，同时保证数据的准确性。无纸化作业不仅节省纸张，更重要的是规范和优化作业流程，提升了作业效率，使得各作业环节有流程可依，有据可查。

2. 建立以"条码"为载体的全生产过程追溯体系，提升产品过程质量

以条码为信息载体，通过条码化管理实现产品配套关系、整机和模块的绑定、生产间工序、检验工序的关联，便于优化生产排产、分类统计等；以条码为追溯载体，实现物料、生产用料、工艺控制、检验的全过程可追溯。通过原物料的条码化管理追溯到物料的供应商、检验情况、筛选情况等，通过数字化工位的生产用料控制（扫码上料）建立原物料与整机的用料关系，从而实现整机用料的追溯并可根据工艺要求进行上料防呆/防错等。通过产品的条码化管理，将检验的数据与产品条码进行绑定，从而实现检验/测试数据的可溯。生产过程全程追溯体系的建立保证产品生产过程中各要素的可溯源性，设计、工艺、质量等部门通过MES平台制定标准，生产车间按标准执行生产并采集和反馈现场数据，为数字化、精细化管理提供强有力的支撑。

通过MES平台建立产品的全质量过程管控体系，涵盖物料筛选、测试、试验、检验、维修等环节。产品保证是重中之重，通过全质量过程追溯体系的建立实现产品过程数据的采集与可溯源，不仅可以追溯到产品生产过程中的各项检验检测数据，同时还将采集到的数据进行大数据的统计分析，为产品保证、生产决策等提供数据支撑。

（六）实施数字孪生虚实映射，形成数据深度挖掘能力

1. 搭建车间物联网系统实现万物互联，提高数据采集的“广裕度”

建设基于工业互联网的航天产品制造车间物联网系统和数据采集与分析管理系统，可以实现车间实物信息感知、车间人员信息采集与分析、机床与智能装备数据监控。通过RFID、传感器、扫描器等感知物料和产品等车间要素，形成车间实物感知网络，进行车间实物状态监控以及地理位置监控。通过摄像头、监视器等感知和分析车间人员状态，形成车间人员感知网络，实现车间人员状态及工艺执行状态监控。通过PLC、传感器、执行器等形成车间设备工控网络，实现车间智能设备的加工数据采集以及实时监控。车间物联网通过工业以太网接入车间信息网络，与ERP、MES、质量系统进行通信，为其提供数据支撑。

2. 基于数字孪生实现一体化展示体系，提高数据服务的“精准度”

基于数字孪生技术进行虚实映射，整合科研质量平台、MES平台、物资系统、仓储系统、智能化生产线、试验管理等多系统多维度数据，从物理融合、模型融合、数据融合、服务融合四个维度构建全流程的“九宫格”式一体化展示平台，深度挖掘数据价值并有效利用与展示，典型的案例为“九宫格”通过图、料、板、壳、测试设备和软件齐套数据，自行判断是否具备上线电装条件，如果具备，直接指令式驱动排产，无须人员参与，解放调度人员的生产力。

“九宫格”主要从业务数据整合、数字模型孪生、综合图表统计展示三个方面展开，业务数据整合主要包括设计类、物资类、质量类、效率类、生产类、试验类、计划类七大类数据的整合，模型孪生主要包括人、机、料、法、环与物流、讯流的数字模型与行为孪生，综合图表统计展示主要包括车间看板、仓储看板、数据包看板、质量看板、计划看板、试验看板、各业务系统看板等；通过对数据的集合、整合、融合形成结构化、可视化的“九宫格”式一体化展示平台。

三、提升五大能力的“三位一体”数字化研制体系构建效果

（一）经济规模和发展效益双提升，实现了企业数字化转型

实施成果以来，研究所科研生产模式从传统的单件研制模式向组批数字化研制模式迈进一大步，管理效率持续提升，经济效益逐年向好：与2016年相比，在人员少量增长的同时，经营指标大幅提升，营业收入由2016年的240667万元增加到目前的301280万元，增长了25.19%，利润总额由2016年的21580万元增加到目前的30163万元，增长了39.77%。经过该体系的实践推广，研究所从“量的积累”到“质的飞跃”实现数字化转型，经济规模和发展效益双提升，高质量、高效率、高效益发展能力持续增强。

（二）能力提升和任务成功双丰收，支撑了航天强国建设

实施成果以来，研究所快速设计能力、精益生产管理能力、先进生产制造能力、全面产品保证能力、数据深度挖掘能力等“五大能力”快速提升，顺利完成各项航天重大工程任务，参与了我国自行研制的所有宇航型号，共计按时保质交付21000余台重要单机和试验保驾，并制定系列电子单机数字化研制管理方法，夯实了航天器和防务装备任务成功的基础，有效支撑了航天强国和集团公司建成世界一流宇航企业的建设。坚信随着新理念、新技术、新工具的发展，未来研究所的数字化研制体系会更加健全和完善。

（三）管理创新和技术创新双推动，助力了数字中国建设

研究所完成新一代数字技术与制造业深度融合，已开发研制智能检测仪、自动喷漆设备、自动点胶设备、自动搪锡设备、自动焊接机器人、断接器自动装配、检漏设备，元器件参数自动测试设备，MOS管缺陷检测设备等30种具有自主知识产权的装备，并成功投入到生产线使用，大幅度提高了生产效率和质量一致性，部分产品已推广到集团和院内兄弟单位使用，效果较好。

（成果创造人：李　林、李　伟、曲丽伟、曹大成、孙玉龙、刘　杰、腾义前、刘　雷、高　辉、徐延东）

业主主导的国家战略性水电重大工程装备创新管理

华能西藏雅鲁藏布江水电开发投资有限公司

华能西藏雅鲁藏布江水电开发投资有限公司（以下简称雅江公司）是中国华能集团公司的全资子公司，2007年在拉萨市注册成立，注册资本金71.33亿元人民币，主要从事电力及热力项目的开发、投资、建设、生产、经营和销售；配电网的建设和经营；与电力相关的咨询服务、技术服务；与电力相关的新技术的研究、开发、成果转让；电力购销、电力贸易及其他相关业务。截至2021年9月底，公司在西藏自治区（以下简称藏）累计投资200余亿元，运行发电装机容量87万千瓦，供应清洁电能近136亿千瓦时；目前正在牵头开展雅鲁藏布江下游（以下简称雅下）水电规划重点推荐开发的“2库5站”项目前期深化研究工作。

一、业主主导的国家战略性水电重大工程装备创新管理背景

（一）推进国家重大工程装备国产化的需要

当前，全球产业链和供应链的不稳定现象显著提升，关键领域技术壁垒日渐增高，我国重大工程装备“卡脖子”技术、“短板”问题愈发明显。央企是推进国家战略性重大工程装备突破和国产化的骨干力量和国家队，华能集团坚决履行好服务国家战略性重大工程装备突破和国产化的使命担当，依托公司工程项目积极探究重大工程装备国产化管理经验，不断提升国家重大工程装备项目管理水平。

（二）全面提升企业发展核心竞争力的需要

雅江公司入藏17年来圆满完成电力援藏任务，逐步成长为西藏的骨干能源企业，并围绕水电开发积累了大量高海拔、高寒区水电建造核心技术和管理经验。同时，公司清醒地认识到：要在西藏地区进行大规模水能开发利用，需要克服一系列世界性难题；实践证明通过不断突破重大工程装备技术、提升重大工程装备管理水平，积极面对行业领域的气候变化，是提高企业发展核心竞争力的一种行之有效的途径。

（三）服务重大战略性水电工程项目的需要

雅江下游水电工程是党中央“十四五”规划和2035年远景目标明确的国家战略性“六大”重大工程项目之一，是深入贯彻国家“四个革命、一个合作”能源安全战略，是加快构建清洁低碳、安全高效能源体系，支撑能源转型的战略阵地。雅下水电工程具有建设规模大、建设周期长、投资效益好、技术难度高、环保要求严等特点，项目地质条件极为复杂，面临诸多前所未有的世界级难题。雅江公司秉承华能集团服务国家战略的意志，深度参与雅下水电规划工作。因此，探索安全环保高效的重大工程装备技术，建立重大工程装备管理体系，提升战略性水电重大工程装备管理水平尤为重要。

二、业主主导的国家战略性水电重大工程装备创新管理主要做法

（一）超前谋划，主导战略规划链开展重大工程装备项目管理规划

针对截弯梯级水电站深埋长大引水隧洞突出的工程问题，结合雅下水电工程勘探交通和改善地方交通条件的要求，业主方牵头制定了战略性水电重大工程装备战略规划，协同工程设计方中国电建集团成都勘测设计研究院有限公司（以下简称中电建成都院）建设性启动派墨公路建设。

1. 明确工程功能、定位及建设标准

雅江公司组织设计、厂商、科研院及国内外TBM（全断面硬岩隧道掘进机）专家团队开展多雄拉隧道重大工程装备TBM行业调研和论证工作，以“绿色、高效、安全”为导向，确定了多雄拉隧道重

大工程装备 TBM 管理采用“业主主导、五链协同”的管理模式；确定多雄拉隧道施工方案选用中德合资的海瑞克（广州）隧道设备有限公司（以下简称海瑞克）9 米级别大直径双护盾 TBM 施工；确定依托本台 TBM 开展本区域工程有关设计参数、隧道施工工法、TBM 设备适应性相关试验研究工作。

2. 确定重大工程装备项目管理总体目标

雅江公司牵头，协同中电建成都院共同确定多雄拉隧道重大工程装备 TBM 项目管理总体目标为：联合国内厂商、科研机构、专家团队等大力推进战略性水电重大工程装备国产化；安全高效贯通多雄拉隧道，为雅下水电勘探提供交通条件；开展重大工程装备 TBM 工法、工艺验证，为雅下水电工程提供可借鉴经验；安全顺利实现多雄拉隧道工程建设安全、质量、进度、投资、风险管理等各项建设管理目标；建立雅江公司重大工程装备项目管理体系，雅下水电工程安全实施提供可借鉴的实战管理经验。

3. 组建重大工程装备项目管理组织机构

为完成多雄拉隧道重大工程装备 TBM 项目管理总体目标，雅江公司在现场成立“派墨公路指挥部”（以下简称指挥部），指挥部下设 8 个职能部门履责“业主主导、五链协同”项目管理任务。指挥部牵头，联合设计、监理、施工、厂商、科研机构等主体参建单位成立了多雄拉隧道重大工程装备 TBM 项目管理部，全方位、全过程开展项目管理工作。

4. 构建重大工程装备项目管理体系

华能多雄拉隧道 TBM 是国内首台大直径、双护盾 TBM，国内尚无成熟可借鉴的系统化管理体系，而双护盾 TBM 机型设计却是各系统高度集成、统一的标准化工程。雅江公司以建设工程项目管理目标为导向，构建“标准化、模块化、流程化”管理思路，并搭建多雄拉隧道重大工程装备 TBM 项目管理体系。

5. 组织编制完成重大工程装备管理标准、制度

雅江公司牵头完成多雄拉隧道双护盾 TBM 设备运行、维护保养和缺陷处理规程、管理标准等 11 项制度，规范日常管理工作流程，明晰了岗位职责，为 TBM 掘进管理中“人、事、物”的全方位覆盖提供了理论指导依据。

（二）业主主导，培育企业建设管理链核心竞争力和管控力

1. 建立健全 TBM 的施工管理模式，变分散管理为集中管理

业主方全员参与，联合施工方、海瑞克（广州）按照 TBM 施工特点成立“三工区”（TBM 洞内工区、工业广场工区、管片生产工区）、“三班组”（掘进一班、掘进二班、维护班组）；联合设计、监理、科研院所和 TBM 技术咨询单位组建“技术保障中心”，采用 24 小时流水运转模式，上下联动、协同作业，形成以业主方管理为主体，压实“工区长、班长岗位负责制”，为 TBM 安全顺利掘进提供了有力保障。

2. 设置专门机构培养专业人才

业主方协同施工、设计、监理、技术服务和科研院所，全过程、全方位深度开展 TBM 管理人员培训。按照“统一管理，分级培训”的原则和“分层次、分阶段、分类别”，坚持以需求为导向，以能力建设为核心，以岗位培训为重点，通过集中授课、现场跟班、驻厂监造、现场组装、试掘进等方式，大力提高员工职业素质和业务技能。通过培训迅速掌握了 TBM 设备结构原理及性能配套、检修维护工艺和掘进操作技能，为后续践行“业主主导、五链协同”TBM 项目管理理念奠定了坚实的基础。

3. 组织开发综合管理信息系统

根据 TBM 配置设备种类多、关联性强等特点，业主方定制开发 TBM 综合管理系统，包括设备管理、智能巡检、地质管理、TBM 运行管理、物资管理、安全及技术管理、人员定位及门禁管理七大功能模块，电子固化 TBM 掘进作业和运行维护的工作流程和工作内容，实现 TBM 地质、设备、施工、管

理信息适时共享和管理，设备和工程管理“规范化、标准化、流程化”的有机融合，填补国内 TBM 施工管理领域的空白。

4. 加强施工管理，提升设备效率

在多雄拉隧道 TBM 掘进中业主方主导建立了科学合理的 TBM 生产组织，减少辅助工时；合理把握换刀时机及提高换刀速度；优化 TBM 掘进参数；建立科学合理的监测诊断和维修保养方法；充分利用搭建的 TBM 综合管理系统工序分析等措施，全体齐心协力使设备掘进利用率稳步提升，从掘进之初的 25% 提升到 56%，单月掘进进尺从 250 米提高到 565 米，达到较高的 TBM 管理水平。

5. 推动管片生产系统改进优化

以开展多雄拉隧道 TBM 管片生产系统改进优化为工作目标。业主方牵头组织 TBM 技术服务单位、管片生产班组对多雄拉隧道类双护盾 TBM 掘进强度、管片生产能力及质量要求，组织设计、施工、模具厂家等进行调研，并结合城市地铁盾构施工管片生产相关技术资料，对多雄拉隧道管片设计及生产进行优化，提高管片制造厂生产效率、降低了管片生产成本。

（三）以需定产，促进装备制造链的迭代升级和国产化

1. 自主开展设备数据采集分析，提出设备厂商开展产品性能和零部件改进要求

业主方充分利用 TBM 智能综合管理系统，进行设备数据采集分析，要求海瑞克公司开展 TBM 性能和零部件的改进研究工作，并将数据分享给协作科研单位与制造厂家，用于设计优化、施工工法研究和设备改进提升。一是收集分析 TBM 掘进参数，联合成都院对隧道岩石物理力学参数的研究，进一步研究 TBM 刀盘滚刀设计数量、型式和刀间距等重要参数设计，提高 TBM 破岩能力。二是收集分析 TBM 状态数据，要求厂商增加设备与围岩间隙、增加刀盘抬升功能、刀盘扩挖功能以及改进止浆设计等，更好反馈 TBM 掘进状态，减少 TBM 护盾卡机风险。三是协调清华大学、中国水科院以及中铁科学院等科研协作机构利用采集的数据并结合现场试验，开展工程设计、施工工艺工法和设备制造等升级工作。

2. 牵头开展刀圈延寿防护研究，促进设备核心零部件性能提升

以减小 TBM 掘进刀圈损坏为工作目标，联合业主方华能西安热工院等科研单位采用多弧离子镀物理气相沉积（PVD）薄膜技术、激光熔覆技术、真空熔覆技术和喷涂重熔技术等表面防护技术对 TBM 刀圈进行处理，有效提高刀圈寿命，并开发出一整套 TBM 刀圈延寿防护技术及工艺。减少刀具直接经济成本，还能有效减少换刀时间提高 TBM 设备利用率，经济效益巨大，极具推广价值。

3. 组织开展 TBM 远程控制系统研发，提高施工综合效率

为落实多雄拉隧道 TBM 施工管理一流标准建设，雅江公司在充分做好 TBM 施工管理顶层设计的前提下，联合国内具有经验的弱电厂商开展 TBM 洞外远程控制系统设计。系统依托多雄拉隧道 TBM 施工设计，结合 TBM 全过程掘进参数监控、TBM 状态参数数字化洞内施工组织、设计、监理、调度于一体，一定程度上实现了 TBM 远程操控，提高了施工综合效率，并收集了大量的第一手地质、施工资料，后续同步多层面、全方位数据分析形成了大量的技术成果。

4. 加强国内整机厂和零件商交流，促进国产化工程装备产业链国产化替代和设备升级迭代

雅江公司采用“业主主导、五链协同”管理模式，通过大量调研、研究以及多雄拉隧道 TBM 掘进实战演练，更进一步掌握了 TBM 施工核心技术，并在经验积累的过程中对 TBM 施工理念有了更深的认识。目前，我国 TBM 制造业还在发展阶段，以铁建重工、中铁装备等为代表的厂商通过不懈努力在 TBM 制造业市场中占有一定份额；但整个 TBM 核心技术如轴承铸造技术、TBM 高压液压系统、高强耐磨刀具等“卡脖子”技术依然是短板。在多雄拉隧道 TBM 施工过程中，雅江公司多次与国内整机厂商、零件供应商多次交流并提出实际需求，得到设备厂家的一致认可，尤其是在 TBM 后配套设计方面，如供风系统、回填灌浆系统、供水系统等在不同程度上促进国产工程装备产业链国产化代替和设备升级

迭代。

TBM 掘进施工中建立业主牵头、统一协调的指挥机构，对 TBM 施工管理的控制和协调力度大幅度加强，业主方主导强化对 TBM 设备硬件系统的运行监控、生产系统的施工组织、保障系统的有效运转、异常状态下故障处理等，安全、稳定、高效推进 TBM 掘进施工，基本实现了 TBM“地下工厂”规范化、标准化管理。掌握了 TBM 设备选型、施工布置、设备操作、维护管理、配套性能优化、超前地质预报与施工决策、卡机预防及快速脱困、双护盾 TBM 锚喷支护掘进等核心技术，为雅下水电开发中大洞室群积累 TBM 快速施工经验，提升了雅江公司的核心竞争力。

（四）完善施工技术链关键工艺和工法体系

1. 业主方牵头开展专项方案编制

多雄拉隧道 TBM 是国内首台直径 9 米级的双护盾 TBM，雅江公司超前布局、精心策划，以“TBM 管理创一流”和“TBM 安全、顺利掘进”为导向，牵头开展《TBM 施工管理创一流工作方案》和《多雄拉隧道不良地质洞段施预案》等专项方案编审工作，并取得了良好的效果。

2. 组织管片快速支护技术研究

双护盾 TBM 回填灌浆工序复杂繁多且质量标准要求极高，施工质量管控难度大，往往需进行二次、多次补灌。为提高双护盾 TBM 回填灌浆工效、保障隧洞结构施工质量、优化工艺工序，业主方积极组织现场各参建单位、科研机构开展管片快速支护工艺研究工作，包括适应复杂地质条件下快速管片支护结构、新型自密实回填材料、新材料的管片回填新工艺、快速管片支护后配套优化设计、现场验证工艺试验等研究。

3. 主导 TBM 卡机脱困专题攻关

以多雄拉隧道 TBM 卡机快速脱困为工作目标。在 2016 年 8 月 2 日～10 月 24 日，TBM 遭遇长达 200m 不良地质段，受高地应力围岩收敛大变形和断层破碎带等因素的共同作用，致使 TBM 先后四次被卡受困。业主方牵头，联合各参建单位成立 TBM 脱困攻坚队，组织制订合理脱困措施和方案。大力发挥业主现场组织协调、现场操作、技术支持的巨大优势，四次卡机，均顺利、快速脱困。多雄拉 TBM 掘进遭遇不良地质段导致卡机后迅速脱困的工艺和措施，为后续类似区域、类似围岩收敛卡机预防和快速脱困处理积累了丰富的处理经验。

4. 组织高地应力施工关键技术研究

以研究多雄拉隧道高地应力 TBM 施工关键技术研究为工作目标。业主方主导，联合水科院对双护盾 TBM 安全高效通过高地应力洞段施工工艺和工法等关键技术进行深入研究，包括：高地应力洞段围岩受力变形监测技术和围岩变形破坏预测技术研究；围岩应力超前释放和 TBM 设备参数调整施工技术方案现场试验研究；高地应力洞段 TBM 信息化工法研究。凝练总结相关措施的技术要求、工艺流程及操作要点等，形成双护盾 TBM 安全高效通过高地应力洞段的关键技术和工法。

5. 推动重大工程装备创新工艺

以探索多雄拉隧道双护盾 TBM 喷锚支护创新工艺为工作目标。由业主方主导，制造厂、设计、施工、监理及国内 TBM 专家配合成立“现场联合试验小组”，多次召开 TBM 锚喷支护专题会，完善锚喷支护方案并全程开展工艺性试验，成功实施 104m 锚喷支护试验，开创了双护盾 TBM 施工方法的历史先河，为后续长大深埋隧洞灵活采用双护盾 TBM 掘进施工提供了强有力的技术支撑。

6. 探究自密实混凝土回填工法

以探究 TBM 施工自密实混凝土回填工法为工作目标。业主方主导，联合清华大学、设计方、施工方组建“双护盾 TBM 掘进自密实混凝土回填工法研究工作组”。工作组采取联合办公的形式，共同制定了详细的工作任务书和试验指导手册，以双护盾 TBM 回填灌浆工艺存在的问题为导向，开展利用

"自密实混凝土回填灌浆"取代"豆砾石水泥灌浆"工法的可行性验证，并开展了工艺性试验，形成了自密实混凝土回填核心施工工法。

（五）推动科技创新链多学科和跨领域协同

雅江公司秉承合作共赢的发展理念，以多雄拉隧道重大工程装备 TBM 安全顺利掘进为目标，联合各科研院所、科研机构和参建方大力开展科技创新链多学科、跨领域合作，积极组织协调现场施工方开展科研试验工作，以科技创新链成果促进施工技术链发展，施工技术链和科技创新链得以协同推进提高。

1. 开展微震监测专项工作

以准确检测隧道高地应力洞段岩爆情况，避免 TBM 施工遭遇灾难性损失为工作目标。业主方牵头，联合清华大学、施工方成立"微震监测专项工作组"负责隧道岩爆洞段检测。通过业主方主导、清华大学和施工方通力合作，累计完成岩爆监测 1788 米并完成了多雄拉隧道岩爆机理及预警判据数值分析、岩体力学参数实时反演、岩爆部位和可能性模拟模型，监测工作较准确地对岩爆事件进行捕捉、定位、分级和预测，为多雄拉隧道 TBM 安全、顺利掘进起到了保驾护航的作用，切实预警多雄拉隧道可能存在的岩爆问题，降低工程损失，最大限度地保护施工人员的生命和财产的安全，为后续雅下截弯梯级电站深埋长大隧洞 TBM 掘进施工积累岩爆监测和预警经验。

2. 开展地质超前预报专项工作

以为多雄拉隧道 TBM 安全掘进提供准确的超前地质预报为工作目标。由业主方地质工程师牵头，联合中电建成都院（设计方）、中铁西南科学研究院有限公司（简称中铁西南院）、加法隧道工程成都有限公司（FCT）组建"超前地质预报工作组"负责超前地质预报专项工作。通过以业主方为主导，科技创新链和施工技术链协同推进，增进了施工技术，同时不断提高科技创新管理水平。经不断摸索磨合持续提高超前地质预报的准确率，优化地质预报的工作方法，为多雄拉隧道 TBM 掘进参数选择、施工准备、安全生产等提供决策依据；同时，为雅下截弯梯级电站 TBM 施工预报方法、工作方式积累了宝贵的实战经验。

3. 组织开展地应力检测专项工作

以持续检测隧道围岩收敛变形速率、围岩应力检测，确保 TBM 安全快速通过高地应力洞段为工作目标。由业主方牵头，联合清华大学、设计、监理、施工等四方成立"地应力检测专项工作组"负责 TBM 快速通过围岩收敛洞段的技术指导工作。通过以业主方主导、各参建方紧密配合，充分利用 TBM 设备结构，布置应力计、应变计等设备持续检测掘进洞段应力应变情况，并按照检测规律准确预测围岩收敛的速度、尺寸，为 TBM 掘进参数选择、滚刀扩挖尺寸选择、施工准备等提供了决策依据，多雄拉隧道 TBM 安全快速通过约 200 米高地应力围岩收敛洞段。

三、业主主导的国家战略性水电重大工程装备创新管理效果

（一）高效实现了以服务国家战略性水电重大工程装备突破为目标的"业主主导、五链协同"项目管理目标

一是提前高效实现了多雄拉隧道安全贯通，为雅下水电勘探提供了快速通道。同时，为深埋长大隧洞 TBM 施工提供了可借鉴经验。二是项目进度管理水平显著提高，工程安全、环保、投资等指标在控、可控，工程质量达到优良指标，安全文明施工得到极大改善，重大工程装备 TBM 利用率较行业水平得到显著提高，为派墨公路在"建党 100 周年，西藏和平解放 70 周年"实现全线安全顺利贯通目标打下了坚实的基础，获得了西藏自治区及各级地方政府、社会各界媒体的一致好评。三是形成了一大批以业主为主导的核心施工工法、工艺，有力推动了重大工程装备 TBM 国产化制造水平。

（二）建立以服务国家战略性水电重大工程装备突破为目标的“业主主导、五链协同”项目管理体系

雅江公司从建设项目全生命周期管理统筹全局的角度出发，将战略性水电工程项目建设中具有决定或影响的重大工程装备纳入“以服务国家战略性水电重大工程装备突破为目标的‘业主主导、五链协同’项目管理”，通过业主方主导重大工程装备设计、制造、施工、技术创新和后评价等全过程管理，将数字化、信息化、智能化等新型科技深度融合传统水电管理模式，依托多雄拉隧道TBM管理，打造出一支知识结构、专业素质和创新能力均佳的专业化重大工程装备管理团队，编制完成了一整套重大工程装备管理制度、标准及相关规范，探究出了重大工程装备标准化、规范化管理流程。通过多雄拉隧道TBM管理实践、总结，全面搭建完成了雅江公司“以服务国家战略性水电重大工程装备突破为目标的‘业主主导、五链协同’项目管理体系”，为后续国家重大工程川藏铁路、雅下水电等重大工程装备项目管理提供了成熟的实战经验，提升了公司全面发展的核心竞争力。

（三）为国家战略性水电工程重大工程装备项目管理提供了可借鉴的经验

通过“以服务国家战略性水电重大工程装备突破为目标的‘业主主导、五链协同’项目管理”在多雄拉隧道TBM项目管理中的实践，为后续川藏铁路、雅下水电等国家重大工程实施中重大工程装备智能TBM、千米级高水头大容量冲击式水轮机等重大工程装备项目管理提供了可借鉴经验。特别是千米级高水头大容量冲击式水轮机制造技术属于世界级技术难题，面临关键材料、锻造技术、整机设计制造一系列难题，按照国家能源局安排，华能在牵头开展该项课题研发中，充分借鉴以服务国家战略性水电重大工程装备突破为目标的“业主主导、五链协同”项目管理成果，发挥中央企业“链长”作用，联合东电、哈电、一重、二重、中科院电工所、金属所、机械工业沈阳铸造研究所等设备厂商、科研院所及院士团队，按照“业主主导、五链协同”的管理思路谋篇布局，高起点高水平推进战略性水电高水头大容量冲击式水轮机组研发工作，在设备设计、制造和关键材料、铸造技术、制造工艺等“卡脖子”技术方面进一步提高中国制造实力，打造了新的“国之重器”。

（成果创造人：杜灿勋、刘　勇、陈应球、严　冬、朱启贤、王明友、李文斌、刘　峰、孙华章、李星伟、廖　旭、侯秉均）

军工企业基于共性技术资源整合的通用产品研制管理

中电天奥有限公司

中电天奥有限公司（以下简称中电天奥）以全域网络信息感知与应用发展为主线，集电子设备技术、软件技术和系统集成技术优势于一体，是我国国防和民用电子行业领域电子设备及系统的主要承研商、供货商和服务商，属国家一类科研单位，为“神舟系列”“嫦娥工程”“索马里护航”“反法西斯战争胜利70周年阅兵”“建军90周年阅兵”等重大活动与重要任务的顺利完成提供了全方位、高质量的安全保障服务和系统技术保障。先后共获得国家、省、部级科技成果奖479项，其中国家级科技成果49项，省部级科技成果430项；荣获第一批“全国文明单位”称号，两次荣获“中央企业先进集体”和“全国五一劳动奖状”，为推进我国国防科技和武器装备发展做出重要贡献。2020年，中电天奥实现主营业务收入82.5亿元，净利润8.1亿元。至今，中电天奥已经发展成为国防电子行业的主力军，是国民经济信息化建设的主要力量。

一、军工企业基于共性技术资源整合的通用产品研制管理背景

（一）适应技术发展，夯实武器装备研制基础

任何信息化武器装备（系统）都是由天线、射频前端、中频系统、信号处理、信息处理等分系统所组成，而每一个分系统都是由大量不同类型的部件、组件和模块等通用产品所构成。通用产品作为武器装备的重要物质基础，其性能和水平决定着武器装备的作战效能。随着我国国家安全利益的不断拓展，国防科技和武器装备建设的飞速发展，对通用产品提出越来越高的要求。通用产品研制管理作为承载通用产品的主体，其研发制造能力和水平关乎着武器装备的研制和生产、质量和生命，对武器装备的研制和发展起着至关重要的作用，是武器装备研制生产的核心支撑保障。但是，在很多整机单位中，通用产品研发能力建设往往得不到应有的重视，产品的质量和周期也得不到应有的保障。因此，加强基于共性技术资源整合的通用产品研制管理，不断增强通用产品的研发制造能力，不断提高通用产品的性能和水平，是满足我国武器装备研制生产保障的迫切需要。

（二）固化研制流程，实现知识积累技术升级

近年来，随着用户需求的多元化以及新技术的大量涌现，产品的功能越来越复杂，使得产品的研制过程也越来越复杂。研制过程一方面会涉及机械、电子、自动化、人工智能、大数据等诸多专业和领域，甚至产品的一个最细小组成部件都有可能涉及多个学科领域；另一方面，产品研制需要经历概念设计、详细设计、分析、制造、装配、试验、测试、维护等多个阶段；此外，整个研制过程是随需求和研制情况而进行动态调整和更新的。随着技术的不断发展和成熟，如何将这些复杂且动态的产品研制流程进行优化并固化，形成通用产品，实现知识积累和支撑技术升级，是保证高效率、高质量、低成本产品产出的重要保障。因此，加强基于共性技术资源整合的通用产品研制管理，形成优化且固化的研制管理流程，是满足实现知识积累、支撑技术升级的客观需要。

（三）加强研制管理，提升企业核心竞争力

中电天奥是电子信息领域多专业融合的综合性企业，专业领域覆盖面广，装备形态覆盖陆、海、空、天等多类平台。随着武器装备研制生产任务快速增长，中电天奥产品呈现出“多品种、小批量”的显著特征，而基于共性技术的通用产品研制管理就是中电天奥的关键核心价值，主要表现为：基于共性技术的通用产品是中电天奥核心技术的重要依托，同时也是中电天奥经济利润的重要来源，可以为中

电天奥整机产品的批量生产奠定坚实基础。但是，由于共性技术资源的独立分散、多头管理、低效协调和专业壁垒，客观上形成基于共性技术的通用产品成本偏高、批产能力偏弱、质量不可控因素较多，有时甚至出现核心产品外包现象。因此，为了解决基于共性技术的通用产品研制管理存在的诸多弊端，开展基于共性技术资源整合的通用产品研制管理，提高通用产品的研制管理效率势必成为提升企业核心竞争力和价值创造能力的内在需要。

二、军工企业基于共性技术资源整合的通用产品研制管理主要做法

（一）明确研制总体目标，制定发展规划

坚持需求牵引和技术创新相结合，坚持统一整体规划和分步实施到位相结合，按照“资源有效整合，顶层布局优化，系统开放重构”，明确“有效整合、深化融合、创新引领”三步走总体目标，逐步优化、完善并引领基于共性技术资源整合的通用产品研制管理。同时，根据通用产品研制管理发展的特点和规律，应用系统工程体系布局的理论和方法，建立研制管理中长期发展规划。

第一步，有效整合发展：通过优化组织运行机构、发挥组织整体合力将通用产品研制的各项共性技术专业资源进行有效整合，强化组织领导，制定规章制度，明确管理职责，增强凝聚合力，加强计划协调功能，实现多专业多业务协调统筹，通用产品研制效率大幅提升，最大限度发挥资源整合的综合效能和效益，确保国防科技和武器装备科研生产任务按时保质完成。

第二步，深化融合发展：在整合发展的基础上，进一步梳理共性技术资源，打破共性基础技术专业壁垒，通过建立技术体系架构、统一技术标准规范，让研制管理在统一的技术顶层设计下有章可循、有据可依；通过将设计、生产制造和调试测试紧密结合，优化研制管理流程，开展研制管理的资源配置和流程优化；通过信息系统的建设，保障研制顺利开展。实现多专业多业务深度融合，进一步增强通用产品研制能力和水平，逐步建成功能齐全、技术先进、管理规范、集约高效的通用产品研制管理架构，为国防科技和武器装备建设发展，为国民经济信息化作出更大的贡献。

第三步，创新引领发展：在前两个目标实现的基础上，通过“内引外联、优势互补”等方式，进一步优化研制管理整体布局，通过完善信息系统，建立共享网络运行服务模式；通过强化考核激励措施，加强人才队伍建设，积极开展新技术、新工艺以及新体系的创新研究，培养通用产品优秀人才，用高水平的通用产品研制管理能力引领新应用、满足新需求，进一步增强研制管理服务国防建设、服务国家信息化发展的综合能力，运用云计算、大数据、人工智能等先进技术和理念，推动基于共性技术资源整合的通用产品研制管理向智能制造和现代化工业互联网转型升级。

（二）梳理技术体系架构，统一技术标准规范

1. 梳理技术体系架构

根据基于共性技术资源整合的通用产品研制管理的特点和规律，依据总体发展目标和中长期发展规划，将原来分散、独立运行、自成体系的天线、信号处理、毫米波技术、微系统等共性技术资源，以应用为牵引，以经营管理和数据资源为抓手，以功能设计为主线，以生产制造加工测试为支撑资源，以网络为连接平台，通过对共性技术“体系框架重构、技术标准统一、硬件资源整合、软件模块重组”的方式，按照分析技术需求和梳理技术树两个步骤开展技术体系架构梳理工作。首先从三个方面分析技术需求：一是对新时期信息装备发展方向、转型重点、用户采购计划以及专项技术进行分解并提炼；二是基于企业内部主要产品线的增强发展需求，从功能综合、小型化、低成本等进行展开说明；三是从行业需求角度对新技术进行梳理，优化并完善技术领域布局。在分析技术需求的基础上，按照“专业技术—核心技术—技术平台”梳理技术树：通过 FFBD 功能技术分解定义矩阵对功能模块进行合并、优化、共享，形成通用模块库；同时，对技术路径进行裁剪和合并，搭建技术平台，利于技术共享。这样一个统一的、开放式的、结构化的研制管理技术体系架构，既结合企业实际，又反映了通用产品未来的

发展趋势，既解决当前研制管理的需要，又可以有效指导未来研制管理转型发展。

2. 统一技术标准规范

根据技术体系架构，按照共性基础技术“统一管理，突出重点，分级应用”的思路，借鉴国标和国军标关于电子信息装备及产品、网络信息体系、工业互联网、X10 工程等方面的标准和规范，梳理对共性基础技术的关键标准和要求，依照通用产品的应用及特点做适应性的重组、优化和裁剪，确定基于共性技术资源整合的通用产品研制应遵循的技术标准集。比如，在研制体系方面，更多的是参考工业互联网的标准和规范，从而保证设备、软件接入及系统拓展的一致性，有利于体系的转型升级；而在产品研发方面，则根据用户的不同要求采用相应的 X10 工程、国军标、国标和企标的标准和规范，满足不同应用的客观需要。基于共性技术资源整合的共性技术标准集如图 1 所示。

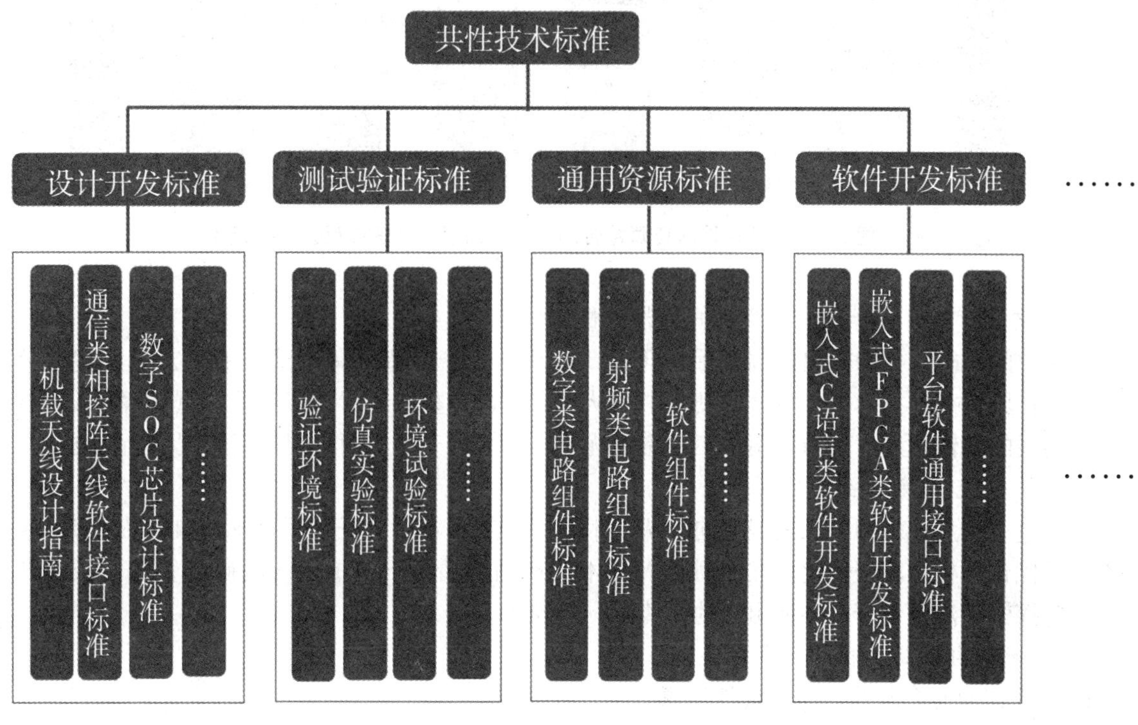

图 1　基于共性技术资源整合的共性技术标准集

（三）优化研制管理流程，促进高效运行

1. 建立研制流程持续改进机制

结合通用产品和共性技术资源的发展趋势，开展面向通用产品的研制流程各阶段优化分析和流程优化。在技术资源不断拓展的情况下，重点解决研制管理中任务策划、产品投产、加工制造、集成测试、交付验收等方面出现的新情况、新问题，构建研制管理中可自反馈的运行模型（见图 2）。

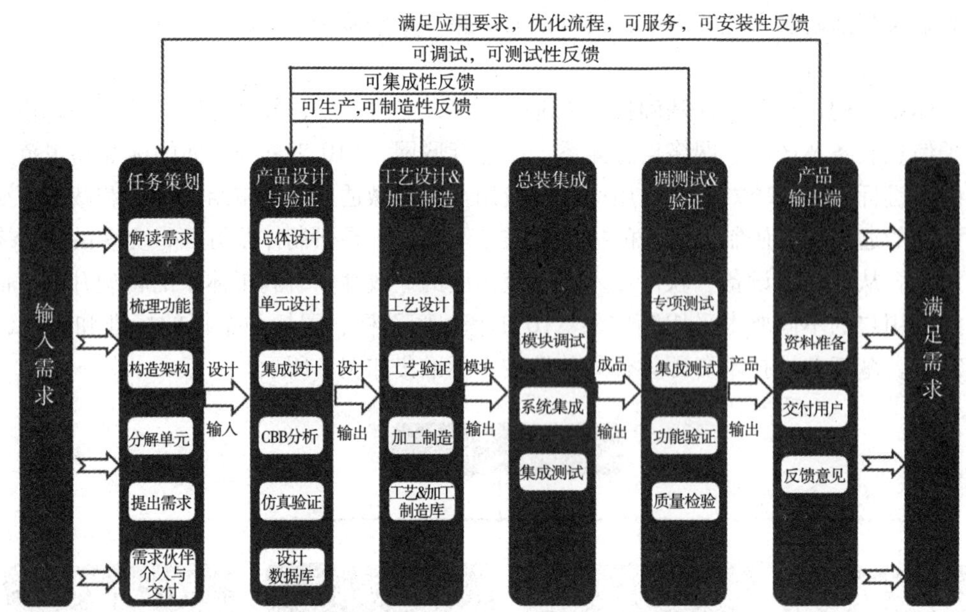

图 2　基于共性技术资源整合的通用产品研制管理自反馈运行模型

2. 面向设计线、生产线、调测线的工艺流程优化

从用户的需求输入和输出两端着手，开展“设计 + 生产制造 + 调测试”的工艺流程优化分析和流程优化。在原有共性技术资源从分散到集中、从独立运行到整体运行的情况下，重点解决设计线、生产线、调测线的整体布局、资源复用、工艺流程优化、功能提升等方面出现的新情况、新问题。

3. 面向新技术/新产品的研制流程优化

结合电子信息技术的未来发展方向，从技术、产品创新着手，开展面向技术和产品创新发展的全业务流程的优化分析和流程优化。在面对新兴技术和产品的情况下，重点解决研制管理中技术和产品创新、工艺探索和流程创新等方面出现的新情况、新问题。

（四）优化组织运行机构，发挥整体合力

1. 优化组织运行机构，整合共性资源

按照总体规划和技术体系架构的要求，将企业中原来分散在各个应用领域里的通用产品设计资源、工艺设计资源以及产品的调测试资源进行整合，形成一体化的设计应用体系、工艺设计体系和调测试体系。新成立共性技术研究部，这样既能大大提高基于共性技术资源整合的通用产品研发设计能力和水平，又能大大提高研制管理整体的生产制造、测试验证的能力和水平，提升整个研制管理的智能化、柔性化程度。通过优化组织运行机构，有效整合相关共性技术基础资源。

2. 制定研制管理制度，规范管理运行

为了提高研制管理的运行效率，建立科学、完整、实用的管理制度，凝练技术和管理经验，制定研制管理各环节的规范、规章和管理制度，形成制度体系框架。通过优化管理文件模板、新增标准操作指导文件、完善操作使用规范等措施，构建管理制度的标准化载体，并插入管理监控关键点，在开展业务工作时可自行全方位覆盖所有管理要素，自觉落实全方位的管理职责，形成“以研发设计为牵引，以标准操作指导为主线”的制度文件和业务深度融合，实现通用产品研制的规范化、结构化管理，促使研制管理流转的可控性、畅通性、反馈性得到有力提升。

3. 重新划分管理职责，增强凝聚合力

明确界定各层级的分工、职责和工作界面，将管理职责进行文件化显性描述，形成一体化管理职责矩阵图。新成立的共性技术研究部，由企业直管重在把方向，企业管理层结合经营生产进行统筹把关，企业技术层进行技术引领和技术把关；在共性技术研究部内部，设立部门内部的管理层以对接企业内外部的各类应用领域，包括市场和项目管理办，重在加强统一市场开拓和客户管理，通过两级管控加强组织管理和协调，确定项目实施的具体负责人，强化计划调度和资源配置，确保项目按时保质完成，将市场营销和客户服务、计划调度管理、物资采购和综合保障等综合性管理职能进行整合，形成一体化的管理职责体系；部门内部的专业科室重在加强相互之间协调，打破部门藩篱，消除业务协同障碍，提高运行质量和效率，发挥资源整合的最大效益；部门内部的产品调测试重在完成通用产品调试和测试，提高产出效率，向设计开发反馈意见和建议，不断持续提高设计研发能力；同时，明确各重点实验室的职责和定位，各重点实验室作为创新中心，只负责产品的技术创新和新产品试制，不再负责工程型号产品研制和生产制造过程，以最大程度保证科技创新资源。通过重新划分通用产品研制的运行管理职责，大大增强通用产品研制管理的整体凝聚合力。

（五）建立面向产品全生命周期的管理信息系统，保障研制顺利开展

1. 构建全面共享的市场信息管理平台和大数据管理中心

市场信息管理平台主要汇集市场动态信息、市场策划、客户需求信息、客户名录、客户输出产品、客户反馈意见以及客户关系维护等功能，实现对市场信息集成与目标管理。明确提出不同类型的人员均可在不同权限下输入和获取平台的相关信息，并对已有的市场信息进行跟踪和控制、解读和落实，如市场跟踪、前期研究、技术攻关以及产品研发等。大数据中心主要负责为记录产品全业务流程（包括技术通用模块构建、产品通用模块构建、管理通用模块构建）、计划调度、过程执行、产品质量等。以产品研制全业务流程为主线，开展产品数据管理业务研究开发，建立市场数据、计划调度管理数据、生产制造过程数据以及质量风险数据等业务流程的数据管理平台，确保数据的一致性、有效性和可追溯性，实现市场、管理、设计、制造、使用等数据交互的一体化，为产品的研制提供有效支撑，也为大数据、人工智能新技术的应用奠定基础。

2. 构建灵活高效的产品设计管理平台

产品设计管理平台主要负责产品需求输入、总体设计、集成测试、仿真验证以及产品工艺设计、验证及工艺输出管理等方面。该平台以产品需求输入为依据，以产品设计工具和软件为手段，以形成可操作的工艺流程文件为目标，实现产品设计、工艺设计和过程控制三者的有机结合，构建灵活高效的产品设计管理机制，解决“多品种小批量”带来的设计难题，大大提升了研制管理的产品设计能力和水平。

3. 构建面向科研生产全过程的计划调度和过程执行管理平台

计划调度平台主要负责项目策划方案、编制计划、安排任务、组织实施、协调进度、调配资源、处置问题、验收项目、合同经费管理等，实现对科研生产全过程的集约高效化管理。该平台对产品研制生产过程中的计划执行、经费使用、进度调度、资源配置、问题处置以及交付验收等诸多关键环节进行一体化管控，形成标准的管控流程和规范。过程执行管理平台主要负责项目流程编制、投产运行、过程管控、产品输出等，实现对产品生产制造过程的柔性管理。该平台采用“管控 + 数字化 + 生产线”的研制思路，以通用化、柔性设计为基础，以生产制造的工艺流程优化、管控体系程序固化以及制造设备智能化为手段，充分发挥现有软硬件资源能力，加快高效柔性生产线建设。

4. 构建重点关注事项的综合保障管理平台

综合保障管理平台主要负责产品的物资配套、成本核算、质检管理、风险管理、绩效考核、售后保障等方面，实现对产品（项目）生产制造过程的监控和综合保障。为了确保科研生产过程高效有序运行，增强产品的市场竞争能力，该平台重点加强对产品研制成本和风险的监控，重点关注产品的质量和售后服务情况，提高项目经费管理的科学性和质量保障的有效性，提高用户的满意度以满足产品市场化

的需求。

（六）强化考核激励措施，加强人才建设

1. 建立科学合理的多元激励机制

为逐步形成全体员工为达成目标而努力开拓和勇于创新的良好氛围，通过多元激励机制引导提升全体员工工作积极性和创造性，彰显"以人为本"。多元激励机制包括：物质激励、荣誉激励、职业通道发展。

在物质激励方面，研究设立科研生产、科技创新、市场开拓专项奖励机制，以发挥物质激励的引导作用。其中，科研生产专项奖励旨在表彰科研生产活动中产品模式创新、过程监督与管理、核心技术突破、产品质量形成、保障与服务、团队文化建设等方面取得突出绩效的团队或个人；科技创新专项奖励旨在表彰符合集团公司、企业中长期发展方向、共性基础技术发展方向，符合市场需求和产业发展前景，学术技术水平和研究成果具有创新性、领先性，具有持续创新能力和成果转化能力的团队或个人；市场开拓专项奖励旨在表彰在军工电子、科技创新、民品产业、国际贸易及大数据、5G、区块链等新兴业务领域积极拓展新市场、开拓新业务，为基于共性技术资源整合的通用产品进一步扩大市场份额或提升市场占有率做出突出贡献的团队和个人。

在荣誉激励方面，主要是把工作成绩与晋级、提升、选模范、评先进联系起来，并标定下来。为满足员工自我实现的需求，对员工的贡献公开表示承认，如开展优秀员工的评比活动、对优秀员工进行宣传、为荣誉员工颁发内部证书、为高级专家和骨干人才颁发聘书、借助党员优秀示范岗/部门荣誉墙和企业年鉴激励员工、让优秀员工指导新员工以及带领团队、开展"榜样力量"宣讲活动介绍经验等。

在研制人员职业发展通道方面，为了实现对研制人员的针对性激励，逐步建立专家管理体系，有效实现核心人才的识别、激励和风险管控。对于技术决策与技术攻关能力较强，或者主持过重大工程级或重大项目中的瓶颈性核心元器件、部/组件项目的研制人员，鼓励其向集团公司专家方向发展，并从政策上予以一定支持；对于在研制、生产、测试、试验等工作中创造性地解决重大关键技术问题，或者在高新技术研究、开发工作中有技术创新和发明创造成果的研发人员，鼓励其向企业专家方向发展；对于有较强技术创新能力的年轻研发人员，鼓励其向企业青年储备人才方向发展，并将其作为未来重点人员进行培养；同时，还设立部门级专家人才库。通过以专家人员为突破口，针对基于共性技术资源整合的通用产品研制管理的重点人群实行资源倾斜，拓宽人员职业发展道路，推动了专业技术人才队伍建设，提高科技创新能力。

2. 加强人才队伍建设

坚持"人尽其才，才尽其用"的人才观，重点抓好"产品攻关团队、技术创新团队、技能操作团队、市场开发团队"四支队伍建设，集聚和培养优秀科技人才。

在组织产品攻关团队方面，为了确保重点武器装备和科研任务的完成，在遇到重点产品研制任务时，组织跨专业的专项攻关团队。团队的组织形式有"建制式"（组织委派）和"非建制式"（揭榜挂帅）两种形式，赋予项目负责人在人、财、物等方面的自主权，以打破各专业和部门的界限。

在建强技术创新团队方面，针对一些前沿性、基础性的核心关键技术，积极鼓励年轻的科研骨干参与。通过建立技术创新团队的形式，在实战中培养锻炼和选拔高水平人才；为了加快青年科技人员的成长，经常性地邀请国内外的知名专家和学者到部门讲课，开展专业培训，开阔眼界、丰富知识、提升思维层次、增强实战能力。结合共性基础技术的特点，先后建立敏捷智能计算、相控阵天线等多个技术创新团队，取得近40项创新成果。通过技术创新团队的建设，锻炼和培养了一批创新能力突出的学科带头人和技术骨干。

在建好技术操作团队方面，组建调试测试创新工作团队，发挥高技能人才的"传、帮、带"作用，培养更多技术骨干；建立规范标准的操作程序和操作手册，提高工艺文件的指导性和可操作性；开展在岗培训工作，请行业内的技能大师和高手，传授经验、加强指导；推荐表现优异的技术能手参加各级技能大赛，以赛促学，既增加集体荣誉感又学到很多先进的经验和知识。

在加强市场开发团队建设方面，为了能够更好地满足用户需求、提高客户满意度，坚持以市场为导向，坚持双向选择、各尽其用的原则，着力培养复合型科技人才。通过组织选拔和个人自荐，选拔一批既懂技术又懂沟通的人才从事市场开发工作，从专业技术、管理流程、沟通交流、心理建设等方面对市场开发团队进行全面的培养；同时，要求科技人员主动承担起市场开发先行者的角色，主动找客户、找项目研发新产品，尤其是技术总师承担市场开发的职责，以此提升整个团队的市场开发能力和力度；在条件成熟时，进行“双向轮岗”，既保持市场开发一线的活力，又让科技人员更加了解市场一线客户的真实需求，从而使开发的产品更符合市场的需要。

三、军工企业基于共性技术资源整合的通用产品研制管理效果

（一）建立基于共性技术资源整合的通用产品研制管理方式

改变了企业传统的“小而全、分而散”的通用产品研发制造模式，改变了共性基础技术资源建设相对分散、不成体系以及多头管理、协调复杂、效率不高等弊端，强化集中统一领导，优化组织机构设置，提升信息化管理水平，强化激励措施，加强人才队伍建设，实现了共性基础技术资源的有效整合和整体布局的优化，建立了基于共性技术资源整合的通用产品研制管理及相应的组织运行体系，通用产品的研制能力明显增强，经营管理能力和水平明显提升。该成果实施 3 年以来，按照“三步走”的发展战略规划，制定了 46 项管理制度。不断推进深化改革，提升和完善经营管理能力，军工产品设计评审通过率达 100%，交付周期与过去相比平均缩短了约 35 天，产品成本平均降低了约 26.7%，人均利润年增长率 8%。

（二）推动通用产品的研制开发，促进业务发展

解决了将复杂且动态的产品研制流程进行优化并固化的问题，将技术成熟的产品形成通用产品，实现了知识积累并支撑技术升级，为基于共性技术资源整合的通用产品支撑多专业多平台的大系统和整机产品的研发和批量生产奠定了坚实的基础。该成果实施 3 年以来，每年增加培育成熟通用产品约 12 类，每年新增加产出通用产品约 1140 台套，其中，在确保军工任务完成的基础上，平均每年增加通用民品产品约 3 类，每年新增通用民品产品约 200 台套；3 年新增支撑专业领域 2 个，支持系统整机类产品的批量生产约 7000 台套。该研制管理开发的毫米波固态功放已成功出口到俄罗斯等国家；民机卫通平板天线是国内首个基于 ARINC792 标准的平板机载卫通相控阵天线，具有广阔的市场应用前景。

（三）提升经济效益并彰显政治责任和社会影响

对市场和用户需求的把控能力得到显著增强，新市场、新产品开拓和新领域拓展能力也有较大提升。同时，提高了研制管理的运行质量和效率，逐步改变了过去核心通用产品外协外包的被动局面。该研制管理实施 3 年以来新增通用产品产值共约 17710 万元，年均增长率为 22.7%，远高于企业的平均增长水平，处于高速发展阶段。其中，新增通用民品产品产值共约 8000 万元。用户验收产品一次交验合格率达到 99.88%，顾客满意度达 90.97%，未发生因交付产品而导致的重大责任事故，受到军方用户的高度赞扬和一致好评，显著地增强了企业的经济效益和武器装备研制的“自主可控”和“自主保障”能力。

（成果创造人：陈　凤、谢　玲、黄金元、王中华、何海丹、钟　瑜、刘　伟、王　键、陈　锴、方　科、程　焱、肖　亮）

电网企业主导的火电机组灵活性改造管理

华北电网有限公司　国网冀北电力有限公司电力科学研究院

华北电网有限公司（以下简称华北电网）是国家电网有限公司的全资子公司，负责调度运行管理华北电网、京津唐电网。供电区域包括北京市、天津市、河北省、山西省、山东省和内蒙古自治区，供电面积171.2万平方千米，供电人口2.76亿人。国网冀北电力有限公司电力科学研究院的经营范围包含技术开发、技术咨询、技术转让、技术服务和电力技术人员培训等。2021年，华北电网新能源装机达到1.56亿千瓦，位列各区域电网首位，利用率达98.9%，实现连续5年正增长。近年来，华北电网创新提出“源网荷储协同互动新模式”，在全国率先实现对分布式储能、电动汽车等负荷侧资源的远程控制和商业运营，实现了“从0到1”的技术突破，累计获得1项国家级、6项省部级、11项公司级科技进步奖项表彰。

一、电网企业主导的火电机组灵活性改造管理背景

（一）贯彻落实“双碳”目标、服务绿色低碳发展的时代要求

“碳达峰、碳中和”目标不仅是一个应对气候变化的目标，更是一个经济社会发展的战略目标，体现了我国未来发展的价值方向，对构建以国内大循环为主体、国内国际双循环相互促进的新发展格局意义深远，是一项重大的政治任务。能源是经济社会发展的重要基础和动力，我国煤炭消费占能源消费总量的56.8%，是发达国家的1.9倍，其中火力发电的碳排放占比55.6%，是发达国家的2~3倍。因此，电力行业脱碳是实现“碳达峰、碳中和”目标的重要路径，采用新能源发电代替化石燃料发电更是“碳达峰、碳中和”的重中之重。

华北区域物质基础雄厚，交通网络密集，市场广阔、投资需求和消费需求巨大，2020年国内生产总值达19.0万亿元，约占全国的18.7%。预计“十四五”期间，华北区域国内生产总值年均增速将保持快速增长态势，对能源清洁低碳转型的需求进一步提高。目前，华北电网电源总装机容量5.2亿千瓦，其中火电占比67.3%、风电占比17.0%、光伏占比13.6%、水电占比1.6%，灵活性调节资源明显不足，实现“双碳”目标面临巨大压力。

（二）主动承担“三大责任”、助力能源转型升级的迫切需要

国家电网有限公司坚持“人民电业为人民”的企业宗旨，坚定不移履行好政治、经济、社会三大责任，推动能源电力从高碳向低碳、从以化石能源为主向以清洁能源为主转变，不断为人民群众美好生活提供安全低碳、清洁高效的电力支撑。

近年来，华北电网新能源装机增长迅猛。“十三五”期间，新能源装机增长296.5%，发电量增长272.7%，预计“十四五”期间新能源装机占比将增至40%以上。新能源出力具有间歇性、波动性、随机性强等特征，特别是冬季“供暖期”和“富风期”叠加影响、相互制约，给电网运行和新能源消纳带来了严峻挑战。华北电网供热机组占火电的70%以上，集中供热的热源以热电联产为主，热电联产机组发电出力受热负荷制约，发电出力没有调整性能，电热矛盾、风火调峰矛盾极为突出。火电机组灵活性改造能够快速有效解决“以热定电”、可再生能源消纳之间的矛盾，是目前阶段最为经济可行的调峰手段。2021年，京津唐电网供热机组平均出力下限为70%，通过火电机组灵活性改造可降低至40%，可增加机组调节容量约2000万千瓦，增加新能源消纳空间约800亿千瓦时。

（三）推动源网协调发展、保障国家能源安全的必然选择

电力系统是国家关键基础设施，电力安全与政治安全、经济安全、网络安全、社会安全等诸多领域密切关联，一旦发生大面积停电事件，可能引发跨领域连锁反应，导致重大经济财产损失，危及国家安全。提高火电机组出力灵活性，能够有效解决电力系统调节能力不足问题，提高高比例新能源条件下的供电保障能力，发挥互联电网对新能源出力的尺度平滑作用，有力促进新能源消纳水平大幅提升。按照目前京津唐火电装机容量6900万千瓦计算，经灵活性改造后机组平均增加30%调峰能力测算，系统将增加2000万千瓦以上调峰能力，节约电网建设投资超过800亿元。

同时，随着新能源快速发展，火电机组利用小时数将持续减少，火电企业经济效益逐年下降，迫切需要运行市场经济手段深挖火电机组调峰潜力，发挥火电机组稳供保供优势，推动源网协调发展，提高能源系统的安全性、灵活性和综合利用效率。在电力市场环境下，由于可再生能源具有零边际成本特点，市场出清价格降低，甚至出现负值。火电机组积极参与系统深度调峰，一方面在可再生能源大发时减少发电量，避免因出清价格过低引起的损失，另一方面还可以获得调峰奖励资金。

二、电网企业主导的火电机组灵活性改造管理主要做法

（一）确定项目指导思想、基本原则

开展灵活性改造全维度组织管理，秉承“创新、协调、绿色、开放、共享”的新发展理念，采用科学的技术评价手段及激励机制，充分发挥电网资源优化配置的枢纽平台作用，高效、安全地推动电源侧灵活性改造的发展。灵活性改造全维度组织管理从技术角度入手，分析各种技术方案的改造效果，提出更为合理的灵活性改造技术方向，从根本上推动电源侧灵活性改造的健康发展。在技术保障的基础上，通过奖励机制加速推动电源侧积极开展灵活性改造，促使火电机组灵活性改造高效发展，为经济社会发展和人民美好生活提供优质电力保障，不断提升人民群众的满意度和获得感。

灵活性改造全维度组织管理以保障电网安全稳定运行为基本前提，以切实提升系统调峰能力为根本目标，以国家优先发电政策为依据，通过创新政策机制、制定技术标准、构建管理体系、制定管理流程等，激励发电企业积极参与灵活性改造，有效提升新能源并网发电量，提高新能源发电占比，推动华北地区改进供热技术，提高能源利用效率，推进低碳供能发展，把安全第一的理念贯穿管理全过程，确保电网安全发展。

（二）制订改造规划，完善组织架构

1. 科学编制改造规划

华北电网由京津唐、河北南网、山西、山东和蒙西电网5个平衡控制区组成，其中北京、天津、河北北部和“西电东送”机组共同组成京津唐统一控制区。截至2020年年底，华北电网装机容量达51594万千瓦，统调口径装机容量达44441万千瓦，其中火电（燃煤、燃气等）30029万千瓦，水电（含抽水蓄能）790万千瓦，核电250万千瓦，风电8737万千瓦，光伏4630万千瓦。为满足碳达峰要求，2025年华北新能源规模要达到2.5亿千瓦，与“十三五”末相比，规模翻番；2030年，华北新能源规模达到3.6亿千瓦，2021—2030年华北需新增新能源装机约2.3亿千瓦。

为适应华北地区新能源的发展，火电机组灵活性改造分步适时，优先推进供热机组开展热电解耦等灵活性改造，根据调峰需求情况推进纯凝机组开展灵活性改造，在具备条件的情况下，适时开展燃气蒸汽联合循环机组灵活性改造。根据不同地区调节能力需求，科学推动华北区域各省网改造规模、具体项目、进度安排，2025年力争京津唐电网调峰能力累计提升1200万千瓦、华北地区累计提升4000万千瓦。

2. 建立组织体系

通过建立组织体系，建立多专业跨部门协调机制，营造政府、电网企业、发电企业的多方和谐互动

管理环境。基于近期和未来高比例新能源接入背景下电网高度灵活调节的实际要求，结合各部门各层级管理职责和优势，建立以电网企业为主，电网技术支撑单位和发电企业专业人员为辅的组织体系。电网企业牵头组织开展火电灵活性改造管理的各项工作，组织协调专业技术力量，联合电网技术支撑单位网源协调技术团队和发电企业相关技术人员，协同开展火电灵活性改造管理相关工作。多部门跨专业构成的合作团队充分发挥调度机构的电网管理优势、技术支撑单位的技术优势、发电企业的设备管理优势。

3. 明确职责定位

政府负责发布灵活性改造相关管理政策、办法，批复电厂建设规划，接收电厂、企业报送相应的文件、材料，依法对企业、电厂的涉网行为进行督查。电网部门负责与政府主管部门、发电集团及企业的横向沟通联络，开展灵活性改造管理和网源协调技术管理工作，包括修订并网相关制度，应用先进技术，优化工作流程，开展涉网安全检查，做好安全管控；技术支撑单位，负责开展各项性能评价和试验的验收、审查、评估及综合性能评价的实施等工作；各发电企业设立灵活性改造工作负责人、专责人，严格执行改造奖励办法和涉网相关技术标准及规范性文件，加强机组运行及设备管理，参与厂网协调，保障运行安全。

（三）开展技术研究，编制发电企业改造技术路线

1. 深度调峰技术路线

随着机组的负荷降低，锅炉的炉膛热强度和燃烧的稳定性降低，采用煤质掺配、精细化燃烧调整、燃烧器和制粉系统改造、等离子或微油点火等助燃措施实现低负荷稳燃；深度调峰下脱硝反应器入口烟气温度过低，脱硝系统可能退出运行，采用省煤器分级布置、省煤器烟气旁路改造、设置省煤器给水旁路、热水再循环改造、增设零号高加等技术实现宽负荷脱硝；深度调峰时燃烧稳定性降低，增加水动力和汽水系统不稳定性，采用试验及仿真计算论证水动力及汽水系统的安全性。

2. 热电解耦技术路线

供热机组受供热需求的限制，调峰能力降低，如何在满足供热的同时提高调峰能力，也就是高温高压蒸汽在汽轮机内做功份额和供热份额的再分配是解决问题的关键。采用光轴、3S 离合器、零出力、微出力等提高中低压连通管抽汽能力的技术增大调峰能力；采用热泵、蒸汽机等技术提升机组的循环效率和调峰能力；采用旁路供热、电极锅炉供热技术以适度降低循环为代价大幅度提高调峰能力；也可采用热水罐储热、固体储热技术应对新能源的不确定性。

（四）坚持量化管理，构建灵活性改造指标体系

1. 清晰设定管理目标

火电机组灵活性改造管理目标是以提升电力系统调节能力、促进可再生能源电力消纳为核心，通过整合电力生产系统指标，构建火电机组灵活性改造指标体系，引导发电企业因厂制宜，合理选择技术路线，综合考虑改造效益、未来现货市场适应性、长远效益预期等多方面因素，推动提升灵活性改造的综合效果，保障电网安全稳定、低碳经济运行。

通过构建火电机组灵活性改造指标体系，多维度量化改造指标，科学引导火电机组开展灵活性改造。助力发电企业，实现火电机组灵活性改造性价比突出，经济效益显著；调节能力明显提升，促进可再生能源消纳；供热可靠性增强，保障民生供热安全。促进电网安全稳定运行水平进一步提升，有力支撑“十四五”能源结构转型。

2. 科学设定指标原则

火电机组灵活性改造指标体系要综合考虑管理的目的、管理的问题与对象、数据来源、指标体系的可行性等因素。指标体系的科学性与否直接决定了综合评价结果的科学性、可信性与可靠性。构建火电机组灵活性改造指标体系主要遵循以下原则。

目的性原则：指标是目标的具体化描述，指标要能真实地体现和反映管理的目的，能准确地刻画和描述火电机组灵活性改造的特征，要涵盖包括改造后机组安全评价、经济性评价、调节能力评价等所需的内容。

完备性原则：指标体系应能较全面地反映机组灵活性改造后的整体性能和特征，能从多个维度和层面综合地衡量对象系统的属性。

可操作性原则：火电机组灵活性改造指标体系中的每一个评价指标都要求能够被观测与可衡量，因此设计灵活性改造指标要考虑评价指标的评价数据来源是可被采集，或者可被赋值。

显著性原则：在火电机组灵活性改造指标体系中，应保留主要指标，剔除次要指标。一级灵活性改造指标分别设立多个具体的子指标，有利于全面清晰地反映研究对象。

独立性原则：应该根据灵活性改造指标的类别性与层次性，建立自上而下的递阶层次结构，上下级指标保持自上而下的隶属关系，保持良好的独立性。

3. 分级分类完备指标

以标准和规范文件为基础，从研究影响机组灵活性改造指标体系的关键因素入手，挖掘指标的关联性，从机组设备性能、运行考核、试验情况等多维度分析评估机组灵活性改造后调节能力提升的综合水平。在指标体系设计上，针对供热非供热、燃煤燃气、不同容量的发电机组，创新建立多维量化评价标准，科学分类设计一级指标、二级指标、三级指标，实现评价指标标准化，强化火电机组调节能力，提升电网整体安全水平。

火电机组灵活性改造指标体系包括基础指标和综合指标两大一级指标，确定了包含安全性、经济性、环保性、调节性能、调峰能力、保民生六类二级指标和19个三级指标。

（五）广泛推动合作，建立灵活性改造激励机制

1. 聚焦国家政策，实施创新激励

火电机组灵活性改造激励机制以国家“推进能源生产和消费革命，构建清洁低碳、安全高效的能源体系”的战略方针为导向，贯彻落实国家发展改革委、国家能源局《关于提升电力系统调节能力的指导意见》（发改能源〔2018〕364号）文件要求，根据《国家发改委、能源局关于规范优先发电优先购电计划管理的通知》（发改运行〔2019〕144号）文件精神，按照“谁调峰、谁受益，谁改造、谁获利”的原则，充分考虑不同区域、不同类别机组、不同技术路线，以及安全风险、改造投入、运营成本等综合因素，建立健全基于提高新能源上网消纳的火电灵活性改造与运行激励机制，进一步完善建立电力辅助服务补偿机制、调峰辅助服务市场运营规则，增强政策的时效性、公平性和长远预期，提高火电企业实施灵活性改造和参与调峰的积极性、主动性。特别是推动新能源集中的地区和条件较好的火电企业主动通过灵活性改造进行调峰，使更多有余量的热电机组主动参与调峰。

2. 聚焦规则制定，增加电量激励

为提高火电机组改造积极性，华北电网研究起草《京津唐电网火电机组调节能力提升奖励办法（初稿）》（以下简称《奖励办法》），通过奖励优先发电电量的方式，鼓励和引导火电机组开展技术改造，全面提升系统消纳清洁能源的能力。激励奖励办法分为总则、奖励要求及认定、奖励规则、奖励实施与考核、其他事项五部分内容，分别说明了火电机组灵活性改造定义及奖励范围、机组改造后各方面运行性能要求，奖励具体计算规则、奖励安排工作流程及考核管理等内容。

《京津唐电网火电机组调节能力提升奖励办法（初稿）》以保障电力可靠供应和电力系统安全稳定运行为前提，要求火电机组各项运行性能达标，改造方案需满足环保要求，同时具备经济性。《奖励办法》引导机组选择合适的技术方案，防止机组通过“光轴”等方案片面降低机组下限，保障电力可靠供应，满足系统电力平衡。

3. 聚焦核心需求，设定目标激励

参与改造的机组按照“改造多奖励多、占比多奖励多”的原则给予奖励。单位改造容量奖励电量按照机组改造容量及其占比进行分配，并设置奖励上限。奖励上限主要考虑机组改造成本、回收周期等因素。考虑到调峰能力不足主要发生在供热期，由于开机限制，非供热机组调峰能力发挥受限，故对供热机组全额奖励，对非供热机组设置小于1的奖励系数k。对机组改造前后机组出力上下限认定方式进行规定，其中为保障电力供应能力，特别规定供热机组改造前上限规定为“供热运行方式下出力上限最大值，最低按额定容量的85%计算”，引导机组采用合理的改造技术。

通过合理的奖励、认定和考核规则设置，促进发电企业转变经营思路，通过改造实现最佳综合效果，并注重运维管理，充分释放调峰效果，解决系统实际问题，实现清洁低碳、安全高效发展。

（六）健全公平公正认证平台，严格灵活性改造评价程序

1. 明确第三方认证准入标准

通过合理设定认证标准，引入多家第三方认证单位，提高认证流程的透明性，推动认证技术的发展完善、认证结果的优化完备，保障火电机组灵活性改造的健康发展。

认证单位的准入条件具体包含以下几方面。

技术实力。认证单位的技术实力是开展火电机组灵活性改造评估认证流程的基础，第三方认证单位应具备试验所需的高精度试验仪器及分析软件，优选具有行业专家、优秀专业团队及相关专业重点实验室等优质认证单位。

组织能力。认证单位的组织能力是火电机组灵活性改造评估认证工作高效实施的必要条件。认证单位应根据发电企业改造情况灵活组织评估认证试验，协调发电企业开展试验安排，着力把控试验流程，能够有效组织各方解决试验中的难点与争议点；能够高效地完成评估认证工作；能够准确地汇报认证结果。

行业业绩。行业业绩是认证单位开展相关工作能力的直观体现，通过严选具有优秀业绩的认证单位，有效保证认证结果的准确性及权威性。通过优选平台的沟通交流，促进火电机组灵活性改造认证技术的不断发展完备。

2. 强化发电企业自主选择

基于认证平台，鼓励发电企业自由选择认证单位展开工作，有效促进多方协作，高效推动整体火电机组灵活性改造奖励流程工作的开展。首先由发电企业综合考虑自身改造情况、试验预算等因素，对认证单位提出认证清单，具体包括试验费用、专业技术实力、业绩要求等诸多方面。华北电网根据发电企业的认证要求清单，从认证平台筛选满足要求的认证单位，汇成认证单位清单。发电企业根据认证单位清单自主挑选认证单位，若对认证单位不满意，可重新拟定认证要求申请认证单位清单。发电企业自主选择认证单位直接促进了认证单位的良性竞争，有利于第三方认证单位不断提升技术和服务水平，加速火电机组灵活性改造健康发展。

3. 统筹开展认证质量管控

严格把控认证质量，促进认证环节健康发展，是公开、公正开展火电机组灵活性改造激励工作的关键一环，也是火电机组灵活性改造管理的灵魂所在，更是保障发电企业核心利益、保证电网系统安全稳定运行的关键因素。认证质量的管控核心在于对认证单位的管理，通过规范认证单位管理机制、严格把控认证环节工作质量，保证认证结果的准确性、权威性，具体包含以下几个方面。

认证试验的组织管控。认证试验的组织工作穿插于认证试验全流程，良好的试验组织是促进多方合作、推动试验安全、高效开展的必要条件。试验组织以安全为基本要求，协调多方科学完善试验方案、合理制定试验安排，在人员安全、试验安全、系统安全的前提下，组织推动认证试验高效、有序开展。

认证试验的流程规范。认证试验按照专业标准及规范有序进行，保证认证试验的科学性，保障认证结果的准确性。对不满足标准及规范的试验条件，应增强多方沟通，基于试验科学合理原则，着力推动认证试验开展，保障认证结果的有效性。

认证报告的质量管理。认证报告是认证结果的书面载体，认证报告按照规范模板详述试验组织、试验过程及试验结果等内容。通过翔实的试验记录，保障试验条件的可溯性，保证试验结果的权威性。

设定黑名单机制。黑名单机制是公开、公正开展认证工作的保障，通过设定合理的黑名单惩罚条件，严格监管认证单位工作流程，有力保证认证结果的有效性。对出现试验组织不力、试验流程不规范、认证结果不属实等情况，应对认证单位行使黑名单惩罚，酌情设定黑名单禁令期，吊销认证单位开展火电机组灵活性改造认证试验资质。待禁令期满方才具备开展认证工作资质，同时此次惩罚计入认证单位基本资料，随认证单位清单公开。黑名单机制的建立也是多方相互督促、和谐发展的必要措施，是推动火电机组灵活性改造管理及激励机制工作健康开展的有力保障。

（七）加强流程管理，打造全时全效管控模式

1. 以规范化为导向突出流程设计

进一步拓展涉网流程管理应用。通过深入剖析机组从灵活性改造前期到奖励认定、实施的全流程，优化机组参与灵活性改造奖励的核心流程，建立机组改造的并网前期、现场确认、奖励认定、奖励实施与考核五个阶段的全过程管理流程，形成了灵活性改造并网服务指南、现场并网条件确认和网源协调标准流程为核心的灵活性改造管理工作机制。

2. 以专业化为引领强化人才支撑

为进一步加强火电灵活性改造管理工作，提高电力设备可靠性，确保电力系统安全稳定运行，充分发挥公司人才、技术优势，根据《国家电网有限公司优秀人才管理办法》及相关文件要求，建立跨部门跨专业的网源协调人才支撑体系，整合电网技术中心、电源技术中心、发电企业等专业力量，建立火电灵活性改造专家库，所遴选的专家具有丰富的专业背景实力，能解决火电灵活性改造和网源协调专业相关技术难题，承担与火电深度调峰相关的专项研究、技术管理、技术服务、工程实施方面的工作。不同单位不同专业专家采用既分管对接，又交叉合作的工作模式，有效支撑火电灵活性改造管理整体工作的开展。

三、电网企业主导的火电机组灵活性改造管理效果

（一）电网调峰能力显著提升，实现了经济性与安全性的“最优解”

火电机组灵活性改造提升了火电机组对电力平衡的保障能力，经改造的机组全时段在网运行提供调节能力，减少机组状态变化对电网的波动冲击，避免了供热及供电的相互制约和影响。缓解了新能源消纳与保障供热之间的矛盾，更好满足新能源发展对于火电机组爬坡速度、启停时间、调峰能力等愈发严格的需求，减少冬季供热机组停机，提高供热品质，保障民生供热安全。支持了新能源的大规模开发应用，有效地解决了新能源出力不确定性给电网运行带来的难题。对于新能源进一步发展、助推能源生产与消费革命有着重要的促进意义。以京津唐电网为例，火电装机容量6900万千瓦经灵活性改造后机组平均增加30%调峰能力测算，预计可增加新能源电力消纳能力2000万千瓦，规模相当于新增8~10座常规抽蓄电站，改造成本仅为100亿元，远低于常规抽蓄建设投资1000亿元，社会经济效益突出。

（二）电网运行效益效率切实提高，初步形成了能源互联网企业“生态圈”

随着电力体制改革向市场化方向的推进，可再生能源具有边际成本低优势，火电机组面临的是波动幅度更大、波动更加频繁的负荷曲线。改造后的火电机组可以参与辅助服务市场，提供调频、备用等辅助服务，化解沉没成本。在新能源接入比例不断扩大的趋势下，火电机组灵活性改造帮助发电企业在未来经营中获得更多利益，为发电企业提供了新的可持续性发展方向。以内蒙古京隆发电厂为例，对其两

台机组进行了灵活性改造，两台机组共计投资 1969.8 万元。改造后，经锅炉、汽机、热控等专业认证，京隆发电两台机组满足奖励办法要求，2020 年 11 月至 2021 年共获得奖励电量约 3.6 亿千瓦时，预计可回收投资。2020 年 11 月至 2021 年 3 月，两台机组累计参与调峰运行约 1495 小时，达到了火电机组灵活性改造奖励政策的目的。

（三）清洁能源消纳能力大幅提高，落实“双碳”目标步入“快车道”

对于以煤炭为主要一次性能源的我国而言，推进火电机组灵活性改造、提高煤电厂灵活性是最为现实可行的选择，项目在空间维度和时间维度均具备推广价值，应用前景广阔。以京津唐电网为例，“十四五”期间，京津唐电网将新增风电装机 1050 万千瓦，新增光伏装机 2800 万千瓦，对全部火电机组进行灵活性改造后，电网调峰能力和电网运行灵活性能够完全保障新能源消纳需求，预计每年可节约 6685 万吨标准煤，减排二氧化碳 1.9 亿吨，减少二氧化硫排放量约 57.6 万吨，减少氮氧化物排放量约 49.8 万吨，减少烟尘排放量约 32 万吨，年节约用水约 3.2 亿立方米，有效推进能源结构转型，为京津冀绿色低碳发展和首都北京实现双碳目标奠定基础。

（成果创造人：王风雷、李　丹、张　晶、张　涛、胡娱欧、陈之栩、韩　亮、崔福博、耿　琳、姜尚光、刘双白、褚温家）

基于全要素模型构建的驱逐舰协同研发管理

中国船舶集团有限公司第七〇一研究所

中国船舶集团公司第七〇一研究所（以下简称七〇一所）成立于1961年，隶属于中国船舶集团公司，是目前我国唯一承担水面战斗舰艇和中小型潜艇总体研究设计任务的核心军工科研单位。成立60年来，七〇一所先后为我国海军研究设计了多型舰艇构成我国海军的主战装备，多次代表中国海军出访世界各国，“振国威、扬军威”，为保卫国家安全、维护海洋权益做出了重要贡献，被誉为“战舰摇篮”。七〇一所拥有雄厚的技术力量和大量高素质舰船设计专业人才，现有在职职工3000余人，中国工程院院士3人，全国杰出专业技术人才2人，国家及省（部）级突出贡献专家12人，享受政府特殊津贴专家50余人，国家及省（部）级突出贡献专家60余人，成为舰船人才成长的沃土和舰船科技创新的高地。七〇一所先后荣获国家科技进步特等奖3项，国家科技进步一等奖6项，国家和省、部级科技成果奖600余项。2007年，七〇一所被中共中央、国务院、中央军委授予“高技术武器装备发展建设工程重大贡献奖”金质奖牌。

一、基于全要素模型构建的驱逐舰协同研发管理背景

“十三五”以来，七〇一所作为国家海防装备研制的龙头企业，以数字化转型推动舰船研制模式变革，提升舰船研制效率，缩短研制周期，保证研制质量，积极应对舰船产品创新程度大、研制周期短、用户要求高的新局面，运用企业架构方法，开展了一系列管理创新实践工作。本成果来源于“中华神盾”驱逐舰研制过程中的厂所协同平台开发、数字化厂所协同设计、舰船领域数字化模型数字化定义（Model Based Definition，以下简称MBD）技术应用示范等实施过程，是舰船总体单位在由传统图文档设计转向基于模型的数字化协同设计中管理实践成果的汇聚。

（一）是确保主战装备按时交付，保障海军编队及时形成战斗力的迫切需要

当前和今后一个时期，我国安全威胁主要来自海上，军事战略在海上。海洋强则国强，海军战略转型及任务使命的不断拓展，对舰船制造业提出了更高的要求。《中国制造2025》明确指出，在先进制造和高端装备等重点领域，“力争到2025年从制造大国迈入制造强国行列”。舰船强国是海洋强国和制造强国的集中体现。“中华神盾”驱逐舰是中国海军作战编队护航的主力战舰，也是海军从“近海防御”向“远海防卫”转型的急需装备。该舰批量大、改型快，七〇一所作为总体技术责任单位，当务之急是借助数字化技术，转变舰船传统协同设计模式，提升舰船产品研发能力，缩短协同设计周期，确保装备按时交付，保障海军部队及时形成战斗力。

（二）是建设一流海军任务需求，推动舰船数字化研制模式变革的客观需要

一流的海军需要一流的装备，一流的装备需要一流的数字化。近几年海军装备研制需求激增，海军要求在更短的研制周期内，提升装备的作战效能和质量可靠性，同时要求设计产品的系统集成度更高、结构更复杂、技术更先进、创新性更强。机关在多个场合下强调，舰船总体所要将“总体所抓总、总体负总责”的理念贯穿至型号研制全过程，为用户提供一体化解决方案，推动装备研制向“交付能力”转型。然而，传统的舰船协同设计模式是依据二维图文档作为厂所间的交付界面，

由于厂所在地域分离、流程割裂及平台异构，总装厂需要等总体所技术状态初步固化并交付图纸后才开展模型重建工作，不仅带来大量人力、物力、财力的浪费，更导致研制周期延长、研制风险激增和研制质量的不稳定。七〇一所深刻领会“建设世界一流海军”对总体所引领行业发展的迫切要求，通过数字化手段全面升级改进产品协同设计流程，实现厂所间基于模型的交付，在更短的研制周期内提升装备的作战效能和质量可靠性，降低产品研制风险，实现整个海军舰船重点型号研制敏捷化，支撑海军战略转型发展。

（三）是应对企业数字战略转型，建成世界一流舰船总体设计所的内在需要

为进一步夯实大型舰艇装备研制建造能力基础，加快推进舰船数字军工建设，推动传统舰船协同设计模式的变革，提高舰船行业数字化整体能力和水平，2017 年，国防科工局提出加快推进舰船数字化 MBD 技术，七〇一所作为支撑单位全力推进论证工作。此外，随着防务装备建设迈入高速发展期，国家批复研制的新型号多、批量大，为总体所发展带来了新的机遇和挑战，也对舰船总体所的设计研发能力和科研管理能力都提出了更高要求。基于此，七〇一所作为舰船行业总体龙头单位，立足可持续发展，在确保高质量完成既定型号研制基础上，提出开启第四次创业，通过管理创新推动产品研制模式变革，实现技术和经济领域长远拓展，促进企业数字化转型，为把七〇一所建成“国内领先、世界一流”舰船研究设计中心的战略目标而奋力拼搏。实现基于模型的舰船数字化协同设计模式变革，既是七〇一所数字化转型的基础工程，也是关系到转型能否成功的重中之重。

二、基于全要素模型构建的驱逐舰协同研发管理主要做法

（一）提出“中华神盾”驱逐舰基于全要素模型的协同研发管理体系框架

“中华神盾”驱逐舰作为海军在役主战装备是集科技成就之大成的超巨复杂系统工程装备，集成大系统多达近百个，配备来自船舶、航天、航空、电子、兵器、机械等大型集团数百家院所或厂家研制的设备数千台套，在无物理样机条件下要求一次成功，研制难度较大。然而目前我国舰船研制过程中存在厂所协同管理机制不完善，设计制造流程割裂，模型无法复用，形成数据“孤岛”等问题，重复建模和反复变更工作量大，导致研制效率不佳，影响了新型舰船的研制周期。

为满足“中华神盾”驱逐舰工程研制进度为迫切需要。七〇一所以高质量发展为主线，着力打造基于全要素模型的协同研发管理体系架构（见图 1）。该体系本质上是业务转型，核心是基于模型，关键是全要素。全要素模型具体包含两层含义。一是技术维度。七〇一所将产品全生命周期中的数据、信息和知识进行整理，以几何、属性、标注的形式融入三维模型，结合信息系统建立便于系统集成和应用的产品模型和过程模型，通过模型进行多学科、跨部门的产品协同设计、制造和管理，支撑技术水平的提升。二是管理维度。七〇一所借鉴美国基于模型的企业（Model - Based Enterprise，MBE）思想，规划协同研发顶层管理架构，通过企业模型化重新定义组织架构、业务流程、规章制度、组织形态和企业文化，从技术驾驭到业务创新，从组织变革到文化重塑，通过深化迭代促进企业自驱式成长，实现管理水平的跃升。

图 1　基于全要素模型的协同研发管理体系架构

该体系框架的运行机制以“七位一体、多轮闭环”为典型特征。“七位一体”具体包括“一主线、三核心、三保障”，其中“一主线”是指七〇一所企业愿景即到 2035 年全面建成“国内领先，世界一流”舰船研究设计中心；“三核心”是指以组织机构、制度机制和业务流程为核心，对内重组组织机构，对外与总装厂深度融合共建专业设计协同团队；改良协同设计技术和质量管理制度，统一标准化建模和质量管理规范，加强技术状态统筹协调；开展协同设计管理流程再造。“三保障”是指以集成环境、人才队伍、文化建设为保障，同时提供共享重用的舰船数字化协同设计共性资源，建设智能看板辅助决策，加速设计迭代，提升研制效率；通过拓展通道等措施稳定数字化设计人才队伍；通过理念培育等手段开展文化建设。

（二）重组专业高效的舰船数字化协同研发组织机构

1. 对内重组完善机构，组建舰船数字化专职业务部门

七〇一所深知舰船数字化设计是舰船总体的核心能力，但以往数字化从业人员在所内较为分散，不利于形成合力。为加快数字化发展，抢抓协同设计的发展机遇，七〇一所聚焦主责主业，以重组聚合力，用改革谋发展，整合各业务部门数字化专业人员，组建舰船数字化研究专业部室，发扬“专业人做专业事”的管理精神，调拨一切资源，聚焦数字化工具手段研发能力和工程型号协同设计能力的提升。数字化研究室职能上既承担七〇一所数字化转型整体规划、评价及考核工作，归口数字化设计平台的规划、建设、技术支持及管理工作，同时数字化室还设置覆盖总、船、机、电、舾等专业的数字化科室，具体承担全所各产品型号的精细化建模、配建配试等辅助设计工作，成为为所内提供统一规范的型号建模、综合布置平衡、配建配试等业务“中台”，实现了业务和信息技术的有效融合，支撑了设计模式和管理模式变革。

成立舰船数字化研究室，是七〇一所从实际出发，在主动作为、统筹考虑、充分论证的基础上做出的重大决策，既是进一步夯实经济和技术可持续发展基础、巩固提升七〇一所在数字化协同设计竞争优势、加快推进第四次创业的关键部署，也是七〇一所基于军队改革形势，对接集团公司新战略、贯彻落

实新要求、促进经济新发展的需要，在全面深化改革的当下，顺势推进的重要之举。

2. 对外加大厂所融合，成立厂所数字化协同设计机构

为进一步加快推进总体所和总装厂开展协同设计工作，2017 年七〇一所（总体所）和四二六厂（总装厂）双方研究决定，成立厂所协同设计组织机构，下设协同设计项目领导组和项目推进组。其中，项目领导组负责协调、解决和决策协同设计推进工作中的重大事项，全面领导协同设计推进的各项工作，研究制定有关方针、策略和管理办法；项目推进组具体负责落实领导小组的决策，承担数字化设计协同推进工作的策划、协调及组织实施，组织协调、研讨和专题会议。项目推进组下设三维协同设计及技术状态小组、三维协同技术支撑小组、平台开发小组、三维综合设计小组和三维模型档案管理小组。经过三年多的实践证明，成立厂所协同设计组织机构对于推进数字化融合意义重大。

（三）创新模型驱动的舰船数字化协同研发制度

1. 统一标准规范，建立全方位多层次的数字化规范标准体系

（1）以型号需求为支撑，完成数字标准体系的全面统一规划。

标准体系是支撑总体所、总装厂及配套厂所之间协同的重要基础，标准的制定贯穿于舰船产品研制的各个阶段，数字化技术标准可以将产品研制各个环节有机连接起来，并为彼此间的协同工作提供技术准则，为信息资源的开发利用提供统一的语境和过程。目前七〇一所缺少统一的产品数字化定义方法和标准，各部门自成一套，数字模型仍停留在简单的三维几何样船层面，缺乏制造和管理信息的集成，数字化造船水平较低。迫切需要尽快统一行业标准，在较短时间内解决协同设计双方彼此“语言”不同的问题。

七〇一所在推进舰船数字化协同设计应用过程中，高度重视数据模型和应用规范，早在 2016 年就系统规划舰船行业数字化 MBD 标准体系，并以此为基础，结合面向产品数字化定义技术不断修订完善，形成能够覆盖舰船行业产品数字化研制全过程的数字化 MBD 技术标准与规范体系，支撑数字化研制体系的形成。依托型号研制的厂所协同设计，逐步清理和完善舰船总体研制中的厂所协同交付对象和建模标准，形成 MBD 技术从探索、实践到应用的完整过程，最终形成舰船总体研制统一 MBD 标准。

（2）编制三维设计建模标准，为实现厂所协同设计模式奠定基础。

七〇一所牵头制定行业、集团和所级数字化协同设计与技术状态管理系列标准，为实现舰船数字化协同设计奠定基础。联合其他总体厂所共发布船舶行业标准 12 项，编写并发布集团标准 2 项、所标 10 余项。从基础数据的定义、系统集成接口等全方位对协同设计应用进行统一要求，规范工程协同设计业务流程，保证在研制过程中以统一的数据模型和应用规范开展数字化技术状态管理。

2. 加强技术协调，形成总体负总责的协同设计质量保障机制

在技术接口确认方面，七〇一所完善跨专业协调机制，创新协调卡在线确认和模型会签方法，确保技术接口正确有效。定期召开厂所数字化协同工作例会，通报工作进展情况和协调各方解决存在的主要问题，把解决措施落实到下一步具体工作计划及要求中，并在后续会上通报工作闭环情况。以红头文件的形式向相关干系人发送会议纪要，明确厂所各方职责，共同推动产品协同设计进程，保障型号产品设计任务顺利进行。此外，七〇一所采用数字化思维，将协同设计过程中产生的问题记录在协同设计平台的问题管理模块中，通过平台实现协调问题的跟踪、落实、闭环管理。

在厂所联合设计方面，七〇一所牵头、总装厂参与组建厂所集成产品团队（Integrated Product

Team，以下简称 IPT)，综合解决舰船研制施工设计和生产放样阶段厂所间多专业协调问题，在统一的厂所协同服务器环境下开展协同设计工作，将舰船三维模型从技术设计方案固化开始，一直设计到满足面向生产制造需要的模型的状态结束，直接面向总装厂进行模型发放，形成设计制造单一数据源。发厂的三维模型达到面向建造、面向管理、面向保障要求，提升设计精细化程度，减少工程变更，提升研制质量。

3. 完善质量体系，建立基于全要素模型的协同研发质量管理细则

七〇一所牵头产品厂所联合小组编制并发布项目管理规定和厂所协同设计约定，基本覆盖新模式下设计和管理过程，为基于全要素模型的厂所协同设计新模式落地提供有力支撑。质量过程控制方面，形成自检、互检、专检、所内质量评审、军厂所联合审查五级质量监督办法，根据质量监督办法，不定期开展质量技术研讨交流，全面组织并开展协同设计质量自查及整改，组织月度专项质量检查，通过质量检查发现和修改技术问题，确保产品设计成果满足设计要求。

(四) 梳理基于全要素模型的新型驱逐舰协同研发管理业务流程

1. 清理特征鲜明的舰船数字化协同研发业务需求

随着数字化技术的进步和型号越来越高的研制要求，传统基于文档的“瀑布式”设计管理模式正在经受冲击，和其他工业产品一致，总的大趋势是迈向基于全要素模型的“敏捷式”设计管理模式。但舰船产品也有其特点，例如产品数据规模超大、动辄数千万量级的零部件数量阻碍了对舰船产品开展精细化建模和全设计过程的模型管控。舰船研制当前仍处于文档作为技术载体，辅以三维建模的过渡阶段。

虽然其他行业有基于模型开展协同设计的成功先例，但舰船产品特点决定了经验无法照搬照用。因此，面向舰船研制特点明确业务需求，适应性制定舰船数字化协同设计管理方法和流程，是开展舰船数字化协同设计管理流程重构的主线。结合舰船研制现状和基于全要素模型开展“一所多厂”协同设计带来的管理变化，七〇一所对舰船产品研制计划管理、质量管理、技术状态管理、交付物管理、发放和接收管理、模型变更管理等一系列协同设计管理过程进行详尽的需求调研，从舰船产品结构分解和舰船产品工作分解入手，梳理和重构基于 MBD 的厂所协同研制工作流程。流程重构主要包括：面向一所多厂及多型号资源复用的基础模型建库及应用流程；基于单一数据源的协同建模流程等。

2. 建立责权清晰的舰船数字化协同设计内控制度

七〇一所坚持以合规高效、安全发展为中心，以业务流程为主线，以制度建设和信息化建设为依托，推进内控体系覆盖更加全面、责权更加清晰、机制更加完善。但由于舰船总体研制业务流程十分复杂，长期以来，所内控体系以科研生产项目管理、固定资产投资项目管理为主线，舰船总体研制过程管理相对较弱。

2019 年，七〇一所首次将型号研制业务流程纳入内控管理范畴，依托基于模型的协同设计业务流程重构，再造协同设计主要管理流程，形成以模型作为技术载体的协同设计输入管理、协同设计计划管理、质量管理等多个管理内控项，绘制框架图和流程图，制定风控矩阵、权责说明等匹配性内控文件，通过七〇一所内控发布制度进行固化和推广，同步提出了信息化需求，交由软件开发部门进行流程管理平台定制和上线，有力地支撑“中华神盾”驱逐舰型号研制工程管理制度的落地。

（五）打造并行融合的舰船数字化协同研发集成环境

1. 打造共享重用的基础资源数据中心

七〇一所作为舰船行业的龙头单位，在建设企业基础资源的同时，也兼顾行业其他兄弟单位推广使用的需求。为实现统一的数字化技术状态管理，保证模型和数据在研制环节中的准确性和唯一性，七〇一所梳理厂所间通用类资源库内容与建设规范，构建统一的舰船基础资源库，提升基础模型的可复用性，缩短产品在设计准备阶段的时间，提升产品研发过程中的数据质量，支撑基于模型的数字化技术推进。

同时，七〇一所遵循“统一平台、统一数据、统一管理”的思路开展基础资源库管理系统规划和建设，实现基础资源的集中共享、版本管理以及数据审核及发放，保证基础资源的管理过程规范化、透明化、精细化，确保行业基础资源库的唯一性。

2. 建设基于模型的协同设计管理平台

（1）建成基于模型的集成化设计管理系统。

现有以二维图纸为技术载体的研制模式造成厂所间重复建模，数据技术状态存在二义性，设计和建造协同效率不高，无法形成单一数据源，已成为影响舰船研制周期的主要矛盾，制约了舰船行业进一步向数字化研制模式转变。为此，七〇一所搭建基于模型的协同设计管理集成环境，围绕项目计划管理、数据发放与接收管理、工程变更管理三大协同业务主线，建立以模型为基础的单一数据源，通过设计工具与数据管理的无缝集成，打通厂所协同设计核心业务流程和关键业务环节。提出基于复杂舰船大数据量模型的计划管理模式，打破以图纸目录为核心传统计划管理模式的束缚；针对总体所施工设计与总装厂生产设计并行过程中的大量设计模型发送等需求，实现基于模型成熟度的一所多厂产品数据收发；突破总体厂所间地域的限制，实现跨地域基于模型的工程变更和技术状态的管控，做到产品设计业务与数据管理的高度融合。

（2）建设基于模型的辅助决策支持系统。

在传统基于文档的协同设计模式下，由于二维图文档所能承载的信息量有限，产品技术状态信息相对分散，缺乏全局视图，无法以直观的形式支撑技术线开展决策。采用基于模型的舰船数字化协同设计模式后，通过产品建模计划驱动了三维模型从计划下达、审签、归档、发放、修改到变更发放的完整生命周期状态变迁，技术线实时掌握产品研制进度与技术状态，精准把控模型交付关键研制节点。七〇一所基于模型的决策支持系统对舰船型号研制过程中的计划、质量等大数据进行分类收集，经过抽取、清洗和转换加载到数据仓库，按照不同的数据分类和维度以多种数据可视化的形式展现给型号技术线，使其能够综合权衡、多维度对比分析，辅助技术线进行决策，及时减少和消除产品研制风险。

（3）构建基于模型的多元化综合审查环境。

传统舰船设计综合审查对象是二维图文档，由于缺乏直观的产品描述，审查周期较长，审查效率较低。七〇一所利用现有虚拟仿真环境条件，升级投影系统，支持开展型号协同设计数字样船技术交流会和质量审查会，邀请所内和所外权威专家在三维数字样船中进行直观的三维漫游，对型号全舰重要指标、重点舱室、重点部位多方案和技术状态变化情况进行沉浸式、多维度、可交互的展示，解决舰船设计方案评审与技术协调、总体布置方案展示、仿真与分析、系统集成方案验证等方面的具体问题，提升质量审查的有效性，降低研制风险。

3. 建成安全可靠的在线实时沟通系统

舰船产品研制沟通协调频繁，协同单位多，分布地域广。传统的沟通协调有面对面和电话会议两种方式，存在涉密载体携带不便、人员出差频繁、沟通协调效率不高等缺点。七〇一所在高速带宽的直连专线基础上，建成异地技术协调和沟通管理系统，具备召开远程视频会议、提供视讯互动和模型在线协调等功能，实现基于模型的异地在线实时沟通。利用在线实时沟通系统，厂所已召开远程涉密会议数十余次，解决协同问题数百余个，大幅减少同址办公人数，降低出差成本，提高协调效率。

（六）培养结构合理并且接续有序的设计师人才队伍

1. 拓展技术通道，组建稳定多元的舰船数字化协同设计人才队伍

为加强设计师队伍建设，满足产品型号协同设计需要，根据《国防科工局型号研制领导人员培训管理办法》及《第七〇一研究所职工培训管理办法》，七〇一所创新性地提出《型号研制设计师系统人员培训实施办法》，设计师系统拟任职人员必须通过资格培训后才能从事主管或主任设计师工作，主管或主任设计师应定期参加能力提升培训。组织人事处归口设计师培训的统筹管理工作，负责主管设计师资格培训的开展、考核与发放结业证；负责全所设计师培训工作的制度建设、组织协调与督促检查，以及建立完善设计师培训档案。各单位（部门）负责主任设计师能力提升培训的组织开展，以及协助组织人事处开展主管设计师资格培训。

在此基础上，七〇一所与上级机关积极协调，在产品型号线中增设数字化协同主任设计师，明确技术责任，确保厂所协同设计工作顺利推进，提高产品研制效率。同时，结合各型号项目特点，补充设置数字化部门项目数字化总段长，加强各型号厂所协同设计，保证精细化建模质量，强化基于模型的技术协调与技术状态管控，辅助数字化协同设计师有效推进基于模型的舰船数字化协同设计新模式。

2. 加大培训力度，建立全覆盖多层级的培训管理制度流程

在全员中形成终身学习与培训的理念，建立健全各项培训管理制度，制定《七〇一所职工培训管理制度》《七〇一所内部培训师管理制度》《七〇一所新员工导师管理办法》等制度，形成内部培训和外部制度与流程。对内组建由所领导、总师、技术线人才共同组成的内部培训师队伍，强化所级、单位（部门）级、个人级的培训主体责任，对外“请进来、走出去”积极同先进行业资深专家沟通交流，使人才培育各个环节相互配合，形成覆盖各个层级的培训管理机制。

3. 加大考核力度，推行专业技术人员培训考核以及持证上岗制度

为加快三维设计推进，七〇一所加大三维设计培训的考核力度。组织人事处定期按专业模块组织所级统一考试，具体分为上机笔试和实操考试。考核通过后发放合格证书，将三维设计思想和设计方法真正融入产品研制全过程，实现设计水平的提升。

为方便三维设计人员高效地开展理论知识学习与考试，七〇一所还搭建在线考试与培训平台，部署三维设计在线理论考试系统平台基础、总体专业、系统管理等多个模块，包含零件设计、装配设计、总体基础、船体坐标系和角色管理、权限控制等内容。所有科目对相关部门开放，能够较为全面地检验三维设计人员对三维设计基础使用的掌握情况。既能让三维设计人员线上学习，巩固培训效果，又能推进线上线下结合学习，扩大学习培训的规模。

（七）开展广泛的理念培育与多渠道文化建设工作

1. 注重理念培育，强化各级各类人员数字化思维与开放协同理念

为推动模式变革，七〇一所十分注重理念培育和思维创新工作。牢固树立数字化协同设计不只是信

息化部门的事，而是需要全所各单位部门和全员共同参与的理念，强化对各级各类人员数字化理念灌输和工具培训，塑造形成数字化协同设计的文化氛围。充分贯彻数字化协同设计的“一把手工程”特点，所级干部轮番到数字化工程一线进行交流指导，党委中心组对数字化技术进行专项学习，开展自上而下的文化和理念培育。采用动漫、视频等多元化的宣传形式大力弘扬数字化转型的先进观念和方法，促进了干部队伍和一线员工积极主动地对数字化设计开展学习，形成了上下一心、齐头并进的良好文化氛围。

2. 对内宣传融入中心发展，渲染干事创业的数字化转型文化氛围

七〇一所近年来一直将文化墙作为重点宣传平台，坚持对内宣传融入中心发展，坚定文化自信，将数字化转型文化体系理念入脑入心。为了强化人员数字化理念和相关配套制度落地，全所多个部门推行文化墙建设，立足数字化转型，完成文化墙主题策划、展板制作和展板发布，内容既涵盖理念塑造、发展方向、技术前沿、典型事迹等，也覆盖党建群团、廉政保密等，渲染了浓厚的数字化文化氛围，同时也为实现高质量发展营造了风清气正、干净担当、奋发有为的干事创业环境。

三、基于全要素模型构建的驱逐舰协同研发管理效果

（一）支撑了“中华神盾”驱逐舰总体研制进度，满足了海军快速形成战斗力需求

七〇一所按照科工局和集团公司新时代高质量发展战略要求，以该产品为背景型号开展基于模型的协同设计应用，全面掌握了基于模型开展厂所协同的关键核心技术，积累了工程研制经验，全面提升舰船全产业链协同设计能力，促进总体厂所的协同管理能力和技术协同能力；通过组织和管理制度改革，进一步提高总体研制效率，创新了专业分工明确、人力资源搭配合理的新型“中台”企业架构；在“中华神盾”驱逐舰系列化批量建造过程中，通过厂所紧密协同和深度融合设计，前序舰在传统协同设计模式下，技术设计审图结束至连续对船厂供图周期需要 6 个月周期，改进型在基于模型的厂所协同设计模式下，该周期缩短至 3 个月，缩短了 50%，极大地提升了协同设计效率；同时实现总装厂在模型发厂前 2 ~3 个月即可提前掌握产品研制技术状态，并行开展工艺审查和生产准备，厂所共同提前解决型号技术状态变化带来的技术难题 1700 余项，仅单个总段节约建造成本约 300 万元，成果将推广到批量建造的后续舰，取得更好的经济效益；研制模式可有效推广至其他舰船型号研制中，为我国海军快速形成战斗力创造条件，具备很好的社会效益。

（二）建立了行之有效的协同设计管理体系，促进了行业技术发展和进步

七〇一所结合舰船行业的特点，持续加强总体所龙头牵引作用，以重点产品型号为依托，打通基于模型的数字化研制模式，在基于模型的产品设计、协同设计、数字化工艺、产品检验等专业领域逐步开展了相关创新模式研究和平台建设，建立了一套行之有效、可以复用的总体设计院所牵头的数字化协同设计管理体系，实现重点型号研制技术状态全过程跟踪，推动我国海军舰船装备数字化研制模式变革，得到装备管理机关和海军部队的高度认可。通过体系化统筹管理，有效地解决了重复建模、基础数据库不规范、成果经验共享不足、工具集重复开发等问题，为行业数据和模型的标准化和重用能力提升奠定基础；联合其他总体厂所共发布船舶行业标准 12 项，评审待发布 11 项，草案 17 项，重构厂所协同设计技术流程 73 项，管理流程 25 项，共享资源库 1 万余个，共享工具集 300 余项，为“中华神盾”驱逐舰协同研制工程推进提供了有力的保障。

（三）锻炼了能够理解协同新模式的设计师队伍，形成了复合型人才储备

“十三五”期间，通过“中华神盾”驱逐舰协同设计过程实践，培养了一批能够理解协同设计新模

式的设计师队伍，锤炼了一批既懂精益、又懂精干的专业人才，建设了一支覆盖研发、设计、工艺、审核等领域的人才梯队，探索出了一条人才培养、选拔和任用的有效途径。卢晓晖、吴宏敏、周巍等多名同志荣获“国防科学技术进步奖”“船舶集团科学技术进步奖”，获“国务院政府特殊津贴”“某武器装备发展建设工程重大贡献奖金质奖章”“全国三八红旗手标兵”等荣誉。通过支撑“中华神盾”驱逐舰等型号协同设计工作，先后培养的数字化工程设计人员数量已超过300人，覆盖从数字化顶层规划论证到型号设计仿真等各项业务领域，形成了行业内特有的集数字化技术研发、工程支撑、平台开发、IT保障四位一体的数字化专业部门，有效地支撑了新模式在其他型号产品的推广落地。

（成果创造人：卢晓晖、吴宏敏、刘　敏、林　锐、万　鹏、宗　丹、宋一淇、刘　飞、许　浒、黄金森、高　尚、石　好）

军工科研院所实现开放融合的科技创新平台构建

中国兵器工业集团第二〇二研究所

中国兵器工业集团第二〇二研究所（以下简称二〇二研究所）1957 年创建于北京，1966 年迁往包头，1969 年迁建于咸阳，是中华人民共和国成立后首批规划建设的国防重点科研单位。研究所占地 300 余亩，总资产超 30 亿元，现有员工 1300 余人，其中中国工程院院士 1 名，国家级、省部级突出贡献专家和享受国务院政府特殊津贴专家 43 名，具有高级专业技术职称 620 余人，拥有硕士学位授予权、院士专家工作站和博士后科研工作站。现为国家一级保密资格单位。建所 60 多年来，研究所紧紧瞄准世界技术前沿，解放思想、创新引领，服务国防、不辱使命，圆满完成了国家交付的重点工程研制任务。研究所已发展成为集机械、电子、液压、自控、测试、光学、工程力学、计算机科学、智能控制等多学科为一体的大型综合应用技术研究所和国家级行业技术研究开发中心。先后取得军民品科研成果 848 项，获国家科技进步一等奖 2 项，国家级发明奖和科技进步奖 30 余项，省部级科技进步奖 178 项，集团公司级科技奖 126 项，申报专利 1435 项，获专利授权 715 项。多项关键技术填补了国内空白或处于国际领先水平。

一、军工科研院所实现开放融合的科技创新平台构建背景

（一）开放融合是贯彻落实国家发展战略的必然要求

党的十八大以来，“开放、融合”已经成为装备研制必然要求，“推进开放融合深度发展，根本出路在改革创新。要以扩大开放、打破封闭为突破口，不断优化体制机制和政策制度体系，推动融合体系重塑和重点领域统筹”“拆壁垒、破坚冰、去门槛”，“打破军民界限、冲破所有制壁垒”成为传统武器装备研制的新方向。党的十九届五中全会把科技创新摆在国家发展全局的核心位置，把科技自立自强作为国家发展的战略支撑，对科技工作提出了新定位、新目标、新部署。加快科技创新是推动高质量发展的需要，是实现人民高品质生活的需要，是构建新发展格局的需要。面对履行祖国统一、海上威胁、边境冲突等国家使命，特别是面对技术封锁、发展遏制，实现装备自主创新、自主保障、自主可控，既是历史机遇又是技术发展的必然要求。

（二）开放融合是提升装备研发能力的客观要求

“开放、融合”“军民通用、民技军用”已成为世界军事强国提升军队和装备战斗力的普遍做法。据统计，以美国为代表的西方发达国家的军事技术中，军用和民用技术构成为 2∶8，军方与私营企业、科研机构在无缝对接中培养创新文化，以市场为基础开展技术选择，在硅谷、波士顿等地设立国防创新试验机构，实现了将新材料、新技术和新产品快速引入军事应用。俄罗斯建立“开放融合式创新之窗”，日本防务省面向有实力的研究机构、大学开展军事技术研究，均有效提高了装备研发能力和效率。传统军工研究所自成体系、自我封闭、行业配套、国企合作等思想不同程度存在，在电子信息、网络技术、智能技术为代表的新一轮科技革命前，传统军工研究所处于被动落后局面。随着装备研发周期从过去的 10 年左右缩短到 3 ~ 5 年，装备体系组成越来越复杂，对研究所提出了更高要求，传统技术创新模式亟待转型，跨领域、跨专业、跨地域联合将常态化，开放融合式发展成为提升装备研发能力的客观要求。

（三）开放融合是研究所高质量发展的内在要求

二〇二研究所作为行业技术中心，面向兵器工业和兵器装备两大集团，肩负实现国防和军队建设

“三步走”战略目标重要使命。从事科研和生产单位众多，研究所、工厂、院校各有侧重又有交叉，既合作又竞争，专业建设存在大而全、小而全，重大关键技术突破和科研项目引领不足、基础研究和预先研究储备不足、创新机制活力不够、科技领军人才和高技能人才不足、创新环境和创新氛围不浓、科研效率和资金投入产出效率低下、创新技术和产品成果转化渠道不畅等问题不同程度存在。随着竞争性采购的深入推进，军方在竞争配套法规、信息交互机制、市场准入制度等方面不断推出新的举措，封闭式创新已经不能满足研究所当前的发展。如何围绕高质量发展，打破原有体制边界，从组织、资源、人才、管理等方面进行系统性设计，构建新型的科技创新平台，加快核心技术自主创新、汇聚行业优势力量是研究所实现高质量发展、建设世界一流研究所的迫切要求。

二、军工科研院所实现开放融合的科技创新平台构建主要做法

（一）突出问题导向，系统构建“六位一体”开放融合科技创新平台

2018 年，为积极履行强军首责、推动高质量发展，加快形成科技创新引领高质量发展新格局，二〇二研究所确立“建设国际一流装备研发中心”的发展愿景，把行业引领能力不强、组织机构设置不合理、科技创新体系不健全、无法支撑科技创新及转型升级作为制约研究所发展的瓶颈问题。2019 年年初，研究所面向行业内企业、院校及相关专家开展调研，通过鱼骨图等方法梳理查找了整个行业存在的主要问题。即科研和生产单位多、能力分散，低水平竞争、能力建设重复浪费；缺乏行业性的科技创新平台，基础研究投入不足，基础理论薄弱，设计制造手段相对落后；高水平创新人才数量相对较少，行业领军人才不足，未形成“国家队”；行业壁垒严重，横向竞争大于合作，难以发挥合力。

针对以上问题，研究所将开放融合发展作为中长期发展战略，确定了面向未来战争、对接实战需求、加快形成内外融合、开放共享、产学研一体发展，贯穿作战、装备、技术、能力与基础“创新链”，具备“小核心、大协作、专业化、开放型”特征。一是传承红色基因，赓续兵工精神，突出强军报国共同价值，以老所长吴运铎同志“把一切献给党”的精神为基础凝聚行业内科技工作者，培养科学精神和求真务实作风。二是以科研项目为纽带，通过分类分层资源整合，以小平台整合推动大平台融合，推动装备研发能力提升。三是确定体系化构建、分步实施、资源共享、打通内外循环等基本工作方法。四是强化平台构建组织保障，完善《科技创新平台设立与评估管理办法（试行）》等管理机制，搭建工程中心、重点实验室等内部开放创新平台。五是对外强化社会资源整合，融入行业及地方开放融合大势，严控各类风险，构建共建共享共赢利益共同体。

（二）强化顶层设计和策划，构建“一个”国家级装备研究平台

1. 组建开放式装备研究体系，实现研发体系深度融合

2019 年，研究所站在国家安全战略、集团产业布局和行业发展规划高度，认真贯彻落实兵器集团公司党组“加快构建装备研发、技术研究两个生态体系”战略，牵头组建装备研发体系，率先打破研究所、企业、院校边界，进行人才、资金、信息、技术等多种资源整合；依靠产品链、创新链、价值链上下游企业，突出行业引领和错位发展；以推动跨地区、跨领域、全产业链的产学研用体系建设为目标，提出了构建行业科技创新体系的原则、目标和具体措施。联合 127 厂、137 厂、197 厂、447 厂等 5 家企业，以及北理工、南理工等院校组建“1 + 5 + N”装备研究体系，确定各单位在体系内发展重点、产品定位，建立主要的运行机制，实现对跨行业优势资源的整合和研发能力互补，建立装备研发“国家队”。其中：研究所负责装备研究和技术体系顶层规划、发展路线制定、复杂系统抓总研制和核心关键技术研究，牵头提升顶层规划、产品研制、技术攻关能力；企业负责与自身定位相关的特色技术攻关、工艺研究与应用、试制、产品实现和装备保障，牵头提升试制工艺技术研究能力和高质量集约化生产能力；高校负责前沿技术、基础研究、设计方法等技术支撑。

2. 建立开放式装备研发模式，推动研发计划目标融合

2019 年以来，研究所牵头组织院士，论证部门、部队院校、国内高校等专家，先后 3 次对《“十四五”行业科技发展规划》进行研讨，逐步达成共识，明确“7 + 1”装备体系研究方向，确定 11 个技术群，布局可靠性提升技术、智能化、多功能、无人机等基础研究和前沿技术研究。在不改变原行政隶属关系、不改变国家明确的科研能力布局前提下，优化整合行业科技资源，按照定位和分工以体系化的思维统筹项目申报、技术攻关、团队培养及能力建设，组建联合团队对 17 个“公转项目”进行联合攻关，组建 20 余个联合论证团队开展“十四五”重点项目论证和前期技术攻关。按照双重管理原则，将重点工作任务纳入两级绩效责任考核体系，既由集团公司装备研发部对体系各厂所领导班子考核，各单位对本单位项目计划目标进行考核。

3. 创新开放式运行机制，推动体系内管理融合

针对装备研发体系组成单位不同的特点，研究所积极创新运行管理机制，在体系架构的科学性、体系分工布局、试点项目、管理运行等制度机制超前进行设计，形成《研究体系构建方案》《体系运行实施方案和管理办法》。组建跨单位、跨领域、跨行业体系推进组及办公室，建立科技发展专家库，明确职责定位和工作机制。其中：体系推进组采取双组长制，组长由主管机关和研究所领导担任；建立年度工作计划三级责任体系，逐项明确年度工作计划。按照体系分工，建立传统领域和新领域科研项目分类管理新模式，推行管理、技术“双重管理”，实施科研项目“公转项目体系管控”和“自转项目非体系管控”分类管控机制。统筹重点项目及自转项目立项，避免重复投资；跨行业组建项目总师库，形成 700 余人骨干人才库，开展行业内人才交流 16 人次；定期发布科技情报信息和科技资源信息，建立科技情报共享制度；开展行业内标准件数据、质量管控信息交流机制建设，探索建立新的行业科研制造基础知识库。

（三）强化核心技术创新目标，构建“两个”国防级工程技术创新平台

1. 融入兵器智能创新中心建设，推动前沿技术领域融合

2018 年以来，二〇二研究所以智能化装备研制为方向，深度参与国防科技工业兵器智能创新中心建设，由院士牵头、4 名兵器首席科学家、4 名兵器科技带头人作为主要成员，组织 40 多名科研骨干开展智能化装备规划战略、系统创新、前沿技术研究，围绕先进发射技术、无人装备、智能化装备、外骨骼助力等多个基础科研领域开展核心关键技术攻关，并取得了阶段性突破，突破了无人化、智能化研究等多项核心关键技术。

2. 推动吴运铎创新中心建设，实现工程技术创新生态融合

2019 年，为汇聚国内优势资源，优化科技创新生态，强化先进装备工程技术研究与推广应用，实现行业基础研究、应用研究、产品设计制造的紧密结合，增强装备研发创新和快速生产能力，研究所以工程技术创新为方向，按照军民互动、优势互补、强强联合的思路，推动与优质社会资源的合作共赢，组织行业内研究所、工厂、民营企业、院校共同筹建国防科技工业吴运铎创新中心。由院士领衔组建论证团队，确立技术研究、先进材料、先进制造、创新设计等四个研究方向；成立由 1 个主依托单位——（研究所）、3 个依托单位、12 家成员单位组成的理事会；聘请 15 个行业内外院士、专家、学者成立学术委员会；成立了三个分中心，组建“1 + 3 + 5 + 3”跨单位、跨领域、跨行业联合技术研究团队；整合研究所、院校、企业多个学科实验室、工程技术研究中心，编制《吴运铎创新中心组建方案》和《运行管理办法》，建立了吴运铎创新基金、吴运铎奖学金等制度。

（四）强化基础实验资源整合，构建“三级”行业实验验证平台

1. 强化体系内外资源融合，提升实验验证核心能力

通过加强与清华大学、浙江大学、华中科技大学、西安交通大学等院校国家级重点实验室、国防重

点实验室、省级工程技术创新中心及工程中心合作，以基础研究项目为纽带，将其作为研究所基础研究和前沿技术研究的重要支撑，不断扩展国家级、国防级、行业级三级实验验证平台共享渠道。同时，研究所牵头行业内企业开展行业科技创新能力研究，完成了行业《核心能力评估和体系建设报告》《“十四五”军工核心能力建设规划》，超前谋划未来行业科技创新区。

2. 强化重点实验室建设，提升对外开放融合水平

2018 年，研究所成立重点实验室管理机构，统筹国防重点实验室申报和集团公司级重点实验室、所级重点实验室三级实验室建设与运行。引进行业知名专家担任集团重点实验室主任；邀请 5 名中国工程院院士担任实验室专家委员会委员；出台《重点实验室开放共享管理办法》《重点实验室学术委员会章程》《重点实验室开放课题管理办法》《重点实验室人员管理办法》；建立“开放、流动、联合、竞争”的实验室运行机制，按照国际、国内、行业三个层次开放共享。引进南京理工大学研发团队常年开展基础技术研究，建立客座教授、流动人员管理制度，定期召开学术会议、发布实验室基金课题指南、开展学术交流活动。

3. 强化内部资源整合，构建特色实验验证能力

2000 年至今，研究所累计争取到国家投资共计 10.96 亿元，已经建成了国内行业最为全面的科研条件，具备较先进的设计、实验、测试手段和能力，夯实了我国特种装备研发领域基础能力，促进了我国装备研制机械化信息化能力提升。2019 年，出台《实验室管理办法》，规范综合实验室和专业实验室分类，明确试验部门负责综合性实验室日常运行，由各研究部负责专业实验室运行。2020 年出台《科技创新平台设立与评估管理办法（试行）》，将所级实验室纳入科技创新平台管理范围，对原有防空反导、压制、信息化、抗强电磁辐射效应、工程力学、随动与供电系统、智能人机协同工程技术、检测与校准实验、软件测评等多个行业及所级实验室重新进行布局优化。

（五）强化高端人才资源整合，构建“三个”人才成长平台

1. 设立院士专家工作站，构建高端人才合作新渠道

为推动装备创新技术研究和前沿技术研究，解决行业领军人才不足的难题，2017 年，研究所组建创新技术研究“院士专家工作站”，先后特聘三位院士担任 4 个重点预先研究项目的首席专家，开展前沿技术领域研究。成立 4 个团队，其中含兵器科技带头人 6 人、研究员以上人员 20 余人、科研骨干 80 余人，协助院士开展技术研究工作。为保证进站院士及其团队顺利工作，研究所建立服务保障和工作制度，明确技术合作期限、方式、内容、知识产权归属、利益分配、秘密保护及双方权利和义务。同时，多渠道向陕西省、咸阳市人才办公室汇报，先后取得专项补助资金 330 余万元。针对院士领衔的科研项目，由科研管理部门建立计划及绩效考核制度，明确年初计划、年中检查、年终总结、两年评估制度，为高端人才和团队培养合作开辟了新渠道。

2. 建立开放融合式团队，搭建多渠道人才成长平台

依托重大项目研制工作，研究所建立从一线科研人员、技术团队首席、所级科技带头人、中国兵器首席科学家到“两院”院士的成长发展通道。2019 年以来，引进国内知名专家钱林方教授来院担任总工程师，并在短期内发挥出高端人才促项目、带团队的引领效应。针对 40 岁以下总师后备人才实施“一人一案”，给有潜力的年轻科技骨干“压担子”，通过进项目、带团队滚动培养，每一个型号项目研制定型或重大基础研究项目结题都要锻炼出一批科技创新骨干人才，实现科技创新人才梯队动态发展。依托子公司对接市场机制相对灵活的特点，以市场化方式引进国内外专家。结合开放性强、参加单位多的项目先后组建 4 个联合设计团队，推动骨干人才跨单位双向交流。融入集团公司人才体系，“外骨骼助力技术”2 个基础性创新团队获得兵器工业集团支持。建立所级专业技术团队动态管理制度，先后组建 46 个专业技术团队。

3. 建立联合创新平台，拓宽人才成长通道

针对新兴技术领域研究所存在的技术短板，研究所积极对接国防科技大学、华中科技大学、南京理工大学、北京理工大学等多所知名院校，组建产学研用联合创新平台，将前沿技术、新概念领域、新材料、新工艺引入装备研究，实现了研发效率和效益双提升。加强优秀人才外出交流访问，先后组织4名科研骨干到罗德岛大学、麻省理工学院和加州大学伯克利分校有关实验室开展学习培养。加强与清华大学、华中科技大学开展开放融合技术创新团队建设，通过访问学者、定点培养等方式对青年科技骨干进行精准培养。以穿戴式人工助力系统、通用驱动器产业化为试点，组建西安卓越智动科技有限公司，探索项目管理、员工持股、分红激励、人才培养、成果转化及中长期激励模式，拓宽研究所开放融合式发展新平台。

（六）强化对外合作共赢，构建“三类”全域开放平台

1. 立足行业共享平台，拓宽资源共享渠道

2018年以来，研究所先后出台《仪器设备对外服务管理办法》，明确对外服务合同签订、综合成本、结余奖励等，逐步提高结余奖励比例，按项目结余的70%提取结余奖励，高低温箱、摇摆台等实验设备已经对外服务并获得一定收益。建立共享资源发布机制，每年定期向南京理工大学、中北大学、西安工业大学等高校发布开放共享的科研仪器试制装备和实验测试平台信息，促进校企资源共享和技术水平协同进步。同时，研究所与北京瑞特公司合作组建抗强电磁辐射效应实验室，扩大设备仪器资源共享服务范围，提升试验验证能力。定期开展技术与产品需求梳理，通过定向发布技术需求，扩大民营企业和民用技术的参与渠道。

2. 发挥行业协会优势，强化开放融合学术交流

多年来，研究所积极发挥中国兵工学会、专委会、科技工作者协会对外合作、学术交流优势，建立学术交流常态化机制。每年不定期邀请各个领域专家、高校知名教授等专家学者，围绕智能化、新材料、新技术、新工艺、前沿战略研究、行业发展研究等开展学术交流活动。组织科研人员参与中国科协、陕西省科协等组织的“创新驱动助力工程”“创新创业大赛”，主动与体系外企业、院校开展新材料、新技术等交流合作，为科技人员开展学术交流提供新平台。

3. 融入地方创新平台，构建全域开放融合通道

研究所加强与地方产业合作，先后加入陕西兵器产业基地设备资源共享平台、陕西省军民设备资源共享平台、西安市军民设备资源共享平台及国生创新等多个产业联盟，院士及多名科研骨干参加中国（陕西）军民人才发展联盟和陕西军民产业发展智库。在“十三五”、重大预研项目、兵器工业联合基金等项目立项争取阶段，研究所主动引入相关高校共同开展课题论证、专项技术研究，弥补基础理论和前沿技术研究短板。针对科研项目多品种、单件、难度大、时间紧等特点，以及钛合金、橡胶材料新材料加工短板，研究所与具有行业领先优势的陕西华通、科隆能源、宝钛等本地优质民营企业开展合作，弥补新材料、新工艺及试制加工能力。

（七）强化制度和流程创新，构建“四个”基础管理平台

1. 强化市场深度融合，建立精准对接体系

2018年，加强面向管理和市场职能，创新组织架构建设，建立按客户细分的市场管理模式和市场开发拓展与快速响应机制，推动从“任务型、计划型”向“主动型、市场型”转变。将原科研管理部门职责按市场进行了细分，设立多兵种科研项目管理部门，突出主管领域市场开拓和项目管理职能。成立科研计划管理部门，统筹所内科研资源，科研系统4个管理机关组织对项目争取进行策划，组织制订计划、成立团队、落实经费及资源调配；研究部组织技术团队快速开展落实。规划部门负责统筹顶层设计、政策研究和实验室相关平台建设。组建5个总体技术研究部，每个总体部有明确的产品定位，更有

利于对接行业内生产企业、院校，聚焦各自主业和发展方向，实现按照专业化实现技术、人才精准对接，激发技术合作的深度。

2. 推动全要素融合，提高信息化管理能力

2018年以来，研究所全面推进数字化工程、智慧院所建设，完成了基于国军标质量体系的面向顾客、质量、成本、制造的精益研发流程构建。协同设计仿真平台、多项目管理系统、试验数据管理系统、工艺设计与管理系统等核心研发数字化业务系统相继完成开发，机、电、控、软、电磁等多种数字化设计仿真工具投入使用，形成完整覆盖工程设计领域的集成化研发数字化平台，基本实现从工程设计、工艺设计、试验测试以及科研项目管理的电子化流程支撑与数据集中管理。将科研制度及流程体系进行全方位梳理，建立集成化、全要素、分类分级、项目计划、进度、经费、资源等要素的信息化、实时化、可追溯管理、开放式的多项目管理平台。搭建决策支持系统，实现所级领导决策、管理部门监管、项目主管管理、研发团队、研究人员同一平台、同一数据、同一进度、一个信息实时在线管理。

3. 推进行业协同创新，提升体系研发能力

为解决行业内技术沟通不畅、研发效率不高和技术保密管理等顽疾，研究所在充分调研摸底，对痛点短板进行分析的基础上，牵头行业内相关研究所制定《行业数字化设计制造协同方案》，为行业开放融合提供顶层方案，并牵头选取试点项目打通远程协同设计试制流程，已在体系内推广应用；开展信息代码体系建设，完成标准件统一赋码工作，为打通研发数据协同传递奠定了基础。在装备研发体系内推行实验测试资源、科技情报、客户需求、装备质量等信息内容共享，将各单位形成的通用技术知识库、方法库、典型产品模型库、研发条件等信息在体系内发布共享，并形成制度化。

4. 强化业务深度融合，实现机制与流程再造

研究所始终坚持把开放融合科技创新平台建设适时优化完善，科技创新激励机制同部署同计划同落实，出台《关于完善科技创新机制的决定》，明确7个方面17项优化完善科技创新机制事项，具体包括39条措施。在全周期激励机制基础上，突出骨干激励、自主创新激励、以及竞标项目利益共享和风险共担等原则，新出台《项目负责人年度专项奖励实施细则》《竞标项目风险金管理办法》《科学技术贡献奖励管理办法》，建立以《科研管理办法》为基本制度、10个专项制度相配套的科研项目全生命周期的管理制度体系。2019年，推行《科研项目模拟法人管理办法（试行）》，赋予团队首席技术决策权、经费支配权、人员调配权、在民用领域对外合作自主权，进一步激发研究人员技术创新、面向产业化的积极性。2020年，出台“创新支持计划”“揭榜挂帅”制度，向基础研究领域倾斜，建立创新绿色通道。

三、军工科研院所实现开放融合的科技创新平台构建效果

（一）研发生态得到整合，更好地履行了强军使命

2018年以来，在研究所牵头下，装备研究体系全面落实“双组长”制、公转项目管理、推进体系年度计划和“十四五”规划落地，取得了显著成效，形成了聚焦主业、错位发展、高效协同、运行顺畅的创新发展格局，成为兵器工业集团装备体系建设标杆。行业内自成体系、自我封闭、行业配套、无序竞争、重复建设等问题逐步解决；行业外技术、人才、实验、管理资源得到有效整合，共建共享共赢、开放融合发展成为共识。以开放融合思维统筹项目申报、技术攻关、团队培养及能力建设，联合组建“国家队”带动了重大项目立项，多个在国防领域具有引领意义的重大项目相继落地，提升了行业地位和话语权，为更好地履行强军首责奠定了基础。型号研制走上快车道，先后有8型重点项目立项研制，科研经费实现大幅增长，新签科研合同达到20亿元以上。先后攻克了无人装备、新型发射、多功能、智能化、轻量化和可靠性提升等一批核心关键技术，为“十四五”及长远发展奠定了基础，实现了探索一代、预研一代、研制一代的逐步递进。开放融合项目典型代表——某型车载装备，实现了整备

总体性能跃升和研发效率跨越式进步，综合性能达到国际同类装备先进水平，已批量装备部队，外贸合同超 10 亿美元。

（二）研发基础不断夯实，提升了科技创新效率

“六位一体”开放融合科技创新平台建设，打破了装备研发体系固有“圈子”，实现了跨领域技术、人才、资源整合，推动了装备研发、技术创新、项目研制，装备研发效率、质量、保售后服务能力、高质量发展能力不断提升。“吴运铎创新中心”取得国家国防科工局批复，实现了国家级科技创新平台“零的突破”，实现了工程技术创新领域资源的整合。行业内材料、工艺、制造等科技创新人才实现整合，形成了以 1 名院士、3 名特聘院士、4 名特聘高级专家、中国兵器首席科学家 3 名，中国兵器科技带头人（含青年科技带头人）24 名，30 名所级首席专家和科技带头人为核心的人才队伍。重大科研项目实现了设计、材料、工艺无缝对接，资金投入和产出风险共担，有效解决了基础研究与型号研制、工程设计与工艺创新、研发效率和成果转化等问题。蜂群、区块链、人工智能、智能消防、智能穿戴、综合电子等军民两用技术发展进入快车道，成功实现技术应用开放融合式发展；型号项目研发效率大幅提升，多个项目研制周期由原来的 5 年缩短到 3 年，研发设计及试验成功率达到 100%。

（三）开放带动机制创新，融合激发科技创新活力

开放融合科技创新平台构建，涉及研究所对外对内多项管理制度和流程再造，加速了科研制度和管理流程优化整合，推动了项目管理、绩效考核、团队建设等机制创新，实现了科研项目合同、计划、经费、周期、人员、试验、采购同一信息平台管理，进一步传导了鼓励基础研究、鼓励科技创新的鲜明导向，有力激发了科研骨干人员内在动力，提高了运行质量和效率。科研人员主动关注市场、对接市场，科研团队对外开放合作，通过异地协同、本地联合开发，推动了各类项目落地。自 2019 年以来，基础研究类项目立项取得重大进展，立项数量和规模连续三年取得好成绩，与“十二五”相比，数量及经费均提高了 4 倍。当期科研经费实现大幅增加，在研科研项目较“十三五”初期增加 1 倍。2019 年以来，研究所共获得国家发明二等奖 1 项、国防科技进步一等奖 2 项、陕西省技术发明一等奖 1 项、集团公司科技进步特等奖 1 项、技术发明三等奖 1 项；共计申请专利 400 余件，授权 300 余件。

（成果创造人：董文祥、杨　东、黄创国、黄宏胜、王兆旭、林振旺、姚　哲、刘源远、石　萍、王建波、陈　奇、席鹏洲）

船舶研究院所多层次网格化知识产权管理体系的构建

中国船舶工业综合技术经济研究院

中国船舶工业综合技术经济研究院（以下简称综合院）隶属中国船舶集团有限公司，是面向我国国防科技工业和船舶行业的综合性国防科研事业单位。作为战略规划、决策支持和综合性基础研究的智库型科研院所，依托知识产权与成果、经济与市场、标准化、质量与可靠性等业务领域能力，为国家防务力量建设和海洋装备制造业发展，提供顶层战略和决策支持。综合院作为集团公司下设的知识产权与成果管理研究中心，长期支撑集团公司和所属成员单位组织、策划、开展各项知识产权工作，包括科研项目专利检索查新、关键技术领域专利信息分析、专利挖掘及申请、软件著作权登记、年度知识产权目标制定及考核等，为集团公司各成员单位提供从市场调研到商业咨询的体系化解决方案。

一、船舶研究院所多层次网格化知识产权管理体系构建背景

（一）适应装备采购制度改革，促进装备建设创新发展和提质增效

为了适应装备采购制度改革的需要，装备承制单位亟须进一步规范管理，更好、更快地融入小核心、大协作、专业化、开放型武器装备科研生产体系。知识产权作为装备建设创新发展过程中的重要手段，是装备建设提质增效的重要抓手。充分发挥知识产权对装备建设创新发展的支撑、引领和辐射作用，通过不断规范知识产权管理，提升管理水平，形成制度体系完善的知识产权管理体系，构建顶层管控有力、基层充满活力的武器装备科研生产体系，避免重复研制，缩短研制周期，提高研发起点，促进装备建设创新发展和提质增效。

各军工集团公司积极履行强军首责，应当把加强成员单位知识产权规范管理，作为确保任务保质保量完成的“助推器”。当前，各军工集团公司下属成员单位知识产权规范化管理水平有限，很多单位把知识产权管理简单理解为对专利、商标的管理，已经开展的工作仅限于申请和维护专利、注册商标等简单的日常管理工作，并没有将知识产权管理工作与本单位的经营发展战略有机结合起来，将知识产权管理工作与生产经营活动全过程脱节。还有非常多的单位虽然已经认识到科技实力与创新能力是高质量发展的重要途径，但缺乏开展知识产权工作的思路和手段，不知道如何结合自身需求，构建知识产权规范化管理体系。

（二）应对船舶行业日益复杂的国际形势，提高企业自主可控水平

中国船舶集团有限公司作为我国船舶行业重要大型船企，下属成员单位聚集了一批具有实力的船舶设计、制造、配套企业及贸易公司。可以说，中国船舶集团有限公司的业务范畴是我国船舶行业创新需求最旺盛、创新要素最密集、创新活动最频繁、创新成果最丰硕的领域，也是创新成果运用最直接、知识产权保护需求最迫切的领域。

当前，全球经济格局和治理体系正在发生深刻变革，新一轮科技革命和产业革命蓄势待发。我国作为新兴发展中国家的代表，面临日益复杂的国际环境挑战，知识产权日益成为利益博弈的重要工具。以韩国为例，由于中韩 8 大船企正对 12 艘该船型新订单展开激烈争夺，韩国大宇造船就曾对集团公司相关骨干厂所发出律师函，警告我方即将交付的 23000TEU 双燃料集装箱船侵犯其知识产权。综合来看，大宇围绕专利发难，不仅企图阻挠我国此战略船型的后续接单建造，更大的意图是对我国高技术船产业进行全面打压。

因此，非常有必要指导集团公司下属成员单位建立诸如专利预警应对机制等知识产权规范化管理体

系，积极策划专利国外布局，跟踪竞争对手专利申请动态，提高各单位核心技术和知识产权储备，为实现关键技术自主可控奠定基础。

（三）围绕集团公司所属成员单位个性化需求，全面提升知识产权规范化管理能力

船舶行业存在着项目研制周期长、规模大、研产分离、军民技术适配性强等特点，国家或国防领域的相关知识产权政策直接套搬使用难以解决实际需求。因此，亟须综合院作为集团公司的知识产权中心，指导集团公司下属成员单位开展知识产权规范化管理体系构建与实施，逐步提升成员单位的知识产权创造、运用、保护和管理能力，达到激发科技创新，提高核心竞争力等效果，使知识产权工作服务于单位的整体发展战略。具体而言，不同类型的成员单位，其存在的知识产权问题不同，有的单位基础性、前瞻性技术储备不够，高价值专利数量不足；有的单位面临诸多专利侵权风险，对相关产品长远发展形成阻碍；有的单位专利信息利用成效偏低，很难获取国内外相关专利情况，无法充分利用专利信息支撑技术研发。

鉴于以上情况，从2016年起综合院着眼船舶产业和国防建设的实际需求，立足集团公司和国防领域，组织策划并实施了大型船企知识产权多层次网格化管理体系构建与实施。

二、船舶研究所多层次网格化知识产权管理体系的构建主要做法

（一）顶层谋划：规范制度先行，系统构建知识产权管理体系

1. 基于装备领域知识产权规范化管理要求，形成国防装备领域首个知识产权标准

2008年6月5日，国务院颁布实施《国家知识产权战略纲要》，在国防知识产权专项任务中明确提出要“将知识产权管理纳入国防科研、生产、经营及装备采购、保障和项目管理各环节，增强对重大国防知识产权的掌控能力”。纲要从国家战略高度对国防科技知识产权规范化管理工作提出了要求。随着纲要的推进，已经出台了一些知识产权管理方面的国家标准、地方标准和企业标准。2013年，中央军委装备发展部组织开展了装备承制单位知识产权管理体系论证；2016年，综合院积极参与，提前开展业务谋划，与装备发展部国防知识产权局共同起草《装备承制单位知识产权管理要求》（GJB 9158－2017）（以下简称《要求》），并于2017年12月1日起正式实施。

秉持“标准先行”的理念，针对我国国防装备领域知识产权规范化管理标准缺失的问题，综合院注重发挥多专业联合优势，知识产权与成果管理研究中心承担相关重点问题研究与具体条款撰写工作，并联合军队、军工各领域专家，先后开展确定编写大纲、调研、初稿编制、征求意见以及修改完善等工作。最后形成的《要求》以国家标准《企业知识产权管理规范》为基础，结合装备领域有关特点编制而成的指导性标准，包括9个章节，主要涵盖装备承制单位知识产权管理的范围、术语和定义、知识产权管理体系、管理职责、合同管理、装备采购各阶段知识产权管理等内容，从装备预先研究、型号研制、生产、维修保障等各阶段，以及招投标、合同订立履行等各环节，明确了装备承制单位知识产权工作的特殊要求。

《要求》是我国知识产权领域首个国军标，也是装备建设领域第一个专门的知识产权管理文件。该标准的颁布实施，首次为装备承制单位建立科学、系统、规范的知识产权管理体系，为装备承制单位提供了基于过程方法的知识产权管理模型，指导装备承制单位策划、实施、检查和改进知识产权管理体系，明确了知识产权获取、维护、运用、保护全过程的一般要求。

2. 基于国内外形势环境和经营目标，融入集团公司战略规划

基于国内外形势环境与集团公司经营目标，综合院作为集团公司的知识产权与成果管理中心，遵循“决策在战略、执行在规划、实施在计划”的思路，高度重视集团公司知识产权管理与发展的顶层设计。

在战略上，综合院以贯彻落实党的十九大中关于倡导创新文化，强化知识产权创造、保护、运用的

总体要求为指导，以提升集团公司知识产权规范化管理能力为目标，根据集团公司发展要求和船舶行业特点，提前谋篇布局，制定实施了集团公司知识产权发展战略，要求建立科学、系统、规范的知识产权管理体系，将知识产权工作切实融入科研、生产、经营管理主渠道，有效提升成员单位知识产权创造、运用、保护和管理水平，辐射带动集团公司整体知识产权水平提高，为集团公司实现创新驱动发展、加快业务转型升级提供有力保障。

规划上，遵循明确的战略目标，进一步制订知识产权规划，并细化成年度实施计划，加以保障落实。通过进一步健全知识产权管理体系，规范集团公司所属成员单位知识产权管理流程，建立科学、标准的知识产权管理制度，形成贯穿科研、生产、经营各环节的知识产权管理体系，在知识产权的获取、维护、保护和运用等各方面得到有效运行和控制，知识产权管理得到持续改进，实现知识产权管理程序化、制度化、标准化，为在国防领域全面推广知识产权规范化管理提供重要的实践经验。

3. 基于手册、文件、表单三层管理规范体系文件，明确知识产权管理流程与标准

综合院结合船舶行业装备建设的特点，以及集团公司科研管理、人事管理等制度文件要求，在明确各岗位知识产权管理职责的基础上，通过完善相关制度，针对资源管理、基础管理、合同管理等各个要素，建立标准化操作流程，研究制定了船舶行业装备承制单位知识产权管理要求体系文件。该体系文件是船舶行业装备承制单位进行知识产权有效管理的重要参考依据和文件基础，包括知识产权管理制度、办法、流程和相关的记录表单。

结合《装备承制单位知识产权管理要求》中对装备承制单位知识产权管理体系文件的构成和内容，综合院经研究提出船舶行业装备承制单位知识产权管理体系文件的总体结构应包括三个层次。第一层次——知识产权管理手册：是描述一个装备承制单位知识产权管理体系总体要求的文件；第二层次——知识产权管理体系程序文件：是描述开展知识产权管理体系活动过程的文件；第三层次——知识产权管理记录表单：是描述开展知识产权管理体系具体活动要求的文件。

知识产权手册、程序性文件和记录表单等体系文件，围绕科研生产全过程，明确了企业的知识产权管理要求，使管理体系文件既能够体现国防特色，也具有普适性。

在知识产权获取和维护方面，建立职务发明内部登记制度，完善登记程序，确定保护措施，强化源头管理；探索建立知识产权价值评价及分级管理工作；保证发明人的合法权益。

在知识产权运用方面，促进和监控知识产权的实施、许可和转让；在投融资、企业重组、标准化、联盟及相关组织等工作中明确知识产权工作要求，防范知识产权风险。

在知识产权保护方面，建立风险防范预案制度，定期监控产品可能涉及他人知识产权的状况；定期监控知识产权被侵权的情况，并能够运用行政和司法途径保护知识产权；在涉外贸易过程中，适时在目的地进行知识产权申请、注册和登记，并调查目的地法律、政策情况，分析可能涉及的知识产权风险。

（二）科研项目管理层面：融入重点产品重大项目全过程管理

1. 知识产权工作融入项目实施全过程，形成“大循环”

将知识产权工作融入科研项目立项、实施、验收等各环节，促进科研项目知识产权的创造、保护和运用，提高科研项目成果产出率和利用率。

（1）项目立项阶段。

专利和非专利技术检索查新。对现有专利和非专利技术进行检索，分析现有技术的发展现状和趋势，确定在检索范围内国内外有无相同或类似的研究，对查新项目的新颖性作出判断，为科研项目立项评审提供参考。

专利信息分析。对国内外专利申请分布情况、权利人状况、技术领域基础专利和核心专利进行分析，为项目可行性研究、确定技术方案和创新点提供参考，并以此为基础提出研发路径和知识产权

目标。

任务书/合同中明确知识产权归属及目标。在项目任务书或合同中明确约定项目产生的知识产权权利归属、知识产权工作目标和任务等。

（2）项目实施阶段。

知识产权工作内容分解和细化。在项目实施方案中，明确实现知识产权目标的具体措施、步骤和节点安排。

跟踪技术领域专利信息，形成专利数据库。根据项目研制提出的关键技术图谱，在项目实施过程中及时跟踪分析主要竞争对手相关技术领域的专利文献，建立相关技术领域的专题专利数据库，并及时更新。

发明创造登记和评审。对项目研制过程中产生的新技术创新点要及时报告登记，定期组织专家对创新成果进行评估，选择合理的知识产权保护方式，并及时采取相应措施，如申请专利、计算机软件著作权登记、技术秘密保护等。

专利培育及布局。对技术发展趋势及竞争对手的动态做出评估与判断，确定战略目标，调整技术研发策略，积极促进自主知识产权产生，并提出知识产权布局方案。

专利风险识别与规避。对项目涉及的主要技术领域专利信息进行定量和定性分析，掌握技术发展趋势和竞争对手状况，进行专利侵权风险分析，并提出规避策略。

（3）项目验收阶段。

知识产权目标实现情况分析。提交知识产权清单，包括申请和获得的知识产权数量、名称、类型、法律状态、实施转让情况等。

潜在应用前景分析。对具有潜在应用前景的知识产权进行转化前景和实施许可方式分析。

其他重大事项报告。包括侵权风险分析、已有知识产权纠纷等。

2. 结合 PDCA 理论加强知识产权管理规范化，形成“小循环”

PDCA 循环理论的含义是将质量管理分为四个阶段，即要求把各项工作按照做出计划（Plan）、计划实施（Do）、检查实施效果（Check），然后将成功的纳入标准，不成功的留待下一循环去解决（Act）。

综合院运用 PDCA 循环理论对成员单位知识产权管理进行规范化改进，引导成员单位按照《装备承制单位知识产权管理要求》，建立与业务体系深度结合的知识产权管理体系。基于 PDCA 循环管理法，综合院将引导成员单位知识产权规范化管理体系建设的全过程分为四个阶段。

综合院分别对已建立和未建立装备承制单位知识产权管理体系的单位进行了深入、系统性的考察调研，结合实际需求和实践经验，基于 PDCA 循环理论形成了加强知识产权规范化管理的工作计划，包括以下四个阶段。

（1）P 阶段。

结合《装备承制单位知识产权管理要求》和船舶行业特点，厘清成员单位现有知识产权方面的工作基础和制度基础，确定科研项目全过程各阶段知识产权规范化管理的要求，形成管理体系文件。

（2）D 阶段。

协助成员单位按照规范化管理要求，具体实施科研项目立项、实施、验收各阶段知识产权工作。如黄埔文冲在牵头承担的 8.5 万吨新巴拿马型散货产、大型养殖工程船、天然水合物钻采船等 10 余项重大科研项目中设置了知识产权专员，在立项阶段开展了相应的知识产权策划工作，形成了相应的专利分析报告及检索报告；在项目执行过程中，知识产权专员结合项目研究创新进程，组织、指导项目组人员开展已有知识产权信息利用及专利申报工作，做好发明创造登记及相关评审工作，提出相关保护建议；

在项目验收过程中，知识产权专员开展本项目知识产权目标实现情况分析，并提出实施转化建议，配合完成项目验收工作。

（3）C阶段。

组织成员单位在科研项目全过程各阶段对知识产权规范化管理工作开展情况进行检查和总结。引导集团公司所属成员单位在建立、实施和运行知识产权管理体系的前提下，进一步通过评分式诊断，评价确定知识产权管理体系的成熟度，从提升知识产权管理的效率与效果入手，发现当前最亟须改进的地方，督促各单位对可能存在的知识产权风险予以识别、评价和管控，进而不断追求知识产权管理的卓越绩效。

（4）A阶段。

根据P阶段制定的管理要求目标，以及C阶段检查分析的结果，对于在本轮PDCA循环中遗留下来无法全部解决的问题，在其他科研项目实施的过程中对各阶段存在的问题制定和落实改进措施，如此复始，螺旋上升，实现“小循环带动大循环”的管理方式，避免出现“说归说”“做归做”，制定与实施“两层皮”的现象，确保责任层层落实。

3. 基于不同项目特点，明确项目差异化管理重点内容

以装备采购科研项目为例，可以分为预先研究项目、型号研制项目、生产项目、维修保障项目等类型。不同类型的项目知识产权管理重点应当各有侧重。

预先研究项目应当侧重在立项阶段，开展知识产权检索分析，形成与项目有关的自有知识产权清单；在实施阶段，及时报告合同中确定的关键技术已经公开或者已经通过其他途径获得的情况；在验收阶段，提供专利、技术资料、软件著作权等知识产权的产生和使用信息。

型号研制项目应当侧重在立项阶段，总包和分包合同中应包含知识产权条款；在实施阶段，编制知识产权管理实施方案，开展知识产权布局和保护；在验收阶段，提供专利、技术资料、软件著作权等知识产权的产生和使用信息。

生产项目应当侧重在实施阶段，妥善管理、保护与装备生产有关的专利、技术资料、软件著作权等知识产权；在验收阶段，提交知识产权相关资料并保证其准确完整。

维修保障项目应当侧重在实施阶段，妥善管理、保护与装备维修保障有关的专利、技术资料、软件著作权等知识产权；健全维修保障技术服务机制，不以保护知识产权为由拒绝提供售后服务。

（三）企事业单位管理层面：融入企业日常管理环节

知识产权规范化管理引导了集团公司所属成员单位在经营发展、科技创新中实施全过程、全环节、全员工、全要素的知识产权进行规范化管理；帮助各单位在承担装备采购任务过程中逐步建立健全策划、实施、检查、改进的知识产权管理体系，在规范化管理中实现适宜性、有效性、一致性、渐进式评价和成长，逐步实现知识产权的卓越管理。

1. 细化管理职能和要求，无缝嵌入到职能管理

构建“覆盖全面、归口明晰”的职能管理体系，明确界定各职能管理涉及的知识产权管理要求。具体如下。

在人力管理方面，明确知识产权工作人员任职条件和工作职责，落实岗位责任制；规范员工入职、离职及签署人事合同过程中的知识产权管理；明确员工知识产权创造、保护和运用的奖励和报酬；明确员工造成知识产权损失的责任；建立知识产权教育培训的长效机制，分别对中高层管理人员、知识产权工作人员以及科研技术人员等不同层次人员开展全员知识产权培训。

在财务管理方面，设立知识产权经常性预算费用，用于确保知识产权管理机构的正常运行与知识产权申请、注册、登记、维持、检索、分析、评估、诉讼和培训等事项；设立专项经费，用于知识产权

激励。

在合同管理方面，强化对合同中有关知识产权条款的审查。在涉及国家重大专项、装备预研、型号研制、维修保障等装备采购合同中，应约定知识产权权属、许可使用范围及全寿命周期的知识产权保障条款，加强知识产权管理。

在科研管理方面，规范在装备采购预先研究、型号研制、生产及维修保障等科研项目立项、实施、验收、成果运用全过程中的知识产权管理流程和方法，推动知识产权管理工作与单位战略、计划、项目管理的有效融合。

2. 组织宣传培训，提升知识产权规范化管理意识

知识产权宣传培训是人才培养与培训的基础性工作，也是知识产权规范化管理的基础性工作，是对管理要求的进一步明确和细化。综合院组织编写形成了《装备承制单位知识产权管理要求培训教程》，并对成员单位组织开展宣传培训会，推动成员单位知识产权分管领导、专员及技术人员更加深入的了解规范化管理要求与检查标准，共计200余人次参加。

通过参加宣传培训会，参会人员对于如何贯彻落实知识产权规范化管理要求，如何开展具体的知识产权管理工作有了相当的了解和掌握，并且强化成员单位的知识产权意识，尤其是领导层意识，使成员单位意识到贯标工作对单位本身以及装备科研生产任务的重要性，保证从成员单位贯标的组织实施到知识产权管理体系的运行得到强有力的支撑。

3. 横纵管理结合，形成网格化知识产权管理模式

横向上，在企业人事、财务、合同等日常管理中加入知识产权管理相关要求，提升知识产权规范化管理意识。

纵向上，将知识产权管理要求融入科研项目全寿命周期管理中，从装备预先研究、型号研制、生产、维修保障等各阶段，以及招投标、合同订立履行等各环节，明确了装备承制单位知识产权工作的特殊要求。

横向与纵向双向发力，形成网格化的知识产权管理模式，全方位、无死角地开展知识产权规范化管理工作。

（四）行业技术管理层面：常态化重点技术领域专利布局和风险防控

1. 掌握企业发展方向，提前开展专利布局谋划

综合院组织成员单位以集团公司重大科技专项、自立科技研发专项等科研项目为抓手，围绕重点技术领域开展专利布局，逐步提高核心产品知识产权竞争力。围绕LNG运输船、双燃料船、邮轮、水下平台探测、新能源电池等核心产品，全面分析国内外专利布局现状，深入剖析国内外布局现状，制订高价值专利培育方案，初步形成LNG液仓围护系统、超大型集装箱总段建造、锂电池、邮轮外观设计等多个专利组合，为相关产品专利风险防控、市场影响力提升提供了有效保障。

2. 预判企业侵权风险，建立专利预警“防火墙”

综合院组织相关成员单位针对双燃料船、大型邮轮、船用动力、LNG运输船、深海渔业养殖装备5个存在较大专利侵权风险隐患的重点领域开展风险治理工作，细化工作目标、工作内容、工作计划与任务分工。为保障工作顺利开展，分别在上海、武汉、哈尔滨召开重点领域专利风险治理专题研讨会，明确各重点领域专利风险治理工作牵头单位与配合单位，提出具体工作任务和要求。

第一步：收集主要竞争对手在重点技术领域最新公开的专利技术，进行摘译和汇编，研究其最新产品的技术原理和实现手段。

第二步：通过技术特征对比和权利要求书的研读，评估专利侵权的可能性，对在该技术领域面临的潜在知识产权风险进行分析。

第三步：从技术层面总结提炼专利规避设计思路，从知识产权管理手段层面分析采取加强技术秘密管理、搜集专利无效证据、主动提出专利意义等手段规避风险的作用意义。

总体看来，现阶段围绕大型邮轮、LNG 运输船、深海渔业养殖装备的专利风险治理工作取得了良好成效，具体体现在专利风险识别更加精准、专利风险治理手段更加丰富及消除绝大部分专利风险隐患，应常态化开展专利侵权风险治理工作，全面跟踪更新重点领域专利风险。

（五）集团公司管理层面：以考核为激励手段，实现闭环管理

1. 将规范化管理工作纳入集团公司科技考核

在综合院的统筹规划、组织协调下，各成员单位《2020 年知识产权工作计划》中明确规范化管理工作要求，且应用《考核评价标准》进行的成员单位知识产权规范化管理考核评价结果纳入 2020 年度集团公司科技考核，在知识产权管理总分中占比为 10%，引导了单位的知识产权规范化管理实现适宜性、有效性、一致性、渐进式评价和成长，有效提升了成员单位领导对知识产权规范化管理的重视程度的同时，促进了问题的及时发现与改进。

2. 全面开展书面诊断，摸清知识产权管理家底

综合院为全面掌握集团公司知识产权规范化管理现状，挖掘知识产权管理过程中存在的问题，摸清知识产权管理家底，组织了科研管理、知识产权、标准等领域的专家，结合集团公司知识产权工作需求，编制下发了“集团公司知识产权管理体系现状调查问卷”，针对单位的组织架构、知识产权管理现状、知识产权工作发展阶段、内部管理过程及流程、现有各种体系运行情况等对成员单位的知识产权管理基础、贯标意愿、存在问题等进行了书面调查诊断。其中，知识产权管理现状、知识产权工作发展阶段等调查问卷的设计主要从人力资源、信息资源、财务资源、知识产权获取和维护、知识产权运用、知识产权保护、合同管理、科研项目管理等方面开展。

3. 提出差异化考核评价标准，形成知识产权规范化管理能力评价机制

综合院为准确评价集团公司所属成员单位知识产权规范化管理能力，完善知识产权规范化管理考核评价方法手段，闭环知识产权规范化管理程序，组织专家编制完成了《知识产权规范化管理考核评价标准》（以下简称《考核评价标准》）。

针对研制单位、生产单位等不同类型的集团公司所属成员单位涉及不同的考核指标和内容，从《装备承制单位知识产权管理要求》出发，实行差异化的知识产权规范化管理体系构建，有力支撑企业科技创新发展。

《考评评价标准》分为知识产权管理体系、管理职责、资源管理、基础管理、合同管理、实施和运行、审核和改进共七个模块，由若干个一至四级指标组合而成，满分为 1000 分。根据各模块所包含的知识产权管理要素的数量及其重要程度，结合各单位承担装备采购任务的实际情况、目前知识产权管理中普遍存在的问题及其知识产权管理重点，为各模块赋予相应的分值。

同时，针对集团公司研产分离的特点，可以将集团公司所属成员单位分为三种类型：一是仅承担装备设计研究任务，不承担装备生产任务的单位，简称装备研究单位；二是仅承担装备生产任务的单位，不承担装备设计任务的单位，简称装备制造单位；三是既承担装备研究任务又承担装备生产任务，简称装备研制单位。由于这三类单位承担的任务不同，所开展的知识产权工作重点也不同，因此在考核评价中理应各有侧重。综合院依据装备研制、研究、制造三种类型单位承担装备采购任务的差异，设计了三套考核评分标准，评分标准划分为 A、B、C 三类，提升考核评价的准确性。其中，A 类评分标准适用于装备研制单位；B 类评分标准适用于装备研究单位；C 类评分标准适用于装备制造单位。

（六）夯实基础：加强系统建设，健全人才队伍

1. 建立知识产权信息登记管理系统，实现动态监管

为了加强对成员单位申请和维护专利权、软件著作权等知识产权情况的监管，以及提高成员单位对自身专利、软件的管理效率，综合院作为集团的知识产权中心，组织开发了知识产权信息登记管理系统。主要实现两个功能。

一是，成员单位新申请或登记的专利权、软件著作权等信息可以及时在系统中录入，已申请或登记的专利权、软件著作权其法律状态发生变化的（包括授权、无效、转让等）可以及时在系统中更新。

二是，成员单位系统中的数据可以逐级上传给综合院（集团知识产权中心），实现信息的集中监管。

2. 搭建专题专利数据库，提升管理手段和效率

组织成员单位建立专利数据库，不断丰富更新专利数据，利用专利信息支撑科技研发，实现专利信息的有效应用。如风帆公司充分利用专利软件围绕公司主导产业的关键技术和产品，逐步完善专利数据库，目前已收录专利数据 3.6 万件，涉及铅酸蓄电池、锂离子电池、蓄电池装备等多个技术领域，可为技术人员快速提供相关专利信息，掌握相关产品设计、工艺方法的专利动态，为技术研发、专利预警奠定基础。如 722 所，引进了“船舶专利数据分析系统”，搭建了 722 所专利信息平台，并挑选了船舶通信系统关键技术开展了专利态势分析工作，在经过确定技术谱系、构建检索策略、专利检索与筛选、专利分析等工作后，得出与航母通信系统、公务船、海警船技术相关的专利文献共计 1061 篇，在此基础上形成了 722 所舰船综合通信技术专利专题数据库。如中船动力研究院，围绕整机结构设计、关重件和关键技术等，不断优化调整检索策略，并通过技术标引形成船用低速机专题专利数据库，最终汇集超过 10 万件专利，涵盖增压器、电控系统、燃油系统、油雾探测器、活塞环、轴瓦、SCR 装置、WHR 装置、尾气处理装置等技术分支。

3. 横纵管理结合，网格化健全知识产权管理人才队伍

横向上，组织成员单位建立内审员队伍。为帮助成员单位培养自己的知识产权管理人才，使得成员单位能够有专人基本掌握知识产权管理体系运行的各项流程、重点和注意事项，了解体系建立工作的过程（包括调查诊断、文件编制、内部审核等），具备独立将企业“贯标”工作推进落实的能力，衔接认证审核机构认证及监审工作，从而进一步提高企业知识产权管理水平，提高企业内部工作效率。

纵向上，组织成员单位建立知识产权专员队伍。集团公司组织拟制的《中国船舶集团有限公司知识产权管理办法》，明确要求成员单位在科研项目中设立知识产权专员并明确其职责，负责筹划、组织、推进和管理本项目的知识产权工作。同时，要求知识产权专员应当是科研项目组的主要成员，具有专业技术、项目管理知识背景和知识产权实务工作能力。

三、船舶研究院所多层次网格化知识产权管理体系构建效果

（一）完善管理体系，全面提升成员单位知识产权管理水平

综合院共同起草颁布的《装备承制单位知识产权管理要求》国家军用标准，实现了国防知识产权领域标准规范“零”的突破，是我国知识产权领域首个国家军用标准，也是装备建设领域第一个专门的知识产权管理文件。该标准的颁布实施，首次为装备承制单位建立科学、系统、规范的知识产权管理体系，强化知识产权创造、保护和运用能力，提供了指导规范。

（二）拉动经济效益，有效支撑重大科技研发及专利布局

综合院指导集团公司所属成员单位将知识产权管理融入科研项目全过程中，提升了各成员单位的管理能力和水平，确保了以高新工程为代表的型号研制任务全面完成，实现了经营承接的稳步增长。例如，2016—2020 年“十三五”期间新接军品合同金额同比增长 8.2%，手持军品合同金额同比增长

4.6%。同时，有效支撑了重大科技研发及专利布局，以集团公司专利申请和授权情况为例，2018—2020年集团公司专利申请量增长了47.3%，年均增长21.4%，大幅高于全球船舶行业11%及中央企业19%的年均增速；专利授权量增长了22.5%，年均增长10.7%；有效专利总数增长了28.3%，年均增长13.3%。

（三）提升社会效益，改善专利情况，起到示范推广作用

《装备承制单位知识产权管理要求》国家军用标准的颁布对社会影响重大，受到广泛关注。中央电视台军事频道《军事报道》栏目、《解放军报》头版、由解放军报社装备发展部分社运营的"装备科技"微信公众号，以及新浪新闻、搜狐财经、中国经济网等门户网站和微信公众号均转载了相关新闻，引发广泛关注。同时，集团公司所属成员单位获得国家专利奖数量也在稳步增长，充分体现了知识产权规范化管理对专利申请质量的提升作用。

（四）规范化管理要求和建设思路，在国防领域全面铺开

2018年，装备发展部国防知识产权局组织原中国船舶重工集团有限公司和中国航天科工集团有限公司两家军工集团开展国军标贯标试点工作，两家集团公司分别遴选了部分有代表性的企业和研究院所具体进行试点。通过试点，探索了通过引导企业建立健全知识产权管理体系，激励自主创新、实现创新驱动发展的做法和经验，成效明显，健全了融入科研、生产、经营、人事等多个领域的知识产权规章制度，完善了融入科研生产过程的知识产权工作机制，全面提升了知识产权信息利用和保护能力。

基于试点单位取得的显著成绩，2020年起包括原试点单位在内的各军工集团，分别在集团内推进知识产权贯标工作，制订知识产权规范化管理工作实施方案。截至2020年12月，已有核、航天、航空、船舶、兵器、电子等行业组织开展了知识产权国军标贯标工作。

（成果创造人：范　蕾、栾　硕、王丽军、王　强、温振宁、魏　剑、梁骄阳、何　新、晏裕生、陈　旭、王　羽、杨文飞）

生态园林企业提升核心竞争力的科研成果产业化管理

北京市首发天人生态景观有限公司

北京市首发天人生态景观有限公司（以下简称首发生态）是集生态景观规划设计、施工、运营于一体的综合服务商，隶属国有企业北京市首都公路发展集团有限公司。首发生态成立于2000年，注册资本10050万元，为国家高新技术企业和中关村高新技术企业，是全国最大的公路绿化养护运营商，拥有土地规划乙级资质，市政总承包三级及环保工程三级资质，通过了ISO 9001质量、ISO 14001环境、GB/T 28001职业健康安全管理一体化认证。首发生态业务分为生态工程、生态运营与生态产品三大板块，始终坚持“干一项工程、树一个品牌、留一方美誉”的原则，完成多项景观提升、湿地公园、生态修复、地产市政、立体绿化等工程项目；坚持首善标准，为首都19条高速、城市副中心及其他区县提供园林绿化“至精养护”服务；秉持“科技创造绿色价值”的理念，纵深发展裸露边坡、矿山、水体等生态修复技术研发，掌握着近自然生态修复、立体绿化、湿地建设、海绵交通、绿地废弃物资源化利用等一批核心技术。主持编制国家标准1项、林业行业标准1项、北京市地方标准1项、参与北京市地方标准修订1项。先后获得十余项北京市精品、优质工程奖，全国城市园林绿化企业50强，园林绿化行业中首家全国安全文化建设示范企业，全国绿化美化先进集体，北京市绿化美化先进单位，北京市诚信创建企业，AAAA级诚信企业，纳税信用A级企业等荣誉称号。

一、生态园林企业提升核心竞争力的科研成果产业化管理背景

（一）顺应国家生态文明建设战略发展的需要

党的十八大提出了发展“生态文明”，建设“美丽中国”的总体目标，“创新、协调、绿色、开放、共享”五大发展理念引领着中国的经济变革。党的十九大报告明确提出“坚持人与自然和谐共生”的理念，提出“像对待生命一样对待生态环境”“实行最严格的生态环境保护制度”等要求，在一系列顶层设计的指导下，海绵城市、“气十条”“水十条”“土十条”、绿色矿山等政策出台，对传统园林行业提出了新的需求和发展方向。党的十九届五中全会首次将碳达峰、碳中和目标纳入“十四五”规划建议，力争2030年前达到二氧化碳排放峰值，努力争取2060年前实现碳中和，将生态文明建设提到一个全新的高度。“十四五”是生态文明建设的关键时期，生态园林企业必须进一步加大科技创新力度，推进项目成果产业化，积极推动转型升级，迎接新的机遇和挑战，这是贯彻落实国家生态文明建设理念，推动建设美丽中国发展的要求。

（二）提高行业转型发展能力的需要

近年来，随着科技的发展、社会的进步和人民生活水平的提高，我国已将城市园林绿化提到保护生态平衡的高度来认识，国家制定的“建设良好生态环境、实现生态文明”的政策为园林绿化产业的发展提供了广阔的市场，同时也为生态园林行业如何保持健康稳定持续的发展带来了挑战。科技研发作为创新驱动经济发展方式转变的持续动力，越来越受到园林企业的认可，如何以科技研发带动企业经营发展，助力企业适应行业政策发展，为企业持续发展提供动力，成为行业亟待解决的问题。全国绿化委员会在《关于积极推进大规模国土绿化行动的意见》中明确提出，要加强森林、草原和沙化土地的绿化覆盖率。对于北京而言，随着推动京津冀协同发展，冬奥会、世园会等重大活动举办，城市副中心建设，新机场等重点功能区建设，需要加快构建相配套的综合交通体系，融入更加具有应用价值的科研成果，展示城市形象、提升道路安全水平、促进路域生态环境保护。

（三）科技研发引领企业经营发展的需要

首发生态立足交通领域生态环保优势，巩固树立生态行业地位，拓展补齐生态领域链条短板，致力于成为“生态领域全链条一体化综合服务运营商”，提出要通过科技助推实现技术引领的市场拓展格局。科技助推重点瞄准“技术”“产品”“合作”三大着力点，积极开展河湖治理、土壤修复等生态领域业务，将四大核心业务体系升级为核心技术体系，实现标准化，以“资源共享、优势互补、协作创新、合作共赢”为宗旨，共同推动科技创新和科技成果转化。科技研发工作能够及时了解和掌握行业政策信息，把握园林行业和生态修复行业发展，为发展指明方向，有效解决生产经营中的问题，确保企业健康持续的发展，同时为企业提供新的经济增长点，促进企业转型发展。

二、生态园林企业提升核心竞争力的科研成果产业化管理主要做法

（一）明确指导思想，谋划发展方向

1. 坚持服务生产经营定位

首发生态始终坚持以市场为导向、企业为主体、政策为引导，推进生态技术、生态产品研发，强化与高新技术企业相匹配的技术能力。随着企业进入转型升级发展阶段，科技研发的定位由传统的“以生产带科研，以科研促生产”转变为“服务经营、推动转型、引领发展”，以新的高度来推进科技研发工作，这对科研项目提出了更高的标准，要求将科技研发与生产经营紧密结合起来，解决生产经营中存在的问题，进一步提升生产经营的业务水平和业务能力。

2. 掌握行业领先技术

首发生态积极开展全方位立项调研，坚持市场、战略和前沿导向，瞄准国内先进，加强对课题背景、研究进展、拟解决问题的论证和评审工作，持续有效地开展研发，掌握行业领先技术。同时，在保持传统的园林技术领域成熟的基础上，进一步提升首发生态在裸露坡面植被恢复技术领域的领先水平，加强矿山修复、河湖治理及土壤修复等具备产业化前景的相关技术和成果的筛选，明确新技术、新产品和新工艺的突破方向、发展方向和应用方向，满足企业转型升级发展要求，实现研发即落地转化应用的目标，进一步引领企业的持续健康发展。

（二）成立研发机构，打造核心竞争力

1. 成立独立研发与设计机构

首发生态认真贯彻落实国务院《关于深化科技体制改革加强国家创新体系建设的意见》，加快建立以企业为主体、市场为导向、产学研用紧密结合的技术创新体系，聚焦发展战略要求，成立生态环保研发中心，建设融研发、生态产品展示和人才培养为一体的生态研发基地。生态环保研发中心包括研发实验区、室外实验及展示区。在研发实验区，设置人工模拟降雨试验区，为裸露坡面植被恢复技术提供基质稳定性试验支撑，为新型立体绿化基质提供保水保肥数据。建设生态环保专业实验室，高速高效的检测功能可满足植物生态、土壤生态、水生态方面的检测需求，后期将积极推进实验室资质认证工作，作为第三方检测检验机构参与市场竞争。

2. 明确工作职责

作为科技研发和管理机构，生态环保研发中心在首发生态发展战略框架下，挖掘并整合企业内外的科研资源，以市场为导向，打造首发生态核心竞争力；规范科研工作的有序运行，确保科研工作顺利开展，提高科研工作效率；提高科研水平及科研团队建设，完善科研项目管理机制；提升科技实力，建设技术标准化体系。设计工作室作为公司业务单元，隶属于生态环保研发中心，负责工程项目图纸会审把关、将科技研发新成果与工程设计相融合，推进核心技术应用范围。在雨水收集与再利用项目中，经过科研人员前期试验，设计人员通过提供雨水收集、净化设备和灌溉系统的一体化解决方案，展示专业技术实力，增强市场开发能力，带动施工业务发展，已成功应用于北京市的多个桥区建设中。

3. 发挥聚集器与转化器作用

生态环保研发中心将适应市场需求的技术，通过平台转化为产品，通过技术创新形成新的市场空间。一是拓展技术研发，共享科研资源，与高校、科研院所、企业围绕“山水林田湖草生命共同体”生态修复领域开展合作，进一步拓展深化产品和技术体系，借助资源优势，为高校、企业提供科技研发和落地的平台，共同推动科技创新和科技成果转化。二是深化技术营销，主动为各区县政府、园林局等提供创新点和亮点，以技术专家身份与政府对接，发掘可能的合作方向，开拓外部市场，争取科技成果研发及转化所需的政策和资金支持。三是提升科技人员实力，借助平台优势和项目平台，吸引和培养内外部优秀科技人员和团队，充实和提升企业的技术和研发团队，推动科技成果转化。

（三）深挖经营需求，聚焦产业化目标

1. 立足现状解决实际生产难题

为了进一步了解和掌握生产经营中的生产需求，首发生态广泛收集项目来源，解决生产经营中遇到的实际问题。在项目立项过程中，生态环保研发中心采用座谈、现场沟通和电话沟通等方式，先后对工程事业部、养护事业部和生态事业部进行多次调研，围绕提高企业发展质量水平、降低施工成本的产品或技术等工程生产中的难题，机械选择、苗木生产以及灌溉等日常养护生产中的技术问题，可显著提升经济效益或降低生产成本的项目需求，先后征集了包括工程质量、杂草控制等二十余项现实需求。

2. 着眼未来布局长期发展目标

同时，生态环保研发中心根据公司发展规划的需求，围绕河湖治理、矿山修复和土壤修复等方面征集行业内的多个项目信息，随后，组织专业技术委员会及外部专家智囊召开多次评审会，从技术的可行性和研发前景等方面加强审核，紧紧围绕企业战略发展规划要求，聚焦科技研发目标。

（四）拓展项目来源，丰富产业化构成

1. 争取强有力的外部支持

为满足科技工作及发展需要，首发生态进一步扩大项目渠道，积极关注北京市交通委员会、北京市国资委、国家林业局等政府、各级科委、各行业委员会等机构支持科技创新的政策信息，强化沟通交流，结合科技工作进展，积极开展核心技术外部立项、成果和资金支持的多渠道申报工作，拓展技术获取和科研成果转化渠道，为科技工作发展提供有力的支持。

2. 协同创新储备技术产品

首发生态借助网络平台，搜集业务领域范围内的相关专利，通过协同创新方式为公司储备相关技术和产品。2020 年科研项目筛选过程中，先后围绕矿山修复、河湖治理搜集北京市环科院、北京化工大学、中国矿业大学等高校的项目信息，并与北京生态修复学会等团体进行沟通，进一步丰富科研项目来源。同时，广泛筛选行业内的相关先进产品，为产业化提供产品储备。

（五）优化管理流程，提升研发效率

1. 优化项目管理流程

系统梳理科技研发流程，建立以生态环保研发中心为核心的科研监督体系，开展科研规划、立项、计划、过程执行管理和监督工作，以坚持问题为导向，强化精准指导为管理原则，紧紧抓住项目方案制定、现场实施、采样监测等关键环节，充分发挥管理监督职能。

加强项目立项的前期审核，重点支持能够解决生产和经营中的重大技术问题，关系到企业发展全局性、方向性、基础性的关键技术项目；优先支持优化技术管理水平、提高生产效率、提高核心竞争力和形成新经济增长点的技术开发和推广应用项目。在项目立项过程中，根据企业战略发展规划、生产经营需求、高新技术企业需要等方向广泛征集项目来源，各事业部结合生产中亟待解决的问题提出项目需求，并编制《科研项目基本信息表》和《可行性研究报告》，详细阐述项目研究背景、主要研究内容、技术路线、项目人员组成、进度计划、项目经费及预期成果等主要内容，经分管经理审核通过后，再由生态环保研发中心进一步审核，确保项目的各项内容符合企业的研发方向及成果转化的可行性；财务管理部和运营管理部对科研项目费用进行审核，确保科研费用的合理性；实行公司专业技术委员会评审制度，引入专家智囊，引进科研院所高端智脑，对项目进行专业评审，并出具专业性意见，保证项目立项的科学性，由经理办公会审议项目是否立项。加大对项目实施的过程管控力度，每月由项目组提交项目月度完成情况，由生态环保研发中心采用不定期现场检查与资料检查相结合的方式对项目进行过程管控，充分发挥管理职能，随时了解项目进度，及时进行方向纠偏，确保项目顺利完成。在执行中发现偏离试验计划，导致预期目标发生变化或按照试验计划不能达到预期目标时，组织技术委员会讨论后给出调整、暂停执行或停止实施的评估意见，分管经理审核后提交总经理审批。根据计划安排，按期组织召开项目结题验收会，梳理项目成果，确保按照计划如期完成项目研发各项工作，确保科研有效支撑公司转型升级发展。

2. 理顺协同工作机制

借鉴工程项目管理经验，实行项目化管控，全面落实科研项目负责人制度，有效保证科研项目的顺利实施，切实将科技成果转化为效益收入，做实高新技术企业。根据项目研发方向，在公司范围内成立项目小组，实行项目统一管理，明确部门职责，加强沟通协调，形成有效合力，合理配置项目资源，通过这种方式，能够有效打破因部门而产生的沟通不畅等问题，便于项目顺利开展实施。例如，2020 年，生态环保研发中心将植材砼产业化作为项目研发的重点和目标，围绕植材砼产品的加工工艺、施工安装流程及产品性能提升等各个产业化落地环节进行深度研发。成立产业化小组，以生态环保研发中心为产业化主责部门，运营管理部、生态事业部、养护事业部等生产部门为落地部门，加强产业化组织保障。建立沟通协调机制，加强跨部门的协调沟通，集中优势资源，确保产业化进程顺利推进。在项目推进过程中，由养护事业部进行树木枝条原材料收集，生态环保研发中心提供技术指导，生态事业部负责生产铺装工艺。因养护事业部在日常养护作业过程中，苗木修剪产生大量的枝条，处理要产生相应费用，将枝条材料统筹运用到植材砼项目中，既解决了绿地废弃物循环利用，同时也为植材砼提供了原材料来源，大大降低了生产成本，提高了生产效率，便于项目开展。加大产品中试力度，植材砼先后在企业院内、京沈小院等场地进行中试，为产业化奠定基础。事实证明现有的组织模式是成功的，未来需要继续推行。

3. 建立制度管理体系

为确保科技研发工作规范性与系统性，进一步营造良好的科技成果研发和转化氛围，首发生态建立完善的制度体系，先后制定包括《科研项目管理办法》《科研经费管理办法》《科技成果转化管理办法》《科技成果奖励办法》等多项管理制度，并且针对科技创新与发展方式，定期进行修订。2020 年，首发生态在原有《科研项目管理办法》上及时进行修订，对项目立项标准，项目立项流程等方面进行修改完善，为项目的顺利实施及开展提供更加科学的制度依据。通过实践证明，《科技成果转化管理办法》《科技成果奖励办法》等制度的出台，极大地激发科技研发人员的积极性、主动性和创造性，努力实现科研成果研发转化能力与工作业绩和企业成长性挂钩的良性互动，有效提升科技研发水平，促进科研成果落地转化。未来将继续完善科技成果转化管理体制机制，进一步全面地实现科技成果转化为效益的目标。

4. 制订科研工作计划

围绕整体战略布局，在公司“十三五”发展规划整体框架下，单独编制具有较强科学性和前瞻性的科研工作子规划，逐步打造和形成科技优势，形成品牌影响力及可持续发展技术实力。“十三五”科研子规划回顾“十二五”期间科技发展情况，分析“十三五”科技发展环境，明确科技发展指导思想及目标、发展领域及任务、发展路径和发展保障措施，以“资源共享、优势互补、协作创新、合作共赢”为宗旨，确定四大科技研发领域，即生态修复、海绵城市建设、屋顶绿化和绿地废弃物再利用，提出优化科技创新机制体制、大力推进生态环保研发中心建设、加快创新引领、提升能力建设四条路径，建设核心技术研发体系，培育转型升级核心竞争力。同时，开展规划实施情况的动态监测，把监测结果作为改进科技创新管理工作的重要依据。开展规划实施中期评估和期末总结评估，对规划实施效果做出综合评价，为规划调整和制订新一轮规划提供依据。在监测评估的基础上，根据公司科技创新最新进展和技术创新需求新变化，对规划指标和任务部署进行及时、动态调整。

根据科研工作子规划总体要求和主要任务，针对全年科技研发项目，每年制订详细年度工作计划，明确项目负责人、项目进度计划及预期成果等内容，建立公司、项目组等多层级管理，层层压实责任，将计划实施情况纳入绩效考核，充分调动和激发各部门技术人员的主动性、积极性，最大限度地凝聚共识，广泛动员各方力量，共同推动科研工作顺利实施。

（六）打造人才队伍，积蓄人才储备

1. 建设多层次高技能人才队伍

首发生态根据转型升级工作特点，将高技能人才队伍分为科研层高技能人才、设计层高技能人才和技术层高技能人才。各层级人才都设置一位领军人物，其领军人物具备传承能力，属于知识技能型人才，既具备较高的专业理论知识水平，又具备较高操作技能水平，能够将所掌握的理论知识用于指导生产实践，创造性地开展工作，同时具备一定的团队管理能力。各层级高技能人员还包括技术型人员和复合型人员，技术型人员具备较高的操作技术水平，复合型人员具备一定的理论功底，掌握多门操作技能及一门较高的操作技能。

2. 建立各序列高技能人才队伍合作机制

首发生态提出创新成果转化应用过程需要高技能人才进行融合才能有效实现。在科研立项阶段，科研人员依据企业转型升级等要求开展科研立项，生产技术方面由技术层高技能人才领军人物组织该层人员进行初始申报，并进行技术创新分析，提交到科研层高技能人才进行审核，科研层高技能人才结合市场行情、技术先进性等因素，出具立项意见。在开展雨水收集利用技术研发中，首发生态工程事业部技术负责人积累十余年施工技术经验，对施工现场非常熟悉，对于高速公路雨水未能很好地利用提出想法，生态环保研发中心经过反复论证，并就立交桥建立雨水收集系统对建设海绵城市的意义、技术空白点、市场空间做出分析，给出建议，确定立项课题。在科研实施阶段，由科研层高技能人才与技术层高技能人才联合编制课题实施方案，根据具体情况，由双方任何一方作为课题负责人开展课题研究，组建科研实施小组，小组成员中至少有一名技术层高技能人才，以确保科研成果转化落地。科研成果转化运用阶段，参与科研实施阶段的技术层高技能人才需根据科研成果转化方式引进有针对性的技术层高技能人才。

3. 成立科技工作室

首发生态组建科技工作室，确定具有一定团队管理经验的高技能人才作为带头人，其他各层级高技能人才作为成员，吸收接纳其他技能人才作为储备培养对象。并为工作室设立活动场所，保证资金投入，开展创新研发、推广成果应用、技术交流等。定期邀请行业专家、技术专家做技术指导和交流，提高工作室先进性。定期举办论坛活动，鼓励高技能人才开展岗位创新，开动脑力做小发明小创造，在活动中进一步碰撞火花，设置创新奖激发创新热情。

（七）深化技术产品营销，开拓市场份额

首发生态围绕四大核心技术体系开展技术研发和成果转化，努力打造成为园林、交通、生态环保修复领域专家，提升行业影响力，为科技成果的应用推广奠定市场基础。注重解决市场需求痛点，深化建立关系策略体系，与不同市场主体形成良性互动，精心组织技术攻关，开展技术产品营销，充分利用信息资源和行业平台，开展多种合作模式，深耕市场潜力，争取更大市场份额。统筹调动资源，充分发挥生态环保研发中心平台作用，加大技术产品营销，合理有效利用信息资源和行业平台，开展多种合作模式，深耕市场潜力，进一步开拓外部市场。深化与各级科技委员会、行业协会学会、高校科研院所的交流沟通，不断收集和掌握交通、生态环保等领域技术发展动态，充分利用交流机会，宣传公司技术产品，扩大公司品牌影响力。积极关注政府、各级科委、各行业委员会支持科技创新的政策信息，结合科技工作进展，积极开展核心技术外部立项、成果和资金支持的多渠道申报工作，拓展技术获取和科研成果转化渠道，为核心技术研发和科技成果转化工作提供动力。积极参加各类重要的展会活动，开展线上线下宣传，强化科技成果的宣传和推广，进一步打开市场营销渠道，真正实现科技成果“走出去”。

三、生态园林企业提升核心竞争力的科研成果产业化管理效果

（一）企业核心竞争力进一步增强

首发生态进一步确定了以生态产品销售和生态修复为主的两个转型方向，以外部绿化养护和园林景观设计为主的两个升级方向。公司近自然生态修复技术、交通海绵体建设、立体绿化、湿地建设、绿地废弃物循环利用技术得到进一步发展，行业转型升级能力得到进一步提升。

首发生态在2020年先后完成东南郊湿地公园、五环、六环和京开提级改造等20余项工程建设，实现主营业务收入6.1亿元；以全国首批绿色公路示范工程——延崇高速为平台，借助冬奥会绿色高速建设契机，采用“近自然修复”理念与“裸露坡面植被恢复”技术，完成“华北第一高陡边坡”生态修复任务，充分展现无痕化修复、无边界融合，核心技术得到进一步增强。

2020年首发生态自主研发的植材砼产品先后在大兴聚贤公园、京哈护坡、六环护网内绿色通道建设工程、月季园中心广场、聂庄现代蔬菜种植园、黄花城水长城等大面积铺筑应用，科研成果产业化能力得到进一步提高。

（二）科技研发品牌影响力进一步扩大

通过科技研发管理，技术营销的科技研发品牌影响力进一步扩大，初步形成“传统园林领域技术大家”“交通领域生态环保专家”“山水林田湖草生命共同体修复行家”的品牌战略框架，为首发生态长远发展奠定基础。

2020年首发生态先后在园林领域、生态修复领域及交通运输等领域受邀参加相关论坛：参加雄安国际生态环保产业博览会，围绕智慧海绵交通建设、湿地公园建设、植材砼生态产品等方面集中展示了科技成果及生态产品，并且在论坛上做了《新时代下生态文明创新型生态修复理念》、《国家湿地公园建设典型案例》《智慧海绵交通建设典型案例》等报告，受到一致认可；组织并参与了第二十三届中国北京国际科技产业博览会，系统总结公司近年来的核心技术及生态环保产品，围绕高速公路及矿山坡面生态修复技术，智慧海绵交通生态集水技术，绿地废弃物资源化利用技术及生态环保产品等进行展示，并通过模型、实物、展板、扫码关注等互动方式进行宣传推广，广受好评，并受到北京电视台、北京交通广播、《红绿灯》等多家媒体的宣传和报道，推广公司核心技术及产品，充分发挥技术营销作用；组织参加北京市国资委系统新产品、新技术、新应用场景推介发布会，集中展示和推介公司“裸露坡面生态修复技术”和生态环保材料“植材砼”；参加中国县域绿色发展论坛，加强与中国生态文明研究与促进会等学会平台沟通，系统介绍公司在裸露坡面植被恢复领域的技术优势，推进公司科技成果落地转化；参加由北京市科学技术协会指导，北京生态修复学会、北京生态修复与环境保护联合会、北京环境科学学会等主办的第四届首都生态修复大讲堂，提升公司在行业内的品牌影响力；参加第十三届全国园林绿化行业协会工作交流会暨园林企业发展论坛，在论坛上做了《探索园林行业转型及发展新路径》的主题报告，推介了公司裸露坡面生态修复技术和生态环保材料“植材砼”，具有较好的推广效果。

（三）行业话语权全面提升

通过前期的广泛筛选，2020 年首发生态共开展了《植材砼材料铺装工艺及应用技术研究》等 10 个项目的研究工作。截至“十三五”末，首发生态已申报专利 29 项，其中，13 项专利已获国家知识产权局授权，其余 16 项专利正在审查过程中，5 项专利已应用于实际生产中，获批 7 项软件著作权。围绕裸露坡面植被恢复、绿地废弃物利用等方面发表论文 31 篇。自主编制技术标准 13 项，参与编制技术标准 8 项，其中，国家标准《裸露坡面植被恢复技术规范》正式发布实施，完成《公路工程绿化施工及验收规程》《海绵城市管控平台系统技术规程》《绿化护坡及生态修复用植被水泥土》《自然湿地修复与重建技术导则》《泡沫混凝土砌块》《建筑构造立体绿化规程》《海绵城市种植屋面防蓄排水技术规程》《立体绿化栽培基质技术标准》等标准的编制，进一步提升了行业的影响力，掌握了标准话语权。

（成果创造人：王少辉、霍福立、冷　霜、叶康军、吴　斌、关　超、张　军、赵　斌、陈　刚、迟　媛、段晓颖）

数字化转型与智能化升级

特大型电网企业基于实战攻防的主动网络安全管理

国家电网有限公司

国家电网有限公司（以下简称国家电网）以投资建设运营电网为核心业务，是关系国家能源安全和国民经济命脉的特大型国有重点骨干企业，经营区域覆盖我国26个省（自治区、直辖市），供电范围占国土面积的88%，供电人口超过11亿人。2021年，公司在《财富》世界500强中排名第2位。国家电网始终把强化网络安全管理摆在突出重要位置，注重以攻促防、平战结合，深入开展央企网络安全防护体系建设试点，持续加强网络安全攻防能力建设，不断提高网络安全管理水平，有力保障公司网络安全总体可控在控。在公安部组织的历届网络攻防演习中，夺得全国防守方第一名。

一、特大型电网企业基于实战攻防的主动网络安全管理背景

（一）贯彻落实网络强国战略的必然要求

党的十八大以来，以习近平同志为核心的党中央高度重视网络安全。电网作为关系国民经济命脉和国家能源安全的重要基础设施，一旦遭受网络攻击破坏引发大面积停电事故不仅影响经济安全，而且影响政治安全和社会稳定，是现代社会不能承受之重。作为特大型电网企业，需要加强电力关键信息基础设施安全防护，建立以实战对抗为基础的网络安全体系，需要统筹组织机制流程、人才和技防能力建设，使防护能力由被动防御向联动防御转变，将关口前移，打造牢固的实战攻防体系，保障电力安全。

（二）保障能源互联网安全的必然要求

随着能源需求稳步增长和油气对外依存度持续提升，我国能源电力发展面临保障持续稳定供应和加快清洁低碳转型的双重挑战，需要推动传统电网向更加智慧、更加泛在、更加友好的能源互联网升级。能源互联网呈现新能源高比例接入、供需双向智能互动等新形态，潜在网络安全风险持续加大，“木桶效应”突显，需遵循网络安全“同步规划、同步建设、同步使用”的原则，坚持运用全局视野、系统思维重新审视网络安全管理体系建设思路，打造全场景、全业务、全系统的态势感知体系，自主创新网络安全管理智能化技术，是国家电网作为特大型电网企业保卫能源安全的必然选择，也是确保能源互联网安全稳定建设与发展的重要保障。

（三）推动企业数字化转型和高质量发展的必然要求

国家电网作为全球最大的公用事业企业，资产规模大、业务分布广、服务客户多、管理链条长，亟须电网与通信网融合、电力电子与数字技术融合、企业业务流程与先进信息技术融合，以“大云物移智链”和5G为代表的新一代信息通信技术为传统电网赋能。国家电网提出以数字技术和数据要素创新应用为驱动，全力实施数字化赋能工程。伴随数字化转型，国家电网各类业务更加开放，网络安全的融合性风险日益凸显，主要体现为网络安全防护对象由电网资产为主向电网资产和数字化资产并重转变、防护策略由单一隔离为主向业务紧耦合转变、网络安全威胁从“合规和内生威胁”向“对抗和外部威胁”转变，需要主动适应形势变化、优化管理体系、重构防御模式，为公司高质量发展保驾护航、提供坚强安全保障。

基于上述情况，从2019年开始，国家电网实施基于实战攻防的主动网络安全管理，擘画管理方向和目标，优化管理组织架构，构建智能化技术支撑，打造专业化人才队伍，重构管理机制流程，全面推动国家电网的网络安全管理升级。

二、特大型电网企业基于实战攻防的主动网络安全管理主要做法

（一）明确网络安全管理的目标方向和总体策略

国家电网对照现代网络战战术，针对网络安全形势复杂多变的特点，积极创新管理理念，明确基于实战攻防的主动网络安全管理的目标方向和总体策略，为公司网络安全事业持续健康发展提供坚强支撑。

1. 坚持系统观念，提出网络安全管理实施原则

网络安全管理涉及各层级、各领域，是一项具有挑战性、开创性的系统工程，需要围绕发展目标，强化战略思维，坚持“安全第一、预防为主、综合治理”方针，牢牢把握“三个统筹好”的原则。一是统筹好安全防护与创新发展。国家电网坚持站在总体国家安全观的高度，树立底线思维和忧患意识，把安全第一的理念贯穿网络安全管理全过程，防范化解各类风险，在保障网络安全的前提下实现更高质量、更有效率的发展。二是统筹好立足当前与着眼长远。国家电网坚持既立足工作实际，大力补短板、强弱项、提效能，针对性解决当前网络安全面临的实际问题，又从大局出发，推动网络安全顶层设计和总体架构落地，推进先进技术落地应用和创新成果转化。三是统筹好总部抓总与基层创新。国家电网坚持总部管方向、管统筹、管监督，推动网络安全管理组织体系、机制流程、人才保障、技术支撑的优化应用；同时鼓励基层单位集思广益、大胆探索，激发各单位创新活力，凝聚一线的智慧和力量。

2. 创新管理理念，明确网络安全管理目标方向

国家电网结合国内外能源电力企业数字化业务发展和网络安全管理实践，针对典型案例进行调研梳理，引入网络安全实战攻防先进经验，加强系统谋划，科学规划企业网络安全管理目标方向，按照“一个目标、两个重构、两个底座”战略有序推进，即聚焦能源互联网建设发展，全力护航建设具有中国特色国际领先的能源互联网企业“一个目标”，基于实战攻防重构网络安全组织架构和机制流程“两个重构”，夯实技术支撑和人才队伍“两个底座”，实现实战化、体系化、常态化的网络安全防御体系，切实做到“安全支撑发展”。

国家电网经过系统总结、归纳提炼，综合考虑本质安全核心要素，提出“技术引领、人才优先、红蓝一体、攻防一体”的总体安全策略。技术引领方面，即打造全场景态势感知平台，创新技术手段引领网络安全管理，提供“技术底座”；人才优先方面，即以人才托举助推管理体系建设提速提质，激活“第一资源”；红蓝一体方面，即打造红队攻点、蓝队防面的网络安全红蓝柔性团队，均衡“资源配置”；攻防一体方面，即实施基于实战攻防的常态运营、联合作战两种模式，打造攻防兼备、以攻促防的实战能力，夯实“管理根基”。

3. 科学决策谋划，构建顶层设计框架

在充分利用当前信息化建设成果的基础上，紧扣企业数字化转型和网络强国战略要求，构建“两级网安监测中心，两种安全运营模式，三种技术引领手段，三种人才管理方式，四支安全人才队伍”的“2－2－3－3－4”基于实战攻防的主动网络安全管理体系顶层架构。第一个“2”指建立“总部—一级监测中心、省级单位—二级监测中心”的两级网安监测中心；第二个“2”指构建常态运营和联合作战的两种安全运营模式；第一个“3”指自研全场景态势感知平台、自主创新安全产品、自建攻防知识库的三种技术引领手段；第二个“3”指攻防演练、培训比武、正向激励的三种人才管理方式；“4”即打造红队、蓝队、网络安全尖兵部队、蓝队作战指挥官的四支网络安全队伍，建设网络安全实战攻防体系，推动数字化转型和网络安全能力全面迈上新台阶。国家电网把红蓝一体、人才优先作为安全管理的关键，把技术引领作为保障安全的基础，把攻防一体作为安全管理的推动力，构建预防为主的网络安全管理体系，提高本质安全水平，实现安全可控、能控、在控。

（二）优化网络安全管理组织架构

1. 构建两级网安监测中心，协同高效共同抵御风险

建立两级网络安全在线监测组织，形成“2 + 27 + N”的企业级网络安全保障体系。建立网络安全分析监控和技术分析2个中心，在27个省市公司及N个直属单位建立网络安全分析室，实行7 ×24小时全天候在线监测、分析研判和应急处置。各级红队、蓝队、督查队伍等分布在两级网络安全分析室，常态化开展网络安全本职工作，支撑防护体系运转。

2. 明确职责压实责任，保障网络安全管理规范

深入践行“体系化、实战化、常态化”防护理念，明确职责，压实责任，支撑网络安全管理体系协调高效运转。印发《国家电网公司网络与信息系统安全管理职责》，组织公司各单位签订网络安全责任书，全体员工签署网络安全承诺书，层层压紧压实网络安全责任。2019年发布的《国网互联网部关于加强互联网大区安全防护工作的通知》，提出按照“2 + 27 + N”的建设思路，在试点单位的基础上进一步推广分析室建设范围，深化机构职责，逐步构建公司网络安全保障指挥体系；印发的《网络安全监控作业指导书（试行）》，明确网络安全监控的工作机制、监控内容、技术手段、统计规范和报送要求，指导各单位切实承担起网络安全监控各项职责。

（三）构建网络安全管理智能化技术支撑

国家电网大力推进“互联网 +”技术与网络安全业务深度融合，依靠科技创新手段提升安全管理水平，提高网络安全管理的科技含量。

1. 建设全场景安全态势感知平台，构筑企业“安全大脑”

自研集态势感知、安全管理、服务中台、作战指挥于一体的全场景安全态势感知平台（以下简称S6000平台），以全局视角实现网络攻击事件“看得见、看得深、处置快”，练就网络安全领域的火眼金睛。S6000平台全量接入公司各类边界防护设备、应用系统、安全监测设备、采集与办公终端、工控及通用主机相关数据，通过实时对全网攻击数据的分析和态势呈现，准确获取公司被攻击的重点单位和态势变化，协助防护策略及时调整，让安全风险“看得见”。有机融合外部商业情报和公司内部情报，初步建立公司级威胁情报中心，实现全网威胁情报实时共享和威胁预警能力，打造集攻击溯源和攻击事件调查取证于一体的日志中心，为公司开展攻击者取证溯源提供数据支撑，让安全威胁“看得深”。建立攻击源关联分析和一键封禁模型，实时发现共性攻击源，并下发到全网各单位的边界防火墙，实现“一家发现、全网预警，一家处置、全网封禁”，让安全事件“处置快”。

2. 建立联合科研生态，自主创新网络安全产品

一是提升自主创新积极性。自主完成七大类100余个国内外攻击武器库的研究分析工作，基于电力特色建设具备自主学习能力的攻击武器智慧分析引擎，赋能网络安全监测分析工作。深入开展电力网络安全红蓝对抗关键技术应用研究，首创面向电力行业的网络安全单兵装备、Web智能攻防机器人、移动应用检测套件等作战装备，强化电力应用风险隐患挖掘能力，有效支撑网络安全攻防实战工作。二是建立联合科研生态。坚持“人非我有，但为我用”，深化产学研用结合，积极融入全球创新网络，开放应用全社会新技术，开放征集技术研发需求，与清华大学、西安交通大学、上海交通大学、华北电力大学等国内双一流高校开展深度战略合作，围绕人工智能、拟态防御、可信计算、区块链安全、云安全、数据安全等多个方面开展协同创新，打造融合理论研究、前瞻技术攻关、应用场景验证推广于一体的良性发展新生态。

3. 建立攻防知识库，完善作战方法论

发挥专家引领作用，建立攻防知识库，理论指导实践，最大限度地把情报信息、作战经验转化为现

实战斗力，实现战斗力倍增。一是复盘总结实战经验，提炼可复制、易推广的方法论。形成网络攻防演习指导手册、优秀报告与典型案例汇编、网络攻击技战法指导手册、技战法总结等一系列成果，组织红蓝专家队伍从防守、攻击、技防、加分四个维度进行梳理，形成细致、系统的思维导图。二是提炼攻击武器特征，建立黑客 DNA 指纹库。多维度收集和梳理全球各大 APT 组织的背景（所属国籍）、攻击意图、攻击战术、常用攻击手段、重点攻击目标及针对中国电力企业的威胁等级等多个属性，通过高危、中危、低危三个等级量化评定黑客组织对电力行业的危害性，大幅提升溯源反制工作效率。三是总结攻防关键要素，创新设计全景攻防元素周期表。以常见攻击序列和防护策略为核心，助力快速定位攻击者使用的攻击手段和攻击序列，指导开展针对性的防护，显著提升网络安全应急响应能力和实战水平。

（四）打造红蓝一体网络安全柔性化人才队伍

1. 打造网络安全“红”“蓝”队

按照“红队攻点、蓝队防面”的定位，选拔公司级红队 130 余人、蓝队 1400 余人。红队定位为“攻”，承担漏洞挖掘、专项检查，重大网络安全事件调查取证和处置分析等工作。红队特色技能标签体系包括：Web 安全、逆向分析、工业控制、取证分析、工具研发、移动安全等。蓝队定位为“防”，承担网络安全在线监测、分析、研判、处置，风险隐患闭环管控，防护体系建设优化等工作。蓝队特色技能标签体系包括：网络安全全场景态势感知、监测分析预警、应急处置响应、隐患发现修复、情报分析研判、技防体系优化、网络攻防反制等。

2. 打造“网络安全尖兵部队”

为强化网络安全威胁应对能力，精选 36 名红队队员组成 5 支网络安全尖兵部队。一是建设尖兵五维能力图谱。包括：体系架构分析能力，具备针对攻击目标的 IT 架构、运行管理机制进行有效分析、路径发现、有效攻击的能力；高级漏洞发现能力，具备针对真实业务系统或生产设备开展自主漏洞挖掘和高级安全漏洞发现的能力；溯源反制防范能力，具备身份隐藏、有效避开防守方攻击溯源反制的能力；人员社工攻击能力，具备利用社会工程学方法、以人为突破口实施有效攻击的能力；团队作战协同能力，具备通过多人协作共同完成整套动态实战攻防的能力。二是发挥技术核心作用。验证防护体系，以攻击者的视角全面审视各层次安全防护体系，开展全场景全业务的漏洞挖掘，以定点攻击、随机攻击等方式，深度验证网络安全防护体系；开展前瞻技术研究，加强对外交流，联合社会资源组建网络安全实验室，通过技术创新与知识共享，提升网络安全核心技术能力。

3. 打造“蓝队作战指挥官”

为固化防守技能，形成网络安全防守工程师文化氛围，优选 35 名实操技术扎实、管理经验丰富的蓝队作战指挥官。一是构建指挥官四全能力模型。包括：全面的技术能力，具备对业务网络和安全防护情况、网络安全攻防技术、主流安全产品、安全事件及问题判断等方面的能力；全面的管理能力，具备管理经验、组织决策、熟练掌握法律法规等能力；全面的保障经验，具备保障的实战经验、工作思路、防护要素和指挥协调能力；全面的综合素质，具备良好的身体素质、心理素质和抗压能力。二是精准制定指挥官定位。决策智囊方面，参与国家电网网络安全规划，负责为重大网络安全威胁、攻击等提供决策并指导落地执行，引领实现“监控规范化、防御一体化、防护标准化、风险可控化”。保障指挥方面，统筹开展本单位网络安全在线监测，指挥本单位网络安全运行团队做好常态安全保障，并实时响应重保安排，跨单位参与指挥和保障。

4. 推动队伍柔性化，实现红蓝一体

按照“定期选拔、柔性团队”的原则，参照军事化管理模式，以“服役制、能进能出、能上能下”为管理理念，组成柔性团队并定期选拔更新。采用“互联网 +”的方式，通过多地联考、实战演练和云面试，会集选拔各专业人才，由总部统一实施半军事化管理，统筹队伍培育和训练。一是定期更新技能标签。建立专家上云的在线协同机制，精准匹配业务需求，快速调配人才资源，充分发挥专家特长，开展专家在线问诊、远程扫描、协同研究，定期标记更新“红队”“蓝队”“网络安全尖兵部队”“蓝队作战指挥官”四支队伍的技能标签，重构人与人、人与物、人与空间的关系，打造人才聚集“强磁场”，解决东西部人才分布不均衡的问题。二是实现人才协作共进。各单位红蓝队队员结合自身实战特长，跨区域自由组队，协同开展公司防护体系风险分析和业务安全漏洞分析等工作，挖掘深层次安全风险；建立常态化跨单位的人员轮岗机制，观摩先进经验，交流学习，切磋技能，实现各单位间取长补短，提升整体技术实力。

（五）重构基于实战攻防的网络安全机制流程

1. 完善联防联控机制，支撑高效协同联动

建立联防联控和红蓝联合运转机制，强化源头消控和攻防对抗，形成一体化联合作战指挥能力。一是建立联防联控机制。创新建立一级指挥、多级联动、全业务协同的联防联控机制，一级网络安全监测中心作为总指挥部，制定作战策略，总部、省级电力公司、地市级电力公司等多级纵向联动响应作战指令，互联网、运检、营销、调控等专业合力开展联防联守，实现“一点攻击、全网协同、一处预警、处处响应”。二是建立红蓝联合运转机制。情报方面，红队开展外部情报搜集分析，蓝队进行预警闭环处置，快速消缺全网风险。漏洞方面，红队开展漏洞发现归档，蓝队进行隐患修复验证，完成漏洞全生命周期闭环管控，提升本质安全水平。演练方面，红蓝开展对抗演习，验证技防体系响应速度、有效性及态势感知准确率。

2. 健全常态运营模式，筑牢网络安全防线

常态开展风险隐患排查及修复，实现持续、螺旋上升的网络安全长效运营。开展常态漏洞挖掘。常态挖掘国内外通用基础软件漏洞和电力行业专有漏洞，挖掘 CVE 漏洞、重大漏洞、安全隐患，并及时开展全网地毯式验证和消缺工作，实现安全隐患和漏洞的自主可控，切实保障电力系统安全稳定运行。开展违规资产排查。排查敏感文件、系统源代码、仿冒网站等互联网违规资产，及时消除敏感信息泄露及品牌负面影响。开展督察监督工作。全面检查各单位的管理、口令、配置、漏洞等问题，发挥督察作用，消除各类沉积顽固的风险和隐患，提升公司网络安全基础防护水平。

3. 健全战时作战模式，提升攻防实战水平

发挥集团化作战优势，建立全网情报共享与联合溯源机制，通过军事化管理方式进行人力调配，形成作战合力。一是聚能集优，全景鹰眼。在“新中国成立 70 周年”“建党 100 周年”等关键保电时期，结合国内外网络安全态势，集中优势人才现场驰援重保单位，全网支撑人员调配 1 天到位，实现广域部署、弹性配置、动态聚能、合力制敌。二是快速反应，落实到位。以被动防御向实战对抗转变为目标，两级网络安全监测中心开展 7×24 小时网络安全监控值守，S6000 平台支撑作战指令传达部署、预警情报发布反馈、安全事件及时报告等两级联动工作快速有效开展，蓝队作战指挥官发挥指挥决策作用，尖兵部队提供技术指导，红蓝队员各司其职，开展全天候的网络安全在线监测、溯源分析、应急响应、预警处置等工作，实现“4 个 5 分钟”，即任何攻击行为 5 分钟内监测发现、5 分钟内分析研判、5 分钟内处置完毕、5 分钟内全网预警。三是联合溯源，高效协同。基于 S6000 平台强大的指挥调度和情报共享功能，指挥官通过统一调度、自由合作，利用分布式蜜网等技防体系优势，共同对攻击开展溯源反制，制定快速有效的作战策略，有效解决部分单位人员力量短缺、专业能力不足等工作难题。四是警企合作，共同打击网络犯罪。整合内外部应急资源，打通与公安部门协同开展突发事件处置的渠道，与执法机关初步建成联动处置针对关键基础设施网络犯罪的机制，确保响应及时和处置有效，护航国家网络

安全。

4. 打造全场景网络安全防护体系，保护大电网安全

基于业务特征和安全需求构建互联网大区、管理信息大区和生产控制大区，在公共互联网和公司互联网大区之间部署防火墙、IPS、WAF 等设备，构建网络安全第一道防线，在互联网大区和管理信息大区之间部署自研的信息网络安全隔离装置、安全接入网关等设备，构建网络安全第二道防线，在管理信息大区和生产控制大区之间部署自研的电力专用正反向隔离装置，构建网络安全第三道防线，形成纵深防御体系，保护电力核心系统安全。紧扣能源互联网和数字化转型建设需求，遵循“依法合规、开放可信、实战对抗、联动防御”的策略，充分应用密码、仿真等基础设施，驱动资产本体、网架边界、数据应用等防护，打造全场景网络安全防护体系。依托网络安全攻防队伍，建立情报态势分析、实时监测响应、防御联动处置、攻击渗透检查、实战对抗演练等安全核心业务应用，实现国家电网网络安全能力发展演进。

（六）强化网络安全管理保障措施

强化“演练、培训、激励”三大保障措施，凝聚人心，鼓舞斗志，为网络安全管理工作注入强劲动力。

1. 组织攻防演练，完善防护体系训练人才队伍

参照网络战标准，以季度为周期，“不打招呼、背靠背”地开展实战攻防，利用漏洞攻击、社工攻击和供应链攻击等手段，全方位锤炼队伍能力，全面验证“体系的有效性、防控的及时性、内控的严密性和应急的实用性”。攻防演练内容专题化，在遵循既成对抗体系的同时，充分结合国际时事和热点问题，赋予每期实战攻防不同的侧重点，多点聚焦边界安全、本体安全、数据安全、供应链安全等热点问题，通过特性化内容促成实战攻防成果的全面性和有效性，避免实战攻防因为常态开展而流于形式、失去效果。攻防演练目标定向化，全面梳理电力交易、光伏云网、移动办公等核心业务系统，对其展开针对性的定向攻击和重点攻击，严把核心业务安全关，实现漏洞和隐患“早发现、早处置”。攻防演练形式多样化，包括定点定向攻击、无差异随机攻击、防线被突破等形式，攻击预设电力系统的攻击场景，组织内部红蓝双方的博弈和碰撞，发现体系风险薄弱点，加强对网络安全架构、体系和全场景知识的理解和掌握。

2. 创新“互联网 + 安全”培训模式，打造网络安全品牌

一是创新培训方式。充分利用互联网技术，搭建万人同步在线直播交流平台和“云课堂”，开展线上培训答题、线下竞赛比武，为基层一线提供减负增效的培训学习手段。全面梳理人员能力需求，制定移动安全、物联网安全、工控安全等多维技术方向，结合人员兴趣、技能等级开展分方向、分层级的专项培训。邀请国家部委和高校专家解读国家法律法规和前沿技术，组织人员积极参与国内外网络安全技术大会、安全论坛等对外交流，保持人员知识体系和专业认知与时俱进。二是展开擂台比武。按照“全业务、分布式、高仿真”要求，建成“1 + 2 + N”的网络安全高仿真验证靶场，作为数字化练兵场开展内部练兵，选拔优秀网安人才。秉承“以赛促学、以学促用”的思路，积极参加国际国内顶尖攻防大赛，与国内外网络安全专家进行同场竞技、切磋交流。三是营造浓厚宣传氛围。国家电网牢牢把握正确的政治方向和舆论导向，积极参与国家安全生产月和网络安全宣传周，深入开展网络安全到基层、安全生产万里行等系列活动，综合利用屏保、微电影、动画、漫画、沙画及人物问答演示等方式，形成涵盖视频、展板、手册、网站、学习资料等网络安全素材库。

3. 强化正向激励机制，增强干事精气神

一是完善竞争机制，激发队伍活力。常态开展红蓝对抗，授权尖兵部队带领红队不定期渗透公司所

辖各单位，以发现安全风险的危害程度进行积分；授权蓝队作战指挥官带领蓝队实时监测攻击、联合溯源，以防守成果进行积分，攻守间提升团队综合实力。二是实行重大任务揭榜挂帅，营造良好竞争环境。聚焦公司网络安全面临的重点难点问题，设置积分难度系数，谁有本事谁揭榜，谁有能力让谁上。以年度为周期，通过解决问题成效综合评定人员贡献，按积分高低实现团队人员能进能出，促进用才育才良性循环。三是推进人才托举工程，打开快速晋升渠道。建立管理和技术两个方向的晋升通道，保证人员晋升流畅。综合专业技能实力和工作业绩贡献等维度选出专业网安人才，并在国网工匠、企业能手等荣誉评选上给予一定的政策倾斜，推举成为核心骨干和领军人物。四是构建安全奖惩机制，增强员工荣誉感。设立安全生产专项奖，每年奖金额度不低于年度工资总额的 1.5%，重点向基层一线人员倾斜，一线人员奖励范围所占比例不少于 50%，奖励额度所占比例不少于 70%。

三、特大型电网企业基于实战攻防的主动网络安全管理效果

自 2019 年以来，通过基于实战攻防的主动网络安全管理，国家电网全面建成全场景网络安全防护体系，自主研发网络安全可控装备，打造高端人才队伍，国家电网至今未发生网络安全事件，为全国各企业开展网络安全管理提供国网方案。

（一）安全管控水平显著提升，保障了网络本质安全

全面落实《中央企业负责人经营业绩考核办法》中网络安全责任要求，明确党委（党组）一把手是网络安全工作的第一责任人，夯实各级党委（党组）领导班子、领导干部网络安全工作责任，形成全员令行禁止局面，修订了《国家电网有限公司网络与信息系统安全管理办法》等制度，建立起层级明确清晰、类别科学规范、范围覆盖全面的网络安全管理制度体系架构。围绕互联网大区、管理信息大区和生产控制大区三个大区，建立起网络安全三道防线，边界核心网络安全装备实现 100% 自主可控，有效研判阻断国内外高危网络攻击 4.9 亿多次，拦截高危恶意邮件 750 余万封，年均阻断攻击数上升 23.7%，拦截高危邮件数提升 278.86%，将网络攻击全部阻断在互联网大区防线之外，保障电力核心系统安全。在公安部组织的历届国家网络安全专项攻防演习中，取得全国第一佳绩，公司防护体系、应急处置和监测指挥能力顺利通过考验，公司防守和溯源能力国内领先。在全国“两会”“新中国成立 70 周年”“建党 100 周年”等国家级保电任务中，日均分析处置全网情报 3 万余条、联动处置共性攻击源 100 余个，确保网络安全事件零发生，实现“设备零故障、客户零闪动、工作零差错、服务零投诉”的保电目标。

（二）建成了网络安全长效机制，提高了实战对抗水平

国家电网组建的红蓝队共排查挖掘 CVE 漏洞 25 个、重大安全隐患 69 个、首发安全漏洞 3500 余个，互联网漏洞占比已降至 16.5%，从源头化解重大安全风险，极大降低互联网侧入侵概率，有效避免间接经济损失 24 余亿元，实现风险治理成本最小化；排查治理仿冒国家电网商标、品牌的网站 540 个，互联网暴露公司系统源代码、红头文件、管理方案等问题隐患 1950 项，有效避免公司重要信息泄露，维护公司品牌形象。

已累计溯源攻击国家电网的黑客组织 63 个，2021 年国家网络安全专项攻防演习期间快速锁定德国 Divoc、印度 Bitter、土耳其 Turk Hack Team 等黑客组织，大幅提升公司网络空间威慑力。有效打通警企合作通道，共同开展网络犯罪打击和情报共享联动。向公安机关上报国际黑客 11 个、黑色产业链 6 条，发现的印度肚脑虫、台湾毒云藤等黑客组织及入侵行为得到公安部主要负责同志高度认可。

（三）生产运维效率显著提高，提升了企业经济效益

通过制定智慧物联体系、源网荷储新能源云、智慧车联网等安全防护措施，实现 7.5 万台边缘设备、32 万台感知终端安全接入智慧物联管理平台，182 万座场站安全接入新能源云，103 万个充电桩安

全接入智慧车联网平台，助力国家电网高质量服务 9500 余家企业，保障年度 3780 余亿元交易安全，为能源互联网发展保驾护航。保障数据中台、“网上国网”、工业云网、电力市场现货交易等公司数字化转型的防护，保护中台数据表 29.7 万张、数据容量 3.5PB 的安全，保障“网上国网”注册用户 1.26 亿、线上办电 1336 万笔、线上交费 1277 万笔、交费金额 216 亿元的安全，保障“绿色国网”入驻服务商 200 余家、产品 1000 余项，支撑新一代电力交易省间平台注册市场主体 17 万家，保障数字化产业链和业务链安全可控。

（成果创造人：辛保安、张智刚、庞骁刚、魏晓菁、樊　涛、郑福生、刘冬梅、黄　震、刘　莹、陈　刚、张　翎、盛红雷）

数字模型驱动的地下工程装备智能化升级管理

中国铁建重工集团股份有限公司

中国铁建重工集团股份有限公司（以下简称铁建重工）成立于2007年，隶属于中央企业中国铁建股份有限公司，是集高端地下工程装备和轨道设备的研究、设计、制造、服务于一体的专业化大型企业。铁建重工总部设立在湖南长沙，在株洲、昆明、乌鲁木齐、内江、包头等地建有子分公司和制造基地，注册资本53.33亿元，总资产170.6亿元，现有员工4731人。位列全球工程机械50强企业（第30位）。铁建重工是国家知识产权示范企业、国家技术创新示范企业、全国质量标杆企业、服务型制造示范企业、国家级两化深度融合示范企业。

一、数字模型驱动的地下工程装备智能化升级管理背景

（一）引领地下工程装备高质量发展的必然需要

新一轮科技革命和产业变革蓬勃兴起，以大数据、云计算、人工智能等为代表的新一代信息通信技术促使经济社会发生深刻变化。国务院相继发布《中国制造2025》《关于深化“互联网+先进制造业”发展工业互联网的指导意见》《国务院关于加快培育和发展战略性新兴产业的决定》，明确高端装备制造作为未来很长一段时期提升中国制造业核心竞争力的重要抓手，自动化、信息化、智能化成为装备制造业发展新趋势。复杂地下工程装备作为高端装备制造业的典型代表，以数字技术促进智能化升级，将产品生命链与新一代信息技术全方位进行融合革新，对提升高端装备制造核心竞争力，引领地下工程装备制造业高质量发展意义重大。

（二）满足国家重大战略工程建设的需要

随着我国“一带一路”“交通强国”等重大国家战略的实施，近年来，我国铁路隧道、公路隧道、引水、城市地下空间开发等工程建设力度不断加大，川藏铁路、跨海通道、深埋国防工程等一大批急难险重的国家重大战略工程相继开工。超恶劣自然环境、超风险地质条件、超长深地下空间结构等对地下工程装备的适应性和智能化提出了更高的要求。智能化地下工程装备的发展，可解决风险地质带来的人身安全问题，实现隧道建设向少人化、无人化方向发展。同时，突破复杂地质预报、精准施工作业、隐蔽工程施工数据记录等诸多隧道修建难题，全面提升隧道施工作业的安全、效率和质量，推动地下工程建设向数字化、智能化方向发展。

（三）推动复杂地下工程装备技术变革的需要

地下工程装备技术复杂度高、学科交叉度高、系统集成度高、定制化程度高、应用工况复杂，装备系统与地质环境呈现非线性、不稳定性、不可预测性的复杂耦合关系，产品个性化程度高、用户关注度和参与度高，加上工程时间的严格控制，其研制过程属于边勘察、边设计、边制造等典型的“多边”工程。面对日益激烈的国际竞争，为了更大限度地破解复杂工程装备存在的难题，实现装备的高效率、高质量研发，同时进一步提升装备的环境适应性和高可靠性，推动复杂地下工程装备技术变革，开展数字模型驱动的复杂地下工程装备智能化升级势在必行。

二、数字模型驱动的地下工程装备智能化升级管理主要做法

（一）以数字模型为主线，明确智能化升级整体思路

铁建重工围绕数字主线从横向与纵向两个维度搭建基于数字模型驱动的复杂地下工程装备智能化升级框架（见图1）。横向围绕地下工程装备市场调研、产品策划、设计开发、生产制造、产品验证、交

付与服务的需求，建立贯穿产品全生命周期的数字主线，实现各数字化系统之间的无缝集成。通过装备全生命周期数字模型沿着数字主线的流转，并传递到下一代产品，实现端到端业务的全过程闭环迭代优化。纵向围绕数字主线推动产品智能化技术升级：开展基于数字样机的研发设计数字化，搭建贯穿产品全生命周期的数字模型；通过集成各阶段全要素数字模型，创建融合服役环境的数字样机系统，搭建实时数据交互的产品数字孪生系统，开发地下工程装备设计、制造、运维一体化协同研发平台，实现数字样机与数字孪生技术在复杂工程装备全生命周期的应用，为智能化产品研发、智能制造、智能机群一体化协同施工提供数字化技术和平台保障；突破感知存储、分析决策、控制执行等智能化技术，持续推进装备从拥有一定决策能力和自动化功能的机器人产品向具备自感知和深度学习能力的智能化产品升级，形成地下工程装备智能制造和智能机群一体化协同施工模式，并进一步衍进到地下工程装备高保真数字孪生体，实现装备全生命周期物理空间信息在数字空间的精准镜像和虚实交互，提升重大工程施工质量和施工效率，降低施工成本，促进复杂地下工程装备的迭代优化。

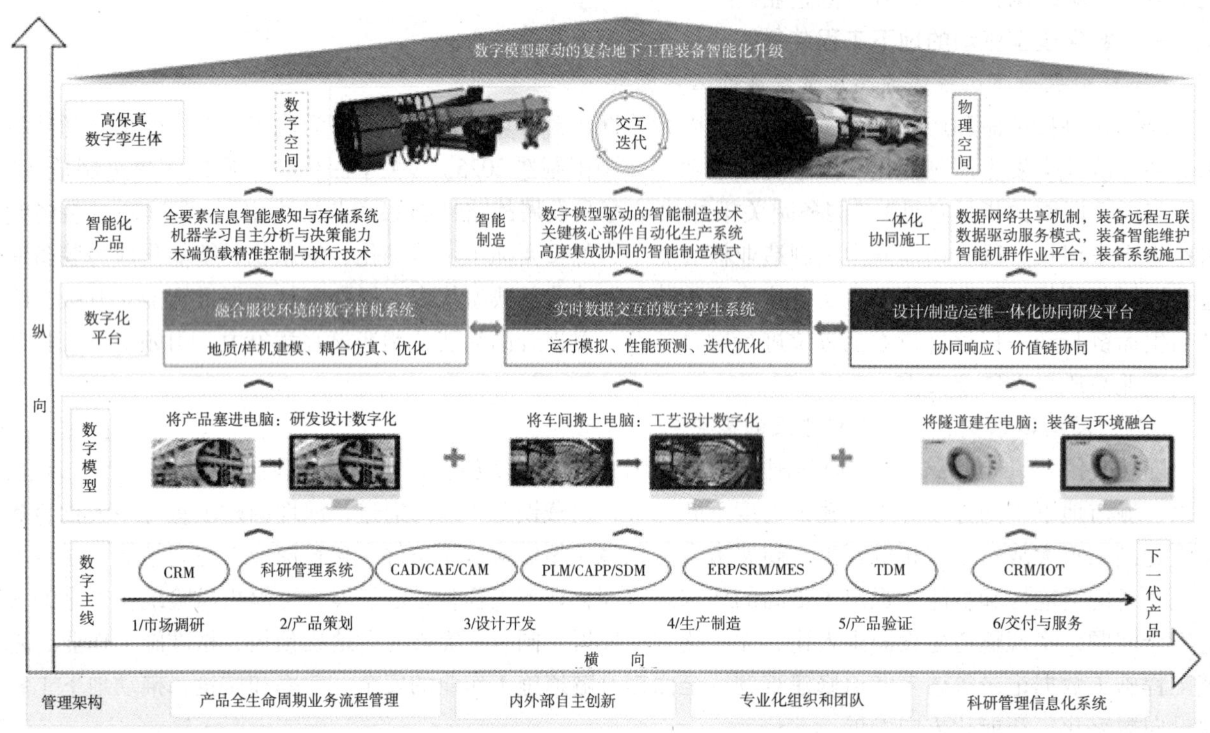

图1　数字模型驱动的装备智能化升级整体思路

为推进基于数字模型驱动的复杂地下工程装备智能化升级，铁建重工设立与装备智能化升级相适应的专业组织：成立基础与前沿技术研究设计院，专注于前沿技术、数字孪生技术、研发设计数字化研究与应用；成立电气与智能研究设计院，专注于智能化、机器人、物联网、5G＋工业互联网、产品与施工大数据、智能运维等技术研究及应用；成立智能制造研究院，专注于制造智能化、柔性化技术研究及应用。此外，铁建重工还组建跨部门、多专业的智能化专业技术攻关团队，目前团队规模达到628人，其中博士18人；团队先后承担国家重点研发计划《面向TBM施工的机器人智能作业系统》《地下工程装备数字样机及数字孪生技术与系统研发》，国家工信部专项《隧道施工智能特种机器人》《轨道交通盾构机智能制造新模式》等重大科研任务。

（二）贯穿全生命周期，搭建数字模型系统

建立装备全生命周期数字模型是实现装备智能化升级的基础。为推动企业高质量发展，形成以数字技术为核心的驱动力，铁建重工在2016年提出“将产品塞进电脑、将车间搬上电脑、将隧道建在电脑”的数字化构想，并在其引领下持续推动以计算机辅助设计（CAD）、计算机辅助分析（CAE）、计算机辅助工艺设计（CAPP）、计算机辅助制造（CAM）等工业软件为基础的产品研发设计、工艺设计数字化进程，搭建基于数字模型的产品研发设计数字化技术体系，实现装备与环境的融合建模仿真，构建涵盖产品、车间、隧道的地下工程装备全生命周期数字模型。

为促进装备数字模型在产品研发过程中的应用，充分发挥数字模型对地下工程装备数字化和智能化的驱动作用，铁建重工通过嵌入数字样机仿真的研发流程（见图2）升级，将数字仿真嵌入产品研制过程，强化装备数字模型研发过程管控。一方面，通过制定《数字化仿真实施管理办法》，按产品类别确定仿真任务裁剪表，通过流程驱动仿真任务，由归口部门统一开展数字样机仿真工作，形成“模型—仿真—验证”的联动机制；另一方面，建立相应的评估优化制度，通过长期跟踪和定期评审对研发过程的实施情况进行评估和优化，并结合适当的奖惩措施确保装备数字模型研发流程的有效运转。

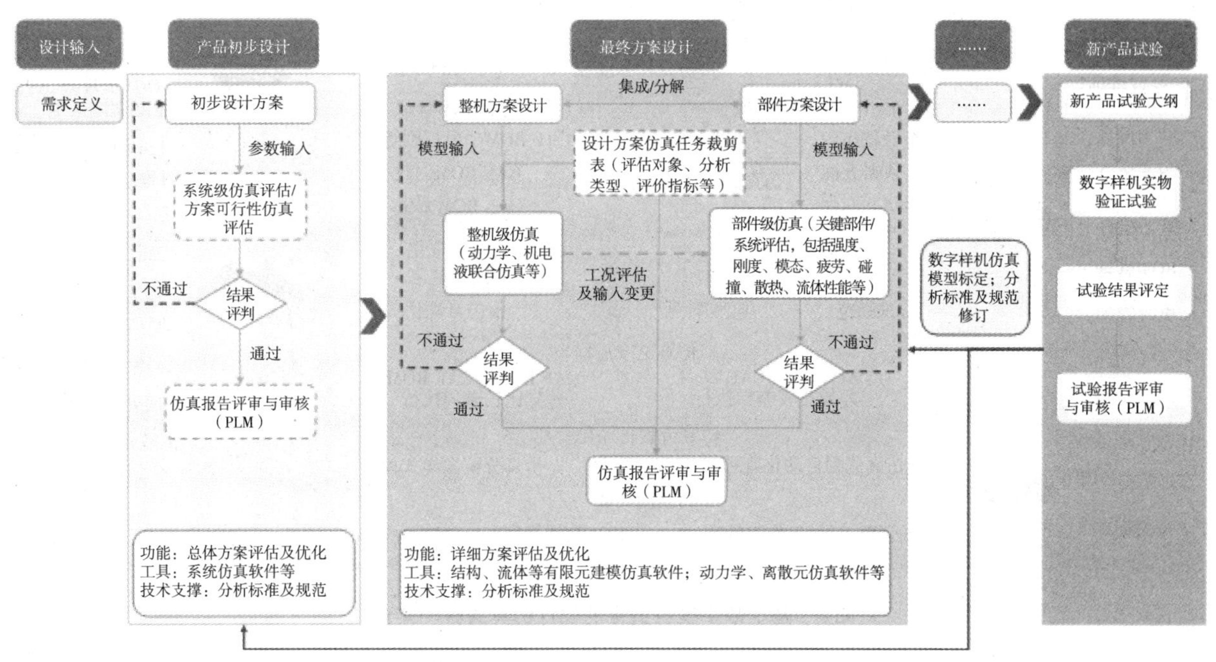

图2 嵌入数字样机仿真的研发流程

1. 将产品塞进电脑：推进研发设计数字化

一是开展产品全三维设计。以基于模型的定义（MBD）为基础，铁建重工全面推进基于模型的产品数字化研制，开展产品全三维设计，将标注、工艺、制造、质量、服务等信息集成到产品模型上，建立面向产品全生命周期的唯一定义依据和以数字为载体的传递管理模式，实现无图纸、无纸质工作指令的三维数字化集成设计。

二是建立数字样机仿真技术体系。围绕地下工程装备研制特点和客户需求，建立具有行业特色的数字样机研发环境和一套涵盖整机、系统和零部件的全要素数字样机的设计仿真技术体系，覆盖结构强度、疲劳、动力学、液压、流体、控制、冲击、焊接、装配、调试、维修等多个专业学科；通过研制地下工程装备多尺度、多学科、多阶段数字样机模型，包括几何样机、功能样机、性能样机以及设计样

机、制造样机、试验样机和服务样机等，开展面向产品全生命周期的仿真、模拟和预测任一工况下产品的功能与性能，并结合试验数据进行从系统至部件的多轮迭代验证，优化产品设计方案，实现技术风险关口前移。进一步，依托机器学习算法开展三维 CAE 仿真模型高保真度降阶计算，突破实时仿真关键技术，解决传统数字样机模型求解时间长等问题，为数字样机向数字孪生过渡打下基础。

三是实现设计仿真协同创新。针对不同设计部门之间的数据和模型传递不及时、格式不一致、技术标准不统一等带来的协同创新挑战，铁建重工大力推进基于数字模型贯穿的设计仿真实验一体化（见图3）建设，完成涵盖90%以上产品的技术规范编制，搭建产品设计管理、仿真数据管理和试验管理系统，与产品生命周期管理系统（PLM）、高性能计算（HPC）集成，实现设计、仿真、试验等任务，模型和数据的无缝传递，强化产品几何，功能，性能数字样机协同建模与仿真，将设计模型、仿真模型与试验数据相融合，产品研制从物理试验转向虚拟仿真，形成基于数字模型贯穿的产品协同研发流程，促进产品创新。

图3　基于数字模型贯穿的设计仿真实验一体化

2. 将车间搬上电脑：开展工艺设计数字化

建设三维结构化工艺研发系统，打通上游 PLM 系统—工艺研发系统—下游企业管理系统（SAP）、制造执行系统（MES）的数据通道，实现产品从下料、成型、机加、焊接、涂装到装配等全制造过程工艺技术文件的管理，并开展关键零部件基于模型的机加、焊接、装配过程三维工艺设计。

一是设计工艺并行协同设计。针对大型复杂定制化装备边设计、边制造的特点，实施产品设计及工艺分批发放流程，并通过集成流程实现设计物料清单（EBOM）、计划物料清单（PBOM）及对应模型的设计状态同步，针对物料不同的设计状态进行不同阶段的工艺准备或工艺研发。

二是三维结构化工艺规划与设计。在三维结构化工艺研发系统进行结构、机加、涂装、装配结构化工艺的协同研发，在工艺资源统一管理、合理的权限控制系统基础上，对装配、焊接工序进行可视化消耗式工艺设计，开展三维工艺装配仿真，为车间提供交互式装配指导，提升大型装备的复杂装配能力。

三是关键工艺工序数值模拟。针对装备零部件焊接过程开展数值模拟仿真，分析焊接温度场、焊后变形和残余应力、厚板焊接的多层多道焊，结合焊接工艺试验优化最佳焊接工艺参数，有效保证关键焊接件质量；基于三维模型对装备车间装配、调试过程进行仿真模拟，优化大型结构系统的装配调试方案，显著提高生产效率。

3. 将隧道建在电脑：实现装备与环境融合

地下工程装备的研发设计主要依据地质勘查报告所揭露的地层信息，而通常地质钻孔间距从 10 ~ 100 米不等，导致地层信息不连续，且地下工程装备在施工工程中遭遇岩石、泥沙、流体等复杂多变地质环境工况，装备与岩/土力学耦合分析技术是行业当前面临的主要挑战之一。为解决上述难题，铁建重工一方面组建专业团队，联合国内知名高校以及科研院所开展技术攻关，建立基于地质与水文信息的复杂地质环境模型，还原真实地质信息；另一方面，利用大尺度有限元、离散元及物理模型等，开展多种典型复杂地质工况下的装备耦合仿真，通过预设任意极限工况、约束载荷条件，充分模拟施工过程中复杂地质变化过程和装备耦合性能，攻克装备与地质耦合难题，指导产品设计优化。铁建重工利用长沙地铁 6 号实际施工数据对装备与地质的耦合仿真模拟结果进行对比验证，推进力、扭矩等各项关键性能指标平均准确率达到 90%，实现复杂地下工程装备与环境的融合，有效支撑装备的环境适应性设计与优化。

（三）开发数字化研发服务平台，推动装备设计、制造、运维一体化管理

1. 创建融合服役环境的数字样机系统

针对地下工程装备定制化、复杂化特点，依托科技部国家重点研发计划项目创建融合服役环境的地下工程装备数字样机系统，为装备数字孪生提供高保真环境与装备耦合仿真模型。地下工程装备数字样机系统包括以下模块功能：一是复杂地质环境建模模块，可基于地勘数据自动生成完整地层模型；二是地下工程装备全机数字样机建模模块，可生成地下工程装备多尺度、多阶段、多物理场的数字样机模型，支持产品全生命周期仿真；三是复杂地质环境耦合的地下工程装备数字样机仿真模块，通过地下工程装备机、电、液、气、光、岩土等多学科全要素耦合的仿真，获取掘进部件与岩体扰动的相互作用与耦合机理；四是多目标并行关联优化模块，实现地下工程装备性能与设计多参数关联分析，获得实际工况下动态响应的有效解决办法。

2. 构建实时数据交互的数字孪生系统

在数字样机系统基础上，围绕地下工程装备全生命周期研发需求，针对复杂多变地质环境耦合难、装备“多边工程”难、“保姆式”、运行维护难等工程问题，铁建重工结合 5G、工业互联网、大数据、人工智能等新一代信息技术，以数字模型为核心驱动力，从数据支撑、数字样机与数字孪生系统和工程应用三个方面建立基于模型和数据驱动的地下工程装备数字孪生技术框架。其中数字支撑包含产品层、采集层、数据层，利用 PLM、数据采集与监视控制系统（SCADA）、MES 以及大数据协同管理平台等完成装备设计、制造、运维阶段的数据采集、传输，为数字样机与数字孪生系统提供数据支撑；数字样机与数字孪生系统由技术层、模型层和软件层构成，基于地下工程装备全生命周期数据，通过开展建模、仿真、模型降阶、性能预测与优化等技术研究，并依托于地下工程装备数字样机和数字孪生系统，在川藏铁路、广州地铁 14 号线、陕西曹家滩煤矿等国家重大工程中开展应用。

基于地下工程装备数字孪生系统，通过物理产品与孪生体模型之间的虚实数据交互，实现以下功能。

一是基于数字孪生的运行模拟：依托模型降价技术，利用数字孪生能实现对融合复杂服役环境的装备运行过程、行为、状态实时精准模拟。以盾构机为例，基于盾构机产品和隧道施工环境的数字孪生，可在虚拟环境中设置任意极限工况、约束载荷条件下充分模拟盾构机复杂运行过程，分析并预测盾构机的状态行为、执行任务成功率等，可为盾构机在正式服役前的修改和服役后任务的执行与决策提供可靠

依据。

二是基于数字孪生的健康预测：通过数字孪生的仿真模拟并结合传感器采集的实时数据，在虚拟空间中多次反复仿真运行，对装备的健康状况进行诊断及预测，最大限度地消解装备研制及运维过程中的“不可预测的非期望行为”，从而避免发生不可知的灾难性问题，为装备的安全运行提供保障。

三是基于数字孪生的迭代优化：由传感器等对物理实体的状态进行采集感知，将数据传递给虚拟孪生体，然后由虚拟孪生体进行分析、推理、诊断，并做出自主决策，驱动物理实体精准执行并优化运行方案，逐步提高产品的使用价值和系统稳定性，从而形成产品全生命周期的闭环迭代优化；此外，基于数字孪生的数据及分析、推理、诊断的结果可以完整地应用于下一代产品研制，从而实现跨代产品的迭代优化。

目前，铁建重工研制的数字孪生系统已经在土压平衡盾构机、三臂凿岩台车、掘锚一体机三类复杂地下工程装备上开展应用验证，初步探索出一套适合我国高端复杂定制化装备基于数字孪生技术全生命周期研发的闭环创新机制。

3. 开发面向数字样机与数字孪生的协同研发平台

地下工程装备与施工环境、地质条件存在强耦合性，其设计、制造、运维等全生命周期智能化升级过程数字化数据流离散化和复杂化，各系统之间多源异构数据、多种开发语言以及多种模型及框架等问题日益突出，给数字样机模型和数字孪生系统在产品设计、制造、运维过程的协同应用带来挑战。

为应对上述挑战，铁建重工联合合作单位围绕地下工程装备适应性设计、制造、运维一体化开展研究。通过探索复杂地下工程装备设计、制造、运维过程协同业务流程自组织特性及规律，突破全生命周期价值链与供应链协同、柔性排产、智能运维等技术，提出基于模型驱动的地下工程装备统一数据建模方法，实现各阶段数据和模型的集成；全面梳理装备生命周期业务规则，建立行业主数据模型和管理制度，实现业务数据的流转、共享及闭环反馈应用；进一步搭建基于装备全生命周期“一体化、生态化、智能化”运行模式的设计、制造、运维一体化协同研发平台，促进装备协同研发，实现复杂地下工程装备全生命周期数字样机与数字孪生技术应用。

（四）突破关键智能化技术，促进装备自主分析与精准控制

1. 搭建装备全要素信息智能感知与存储系统

针对非标定制化地下工程装备施工过程中环境恶劣、工况复杂，数据多源异构，铁建重工应用传感器网络布局优化技术，通过机械、液压、电气等多类先进传感器布置及自主研发的多模型融合围岩分级智能判识、支护结构质量实时验标与缺陷反馈等关键技术，实现围岩与支护隐蔽结构物理参数全过程实时自动获取，实现装备施工环境、作业过程全要素信息感知；针对地下空间环境恶劣、空间受限，网络覆盖困难，铁建重工打造“物联网与互联网”相融合、“光纤 + AP”结合的隧道工程施工多级立体组网方案，提出地下工程封闭复杂环境的“多协议、可延展、低时延”网络架构方法，打通地下施工各关键环节子系统间的信道，建立各环节多维数据传递通道，构建基于施工过程多维度海量、异构数据采集、汇聚、分析的基础架构，自主研发企业智能互联装备管理系统，形成海量施工数据存储、集成、访问、分析和管理的平台化能力，实现地下工程人、机、岩等各类资源泛在连接、弹性供给、高效配置。系统已经覆盖铁建重工掘进机、钻爆法隧道装备、煤矿装备、绿色建材装备等产品板块，成功应用于多个地铁、铁路、水利、国防等重大工程。

2. 开发培育装备机器学习自主分析与决策能力

基于企业产品全要素感知和工业互联网平台处理运算能力，运用在线监测、数据挖掘、深度学习等方法，重点围绕装备作业风险预警、作业参数优化、作业辅助决策、作业质量评价等核心应用方面组织技术突破：基于已攻克的隧道围岩和支护结构全过程装备自主判识技术，提出钻进参数分析和掌子面重

建的围岩综合感知方法，基于大量样本分析揭示关键作业参数与围岩级别之间的离散映射关系，开发掌子面大视场图像匹配矫正重建和结构面信息提取算法，建立围岩级别机器学习融合判识模型；提出激光扫描、雷达成像、施工日志的支护结构质量全过程感知方法，研制适应强震动、高粉尘等恶劣环境的机载隧道三维扫描装置和衬砌雷达检测装置，建立与时间关联的隧道支护结构质量评价数字化模型；实现地下工程智能装备对围岩和支护结构的实时动态判识，解决以往人工的安全性差、时效性差、主观偏差问题。相关技术在川藏铁路、郑万铁路、国防等重点工程实现应用，从数据视角形成了涵盖工程关键环节的高价值数据应用服务，助力工程建设减人、换人。

3. 突破装备末端负载精准控制与执行技术

针对复杂受限的隧道施工环境下长大臂架、多关节、重载隧道装备作业空间位姿误差大、定位精度低的问题，铁建重工通过建立复杂隧道环境智能装备空间位姿多位联测与补校定位模型及激光测量、参数最优估计、位姿误差校验等方法，实现装备整机精准定位；通过研发重载大惯量臂架多重激光测量方法，揭示重载长大臂架在隧道全空间姿态下挠度与臂架多参量间各向异变耦合规律，建立臂架挠度变形补偿模型，实现臂架末端的精准定位，优于进口装备；通过构建刚性臂架位姿与柔性管线变化分布关联映射模型，提出实时预测补偿的鲁棒自适应控制方法，实现重载长大臂架平稳、精准和高效的跟踪控制，结合各工序作业臂架构型和隧道实际作业工况，大幅提升施工效率，实现隧道作业快速精准施作。

在川藏铁路施工过程中，末端负载精准控制与执行技术在凿岩、铲铣、湿喷、锚杆、拱架等多种臂架中成功应用，实现装备施工精度比标准要求高 1 倍以上，攻克隧道装备臂架由于自重大、载荷大、挠度大而带来的量测与定位不准的技术难题，定位精度控制在 5 厘米之内。

（五）推进智能制造，提升定制化装备的生产效率和质量

1. 搭建数字模型驱动的装备智能制造技术框架

为提升大型装备个性化制造能力，铁建重工搭建基于数字模型驱动的关键核心部件自动化生产系统、企业级信息化集成等智能制造核心系统，建立跨越企业、车间和设备三个层面的基于数字模型驱动的装备智能制造技术框架。在企业层，以企业大数据管理系统和企业资源计划系统（ERP）组成的企业信息集成管理系统为基础，搭建 PLM 集中管理下的三维产品设计系统、与 ERP 系统无缝集成的 MES、中央监控中心和远程监控智能服务系统。在车间层和设备层，基于 MES 的管理和数据传递，以自动焊接机器人为基础实现核心部件的自动化焊接，以智能坡口切割工作站为基础实现异形零部件坡口自动切割，以 CAD－CAM 打通以及 MES 系统相连的大型数控加工设备为基础实现大型关键部件的自主加工和设备互联互通，实现数控设备信息化、智能化管控、智能仓储和物流等。

2. 构建关键核心部件的自动化生产系统

以地下工程装备关键核心部件制造过程为切入点，开发基于三维模型的智能套料系统及相关接口，研究基于数字模型驱动的智能套料引擎技术、人机智能融合套料技术，实现直接读取零件三维模型进行自动套料过程，推动车间从“自动”向“智能”下料方向转变；利用机器人技术及集成应用技术，解决以盾构机变速箱、刀箱、刀盘、盾体等关键核心部件为例的自动化焊接难题；应用在线编程技术，基于产品三维模型的数控加工自动编程和加工模拟仿真，实现刀盘、盾体、变速箱、管片拼装机等核心结构件高精度自主数控加工，提高核心部件自制产能，满足关键核心部件的加工需求；建设 SCADA、DNC，增加 PLC 和传感器，对生产车间关键设备的联网升级，实时采集设备状况、工艺参数、异常信息等，实现数控设备数字化、智能化管控；针对地下工程装备主驱动零件结构复杂多样、零件表面附着物成分复杂、装配过程中清洗工序耗时长、工作环境差、污染严重的技术难点，研制适用于主驱动大型零部件的全自动通过式超声波清洗系统，替代传统人工清洗模式，提高主驱动各零部件清洗效率，实现零部件清洗过程全封闭，有效降低装备制造从业者的劳动强度，提升定制化高端装备关键部件的制造效

率和质量稳定性，推动装备关键部件制造技术迈向新台阶。

3. 打造高度集成协同的智能制造模式

针对高端定制化装备多样化和个性化的市场需求，以制造执行系统作为装备制造数字化建设的核心与控制中心，与企业 ERP 系统和三维工程化系统进行模型和数据的纵向集成协同，对制造单元内的制造资源、计划、流程等进行横向管控，与产品设计紧密关联，对设计意图进行物化，通过系统集成与企业层和设备控制层的数据进行交换，形成制造决策、执行和控制等信息流的全过程闭环，实现高端定制化装备多品种、多流程、多形态、多单元的快速转换与协同生产。

通过 MES 系统接收 ERP 生产订单，结合实际生产能力进行 APS 高级排程生产现场作业执行计划，运用 5G 技术实现从移动收货、派工、开工、完工及报故障预警等内容的全覆盖；同时，通过 MES 系统与三维工程化系统对接，实现作业指导书、工艺文件、三维图纸、立体装配演示等内容的无纸化传递，从而增强企业生产制造的灵活性和应变能力，提高设备利用率和员工劳动生产率，实现基于数字模型的生产管理效率提升。

（六）构建数据共享网络，实现装备一体化协同施工

1. 建立数据网络共享机制，实现装备远程互联

地下工程施工建设过程环境多变、工序复杂、施工装备种类繁多，铁建重工深入研究地质勘查、设计、施工、质量等多维度数据的时空和语义特征，形成覆盖地下工程建设全工序的统一数据标准制式，开发规范化、标准化的数据共享交互协议，形成地下工程施工过程全要素数据在线交互的标准流程，实现地下工程建设过程地质、设计、施工、质量数据的标准化交互。在数据应用方面，围绕地下工程建设过程中地质围岩环境智能感知、风险预警、装备关键部件状态监测、远程诊断维护、施工过程自主分析、施工辅助决策、施工质量自主评价等技术进行研究突破，构建基于大数据的远程运维能力，提高网络化协同交互水平，形成装备远程运维服务体系，减少“地区、时间、经验”等因素造成的信息沟通效率低下及生产损失，降低服务成本，提升服务效率。通过核心数据网络共享机制的建设与应用，有效解决工程建设过程中管理、设计、施工、装备制造等各参与方“语言”不通、“沟通”不畅的难题，促进“数据高效流转、多方协同交互”的地下工程建设高效管理模式发展，在长沙地铁、郑万高铁、川藏铁路、国防工程建设中进行应用示范。

2. 打造数据驱动服务模式，实现装备智能运维

集成智能终端、传感网络和大数据平台形成基于数据模型驱动的运维服务应用模式，铁建重工研究边缘终端、数据库、算法组件、传感网络、运维服务等现场部署技术，实现开挖、支护、出渣及施工项目部多层次全要素互联、全数字集成、全过程监控，支持全施工过程参数感知、施工数据建模和智能补偿、故障诊断决策等。应用装备施工风险管理与性能优化 App、设备资源与工序管理作业调度 App 和备件需求预测与库存管理 App，按照制定的性能要求，测试系统的性能指标，记录运行参数及运行故障，针对存在的问题，改进设计、完善功能，形成针对典型工况的施工风险、作业调度和备件管理模式，使设备施工利用率提升 5%，故障停机率降低达 15%，工程施工月进度增效 5%。目前，铁建重工打造的智能互联装备协同管理系统，已覆盖公司所有地下工程产品，实现出厂服役装备智能化维护，提升企业对于产品的管控能力，促进客户对于施工过程综合管理能力。

3. 研发智能机群作业平台，实现装备协同施工

针对施工现场地下工程装备零散不成套，机群之间底层信息交互标准、通道缺失等造成信息孤岛、协同作业困难等问题，设计“地下—地面—云端”的多协议、可延展、低时延的隧道装备机群物联网架构，提出全工序智能装备统一数据交互转换制式，通过开发标准化交互接口和格式，研发智能机群作业平台，实现多台套装备作业线实时感知与交互、精准控制、协同管理和人—机—岩实时高效协同决

策。该成果在郑万高铁等项目施工过程中得到应用，并取得显著效益，其中Ⅳ、Ⅴ级围岩施工效率与传统隧道施工方式相比提升57～70%，作业人数减少最高达64%。

三、数字模型驱动的地下工程装备智能化升级管理效果

（一）突破系列核心技术，实现了装备智能化迭代升级

铁建重工围绕隧道施工过程中的地质预报、开挖、支护、掘进、出渣、喷混、衬砌等主要工序开展智能化技术研究与系统升级，突破了隧道围岩自主判识、整机和臂架精准定位、臂架轨迹自动规划、人—机—岩互联互通、远程操控、智能导向、换刀机器人、钢拱架拼装机器人等关键核心技术，获相关发明专利授权260余件。研制了具备自主知识产权的地下工程装备数字样机和数字孪生系统，初步形成包含地质预测、故障诊断等功能的数字孪生地下工程装备行业应用示范，产品制造周期缩短了35%、成本降低了9%、产能提升了50%。

铁建重工自主研制的世界首台套钻爆法隧道施工成套智能装备，整体技术国际领先，获中国机械工业科技奖特等奖；承担的国家重点研发计划“面向TBM施工的机器人智能作业系统”和国家工信部揭榜挂帅项目“隧道施工智能特种机器人”通过验收，引领行业技术进步；自主研发的敞开式掘进机技术获中国专利金奖；自主研制的国产最大直径盾构机“京华号”，成为《习近平新时代中国特色社会主义思想学习问答》（第243页）典型案例，作为重点展项参展我国“十三五”重大科技成就展，接受习近平总书记检阅。

（二）助力重大工程建设，推动了隧道智能化建造

地下工程装备智能化升级后，采用钻爆法隧道智能装备施工，对围岩地质判识准确率达到87%，对隐蔽结构病害判识准确率达到92%，软弱围岩隧道施工效率提升了57%～70%，作业人数减少了64%；采用全断面掘进机施工，实现隧道掘进轴线偏差降低30%，支护时间较国外装备缩短20%。川藏铁路达嘎拉隧道施工多次发生软岩大变形、岩爆、高地温、突泥涌水等工况，导致施工难以推进，采用铁建重工钻爆法智能化装备后，攻克了恶劣工况，工效比传统方法提升20%，实现提前贯通。

铁建重工自主研制的系列化隧道掘进机、隧道智能化成套装备等地下工程装备国内市场占有率第一，全断面隧道掘进机获“国家制造业单项冠军产品”。广泛应用于川藏铁路、新疆引水、莫斯科地铁等国内外铁路、公路、水利、矿山、国防领域重点工程，引领了隧道建造方式变革，推动了隧道安全、高效、少人、智能建造发展，有力支撑了我国交通强国、西部大开发等战略加快实施。

（三）取得显著经济效益，实现了企业高质量发展

铁建重工2016—2020年的年均复合增长率为7.22%，成为全行业成长较快的企业之一。近三年销售收入超200亿元，2021年上半年实现营业收入48.65亿元，较上年同期增长54.07%。实现净利润9.15亿元，较上年同期增长28.70%。自2017年首次进入全球工程机械制造商50强榜单以来，铁建重工的排名连续上升，2021年跃至第30位；连续三年，排名全球工程机械制造商50强营业利润率第一位；2021年位列全球全断面隧道掘进机5强榜单第一位。

铁建重工地下工程装备产品批量出口到俄罗斯、土耳其、韩国、迪拜等国家，显著提升了我国装备制造业的国际竞争力；央视《新闻联播》《经济半小时》《对话》等栏目报道200余次；入选央视大型专题片《大国重器》《超级装备》；作为地下工程行业唯一代表参加“国家十三五重大科技成就展”“庆祝改革开放40周年大型展”。

（成果创造人：刘飞香、刘　丹、廖金军、王永胜、李鹏华、蒋海华、粟国权、沈建龙、胡小勇、谭　新、易达云）

工程机械企业基于数字孪生产品的智能服务管理

徐工集团工程机械股份有限公司

徐工集团工程机械股份有限公司（以下简称徐工）是我国工程机械行业规模最大，技术水平最高，出口量最大，极具竞争力、影响力和国家战略地位的千亿级龙头企业。徐工作为中国工程机械行业奠基者、开创者和引领者，是我国第一台汽车起重机、第一台压路机的诞生地，拥有世界第一吊、神州第一挖等100多项国产首台套重大装备，6个行业单项冠军示范企业和产品，产品覆盖14大门类、39个产业、700多个品种规格，11大主机产品市场占有率稳居国内行业第一，其中移动式起重机稳居全球第一，成套桩工机械、混凝土机械、筑养护机械位列全球第一阵营。产品出口到187个国家和地区，在巴西等10多个国家拥有制造基地、KD工厂或合资企业，并购德国施维英等3家欧洲企业，在“一带一路”国家实际投资超30亿元，覆盖沿线97%的国家，年出口总额和海外收入持续居中国行业第一。

一、工程机械企业基于数字孪生产品的智能服务管理背景

（一）顺应智能化发展趋势，发展服务型制造的战略需要

2016年，工业和信息化部、国家发展和改革委员会、中国工程院共同印发了《发展服务型制造专项行动指南》，以促进制造和服务全方位、宽领域、深层次融合，提高制造业服务化水平，建立与制造强国相适应的服务型制造格局，这为服务型制造升级提供了政策指引，推动制造业企业后市场服务等环节向专业化、高端化跃升，使制造企业实现价值增值、增强核心竞争力。同时，随着智能化时代来临，智能制造的大力推进，人工智能、大数据、数字孪生和物联网等新一代信息技术在制造业服务领域广泛应用，用户精准画像、失效预测、预测性维护、市场分析等场景应用日趋成熟，越来越多的制造企业开始将后市场服务作为新的收入增长极，驱动企业内部经营管理效率提升。徐工作为中国工程机械行业的奠基者、开拓者和引领者，提升企业智能服务管理水平势在必行。

（二）契合行业发展趋势，适应市场竞争变化的必然选择

2020年中国工程机械工业协会研究数据显示，欧美等工程机械发达市场企业其后市场服务的利润比重占企业整体利润约70%，而中国工程机械企业的后市场服务利润占企业整体利润的30%左右，国外企业远远高于国内。但我国工程机械行业后市场规模大，截至2020年年底，国内工程机械主要产品保有量超过900万台，其中挖掘机约220万台，装载机约140万台，超大的保有量蕴藏着庞大的后市场机会。因此，面临行业新趋势，迫切要求企业自身围绕后市场服务强化能力建设，围绕新竞争优势打造，通过数字技术在产品中的应用，重构服务环节的流程，推进市场服务管理向智能服务转型，快速提升响应市场的能力，提升企业的盈利水平，增强企业整体竞争力。

（三）支撑企业战略目标实现，为企业注入新动能的关键手段

“十三五”以来，徐工通过基于大数据技术融合产业链环节，推动企业智能化整体升级，具体表现为以智能制造为主攻方向，打造具有徐工特色的智能制造内涵特点。同时，徐工将智能服务作为重要建设方向，并且在企业战略目标中明确提出2025年实现后市场收入百亿元目标。因此，形成与智能化时代相适应的智能服务管理体系已成为支撑徐工高质量发展，早日实现“珠峰登顶”的关键举措。

二、工程机械企业基于数字孪生产品的智能服务管理主要做法

（一）制定顶层战略，确立打造行业领先的智能服务目标

1. 做好设计规划，绘制企业智能服务蓝图

根据“十三五”战略规划，徐工强化三大平台，分别是营销服务平台、数字化信息平台和金融服务平台；在支撑企业整体战略目标实现的十大战略举措中，加快数字化建设和推进营销服务备件能力提升是两大重要核心支撑，从后市场服务整体目标来看，明确提出2025年要实现后市场收入100亿元。基于徐工整体战略目标，落地分解到徐工后市场服务战略目标，坚持“以客户为中心，满足客户需求，助力客户成功”服务理念，形成智能服务战略规划，破解企业在后市场服务管理难题，抓住智能服务管理能力建设这个“牛鼻子”，快速推动企业全价值链的数字化转型，核心就是要打造出面向市场服务的数字孪生产品，率先在行业实现从提供实物产品转换为虚实结合的数字孪生产品，为全球客户提供一个基于数字孪生产品的精准、增值、满意的智能服务。

2. 坚持数字化建设，支撑智能服务业务发展

徐工一直高度重视信息化、数字化对企业战略的支撑，特别是“十三五”以来，紧紧围绕企业的数字化转型路线，契合时代发展，不断丰富内涵，形成了独具特色的徐工“智造4.0”。从徐工数字化技术战略来看，重点聚焦四个领域：一是围绕产品开展数字化技术应用，为数字孪生产品提供源头基础，实现“软件定义产品”；二是推进智造升级，注重制造环节的数字主线、数字映射的融合应用，通过打造30余个应用场景实现5G全连接制造体系的标杆工厂；三是以产品即服务为主线开展智能服务管理，通过提供数字孪生产品，系统性提供智能施工能力，开展预测性维修服务，全面提升智能服务水平；四是打造协同作战产业链的“同盟军”，通过产业链整体数字化、智能化水平的提升，加快新旧动能转换。特别是在智能服务环节，徐工通过建设车联网智能信息服务平台（以下简称车联网）、客户关系管理平台（Customer Relationship Management System，CRM）、备件协同管理平台（Parts Management System，PMS）、徐工全球数字化备件服务信息系统（XCMG · Global Service System，X – GSS）等应用平台为用户提供增值服务，基于对仿真、物联网、工业大数据、数字孪生等技术的探索与应用，进一步支撑智能服务体系的构建。

3. 构建服务体系，打造企业竞争新优势

从工程机械行业市场服务的视角来看，分为满意型服务和增值型服务，从徐工的创新实践来看，首先应做到客户对产品的满意型服务，如三包内维修、客户对产品的直观认识等基本要求，这是相对容易做到的基础属性，徐工在此方面做得很扎实；其次是围绕高质量发展关注增值型服务，这是后市场服务管理提升的关键，是改善企业利润结构的核心一环。重点是构建智能服务管理体系，围绕提升客户满意度，为客户提供更多增值型服务，支撑企业在市场上获取新的竞争优势和更高的品牌影响力。

徐工已形成“1314”智能服务管理体系，如图1所示，通过塑造1个数字孪生产品，凭借其“产品仿真、数字映射、反向控制”3项关键功能，起到对内赋能、对外增值的效果。对内赋能，主要体现在通过1条价值链带动企业内部管理提升，支撑服务资源配置更精准，为企业降低服务过程成本及基于数字孪生产品扩展工业大数据分析维度，提升企业内生动力。同时，对外提供设备运行状态实时监测、预测性维护、备件服务增值、智造效益传递4项增值型服务，在做法上围绕3点展开：一是实时监测产品运行状态，帮助用户发掘效益增长点，实现客户满意度指数型增长；二是提供预测性维护服务管理，通过减少设备维修时间等方式，降低用户使用设备总成本；三是基于数字孪生产品的延伸，结合数字媒体、AR等技术，将企业内部智能制造效益向用户传递。徐工秉承“15分钟快速响应，24小时完工，365×24全年无休”的承诺，通过实现基于数字孪生产品为全球客户提供精准、增值、满意的智能服务管理，精准把握客户需求，更好地服务客户，帮助客户降低成本、提高收益。

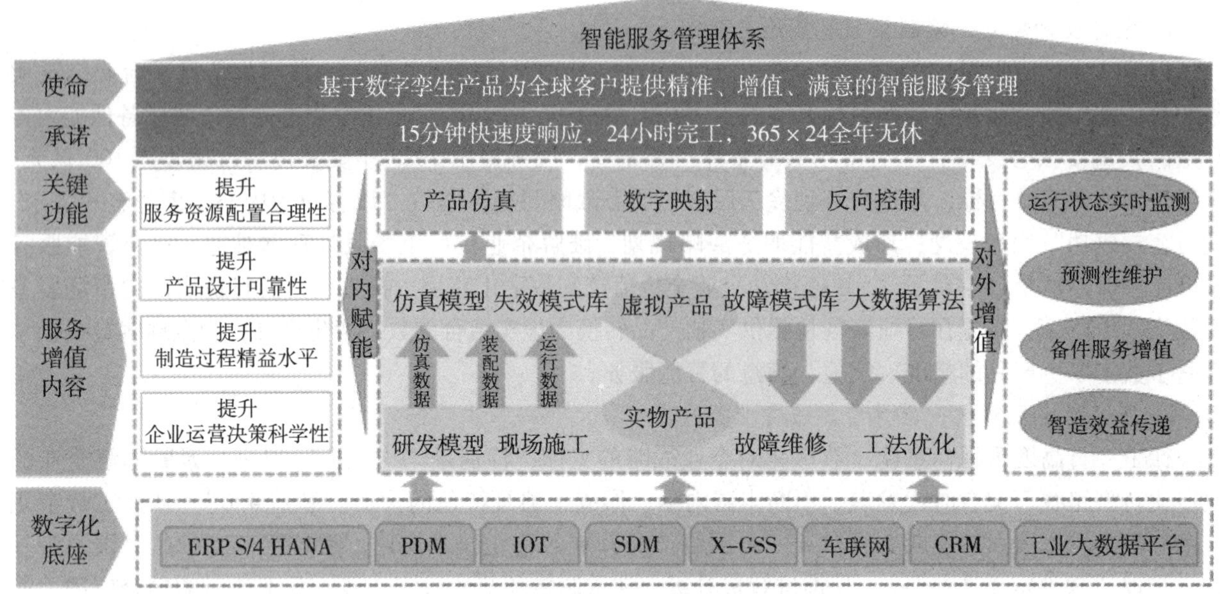

图1　徐工智能服务管理体系

4. 强化组织保障，注重服务人才培育

为充分发挥企业内协同作用，基于重构服务流程的要求，公司总裁亲自分管统筹规划，亲自部署推动智能服务建设工作。明确责任主体，2017 年成立了备件服务管理部，统筹规划推动徐工整体智能服务能力建设，事业部明确作战具体组织，形成了总部抓总、抓关键、抓共性、抓标准、抓技术，成立智能服务调度中心，各事业部成立数字孪生产品制作室、产品仿真研究所、智能服务分中心、直销服务和经销服务团队，快速打造基于徐工的智能服务管理最佳业务实践。

徐工长期以来注重各类人才的培养。“十三五”以来，徐工联合同盟军加强服务队伍建设，2017 年至 2020 年间，服务人员从 4100 余人增长至 8500 余人。同时，基于徐工对工程机械行业的深度理解和业务实践，已经形成了大量的知识库，通过开展在线课堂、案例短视频、经典故障相似案例推送等方式对服务人员开展基于知识、技能、素质的培训，让员工充分利用碎片时间进行能力提升，更加契合岗位，为用户提供更优质的服务。徐工在智能服务提升过程中打造数字化人才队伍，截至 2020 年年底，共有系统研发人员和数字孪生产品制作人员 380 人，形成一支保证智能服务各系统平台高效率、高质量、可持续运营的团队。

（二）聚焦企业服务能力提升，探索数字孪生技术应用

1. 夯实数字化底座，为打造数字孪生产品奠定基础

徐工围绕研发、制造、服务等关键环节加速数字化升级，提升业务协同效率、运营管理效益和智能服务能力，为数字孪生产品的打造夯实数字化底座。在研发环节，通过全球协同研发平台建设，支持中国、美国、欧洲、巴西、印度五大研发中心协同研发，三维数模总量超 300 万个。同时，自 2020 年开始，徐工加大投资，搭建了具备百万亿次计算能力的高性能仿真中心，为产品部件、系统、整机仿真奠定了坚实基础，构建了仿真标准规范库、材料库、模型库、指标库、案例库等仿真知识库，从发展的阶段来看处于国内领先水平。在制造环节，徐工通过建设工业物联网，完成对 2800 余台装备互联、8 万个数据点实时采集，并结合人工智能技术训练焊接、数控等 65 个算法模型，对产品的制造工艺流程及

生产线进行大规模仿真，构建数字孪生虚拟产线，对整个工艺方案进行验证，检查加工流程、零件输送、装配流程、人员配置、生产线配置的可达性和合理性。在服务环节，徐工每年投入1亿元用于售后设备参数采集与分析，依托车联网平台和工业大数据平台，已对全球50万台联网设备实现覆盖动力、液压、结构、电气等系统的数据采集。同时，通过X-GSS，为客户提供了32万台与实物产品对应的虚拟产品，能精准反映每一台车的所有零部件信息，得到国内外用户高度认可，处于国际领先水平。

2. 探索大数据技术，为数字孪生产品提供数据保障

徐工与阿里云开展合作，建立共计21个物理节点，5040个超分CPU计算单元的徐工混合云平台，支撑对研发、制造、服务等环节工业大数据挖掘工作，为数字孪生产品提供数据基础保障。在研发环节，通过工业大数据技术，建立数据仓库，将零部件的关键参数、性能指标、参考标准、试验数据、工况数据、故障模式、寿命数据等仿真过程生成的数据信息进行汇聚，构建出数字孪生产品模型，形成虚拟产品基础模型。同时，形成针对该零部件的全生命周期数据画像，全面、直观地为设计人员关键零部件选型、寿命设计和改进提供数据支撑，建立产品改进数据模型，直观有效且系统性地指导产品整改方向。

在生产制造过程，通过复杂生产过程大量的传感器设备实时采集数据，以及制造执行系统（Manufacturing Execution System，MES）、仓库管理系统（Warehouse Management System，WMS）、高级计划系统（Advanced Planning System，APS）等的实施，结合订单、设备、工艺、计划等产品数据，将与实物产品对应的部件信息注入虚拟产品中，使虚拟产品与实物产品形成映射。此外，徐工还针对制造过程产生的数据采用聚类、规则挖掘等数据挖掘方法及预测机制建立多类基于数据的生产优化特征模型，为制造过程的质量跟踪与追溯管理提供依据。

在服务环节，徐工打通各事业部、分子公司现有营销服务系统数据，依托实物产品与虚拟产品的映射关系，将其中市场上产品的运行数据，统一注入虚拟产品中，支撑后续通过大数据技术发掘效益增长点。同时，将产品历史服务数据、服务人员数据、机手数据等数据进行大数据分析挖掘，建立起“设备+机手+备件+服务人员”一体化协同运行模式，逐步建立精准的设备画像数据模型、机手画像数据模型、服务人员画像数据模型，实现提前预警、提前准备（维修方案、服务人员、备件），快速响应，极大提升用户满意度，实现服务能力的跃升。

3. 激发数字技术要素价值，成功塑造数字孪生产品

基于扎实的数字化底座和相对成熟的工业大数据技术积累，徐工深挖其中隐藏价值，并以数字孪生产品形式为客户增值、为企业赋能。徐工的数字孪生产品目前已形成了“骨架+肌肉，神经+血液”架构，每一个数字孪生产品均具有“产品仿真、数字映射、反向控制”三大功能。一是具备强大的产品研发仿真功能。通过行业最领先的高性能仿真中心，实现对近3500种机型产品仿真模型的构建，这是数字孪生产品的源头基础，是为数字孪生产品构建关键“骨架和肌肉”的过程。二是针对仿真模型在制造和服务环节具有了数字映射的功能。要完成数字映射需要做到两个环节，一个是制造环节，对产品装配的各类零部件信息实时采集，并形成零部件三维标注对仿真模型的虚拟映射，确保制造过程中输出的实物产品与虚拟产品完成映射，共同为数字孪生产品注入“血液”；另一个环节是基于服务环节产品大量传感器的实时数据采集，实现虚拟产品与实物产品的动态交互，这是数字孪生产品的“神经”，其能精准反映数字孪生产品的DNA，为进一步做到反向控制奠定基础。三是虚拟产品对实物产品的反向控制功能。徐工通过将虚拟产品模型算法与实物产品控制器算法集成，实现通过虚拟产品控制实物产品，主要应用在复杂工况远程操作、设备临界状态自动调节等场景。目前已经在XCA60E起重机、XE950DA矿用挖掘机等产品上得到了应用成效，处于关键技术突破阶段。徐工数字孪生产品构建流程如图2所示。

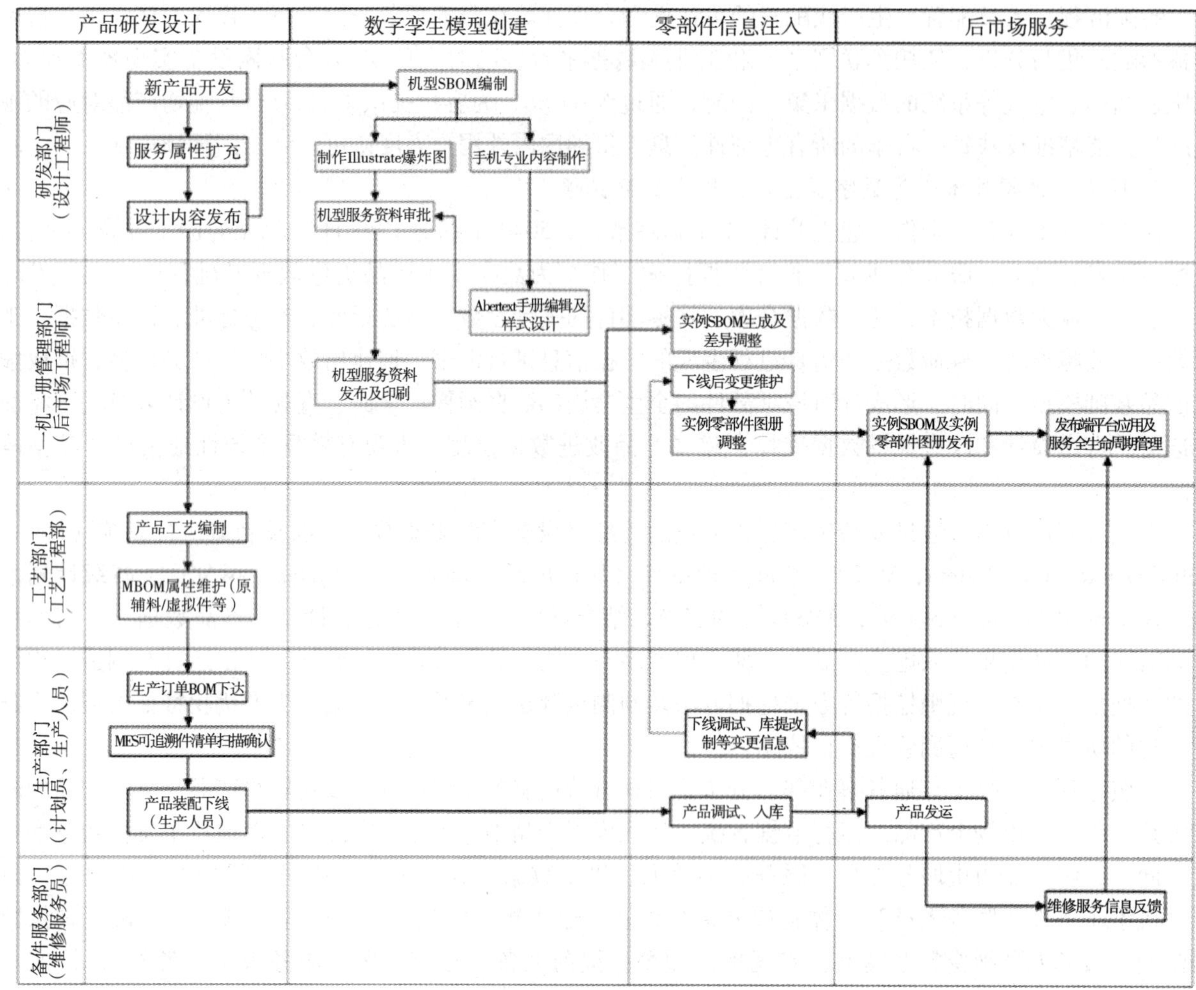

图 2　徐工数字孪生产品构建流程

目前，徐工已经形成了 32 万个数字孪生产品，在全球市场开展服务，得到经销商和客户的高度评价，特别是海外市场。同时将数字孪生产品打造过程融入企业智能制造的整体战略中，两者相得益彰、相辅相成。从徐工构建数字孪生产品的过程来看，随着数字技术的发展，数字孪生产品的内涵是不断丰富的，后续徐工也将不断对其进行完善。

（三）产品运行状态实时监测，实现客户满意度指数型增长

1. 为服务过程提供解决方案，确保服务效率与质量

徐工通过工业大数据平台打通数字孪生产品与全球服务网点、服务车、服务人员、服务资料等数据链路，提高服务效率与质量。平台在接到用户呼叫后，根据报修位置周边服务人员分布情况，实现智能派工，并将任务安排、任务执行进度、服务人员信息等服务全流程数据推送给用户，缓解用户等待过程的焦虑情绪。同时，在服务人员赶往现场的过程中，平台会为其推送该报修产品对应数字孪生产品的链接，以便其及时了解报修车辆的基本信息、维修记录、工况监控、维修手册等资料，协助服务人员在到达现场前形成初步诊断结果，以便到达现场后迅速发现故障位置，快速做出应对处理。确定故障后，服务人员可以根据故障诊断场景教程，按步骤进行操作，降低了维修人员的理解门槛，提高维修能力。2020 年，徐工服务人员的快速响应和故障高效排除提升了客户的满意度，使服务 24 小时完工率达到

83.9%，位于行业领先水平。

2. 全方位监测产品状态，帮助用户发掘效益增长点

徐工通过建设 CRM、车联网、X－GSS、智能服务调度中心等平台，更好支撑为客户提供维修服务、保养服务、知识培训等满意型服务，并且一直处于行业领先水平。与此同时，徐工为了打造在服务环节新的竞争优势，不断探索为客户提供更多的增值型服务。徐工基于车联网从产品全方位采集 150 余类数据信息，并与数字孪生产品建立映射关系，实现基于数字孪生产品对产品运行状态实时监控，成功构建产品健康数据模型。基于产品历史数据曲线，结合产品故障模式库和设定的液压、传动、电气、结构等关键参数非线性阈值，对产品健康走势及未来寿命进行预测，确定产品退化规律和健康等级，为用户提供 6000 余种异常预警、故障报警和保养提醒等，支撑用户在设备严重停机事故发生之前，有足够的时间制订和实施维修计划。截至 2021 年 6 月，徐工已向用户配套提供了近 3500 种机型、32 万个数字孪生产品，并将其集成到起重在线、装载之王、钻之云端等服务平台中，用户能够透过数字孪生产品状态实时了解对应实物产品的健康实时数据。此外，为方便用户进行设备管理，徐工除了提供产品状态可视化、产品健康走势预测，还将产品集群智能调度、电子围栏、施工过程分析、车队绩效核算、施工安全服务等 300 多项管理手段全面纳入平台中，助力用户人力成本降低 35%，调度效率提升 18%，安全风险及隐患下降 11%，生产效率提升 20% 以上，让用户切实感受到徐工提供的服务增值，在管理方面实现省事、省心、省钱、省人，在生产方面做到精准、省料、节能、高效。

3. 运用大数据技术分析用户行为，优化施工方案

设备在施工过程中，除了会受到设备状态、工况环境的影响外，操作人员的技术和习惯也是重要因素之一。徐工为了降低操作人员因素造成的效率损失，在向客户提供的数字孪生产品中，实现对施工历史记录进行效率分析。依据数字孪生产品历史状态参数曲线，结合徐工在研发过程中生成的仿真记录，能够准确映射出实物产品的施工行为，并在大数据平台中形成客户行为画像模型，输出用户基本信息模块、施工轨迹信息模块、操作习惯模块等 60 余项指标。通过将数字孪生产品历史状态参数曲线与仿真过程中标准施工参数曲线进行对比分析，输出行为修正报告，帮助施工人员针对性修正施工行为，提高施工效率，保障施工安全，延长设备的使用寿命，帮助用户节约施工成本。徐工目前已将该功能应用在大吨位汽车起重机上，通过对用户在操作过程中起吊速度、伸臂顺序与速度、起重滑轮组倾角等参数进行修正，平均提升 10% 施工效率。与此同时，徐工开办机手培训学院，形成宣传、招生、培训、取证、推荐就业一体化运营，拓宽社会操作机手培训群体，建立全国操机手人才库并动态管理，向用户批量输送成熟的操机手。

（四）提供预测性维护服务管理，降低用户使用设备总成本

1. 凭借仿真技术开展产品失效预测，减少用户设备停机成本

徐工运用行业领先的仿真技术，开展典型失效机理研究，建立产品失效模型，开展工程机械典型失效模式分析，总结工程机械损坏型、退化型、松脱型、失调型、堵塞型、渗漏型、功能型等失效模式，并制定解决或补偿措施，建立典型工程机械失效模式库及案例库，在指导设计环节提高产品可靠性的同时，应用到产品失效预测中。同时，开展失效危害性和重要度分析，确定可靠性关重件（关键件、重要件），形成关重件清单，为用户提供重点关注点。通过数字孪生产品中各部件状态数据与失效模式库中失效的关键特征数据进行比对分析后，预测各部件何时将失效，提示用户进行备件准备并执行维修，保持产品正常运行，减少停机成本，保障施工安全。此外，徐工根据重大项目攻关以及海外施工要求，形成标准、严寒、缺氧、酷热等工况对应失效分析算法模型，预测施工产品寿命，定制化研发新产品，使其能够更好地为客户服务。

2. 破解备件查询准确性行业难题，提高备件更换服务效率

徐工通过为用户打造数字孪生产品，保障用户能够实时、精准查询每台设备的备件信息，提升备件查询及配送的准确性，为企业和用户降低因为备件查询不准确产生的成本浪费。通过全价值链数据同源复用和系统间高效集成，在研发源头仿真技术基础上，运用制造环节数据采集技术，每台实物产品的部件信息准确注入数字孪生产品中形成映射，为实现数据从研发环节到生产环节传递的一致性，提升生产物料清单、生产订单数据维护的质量，徐工同步针对工艺环节开展数据治理。在制造环节借助车间数字孪生技术和工业大数据技术对实物产品数据进行采集并注入数字孪生产品中，为其提供神经与血液。同时，为了提高数字孪生产品零部件信息的注入效率，徐工推动零部件模型协同研发与采集工作，在内部实现主机单位与核心零部件单位数据协同穿透，如徐工内部的液压件、传动、履带底盘公司等核心零部件单位与主机企业实现数字化研发在线协同；在外部实现与供应商研发协同穿透，体现在外部供应商同意提供零部件模型进行数字孪生产品的协同制作。同时，徐工通过将数字孪生产品与 MES 和 CRM 等系统无缝集成，实现与实物产品部件信息统一变更管理，特别是针对产品交付用户后维修保养、备件更换过程，在行业内率先实现持续跟踪与更新，确保虚拟产品与实物产品数据的一致性，避免因查询不准确导致备件配送错误，为用户提供高质量的使用体验。

3. 基于大数据开辟金融合作新路径，降低用户设备使用成本

徐工联手江苏银行等金融机构，搭建基于物联网技术应用的工程机械金融服务系统，为徐工的客户提供优质、便捷的金融服务。应用大数据技术，整合用户信贷情况、还款情况、逾期情况、保养投入金额等多方位数据信息，为分析用户的经济状况建立数据模型，预测用户经营状况，实现基于工业设备的大数据信用与资产质量评级。对于评级高、设备保养好的用户，徐工与金融机构主动为其提供更优质、更实惠的服务，节约设备运营成本。例如，对于购买汽车起重机的优质客户群体，徐工每年仅在车辆保险一项就为他们节约近 1/3 的保险费用，共计约 5000 万元。

（五）基于数字孪生产品延伸价值，徐工智造效益向用户传递

1. 运用数字媒体等新兴方式，推动工程机械行业复工复产

徐工为了让客户享受足不出户的购机服务，运用数字媒体，向客户开展线上展示数字孪生产品活动。徐工通过建设“徐工直播大厦”平台，采用“直播 + 电商”形式，加强线上覆盖，陆续开展了“客户线上开工节”“工程机械国际采购节”等线上活动，2020 年面向东南亚、中亚、中东、欧洲等多区域开展 28 场直播活动，为全球客户提供在线沟通、云上看厂、掘金小店、签订电子合同等一站式“云购机 + 零接触”购物解决方案，积极推动全球建设者们的复工热情，助力全球经济重启和复苏。2020 年上海宝马展，徐工首次实现 3 天 72 小时不间断全球直播活动 120 余场，全球累计在线观看量 2016 万人次，覆盖 120 个国家、交易额 135 亿元，刷新了装备制造业全球单场线上促销互动的新纪录。

2. 通过 AR 技术支撑远程服务场景，实现服务人员“呼之即到”

徐工面向现场服务人员，提供基于 AR 技术的服务支持能力。现场服务人员基于手持终端或可穿戴设备，可以实时获取产品运营状态、维修技术信息，并可以获得维修过程指导。例如，徐工 XCA300 全地面起重机实现了维修记录、工况监控、故障诊断、维修指导、液压原理、维修资料查询等场景，让现场服务人员和用户通过 AR 技术可直观查看产品实时状态、维修记录及随机资料，提高了维修效率；将液压转向原理动态可视化，并实现将故障诊断场景按步骤操作说明进行效果优化，降低了故障维修的理解门槛，提高维修能力。此外，徐工基于 AR 技术的远程专家协同技术，可以在高清视频通话的基础上，支持空间标注与 AR 模型投放追踪功能，让用户与技术人员随时随地“零距离”交流成为可能。

（六）支撑服务资源配置更精准，为企业降低服务过程成本

1. 智能服务流程优化再造，提高服务执行效率

为了形成更加立体化、全方位的服务格局，使服务过程更高效，徐工对服务流程进行优化再造，其中优化再造流程40余项，新塑造流程15项。徐工通过流程优化再造，实现了总部智能服务调度中心与分子公司服务中心，以及代理商的多级业务协作和管控，建立设备全生命周期标准化管理，整机及备件二次销售管理以及车辆报修、大修、保养、报废等过程管理。流程优化再造，整个服务过程更加透明高效，流程执行效率提高了30%，支撑“10分钟响应、2小时到位、24小时完工、48小时回访”实现，降低客户因等待产生的成本。同时，徐工将数字孪生产品同人工智能一并融入原有服务流程中，丰富服务流程内容，提高电话报修一次回答率，如在智能服务调度中心加入智能助手，实现协助用户规范报修、自动开展满意度回访并将语音转为文字等功能，减少服务人员20%的工作量。

2. 全球服务资源配置更合理，节约服务过程成本

基于工业大数据平台，徐工将数字孪生产品与CRM中服务人员信息、PMS中备件储备信息及故障模式库等知识库进行统筹分析，为徐工全球服务资源科学投放提供数据支撑。平台根据32万台数字孪生产品在全球的分布情况，以及施工工况、设备失效速度等因素进行算法分析，生成服务网点、服务人员、备件库等服务资源的配置方案。经过1年时间验证，服务网点配置方案合理性、服务人员配置方案合理性、备件库配置方案合理性均有大幅提升，服务人员工作效率也由原来每人负责50台产品增长至每人负责58台产品。与此同时，徐工还在服务任务分派过程中进行资源配置优化。在服务任务规划分配阶段，智能服务调度中心对服务人员、服务车辆、维修工具、备件等服务资源进行统筹规划，结合报修位置及问题耗时预测分析，生成最优派工方案，确定每个维修任务所需要的最佳保障资源，如备品备件、技术资料、保障设备、人员数量与技术等级等。同时，在维修任务执行过程中，实时收集服务任务执行信息，分析服务方案是否合理、服务规划是否可以进一步优化、维修方案需要哪些优化、备件能否及时供应、维修资源能否支撑维修任务等，这样才能使服务资源利用情况更加合理，降低服务资源成本浪费。

3. 备件需求预测更加准确，提升备件精准营销

徐工打破原来通过消耗历史数据预测备件需求的方式，对数字孪生产品健康走势曲线的状态开展分析，通过分析预测未来一周可能发生的备件需求，指导备件精准投放，提高备件配送及时性的同时，降低备件库库存投资，从而降低备件成本，为客户提供更具价格优势的原版备件，延长客户设备的寿命，实现基于备件的服务增值。

依据分析结果，推进市场端备件储备，在国内外市场端布局3000个备件服务网点，并借助PMS进行科学高效的备件管理，实现常规备件24小时到位率超过90%。其中，PMS涵盖备件供应链的所有业务单元，支撑各单位备件在供应商、工厂、经销商、用户流转的多种业务场景和集团统一管控，实现工厂、代理商、海外备件中心等同一条码全球库存穿透式管理，提高了备件流转速度与配送及时性，为全球备件库存联网建立了系统基础。同时，平台的多租户功能允许代理商端注册入驻，并具备代理商端功能模块，支持代理商在系统中进行自有业务操作；可实现工厂、代理商、海外备件中心等全球库存联网，同一备件一个条码全系统链的穿透式管理，做到行业领先水平。

（七）基于数字孪生产品扩展分析维度，提升企业内生动力

1. 为研发环节提供设备运行报告，提高产品设计可靠性

凭借数字孪生技术，实现服务数据管理与研发管理穿透。在服务过程中，通过采集产品在不同工况运行参数，经过工业大数据平台分析形成设备运行可靠性问题报告，将产品的使用率、部件故障率及具体的故障原因反馈给研发部门。研发部门根据报告，结合现场工况，得出产品改进方向，设计优化方

案，提高产品研发效率和设计可靠性，提高产品竞争力。同时，还将现场的拆卸、维修和装配问题进行收集，帮助设计师提高设计的可维修性。通过仿真调试，实现控制功能的完整性校验和控制算法选择优化，改进迭代机械系统和控制系统。同时，基于数字孪生虚实同步对控制系统进行设计匹配，使控制系统和物理装备更早地融合匹配，减轻实机调试的负担。例如，徐工汽车起重机在仿真调试过程中能够实现500余项调试参数的采集与分析，并形成仿真调试报告，减少新产品从研发到正式投产的时间。

2. 强化制造环节生成订单管理，提升企业精益制造水平

数字孪生产品中虚拟产品与实物产品数据映射的保真性要求，驱动徐工内部制造环节精益管理水平的提升。首先，徐工为实现虚拟产品与实物产品数据映射，强化生产订单的同配置管理，实现“一订单一配置，一改制一台车”。徐工制造过程从原有一订单多配置混合投产，细化至一订单一种配置的精益制造，保障虚拟产品与实物产品部件配置的映射关系，做到“下线一台（实物产品）制作一台（虚拟产品），发运一台（实物产品）发布一台（虚拟产品）”。其次，徐工强化产品配置变更过程定制化管理，支撑对30种配置变更场景的精益化管控，从业务上规范生产订单变更的管理，从系统上对制造管理系统进行改造提升，来保障虚拟产品与实物产品数据映射的准确性。最后，强化产品零部件信息的可追溯管理，扩大制造过程的数据采集范围，形成产品“可追溯件”内控标准，将零部件追溯范围细化至最小可维修单元，支撑产品全生命周期的精准追溯。此外，徐工在制造环节实现复杂产品加工过程数据的实时采集与分析。利用车间生产管理系统对物理车间中采集的产品数据进行存储，进而在虚拟车间中分析产品数据的状态变化、预测质量数据的变化趋势，并对物理车间进行预警，实时获得质量分析结果。

3. 运用大数据技术分析市场，打造国内外新的竞争优势

基于车联网实现以服务管理能力支撑营销策略调整。徐工通过对市场上产品的运行状态监控就可以评价一些工业领域的开工状况，形成独特的“徐工指数”，可以划分区域统计各类设备的销售量、开机率、平均开机时长等维度数据报表，通过对报表分析处理，形成各地区行业热度分布图，指导销售策略制定与调整。同时对各类设备的月度开机率、开机时长等数据走势进行统计分析，预测行业前景，为工厂生产结构调整和库存准备提供数据支撑。同时，支撑徐工国际化战略，提高海外智能服务水平。针对海外用户对服务的需求，徐工开发了X-GSS海外版，面向不同地域终端用户，支持英国、德国、法国、葡萄牙、阿拉伯等8种不同系统风格选择，集设备管理、车辆定位、工作时长、加油统计、报修、维保、备件查询等功能为一体，充分满足客户的差异化需求。实现海外现场的服务信息由经销商或用户到徐工进出口公司再到徐工各事业部的线上信息流转。收集和完善了海外产品档案信息，完成了印度、印度尼西亚、肯尼亚、几内亚、俄罗斯、哈萨克斯坦、美国、土耳其、阿联酋、埃及10个国家海外智能服务调度中心提升工作，为用户提供7×24小时的用户服务，提升用户对设备品牌的认知度、好感度、依赖度，X-GSS也被海外客户誉为“设备厂商中做得最好的”。

三、工程机械企业基于数字孪生产品的智能服务管理效果

（一）打造了行业智能服务领先品牌，提升了企业市场影响力

行业首创三级快反技术支持体系和八级故障响应机制发挥效果，服务系统依照故障严重程度、报修时长进行自动预警、短信实时督办、预警层层升级、研发—供应—质量—备件—服务多部门快速协同，直达代理商总经理与工厂高层领导，服务全过程实现业务智能化监控、服务数字化管理，助力徐工以923.97亿元品牌价值连续第八年蝉联中国工程机械行业榜首。

基于数字孪生产品为全球客户提供精准、增值、满意的智能服务管理。2020年用户报修量44万次以上，24小时完工率为83.9%，同比提升了7.3个百分点，2021年上半年，共计督办7620单服务，2小时到位率为83%，同比提升12%，平均报修完工时长550分钟，同比减少125分钟，服务速度感知

明显提升。徐工近八年保外用户维护率达到70%以上，同比2019年，2020年交机设备当年平均单台报修次数由0.86次减少至0.76次，单台被动服务下降11.6%，主动服务实施在行业内处于领先水平，持续超值满足用户需求，成功打造行业领先服务品牌，进一步提升行业内的影响力，形成新的市场竞争优势。

（二）取得了显著经济效益和社会效益，助力徐工实现“珠峰登顶”战略

徐工通过智能服务管理能力的提升，助力后市场备件收入由2019年的29亿元提升至2020年的37亿元；其中，基于数字孪生产品的备件外购件拆分工作实现了重大突破，仅2020年新增外购件拆分子件销售收入8943万元，海外新增外购件拆分子件销售收入848万元，有效支撑徐工的效益在新冠肺炎疫情期间不降反增，2019年营收591.8亿元，同比增长33%，2020年营收739.7亿元，同比增长25%，2021年上半年营收532.3亿元，同比增长52%；净利润也由2018年的20.46亿元提升到2020年的37.29亿元，并于2021年上半年取得38.03亿元新高度，助推徐工更快速向“珠峰登顶”冲击。

此外，徐工积极承担社会责任，以往每年要向用户交付约23万台产品，每一台均随产品配备一套纸质的服务技术资料。徐工通过制作提供数字孪生产品，实现了服务技术资料的无纸化发布，2020年7月至2021年6月一年时间中，实现降本1100万元，减少近6150万张A4大小纸张的耗费，按照一棵20年的树可生产3000张A4纸来计算，相当于每年减少砍伐23600棵树，有效支撑徐工实现碳中和、碳达峰。

（成果创造人：王　民、付思敏、崔相东、单增海、王明信、李金赛、耿家文、高　亮、梅　煜、苏会杰、张　宇、韩会彬）

落实国家重大战略部署的雄安新区电网建设管理

国网河北省电力有限公司

国网河北省电力有限公司（以下简称国网河北电力）是国家电网有限公司的全资子公司，以建设和运营电网为核心业务，承担着保障更安全、更经济、更清洁、可持续的电力供应的基本使命，是河北省能源领域的核心企业。国网河北电力下辖20个基层单位和99家县级供电企业，营业区域覆盖石家庄、邯郸、保定、沧州、邢台、衡水六市及雄安新区，供电面积8.4万平方千米，服务人口5100余万人，供电客户2400余万个。2020年，售电量为1946亿千瓦时，营业收入为1010.2亿元，资产总额为971亿元。河北南部电网东联山东、西通山西、南承华中、北接京津唐，在国家“西电东送、南北互供”的大格局中处于重要枢纽位置，承担着服务河北经济社会发展、保障首都电力供应的重要职责。近年来，建成特高压交流“两站三通道”、500千伏四横两纵“目”字型网架结构、220千伏分区供电的整体格局，现拥有35千伏及以上变电站2100余座、输电线路5.2万千米。先后获得“全国文明单位”“全国五一劳动奖状”“全国工人先锋号”“全国‘安全生产万里行’先进单位”等称号。

一、落实国家重大战略部署的雄安新区电网建设管理背景

（一）落实党中央战略部署自觉履责的需要

设立河北雄安新区，是以习近平同志为核心的党中央做出的一项重大历史性战略部署，是千年大计、国家大事。习近平总书记多次召开会议进行研究，做出一系列重要指示批示，倾注了大量心血，寄予了殷切期望。国家电网有限公司是党领导下的国有特大型骨干企业，服务党和国家工作大局是一切工作的根本遵循。作为国家电网有限公司服务雄安新区建设的“桥头堡”，国网河北电力坚持“党中央在关心什么、强调什么就是我们的行动指南”，自觉投身国家重大战略，以加强电网建设管理作为服务新区发展、践行“六个力量”的重要实践，努力以“雄安探索”贡献能源革命“中国方案”，全力服务雄安新区成为贯彻落实新发展理念的创新发展示范区和高质量发展的全国样板。

（二）全面践行新发展理念高质量服务雄安新区建设的需要

雄安新区坚持“世界眼光、国际标准、中国特色、高点定位”总体要求，全力打造绿色生态宜居新城区、创新驱动发展引领区、协调发展示范区、开放发展先行区。电力行业是国民经济发展的基础性、战略性产业，必须以新发展理念为指引，深入实践能源消费、生产、技术、体制机制“四个革命”的战略思想，在构建雄安新区现代能源体系中担当作为，走在前列。建设数字化主动电网，推行数字孪生、主动规划、主动管理、主动服务等最新技术、最优管理等，既可实现能源服务与绿色城市、智慧城市、低碳交通等有机融合，高标准高质量服务新区城市建设，也能够加快世界一流的能源、信息、控制技术及国际领先的管理体系、组织模式等在雄安先行示范落地，以高质量的电力供给为美好生活充电、为未来之城赋能。

（三）探索构建新型电力系统的需要

雄安数字化主动电网是高弹性、高韧性的电网，以输电、变电、配电和用电侧能源信息数字化为主线，具有主动感知、主动响应、主动控制等显著特征，可真正实现电网的“自动驾驶”，对分布式能源适应能力强，有利于推进多能互补。其定位与探索建设新型电力系统战略目标高度契合，与建设具有中国特色国际领先的能源互联网企业战略目标一脉相承，与雄安新区将打造高度清洁化、智能化、电气化的绿色智慧新城相融并进。在雄安规划建设数字化主动电网，既是服务雄安新区发展的必然要求，也是

探索新型电力系统在雄安落地实践的客观选择。

二、落实国家重大战略部署的雄安新区电网建设管理主要做法

（一）践行新发展理念，明确雄安新区电网建设管理整体思路

规划建设雄安新区，要在党中央领导下，坚持世界眼光、国际标准、中国特色、高点定位，坚持生态优先、绿色发展，坚持以人民为中心、注重保障和改善民生，坚持保护弘扬中华优秀传统文化、延续历史文脉，将雄安新区建设成有中国特色的绿色生态宜居新城区、创新驱动引领区、协调发展示范区、开放发展先行区。国网河北电力全面贯彻习近平总书记重要讲话精神，认真落实河北省委提出的“用最高的标准、最好的质量、最完备的设备、最先进的技术、最快的速度”建设雄安电网的“六最”要求和国家电网有限公司提出的“坚持高站位、高标准、高质量，在服务国家重大战略中践行央企使命”等要求，把握机遇，先行先试，提出建设“雄安数字化主动电网”，把电力先行贯穿雄安规划建设全过程，推进全数字电网与全数字城市同步建设、相融共促。

国网河北电力服务雄安新区、推进电网建设管理的整体思路是：全面践行“创新、协调、绿色、开放、共享”的新发展理念，深刻把握新型电力系统重要特征，坚持以数字化主动电网规划建设为方向，以绿色发展、安全可靠为主线，以科技赋能、智慧共享为支撑，大力倡导“无创新不雄安”工作思路，全面提升电力保障和服务水平，努力构建城市的能源大脑、政府的能源顾问、企业的能源助手、家庭的能源管家，着力打造“四个典范”。

一是绿色发展典范。将大范围清洁能源优化配置和当地清洁资源充分利用相结合，显著提高电能在终端能源消费中的比重，提出100%清洁电源保障、电能终端消费比重超过50%等一系列世界领先的目标，加快构筑清洁能源系统，将雄安电网打造成城市生态文明与电力系统深度融合的典范。

二是安全可靠典范。强化本质安全理念，做到结构好、设备好、技术好、管理好，电网结构坚强、设备经久耐用、技术手段先进、管理科学高效，构建本质安全电网，形成220千伏双环网分区供电、110千伏双侧电源链式结构、10千伏电缆“双花瓣”等环网结构，供电可靠率达到99.999%，达到巴黎、东京核心区电网水平，雄安主城区供电可靠性达到99.9999%、全年停电时间不超过30秒，将雄安电网打造成为安全可靠的新型电力系统典范。

三是智慧共享典范。推进电力系统全领域、各环节智慧化发展，自主研发城市智慧能源管控系统（CIEMS），推进以电为中心的多种能源协同互济、智慧调度和即插即用，大力推动国内外智能电网先进技术应用，全面支撑智慧城市、智慧交通、智慧家庭发展，提供优质便捷贴心的供电服务，将雄安电网打造成为支撑高端高新产业发展和高效优质服务民生的典范。

四是科技示范典范。坚持“无创新不雄安”，以能源互联网技术创新为主线，依托5G、大数据等新技术，开展多站融合、5G配网差动保护、直流生态、北斗应用等多项创新研究，可以实现电网运行“自主驾驶”，配网故障“智能自愈”，应急处置“自动导航”，多元主体“灵活接入”，源网荷储“灵活互动”。贯彻资产全寿命周期管理理念，应用世界先进工程技术和公司最新科技成果，导线截面一次选定、廊道一次到位、土建一次建成，将雄安电网打造成为国际一流绿色智能电网的典范。

（二）变革组织体系，建立集约扁平、协同高效工作机制

城市建设，电力先行。国网河北电力变革组织体系、工作体系和保障体系，以高站位、高质量、高水平全力服务雄安新区发展。

1. 建立“资源统筹、集约扁平”的组织体系

建立强化统筹的管理体系。构建“国网、河北、雄安”三级管理体系，在国家电网有限公司和国网河北电力层面，成立服务雄安新区发展领导小组，统筹全系统资源支持雄安新区发展建设。国网河北电力专门成立“雄安新区能源互联网建设管理办公室”，对外加强与省委雄安办等的沟通，对内定期召

开服务例会，协调省公司各部门、各单位，整合各专业力量全力服务雄安新区发展。

优化集约扁平的组织体系。参照“大部制”模式，以柔性高效、扁平精简、生态协同为目标，统筹考虑雄安数字化主动电网发展定位和业务特征，深入分析生产运营、市场拓展、科技创新、合规管理等业务模块需求，采用“直线职能＋事业部”新型架构，构建7（职能部门）＋7（专业中心）＋1（网格服务单元）的组织体系，形成结构内连、边界外延的平台型组织形态，实现机构设置、人员配置“轻量化”升级，集约、扁平、高效的现代能源互联网企业初具雏形，机构数量较传统大型供电企业压缩52%。

2. 建立“内外贯通、多级联动”的工作体系

搭建融会贯通的业务体系。注重专业融通发展及资源优化配置，以业务的质效提升促进数字化主动电网运营管理水平提升。变革电网建设管理模式。研发雄安电网数字化工程管理平台（EIM），实现电网项目“数字管控全景洞察、施工环节全息感知、业务协同全程联动”。打造一体化调控管理体系。打破主配网界限，缩减调控层级，建立覆盖0.4千伏～220千伏（含直流配网调度）的统一调度体系，实行多级、多层业务集中融合和多专业联合，打通“全业务链”，实现“一张电网、一个调度”。探索智能运检新模式。班组设置推行“大专业建制、多专业融合”，管理岗位均为“一专多能”复合型；依托EIM同步建设数字孪生电网，实现设备运行状态全感知、运行风险自动分析判断、处置方案自动推荐与优化；构建覆盖运维、检测、评价、检修等全过程业务场景和设备状态信息的全景全息“作战地图”，实现宏观信息“一目了然”和微观信息“一键穿透”。创建营配融合的现代营销业务体系。深化“营配合一”，实现10千伏配电网规划、建设、运维、抢修与营销业务深度融合，建立“一口对外、一点单转”服务运转机制。组建主城供电中心，集约客户服务、设备运维职能，提供全天候、多样化、个性化“一站式”服务。

完善协同联动的工作机制。强化政企协同。国家电网有限公司、国网河北电力主要负责人多次与河北省委省政府、新区管委会沟通对接，双方签署战略合作协议，明确服务雄安发展电网建设、清洁能源入冀等多项内容。联合与新区有关部门建立电网迁改、供电服务等多项协同机制，实现服务雄安发展的政企协同和内外贯通。强化多级联动。实施“雄安吹哨、专业报到、公司联动”的三级应急机制，实行“以需定单、立提立发、限时办结、闭环评估”的督办机制，确保服务雄安发展各项需求得到快速满足。建立工作营和跨单位联动机制，会聚公司系统最优秀人才和专业资源。

3. 建立“集聚合力、资源支撑”的保障体系

实施雄安引领工程。强化规划引领。坚持“雄安无小事”，超前编制电网规划，紧跟新区开发时序，统筹推进施工电源的及时跟进和现有电网的服务保障，力争每项工作都想在先、做在前。强化质量引领。坚持“雄安质量”，构建高可靠性网架结构、选用高质量电网装备、实施高自动化运行控制和高智能化系统运维。强化创新引领。坚持“无创新不雄安”，在组织模式、管理方式、运营机制、技术标准、产业发展、商业合作等各个方面，出技术、出经验、出模式，打造全面创新、持续创新的高地。

强化核心资源支撑保障。举全公司之力服务雄安新区发展建设，推动人财物等核心资源向雄安倾斜。打造人才高地。遴选优秀年轻干部、业务骨干到国网雄安新区供电公司挂职挂岗，加强专业人才外送交流培养。加大投资力度。积极争取国家电网有限公司资金支持，全面保障雄安电网基建、信息化、科技研发等资金需求，自新区成立投资力度逐年加大，已超48亿元。强化物资保障。高质量保障物资需求，采用最严格的标准采购高质量设备，建成雄安物资中心库和检测中心，实现“储检配”（物资储存、检测、配送）一体化高效运营，快速、高效、高质量满足雄安物资需求。

（三）紧扣新区建设需求，科学制定雄安新区电网规划

坚持规划先行，依据雄安新区产业和公共服务布局，定制化开展数字化主动电网规划，突出能源行

业融入和支撑城市发展的理念，通过数字化手段精准确定规划目标。建立标准体系，通过技术创新替代技术集成，解决雄安电网高标定位和经济适用的矛盾，量化明确电网数字化转型路径。

1. 融入城市发展，精准编制电网规划

紧扣"一规划一标准多点示范"，以链式接线、"双花瓣"等国际领先理念编制"1+9+N"电网规划体系，为电网高质量发展提供雄安样板。特别是2018年，国网河北电力受河北省政府委托，编制《河北雄安新区电力专项规划》，纳入《河北雄安新区总体规划（2018—2035年）》，成为新区26项专项规划中唯一由企业负责编制的规划。雄安电力专项规划作为雄安规划体系的有机组成部分，与雄安新区总体规划及各专项规划同步编制、同步完善，通过打通电力规划系统与城市BIM管理系统，变电站、输电电缆等电网资源充分融入雄安数字化城市模型，实现了电网和城市规划信息的双向交互和有机衔接。

2. 把握核心特征，打造"六化"数字化主动电网

高度清洁化，全区100%绿电供应，本地清洁能源100%消纳，电能占终端能源消费比重超过50%；高度数字化，全部社会用户和电力设备全面覆盖信息传感网络和光纤通信网络，发用电状态感知、实时控制能力延伸到"神经末梢"；高度可靠化，故障后供电恢复时间缩短至1秒，核心城区用户年均停电时间不超过52秒，提升百倍以上，达到国际领先水平；高度自动化，新能源场站、电动汽车充放电站（桩）、电力储能等社会资源智能控制水平大幅提升，能源设施"即插即控"；高度市场化，针对未来客户既是发电者又是用电者的角色切换，建立全新的市场化交易规则，突破传统售电盈利方式，实现多渠道的增值模式；高度扁平化，建成与先进电网配套的扁平化管理结构，压减人员配置50%，运营和服务效率提升30%。

3. 编制量化标准，支撑规划落地实施

坚持可借鉴、可复制、可推广原则，编制雄安电网标准体系，设立电网建设量化指标，通过数字化技术创新优化雄安电网建设经济性，全面指引工程实践，打造"雄安质量"。打造数字化主动电网标准体系。按照雄安电网组织结构，优化现行专业管理界面，编制新能源并网、智慧电缆线路、多站融合变电站、负荷接入、数字孪生电网、智能控制等12项标准，形成原创性指标28项。制订规划落地"1+3+1+1"标准体系。国网河北电力广泛组织产业上下游10余家单位参与，充分吸纳国内外经验和研究成果，高质量完成了"1+3+1+1"雄安新区规划技术标准体系，包括1项规划设计技术原则，设计、建设、生产验收3套标准，1套典型设计和1套生产准备规程，以企业标准形式发布56项技术标准。主动参与地方标准编制。国网河北电力主导完成的《雄安新区规划技术指南（电力分册）》《雄安新区电力用户用电导则》先后通过"千人计划"专家专业评审及新区技术专家委员会审查，成功纳入新区规划建设标准体系，为雄安新区建设世界一流电网提供全体系标准支撑。

（四）加强过程管控，四级示范层层推动电网建设

1. 采用前沿技术，强化电网建设管理

推行全过程数字化管控。结合雄安新区数字孪生城市规划建设，引入三维BIM技术、人工智能AI技术，首创电网信息模型EIM（电网数字化工程管理），建成EIM智慧工地系统，将电网工程进度、安全、质量、物资管理等要素全面融入EIM系统管控，实现电网工程全景洞察、施工环节全息感知、业务协同全程联动，满足雄安新区电网大规模、高强度、全方位建设管理要求。实施工程绿色建造技术。推进绿色策划、绿色设计、绿色施工、绿色建筑、绿色交付全流程研究与管控，助力推动碳达峰、碳中和行动目标在雄安落地。开展绿色施工，促进建造方式革新，推行系统化集成设计、精益化生产施工、一体化装修的方式，整体提升建造方式工业化水平。成立雄安电网绿色建造技术研究中心，构建了一套"绿色建造，建造绿色"理念体系。对变电站采取"一站一主题""一站一设计"，形成了容西站的桃

园梦境、河西站的智慧能源视窗等不同风格，体现了美学意义的主题变电站，实现了变电站和城市景观的深度融合。

2. 加强沟通协调，实现与城市建设协同

电网建设与道路、管廊等不同行业在有限空间、时间内交叉并行建设，相互影响频繁，管理主体、运维单位、协调对象众多，协调难度大，需要紧跟新区建设时序安排时间窗口和空间窗口。国网河北电力设立雄安电网建管工作专班，针对电网建设外部协同业务流程，建立“专人专班、限时办结”机制，在复杂多变情况下，既保障了城市建设高效推进，又实现了电网工程同步建设。

3. 实施四级示范，打造数字化主动电网

以全场景融合、全业务覆盖为原则，实施“站点、乡村、园区、片区”四级示范，先行先试，由点及面，形成示范引领效应。打造低碳发展“绿能魔方”，实施剧村站点级示范。打造“1+5+X”城市智慧能源融合站（“1”是建成雄安首座城市智慧能源集控站，“5”指围绕新发展理念，建设创新、协调、绿色、开放、共享五大功能区，助推“X”种业态融合发展），实现以电为中心，多站、多业态共生发展的能源新样板，犹如从公园中自然生长出的能源中心。打造美丽雄安“淀中翡翠”，实施王家寨乡村级示范。通过电网升级改造及增配分布式光伏、储能等措施，应用风光储一体化、冷热群调群控等技术，建成了乡村级数字化主动电网，实现了本地风、光资源合理开发利用，清洁电能在终端能源消费占比达到100%，年减少燃煤2080吨、减少碳排放5184吨，形成了高品质乡村绿色发展的样板。打造优质营商“服务之窗”，实施商务中心园区级示范。以“商务中心看服务”为目标，在雄安新区商务服务中心探索新区供电服务新模式，建设“雄安未来电力服务之窗”。开展交直流公寓、智慧充电站、边缘计算节点、储能等智能基础设施建设，实现“源网荷储”协调互动。打造数字引领“智慧新城”，实施容东片区级示范。依托基于“电城融合”的电网规划建设管理平台，实现电网规划与城市规划的数据融合，打造变电站、开关站、台区、综合管廊“四级智慧感知”，建设首条数字孪生综合管廊示范段和首个电缆三维数据中心，形成了可借鉴、可复制、可推广的片区级示范建设经验。

（五）坚持电力先行，全力满足雄安新区建设用电需求

雄安新区进入大规模建设阶段，城市和电网建设、迁改交叉进行，对电力可靠供应提出了新的挑战，既要保障现有电网安全可靠运行，又要贯彻电力先行理念，快速高效响应施工电源需求，为城市建设提供全方位电力支撑。

1. 针对性补强现状电网

充分利用5G通信等信息化资源，升级电力装备，研究基于5G的配电网线路差动保护和故障自愈装置，解决现有配电网故障切除时间长、不适应新能源接入的问题，提高电网供电可靠性。量身打造雄安“3+1”应急备供方案，组织开展容羊、雄奥等6条重要110千伏线路反向保护加装，以二次柔性补强一次网架的不足，打通应急复电路径28条。全力完成110千伏奥威、大营扩建工程，顺利实现220千伏白洋淀主变扩建投产，为新区度冬电力供应再添保障。

2. 全方位做好迁改服务

实施现有电网迁改，腾退空间资源，是新区城市建设顺利开展的前提，对新区建设进度至关重要。国网河北电力成立征拆迁改工作领导小组，设立专门机构“一口对外”，对内建立应急通道，在方案评审、施工力量、物资供应、施工周期等方面，打破项目固有流程和实施模式，实现信息快速收集、外部快速协同、内部快速响应的“三个快速”，高效率、高质量服务新区电力设施迁改工作。以2018年世界首例1000千伏定河特高压线路迁改为标志，国网河北电力的快速响应，为启动区、容东片区、高铁片区等重点工程建设扫清了障碍。

3. 高效率满足施工电源需求

随着雄安新区进入大规模建设阶段，承担施工电源保障的过渡电网任务日益繁重。面对塔吊林立、热火朝天的建设局面，国网河北电力急用户所急，想用户所想，工地到哪里，过渡电网就及时建到哪里。通过建立快速响应机制，实施用电需求与开发时序、临电接入与线路迁改、市场拓展与服务保障等“三个统筹”，施工用电更加省时、省力、省钱。建立35千伏～110千伏应急电源工程绿色通道，优化工程建设流程、压缩各环节时间，快速响应施工用电需求。提前购置15台10千伏～110千伏移动变电站设备，谋划实施施工电源保障项目16项，已建成投运8项工程，有力保障新区大规模集中建设期间用电需求。

（六）聚合社会资源，共同服务雄安新区建设发展

雄安新区承担非首都功能疏解，高端高新产业大量入驻，对供电服务能力提出了更高要求。国网河北电力以主动式服务、融入式服务、延伸式服务为遵循，不断拓展服务内涵、提升服务品质，发挥了平台型企业的独特优势，打造了服务雄安的国网品牌。

1. 提升供电服务品质

实施主动服务。紧盯疏解企业、功能片区等用电需求，主动贴近客户、贴近市场开展业务对接，为客户量体裁衣地打造一体化能源解决方案，打造效率最高、成本最低、服务最优的“雄安服务”品牌。提升服务品质。成立“获得电力马上办”办公室，出台15项创新服务措施，推动实现电力线路迁改、施工电源保障、电网规划支撑、用户电力配套、客户办电服务5个“马上办”，实现小微企业办电“零上门、零审批、零投资”。拓展客户线上办电服务，实现业务办理“全在线、零跑腿”。强化重点保障。保障重点项目用电需求，超前开展施工负荷预测及电网项目安排，为商务中心、雄安高铁站等120余个重点项目送去“及时电”。针对新区重要活动多、外破风险高等特点，组建专业保电、属地运维、应急基干“三支队伍”，设立电网安全管控中心，打造全景可视化智慧保电指挥平台，推动电网可视化监测全覆盖，圆满实现300余次重大活动保电“零差错”。

2. 拓展综合能源服务范围

围绕雄安新区智能城市、绿色交通等发展定位，聚焦智慧能源管理、智能小镇研究、绿色交通发展等方向，积极服务新区智能、绿色发展。推动能源智慧化管理。与清华大学、国网信产集团成功研发城市智慧能源管控系统（CIEMS）并应用于市民中心，实现“电、冷、热”等各类能源系统统一集成数字化管理，依托能源全景感知监测、运行控制等先进技术，实现对能源的实时感知、灵活控制和智能利用，为新区发展打造高度智能化的能源控制“中枢神经”。CIEMS先后亮相2019年世界物联网大会和第六届世界互联网大会，并于2020年成功入驻华为严选商城和国网商城。服务新区智能小镇研究。汇集包括2位院士、2位长江学者在内的32名顶尖专家，联合开展能源互联网小镇方案研究。与中国建科院、阿里巴巴、百度公司、达实智能、国网信产集团组成联合体，在能源互联网小镇方案基础上，编制完成《雄安新区智能特色小镇方案》，并从16个联合体方案评选中胜出。服务绿色交通建设。推进智能用电与智慧交通融合发展，电动汽车无线充电技术落地市民中心。建设完成“5G＋智慧路灯”示范工程，联合中交建、三大电信运营商等打造车路协同示范项目，于2020年6月正式启动场景体验，有力推动新区绿色交通发展。

3. 聚合社会服务资源

聚合高端研究资源，扩大能力圈。对内加强与国网系统科研院所、层单位协同，对外与清华大学、西安交通大学等高校，百度、腾讯、阿里巴巴等高科技企业深度合作，形成国网系统单位、高校及科研机构、驻雄企业、外围企业四大资源环，围绕重大项目，组建攻关团队，借助多方力量提高参与雄安建设的能力。打造创新孵化平台，建设生态圈。推动成立“两院两联盟一工场两实验室”（雄安城市生成

与发展研究院、APOLLO 雄安智能交通研究院、雄安放心公寓联盟、雄安新区能源互联网创新联合会、雄安直流创新工场、雄安泛在城市物联网实验室、直流共享实验室），先后与高校、科研、建筑、能源等行业 30 余家单位签署战略合作协议，与两家小微企业签署孵化协议。围绕服务雄安形成合作平台，探索搭建生命聚合体式的企业共生发展模式，打造以能源为核心的产业生态圈，营造央企带民企、大树底下郁郁葱葱、共同服务新区建设的良好发展环境。

三、落实国家重大战略部署的雄安新区电网建设管理效果

国网河北电力以先进的管理强体系，以先进的理念定标准，以先进的电网作支撑，以先进的服务展形象，雄安新区成立四年多来，先后取得首批首家工商注册、首个由企业主导编制的技术标准等 50 多个第一。

（一）为雄安大规模开发建设提供了电力支撑

高标准编制完成电网规划体系，高质量制定“三台八化”标准体系，高水平明确 10 千伏“双花瓣”等国际领先规划标准，奠定了雄安新区数字化主动电网发展的基础。构建了电网与城市建设融合发展规划体系。牵头编制《河北雄安新区电力专项规划》并首批通过领导小组审议，主导编制《雄安新区规划技术指南（电力分册）》，成功将数字化主动电网建设理念和技术原则纳入 5 个已公布片区的控制性详细规划，构建了电网与城市建设融合发展的规划生态体系。保障了雄安新区大规模开发建设用电需求。1000 千伏张北—雄安特高压交流工程建成投运，实现“用张北的风点亮雄安的灯、用坝上的光照亮新区的房”；完成新区 9 万户“煤改电”配套电网建设任务，新增电网容量 36.7 万千伏安，新建改造各级线路 2500 余千米，源源不断的电力供应，保障了雄安新区大规模建设，雄安处处呈现“塔吊林立、热火朝天”的建设场景。促进了雄安征拆迁改工作有序推进。建立“政企联动、内外协同、透明高效”的征拆迁改运作机制，配合新区建设拆迁各级线路 1300 余千米，拆除 81 个村电力设施，确保了“工地建设到哪里、电力保障就服务到哪里”。成立“获得电力马上办”办公室，为上百个重点项目送去“及时电”。

（二）在探索建设新型电力系统方面做出了示范引领

在数字化主动电网绿色高效的能源管控下，雄安新区逐步形成了以电为中心、电气冷热等能源流灵活转换、互通互济的能源发展新模式，打造了落实“碳达峰、碳中和”行动方案的雄安样板。构建了现代能源企业管理新模式。通过数字化主动电网建设管理，形成了以“集约、扁平、高效”为显著特征，以“近零碳”为底板，全方位集成系统内外部专业化、市场化各类资源要素，平台型布局、集群式发展的雄安特色能源互联网企业新形态。探索了建设新型电力系统新路径。以数字化技术赋能电网发展，构建电网数字孪生体系，建成雄安大规模清洁能源区外受入通道、高渗透率能源系统和低碳综合能源系统，雄安新区用户实现了“有感即享、无感服务、高效节能”的电力服务，雄安能源发展向着供给清洁化、消费电气化、利用高效化不断迈进。打造了雄安创新发展新高地。取得“水滴上的明珠”高铁站屋顶光伏、电力北斗全覆盖、直流智慧路灯等一批先进成果，研发全国首个数字货币充电桩，创建雄安“双碳”国家级创新实验室，打造了一批“30·60”标杆成果，多个项目和成果荣获“全国电力‘金巡奖’”“全国设备管理与技术创新成果一等奖”“中电联电力职工创新一等奖”“河北创翼之星”等奖项。

（三）为雄安新区智慧新城建设搭建了重要平台

以数字化主动电网不断赋能传统业务、催生新的业态、构建行业生态，率先建成了“共建、共治、共创、共享、共赢”企业发展新生态。实现雄安新区政企共赢发展。全面打造政企联动、产学研用合作共赢的发展生态，搭建“两院两联盟一工场两实验室”，凝聚能源互联网“四大资源环”，与 30 多家单位签署战略合作框架协议，累计开展各类业务对接 1900 余次，取得 14 类、47 项合作成果，形成了

"平台＋合作"的聚能环生态体系。实现数字电网与智慧城市同步发展。通过数字化主动电网示范工程，形成了能源数据通信多站融合、能源设施与环境友好融合、多种能源形态协同融合的站产园片区"四级示范"，实现数字电网与数字城市同步建设。实现上下游产业共同发展。主动服务雄安生产、生态、生活"三生融合"，通过聚合城市智慧能源管控平台、搭建"电力看雄安"分析平台、建设多能协同智慧家居的服务平台，逐步成为城市的能源大脑、政府的能源顾问、企业的能源助手、家庭的能源管家，初步展现"智慧无感、生态共享"的能源为美好生活服务的生动画面。

（成果创造人：王昕伟、汤 军、吴跃斌、周爱国、董增波、孙章领、周京龙、王宝元、侯志辉、田 广、罗永斌、耿少博）

打通全流程数据流的智能纺纱生产管理体系构建

魏桥纺织股份有限公司

魏桥纺织股份有限公司（以下简称魏桥纺织）是山东魏桥创业集团的上市子公司，主要从事纯棉精梳及差异化功能性纱线、高支高密坯布及牛仔布的生产，年产纱线45万吨、坯布10亿米、牛仔布7000万米；最高纱支达500支，最高坯布密度达1800根/英寸，共有200多项创新成果获得各类专利授权，主持或参与编撰各类标准19项；三项研发成果入选2019年“纺织之光”新技术成果推广目录。2019年获评“全国纺织行业质量奖”“棉纺织行业竞争力百强企业第一位”；2011年被评为“全国纺织工业两化融合示范企业”，2018年被评为“纺织行业智能制造试点示范企业”。2020年申报的“基于数据流的智能纺纱工厂关键技术与产业化”项目荣获“山东省纺织服装行业协会科学技术一等奖”，2020年荣获“第九届全国纺织行业管理创新成果一等奖”。

一、打通全流程数据流的智能纺纱生产管理体系构建背景

（一）响应激烈市场竞争、适应数字时代纺织行业发展潮流的需要

新一代数字科技革命带来发展新机遇。从纺织工业的发展来看，大数据、物联网、云计算等新兴网络信息技术正在与纺织工业碰撞出新的火花，并逐渐涌现出“大规模服装定制”“精准个性化营销”“机器人制衣”等新形式与新业态。面对国内外激烈的竞争，企业必须不断创新，推动数字科技产业化，发展智能化改造，提升自身竞争实力。实施全流程智能化管理体系构建，一方面有利于企业打造良好的管理体系，进一步降低管理成本、生产成本，增加企业成本优势；另一方面，作为全球第一的棉纺织企业，国内纺织行业的领军企业，实施智能化信息化改造，构建全流程智能化管理体系，实现企业持续稳健发展；可以带动行业智能化、数字化发展，进一步提升我国纺织行业国际竞争力。

（二）顺应国家产业政策调整、适应行业变革趋势的需要

近年来，我国纺织工业正面临着前所未有的挑战。一方面，东南亚、南亚、非洲等国家和地区的基础设施逐步完善，劳动力成本低廉的优势凸显，成为纺织产业的新兴地，逐渐蚕食我国的低端市场。另一方面，随着新工业革命、工业4.0等战略的持续推动，欧美各国纷纷在重点领域率先展开了学术研究与工程实践。德国联邦教育与研究部组织推动了未来纺织研究计划，其致力于推进德国生产技术纺织品、非织造布和复合材料的现代价值网络。受国际市场对新疆棉的抵制、国内品牌发展空间压缩的影响，在构建“双循环”新发展格局的要求下，全球的纺织产业与贸易格局正在重塑。目前纺织市场已从传统的大批量订单转向对高质量、小批量、多品种、快速反应的市场要求，促使生产企业转型升级，进而带动企业生产管理模式向柔性化、智能化、精细化转变，由传统的生产制造向服务型制造转变。企业依托智能化生产打造的“大型纺织企业全流程智能化管理体系构建”，符合目前国家政策要求和行业的发展趋势。

二、打通全流程数据流的智能纺纱生产管理体系构建主要做法

（一）秉承公司使命，系统规划部署智能化改造

作为纺织行业的龙头企业，魏桥纺织紧跟时代创新发展步伐，将公司的使命落到智能化改造上，将智能化发展纳入公司的发展战略，系统规划部署；投资建设多个智能化分厂，信息化、数字化的生产体系逐步形成后，2019年又进入了智能化新项目的深度研发与改进，在实践经验的基础上，对智能纺纱生产管理体系进行重建，为行业打造智能化发展新标杆。根据公司对体系的研究部署，做出并实施智能

化改造规划（见图 1），达到以下目标。

第一，实现全流程纤维流传输无人化。纤维流断点技术的攻克，使传统的人、机、料、环、法的生产模式转变为以魏桥纺织 I3.0 系统为指挥中心，由生产者终端手环、落地终端接收指令的智能化管理新模式，有效降低生产过程中人为性质量问题出现的概率。

第二，实现全流程各节点装备质量实时采集与调控。攻克在线质量监测断点技术，实现在线质量监控、预防、分析为主的无实验人员参与的管理模式，有效避免各种人为因素（如目光差异、人为误判）等对品质判定的干扰，确保了产品品质的稳定性。

第三，建立数据流在线处理与智能化管控系统。攻克数据流断点技术，激活以往只是沉淀在报表中或者技术人员和管理人员大脑中的各种数据和经验，通过将经验数据固化，并集成融合应用于产品生产全过程管理中，从而将数据赋予了更大的价值，使传统的质量管理、人工统计分析、考核模式转变为依托大数据的智能决策、智能执行的管理模式，实现从智能排单、质量在线管控、智能人员调度、成本动态核算为一体的全维度智能质量管理模式。

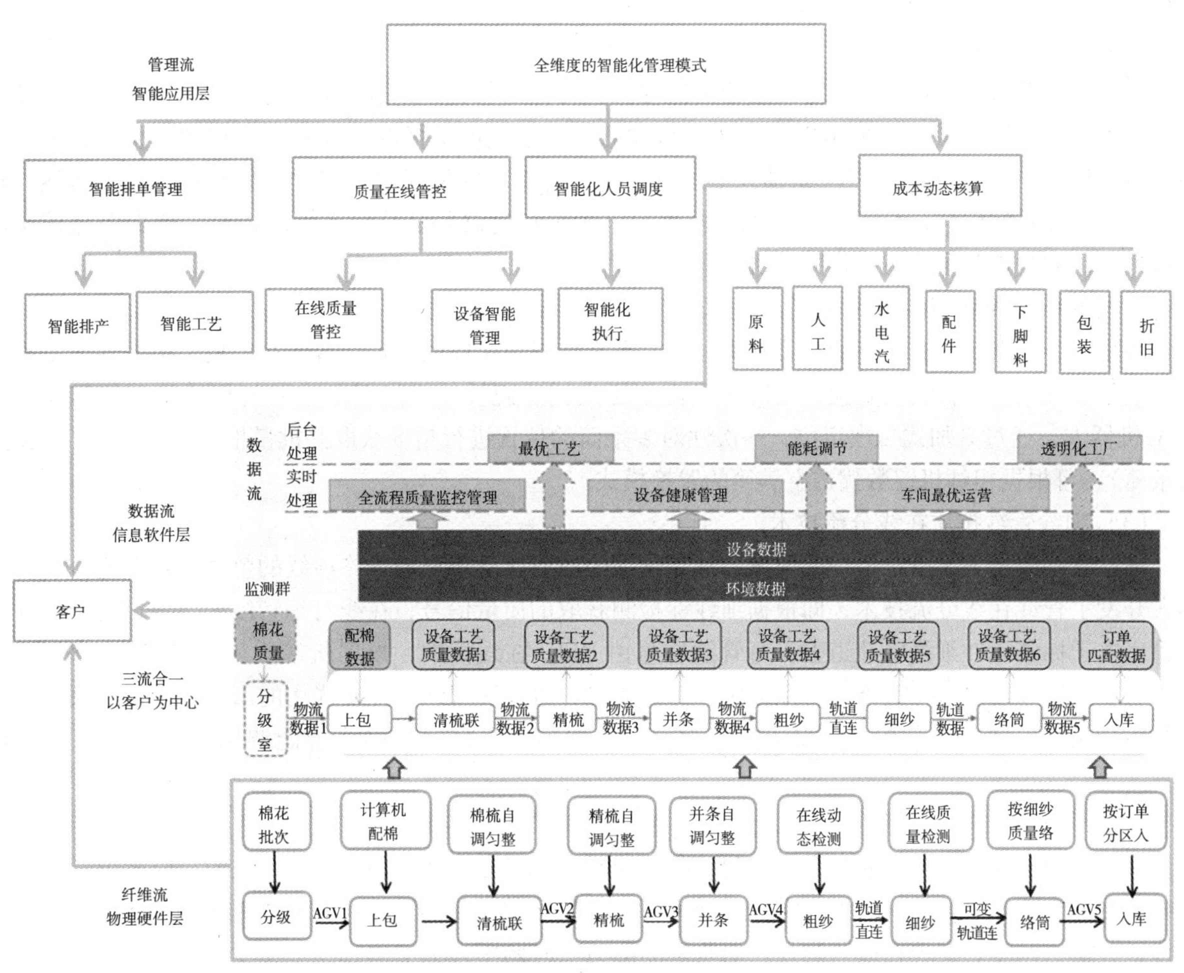

图 1 全维度智能化管理模式示意

（二）全面开展信息化、数据化改造，奠定智能化基础

2019 年智能化工厂新项目的建立，全部采用国内外最先进的硬件设备，设备单机自动化、信息化程度高，但智能化体系运行还难以实现。根据公司对智能化的发展战略及系统规划部署，魏桥纺织联合

东华大学及经纬纺机、环球设备厂家进行数据化、信息化及物流体系软硬件的深度研发；通过底层无缝化纤维流再建，AGV 智能机器人开发、智能连接装置等技术手段，彻底打通了各工序间纤维输送的高效智能化运输链；对纤维流在各节点生产过程中数据进行全流程实时在线采集与监控，打通了产品全生产周期数据链，建立大数据中枢管控平台，实现纺纱全流程生产的透明化与可追溯；并在纤维流与数据流的基础上，开发智能排单、质量在线检测与监控、智能人员调度、成本动态管控、智能执行等应用模块，形成实时闭环管理模式，为构建智能化管理体系奠定了基础。

1. 再建无缝化纤维流

纺纱工序主要包括配棉→上包→清梳联→（精梳准备→）精梳→并条→粗纱→细纱→络筒→包装→入库→出厂。依托设备的自动匹配纺纱生产需求的 AGV 机器人、RFID 射频识别技术、工序间搭建自动输送线、立体仓库等，实现数字化工厂的第一步。纺纱的智能化生产设计了多流程工序的配合，各工序集群分布，半成品以条筒、管纱及筒纱形式传递，在工序之间产生桥接，满足了工序内自动识别以及开停机等连续化生产需求。实现含直接或间接连接（小车智能输送）系统，搭建智能工厂纤维流的无缝化衔接。主要技术包括以下几项。

（1）智能上包技术。

上包过程要求棉包从分级室定向运输至抓棉机包台指定位置，该过程影响原料混合的准确性。魏桥纺织采用自主设计的激光导航 AGV 机器人，根据订单要求生成最优配棉方案及排包图，企业数据中心根据生产订单安排计划，向 AGV 机器人下达订单指令信息，AGV 机器人自动导航至棉包堆放区域，精准夹取相应批号的棉包；AGV 机器人根据场地况，规划最优路径从分级室夹取棉包，放置于抓棉机的棉包台上，完全消除了人工操作的随机性和随意性。

（2）并粗条筒智能储运技术。

并粗工序间至今未有良好的物流解决方案，尤其针对 204 锭的超长锭智能粗纱机，仍采用人工推运等大量用工方案，不仅费时费力，还时常发生推送出错。魏桥纺织发明条末并与粗纱间条筒运输专用 AGV 机器人，通过叠加式二次定位，一次性对多条筒的位置进行精准获取并批量推送置换（同时推送 4 只条筒），可根据粗纱机锭数优选空满筒的置换模式。

（3）细纱管纱按质在线分流技术。

细纱管纱质量关乎整批纱线的质量，某一管纱的质量跳动将影响最终纱线的整体质量判定。魏桥机器人开发了管纱在线分流技术，即根据细纱锭检测获取的质量信号，在线对每管纱的质量进行定标并写入管底电子标签。在细络联轨道上，每管纱质量由 RFID 在线读取，根据所带质量数据进行在线分流。优质与非优质纱线进行分类络筒，保证所有筒纱质量一致，实现纱线优质优用的市场需求。若某一锭位管纱质量频繁出现跳动，系统将发出预警信号，大数据中心将通过网络智能调用技术人员进行现场干预。

2. 重构纺纱全流程智能化检测与监控

针对纺纱全流程节点上质量在线监测、输出的断点，研究及技术创新检测监控的相应装置，以获得纤维流在各个节点上的基础数据，实现对纤维流在各工序的质量与装备运行状况进行实时监测、统计、上传、分析、调整，实现在线监测及后期质量溯源与实时调用人工干预。

（1）棉网质量在线监控技术。

高速梳理后的纤维网中仍存有棉结、杂质，将影响最终的纱线质量。魏桥纺织开发了高速光电子检测技术：从现有 CCD 图像输入系统误差引起图像检测信号失真的原因分析出发，提出校正方法的原理和数学描述；使用高速线阵 CCD 为 2048 像元，最高帧频速率可达 900 帧/秒。首先进行图像还原算法设计，找寻到灰度的跳变点，再将跳变点的过渡区间进行还原；再降噪，满足了跳跃过程的图像压缩，使其跳跃在 2～3 个像素值完成，保证图像的清晰度。

（2）细纱质量在线监控技术。

现有环锭纺质量均采用随机采样对整台管纱质量进行预估，不但效率极低，还难以捕捉到任意管纱发生的质量随机跳动，严重影响整批纱线的使用质量。为此，基于纱体视觉感知，在细纱机上使用高速 CCD，采用超分辨率图像重构技术与多元混合结构光，融合结构化和非结构化数据，利用深度学习算法修正模型，实现细纱条干 CV、棉结、毛羽等质量指标的实时在线检测。

（3）筒纱质量在线监控技术。

现有筒纱自动打包系统基本服务于单一品种，而当前多有小批量多品种订单，极易发生错码现象，造成极大的质量事故。魏桥纺织采用筒纱在线品类读码分类、自动称量、体型光电子检测等组合检验技术，在一条"络筒—打包"通道上进行不同筒纱在线品种、品质、卷装质量等检验再检测并分类码垛，以实现按品种、质量进行分类码垛与包装贴码，以保障某一品类筒纱最终质量的完全一致。

3. 部署数据流行动与智能化执行

魏桥纺织由"I 系统"算法及其结构再造升级为"I3.0 系统"，其实现了多维度数据信息采集、交换及分析，实现了以订单流程为核心的"智能调度"，为生产、管理、决策等提供参考。厂长不进车间就可通过远程控制系统随时看到生产现场、订单完成、设备运转状态、温湿度等整个生产流程情况，实时跟踪管控，PDCA 持续改进，管理效率提高 30% 以上。

（1）基于纤维流的全流程数据融合技术。

基于所有纺织作业信息系统采集数据的项目及属性，对多源异构的装备、工艺表单、监测时序、纱线图像等数据进行分布式抽取；构建多源数据的集成模型，建立多维度数据描述模板、纺纱数据仓库，集成全流程纺纱过程数据；纵向建立各工序数据关系结构树，横向链接对齐全流程数据，实现全流程数据的一对一或一对多关联，建立纺纱全流程数字主线。

（2）面向智能车间运行的数据分析技术。

在融合集成全流程纺纱过程数据的基础上，通过大数据统计分析技术构建纱线评价指标体系及综合评价度量体系，统计纱线指标随配棉工艺的统计学特征；通过大数据聚类分析技术智能划分、评估设备运行状态等级，预测正/异常运行状况及异常时所属的故障类型；通过大数据关联分析技术挖掘影响纺纱质量的关键因素，量化评估工艺参数对纺纱质量的影响；通过智能车间运行规律挖掘技术，揭示相互耦合的纺纱数据对车间性能的影响规律，预测未来车间各性能指标走势，指导生产过程调整。

（3）数据驱动的纺纱生产智能执行技术。

根据原棉、接批棉情况，建立基于误差反馈的纱线性能预测方法，利用启发式搜索算法动态调整配棉；根据设备状态时间序列数据，设计基于深度神经网络的设备征兆性预测算法，提前发现故障征兆，及时做出维护计划；建立不同工艺下的纺纱质量演化模型提前预测纱线质量，并建立纺纱工艺专家知识库推荐合理工艺参数实时调整方案；利用大数据处理和分析方法，构建调度规则自动生成模型与自适应优化模型，建立智能车间运营优化系统；根据实时数据，在故障（断头）点由系统指派人员现场干预。

（三）开展流程再造和数据融合，实现订单及成本一键式智能管控

应用先进的空中智能运输轨道，以及合作研发的精准定位和 360 度避障 AGV 智能地面运输小车；由原有 7 个工序间人工运输变革为全流程的智能输送；通过对环境、物流、配棉、设备、工艺、质量等数据融合，形成数字主线，加以统计、聚类、关联、预测等数据分析，由传统的人工统计、分析、考核模式转变为依托大数据的智能决策、智能执行模式，实现了从智能排单、质量在线管控、智能人员调度、成本动态核算为一体的全维度智能生产管理模式。

1. 建立工艺大数据库，实现智能工艺管理

依托多年来积累的大量数据和实践方法，形成独具魏桥特色的专家知识库，建立纺织工艺数据信息平台，下达订单由原专门的配棉员、工艺员进行人工配棉及工艺设计方式，变革为接到订单信息，电脑自动配棉、智能优化上机工艺，实施工艺智能化管理。半成品不良率降低 33.3%，工艺上机合格率达 99%，质量稳定提升。

（1）工艺路线合理规划：以纺纱智能工厂、车间、生产线、生产装备、制造资源数字化为基础，在工艺分析方法和技术的指导下，进行路线设计。

（2）建立决策树：利用知识获取模块，构建模糊规则库，同时根据工艺实时监测数据库的信息，来完成工艺的智能决策过程。

（3）工艺智能推荐：从纺纱原料、纺纱工序、纺纱质量数据来完成设备优化配置、成纱指标的预测等多个功能，实现“多数据、智能化、自匹配、准设计、纺优纱”的目的，为进一步配合智能化全流程纺纱系统提供了有利的支撑。

2. 实施订单智能管控，实现生产效率提升

通过 ERP 系统接单，系统内两条逻辑主线并行：一条线是全方位、立体化的订单管理；另一条线是以工序为单位的实时成本分析，以订单生产推进为主，以工艺、质量、配棉、设备状态为分支，可以实时跟踪订单生产全过程，一键查询订单全线数据。明显降低用工，消除人工干预差错，生产效率提高 37.5%。

一是基于高速网络的数据采集、计算、分析、执行等数据流系统，实施客户订单快速进入原料评价、分类、自动配棉、智能排包、智能排单，最优生产工艺自动匹配和推荐，降低原棉等级 0.5 级。二是基于设备数据的在线监控系统，全流程无缝化自动物流，各工序间无须人员干预，完成智能输送、自动生头、下脚料自动回收称量、智能包装入库、提报订单完结等管控活动；且能够自动记录品种信息，自动办理出入库。三是移动平台建立货源供销体系，让海量分销渠道与货源一键对接，系统根据订单交期、数量、品种、班产依次确定细纱机、粗纱、并条、精梳、条卷、梳棉、清梳联工序机台；自动生成各工序的定长及损耗；工序产量达到预警值后系统将自动推送给计划员，及时安排后续订单，形成全流程订单闭环管理，同时与客户在线共享订单信息，实现以生产为中心到以客户为中心的管理模式变革。

3. 实施数字化成本管控，科学降本增效

随着智能制造的推进，魏桥纺织结合自身实际研发应用 I3.0 中枢管控系统，在智能排单生产推进下，通过实时能源采集系统和自主开发的称重 App，能够及时收集主要设备能耗和落棉、回花、回丝等下脚料信息；通过“生产编码 + 时间戳”对齐的方式，结合系统内的人车对照信息，实现七个工序投入、产出、消耗等各类成本数据的归集和分析；及时纠错能耗高的机台、班组、工序，提高生产效率，消除人工干预差错导致各类质量、安全隐患，能耗同比降低 20.5%。

一是成本自动分摊核算。承接订单后，成本要素自动分摊，系统将除原材料外各成本要素分摊为各机台单位时间加工成本，原材料按品种同步财务平均单价成本、配棉单据数量计算原材料价格，订单完结后系统在线数据精确完成实时订单成本核算；同时客户可以实时观看，掌握原料变化信息，增加客户长期合作的机会，实现企业与客户双赢。二是建立智能成本预算评估板块。每个订单完结后，根据各种投入及消耗，连接原料价格及该订单生产的所有批次棉纱的卖价，核算该订单的盈利情况。

（四）开展智能化在线质量管控，实现提质增效

魏桥纺织基于 5G 的智能车间集成技术，建立全流程设备健康在线监控系统，解决了棉网、棉条、管纱三大质量在线监测盲点，升级筒纱检测系统，使传统的日常检查、停机取样试验管理模式变革为在

线质量监控、预防、分析为主的无实验人员参与的管理模式，有效避免各种人为因素（如目光差异、人为误判）等对品质判定的干扰，各工序半成品质量提升明显，纱线质量提高15%；确保了产品品质的稳定性。

1. 结合国际纱线质量标准，制定各工序预警标准值

根据设备在线质量检测断点，研发实施在线质量检测监控，重点是结合订单质量标准，逐级分解各项质量指标，设置指标报警值，与系统在线监测的合格率数据对比，系统会自动显示红色报警，并通过智能手环发送报警信息，达到实时监控快速响应的目的。实现以班组、车间、分厂为单位的综合质量指标报表及绩效考核依据；使技术人员及时发现质量数据差异，处置质量隐患；增强全员竞争意识及工作主动性，提高全员质量过程管控能力。

2. 研发在线监测的大数据统计、分析、预警系统

集成数据运行分析系统，设备升级安装15万个传感器，开发设备技术断点，建立流程在线监测监控与响应系统，设立多重预警报警，保证各工序产品质量稳定及设备高效无障碍运行，解决人工取样离线质量测试对产品质量反应的滞后性；降低疵品、减少用工，提高产品品质。

3. 研发能耗、效率与设备维保挂钩管控及设备运维系统

综合运用云端设备信息（档案及技术资料、故障库推荐解决办法等）。扫码建立专件档案库，信息对比联网设备云端自动生成维保计划，各项指标（电流、效率、车速、断头、质量等）实时监测。根据在保养周期内质量变化及设备运转等数据，建立预测模型；利用数理统计推荐原理，以部分推测全体找到保养临界值的设备；在智能化在线故障监控构架基础上，引入智能人工干预环节的设计，使人、设备、软件系统融为一体；实现全流程智能管控一体化；提高设备生产效率，减少用工。

（五）推进供应链协同，全流程对接响应

1. 开展供需协同，提高采购效率

企业利用大数据、互联网和内部管理系统，全流程透明的供应链管理；生产计划执行自动生成采购计划，确保各类采购物资在最佳节点采购，避免大量库存造成成本占用及库存不足造成的生产不畅。在采购执行环节，系统招投标模块可以实现快速比质比价，快速下单，实时查询订单进度，实时与供应商互动，确保订单准期交付。系统具备自学习功能，自动更新存储各类原料、配件历史价格，形成价格大数据库，支持采购成本实时对比分析。构建了供需双方深度融合的供应链协同平台，实现采购计划、采购订单、实时库存和物流运输信息共享，降低库存、运输成本，提高采购效率。

2. 开展内外部生产协同，促进智能化管控执行

为提高客户满意度，解决数据共享问题，魏桥纺织开发了客户专用的订单协同查询系统，客户可以随时了解订单工厂的生产情况，包括生产安排、质量信息、配棉信息、入库数量、发货状态等；货物发运到客户工厂后，客户还可以通过系统订单确认功能进行确认收货；实施订单进度信息与客户实时共享；实现智能化管控执行。

3. 分体管控、联动制约，促进管控能力提升

建立生产进度跟踪、库存实时查询、销售流程控制、财务实时提醒等系统管控，做到从一包棉花进厂到产品出厂，每一件产品后面都有一个大数据，全程利用设备和信息化技术跟进、分析、汇总，确保产品品质控制和可追溯，实现供应端、生产端、销售端的良性互动发展；促进智能化管理水平的提升。

（六）变革生产组织管理体制，促进智能化管理升级

纺织行业最难掌控的是对“人”的管理，即人员、现场、工作执行等管理，用工越多生产问题会越多，质量稳定性越差，成本越高。魏桥纺织通过设计高效的信息采集、整理、使用、反馈等流程，基于智能化全流程的管理体系，改变了原有管理模式和管理思维，使人、设备、软件融为一体，互联互

通。也就是由原有“人主动管事”模式变革为“事及时找人”模式。

1. 变革操作职能管理

原有的全员技能培训—测定—考核、操作规程执行、现场管理、设备清洁、设备问题预警及产质量控制等操作职能一大堆，靠人的管理事故隐患大；随着智能化发展，值车工由技能专一型向多技能转变，由专项看车接头转变为大区域流动看车及设备信息反馈处理，看车数量增加 3 倍。由原车工主动巡回值车，改变为导航车带你去接头、分析、处理问题，并按照“先易后难、先近后远”原则，智能筛选路径“傻瓜值车”。设备维修人员由原来计划维修保养，转变为系统→手环下达指令→维修工干预→进行区域承包制设备维护；平保质量与平保前后质量指标、耗电、效率判定合格与否按标准考核；空调、电工对标式管理；设备疑难杂症问题，利用 5G 网络实施远程运维。制订新版“值车工操作法”“设备平保养操作法”。多项研发及操作方法、管理模式的变革，对减少用工、提高效率、降低设备故障、稳定提升产品质量效果显著。

2. 变革生产组织机制

人员不再是按责任目标自己管好自己的“一亩三分地”，而是以团队为目标，劳动者在团体中实现个人目标；整个纺纱结构不再是多个单独工序分割生产，从投入到产出是“流水线生产”；对技术技能要求不再单单是操作技能的熟练，重点要掌握纺纱系统信息化数据分析及指标预警的处理，对工业机器人操作、设备问题预警的干预处理等；智能化组织变革由车间分割管理变革为重点靠中枢大数据中心系统型车间合并管理。操作工人由专人专项变革为一人多能的技术技能型人才。

基于高速网络的数据采集、计算、分析、执行、追踪数据流系统，各工序在线质量监测系统，先进的生产体系“自动化、数字化、模型化、可视化、定制化”设计；彻底取缔了实验室离线取样检测；由中枢系统离线实时跟踪管控，管理效率提高 30%；纺织合并管理，设 1 名厂长（减少 1 名），纺纱车间由 4 个合并为 2 个，设 2 名主任（减少 50%），值车一人多能化区域看车，设备维修平车保养一体化，电工、空调合并管理（减少 50%），整体万锭用工下降 80%；机制变革促进了生产管理模式的变革。

三、打通全流程数据流的智能纺纱生产管理体系构建效果

（一）企业智能化水平明显提升，生产运营效率大幅提高

企业自主研发智能纺织 I3.0 系统，构建了魏桥特色的工艺、质量、设备、配棉等专家知识库；搭建纺纱全流程智能化检测与监控管理系统，设立多重预警机制，实时全方位、立体化订单管理和实时工序成本分析；真正实现集智能排单、质量在线管控、设备预测性维保、智能人员调度、成本动态管控为一体的全维度智能管理改革。具有工艺流程简单、生产效率高、成本低、能耗低等优点；废水、废气、废渣达标排放；噪声源能够得到有效控制。体制合并精简 50%，用工减少 80%，用工达 10 人/万锭，基本实现“无人化”生产，整体技术达到国际领先水平，魏桥纺织分别荣获“第九届全国纺织企业管理创新奖”“第六届山东省企业管理创新成果奖”。

（二）企业效益大幅度上升，竞争实力显著增强

对比普通环锭纺，同生产规模、同品种、同时间实现年总产值 17765.6 万元，同比提高 33%；实现利润总额 2933.48 万元，同比提高 242.39%；实现税收 1529 万元，同比提高 88.1%；实现利润率 16.5%，同比提高 10.1 个百分点。智能配棉降低配棉等级 0.5 级，生产效率同比提升 37.5%，产品研发周期缩短 35%，能源利用率同比提高 20.5%，不良品率同比降低 36.3%，纱线质量 2018 乌斯特公报 5% ~50% 的条干水平同比提高 15%，纱线强力同比提高 21%，包装成本降低 15%，产品质量 100% 的可溯源，企业竞争实力显著增强。

（三）形成系列技术成果，引领行业智能化发展

魏桥纺织该智能化项目创造发明专利16件，授权13件；实用新型2件；软件著作权8件，企业标准3项。基于5G技术，软件与硬件的深度集成与融合，全流程在线实时数据集成分析与管控，助推了智能化、信息化、数字化建设及管理模式的变革；为“十四五”时期纺织行业智能化发展提供了很好的样本，实现了良好的开端。纺织行业在公司组织召开现场会，参观学习推广魏桥全流程智能化管理体系。

（成果创造人：张红霞、张艳红、魏家坤、赵素华、王晓芸、马法红、张玉清、张海忠）

区域性银行以能力中台引领的数字化业务创新管理

重庆农村商业银行股份有限公司

重庆农村商业银行股份有限公司（以下简称重庆农商行）的前身为重庆市农村信用社。2008 年，组建全市统一法人的农村商业银行。2010 年，成功在中国香港 H 股主板上市，成为全国首家上市农商行、西部首家上市银行。2019 年 10 月，成功在上海证券交易所主板挂牌上市，成为全国首家“A + H”股上市农商行、西部首家“A + H”股上市银行。2020 年 2 月，正式采纳赤道原则，成为全国第 4 家、中西部首家“赤道银行”。截至 2021 年第二季度，重庆农商行下辖 6 家分行、35 家支行，共 1764 个营业机构，设立 1 家金融租赁公司、1 家理财公司、12 家村镇银行，从业人员 1.5 万余人。资产规模 12237.79 亿元，存款余额 7500 亿元，贷款余额 5600 亿元，排名全球银行第 119 位，获地方性银行国际评级中的最高等级。

一、区域性银行以能力中台引领的数字化业务创新管理背景

（一）践行新时代服务乡村振兴、普惠金融的使命

自 2008 年农村信用合作社改制成立以来，重庆农商行始终坚持“改名不改姓、改制不改向”的庄严承诺，坚决贯彻中央和监管机构各项决策部署，坚持“服务三农、服务中小企业、服务县域经济”的市场定位，切实担负起重庆金融服务“三农”“主力银行”的职责与使命，总行党委将“服务乡村振兴”纳入全行发展战略，成立“服务乡村振兴战略领导小组”、建立总行党委班子成员联系乡村振兴工作机制，在高管层设立三农及乡村振兴金融服务委员会，成立科技赋能等 6 个行领导任组长的乡村振兴战略工作专班。同时，重庆农商行设立了小微金融条线，在其下又设小微金融业务部，打造专门条线、专属产品、专有流程、专职队伍、专项考核“五专”机制，及时为民营及小微企业客户提供专业化、综合化的“一揽子”金融服务。

（二）应对数字化浪潮下内部经营管理和外部竞争压力

数字化技术应用促使客户消费习惯升级，银行传统客户消费习惯升级呈现线上化、智能化、场景化三大特点。为此，在银行金融机构竞相“修炼内功”实施数字转型、银行系金融科技子公司开展政企合作、科技企业场景获客的同业和异业竞争下，区域性银行经营压力进一步增加。比如，建设银行金融科技子公司“建信金科”与重庆市政府合作建设便民政务平台“渝快办”，再通过平台提供母行金融服务形成竞争优势。

（三）主动迎接数字化浪潮部署企业数字化转型

为应对客户消费习惯变化和外部竞争带来的经营压力，重庆农商行在 2018 年年初以数字化业务创新为核心启动数字化转型。但在转型初期面临诸多困难。一是缺乏数字化转型整体规划，各项数字化转型举措不成体系，形不成合力，最终达不到预期成效。二是传统组织机制制约。银行业数字化转型通常有前台业务部门主导或者后台业务部门主导两种模式，在前台业务部门主导模式下，牵头部门与其他前台部门存在利益冲突，导致数字化局限在牵头部门业务范畴、其他前台业务部门不想和不愿数字化的现象，难以发挥赋能全行数字化转型的效果。三是缺乏支撑业务创新的金融科技基础设施。四是数字化人才队伍短缺，缺少全流程数字化风控团队、数字化运营团队和敏捷研发的团队。为此，重庆农商行确立

了“零售立行，科技兴行，人才强行”战略，在业内率先设立金融创新部牵头全行金融科技创新，以此支撑企业内部组织变革和数字化人才培养，从而全面推进企业数字化业务创新。

二、区域性银行以能力中台引领的数字化业务创新管理主要做法

（一）开展数字化转型顶层设计

1. 制订企业金融科技战略规划（2021—2023 年）

重庆农商行在 2018 年启动数字化转型工作，做出了全行金融创新总体规划，有效加速了行内数字化转型进程。随着行内外环境变化，2020 年，重庆农商行通过自主调研分析规划，制定发布了《重庆农村商业银行金融科技中期战略规划（2021—2023 年）》，确立了“数字农商行”转型目标，明确“一体化产品、智能化服务、敏捷化响应、开放化场景、全龄化客群”和全力打造“数字农商行”的目标，提出建设涵盖智能风控、精准营销、运营高效、线上线下融合、精细管理、优质体验、合作生态的全面数字化业务能力，重点是五大能力中台建设，包括感知认知中台、产品中台、开放银行中台、服务中台、分析决策中台。

2. 确立实施路径

能力中台集中资源优先建设感知认知和分析决策两大金融科技关键中台，为数字化业务创新产品、服务提供支撑，再逐点建设一系列提供基础金融科技能力的平台，渗透到管理领域业务创新。能力中台按照能力化、平台化、场景化方式建设。数字化业务创新目标选择按照先产品、服务，后管理的路径实施。由于管理领域牵涉利益复杂，重庆农商行数字化业务创新选择首先从产品、服务领域突破，在产品数字化业务创新上聚焦直接关系银行主营业务的信贷产品，打造数字化贷款产品，做大银行信贷余额、增加利息收入；服务数字化业务创新在银行线上线下各类服务渠道中，聚焦新渠道数字化，如在有限科技力量中投入优势资源建设“微银行”平台，开展自主数字化运营；管理数字化业务创新在产品服务数字业务创新成效凸显以后再逐步推进，如人力资源管理，在 2021 年 9 月，人力资源部主动与金融科技中心接洽，讨论建设体系化的人力资源管理系统。

3. 健全制度体系

建立以《重庆农村商业银行金融科技管理委员会工作细则》为统领，科技研发、数据管理为基础，数字渠道、数字产品、数字风控为核心的数字化业务创新制度体系。科技研发管理制度体系包括以《重庆农村商业银行信息基本制度》为纲领的 10 余项办法、细则，涵盖信息技术项目管理、科技风险管理、业务连续性管理、研发测试管理、外包管理等内容；数据管理制度体系包括以《重庆农村商业银行数据管控基本制度》为纲领的 10 余项办法、细则，涵盖数据标准管理、外部数据管理、数据服务管理、数据生命周期管理等相关制度；数字产品制度体系通过《重庆农村商业银行产品创新管理办法》规范创新产品建设，通过 10 余项创新产品管理办法规范具体产品运行管理；数字风控制度体系以《重庆农村商业银行线上授信业务综合管理办法》为纲领，通过数字风控策略模型、平台系统等相关制度规范全流程数字风控。

（二）开展渐进式组织架构调整，形成大综合数字化条线

重庆农商行科技组织架构重塑采用渐进式模式，在组织架构变革初期不触动既有利益，经历了传统科技组织架构，新设创新管理委员会及金融创新部，科技组织架构全面变革三个阶段，如图 1 所示。

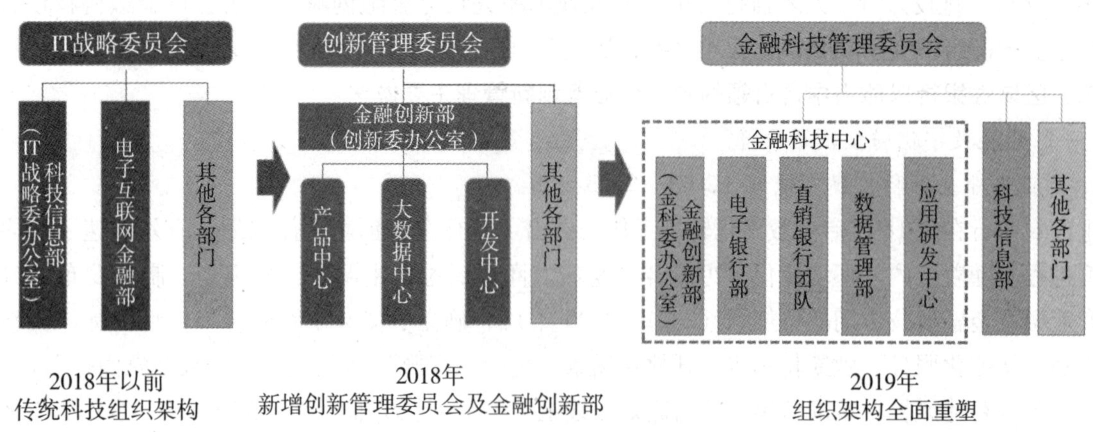

图 1　重庆农商渐进式组织架构重塑

2018 年年初，重庆农商行在不改变传统科技组织架构情况下，“另起炉灶”全新设立高管层委员会——创新管理委员会、数字化业务创新牵头部门——金融创新部，创新管理委员会办公室设在金融创新部。金融创新部归口管理全行产品、技术、机制创新，对全行各业务部门创新业务行使考核权，重大创新议案须经过创新管理委员会审议后实施。金融创新部内部设置产品中心、大数据中心、开发中心 3 个二级部门，具备全流程产品服务创新的技术和团队能力，有充分资源牵头全行数字化业务创新，同时金融创新部定位为中台部门，与前台部门共建创新产品、通过能力中台为各部门赋能，不作为单独利润中心核算，避免了数字化业务创新与前台部门产生利益冲突，从无到有建立起完善的金融科技基础能力和完备的数字化产品体系。在金融创新部大综合式的组织架构体系下，到 2019 年 10 月，重庆农商行，数字化业务创新取得阶段性突出成效。感知认知中台已经建成人脸、图像、语音、语义四大平台，分析决策中台已经上线申请反欺诈、智能数据决策平台，快速开发上线了“渝快贷”“房快贷”“税快贷”3 款自研数字化创新“拳头”产品，数字产品信贷余额超 170 亿元。但金融创新部单个部门的权限、资源、能力限制了数字化业务创新进一步深化发展。

2019 年 10 月，在数字化业务创新成效凸显以后，为了放大金融创新部组织架构优势，重庆农商行全面重塑科技组织架构。成立金融科技管理委员会，在高管层将原 IT 战略发展委员会、创新管理委员会合并为金融科技管理委员会，统筹 IT 架构、系统开发、系统资源配置，统筹全行重点转型项目、产品创新等建设实施，金融科技管理委员会办公室设在金融创新部。成立深度整合前中后台的 5 个一级部门的金融科技中心（条线），其中保留金融创新部，定位为中台部门，负责全行创新发展战略的制定、分解和组织实施，金融科技政策和技术研究，统筹全行金融科技平台、牵头线上产品体系和大数据风控体系建设，统一对接业务部室创新类业务和产品的需求；成立应用研发中心，定位为后台部门。在金融创新部开发中心基础上，整合科技信息部部分开发团队、直销银行业务团队开发人员和电子互联网金融部开发人员。负责具有敏捷开发和迭代需求的业务系统、线上产品、电子渠道功能研发、测试、发布；成立数据管理部，定位为后台部门，在金融创新部大数据中心基础上，整合电子互联网金融部大数据团队、科技信息部部分数据团队。负责全行数据资产管理、数据治理和大数据平台建设及分析等工作。电子互联网金融部变更为电子银行部，定位为中台部门，将电子互联网金融部变更为电子银行部。负责全行移动金融、线上渠道的建设及运营；保留直销银行团队，定位为前台部门，负责直销银行平台、产品的运营管理，协助申请直销银行资质牌照。调整科技信息部职能，专注信息安全保障、基础设施和科技运维。将科技信息部开发方面的职责调整为负责全行基础平台类、公共平台类、财务及管理类系统相关开发优化工作，金融科技中心与科技信息部共同形成的银行信息科技治理体系得到持续完善，金融科技中心专注于金融科技敏捷研发，科技信息部在信息安全保障、基础设施和科技运维等方面得到进一步强化，业务连续性保障能力不断提升巩固。在组织机构层面将科技"敏态"和"稳态"职能分离，形成了真正意义上的"双速 IT"架构。

（三）建设赋能全行数字化业务创新的关键能力中台

1. 感知认知中台建设

重庆农商行统筹业务部门相关场景的感知认知需求，整体性提出了建设全行级"智能化感知认知中台"目标，体系化搭建起图像、人脸、语音、语义、知识库、视频、机器人流程自动化 7 大智能化平台，定义了 21 项标准化感知认知能力，21 项能力几乎涵盖了银行业金融机构对所有感知认知能力的需求。采用 SOA 面向服务的架构，核心能力服务表现为通用接口形式，能快速赋能各外围业务系统、渠道、应用场景。在金融科技平台建设的同时，一并推进多个场景建设，并规划几十个未来落地场景，保证平台具有较强可拓展性。其中，感知引擎包括人脸、图像、视频、语音平台，人脸平台提供 1∶1 识别、1∶N 识别、人脸特征识别 3 项能力，图像平台提供图像预处理、图像分类、文字 OCR 识别、实体识别 4 项能力，视频平台提供视频分析、视频交互、视频处理 3 项能力，语音平台提供语音识别 ASR、语音合成 TTS、声纹识别、话者分流 4 项能力；认知包括语义、知识库平台，语义平台提供语义分析 NLP、单轮问答 FAQ、多轮对话 3 项能力，知识库平台提供知识构建、知识检索、知识服务 3 项能力；机器人流程自动化平台提供自动化模拟操作能力，采用"RPA + AI"形式串联起各项 AI 能力。以语音平台 4 项标准能力为例，基于这些标准能力及能力的组合，可提供数十个标准化接口供全行调用，截至 2021 年 9 月，语音平台共接入 9 支交易、12 个渠道、完成交易 220 余万笔。

2. 建设分析决策能力中台

分析决策能力中台由基础数据平台和数据应用平台组成，对应中期战略规划中的数据中台和产品中台，完成采集、清洗、存储、加工、分析等基础数据处理功能和全流程信贷风险控制的数据应用功能。

一是在基础数据处理层。通过四个平台对数据进行管理，大数据平台对行内数据进行管理，是重庆农商行在新形势、新发展阶段引入的基础数据工具，它具有大存储、高性能、强支撑的特点，可以大大提高基础数据的存储和计算能力，为各项业务的开展提供强有力的基础支持；三方数据平台对各类外部数据进行统一接入和管理，实现统一的外部数据服务测试和开发管理，目前已接入司法、工商、税务等近 30 余家外部数据，奠定大数据服务基础；数据资产平台为各级人员提供较为方便、有效的数据资产查询、开发、治理工具，实现元数据管理、数据地图、数据质量管理、数据标准管理、数据指标和标签管理、血缘分析、影响分析、统一数据资产目录查询等功能；数据分析平台是支撑数据挖掘、模型训练和业务自助分析应用的基础设施，为不同用户提供差异化数据分析和挖掘服务。

二是在应用层。搭建四个信贷风控数字化平台，支持从客户准入到贷后处置的闭环，反欺诈平台搭建行内风控知识图谱，阻断欺诈风险事件；智能决策平台，以自主模型为基础，实现模型自动化审批，改变传统人工授信方式，日均决策 10 万笔；贷后监测管理系统，对信贷资金流向和用途的自动化有效监测，减少银行贷后核验的人力投入；在线仲裁系统，在信贷全流程电子证据保存的基础上，在线仲裁，通过法律手段进行贷后处置。

3. 建设开放银行平台

开放银行平台依托 API 技术实现内部与外部互联，重庆农商行通过开放银行面向政务服务机构输出感知认知等金融科技基础能力，面向银行同业机构输出产品及风控能力，赋能外部机构开展数字化业务创新，截至目前对外开放接口 87 个，已与重庆市公积金中心开展合作，输出重庆方言识别能力，助力公积金中心智慧服务大厅建设，让自助机具听得懂方言土语，正在推进与中小银行的产品输出合作。开放银行平台参与方主要包括用户、合作方/开发者、银行，银行开放平台具备专线和互联网双重接入能力，合作方/开发者完成开发者账号注册审批后，通过专线互联或者公网对接的方式调用银行开放平台应用程序接口。

（四）配套完善系列机制，从根本上突破业务技术“两张皮”局限

1. 建立金科技术/创新产品“双 PO”负责制

通过金融科技技术、创新产品“双 PO”（Product Owner）统筹全行技术平台、数字化产品服务建设。金科技术 PO 为技术驱动的金融科技平台负责人，统筹技术平台业务、标注、技术团队，创新产品 PO 为创新产品负责人，统筹创新产品业务、风控、技术团队。

一是以金融科技技术 PO 为核心统筹能力中台建设。重庆农商行通过具有技术和业务复合背景的金融科技技术 PO 全面掌握业务逻辑、流程、设置，负责基础平台建设、业务场景应用、训练迭代调优，对接各相关部门协调资源，有效整合数字化转型的技术方和业务方，以标准化思路对引入的金融科技核心技术拆分重组，充分模块化、接口化，以统一架构和接口设计构建高性能、高可扩展、松耦合的中台服务。

二是以产品 PO 为核心统筹数字产品服务建设。重庆农商行创新类产品研发由金融创新部牵头，在金融创新设置产品 PO（产品经理）角色，产品 PO 统筹创新产品建设，上线后采取联合运营或者交付模式赋能业务部门。比如，金融创新部研发的行内首款纯线上数字化消费信贷产品“渝快贷”由金融创新部与个人业务部联合运营，数字化小微企业经营抵押贷款“房快贷”由金融创新部与小微企业业务部联合运营，产品经营绩效部门共享，交付模式如信用卡大额分期，在开发上线完成以后，由金融创新部移交信用卡中心负责运营，在金融创新部释放出人力，从事新的创新产品研发。

2. 建立项目实施“五步走”分工协作机制

在全行层面，金融科技中心统筹业务部门需求，金科技术、创新产品“双 PO”均采用“预研—初建—试点—推广—迭代”五步走模式，厘清部门职责和权利边界，推进产品、平台建设。预研是指项目正式建设前的技术选型和方案研究、初建是指基础平台或者产品建设、试点是指在个别场景进行可用性验证、推广是指在行内大规模推广应用、迭代是指功能优化或升级。金融科技中心负责预研、初建和试点，业务部门负责推广，在个别场景试点成功后，金融科技中心“交棒”业务部门，由业务部门负责全行场景推广，释放金融科技中心人力投入其他产品、平台建设，推广应用后金融科技中心和业务部门分别从技术和业务角度发起迭代。

一是金科技术 PO 推进“五步走”。以人脸平台一期和视频平台建设为例，2018 年 4 月金融科技技术 PO 对人识别技术引入开展预研 2018 年 6 月金科技技术 PO 统筹金融科技中心相关团队负责“1∶1 模式”人脸平台建设，2018 年 11 月平台建成开展试点，金融科技 PO 协调业务部门完成 5 个网点柜面一支交易、5 个 ATM 刷脸取款交易、5 个智柜一支交易、远程授权一支交易试点，试点成功后分别“交棒”结算部牵头全行所有网点应用、渠道部牵头全行 ATM 及智柜的双目摄像头采购、个人部牵头智柜人脸应用扩展、运管部牵头远程授权全面自动核身，2019 年 2 月即推广到行内全部 1700 余个网点；视频基础平台由金融科技中心统筹建设，定义视频点播、直播、交互三项能力，平台于 2020 年 12 月建成，其中视频银行远程柜面场景，通过改造现有智能柜员机接入视频服务，2021 年 2 月试点成功，“交棒”运营管理部推广，2021 年 7 月即推广到 300 余个网点、500 余台智能柜台。

二是创新产品 PO 推进“五步走”，以创新产品“房快贷”为例，创新产品 PO 负责产品原型、线上线下流程设计，与业务部门沟通后拟写产品需求，统筹调动 UI、研发、风控、测试资源，在个别分支行开展试点，试点成功后个人消费类“房快贷”“交棒”个人业务部推广，小微企业经营类“房快贷”“交棒”小微企业业务部推广，在短时间内推广到全行，“房快贷”自 2020 年 4 月正式推广，当年

产品余额超 70 亿元，截至 2021 年第二季度，“房快贷”余额超 120 亿元。

3. 建立跨部门共识机制

一是在内部通过对业务部门赋能“拉统一战线”。优先在产品、服务领域突破，与前台业务部门共建数字化产品。数字产品关系前台业务部门考核绩效，与数字化转型牵头部门形成共同利益，与中后台部门共建数字化服务，提升网点、柜面、集中授权工作效率，符合相关部门利益，在成效凸显后渗透到难度最大的管理领域。二是从外部采用“鸡蛋壳从外部敲破”的思路，推动数字化转型经验、做法、具体项目先从外部获得认可，如“面向感知认知能力的银行智能化数字平台”获得 2020 年国务院国资委数字化转型典型案例全国 30 个优秀案例之一，有效提升了全行各级领导干部和员工对数字化转型的认同感，对于项目推动发挥了有利作用。从考核、绩效管理维度建立数字化激励机制，如对于行内数字化转型项目获得政府机构等外部资金奖励，按照奖励金额的一定比例，从行内拿出资金奖励到项目参与个人，对于行内获得发明专利授权的主要发明人，参与国家、行业、团体标准制定的主要起草工作人员，按照每件发明专利、每项标准给予现金奖励，提升员工参与数字化建设的积极性、主动性。

4. 建立人工智能“标注—训练—发布—调优”自主闭环管理

以感知认知能力中台为例，通过私有化部署、本地化标注训练、应用级调优“三板斧”，实现“标注—训练—发布—调优”的自主闭环管理。私有化部署感知认知平台及训练引擎，感知认知 7 大平台均实现本地部署，同步引进标注训练平台；自主开展本地化标注训练，金融科技技术 PO 统筹业务、技术、标注团队，开展本地化标注训练。其中，重庆农商行金融科技中心与运营管理部共同建立“人工智能统一标注”模式，金融科技中心通过建设标注平台、提供标准化标注工具，使标注任务可以统一分配，标注工作量可精确统计到人，取得运行管理部支持，建立了一支能够承接全行人工智能标注工作的团队，“战时为兵、闲时务农”，在集中运营工作闲时从事标注工作，目前标注团队已承接全行语音、语义、图像、数据标注工作；自主开展应用级调优，围绕人工智能技术核心领域开展应用级技术创新，如图像双平台 GPU 智能调度、小模型复用及增量训练、ASR 混合自适应模型、重庆话声学泛化、双录自动质检、多轮对话状态机构建优化、知识库领域的自动知识构建、视频/人脸全渠道支持及硬件复用、RPA 脚本组件复用体系等，相关技术已有 16 项发明专利实审中，其中语音、语义、知识库平台 7 项，图像平台 7 项，人脸平台 1 项，RPA 平台 1 项。

（五）自研数字产品，适应农村金融机构线上线下融合发展

1. 建立数字风控自主闭环控制，形成全流程信贷风控能力

重庆农商行通过四支关键团队、三套数字化风控技术实现信贷风险自主闭环控制。一是配置反欺诈、决策、贷后、模型策略四个支持信贷全流程数字风控的关键团队，其中反欺诈团队、数据决策团队、贷后管理团队负责贷前、贷中、贷后全生命周期管理，模型策略团队通过基础模型开发、策略研究为三个团队提供支持，在区域性银行有限的资源下，四个团队相互配合即可完成全流程数据风控闭环。二是运用三套数字化风控技术，在数字化模型体系方面，通过机器学习算法，建设信用分析的智能化体系；信贷风险管理数据来源上，在征信记录、银行流水等传统数据来源的基础上，结合多方安全计算技术安全合规共享外部数据；反欺诈体系建设搭建行内风控知识图谱，构建多类型的实体关系网络，及时预警潜在的欺诈风险。截至 2021 年，重庆农商行数字化自主风控贷款产品累计发放额近千亿元，不良率仅 0.06%，远低于全行 1.28% 的不良率。数字风控领域累计申请 9 项发明专利，创新智能催收、授信利率差异化定价、信用意识水平预测、循环贷款提额、贷款收益率预测等技术。

2. 建立产品研发敏捷机制，大幅提升上线迭代效率

重庆农商行建立包括小微企业、个人等跨部门产品研发敏捷小组，负责各条线数字创新产品敏捷研发，敏捷小组包括业务管理组、项目经理、技术人员和支持小组，整合产品经理（PO）、业务人员、研

发人员。金融创新部产品经理和产品对应业务部门人员组成业务管理组，对产品研发整体负责，金融创新部项目经理负责项目管理，应用研发中心技术人员负责具体开发工作，风控、数据、渠道等专业技术将以资源池的形式为产品小组提供专业技能服务，支持产品的创新设计、迭代优化和运营。在产品化团队模式下，团队的沟通将变成面对面交流，共同承接业务目标、制定迭代目标、迭代任务跟踪及交付验证，齐心协力为业务的目标而努力。通过产品小组专属资源的分配，将确保业务部门高优先级需求可以在第一时间获得响应和最快速度交付，从而提升产品的业务价值。自 2021 年以来，渝快贷、房快贷、税快贷、票快贴等创新产品累计发起功能优化、模型优化等迭代上线 90 余次，确保产品持续优化，有效平衡了效率与质量的关系。

3. 形成完备的数字创新产品体系，快速成为全行经营支柱

2018 年以前，重庆农商行自研数字产品体系处于空白状态，到 2021 年已上线面向个人和小微企业的 7 款线上金融产品，成为全行经营支柱，覆盖个人和小微企业的信用、抵押、票据等产品形态，其中几款“拳头”产品，个人纯信用消费信贷“渝快贷”余额超 60 亿元、个人房产抵押经营消费贷款“房快贷”余额超 200 亿元、一手房按揭“捷房贷”余额超 40 亿元、中小企业票据贴现“票快贴”余额超 70 亿元以及房屋消费贷款“二押贷”、与运营商合作的个人纯信用“渝悦贷”；同时目前还有 6 款面向大零售包括信用卡、三农在内的产品正在研发，预计于年内正式服务用户。

（六）全面升级数字化创新服务，打造适农适老的经营产品

1. 提供“适农适老”的方言语音服务

重庆农商行“方言银行”主要应用语音、语义、知识库平台能力，针对各平台相关技术点逐个进行优化。在语音平台上，针对“方言—普通话”自适应难题，经过技术实践，在“先分类、后识别”和混合模型两类技术方案中，选型“重庆话—普通话”混合模型，实现了特定场景下 97.5% 的方言识别准确率。语义平台通过制定标准化语义需求模板，预制催收、营销、回访、导航 4 类典型场景模型，持续反馈、分析、迭代调优，提升意图识别准确性。知识库平台建立了一套“自上而下”的统一知识体系梳理方法，通过 NLP 序列标注模型、S. P. O.（三元组）抽取模型等技术实现初步知识提取，再由人工进行业务校对后录入知识库，实现高投入产出比的半自动化知识构建。在各平台逐点优化的基础上，进行联动调优，创新声学泛化优化技术，在 ASR 难以提升或提升代价较大的情况下，由语义平台、知识库平台托底调优，最终实现对客户意图的理解。

2. 打造轻量化“微银行”，成为创新产品服务“试验田”

在银行各类渠道中，聚焦轻量化触客的微信新渠道，打造纯自主研发“微银行”作为创新产品服务试验“尖兵”平台，经过验证后推广到手机银行等“阵地”平台，通过人员、运营、技术“三步棋”实现“微银行”自主闭环控制。一是聚焦人力资源投入，在有限的自有科技人员中，组织具有互联网大厂背景，能“以一顶多”十余人团队专职负责“微银行”渠道研发和运维。二是新渠道自主运营，在金融创新部配置数字渠道运营团队，在“微银行”管理系统集成营销数据可视化展示、产品埋点可视化展示等运营功能模块，自主开展数字化运营。三是安全性、复用性兼具的前端架构，架构中增加代码压缩混淆、代码自检、代码规则自定义、小图片转 Base64、入口打包，后端渲染同构直出等技术，对前端架构做出符合产品的优化，联合电子银行部，统一组件库平台，做到组件风格统一，又有差异化自定义，为各平台的产品设计及开发打下基础。“微银行”平台传输加密、安全接入等 4 项发明专利已获授权。

3. 打造“可观、可听、可感”让金融服务零距离的“空中银行”

随着 5G 时代信息传播方式革命性变化，重庆农商行顺势推出基于自身特点的“空中银行”服务模式，为客户提供远程面对面非接触式的业务办理和服务方式。在视频、语义、语义、知识库平台支撑

下，全域出击，升级银行网点、便民金融服务点、移动银行服务三级触客体系，赋能本行和民生服务延伸，完善基层乡村普惠金融基础设施。不论是在智能柜台，还是线上渠道端，通过远程双向视频呼叫“云柜员”，即可体验“临柜式”综合服务，可支持24小时高清视频，不仅能随时进行客服咨询，还能在各个渠道根据业务属性匹配“云柜员”直接办理业务，让智慧金融可观、可听、可感知，为使用智能技术困难的人群提供全方位服务，化解“数字鸿沟”困境，真正实现金融服务“零距离”。

4. “渝账通”线上开户，为中小企业提供便捷开户服务

“渝账通”综合采取业务流程优化、技术手段改造等各种措施，通过电子渠道预约、预受理、预审核，提高客户审核效率和准确度，做好小微企业账户服务。一是大数据核验企业身份，利用银行数据库、政府数据库、商业数据库等合法、有效的信息平台，交叉验证企业身份信息。二是智能技术核验真实意愿，将人脸识别、OCR等技术手段嵌入开户流程，综合运用多项生物识别、活体检测等技术，对客户真实意愿进行核实查证。三是创新引入远程视频意愿确认技术，在不改变原有面签开户监管要求基础上，远程了解客户的意愿，减少客户面签开户操作内容，缩短业务办理时间。客户线上意愿核查全链条数据加密存放于行内。企业法人代表通过线上渠道进行意愿视频录制，无须到网点就能完成意愿的确认，方便企业开立账户、信贷签约等业务办理。

（七）完善各类保障措施

1. 市场化外部引入与内部选拔培养相结合，打造数字化人才队伍

对外科技人才招聘上，重庆农商行招聘人数、薪酬“双不封顶”，一方面重庆农商行赋予金融科技中心充分的人才招聘权，招聘人数“上不封顶”；另一方面社会招聘薪酬议定市场化，数字化人才引进实行市场化薪酬制度，参考互联网行业薪酬水平，以招录人员工作履历、教育背景为依据，应聘人员可与人力资源部门议定薪酬，提供在重庆市内具有竞争力的薪资水平。对内科技人才培养上，一方面“不拘一格”对内选拔优秀人才，通过创新大赛、数据建模大赛等形式，遴选职工到总行金融科技中心借调学习，已有10余名表现优秀的基层员工在借调结束后留总行金融科技中心工作，其中2人成长为经理级干部；另一方面开展形式多样的学习培训，通过“创新学苑”“三一学堂”“金融标准小课堂”等品牌开展全行职工数字化普及宣传、科技人才专业培训，其中“三一学堂”2021年共举办培训22期，为行内员工快速汲取金融科技前沿的知识和创新理念提供了有效途径。

2018年金融创新部设立时，部门仅筹备组长1人，到2019年，部门已经通过社会招聘建立起涵盖研发、数据、风控、产品、UI、运营在内的70余人全功能数字化人才团队，在2019年年底，重庆农商行整合资源成立金融科技中心，全行自有科技人员数量超过400人。

2. 全面实施金融标准化战略，平衡创新和风险

重庆农商行在2018年入选全国金融标准创新建设试点单位，全面实施金融标准化战略，探索建立轻量级企业标准化体系，采用“金融标准与金融科技技术联动手段”。一方面通过金融标准指导智能中台建设，参考GB/T 33767.5—2018《信息技术生物特征样本质量第5部分：人脸图像数据》、GB/T 21023—2007《中文语音识别系统通用技术规范》、JR/T 0164—2018《移动金融基于声纹识别的安全应用技术规范》等国家、行业、团体标准指导行内人脸、语音等感知认知能力中台和分析决策能力中台建设；另一方面在数字化业务创新过程中建设标准，已累计参与5项金融行业标准、11项团体标准制定，完成9项企业标准制定，成为首批入选全国金融标准化技术委员会观察员单位的地方性银行机构。

3. 设定投入增长目标，保障科技资金充裕和关键领域研发投入

制订金融科技投入增长计划，年度预算优先保障科技资金充裕，重点要求金融科技创新类研发投入保持逐年增加，增速不低于30%；到2023年年底，当年科技投入达到9.3亿元，占全行营收2.5%，三年累计投入金额超过23.2亿元。截至2021年上半年，重庆农商行金融科技创新类研发投入累计达

15.04 亿元。

三、区域性银行以能力中台引领的数字化业务创新管理效果

（一）数字化创新产品和服务创造良好经济效益

从 2018 年开展数字化转型以来，重庆农商行资产规模、营业收入等指标实现较快增长。其中客户贷款及垫资的增长迅速，主要来自数字产品余额增长。2018 年，重庆农商行尚无自主创新类数字产品，截至 2020 年年底，数字产品贷款余额为 540 亿元，到 2021 年三季度达 953 亿元（见图 2），占零售类贷款比重超过 1/3，2021 年新增数字贷款占全行零售类贷款比例超过 2/3，自主创新类数字产品不良率仅为 0.63%，远低于全行 1.28% 平均水平。数字产品成为新的业务增长点，拉新效果明显，“房快贷”行内新客（在重庆农商行没有同类产品的客户）率达到 90%，“票快贴”为 83%，“税快贷”为 53%。2020 年重庆农商行科技投入为 5.07 亿元。2020 年数字产品平均余额为 366.29 亿元，按照平均净息差 2.08% 粗略计算，数字产品年利润为 7.62 亿元，仅数字产品收益已覆盖科技投入。

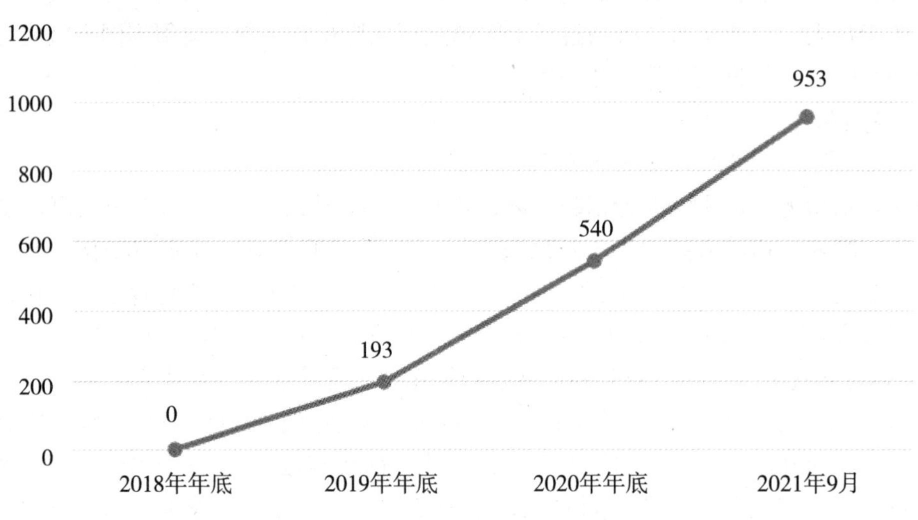

图 2　数字产品余额（单位：亿元）

同时，数字化服务创新促进降本增效，释放大量生产力。一是基于语音、语义、知识库平台建设的智能外呼平台 2020 年年底上线以来，截至 2021 年 9 月，累计办理信用卡分期 8969 笔，分期金额 2.79 亿元，实现手续费收入 1286.5 万元。信用卡逾期智能催收在客户逾期早期阶段，自动提示客户还款，避免客户征信状况恶化，累计催回 M1 逾期欠款 13650 余万元。二是机具复用节约硬件成本 8250 万元。据估算将累计节约硬件成本 1.65 亿元。三是智能外呼平台、图像平台、人脸平台、RPA 平台等智能技术的应用年均节约人力成本 3700 多万元。

（二）成功打造特色经营阵地，全面提升客户体验

数字化业务创新供给更加便捷的金融服务，“微银行”“渝账通”“方言银行”“空中银行”等数字化服务，践行“以客户满意为中心”服务理念，有效提升客户体验。重庆农商行客户服务中心统计数据显示，行内客户服务满意率达 99.88%，其中“方言银行”“空中银行”在客户体验提升中效果突出。2020 年手机银行调用“方言银行”会话次数 313.68 万次，2021 年 1—9 月手机银行调用“方言银行”会话次数 283.11 万次。“空中银行”已经推广至行内 300 余个网点，应用于 500 余台机具，月均办理交易 2.2 万笔，业务办理成功率达 92.76%，替代 39% 传统柜面交易。

（三）数字化业务创新成果获得社会各界广泛认可

重庆农商行实施数字化业务创新以来，管理模式创新、产品创新、服务创新均获得了社会各界高度

认可，其中“面向感知认知能力的银行智能数字化平台”获评2020年国务院国资委数字化转型典型案例全国30个优秀案例之一，在2021年获得重庆市国资委创新发展专项资金支持，“面向感知认知能力的银行数字化管理”入选2021年国务院国资委国有重点企业标杆创建行动“标杆项目”；“渝快贷”“票快贴”“捷房贷”等数字产品获得“金融行业产品创新突出贡献奖”“金融科技应用创新优秀案例”“服务创新优秀案例”等荣誉；“方言银行”“渝账通”“全方位小微金融服务体系”等数字化创新服务获得“重庆市大数据智能化应用优秀案例”等奖项。

（成果创造人：谢文辉、张　浩、王　敏、周期律、张　轶、王　惊、万燕燕、卢华玮、田成志、周　鹏、郑　力、魏　鑫）

以打赢信息化战争为使命的联合作战指挥信息系统研发管理变革

中国电子科技集团公司第二十八研究所

中国电子科技集团公司第二十八研究所（以下简称二十八所）成立于1964年，隶属于中国电子科技集团有限公司，是目前国内唯一能同时承担军委及战区联合作战指挥，以及陆军、海军、空军、火箭军、战略支援部队等各军兵种、各级各类指挥信息系统和装备研制、生产、维修与服务的大型专业研究所，是国防信息化建设的骨干力量。目前，二十八所拥有在职员工近6000人，其中院士3人，国家及省部级各类专家129人、研究员级高工166人，研究生及以上学历人员占比达到60%，业务规模连续多年保持高增长态势，以高度的责任感和使命感发挥“国家队”作用，为国防现代化和国民经济信息化建设做出了重大贡献。

一、以打赢信息化战争为使命的联合作战指挥信息系统研发管理变革背景

（一）打赢现代信息化战争的需要

联合作战已成为打赢信息化战争至关重要的一环。相比传统作战，信息化条件下的联合作战战场空间由地面、空中、水面、水下等有形空间向网络空间、电磁空间等无形空间拓展；参战力量由单一军兵种主导向诸军兵种多元一体、功能互补、整体聚优转变；作战行动由相对固定的程式化顺序作战向整体联动、自主适应和快速转换作战样式的同步并行作战转变。全新的作战特征对指挥体系的战略性、联合性、时效性、专业性、精确性提出了全新的要求。遵循“信息主导、体系支撑、精兵作战、联合制胜”的基本作战思想，加快构建联合作战指挥体系，成为我军有效履行使命任务、打赢信息化战争的重中之重。

（二）适应未来发展方向、推动指挥信息系统跨代升级的需要

指挥信息系统作为作战指挥体系的大脑和中枢，面对联合作战场景下多维的战场空间、复杂的指挥要素、交叉的指挥关系，更是成为作战指挥体系有效履行使命任务的决定性因素。“十三五”以来，我军以“适应指挥层级扁平高效、指挥关系动态调整、要素规模复杂多样的联合作战指挥体制”为目标，全力推动指挥信息系统跨代升级。系统代际由曾经的单点一线、局域互联、区域互联向跨域互联演进；系统的产品形态由以往的紧耦合样式（紧耦合样式：各系统功能模块高度关联，改动时“牵一发动全身”）向“系统运行平台+领域应用软件”（领域：陆、海、空等各作战领域的简称）的样式转变；系统能力由支持单一军兵种树状指挥，向信息按需共享、功能灵活编配、系统柔性重组的网状指挥升级。

长期以来，各级各类指挥信息系统分散独立研制，形成了系统紧耦合设计、技术体制条块分割（技术体制：实现联合作战指挥信息系统核心功能与性能的技术架构、标准的统称）、工具手段分散建设不成体系的现状。在联合作战背景下暴露出指挥信息系统跨域互联互通难度大、具有共性特征的软件功能重复开发且复用率低、难以开展大规模协同研发、新技术难以融入作战形成规模化应用等问题。同时，在新军事变革背景下，作战威胁不确定导致军事需求不确定，对系统研制提出了“研用紧密结合、能力渐进提升”的要求，以瀑布模型为主、串行实施的系统研制程序已经难以满足需要。

作为全军作战指挥信息系统研制总体单位，二十八所必须从研发组织、研发手段、研发流程、配套机制、研发协同方式等方面全面变革，建立适应联合作战指挥信息系统产品形态和能力要求变化的研发管理方式，始终走在我军指挥信息系统研制最前沿，引领联合作战指挥信息系统高质量发展。

二、以打赢信息化战争为使命的联合作战指挥信息系统研发管理变革主要做法

（一）适应联合作战要求，总体部署作战指挥信息系统研发管理变革

自2016年以来，二十八所以“成为世界一流联合作战指挥信息系统整体解决方案提供商和服务商”的战略目标为牵引，聚焦“研制一流军队指挥信息系统、高质量服务于国防和国民经济信息化建设”的使命愿景，为适应联合作战需要及联合作战指挥信息系统在技术能力和产品形态上的新变化，在总结各级各类指挥信息系统工程实践的基础上，提出以打赢信息化战争为使命的联合作战指挥信息系统研发管理变革，明确“以统合技术体制为引领，打造系统运行平台和研发作业平台，推动研发组织、产品形态、研发手段、研发流程、配套机制和研发协同方式全面转型”的总体思路，按照“先统体制、再建平台、建用结合、全面转型”的策略，历经五年时间实现研发管理模式转型，如图1所示。

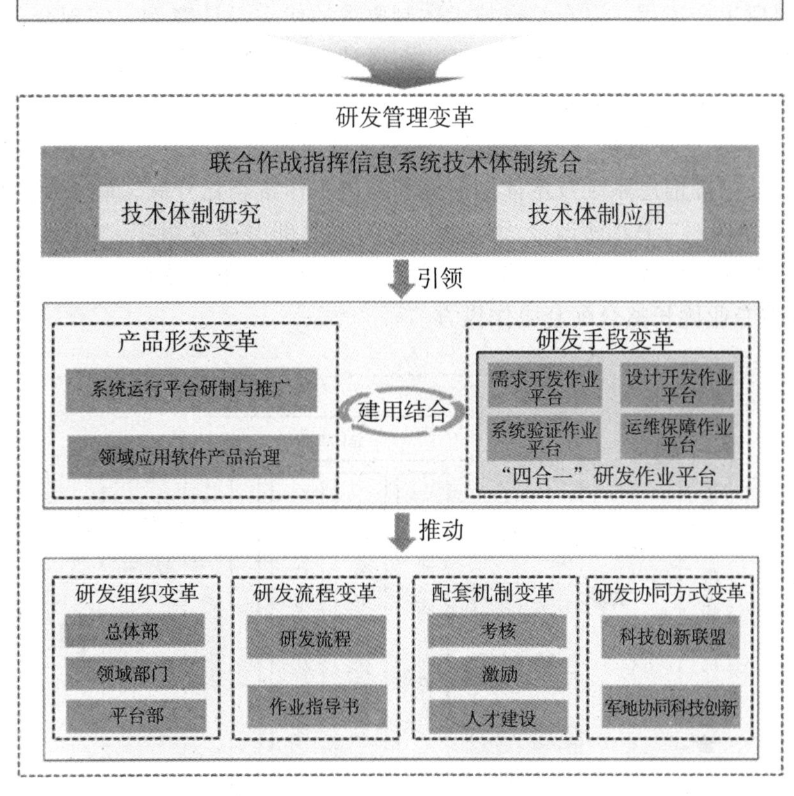

图1　联合作战指挥信息系统研发管理变革总体架构

（二）统合技术体制，引领研发管理变革

技术体制作为指挥信息系统内在基因决定了系统形态、能力等一切特性。技术体制统合就是要将各军兵种独立发展技术体制的方式转变为面向联合作战协同发展技术体制的方式，改变当前各军兵种技术体制发展不均衡、甚至有冲突的现状，建立既满足各军兵种以及联合指挥机构使用要求，又符合作战概念和功能需求发展趋势的联合作战指挥信息系统技术体制，引领研发管理变革全局，支持中华人民共和国成立以来最深刻的军队改革。

1. 建立并推广联合作战指挥信息系统架构和技术标准

二十八所通过“需求研究—架构设计—标准制定”发布技术体制。需求研究方面，联合中国电科集团内成员单位设立军事需求实验室，提出“作战概念—作战构想—作战需求—系统需求”的流程，

改变各领域分散进行需求研究导致对需求理解不一致、不到位的状况，通过作战概念正向导出的方式获取全面、一致的系统需求。架构设计方面，从联合作战指挥体系能力形成的角度设计系统架构，并进一步细化技术架构、数据架构、服务架构，避免了以单军兵种角度设计的局限性。标准制定方面，基于系统架构制定发布联合作战指挥信息系统标准体系，结合工程项目实施开展缺项标准制定、同类标准整合，持续将成熟的工程标准、企业标准提升为行业标准和国家军用标准实现技术标准统合。同时，二十八所依托重点实验室等科技创新平台，定期组织评估新兴技术发展与应用效益，将成熟度高、应用潜力大的技术及时吸纳至技术体制中，推动技术体制持续演进。

在贯彻落实阶段。二十八所首先通过开展技术体制统合“大宣贯”活动，提高全员对于统合工作重大意义的认识，促进全员以高度的使命感更自觉的改变思维方式与工作习惯、更努力地提高业务素质。再按照“知—用—管”三步推进策略确保技术体制得到贯彻落实：一是组织专家团队将技术体制要求写入系统设计规范，规定所有设计师培训考核后持证上岗，实现全员“知体制”；二是将架构、标准的选用环节融入科研生产流程，发布符合技术体制要求的优秀设计案例，实现全员“用体制”；三是建立与培养技术体制审核师队伍，深入项目团队，在设计开发、集成验证等关键环节监督、审核、验证技术体制符合性情况，实现专人“管体制”。

2. 建立“上设总体、下置平台、中间矩阵”的系统型研发组织，全面实施技术体制新要求

为了支撑联合作战指挥信息系统技术体制研究和演进工作常态化开展，确保技术体制要求全面落实到研发过程和系统产品中，二十八所改变面向军兵种的事业部型研发组织，按照“总体牵引、领域主导、专业融入、平台支撑”的思路，聚焦联合建立“上设总体、下置平台、中间矩阵”的系统型研发组织（见图2），并按专业优长整合配套协作供方。

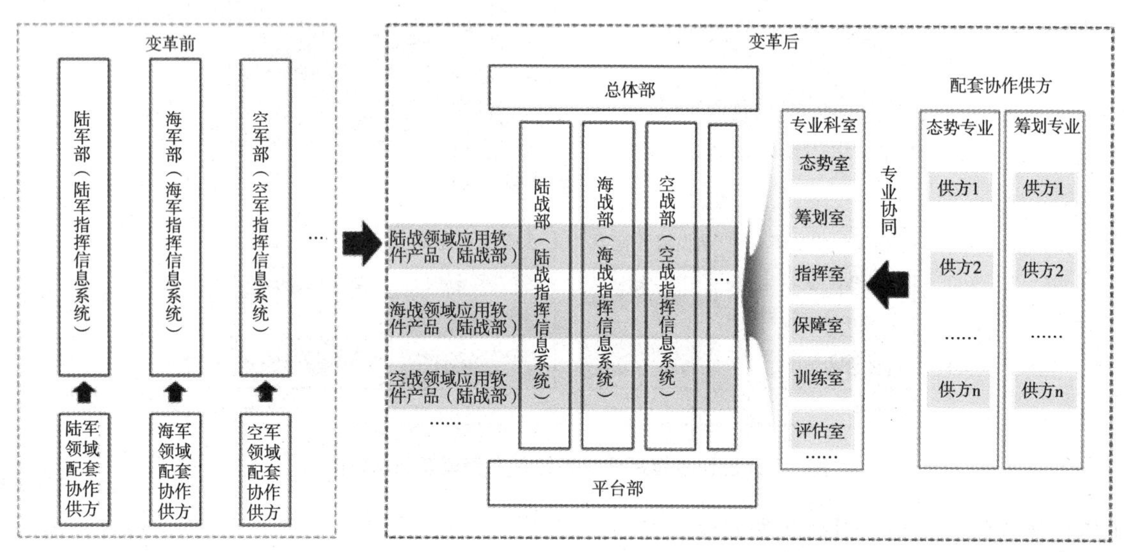

图2　“上设总体、下置平台、中间矩阵”的系统型研发组织

二十八所集中全所首席科学家、首席专家、副总工程师、各领域骨干总体人员成立总体部，负责提出新型作战概念、作战需求和系统能力需求，牵头联合作战指挥信息系统技术体制常态化研究，牵引指挥信息系统发展。总体部通过向各项目团队派驻系统专职副总师和技术体制审核师，指导把关各领域贯彻落实技术体制要求，推动各领域指挥信息系统融入联合作战、形成体系能力。集中各领域基础软件和工业软件专业人员成立平台部。一方面承担各级各类指挥信息系统运行平台研制任务，遵循联合作战指挥信息系统技术体制要求研制分层分类的共性软件产品；另一方面以系统运行平台研制为牵引，通过与

各领域部门在需求、设计、开发、验证等研发业务上的协同作业，逐步建设并完善相应的研发作业平台。

按照联合作战指挥体系“战区主战”的要求，面向各作战域设立陆战部、海战部、空战部等领域部门，作为各作战域指挥信息系统研制的技术总体单位，对外归口负责军方用户需求对接和系统产品交付，对内主导陆上作战、海上作战、空中作战等各作战域指挥信息系统研制，遵循联合作战指挥信息系统技术体制，严格按照联合作战专业要素分工协作开展系统研制。同时，二十八所按照“军种主建”的要求，结合陆军、海军、空军等各军种特色，依据指挥信息系统应用功能组成，在各领域部门内部设置态势、筹划、指挥等专业科室，并赋予各领域部门对应的专业职责，构建了“领域 + 专业”的矩阵式研发分工架构，使领域部门既是本作战域指挥信息系统研制的主导者，又为其他作战域指挥信息系统研制提供专业支撑，形成了天然联合的指挥信息系统研发分工。比如，空战部是空战指挥信息系统的技术总体部门，同时根据专业职责划分又承担了空中态势、筹划、指挥等领域应用软件研制的职责，为陆空联合作战、海空联合作战等指挥信息系统研制提供支撑。

（三）打造系统运行平台，牵引联合作战指挥信息系统产品谱系重塑

二十八所围绕联合作战指挥信息系统的产品形态，按照先打造和推广系统运行平台，再基于系统运行平台实施领域应用软件产品治理的路径，逐步重塑形成符合技术体制要求的联合作战指挥信息系统产品谱系。

1. 建立健全共性软件产品谱系，做强做优系统运行平台

系统运行平台由一批模块化、可集成的共性软件产品组成，用于屏蔽指挥信息系统运行环境的底层差异，为联合作战指挥信息系统提供统一的信息协同、数据共享等基础服务。研制哪些共性软件产品，其具体需求如何确定，是打造系统运行平台的关键所在。二十八所平台部按照“统一规划、开放集优”的总体思路，不断迭代健全共性软件产品谱系。一是依据技术体制研究成果组织各领域部门共同开展共性软件产品规划，识别出满足联合作战需要的共性软件产品，建立基础共性和应用支撑两个层级的共性软件产品谱系，明确了产品谱系中各产品的研制路线图；二是按照路线图，通过项目调研、竞品分析、用户沟通等方式收集共性软件产品研制需求，提出具体的共性软件产品研发任务书，通过自主研制、联合研制、采购集成等方式，将所内外符合技术体制要求的共性软件产品纳入产品谱系；三是建立了产品谱系“规划—实施—优化”的管理流程，动态更新共性软件产品谱系，确保系统运行平台始终满足联合作战指挥信息系统功能迭代演进的需求。

2. 提出“三心”宗旨，推广使用系统运行平台

二十八所提出了“精心、省心、放心”的“三心”产品推广宗旨，推动系统运行平台在全所范围内应用尽用。一是“精心”设计制作产品白皮书、案例演示视频和培训教程，使用户全面、深入掌握系统运行平台的设计、使用和维护信息；二是围绕各领域指挥信息系统典型应用场景，有针对性地提出共性软件产品配置建议并开展充分的验证与适配，形成领域典型系统运行平台解决方案，为各领域部门提供“省心”应用服务；三是注册“鲸云”品牌商标，积极申请加入大数据、云计算等行业联盟，组织开展产品安全认证、权威机构能力测评和装备集采名录测评，确保系统运行平台的质量和性能，持续提升品牌影响力，让用户“放心”使用。

3. 基于系统运行平台治理领域应用软件产品，构建联合作战指挥信息系统产品谱系

为了加强对领域应用软件产品的运维管理，二十八所制定领域应用软件产品成熟度评价标准。各领域部门基于研发作业平台提供的全局软件版本态势信息，动态统计领域应用软件产品的复用率和改造率，对产品的成熟度等级进行评价，复用率高的产品评价为高成熟度，改造率高的产品评价为低成熟度。各领域部门对成熟度低的软件产品按专业实施产品规划，开展设计优化工作，经评审确认后重构改

进产品，不断维护形成专业细分、类别齐全、体制统一的领域应用软件产品库，与系统运行平台共同构建联合作战指挥信息系统产品谱系。面向项目需求，各领域部门先确定系统运行平台，再从领域应用软件产品库中选取合适的软件产品灵活编配、组合，实现联合作战指挥信息系统主体功能的“大规模集成”，在此基础上只需要针对个性化特色需求实施“小规模定制”即可完成系统研制。

（四）建设“四合一”研发作业平台，为联合作战指挥信息系统研发运维提供数字化手段

为了支撑系统运行平台研制，平台部引入数字化、智能化技术建设“四合一”研发作业平台。各领域部门依托研发作业平台与用户协同作业，持续反馈能力需求、迭代完善研发作业平台，对以往分散建设的系统研发手段进行了体系化整合，逐步打造出联合作战指挥信息系统研制与运维保障强有力的数字化手段。

1. 建设模型驱动的场景化需求开发作业平台，精准快速获取用户需求

二十八所将需求开发验证方式由传统的“基于文档采集、基于产品验证”转变为“通过建模采集、基于模型验证”。首先构建了联合作战指挥信息系统模型体系，制定发布了《联合作战指挥信息系统模型通用要求》，明确模型形态、接口、使用等要求，建立了拥有作战模型、仿真模型、装备模型、算法模型等40类300余种模型的模型库；在此基础上，集成改造了二三维显示、仿真推演等辅助工具，形成了模型驱动的场景化需求开发作业平台。一线用户、装备主管部门和研制单位三方基于可视化场景进行充分的需求研讨，快速响应作战需求变化，通过反复与用户确认，不断逼近用户的真实需要，有效避免因前期需求理解不一致导致的“返工”。

2. 建设数据驱动的设计开发作业平台，实现协同化研发

为确保设计开发工作高效规范、质量一致、研发状态全程可控，二十八所打造了数据驱动的设计开发作业平台，将软件设计、代码开发、产品测试等业务活动标准化，拉通研发过程中软件设计、开发、配置管理等各类工具，提供覆盖软件开发全过程的在线服务，形成软件研发标准化的业务工作链。构建研发态势数字看板，通过业务活动运行采集资源使用、研发质量、研发效率等10类91个态势数据，支撑个人、项目、单位多层级研发态势实时监管。将军用软件质量要求内嵌到业务工作链中，为每一个业务活动设置数据化质量目标，达到目标数据值即可自动“放行”进入下一个业务活动，通过业务工作链带动设计开发人员高效协同研发、工作质量一致。

3. 建设虚实结合的系统验证作业平台，提升实战化验证能力

精确设计战争、逼真推演战争已成为指挥信息系统实战化验证能力的主要标志之一。二十八所按照“一中台、三应用”的架构建设了集实装、仿真于一体的系统验证作业平台。首先定义了仿真引擎技术标准，构建跨引擎统一的仿真中台。其次按照“算法模型验证—作战方案准备—实战环境验证”建设三项验证能力：一是基于仿真中台快速产生海量样本数据，提供智能决策算法模型集成框架，通过“人—机”“机—机”等多种博弈对抗训练，对影响实战化效能的关键算法模型开展能力验证；二是通过人工与智能辅助决策相结合建设作战推演功能，支撑基于典型作战想定的作战方案推演、优选、改进，为系统验证提供更加贴近实战的作战方案；三是采用面向实装系统、虚拟仿真和构造仿真的系统集成架构，融合应用虚拟现实、多尺度建模、高性能计算等先进技术，创建虚实结合的战场环境，充分验证指挥信息系统的实战化能力。

4. 建设军地一体运维保障作业平台，提升持续交付能力

为了实现系统故障快速响应与查修，降低系统运维保障成本，二十八所按照“定标准—研前台—强后台”的步骤建设军地一体运维保障作业平台，使保障方式从“被动式”售后服务转变为“军地一体”运维保障。制定指挥信息系统运维保障能力标准，规范了运维信息采集、上报、告警的接口，作为军地一体运维保障作业平台研制的技术依据。研发运维保障前台软件，将其内嵌于各类指挥信息系统

中，实时采集系统负载、运行状态、故障告警等运维保障信息，为用户提供直观的运维态势。运用大数据技术，打造集运维信息处理、分析、展现于一体的运维保障后台软件，采集前台软件上报的系统运维信息，跟踪评估产品健康状态，与用户协同开展故障检测与修复，共同形成“军地一体、实时高效”的运维保障能力。

（五）重构研发流程，实现业务敏捷型研发

二十八所以落实各项研发管理变革举措为目标，按照军改后系统“研用紧密结合、能力渐进提升”的研制要求，重构研发流程，制定配套作业指导书，构筑业务敏捷型研发能力。

1. 重构研发流程，实现研发业务高效运行

二十八所借鉴开发运维一体化（Development - Operations，DevOps）业务模型，结合矩阵式研发分工、技术体制统合、系统运行平台选用要求，充分考虑一线用户、装备主管部门和研制单位三方在研发过程中的交互需要，重构形成联合作战指挥信息系统研发流程，包括“模型驱动的场景化需求开发、选择系统运行平台和领域应用软件产品、矩阵式研发分工、领域应用软件小规模定制开发、基于系统运行平台的系统集成、实战化系统验证、系统功能增量交付、军地一体化运维保障”八个业务活动及43个次级流程。针对每个流程的入口准则和出口准则制定了数字化标准，将流程和准则融入研发作业平台，各流程依据准则进行流转，实现系统研制数字化质量控制。

领域部门接到项目任务后，会同一线用户和装备主管部门基于需求开发作业平台获取、分析与验证需求；对照需求选择系统运行平台和领域应用软件产品，按照所内专业主责明确任务分工，基于设计开发作业平台开展定制开发；对系统运行平台和领域应用软件产品进行系统集成，并使用系统验证作业平台实施模型能力验证、功能性能符合性验证和实战化验证，以增量交付的方式将系统功能部署至用户方；依托运维保障作业平台开展系统运维保障，及时采集系统改进需求开展增量研发，形成贯穿联合作战指挥信息系统全生命周期的业务敏捷型研发管理能力。

2. 制定发布两级作业指导书，提高流程执行规范性

为确保联合作战指挥信息系统研发流程规范化实施，二十八所紧扣“八个业务活动”，编制《产品需求联合开发规范》《软件设计开发规范》《指挥信息系统验证规范》等8册主流程作业指导书。根据业务岗位设置，结合研发作业平台操作使用，将主流程作业指导书进一步拆解细化形成43个次级流程作业指导书，对需求分析分解分配、编码规则选择、分层验证实施、故障检测修复等事项明确了具体工作规程，与研发流程共同构成了联合作战指挥信息系统研制流程文件体系，指导研发团队规范开展系统研制工作。

（六）深化改革激发内部活力，充分利用外部资源协同创新

1. 聚焦考核、激励和人才建设，全面激发内部活力

二十八所全力推动研发管理变革过程中，同步实施考核、激励和人才建设等核心配套机制的改革，全面激发内部活力支撑研发管理变革顺利实施。一是紧贴研发管理变革需要，实施高质量发展考核。将专业任务收入、部门人均劳动生产率增幅作为各部门的重点考核指标，每年对考核排名前50%的部门给予工资总额奖励，鼓励各部门主动融入联合、治理产品、应用平台，持续提升劳动生产率。二是制定“双十”激励机制，让杰出的奋斗者分享研发管理变革的红利。将二十八所年利润的5%用于对研发管理变革、科技创新成果的专项奖励，设置团队上限300万元、个人上限100万元的奖金包，每年评选研发管理变革十大事件、联合作战指挥信息系统科技创新十大成果，对研发管理变革和科技创新做出重要贡献的团队和个人进行表彰和奖励。三是推动人才队伍建设从内部培养转变为培养与引进结合，重点强化高、精、尖人才引进，为研发管理变革奠定人才基础。对院士等高层次人才按照“一人一案”专案引进，在专案中制定工作目标，明确科研成果，提出工作和生活的专项保障政策，保障其领衔指挥信息

系统重大科技攻关。对通用技术高水平人才通过“赛马制”发掘引进，每年策划举办“人工智能挑战赛”“青年创业大赛”等高端赛事，面向社会吸引高水平技术团队参赛，对比赛获奖选手实施定向招收，快速提升通用技术水平。

2. 打造开放式协同科技创新高地，引领联合作战指挥信息系统科技创新和成果转化

二十八所依托国家重点实验室、国防重点实验室与60余家知名院校和优势企业建立科技创新联盟，瞄准云计算、大数据、人工智能等新兴技术，联合百度、紫金山实验室相继成立了人工智能实验室、云网融合联合研究中心，构建了联合作战指挥信息系统协同科技创新“朋友圈”，通过重大科技创新专项合作、微课题研究等形式，广泛吸纳民用领域的先进科技成果为军所用。

二十八所改变传统“预研—型号—装备”的科技创新方式，以国防重点实验室为纽带，按照“快速科技创新—快速部署试用—迭代形成装备”的方式开展军地协同科技创新。对内充分发挥国防重点实验室科技创新优势和领域部门产品研发优势，由实验室、领域部门按指挥信息系统专业方向组建科技创新团队快速开展新技术产品研发；对外通过实验室与军方用户共同成立军地联合作战实验室，将新技术产品研发成果直接部署到一线部队试用，科技创新团队全程伴随、深化改进，快速形成可装备的新产品。

三、以打赢信息化战争为使命的联合作战指挥信息系统研发管理变革效果

（一）成功实现研发模式历史性转型，为支撑军队改革做出了重要贡献

自2016年以来，二十八所实施的研发管理变革是一次具有战略性、全局性、历史性意义的变革，完成了从“军兵种指挥信息系统提供商”向“世界一流联合作战指挥信息系统整体解决方案提供商和服务商”的转变，研制的系统具备了与世界先进系统抗衡的能力，部分领域已取得领先优势，在国庆70周年阅兵等百余次重大任务中发挥了出色的效能，获得了党和国家领导人、各级主管部门领导和用户的高度评价。二十八所实现的转型升级为我国深刻的军队改革、科技强军战略做出了重要贡献，被党中央、国务院、中央军委连续授予某重大贡献奖。

（二）实现一系列重大技术突破，荣获多项国家科技奖

“十三五”期间，二十八所紧抓电子信息技术重大变革机遇，积极承担国家级重大科技创新项目30余项，在体系设计、仿真验证、数字化协同、云计算等关键技术攻关和核心产品研制中取得了一系列重大突破，形成关键技术成果近千项，填补多项国内空白，有力支撑了我军指挥信息系统研制，并荣获国家科技进步特等奖、一等奖，国家技术发明二等奖等数十项高级别奖项。打破西方在指挥信息系统领域技术封锁和全球垄断，产品远销40余个国家。

（三）研发效率显著提升，交付能力实现翻倍增长

近年来，二十八所发布了47项国家军用标准、73项行业标准，积累共性软件产品、领域应用软件产品、数据模型等各类研发资源两千余项，产品实现与服务能力大幅跃升，系统研发从按年度生成软件版本缩短为按月生成软件版本，系统安装部署周期从数日缩短为数小时，运维保障响应时间从小时级响应缩短为分钟级响应。研发效率显著提升，在人员数量增幅低于8%的情况下，承担项目数量由2016年的494项增加到2020年的986项。客户满意度持续增长，由94.8%提升到97.6%。“十三五”期间，二十八所营业收入由86亿元增加到112亿元，复合增长率5%，经济规模稳步扩大，连续四年在百亿级的体量上稳定增长，利润由8亿元增加到13亿元，复合增长率10%，利润率连续四年保持在10%以上增长，高质量发展成效显著。

（成果创造人：毛永庆、崔　灿、王　黎、陈　平、蒋　锴、李苏宁、邢　芳、倪德强、庄国献、孙凌枫、彭　思、芮平亮）

自主品牌汽车企业的数字化经营管理

重庆长安汽车股份有限公司

重庆长安汽车股份有限公司（以下简称长安汽车）是中国汽车四大集团阵营企业，拥有159年历史底蕴、37年造车经验，全球有14个生产基地，33个整车、发动机及变速器工厂。2014年，长安系中国品牌汽车销量累计突破1000万辆。2021年，长安系中国品牌汽车销量累计突破2000万辆。

长安汽车拥有来自全球27个国家的工程技术人员1万余人，建立起“六国九地”各有侧重的全球协同研发格局，拥有专业的汽车研发流程体系和试验验证体系，确保每一款产品满足用户使用10年或26万千米。

长安汽车始终以“引领汽车文明，造福人类生活”为使命，以客户为中心、以产品为主线，持续提供高品质的产品和服务，为员工创造良好的环境和发展空间，为社会承担更多责任，奋力推进第三次创业——创新创业计划，向智能低碳出行科技公司转型，为实现世界一流汽车企业努力奋斗。

一、自主品牌汽车企业的数字化经营管理背景

（一）数字经济时代，汽车行业市场的环境发生了巨大变化

数字经济作为一种新的经济形态，正在成为推动经济发展质量提升、效率变革、动力升级的重要驱动力，IT时代迎来向DT时代转型的机遇，以流程为核心也开始向以数据为核心转变，从“业务到数据、功能是价值”的传统理念开始向“数据到业务、数据是价值”理念转变，数据已成为重要的战略资源和核心竞争力。通过数据，可以驱动商业模式创新、客户体验创新、决策制定，以及过程自动化、智能化转型，推动社会、行业、实体通过数据思维去思考问题、解决问题，并通过挖掘数据创造商业机会与商业价值。汽车行业以“客户为中心”的新营销模式优势日益突出，长安汽车经营管理的数字化势在必行。

（二）长安汽车推动第三次创新创业，需要管理变革支撑

长安汽车作为大型自主汽车企业，第一次创业始于20世纪80年代，开始生产汽车，并成为微型汽车的引领者；第二次创业始于2006年，进入轿车领域，产销累计突破1000万辆，是第一家跨入“千万俱乐部”的中国品牌。

长安汽车于2017年启动“第三次创业—创新创业计划”，一方面围绕创新营销、精益研发、智能制造等核心领域提升信息化能力，另一方面围绕客户关系管理、电商、C2M、智能网联、出行服务等新业务开展数字化建设。

数字化建设与新技术应用离不开管理的支撑与促进，要打破传统组织职能、管理机制的阻碍，必须实施管理变革，才能支撑企业战略及创新创业计划的实施落地，确保数字化转型成功。

（三）要实现全价值链运营目标，必须攻克业务发展的难点与痛点

在数字化转型过程中，长安汽车面临诸多业务难点与痛点，表现在业务流程体系不健全、业务流程没有全面数字化、数百个系统产生数据孤岛、数据标准不统一、缺乏大数据平台、业务场景未开展有效运营、与客户和供应商未充分协同等。要实现以用户为中心，贯穿研发、制造、营销、售后的全价值链运营的目标，必须打通企业内部数据，集成外部数据，做到流程在线化运营，基于数据实时采集、分析，支撑业务决策。

二、自主品牌汽车企业的数字化经营管理主要做法

（一）开展顶层设计，引领数字化经营工作方向

长安汽车要构建数字化经营模式，首先必须明确目标，制订规划，确定实施路径与策略，以此来指导后续工作的全面开展。与此同时，还要建设跨部门、跨业务、跨技术的建设团队，才能确保工作稳步推进。

1. 确定数字化经营管理模式的总体规划

首先确定总体规划，即坚持“两化深度融合”理念，以客户为中心、以产品为主线，瞄准经营目标，打通业务流程，深度应用数字化技术，建设流程管理体系、数据管理体系和大数据经营管理平台，逐步在研发、制造、营销等业务领域实施应用，通过数字化经营驱动业务模式创新、运营模式创新和管理模式创新，支撑全价值链提效降本、产品升级和生态构建，实现基于“智能 +”时代的企业转型升级。为此，明确了“三大支柱、两个支撑、两个保障、全业务应用”的数字化经营模式架构。

三大支柱：以流程、数据、平台为支柱。一是建设一套流程管理体系，理顺运营业务逻辑，分解关键举措和评价指标，实现全价值链贯通；二是创建一套数据管理体系，通过数据治理与管理，实现业务在线运营与大数据创新，并不断改进，形成标准和体系；三是构建一个大数据经营管理平台，承载流程体系与业务数据，有效实现业务经营与数据服务，确保管理落地。

两个支撑：一是以跨部门矩阵式团队为支撑，按业务、职能明确职责分工，相互学习沟通与促进；二是以先进技术为支撑，学习掌握数字化、网络化、智能化等前沿技术，特别是数据分析、算法模型等关键技术，并将其应用于推进工作中。

两个保障：一是建立人才机制，强化队伍建设，提升数字化经营能力；二是建立数字化运营评价与改进机制，不断完善优化，提升管理水平。

全业务应用：通过流程、数据、平台建设，开展数字化经营管理的业务应用，形成“流程在线、指标在线、分析在线、决策在线”，推进企业经营管理的改善与转型升级的实施。

2. 制订数字化经营管理模式的实施原则与策略

长安汽车规划了“先透明、后提升”的实施原则。

“先透明”：以汽车、家电等行业企业最佳实践为蓝本，快速构建数据分析的原点，成型、成熟业务先行，通过数据实现业务及管理透明化，实现全面、真实、透明、共享。

“后提升”：以逐步培养数据文化为基础，从“看数据、信数据到用数据”，通过数据驱动问题发现和业务改善，创新业务、管理及商业模式，提升整体业务经营能力，创造更多的市场机会和业务价值。

在此基础上，建立了“逐步融合、持续改善”的实施策略。

在逐步融合方面：以流程管理体系为牵引，端到端贯通业务，推动业务转型及与 IT 融合，通过业务与 IT 双轮驱动推动数字化转型。一是开展业务数字化，产生信息流；二是基于信息流进行指标透明化，统一业务目标、计算规则、数据来源；三是基于业务目标，大量运用数据分析工具，形成分析自助化，实现报告在线、会议在线、全面共享；四是将业务规则构建在算法模型中，实现算法线上化，自动驱动业务行为，逐步由信息化、数字化向智能化迈进。在持续改善方面：推进过程中贯彻“五个坚持”，即坚持一把手工程、坚持客户导向、坚持数据源唯一、坚持数据流与业务流一致、坚持学习借鉴和沉淀最佳实践，以此规避数字化经营过程中的风险。一是业务协同，紧贴一线业务定位问题、解决问题，有效驱动流程改进、业务运营、效率提升与管理创新。二是闭环优化，对管理问题、业务短板的发生原因进行剖析，制订整改方案并层层分解、定期回顾，让业务和管理形成闭环优化。

3. 搭建矩阵式团队，明确职责与推进方法

长安汽车搭建了由高层挂帅、业务一把手牵头、核心骨干参与的矩阵式团队，在公司层面设立领导

小组、首席数字官及项目总体推进办公室，并在每个业务领域设置数字官。

领导小组：负责确定数字化经营管理体系建设的推进方向，决策项目推进中的重大问题，保障项目各项资源配置。组长由总裁担任。

首席数字官：统筹数字化经营管理总体规划，制订推进策略与方案，组织推进实施。

项目总体推进办公室：负责确定项目推进目标，搭建团队，统一管理项目计划、资源、问题协调解决与升级，同时负责工具方法的培训辅导，建立推进机制，对推进情况进行评价与激励。

管理团队：负责从专业维度进行流程管理体系、数据管理体系、大数据经营平台建设与管理，开展数据分析、算法模型的应用，以及业务场景的探索与运营，促进管理、技术、业务之间的深度融合。

业务团队：负责制订、分解业务领域计划，协助管理团队开展项目建设，实施数字化经营管理模式在业务领域的运营、改善与创新。

长安汽车围绕总体推进目标，以业务为原点、任务为牵引，对目标计划层层分解，责任到人，建立一系列多层级协同机制、会议机制、评价与激励机制，驱动业务与 IT 并肩作战，促进各领域业务横向拉通，有效确保推进各节点里程碑目标的实现。

（二）建设流程管理体系，打好数字化经营的坚实基础

长安汽车设计并建立了一套以客户为中心、端到端贯通的流程管理体系，理顺了业务逻辑，固化了要求和方法，有效推动端到端闭环管理，强化组织协同与效率提升。

1. 设计业务顶层架构与主线流程架构，理顺并展示业务逻辑

长安汽车按照运营、赋能、支撑三个层级对流程进行分类，设计了流程体系的顶层架构。运营流程包括战略到执行（STE）、集成产品开发（IPD）、订单到交付（OTD）和产品市场营销与服务（PMS），是实现价值创造的核心流程与关键。赋能流程包括采购与供应商管理（SRM）、管理资本运作（MCI）、投资与建设管理（IMC + ECS），以确保运营流程顺利实现。支撑流程包括财务管理、人力资源管理、流程与信息化、基础支撑，保证企业的高效率、低风险运营。

长安汽车基于 STE、IPD、OTD、PMS 四大运营流程的实际业务划分，按实际业务流串联形成运营流程业务逻辑，明确各流程的边界、归属及衔接关系。

长安汽车重点开展了五个主线流程的架构设计，包括 STE、IPD、OTD、PMS 和 SRM。首先，对流程架构进行分层次定义，分为流程类（L1）、流程组（L2）、流程（L3）、子流程（L4）四层，子流程下再细化为活动和任务。其次，明确业务的层级和逻辑关系，完善、打通业务盲点，保证业务构成的完整性。再次，设计端到端的简明、高效、全要素流程，高质、高效、低成本运作，确保产生效益。最后，根据不同业务选择分层、阶段和场景分类三种模型进行流程架构设计，分别从纵向展现业务层级、从横向描述输入输出关系，并根据使用对象和应用场景的不同对业务全貌进行分类描述。

2. 开展流程梳理与指标设计，推动端到端闭环管理

基于流程业务单元，组成跨部门工作坊，分析流程目标与现状，开展流程梳理，固化形成流程文件。同时依照业务目标、规则与标准，遵循 SMART 原则，对流程执行过程中的输入输出数据进行设置，形成一套分层级、逻辑严明的流程指标。

在流程梳理方面，首先，识别流程服务对象（客户），包括外部市场客户与内部组织客户，把客户满意而非上级满意作为流程管理的目标与宗旨，纳入流程管理体系。其次，梳理现状，确定流程中业务环节的具体操作方式，并用标准流程语言表达，以完整的业务功能单位（如生产、供应链、研发）作为整体来呈现，其中业务环节使用流程角色而不是部门，为流程打破部门墙提供保障。之后，针对业务痛点和短板，组织成立流程改善项目，明确流程负责人（Owner），专题推进业务改进和优化，并落实到流程中。最后，将流程梳理的成果进行固化，开展五大流程文件编制和评审工作，共发布流程文件

198 个。通过流程梳理，确保每个流程都有清晰的输入输出和流程接口，实现业务流的端到端贯通，消除流程断点，大幅提升了流程运转效率。

在指标设计方面，一是从战略出发，将战略目标自上而下层层分解，制订长、中、短期目标，分解到操作部门直至员工，形成以指标为核心的目标责任体系。二是遵从目标分解模型，通过识别目标、识别关键成功因素、制订业务举措、设计指标进行评估与衡量、明确指标责任单位五个阶段设计流程指标。三是将各层级指标与业务流程进行匹配，检核指标是否有对应的业务流程和管理动作承载，确保所有指标有责任单位负责运营。四是将各层级指标按照平衡计分卡的四个角度进行分类汇聚，检核指标是否符合平衡计分卡模型，确保指标落在“财务、客户、内部运营、学习与成长”四个角度，进而支撑企业战略得到有效执行。

3. 建立流程运营和评估机制，持续完善与优化

按照流程的问题驱动、节点驱动、时间驱动三种方式，从信息流、组织保障、时间与数据管理、方法与工具四个要素，分别建立运营机制，确保流程体系的推行程度和运营效果，并持续完善与优化，改进业务。

为确保流程的有效运营与持续改善，长安汽车借鉴业内通行的流程成熟度评估模型，自行设计了一套流程成熟度评估标准，从流程结果、流程过程、运营机制、流程管理四个维度评估流程的成熟度水平。

流程评估的开展分为收集信息、分析信息和编写报告三个阶段，其重点在于发现问题、分析根源、寻求可解决方案。一是收集信息，包括战略规划、年度业务计划、关键绩效指标及完成情况、流程架构、流程文件和管理办法等内容，通过阅读这些资料了解业务和流程现状。二是分析信息，分析近几年的指标数据运行情况，并与竞争对手和标杆进行对比，发现偏差与问题，找出绩效差距的原因，制订改善措施。三是编写报告，主要围绕成熟度模型的四个维度进行阐述，提出核心问题和相关的优化建议。报告经业务部门确认并发布后，后期持续追踪问题的改进情况。

（三）创建数据管理体系，确保数字化经营规范运行

1. 建立数据管理体系框架与标准，做到有章可循

长安汽车创建了数据管理体系框架，主要涵盖以下领域：一是数据架构管理。从数据模型、信息价值分析、数据流分析、数据技术架构方面构建数据架构，并进行管理。二是数据安全管理。从数据安全策略、安全管理、安全审计方面，对数据的安全进行管理。三是数据质量管理。从数据质量需求、质量检查、质量分析、质量提升方面对数据质量进行管理。四是主数据管理。从主数据的定义、维护匹配规则、层级及关联关系、需求分析、数据源整合、发布及变更管理方面进行管理。五是元数据管理。从元数据的架构定义、标准开发、系统管理、维护、数据采集、数据应用分析方面进行管理。六是数据生命周期管理。从数据的规范和定义、采集、存储、整合、展现、分析应用、运营、销毁与归档方面进行管理。长安汽车累计制定并发布了 35 项数据管理标准，标准覆盖率从原来的 10% 提升至 56%，达到行业管理水平，有效指导体系建设、数据治理等工作的开展。

2. 开展业务数据规范性治理，确保数据健康

长安汽车以标准文件为基准，建立数据治理周报、数据质量红黑榜机制，将产品主数据领域纳入月度数据质量红黑榜通报，在其他业务领域逐步推广并纳入管理，有效支撑了数据治理相关的工作。一是持续开展指标评审。以《指标及数据项检核评价》为标准，累计组织业务项目指标评审 583 场，参与评审 2845 人次，评审 1118 个指标，其中检核通过 554 个指标，修改指标 328 个，失效指标 5 个，否决无价值、无意义指标 138 个。二是产品主数据治理。对三年内生产、销售、服务的产品主数据的 3.1 万余条的 41 项属性进行数据收集、整理、入库、发布，完整、准确、规范，满足业务的使用需求。制定

并发布《产品主数据》《产品主数据管理程序》等企业标准，开展产品主数据质量运营，每周发布产品主数据质量周报，产品主数据质量完整率从93%提升到99.6%，健康度平均值达到98.99%，达到行业同等领先水平。三是其他基础治理并行推进。根据国家标准，对各业务领域数据管理现状进行摸底，识别自身数据管理存在的问题，找准关键问题和度量差距，规划未来数据管理提升路径，提升数据的价值。统一经销商主数据共61项维度属性的定义、9大属性项逻辑关系；确定8个供应商数据使用部门共44项供应商主数据属性项，明确属性项定义，统一属性项列表、属性值，有效支撑了产品研发、销售、采购、财务等领域业务活动的开展。

3. 建立数据控制规范与机制，保障运营安全

长安汽车制定了规范的数据安全保障机制，保障了数据的安全性与合规性。在终端计算机病毒防范方面，采用国家许可的正版防病毒软件并及时更新软件版本，定期进行病毒检测，并发布防范措施及方案，定期开展培训宣传，确保终端应用有效运行。在网络通信方面，建立网络防火墙，通过滤波器和网关集成，使外部滤波器保护网关免受来自外部的攻击，内部滤波器对一系列中间网关进行防卫，并按照不同操作级别规定用户相应的访问权限，有效地保护大数据平台的安全性。在数据库方面，一是通过并发控制、访问权限控制和数据的安全恢复保障；二是在安全策略上，规定详细的文件访问权限，并要求管理人员对其逐一检查，以确保正确的数据文件访问限制；三是在数据库中，对每个表空间、用户角色等，都要规定适当的访问权限。在软件应用安全方面，采取存取控制、信息流向控制、用户隔离及病毒预防的方法进行，应用前对软件进行严格的测试、验证，并兼容原有系统技术及应用，做到用户无感知体验变化。

（四）构建大数据经营管理平台，支撑数字化经营有效落地

长安汽车构建了一套高扩展性的大数据经营管理平台，对数据进行拉通整合，统一存储，通过持续开展平台运营，为企业提供更全面、更精准、更具价值的数据服务。

1. 搭建大数据经营管理平台，承接流程体系与业务数据

采用大数据 Hadoop（Hadoop Distributed File System）开源技术、弹性（ElasticSearch）文本搜索、分布式网络采集系统及基于自然语言处理和机器学习模型等领先技术，通过私有云服务（本地化）和公有云服务的混合云部署方式，搭建大数据经营管理平台（CA－DDM）。CA－DDM主要包括数据源、数据存储平台、数据服务、数据应用和数据展现五层架构，贯通元数据、数据质量管理和平台项目迭代开发管理。CA－DDM承接流程体系与业务数据，用户根据自身业务场景编排流程、调用服务。

2. 整合内外部业务系统数据，实现流程拉通、内外数据共享

长安汽车整合内外部业务系统数据，拉通企业内部涉及研、产、共、销及基础管理等方面的信息系统数据和来自外部的互联网数据，实现流程拉通和内外部数据的统一融合、共享。在企业数据方面，基于CA－DDM，通过采集ERP（企业资源计划）、MES（制造执行系统）、SRM（采购管理平台）、DCS（营销服务系统）、HRMS（人力资源管理系统）等一系列企业内部系统的交易数据及基础数据，基于统一数据标准和定义，通过数据抽取、数据处理、数据加载的方式，对数据进行建模，最终通过技术手段在PC端、移动端、大屏端等进行数据可视化展现，满足各层级用户的数据访问及应用，有效地支撑长安汽车各业务领域的运营分析。在互联网数据分析方面，主要以独立自主且高效稳定的数据采集平台为基石，采集和融合汽车行业相关网站和平台数据，如汽车垂直网站、门户汽车频道、大型论坛、搜索引擎、社交网站、质量网站等。基于Hadoop、ElasticSearch、Redis、Mysql等开源技术平台，从海量数据中挖掘出信息的价值点，打造将舆情监控、用户洞察和产品分析变得简单高效的在线分析平台，为企业提供互联网大数据服务。

3. 运用四大数字运营方法，实现数字化经营管理模式落地

长安汽车运用流程在线、指标在线、分析在线、决策在线四大数据运营方法，实现“业务”与“技术”双轮驱动，推动数字化转型。在流程在线方面，通过业务数字化，用IT将业务固化，产生信息流，通过流程承载业务运营，促进业务的在线管理。在指标在线方面，基于信息流统一业务目标、计算规则与数据来源，通过业务指标透明化，形成业务指标体系，帮助业务数据运营。在分析在线方面，基于业务目标，大量运用数据分析工具，形成分析自助化，实现报告在线、会议在线、全面共享。在决策在线方面，基于业务目标，将业务规则构建在算法模型中，实现算法线上化，自动驱动业务行为。

（五）开展业务应用与运营场景分析，促进数字化经营切实见效

长安汽车推动基于流程、源于数据的业务应用，并开展运营场景分析与优化，促进数字化经营在实践中见效，助推企业持续发展。下面重点介绍制造、营销两个业务领域的应用情况及效果，以及运营场景分析与优化的工作方法与实例。

1. 优化订单到交付的业务流程与系统，提升客户订单交付能力

长安汽车开展订单到交付（OTD）新业务模式和管理精益化实践，使供应链的业务数据透明化、缩短OTD时长、提升准时交付客户订单的能力。

（1）贯通OTD全流程，实现全过程数据透明。

长安汽车分两个阶段逐步实现OTD流程和系统全面贯通。第一阶段，以经销商的订单为起点，通过需求ID和制造ID实现需求和生产的联动，实现了销售订单与生产计划单车管理的流程打通。第二阶段，用户订单的管理与经销商的订单进行匹配，实施了IT系统对OTD业务的全覆盖。

长安汽车推进了OTD全流程数据可视化、在线化工作，将OTD流程划分为用户订单、销售需求、计划排产、整车生产、企业库房、社会库房、用户收车七大环节，围绕需求和订单两条主线，共定义了38个关键节点。同时设计了产量、节点执行时长等关键节点的运营指标，并明确了各节点的指标基线。通过大数据经营平台自动获取业务系统数据，构建了运营指标计算逻辑和运行异常预警机制，在一块大屏上展示OTD全过程数据，实时反馈异常预警信息。

（2）匹配客户需求与生产安排，缩短订单交期。

长安汽车通过优化流程，优化客户需求与生产的匹配逻辑，构建了高级计划排程系统（APS），实现客户需求与生产计划的快速匹配。一是梳理OTD全过程中对计划的约束条件，包括生产约束（产能、节拍、工作日历等）、供应链约束（供应商产能、库存、在途等）、成品约束（在库、在途数等）；二是针对月天计划调整、周度订单变更、用户订单插单三种生产计划变更，采用线下调整、配置变更、计划排产等不同处理方式，并形成相应的规则。在此基础上，构建了基于约束条件和计划变更规则的算法模型，通过APS系统，按照最优路径、最优效率、最优成本进行智能排程，用最短的时间满足用户订单。

（3）共享用户订单交期承诺，提升用户购车体验。

长安汽车向用户承诺订单交期，即在用户下订单时便向用户承诺交车时间。用户下单后，系统按照经销商库存—企业库存—计划的顺序自动匹配资源，锁定资源后按照后续订单执行的节点进行时间推演，形成用户交车时间。用户在App上可查询订单所处的环节及预计交车时间。

客户订单交期承诺业务优化涉及系统多，包括用户端（App）、销售（DMS/DCS）、计划（OMS）、工单物料需求（ERP）、生产（MES）、整车物流（VDS）等主流系统。为此设计了包括客户订单中心、资源分配中心、交期运算中心、基础数据中心四个中心的IT架构，分版块完成各自功能模块，通过算法模型计算预计交期，最后从DMS系统向移动端提供订单交期时间。订单执行过程是动态变化的，CA-DDM系统每小时更新未完成客户订单状态，每日更新后均将运算一个新的交付时间作为每日更新交期。

2. 深化营销数据运营，促进销售业绩提升

长安汽车按照建体系、上系统、强运营的指导思想，建立营销指标体系，运用 IT 技术手段实现指标在线化管理，建立数据运营机制，促进营销效率提升。

（1）建立营销指标体系，确保业务绩效可衡量。

首先，长安汽车以零售量、市占率、批售量、营业收入、利润总额、客户满意度六项反映企业经营结果的关键绩效指标为基础，对核心支撑性指标开展层层分解和识别，形成三层级、四大类 55 项指标的 CA - PMS 核心指标体系。其次，在业务承接指标方面，从目标策略展开来制订业务举措，识别关键成功因素，进而匹配到营销业务流程架构，与业务流程耦合，确保指标体系得到流程的有效支撑。再次，通过流程模块，对应到责任部门，实现指标落地、责任到人。采用“能力提升→流程绩效→客户满意→财务收益”的平衡记分卡模型，对指标间的逻辑关系进行有效性和完整性检核，验证指标间的牵引关系（先后、上下级关系），避免关键指标缺项。

（2）运用 IT 技术手段，实现指标在线化管理。

在主机厂层面，重点关注业务板块的分析模块及其应用。运营板块应用销售漏斗，实现线索、客流、潜客、订单、实销多维度细化分析；服务板块采用统一的结构化报告，实现服务运营分析更加结构化、模块化；能力板块通过建立能力诊断模型，实现经销商运营趋势全维度排名及分析。CA - PMS 营销指标在线化率达到 72%，大幅度提高工作效率。

在战区层面，重点关注综合运营的在线化及移动化分析。承接主机厂业务分析逻辑，从区域、产品、人员等维度进行各项销售指标的运营分析，以结果为导向倒逼营销过程管理，通过大数据运营及时纠偏，助推各阶段销售目标按期达成。

在经销商层面，重点关注运营数据及其在线分析。承接主机厂及战区运营分析逻辑，以日常运营数据为切入点，开展时间数据管理的运营在线分析，将经销商的运营分析结构化、数据化，数据结果反馈至战区及主机厂进行过程改善。

（3）建立营销数据运营机制，促进销量持续提升。

长安汽车建立了“日常运营 + 月度监控 + 迭代更新”的运营机制，通过持续观察成效和 PDCA 循环迭代，提升业务能力。日常运营从指标数据记录、设置目标和基线、定期统计分析、建立异常反应机制、制定时间数据管理五个维度开展运营；月度监控通过指标体系月度观察，建立月会平台发布审核指标的运营情况，并对异常问题进行 KTM 过程管理；在迭代更新方面，建立了迭代更新机制，明确指标的迭代要求，统一标准。各业务单元也建立了相应的常态化数据运营机制，确保指标的有效落地。

3. 开展数字化运营场景分析，沉淀最佳实践

长安汽车分阶段、分领域开展大数据场景运营分析，通过不同类型的链接方式将跨领域的数据链接起来，面向场景多视角、多维度地进行关联影响分析。分析首先在营销领域开展，包括网络产品、股吧舆情和个人舆情三项，然后逐步向客户、研发、财经、制造领域推广，分析数量逐年增加。

在数字化运营场景分析工作中，通过建立专职数据运营团队，持续完善运营机制，在数据运营中发现问题，找到经营短板，提出改善建议。经过不断总结经验，沉淀了基于指标体系的大数据场景运营体系，以及一套大数据场景运营方法——运营四步法。

下面对运营四步法进行简要介绍。首先，量化运营指标，即将指标量化，形成确定 Specific（明确的）、Measurable（可衡量的）、Attainable（可达成的）、Realistic（现实的）、Time bound（有时限的）的运营目标（指标）；其次，构建指标体系，即将运营目标（指标）拆解到原子层级，体现原始业务本质和影响因子，并匹配到流程节点上，形成结构化、流程化相互之间有逻辑联系的指标运营体系；再次，分析影响因素，即通过大数据分析，感知外部因素变化并引导内部因素变化，对其进行规律化、模

型化处理，发现风险，预测未来，高效实现运营目标；最后，进行 PDCA 持续改善，即针对运营目标的指标体系，不断回顾目标达成情况，运用六西格玛工具采取措施持续进行改善。

另外，在营销领域，针对经销商多、运营管理涉及范围广、数据量大、评价耗时长等诸多问题，通过建立经销商能力诊断模型，在数据驱动的智能管理平台上实现自动化处理和分析。经销商可以自主查询，横向对比、分析、改进，企业也可及时掌握战区经销商的运营状况。

长安汽车引入算法模型技术，将其应用于特定业务场景。历经引入算法软件、单点离线应用、工程化应用三个阶段，当前已覆盖管理难点和痛点的 10 多个场景。

（六）搭建管理运营机制，保障数字化经营顺利实施

1. 强化人才队伍建设，提升数字化经营能力

（1）引入专业人才和团队，联合开展数字化经营落地。

长安汽车引入了行业大数据专家人才，带领团队在大数据算法模型领域、数据运营领域开展专业能力建设，重点围绕营销、产品、质量等领域推动数字化经营。同时，加强与国内知名大学的校企合作，联合开展数据模型的研究和应用，学习和沉淀最佳实践，对行业热门的媒体舆情情感度、舆情洞察分析、水军识别、用户洞察，以及“长安出行”业务运营等进行分析。特别是以“培养队伍和水平、推动企业数字化转型、推广与赋能分析文化”为使命，组建指标及算法专家工作室，围绕战略意图、市场洞察、创新探索开展基于企业指标体系下的算法模型建设。

（2）认证培养“民间数据分析师”，打造新业务人才蓄水池。

长安汽车开展了“民间数据分析师”认证培养活动。一是引入数据分析工具，通过构建自助分析平台，开发 5 大版块 24 门数字化学院专业课程；二是组织“民间数据分析师”训练营，提升传统业务人员的数据分析素养，讲授分析方法；三是开展“民间数据分析师”认证，制定认证标准。

2. 建立数字化运营评价与改进机制，提升管理水平

长安汽车围绕“数据建设”和“数据运营”，建立了数字化经营评价标准。数据建设方面主要包括指标治理、数据标准、指标交付、系统改善、业务改善；数据运营方面主要包括页面访问量、用户活跃度、问题反馈、数据报告、运营成果。

根据该标准，陆续将试点的 31 个二级业务单位纳入评价范围，按月度发布经营情况评价报告，以积分制方式对各项工作累计得分进行排名，对排名靠前的单位进行表扬和激励，对排名靠后的单位进行通报，督促整改。

3. 加强内外部学习与交流，沉淀大数据最佳实践

长安汽车邀请腾讯、美的、密歇根大学、重庆大学、北京理工大学等行业知名企业、大学、研究机构的专家学者，通过“管创研习社”、案例分享会、大数据研讨、产品培训等方式，组织开展 50 多起大数据管理、数字化经营的培训学习，提升技术、管理人员的数字化经营管理意识与能力。同时，还积极参与政府机构及行业各类大数据论坛、交流研讨，来自包括百度、阿里、腾讯、华为、美的等企业，有效学习和沉淀了先进企业的经验，为长安汽车大数据运营提供了有效的参考依据。

三、自主品牌汽车企业的数字化经营管理效果

（一）促进业务运营水平提升，产生显著的综合效益

长安汽车通过数字化经营管理模式构建与实施，从端到端解决了业务的痛点和难点，实现业务与数字化经营的深度融合。通过在内外部的推广应用，取得了比较显著的直接和间接综合效益，共计实现直接经济效益 33679 万元。

在内部应用方面，驱动业务运营，推动经营目标实现，数据管理成熟度基本达到行业水平，使企业的运营效率提升 40% 以上，逐步降低企业的运营成本。在外部应用方面，长安汽车在近四年累计 6 次

被纳入国家部委、重庆市政府等部门“关于大数据示范试点项目”计划，在“企业运营效率、企业运营改善、数据服务交付、应用复制推广”方面成效显著，其经营管理模式不仅率先在兵装集团体系内部示范推广，还应用到长安福特、长安马自达汽车和长安马自达发动机等合资企业。

（二）形成数字化经营管理模式，提升企业核心竞争力

在数字化技术平台构建方面，长安汽车实现企业数据的统一，打破了数百个系统以往为数据孤岛的局面，确保了十多个业务领域数据的集成、共享，对企业内部、互联网、客户、车联网等进行有效融合，在行业处于领先地位，为数字化经营管理模式的全面有效应用打下坚实基础。

在数字化管理模式创新方面，推动长安汽车的内部运营分析，有效促进了在管理、市场及产品上的创新和持续改善。一是实现企业内外部数据相融合，从经验驱动的管理模式向高效、精准的数据驱动模式转变；二是利用互联网大数据直达用户，更全面、直接地了解用户对产品的需求，指导产品策划及改进；三是融合内外部数据，对用户进行画像、洞察，通过自动化分析，更加精准地进行营销服务，提升效率，降低成本；四是依托 CA－DDM，形成了“发现问题—剖析原因—制订措施—执行监控—效果评估”的闭环经营机制，通过数字化经营驱动业务和管理的持续改善，提升企业核心竞争力。

（三）支撑企业数字化转型升级，引领中国汽车品牌价值向上

数字化经营管理模式的构建与实施，能够从真正意义上聚焦全联接、全场景，将互联网数据、企业数据应用于企业数字化经营、决策，智能化管理，实现业务的增长、客户的满意，提升内部管理效率，洞见新的商业模式，从体验创新、效率提升和模式创新三个方面为企业带来新的价值。

长安汽车数字化经营管理模式的构建与实施，促进了研发、制造、营销、财经、质量、采购、用户大数据等 13 个业务领域的有效开展。通过数字化经营管理模式的应用，有效推动了长安汽车的管理变革，倒逼了业务的不断改善，挖掘了更多的市场机会和商业价值，在汽车行业率先垂范，有效推进传统企业的转型升级。

（成果创造人：王　俊、张玉祥、周　鑫、胡林海、蓝　斌、袁辰光、
章　浩、徐自勇、王颖异、袁小丰、侯　坤、于培香）

大型军工集团以赋能业务为导向的数据工程建设

中国航天科技集团有限公司

中国航天科技集团有限公司（以下简称集团公司）是1999年7月1日在原中国航天工业总公司所属部分企事业单位的基础上组建的国有特大型高科技企业，是我国航天科技工业的主导力量，主要从事运载火箭、卫星、载人飞船、货运飞船、深空探测器、空间站等宇航产品和战略、战术导弹武器系统的研究设计、生产、试验和发射服务。集团公司拥有16个国家级重点实验室、21个国家级工程研究中心、56个产学研合作创新平台、40个国际研发中心、8家以航天产品经营为主的大型科研生产联合体（研究院）、11家专业公司、14家上市公司和若干直属单位。科研生产基地遍及北京、上海、天津、西安、成都、中国香港、深圳等地。现有员工约18万人，拥有两院院士31名，各类拔尖人才数量与各类科技成果在央企中名列前茅。自中华人民共和国成立70余年来，集团公司完成了一系列国家重大科技工程任务，以掌握具有自主知识产权的关键核心技术为目标，取得了数百项标志性成果，创造了以载人航天和月球探测两大里程碑为标志的一系列辉煌成就，为我国国防建设和国民经济发展做出了突出贡献。

一、大型军工集团以赋能业务为导向的数据工程建设背景

（一）响应国家发展战略，提升航天装备研制和交付生产效率

当前大数据技术已成为我国发展的重要战略支柱。国务院印发《促进大数据发展行动纲要》，全面推进大数据发展，加快建设数据强国；“数字化转型”“数据治理”“数据工程”等新概念逐渐兴起，国家乃至企业对于数据的依赖程度和关注程度达到了前所未有的高度。数据作为促进产业升级和技术创新的重要战略资源，同样受到了中国航天科技集团有限公司的高度重视。随着我国航天事业的蓬勃发展，航天装备研制和交付规模高速增长，每年航天发射任务从几十次跃升至几百次，在航天行业“高质量、高效率、高效益”发展的前提下，数据的规范采集管理和深度的挖掘应用已成为支撑航天“三高”发展的重要途径。

（二）提高数据管理能力，适应新时代装备体系化发展的需要

航天装备具有“高、远、快、精”等特点，装备研制要满足实战化、体系化，要“摸边探底”“摸清装备性能和效能底数”。面对航天装备的特点和研制要求，重要的解决途径之一就是数据。因此，以数据共建、共享、共用为核心的装备体系化、实战化需求正在深刻地改变科研模式和工作机制，成为推动装备研制创新的重要力量。为提升数据管理能力，支撑装备在数字化条件下的体系运用能力，驱动装备建设自主创新发展，集团公司积极响应上级号召，以支撑装备研制、鉴定和运用的试验数据为试点，探索数据管理体系和工作推进模式，建设以数据中心为代表的基础支撑平台实现数据赋能；推进数据分析挖掘与共享应用，持续提升航天装备实战化、体系化发展的基础能力。

（三）助推数字航天建设，实现数据赋能业务的重要途径

集团公司在数字航天战略中，将数据作为企业的核心资产和关键生产要素。数据的产生、使用、管理、维护等环节涉及多个领域、多个院所、多个地域，数据流转关系复杂、涉密程度高、质量参差不齐。面对日益增长的数据规模，以及亟须加快落实数据管理和应用的形势任务，如何做好数据治理、打通数据链路、挖掘数据价值，更好地利用数据为科研业务服务，已成为影响集团公司数字化转型的关键。然而，目前尚缺乏数据治理的政策和制度，没有成立专门的组织去推动科研生产数据的采、存、

管、用工作，没有建立与之配套的业务流程，标准体系尚不健全，工具平台尚未建立，因此亟须建设支撑数字航天的标准规范体系及服务全域贯通的数据中心，有效促进数据用起来、活起来。集团公司必须深刻把握形势任务，以数据运用作为赋能科研生产核心业务的重要抓手，全面树立数据驱动的发展意识，改变传统的管理思路和模式，探索实现全量数据采集汇聚、全域数据融合贯通、全维数据分析挖掘的数据工程管理模式。

基于上述情况，从2019年至今，集团公司全面启动数据工程工作，力图以数据为抓手，实现数据赋能业务，形成以数据工程为特色的数字化转型方法实践。

二、大型军工集团以赋能业务为导向的数据工程建设主要做法

（一）开展方法导入，形成数据工程总体工作思路

集团公司将装备试验数据工程作为“一把手”工程，党组做出“集团公司要在2021年全面纳入装备研制流程，实现规范管理”的重要批示，党组领导亲自动员部署，主持装备试验数据工程建设工作动员部署会，明确提出集团公司全员要清晰地认识到数据不仅是航天装备研制的基础支撑，也是推动集团公司数字化转型的关键要素，更是集团公司组织长远发展的战略资源。在工作推进过程中，组织开展调研交流、方法咨询、培训学习、审查讨论、监督检查等各类活动50余次，在全集团范围内统一思想、开拓思路、转变观念，营造“人人讲数据，事事靠数据”的文化氛围。

经论证分析，集团公司确定了数据工程建设的总体工作思路，首先成立覆盖全集团主要业务和管理部门的工程推进组织，其次展开三条主线工作，最后通过闭环检查，发现薄弱环节，持续改进提升。

一是采用航天系统工程管理理念，在全集团层面建立“一核双线”的工程推进组织，统一思想，建立数据管理方法体系，在管理线和技术线同时设置业务总体和信息化总体，双总体在工程推进的不同阶段工作重点各有侧重，交替牵头、密切协同，通过业务与信息化双轮驱动，实现统一组织下业务与信息化的深度融合，发挥组合优势。

二是围绕“体系设计—系统建设—应用验证”三条主线推进工作。其中体系设计主要是通过把顶层框架和底层基础相结合，建立统一规范的数据管理体系，为工程建设夯实基础底座；系统建设是以互联网思维为指导，打通跨组织、跨地域、跨领域的数据交换共享链路，开发全集团“逻辑一体、物理分布”的数据中心，使数据可以安全地“流起来”“活起来”，为装备科研生产提供强有力的支撑；在应用验证环节选取示范装备开展数据应用，边建边用，以用促建，迭代完善。

三是引入PDCA管理工具围绕三条主线开展闭环检查验证，持续发挥优势、不断化解风险，逐步形成适应大型军工集团的数据工程建设管理实践。

（二）健全组织机构，业务与信息化协同，发挥组合优势

数据工程建设由集团公司顶层牵引开展建设工作，涉及下属各院和各厂所，贯穿集团、院、厂所三级法人机构，因此，需要建立一个具有执行力且高效的工程推进组织。

与型号研制工作相似，数据工程同样是一个复杂的系统工程，“两总制”“双线管理”是航天系统工程的法宝。按照航天系统工程的管理模式，集团公司组建“一核双线”的组织管理架构。其中，“一核”是指由集团党组领导为工程总指挥，型号技术带头人为工程总师，顾问专家组为支撑，总部主管机关为工程办公室的核心管理团队。党组领导亲自带队深度参与总体技术方案、数据中心需求分析、数据中心建设方案的评审把关，确保全集团建设思路一致性，积极参加实施过程中重点、难点问题的研讨和审查，确保工作推进不偏航；总师及顾问专家组深入一线、靠前指导，全过程把控建设技术方向，为工作顺利实施提供专业引领。“双线”是指管理线、技术线分工协作和整体推进，在每条线均设置业务总体和信息化总体，形成2乘以2的工作推进矩阵。

在管理层面，集团公司系统工程部作为业务管理部门，以航天重大型号研制为抓手，将数据工程工

作项目、工作流程、标准规范、管理制度等相关事项及要求推动落实在型号研制和技术研究中，促进数据工程和型号研制工作紧密结合；集团公司资产运营部作为信息化管理部门，从集团层面进行顶层规划论证，统筹协调数据中心建设相关事宜。此外，标准化院作为集团公司标准化归口管理单位，协调调度各支撑单位开展数据工程规章制度、标准规范建设工作，协助开展全集团管理线工作。

在技术线，航天一院总体设计部是国家重点航天装备和运载火箭抓总研制单位，作为数据工程业务总体，负责研究型号研制过程中试验数据管理的方法和手段，提出数据中心建设需求，并开展应用验证；神软公司是集团公司所属的软件开发及集成单位，作为数据工程信息化总体，论证集团公司全域数据中心建设方案并牵引各院数据中心建设，与总体设计部共同带动全集团技术线工作。在“双线”组织模式下，建立多部门协同、上下级联动的扁平化工作网络，为数据工程工作安装双轮驱动，解决数据中心建设和业务需求脱节的难题。

（三）完成顶层设计，打牢底层基础，制定数据规范管控策略

1. 发布数据工程顶层要求，推进数据工程融入装备研制主线

为确保数据工程在集团范围内有效推进，在全集团层面发布《航天装备研制管理办法》，其中明确提出新研型号应编制试验数据大纲，从型号研制顶层明确试验数据采存管用的范围、要求、职责和流程，将数据工程的成果融入型号研制流程，以型号研制带动数据管理工作。

同时，制定《数据工程大纲》等制度和要求，大纲中明确规定型号研制过程试验数据管理的阶段、工作项目、数据格式和具体流程。通过型号大纲这一法定文件，明确责任主体，确保数据及时准确采存，推进实现装备数据常态化管理。

此外，为促进数据在集团内部顺畅流转，梳理现有数据交换共享流程及模式，结合装发要求及装备研制的实际需求，打破组织壁垒，制定了《装备数据交换共享管理办法》，明确交换共享工作五项原则、数据权限控制的四个要素和两个场景的工作流程，最大限度促进权限控制范围内试验数据的流通与共享，保障数据活起来、用起来。

2. 构建数据工程底层支撑，实现数据工程标准体系规范统一

为确保数据标准体系的规范统一，推进提升自身数据分析、应用能力，结合航天装备特点，参照上级标准，引入 DCMM 数据管理能力成熟度评估模型，完成集团公司数据工程标准体系建设工作。

在标准体系建设过程中，以数据工程建设需求为牵引，明确各类数据的共性特征及个性特点，围绕数据“采、存、管、用”各环节，从装备全生命周期出发，结合装备研制工作特点和数据技术发展趋势，建立全方位、多领域的数据工程标准规范体系，并开展相应的示范试点研究工作。围绕标准编制工作，集团公司先期组织编制装备试验数据标准规范试行稿，推广在各院试行，不断验证其合理性与实用性，经修改迭代完善后再上升为标准规范，确保标准的适用性。

针对历史数据和新生数据的不同特点，编制《航天产品试验数据采集整编要求》，制定不同的数据采存流程。对于历史数据，以数据抢救为核心，重点关注数据电子化集中存储；对于新生数据，以支撑后续数据应用为核心，重点关注数据采存的统一化、规范化和常态化。

针对装备数据种类繁多及编码不统一的特点，参照装发数据工程相关标准编制《航天产品试验数据分类与编码》，结合航天型号多层级供应链管理方法，从型号产品、工作项目、数据文件三个维度梳理形成支撑装备研制全生命周期数据管理的数据分级分类方法，同时构建全局唯一、全链路可追溯编码方案，推进全域数据的规范化管理，支撑了集团内外数据的交换共享。

针对信息系统存在“信息孤岛”的问题，编制《型号试验主数据与元数据定义及要求》，梳理构建统一规范的元数据及主数据，经过业务总体牵头梳理，形成四大类 26 个子类主数据及相关属性，以及型号试验、试验数据文件、试验参数信息三类元数据，研究实现数据跨业务、跨流程、跨单位地共享，

保障业务在全集团范围内的连贯性，进一步支撑实现数据在全域范围内的一致性、完整性和规范性。

截至目前，建立涵盖国军标、集团标、院标及厂所标在内的标准体系，规划包含150余项标准，已完成70余项标准发布。其中，全集团层面发布技术术语、共用应用字典、分类与编码、主数据等基础标准，在此基础上，各院针对自身装备特点细化分解，形成基础统一、兼顾各类航天装备特点的数据治理标准规范体系，确保数据治理体系的标准化、统一化及规范化。

（四）搭建数据中心整体架构，实现全域数据贯通

1. 提出四个统一建设原则，完成数据中心一盘棋方案

数据中心建设的目的是服务于科研生产，集团公司是个复杂的科研生产联合体，涉及“弹、箭、星、船、器”五大领域，下属全国各地共计8个研究院、70多个厂所。针对各级单位异地分布的特点，集团公司从顶层确定构建集中统一的数据中心整体架构，经反复研讨，专家组会同业务和信息化部门提出“统一规划、统一架构、统一标准、统一界面”的建设原则，形成一盘棋建设方案。同时，建立集团和下属各院数据中心“逻辑一体、互联互通、数据共享、协同应用”的一体化业务运行机制。

2. 针对跨组织异地分布特点，设计实现“2+N”总体架构

针对集团公司各院异地分布的现状，各院信息化专家从各自已有的数据管理系统建设现状、科研生产业务实际需求出发，以系统工程思想和信息系统构建方法论为指导，以服务型号研制及专业建设为主线，以开展数据管理及应用为核心，采用数据领域前沿技术，论证并提出集团公司“2+N”的数据中心总体架构。“2”为集团公司顶层系统，即数据综合管控系统和交换共享平台；“N”为各院数据中心。针对顶层系统，由集团公司统一建设，重点依据《装备数据交换共享管理办法》，统一开发了集团公司交换共享平台，部署于集团公司本部，并打通了与各院数据中心的接口。

3. 围绕软件工程建设思路，业务与信息化协同推进

为保证各院数据中心建设满足顶层统一规定，集团公司引入软件工程的建设思想与理论，着重把控各院数据中心建设过程中的需求分析、建设方案和上线试运行三个关键点，确保各院系统建设不偏离集团公司顶层框架。

在需求分析阶段，由业务总体编制形成《试验数据中心需求规格说明书》，详细规定各院数据中心建设应充分考虑总体需求、业务需求、用户需求、功能需求、接口需求、质量和性能需求、安全保密需求、运行环境需求等多要素。需求分析由各院业务主管部门组织推进，牵头业务总体与型号队伍围绕应用目标及数据相关方进行需求挖掘、分析与梳理，形成数据中心需求分析报告。

在系统建设阶段，由信息化总体编制形成《试验数据中心建设方案编制指南》，详细规定各院数据中心建设应充分考虑总体架构设计、硬件资源设计、主要功能模块设计等多个方面，由各院信息化主管部门组织推进，牵头各院信息化总体单位围绕各自实际情况开展论证与设计，形成数据中心建设方案。

在数据中心上线试运行阶段，要求各院选取典型型号和专业，督导各院业务部门和信息化部门“双线”融合、协同推进，确保数据中心能用、好用。

目前，基于统一的技术架构，已完成集团试验数据综合管控系统、交换共享平台及三个总体院数据中心的开发、部署和上线运行。通过数据中心建设，完成共计1316TB历史数据抢救入库，其中813TB数据按照标准完成整编。

（五）应用验证牵引，实现数据中心赋能业务创新

1. 推进型号全域试验数据采集，构建数据产品支撑型号研制

某型号目前已开展大量地面试验，产生大量测试数据。地面试验及飞行期间产生的数据中蕴含了表征性能变化的重要潜在规律，传统数据分析应用能力仅能对其表层含义进行分析，尚未对数据中含有的深层次规律进行分析挖掘并服务于装备使用。其作为试点型号，通过数据工程大纲实现全生命周期试验

数据采集，采用基于大数据的智能分析算法，识别和分析产品的物理规律，开展对产品性能参数的趋势分析及性能预测，深入挖掘数据中蕴含的变化规律；同时对飞行遥测数据进行跨试验的数据分析挖掘，构建飞行包络线，复现飞行动作时序。通过针对数据的多维应用，形成涵盖多个使用剖面的测试数据关联决策模型及判据优化方案，构建通用数据产品，有效支撑了型号后续试验开展及新研改进型号的研制工作。

2. 服务专业能力建设，促进装备作战能力发挥和实战化运用

在某型号武器研制过程中，针对规定的边界发射条件和外界环境，开展了多次全尺寸试验和缩比模型实验，积累了海量的不同发射条件和发射环境下的发射试验数据。数据中心在实现型号试验数据统筹管控的基础上，为该型号的专业建设提供了数据支撑；同时数据中心的建设过程实现了与机器学习、数据挖掘等数据分析算法的深度融合，基本具备基于数据的知识发现及基于数据的智能决策。以型号发射技术攻关过程形成的海量试验数据为基础，通过采用基于试验数据的建模技术、基于全域数据的指挥决策技术、基于统计概率的发射成功率评估技术、基于仿真预示的效能评估技术，实现对试验数据的深层次挖掘和应用，建立发射条件与装备使用的关联模型，形成基于数据的指挥决策系统，大大提升了我国装备实战化能力与水平。

3. 打造数据驱动的设计模式，提升型号快速论证能力

建立面向方案论证的数据模型，引接已有设计、仿真、试验等相关数据，集成工程算法、经验和工具，弥补型号快速论证能力不足的问题。

在某型号捆绑火箭研制论证过程中，利用数据中心一方面通过型号相关性获取了其他相关型号的气动试验数据，另一方面通过专业相似性获取了相关专业的各类试验数据。基于获取的海量试验数据，结合大数据技术利用现有飞行器气动特性工程算法，梳理出捆绑火箭气动外形的典型变化参数和范围，研究样本生成机制，通过参数化手段建立了针对固定拓扑外形的火箭气动特性样本库；同时基于神经网络、人工智能算法，结合试验数据对构建的样本库进行机器学习，训练并不断优化气动特性代理模型，针对相对固定的拓扑外形，完成火箭气动特性快速计算程序，在总体小回路论证过程中投入应用。原本在气动小回路论证领域基于 CFD 计算一个样本需要数个小时，目前借助构建的代理模型仅需数秒即可完成计算，体现了较高的简便性、灵活性、通用性和精确性。基于海量试验数据开展气动样本数据库的建立，系统性地整合了历史上各种外形火箭的试验、仿真结果，深度分析已有数据，同时有规划地指导未来试验和仿真结果的提取。通过试验数据中心数据的丰富完善，可以不断扩大和丰富样本空间，随着时间推进和样本积累，气动特性参数快速计算的代理模型将不断更新并日益精确，进一步提升型号快速论证能力。

（六）闭环检查持续提升，完善数据工程建设目标

为推进集团公司数据工程持续改进，引入 PDCA 管理工具围绕数据中心建设情况、数据标准贯标情况及历史数据抢救情况进行闭环验证与检查，集团公司业务主管部门及信息化主管部门配合，邀请军科院试验鉴定所、集团公司、各型号院、神软公司数据专家，评估检查三个总体院数据工程示范引路阶段的建设成果。

1. 检查数据贯标情况，促使标准易用、好用

围绕数据标准贯标情况检查评估，由业务总体单位牵头梳理形成了《集团公司数据工程标准贯标情况检查表》，围绕数据中心建设、数据入库、数据应用等多个维度形成了 70 余个检查项。通过集团公司对各院的数据贯标情况检查，一方面，督促实现数据治理体系的规范开展，另一方面，通过检查，评估数据标准体系的适用性，将标准规范修订需求纳入后续建设工作。在实践中不断总结标准，提炼经验，固化知识，迭代改进，使标准规范更加适用于工程应用。

2. 以用促建，以终为始，持续增强数据中心功能

围绕试验数据中心建设检查评估，由信息化总体单位牵头梳理形成了《集团公司试验数据中心建设情况现场评估表》，围绕12个功能模块、100余个检查项，梳理形成评估表、赋值表、评估模型、专家打分表、汇总统计表等多个表格。评估工作以总体院自检及集团公司现场检测相结合的方式开展，针对总体院在实际使用中发现的问题、评估过程专家组提出的意见，各院举一反三，纳入数据中心后续改进升级计划，从而实现数据中心更好地支撑业务应用的需求，功能不断迭代完善，不断改型升级。

3. 验证数据采存成果，确保工作常态化开展

围绕数据工程示范引路阶段工作安排，由业务总体单位牵头梳理形成了《X院历史数据抢救工作完成情况报告》模板及工作要求，围绕历史数据抢救清单、抢救入库情况、存在问题和原因分析等多个方面进行审查。通过集团公司对三个总体院的数据抢救及新生数据采存情况进行现场审查，一方面对已有工作成果进行了检查确认，另一方面也对各院后续数据采存工作进行了督促，推动数据工程工作在各院的落地实践与常态化开展，使数据采集运用形成习惯，融入日常。

三、大型军工集团以赋能业务为导向的数据工程建设效果

（一）数据赋能效果显现，大幅提升科研生产研制效率

集团公司通过构建规章制度、标准规范，开展数据中心建设，促进全域装备试验数据规范化管理，推进数据工程建设成果融入型号研制流程，使数据赋能业务，有效提升集团公司的数据管理水平。

针对某专业的发展需求，采取通用数据分析算法与定制个性服务相结合的方式构建数据产品，开展数据计算分析，通过图表、动画等可视化方式展示试验结果，实现数据的在线快速分析挖掘与探索，提升50%以上的设计效率；针对惯性器件，实现平台系统精度测试数据的统一集中管理，结合性能预示需求，建立平台系统精度变化趋势模型，对可能超差的问题进行预判和故障处理，惯性器件寿命精度预测准确率提升80%；基于产品验收数据的成功包络线及X－R控制图分析，保证产品质量的稳定性与一致性，装备的交付效率提升约15%。针对飞行试验数据的判读功能，传统人工数据判读，一次测试数据的数据判读时间至少为2～3小时，采用自动数据判读功能后，完成仅用约5分钟，准确率达到100%，效率提升近30倍。

（二）提升装备研制水平，支撑型号发射任务圆满完成

集团公司依托新理念、新技术、新手段、新方法强化试验数据管理能力，构建了支撑集团公司全域试验数据管理、应用、共享的数据中心，实现全域试验数据采集与交换共享，改变了传统试验数据的应用模式。

自2019年集团公司开展装备试验数据工程建设以来，基于已采集的试验数据及构建的数据产品完成三个总体院、五个装备领域共计50余次飞行试验的数据支撑任务，支撑飞行任务开展试验数据判读及故障诊断，在故障诊断环节能实现在数秒内完成故障识别、诊断与处置策略生成；基于试验数据完善仿真模型，飞行仿真模型覆盖率达90%，其中新研型号覆盖率达100%，经优化后飞行仿真模型仿真置信度达97%。

（三）夯实数据工程军工行业领域地位，形成数据治理示范效应

集团公司通过数据工程管理模式，以试验数据管理为对象，形成了适用于军工集团的以赋能业务能力提升为导向的数据工程实践，通过实践检验形成了一套完整的、可复制的、可推广的管理方法和流程，初步形成了企业级数据综合治理体系，建立了以数据为基石支撑企业数字化转型的管理范式。数据工程实践在集团范围内营造了用数据说话、用数据管理、用数据决策、用数据创新的工作氛围，培育形成独具特色的航天数据文化，并通过加大对外宣传力度，扩大了集团公司在数据工程领域的知名度与影响力。

集团公司通过与上级部门及军方的密切沟通协作，共享交流数据工程工作经验，承接装发和国防科工局主办的数据工程工作宣贯会，作为军工集团唯一最佳实践代表汇报了工作经验，得到了与会领导及专家的高度认可，并建议参会单位学习推广，夯实了集团公司在全军及军工集团范围内数据工程领域的重要地位，形成了良好的管理示范效应。

（成果创造人：王洪波、陈建伟、刘振星、付丽萍、姚　磊、郭辰昉、熊　焕、赵　博、郭光超、江源博）

以推动数字化转型为目标的企业级数据治理体系构建

中国电信集团有限公司

中国电信集团有限公司（以下简称中国电信或集团）是国有特大型通信骨干企业，注册资本2131亿元人民币，资产规模超过9000亿元人民币，年收入规模超过4900亿元人民币，连续多年位列《财富》杂志全球500强。中国电信拥有全球规模最大的宽带互联网络和技术领先的移动通信网络，具备为全球客户提供跨地域、全业务的综合信息服务能力和客户服务渠道体系。截至2020年年底，移动电话、有线宽带、天翼高清、物联网、固定电话等各类用户总量达10.2亿户。中国电信旗下拥有四家上市公司，分别是中国电信股份有限公司、中国通信服务股份有限公司、号百控股股份有限公司、北京辰安科技股份有限公司。

一、以推动数字化转型为目标的企业级数据治理体系构建背景

（一）国家和行业发展要求

中共中央、国务院在《关于构建更加完善的要素市场化配置体制机制的意见》中明确要求，加快培育数据要素市场，探索建立统一规范的数据管理制度，提高数据质量和规范性，丰富数据产品。国资委在《关于加快推进国有企业数字化转型工作的通知》中，提出加快国有企业数据治理体系建设，明确数据治理归口管理部门，加强数据标准化、元数据和主数据管理工作，定期评估数据治理能力成熟度。同时，中国信息通信研究院联合多家企业发布了《数据资产管理实践》《主数据管理实践》等白皮书，指导各企业建立“数据标准管理、数据模型管理、元数据管理、主数据管理、数据质量管理、数据安全管理、数据价值管理和数据共享管理”八大数据管理职能，开展数据资产管理实践。

（二）企业数字化转型战略要求

中国电信作为网络强国建设的排头兵，肩负着利用数字新技术加快创新，全面提升企业运营能力和管理能力，促进企业高质量发展，推动通信行业与数字经济产业化进一步发展的使命。为此，中国电信制定了“云改数转”战略，围绕提升客户体验、降本增效、创新业务模式等方面制定了数字化转型十六项重大任务，并明确提出要夯实数据质量基础。数据治理是一项需要长期坚持的基础性工作，需建立综合数据治理体系，提升基础数据质量，为企业数字化转型重大任务及业务中台和数据中台的建设保驾护航。

二、以推动数字化转型为目标的企业级数据治理体系构建主要做法

中国电信建立“应用导向、由点到线的数据质量提升”和“自上而下、标准引领”并重的数据治理体系，坚持“数据治理与企业数转重大任务相结合，聚焦重点和痛点问题，不贪大求全”的工作方针，由技术驱动转向业务牵引，由数据域后向稽核转为全域数据治理，建立事前规范、事中控制、事后审核的联动机制，赋能业务创新和经营决策，实现数据资产价值化。

（一）成立企业数据资产管理组织

企业的数据资产管理组织包括集团和省/专业公司两级，由委员会、办公室和各部门数据治理责任处室组成，并通过组建跨部门、多专业联合作战团队进行攻关。

企业数据资产管理委员会作为公司数据战略的制定者、数据争议的裁决者和数据文化的营造者，是集团数据治理工作的决策机构。办公室作为委员会日常办事机构，负责日常任务分解、推动制定数据资

产管理各项制度，统筹相关部门推动主数据、元数据、数据质量等各项标准的制定。各业务部门指定专门处室统筹部门内数据治理工作，根据企业数据分类管理框架，任命本部门各主题域数据 OWNER，落实数据管理责任；各技术部门负责平台、工具开发和运营、科技创新等工作。同时，以数转重大任务为牵引，组建“业务、IT、DT”联合攻关团队，由重大任务的负责人担任组长，推动涉及的主数据、数据质量提升等疑难问题的解决，对本组承担的最终业务目标负责，接受委员会和本部门双线考核。

另一个难题就是数据治理人才缺乏且分散，很难形成合力。中国电信通过人才云挖掘和培养人才，通过“人才识别—人才认证—项目发布—项目开发—考核评价—人员激励”一体化协同工作机制，云化聚合人才，发挥合力，重点支撑数转工作。

（二）数据资产盘点“七步法”，摸清企业数据家底

2020 年，中国电信创新数据资产盘点工作“七步法”，通过“人工盘点 + 工具辅助”的方式推动元数据注册和数据逻辑入湖，初步构建了企业数据资产全景视图，并为原生数据入湖、数据安全管控等工作奠定了坚实基础。数据资产盘点“七步法”具体如下。

第一步信息收集：盘点启动，收集盘点系统规范、文档，制定盘点表模板。

第二步模型规范：制定数据模型标准规范，确立元数据范围，建立系统、数据库、表、字段、文件、接口、外部数据七类数据资产卡片。

第三步人工填报：基于盘点表模板与数据模型，人工填报盘点表（设计态）。

第四步工具采集：工具自动采集数据资产，导出系统的原始元数据表（运行态），建设三类数据资产自动化扫描工具，实现 MySQL、Oracle、SQLServer 等主流关系型数据库及 HBASE、HIVE、MongoDB、Redis 等主流大数据组件数据资产自动采集。

第五步整合资产：比对设计态与运行态，完善盘点表，识别核心数据与敏感数据。

第六步元数据信息补录：补录数据资产的业务和管理属性。

第七步资产目录发布：专家审核发布企业级数据资产目录。

2020 年中国电信组织的全网数据资产盘点，实现系统覆盖率 100%，字段非空率、字段准确率、不重复记录率、关联匹配率等合规要求达到 85% 以上。同时发布企业数据盘点管理办法，明确数据盘点管理要求和考核指标，保证企业数据资产目录的及时维护与更新。

（三）推进主数据管理，实现数出一孔和跨域融通

中国电信经过主数据管理工作探索形成了主数据管理的“六步法”，以实现主数据的“一点维护、一点分发、统一管理、闭环管控”。

具体如下。

第一步场景穿越：各业务部门牵头，梳理穿越重点业务场景，聚焦跨域融通的关键问题，提出主数据管理需求清单。

第二步现状调研：根据主数据清单调研全企业主数据现状，对数据来源、数据模型与编码、运营情况摸底，形成调研报告。

第三步标准制定：明确主数据 OWNER 和属主系统，组织各域专家制定主数据标准（含命名、编码、实体属性和实体间的关系）和运营流程。

第四步实施方案：主数据管理系统提供审批制、备案制、注册制三种纳管方式供不同场景选择，主数据可在属主系统维护或从属主系统同步至主数据管理系统或直接由主数据管理系统生成；各引用主数据系统制定新老数据割接方案，确保业务平稳过渡。

第五步系统落地：在实施中，存量系统数据要按照新的标准实现新老数据割接，增量系统直接引用

标准主数据，非属主系统关闭主数据的增、删除、改等维护功能，绝不能存在多个维护入口、新老数据转换映射或老数据不割接等不彻底情况。

第六步运营考核：制定主数据质量稽核指标，对入湖的各业务系统主数据的合规性进行常态化稽核和整改。

（四）应用驱动提升关键数据质量

在处理具体数据质量问题时，中国电信按照“谁主管谁负责，谁录入谁负责，谁运营谁负责”的原则落实责任，实行“统筹管控、分段负责；源头保障、专业管理”的分级管理工作机制。

“统筹管控、分段负责”是指集团云网运营部作为全网数据质量统筹管理部门，负责企业内外部数据的统一汇聚、集中管理和一点开放，负责整体数据质量管控；各参与部门作为数据质量管理相关环节的责任方；“源头保障、专业管理”是指生产系统源头是数据质量控制的第一个环节，是数据质量保障的基础，应保障数据录入、业务操作以及数据处理的质量。集团各专业管理部门作为“本专业数据的管理者”，负责本专业数据质量的管理。

集团坚持以应用为导向、以业务为牵引，参考 PDCA，建立“问题清单管理—原因深度剖析—解决方案制定—行动计划明确”的数据质量运作框架，将解决的业务问题、规范的业务场景、提高的工作效率显性化体现，关注最终业务成效。

另外，集团通过每月对全网数据质量进行评价和通报，年度发布数据质量报告，纳入各单位考核，保障数据质量提升有效落地。

（五）构建全网一体化的“大”数据运营体系

全网一体化的“大”数据运营体系涵盖生产域所有数据源系统，各生产系统从传统的功能运营向功能、数据运营并重转变，从数据完整、及时等生产运营向主数据、数据能力开放等数据治理和价值运营转变，运营关注的重点是数据对真实世界刻画的完整性、准确性，数据的规范性，以及数据的可用性。

（1）明确责任体系：按照谁产生数据、谁负责数据源质量，谁处理数据、谁负责加工数据质量的原则，明确各运营单位的职责，在各级运营单位同步组建专职、稳定的数据运营队伍。数据运营各单位均需对所维系统的数据运营考核指标负责，加强各生产系统的版本协同，确保各系统割接的有效协同。

（2）建立指挥体系：建立集团一点指挥、全域协同的指挥调度体系，打破传统的纵向专业调度与横向跨专业协同的矛盾，上下游逐步形成“问题处理联动、割接变更协同、运营监控衔接、考核指标共担”的一体化端到端数据运营体系。

（3）强化工具建设：构建一体化的运营监控体系，打破传统运营监控跨系统、跨域割裂的问题，能力分段建设、一点集成、统一监控；建设全域数据质量稽核能力，数据质量稽核嵌入数据生产运营的全环节，通过问题派单闭环，确保数据质量可管、可控；具备跨域主数据的一点分发、一点管理能力，把对主数据增删改和订阅分发等日常维护工作全部纳入系统线上管理，确保主数据跨系统、跨域的一致性、准确性；在数据模型管理方面，通过技术手段强化数据模型的管理运营，在数据模型创建、变更的环节增加模型合规性稽核与审批流程，确保上线数据模型合规、可用，同时周期性发布数据模型评估结果，指导数据模型的管理优化。

（六）数据生产深度嵌入项目规划、建设流程

数据从业务中产生、在 IT 系统中落地，决定了数据治理工作必须充分融入业务运营与 IT 系统建设中。项目规划设计阶段要制定数据模型规范、满足数据标准要求、设置数据质量基线，开发建设阶段要保障数据模型落地完整、规范，初验阶段需通过主数据和数据模型合规性检测，满足入湖标准，并完成

元数据注册、实现逻辑入湖方可验收。无数据不立项、不规范不验收，实现数据生产三同步和数字孪生。

（七）打造企业数智中台，内外赋能建生态

中国电信从 2016 年开始构建企业级数智中台，目前数智中台日均采集数据几百 T，包括 BSS、OSS、MSS、网络、平台数据及业务应用数据。通过对平台上的计算/存储资源、数据、工具进行组合和封装后，形成对外开放的、便于最终用户使用或开发者调用的大数据和 AI 能力。

1. 建立标准化的数据生产体系，通过数据标准规范嵌入数据生产过程，解决了数据治理和生产两张皮的问题

统一制定数据标准和数据模型的线上化管理是实现事前治理模式的关键。大数据平台数据标准主要包含业务标准、架构标准、模型标准和存储标准四个方面；数据模型的上线流程包含模型设计、模型开发、程序开发、配置调度流程及审核上线。基于 DataOps 核心要素，通过打造一站式模型管理工具，数据标准得以在模型设计和开发过程中刚性落地，为后续数据运营工作的开展奠定了良好的基础。

（1）业务标准。

针对企业级重点指标进行标准定义，将指标分为原子指标、衍生指标和派生指标。原子指标通过限定条件和限定时间生成衍生指标，衍生指标间的“四则混合运算”构成派生指标。

（2）架构标准。

大数据平台数据分层架构定为五层：接口层、整合层、中间层、汇总层和应用层。接口层采用同源、短周期存储，便于对账和异常重处理。整合层按照中国电信八大主题域构建，统一编码和清理，实现全量还原和长周期存储。中间层使用维度建模 + DataVault 建模方法，支持模型的动态扩展和快速构建，且集成了 3NF 的优势，减少了数据的冗余。汇总层采用维度建模的方式，实现跨域的数据关联，业务宽表、业务标签和指标的沉淀，是最重要的公共能力之一。应用层采用自顶向下的建模方式，根据业务需求灵活构建。

（3）模型标准。

制定模型标准是保证数据可用的关键，模型标准主要包含主题域标准、名词标准、字段标准、字段类型标准、表名标准、表设计标准和表表关系设计标准等。

（4）存储标准。

根据数据所在的层级、增量/全量、数据类型（详单、资料）、存储频度（实时/日/月），制定了统一的数据存储周期策略。

（5）数据标准落地。

通过打造一站式模型管理工具，实现在模型设计、开发及上线过程中按照数据标准进行严格落地。在模型设计阶段，对于字段的填写，重点参照以下标准动作：是否主键、是否可空、取值定义、主数据、指标解释、来源表、来源字段、转换规则、加工条件等。模型转换关系的标准尤为重要，通过映射关系标准化，可以极大提高开发人员和设计人员的沟通协作效率。

2. 通过多层次、多维度的元数据管理，建立企业数据资产目录，实现对入湖数据的统一标识管理

通过多层次、多维度的元数据管理，在大数据平台构建统一的元数据存储与服务区，并打造面向管理者、开发者、运营者不同的数据资产目录。大数据平台数据资产目录范围包含集团和 31 个省份的元数据信息。其中，集团目录架构设置为系统—层级—主题域—子域，省份可自定义目录架构并上传至集团。根据配置的元数据挂载规则，可自动将新增的元数据挂载到相应的数据目录层级。

3. 构建全方位、全生命周期的大数据安全防护体系

中国电信打造以网络基础设施安全为基础，以“数据和人”为核心的大数据安全深度防御体系。

通过建立完备的大数据安全防护机制和管理制度提高人员的安全意识，压实安全责任。按照“谁建设谁负责、谁主管谁负责，谁运营谁负责、谁使用谁负责”和“管业务必须管安全、管生产必须管安全”的原则，构建“统一领导、权责明晰，分级管理、层层落实”的数据安全组织管理体系，在集团总部、省两级设立数据安全管理专岗，明确数据管理、数据建设、数据运营岗位安全职责，与所有接触数据的系统运营、操作、开发人员签订数据安全责任书和保密协议。制定数据安全“十二条”管控措施，加大宣贯培训，守牢安全生产底线。

为保证人员操作可追溯、可审计，大数据平台所有日常运营、开发测试均通过“VPN + 堡垒机”方式接入；建设云统一身份认证管理平台，提供多因子认证服务，实现业务系统集中单点登录、人员账号一键关停服务，形成“一人一账号、一次登录通行访问”的用户便捷操作和安全能力，并对人员操作日志进行审计，及时发现越权访问、严控非法下载等行为。

为进一步规范数据调用审批及运营流程，确保大数据业务依法有序运营，按照《网络安全法》《数据安全法》要求，制定《中国电信大数据业务合规指引（试行）》《云网运营数据分类分级管理办法》，明确“数据不出门、出门须授权”要求。从用户身份、用户服务、服务衍生数据及企业运营管理、网络运维五个维度将数据分为5大类43个子类；根据数据的敏感程度不同，分为敏感、较敏感、低敏感、不敏感四个级别，依规对大数据平台所有数据表和字段实施分类定级管理，开展差异化加密、访问、授权等防护。探索引入安全多方计算、联邦学习等隐私计算技术，与合作伙伴开展联合建模、联合营销、联合风控等场景的数据联合计算，实现“数据可用不可见”的安全体验。

4. 内外赋能，大数据和AI生态体系逐步形成

中国电信大数据和AI能力开放提供数据开放（租户 + 数据）、服务开放（OpenAPI）、应用开放三种形式为客户、合作伙伴提供服务。支撑的典型应用包含：国家大数据治理—疫情大数据、企业数字化转型—基站节能、对外行业赋能、AI智能化等。

三、以推动数字化转型为目标的企业级数据治理体系构建效果

（一）管理水平明显提升

中国电信将数据作为生产要素纳入企业战略管理范畴，通过构建综合数据治理体系，发布《数据治理体系规划指引》等文件，一方面规范数据管理活动，指导各省公司和专业公司开展数据治理实践，大大提升了企业整体数据管理水平。另一方面，通过发布《大数据和AI能力开放管理办法》，提高了使用者查询和获取数据的效率，以数据驱动企业内外部生产，体现数据治理价值。实现数据生产与系统规划、系统建设、系统运营三同步，实施数据模型线上化管理，提高数据生产规范性和生产效率。目前已实现数据架构、数据标准、质量标准、存储规范等统一配置和管理，对系统模型线上评审，免去手工整理、审核文档，大大提高了数据生产效率，模型上线时间从周缩短到小时级。

（二）经济效益显著增强

中国电信加速企业数字化内部转型，提升基站能耗数据的准确率、非空率，助力通过AI手段开展精细化节能，最大化挖掘节能空间、保障用户感知、降低人工维护工作量。截至当前，AI自动、精准、安全节能的4G、5G扇区数突破165万个，并已覆盖95%以上自建5G基站。全网累计节电3.92亿度，合计节费2.94亿元，碳减排39.08万吨。另外，实现数据模型前向管控，模型上线由线下人工评审改为线上实时评审，免去审核、维护大量文档工作，模型交付时间从12天缩短到1天，生产效率得到极大提升，节约人力两人，并促进了数据标准在生产中的落地。

中国电信积极对外行业赋能，2021年1—9月大数据和AI对外行业赋能累计创造项目整体收入2.1亿元，其中大数据和AI收入8154万元。

（三）支持社会高效智能运转

在疫情大数据方面，中国电信提供的行程轨迹数据累计调用达到 26.9 亿人次、日均 311 万人次；并与海关、北京交通、国务院“疫情防控”小程序等对接，为国家疫情防控工作做出了巨大的贡献。

大数据赋能反电信欺诈、旅游和应急等社会治理方面，协助公安识别、关停欺诈用户，精准定位诈骗组织窝点位置，打击欺诈犯罪，保护人民财产安全，提供智慧文旅和应急服务，及时疏导人流，提高社会综合治理水平。

（成果创造人：刘志勇、周文红、何忠江、阮宜龙、张苗苗、袁国浈、张　鑫、张　超、李　念、柏　华、张　振、张家铭）

通信企业集团实现集中规范协同的数智化合同管理平台建设

中国移动通信集团有限公司

中国移动通信集团有限公司（以下简称中国移动）是按照国家电信体制改革的总体部署，在原邮电部移动通信业务和资产的基础上组建的中央企业。中国移动始终致力于推动信息通信技术服务经济社会民生，以创世界一流企业，做网络强国、数字中国、智慧社会主力军为目标，以落实国家战略为使命担当，已成为全球网络规模、客户数量、盈利能力和品牌价值领先、市值排名前列的电信运营企业。目前，中国移动资产规模为2万亿元，基站规模超529万个，员工总数近48万人，服务9.5亿个人客户、2.1亿家庭客户、1400万户政企客户，网络连接超9.8亿个智能物联网设备。中国移动连续17年获得中央企业经营业绩考核A级，连续21年入选《财富》世界500强企业，2021年列第56位。

一、通信企业集团实现集中规范协同的数智化合同管理平台建设背景

（一）适应行业数智化发展的必然选择

合同是公司经营行为的法律载体，是企业内部全业务链条中枢，是防范经营风险、维护公司权益的重要保障。中国移动每年合同量达近百万份，金额上万亿元，合同管理在支撑战略转型和适应外部监管要求方面责任重大。以数字化、网络化、智能化为特征的新一轮产业革命的到来，驱动社会生产方式、工作方式变革，对企业管理体系和管理能力提出更高的要求。加强科技保障，推进数智化发展，将世界一流的技术应用于世界一流企业的管理，才能以高质量的合同管理支撑服务，满足企业日益增长的高质量法治需求，才能为企业深化改革、高质量发展提供更为坚实有力的支撑保障。

（二）提升集团合同管理效能的客观要求

中国移动以集中、规范、效能为目标，多年来持续深耕合同精细管理，已建立较为完善的制度流程体系。但中国移动各单位合同系统分散建设，标准程度不一。随着内外部形势的变化，已不能满足企业合同管理自身提质增效的需求，主要体现在：一是总部下发的管理要求难落地。由于缺乏手段固化，总部下发的管理要求在实际执行中存在层层衰减甚至是断崖式衰减的情况。二是总部对下属单位管控力不足。总部对全集团合同管理情况无法实时有效掌握，只能通过实地检查、调研等方式监督，风险管控滞后。三是管理质量层次不齐。受经济发展程度、工作重视程度、管理人员水平等因素影响，各单位合同管理流程、管理范围、管理重点、数据口径、管理质量等差异较大。四是管理效率低下。合同管理存在审批流程长、签署耗时久、归档不及时、数据处理烦琐等“顽疾”。因此，必须采用更加有效的方法提升全集团合同管理效能，降低管理成本。

（三）解决服务支撑痛点、难点的实际需要

中国移动合同管理工作一直强调“服务至上”的理念，在聚焦法律团队的基础上，还要聚焦业务发展和领导决策。由于缺乏统一平台，管理理念缺乏实现工具。分散建设、各自为战的系统建设模式在服务支撑业务部门、公司决策层、监管部门等方面存在以下问题：一是与业务系统集中不适配。中国移动推动管理集中化，网络、采购、财务等主要业务线条都在加强信息化集中管控，合同管理系统分散模式难以有效支撑业务运营的集中化管理。二是数据价值挖掘不充分。各单位合同系统与业务系统打通的数量、深度不一，汇聚数据的广度、深度不同，数据碎片化、单一化，无法提供实时、多维度分析。三是不符合监管趋势。国资委要求中央企业加强信息化建设，要求统一标准、设计、建设、管理，防止各自为政，避免出现信息孤岛。各类巡视、审计也对合同管理系统的及时性、标准化、规范化提出要求。

因此，为有效解决服务支撑的痛点、难点，必须推动数智化合同管理平台建设。

二、通信企业集团实现集中规范协同的数智化合同管理平台建设主要做法

（一）以“业法融合、智法融合”为导向，确定建设实施新思路和新目标

1. 明确“融合、智能、主动”管理新思路

一是从“以管为主”向“业法融合”转变。中国移动以业法融合为导向，转变管理理念，从以“管”为主向合同管理与业务服务并重转变，为用户提供多种高效、灵活、便捷的应用。二是从“信息化＋人工”向“数字化＋智能”转变。中国移动将合同业务与AI技术相结合，形成合同审查新手段、合同检索新引擎、风险防控新机制、分析展现新形式、解决问题新帮手，推动中国移动合同管理向“数字化＋智能”的新模式转变。三是从“被动检查”向“主动预防”转变。以统一平台和AI技术为抓手，运用数字化、智能化技术工具，破除标准化程度不高、管理要求不落地、风险管控滞后等难点，前规范、中审查、后监控，推动管理模式从被动支撑转向主动闭环，实现端到端全过程可视、可管、可控。

2. 树立“集中、规范、协同”建设新目标

一是推动业务集中化。推动全量用户集中，中国移动各单位合同用户集中在数智化平台进行业务操作。推动全量合同集中，中国移动各单位约1000万份历史合同全量迁移至数智化平台集中管理，每年超过100万份新合同集中在新平台审批。推动合同全种类集中，数智化平台实现对支出类、收入类、有收有支、无收无支财务管理四大类，包括采购类、租赁类、技术类、业务经营合作类等12大类110余小类业务合同的全面覆盖。

二是推动管控规范化。推动管控环节规范化，按照合同全生命周期的管理原则，将合同管理统一为前期准备、订立、履行、变动至办结五大模块，通过向前与预算、采购、项目、公文等系统打通，往后与供应链、报账、资金、工程、档案等系统贯通，实现端到端全流程闭环管理。推动管控规则规范化，以平台建设为契机，统一管理流程、审批信息、系统对接、合同类型、合同范本、审查要点六大关键要素，促进管理整体提升。推动管控方式规范化，起草阶段统一资格考试、补签管控，审批环节强控法律审查为必经环节、区分情形设定审核层级，签署环节强制校验签字合法性，履行环节预设履行指标、自动提醒，合同届满自动推送办结待办。

三是推动业务协同化。推动业务数据协同，数据一点录入，全程共享，减少系统间数据不一致的问题，如通过与公文、采购等上游业务系统对接实现决策依据、采购结果等信息继承，生效后的合同编号、金额、相对方等关键信息同步至下游业务系统作为业务执行依据。推动业务发展协同，结合业务特点，提供多种便捷功能，助力业务加快发展，如支持一键智能审查、支持自助式用印、支持电子签章。推动业务管控协同，实现合同系统与“人”“财”“物”“工”各业务线高度集成，以及一体化管控支撑，如采购合同起草从供应链系统发起并关联采购结果，超预算、超项目批复金额的合同无法通过审批，订单金额、报账金额、付款金额与合同金额关联校验。

（二）精心组织实施，实现全集团合同管理平台平稳迁移

1. 设计“五四三二”的需求策略，确保方案普适先进

中国移动组织了覆盖各单位的问卷调研，开展多轮次现场调研，经三次集中讨论，广泛征集意见，采用“五阶递进”设计思路和“四下三上，双重评审”的方法。

“五阶递进”设计思路，即方案的设计遵循依法合规、普遍适用、示范推广、代表先进、兼顾个性五个原则。其中，依法合规为基，兼顾个性为末，层层递进，统一管理和灵活配置有效平衡，破解“一管就死”和“一放就乱”的管理难题。

在“四下三上，双重评审”方法中，“四下”主要是将业务调研、需求分析、方案初稿、方案定稿下发至所有单位收集意见、统一思想，“三上”主要是对调研结果、个性需求建议、方案反馈意见统一收集评估。“双重”评审为方案两次评审，第一次由内部专家组评审，第二次由外部信息化、合同管理

专家和内部专家共同组成的专家组评审。两次评审均通过，方案才能最终确定。

2. 制定“区分状态、分步迁移”的数据迁移策略、“七步法”迁移方法，确保数据全量迁移

中国移动结合业务需要，制定了“区分状态、分步迁移”的数据迁移总体策略和“七步法”迁移方法，在确保可追溯、可履行的前提下，尽量减少工作量和对业务的影响。

在“区分状态、分步迁移”方面，将历史合同区分为“履行中”“在途审批”“履行完毕”三种状态。其中，“履行中”合同因涉及后续报账、订单下达等业务，需按照统一规范进行数据转换并迁移至生产环境；“在途审批”的合同一个月之内在原系统完成审批及签署后，作为“履行中”合同迁移，保证平滑过渡；“履行完毕”合同因后续主要供分析备查，字段校验逻辑放宽，迁移至备查库。

“七步法”迁移方法主要包括制订方案、优化流程、打造工具、制定指南、开展培训、分批迁移、总结改进七个步骤，组成管理闭环。制订方案、优化流程统一思想，打造工具提高效率，制定指南、开展培训引导执行，分批迁移、总结改进优化执行，最终保证迁移顺利完成。

3. 建立“矩阵式”实施模型，实现快速全面推广

中国移动以软件工程项目管理理论为基础，组织集团内部多个单位研究剖析，并在实施中持续优化，建立了一套适用于大型集团企业核心管理域行之有效的“矩阵式”实施模型。

在横向上，将实施过程分为整体管理、范围管理、进度管理、成本管理、质量管理、人力资源管理、沟通管理、风险管理、变更管理九个方面，涵盖项目管理全部内容。在纵向上，将实施过程划分为差异方案、配套改造、集成测试、数据准备、用户培训、切换上线六个环节，每个环节明确相应的实施策略、责任部门、关键目标及输出标准。通过纵横两条线“矩阵式”实施模型，推动集团与下属单位上下协同，确保项目按期、保质完成。

4. 构建“PDCA”运维体系，实现高效运维支撑

中国移动以“PDCA”方法（戴明环）① 为基础，建立了一套统筹规划、及时响应、行之有效的运维支撑体系。

在计划（Plan）方面，按月、周、日制定运维目标，包括需求优化、技术优化、典型问题优化等。在实施（Do）方面，根据既定目标开展运维，并制定考核标准规范执行。在检查（Check）方面，按周回顾运维，分析需求优化目标、典型问题解决、系统缺陷解决等情况。在改进（Act）方面，按月总结，跨项目组交流分享，总结问题影响因素和解决措施，加以改进完善。

在具体执行中，集团建立统一的运维团队，设置统一的400热线电话，搭建统一的运维支撑平台，对全集团50多万用户集中支撑。赴50多家单位逐一开展用户操作培训，覆盖全部上线单位。区分场景编制操作培训视频8篇，在中国移动网上大学和数智化平台首页宣贯。制作操作手册，共计321个知识点，涵盖功能介绍和运维常见问题。

（三）充分利用数字化、智能化技术，探索合同管理新手段

1. 探索智能审查手段，提高合同审查效率

中国移动采用先进的自然语言处理、OCR、知识图谱等人工智能技术，自研智能审查能力，一键提供合同分析结果，自动形成审查意见。

合同智能审查模块从条款约定是否合法、必备条款是否存在、条款描述是否规范、条款前后约定是

① PDCA循环是美国质量管理专家沃特·阿曼德·休哈特（Walter A. Shewhart）首先提出的，由戴明采纳、宣传，获得普及，所以又称戴明环。全面质量管理的思想基础和方法依据就是PDCA循环。PDCA循环的含义是将质量管理分为四个阶段，即Plan（计划）、Do（执行）、Check（检查）和Act（处理）。在质量管理活动中，要求把各项工作按照作出计划、计划实施、检查实施效果，然后将成功的纳入标准，不成功的留待下一循环去解决。这一工作方法是质量管理的基本方法，也是企业管理各项工作的一般规律。

否一致四个方面进行审查。支持按合同类型固化审查要点，支持设置通用和专用审查点，支持审查点扩充，支持 Word、PDF、图片、扫描件等多个格式文本间的关键词信息提取。

2. 探索智能评估手段，实现风险精准防控

中国移动自研合同智能评估能力，对合同全过程信息综合分析评分，为用户提供合同文本成熟度评估，充分挖掘、分析数据，并通过智能分词消歧、命名实体识别、级联决策树等自然语言处理技术，全方位、多维度评估合同质量及整体状况，如收付款账户一致性异常率、违约金限额异常率、履行日期异常率等风险情况，助力法律人员防控风险。

中国移动正在探索将智能评估能力延伸用于范本甄选，通过引入“哈希值”① 规模削减、实体识别模型和结构树模型进行条款拆解、相似条款生成集合打分排序等技术，实现从海量合同范本、签约合同文本中甄选、优化集团合同示范文本。

3. 探索智能搜索方法，拓展搜索内容深度

中国移动自研开发智能搜索，在合同审批表结构化数据搜索外，拓展至合同附件内容的深度搜索。合同智能搜索基于自然语言处理技术，对合同文本进行识别，使合同正文模糊检索定位更加精准，并可基于知识图谱紧密搜索合同相关的联系并一屏呈现。

（四）基于一体化协同智能合同管理平台，积极拓展新服务

1. 开展智能报告服务，深挖数据资本价值

在中国移动平台海量数据汇聚的基础上，运用“AI + 大数据”打造合同智能报告模块。智能报告模块以数据与设计结合向用户传播可视信息，帮助用户高效理解大量业务数据；挖掘数据潜在价值，为决策提供准确的数据支持。支持自定义配置可视化界面，支持多层级、多维度、多类型、多视觉效果的动态化展示，支持统计结果挖掘钻探，支持超限预警、设限类指标智能控制，支持自定义、实时、自动生成分析报告。通过对数据的透视、复盘、实时监控，深入挖掘数据价值，展现合同及业务情况。

2. 开展智能问答服务，提高咨询回复效率

中国移动以人机对话、智能搜索等人工智能技术为基础，打造“合宝”智能问答机器人。“合宝”提供 7 × 24 小时在线咨询服务，支持图文交互、语音答复，支持热点常见问题推荐，支持多场景式问答，支持问候语和推荐提示，交互灵活、使用方便。支持用户评价反馈、自动存储分析用户问答，自我学习、不断进化，自动提高问答准确率。支持多渠道个性化配置、日志管理、知识库管理，维护方便。

3. 开展智能用印服务，确保用印安全、高效

中国移动运用“互联网 + 大数据”技术，开发合同智慧用印应用，实现人章分离、信息化管控，支持远程申请、远程审批、自动盖章、全程监控、记录可溯可查。

启用智慧用印后，业务部门合同承办人将审核通过的合同提交用印申请，经印章管理员同意后，系统自动向合同承办人发放用印验证码，承办人持码至智慧用印机自助完成用印操作。验证码存在时效性，机器自动控制用印次数，用印全过程影像记录，确保用印安全。

三、通信企业集团实现集中规范协同的数智化合同管理平台建设效果

（一）管理效能明显提高，管理成本大幅下降

数智化合同管理平台明显提高了管理效能。一是管理效率明显提高，合同全流程平均审批时长由平台建成前的 9.09 天缩短至 7.11 天，提升超过 21%；合同签署时长由 16.25 天缩短至 10.77 天，提升超过 33%。二是管理能力明显提高，平台建成前，通知下达需要层层发文，数据采集需要层层上报，风险管控严重滞后，年报手工编辑且耗时近三个月。平台建成后，通知一键下达、数据一站采集、动态预

① 哈希值，又称哈希函数，是一类数学函数，可以在有限合理的时间内，将任意长度的消息压缩为固定长度的二进制串，其输出值称为哈希值，也称为散列值。

警关键指标异常、报告一键自动生成。从管理关键指标来看，全集团合同范本适用率由2019年的50%提高至2020年的77%，上升27个百分点，达到集团规定的70%标准；合同补签率由2019年16%降低至2020年的10%，下降6个百分点，达到集团规定的15%标准。

数智化合同管理平台大幅降低了管理成本。一是运维费用大幅下降。平台建成前，共有50多套自建合同系统、50多个运维团队，运维费用每年达4000万元以上。平台建成后，集中为1套合同系统、1个运维团队，运维费用降到2000万元左右，每年节省超2000万元。二是签署费用大幅下降。平台建成前，绝大多数合同为自行打印邮寄，费时又费力，还会产生高额的快递费用。平台建成后，支持电子合同和加密外发合同等多种线上模式，每年节省邮寄费用400万元以上，节约纸张3000多万张，且随着平台功能的深入应用，节省数据还会持续增长。

（二）业法融合深度发展，辅助决策价值的发挥

业务流程和法律保障有机融合，促进企业深度发展。平台建成前，合同系统与业务系统各自独立，“烟囱”林立。平台建成后，打破系统壁垒，实现全流程贯通。截至目前，合同系统已关联预算85万余条，关联工程项目3.4万余个，从外围系统触发起草的合同数量达到25.7万份，采取批量方式起草合同的数量达到11万余份，预审合同6500多份，加密邮件外发合同4500余份，备案合同1016万余份，在发挥保驾护航作用的同时助力生产经营快速发展。

大数据辅助决策，充分赋能价值发挥。平台建成后，中国移动全集团数据聚合，现提供7大主题、1200个细分统计项、50多页大屏的数据分析展示。领导人员可按单位、部门、合同类型、合作伙伴、收支类型、采购方式等多维度一键生成统计报表，并可实时跟踪掌握全集团合同审批、签署、履行情况，以及关键指标完成情况。可从效率、质量等多个管理要素设置指标对下属单位合同管理情况进行回顾、评价，结合智能通报，督促各单位优化管理，实现全集团合同管理水平全方位提升。

（三）管理实现系统化，应用能力可复制推广

数智化合同管理平台有效形成了系统化管理能力。经过几年的迭代优化，中国移动将具备感知、交互、自学习、辅助决策等功能的成果提炼成标准化、系统化、可推广的能力。2021年，智慧合同应用案例入选中国移动“智慧中台”① 最佳实践案例。项目底层能力命名实体识别技术以第一名的成绩入驻技术中台，单轮对话作为规模化基础能力通过绿色通道入驻技术中台，已面向全集团各业务领域提供应用，累计调用次数达到4680万余次。智能审查底层能力命名实体识别技术升级改造为通用化内容审核能力，延伸应用于中国移动采购合规检查、工程竣工项目检查中。

数智化合同管理平台建设经验广泛适用。针对中国移动组织结构复杂、业务体量庞大、业务种类丰富等特点，中国移动在平台建设实施过程中创新设计的“五四三二”需求策略、“区分状态、分步迁移”的数据迁移策略、“七步法”迁移方法、“矩阵式”实施模型、“PDCA”运维体系等经实践检验，是行之有效的实施方法和模型，具备较强的可复制性。

（成果创造人：高同庆、于　莽、张晓明、张　薇、易小珍、冯　靓、熊　聃、胡　威、闫泽群、冯文佩、郭　娅）

① 智慧中台是中国移动打造的一套能力服务体系，核心是能力沉淀、共享和复用，其包括业务中台、技术中台、数据中台。通过不断筛选、汇聚企业内外部的共性能力，将可共享、可复用的平台能力进行标准化封装，纳入智慧中台统一管控机制，并由专职团队负责运营服务，实现全局可视、全网可复用、质量可控、端到端可管。

机械领军企业以风险管控为核心的数字化财务共享管理

潍柴控股集团有限公司

潍柴控股集团有限公司（以下简称潍柴或集团）成立于1946年，在全球拥有动力系统、汽车业务、工程机械、智能物流、农业装备、海洋交通装备等业务板块，分子公司遍及欧洲、北美、亚洲等地区，是目前中国综合实力最强的汽车及装备制造集团之一，全球拥有员工9.7万人，2020年收入超过3000亿元，名列中国机械工业百强企业第一位。拥有内燃机可靠性国家重点实验室、国家燃料电池技术创新中心等基地，先后荣获“中国工业大奖”“全国质量奖”等荣誉称号，潍柴动力“重型商用车动力总成关键技术及应用”项目荣获“2018年国家科技进步一等奖”，在全球率先推出首款热效率突破50%的商业化柴油机，树立了全球柴油机热效率的新标杆。潍柴多年来始终专攻装备制造业，抓住科技创新能力和核心竞争力，创造了瞩目的“潍柴速度”，是新时代国企改革的成功典型。

一、机械领军企业以风险管控为核心的数字化财务共享管理背景

（一）数字化浪潮下，国家政策的驱动

2017年、2019年的国务院《政府工作报告》，2020年国家发改委、中央网信办研究制定的《关于推进“上云用数赋智”行动　培育新经济发展实施方案》及国务院印发的《关于加快推进国有企业数字化转型工作的通知》，均对企业的数字化转型提出了倡导。财政部于2013年印发的《企业会计信息化工作规范》、2014年印发的《财政部关于全面推进管理会计体系建设的指导意见》、2016年印发的《会计改革与发展“十三五”规划纲要》，均鼓励大型企业和企业集团建立财务共享服务中心，通过系统整合、改造或建设，形成面向管理会计的信息系统。

（二）满足集团风险管控的需要

潍柴经过多年的发展，业务量巨大。但存在端到端未打通的数据孤岛，效率低下、信息质量不高，影响公司整体的运营质量。另外，集团的分子公司遍布全国，各个公司的管理制度、流程及数据规范性和标准化水平参差不齐，数据口径不一致，严重影响集团的管控决策，财务共享作为集团管控的重要抓手可以全面提升集团的管控能力、风险监控能力、决策支撑能力，为集团业务扩张提供财务支持。

（三）财务共享是财务数字化的突破口

潍柴集团自2017年开始财务共享项目建设，旨在通过财务共享平台的建设将集团的管理理念利用系统工具进行落地，提升集团的整体运营管理水平，进而有效推进集团业务协同。通过建设智能财务共享，将大量同质、单一、重复的基础核算工作进行集中、高效处理，将更多的财务人员从繁重的基础工作中解放出来，更加深入业务分析和决策支持，推动向价值创造型的数字化财务转型升级，助推企业战略目标的实现。

二、机械领军企业以风险管控为核心的数字化财务共享管理主要做法

财务共享以提供标准化、专业化的会计核算服务为基础，以过程风险管控为导向，以“客户满意”为宗旨，打造了智能化、数字化的财务共享服务平台。

（一）明确共享建设目标，完成规划设计

1. 构建“三维一体”的财务组织

随着经济环境、信息技术的发展，财务组织间的职责划分也在不断细化、优化。所以，将财务组织划分为：集团财务、业务财务、财务共享中心，并从总体上明确了各财务部门的主体职责。

2. 重塑“两支撑、两促进”的定位

结合集团的发展战略及财务职责的划分，潍柴财务共享规划了“两支撑、两促进”的价值定位。

支撑集团发展战略：提升集团管控能力、风险监控能力、决策支持能力。

支撑业务拓展：为集团业务扩张提供财务核算支撑，实现业财资税一体化。

促进管理规范：落实财务管控制度，促进业务标准化、规范化；加强数据标准化，提高信息数据的质量与可靠性。

促进财务转型：将财务共享打造为标准化财务服务中心、流程制度规范中心、自动化数字化中心、财务人才培养中心，释放更多的时间和资源，投入支持和经营分析工作。

3. 完成业财融合的顶层设计

将“打造具有潍柴特色的、行业领先的、全流程、全业务领域的数字化平台”作为财务共享平台的建设目标。

在明确了财务共享平台的建设目标之后，集团迅速组建精英团队，对旗下4省30余家企业展开了“地毯式”调研，先后访谈业务、财务、集团专项部门等1000余人，编写100+访谈记录，形成了涵盖全业务的调研分析报告及管理建议报告书。以业财管控诉求为导向，完成共享平台的整体设计规划；基于业务特点及财务共享的成熟度分析，制订了近期、中期、远期的推进规划。

（二）凝炼集团管理特色，实现制度流程标准化

1. 制度与核算的深度统一

在调研过程中发现，集团内公司的管理制度、业务流程、财务核算方式等存在较大差异。在财务共享建设过程中，通过提炼管理特色，推进管理制度的统一，实现了集团内公司管理制度从无到有、管理模式和维度从个性到规范，实现了集团管控方式和理念在分子公司的全面落地。针对各公司财务核算上的差异，对照企业会计准则、税收法律法规、财务核算场景等内容，整理输出会计标准化手册，实现了会计科目及核算内容的标准化。

2. 业财流程的再造与统一

财务共享建设的过程就是业财流程再造的过程，针对流程上的差异，财务共享分费用报销、薪酬结算、资金收支、在建资产、销售到收款、采购到付款、税务核算、总账报表八大业务线条，针对涉及的94个详细流程进行了逐一梳理，以业务主线、业务场景为依托，结合管理制度、审批效率等因素，形成了统一的业财流程。

3. 业财数据的规范与统一

根据集团系统建设的调研情况，结合共享平台整体系统集成规划，综合评估各数据项，纳入财务共享主数据管理。在确定范围的情况下，从企业周边系统入手，对各业务系统的数据进行梳理、分析，进行标准化的定义，从源头上解决数据不一致、不准确的问题，对数据标准统一定义并明确数据的归口部门和责任主体，通过标准数据定义、数据识别、数据规范、数据管理四个阶段处理，同时在财务共享建立业务事项、收支项目等维度标准化数据，通过财务共享模式完成业财数据的整合和提取，为企业提供业务经营支持和财务决策支撑。

（三）聚焦风险管理，实现过程控制自动化

1. 设计权责分明的“三线”审批

基于企业的业务特点，将分散在各个业务模块、各个流程制度中的审批流程及节点进行标准化和规范化，明确各级审批的范围和职责，审批点完整但不重复，各尽其责。针对母子公司的管理方式和特点及集团重点事项管控需求，系统搭建了可视化的“三线管理”审批模式，即行政汇报线、专业管理线、财务审核线，有效强化了集团的专项管控。同时，为满足个性化的审批需求，系统设置了灵活的加签、

授权等审批方式。

2. 创建预算“三维”管控模式

预算管控是财务共享平台的主要控制点，通过制定预算管控的规则，与预算系统数据联通，利用平台实现了业务范围、时间、过程的三维管控，即通过专项科目、合并科目及业务项目的多场景组合实现业务范围的管控，通过逐单提示 + 年度总额实现对时间与金额的控制。通过财务共享平台的建设将财务管控前移到业务管控，实现事事有预算、无预算无支出的预算管控模式，提升了集团的预算管控能力。在增强预算管控的同时，设立柔性的超预算解冻流程，由预算评审部门负责超预算费用事项的审批，从而保证业务的正常开展、信息的真实有效。

3. 细化资金“三级”管控维度

根据集团的资金特点及管控要求，共享平台搭建了独立的资金管理平台。借助共享平台搭建了集团特有的强控、弱控、不控的“三级”管控模式，统一了集团资金管控力度。在系统搭建标准化的资金管理语言，实现集团资金管控力度的落地；构建了资金平台与业务平台间基于组织、期间、供应商、地点、收支项目、币种、支付方式的七维度管理，细化了资金管控颗粒度；资金的统一管理为集团资金的资金管理、筹划提供了有效数据支持。

4. 建立发票全生命周期管理

通过利用 OCR 发票采集技术自动获取发票信息，实现发票结构化的数据自动获取，打通共享系统、发票认证、金税三期等异构平台，打破发票结构化数据的孤岛，实现发票电子化数据的实时交互，建立企业的发票池，在共享平台实现票面信息、发票状态、流程跟踪等全生命周期的管理，实时监控异常发票，将虚假发票、重复报销等提前扼杀在前段环节，规避税务风险。同时，依托人工智能技术，建立云票夹，自动完成发票信息的采集、校验、稽核、验真、认证、归档等功能，支持 PC 端、App 端等场景，提升报销体验，提升企业的业财资税融合水平。

5. 实现合同执行闭环管理

通过与合同系统的数据联通，实现合同金额、付款条款、结算方式的实时同步；按照各业务模块特点、业务场景及合同类别，设置了不同的挂账结算逻辑、预付款强制核销逻辑等，实现了从挂账到付款的自动系统控制，有效防范税务及资金风险。通过系统间的联通，实现了合同付款信息在系统间的共享，同时通过设置系统间的数据交互规则及控制逻辑，规范了合同变更、废止等操作的规范性。此外，借助系统间的集成，推进了合同系统在集团范围内的推广及应用，实现了合同的统一管理。

（四）打造一体化财务共享平台，实现全业务覆盖

1. 一体化财务共享平台框架

财务共享搭建了报账平台、资金结算平台、预算管理平台、运营管理平台、影像平台、税务平台、数据分析平台等模块，实现单据流、影像流、票据流、税务流、实物流、资金流的“六流”合一，真正实现了业财资税一体化。

2. 实现全流程、全业务覆盖的系统功能落地

财务共享平台涵盖了费用报销、资金收付、薪酬核算、应付管理、应收管理、资产管理、税务管理、总账管理八大核心业务模块，各模块的主要功能如下。

费用报销：包含对私费用报销、对公费用报销、员工借还款业务及费用预提业务等；系统设置预算、合同、发票等控制逻辑，实现控制全自动；实现从申请到付款、报表出具的全过程覆盖。

资金收付：实现资金的集中统一管理，包含资金的计划编制及管控，资金支付，资金来款认领，票据的管理，资金日报、月报等报表的自动出具，银行余额调节表的自动出具等。

薪酬核算：包含人员管理、数据缓存、薪酬发放、款项代扣、薪酬挂账、保险上缴、薪酬计提、薪

酬结算等功能，费用核算维度细化到人，实现 HR 系统—财务共享平台—资金结算系统—ERP 系统数据直接传输。

应付管理：包含采购发票挂账、采购付款、索赔处理、多方抵账、质保金管理、采购分析等业务；联通业务端，实现从采购订单—采购挂账—采购付款的全流程覆盖。

应收管理：包含销售发票开具、挂账，收款认领、核销，销项税自动对税等功能；联通业务端，实现从销售订单—销售开票—销售收款的全流程覆盖。

资产管理：包含在建及资产的采购挂账、采购付款、资产转固、资产变更、资产报废等功能，实现资产的全生命周期管理。

税务管理：包含发票管理、税金计提与摊销、纳税申报、税金支付、税务分析等功能；实现发票的全生命周期管理。

总账管理：包含总账工单、业务事项与预算调整、关账监控、报表管理及数据支持等功能。

3. 扫“码”采集、存储，实现档案管理电子化

财务共享的电子影像系统借助 OCR 识别、图像分析等技术，实现移动端扫码原始票据信息自动采集、数据自动存储；同时，联通各业务系统，实现会计凭证与业务资料的真正融合，极大提升了后期档案的查阅效率。电子影像系统覆盖从票据到单据采集到影像管理、档案管理的全流程，为全面实现财务无纸化提供有力支撑。

（五）联通业财资税系统，实现全流程管理智能化

1. “三位一体”差旅集成，打造一站式差旅服务

通过财务共享与商旅平台的集成，实现出差申请、商旅资源预定、差旅报销全过程的自动化，提高员工报销的效率和体验。通过出差申请、商旅预订和财务共享三位一体的全方位集成，将差旅申请、预算控制、审批、下单、记账、结算全流程打通，从在线申请、在线下单、系统自动与预算关联到完成采购、统一结算，形成完整的闭环，有效防范了内控风险；全方位开发的财务共享和差旅云集采平台，实现了 PC、App、微信的全方位接入、提供了个性化的数据分析支持、实现潍柴数字化差旅目标的同时打造了潍柴特色的差旅品牌。

2. 首创税企直连新方式，实现一键纳税申报

与省局、区、市联合开展税企信息系统合作项目，利用现代互联网技术开创税务核算的新通道，实现企业与电子税务局、金三系统的联通；成为山东省首家利用税务计算引擎“税企信息系统直连”模式的企业，实现一个平台、集团分子公司纳税一键式申报。同时，财务共享平台搭建税务计算引擎，实现税金的自动计提，提升了税务核算的自动化；开发多系统自动获取数据功能，提升数据质量和纳税遵从度，综合提升 40% 的办税效率。

3. 构建“银”“票”智联双通道，创新资金结算模式

共享系统通过构建银企、票据直连通道，与各商业银行后台系统有机互联，实现资金自动结算。报账平台单据审批完成后，结算相关的支付信息会自动同步，资金结算平台根据前端信息自动匹配资金计划，并按照管控维度进行金额的自动控制，自动发送银行支付、票据背书、提示付款指令，实现每月百亿元资金的自动结算。同时，系统设置付款成功、失败提醒，针对付款失败业务系统自动发起失败订正单，大幅提升了供应商的结算效率。

4. 财务结算智能化，账期管理自动化

通过与 ERP 核算系统、SRM 等业务系统的集成，借助 OCR 识别技术，实现“三单”智能匹配，实现采购订单项目、税率、供应商、价格差异、数量差异、物理发票号、公司代码等信息自动核检，提升财务工作的效率及准确性。通过系统集成搭建了全流程、全场景的采购付款系统，实现付款账期、质保

金预留、处罚扣款、提前付款扣点的自动管理。

5. 多场景智能开票，货款自动确认及核销

基于集团各公司不同的销售业务开票模式，通过财务共享平台与 ERP、CRM 等业务系统、税控开票系统的完美对接，实现了多场景销售模式的直连开票，以及发票数据电子化流转，系统支持复杂维度的发票拆分、合并的规则引擎配置；实现从销售订单到收入确认的智能转换。

通过与 ERP 核算系统的集成实现了收款自动、精准入账，以及销售发票的自动核销，保证了往来款项核算的及时性、准确性，为应收的账期管理提供了数据支持。

6. 建立全业财的智能转换通道，实现财务核算全自动

基于八大业务模块的不同业务场景搭建智能财务核算引擎，设计统一的核算方式；规范业务事项对照会计核算科目，根据不同的核算类型及核算模块制定不同的映射关系，为凭证自动生成建立数据库；完成各类凭证规则的制定，包含 AP 标准发票、预付款、AP 付款、预付款核销、总账冲销、AP 发票取消及异常凭证处理等，制定 58 个主凭证规则、160 个分录规则、4000 条明细规则、80 个 ERP 接口，前端单据业务审批、付款、收款完成后，凭证自动生成、推送，通过 ERP 与合并报表系统联通，实现从业务数据到财务报表的智能转换。

（六）构建共享运营体系，提升质量和效率

1. 建立全员信用评价机制，让问题数字化

建立平台信用评价机制，通过量化指标和评价标准，对全体员工的报销质量、规范性进行打分，并划分信用等级。将员工的信用等级与报销业务的审批、支付挂钩，如等级高者，单据优先审批、支付；等级低者不予借款；严重舞弊者，视恶劣程度进行通报甚至建议开除。启用员工信用管理，让问题数字化，与业务过程挂钩，员工看得明白，业务处理透明，实现“双赢”。

2. 搭建“线上 + 线下”结合的质量考核机制

根据共享平台特点，结合实际核算情况，完成共享平台质检模式。实现了平台网上质检“审计”，可高效、快捷地根据样本信息质检结果，在线形成质检报告，列示差错率、问题缺陷等信息；并由质检岗监督整改，形成共享模式下质检工作的闭环操作，从而保证了财务共享线上审核。在注重线上质量的同时，制定内部质量考核规范，形成各业务模块的质检手册，通过各业务岗位之间的工作质量互评、服务单位的满意度评价反馈等方式，完善了共享内部的绩效管理，提升了工作质量。

3. 建立以“客户满意为宗旨”的沟通机制

一是注重与业务端的沟通，掌握业务的平台使用及数据收集需求，制订优化方案，注重提升员工的应用体验，在系统开发待办超过 8 小时自动预警提示、付款成功与失败提醒、交单提醒等功能，让用户实时掌握业务的办理进度，降低了沟通成本，提升了工作效率。二是注重与财务、审计、制度制定部门进行沟通，以会议的形式定期召开相关部门工作会议，参与公司制度规范的制定，将制度流程嵌入平台的执行中，使其更好地落地实施。三是注重部门内的沟通与交流，要求部门人员就审核过程中的疑点、难点等问题进行充分探讨，建立规范的汇报流程；同时，通过制定标准化作业操作书等方式，进一步明确各岗位的业务规范，提高工作效率及质量。

4. 建立指标监控仪表，完善绩效评价

通过电子绩效看板，实现实时数据更新、业务效率、环比分析等绩效状况，数据维度不仅涵盖年、月，甚至可细化为周、日等较细颗粒度，建立单位“奋斗榜”，充分实现绩效透明、分配公正，完善了内部绩效评价体系；实现对业务全流程、各环节处理时效等管理数据的提取和分析，明确瓶颈环节和工作短板，有针对性地采取措施，有效提升各项工作效率，形成树优、赶优的良性工作氛围。

5. 搭建流程机器人（RPA），助力财务提质增效

RPA 作为新一代的数字化劳动力，能够以零错误率执行大量重复性任务，从而大大降低企业运营成本；同时，具有灵活的扩展能力和无侵入性，能够轻松集成在不同系统上，跨系统自动处理财务数据。在财务共享优化项目建设过程中，实现了共享平台与 RPA 的有机融合，不仅简化了财务操作流程，提高了数据处理效率和准确度，还可有效避免人为失误，规避业务流程中数据被人为篡改的风险。

（七）搭建多维度数据分析，赋能业务发展

财务共享中心借助平台不断挖掘数据价值，基于管控及分析诉求，在数据分析平台搭建了多维度、多场景的数据分析模型，实现了涵盖差旅出行大数据分析、预算执行预警分析及费用数据分析、合同执行数据及支付过程分析、资金计划及执行分析、应收应付数据分析、总账数据分析、共享财务绩效分析、员工个人报销数据分析等的实时输出，以数据赋能业务发展，为管理的精细化提供了数据支持，为集团管理会计报告体系的搭建及数字化管理提供了重要参考。

三、机械领军企业以风险管控为核心的数字化财务共享管理效果

（一）深入贯彻标准统一，强化集团管控

财务共享实现了业务流程、会计核算流程和管理流程的有机融合，实现流程再造及优化升级，提高业财一体化水平。借助财务共享平台的建设实现了集团管理方式和管理理念的落地，实现全业务模块的信息化、规范化、精细化、透明化，系统的实时监控分析功能使各级管理部门可以及时有效地了解企业的运行情况，及时发现并解决实际问题，提升集团的整体管控能力。

（二）关注合规管理，有效防范风险

财务共享系统在搭建的过程中始终围绕两个核心，即“服务 + 管控”。基于业务特点，财务共享平台搭建了资金、发票、预算、合同、价格、数量等八个业务面的核心控制点，通过系统规则配置，实现了自动管控。借助财务共享平台有效防范了集团的资金、合同、税务上的财务、运营风险，为集团的风险管理提供了数据输出，强化了集团内控风险体系建设，从整体上提高了集团的风险应对能力。

（三）专业化财务服务，彰显规模化效应

通过财务共享的建设，推进了财务组织的变更，财务分工更加细化。共享中心通过标准化、规范化等一些列措施，为集团各公司提供了更加专业化的核算服务，同时保证了核算口径、数据的统一，提升了集团的数据质量。同时，财务共享模式极大地降低了财务人员成本。近三年来，集团在收入同比增长 40% 的情况下，财务人员同比减少 18%，充分彰显了财务共享的规模化效应，为企业集团化发展提供了有力的财务支撑。

（四）应用智能技术，提升管理效率

通过搭建财务共享平台，为新技术的应用提供了入口，财务共享通过应用 OCR 识别、RPA 技术等各类自动化、智能化的技术，实现多流程自动化，大幅提高财务工作效率。通过银企、票据直联，节省 30% 的资金结算时间；通过打造智能发票机器人，节省 70% 以上的财务审核发票时间；通过与差旅云集成，实现差旅费用的自动计算，结算效率提升 40%；通过与办公软件的集成，提升审批效率，由原来的 36 个小时提升到 0.5 个小时等，整体处理效率提升 50%；集团财务报表出具时间提前两天。

（五）深挖数据价值，提供经营决策支持

以“用数据支持决策、用数据强化管控”为核心的数字化管理，已经成为集团企业分析过去、把握现在、掌控未来的利器。财务共享中心具有成为集团级数据中心的优势：首先，打破部门、地域的限制，将集团内的会计核算工作集中到统一平台，汇集了所有的财务核算数据；其次，通过对业务流程的优化与再造，实现了交易过程的标准化和规范化，打通了财务与业务之间的隔阂，使集团从源头上掌握了真实的交易数据，为数据建模与分析提供源头活水；最后，共享平台构建出一个集“财务小数据、

业务中数据、社会大数据”于一体的大数据平台，充分利用平台数据的聚合效应，不断挖掘数据价值，为企业决策提供有力的数据支持。

（六）促进财务转型升级，助推企业数字化

通过实施财务共享，为企业财务转型升级打下良好的数据基础、管理基础和组织基础；通过项目的建设培养了一批财务、业务、系统相结合的优秀人才，为财务转型升级奠定基础。最终逐步形成一个完整的三层级的财务管理模式：控制管理的战略财务、全价值链财务管理支持的业务财务、以交易处理为主的财务共享服务中心。未来财务将引入更多的新技术，实现智能语音识别自动填单及审核、报表一键生成、数据分析自动预警等，塑造潍柴数字财务，助推企业数字化。

（成果创造人：王俊伟、曲洪坤、郝　倩、陈能之、王　毅、马翠玲、窦茂德、刘　红、李丽娜、武　艳、王培培、吕　咏）

高铁制造关键环节一体化质量管控平台的构建与实施

中车青岛四方机车车辆股份有限公司

中车青岛四方机车车辆股份有限公司（以下简称中车四方股份公司）是中国中车股份有限公司的核心企业。中车四方股份公司在高速动车组、城际（市域）动车组的研发制造上处于行业内的领先地位。中国首列时速200公里高速动车组、首列时速300公里高速动车组、首列时速380公里高速动车组、首列“复兴号”动车组和首列城际动车组均诞生于此。目前，中车四方股份公司已形成了不同速度等级、适应不同运营需求的高速动车组和城际（市域）动车组系列化产品。中车四方股份公司自主研制的CRH380A型高速动车组创造了486.1公里/小时世界铁路运营试验最高速；研制的“复兴号”CR400AF动车组实现了时速350公里运营，标志着我国成为世界上高铁商业运营速度最高的国家。中车四方股份公司轨道交通装备产品在满足国内市场需求的同时，已出口世界20多个国家和地区。中车四方股份公司秉承“质量优先、创新引领、客户导向”的经营理念，努力打造以轨道交通客运装备为核心的卓越企业。

一、高铁制造关键环节一体化质量管控平台的构建与实施背景

（一）满足高铁多国标准，增强国际竞争力的需要

随着国家“一带一路”及高铁“走出去”战略的实施，轨道交通装备制造业迎来了前所未有的机遇，面临着不同国家和地区提出的差异化要求，高速列车需适应不同的制造标准体系，对车辆的结构设计、试验验证、焊接制造、人员资质及质量要求差异较大，需对不同国家的标准要求进行整合，构建适应装备制造特点、满足客户需求的高速列车制造技术标准体系。

（二）保障高铁安全可靠、提升供应链协同效能的需要

高铁产业链具有供方数量庞大、区域分布广泛、产品类别繁杂、焊接方法多样、人员基础薄弱的特点。面向高速列车关键制造过程的薄弱环节，要全面归零、全面复盘，构建全流程、全要素、全链条、系统化、精细化的关键制造过程质量管控平台，以保障高速列车的产品质量及运营安全。

（三）应对列车复杂工况、提升高铁装备水平的需要

中国地域辽阔、气候多变、线路复杂，从南国到雪域，从大海到大漠，车辆需适应寒冷、高温、风沙、海洋等运营环境，运行过程中承受高速、冲击、动载、腐蚀等服役工况。为满足高速列车安全可靠性、高速舒适性及运行平稳性的基本要求，车辆的材料及其制造过程需满足强度、精度、轻量化、耐蚀性、气密性及抗疲劳能力的工程要求，以及面向应用场景的服役性能要求，这些都增加了质量管理的难度，在关键制造过程质量管控、性能指标、供应链水平要求日益严苛的条件下，需持续不断地推动新型制造技术的工程应用及服役安全评估的技术进步，以促进产品质量的不断提升。

二、高铁制造关键环节一体化质量管控平台的构建与实施主要做法

（一）全链条一体化关键制造过程质量管控平台的顶层规划

中车四方股份公司解析关键制造过程体系化、流程化、信息化、一体化、全链条的质量管控特征，按照“421381”的实施路径，创新性地构建关键制造过程质量管控平台。

夯实“4”大基础支撑。通过持续完善技术与管理工作机制，组建和培养专业化的人才保障团队，厘清标准体系差异，构建适用于关键制造过程的基础数据库，为管控平台的规划与实施夯实基础支撑。

筑牢“2”大管理支柱。从工艺设计、工艺验证、产品制造、质量保障四大体系入手，实施规范化

体系管理；从设计、工艺、采购、生产、质量、供应链六大核心环节入手，开展流程化过程管控，实现“内升”和“协同”两大管理支柱的有效支撑。

贯通“1”套核心系统。运用信息化和数字化手段，实施数字孪生技术的开发与应用，打造以关键制造过程信息化系统为核心，贯通子系数据，实现以数据贯通、流程管控、数字赋能为一体的管理模式，为该模式向供应商“共享”提供有力保障。

推动“3”步管理战略。进一步深化“扶管服”机制的落地，按照“内升、共享、协同”的总体思路，通过制度保障、流程保障、体系培训、专家在线的举措，免费向400余家供应商共享输出管控平台，系统性提高全链条的质量管控能力。

拓展“8”大过程应用。以焊接作为主线，探索和摸索出一套符合中国高铁制造发展需要的管控模式，并向粘接、铆接、栓接、压接、压装、涂装、热处理等关键制造过程平推，实现了高速列车关键制造过程质量管控的全覆盖。

构建“1”个综合平台。通过构建规范引领、自主创新、流程优化、标准固化、系统贯通、过程监控、科学评价的流程，建立起了中国高铁全链条一体化关键制造过程质量管控平台，系统解决了产业链条上工艺设计管控水平较低、工艺分析依靠人员经验、关键制造过程管控依赖人工、评价体系不够健全的管理难题，系统拉动研发、工艺、制造、采购、供应链、质量等各环节工作的管理提升，发挥“内升、共享、协同”效应，实现主机厂、供应商全链条焊接质量管控一体化协同。

（二）多标融合，创新管控模式

1. 解析多体系标准，固化多要素规范

对标国内外焊接标准要求，基于列车产品结构、焊接工艺等实际情况，提取不同标准体系共性要求，解析不同标准之间的细节差异，夯实焊接基础管理，形成了涵盖百万个焊接接头、1000余项工艺评定、近10000套工艺规程、近6000项焊工资质及工作试件的轨道车辆焊接基础数据库。

针对焊接制造过程，梳理影响焊接质量的人员、设备、物料、方法、环境、测量6大类、20个要素、60个项点，形成38套焊接质量管控体系文件，实现质量手册、程序规范、技术规程三级焊接质量管控，构建标准化的焊接过程管控要求。第一级（L0）形成焊接质量管理手册，实现焊接体系建设与日常工作相融合；第二级（L1）形成流程环节的程序规范，满足标准化的关键过程控制要求。第三级（L2）制定面向现车施工作业的技术规程，强化落地执行。

2. 厘清各阶段任务，使管控流程标准化

基于标准体系要求，构建焊接过程管控流程，强化结构设计、策划验证、生产准备、产品制造、运维检修五大阶段的过程管控，做实从要求评审、设计评审到首件鉴定、批量生产、定期检修等16项关键环节，向流程要效率，以流程带动任务，以任务践行规范，固化职责分工，按照工作流程化、流程规范化、规范标准化，建立内部提升、外部延伸、内外联动的流程化管控模式。

（三）数字赋能，提升管控能力

1. 构建数字孪生平台，支撑高效、精准分析

基于数字孪生与智能制造技术，利用数字化驱动关键制造过程工艺设计，集成TC、ERP、MES、QMS、OFFLINE、VR、AR等信息化手段，搭建虚拟验证平台，缩短工艺研发周期，降低车辆制造成本。

提出了三维产品结构制造过程虚拟验证方法，开展人机工效分析和虚拟培训，完成典型产线三维工艺布局设计及工艺流程优化。根据不同焊接方法的原理及特点，创建了常见方法焊接热源模型，构建焊接过程的温度场、应力场、流场等多场耦合的三维数学模型，开展面向关键部件、典型材料的缺陷预测、变形控制及应力分析的模拟仿真，制定工艺控制措施，提升技术开发能力。

2. 开发焊接信息系统，提升工艺设计能力

基于多标准体系要求和标准化管控流程，开发了面向工艺设计的焊接信息化系统，涵盖车体、转向架、总装三大板块，不锈钢、铝合金、碳钢车体及碳钢构架四类构件，电弧焊、电阻焊、钎焊、激光焊、摩擦焊、激光电弧复合焊、螺柱焊七种方法，焊接接头、工艺评定、技术规程、工作试件、焊工资质等八大数据库，涵盖接头统计分析、智能匹配、规程编制、明细生成、资质管理、工作试件、供方管控、培训考试等36个功能模块，实现了工作计划表单化派送、工艺评定智能化匹配、工艺规程模块化编制、工作试件动态化考评、焊工资质常态化设定、焊接供方一体化管控，实现了接头、评定、规程、试件与资质的智能匹配及精细管理，保证焊接工艺设计规范、高效、准确。

通过焊接信息化系统的应用，实现了工作计划流程管控、焊接要素精细管控及工艺设计高效、准确。

工作计划流程管控：通过焊接信息化系统对具体产品项目焊接工艺设计流程管理、定义角色、任务分配、计划制订、进度跟踪，实现焊接工艺设计计划的流程化主动管控。

体系要求全面覆盖：基于接头的焊接工艺设计模式，产品项目所有焊接接头全部纳入焊接信息化系统，设计、工艺、验证等环节全面在系统上运行，实现焊接质量要求可覆盖至所有环节。

焊接要素精细管控：依托系统嵌套的逻辑规则，将关乎焊接质量的接头类型、坡口等设计要求，焊接位置、参数等工艺要求，质量分级、探伤等质量要求全部纳入系统管理。

工艺设计高效、准确：通过对焊接工艺评定、技能验证、工艺规程等相关焊接标准进行分析，依靠焊接信息化平台实现焊接接头的智能分析匹配、错误预警及动态提示功能，对数据进行实时的补充、完善，杜绝人为错漏，提高焊接工艺的设计效率及准确度。

3. 搭建过程监控系统，实现质量闭环管控

开发面向要素管控、过程监控、在线检测与质量追溯的焊接质量监控系统，并与TC、MES、QMS等系统深度融合，实时采集人员、设备、物料、环境等焊接要素信息，实现关键制造过程质量管控的闭环管理。该系统具有以下功能。

质量要素信息化管控：围绕焊接要素管控，构建数据交互蓝图，分析焊接要素管控项点，提取管控要求信息数据，实现人、机、料、法、环、测的全要素信息化管理，利用信息化平台开展要素信息动态维护，避免管控漏项，细化管控颗粒，提升管控效率。

焊接参数实时化监控：结合数字化工厂建设，对焊接设备进行数字化升级，将焊接过程的重要参数，如电流、电压等数据进行提取，将数据存放在焊接过程信息化管控系统中，实现每条焊缝参数的实时监控、记录。结合工艺规程设置参数阈值，实现过程参数的精细化控制，解决焊接过程参数依赖人工监测、无法在线监控的难题，形成焊接参数实时监控能力。

制造过程实时化预警：提取分析产品的工作流程、过程数据、质量记录及故障内容等信息，实现产线的可视化、实时化管理，结合生产指挥中心可实时监控产线状态、生产计划、台位状态、交检情况、人员出勤、产线异常、探伤划线等信息。

工艺信息可视化管理：依托工艺管理系统，通过焊接过程信息（焊机状态、使用人员、焊接参数、焊丝、气体、焊接顺序）的实时显示、历史查询和数据分析工作，实现了焊接质量、人员、设备、耗材等数字化管理、工艺分析和实时显示。

（四）全链贯通，提升协同效能

通过制定过程规范，细化管控点，全面应用焊接信息化系统，完善供方体系要求、提升供方资质能力，达到全链条一体化高效协同的管理目标。

基于轨道车辆产品外供件设计、工艺、质量、采购、生产及检修运用的全过程，制定全流程管控规

范，固化了供应商组织架构、人员能力、体系认证等体系基本要求，明确了基础数据完善、流程化工艺设计等策划准备要求，提出了常态化内审、常态化解剖等质量监管要求，构建了供应商全链条一体化管控基本框架，实现了供应商焊接全流程、全过程、全要素管控。

全面分析影响供方产品质量的要素信息，制定评估模型，细化形成120项管控项点，根据管控项点要求，供应商补充了焊接工程师、焊接监督及注册焊工，资质能力得到显著提升，完善了焊接组织架构，建立了常态化内审及解剖机制，体系架构得以完善。

依托焊接信息化系统，供应商与主机企业共享体系要求、知识标准、基础数据，规范了接头汇总、策划准备、试验验证、试制生产、首件鉴定、产品检验等环节，大幅提升供应商焊接工艺设计及质量管控水平，实现了供应链管理的高效、协同，目前已覆盖400余家关键零部件企业，轨道交通行业关键制造过程“1＋N”焊接标准化质量管控新模式已基本形成。

基于焊接供应商总体数量庞大、产品类别繁杂、焊接方法多样的现状，根据供方产品风险等级和产品特点功能进行分类，将供方分为车辆整车、车体部件、转向架部件、结构装置、设备箱体、电气部件、风道管路和内装组件八大类别，按照产品质量、风险等级分七批22组推进管控工作。依托信息化系统，将评估细则提前导入至产品实施环节。

依托焊接信息化系统，采用线上云视频会议的方式对供应商进行专业培训，先后完成152轮线上专项培训，组织138轮云视频评估会议，开展82轮现场平推管控，进行371次飞行专项检查。通过线上线下结合的方式，直观、高效、深入、全面地开展了全链条贯通工作，克服了公司与焊接供应商之间的时域限制，实现了全链条高效协同管控。

（五）技术创新，构建评价体系

1. 创新无损检测方法，实现快速精量检验

开发了基于非接触测量的焊缝形貌激光三维扫描检测方法，基于激光测距传感原理，识别并分析了不同材质、焊接位置、接头形式的焊缝表面粗糙度、工件倾斜等因素，采用移动均值滤波及检测结果校正算法，基于激光焊缝表面检测轮廓曲线的特征点识别建立了激光焊缝表面余高/下榻量的检测计算模型，能够快速、精确地获得焊缝表面三维形貌尺寸，保证了扫查系统的稳定性和检测效率，实现了焊缝表面非接触高精度实时检测、记录、判定。

开发了铝合金薄板超声爬波检测、不锈钢薄板高频超声C扫描检测、厚铝板相控阵超声检测方法，实现不同厚度、材质电弧焊缝内部质量的精确判定，突破了传统超声仅能用于8毫米以上钢类材料厚板焊缝内部检测的技术瓶颈，拓展了超声检测技术在无损检测技术工程化中的应用，实现了中厚板碳钢、不锈钢及铝合金的全覆盖。

开发点焊接头螺旋式超声C扫描检测方法，采用快速螺旋超声C扫描系统，通过优化扫查器电机功率、编码器和机械结构，提升扫查速度小于20秒，检测精度达到0.02毫米，基于评价标准，通过软件开发，实现检测结果与对应板厚熔核标准自动评判，同步实现检测结果的实时存储和汇总，便于进一步分析和统计，实现了对焊缝外观质量进行实时判定。

2. 实施全链多维评价，保障高铁运营安全

基于高速列车服役环境和载荷工况，围绕高速列车关键承载部件，利用基础数据实时采集、制造过程预测预警、流程环节全链贯通等手段，对主机厂、供应商的焊接要素及质量数据归类分析，针对20余种载荷工况、近10000个接头、100余套部件进行测试，完成静载强度、动载疲劳及环境腐蚀等多维度、全寿命质量评价，保障产品质量，满足车辆运营安全。

三、高铁制造关键环节一体化质量管控平台的构建与实施效果

（一）擦亮高铁名片，支撑交通强国战略

基于本项目良好的应用效果，高速列车产品的制造品质大幅提升，列车的安全性、轻量化指标持续提高，成为引领行业发展的标杆，中国速度不断提升，加快推动了“高铁走出去”及“一带一路”交通强国战略的落地实施。巩固了中国轨道交通装备产业的领先优势，在实现企业快速发展、员工收入稳步增长和国家地方财税收入大幅提升的同时，极大带动了高铁产业链上下游数百家企业的发展，支撑了以青岛为核心的高速列车产业生态区的一体化建设。

（二）贯通全产业链高效协同，引领轨道交通行业发展

通过项目实施，提升了轨道交通产业链上下游协同、一体化管控能力，实现了主机厂、供应商工艺设计、焊接制造和质量控制的高效同步，产品制造周期缩短35%，产品一次交检合格率提升至99.5%，供方质量体系认证通过率100%。项目技术成果在动车组及地铁5000余辆轨道客车制造中得到批量应用，中车四方股份公司新增产值46.55亿元，新增利润4.65亿元，新增税收1.862亿元，取得了显著的社会效益和经济效益。

（三）一体化质量管控，实现关键制造过程质量的突破

中车四方股份公司先后获得授权专利40余项，中国专利银奖1项，国际标准1项，国家及行业标准20余项，软件著作权7项，论文50余篇，创新成果达到国际先进水平。培养了国务院特殊津贴专家、詹天佑、茅以升奖获得者2名，中车资深管理专家1名，中车管理专家1名。形成了焊接质量管控的规范、流程、标准、方法和模式，切实提升了焊接质量管控能力。通过该项管理创新成果的实施与应用，实现了50余条车辆制造产线升级换代、八大关键制造过程质量一体化管控。

（成果创造人：马利军、张志毅、肖雪峰、李刚卿、韩晓辉、果　伟、
刘显峰、刘元好、王　勇、徐　超、孙　华、刘　锐）

复杂电子产品全要素仿真驱动的柔性智能生产体系构建

中国电子科技集团公司第二十九研究所

中国电子科技集团公司第二十九研究所（以下简称二十九所）1964 年成立于四川省都江堰市，1993 年科研和生产主体迁至成都市，是我国最核心和最大的电磁空间安全总体技术研究、装备研制与生产的核心骨干研究所，其产品主要面向军工电子及军民两用应用领域，覆盖多种装备平台。产业发展主要聚焦电磁频谱管控、太空应用、海洋综合感知及自主可控基础四大方向。建所以来一直承担国家重点工程、重大基础、重大安全等工程任务，为国防建设及国民经济发展做出了重要贡献，形成了 10 个具有国际领先优势的专业领域，取得了 1000 多项科技成果。截至 2020 年，全所拥有员工 5000 余人。在国家创新驱动发展战略，国防和军队改革、国有企业改革等时代背景下，二十九所作为电磁空间安全行业的“领头羊”，向建设成为“国内卓越，世界一流”的整体解决方案与系统集成商、产品供应商、运营及服务商的目标迈进。

一、复杂电子产品全要素仿真驱动的柔性智能生产体系构建背景

（一）加快响应速度，应对外部环境的复杂性和需求的不确定性

随着世界各国尤其是大国不断调整的外部战略和政策，国防建设需求也在快速发生变化，对电子战产品的需求也呈现出不确定的特征，主要体现在以下三方面。一是交付产品的种类、数量及规模的不确定性。电子战产品装载平台覆盖陆、海、空、天、电等全领域，类型复杂多样。随着战略方针的频繁调整，电子战产品的需求类型不断发生变化、生产规模快速放大，多品种、变批量、大规模的特征越来越突出。二是交付周期的不确定性。在严峻的国际局势下，为快速形成作战能力，要求产品生产周期大幅缩短，产出节奏快速提升。突发订单多，任务刚性强，产品交付周期的变化呈现“短、频、快”的特点。三是产品能力需求的不确定性。电子战产品需要根据实际作战对象及作战场景进行能力迭代，以适应不断变化的需求和持续升级的作战体系。不同于以往的定型后批量化生产，在产研深度交叉形势下，装备作战能力的多版本快速迭代生成的需求迫切，产品的定制化特征越来越明显。而高质量、高效率地满足不确定的、定制化的外部需求，需要对整个生产集成系统进行革新和重塑、不断深化和落实集成制造能力的提升。

（二）聚焦转型升级，支撑企业集成能力快速柔性重构与过程精细管控

作为武器装备研制的核心单位，二十九所历经 50 余载，逐步建立起电子战产品的生产管理体系。在外部环境快速发生变化的情况下，企业内部管理也面临巨大挑战。一方面，按需完成资源的调用，实现集成能力的快速重构，满足不确定的交付需求已成为企业管理的瓶颈。与机加工行业批量大、工艺流程固化、资源需求固定的特点相比，多品种、小批量、定制化的电子产品包含了从底层的元器件到整机系统的复杂集成过程，特征体现为渐增式，工艺路径灵活多样，根据物料齐套及技术与质量状态的变化，每个批次均可能不同，企业需要对物料、制造资源进行快速配置和灵活重组，才能高效地利用有限资源，按时、保质地完成产品交付。另一方面，在研产并行情况下，对产品技术状态进行精细化管控，也是企业管理过程中面临的巨大挑战。原本串行的研制和生产阶段大量交叉和重叠，导致产品状态呈现“多型、多态、多线”的特征。传统的依靠增加产线、对作业单元进行局部改造和工艺流程优化等手段，无法从根本上突破电子产品生产集成的瓶颈，只有通过新一代数字技术的深入应用，对企业业务模式和管理进行彻底的变革与重塑，充分发挥数字技术和信息技术的赋能作用，全面完成企业转型升级，

才能真正解决企业面临的困境。

（三）把握发展机遇，实现企业自主创新和业务拓展

工业 4.0、中国制造 2025 作为工业发展的又一次浪潮，已势不可当。物、大、云、智技术的高速发展，给以数据、算法、计算为核心的数字制造、智能制造的发展提供了有力驱动。在时代浪潮的背景下，通过梳理专业方向，培养专业化人才，掌握数字化、智能化核心技术，自主研究复杂产品电子集成的逻辑，构建适合企业自身特点的体系架构，自主开发工业软件等措施，不仅可以实现企业从传统制造向数字制造转变，还能切切实实提高企业的自主创新能力，确保企业在数字制造技术领域中占得先机，在新一轮的竞争中占据优势。同时，数字制造、智能制造的蓬勃发展为电子产品的集成制造领域带来新的机遇。推动数字化、智能化转型不仅能实现主营业务的增长、服务的延伸增值及新技术、新产品的开发，同时还能实现数字业务的拓展，可使企业在引领数字化、智能化技术的发展基础上，进一步拓展全新的业务模式、实现新价值的创造。

二、复杂电子产品全要素仿真驱动的柔性智能生产体系构建主要做法

（一）开展数学定义与建模，实施系统化模型管理

在深入理解产品的应用环境和集成制造变革需求的基础上，二十九所结合对数字化、智能化制造的深度研究和实践经验，确立构建以全要素仿真驱动的柔性智能生产体系。其总体思路是：以用户和相关方需求为牵引，以数字化价值要素与集成制造要素相融合，以数字域/物理域双向映射为基础，从“数字化定义与建模、数字空间仿真计算、多专业制造协同、运营智能管控、动态调整与自进化”五个方面入手，将传统基于项目团队的粗颗粒度的生产管理，变革为基于流程规范化、资源多维度精细定义、工艺路径仿真计算柔性重构、车间与产线工位制造能力柔性可扩展、组织与专业精准协同、运营管控数据和模型智能驱动、贯穿企业—车间—产线工位各层级的，从需求到仿真、执行、控制、优化全过程的自闭环、自进化的智能生产管理体系。以管理出效益为根本出发点，充分利用数学计算的优势，实现制造资源与过程的高效协同，大幅提高生产力，缩短生产周期，满足国防建设装备能力快速生成与二十九所产值高速增长的需求，提升用户满意度。

与传统的批量机械加工、装配相比，复杂电子产品生产过程存在以电性能集成为主，工艺路径非线性、工艺与技术状态变更频繁、资源需求复杂等特点。为实现柔性智能生产体系的构建，二十九所开展了面向以集成测试验证为主要工艺过程的电子产品数字化建模定义与建模。对生产过程及可配置制造资源进行识别、分解与数学定义；发布建模规则，从物理、逻辑、行为等方面进行建模，完成资源和过程从物理世界到虚拟世界的映射；对制造过程风险进行建模，实现风险的数字化管控；针对类型多、数量庞大的模型，以技术和管理为抓手，构建统一管理平台，推进建模工作的标准化与规范化。

1. 开展工艺过程、制造资源的数学定义和建模，完成从物理域到数字域的映射

首先，建立工艺过程模型，细化过程颗粒度，支撑多路径的灵活规划。为构建产品生产集成工艺过程的数学定义，以满足复杂产品多路径、非线性工艺路径集成需求，二十九所从复杂电子产品的电性能集成、功能模块化渐增式集成等特征出发，以八大类工序间的逻辑关系和自定义工序颗粒度为分解原则，以全过程工序逻辑解析和全要素资源需求为主线，建立工艺过程模型的定义方法，发布工艺建摸规则，并对每型产品进行生产工艺过程模型开发。经过四年多的实施与运行，完成全部数百型整机产品建模，建模数据超过 220 万条，模型版本累计超过 2400 个，工序颗粒度 200 个单元以上的超过 30 型，从数学领域打开生产集成过程的“黑匣子”，为路径的仿真和灵活规划提供支撑。

其次，为实现资源能力的量化与可配置，从功能、属性、技术能力等维度出发，开展人员、仪器、工装、设备、工位等全要素模型的标准化、结构化定义，发布资源建模规则，并建立起企业级完整的制造资源模型库。在过去四年多的时间里，完成 47 类工位、48 类人员、96 类仪器设备及工装夹具共计

13205 项模型构建，建立起制造资源从物理域到数学域的映射，实现制造资源的能力在数字空间的表达，为后续生产集成过程的仿真运算和配置提供基础。

2. 构建产品过程风险模型，提升风险管理数字化处置能力

为减少各类风险对生产过程稳定性的影响，从资源、质量、干系人、时间、沟通、范围六个维度构建风险基础模型。通过对专家经验数据进行梳理整合，形成知识库信息 200 余项；组织经营管理团队、技术专家、技术人员、计划人员在内的专家团队进行分析评审，获得 52 条典型风险源并与基础数据库模型映射，最终形成风险数据库，实现可动态获取每个项目的风险值，为资源调度的优先级提供支撑，有效提升排程计算的可靠性，减少风险对生产过程和产线稳定性的影响。

3. 构建统一模型管理平台，实现模型标准开发与规范管理

由于模型关系日趋复杂、模型数量日趋庞大，为对模型进行标准化和规范化管理，二十九所建立以“制度 + 技术”为特色的贯穿模型设计开发、验证确认、优化迭代全过程的建模活动管理方法。构建统一的模型开发与管理平台，利用校验规则，对开发的模型进行统一校核与确认，保证模型的准确性和标准化。通过模型库的用户管理模块，开放权限，支持用户对模型进行在线修改、更新等，有效提升模型构建与开发效率。对模型的版本、数据格式、接口、关系等的一体化管理，为集成资源有效管控、资源计算调用及数字化仿真等提供支撑。

（二）开展数学域仿真计算，实现路径动态规划与需求精准牵引

面对外部变化的不确定性、技术状态的多变性、生产集成过程的复杂性和多品种、变批量的产品特点，为确保整个企业多型产品集成过程的连续性、平稳性，二十九所充分利用数字化的优势，构建一套综合仿真计算系统。该系统以制造资源模型、制造过程模型、风险模型作为输入，以个性化的任务需求为目标，利用智能算法在虚拟空间进行仿真分析，实现集成工艺路径的动态规划、单元制造能力的动态重构及对供应链物料的提前拉动规划，并以作业指令的形式指导现场工作的开展，如图 1 所示。灵活的资源组织方式和动态重构的能力规划，打破了项目壁垒，使企业整体的效率最大化。

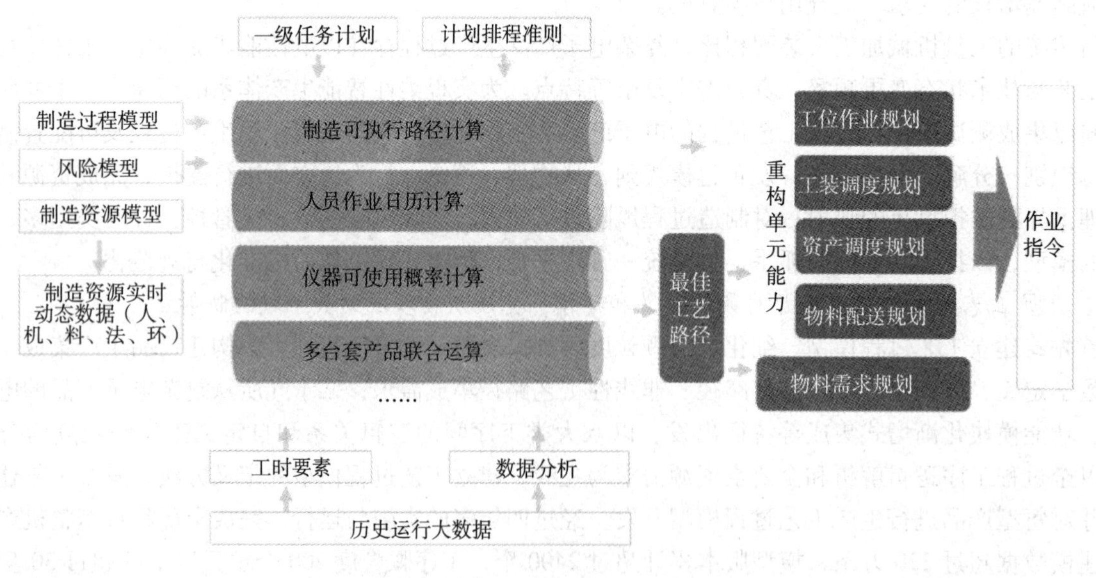

图 1　综合计算

1. 动态规划最优集成工艺路径，保障组织级的产出效益最大化

由于电子产品的集成工艺过程受资源限制和产品状态变化影响，其工艺具备多路径的特征，传统以经验为主导的单一路径规划已无法应对快速变化的需求。为解决这类问题，以资源、过程及风险模型为

基础，瞄准计划目标，二十九所开展工艺路径动态规划，结合工序颗粒度、工序间逻辑关系、制造资源使用边界条件等，构建出129条算法准则，开发以遗传算法为基础，融合BP神经网络的智能仿真算法，从企业全局的角度基于周期更短和全局综合资源更优的原则，对多路径计算进行最优计算选择，实现工序基于逻辑的灵活组合，使生产具备高度柔性和可重构性，整体提升生产体系面对多变需求的可变性，有效减少生产执行过程中的中断、等待，确保整体工艺执行的连续性和平稳性，在固定时间完成更大的产出目标，保障组织级的产出效益最大化。

2. 最优配置资源快速重构单元集成能力，提升系统协同和高效应变能力

在多品种、变批量、多状态的复杂电子产品传统集成过程中，由于采用固定资源的单元式生产方式，存在单元适应性差、资源利用率不高、单元能力重构困难等痛点难点，导致资源浪费、过程无法协同等问题。二十九所构建的工艺路径动态仿真及规划能力，通过智能算法驱动，在全局资源利用率最大的目标下，对单元制造能力所需的人员、仪器、工位、设备等资源进行仿真计算，获取资源配置最优策略的精细化制造资源计划。利用算法将单台套资源调用模式转变为全局资源动态最优调用，进而快速形成系统协同、可扩展、高效应变的能力，达到大幅提高资源流转效率、提升资源的使用率、节约生产成本的目的。同时，通过单元能力的不断重构，与工艺路径规划紧密衔接，进一步保证执行过程中的精准协同，有效压缩生产周期，提升制造系统的整体效能。

3. 精准计算物料齐套需求，实现需求的“前瞻式”管理

由于传统的复杂电子产品生产集成过程生产节拍制定不合理、上下游衔接不紧密，同时所需的物料种类多、数量庞大、关联关系复杂，导致时常出现物料供应不及时的情况，带来生产进度停滞、周期不可控等问题。二十九所依托数字化仿真分析，对最优路径工序关联的物料进行提取，生成物料需求计划表。在虚拟空间中，用极短的时间就可以完成对季度、月度、周、天及工序级的物料需求的提前计算和预测。通过数字化的仿真与规划，得到更加准确的物料需求计划，将以往以计划人员经验为主导的“被动式”物料需求管理模式转变为“以最优仿真结果为主导”的“前瞻式”物料需求管理模式，实现物料需求的科学、准确牵引，极大限度地提升需求管理的前瞻性与科学性。如面对部分物料及外协的供应难度与不确定性增加，二十九所通过前瞻式的物料预测计算，牵引供应链精准协同，并结合生产过程仿真与生产多路径的柔性应变，最大限度降低供应链对全局生产的影响，确保按时交付。

（三）多专业协同作业，单元生产集成能力快速生成

生产线现场各专业团队根据数字空间计算的作业指令，遵循协同作业机制，协同开展各项作业，对大量资源进行快速配置和灵活重组，使单元级的生产集成能力快速重构生成，实现按时完成原本不确定的订单需求，达到最终产出的目标。

1. 梳理业务活动流程和标准规范，建立专业协同作业机制

为从基础上保障整套体系在物理空间中实现稳定、高效的运转，二十九所结合军工复杂电子产品的生产特点，围绕集成核心能力，梳理重构从顶层框架到底层共计239项流程 & 活动，其中规划类13个，核心业务类108个，管理支持118个。建立“流程类—流程集—流程域—流程组—流程 & 活动”五层的层级关系，并发布《管理体系构架—流程 & 活动库》。同时围绕生产过程的核心活动，分专业建立50余份标准规范，覆盖数学建模、多元计算、生产运营管控、任务管理、数据管理等领域。标准规范和流程活动库形成生产体系的专业协同作业机制，精简和优化业务过程，减少专业间的冗余与重复操作，有效提升运营管理效率，指导物理空间各专业的业务活动，如图2所示。

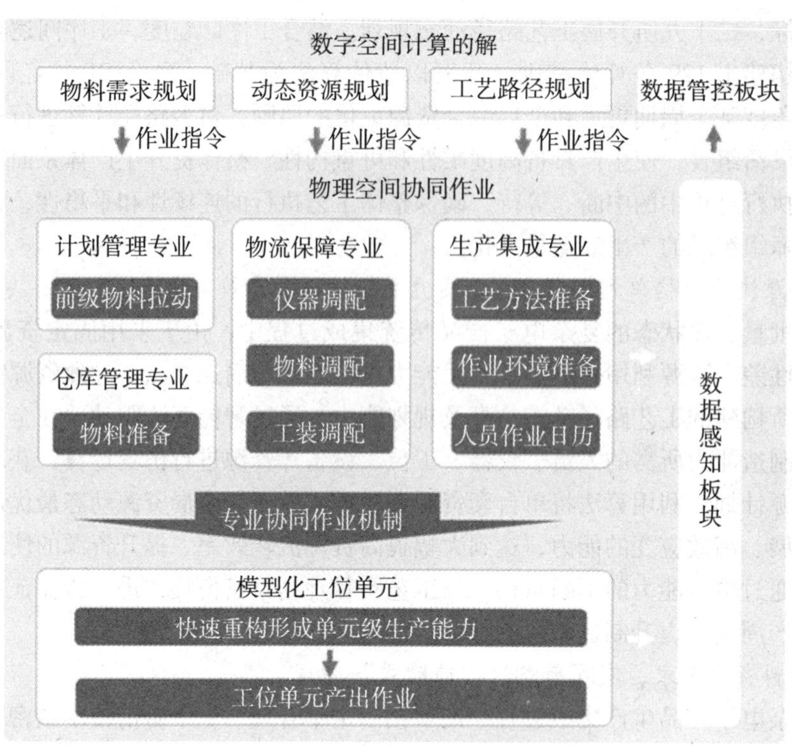

图2　专业协同作业机制

2. 重构组织机构，推进“横向职能协同、纵向专业分工”

为改变传统生产按产品项目组织团队，所面临的项目、部门之间难以协同、资源调度困难、管理效率低等痛点和难点问题，二十九所推进“横向职能协同、纵向专业分工”的策略，重构组织机构，打破部门墙、项目墙。

由主管所领导牵头，组建包括生产、流程、信息化、工艺、质量等联合团队，形成顶层策划—业务—推进—专业的管理组织。结合国家重大工程，以项目管理的方式协同推进战略规划、系统论证、工艺规划、质量管控、生产设计、信息化开发、工程建设、采购管理、财务控制等子模块职能协同。同时在生产组织机构上按专业分工进行重构，围绕生产体系的主逻辑，将生产人员划分为生产设计、生产策划、生产制造、生产管控、系统支持五大专业。专业间通过协同作业机制产生业务关联，各专业人员按能力模型专注于专业的事，分工清晰、任务明确、绩效量化、协同作业，打破传统组织的项目墙、部门墙，有力提升工作效率。在专业人才培养方面，借助国际体系标准、高校、科研单位、优质供应商等外部资源力量，强化人才成长和培养机制，如邀请德国科学院院士、工业4.0专家来二十九所指导，选派多名博士骨干赴德国达姆施塔特工业大学深入学习、赴日本学习精益管理体系等。“横向职能协同、纵向专业分工”，切实保障整套体系高效、平稳、流畅地落地和运转。

3. 作业现场专业协同，单元生产能力快速柔性生成

为使单元级的生产能力能够根据仿真的结果快速重构生成，并快速响应开展生产作业。新的体系将数字空间计算出来的资源和路径规划的解，以不同专业的作业指令的形式，下发到生产集成现场。在物理空间，计划管理、物流保障、仓库管理、生产集成等各专业、各岗位人员根据作业指令协同作业。模型化工位单元所需的制造资源（人、机、料、法）经过一体化调度管控，经自动物流系统快速、精准配置到模型化的工位环境，实现工位的快速重构，根据不同的需求柔性形成所需的生产能力。在专业协同作业下，快速重构的工位可解决传统的生产线只能固定生产一种或同类型的产品型号的难题，有效适

应不同变化的需求，大幅提升资源的利用率，显著提升产能。近五年二十九所对300余个模型化工位单元重构超过数万次。

以专业协同中的仪器调配为例，二十九所拥有各类关键、重要仪器设备上千台，价值数亿元，若不能按需实时动态调度，将无法有针对性地构建出足够产能，以满足弹性增长和变化的订单需求。同时，造成任务饱满的生产工位无仪器可用，而任务空闲的生产工位上仪器资源闲置浪费的问题。在新的模式中，根据不同的订单需求，按照三层使用因素（继续使用因子—距离因子—系统比率），计算仪器使用比率，基于计算结果，物流专业人员开展仪器灵活调度。2020年四型重要仪器调度次数分别为5535、6198、6411、5252次，使100余台重要仪器分时共享，充分挖掘和发挥仪器的价值，灵活构建工位生产能力，显著降低生产成本。

4. 拉动上游供应链单位协同生产，实现多方共赢

在传统的军工电子装备生产制造过程中，由于缺乏协同制造的思想、方法和技术，使上游单位供应的物料在数量上、型号上、供应时间上与下游单位的需求不匹配，对整个产业链造成诸多不利影响，如上游供应的闲置物料堆积浪费，而下游单位急需物料，既消耗上游单位的产能，造成库存成本增加，又导致下游生产进度滞缓，影响整体的生产周期。

为解决上述问题，智能生产体系在产品实际下线生产前40天，通过全过程最优生产路径规划及其匹配的制造资源配置计算，预测实现产业链上游精细化的物料需求，从系统级集成的角度向生产链前级环节（系统—分系统—分机—模块—微波—元器件）提出精细化的物料资源需求计划，每一件物料需求时间可精确到小时级。供应链各单位计划管理专业人员根据精细化的资源需求，有的放矢、提前布局产能，供应链协同生产，按需精准供应下游单位，实现精准供应和供应链的供需平衡，有效降低各单位的库存成本、减少产能浪费，实现多方共赢。

（四）建立以数据为中心的可视化与预测管控机制，推进数据驱动的管理决策

为改变传统的基于局部信息的主观判断，提升基于数据的管理能力，实现以数据为中心的科学管理决策，二十九所围绕管理需求和业界的最佳实践，建立企业的运营管理指标，并以数据处理、数据仓库构建、数据建模、数据可视化、数据预测计算、运行状态决策为方法体系，建立起以数据为中心的感知、关联、可视化、预测、控制的决策模式，以此构建穿透式、个性化定制的可视化看板和基于算法的生产过程预测管理，提前暴露任务开展过程的瓶颈与风险，提升管理的全面性、实时性和透明性。

1. 构建企业级生产运营管理指标体系及评价方法，推进管理目标细化、量化

从基于指标体系的科学性、系统性、可操作性和可比性构建原则出发，二十九所分层级构建了生产管理指标体系框架，并制定相应评价方法，形成企业级完整的生产管理指标体系。生产管理指标体系设计分为两个层级，包括能力指标、质量指标、效率指标、盈利指标等5个一级指标，合同任务完成率、平均生产周期、临时任务完成率等23个二级指标，并确定各指标的计算方法。同时，为有效衡量管理运营能力，构建了指标体系的评价方法。评价方法分为定性评价法、定量评价法和综合评价法，根据评价内容对各级各类指标采取的不同方法给予不同权重，通过最终的计算结果评价集成过程的运行水平。

2. 建立集成过程穿透式可视化体系，促进管理全面性、决策科学性

为提升管理的科学性，二十九所从系统层级、产品层级、时间层级出发，基于采集的产线实时数据，从管理的多个维度和不同的用户视角，通过对多源异构数据的清洗、整合和分析，构建三维穿透式可视化体系。其中，系统层级以生产集成组织为主线，分为工厂、部门、班组、产线、工位五层；产品层级以产品层级关系为主线，分为项目、批次、台套、工序四层；时间层级以管理的时间颗粒度为依据，分为年、季、月、周、天五层。可视化体系实时为管理提供物料齐套、任务分析、生产实时进展、

任务变更、物流配送、工序作业安排、资源使用、现场异常等全方位信息，支撑管理人员系统地掌握现场情况，快速、准确地做出科学的决策。同时，为提升管理的灵活性，构建基于个性化定制的数据分析系统，管理人员可根据自己的需求对数据进行处理，以更好判断和减少非理性条件下的人工决策。穿透式可视化体系的建立，实现“资源精细计划，路径迭代优化，过程实时反馈，工序精准执行”的全过程可视化管控。

3. 扩展基于数据、算法的应用边界，实现基于数据的过程预测

由于复杂电子产品的生产集成周期长、过程复杂，风险越发生在后端，对产品的生产过程影响越大。因此，为提前暴露过程风险，发现潜在的异常，改变仅靠经验和人为判断的不可靠性，二十九所开展基于任务维度、质量维度等方面的研究与应用，如利用决策树对整体任务进行分析，确定台套级任务的进度风险，利用知识图谱构建产品故障网络图，对生产过程中可能发生的质量问题进行风险预测与警示等。通过扩展数据、算法的应用边界，将管理者关注的制造性能指标发展趋势用数据、图表呈现，为管理者提供直观、可靠的参考，实现决策时机前移，使其拥有足够的时间和空间对生产过程采取预防措施，有效规避风险。

（五）生产过程动态调整与优化，实现生产体系的持续演进进化

由于离散型生产集成的工艺相互关系复杂、集成环节众多，某一局部响应延迟可能影响整个生产系统的运行，同时订单、原料库存、设备运行状态、物流等实时信息的不断更新，使生产过程持续动态变化。为了提升对生产过程中异常事件决策响应的及时性、动态性和准确性，二十九所利用数字孪生技术的虚实交互、实时映射、共生演化的特点，构建起基于虚实映射的动态调整优化机制和系统，对物理车间的异常、波动和偏离实时跟踪，结合模型和算法进行仿真，实现动态生产环境下扰动变化的自适应调整，保证车间生产的平稳、正常运行。同时，推进虚拟车间与物理车间的共同进化，不断提升车间的变化适应能力、扰动响应能力和异常问题解决能力，如图 3 所示。

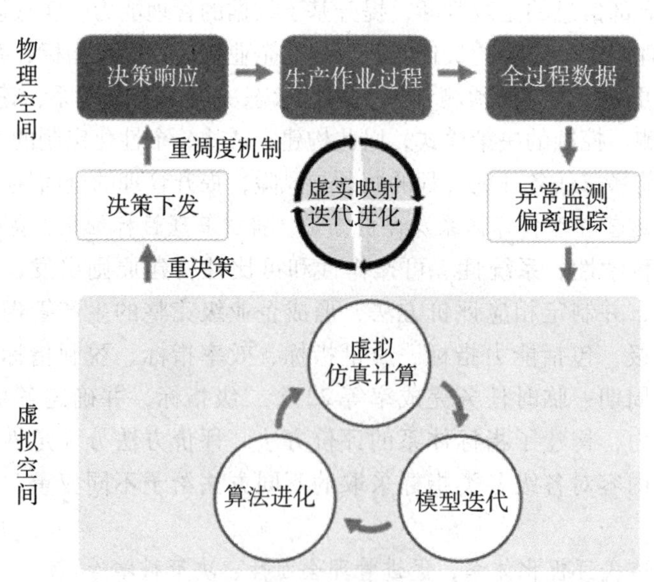

图 3　体系持续演进进化

1. 建立数据感知和虚实交互网络，实时跟踪现场状态

为了实现对现场全要素信息的感知和过程状态的实时监测，二十九所以面向生产现场静态信息和动态信息的全要素数据感知技术为基础，结合物理车间和虚拟车间的虚实交互技术和智联融网技术，以数

据建模、数据仓库等数据分析技术为方法，构建对物理作业现场的全要素信息的感知，实现对生产现场作业过程、状态的实时监测和跟踪。

2. 动态调整调优，保证生产平稳并推动体系演进进化

为保证全过程动态环境下扰动变化的自适应调整调优，并推进体系的自进化，利用制造生产线虚实状态同步映射技术，在虚拟空间实时监测设备状态、作业执行信息、生产异常状态，同时与原始需求实时对比校验，评估与原始策划的偏离和偏离预测分析，对于已经或即将偏离策划作业的工序及时预警预测，利用多目标优化算法、遗传算法等算法技术，同步启动虚拟空间仿真运算，迅速做出判断和应对措施，以重调度的形式快速实现动态、自适应的调整纠偏，下发物理车间执行，保证车间生产的平稳正常运行，规避或减轻任务执行过程的风险。同时，系统的模型和算法在一次又一次的动态运算中迭代进化，构成 PDCA 完整的、基于数学与物理迭代的动态循环。二十九所在实际运行中，平均每型产品过程模型迭代 8.85 次，优化算法更新 81 版，排程调度算法更新 158 版，整套体系平均每 2.5 天产生一次软件迭代更新，整套生产体系保持演进进化。

三、复杂电子产品全要素仿真驱动的柔性智能生产体系构建效果

（一）实现业务模式转型升级，快速响应用户需求、保障国家安全

二十九所实现业务模式转型升级，成功解决传统方式不能适应定制化、多型号、变批量的复杂军工电子装备生产的不确定性问题。成果实施以来，装备生产周期平均缩短 20% 以上，其中国家某系列重点型号装备平均生产周期缩短 27%，某类平台装备生产周期平均缩短 29%，实现数千台套电子战装备的准时高质量交付。2020 年，面临新冠肺炎疫情等突发形势，在运用新的生产体系下，二十九所成功完成多型重点装备的紧急订单，平均生产周期缩短 37%，准时、高效地保障国家的急迫需求，全面、高质量完成“十三五”任务，产值与增幅双创历史新高。

二十九所在电子装备行业做先进制造体系的先行者，有力推动制造强国战略在电子装备行业的落地，多次获得用户高度表扬，荣获中国航空工业集团昌飞“金牌供应商”，中国航空工业西飞“最佳业绩表现奖”，中航工业集团沈飞设计研究所“优秀供应商”，中国船舶集团黄埔船厂“优秀供应商”，以及中国电子科技集团“军工能力建设先进单位”等荣誉。

（二）提升企业精细化管理水平，推动企业高速发展

成果实施以来，业务集成运行效率显著提升，管理精细度明显改善，有效提高企业资源的综合配置效率和利用水平，显著减少物料呆滞浪费、人力资源浪费、仪器设备空闲浪费等，整体提升企业效益。相比实施基年，产值规模实现 105% 的增长，而人员投入增幅仅 34%，日物料流通率提升 300%，年物料流通率提升 37.48%，仪器设备有效使用率提升 55%，实现全员劳动生产率提升 27.96%。有效提升企业管理水平，经测算，成果平均每年产生经济效益 5300 余万元。同时，以数据集成、流程集成为主线的经营管理，有力解决跨业务环节的流程及信息透明问题，不断推进生产运营水平及生产效率的持续提升，推动二十九所高速发展。

（三）推动企业自主创新，开辟新的价值增长空间

经过多年的构建与实施，二十九所已形成生产全过程建模、全流程重构和全过程管控的成套技术和解决方案，将推动业务创新转型的管理体系转变为产品和服务，为具备同样特点特征的企业提供系统性解决方案，形成社会化的服务新模式，成为企业对外拓展的全新业务板块和发展渠道，为企业开辟了新价值增长空间。

二十九所在建模、计算、生产运营管控等领域建立 50 余份标准规范，其中编制的行业标准《SJ21303—2018 电子装备 PBOM 及 MBOM 通用要求》《SJ21304—2018 电子装备数字化工艺基本术语》由国防科工局批准发布，相关项目“某制造生产虚实同步映射建模与分析技术”获得国防科工局批复。

二十九所建立四层数字化软件架构，12 大通用功能模块，申请发明专利 3 项，发表论文 10 余篇，积累了大量的理论成果与实践经验，为其他企业的数字化建设提供示范指导作用，获“中国国防科技工业企业管理创新成果一等奖”等省部级以上荣誉 3 项，2020—2021 年三次受邀参加中国国防工业企业数字化交流大会，面向行业分享汇报。二十九所先后接待各军种多位领导及中国电子科技集团 54 所、网安公司、九洲集团、中航工业沈阳飞机设计所、成飞公司等多个企业和西北工业大学、北京理工大学、西安交通大学等多个学校学术团队的调研交流，获得广泛认可。

（成果创造人：高贤伟、侯俊利、陈晓波、张　锋、何鱼鑫、李明贵、解晓雾、董宗耀、翟晶晶、胡剑波、施会兵、张玉琪）

省级电网企业以提升乡村电气化水平为目标的智慧用能服务管理

国网河北省电力有限公司、国网浙江省电力有限公司、国网安徽省电力有限公司

国网河北省电力有限公司（以下简称河北电力）是国家电网有限公司的全资子公司，负责河北南部电网的规划建设和运营管理，营业区域覆盖石家庄、邯郸、保定、沧州、邢台、衡水六市及雄安新区，供电面积8.4万平方千米，服务人口5100余万，供电客户2100余万。河北南部电网处于全国西电东送、南北互供的核心通道，是华北区域电力潮流汇集和输送的重要枢纽。2019年，电网投资158.3亿元，售电量1892.1亿千瓦时，同比增长5.49%，营业收入、资产总额“双破千亿”，分别达到1020.3亿元和1021.7亿元，实现利润8.76亿元，资产负债率64.48%。

国网浙江省电力有限公司（以下简称浙江电力）是国家电网有限公司的全资子公司，以建设和运营电网为核心业务。浙江电力已建成1000千伏变电站3座、变电容量1800万千伏安，±800千伏直流换流站两座，换流容量1600万千瓦；500千伏变电站52座，变电容量9205万千伏安。2019年全年售电量为4075亿千瓦时，营业收入达2548亿元，资产总额为4364亿元，供电服务人口超过5850万人。

国网安徽省电力有限公司（以下简称安徽电力）是国家电网有限公司的全资子公司，以建设和运营电网为核心业务，是安徽省能源领域的骨干企业，现辖16个市、72个县公司和12家直属单位，管理各类员工7.3万人，服务电力客户3088万户。2019年，全省全社会用电量为2300亿千瓦时，全年完成固定资产投资172亿元，实现营业收入1077亿元，增长4.55%。

一、省级电网企业以提升乡村电气化水平为目标的智慧用能服务管理背景

（一）助力实施“乡村振兴”国家战略的客观要求

农村能源供应是实现农业强、农村美、农民富的重要动力和支撑，推进农村能源革命，为农业农村现代化提供能源动力，是能源企业服务乡村振兴战略的重要落脚点。乡村振兴的总要求是“产业兴旺、生态宜居、乡风文明、治理有效、生活富裕”，这就要求推进农村电网现代化、农村能源高效清洁化和农村电气化，提高用能效率。省级供电企业作为服务本省国民经济发展的重要支柱型企业，通过改造升级农村电网、提高农村供电服务水平、推广电能替代技术、推动特色用能项目建设、推介新型用电产品等方式，提高农村电气化水平，持续推进农村能源革命，助力农业更强、农村更美、农民更富，用心当好“电力先行官”，全面推进乡村振兴。

（二）满足提升农村和农业生产电气化水平的迫切需要

随着我国农村能源基础设施逐步完善，能源供给和消费加快向绿色高效转型，用能需求已经由“有没有”向“好不好”转变，对农业生产、生活、产业用能清洁化、消费电气化的诉求越来越多，农村能源消费转型迫在眉睫。一是农村能源消费结构不合理，仍以传统化石能源为主，2019年电力能源占比仅为18%，清洁能源普及率不高，空气污染物排放量大；二是农村地区能源利用率普遍偏低，农村能源利用率和农业部门终端利用率低下；三是农村能源服务能力严重滞后，不能有效推动用能方式的转变。电能是清洁、高效、便捷的二次能源，终端利用效率高，使用过程零排放。供电企业通过创新服务模式，推广电气化产品，持续提升农业生产、乡村产业、农村生活电气化水平，推动构建农村地区清洁低碳、安全高效的用能体系，助力美丽乡村建设，具有很强的紧迫性。

（三）提升农村地区用能服务水平的使命担当

随着人民生活水平的日益提升，在农业生产、交通、建筑、采暖等多个领域，电气化正悄然改变着

农村的生态环境与农民的用能习惯，农村用能服务从满足基本供电需求向更加注重质的转变。对于供电企业来说，推动农村从“用上电”向“用好电”转变是未来服务过程面临的重要课题。要提升农村地区的用能服务水平，实现城乡供电服务均等化，就需要供电企业适应农村用电新要求，依托“互联网+”等智能技术以数字化驱动服务，以个性化的乡村用能需求为驱动，因地制宜、分类施策，实现智能化、精准化、互动化农村用能服务，推动农村消费升级，拉动农业生产和农村产业升级。

二、省级电网企业以提升乡村电气化水平为目标的智慧用能服务管理主要做法

（一）实施政企联动，制订乡村电气化工作规划

1. 突出政企合作原则，编制工作方案

落实当地省委省政府乡村振兴战略规划、美丽乡村建设实施意见和国家电网有限公司的文件要求，树立城乡一体、多规合一的理念，统筹考虑土地利用、产业发展、人口分布、公共服务、生态保护等，注重不同乡镇、村庄的差异性，科学部署、统筹推进乡村电气化工作。国网河北电力、浙江电力、安徽电力印发出台各单位《2021年加快推进乡村电气化助力美丽乡村建设和乡村振兴的实施方案》，明确工作思路为：遵循“因地制宜、突出特色、注重效果、政企合作”四项原则，围绕“健全政策机制保障、提升供电服务能力、推进示范项目建设、开展党建专项行动、巩固拓展脱贫成效”五个方面，实施“促政策建机制、强电网优服务、抓项目创模式、实帮扶防返贫”18项重点任务。

2. 强化专业协同，健全三级管理组织

强化组织机构建设，推动成立省、市、县公司主要领导亲自挂帅的乡村电气化领导小组。贯彻落实国家乡村振兴战略部署和国网公司服务新时代“三农”工作要求，组织领导实施农村电网建设、供电服务保障和乡村电气化等工作，协调解决工作中出现的重大问题。

成立领导小组办公室，负责贯彻落实领导小组决策事项；负责“三农”服务、乡村电气化等工作的组织协调，其中重大问题提出处理意见后报请领导小组决策；对接乡村振兴领导小组办公室，定期沟通汇报“三农”服务、乡村电气化工作进展情况。

成立多专业协同的“供电+能效服务”专班。以综合能源专班和营业班为班底设置专班，开展乡村电气化调研、建设、运维。同时，设置专属驻村经理，有效融入乡镇管理环境，在村内项目规划阶段超前介入，提高服务品质和响应效率。

3. 建立政企联动机制，促请出台政策文件

一是加强政企联络沟通，超前介入政府规划。将“供电+能效服务”的触角延伸到市场前沿，嵌入政府审批流程，超前感知用户侧需求。抢抓国家生态环境建设、产业转型升级机遇，积极争取政府在促进农业生产、乡村产业电气化改造及绿色、智能家电产品消费等方面补贴资金支持，保障乡村电气化建设顺利推进。二是发挥能源数据价值，服务政府精准决策。加强“三农”用能分析和数据支撑，结合所在地区资源禀赋、用能特点和产业升级，定期开展服务“三农”工作分析，配合上级部门建立和完善分类乡村电气化建设标准。从电网规模及供电能力、省级示范区用电情况、行业产业和龙头企业用电情况等做好数据分析与应用，服务政府精准决策。

（二）打造坚强智能农网，夯实乡村电气化电网基础

1. 精准开展规划建设，改善农网短板

根据区域经济发展水平，科学规划和建设农村电网，合理确定乡村配电网目标网架，科学预测电动汽车充电、各类分布式能源接入需求，适量配置分布式能源储存装置，逐步缩小城乡电网差异，差异化确定建设标准，积极推动建设与现代化农业、美丽宜居乡村、农村产业融合相适应的新型农村电网。推进实施农村电网巩固提升工程、“煤改电”配套电网、业扩配套和重过载治理等35千伏以下农网工程

建设。

2. 打造智能互动农网，匹配美丽乡村需求

一是打造坚固可靠农网，配套完善县域电网规划，争取电网建设资金和配套供电设施投资，全部实现低压供电到户，满足乡村用电需求，降低村企电力设施投资成本。二是打造智能互动农网，推进农网配电自动化建设，加快实现乡村智能电能表全覆盖，深化智能电能表非计量功能应用，积极推广停电范围自动分析、精准通知到户、故障报修进程可视等智能化、精准化、互动化服务。三是打造灵活友好农网，推广智能配变终端，构建农村配电物联网，进一步提升农网资源配置能力，有效满足观光农业、生态农业、工厂化农业等新业态用电需求，适应电采暖、电动汽车等新型用电设备的规模化接入需要。

3. 实施智能运维，确保安全可靠供电

一是构建智能化运维管理体系。以无人机、智能电力物联网、大数据分析技术为基础，建立从数据采集到数据处理，包括大数据分析、自动报告、数据库更新为一体的智能化、自动化运维流程；推动AI技术与智能运检管控平台融合应用，智能巡检系统多机种、多任务、多源数据贯通，实现效率、效益的全面提升。二是推广设备代运维服务。与当地村委会签订整村能源托管协议，就用电设施运行、维护、检查、试验及用能监控、分析等方面全面开展电管家设备代维服务。为村民、村企提供专业化、低成本的变配电设施代运维等智能托管服务，降低客户自行维护的风险与成本投入，为客户安全、经济、可靠用电提供坚实保障。三是深化营配数据同源贯通应用。通过各类配电智能采集设备，包括物联网、移动App等移动智能终端，掌握配电网“站—线—变—户”的全景信息，实现停电短信通知到户率100%，全面开展主动抢修工作。

（三）构建数智赋能平台，提升乡村电气化服务能力

1. 组建“六位一体”用能调度中心，夯实数字化服务基础

以数字手段引领乡村电气化提升，创建能源互联、运营监测、供电服务、调度指挥、数据分析和数字城市等功能“六位一体”的智慧用电调度中心，实现电力、能源信息互联互通、实时共享。建立客户用能监测体系，延伸客户内部能效感知，夯实能效服务数字化基础，提高服务智能化水平和服务效率。在乡村能源管理方面，智慧用电调度中心依托CIEMS城市能源管控系统，联通政府、能源企业、用能客户、能源服务商等各类主体，接入水、电、气、热等能源生产消费终端，以及源、网、荷、储等能源数据，实现能源生产、传输、配送、消费等全环节信息覆盖。为村委会、村企提供产业规划、能源规划、减排治污、能效诊断、设备监测等服务。在乡村电网规划方面，智慧用电调度中心依托国网公司网上电网系统，以供电网格为单位建立现状评估、诊断分析和负荷预测体系，形成多维“电网一张图”，实现规划、建设、运行“一图三态”，为乡村电网建设提供科学、精准规划。在农配网管理方面，智慧用电调度中心统筹运检、营销、调度管理功能，打通D5000、供服务指挥、用采等系统关联，实现配调10千伏可视化管理、设备故障主动研判和0.4千伏及以上停电事件自动上报、停电通知推送到户，让用户从“用上电”到“用好电”转变。

2. 建立村级综合能源服务站，打造“全域多维”管控平台

建设数智赋能共享共治窗口，建立村级综合能源服务站，利用冷热电供应、风光储、光储充、多表集抄、智慧台区等多种技术量身定制一系列能源综合利用项目，布局“智慧能源+农业、旅游、社区、交通、养老、教育”六个“智慧生态圈”。部署建设VIEMS村级综合能源管控平台，利用物联网、大数据等技术，实现对居民楼、企业、农业大棚等用电、冷、热等多种形式能源的智能监测监控和智慧调度，构建可复制、可推广的乡村智慧用能新模式。

3. 构建安全可控平台防护体系，确保数据安全完整

一是保障数据的完整性，对存储在平台上的大数据进行完整性验证，以防止数据丢失和篡改。二是

建立数据备份与恢复机制，提供主要网络设备、通信线路和数据处理系统的硬件冗余，保证系统的高可用性。三是建立数据访问权限控制机制，研发数据访问权限控制功能，维护数据访问的人员相关信息，对数据访问进行统一严格的权限认证和授权及非法数据访问日志记录。

（四）建设智慧用能项目，加速乡村电能替代推广进程

1. 实施农业生产电气化项目，推动农业生产现代化

河北电力塔元庄沃圃生智慧农业生态园区电气化项目，改造农村配电台区4个，新架设10千伏线路1.2千米，0.4千伏线路3.4千米；为大棚加装智能感知终端，集合智慧农业IGS云栽培系统、水肥供应系统、病虫害诊断预警系统、5G网络视频监控系统、环境控制系统，实现智能农业园区智能监控、智能浇灌、智能温控、智能施肥、智能预警等功能，提高农业育苗成活率，产量较传统大棚增长30%。

浙江电力依托坚强配网，在湖州安吉推动当地政府建成集中电排灌站112个、粮食烘干站3个。促成专项财政补助政策，推广农田电排灌、大棚电保温、电动喷淋等农业电气化设备，完成电气化大棚改造5.5千亩、水产养殖5万亩。促进鲁家蔬菜大棚、国梁水产养殖等传统农业电气化示范点生产效率提升40%，节省劳动力70%以上，推动相关农户年增收1500万元。

2. 实施乡村产业电气化项目，助力区域特色产业发展

河北电力服务塔元庄·同福集团，围绕农业、旅游、康养等项目建设，主动开展供电保障、能效服务、智慧运维服务，积极协调解决项目建设过程中的各类用电问题，帮助同福集团实现降本增效。就农业电气化、冷热供应、清洁能源利用、电动汽车充电、直流安全用电、智慧节能楼宇、综合能效服务等方面开展合作，打造多能互补、智慧互联、清洁利用的用能样板，降低企业用能成本。浙江电力服务绍兴"唐诗之路"，结合284个供电网格的资源禀赋、配电网特征，形成"城区、景区、园区、茶区"四大高弹性农网建设场景。围绕"乡村旅游地""乡村荟萃地""文化衍生地""文化蕴藏地"四大主题推进电气化建设。打造"唐诗之路"智能物联精品台区带，应用高级量测、边缘计算和大数据融合分析等技术，提升台区电网和客户信息全息感知能力。安徽电力服务"高考工厂"毛坦厂中学所在地毛坦厂镇，融合人文历史、自然景观、村庄布局、生态保护、能源转型等要素，打造典型样板工程，根据中学周边陪读公租房"高户均容量、高负载水平"的用电特性，以及当地明清老街对环境融合、供电安全可靠等特殊要求，制订典型规划布局方案，提升供电服务质量。

3. 实施农民生活电气化项目，提升村民生活品质

河北电力服务西柏坡景区，开展乡村公共充电网络建设，根据乡村出行特点和景区客流量分析，打造村级电动汽车充电网络，提供便捷充电服务，优化和完善智慧车联网、智慧能源服务系统功能，推进开展有序充电等服务，促进乡村电动车、电动船等绿色交通工具发展，助力新能源下乡。在乡村居民生活区、商业区推出扫码用电"接电宝"产品，方便电动自行车充电、商贩用电，提高用电安全水平。浙江电力服务孝丰镇赋石村，配合县政府将"厕所革命""污水革命"统一处理，全村设置污水处理点12个，安装液位控制器、提升泵、搅拌机；建设6个村民生活用水和二次供水点，配置户外智能一体化箱式泵站，内部安装2台压力提升泵、1台电磁流量计和其他辅助设备，容量65千瓦。赋石村人居环境得到了极大改观，实现"诗画赋石、十里渔村"的目标，成功创建省级美丽乡村精品示范村。

（五）开展多方共赢合作，打造乡村能源互联生态圈

1. 构建多方联动模式，打造价值共赢价值平台

一是以政府机构作为主体，建立政企合作无障碍通道，通过下发政府文件进一步明确责任，推进形成社会联动态势，助推供电企业在乡村电气化建设中统筹规划实施。二是以供电企业作为助推器，充分发挥专业技能优势，组织由设备商、集成商、金融机构、产业基金等组成的产业联盟，破解新农村综合

能源商业投资困局，推动构建投资开放、市场共享、共治共赢的能源互联网产业链，降低农村区域能源供应成本。三是以各类客户参与为切入点，最大化调动社会参与层级。了解并掌握政府、村企、村民等各类用户对乡村电网发展及电能替代的需求，在电网规划当中进行合理有效布局，促进各相关方的利益最大化，全面推进各类用户积极参与到共建活动中。

2. 创新合作模式，助力特色产业发展

一是创新推广合作模式。根据所在地区的资源禀赋和产业特色，积极创新推广合作模式，创建节能服务、设备代维、设备租赁、综合服务套餐等业务模式，建立形成融资服务、能效分享、运营移交等商业模式。如河北电力在正定滹沱河4A景区推进乡村全电景区建设，与文旅集团围绕文化、旅游、产业、生态四重体系，在船舶岸电、清洁能源、岛上项目冷热供应、全电景区等方面进行合作；浙江电力针对安吉白茶产业，对接高校、农业专家、科研机构和电炒茶设备厂家，研发白茶生产线全电加工、全自动温控等技术设备，制定全国首个白茶电气化自动加工成套设备标准；安徽电力在滁州市施集镇井楠民宿村落开展乡村旅游振兴推广合作，对进村沿线线路进行勘察规划，进一步优化供电路由和方案，打造集休闲、旅游、采茶一体的网红打卡地，吸引周边游客赏景、度假。

二是推动构建产业联盟。推进绿色产业联盟建设，充分发挥平台型企业优势，与企业、商户、农户开展广泛合作。河北电力与西柏坡经济开发区签订战略协议，推动建立区域性产业联盟，在西柏坡供电所设立电能替代、节能家电品牌3D展示柜，联系家电厂家入村开展家电下乡活动。浙江电力推进“绿聚能”产业联盟建设，为民宿业主提供用能监测分析、能耗排名，构建“绿电积分”机制，宾客可使用积分兑换增值服务，推动民宿产业绿色高质量发展。

3. 提供大数据指数服务，助力政府决策

一是开发应用“乡村振兴电力民生指数”，指数由乡村幸福用电指数、乡村产业发展指数、乡村绿色用能指数三大板块组成，共13个大数据因子。评价以行政村为单位，打通电力行业和政府数据，对行政村的供电可靠性、电压合格率、电网建设、产业及行业电量等开展多维度分析，为开展乡村振兴决策提供科学客观的评价依据。二是开发应用“乡村振兴供电能力指数”，指数将用户用电信息、设备运行信息、电力作业信息等转化为主变负载均衡率、带电作业能力、负荷转供能力、供电可靠性、故障修复能力五个维度，将供电可靠性分为1~5个等级，直观反映农村地区居民的用电体验，为电力建设、电力运维提供依据，为营商环境提升、资源有效分配提供指导方向。三是开发应用“乡村振兴供电能力指数”，指数由乡村产业电力指数、乡村宜居电力指数、乡村文教电力指数、乡村管理电力指数和乡村居民电力指数5个二级指数、5项应用指数组成，通过电力指数对各地乡村振兴进程的数值呈现，帮助各地清晰认识乡村振兴的发展水平与差距，总结乡村振兴的实践经验。

（六）健全管理机制，构建乡村电气化保障体系

1. 打造专业服务梯队，实施人员保障机制

成立多专业协同的“供电+能效服务”专班。专班以村企降低用能成本、提高供电可靠性、实现智能控制为切入点，推行节能优化改造和清洁能源利用；以农业大棚、康养中心、旅游景区设施供冷、供暖不足及用能成本高为切入点，推行冷热电供应、清洁能源开发和能源管理；以解决农村电力设施专业维护能力不足为切入点，推广能源托管、设备代维服务；以优化环境、提升品质、提高可靠性、降低触电风险为切入点，推行直流全电景区建设。全业务、全流程的“供电+能效服务”专班，为乡村电气化建设提供了强大的团队支撑。

2. 构建评价指标体系，实施过程管控机制

构建全过程管控机制，明确日常运行管理制度要求，实施上下联动、专业协同的定期例会、督导调

研、信息周报等工作管控机制，及时协调推动滞后环节，为工作开展提供坚强保障和有力支撑。细化项目建设时间表、任务书、路线图，实现按日管控、按周督办，责任量化到人、节点管控到天，确保优质高效推进乡村电气化工作。构建项目建设评价指标体系，依据专业管理目标设定具体的评价标准和评价值，实现乡村电气化建设目标精细化管控。

3. 建立评先奖励措施，形成考核评价机制

一是实施激励评价措施。协助政府构建乡村电气化评价指标体系，在政府主导层面，运用考核、奖励等手段，大力推进建立“齐抓共管”的机制。二是实现重点项目的有效推进。围绕重点项目和主要工作，建立 OKR 项目目标管理机制，逐项目、逐步骤分解落实责任、明确完成时限，形成完整的闭环管理机制，有力推动各项工作。三是落实企业激励办法。通过对工作开展情况及工作实效进行量化评价，设立争先夺旗专项奖励基金，对业绩、指标、亮点突出的个人进行表彰。

4. 实施一村一策建设，构建经验推广机制

一是围绕政府美丽乡村“环、带、片”布局，完善美丽乡村村级电网补强，与村委会、乡政府签订乡村振兴框架协议，以最优的用能解决方案匹配不同乡村不同建设项目，全力做好设备设施升级改造、阳光业扩、电能替代、能效服务等供电服务保障，提升美丽乡村电气化承载能力；二是加快推进农村智慧用能建设，依托智慧能源服务平台，为乡村企业精准提供电能替代、需求响应等多元化、个性化、定制化解决方案，有效推动农村能源供给方式从高碳向低碳、从单一向多元、从分散独立向综合互补的转变。

三、省级电网企业以提升乡村电气化水平为目标的智慧用能服务管理效果

（一）促进乡村振兴国家战略的实施，带动区域发展

河北电力通过电气化用能服务管理和示范区建设，带动了“康养”“旅游”“农业”“教育”等领域蓬勃发展，2020 年，河北南网农业生产、乡村产业和农村生活三大领域的用电量分别为 65. 24 亿千瓦时、130. 00 亿千瓦时、281. 09 亿千瓦时，环比增长 -9. 79%、6. 86%、5. 82%；占比分别为 13. 7%、27. 29%、59. 01%，环比分别下降 2 个百分点、下降 0. 8 个百分点，上升 2 个百分点。浙江电力并网运行分布式居民光伏项目约 21. 94 万个，农户年增收约 2. 4 亿元；通过提升农业装备电气化、智能化水平，促进鲁家蔬菜大棚、国梁水产养殖、南北湖排灌站等传统农业示范点生产效率提升 40%，节省劳动力 70% 以上，推动相关农户年增收 1500 万元；通过实施智慧用能服务、推送能源优化服务策略，促进恒林椅业、永裕家具等 34 家示范点企业能效提升 20% 以上。

（二）乡村电气化水平持续提升，全面提升用能效率

河北电力塔元庄电能在终端能源的消费比重从 22% 提升到 50% 以上，二氧化碳减排 1415. 9 吨，综合能源效率提升至 70% 以上；滹沱河畔光伏微景观自发自用能力达到 10 万千瓦，已成为乡村旅游的“绿色风景线”；西柏坡区域实现年减排固体烟尘污染物 2300 余吨，减排二氧化碳 500 余吨。综合性乡村用能服务模式在电气化产业升级及综合性区域园区建设上成为可行性方案。浙江电力风、光、水等新能源装机容量新增 173 兆瓦，新能源装机容量占比达 47. 6%，促进本地能源供给清洁化率达到 60% 以上，提高电能在终端能源的消费占比至 38. 5%，减少燃煤 3. 7 万吨，减排二氧化碳 9 万吨。

（三）显著提升农村用能服务水平，提高企业的效率和效益

国网河北电力、浙江电力、安徽电力共产生经济效益 6992. 3 万元。国网河北电力广泛使用电气化生产设施、电动汽车充电网络不断完善，为供电公司每年增加千万售电量。以塔元庄为例，2019 年增加售电量 234 万元，供电可靠性提升至 99. 877，配电自动化率达到 100%，户均容量提升至 2. 92%。通过信息共享和大数据分析，减少电网不必要投资，每年节约投资 500 万元。浙江电力电网运行能力持续

增强，乡村用户年平均停电时间缩减至5.25个小时，乡村平均抢修恢复时长缩减至60分钟以内，停电用户数下降39.41%，供电可靠性提升至99.94%，电压合格率达99.97%，故障工单同比减少2100张，"获得电力"满意度持续提升，抢修服务成本下降540万元。安徽电力聚焦村镇层面的中低压配电网，实现中低压"到相到户"智慧规划设计，综合造价、线损率较传统方案大幅降低；积极开拓电动汽车充电服务市场，实现市区公交充电站全覆盖和相关业务代建代维，建成7个场站，年增营收约600万元。

（成果创造人：陈　磊、张颖琦、马英欣、李子钰、张　珺、陈　阳、
陈昊天、王杉杉、赵启明、黄　翔、张　波、吕　斌）

军工企业基于数字化的生产全流程管理

北方信息控制研究院集团有限公司

北方信息控制研究院集团有限公司（以下简称信息院）隶属于中国兵器工业集团有限公司（以下简称集团公司）。信息院是我国陆军装备信息化集成研发基地和兵器工业信息化产业基地，是国家陆军装备建设中集多系统为一体的国家级骨干科技与产业力量。目前，信息院研制和生产的装备已涵盖装甲兵、炮兵、防空兵、工程兵、防化兵、陆航等陆军各兵种，并拓展延伸至全军装备建设和国民经济建设的各相关领域，获得省部级以上科技进步奖314项，其中国家级科技进步奖27项。信息院先后荣获了全国精神文明创建工作先进单位、中央企业先进集体、中国兵器工业集团创建“四好”领导班子先进集体、中国兵器工业集团“优秀基层党组织”等荣誉称号。

一、军工企业基于数字化的生产全流程管理背景

（一）履行强军首责，推动武器装备信息智能融合发展的需求

为推进国防和军队现代化建设，国防科工局启动制订“数字军工”行动计划，提出以工业互联网为抓手，推动新一代信息技术和武器装备科研生产深度融合，聚焦武器装备科研生产、服务保障、产业链协同三大领域，建设面向武器装备科研生产的“数字军工云”、监管平台和标识解析顶级节点，形成“小核心、大协作、专业化、开放型”的先进国防科技工业体系和军民融合深度发展格局。

（二）加快转型升级，满足军工行业武器装备制造水平的需求

近年来，随着国家加快军队建设改革，对装备的研发、换代需求越发强烈，军品装备竞争性采购成为“新常态”，传统军工行业面临严峻的外部竞争压力，对生产能力体系的快速响应提出了更高的要求。各军工企业需要积极参与和推进军工制造业的转型升级，在数字化、网络化、智能化方面提出各自的建设目标和系统标准，构建协同共享的研发体系，提高生产过程精益管理水平，推动军工行业快速高质量发展。

（三）促进协同合作，解决制约企业管控效率问题的迫切需求

随着新一代型号产品的技术更新，信息院面临越来越多的产品生产能力挑战及产值产量双增长的双重考验，原有的生产能力和生产组织方式已不能完全满足生产任务和发展的需求。信息院生产运营管理平台尚未搭建，在日常管理方面还存在着一些短板或问题，在生产与运营管控方面管理手段落后，生产业务管理流程待优化，配套的信息化能力薄弱，组织管理体制尚不完善，人员队伍素质待增强，迫切需要进行生产全流程的数字化转型。

二、军工企业基于数字化的生产全流程管理主要做法

（一）全面设计统筹规划，明确数字化生产管理思路

1. 明晰规划方向，确定数字化管理体系

集团公司发布了《兵器工业“十三五”信息化规划》，围绕该规划提出发展目标，建立起一体化生产管控基本纲领，明确各部门间的管理界面，落实目标责任主体，推进业务有效闭环。同时以此为核心，建立并完善战略管控体系、计划管理体系、预算管理体系、统计管理体系、考核管理体系等整体管理体系框架及相关的制度管理流程和控制流程，为促进数字化与生产管理业务融合发展、建成信息院数字化生产运营管控平台奠定基础。

2. 明确发展方向，制订数字化生产目标

围绕信息院力争国内领先、国际知名的装备信息系统研发机构和产业基地的发展目标，结合信息院强化陆军信息装备优势并拓展全军及军贸信息装备领域的发展方向，顺应国家实施制造强国、“互联网+”和大数据的发展趋势，按照建设先进国防科技工业的信息化武器装备体系要求，紧密结合信息院的发展规划、业务范畴及现有条件，以一体化运营思想为核心，以信息化技术为引领，以建设智慧创新型信息院为目标，建立支撑统一的信息化管控体系及支撑生产业务集中管控的数据标准、流程标准、集成标准、选型标准、部署标准。信息院确定以数字技术赋能兵器制造，建设创新驱动、高质高效的“数字兵器”的生产管理目标。

3. 制订转型策略，形成数字化管理路线

信息院结合企业数字化转型建设的紧迫性要求及技术可行性条件，采取“统一规划、分步实施”的转型策略，按照先覆盖基本管理业务，再深入科研生产管理全过程的思路，制订信息院数字化转型阶段及各阶段的实施目标、技术实现路线，最终形成符合信息院运营特点的不断发展的数字化企业运营方式，形成生产管理全过程可视可控、精益高效，潜在风险可超前研判的数字化生产全流程管理路线。基于数字化的生产全流程管理内容涉及生产主数据、订单、计划、采购、库存、车间、质量、成本、数据分析报表等。

（二）健全企业管理制度，提供数字化生产管理保障

1. 成立领导小组，明确岗位职责

信息院建立面向生产业务，由企业发展规划部门、业务部门和信息化技术部门组成的生产系统数字化转型组织架构体系，由企业主管高层领导担任组长，企业董事会负责，全力推进生产系统数字化转型。其中，发展规划部门主要负责数字化转型的总体规划、投资和统筹协调，信息化技术部门负责数字化转型的技术实现和推广维护，业务部门负责具体业务管理流程的优化设计。信息院在各部门下设立不同的组别，完成各部门负责的工作内容。信息院通过完备的组织管理体制，加快数字化转型建设步伐。

2. 修订管理制度，细化业务流程

信息院围绕新制定的组织机构，制定《信息化工作管理办法》《信息系统实施细则》《信息系统操作手册》等相关制度和办法，明确职责，对过去一直沿用的与公司供、产、销、财务配套的相关管理制度进行修订和完善，制定相关制度目录，并分配到各业务部门，对跨部门的业务流程进行了细化，做到权责清晰。信息院对现存的业务流程进行根本性再思考和彻底性再设计。首先，进行流程分析，充分评估改进后的流程在提高效率、有效利用信息资源、降低成本等方面是否增值。其次，进行流程梳理，在分析评估的基础上，对需要改变流程处理方式给出实施方案。再次，E 化流程，基于流程分析与梳理，仔细设计业务逻辑和数据实效，并持续改进。信息院通过建立 30 多条端到端的高效流程，重新设计企业的生产经营、管理及运作方式。

（三）完善生产核心数据，实现各业务数据统一管理

1. 搭建数据平台，实现业务数据交换共享

信息院搭建软件服务总线平台，实现异构系统间核心业务数据的统一管理和交换共享，实现系统之间高效、安全、稳定的数据交互和服务应用。信息院通过构建共享数据平台，建立集中统一的制造 BOM 管理平台，降低数据维护工作量，保证数据一致性，实现了多业务部门 BOM 数据实时共享。截至目前，平台共完成 5000 多种常用物料的数据有限标准化工作，搭建 203 个产品结构化 BOM、2513 个供应商信息维护。

2. 集中管理数据，确保部门之间数据一致

信息院针对长期以来数据多头管理、标准不统一、一物多码等问题，构建生产主数据集中管理平

台，形成数据标准、物流基础管理标准和流程标准，在提高业务操作效率的基础上，为管理提升奠定基础，从而实现主数据集中管理，保证计划、采购、物流、财务等业务部门共用的主数据一致，并建立主数据持续维护机制。信息院通过平台搭建，对产品、制造 BOM、生产工艺及供应商、客户、财务科目等基础数据进行全面管理。对于其他系统如 MES 等需要的主数据，通过接口进行数据共享，保证多系统共用主数据一致、准确，从而实现物料、工艺路线、供应商、客户等主数据集中管理，保证各部门共用的主数据一致；统一物料编码，新建制造类物料规则及合同、项目、部门、人员、科目体系等编码规则；构建形成完整的 BOM 体系，明确界定借用件、外协件、虚拟件等物料类型，引入工艺断层概念，解决制造 BOM 搭建时结构不清晰、组成不明确的问题。

（四）建设数字化生产线，实现武器装备敏捷化制造

1. 解决生产瓶颈，数字化、生产化相融合

信息院信息化建设坚持为科研生产服务的宗旨，紧密围绕企业核心使命和工作重点，针对生产能力的瓶颈，以效益为驱动，确保数字化转型建设对生产经营起到支撑和保障效果。本着“业务谁主管，信息化谁负责”的原则，动员各级领导、管理人员、工程技术人员全员参与，将“智能制造”作为数字化转型建设的目标，确立型号研制队伍在信息化应用中的主体地位，充分发挥业务的主导作用，通过推行型号研制信息化大纲、型号研制项目信息化工作计划等举措，使信息化工作与型号研制工作充分融合。信息院通过生产线改造升级，深化数字化与生产线的结合，建立供应链和车间制造执行的信息化管理方式。

2. 优化制造资源，生产全流程透明化

信息院围绕军方对装备的多品种、个性化、高效能的需求，融合先进的计算机及网络技术、制造技术和管理技术，快速分析制造资源，以装备制造过程中生产计划、物流、质量、工艺文档资料和制造资源为核心进行跟踪、优化、执行和有效控制，实现从产品设计、生产计划到制造的数字化和集成化运行，打通零部件加工、整机装调、检验试验各模块协作通道，实现业务过程全透明。信息院通过持续深化数字化生产线建设，不断适应在信息化条件下高科技武器装备对生产制造水平的更高要求，为真正建立适应多品种、小批量生产的敏捷制造体系奠定了基础，从而快速响应军方订单，提升装备生产任务的履约能力和综合竞争能力。信息院通过划小管理单元、领料方式由工单拉动生成领料单、外配套管理从计划到领用均按照标准流程管理，成本归集到工单等管理方式，实现以车间为管理单元，从 BOM 搭建时就进行层级划分，各车间零部件分阶管理，车间生产任务用工单体现，领料、完工均以工单为载体，零部件领料、完工情况均可从系统报表反映，从而达到车间生产透明化管理。

3. 作业自动化，生产流程信息化管控

信息院为实现生产车间作业自动化，将不同的机器设备分布在不同的作业岗位上。其中，观瞄类产品采用了码垛机器人、打磨机器人、物料分拣机器人、控制柜和示教器、自动螺丝紧固设备、标准件自动喂料设备及各项测试仪等智能化硬件设备，部署了生产作业管理系统、自动物料配送系统及智能仓储系统，实现精密光机电产品的混线柔性生产、生产线按需重组、生产过程可视可控、生产管理智能高效；电缆组件装配产线采用了自动下线系统、AGV 配送系统、线缆自动测试仪等智能化硬件设备，部署一套自主开发的电缆生产信息化管理系统，实现电缆产品从设计与工艺信息的自动流转，打通从产品工艺直接到生产线生产的通路，完成产品从设计到生产，从制造到检验的全流程信息化管控；机械加工产线采用了立卧式加工中心、关节机器人、桁架式直角坐标机器人、自动对刀仪等智能化硬件设备，部署了机加 MES 系统、DNC 系统及 MDC 系统，提升零件质量的一致性，提高机械加工自动化及信息化水平，降低消耗，逐步淘汰非核心加工能力。

（五）搭建信息管理平台，实现生产过程集中式管理

1. 建立业务信息平台，生产流程全面管控

（1）分层次集中管理，制订合理的生产计划。

信息院建立分层次集中式计划管理模型，结合 MBOM、工艺路线资源、各种库存物料数量等，根据企业生产日历，同时生成自制产品的生产计划和外购件的采购计划，提高计划编制效率和计划的可执行性；明确区分军品、备件合同，将自备件合同纳入平台管理，增强合同与计划的衔接程度。信息院针对不同的外协管理方式，制订对应的外协管理方案，从计划源头将能力外协、生产外协区分开，从而解决了传统的生产计划员手动录入销售合同，人工进行生产粗能力平衡，再制订厂级月度生产计划，最后进一步手动分解成各车间月度生产计划的难题。整个环节，信息院综合考虑生产能力、任务需求、库存、工艺约束条件等因素，减少完全依赖人工，因而计划编制周期长，易出现计划漏、错、重的情况。

（2）建立采购管理平台，及时监控采购流程。

信息院构建采购监控平台，对采购计划编制、采购订单下发及执行跟踪、采购业务审批过程及采购接收与财务应付的全面集成，解决需求计划、采购计划、采购申请、采购审批、采购合同签署、库管员收货等一系列工作流程之间业务隔离、相互之间数据没有集成，不能直观、便捷地对全流程进行监控等问题。信息院制定合同的标准条款库，并可针对合同执行情况进行跟踪管理；根据合同履约情况，分析形成某物料的平均交货时间，按采购员、供应商、时间段等数据，维护供应商的基本信息、地点信息、联络人信息三个层面供应商信息，实现针对某个具体供应商地点的有关采购、付款和收货的控制。信息院建立采购价格的创建、变更及审批流程，并建立多维度采购价格的查询功能，根据需要查询单一产品的历史价格，针对不同类型物资采购需求的管理特点，建立不同的采购计划编制和创建方式，适应对原材料、辅料、配件、IT 设备及服务等物资采购计划的制订需求。

（3）建立库存管理平台，保证库存信息的准确性。

信息院建立库存管理平台，实现了产品从原材料、在制品、半成品到成品整个过程的存储和配送透明化、数字化管理，保障了数据的唯一性、准确性，并与分层次集中式计划管理模型、采购监控平台无缝衔接。所有物料信息与计划、采购平台数据一致，保证了信息的唯一性、准确性，实现对物料的追溯管控。100% 出入库单据在系统生成、打印、登账，物料配送、制造单位完工、成品库及成品销售出库在系统进行全过程管理，可实时对任意物料的计划来源、采购过程、出入库信息进行全流程追溯。物料信息覆盖企业现有 21 个库房、5 万多种物料，达到公司所有物资库存实时、透明化，提高了齐套效率和准确性，高效保障了生产。信息院为典型的军用电子产品企业，产品物料复杂，具有多品种、小批量、多批次、短周期、脉冲式的生产特点，对物料配套要求极高。库存管理平台能够对产品加工过程所需原材料、零部件进行齐套管理，直接配送到生产线，能够及时、高效地执行生产备料和发料，有效保证生产物料需求，缩短生产前置准备时间。信息院通过平台搭建，制定台账数据维护和管理机制，对库存状况进行多角度统计、分析，可对库存中物料的缺料、积压、超储等进行预警、分析。根据信息院的实际管理需求，形成多维度的库存报表，提供大量详尽的全面库存量、事务统计分析、成本更新信息等方面信息，辅助信息院生产决策。

2. 建立质量管控平台，确保产品质量可靠

信息院针对业务层用户建立质量工作平台，质量工作融入业务过程：向型号/产品质量员、检验员、研制技术人员提供标准的工作界面和流程，并将质量控制点真正嵌入型号/产品全生命周期主流程，从而明确各阶段的质量工作重点，打破体系质量和产品质量“两张皮”的现象，实现质量业务和型号/产品研制业务相融合，提升质量工作效率并保证质量数据和实际业务的实时性、一致性、可追溯性。信息院针对管理层用户提供质量监管平台，全过程管控提高质量控制能力，系统向质量部门的质量工程师/

质量经理、型号/产品质量主管提供可视化的监控界面，供其实时掌握企业质量控制动态和质量改进工作进展。信息院通过提供质量信息的收集、汇总、统计、分析功能，可对质量问题及时跟踪和追溯，对质量风险可迅速预警和纠正预防，从而消除质量隐患，提高企业的质量管理能力。信息院针对决策层用户提供质量大数据平台，用数据说话，提高质量管理的科学性，通过质量数据分析提供质量决策依据。系统以多类型、多样式的质量分析统计报表让决策者随时掌握质量现状及发展趋势，基于质量大数据的挖掘分析，为产品进行可靠性分析、预防性维护设计及体系文件完善等提供判断依据。

3. 建立财务信息平台，业务、财务关联对应

信息院通过前端对订单、生产计划、采购、生产制造、检验等各环节的全流程管理，建立起了完善的 BOM 和工艺路线数据，并制定了采购件、制造件标准成本维护流程等各项基础数据规则，为建立和完善成本核算体系打下良好的基础。成本核算体系主要业务包括采购成本核算、车间成本核算、销售成本核算、产品材料实际成本统计与分摊流程、成本月末结转流程。信息院通过建立标准成本体系，进行成本实时分析，提高成本核算的精细度。成本管理体系在成本精细核算的基础上，对各种成本差异，如发票价格差异、资源比率差异、标准成本差异、使用和效率差异、物料使用差异、资源和外协处理效率差异、基于资源的制造费用效率差异及标准成本调整差异进行多维、多角度的成本分析，实现成本精细核算，管理全面、控制及时。

（六）培养信息专业人才，高效推进数字化生产管理

1. 开展信息化培训，培养复合型人才

信息院建立信息化职能管理架构和工程师体系，建立信息化总师系统和信息化主任设计师体系，推进信息化队伍与型号研制队伍的整合，加强信息化队伍与生产业务结合；充分发挥信息化技术部门的专业特长，整合信息院信息化的专业资源。信息院面向全体员工和各级领导等不同层面人员开展信息化培训，建立生产人员的信息化培训上岗机制，确定信息化培训考核机制，重视复合型信息化人才的培养，增加信息化领域科技带头人和业务骨干。信息院通过培训等方式使一线工作人员熟练掌握信息化系统的使用，保障建设效果，促进全员信息化应用水平的提升。

2. 建立科学的激励机制，创造员工价值

信息院科学激励各类人才，同时不断强化以业绩贡献和价值创造为导向的薪酬激励宗旨，合理拉开员工收入差距，坚持考核与收入挂钩，充分体现"绩效升收入升、绩效降收入降"。信息院坚持正向激励薪酬导向，破除薪酬激励"大锅饭"，严格依据考核结果兑现各类人员绩效薪酬，制定《工资总额管理办法》，构建以正向激励为主、符合社会主义市场经济的工资总额管理体系，不断激发各岗位员工工作积极性和创造性。信息院细化相应激励、考核评价机制，围绕价值创造，以能力和业绩为导向，不断完善"任务争取和成果评定后的激励、项目精益管理的日常激励、成果转化后的持续激励、创新突出贡献的综合激励"等多层次科技创新激励政策体系。

三、军工企业基于数字化的生产全流程管理效果

（一）提高产能，提升管理效益

信息院构建一体化生产运营管控、数据集中、资源共享和信息安全的运营管理环境，以信息化支撑和数据决策引领信息院运营管理过程和全业务流程，建立起数字化的管控手段，通过纸质流程的电子化过程，发现原有制度体系、管理流程的冗余、缺陷和弊端，并进行了优化完善，使日常生产运营管理流程电子化率达到95%以上，使业务管理效率显著提升，切实助力企业经营管理提质增效。信息院数字化产线的持续建设和完善，实现生产线作业平衡率提升至89%以上，生产效率提升15%以上，产能提升35%以上，产品一次交验合格率均达到95%以上的预期目标，电缆生产线被定为行业精益生产线。

（二）扩大市场，提高经济效益

信息院实现财务与业务高度集中统一管理，采购、销售、供应、库存业务更加透明，企业内部物流、资金流和信息流全面集中和共享，改变过去由于业务与财务相互隔离，信息不对称，传递不及时，导致分析相对滞后，不能为企业经营决策提供及时准确的信息弊端。目前信息院的产品已覆盖陆军各兵种及海、空、火箭军等军种。其中，陆军指控市场占有率已达 80%，产品覆盖防空、炮兵、装甲、工程、防化、空降、海防等领域；陆军火控市场占有率提升至 85%，覆盖到防空、炮兵、坦克装甲车辆、工兵、防化等领域；车电产品市场占有率已达 95% 以上，几乎覆盖陆军各类武器平台；光电产品市场主要在炮兵和装甲兵，市场占有率分别约为 30% 和 40%。信息院在确保顺利完成生产任务的同时，注重企业高质量发展，强化内部管理体系和能力建设，运用数字化手段，注重生产运营成本管控。

（三）增加荣誉，扩大社会效益

信息院主动适应竞争性采购“新常态”，以市场为导向，积极构建适应市场竞争的发展机制。2020 年信息院在仿真领域、人工智能领域、单兵装备领域持续取得突破；同时为兵器在陆军下一代无人机系统建设中抢得先机，并正式进入国家科技部、公安部等重大专项和联参的工程建设领域。信息院建设各专业领域的基础数据中心和资源库，促进信息资源化管理，奠定向智能化发展的根基；促进信息化和管理业务融合发展，信息院获得 2020 年度装备保障先进单位、技术研究先进单位、人才工作先进单位、财务金融工作先进单位等荣誉称号。此外，信息院精益管理辅导认证 100% 全覆盖，各管理业务、生产现场、科研现场精益管理 100% 全覆盖。

（成果创造人：李定主、丁　剑、杜延征、王祥生、陈　浩、张　旭、邵凝宁、夏　雪、武冰洁、钱　军、李文博、刘宜龙）

实现全层级多专业协同的复杂电力装备智能制造管理

中国电子科技集团公司第十四研究所

中国电子科技集团公司第十四研究所（以下简称十四所）始建于1949年，是中国雷达工业的发源地，国家预警探测技术的引领者，国家预警探测装备的主要承担者，是具有一定国际竞争能力的综合型电子信息工程研究所。现有职工9400余人，拥有业内领先的顶尖人才，其中中国工程院院士两名，国家及省部级专家150余名。十四所始终坚持强军首责，成功研制出我国第一部大型相控阵远程预警雷达、第一部机载脉冲多普勒火控雷达、第一部预警机雷达"空警2000"、第一部舰载多功能相控阵雷达"中华神盾"等一大批高端武器装备；先后在"两弹一星""载人航天""三峡工程""国庆阅兵"等诸多国家重点工程和重大活动中承担关键任务，受到中共中央、国务院、中央军委多次嘉奖，累计荣获国家级科技奖励60余项。

一、实现全层级多专业协同的复杂电力装备智能制造管理背景

（一）满足国家制造强国战略和国防工业现代化建设的迫切要求

国家"十四五"规划纲要指出，坚持把发展经济着力点放在实体经济上，加快推进制造强国、质量强国建设。实施智能制造工程，发展服务型制造新模式，推动制造业高端化、智能化、绿色化，是增强我国制造业竞争优势、推动制造业高质量发展的必然选择。党的十九大报告强调，要深化国防科技工业改革，构建一体化的国家战略体系和能力。国防工业现代化建设高速发展要求军工企业要构建满足一流装备高效高质生产制造的能力，只有实施智能制造才能满足国防现代化的迫切要求，保证"能打仗、打胜仗"目标的顺利实现。

（二）满足军工行业和装备制造发展的迫切要求

军工电子装备是全军网络信息体系建设的重要基石，具有构成复杂、设备规模大、多学科交叉、技术含量高、附加值高、处于产业链高端等特点，必须采用智能制造先进技术和管理理念，保证装备的交付周期和作战效能。随着军工电子装备进一步向一体化、智能化方向发展，系统集成度和复杂度不断提高，其生产工艺越来越复杂，装配精度和可靠性要求越来越高。当前迫切需要建立与之相适应的智能制造体系，实现军工电子装备的柔性、高效、透明、均衡生产。

（三）满足建设装备制造世界一流企业的迫切要求

一是军工电子装备包含从材料、元器件、组件、部件到整机多个层级，各层级技术成熟度不均衡、各车间制造发展不均衡，迫切需要建立面向装备全层级组成的智能车间，实现军工电子装备智能制造的全层级示范。二是军工电子装备覆盖海、陆、空、天全领域，各领域装备构型变化大、技术状态不固定，导致各制造平台能力不均衡，迫切需要建立适应各领域装备特点的智能制造体系，实现军工电子装备的智能化生产。三是军工企业产业生态链长、配套企业多，包括各类电子元器件、复合材料及下游船舶、航空等应用领域。产业链各环节研制水平不均衡，迫切需要构建面向军工电子装备研制全流程的智能制造生态链，集聚各方制造资源，集中力量攻坚，加快解决"卡脖子"问题，推动军工制造业高质量发展。

二、实现全层级多专业协同的复杂电力装备智能制造管理主要做法

（一）谋划装备智能制造顶层架构，形成智能制造发展战略和组织

1. 明确智能制造战略地位，构建企业智能制造管理体系

十四所智能制造战略定位如下：一是成为行业领先、国内一流的智能制造引领者，整体达到国际先

进水平；二是建成智慧院所建设标杆；三是以自动化为基础、信息化为核心、智能化为灵魂的智能制造整体解决方案提供商。

十四所以建设世界一流企业为目标引领，以企业信息化管理系统建设为基础，以端到端的制度与流程为支撑，以全方位的人才与创新为保障，推进复杂电子装备机、电、液、热、工艺装备等多专业协同研发，打造基于数字孪生的总装、电装、微组装全层级智能车间，构建以弥补产业链智能化水平差异为导向的智能制造生态链，全面构建全层级、多专业的企业智能制造管理体系。

2. 谋划装备智能制造架构体系，做好智能制造顶层布局

十四所是以雷达整机研制为主的大型军工企业，产业生态链长，协同配套部门多。通过打造数字化协同设计平台，将结构、工艺和制造等专业有效整合，满足了机、电、液、热等多专业协同研发的需求，实现基于统一数字模型的全流程贯通。

围绕雷达装备全层级组成，通过工艺布局调整、自动化工艺装备升级、工厂信息化系统建设等途径，构建机、电、液、热、工艺装备等多专业协同设计与研发平台，开展基于数字孪生的总装、电装、微组装全层级智能车间建设。

十四所构建了设备—控制—运营集成智能车间三层次统一架构，形成车间三维看板系统（Workshop Visual System，WVS）、车间运营管理系统（Manufacturing Operation Management，MOM）、物流管理系统（Warehouse Management System，WMS）、数据采集系统（Supervisory Control and Data Acquisition，SCADA）四大信息系统，以及总装总调智能车间、电装智能车间、微组装智能车间等典型智能生产线。

在产品全生产周期的横向端，通过制造运营管理系统对接十四所现有的产品三维工艺设计系统和ERP系统等，进行信息知识的前后贯通，以最实时准确的制造加工信息支撑智能研发的设计优化、智能验证的功能实现及智能保障的数据提供。

在生产制造的纵向端，通过生产控制指令和生产过程信息的上传下达，实现“任务—订单—工单—执行”的逐层分解及自动作业，完成智能车间生产数据的内部循环。

3. 优化智能制造组织架构，保障制造高效高质运行

在以十四所为主体的智能制造战略规划委员会的统一领导下，进行智能制造发展战略顶层设计与规划，针对复杂电子装备多品种变批量、研制与批产并重的生产需求，结合雷达装备各层级组成，形成以智能制造专业委员会和智能制造创新中心为规划起点，以生产处为制度流程重构，以结构工艺部为数字化样机输入，以外协厂家为元器件供应，以微系统事业部、电装智能车间和总装智能车间为实施主体，以信息中心和信维公司为信息化保障的复杂电子装备智能制造组织架构。

（二）建立智能制造制度与流程，推进制造业与信息化深度融合

1. 构建多维度智能制造管理制度，保证生产制造有序进行

以规范、高效、低成本的企业管理为目标，构建“3＋10＋N”的智能制造管理制度。

构建顶层—中间层—底层“3”个层次的管理制度：顶层是程序文件的集合，主要用于配合企业智能制造顶层规划，从战略层面规范智能制造过程活动的策划、执行及监督等；中间层是管理办法的集合，从实施层面规范各智能制造业务活动的具体流程和各个部门职责；底层是操作指南和作业指导书的集合，从操作层面指导智能制造具体行为的详细工作规范性要求。横向集成投产、计划、采购、生产外包、制造、调试与试验、测试验收、仓储与配送、交付、售后服务等大型复杂电子装备企业“10”个典型的智能制造业务过程，纵向贯穿计划、采购、制造、外包、质量、效率、设备、存货、成本、现场、人员、安全、评价等企业“N”维智能制造管理要素，形成矩阵式智能制造管理制度，规范并引领了十四所智能制造的发展。

2. 优化端到端的智能制造管理流程，实现精益化管理目标

以“3 + 10 + N”智能制造管理制度为指导，运用系统思维理念，对企业内部流程进行精细化完善。一是针对企业智能制造管理制度的实施和推进进行了跟踪审查，重新明确了管理规则和要求，使智能制造管理有法可依；二是以问题为导向，对智能制造业务活动中的管理现状进行分析和管理方法的改进，同时对管理流程中的重点风险项进行了识别，增加了风险控制措施；三是智能制造业务相关部门开展了操作指南和作业指导书的梳理，使管理办法中的规范性要求能具体落实到每一个操作角色和员工，确保了智能制造管理制度和相关文件落地。

通过梳理端到端的智能制造业务流程，完善了企业智能制造相关程序文件和管理办法共 70 余份，完善底层作业指南和作业指导书共 110 余份，确保了智能制造各项业务活动的规范性，各参与部门的角色职责清晰性，也保障了从顾客需求端输入到客户服务端输出的智能制造全流程管控理念得以落实。

3. 构建智能制造信息化平台，实现制造与信息化深度融合

基于开放组体系结构框架（The Open Group Architecture Framework，TOGAF）理论，十四所聚焦雷达装备研制核心业务，构建智能制造转型的信息化平台。

首先，细分装备研制的三大核心业务，包括研制类、批产类、售后类。根据不同订单类型对应的业务活动跨度，十四所装备研制的全过程可划分为研发、制造、保障三大阶段。

其次，建立模型贯通的架构核心。根据雷达装备系统的工程要求，研发、制造、保障三大业务阶段的人员、工具、资源、方法、环境均有明显区别，各阶段分别实现“从用户需求到设计定型”“从客户订单到产品交付”“从保障定义到能力形成”的业务价值提升。十四所据此将研发、制造、保障三大领域的架构规划显性区分，并构成数字化总体架构的三大核心。

最后，将研发、制造、保障的核心业务与人、财、物、计划、质量、成本等管理要素交叉形成业务矩阵，构建矩阵式数字化总体架构。通过核心业务数字化平台和运营管理的全要素集成，辅以大数据支撑的知识工程和高安全可靠的 IT 基础设施，最终构成矩阵式、全融合的“3 + N”信息化平台总体框架，引领业务的智能制造转型。

（三）打造数字化协同设计平台，开展多专业协同智能研发

1. 搭建数字化集成设计平台，实现电子装备三维模型全流程贯通

十四所制定了包含设计、工艺、制造等信息的三维模型定义规范，实现数据源的统一输入和完整定义，解决数据源不统一的难题，提出基于全三维的电子装备结构工艺全流程集成研发方法，研发了具有自主知识产权的结构工艺数字化集成设计平台，突破了面向复杂电子装备的模型定义及传递技术，构建了全三维结构工艺集成研发标准体系，形成了面向工程实践的系列标准，实现了电子装备全三维设计、工艺及制造的全流程贯通及工程应用。

2. 构建全三维结构样机，实现全三维结构协同高效设计

十四所构建了全三维结构数字样机平台，突破了跨部门协同设计、机电混合快速设计、超大模型检查与简化等关键技术，自主开发适配复杂电子装备的三维标注、三维布线、干涉检查等系列快速设计工具，实现了全三维结构数字样机快速构建和工程化应用，解决了传统三维结构设计方法大装模型操作不流畅、线缆铺设难度大、模型检查效率低、工程实用性差等缺点。

3. 构建全三维工艺样机，实现车间三维可视化装配作业指导

十四所构建了全三维工艺数字样机平台，突破基于制造特征的装配模型动态重构、基于三维模型的机电混装、超大装配工艺设计、零件工序模型设计等关键技术，实现基于三维模型的工艺设计和管理，为智能制造车间提供三维可视化模型，提升生产现场装配效率和质量一致性。十四所采用压缩处理策略，集成应用多线程同步下载、三维模型断点续传等技术，解决了工艺设计过程中无法打开超大模型，

制造端无法可视化浏览的问题；并采用柔性建模技术，在设计模型的基础上实现零件工序模型的逆向设计，建立工序模型与工序工步的关联关系，提升零件工艺设计和更改的效率和质量，减少装配过程中的返工返修次数。

（四）面向多业务应用场景，构建基于工业互联的信息系统，提升车间智能化管控能力

1. 建立面向统一需求的 MOM 系统，提升生产过程的管控能力

十四所搭建一套能适应互联基板制造、机械加工、电子装配、整机联调等多种生产管理方式的制造运营管理系统，并分类、分阶段推进 MOM 系统的建设和应用。一是梳理复杂电子装备不同制造类型的管理需求，明确各业务类型的生产管理关注重点，建立 MOM 需求开发清单，为 MOM 系统的建设规划提供依据。二是生产管理部门牵头，信息化管理部门组织，工艺部门、制造部门、物资部门参与，全面调研和梳理制造过程的管理需求，指导 MOM 系统的建设。三是基于业务需求，根据 MOM 系统的总体规划，明确 MOM 系统架构和功能组成，分步实施 MOM 系统的建设工作，保障了 MOM 系统符合制造业务流程，最大限度满足提升生产管控能力的需求。

2. 建立实时数据驱动的三维可视化监控系统，实现智能车间透明化管控

十四所以可视化、透明化管控为目标，自主设计并开发实时数据驱动的 WVS 系统，具备整体态势分析、设备运行状态监控、场地资源状态展示等六大功能，以生产活动为主线，实时获取 MOM、SCADA、WMS 的生产计划、过程执行、设备状态、工艺参数、物料齐套等信息，从“车间—产线—单元”三级实时展示产品台套研制、订单执行、齐套状态、产线运行等整体态势，全面提升智能车间的管控能力。突破车间全要素轻量化三维模型构建、智能车间模型快速构建与更换，以及数字孪生等关键技术，自主开发智能车间模型管理平台和 CAD 模型转换工具，实现高压缩比 1∶50 的三维数据轻量化，以及厂房—资源—产品的多层次三维模型的快速布局和一键式更新。

3. 建立物流管理系统，实现物料仓储和配送的统一数字化管控

十四所自主研制 WMS，具备资源管理、出入库管理、配送等六大功能，开展物料编码规则、物料跟踪追溯及物料配送模型等研究，突破物料智能标识与精准配送、基于多特征信息的矩阵式编码建模技术，提出了“缓存库 + 线边库 + 智能料仓”的三级仓储布局，应用电子标签、扫码枪、二维码等物联网手段，实现十四所内部数十万种物料、上万个货位的自主编码和身份快速识别；打通 WMS 与其他系统的数据链路，建立了一种基于工位、工序任务的拉动式齐套方法，物料配送准点率达 99% 以上，大幅缩短了物料等待时间，保证了雷达装备按时交付。

4. 建立统一标准的数据采集系统，实现生产过程可控、质量可追溯

基于智能车间的信息化平台，通过车间生产物联网的建立，构建车间生产现场综合数据的交换机制，实现设备状态、车间工况、生产数据的采集、传递、分析等，数据经过处理或直接、按需传递至 MOM 系统、质量管理（QMS）、车间三维展示等系统，为虚实映射的数字化总装工厂提供数据基础，实现智能车间生产管理的有序透明化、生产过程和质量数据的可追溯，构建完整的雷达产品单机档案，全面提升智能车间的管控能力。

一是结合业务流程和应用场景，自下而上，系统梳理生产数据的采集需求。通过梳理智能车间建设的装配过程，根据不同的产品工艺要求、质量控制要求，系统梳理装配产线和工位需采集的数据，按生产执行、质量控制、物料管理、设备运行、生产资源、环境数据、人员信息七大类进行归类，明确采集内容、采集方式和数据使用。

二是统一规划，建设采集数据管理和处理系统，满足多种数据类型、数据大小、不同采集方式的现场采集数据的统一管理，按需为 MOM 系统、WVS 系统、测试系统、质量管理系统提供完整的数据。通过构建数据处理与管理功能，实现对现场采集数据的分类、分析和组织处理能力；通过实现与 MOM 系

统、硬件设备等集成，实现生产采集数据在运营车、控制层和设备层的纵向贯通。

（五）打造全层级智能制造示范车间

1. 基于全流程数字化、智能化管控，实现微波组件变批量共线制造

十四所构建数据采集—分析—决策的闭环控制体系，实现微波组件全生命周期数字化、可视化管控。

在数据采集方面，基于统一格式进行归一化存储，形成“分布式”数据库，支撑车间上层管控系统的业务应用。微组装车间总计建立了装机元器件、工艺参数、质量检验、性能数据、设备状态等7个数据库系统，每天采集近2000万条数据，通过对数据的实时采集与分析，实现数据波动实时预警、现场异常精准推送、设备参数在线下达，实现生产管理方式从结果驱动追溯问题转变为数据驱动制造过程实时监控。

在数据分析方面，微组装车间根据已有订单的执行情况及生产线资源占用情况进行综合性分析，形成科学合理的订单执行计划，实时接收生产计划与任务要求信息，并利用高级计划排程系统，根据当前车间人员、设备、物料等实时资源信息及知识库中各资源消耗条件，分析生产需求与生产负荷的关系，实现了生产排程智能决策，有效提高了计划的科学性，促进了制造执行效率的提升。

在数据决策方面，微组装车间通过大量工艺参数与质量结果的基础数据积累，利用人工智能、大数据技术建立产品质量与工艺参数之间的关联关系模型，形成基于工艺专家系统的工艺参数优化自我决策系统，将工艺参数的决策由原先经验定性式转变为知识定量型的自我优化方式，实现了在线式的响应处理，提高了质量问题处理的速度和准确率，保障微波组件高质量、稳定生产。

2. 确立人机协同作业方式，实现部件电装车间敏捷化生产

十四所根据不同部件产品形态的离散程度，合理设计电装部件车间智能产线布局，把人和机器作为一个整体系统，通过交互和自适应，根据装配的复杂程度、批量多少等因素合理优化人机协同配比，实现生产运营敏捷化。

针对大批量、规模化、工艺和流程相对单一的部件产品，十四所采用智能化自动生产线代替手工操作，通过梳理、研究装配动作，识别、提取大量简单、重复的动作，形成稳定、持续的自动化装配单元，依托数据采集系统，实现装配过程中的力矩、胶量、压力、温湿度等关键工艺参数的实时采集、监控、记录、展示，形成集自动化与信息化相结合的智能生产线，生产效率提升10倍以上。

对于结构复杂、数量较少的电子设备采用细胞单元的方式组织生产，十四所建立由核心技能人员、集成智能化工具工装、数据采集系统组成的智能装配单元。通过三维装配仿真工艺可视化指导工人操作，三维数字化工艺输出的信息是数字化采集系统的基础数据，工人生产过程中实际采集的数据将与之自动比对，自动进行防错检查，提升装配效率和质量。

3. 构建脉动式柔性装调一体化生产线，实现总装高效、透明、优质生产

十四所按照“产品聚类分析、工艺流程再造、车间布局优化、产线装备升级”的思路，构建了舰载、机载、地面等不同类型的雷达脉动式柔性装调一体化生产线总装生产线，满足了多型雷达产品的混线共线生产，大幅提升总装脉动生产线装配效率和自动化水平。

一是对典型产品生产组成进行聚类整合，细分为“天线系统、天线座系统、天线车下部总成、天线车总成、雷达整机”五大部分。二是突破传统工艺的设计思路，对整机装调的工艺流程进行细化梳理，对产品装配路径、顺序进行优化，平衡工位装配节拍，将单一串行作业变为平行交叉作业，总装周期由原来的134天缩短为再造后的66天。三是构建六大工位的脉动生产线，采用直线一字型布局，实现了脉动式装调。四是突破基于多传感数据融合的自动装配控制、基于视觉的高精度定位等技术，自主开发了20余型自动化设备，实现多型号雷达不同结构天线阵面的精准拼接及不同规格阵面模块的智能

装配。

（六）打造协同创新生态链，弥补产业链智能化水平差异

1. 构建“三位一体”的协同创新载体，凝聚智能制造创新合力

以十四所为主导，构建军工联盟、云制造服务平台、政产学研用合作“三位一体”的协同创新载体。一是以“建平台”与“用平台”双轮为驱动，构建以大型电子信息企业为主导的、面向广大中小企业的工业互联网云制造服务平台，实现从产品研发、计划排产、加工制造到生产管控的全流程协同管理，目前超过1000家供应链企业均已接入。二是牵头成立跨多个军工行业、跨多个地域的智慧军工联盟智能制造专业委员会，以军工科研院所为主体，产业链、供应链为纽带，运用市场机制集聚创新资源，研究军工智能制造的关键共性技术问题，形成军工智能制造产业核心能力。三是面向军工电子行业协同创新的需求，以十四所等龙头院所为主导，与地方政府、高校和军民企业一起努力实践“政、产、学、研、用”的协同创新。

2. 联合突破行业技术壁垒，推动国产化替代

依托对行业共性技术的突破，十四所将自身军工能力建设过程中形成的原创性科研成果转化成自主产品，并率先在协同创新载体内部开展应用验证，成功突破了数字孪生、工业软件、智能测试、数字化工厂、云平台多个领域的智能制造关键技术，形成制造运营管理系统、数据采集系统、螺接装配机器人等50余项自主可控系列产品，打造了“睿知”工业软件和“睿行”智能装备两大自主品牌。目前，这些自主产品已经过生态链企业的反复验证，具备了与国际领先企业同台竞技的水平。

3. 坚持优势互补，联合打造国产化解决方案，形成行业影响力

十四所与合作伙伴共同打造的整体解决方案先后亮相江苏省大院大所对接会、世界智能制造大会及中国电子信息博览会，均形成重要影响力。

（七）构建多层次、全方位人才保障机制，为智能制造发展提供创新动能

1. 构建人才引进机制，为企业注入智能制造的创新活水

十四所构建了科技创新人才引进机制，为智能制造发展持续注入创新活水。一是通过构建三维立体化人才匹配度模型，基于创新领域、贡献曲线、能力素质三个维度综合分析人才与智能制造发展目标的匹配度，精准定位人才标准；二是制定与企业智能制造发展需求最佳匹配的人才引进作战地图，统筹规划和建设各类引才渠道，引进“高精尖缺”人才；三是构建从策略形成、行动计划、落地实施、信息共享到转型变革的人才引进组织实施主体，建立长效黏性沟通机制，通过选、育、留、用多轮驱动人才创新效能，使组织运转更加灵活，营造人才引进和谐共生的发展环境，实现选好人、用好人、留住人。近三年，十四所引进国内“985工程”重点高校智能制造方向的硕博生50余人；引进或达成意向的高端成熟人才和海外优秀人才近10名，为智能制造发展提供坚实的人才保障。

2. 构建高层次人才培养机制，打造智能制造的人才高地

十四所构建了高层次科技人才的发展机制，明确高层次科技人才中期发展目标，通过建立精准定位的人才目标机制，最优维度的人才培养机制，基于成长规律的评价机制、高效匹配的人才使用机制，以及正向引导的人才激励机制，体系化推进高层次科技人才发展，使高层次人才的能力得到持续提升，实现“出人才、出成果”的目标。

3. 构建多层级技能人才培育机制，夯实智能制造的人才根基

十四所打造了多层级技能人才的培养机制，培养了一批智能制造技能人才。在技术攻关创新方面，通过分类、分层、不同周期的高技能人才培养计划的实施，积极关注微组装制造技术前沿，探寻核心工艺实现的新思路、新方法，在生产实践探索中解决加工制造难题，有效推动培养对象专业技能的提升，在微组装制造上出精品，在技术革新上出成果，实现工作室成员的专业成长和专业化发展，引领微组装

制造发展。在高技能人才培养方面，制定和落实操作人员技能等级培训和考核制度，按照一般、中级和高级三个层次分阶段实施技能人才培养工作，通过对操作人员进行岗位技能定位，鼓励年轻员工不断提高自身的技能等级。

三、实现全层级多专业协同的复杂电力装备智能制造管理效果

（一）显著提升智能制造水平，全面提高雷达装备竞争力

与“十二五”相比，十四所构建了总装、电装、微组装全层级智能车间，打造了企业级集成管控平台，具备制造运营管理、三维可视化监控、仓储物流管理、数据采集等功能，实现企业计划、车间执行和现场控制的数据端到端贯通；构建了雷达装备全层级智能化生产线，实现4型以上产品混线生产、关键设备数据采集覆盖率≥99%、产品一次装配合格率≥99%、生产周期缩短50%、产能提升≥100%。十四所支撑完成“四代机”“预警机”“中华神盾”等多个国防重大项目研制，伴随装备技术创新能力的逐步提升，我国雷达装备在国际上已能与发达国家同台竞争，产品出口到欧美、中东、南亚、南美等数十个国家和地区，“十三五”期间，装备出口产值保持5%以上的年增长率。

（二）大幅提升智能制造产值，助推十四所高质量发展

雷达装备研制周期由原来的5～8年缩短到2～3年，研制成本降低32%，实现经济效益10亿量级，2020年十四所产值超200亿元。成果实施以来，十四所打造了国产化智能制造整体解决方案，形成了覆盖装备研发、生产、保障和管理全生命周期的40余项工业软件，以及面向核心构件装配的30余型智能装备。十四所的解决方案和典型产品获得广泛推广，服务的重点企业涉足航空、航天、船舶、兵器等15个行业、1000余家企业，2020年智能制造产值超过10亿元，助力了中国商飞C919大型客机、大型客机CJ－1000A发动机、成飞新一代战斗机、航天运载火箭等的顺利推进。

（三）引领军工电子行业发展，打造军工智能制造典范

以十四所为主体的智能制造资源联合提出智能制造标准21项，构建了覆盖军工电子产品全寿期的智能制造标准体系，引领和规范了军工电子行业智能制造发展，2020年成功入选国家智能制造标准化总体组和专家咨询组。受邀参加世界智能制造大会、中国电子信息博览会等10余项高端展会，荣获江苏省工业互联网示范工程、智能制造领军服务机构榜首等20余项荣誉；形成的智能制造试点示范车间接待了包括省部级领导、集团领导在内的参观200余次。十四所各制造资源联合申报各部委智能制造课题20余项，累计获得经费支持超2亿元，授权专利40余项，登记软件著作权70余项。

（成果创造人：胡明春、胡长明、赵玉洁、冯展鹰、贲可存、曹亚琪、李　婷、张　柳、刘胜新、章　磊、何宇昊、赵玉荣）

汽车企业基于智能网联平台的大数据价值管理

东风汽车有限公司东风日产乘用车公司

东风汽车有限公司东风日产乘用车公司（以下简称东风日产）成立于2003年，是东风汽车集团有限公司旗下重要的乘用车事业板块，从事NISSAN品牌乘用车的研发、采购、制造、销售、服务业务，是国内为数不多的具备全价值链的汽车企业。东风日产扎根花都，面向全国，目前已形成花都、襄阳、郑州、大连和常州纵贯南北、各有侧重的战略布局，整车年生产能力达136万辆，发动机年生产能力达134万台。东风日产2015—2020年连续六年年销量高质量跨越100万辆，中国市场的贡献值在日产全球占比超过25%，已成为日产汽车在全球最大的单一市场，为日产汽车公司发挥着至关重要的作用。

一、汽车企业基于智能网联平台的大数据价值管理背景

（一）适应数字经济发展的客观需要

数字经济已成为全球经济增长的重要驱动力，各国正加快数字经济战略布局。当前各国数字经济占各行业增加值比重均处于提升状态，加快数字经济战略部署已成为各方共识。据中国通信院测算数据显示，2020年中国数字经济规模预计达到39.2万亿元，占GDP比重达到38.6%，数字经济实际上已经成为中国经济增长的新引擎，中国经济正在由“工业化和信息化融合”升级为“数字经济与实体经济融合”。加快推动经济社会数字化升级刻不容缓——当今世界，信息通信技术发展日新月异，已经全面融入社会生产生活，正在对经济发展、社会进步、国际政治经济格局等方面产生重大而深远的影响。牢牢把握当前机遇，大力推进信息通信技术和我国经济社会发展深度融合，以数字化、智能化升级驱动社会主义现代化建设，对于实现“两个一百年”奋斗目标具有十分重大的意义。汽车行业作为国家重要经济支柱，需要紧跟数字经济发展的浪潮。

（二）利用大数据进行价值创造的迫切需求

汽车行业在传统制造业中堪称一国标杆。随着新一代信息技术的不断突破，汽车产品正加快向智能和网联的方向发展。汽车正在逐渐成为一个渠道，从交通工具转变为大型移动智能终端、储能单元和数字空间。汽车行业的边界日趋模糊，互联网等新兴科技企业大举进入汽车行业，拥有互联网基因的新造车势力更是如雨后春笋般地涌现，汽车产业进入了百花齐放、百家争鸣的数字化新时代。当原生数字化产业大举进军汽车行业时，传统制造型车企面临艰巨的挑战。在这种浪潮下，各家主机厂积极应对，并沉淀了大量的数据，同时在数据采集、传输、存储等方面产生了巨大的成本，如何对花巨资获得的数据进行价值挖掘和应用成了行业内的共同痛点。

（三）提升经营效率和竞争力的必然选择

中国信息化建设从20世纪90年代开始起步，当前国内企业信息化已提升至一定水平，大部分企业已完成了业务操作系统的“在线化”，在一定程度上提高了经营效率。但传统信息化建设的系统架构是烟囱式的，不同系统间未相互打通，形成了企业内部的“数据孤岛”，限制了企业效率的进一步提升，同时移动互联网时代终端及应用的爆发让许多企业积累了海量的数据。进入智能时代，企业的业务形态、数据维度将更加复杂多元，新的业务需求亦不断出现，数据量级将进一步提升，企业对数据治理及价值挖掘的需求将更加迫切，通过数字化转型进一步降本增效、重塑公司竞争力也成为当前企业信息化进程的必然选择。同时，数字化转型也为未来企业实现业务、管理、运营的智

能化奠定了充分的基础。

二、汽车企业基于智能网联平台的大数据价值管理主要做法

（一）明确整体规划和思路

2018 年是日产智行战略元年，面对行业刮起的智能网联风，东风日产凭借领先的自主研发技术储备，积极布局智能互联领域，将全车系主力级别车型全覆盖导入具有自主知识产权的智能网联产品，建成智能网联平台，并围绕智能网联平台的数据构建具有强大数据即时处理能力的 BDP 大数据平台。

2019 年 8 月，东风日产智能网联平台实现智能网联百万辆接入，截至 2021 年 9 月，东风日产智能网联累计实名认证数突破 250 万，日活跃用户超过 40 万。在完全遵守国家法律、法规和相关管理条例的前提条件下，如此庞大的用户群体，为东风日产源源不断地输入用户实时记录驾车数据及智能网联功能使用消费行为数据（日数据增长达 20 亿条，400GB 级别），最大限度地保证智能网联用户数据的接入，为后续大数据的价值挖掘和应用提供基础。

东风日产深入挖掘智能网联大数据的应用场景，制定智能网联大数据的三个应用层面的规划。先是赋能于企业内部价值链业务运用，包括从商品企划调研、研发、物流、营销、售后等多个领域，进行降本增效，并从新产品服务的应用研究，逐步扩大到汽车价值链新业务的拓展，如金融公司、保险公司的合作，还将持续向支持智能汽车的未来出行服务进行扩展。东风日产将汽车当作智能终端与智能网联生态伙伴，一道为用户提供更多数字化网络服务，以推动企业从传统制造业向智能化和汽车数据服务转型。

（二）建立智能网联技术平台

1. 构建 L1—云环境层

云环境层是为智能网联平台提供存储、计算、网络、数据库等基础资源的数据中心。构建了花都—广州同城双活数据中心及武汉异地多活数据中心，实现智能网联数据私有化部署管理；同时构建支持混合云架构，利用公有云海量弹性资源，满足智能网联高频高流量数据要求。

2. 构建 L2—车辆接入层

车辆接入层是车辆安全通信管理的关键业务层和车厂数据第一着陆点。采用多车系、多协议、多集群架构设计，实现所有服务支持多活，以保障业务稳定及数据的可靠接入。车辆接入能力按高性能要求设计实现，支撑百万级车辆接入并能毫秒级响应请求；为智能网联及自动驾驶提供实时计算能力，如提供围栏、位置、告警等实时服务，以及为车辆 &TCU 自动驾驶系统提供 AI 辅助决策。

3. 构建 L3—应用服务层

应用服务层是智能网联服务，整体采用微服务架构，基于业务场景划分服务模块，统一配置，可灵活快速扩展。实现基础智能网联服务、账号系统、运营管理系统、国标对接平台、标准第三方服务接入与管理、出行服务、自动驾驶支持等模块，为用户提供丰富、便捷的智能网联服务体验。

4. 构建 L4—终端应用层

终端应用层是面向客户和运营人员的直接触点。构建智联 App，车内智能网联大屏，微信服务号服务触点，向用户提供丰富的智能网联服务。构建智能网联服务运营配置管理平台，部署智能网联服务内容配置模块，经销商用户管理模块，主机厂全价值链智能网联数据管理改善及创新业务应用模块，满足用户运营，以及智能网联数据创新业务的快速落地。

5. 智能网联安全管理

智能网联安全管理是智能网联服务，是数据应用开展的保护伞。根据国家最新个人信息隐私保护政策，完成其中 15 个问题自查及整改，安全等级已达到国家等级保护三级；与国内专业安全加固厂商针

对智联 App、车内智能网联大屏系统及 OTA 进行安全加固；联合第三方共建安全实验室，建立覆盖车辆全生命周期的多层次防御体系，满足“等保三级”的要求。

6. 智能网联大数据平台

智能网联大数据平台将传统业务大数据与智能网联数据整合，是更为完善的大数据管理应用平台。构建自主可控的私有数据体系，对全价值链数据进行融合，把专业的数据能力封装成应用的工具，实现业务灵活编排和扩展应用。

（三）构建 SRF 多方合作运作方式

1. 从组织架构上

SRF 多方运作方式由服务运营（S）+相关方（R）+财务（F）共同组成。业务部门（R）作为需求方提出大数据业务需求；东风日产移动互联部（S）作为业务管理方，统筹管理需求确认、可行性研究、立项、开发测试、试运营、运营、迭代等全流程；财务部门（F）通过控制预算、制定 KPI 指标等方式承担智能网联大数据应用收益监控、落实及考核责任。

2. 从评估方式上

对于成本，东风日产对于用于面向用户端各项服务所需要的车辆数据，其获取成本按照各个服务计入整车的项目成本；而对于面向企业内部业务的应用则按照单个项目投资收益核算，以保证各个数据应用项目核算的灵活性。

对于项目收益，按照收益的类型不同划分为新增收益型和降本增效型。新增收益型项目通过应用大数据后，将带来新的收益来源或是增加原有业务的收益。降本增效型项目通过应用大数据后，将实现成本的节约或原有业务效率的提升。SRF 团队从多个维度共同推进智能网联大数据项目的企划、开发、运营与更新迭代，将网联大数据与各相关方的实际业务结合，挖掘降本增效的机遇或创造新的商务模式；并通过成本收益的量化评估，真实地反映出数据的价值，有力支持数字化转型灵活、快速展开。SRF 的运作机制由点到面，从公司内部驱动业务数字化转型，为公司创造诸如助力营销、保险创新等新的价值和盈利点。

（四）以安全运输为目标，保障整车物流配送全链路的规范化

整车从工厂下线后到专营店验收前的物流过程，按照不同的作业环节，可分为四个阶段：入库作业、在库作业、在途运输及到店。四大阶段又可细分为若干个精细环节，如入库作业可分为下线受入、转库受入、入库停泊。

传统的物流监管依赖人工作业观察，存在覆盖面有限、管理精度差、受监管车辆覆盖比例低（约 2.4%）等痛点，智能网联数据特有的全面性、准确性和实时性能够很好地对应传统物流品质管理的痛点。在此基础上，东风日产移动互联部联合供应链管理部提出通过实时监控智能网联车辆状态数据，对整车物流运输全程进行监控的智能网联大数据解决方案。

在数据整合层面，建立智能网联大数据与整车物流数据的关联，一方面，利用智能网联数据+整车物流数据的方式识别整车在物流过程中所处的作业环节；另一方面，以智能网联后台采集的整车状态数据为基础，通过对智能网联数据采取数据字段选择——数据字典构建——数据质量确认三步走的方式，基于业务需要全面整合智能网联数据。

在系统建设方面，从数据源、数据分析及算法、数据展示三个层面，构建了相应的系统应用框架。在数据源层面，所选的数据源包含三个大类：智能网联数据、SCM 业务数据和基于应用场景整理录入的监控参数、移库路线，仓库围栏数据等。在数据分析及算法层面，根据业务需求，划分实时计算和离线计算模块，通过不同的技术路线，实现在整车物流监控中实时监控报警、全过程品质监控分析和轨迹

服务的管理要求。在数据展示层面，针对系统分析结果进行呈现，帮助业务部门对整车物流过程进行管理。

最后，根据品质管理过程中的痛点，构建如下功能模块。

一是整体监控分析：从业务需求的角度出发，对入库停泊等在内的12个环节进行监控，并基于现有智能网联大数据的客观情况，设定了包含“燃油车里程”“电动车里程”“频繁启动”“超速”“胎压不足”“急刹车”等在内的31个监控作业点，实现不同仓库、环节、作业横纵向比较。

二是实时监控分析：针对品质影响严重的项目，如ABS故障、胎压不足等10个项目进行实时监控和异常预警。

三是里程电量统计分析：通过累计行驶里程、电动车电量消耗等各环节数据的实时统计分析，为后续下线车辆加油量、电动车充电量标准的设定提供了翔实的统计数据。

四是车辆轨迹查询：针对在库异常启动、在途异常行驶等，实现轨迹查询、可视化车辆异常移动的轨迹信息，为品质异常追溯、倒板等异常品质的改善提供支撑。

通过智能网联大数据的有效应用，整车物流监控系统减少管理监控死角，提高监控精度和效率；通过实时在线数据，减少管理时间和成本，通过端到端的数据化显示，缩短管理链长度；数字化系统可以完成快速迭代，将对提高管理效率产生深远的影响。

（五）以产品优化为目的，构建研发线上数据分析模式

东风日产技术中心是东风日产全价值链研发环节上的核心部门，主要负责日产车型的中国本地化导入和启辰车型的自主研发。在汽车研发中，通常需要根据用户的实际需求确定开发的重点，指导整车技术参数标定和研发方案选型。智能网联大数据能以秒级为单位，准确记录车辆状态，相比人为记忆更加客观和量化；同时，大数据涵盖了车辆驾驶前、中、后各个环节、各大系统与零部件的状态数据，包含客户日常使用无法直接感知的信息，覆盖范围全面、广泛，避免认知真空环节的困境。

基于智能网联大数据的客观性、准确性、全面性，东风日产移动互联部与技术中心等部门联合构建线上数据分析模式，用于代替传统调研方式，更好地支持研发优化工作。该模式主要包含需求提出、需求数据化转换与数据建模分析三个环节。需求提出环节与传统方式一致，需求方提出需要分析的具体内容和指标；需求数据化转换环节，需求方与管理方将需求内容和指标转化为数据类型的组合；在数据建模分析环节，根据需求的数据类型的组合和范围要求，后台数据分析师从智能网联大数据平台提取海量的数据，进行线上建模和分析，并根据分析结果输出。

以某新型动力总成的引入为例，该款新型动力总成引入时需要了解用户日常驾驶时的车速习惯，根据调查的实际结果支持新动力总成的热性能评价基准适正化和动力目标设定妥当性验证。使用线上数据分析模式，将需求分解为车速、发动机转速、油门开度、刹车力度等数据类型，并调取智能网联车辆在某时间段内的大数据，经过简单的统计分析计算，即可建模得到目标用户的车速，在短时间内对动力总成的性能标定输出可靠的分析结果，同时节省传统出差调研的资金成本和人工工时成本。

（六）以用户需求为导向，提升营销活动的精准性

1. 以活动/网点选址为例

A市的经销商曾抱怨专营店太聚集，保有与潜在客户都已经被完全覆盖甚至不够专营店服务。东风日产便以此为切入点，利用A市车主每天第一条行程的开始经度、开始纬度进行聚类分析，聚类点数最多的为该车主常驻地位置，并将聚类出来的A市各车主常驻地的位置及网点的位置在同一个地图上直观展示出来。数据结果显示，A市在没有网点的区域中存在大量的车主聚集。这部分区域的详细数据被提供给区域营销活动的负责人，让区域视情况开展营销与售后活动，甚至新建网点。一方面，能够解

决专营店对客户覆盖的抱怨，另一方面，可以让无网点覆盖的聚集用户被网点覆盖，享受到东风日产的贴心服务。

2. 以电梯广告与商超静展为例

在一个城市有诸多电梯广告点位和商场静展点位供广宣活动选择的情况下，广告应该如何投放是一个需要反复衡量和判断的问题。一方面，东风日产利用智能网联大数据根据普遍人的出行规律，结合智能网联高频上传的定位数据进行聚类分析，通过车主工作日每天第一条行程起点的经纬度聚类出车主日常居住的常驻地；通过车主工作日每天第一条行程终点的经纬度聚类出车主日常的工作常驻地，并输出一份不同区域车主聚集数量在前十的小区和工作地位置清单，区域选取电梯广告投放点位时，便可以参考清单中的排名与实际情况进行定点选择投放。另一方面，东风日产据根据商超静展的投放时间（周五晚、周六、周日），结合智能网联定位数据同样进行聚类分析，通过该时间下车主的行程终点的经纬度聚类出不同车型用户喜欢去的商超并输出排名清单。区域在选取商超做静展活动时，便可以参考清单中的排名与实际情况进行定点选择投放，如此可以赋予区域管理专营店、网点更加精准的手段，同时可以支持区域更精准地开展营销活动。

智能网联大数据将配合市场部，在线上广宣方面打通从潜在客户—意向客户—成交客户的数据路径。一方面，可以方便市场部追踪广宣效率，实现更精准的线上投放。另一方面，能够对意向客户做流失预警预测，并提升成交转化率，为东风日产车辆营销工作做出更大贡献。

（七）以高品质服务为目标，提高售后需求识别的及时性和准确性

1. 在售后层面更多了解用户，为服务用户提供了更多便利和机会

智能网联大数据后台通过车辆里程、加速度、油耗变化等与各备件磨损关联数据情况，通过数据建模分析提前预知用户车辆各备件磨损程度，进而提醒备件不足的店端提前备货，同时对用户做回店更换备件推荐，以保证用户每次回店都有充足的所需备件，避免由于备件不足造成的用户等待和利润流失，提升用户的售后服务体验。基于智能网联大数据带来的服务模式变化，也带动了管理模式的变化，主机厂和经销商伙伴的合作关系，将从先前经销商囤积备件，变为主机厂根据经销商所在地的实际情况灵活地分配备件。这样一方面可以减轻经销商的库存压力，另一方面也可以实现对售后备件更好的统筹管理。

2. 在用户车辆的日常养护方面，精准提供个性化定制服务

利用大数据的实时分析能力，智能网联通过用户车辆的里程情况及距离上次回厂保养的时间间隔等数据构建用户保养建议提醒模型，应用智能网联 App 和车机大屏与用户链接的能力，可实现在手机端、车机端直观地向用户呈现个人车辆状况及回厂养护的时间建议，同时主机厂可以根据车辆的健康数据精准推送维修保养项目和优惠促销活动。当用户再收到回厂邀约时，用户端查询的车辆状态与邀约内容即可做到完全吻合，同时主机厂提供了车辆养护优惠提醒，做到了真正站在用户的角度思考问题。贴心的保养提醒和个性化的关怀，可以提升用户体验，还能够提高服务质量。

同理，当用户的车辆出现故障，智能网联大数据的应用也将主机厂和专营店端的参与时间提前，通过车辆故障数据、电子元件运行异常等数据，结合电子元件开发经验，构建电子元件故障预警模型、预知用户车辆潜在的故障问题，从而主动联络用户为其提供解决方案和适当的用户关怀，以提升客户黏性。

基于智能网联大数据，东风日产持续深耕，在售后服务领域探索出更多有价值的应用场景，为售后服务的产值提升提供更多机会。诸如利用智能网联位置信息及用户历史回厂习惯、用车习惯、外部气象及路况信息，针对不同城市、车型乃至单个用户，个性化的服务方案，探索千人千面的专属售后服务模

式；或是利用车辆故障信息及地理位置、路况信息等内容，探索事故车碰撞模型，覆盖到用户整个用车生涯，及时判断用户的事故维修 & 救援需求。

（八）以解决业务痛点为根本，提升个性化保险服务水平

盗抢险是针对新车车主的险种，目前在经销商渠道主要的销售方式为购买后装 GPS 设备送盗抢险，经销商反馈有如下痛点：一是后装 GPS 设备因为时常发生馈电，导致采集的定位数据不稳定；二是车辆被盗后，后装 GPS 设备很容易被一并拆卸，用户无法及时追回车辆；三是仅适用于非智能网联车型，智能网联车型的用户通常会拒绝再额外付费加装 GPS 产品。

针对盗抢险当前业务模式的痛点，东风日产于 2019 年 9 月推出基于智能网联大数据的智行无忧宝服务。该服务面向东风日产所有智能网联车型，包含三重安防（车况检测、电子围栏、定位追踪）、盗抢赔付、置换赔付、代步车出行补贴四项服务。

智行无忧宝保持了盗抢险现有业务模式的优势，同样可以采集用户 GPS 定位数据监控车辆是否被盗，车辆被盗的概率能够有效降低，进而降低采购成本，提升产品利润。智行无忧宝也改善了原有模式的痛点：一是因为智行无忧宝是通过前装设备采集的车辆数据，数据稳定性更高；二是前装设备安装更隐秘，不容易被人为拆卸，用户可以根据定位数据及时追回车辆；三是解决了对于智能网联车型用户抵触后装 GPS 设备的问题，并且因为是通过前装智能网联设备采集车辆定位数据，后装 GPS 设备部分的成本可以省掉，进一步降低产品成本。

智行无忧宝在车辆定位和电子围栏的基础上，还加入车况检测、置换赔付、代步车出行补贴三项服务，为用户提供车辆被盗前、中、后完整的服务体验。被盗前，用户可以通过车况检测功能，查看车辆的当前状态（如车门、车窗、后备厢）；被盗时，用户可以通过电子围栏功能实时收到车辆被盗的短信提醒；被盗后，用户可以通过定位追踪功能，追踪被盗车辆的行驶轨迹，以便及时追回车辆。如果车辆被盗且最终无法追回，该服务可以对用户进行盗抢险赔付。如果用户需要再重新购入一台新车，该服务还可以为用户提供置换赔付，补偿用户重新购买一台新车所需的差价。此外，还可以为用户提供代步车出行补贴，以补偿用户车辆被盗后租用代步车的损失。

三、汽车企业基于智能网联平台的大数据价值管理效果

（一）建成了完善的智能网联平台

经过多年的建设、使用验证和改进，东风日产已建成较为完善的智能网联平台。该平台自主开发核心技术自主可控，支持多品牌、多地部署；支持 100 万级车辆接入；支持智能设备接入；提供灵活多样的生态服务集成平台；提供以人为中心的、个性化的、跨平台的账号管理体系；平台安全等级达到国家“等保三级”要求。

基于该平台，东风日产引入优秀的合作伙伴进行异业合作，为接近 300 万车主提供全生命周期个性化的出行服务，为用户带来惊喜；该平台采集用户及车辆大数据，通过挖掘分析、模拟计算形成诸多有价值的解决方案，赋能东风日产全价值链业务的提升，为其创新和变革积累了重要的数据信息，推动东风日产从传统制造业向智能制造和服务转型。

（二）提高了企业产品竞争力和经济效益

智能网联大数据的成功应用为东风日产的生产经营带来了诸多价值。在产品竞争力方面，东风日产通过智能网联大数据带来的全方位用户数据洞察，深入分析用户在驾车过程中的习惯偏好和痛点，及时、有效地调整和改进产品功能及目标参数，成功提升产品魅力和竞争力。在价值开创方面，东风日产利用智能网联大数据成功地实现了全价值链上部分环节传统工作模式的数字化升级，有效地节省了业务预算金额及人工工时成本，提升了工作的投入产出比例，并在价值链上各环节挖掘新的收益模式与盈利

机会点，积极开创新的企业盈利点。

（三）形成了大数据挖掘和应用的丰富经验

东风日产在智能网联大数据方面的深入挖掘和应用及显著效果引起了行业内的诸多关注。2019 年，日产负责金融与智能网联领域的 SVP Rakesh Kochhar 先生曾前来中国调研东风日产的大数据工作，并表示高度认同。日产北美分部副总裁 Dan Mohnke 及其手下高管成员也专程前往中国学习东风日产智能网联大数据的先进经验。近年来东风日产曾多次在全国各种智能网联论坛上向诸多车企及合作供应商分享智能网联大数据挖掘的成功经验，多家合资车企也前来东风日产学习智能网联大数据的工作方法，东风日产将持续向行业输送宝贵经验，履行东风日产的社会责任，促进行业共同进步和发展，给客户带来更高的应用价值和更好的体验。

（成果创造人：陈文进、蒋　赛、魏庆华、陈宇翔、刘　鸽、邱　鹏、黄耀辉、崔　莉、武伦佳、李克迪）

通信运营企业内外联动的数字化转型管理

中国联合网络通信有限公司北京市分公司

中国联合网络通信有限公司北京市分公司（以下简称北京联通）隶属于中国联合网络通信集团有限公司，在全市范围内为公众客户、商企客户和政府机构等客户提供全业务电信产品及技术服务、信息咨询等相关服务，服务面积超过16400平方千米，服务人口2100万以上。作为首都地区全业务通信运营商，北京联通勇担重保使命，圆满完成全国两会等重要会议、北京奥运会、冬奥会、新冠肺炎疫情防控等重要通信保障任务。

一、通信运营企业内外联动的数字化转型管理背景

（一）数字化转型是勇当数字经济排头兵的使命担当

我国经济已转向高质量发展阶段，数字经济成为新一轮经济增长新动能。立足新发展格局，加快推动数字化转型，培育壮大信息消费市场，推进跨界融通发展，发挥国有经济战略支撑作用，成为通信运营商肩负的时代新使命。北京联通加快推动数字化转型，既是贯彻落实党中央国务院发展数字经济战略部署的重要举措，也是顺应科技、产业发展浪潮，进一步推动企业高质量发展的必然选择，更是认真贯彻落实集团公司战略部署，在转型中提质做强重塑核心竞争力，抢抓数字产业发展新机遇的关键布局。

（二）数字化转型是高质量满足用户需求的必然选择

随着5G通信、云计算、大数据、物联网等新一代信息技术的加速集成创新与突破，数字技术被广泛应用到产业生态的各个方面，促使人们的生命观念、生活方式发生深刻变革。通信运营商传统的客户管理与产品设计模式已无法准确洞悉客户的个性化需求，并匹配最适合的产品服务，导致客户需求实现和企业价值创造的不充分、不彻底，客户与企业间需要通过更紧密的联动促进通信服务的持续升级。北京联通亟待通过数字化转型突破原有的运营模式，实现灵活、敏捷、智慧的运营管理，精准、高效地满足客户差异化、高质量的产品服务需求。

（三）数字化转型是提升企业治理效能的重要手段

近年来，北京联通面对通信市场竞争焦灼、传统业务萎缩、流量红利快速消耗、“增量不增收”的局面，企业供给与客户预期仍存在差距、数字化运营能力仍待提升，企业运营提质增效还有很大增长空间。因此，抓好数字化转型管理成为北京联通面向未来实现企业高质量发展的必然选择与重要手段。

二、通信运营企业内外联动的数字化转型管理主要做法

（一）明确数字化转型总体部署，强化顶层设计

1. 科学系统谋划，明确转型目标

自2019年以来，北京联通主动对接和落实国家数字经济发展战略，将数字化转型作为公司战略转型的主要路径，以“率先成为北京区域领先的综合数字服务提供商”为目标，构建数字化转型“1+3+1”的总体战略布局。

前一个“1”即一个转型基础。北京联通将数据作为新的生产要素，基于连接（Connect）、收集（Collect）、认知（Comprehend）3C维度，深化数据资源的开发利用，打造以数据驱动的转型基础。

“3”即三大转型方向。北京联通以“满足美好信息生活需要，提供高便捷服务”“赋能千行百业转型升级，提供高智能应用”“面向基础设施运营，升级高品质网络”为方向，从需求侧和供给侧“双轮驱动”，重构企业数字化力。对内数字化使能，形成高效、敏捷、智能、协同的数字化运营体系；对外

数字化赋能，创新业务模式，提升服务体验，高质量满足客户需求。

后一个“1”即一套治理机制。围绕企业运营管理的人、财、物、事优化资源配置规则和配置方式，以数据流畅通促进人流、资金流、物资流、价值流有机高效流动，提升运营效率和治理效能。

2. 建立健全组织，构建执行体系

2019 年北京联通成立全面数字化转型领导小组，公司总经理任组长、公司领导班子任成员，研究实施并持续迭代《北京联通数字化转型行动方案》，对公司数字化转型做出了方向性、整体性、全局性谋划。领导小组下设执行推进办公室，负责总体协调、督促、推进各专项工作，并利用项目制加强跨单位协作，以重点工作牵引资源配置。公司所有内设单位在一把手负责的基础上，明确分管领导和统筹协调联系人，建立自上而下、全覆盖、强穿透的责任体系；各单位进一步细化行动方案，分解任务目标，形成《北京联通数字化转型执行手册》，把“总体蓝图”转化为“专业施工图”，确保纵向到底、横向到边、协同有序推进数字化转型。

3. 深化体制改革，强化机制创新

北京联通通过深化体制改革、强化机制创新两大路径，建立匹配数字化转型、责权清晰、协作高效的组织体系。自 2019 年以来，公司主要领导挂帅，先后成立大市场统筹运营组织体系变革工作组、政企运营组织体系变革工作组、网络线运营组织体系变革工作领导小组、科技创新委员会、IT 线运营组织体系变革推进组，体系化推进政企线、市场线、网络线、科创线及 IT 线运营组织体系变革，优化机制体制，为加快全面数字化转型打造强劲的组织保障体系。

4. 实施流程治理，支撑转型落地

面向数字化转型的需要，北京联通以内外部客户为导向，以短、平、快为原则，重构核心流程，串联底层资源、数据、系统、业务规则、产品、服务等环节，打破“部门墙”，建立完善的流程治理体系，把以管理控制为中心的传统流程，转变为以客户为中心的“感知好、效率高、成本省、风险低”的数字化流程，支撑企业数字化转型落地。一是建立流程管理体系，成立流程治理委员会、工作推进组和专业管理部门，发布《中国联通北京市分公司流程管理办法》。二是建立流程统一框架和流程建设运营体系，全面开展流程优化，推进重点流程变革，完成公众、政企、管理等业务线 7 个场景 180 余条流程适配和优化。三是以流程管理平台为基础，实现流程智慧发布、监测、评估、迭代，实现流程可视、可管、可控。

（二）打造智慧数据中台，夯实转型基础

自 2019 年以来，北京联通将数据作为核心生产要素，以数据中台作为数字化转型基础，组建跨部门、跨专业线的 35 人专业团队，开展涵盖企业 B 域（Business 业务域）、O 域（Operation 网络域）、M 域（Management 管理域）、E 域（E - commerce 电商域）、I 域（Internet 互联网域）的跨域数据采集、规范数据互通、数据模型建设工作，围绕连接（Connect）、收集（Collect）、认知（Comprehend）三个领域夯实数据基础，打造智慧数据中台，实现统一数据底座、数据可视共享，绘制全域统一的数据服务全景视图。

1. 连接：构建数据管理体系，统一数据底座

为解决公司各业务条线因信息孤岛导致的流程不贯通、数据多源等问题，北京联通围绕统一数据标准、构建数据中台、规范数据管理、加强数据质量、推动数据共享五方面，开展数据管理体系变革，形成跨流程、跨系统信息集成共享的数据管理框架，打造统一的数字底座。

2. 收集：推进数据中台建设，数据可视共享

在数据管理框架的基础上，推进数据中台建设，围绕全客户、全渠道、全业务、全流程、全场景，实现 B、O、M、E、I 域数据全量汇集、360°全景可视化展示。通过“平台 + 应用”IT 能力共享，实现

内外部用户数据开放共享，同时做好数据安全防护，保障数据安全。

3. 认知：统一数据服务视图，满足客户需求

数据中台与公司同期建设的公众中台、政企中台、网络中台、管理中台实现闭环协同，其他中台向数据中台灌输基础数据，实现各域数据集中、加工，数据中台向各中台提供数据标签、建模、应用、迭代，循序反复，实现数据的良性流动。

（三）提供高便捷服务，满足用户日益增长的美好信息生活需求

1. 满足用户丰富的信息生活需求，构建数字化生态产品体系

聚焦“5G＋千兆宽带”时代的消费需求热点，遵循“基础通信产品”“增值产品”“生态产品”三条产品路径，以联通三千兆产品为引领，即千兆5G、千兆宽带、千兆Wi－Fi，推动基础产品增值化、智能化升级，在基础产品体系基础上，针对用户的高价值需求，创新叠加金融分期数字化场景，同时通过强化客户权益兑现方式，实现通信产品和衣食住行全方位需求的满足，提升用户体验和价值获得感。

2. 精准洞察用户的消费行为，搭建用户价值智慧运营平台

北京联通通过加大营销转型力度，以数据为血液贯穿运营的五经六脉，以大数据平台为智慧大脑，通过大数据标签和模型进行用户精准画像和需求洞察，以智慧中台、京智盈价值运营平台为腰部发力点，以“沃推荐”“沃权益”“码上购”“沃易呼”等能力为营销末梢四肢赋能，通过打造“数据座舱”实现用户分级运营和属地运营，确保企业与用户联接的各个触点末梢实现千人千面需求识别和服务策略智慧推荐。

3. 满足用户便捷获取服务的需求，打造线上线下一体化渠道运营体系

根据通信业务线上流量多、转化率低，线下流量少、转化率高的特点，北京联通通过结构优化、平台建设、资源云化，推进流量一体化、订单一体化、交付一体化，打造线上线下一体化渠道体系，实现各项服务无中断，提升线上订单转化率。

在流量一体化方面，通过优化渠道结构，扩大用户流量入口，收集用户需求，聚合直播、沃易呼、装维随销、10010、权益超市等平台流量，以及企业微信、中国联通App等，建立线上线下连接，将线上流量和需求转化为线下客流；通过用户到访营业厅、联通进社区、装维一线入户等线下场景，引导用户加企业微信、关注官方微博、安装手厅App等，打造长驻留、可交互、实时联动的用户流量池，为用户提供360度24小时无缝贴身服务。

在订单一体化方面，通过建设“云中台”，实现灵活拓展、弹性生产。利用云化技术，实现订单一点归集快速处理，提升自动化生产、集约化处理能力。利用微信生态关联认证手机号码，展现全量订单信息，向用户推送订单关键节点和服务评价提醒，在实现内部对订单端到端可视化调度的同时，提升外部用户的服务感知。

在交付一体化方面，通过打造“云仓”，实现全渠道资源的透明共享和交付一体化，构建“全覆盖、零库存、零风险”的“云供应链”体系。通过多供应商接入实现灵活快速的精准供货，以“数据管理”替代“实物管理”，实现实时敏捷仓管和智慧交付。

4. 满足用户优质体验需求，构建“吹哨即办”服务运营机制

以用户体验为引领内外联动的服务转型，构建“吹哨即办”服务问题解决机制，对外塑造“用户诉求就是哨声”的服务理念，形成以用户声音驱动各部门闻哨而动、协同联动解决问题的运营流程。对内接诉即办、未诉先办，以用户声音和一线认可评价问题的解决效果，打造全量问题分解定责体系，强化末端穿透。以响应率、解决率、投诉率、用户满意度、员工满意度评价问题解决效果，以定事项、目标、时限、责任人、验证标准强化问题解决全过程闭环，以数据及系统支撑贯穿，打造大服务体系。

（四）实现高智能应用，赋能千行百业转型升级

1. 满足客户智能化连接需求，升级智慧专线新型连接产品

北京联通精准分析政企客户需求，将传统数据专线产品升级为低时延、高品质、自服务、可调速、可视化的智慧专线产品，服务于政要、金融、传媒、互联网等客户。智慧专线产品通过四大创新来满足政企客户智能化连接需求，一是硬管道隔离多次断纤保护，提高安全性，进一步提高了业务可用率；二是用户通过自服务界面实现自助提速，按需配置带宽提速，网络在线自动调速；三是智慧专线末端接入CPE设备支持即插即用，订单下达、资源准备、业务配置等新业务开通的全流程均实现自动化、智能化；四是打造了业界领先的四纵四横光网架构，实现城区任意一点就近接入，海量带宽光速直达。基于低时延大带宽特性，北京联通在全国首发“时延地图”，为用户提供核心城区任意两点间可承诺的毫秒级超低时延服务。

2. 满足客户随心办业务，实现政企客户服务全在线

北京联通打造上线政企在线门户，满足客户随时随地随心办的高质量服务需求。一是让客户用着安心，以组织机构代码为依据识别客户单位信息，与第三方平台对接纳税人资质动态更新机制，解决政企客户认证的有效性、安全性问题。二是让客户用着舒心，从客户账款票等刚需入手实现多项自助查缴办功能；对接支付收银台支持多种方式方便用户自助缴费；自助申领增值税发票，对票据争议可发起复议。三是让客户用着顺心，建立在线运营团队，通过线上活动牵引及持续推出业务订购、开通进度查询、在线客服等功能牵引，不断提升客户的使用体验。

3. 帮助客户获得数智应用红利，场景化营销赋能

通过精准贴合用户需求的创新业务赋能产品供给侧能力升级，匹配大数据驱动的靶向营销机制，帮助客户快速实现数字化转型。一是优化资源配置，组建12个行业统筹团队，按行业特点分析潜在需求，研发产品适配解决方案。二是将数据作为新要素融入产品设计。为抗击新冠肺炎疫情，自主研发推出“沃智护”等防疫产品，为社会各界公共场所常态化防控疫情提供测温、健康宝查验、登记一体化智能终端及配套应用管理平台。三是构建政企客户运营体系，基于客情管理、数据挖掘驱动靶向经营。通过大数据分析洞察客户需求的痛点，提升“精准施策”能力，研发创新业务助力实现智慧化解决方案。

（五）升级高品质网络，高效支撑用户数字化需求

1. 投资资源精准配置，效益效能全面提升

北京联通在纵深推进网络线数字化转型的过程中，改变传统粗放式的投资模式，内部资源的建设投资与外部业务、服务、网络等数据要素紧密关联，通过高效、精准地配置投资资源，最大化实现资源价值利用。

北京联通坚持“四个聚焦”实施投资资源的精准配置：聚焦重点业务，使投资与业务数据联动，按增收比关联资源配置；聚焦服务感知，使投资与客户投诉热点数据联动，完善网络覆盖；聚焦重点网络，使投资与资源数据联动，完善政企客户精品网，加快商务楼宇覆盖；聚焦重点区域，使投资与环境数据联动，让投资配置策略与社会经济发展格局相匹配。

2. 云网一体高效协同，融合业务快速开通

北京联通深入落实网络强国战略，顺应网络云化、SDN化、NFV化和智能化演进趋势，围绕市场需求，聚焦价值运营，突破传统“三云独立”的运营模式，在网络侧统一云资源池管理，实现通信云、业务云、IT云的统一规划布局、统一投资建设、统一资源调动，通信云与业务云的统一维护，逐步实现“三朵云”的四统一，不断提升面向客户和业务的网络交付能力。

基于网络资源的数字化管理，北京联通创新搭建统一云管平台，实现底层资源管理拉通及资源弹性调度，从呈现层、协同层、管控层及云+网络基础设施层四个层面构建云网一体化能力框架，实现云网

一体化运营，对内大幅提升运维管理效率，对外向客户提供一线入多云、一站式服务开通能力。

3. 打造5G智慧化运营，行业用户差异赋能

北京联通秉承为客户提供高价值服务的目标，以网络切片为入口，打造5G网络多元化和差异化服务能力，建立网络、技术、平台三位一体的精细化运营架构，创新实现以“资源栅格化售卖 + 多量纲计费”的切片商业售卖模式，并为每一个切片用户打造“量身定做 + 千行千面”的行业应用场景解决方案，同时加快构建5G生态系统，将北京5G产业建设推向新的阶段，这也是5G ToB行业应用的新里程碑。

4. 构建安全防护体系，筑造网络服务基石

高品质的网络必须依赖坚不可摧的网络安全防护能力。在网络安全环境日趋严峻的互联网时代，北京联通勇抗央企责任，首创以“自防御”为特色的网络安全防控体系，从“网络安全协同化、网络风险指标化、网络行为数据化”三个维度出发，利用大数据技术实现网络行为异常分析和预警，搭建云安全资源池及管理平台实时感知网络安全态势掌握攻防博弈主动权。

5. 加强科研人才培养，锻造自主研发能力

企业实现数字化转型的关键在于人才，北京联通始终重视自研能力的培养，不断增加自主研发投入强度，基于自身能力及资源禀赋，加速5G、云计算、大数据、物联网、人工智能、安全、区块链等前沿技术能力自主研发和应用，打造具有自主知识产权的核心竞争力。通过优化人才结构促进人员转型、聚焦关键能力加强培训认证、强化激励制度形成正向驱动等多重举措，充分激发一线人员的创新活力，不断壮大科研队伍，加速人才培养和使用，在公司重点发展的创新领域打造了一支具有行业影响力和科研带头能力的专家团队。

（六）打通人、财、物、事全链路，实现高效治理

1. 聚焦人员转型，构建智慧赋能体系

加强数字化转型的人力资源供给，提升公司整体人力资源效率。打造新一代人力资源管理平台，构建5大类38小类能力标签体系，实现动态、全量、多维度员工画像，加强政治素质和能力建设，推动队伍结构与公司深化改革相适配。

加强人才转型协同，建设高素质战略人才队伍。强化培训赋能，组织战略人才分专业参加数字化思维、数字化技术等培训，着力围绕各专业线数字化应用进行培训赋能，提升人才队伍数字化能力。

以匹配数字化转型的业务需求为导向，建立企业内部员工流动机制，引导优秀员工向最需要的岗位上流动。通过设置虚拟岗位（虚拟项目），实现人才向战略方向重点引流。

2. 统筹资源配置，创新预算管控模式

加快推动资源配置方式的转型步伐，通过数据要素牵引资源向高收益、高增长领域倾斜，建立“零基预算、动态管控、业务驱动、价值创造”的预算管控模式。全面实施资源池管理，建立预算数据随业务场景及业务量变动的迭代机制。充分掌握预算事项发生及变化的动因、前端业务场景、数据来源，对生产经营过程中发现的新商机催生的新增长配置新资源，减少低效无效的支出事项。持续深化转型支撑，将资源配置与人工激励深度融合。建立覆盖全业务的佣金快付能力，业务受理激励兑付时限从T+1月缩短至T+4日，受理人员可通过App查询激励应发实发情况。按月通报末梢激励情况，引导一线效益持续提升。

3. 加强支撑保障，资源资产集约管理

一是强化物资管控，建立物资管理中台。中台对分散的业务系统进行数据拉通，形成全景视图，根据业务需求建立各业务数据分析模型，用于全流程展示、份额预警、公开市场询价等专题分析。二是加大资产盘活，搭建资产盘点平台。创新手机扫描资产卡片条码数字化盘点手段，实时监控盘点进度，智

能产生盘点报告。三是构建数据模型，实现房产资源全量管理。房地产运营系统涵盖全量房产资源，支持资源清查、资源管理、盘活经营、统计分析等全线业务，实现对房产及附属设备设施的全流程透明化管理。

4. 强化风险管控，实施合同闭环管控

以合同履行为抓手，提升数字化转型风险管控能力。建立风险数据库，分析“人、财、物”合同履行中的主要风险点，依托数字化手段提升合同管理水平，实现合同履行风险的统计全量化和数据可视化。建立“沃易签”电子签章系统。集对方主体及自然人实名认证、授权文件上传留存、印章印模上传、合同自动拉取在线签署等功能于一身，可即时保存签署完毕的合同正式文件，支持签约信息台账实时查询导出。

三、通信运营企业内外联动的数字化转型管理效果

（一）数字化使能、赋能，履行央企社会责任

通过数字化使能、赋能，北京联通勇于承担网络强国、数字中国、智慧社会建设使命，在医疗、住房、教育、环境保护等社会领域提供丰富、优质的数字化服务，创造更多社会价值，公司内外部的满意度有效提升。2020 年工信部测评北京联通固定宽带和移动网络端到端客户体验整体提升 25%，NPS 自改善提升幅度北京地区第一，投诉集中解决率提升 25.5%，投诉处理平均时长压降 76.3%。

（二）构建转型新模式，管理能力全面提升

通过数字化转型管理，北京联通管理能力全面提升，管理流程更加完善，管理方法更加有效，运营效率大幅提升。2020 年北京联通网络投资占收比、总资产收益率（ROA）等多项指标排名集团第一，投资产能提升至 75%，处于集团领先水平。2020 年 9 月、2021 年 3 月，北京联通先后两次在集团层面分享数字化转型经验，受到集团好评，具体做法也推广到各省分公司。2021 年 7 月，北京联通获评国资委国有重点企业创建管理提升“标杆企业”。

（三）助力企业高质量发展，价值经营成效显著

北京联通坚持高目标引领，深化数字化转型，不断开创高质量发展新局面。企业收入、利润连续两年保持高位增长，2020 年实现收入增幅 2.75%，利润增幅达到 12%，高于行业增幅，收入市场份额、利润份额保持区域第一；2019 年、2020 年连续两年取得联通集团设置的 AA 业绩级别，荣获集团 2018—2020 年先进经营单位价值贡献奖。

（成果创造人：霍海峰、杨沛奇、李　纯、陈婧俐、林志鹏、于晓冬、吴　潇、景小芃、孙园园、董明哲、刘建玲）

电力装备企业以智能制造为导向的设备改造管理

许继集团有限公司

许继集团有限公司（以下简称许继集团）是专注于电力、自动化和智能制造的高科技现代产业集团。许继集团作为国内装备制造业的领先企业，积极履行大型国有企业的社会责任，致力于为国民经济和社会发展提供高端能源和电力技术装备，为清洁能源生产、传输、配送一级高效使用提供全面的技术和服务支撑。许继集团焦于智能电网、新能源、电动汽车充换电、轨道交通及工业智能化五大核心业务，综合能源服务、智能制造、智能运检、先进储能、特殊特种行业全电化五类新兴业务，产品可广泛应用于电力系统各环节。

许继集团成立50年来，完成了一系列国家重大科研项目的研制和国家重大工程设备的制造，填补了诸多国内空白，先后为“西电东送”“西气东输”“南水北调”和特高压交直流、智能电网建设等国家大型工程项目提供成套设备，为加快我国重大装备国产化进程、推动国家能源战略实施、提升电力工业整体水平做出了重要贡献。许继集团是全国首批“创新型企业”和国家“高新技术企业”，国家520户重点企业和国家重大技术装备国产化基地，连续多年跻身“中国企业500强”“中国重大装备制造业100强”“中国软件企业50强”“全国电子信息百强企业”。

一、电力装备企业以智能制造为导向的设备改造管理背景

（一）优化设备体系配套是企业设备资源稳定发挥作用的客观需要

电力装备企业大多是重资产型，普遍面临生产设备持续老化问题，一次设备领域、基础制造领域最为明显。老旧设备局部性能明显下降，产品质量和稳定性均有较大幅度下滑，生产效率变低。随着电网高速发展，产品和技术升级迭代越来越快，现有设备（寿命周期内且在运转的设备）性能短板已逐渐显现，当现有设备性能完全不能匹配新产品、新技术的要求时就会被淘汰，企业将出现更多的闲旧设备，进一步影响企业整体生产稳定性。如何科学、经济地优化设备体系配套，匹配新产品新技术、改造适用的闲旧设备，使设备资源能持久、稳定地发挥作用是大多数电力装备企业的客观需要。

（二）提高设备智能化水平是企业智能制造转型升级的迫切要求

智能制造是“制造强国”长期战略，是发展的必然趋势。许继集团积极响应国家“制造强国”战略，2015年成立团队、启动研究，2019年正式将智能制造作为发展战略之一，探索智能制造助力企业转型升级之路。智能制造的核心是制造，制造的基础是设备。许继集团成立50年以来，积累了近万台生产设备，但多数设备受限于技术起点低、工艺水平落后等因素，自动化水平不高，加工程序需要人工输入，设备数据无法采集或可采集但无输出接口，这些都极大地限制了智能制造在企业的落地实施。因此，提高设备智能化水平，是助力企业智能制造转型升级的迫切要求。

（三）提升设备使用价值是企业提升运营效率和效益的现实要求

效率、效益是企业长期追求的目标。电力装备企业大多为资产密集型，其核心竞争力是资产效率最大化和成本最低化。许继生产制造以组装测试集成为主，辅以个别平面加工，主要产品采取先进制造模式并不多，多数是手工半自动生产制造模式，导致劳动用工依赖性大、弹性不足，安全、质量、交付、用工等运营成本居高不下。如何用更少成本提升设备的使用价值，使资产效率最大化，是企业提升运营效率和效益、健康可持续发展的现实要求。

二、电力装备企业以智能制造为导向的设备改造管理主要做法

（一）进行顶层设计，总体部署

许继集团根据智能制造的战略要求，在集团层面做出以智能制造为导向的设备体系改造顶层规划设计，形成了以框架体系为指导方向，统筹部署推进思路、推进原则、推进目标等指导性内容。

1. 进行顶层规划设计

许继集团结合电力装备行业的特性，总结提炼形成“一个核心、两个改造、三个阶段、四个类型”的顶层设计框架体系，分别从目标、方式、路线、成果应用四个方面指导设备体系改造的推进方向。其中，“一个核心”是指以实现智能制造为核心目标；“两个改造”是指开展新技术植入闲旧设备改造，现有设备匹配新产品改造；“三个阶段”是指改造经济好用阶段、数据自动采集阶段、设备互联互通阶段，这也是小微改造不同于简单的设备技造的关键所在。“四个类型”是指小微改造的成果以改进型、节约型、双向型、投资型进行经验推广应用。

2. 总体推进部署

一是确定推进思路。

围绕许继集团智能制造战略路径，紧扣安全、质量、成本和效率效益目标，落实主体责任，建立健全制度机制，形成“计划总体管控、过程集中指导、典型项目推广”的管理模式。坚持顶层设计与基层探索相结合，以“点、线、面”分步协同推进，分层分级管理。

“点”是指选定一个业务单位作为“深圳特区”，重点指导和帮扶，确保做出效果。例如，选取变压器公司、仪表公司分别具有闲旧设备多和现有设备技术要求敏捷迭代的特性。“线”是指相似业务单位，或上下游关系的单位之间联合推进，形成资源技术共享的局面。“面”是指集团全面推广，鼓励各单位“发现一批、改造一批、推广一批”。

二是确定推进原则。

坚持解决自动化问题是首要任务原则，实施智能制造涉及的点多面广，但项目绝不能一拥而上；坚持规模与效益的平衡原则，以效益为导向，加强经济性、可行性、必要性分析，做到投资必有效；坚持先易后难、先粗再细后精原则，从容易处着手，逐步攻克难点、痛点；坚持正向考核激励原则，鼓励各单位积极开展，快速推进实施。

三是确定推进目标。

立足现有的生产制造和信息化基础，细化智能制造近期目标，谋划中远期愿景规划。设备体系改造的近期目标实现制造升级，立足产品和制造，循序渐进地开展“机器代人”，夯实基础，重点解决自动化的问题，进一步提高生产组织的柔性化，降低劳动用工依赖，提高产品质量地一致性，提升生产制造自动化水平。

中期目标实现管理升级。在自动化的基础上，结合集团现有信息化系统，打造集团业务流、信息流与物料流深度融合的信息管控平台，实现产品全生产周期管理，提高集团运营效率，降低管理成本，提升信息化水平。

远期目标实现智能运营。实现运营全要素数据贯通与多向驱动，提升智能化水平，重构组织管理体系，产品核心竞争力显著提升。

（二）建立健全组织机制

根据顶层规划设计和总体推进部署，建立推进组织架构、健全管理机制，从设备体系改造价值评估与研判着手，分三个阶段实施，开展后评估并以四个类型推广，形成一套完整的以智能制造为导向的设备体系改造实施管理经验。

1. 建立分级推进组织架构

新理念的推行需要组织予以保障，许继集团建立集团牵引、单位实施的“分级推进机制”。即在许继集团工作小组的统一指导下，强化组织领导，强化统筹协调，强化部门协同、单位合作，构建各负其责、紧密配合、运转高效的工作机制。

在集团级层面，由总经理和相关职能部门主任组成管理委员会，全面领导和协调管理活动，确定年度工作方案，配置资源。管理委员会下设管理办公室，负责设备体系改造工作规划和年度工作策划、实施过程的指导与监督、项目后评估与经验推广等工作。

在单位级层面，由分管生产副总任项目总监，生产部门经理和工艺部门经理分别担任项目经理和技术顾问，充分调动员工积极性，组织骨干员工和技术人才参与，要求各业务单位生产部门、工艺部门、精益管理部门、技术部门等加强配合，形成合力，全力推进设备体系改造工作开展。

2. 建立健全过程管理机制

为了设备体系改造工作稳步推进、有序开展，许继集团建立常态化管控机制，明确管理职责，优化管理流程，规范实施过程，印发集团级指导性文件——《许继集团设备体系改造实施指导意见》，明确设备体系改造推进职责分工与流程。

设备体系改造需充分发挥各部门、各单位组织协同能力，通力配合、高效推进。其中，集团生产部作为归口管理部门，负责管理体系建设，搭建管理平台，引导各单位规划、推进项目，开展计划管理、过程指导、效果“回头看”及年度评估等工作，并为典型项目与先进经验的分享与推广提供平台。产业单位作为项目实施主体，结合产品特性与生产需求，规划实施项目，提升设备自动化、信息化水平，评估项目成效，总结和分享先进经验、典型项目，营造良好实施氛围，确保工作取得成效。集团发展策划部、科技互联网部作为支撑部门，侧重与产业技改、信息化相关的项目，提供更多的专业指导，保障工作高效有序开展。

推进流程涵盖项目规划、项目备案与管理等 12 个关键节点，其中，“团队支撑”要求发挥员工智慧，汇聚多方力量，充分调动员工的积极性，使广大技术管理人员和工人中的技术带头人积极投身于设备体系改造。“激励与考核”要求各单位应建立建全激励机制，加大支持力度。设立专项奖励资金或结合“降本增效”“找浪费、消瓶颈”“工艺改善提案”等现有激励机制给予相应奖励，对积极参与的团队或个人，应在年度先进评选中给予优先考虑。最终以正向考核激励为牵引，营造全员创新创效的文化氛围。

（三）设备改造价值评价与研判

设备体系改造价值评价与研判是指基于生产整体状态评价，以瓶颈工序或设备为对象，以设备状态评价结果为基础，以设备技改原则为评判的主导依据，辅以设备体系改造价值评价，综合利用状态评价、需求评价和技术经济评价等技术手段，从必要性、针对性、合理性和科学性的角度，采用量化的方法对设备是否进行设备体系改造做出判断。任何一项设备体系改造项目都必须经过严格的研判流程。

设备体系改造的价值在于能以最小的投入成本，通过改善或改变设备的性能，提升设备自动化水平，甚至是实现设备数据采集，信息互联互通，以提高整体生产产能、效率、质量，降低生产成本，夯实智能制造基础，促进企业高质量发展和智能制造转型升级。

开展设备体系改造的价值主要有：一是投资少，设备体系改造的投入一般仅占同类新设备购置费用的1%～5%；在多数情况下，通过设备体系改造可使闲旧设备达到新的技术水平，所需的投资往往比用新设备替换要少很多。二是时间短、见效快，相对设备以新换旧，设备体系改造属于“微创手术”类型，不影响既有的生产活动。三是针对性和适应性强。设备体系改造是有针对性地开展新技术植入闲旧设备改造或现有设备匹配新产品改造，基本可满足生产需要。另外，在某些情况下，经过设备体系改造的设备，其适用性比新设备还高，所以在个别情况下，对新设备也可以进行改造，尤其在产品技术更新换代快的形势下，具有较大的意义。

（四）闲旧改造优先，解决经济好用问题

设备就像是数据网格中的点，老旧设备就是不稳定的点，闲置设备就是未显示的点，如何稳定和激活设备是设备体系改造第一阶段内容。

1. 进行闲旧设备改造，降低制造成本

在设备改造项目中，应优先对适用的闲旧设备改造，核心是解决生产设备经济好用的问题。在生产制造环节，闲旧生产设备往往不能连续、可靠运行，对产品质量、生产效率和制造成本造成不利影响。通过采取精益生产 ECRS、防呆防错、六西格玛等方法，持续开展生产设备、生产流程的改造，使生产线更流畅、产能更高、制造成本更低。

以许继变压器公司的变压器产品绕线机设备体系改造项目为例。因公司业务调整，油浸式变压器车间 5 台已运行 5 年的卧式绕线机处于闲置状态；而干式变压器车间绕线设备严重不足，限制了干变的产能，需分白班和夜班生产来弥补设备的不足，夜班人员上下班也有很多不安全因素。另外，也造成能源浪费，通过以前产品质量分析，大部分质量问题发生在夜班。干变、油变、消弧的绕线机的组成是一样的，仅工艺的区别对绕线设备功能要求就不一样，可通过设备体系改造实现闲置设备再利用。

2. 改进控制程序，提升设备功能水平

总结干变绕线遇到的问题和操作者提出的改进地方，重新设计触摸屏界面、自主研发改进 PLC 控制程序，不仅解决了工艺不同的问题，而且解决了以前干变绕线机存在的缺陷，设备功能水平大幅度提升。设备体系改造投入费用除人工外，仅仅是控制面板，每张 50 元，实现了自主设参、自动计数、自动预警、自动计时、实时监控、无极变速等功能。

该设备体系改造的价值在于不仅盘活了闲置资源，而且提升了生产效率和产品质量，满足生产需求，取消干变车间夜班生产，降低班组管理难度，同时，减少了企业新设备投资约 40 万元。因绕线工序是干变生产制造的瓶颈工序，该改造项目实施后，干变产品整体生产效率提升 20% 以上。

（五）数据驱动制造，解决数据采集问题

在设备已激活且稳定的基础上，需要设备具备数据采集和输出功能，让设备“会说话”，每个点就有了互联互通的前提，这是设备体系改造第二阶段的内容。

1. 支持数据驱动制造，提升生产效率和质量

重点支持数据驱动制造项目，为智能制造打下坚实基础，让所有设备“会说话”，核心是解决生产数据自动采集问题。许继集团部分存量设备受限于当初的设计水平，没有自动化手段和信息接口，设备运行、停机、故障等关键数据缺失，或者还停留在手工记录水平，缺少精细的基础数据支撑和参考，管理决策一般靠主观臆测和经验驱动，很难精准落实。在改造存量设备、提升效率和质量的同时，应考虑为生产线和设备增加自动化的手段和信息化的数据接口，但增加的前提是要做好经济性分析。采用较多的是传感器、RFID、条形码/二维码、I/O 接口等方式。此阶段主要是为 MES 等信息系统提供基础数据支撑，特点是生产设备和工序流程数据能够自动被监测、记录。

2. 加装信息化设备，提升质量管控能力

在设备经济改造的基础上，选择关键设备重点突破，给设备加装传感器、信息化，实现产品关键生产数据、质量参数的自动采集与记录。以许继风电科技公司变桨紧固装置改进项目为例。项目第一阶段，通过自主研制变桨轴承螺栓紧固设备，改变传统力矩扳手人工紧固模式，实现“机械 + 人工”半自动紧固模式，大幅降低劳动强度，提升工序加工效率。项目第二阶段，对紧固设备的数字化改造，给紧固设备加装传感器、数字采集设备，紧固设备实现扭矩自动预设与过程紧固数据自动采集、记录，在

生产效率提升的基础上，实现关键数据自动采集与追溯。通过项目的逐步实施与推进，变桨轴承紧固效率提升 70%，工序全过程实现数据自动采集、记录与追溯，质量管控能力大幅提升。

（六）智能制造导向，解决互联互通问题

设备和设备互联，设备和产线互联，产线和产线互联，就编织了数据网格，实现互联互通、数据驱动，应用工业互联网技术，这是设备体系改造第三阶段的内容。

储备以智能制造为导向的研究项目，探索实现智慧物联、智能化生产，核心是解决数据互联互通问题。制造各环节数据互联互通，实现基于生产设备运行数据的评估、诊断和自动预警，支撑生产制造体系升级。此阶段主要目的是对生产设备全寿命周期价值提升管理，提升生产制造系统应对复杂系统匹配性的能力。

（七）开展后评估及推广应用

1. 对设备体系改造的成果进行后评估

在设备体系改造实施后，采用科学的管理方法对设备体系改造的成果进行后评估。各业务单位的项目实施团队对改造结果进行评估，验证改造效果是否符合生产实际需求，是否存在遗留问题，并结合项目实施情况，确定下一步改造计划。集团层面通过对实施过程抽查核实，并进行项目后评估，通过集团生产保障会、月度会议等对实施效果明显、推广性强的设备体系改造项目给予经验分享，并对项目实施单位进行考核加分。

2. 提出相对价值评估法

为了能更好地推广应用价值，基于费用效率法，提出相对价值评估法。根据“点、线、面”分步协同推进思路，将取得成效的项目向相同或相似产业单位推广应用。以许继智能中压开关公司铜排加工设备改造升级项目为例。因开关柜产品技术升级，现有两台铜排加工设备无法完全满足新产品的铜排加工要求，需通过外部加工的方式，满足实际生产需求，铜排加工质量、加工效率、加工成本无法有效管控。通过实施设备改造，给设备加装定位装置、优化工艺工装、建立标准化程序库，铜排加工设备实现程序一键导入、铜排自动加工，生产效率与加工质量大幅提升。项目整体投入 16.8 万元，仅为新设备采购的费用的 1/10，铜排加工效率由 90 根/天提升至 200 根/天，产品质量管控能力大幅提升，铜排实现自主化加工，年度可节约外部加工费用 95 万元。该项目已向相同业务单位天宇电气、电源公司推广应用，并取得显著的效果，铜排生产效率提升 15% 以上。

三、电力装备企业以智能制造为导向的设备改造管理效果

（一）整体设备系统配套性水平提高，增强企业市场竞争力

经过两年时间的全面实施，形成自上而下推行、自下而上自主实施的良好氛围，切实让设备体系改造在企业落地实施，成为许继集团智能制造加速推进的催化剂。对许继集团现有主要生产设备中占比 19.3% 的超龄服役或闲置设备，占比 47.5% 将在 4 年内进入超龄服役阶段的设备进行了经济性改造。例如，许继仪表公司主要生产智能电表，是多品种定制化程度高、更新迭代较快的电力产品，一条单相智能电表自动化产线的投入约 1000 万元左右。2019 年，为了满足智能电网新一代电表技术要求，经研究决定，对该产线关键工序设备实施小微改造共 11 项，包括自动上料、下铭牌自动安装、电池自动安装、自动进行 CCD 检测、自动包装等，投入共计 84.3 万元，节约劳动用工 11 人，效率提升 33.07%，年收益 308 万元，投入收益比 1∶3.65。

以智能制造为导向的设备体系改造，既着眼于降低企业成本，又服务于智能制造。许继集团积极响应智能制造战略，实现“机器换人”的主要任务，提高了设备整体的自动化信息化水平，夯实了智能制造基础，有效促进了企业智能制造转型升级；延长了设备的使用寿命和经济寿命，降低了企业运营成本，提升了生产制造整体效率，更好地满足客户的交付需求，增强了企业市场竞争力。

（二）自动化水平显著提升，解锁推进智能制造新方式

许继集团通过设备体系改造不仅使闲旧设备达到新的技术水平，满足了生产需求，设备自动化水平显著提升，而且减少了因替换新设备的投资而带来的资源浪费。如许继山东电子公司通过将自动扫描设施引入原产线，使该工序的生产节拍由 6 秒降到 2 秒，加上铅封扫描、调检分捡等改造，大幅度提升了整个产线的效率，仅此一项就使该生产线日产能提高 13.6%，效果十分显著。许继电源公司改造导线下线机，将充电桩、电力电源屏的 0.5 平方毫米导线的手工预制改为机器自动预制，克服了因人工压线质量不稳定导致的返工率高的缺陷，每年减少导线返工 2.3 万根。

以智能制造为导向的设备体系改造是许继集团服务“制造强国”战略，践行社会主义核心价值观、契合公司智能制造发展战略而率先进行的创新性的、可推广的探索，成功解锁了电力装备企业实施智能制造落地的新方式。

（三）企业运营效率显著提高，增强“许继”品牌竞争力

设备体系改造提升设备自动化、信息化水平，延长设备生命周期、提升设备使用价值、降低企业运营成本，助力企业高效运营，夯实了智能制造基础，并将智能制造优势转化为企业竞争优势，强有力地支撑了许继集团快速发展，大幅提升了公司的经营业绩。2020 年，许继集团外拓市场内强管理，全年完成新增销售合同额 221.11 亿元，同比增长 4.66%，营业收入 135.87 亿元，同比增长 16.03%，利润总额 8.36 亿元，同比增长 59.41%；扎实推进智能制造战略，提升客户需求响应能力，客户不满意项同比下降 39.47%，开展设备体系改造 83 项，制造总费用下降 5.58%，全口径用工总量同比减少 4.3%；全年发布新产品 104 项，完成国家电网公司级以上标准制定修订 43 项，新增授权发明专利 307 项，获省部级以上科技奖项 30 项；集团先后荣获中国机械工业百强企业电子信息百强企业河南省百强企业等荣誉称号。许继品牌影响力显著增强，成为中国电力装备企业中的佼佼者。

（成果创造人：张　洋、王军奎、张叶同、向亚南、康一鸣、檀金华、
胡细保、张书同、敬　兵、王　林、曹鹏飞、万煜新）

城市隧道全生命周期数字化运维管理

上海隧道工程股份有限公司

上海隧道工程股份有限公司（以下简称隧道股份）是中国基建板块首家上市国有企业，已成长为全球EPC市场公认的城市基础设施建设运营综合服务商，并凭借覆盖全球84座城市、近千项重大工程的丰富建设管理经验与齐全的产业链资源和核心技术，全力为更多城市提供基础设施规划咨询、设计、投资、建造、运维全生命周期服务。隧道股份总资产超过千亿元，近三年基础设施累计投资额1200亿元以上，运营管理交通基础设施超2000千米，拥有领军人才、国家级勘察设计大师、享受国务院特殊津贴专家、教授级高工及CIOB皇家特许建造师等高端人才千余名。

一、城市隧道全生命周期数字化运维管理背景

（一）城市高质量发展对基础设施运维提出新要求

随着北京、上海等国内超大城市的基础设施建设的发展和完善，重点逐渐由建设转向运维管理。全生命周期管理被实践证明是一种有效途径。隧道、大桥、快速路等交通基础设施对满足市民便捷、舒适出行起着至关重要的作用，上海95%以上的市管交通基础设施由隧道股份负责运维管理。人民群众对安全、智能、高效、生态的城市服务需求不断提高，对城市隧道运维管理提出新要求。

（二）传统基础设施运维管理水平亟待提升

传统维养仍以劳动力密集型为主，标准参差不齐，技术相对传统。建设期、运维期管理相对独立，重建轻养的思维仍未完全转变，建设期注重施工建造成本的最优，较少考虑包括运营阶段在内的全生命周期成本。传统运维模式隧道积累的问题主要通过高投资、大规模的阶段性大修解决，中断隧道运行进行封闭大修，对交通影响大、费用高。例如，上海延安东路隧道在2015年进行“休克式”大修施工，封闭交通9个多月，直接影响1100万车次通行；一次性投资2.4亿元，接近10年运维经费总和。因此，隧道运维管理亟需在系统性考量基础上实施模式创新。

（三）数字技术为企业服务转型提供新机遇

当前社会处于信息化、数字化时代，数字技术在许多行业中已得到广泛应用，帮助企业提升管理效益、实现服务转型升级。BIM+GIS、人工智能、大数据、数字孪生、5G传输等数字技术的发展，为传统隧道运维管理提供新技术、新方法，同时为隧道股份进行数字化转型升级带来新机遇。

基于上述情况，隧道股份依托在基础设施建设领域的全产业链优势，首先以自行投资建设的文一路隧道，实施全生命周期数字化运维管理试点，再以大连路隧道进行深化实践，然后向其负责运维的28条隧道规模化推广应用，最后逐步推向杭州、苏州、海口等国内其他城市。

二、城市隧道全生命周期数字化运维管理主要做法

（一）明确总体思路，推进全生命周期数字化运维

隧道股份运用全生命周期理念，综合考虑规划、投资、设计、建造等环节对设施的影响，以数据为核心，注重设施运维风险、设施健康状况、运营服务性能等关键指标，以实现综合效益最大化为目标。

首先，建立评价标准作为度量衡，从土建结构、机电系统、附属设施、运营服务四个维度对隧道状态进行综合评价，以精准掌握隧道综合服务性能。

其次，以评价结果指导隧道运维管理，通过构建标准化运维管理体系解决隧道设施数量多、管理差

异性较大的问题，规范运维业务、统一服务指标、科学配置资源，保障服务质量统一、稳定。

然后，采用数字技术赋能运维业务，将搭建数字管理平台作为全周期数字化运维的载体。实现传统隧道运维业务数字化转型升级：资产数字化运维、业务数字化管理、考核数字化监管，提升运维管理效率和质量。再综合应用实时监测、智能巡检、快速检测、节能减排等多种先进技术，全面掌握隧道技术及运营状态，对结构风险、运营风险及时处置，满足市民对安全、舒适、通畅出行的需求。

最后，统筹实施设计施工运维一体化管理方法。通过打通全周期数据链路，做到运维前置，反哺设计施工。统筹管理全周期内隧道的养护维修、运营服务和资金使用，通过日常维修、预防性养护及大中修规划，化大修为中修、中修为小修，避免集中式、休克式大修。延长设施服役期，提升服役性能、通行能力和安全性能，实现综合效益最优的目标。

（二）建立评价标准，掌握隧道综合服务性能

1. 进行隧道设施设备分类

隧道内设施设备种类繁杂，分类的不统一严重影响各类数据的共享及评价标准的统一。因此，首先对土建结构、机电系统、附属设施等评价对象进行标准化分类。根据结构类型不同将土建结构分为盾构衬砌、道路结构、矩形段结构、敞开段结构、工作井结构、连接结构、通风结构和连接通道八类，各类结构共包含21类构件。将机电设备分为综合监控系统、通信系统、消防和火灾报警系统、通风系统、排水系统、供配电和照明系统六大系统，各大系统共包含17个子系统及144个小类。将附属设施分为逃生通道、装饰层、防撞设施、排水设施、光过渡建筑、消防设施、管理用房、设备用房、道口设施及其他十类，各类设施共包含22类子设施。

从全生命周期成本控制和运营维护决策需求出发，根据评价对象对实际运营的影响程度，将评价对象划分为A、B、C三个重要度。重要度A，表示对隧道安全运营有直接影响；重要度B，表示对隧道运营安全和质量有一定影响；重要度C，表示对隧道安全或运营质量影响轻微或不显著。根据不同重要度对评价对象在评分权重及维修决策上进行分级管理。A类设施设备是重点管理和维修的对象，应尽可能实施状态监测，采用预防性维修，防患于未然，在评价中按照最不利原则处理，确保隧道运营的安全和质量。B类设施设备按需实施预防性维修，发现隐患及时处理。C类设备考虑到维修的经济性，实施统一维修。

根据设施设备分类，进行相应的缺陷分类。采用定量与定性相结合的方式，规范缺陷定义及严重程度等级划分。将土建结构病害总结为渗漏、破损等八大类，严重程度分为一般及严重两级；路面结构病害总结为裂缝类、变形类、松散类及其他类四大类，严重程度按损坏密度进行区分；将机电系统病害分为失电、功能异常、外观异常三大类；对附属设施病害，按每个小类定性划分为5个等级。

2. 建立隧道性能评价模型

从隧道运营、维护角度考虑，选取土建结构、机电系统、附属设施和运营服务四个维度对隧道性能进行综合评价。根据隧道性能评价等级，给出养护策略建议。

土建结构评价主要关注隧道结构安全，设计不同结构小类及病害类型的评分权重，建立以隧道结构病害数据为依据、进行加权计算的评价方法。机电系统评价主要关注系统的功能性，设计不同机电子系统的评分权重，建立以机电系统完好率为指标、进行加权平均计算的评价方法。附属设施评价主要关注隧道外观功能性及通行安全性，设计不同小类的评分权重，建立以隧道附属设施评定等级为依据、进行加权平均计算的评价方法。运营服务评价主要关注通行的安全性、通畅性、舒适性，设计运营服务指标及其评分权重，建立以运营服务指标等级为依据、进行加权平均计算的评价方法。

3. 建立隧道性能预测模型

采用修正的均质圆环模型计算隧道横断面变形值，以随机过程作为基本数学模型，建立隧道主体结构性能演化的物理机理模型和数据驱动模型，预测土建结构性能演化趋势。针对早期故障、偶然故障、耗损故障三个阶段，通过统计分析总结隧道机电系统性能演化规律、故障率的变化规律，建立机电系统性能演化预测模型。基于土建结构、机电系统性能演化预测结果，指导制订相应的预防性维养策略。

（三）构建管理体系，保障隧道运维服务质量

1. 业务流程标准化

针对养护、维修、巡检、运营服务等日常运维业务，建立标准化运维业务流程。从计划制订、资源配置、安全交底、执行、验收、归档等环节，进行标准化流程设计，统一管理。

2. 运维服务规范化

从安全运维、智慧管养、设施维保、应急保障等方面，规范运维服务。以丰富的经验和完备的数据支撑，实践规范化运维服务，快速处理设施缺陷，减少道路通行的影响。以全生命周期管理理念为指导，运用物联网等创新技术实现数据驱动的智慧运维方法，通过基于 GIS + BIM 的路网级综合运管平台，建立城市基础设施多维数据库，集路网运行与维修时空多维数据为一体，通过与高德地图、斑马网络等互联网公司的信息共享，服务市民智慧出行。建立完善的突发事件处置预案、专业高效的应急抢险队伍。在处理基础设施应急突发情况、恶劣天气等方面，规范人员、技能、设备、车辆、预案、演练、联动、后评估、危机公关等一整套要素。

3. 服务指标统一化

从隧道运维的技术、管理和规范服务等角度制定企业标准——《隧道运维服务规范》，获评 2021 年度“上海标准”。引导企业对服务活动进行总体布局和深度规划，帮助企业提高整体服务绩效，提升隧道运营维护整体水平。建立包括 24 项指标的隧道运维服务绩效评价方法，涵盖人才队伍建设、企业行为规范、土建结构维护、机电设备维护、运营服务、应急保障、技术创新、科研投入等方方面面的内容。如统一排堵保畅服务指标：施救人员接到指令后 2 分钟内出车，在路况不拥堵情况下 15 分钟内到达现场处置，通过统一的服务指标，把控隧道运维服务质量。

4. 资源配置科学化

根据全生命周期运维需求，突出管理集约和技术集约。优化人员结构配置，加大信息化、大数据专业人才，机电集成系统专业人才和复合型专业人才的占比，建立符合市场规律的激励机制。优化生产设备配置，采取租购并举的方式满足多样化运维需求。保障物资投入，建立物资区域统筹调配机制。形成标准化配置，做到同类型设施可复制、可推广。

（四）搭建数字平台，赋能隧道智能运维管理

1. 建立数字化运维数据标准

从隧道全生命周期运维角度出发，建立面向数字化运维的数据标准，统一管理并整合隧道全生命周期数据资源。数据标准围绕与隧道评价相关的土建结构、路面性能、机电系统、附属设施、运营服务等方面，进行全生命周期数据的定义、采集、存取标准化。根据对全生命周期数字化运维的支撑作用，将每类数据资源分为配置类数据、基础类数据、运维类数据、结果类数据，包括隧道的静态基础数据及动态业务数据。

对于每类数据资源的数据项目编号、中文名称、英文名称、数据格式、规格说明等给出明确的定义描述，以此规范数据的采集与存储。对构件级的设施设备，综合考虑时间、空间、分类等信息，采用由

项目名称、管理单元、设施设备类别、流水号和时间五段组成的24位编码作为唯一数字ID号。

2. 搭建数据驱动的运维平台

在评价标准、运维管理体系及数据标准的基础上，基于全生命周期管理理念，应用数字化技术，研发隧道全生命管养平台作为全周期数字化运维的载体，实现“一屏观设施、一网管运维”。

综合考虑隧道运维业务管理及数据应用，平台包括标准管理、工作台、大屏展示、基础数据管理、计划管理、养护管理、运营管理、巡检管理、健康监测、施工数据管理、隧道评价等模块。实现人员、物资等全生产要素覆盖，进行业务单PDCA流程的全过程线上管控，可视化展示分析结构、机电、环境、交通等监测数据，集成全周期数据，对隧道技术状况及管理行为在线考评。

3. 实现“五全”数字化运维管理

通过隧道全生命管养平台，集成数据展示分析，实时监管隧道设施养护运营状态，实现“五全”数字化运维管理。

平台集成人员、物资、车辆、设施、设备等关键生产要素的基本信息。以BIM为载体，集成所有设施设备整个生命周期内的各项数据，包括设计图纸、施工期盾构掘进数据、运维期养护和缺陷病害数据等，实现所有设施设备精细化划分、数字化管理。

平台集成标准化运维业务流程，实现养护、维修、巡检、运营、应急等关键生产业务的全过程管理。从计划、资源配置、安全交底、执行、验收、归档等环节，进行标准化建设；针对检查、维养管理，标准化缺陷分类及定义，形成发现缺陷上报、确认、执行、复查，制定维养策略的循环，实现生产业务的全过程管理。

平台集成隧道健康监测系统、智能传感设备、轨道巡检机器人、磁轨式检测机器人等一系列的智慧化采集数据，通过智能算法自动识别渗漏水、破损、裂缝等隧道常见病害。主动感知土建结构、运营环境、机电设备的实时状态，实现隧道运营状态全感知。

平台应用分析检测、监测、养护、运营等业务数据，按照考核评价标准，实现隧道技术状况和管理行为在线定期评价考核。基于隧道技术状况评价的结果，为运维决策方案提供客观的数据支撑。

平台集成规划、投资、设计、建造、运维期的数据，采用智能算法对数据资产进行深入分析和挖掘，让数据赋能精细化养护的同时，反哺规划、投资、设计、施工、运维等阶段，发挥数据资产价值，实现数据资产全周期闭环管理，最终实现全生命周期资金成本最优、综合效益最大。

4. 推广应用数字化运维平台

经过三年多的改进迭代，隧道全生命管养平台实现运维业务的数字化全覆盖及功能的完善升级。隧道股份运维的28条设施分批完成平台上线，统一数字化管理，在国内首次实现全生命周期数字化管理模式在隧道运维领域的规模化应用。与此同时，将成熟的全生命周期数字化运维管理向外地市场积极推广，如苏州（阳澄西湖南隧道）、海口（文明东隧道）等地。

（五）应用先进技术，提升隧道精细运维水平

1. 应用自动监测技术

城市隧道作为地下工程，环境复杂，易出现沉降及渗漏水等病害，对通风、排水及消防等机电设备要求高，对光照、空气质量等环境要求高，需采取针对性监测措施提升管理水平，降低运维风险。在隧道车道层构建5G专网，强化本地内容的安全性，利用5G传输高带宽、大连接、低延时的特性，进行监测数据的实时传输。

针对结构风险，在隧道投入运营前使用三维激光扫描技术，获取隧道的变形初始值，有利于后期隧

道沉降、收敛变形分析及渗漏水位置的判断；运营期在隧道重点断面布设静力水准仪、断面收敛仪等传感器实时监测隧道变形情况，实现结构风险主动感知、结构安全实时可控。

针对机电设备运行风险，在风机、水泵等设备中布设振动、温度等传感器，实时掌握机电设备运行状态；在消防系统中安装漏液、压力等传感器，实时掌握消防系统状态信息。实现预警前移、精准研判、远程监管、有效反馈。

针对隧道环境质量，在隧道内布设照度仪、环境测站、硫化物检测器等环境类传感器，对环境质量实时监测，并与照明、通风等设备联动，实现按需开启，在保证隧道环境质量的同时减少能源浪费。

2. 应用智能巡检技术

为确保隧道运营安全和质量，需投入大量人力进行高频巡检，人力成本高。在隧道运维中创新应用智能机器人巡检技术，降低人力成本，提高巡检频率及效率。

在车道层及电缆通道中使用轨道机器人、磁轨式机器人等进行数据采集，通过感应摄像头自动采集渗漏水、混凝土破损等结构缺陷，实时上报，管理人员及时安排维修，保证隧道运营安全和质量。在机电设备房应用无轨智能巡检机器人，结合 360 度旋转手臂、无轨导航、多传感器融合定位、智能后台管理等功能，实现自动巡检、无人值守。

3. 应用快速检测技术

针对路面病害，应用图片识别、人工智能等技术，实现快速、低成本检测。检测车最高可按 80 千米/小时的速度进行测量，效率高。通过在巡视作业车辆上安装高度整合的前端采集设备，实现路面颠簸指数采集、路面病害图像采集、路侧设施图像采集。建立人工智能病害识别算法模型，对采集图片进行病害分类和尺寸识别；运用云端智能计算，实现道路健康状况可视化展示；通过路面病害空间聚合统计，实现病害精准定位。

4. 应用节能减排技术

为响应国家“碳达峰、碳中和”战略，积极采取节能减排措施：在清扫、巡视等高频用车场景推广使用新能源作业车，减少碳排放；在隧道内裸露混凝土结构涂刷新型易清洁涂料，提高保洁效率，减少清洁剂及水的使用。

（六）实施统筹管理，实现全周期一体化管理

1. 统筹管理，以运维数据反哺规划、投资、设计、施工

通过设计施工运维全周期统筹考虑，增强运维期与建设期之间的协作，在规划设计、施工中考虑运维期需求，在运维期反哺规划、投资、设计、施工。提前解决运维期与建设期之间的矛盾点，实现综合效益最优。以文一路隧道为例，通过一体化管理，在建设期考虑运维期监测数据采集需求，在管片预制中进行预埋件的布设，可用于后期便捷安装各类传感器、数据采集设备。

一体化管理需打通设计、施工、运维期间的数据链路，设施移交接管可通过 BIM 等方式将建设期数据资产完整移交。如文一路隧道在运维期，接收设计图纸、BIM 模型、施工期盾构掘进数据、施工大事记、施工缺陷和施工期监测数据等建设期数据，形成数据资产，指导运维。

通过运维期积累的大量设施设备性能和运行数据，为设计、施工板块提供经验/技术/工艺/模式等方面的反哺，推进设计、施工方案优化，从而更好地提升城市基础设施的综合性能与服务质量。例如，对隧道交通事故发生区段分析，发现事故高发区段特点（多为 2% ~3% 下坡段），反哺设计优化。通过对设备的故障数据分析，得到运维期不同品牌型号设备故障率情况，分析设备性能演化规律，反哺施工设备选型优化。

2. 实现全生命周期运维管理

全生命周期运维管理整合各方资源优势，一改病害出现后被动运维的模式，主动采用预防性养护等措施，按照设施实际运行状况，合理配置运维资源投入，延缓城市基础设施大修周期，提升设施服务质量，显著减少对交通的影响。

土建结构中最为重要的是主体结构及路面结构，针对这两类结构进行全生命周期维养管理。根据主体结构性能退化曲线预测，传统养护模式下一般在 20 年内发生一次中修和大修。全周期维养管理，采用检查周期为 2 年一次的预养护维修策略，20 年期间将有多次小修，30 年内进行一次中修，40 年内进行一次大修，可有效减少大修次数。通过历史养护数据分析，得出路面采取各类养护措施下的性能衰变曲线，根据曲线变化趋势，采取预防性养护和中小修同时实施的策略，确保在设计使用年限内路面性能始终保持在良好以上。

通过隧道机电设备历史故障数据统计分析，分别得到电子类设备和机械类设备的故障规律。根据设备故障规律及重要度，分别采取不同的养护维修方式。电子类设备故障率在早期较高，随着时间增长呈下降趋势；在较长时间的设备偶然失效期内，故障率处于一个较低的水平；在耗损失效期，故障率随着时间的增长大幅上升，此时可将设备进行更换处理。机械类设备在早期失效期内，故障率曲线与电子类设备相似；但在设备偶然失效期内，故障率达到低点后没有一定的平稳期，而是随着运行时间的增长以一定的增长率缓慢而持续地增长。与电子类设备相比较，机械类设备的退役期限较为宽泛，可通过保养或更换核心部件进行延寿。

对于 A 类设备，考虑到设备在系统中的关键性作用及修复时间较长，采取加强监测的措施，异常情况自动报警，及时进行检查和预防性养护。另外，针对不易实时监测或特别关键设备，采用双机冗余方式，避免设备故障对系统安全性造成影响。对于 B 类设备，增加检测和养护频率，并制定针对性养护措施，尽可能降低其故障率。对于 C 类设备，由于数量较大且相对不重要，通过统筹考虑方式进行养护。

统筹管理全生命周期维养资金使用，在保持总投入不变的情况下合理分配资金，在日常养护和大中修上适当减少投入，在预防性养护和检测方面加大投入。相比传统资金管理，设备和结构完好率明显提升，设施交通服务能力提升。对比分析表明全生命周期资金统筹管理，不但可以满足城市可持续化发展的目标和要求，也有较好的效益。

三、城市隧道全生命周期数字化运维管理效果

（一）隧道运维效率不断提升

减少车辆通行影响。采用全生命周期数字化运维管理，化大修为中修、中修为小修，可大幅减少隧道封闭对交通的影响。以隧道股份运维的 28 条隧道进行测算，按照传统模式，一次封闭式大修影响通行车辆数将达到 35160 万辆。进行数字化运维，受影响车辆数为 2460 万辆，减少 93%（32700 万辆）。

节约社会时间成本。以由交通堵塞导致的时间等待带来的机会成本或者产生的社会贡献测算时间成本。若隧道实施封闭式大修，会造成周边道路拥堵，经测算单车通行时间将增加 10 分钟，每人每小时工业产值约为 75 元。根据全生命数字化管理模式减少的车辆影响数量测算，可以得到社会时间成本节省 5400 万小时，换算为经济价值 40.5 亿元。

降低能耗及碳排放。以交通堵塞带来的能源消耗增加计算能耗成本。根据权威资料显示，堵车时每公里用时间衡量油耗，三分钟相当于一公里，以每辆车平均油耗每百公里 8 升计算，则全生命数字化运维模式下平均每辆车每天减少额外油耗为 0.27 升。节约油耗 8830 万升，减少碳排放 31 万吨。

（二）企业经营效益稳步提高

从资金的投入与产出两个维度评估隧道资金使用效益。以隧道股份运维的28条隧道进行测算，考虑30年运维周期，结合价格上涨、货币时间价值等因素，相比于传统封闭式大修模式，全生命数字化运维模式下运维资金总投入减少12.9亿元，平均每年节省4300万元。同时设施性能退化较缓慢，在保障隧道运维质量的前提下，提高企业经济效益。

（三）在多个城市实现管理创新成果输出和推广

获得“上海品牌”认证。隧道股份编制国内首部《隧道运维服务规范》，凭借超越行业标准的运维服务水平，成功获得首个城市隧道运维服务“上海品牌”认证。输出和推广管理成果。上述成果已得到杭州、苏州、海口、南昌、珠海等城市管理者的认同，隧道股份正以全生命周期数字化运维管理为核心竞争力，实现企业引领需求、创造需求的目标，实现上海管理模式和上海标准的输出，体现上海企业的责任和担当。

（成果创造人：周文波、戴振宇、葛以衡、王　卉、冯　凯、金　恩、丁　炜、胡　晓、王晓宇、彭崇梅、苏东华、池　瑜）

以小批量定制化为导向的电工钢智能工厂建设与运营管理

首钢智新迁安电磁材料有限公司

首钢智新迁安电磁材料有限公司（以下简称首钢智新电磁公司）位于河北省迁安市，是北京首钢股份有限公司的全资子公司。首钢智新电磁公司是国家高新技术企业、河北省战略性新兴产业领军百强企业、河北省工业企业研发机构。公司所属行业为钢压延加工，是首钢集团集研发、生产、销售、服务为一体的电工钢生产基地，是世界上最大的无取向电工钢单体制造工厂。拥有酸连轧机组、连续退火机组、常化酸洗机组、二十辊轧机、脱碳退火机组、环形炉、拉伸平整机组等生产机组及酸再生等公辅配套设施，集成世界上先进的板形控制技术，产品质量达国内领先水平。2020 年，首钢智新电磁公司营业务收入 94. 7 亿元，利润 4 亿元，主要产品产量 154 万吨。无取向电工钢连续 6 年单体工厂产量全球第一，取向电工钢超薄规格连续 3 年国内市场占有率第一。首钢智新电磁公司秉承“以人为本、客户至上”的理念，以“产品一流、管理一流、环境一流、效益一流”为目标，全力打造成本竞争优势、核心技术优势、高端品牌优势、高效管理优势、和谐文化优势的生存基础，努力建成世界电工钢示范工厂。

一、以小批量定制化为导向的电工钢智能工厂建设与运营管理背景

（一）应用智能化手段实现传统制造业数字化转型突破的需要

国内钢铁行业，产能遥遥领先，装备水平步入国际先进行列，但在高端品种、先进流程、生产能耗及产品质量等方面仍与国际领先水平有较大差距。与此同时，由于产能严重过剩，环境急剧恶化，使钢铁企业在提升产品质量、节能减排等方面面临巨大的压力。要改善此局面，须发展数字化智能工厂技术集成应用和管理创新。

（二）应对高端电工钢趋于小批量、定制化生产的需要

电工钢产品下游客户正面临着严峻的产品迭代需求，因此对电工钢产品的性能要求越来越高，高端产品出现趋于小批量、定制化的需求。这种需求迫切需要通过数字新技术和智能管理理念来实现生产的最优化、流程的最简化和效率的最大化，将传统工厂升级为数字化的智能工厂，提升产品竞争力。

二、以小批量定制化为导向的电工钢智能工厂建设与运营管理主要做法

首钢智新电磁公司坚持《中国制造 2025》“创新驱动、质量为先、绿色发展、结构优化、人才为本”的基本方针，电工钢智能工厂建设与管理的探索过程结合电工钢冷轧生产特点，深度分析公司在智能制造和智能管理方面的差距，查找工厂智能管理的瓶颈和痛点。以大数据、物联网和智能化技术管理手段为导向，坚持绿色制造的理念，以决策科学化、服务增值化、研发数字化、生产柔性化、质量精准化、操作无人化、保障一体化、制造绿色化等为目标，通过智能化建设和智能管理水平提升，实现技术突破、业务变革、管理创新，并实现经济指标实质性的提升。

（一）明确电工钢智能工厂建设与管理思路

1. 建团队、析痛点、破瓶颈，明确攻关建设方向

首钢智新电磁公司联合冶金高校和科研机构，整合首钢集团技术资源，组建了一支包含行业专家、教授、博士、研究员、高级工程师、工程师为核心的产学研用一体化的科技攻关团队，旨在智能工厂系统集成、软件开发、科研开发、核心装备制造等方面深入探索。

攻关团队结合电工钢生产工艺特点和业务分工制定提升任务清单，对任务内容存在的难点、痛点、

盲点、繁重程度、工作频次、改进瓶颈等进行分析。对频繁现场操作、简单重复繁重、内容复杂、人为因素影响大、存在一定安全风险的任务重点关注。对照智能制造工业 4.0 目标和企业数字化转型方向，对比分析找差，结合智能化技术和管理手段，确定解决方案和实施路线，经过可行性论证形成智能工厂攻关建设项目，形成 6 个大方向，34 个主攻关项目，2000 余条提升目标计划。

2. 制定电工钢智能工厂实施技术路线和整体框架

电工钢智能工厂建设的顶层规划设计参考国内外关于智能制造和工业 4.0 方面的先进经验，在传统的数字化工厂基础上进行智能化的提升和改造。重点对工厂基础设备控制系统薄弱环节、信息系统架构层级、生产工艺改进升级需求、生产组织模式优化、工艺业务流程和生产管理模式痛点、经营决策支撑盲区等进行深入分析，制定电工钢智能工厂建设的顶层设计技术路线和整体框架。

电工钢智能工厂技术路线要构建以客户为中心，以市场需求为导向，以数据量化为驱动、研产销一体化协同制造为核心，以能源、质量、设备、绿色安全管理一体化保障为支撑的企业智能工厂创新运营管理模式。以顶层设计技术路线为指导，以实现经营决策科学化、供需服务增值化、产品研发数字化、生产流程柔性化、质量控制精准化、现场操作无人化、资源保障一体化、生产安全绿色化为目标，构建包含大数据应用、软件系统升级、工艺优化、质量管控、智能装备提升等内容的项目实施构架。

基于数字化的电工钢智能工厂搭建功能完备的企业大数据中心，作为数字化基础层，为智能工厂服务层和应用层的各项功能提供基础数据保障；在应用层中，通过一系列智能化技术的应用，构建以产品智能研发设计、工厂柔性化制造和精准营销服务为核心，以质量、设备、能源、绿色安全为有效支撑的智能工厂产销研一体化协同创新体系。进一步将传统工厂升级为数字化的智能工厂，实现经营决策环节由业务经验主导转变成数字量化驱动，更加科学高效。

（二）构建企业大数据中心与电工钢大数据应用平台

1. 建设电工钢工业大数据及分析服务平台

结合电工钢数据类型和业务特点，利用 Hadoop 开源框架及相关技术自主研发大数据平台。实现电工钢冷轧在智能化应用方面对制造过程中结构化、半结构化、非结构化等多源异构数据的采集、存储、分析、挖掘等高级应用，探索在产品全流程各个环节进行大数据专题分析，实现用数据说话，使数据实现价值，使之成为企业核心竞争力的利器，助推电工钢生产从“制造”走向“智造”。

2. 构建电工钢生产运营决策管理系统，实现数据赋能、数据变现

依托大数据平台，建设电工钢生产运营决策管理系统，结合冶金行业通用指标及电工钢特有质量、技术指标，构建制造、技术、质量、营销、设备、安环共六大类、10 个管理方向、103 个管理指标的监管体系，实现考核指标模型化。在业务管控方面实现横到边、纵到底的多级管控体系，实现研产销的协同联动。整合缩减报表约 60%，并实现多维度、多指标的分析，提升管控效率；基于销售历史数据，构建定量化的客户评级模型，形成以数据为导向的客户分析体系，提升企业数字化营销、精准化营销能力。串联销售与生产数据相结合，利用预测模型实现精准多工序排产计划，提高整体生产效益。

（三）建设面向客户定制化的产品研发创新能力

1. 建立产品智能设计知识库

通过基于产品 EVI 及知识库建立产品智能设计知识库，包含客户档案库和产品档案库，为构建电工钢产品智能研发体系建立基础。

一是客户档案库。包括下游客户基本信息、认证计划完成情况、合作历程及用户服务等内容的客户档案库，通过对客户需求多向跟踪及知识库管理资产化方法，使信息和知识有序化并得到有效利用、管理与共享，有效识别客户需求。对市场信息动态分析、预测类产品研发策略知识，新产品研发时与客户需求相结合，为实现主导市场型新产品的智能设计提供支撑与方向。

二是产品档案库。基于研发经验积累、梳理结果和新产品研发输出，构建包含产品设计要点、成本消耗信息、设备能力、产品研发文献知识的产品档案库。实现研发显性知识与隐性知识的集中管理、产品设计工艺参数的可视化分析及产品研发知识的闭环管理。针对产品信息、性能趋势、订货量、客户产品信息、对标厂性能信息、工艺信息六类内容建档，为产品设计提供数据和理论支撑。

2. 实现新产品工艺模拟仿真

依托于电工钢工艺大数据平台和算法平台，采集炼钢、热轧、冷轧 200 多项工艺参数，涵盖炼钢、热轧、冷轧 20 余条机组，并进行一贯制数据整合。通过分析并初步筛减生产工艺参数，并借助统计分析及机器学习方法，建立性能回归模型，进行工艺的仿真与分析。快速预测性能值并对影响性能的关键工艺参数进行重要度评判。有利于研发人员对新产品关键工艺的掌控和设计，提高试制效率。

3. 建立基于 DFSS 的产品智能研发体系

在建立产品智能设计知识库，实现新产品模拟仿真的基础之上构建基于 DFSS 的产品智能研发体系。实现企业产品与下游行业信息的分类管理，并规范管理电工钢产品制造过程、对标产品性能及产品现行、历史性能，进行有效跟踪与追溯。支持对客户与产品之间多维度分析，使信息有序化并得到有效利用、管理与共享，形成产品研发知识的闭环管理。运用系统流程化管理手段，实现从客户需求识别、性能预测模型、质量设计、制造检验等业务线上协同，以应对产品同质化日趋严重、竞争白热化的困局，满足客户迫切需要具有个性化、高效率、低耗能的电工钢新品，以保证其在市场上的竞争优势的需求。

（四）建设智能化支撑的柔性生产能力

1. 实施仓储物流智能化升级，提升生产效率

在原有自动仓储管理系统的基础上，通过改造无人天车、智能物流门禁管理、仓储管理系统的软硬件升级，集自动化运输链跟踪、无人天车及卷号识别系统，实现仓储及物流管理的自动化、合理化、高效化和可视化。

2. 搭建电工钢协同制造生产管理系统，提升生产计划调度柔性

电工钢协同制造管理系统以电工钢产品生产和销售协同为核心，支撑电工钢产销衔接、订单管理、质量设计、计划排程的业务协同，实现营销管理、生产管理、技术质量管理等管理部分职责协同。实现以下三个目标。

一是为加强电工钢产销业务协同，实现柔性化生产。以电工钢生产订单为主线，重新梳理规划电工钢产销业务流程，简化合同评审与订单质量设计流程，搭建电工钢成熟订单库，实现销售合同的自动评审、材料设计、质量展开，完成销产转换业务的紧密衔接。

二是计划排程功能覆盖从年生产计划到机组作业计划的所有电工钢生产计划内容，通过采用构造启发式方法，针对不同计划特点，分别搭建 k－means 聚类方法、离散差分进化算法、差分进化算法等模型，支持系统实现自动计划排程，减少计划人员日常工作，提高效率。

三是在生产组织中根据制造过程动态约束，采用基于排产规则的一系列算法和工艺动态调整模型，进行生产流程的动态重构与优化调度，提高制造流程的柔性和多工序间的协调性。

3. 推进工艺及控制过程优化，提升产品性能和机组经济运行能力

一是开展基于数据挖掘和工艺知识相融合的协同驱动建模工作，优化轧制工艺及过程控制模型，提升产品性能。二是结合各产品工艺特点、质量要求及各产品工艺切换环节的特点，对产品各工艺环节及关键耗能设备等进行能耗分析和工艺衔接切换优化。

4. 实施生产集约化、操作无人化的装备智能化改造

电工钢智能工厂实施智能化升级改造，并研发和采用智能装备，实现集约化、无人化的现场作业管

理，在此基础上，实现业务优化、运维、监控的集中。

（五）建设面向客户价值的精准营销服务能力

1. 精准质量服务

从工艺技术、生产能力、交货时限等方面出发，评估客户的多品种、小批量、定制化需求，考量企业满足客户需求能力，通过质保书牌号、最终用户等关键订单属性系统推荐出多条工艺路线，同时结合产能、库存等系统预设约束，确定出最优路线，为客户提供定制化方案。构建客户档案库和产品档案库，规范管理电工钢产品制造过程、对标产品性能及产品现行、历史性能，进行有效跟踪与追溯，提高面向客户定制化需求的精准服务能力。

2. 精准供货服务

电工钢冷轧工厂依托于资源预测模型，针对客户多样化需求，对历史订单成单概率进行统计分析，结合当月资源预报、价格政策等因素进行资源平衡分配，制订销售计划，为客户供货需求进行资源合理分配。应用月产能计划算法，建立多目标优化模型。设计并采用产能任务辅助变量，满足实际生产过程对于重调度功能的需求。采用提前制订接单计划、原料排产、系统评审等方式进行备料，提升询单响应速度，同时根据交期预测方法为客户提供精确到天的交货期。

3. 延伸数据服务

通过电工钢在线平台和移动 App，维护电工钢客户提供资源预报、订单查询、产品资料、物流查询等延伸数据服务，为客户提供多渠道的客户营销服务，实现售前、售中和售后的一站式用户需求与响应。同时在线平台也提供电工钢新闻资讯、产品介绍、服务团队查询等信息查看功能。根据不同的用户需要，可提供个性化、数字化的延伸服务。

（六）建设能源、设备、质量、安全环保智能管控支撑保障能力

1. 建立能源系统管控体系，降低能耗，推进绿色制造

通过能源协同管控、智能安全防护、能源可视化等技术，在提升能源智能管理水平、推进工艺节能、推广装备节能设备应用等方面进行研究和攻关，建立能源系统管控体系。结合能源协同办公系统，深度优化能源调控，消除和减少无效能耗，全面推广高效节能技术和节能设备应用，并持续优化生产工艺，平衡产量和消耗关系，实现机组生产经济运行。实现能源消耗大幅降低。通过连退炉节能烧嘴、新型耐材涂层等技术的应用，降低燃气消耗 25% 以上；通过连退炉烟气余热回收项目节约蒸汽消耗 3%。

2. 建立质量管控体系，实现质量自动在线判定和缺陷智能分切

质量管控体系基于原有电工钢质量过程控制系统，以产品质量为重点，进一步丰富质量过程数据采集，实现产品质量在线判定、质量信息传递、产品质量分级定位、智能分切、数据质量动态监控与软测量、多工序表面缺陷及工艺曲线在线自动比对分析、孔洞缺陷追溯、质量动态跟踪、质量预控挽救等内容，构建一套完整的全流程产品质量判定、监控、分析、决策体系。

一是以数据预处理技术和全流程质量管控知识库为基础，将质量与生产管控紧密结合，实现酸轧、连退、精整等多工序的表面、横向厚差、纵向厚度、板形、铁损曲线、重量、磁性能、附着性、退火附着性、性能、工艺参数 11 类判定项目的在线自动判定，提高产品质量判定的统一性和稳定性，进一步规避质量问题。在产品质量判定及分析过程中针对表面、横向厚差、纵向厚度、铁损曲线、工艺参数等判定项目进行“埋点”分析，使判定过程、判定结果可视化，实现产品过程质量实时判定与监控。为实现电工钢产品生产过程数据和产品质量的动态监测与预警奠定基础。

二是通过对物料规格、订单要求、尺寸、性能、表面类综合判定结果等进行多维度的综合分析及推理，构建智能分切知识库，为成品卷智能分切提供算法支撑。在生产执行过程，基于物料实际的制造过程工艺和质量数据，依托分切知识库和物料需求，采用分支预测和推测执行技术，连退卷下线 1 分钟后

自动执行智能分切算法，得出精准分切结果并下发到精整工序，用于指导岗位执行钢卷分切，达到提前控制缺陷卷流向的目的，改变传统通过人工分析给出分切结果的方式，实现缺陷智能分切，成品精准分卷，在提升电工钢产品综合成材率的同时给冷轧智能生产计划联排创造了先决条件。

首钢智新电磁公司已建立针对30多个电工钢品种的300多条原料标记、800多套设定工艺，形成2万多套制造标准，支撑电工钢产品的动态质量设计。综合质量判定时间缩短为原来的1/6，判定准确度提升到95%。截至目前，电工钢产品缺陷智能分切比例达96.5%以上。该缺陷智能分切技术处于国内领先水平。

3. 建立设备管控体系，实现在线监测，智能运维

搭建设备管控平台，覆盖电工钢生产区域的230多台关键设备，1600多个检测点位。通过基于时空数据的挖掘技术、故障知识库的故障诊断、设备状态数据的图形图表可视化，实现了设备状态实时在线监测。平台通过与大数据中心、InSQL数据库及智能装备系统之间进行有效的数据对接，解决信息孤岛问题，实现数据及时共享、分析、决策，为实现设备状态管理和智能运维提供支撑。设备管理实现了从“人工离线点检”到“远程在线监测”、从“信息孤岛”到“设备状态大数据平台”、从“事后人工分析”到“系统智能诊断”的转变。

4. 建立安全环保管控体系，实现本质安全、绿色排放

基于地理信息的环境在线自动监测、污染物泄漏智能分析与应急处理决策支持等关键技术及其应用，搭建符合行业标准的企业安全环保预警预测系统。

一是以GIS地理信息平台和三维厂区模型为依托，优化电工钢冷轧环境监测网络，实现环保安全数据GIS地图可视化展示，加装29个环境质量监测点位，新增25个环保监测设施，增装39个生产区域有毒有害气体监测，搭建环保预警预测系统，实现环境在线自动监控、污染物泄漏智能分析、应急处理。建立安全状态等级分析模型，搭建安全预警预测平台，进行安全与应急动态展示，为环保安全问题的处置处理提供数据支撑，并为进入区域人员提供应急措施方案。

二是建立安全隐患排查系统，实现安全预警预测和本质安全管控。结合大数据技术，构建一个面向服务的综合预警平台，实现安全生产要素实时监控、事故隐患智能分析一体化的“互联网+”大数据管理创新模式。运用大数据、物联网先进技术，提供“互联网+安全”的安全管理新模式；开发隐患排查与安全生产预警系统，实现企业安全生产管理要素标准化、业务操作流程化和数据挖掘分析智能化。研发适用于企业实际的安全预警模型，开发安全生产预警功能，实现安全管理人员及时掌握、科学分析企业安全生产状况；实现安全管理模式可复制、安全管理水平可量化、安全隐患可视化、作业活动分析动态化、业务操作多平台化、消息提示实时化。

（七）构建以大数据为基础，信息化、智能化为支撑的智能工厂研产销一体化协同创新能力

以大数据平台为基础，通过信息系统重构、业务流程再造和新的信息系统平台建设等措施，突破技术壁垒、消除业务边界，将信息化、数字化与流程管理科学化有机融合，打通研发、生产、销售、质量、财务、库存和发运等关键管理流程，把客户订单自动转换为研发需求、生产计划、作业指令、质量保证书、发运单、提高交货期和交货准时率，全面提高企业的市场响应速度和应变能力。以产品为载体、市场为导向、销售为龙头，形成多业务、多层级融合一体化的管理架构，构建面向客户价值的研产销一体的协同创新能力。

形成由品种研发人员和生产管控人员、产品工程师、营销服务人员构成的产销研一体化协同制造团队，统筹开展电工钢推广工作。通过制定统一的工作节点目标和工作计划，形成一体化运行协同创新机制，产品研发人员从技术层面提供支持，生产部门管控人员从生产交货方面加以配合、工艺和质量工程师从产品质量保障角度进行支持、营销服务人员提供用户现场服务指导，形成研产销一体化协同创新运

行保障能力。同时建立完善的一体化协同创新运行业绩评价制度，健全其评价机制。运用市场价值衡量企业内部各部门的工作业绩，突出产品的效益，在产品结构调整、新产品及用户开发、生产效率提升、销售服务等方面设立专项奖，促协同创新工作良性、可持续行发展。达到研产销各环节高度一体化协同的效果，向内形成研发、生产合力，对外形成营销服务合力，快速响应用户需求，强力推进品种生产、研发、认证、市场拓展工作。

三、以小批量定制化为导向的电工钢智能工厂建设与运营管理效果

（一）实现钢铁制造企业数字化转型成为“制造＋服务”的绿色材料综合服务商

首钢智新电磁公司电工钢智能工厂建设与运营大幅度提升企业的智能管理水平，增加企业生产柔性，提高产品的生产能力和生产效率，提高产品和服务质量水平，电工钢产品市场占有率大幅提升，打造“制造＋服务”的核心竞争力，真正成为创新驱动式钢铁材料综合服务商。

（二）支撑电工钢高端产品小批量、定制化生产

依托智能技术手段的研产销一体化协同创新，深入融入客户生产环节，实现生产效率提升、生产柔性增强，在应对客户的小批量、定制化需求下，以更高效的产品转化能力、更短的制造周期、更低的成本和更优的质量引领市场和服务客户。产品定制化率达到46.5%，客户满意度达到98%。

（三）实现降本增效，提升企业竞争力，为保持企业持续盈利提供了支撑

智能工厂的建设使产品研发转化周期缩短40%，试制效率提升50%，提升企业竞争力，给企业带来了显著的经济效益。以减员增效、研发新产品盈利、固定费降本、协议带出品率降低和节能降本等直接效益计算可创造经济效益6589万元/年，为保持企业持续盈利提供了支撑。

（四）为钢铁行业数字化转型、智能工厂建设提供了经验和参考

在首钢集团内部首钢股份、京唐公司、顺义冷轧基地参照本项目实施案例，落地实施了大数据应用、智能仓储、智能机器人等智能制造技术项目。国内多家钢铁和相关企业到首钢智新电磁公司进行参观和交流，并借鉴其开展智能工厂建设的经验。

（成果创造人：孙茂林、郭子健、齐杰斌、李景超、辛鹏飞、王北苏、张保磊、王承刚、胡志远、杨立军、刘　磊、董柏君）

提升整车开发 BOM 质量的数字化管控平台建设

泛亚汽车技术中心有限公司

泛亚汽车技术中心有限公司（以下简称泛亚）成立于 1997 年 6 月 12 日，是由通用汽车（中国）公司（以下简称通用汽车）与上海汽车工业（集团）总公司（现上海汽车集团股份有限公司，以下简称上汽集团）共同组建的国内第一家中外合资汽车设计开发中心，也是国内第一家获颁“国家认定企业技术中心”的合资汽车企业。当前，泛亚已形成了 1 个泛亚、2 个园区、3 个分中心、4 个试验基地的整体业务战略布局。在持续砥砺传统核心技术领域的同时，投入优势资源深耕创新发展，围绕“电动化、网联化、智能化、数字化”新兴技术领域，形成与时俱进的产品研发能力，以更好地迎接未来中国汽车市场的挑战。

一、提升整车开发 BOM 质量的数字化管控平台建设背景

（一）产品数据管理业务形态的深刻变化

随着国内汽车市场的高速发展，产品开发职能逐渐前移，泛亚作为上汽通用汽车的技术中心逐步承担了更多的产品开发任务。与此同时，产品数据管理的业务形态优化为“主导产品数据发布与工程更改，贯穿产品开发全过程，并提升为企业级主数据管理”的新形态。如何进一步增强产品数据管理能力，构建完善的数据发布管理体系，以充分整合上汽集团和通用汽车的优势资源，持续提升研发能力，对泛亚提出了新的要求。

（二）“智能制造”浪潮推动及满足用户个性化需要

在“智能制造”浪潮的推动下，以用户需求为中心的大规模个性化定制成为必然趋势。产品数据是整车开发的核心基础数据，贯穿于产品开发的全生命周期。因此，对产品数据的管理能力和水平直接关系到整车企业的核心竞争力。如何对整车开发数据质量问题进行高效的控制管理，从而快速响应各方需求，实现问题迅速有效解决及数据协同共享，既是满足用户需求的关键问题，又是提升企业核心竞争力的内在要求。

（三）应对数据管理业务数字化转型的挑战

传统的数据管理模式存在诸多弊端：问题识别晚，解决效率不高，管理被动，与研发、生产、制造等活动存在脱节。如果继续按照原来的模式，必将面临越来越大的来自行业内外的挑战。如何有效提升企业产品数据分析应用能力，为整车开发提供稳定、快速的输出，及时响应客户与市场的需求？产品数据管理业务数字化转型提供了解决方案。

二、提升整车开发 BOM 质量的数字化管控平台建设主要做法

该体系主要包括以下 5 个部分：打造具备数字化转型能力的业务团队；创建覆盖全业务链的精益化 BOM（物料清单）变更管控流程；开发智能分析数字化模型；实施贯穿全生命周期的 BOM 质量管控过程；形成企业级的数据运行和状态监控机制。

（一）打造具备数字化转型能力的业务团队

1. 打造扁平化的组织结构

泛亚产品数据管理业务采用扁平化组织形式，整个业务团队包含了策略及配置、流程及系统、发布和质量及虚拟验证 4 个领域，各领域既有重点突出，又有相互交叉。扁平化组织带来流程简化。中间环节被压缩，管理效率提高。同时产品数据信息实时、透明地传递，也促进了各职能块边界融合，各领域

从分工走向合工。

2. 提升员工的数字化能力

泛亚非常注重对数字化技术人才、数据分析人才和数据应用人才的培养。

（1）建立各类线上系统、学习平台，帮助员工获取数字化知识。成立六大数字化学习俱乐部：Python 学习俱乐部、HTML5 学习俱乐部、Java 学习俱乐部、Excel VBA 学习俱乐部、UG 二次开发学习俱乐部、大数据学习俱乐部，帮助员工强化技能并将这些技能主动应用到日常工作中去。

（2）通过拉动资源、共享信息、提供大数据技术及培训等，培养员工对数据进行深度分析的能力。

（3）通过提供专业的培训、创新项目孵化、系统支持等，鼓励并支持员工将各种数字化成果应用到流程改进及项目优化上去。同时结合绩效考核、能力发展、评优评先等手段，尽可能将不同特点员工广泛纳入创新发展、数字化转型的轨道上来。从而造就一支既懂业务，又能自主开发的数字化团队，产生数字化“飞轮效应”。

3. 发挥小团队运营的优势

有了数字化资源和技术，一个小团队发挥的作用将超过人们的设想。从 2011 年开始，泛亚每年都会发布自动化工具的“攻关榜”，由员工自愿“揭榜”、自行组织团队、自由选择解决方案，泛亚给予各种资源支持及进行总体进度跟踪。这里的每一个课题组，自发形成了一个个小团队，这种小团队有利于高效地创新、高效率地开展工作，并在企业内部形成了创新创业、数字化转型的良好氛围。

小团队地管理方式在整车开发 BOM 质量数字化管控体系的建设过程中，还充分发挥了以下三个优势。

（1）激发基层员工创造性，充分挖掘员工创新潜力。

（2）给员工更强的主人翁责任感，在工具开发过程中，员工觉得自己有充分的自主权，同时能为用户创造价值。

（3）小团队模式降低了员工之间的沟通成本，并能对用户的各项反馈做出迅速反馈。这也是实现工具发布平台不断高效迭代的一个重要原因。

（二）创建覆盖全业务链的精益化 BOM 变更管控流程

1. 综合分析整车开发 BOM 的影响因素

车企每天都有大量变更发生，整车开发 BOM 始终处于动态调整过程中。为了响应上下游的需求、解决设计缺陷、提高产品质量、降低开发成本、满足法规要求等，需要综合分析整车开发 BOM 的影响因素（市场、法规、试验、供应链、制造、售后等）。

2. 推进全价值链变更管理一体化

泛亚基于精益化管理思想，以低成本、高效率、高质量、高效益为前提，充分整合全价值链变更管理先进经验，针对量产车型各个阶段、各个业务领域的变更，创建了覆盖全业务链的精益化 BOM 变更管控流程。针对常见的五种变更类型，进行以下精益化管理。

（1）配置变更的协同更改管理。

第一，精益成本控制。

通过制定企业级项目运营变更申请/决议通告流程，明确变更申请研究中各相关职能部门的职责，各自牵头在本部门的研究，负责审核工程报告的正确性及相关费用的合理性，完成对成本分析、工程定义及变更需求报告。以便准确及时地将变更申请研究结果提交给变更申请研究的牵头人，供更改申请审核委员会决策。以实现从源头对配置变更进行精益的成本控制。

第二，数据同步生效管理。

制定企业级“变更申请/决议通告—配置变更单—工程变更单”协同更改流程有以下几点。

一是所有受配置变更影响的零件清单都能及时、准确获取。

二是所有受影响设计部门的协调人都会被通知到。

三是所有受影响设计发布工程师都会发布工程变更，并自动建立关联绑定关系。

四是通过更改评审会议，所有的工程变更单同步设置断点计划。

五是所有变更单中数据会同步得到更新。

六是所有变更数据会同时在生产现场实施、生效。

（2）工程变更的流程系统化管理。

根据更改内容及性质划分为不同的更改子类型，根据不同阶段、更改内容、影响范围、各方参与深入程度等，制定不同的审批、管控流程，并将流程系统化，系统根据相应的配置条件，会对影响到的审批人员、工厂、车间等自动进行相应的调整。变更发布效率更高，管控过程更加精益。

（3）制造变更的断点闭环管理。

为了确保断点与变更单的一致性，断点所控制的数据必须来自变更单的变更项，即断点单与变更单指向相同的变更数据。这样断点的状态、切换时间就能够直接作用在制造 BOM，控制制造 BOM 上每个零部件的生产生效状态。通过开发断点管理工具，为所有变更单提供断点自动化管理功能。能根据变更内容、影响范围、优先级别等因素，自动计算每个变更单乃至每个零件的关键节点信息，并生成在生产上的实际断点时间，从而方便各方责任人根据断点信息获取在生产上的实际执行情况。断点关闭，工程变更才宣告正式结束。

（4）售后与生产的同步变更管理。

通过制定生产与售后的同步变更管理流程，将售后零件的设计、发布、变更管理流程与生产流程进行整合，使用相同的产品设计系统和流程，相同的变更管理系统和流程，避免产品工程与售后工程的重复工作，确保售后各项交付物在产品投产时同时就绪。从而实现成本的降低与用户满意度的提高。

（5）临时变更可追溯性管理。

为了确保所有的临时变更都能纳入正式的管控体系，避免临时变更的跟踪失效问题带来的风险，必须建立严格的临时变更可追溯性管控流程。

一是明确规定临时变更的授权范围，避免临时变更的滥用。对于超越临时变更授权的特殊情况，申请者必须对该生产活动给出充分的说明和理由，选择更高级别的管控流程来控制风险，同时需要分别加入工程、制造、质量的高级别领导完成审批。

二是严格加强对可销售车型临时变更的审批管理。对于所有可销售车型，在临时变更的申请阶段，增加试验认证工程师的审批环节，以强化对零件验证、安全性的把控，确保所有授权零件都完成试验认证。对于所有在可销售车型上实施的临时变更，有专人记录执行该临时变更的首、末车辆的车辆识别号码（VIN），以加强对临时变更可追溯性的管理。

三是由于可追溯性要求级别不同，所有在不可销售车型上实施的临时变更，到了可销售节点，必须强制关闭。所有在可销售车型上实施的临时变更都要单独新出，以进一步突出对可销售车型临时变更措施可追溯性的管控。

3. 建立从“驱动源”到“实施跟踪”的全过程数字化管理机制

通过制定从“驱动源”到“跟踪实施”的全过程数字化管理机制实现各管理业务的系统互联、有机统一，任何一个变更都可以完整、准确、及时地传递到每一个模块。同时，各方互相协作，各司其职，确保 BOM 信息的变更、维护、传递过程得到有效的管控。

（1）驱动源触发 BOM 变更自动化。

驱动源即为触发 BOM 变更的原因，是 BOM 变更管理的一个重要内容，同时驱动源复杂多样，依托不同的系统。经多方研究论证，所有的工程驱动源可划分为四大类：决策决议类、问题管理类、价值与成本分析类、项目发布节点类。同时，使四类驱动源运行系统与工程更改运行系统互联对接，驱动源信息可以自动链接并传递到工程更改运行系统，工程更改信息也可以回传到驱动源运行系统。实现工程更改触发自动化，以及驱动源执行状态的可追溯。

（2）变更实施跟踪自动化。

通过开发变更实施跟踪系统，实现对下游系统数据状态的全面监控和管理。EIT（事件信息表）利用系统之间的接口每天从相关系统中抓取相关节点的完成时间，并反馈至 EIT 系统中的每一个零件，在对应节点目标完成日期到期前七天提醒负责人完成该节点任务，并在到期未完成时报警。通过提醒和报警来推动每个节点按时完成任务。确保所有更改完整、准确、有效地实施。

（3）审批过程数字化。

一是工程更改指令的形式质量检查数字化：根据数据发布规范及 BOM 变更流程，对于更改涉及的所有字段和填写域实现自动化逻辑检查，分别从工程发布规范和完整性角度加以审核。

二是工程更改指令的零件质量检查数字化：对于零件释放正确性，实现自动化逻辑检查和数据规范检查。

三是审批推动数字化：根据工程更改流程规定的各角色审批时间限制，通过工具进行自动化审批推动，提高工程更改流转效率。

（三）开发智能分析数字化模型

不同的分析方法、技术选择、模型构建等，对于数据特征探索、算法优化、用户响应、问题解决效率等影响重大。泛亚在多年的产品数据管理业务中开发了丰富的智能分析数字化模型，为整车开发 BOM 质量数字化管控体系的创建提供了重要支撑。

（四）实施贯穿全生命周期的 BOM 质量管控过程

基于整车开发全生命周期的质量管控过程，是建立整车开发 BOM 质量数字化管控体系的核心。其实质是在整车开发全生命周期内，对整车开发数据质量进行全面把关，保证整车开发各节点产品数据的正确率，满足不同业务部门的需求。泛亚采用自主开发的整车开发 BOM 发布数字化管理平台，基于整车开发全生命周期，对产品数据发布质量进行全过程管控。

1. 产品数据初始发布自动化管理

自主开发全新的产品数据初始发布自动化管理子平台，实现产品配置策略发布及产品零件数据发布的自动化管理。

通过对数据发布流程及各项数据释放规范的系统梳理，建立底层数据库，实现产品数据发布逻辑内嵌数据发布平台。用户在数据发布过程中，可以实现与系统的实时互动，即智能提醒、自动纠错、规范规整等功能。同时，用户可以在线获取各种含义解释、流程规范、案例介绍等帮助信息。用户还可以通过自定义组合条件，方便地调取现有数据库中其他借用件的信息，完成数据发布，从而减轻工作量。

该平台还可以通过加载产品项目规划书，智能提取整车开发配置策略逻辑，建立当前工作平台与特定项目的产品配置策略之间的逻辑约束。当数据释放与该项目的产品配置策略发生冲突的时候，自动提示报错。从而实现产品数据发布纠错机制正向化，确保数据发布满足前期规划、平台架构开发需求。

同时，通过该平台还可以实现对零件定点方式、零件重量信息、成本信息及其他项目控制信息的搜集，实现项目先期定点方式管理、整车技术参数中的重量目标及早期物料成本控制目标的制定等。

此外，该平台还通过为设计发布工程师、项目管理工程师、数据管理工程师等所有数据初始发布工作参与角色提供自动化解决方案，实现从任务启动、数据释放、数据存储、数据检查、维护、工程更改发布到项目进程监控等发布全过程的去手工化，去手工化率达 90% 以上，构建闭环式的问题解决系统。

2. 工程试制样车 BOM 核对自动化管理

自主开发了全新的工程试制样车 BOM 在线核对子平台。该平台核心部分有三大模块——前处理模块、在线核对模块、后处理模块，实现了试制样车 BOM 平台化、集中化管理。

（1）前处理模块。

通过该模块，结合最新的产品项目规划书，对 BAD（试制授权文件）进行自动校验，实现对上游输入的主动反查，并结合整车开发 BOM 自动生成试制样车 BOM。

（2）在线核对模块。

支持各方同时在线开展核对活动，实现并行工作；互联互通的平台接口，方便数据的调取；核对过程中智能提醒、在线帮助、纠错、规范、规整功能确保核对过程更高效、精益。

（3）后处理模块。

便捷的自动化方案支持后期数据的高效汇总、查验、传递及核对进度的自动跟踪管理，同时为虚拟样车造车与实体样车造车提供准确的输入。虚拟造车与实体造车相互验证，保障后期开发活动顺利进行。

试制样车 BOM 核对形式由线下转为线上，原单个项目核对周期最少需要 4 周，现缩短为 2 周，核对周期缩短 50%。自动化工具覆盖核对全过程，去手工化率达 90%。

3. 整车开发 BOM 数据问题跟踪管理

开发了全新的整车开发 BOM 数据问题跟踪管理子平台，主要包含如下三大模块。

（1）智能分析模块。

采用“动态矩阵”校验模型，实现整车开发配置问题的智能分析。分析结果精确到零件、产品配置及具体错误类型。同时，友好的人机界面实现问题提示与实际释放数据的交互验证。

采用基于大数据的“数据挖掘”问题分析模型，实现对整车开发数据质量问题的智能校验。清晰的校验结果，既有问题汇总，又精确到具体的域；建立“工程规范数据库”，针对特定问题，自动匹配修改建议。

（2）可视化管理模块。

支持各个维度数据报表的自动生成，报表状态自动刷新，为项目管理人员提供实时进度监控，促进问题尽快解决。

（3）自动跟踪模块。

任务分发、反馈汇总均支持一键操作；通过开发工程更改状态自动查询工具，实现问题解决状态自动跟踪；后台连接邮件系统，自动对未关闭问题持续跟踪。

通过该平台的运行，跟踪周期平均由 6 周缩短为 2 周，周期缩短 67%。自动化工具覆盖跟踪全过程，去手工化率达 95% 以上。

4. BOM 变更管理及质量校验

开发“整车开发 BOM 变更自动校验子平台”，实现 EWO（工程更改流程）质量校验的全自动化。

（1）正确性校验。实现 EWO 中信息与现有 BOM 中相关数据的对比，并通过自动标注变化点前后状态对比的形式，判断实际更改部分是否和 EWO 描述一致。

（2）数据质量校验。采用“数据质量校验模型”，对 EWO 中数据质量和工程问题进行全面的自动校验。

（3）产品配置校验。采用“产品配置校验模型”，结合最新的产品项目规划书，同时遍历 BOM 中现有数据及 EWO 中的数据，对各组数据进行产品配置校验。

（4）工程更改一致性校验。实现对“本色件/颜色件”“子零件/总成件”“委托外包子零件与头零件”及“共用零件在不同项目同步更改”等更改一致性问题的校验。

通过应用该平台，100%发现产品数据相关各种问题，实现 EWO 数据自动维护，工时缩短 97%以上。

5. 整车开发数据模块化管理应用

开发系统级质量校验工具，将系统级零部件发布过程中的专家知识和工程经验转化为自动化的校验工具，满足模块化开发的核心需求。现以颜色件发布及校验管理工具为例，介绍企业在产品数据模块化管理方面所进行的探索及取得的成果。

（1）变更范围的智能识别。

在配置化模式下，超级 BOM 表达的是多样化的车型和数量庞大的零部件之间的关系，这个关系有一个中间纽带，即配置项（特征值）。根据变更需求和决议通知，识别受影响配置特征项，遍历整车开发 BOM，生成受影响零件清单。其中，包含该特征项的零件条目判定为直接受影响项，包含了与该项同族特征项的条目则判定为间接受影响，而与以上两种类型具有相同功能/名称/地址的零件条目，也属于间接受影响部分，也需要在后续的管理过程中进一步校验。

（2）配置信息及颜色/材质信息的智能识别。

一是根据颜色区域库，自动获取代表该颜色件的颜色区域代码信息。

二是根据产品规划书获取车型配置信息、特征约束及使用条件信息。

三是根据颜色、材质库及颜色区域代码自动提取该颜色件颜色方案信息。

（3）颜色件数据发布及智能校验。

根据以上获取的配置信息及颜色方案，自动生成新的颜色件信息。通过遍历产品数据库，查阅当前系统中实际数据状态，并和现有的 BOM 数据进行混合运算，自动生成变更校验清单。通过对已发布工程清单中的错误问题进行提示和纠正，实现对颜色件发布的智能校验。

（五）形成企业级的数据运行和状态监控机制

1. 构建完整而全面的信息流

泛亚在数字化转型过程中，通过采用互联互通的企业系统架构及大数据技术，实现了一源一出处，信息充分共享，项目运行信息在不同模块之间全面、透明传递。不同系统、业务、项目信息被有效地整合起来，数据之间建立实时的联系，从而构建了完整而全面的项目运行状态信息流。降低了沟通成本，大幅提升了问题解决的效率。

2. 设计公司级过程控制指标

将特定数据运行状态上升为泛亚的过程控制指标，形成包括对“工程更改”与“数据发布”关键数据状态进行全面管控和推动的公司级过程控制指标体系。

将公司级过程控制指标的执行情况纳入年度考核体系，形成企业级的数据运行状态监控机制。以精细化管理的思想设计出一套数据运行考核机制。

（1）数据发布过程中：管理方进行文件输入；数据问题管理平台完成数据自动分析；数据输出方接收到问题反馈并予以解决；项目管理方参与问题协调，确保问题尽快解决。

（2）数据状态冻结：数据库管理系统对于所有问题进行记录、分配、核查、评定、验收等，并将统计结果反馈至绩效考核方，完成对项目数据运行状态的全面考核管理。

3. 满足不同层级不同数据应用方式的需求

通过构建完整而全面的信息流，构建公司级过程控制指标，多维度整合、创新应用项目运行数据，使这些数据之间相互的联系可以被实时获取并分析，满足不同层级对不同数据应用方式的需求。

三、提升整车开发 BOM 质量的数字化管控平台建设效果

（一）实现产品数据发布效率的提升

2018—2020 年，以参与数据发布和质量管理的设计发布工程师及数据管理工程师的人力成本节省作为所取得经济效益的重要计算指标，每年取得经济效益 900 万元以上；以所有参与角色的人力成本节省作为所取得经济效益重要的计算指标，每年取得经济效益约 2000 万元。

（二）实现数据发布质量的提升

满足产品研发配置复杂化、开发敏捷化、响应及时化对产品数据质量的要求，提升了客户满意度和市场竞争力。减少由于数据发布问题对上下游业务链产生的经济损失，以 2020 年企业经营数据为例，累计为采购、物流、制造、售后等业务链节约成本 4100 万元。有效支撑上汽通用“整车开发两年化”战略的落地实施。

（三）实现产品数据管理业务能力的提升

2013—2020 年，泛亚产品数据管理团队人数维持在固定水平，没有变化，而泛亚主导发布 EWO 数量从 2013 年的 4576 个，跃升到 2020 年的 24226 个，人均承担项目量逐年提升。该成果的推广应用带来效率大幅提升，从而为团队新业务拓展带来能力提升的通道。该成果在塑造团队业务系统全自助开发能力的同时，不断完善了泛亚产品数据发布体系。从而助力泛亚作为通用汽车全球 GDC，在全球产品研发能力方面有更强的权威性和竞争力。

（四）推动企业核心竞争力的提升

整车开发 BOM 质量数字化管控体系有力地支撑了整车开发工作，对于提升产品质量、降低生产运营成本及缩短研发周期等发挥了重要作用。以“数字化”为基础，泛亚向“电动化、智能化、网联化”全面发力，加速推动汽车研发从工业 3. 0 时代的传统汽车工程开发向工业 4. 0 时代的未来智能出行开发升级进化。充分整合通用汽车与上汽集团的优势资源，持续提升研发能力，支持上汽通用汽车进一步夯实面向未来的核心竞争力。

（成果创造人：卢　晓、闫仕军、王涟清、张关华、王　霞、沈秋菊、
李京京、董祥龙、钱　晶、王　涛、吴炬晖、陶良权）

军工院所以流程改进为核心的装备研制体系数字化转型管理

北京机械设备研究所

北京机械设备研究所（以下简称研究所）成立于1970年，隶属于中国航天科工集团第二研究院，是以发射和发射控制技术为核心集研究、设计、试验、生产和服务保障于一体的综合性工程技术研究所，承担多型航天产品装备科研生产任务，发射及发射控制领域被国防科工委确定为重点保军专业领域，是国防科工委认定的重点保军单位，为我国国防事业和装备现代化建设做出了突出贡献。研究所为陆军、海军、空军、火箭军等研制生产的十多型装备先后多次参加庆祝中华人民共和国成立35周年、50周年、60周年、70周年阅兵仪式，以及庆祝世界反法西斯战争胜利70周年、庆祝建军90周年6次阅兵任务。研究所现有员工1600余人，研究员及高级工程师407人，享有政府特殊津贴的专家9人，9位专家荣获"国家科技进步"特等奖、17位专家荣获一等奖，荣获省部级以上"科技进步奖"的专家565人次。研究所先后获得3项"国家科技进步"特等奖、7项"国家科技进步"一等奖、3项"国家科技进步"二等奖，获得各类国防科技技术奖30项，多项技术创举填补领域空白。

一、军工院所以流程改进为核心的装备研制体系数字化转型管理背景

（一）践行军工企业使命与担当，落实国防现代化、数字化建设战略的要求

我国在《国家中长期科学和技术发展规划纲要》中将制造业信息化列为制造业发展的三大方向之一，明确提出要大力推进制造业信息化，全面提升制造业整体水平，并将数字化和智能化设计制造列为优先主题。信息化、数字化建设被提到国家战略的高度，提出要建设具有全球竞争力的国际一流企业，建设科技强国、质量强国、航天强国和数字中国；全面贯彻新时代党的强军思想，实现国防和军队现代化。国防和军队现代化建设持续推进，与之相伴的是体系化、实战化、智能化的作战能力需求，与高质量、高水平、规模化的武器装备供给能力不足之间的矛盾愈加突出，要求军工科研院所推进企业数字化研制体系建设。

（二）推进业务流程全数字化，为军工企业高质量发展提供内在动力的需要

数字技术应用，推动企业的价值创造模式由传统的线性向立体式、网络化转变，推动企业的组织管理模式由线性多层级模式向流程与数据驱动的协同模式转变。"十二五"期间，研究所业务快速发展，但仍存在如下问题：一是业务流程割裂、研制体系运行效率低。由于部门间分工不清，跨部门团队责权利不对等问题，按部门业务创建的流程存在堵点、断点，流程间集成运行不畅，协同运行机制不完善。二是业务流程化率、流程数字化率不足50%。大量业务还是线下操作、审批和记录；而各业务部门结合自身需求建立的单点系统集成困难，跨系统业务流程数据难以打通。随着业务的变更，研究所缺少一个有力手段快速响应需求、灵活应对业务变化，严重阻碍了转型升级和高质量发展。

（三）以数字化赋能研制流程再造，支持装备高质量研制的需要

航天类装备具有"多型号、小批量，体系结构复杂，技术状态变化频繁，产品数据信息繁多，高可靠"等特点，其研制过程需要"万无一失、一次成功"，这要求装备研制体系高效可靠运行。以数字化赋能研制流程再造，可有力支撑新时期装备研制能力的快速提升，但一般产品通用研制体系的数字化解决方案，无法解决航天复杂装备研制过程中面临的问题，特别是无法满足航天装备研制已有的多体系、多要素的产品保证要求。所以需要企业针对航天装备的研制特点，进行研制流程的数字化再造，最终实现数字化研制体系转型。

二、军工院所以流程改进为核心的装备研制体系数字化转型管理主要做法

（一）聚焦能力提升，优化装备研制体系数字化转型组织机构和专业设置

紧密围绕建设世界一流航天防务智能机电企业的战略目标，加强新一代信息技术应用，实现数字化转型，全面建设数字研究所，增强竞争力、创新力、控制力、影响力、抗风险能力；聚焦科研生产瓶颈问题，以数字化转型中的问题为导向，以业务需求驱动数字化模式转变，以流程改进优化推进研究所各项业务的高效协同和资源共享，逐步实现资源统一管理、数据共享和协同应用模式，构建数字化系统工程体系，最终实现数字化“全覆盖”、流程“全打通”、业务“全在线”，实现高质量发展。

以企业战略为指引，优化专业化发展的组织架构和岗位设置。整合部门资源，完善部门分工和业务流程，构建持续面向用户和市场的组织架构，以适应基于流程驱动的数字化研制体系运行机制。在市场开拓和产品开发方面，为满足民品市场，新设立民品产业发展管理部门和民品研发部门，聚力推进民用产品和装备的系列化发展；为满足军品市场，成立军品发展管理部门，形成“军品发展管理部门＋军品研发部门”的组合，满足各军兵种的装备需求；面对前沿技术，成立空间机电技术、应用物理等前沿技术研究部门，满足技术引领和预研创新的需求。

在产品项目管理方面，打通研制体系管理全流程，优化企业资源配置，整合科研管理和生产管理两部分业务，设立科研生产综合管理部门，负责实施装备研制中各项目的综合管理、资源统筹、组织实施、协调推进和过程监督。在资源保障方面，整合原固定资产投资管理部门和仪器设备管理部门，设立技术保障部门，负责能力体系建设、技术保障资源全周期论证实施等业务的统一管理。

在企业经营与流程优化方面，将数字化转型管理办公室下设在企业战略和流程的归口管理部门——发展计划处下，重点加强业务与数字化的流程融合梳理，强化数字化建设工作在研究所发展战略上的牵引作用，以数字化转型支撑企业流程变革，负责流程梳理、流程整合与优化、流程评审、流程运行监控与分析和业务数字化应用水平评估。在数字化落地方面，在IT部门中成立流程开发团队，负责企业流程的开发实施和系统运维，在企业数字化统一架构的框架下，采用先进的数字化平台，独立自主进行流程数字化落地。

为了确保数字化研制体系的专业化运行，基于研究所的产品研制流程梳理出的研制专业和业务模块，重构专业技术委员会和专业技术体系，确定既满足型号研制和专业发展，又能紧密衔接市场的13个领域64个专业。此外，为了对标主营业务与数字化的深度融合需要，专业体系中特别新增了数字化专业委员会。委员会下设流程与IT治理、数据资产应用与保护和产品数据管理等专业。重点加强流程化的管理控制，推进基于流程驱动的业务集成运行模式，提升企业的精细化管理程度；关注围绕科研与管理的数据管理与再利用，深入挖掘数据资产价值，推进业务优化。

明确研究所数字化责任人体系，与型号研制队伍有效融合，同时将体系要求纳入了型号两总、型号产品线的计划考核中。按照研究所总师负责制的管理要求，由型号总师带队、科研生产处牵头，组织型号数字化项目建设并监督应用绩效的实际落地工作。

（二）以端到端高效运行为目标，重构装备研制体系数字化流程

客户多元、需求多样是研究所面对的市场形势，客户涉及海军、陆军、空军、海军、火箭军、战支、联勤、武警和应急安保等多兵种，承接的任务包括预研、研制、批产、售后和保障等多种类型；与市场化的通用产品相比，航天装备产品受到来自航天、军工、保密等各方的制度和要求约束，研制阶段、研制流程必须满足各方要求。为了应对外部需求的多样性，需要企业构建完整、灵活的利于适配客户需求场景和满足航天军工企业现状的科研生产流程体系，将原有的流程解构，结合新的要求重构流程。

研究所结合自身特点，采用“业务场景分析”“抽象通用流程架构”“流程结构化展开”“量化评

审点”的“四步法”开展流程结构化设计。

针对核心价值创造的复杂产品研制流程，通过梳理230余个研制、预研、自主创新型号项目，将其归纳为“军品原理样机开发”“军用（军贸）工程样机开发”“军用（军贸）产品开发”“民品原理样机开发”“民用产品开发”“产品升级改造”“课题研究项目开发”“平台开发”“定制开发”九大业务场景，明确了业务场景间的支撑关系。

针对识别的业务场景，梳理通用的产品研制流程架构。采用IPD研制管理模式，重构结构化科研生产流程，拉通从路线图开发、立项论证、技术研究与开发、产品开发和寿命周期维护的端到端管理过程，绘制结构化的研制体系流程图，形成一套通用的流程架构，并通过流程裁剪来适配9个业务场景。

基于通用的流程架构，进行具体业务场景的流程展开，明确研制流程与研制专业的集成关系，以研制体系中的“产品开发”过程为例，梳理出14个研制业务模块和47个业务活动。

同时，针对军工企业的研制及管理模式，结合复杂装备的多研制阶段、多专业协同的特点，从产品研制流程的全生命管理中，分析设计和重构了11个设计评审点（DR）和5个业务决策点（DCP）。设计评审点，重点关注产品技术状态，明确评审点与质量体系文件的对应关系，细化技术状态定义，准确及时反馈技术状态，为解决“责任太乱、状态不清”等问题奠定基础。例如，在原装备开发流程中，增加“开发状态”和评审，解决设计师既是“运动员”又是“裁判员”问题；增加“摸底状态”和评审，解决依赖上级总体，无法及时反馈缺陷的问题。业务决策点，则是从研究所层面对研制流程中各阶段目标达成情况进行的综合评审，包括进度、成本、质量、销售额和盈利能力等方面，支撑将产品研制作为投资的管理模式，保障多领域、多项目协作高效管理。通过一致的、规范的流程来指导和约束产品开发过程，既支持了有竞争力的、高质量的产品交付，也用于指导研制流程的数字化落地。

（三）打造流程中心和数据中心，支撑数字化的装备研制体系运行

结合自身管理经验积累，同时借鉴国际先进的TOGAF架构设计方法，在新时期管理改革背景下形成适合于自身的架构设计方法、术语和成果，梳理构建出“价值创造、资源管理、管理体系”三大过程组成的科研生产数字化业务架构，总结出“业务—流程—规范—IT—数据”五要素为核心的信息化架构开发方法，保证企业数字化建设既符合企业数字化架构的顶层设计，又满足结构化流程落地和数据集成的具体要求。

在数字化落地方面，从2016年开始，基于“统一平台、自主可控、敏捷开发”的原则，开展数字化平台选型和实施，将原来的“缺乏统一技术架构和规范”向“开放、敏捷、可控”转变，根据自身业务特点，以流程驱动业务、数据优化决策为目标，引入开放的BPM PaaS平台，打造统一的流程中心，有力支撑企业端到端流程的数字化实现、落地执行和迭代优化。

流程中心的建设内容，包含三部分：“系统整合”“流程落地”“基于流程驱动的系统集成”。“系统整合”主要实现对原有已经不合时宜、无法支撑现有业务运行的已有系统，在流程中心平台中进行重构，从而完成原系统的功能迁移。“流程落地”主抓业务流程无纸化，实现业务全部上线，构建流程驱动的业务运行模式。基于统一流程引擎的流程中心建设，覆盖研究所大部分研制主流程和辅助支撑流程，包括需求管理、科研生产管理、质量管理、项目管理、物资供应链管理、人力资源管理、财务管理、设备管理和其他支撑服务流程等。“基于流程驱动的系统集成”主抓全流程数据贯通，实现业务数据复用和跨系统自动流转。开展与其他专业平台系统的流程集成，打通PDM（产品数据管理）、TDM（试验数据管理）、SDM（仿真数据管理）、MES（制造执行）、ERP（企业资源计划）等系统，实现复杂装备协同研制和精益管理的全生命周期数据贯通。

注重自主可控，培养数字化核心技术能力。从2016年开始至2020年年底，基于统一的PaaS平台技术，打造独立自主的技术团队，逐步建设具备自主知识产权的流程服务中心。开展底层API（应用程

序编程接口)、通用服务构建技术、微应用App技术、流程引擎应用技术、系统集成技术和大数据分析技术研究与应用，实现企业综合管理业务全覆盖。经过大量定制，形成更加符合军工科研院所的流程落地和运行平台，构造企业“大中台+小前台”的流程中心和数据中心。在开放、可控的IT基础架构的基础上实现了企业流程中心的自主研制，支撑数字化时代的业务敏捷、智慧创新和精益运营。

以先进、自主的PaaS技术为支撑，以流程与规则运行体系为基础，构建数据中心，通过大数据等技术的挖掘和应用，自动实现对企业运行状态的动态、及时、准确地监控、跟踪、反馈、提醒、报警等，并逐步实现对指标的分析与发展预测。以业务指标的及时预警监控为基础，全面梳理研制与管理流程、规章制度、作业文件、岗位职责、预警指标，大力推进管理信息系统的集成、整合和平台化建设，推进研制全流程的数字化，最终实现了以流程中心驱动企业端到端流程集成运行，以数据中心推动研制过程优化的统一数字化平台。

（四）以新研型号为切入点，推动数字化研制体系的落地实施

在新研型号装备的研制体系实施过程中，全面推行数字化研制体系落地，更加突出以客户为中心，着眼流程的价值产出，明确流程各环节责权利，实现业务流程的端到端顺畅运行。针对新研装备的产品特点，系统梳理现行规章制度及业务流程，以面向研制过程的管理活动为核心、贯穿产品研制全生命周期，制定活动、岗位责任、输入、交付物为附属属性的管理活动框架，分别对应流程落地中所需要的“业务、流程、规范、数据”，形成装备研制流程活动数字化设计表。经过评审后，即可纳入流程中心平台进行落地。

针对关键流程，进一步规范细化管控行为，编制管理规范类文件，按层级依次为工作流程、岗位对照表、岗位说明书、岗位操作细则。以大型试验为例，其中试验工作流程为外场试验程序的一般工作流程，包括但不限于产品转运、技术交底、产品下车、自检、维护保养、装填、发射前检查、发射、撤收等流程，以流程图形式体现，由项目总体设计师组织编制。试验流程岗位对照表应明确各流程中所需岗位配置，明确各岗位负责的流程，由项目总体设计师编制。试验岗位说明书应明确各试验岗位的工作项目、操作依据文件、文件准备、设备及工具准备等项目，由各岗位人员编制。试验操作细则为每个岗位根据试验的流程、试验流程岗位对照表及试验策划制定的试验全过程指导性文件，包括引用文件、保障条件、工作流程及岗位说明、操作细则及检查项目、检查判据及签署确认等内容，由各岗位人员负责编制。

（五）构建业务数字化能力评估模型，健全数字化应用绩效评价与改进机制

参考《工业企业信息化和工业化融合评估规范》GB/T 23020等文件要求，对照《北京机械设备研究所信息化总体架构》《北京机械设备研究所“十三五”信息化规划》的建设需要，开展业务流程数字化能力的绩效评价工作。立足实际需要，分阶段、分时期引导全所数字化能力逐步提升。评价工作主要从业务、流程、IT、数据、规范角度开展，以数据实事求是反映现状，客观反映全所各领域、各部门业务的数字化现状。分析现阶段的业务牵引能力现状及数字化建设的应用情况，对标以“用”为核心的重点工作，建立数字化能力绩效评价模型。评价模型构建基础建设、单项应用、综合集成、协同创新的综合评价维度，全面对数字化业务及业务数字化情况进行评价，识别出各部门业务的当前阶段及发展方向，为业务流程的数字化能力评估提供数据指标依据。

三、军工院所以流程改进为核心的装备研制体系数字化转型管理效果

（一）基于流程改进为核心的数字化转型，助力装备研制效率快速提升

通过5年的深入实施，研究所逐步构建了基于流程驱动的装备数字化研制体系，实现总体分系统的协同研发，实现了资源快速优化整合，实现面向全生命周期的科研管理，提升研制效率与质量，全面有效的支撑了数字化模式的军工研究所建设。经过测算，5年来竞标响应速度提升100%，研发效率提升

了 50%，生产效率提升了 100%，一系列型号研制任务取得了重大进展，多个平台项目脱颖而出得到军方高度认可，4 年来累计完成近千辆整车装备生产交付，全面完成各类科研生产任务。

（二）实现跨部门的业务流程集成，推动企业管理水平显著改善

截至 2020 年年底，基于统一流程中心平台上线的流程贯穿了市场管理、产品设计、试验、仿真、工艺管理、生产制造、综合保障和质量管理的集成产品研制过程，打通了人力、财务、供应链和其他支撑保障业务的综合经营管理业务，覆盖了研究所的大部分业务流程，基本实现了复杂装备协同研制和精益管理的数字化研制体系建设。识别、优化流程“淤堵”节点 327 项，整合流程 82 支，流程运行平均时间从最初的 7. 2 天缩短至 2. 2 天，管理效率改善 230%。完成了内部 23 个系统的流程贯通和数据集成，极大提高了数字化对业务的响应速度和数字化建设的灵活度，进一步提高了企业运营效率。

（三）形成适合军工研究所的通用数字化解决方案，具备推广价值

通过以流程改进为核心的装备数字化转型，总结了军工企业结构化流程端到端的梳理“四步法”，探索了基于“专业化”的组织机构运行模式，形成了与业务架构、组织模式相契合的数字化平台，构建了装备研制体系流程的数字化应用水平评价机制，满足军工科研院所的涉密信息系统应用要求，形成了可复制的解决方案。航天科工二院、六院、深圳工研院等多家军工单位来深入交流学习，具备推广价值。

（成果创造人：杨小乐、王彦丰、黄　赟、张　文、徐　磊、李　斌、王国锋、韩　永、满臻臻、吴　凡、王　赟、陈志茹）

高速动车核心零部件以设计和工艺一体化引领的智能制造管理

中车戚墅堰机车车辆工艺研究所有限公司

中车戚墅堰机车车辆工艺研究所有限公司（以下简称戚墅堰所）始建于1959年，是中国中车股份有限公司下属的核心企业，是我国轨道交通齿轮传动系统、基础制动装置、车钩缓冲装置、减振降噪等关键核心零部件研发及产业化单位，是国家技术创新示范企业、国家高新技术企业、江苏省创新型企业，建有国家级企业技术中心、国家级博士后科研工作站、国家认可的实验室，5个省级工程中心、2个院士工作站等研发平台，先后获得“中国工业大奖”1项、“国家科技进步奖”13项等。戚墅堰所以世界一流为目标，围绕企业核心能力，通过技术创新和管理创新“双轮驱动”，实现高速动车等轨道交通装备关键技术突破，不断为客户提供先进、成熟、可靠、经济、适用的高技术产品和系统解决方案，有力推动了中国轨道交通装备和高端装备事业的发展。

一、高速动车核心零部件以设计和工艺一体化引领的智能制造管理背景

（一）响应新时代行业转型发展的需要

中国经济已经由高速增长阶段转向高质量发展阶段，国务院国资委就国有企业在数字经济时代加快改造传统动能、培育发展新动能指明了数字化转型的方向和举措。戚墅堰所作为中国中车的一级核心子公司，是中国轨道交通装备关键零部件的研发和生产制造基地，承担着创建世界一流示范企业的历史使命。新一轮技术革命初露端倪，为技术创新型企业提供新的发展契机，产业格局与分工迎来重大调整。戚墅堰所结合装备产品的特点，提升管理水平，以两化深度融合提升产品设计及生产效率，有助于推动企业及轨道交通行业的转型升级。

（二）打造齿轮传动产业核心竞争力的迫切需求

齿轮传动系统产业是戚墅堰所轨道交通装备业务的核心，作为高铁核心零部件，是最高水准的主力产品。对标国际行业龙头，戚墅堰所齿轮传动系统产品在整体技术水平成熟度、持续创新能力、经营效率及国际市场知名度方面，仍然有一定差距。将多年的技术和工艺积累、产品运用经验进行总结和归纳，实现快速工程化，建设高效的制造执行系统，提升经营效率，是戚墅堰所齿轮传动系统产业打造核心竞争力的迫切需求。

二、高速动车核心零部件以设计和工艺一体化引领的智能制造管理主要做法

（一）制定整体建设思路，夯实项目推进基础

1. 确立智能制造管理的整体建设思路

戚墅堰所结合自身实际，制定了以设计和工艺一体化为引领的智能制造建设思路，核心目标在于整体最优，即通过设计和工艺一体化建设，放大技术和工艺优势，引领生产制造、供应链及质量管理的数字化、智能化建设，实现高效协同，提升整体经营效率。

2. 制定产业智能制造建设目标和路径

根据戚墅堰所“十三五”规划中对于齿轮传动产业板块的战略规划，结合智能制造项目的分析评估，戚墅堰所确立了项目建设的六项产业经营指标目标，即产品净利率提升5%，总资产收益率提升20%，总资产周转率提升20%，人均营业收入提升15%，百元收入人工成本下降15%，质量损失率下降5%。设定了六项管理指标改善的目标，即产品交付周期缩短20%，部件生产一次合格率提升5%，原材料、半成品存货金额下降15%，产品种类压降15%，操作人员减少10%，检验成本下降20%。

设计实施路径为：一是建设设计和工艺一体化平台（2016—2017 年），精准满足客户需求，合理构建产品簇的共用基础模块，实现产品标准化、模块化、系列化，进而开发管理平台，对设计和工艺工作进行智能化提升，持续筑高戚墅堰所技术、工艺的竞争壁垒；二是基于设计和工艺平台的输出，运用信息深度自感知、智慧优化自决策、精准控制自执行等功能的先进智能制造工具（2016—2018 年），提高车间数据精准性、业务敏捷性和管理智慧性，突破生产制造领域中计划管理、制造执行和作业效率提升三大难题；三是基于模块化、标准化的产品物料需求拉动，运用智能化仓储物流系统（2018—2019 年）对于物料采购、收取、存储及按需配送工作环节进行全面智能化、自动化升级，提升供应链协作的准确性，降低仓储物流的成本，精准响应生产现场的需求；四是以构建智能、高效为理念的全过程质量管理为目标，以客户多样化需求、齿轮传动行业质量管理要求和企业生产实际出发，打造着眼于全供应链、全生产过程、全质量信息的高效质量管理信息化平台（2017—2019 年）。

3. 构建智能制造建设工作机制

智能制造建设涉及戚墅堰所战略、经营、技术、工艺、生产、采购、质量、物流和信息等各经营环节，戚墅堰所成立了多层次、跨部门协作的项目组。项目组将齿轮传动产业的技术研发、工艺设计、生产制造、仓储物流、质量管理等人员，纳入订单项目管理体制中，使用项目管理的工具方法，拉动管理人员围绕经营目标协同工作。

戚墅堰所对项目组成员建立了较为直接、灵活的项目制评价机制，以月度项目关键任务进度达成与工作质量评价确定月度关键绩效；以总体进度或子项目成效给予季度激励；以最终成效、项目贡献度、努力程度等指标对年度绩效进行打分，年终兑现专项项目奖励。

4. 完善管理制度流程

组织相关业务部门对现有的制度和业务流程进行了梳理，就设计工艺、价值增值、流程效率、智能制造推进等方面开展了调研和专题讨论，对全价值链上的工艺流、实物流及信息流进行了再造，建立、优化《技术设计管理办法》《工艺文件管理办法》《生产组织管理办法》《仓储物流管理办法》《工序记录管理办法》等相关办法 38 个。识别并完善设计、工艺、制造、供应商、质量和仓储物流业务接口 127 个，对相关输入输出进行了标准化。

（二）搭建设计和工艺一体化平台，创建最优方案引领智能制造

1. 构建输入模块化，实现需求精准识别

以精益研发的思想为核心，制定模块化设计的总体思路：构建不同产品和系统间共用的设计模块，涵盖可共用的零部件、设计方案、结构特征等设计成果。基于产业链协同设计，从产品实现全过程进行系统分析与优化，最终为设计和工艺一体化及智能制造打下基础。

基于产品簇视角，从产品过往数年的销售历史和未来几年的规划趋势中，制作了数百种客户需求清单，然后对其进行归纳总结、优化组合，压减零部件的种类 15%，形成优先满足最能产生效益的用户需求，并进行模块化。

2. 构建技术方案标准化，提炼技术积淀

在充分满足功能的基础上，组织技术、工艺领域专家，以质量、成本、可实现性等维度出发，有效梳理、提炼了优秀技术方案，并实现了以最少的技术方案和模块满足最多样化的客户要求。同时，把多年以来戚墅堰所积累的产品中出现的典型组件、设计质量控制项点、设计经验、设计知识固化为模块化的技术数据。

3. 标准化研发流程，建立设计规范

明确设计规范的内容应涵盖零部件计算校核准则、结构配置原则、历史案例及其使用条件说明、优选顺序、评判标准，以及加工、采购等设计过程所需考虑的所有内容与管控要素。以形成数字化的

"设计手册"，指导、规范产品设计，解决以往产品设计随设计师风格变化而变化、设计质量不高、知识传承困难等问题。

仿照精益生产中，标准工位的原理，将研发设计流程细化到数字工作包，以工作包作为设计师的最小工作单元。如同生产工位一般清晰定义出工作包的输入输出、可共用模块等，进而通过管理工作包来保障整个设计流程的进度和质量。

4. 搭建智能设计平台，创新设计方式

将上述模块与设计知识实现数字化，并在规范流程的引导下，发挥戚墅堰所技术积淀的优势，以最优的既有方案辅助产品设计，并减少工作量、加快设计周期，降低产品多样性和质量风险。通过建立目标产品空间模型、建立运动与功率流、建立信息流、建立物理场及导入产品簇数据，搭建了涵盖设计过程涉及的所有要素的数字孪生模型，制作专用设计软件，完成智能化设计平台。

创新地构建了"导航式"的智能设计功能，具体表现为"智能设计三步法"。

（1）开发了当产品设计师输入参数化的客户需求及关联任务的要求，智能推荐符合客户输入要求的设计方案及使用频次等信息，辅助设计师选择频次最高的设计方案，对于部分复杂度较高，不存在完全符合要求的模块，则会推荐出相似度较高的模块，提供给设计师进行变形设计。

（2）在方案被选定后，进入仿真计算与质量校验环节，平台自动向其传递输入参数和设计参数，自动完成计算与校核，并将计算结果自动反馈至工作包界面。

（3）完成产品的三维模型设计，自动生成方案设计报告等相关设计输出。

同时，创新地将多年积累的工艺参数、制造投入（人工、物料消耗、设备）、供应（进口件）以及质量等关键数据，对关键部件进行关联匹配，引导设计师关注质量、成本等信息，并将相关信息实现了与制造、采购和质量管理平台的交互。

5. 建设设计和工艺一体化，引导下游系统

将三维模型数据作为一体化协同的核心，三维模型数据的驱动贯穿设计、工艺、制造乃至相关的检测等全部业务环节，主要实现手段如下所示。

（1）三维工程化产品设计：完成了产品的三维数字化虚拟建模。在三维模型中利用 MBD（产品数字化定义）技术将产品生命周期内的所有信息（包括产品设计、工艺、制造、检测等过程信息）定义于三维模型上，以实现基于三维模型的产品设计、模型审核、工艺设计、工装设计、采购制造、检查检验等。

（2）三维工程化工艺设计：使用系统对产品工艺相关的工序、工步、资源等数据进行统一管理，并建立其关联关系。在获取产品设计产生的 EBOM（工程物料清单）基础上，对重构生成 PBOM（工艺物料清单）/MBOM（制造物料清单）、工艺规划、工序工步等过程进行完整的管理，最终将正确有效的三维工艺及制造数据发布给下游的系统使用。

（3）三维工程化制造：一方面，基于三维设计模型派生出工艺需要的工艺模型，结合工艺需求添加机床、刀具等要素组合成制造模型。再基于制造模型定义加工轨迹并进行加工仿真验证，最终产生正确的、可用的程序，最终通过 DNC（分布式数控）系统管理、输入代码到加工中心进行加工制造。另一方面，建设三维工艺及制造数据的现场无纸化展示终端，将 ERP（企业资源计划）/MES（制造执行）系统的制造指令传递到现场展示终端后，操作者可直接调用图纸、模型、工艺文件、操作手册、质检要求等用于指导生产。

建设技术工艺数据管理系统（PDM），确保设计人员和工艺人员的技术数据交互渠道唯一化，在 PDM 内形成 BOM 管理框架，一是以 EBOM 为核心的设计数据及设计过程，EBOM 关联所有相关的设计三维模型、二维图纸、技术文件、设计更改。二是以 PBOM/MBOM 为核心的工艺数据及工艺过程，

PBOM/MBOM 关联所有相关工艺文件、工艺规程、工艺更改、毛坯、刀辅量具等。

（三）构建智能制造执行系统，实现生产管理精细化、自动化

1. 推进精益生产，夯实管理基础

齿轮传动生产车间在精益生产、精益运营的理念指导下，对产品 60 余道工序进行了详细的研究、切分，分别设立了 5 条精益生产区、线，以及 2 个精益生产工段，对机加工、热处理、辅助作业生产资源进行虚拟生产线排布，对组装作业进行节拍化流水线排布，各产线均实现了制度规范化、布局合理化、生产标准化、作业标准化、管理目视化、运行高效化及改善持续化 7 化共计 22 条的企业精益标准。运营管理、计划排产、看板拉动、标准作业、物流配送、异常管控等环节均得到了巩固，为智能制造升级奠定了扎实的管理基础。

2. 推进精细化计划编制，提升生产指挥效率

（1）生产计划智能编排。

在精益生产实现的标准化、规范化产线、加工区的基础上，通过建设智能制造执行系统（MES），衔接 ERP 系统中生产物料需求计划（MRP）及设计和工艺平台输出的数据，自动纳入车间产能、关联工序、制造周期等关联参数，计算并线情况与瓶颈工序，评估通过能力，自动完成全生产链的计划排布。

结合齿轮传动产业多品种、小批量特点，创新地设计了同一生产线多种产品混流生产的计划模式，将所有产品型号的排产的标准化参数引入数据库，自动排产时对冲突工序、交期风险订单、产能瓶颈进行评估、提示，经决策调整、输入后，自动完成混流计划编制。

计划执行完毕后，开发了后台自动收集和计算固定周期内重要部件的生产信息，如设备开动时间、消耗人工等，以固定格式回传 PDM 系统，辅助设计人员对模型关键数据进行修正。

（2）工位作业计划自动下达。

通过 MES 系统的开发，将生产计划的颗粒度细化，直接引向各生产线的每一个工位，并将工位的作业计划精确到分钟，以系统计划取代人工计划分级分解和作业任务派遣，实现了员工标准作业的强化。通过实时作业情况的点检及生产情况的自动收集反馈，智能分析各产线用工效率、OEE（设备综合效率）、异常等情况，向生产管理人员进行汇报，提升了车间管理的精细化程度。

（3）计划异常自动解决。

项目组通过对生产车间 3 年异常统计汇总与分析归纳，识别了六大类，38 种异常情况及标准化的应对措施和影响参数，在生产触发异常情况下，采用系统识别，系统智能变更，使智能制造执行系统（MES）对生产插单、拖期调整、异常下线、返工等生产异常情况进行自动计划调整，重新匹配任务信息和生产线产能，确保计划的实时性和对现场的准确指挥。

3. 建设全方位智能管理，保障要素受控

（1）生产作业智能化。

产品设计阶段，工艺和制造参数作为关键输出项点，通过产品数字化定义（MBD）技术在设计三维模型上进行标注；工艺设计阶段，以设计的三维模型为基础，通过平台生成三维工艺规程和三维工序模型，替代了传统工艺图样。对接设计和工艺平台的三维数据输出，项目组开发了应对试制和量产两种生产任务的执行模式。

在产品工艺验证、试制阶段，基于三维设计模型派生出生产需要的工艺模型，结合工艺要求直接匹配生产机床、工装、刀具等生产要素组合成制造模型。再基于制造模型定义加工轨迹并进行加工仿真验证，通过 DNC 系统直接传递到加工中心进行加工制造。

在批量生产过程中，在已有的稳定可靠的工艺路线、工艺参数的基础上，项目组在各工位上加装工

步引导模块、智能工具柜、定制装备等智能化硬件模块，自动引导员工进行标准化生产作业，并自动判定工作质量。作业问题、物料异常等管理问题自动反馈生产管理人员，工艺问题、设计差错等异常信息回传上游设计工艺平台，发起设计或工艺改进，有效将上百个工位的标准作业实现智能化管控，提升批量生产的稳定性，同时反向促进设计和工艺的不断完善。

（2）生产过程透明化。

开发数字化管理看板模版，实现系统对员工的动态数据实时采集，赋予生产管理人员实时掌握车间每个操作信息的能力，将进度、异常、节拍兑现、开动率等各项管理要素全面收集，为生产管理的提升改进提供强大的数据支持。

（3）硬件设备自动化和实时状态信息化。

设备进行自动化改造升级是智能制造车间建设的有机组成部分，是实现减员提效，降低质量风险的直接手段。将精密加工、注油加工、组装涂胶、轴承压装、刀量具管控进行了自动化升级，将数控设备接入制造执行系统，实时监控设备、工装器具的状态，对出现状态不稳定、数据波动大等故障风险进行提前识别、提醒。开发专用报表对硬件的作业负荷、使用效率等进行统计分析，为设备管理人员提供数据支持。

在系统编制完成的混流计划基础上，开发了协同生产节拍的设备检修计划，实现了自动编制设备检修周期表，并通过设备检修情况汇报，实时跟踪设备检修计划执行情况。

（四）建设智能仓储物流系统，实现供应精准化、智能化

1. 建设智能采购模块，实现库存自主管控

以精益生产中拉动式生产为基本原则，对 3 年采购数据开展分析，制订所有常备件采购物流计划（PFEP）。

针对定制件，通过对接设计和工艺一体化平台和 ERP 系统（主要指其中的订单信息），提前抓取长周期件、进口件信息，匹配对应采购策略。

两类采购件采购策略均在仓储物流管理系统（WMS）中采购模块进行自主设计。引导供应商自主备货、自主识别并自主按计划组织供货，在满足订单交付的前提下，有效降低了内部存货。通过数据贯通共享，同步完成 ERP 系统中关于采购订单送货、收料、退货等所有物料采购管理工作。

WMS 对关键部件的采购周期、采购成本等信息，回传 PDM，实现关键模块数据标注的更新。

2. 推进智能化仓储，保障物料精准管理

（1）先进先出与合并管理。

配置系统算法，自动管控出库批次和仓位策略，实现物料管理的先进先出要求。齿轮传动系统生产管控要求订单采用一单一件的物料管理模式，但是造成了仓储出入库管理环节巨大的数据处理量。根据实际业务特点，在系统中开发了订单预留合并出入库的功能，满足“出库分，入库合”的需求。

（2）过程防错。

在上下架业务过程中，通过配置扫码设备（PDA），实现了系统端处理与实物流始终一致。在保质期管理等关键管控环节，设置系统自动计算并冻结的功能，实现了系统防错。

（3）过程任务自动计算与过账。

设置所有物料出入库频次及盘点比例，自动推送盘点任务单，指挥员工进行盘点；设置保养基础数据，每月自动推送保养任务清单，并根据最终盘点与保养结果自动实现与 ERP 同步，完成了仓储管理作业的智能化。

3. 配置自动化设备，实现 JIT 配送

开发仓储物流管理系统（WMS）调用智能制造执行系统（MES）输出的工位级计划，通过在仓储

物流区域配置自动仓储系统（AS/RS）和自引导运送车（AGV），及时有序地调度 AS/RS 和 AGV 将物料自动配送至各生产工位。系统计算与自动配送满足了生产一线准时化（JIT）的配送要求。

（五）构建质量管控平台，提升质量管控全面化、自动化

1. 接入供应商端口，实现前端质量管控

为实现对供应商质量有效控制，将 80 家前端供应商的检查数据纳入质量管控信息化平台建设中，实现质量管理人员的数据共享、查看和调用。平台实时记录各供应商生产与质量数据，当供应商的生产数据波动较大或目标值偏离较大时，系统自动提醒质量人员提前介入，开展问题的分析，将质量风险控制在最前端。

2. 布局生产全过程，提升检测自动化水平

通过使用智能制造执行系统的工位级管理颗粒度，在关键工序、特殊工位与生产单元配置智能化硬件，并接入质量管控信息化平台，以系统调度生产，以智能硬件监测或实现作业，保障质量数据的实时、全面采集。

同时引入自动检测装备，提升检测工作的准确性。检测数据以实时传递和电子化的形式数据录入和保存，系统自动识别不合格数据，并进行流转干预与警报，确保各工序的质量受控。

3. 建设电子台账，实现数据全面采集

质量管控平台对齿轮板块全产品进行覆盖，制定了数百套质量信息模板，并通过对接智能制造执行系统的关联，质量信息模板需要的各项数据，由系统自动记录或调度检验人员作业，产品完工后，自动生成电子档案。

电子档案均包含该产品的加工数据、组装数据、测量结果及装配参数等。对存在例外放行、问题返工的产品进行记录，实现产品全制造过程的数据可追溯性。

4. 汇聚质量数据，提升质量管理能力

将质量数字化管控延展至生产全过程，优化平台“三检”、紧急放行等质量管理策略，实现对产品质量的精细化管控。质量管控平台一方面，对接生产现场的异常管理系统（安东系统）实时暴露现场质量问题，对接 MES 系统及时采集关键工序质量信息，对接客服人员采集产品运行过程中的质量问题等信息，从而对质量问题进行全记录和历史处置意见推送，并自动生成质量问题、质量损失分析报告，指导质量管理人员识别质量问题性质和重要性，投入相应的资源开展质量改善，提升了质量问题闭环的效率，形成了质量问题解决知识库。另一方面，经整理加工后的质量信息，又作为设计和工艺一体化平台的输入，进一步对设计标准化模型和方案进行优化，从而实现持续改善。

（六）建立考核评价激励机制，建设智能制造的新动能

1. 数字化改造的指标体系建设

为保障生产经营活动的稳定运行及产业的持续改善，项目组根据齿轮传动产业管理结构，建设了基于智能制造的四级运营指标体系，以实现经营指标的逐层分解、落实。指标设定由上到下分为 4 个层级，按照安环、质量、成本、交付和存货五大模块共计 68 个项点。

依托设计和工艺一体化平台、智能制造系统、智能仓储系统和质量管理平台实现的信息化管理能力，设计了从设计端起，各环节的日清日结和数据归集。项目组在 ERP 中使用报表功能进行二次开发，自动归集、计算各层级指标，客观、准确、实时展现生产经营活动状态。

2. 层级会议和评价考核

基于智能制造的指标体系的构建实现了经营状态的驾驶舱式的实时展现，项目组根据四级指标体系，设立了基于智能制造的每日层级会议机制，拉动技术研发、工艺、制造、采购、物流、质量等管理人员协同作战，全员参与分析指标、暴露问题、快速分层解决异常、逐层升级异常及闭环改善，支撑了

生产经营活动平稳运行。

通过重构绩效考核结构，将绩效成绩与指标体系数据挂钩，每月设置各层级员工的改善指标值及待闭环重点工作，并客观以系统指标数据进行评价、考核，确保指标的有效运用与持续改善。

三、高速动车核心零部件以设计和工艺一体化引领的智能制造管理效果

（一）管理基础更加牢固，生产效率大幅改善

对比2016年建设之初，齿轮传动产业的运营管理能力得到了显著提升，较好地完成了管理改进目标：产品平均工艺转化周期缩短48%，错误率降低13%，计划编制工作量减少50%，计划准确性提升30%，产品交付周期缩短32%；部件生产一次合格率提升9%；配送人员精减85%、配膳效率提升了72%，原材料、半成品存货金额下降23%；模块化度提升了60%，产品种类压降了25%；作业效率提升22.4%，操作人员减少18%；人工检验工作减少50%，检验效率提升了42%，检验成本下降了30%。

（二）经济效益增长显著，支撑戚墅堰所高质量发展

较2016年，齿轮传动产业交付数量增长43%，营业收入增长38%。同时，动车产品市场占有率从50%左右提升至85%以上，城轨产品市场占有率从50%提升至60%以上。戚墅堰所齿轮传动产业经营绩效不断提升，全面完成了公司制定的六项产业经营指标目标：产品净利率提升11%，总资产收益率提升44%，总资产周转率提升30%，人均营业收入提升60%，百元收入人工成本下降18%，质量损失率下降9%。在齿轮传动产业带动下，2016—2020年，戚墅堰所年均营业收入增长9.6%，年均净利润增长14.5%。

（三）荣获多项荣誉，企业影响力显著提升

荣获多项国家及省部级荣誉：2016年国家工信部“智能制造2025”首批试点项目，2016年助力戚墅堰所取得“中国工业大奖”；“2017中国好设计”金奖；2017年获得“国家科技进步”二等奖；2019年获得江苏省工信部授牌示范智能车间。项目得到了政府和媒体的广泛关注，江苏省、国家工信部等各级党政机关领导、集团领导及行业协会领导多次考察指导；中央电视台、人民日报、江苏卫视等众多主流媒体进行百余次的采访报道，形成了较大的社会影响力。

（成果创造人：李培顺、靳国忠、聂志镇、万　捷、王　硕、倪文峰、
刘晓伟、毛苏文、吴　刚、桑子雷、范　帅、李　伟）

基于 BIM + GIS 的城市地下综合管廊建设与智慧运营管理

中国建筑第五工程局有限公司

中国建筑第五工程局有限公司（以下简称中建五局）创立于 1965 年大三线建设时期，是世界 500 强——中国建筑股份有限公司的全资骨干企业，以房屋建筑施工、基础设施建造、投资与房地产开发为主营业务，拥有房建、市政、公路“三特三甲”资质，相继获得中国建筑工程质量奖“鲁班奖”近 100 项、“国家优质工程奖”70 余项、“詹天佑奖”10 余项，以及全国“市政金杯”“火车头奖”20 余项。中建五局城市运营管理有限公司（以下简称运营公司）系中建五局全资子公司，隶属于中建五局投资管理公司，至 2021 年年底，有 32 个 PPP 项目进入运营期，其中地下综合管廊项目达 8 个，运营资产总额约 500 亿元。运营公司经营范围涵盖综合管廊、道路、停车场、公园与场馆、商业综合体等运营业态，承担保障投资收益和谋划布局未来的双重职责，致力成为“中建一流、行业领先的知名城市管理运营商”。

一、基于 BIM + GIS 的城市地下综合管廊建设与智慧运营管理背景

（一）企业履行 PPP 项目任务，承担政府委办责任的需要

近年来，市政管线敷设用地越来越紧张，传统直埋方式下管线迁改容易导致的“马路拉链”与“空中蜘蛛网”现象普遍，造成道路拥堵且存在安全隐患，维修时间成本增加同时造成资源浪费，影响人民生活质量。综合管廊建设可充分利用地下空间统筹高效管理水电气等管线，促进城市建设的集约化发展。2015 年，长沙市获批国家管廊建设首批试点城市，中建五局中标长沙管廊 PPP 项目（一批）并于 2016 年正式启动建设，项目全长约 42.69 千米，总投资 39.96 亿元，管廊建设有燃气舱、电力舱、污水舱及综合舱。

在 PPP 模式中，政府实现了从市场简单的“购买产品”到“购买服务”的转变，从效率角度而言，由于受到政府部门的监督与绩效考核，社会资本提供公共服务要优于传统政府自身提供的服务。立足于提供高品质公共服务而不是简单的公共产品，中建五局对 PPP 项目的理解始终基于项目全生命周期角度实现投资、建设、运营 3 个阶段的统筹管理，通过高效的投资、高品质的建设与高标准的运营优质履行 PPP 项目社会资本方责任，为社会提供更优质的公共设施及服务，保障人民群众的高品质生活，彰显央企担当。

（二）提升管廊运营管理水平，保障城市安全运行的需要

2015 年以前综合管廊在我国未成规模建设，BIM（建筑信息模型）、GIS（地理信息系统）、物联网等信息技术极少用于管廊运营管理阶段。传统水、电、气等管线多以明挖、直埋的形式敷设，管线的维修及增设等工作需频繁开挖道路，对城市交通及居民出行造成影响和干扰，且直埋方式敷设的管线不易于日常巡检，安全隐患大。综合管廊的建设和运营，不仅使管线的敷设更加科学、有序便于统筹管理，更避免了因管线维修导致道路的反复开挖，增加了道路的寿命，保障了城市的交通顺畅。

长沙管廊 PPP 项目（一批）主要分布在高铁新城片区及湘府西路老城区，建设覆盖城区面积近 40 平方千米，单舱总里程达 120 千米，每千米单舱管廊各类设备数量多达 700 余个，项目廊内设备总数高达数万个。运营期长达 25 年，燃气、特高压等特种管线运维难度系数高且专业性强，管廊安全保障面临巨大的挑战，以人工为主的传统运维方式显然无法满足政府、管线权属单位对运营期管理目标的预期要求。中建五局立足项目全生命周期，将 BIM、GIS、物联网等信息技术创新应用于城市地下综合管廊

运营管理，进一步提升运营管理效率和安全保障。

（三）响应国家信息化发展战略，实现数字化转型的需要

《2016—2020 年建筑业信息化发展纲要》提出："十三五"期间，要全面提高建筑业信息化水平，着力增强 BIM、大数据、智能化、移动通信、云计算、物联网等信息技术集成应用能力，建筑业的数字化、网络化、智能化要取得突破性进展，要建成一体化的行业监管和服务平台，数据资源利用水平和信息服务能力要有明显提升，形成一批具有较强信息技术创新能力、信息化应用达到国际先进水平的建筑业企业。

为进一步完善企业信息化管理生态，中建五局响应国家信息化发展战略制定信息化发展规划，应用新一代信息化、数字化技术，打造从宏观到微观、二维到三维的可视化、精细化智慧运营管理平台，并制定一套较为完善且标准化的智慧运营管理制度，以智慧化、数字化的运营管理手段提升项目运营管理品质，实现运营降本增效。

二、基于 BIM + GIS 的城市地下综合管廊建设与智慧运营管理主要做法

（一）成立专业运营机构，明确运营管理制度

1. 成立专业运营公司，负责 PPP 项目运营

PPP 项目的运营阶段是项目全生命周期管理过程中最后也是最为重要的一环，承担着项目最终履约和投资回款双重责任。随着中建五局大批 PPP 项目建设期结束进入运营期，为提供更加专业的运营管理服务，中建五局顺势成立中建集团系统内首家管廊运营公司（后与湖南中建市政公路运营有限公司合并为运营公司），授权负责全局 PPP 项目的运营管理与新业务研究。另外，在长沙管廊项目初期成立智慧运营管理领导与工作小组，分别负责智慧运营管理顶层设计工作与项目具体工作开展。其中，工作小组主要包含设计单位、建设单位、施工单位及运营公司在内的管理与技术人员，按层级、分专业明确小组各成员工作职责，全面助力基于 BIM + GIS 的城市地下综合管廊智慧运营管理体系构建具体工作实施推进，充分联动设计、建设、施工和运营单位在项目生命周期不同阶段共同解决智慧运营管理体系构建遇到的问题，建立横向到边、纵向到底的网格化管理模式，切实保障基于 BIM + GIS 的城市地下综合管廊智慧运营管理体系构建工作有效落地。

2. 制定运营管理制度，明确各方管理责任

运营公司运营管理的主要对象是管廊构筑物、附属设施及廊内运行环境，入廊管线由其权属单位负责管理。为实现安全、高效、智能、低耗的智慧运营管理目标，贯彻落实智慧运营管理建设领导小组工作推进要求，建立管廊运营多方位、全过程的工作机制和制度，采用科学的管理办法有序推进管廊智慧运营管理工作。运营公司内部建立管廊巡检巡查、日常检修等日常运营管理制度，编制运营实施手册及方案，规范管理人员及产业工人工作流程，为管线权属单位提供安全稳定的管廊运行环境；量身定制 BIM + GIS 智慧运营平台技术规格书，指导项目智慧运营平台设计开发。外部与权属管线单位联合编制入廊管线管理制度，规范入廊审批与廊内作业流程，针对联合巡检建立标准化处置流程，并在多次联合演练实践中予以优化和完善。在应急管控方面，运营公司与政府应急部门、消防单位、医院等建立长效应急处置机制，制定多种应急预案并定期演练，以应对极端天气或突发情况。

3. 授权运营前置管理，提前规避潜在风险

为进一步规避项目设计、施工阶段可能会对后期运营产生影响的潜在问题，中建五局授权运营公司以满足需求为出发点，以提高管控效率、经济效益和品牌效应为落脚点，提前介入项目规划设计、建设施工、移交接管等工作，并对质量问题整改、质保金退还具有一定的考评权限。例如，在管廊规划设计阶段，依托于 GIS 技术，建立地形、构筑物等方面的专用地图展现空间与位置关系，在满足安全边界的前提下选择最佳管廊建设规划路由，对管廊重要节点如通风口、引出口、线路交叉口等进行最优设计及

布置，避免占用路面人行道等问题，减少运营期潜在的安全管理风险。

（二）设计 BIM + GIS 管廊智慧运营管理平台

以运营管理实际需求为出发点，以提升运营品质为落脚点，依托于长沙管廊项目，中建五局运营公司技术团队应用 BIM、GIS、物联网、大数据、云计算等新一代信息化技术，打破原有子系统信息壁垒，实现消防、安防、排水、通风、照明、供电等子系统集成化管理，为运营公司、权属单位和相关政府部门搭建联合管理的信息化管理平台。

1. 建立信息模型，物联数据共享

城市地下综合管廊通常成片成网建设，跨区域快速精准掌握管廊本体、设备及管线的运行状态进行统筹管理至关重要。设计团队将管廊本体、入廊管线、附属设施设备等比例进行 BIM 建模，且模型颗粒度精确到水管阀门、井盖开关控制器、电箱显示器等设备重要元器件，便于后期设备精细管理；结合管廊分布与周边地理位置信息进行 GIS 建模，并赋予 GIS 模型设备查询、分区定位、最快路径选择等功能。将监测数据、视频数据、设备运行状态数据等通过专用接口实时输入到 BIM 和 GIS 模型中，GIS 模型与 BIM 模型无缝兼容，实现从 GIS 模型（宏观）到 BIM 模型（微观）视角任意角度转换，并结合实际运营管理需求在模型中设置手动巡检和自动巡检两种虚拟巡检模式，利用模型数据可视化功能实现对管廊运行情况实时在线巡检管理，有效降低人力成本，大幅提高巡检效率。

2. 重构业务逻辑，集成平台架构

为满足集中管理、分散控制、统一调度智慧运营管理需求，将各子系统高度集成在统一管理平台上，以实现对管廊内部设备的远程管理与控制，将综合管廊监控与报警各系统集成为一个相互关联和协调的综合系统，实现各系统统一管理、信息共享及联动控制，为城市基础设施服务发挥核心纽带作用，并为管廊日常运行和应急管理，提供安全、可靠的技术保障，确保各类市政工程管线安全、有序、高效运行。从服务于项目实施智慧运营管理的角度出发，对整个运营公司长沙管廊运营项目部各业务线条及运维工人现场管理需求开展深入调研，标准化业务部门运营管理业务模型，并围绕具体运营管理工作开展情况，明确各部门协同工作业务逻辑关系，对项目具体的设备管理、业务管理、巡检管理、应急指挥管理、监测预警管理、入廊作业管理及安全防范管理等业务工作充分的场景化，为 BIM + GIS 平台功能模块设计提供参考依据。

以运营管理实际需求为出发点，以提升运营品质为落脚点，精心设计多个功能模块，代表性功能举例如下：设备管理模块实现对设备全生命周期的静态信息、动态信息提供完整的电子化管理手段，比如记录设备维修历史信息、保存设备操作日志，设备定期保养时间设置等，可按需要进行统计分析形成报表，为设备运营维护管理提供辅助决策；巡检管理模块实现巡检任务提前预设、巡检过程实时监控、巡检结果跟踪、巡检路线偏离预警等，可对巡检常见异常问题进行分类统计，便于合理分配巡检人员任务，有针对性地进行专项业务培训，还可为设备预防性维护保养管理提供参考；环境监测管理模块实现对管廊内所有环境数据的实时监测，对低于或高于标准阈值的环境监测数据进行预警，如有环境指标不正常可自动联动通风、排水及消防等系统，确保管廊环境安全稳定，对于进一步提升管廊环境安全管理水平提供技术保障；应急管理模块实现各子系统报警信息联动，在 BIM + GIS 平台上显示事件位置，并启动应急处置预案，引导人员快速到达现场救援将影响降到最小。同时，还具备历史应急事件分析功能，优化运营公司应急预案，完善应急处置流程。

长沙管廊 BIM + GIS 智慧管理平台具有丰富接口，为运营公司、权属单位及相关政府部门提供协同联动管理平台便于集中指挥调度。运营公司利用平台进行项目整体运营业务的智慧管理，提升内部管理效率，提高运营管理品质；权属单位通过平台实时监督运营公司提供的管线运行环境是否达标，倒逼运营管理品质提升，还将权属单位对管线运行监测数据共享到 BIM + GIS 平台，为保证管线安全运行提供更加全面的数据监测指标；政府相关部门通过专网异地登录平台查看管廊设备整体运行状态、巡检工单任务完成情况、廊内现场施工作业情况等，按照运维绩效考核标准要求运营单位工作全面落实到位，提升基础设施公共服务品质。

（三）利用数据可视化功能开展设备精细管理

1. 数据可视化功能设计

长沙管廊可视化功能选用层次化设计、统一架构、标准协议、协作管理的总体技术架构思路，层次化设计方案包含：感知层、连接层、传输层、数据层、展现层，其中感知层与展现层是解决哪些数据可用及如何用的关键。感知层根据传感器、控制器、监控摄像头收集管廊内环控系统（温湿度、气体浓度、液位）、电力系统（功率因素表、三相电表）、消防系统（烟感报警设备、可燃气体监测器）、安防系统（电子井盖、红外对射、门禁）、应急通信（IP 电话、广播）等系统信息，实现对管廊整体运行情况的感知，通过连接层、传输层、数据层处理后，展现层借助 GIS 与 BIM 模型、三维可视化、虚拟现实、移动互联等技术，根据运营管理需求将设备实时运行数据、环境监测数据、巡检任务完成情况、管线分布及占用空间情况等进行图表式呈现，为运营管理团队、权属单位或政府相关部门提供一目了然的数据展示。

2. 开展设备精细化管理

基于 BIM + GIS 技术的智慧运营管理平台建成后，传统以人工密集型为主的运营管理逐渐转变为智慧高效运营管理方式，尤其是数据可视化系统为日常运营精细化管理提供了极大便利。例如，设备管理是将排水系统、通风系统、液压井盖系统、供电系统设备的运行数据通过总线传输方式输入总控中心，经过算法加工后以直观可读的形式呈现，管理人员可迅速获取设备运行时长、电流电压值、操作日志、保养周期等信息，24 小时全天候不间断监管，精准判断设备健康状态，细致了解设备历史数据，达到设备精细化管理的效果。

（四）利用定位实时化功能实现人员在线管理

管廊日常巡检、管线入廊施工等人员下到管廊内，而管廊属地下密闭空间一般处于地下数米到十几米深处，实时掌控入廊人员位置尤为关键，运营商信号无法穿透管廊外墙到达内部，常规定位技术无法实现人员定位。运营公司技术团队应用基于 WI - FI 的定位技术，实现入廊人员位置的实时获取，提升运营安全管理保障。

1. 定位实时化功能设计

管廊主要结构均位于地下密闭空间，廊内无法接收到运营商信号及 GPS 卫星定位信号，运营技术团队依托于管廊建设期已安装的 WI - FI 设备，基于 WI - FI 指纹定位技术将人员位置信息与 BIM、GIS 模型按分区进行映射，构建廊内人员定位功能模块。此外，廊内设备安装位置在平台设计初期已与 GIS、BIM 模型映射，建立管廊本体结构、作业人员与设备之间的位置关系。

2. 实行人员在线化管理

实时定位功能将人员位置信息在 BIM、GIS 模型中显示形成人员活动轨迹，并生产人员逗留时长热成像，便于第一时间掌握入廊人员活动状况。在实际管理过程中，在模型中预先设置巡检路线，并明确近期需要着重巡检的内容，管理人员在定位平台上根据业务开展情况对正在进行的巡检任务实时监督与调度。基于 WI - FI 指纹定位技术打造的廊内人员实时定位系统，在任何时刻、任意位置对人员进行精确定位。一旦管廊内部发生水管爆管、燃气泄漏、人员跌坠损伤等突发情况，管廊运维人员可通过按下所携带的定位标签或终端上的定位按钮发出求救信号，无线定位系统将保留人员的最后活动位置，为精确紧急搜救提供重要参考，监控室的动态显示界面会立即触发报警事件并进行记录；在入廊施工作业现场如果存在一些部分人员不能进入的危险区域，可以进行电子围栏划定限定其在指定区域作业；可对巡检人员的巡检路线实时跟踪，并生产巡检历史轨迹，有效监督巡检任务落实情况。

（五）利用办公信息化功能提升运营规范管理

1. 提高运营办公效率

智慧运营管理平台业务管理功能赋予管廊运营信息化、自动化和移动化的管理能力，满足申请单线上审批、维修工单线上派发、月度报表自动生成、报警信息自动推送、监控信息随时查看、历史数据自动筛选等需求，实现运营管理办公业务数据化、数据表单化、表单信息化、信息在线化，摒弃纯纸质化办公、人工查找历史数据、人工编制、分析报表低效率的传统运营业务管理方式，形成标准化、规范化的运营管理流程。例如，管线权属单位可在线办理管线巡检入廊申请、质保金退还等一系列手续，节省大量线下对接时间，提升对权属单位的服务质量；运营班组间可实现巡检问题一键上报、维修任务一键接单、维修养护结果一键反馈、紧急情况一键报警等，加强班组联动，提升一线运营管理人员分工协作效率。

2. 提升数据应用价值

管廊运营期内主要数据来源为环境监测、设备原始参数、设备运行、报警数据、审批流数据等，随着运营时间推移将会产生海量运维数据，原始数据存储格式不一，难以在短时间内通过常规的软件工具对其进行有效的抓取、管理和应用。运营公司技术团队将综合管廊数据进行清洗，对存储格式进行统一管理，建立综合管廊数据信息化管理中心，及时、动态地对管廊信息进行更新转换，预设数据展示模型，提供历史数据查询，对海量运维数据进行分类、统计和分析。例如，生成廊内人员分布和逗留时长热力图，优化巡检路线和巡检内容；根据设备历史维护数据预测下次故障时间，提前预防性保养降低设备维养成本；根据管廊内湿度历史数据分析，实时启停排风系统以保证廊内湿度处于达标状态，降低廊内设备受侵蚀程度，为廊内人员提供良好的作业环境。管廊数据信息化管理中心的建立避免海量数据丢失，科学合理分类存储最大限度挖掘运维数据价值。

三、基于 BIM + GIS 的城市地下综合管廊建设与智慧运营管理效果

（一）智慧运营平台投运，管控效率提升

2017 年 11 月，中建五局长沙管廊项目智慧运营平台正式投入使用，以人工为主的传统运营管理方式被新型智慧运营管理模式所革新，管理效率有明显提升。经现场实测，人工巡检巡查单舱管廊每千米耗时至少需 30 分钟，基于物联网和 BIM + GIS 技术的线上可视化虚拟漫游巡检功能，在无须现场维修作业情况下耗时仅需 5 分钟，巡检效率提升 80% 以上；若需维修，能及时精准反馈问题，同时设备维修情况将登记到管理系统中，大大提升设备维修及日后性能评估效率。针对入廊管线的管道泄漏问题，综合管廊智慧运维平台专门设置应急管理系统，对廊内管道故障点进行快速精确定位，平台可一键启动应急预案，远程调取定位点周边应急资源，实现迅速准确的应急反应。

（二）技术创新智慧管理，经济效益提升

实时监控及各类应急报警系统联动运行，避免大量安全事故发生，尽可能避免电缆着火、燃气泄漏和水管爆管等，降低损失数百万元。利用红外对射防入侵系统，避免非法和未授权人员入侵管廊盗窃，避免电缆盗割事件发生，初步估计可避免损失 200 万元。通过自动监控、自动报警联动降低维护人员的人力资源成本，每千米的运维成本节约率 3% 以上。根据已运维的长沙管廊示范段运维数据进行测算，按三舱结构，每千米运维成本费为 73.3 万元/（千米·年），其中人工成本 25 万元/（千米·年），预计每年运维成本可节约 2.2 万元/（千米·年）。长沙管廊项目运营期 25 年，运营期内经济效益提升明显。

（三）高效管理安全运营，社会效益提升

综合管廊的建设为城市水、电、气及通信电缆提供了干净整洁的敷设空间，高品质的智慧运营管理为地下管线运行提供了安全稳定的运行环境，同时避免了传统方式导致的路面反复开挖和水泥、钢筋等建材不必要的投入，减少了管线维修造成的交通堵塞及衍生二次事故。全周期智慧管理极大节约了生态资源，提升了社会效益。

中建五局长沙管廊项目以科学合理的规划设计、标准规范的建设施工和行业领先的运营管理，2018 年选入国家财政部 PPP 示范案例，2019 年荣获“国家优质投资项目奖”并顺利通过国家两部委检查考核，历次政府绩效考核均已高分通过，2020 年获得“优秀管廊运营服务商”称号。自 2018 年以来，中建五局多次应邀出席管廊行业峰会分享长沙管廊智慧运营管理经验，并成功推广到青海海东管廊、杨凌管廊、重庆龙洲湾隧道等 PPP 项目。

（成果创造人：廖继文、彭万军、邓　娟、胡　伟、陶加佳、吴　浩、熊　剑、罗　婵、赵　亮、方　舒、刘鸣珂）

面向润滑油定制化生产的智慧协同管理

江苏龙蟠科技股份有限公司

江苏龙蟠科技股份有限公司（以下简称龙蟠科技）成立于2003年，于2017年4月10日在上交所成功上市。龙蟠科技是集研发、生产和销售为一体的高新技术企业，旗下拥有包括汽油机油、柴油机油、防冻液、汽车尾气催化还原剂等1900多个自主品牌的SKU（最小存货单位），并为北汽、广汽、上汽、江淮等国内100多家知名的商用车、乘用车、客车、工程机械、发动机制造商提供产品配套，是国内研发和生产规模领先的民营润滑油企业，并先后建有江苏省润滑材料工程技术研究中心、江苏省节能润滑材料工程中心、江苏省认定企业技术中心、江苏省企业重点研发机构、江苏省博士后创新实践基地、国家级CNAS认可实验室。龙蟠科技自创建以来坚持研发驱动、品牌推动、绿色促动、质量带动的发展战略，取得了较好的经济和社会效益，得到了高质量的发展，2020年度实现销售收入20亿元，利润2亿元。龙蟠科技先后荣获"南京市市长质量奖""江苏省质量奖""两化融合管理体系评定""江苏省自主工业品牌50强""江苏省智能示范工厂""江苏省两化融合试点企业""江苏省中小企业信息化应用示范单位""江苏省五星数字企业""江苏省互联网与工业融合创新试点企业""中国驰名商标""中国品牌价值500强""中国润滑油自主品牌10强"等多项荣誉、称号和奖项。

一、面向润滑油定制化生产的智慧协同管理背景

（一）企业面临的管理问题

龙蟠科技自2017年上市以来，进入了高速发展期，全国拥有11家子公司，六大生产基地，区域协同管理较为复杂，传统电子表协同管理方式已无法满足集团化管控要求，各厂区部门的动态沟通，出现信息截流、资源独享等状况，导致集团管理陷入种种误区和陷阱，产生一系列的负面效应。

1. 多厂区管理协同问题

一是多厂区计划与管理协同问题：计划的协同是龙蟠科技实现整体经营和集中管理最为核心的功能需求，特别是集团型多工厂制造型企业。集团公司需要实现对各个子公司需求信息的集中管控，并及时统筹安排；集团公司需实时采集各子公司的产能和资源数据信息，以便能够根据各公司产能资源情况安排生产计划，统一调度；集团公司需随时掌握计划下达的情况和完成信息；集团公司能够根据突发状况及时调整计划信息。

二是多厂区生产与管理协同问题：龙蟠科技多厂区制造涉及多个工厂、多种产品、多种原料等，产品生产制造程序复杂、工艺复杂，存在生产作业计划频繁变更、临时插单、材料短缺、产量不合理等现象，同时集团公司无法及时掌握各工厂制造信息，各分工厂无法及时收到集团公司指令，生产过程中无法及时按需排产，工厂之间不能确保生产进度及工序有序衔接，难以依据计划的完工时间进行运算倒排。

三是多厂区供应链与管理协同问题：龙蟠科技各公司供应链系统缺少多层次、多角度统筹规划，供应链数据价值没有充分发掘，不能较好地辅助管理决策。各子公司对供应链全过程业务没有统一的管理体系，与集团供应链系统、ERP系统、主数据平台等系统之间没有完全打通，缺少与其他业务部门信息系统统一的数据交互规范，数据来源缺乏有效控制，系统间同类数据不一致现象严重，数据真实性无法有效稽核验证，有些数据可用性不高，最终造成供应链的需求计划、采购寻源、采购执行、库存仓储、质量管理、供应商、结算付款等各个管理环节的数据分析能力薄弱，对于可能存在的管理风险或者

需要改进的业务流程，系统预警和管控的能力也比较薄弱，难以及时监控和评判供应链整体运行情况。

2. 多品种、小批量精细化排产管控问题

龙蟠科技在国内拥有天津滨海、南京新港、南京溧水、苏州张家港四大智能化生产基地，山东菏泽、四川遂宁、湖北襄阳等多座生产基地正在建设中，在新加坡及泰国拥有海外生产基地，产品方面公司拥有包括汽油机油、柴油机油、防冻液、汽车尾气催化还原剂等1900多个自主品牌的SKU，多厂区、多品种、小批量柔性化生产问题已凸显，同时个性化定制润滑油市场也表现出一定需求，因此集团面临着多品种、小批量柔性化排产及协同管理的问题。

3. 集团数据信息滞后问题

龙蟠科技子公司众多，各类数据分散在各子公司各系统内，集团获取分公司信息滞后，子公司收到集团公司指令也相对滞后，各企业系统相对孤立、集成度不高，系统缺乏连接渠道，数据被封存，给各公司信息统一和共享带来巨大障碍。因此需建立统一的数据分析平台，实现集团的信息集成和互联互通。

（二）项目实施的必要性

1. 实施智慧型协同管理是龙蟠科技自身发展的需要

本次面向润滑油定制化生产的智慧型协同管理创新，是龙蟠科技有效解决集团旗下南京新港、南京溧水、天津滨海、苏州张家港等各区域工厂协同管理需求，通过升级制造APS（高级计划和排程系统）的集中计划模式和采用集团统一MPS（主生产计划）管控模式，针对不同产品进行精细化排产，同时结合集团调度及大数据分析，满足多品种小批量的个性化产品需求，强化各子公司的业务协同，实现精细化管控，增强市场应变能力，支撑集团战略的高效执行、确保龙蟠科技创新变革的敏捷性和管理运营的有序化。

2. 实施智慧型协同管理是龙蟠科技引领行业发展的需要

龙蟠科技是国内研发水平和生产规模领先的民营润滑油企业，为了抢抓发展机遇，追赶国际领先，在市场竞争中占据优势地位，使提供的产品具有更高的性能、更好的质量、更优的价格，龙蟠科技迫切需要推行更为高效的协同管理，开展协同管理体系建设。同时，龙蟠科技充分发挥在行业内的示范作用，改变润滑油企业传统管理模式，形成典型的、可借鉴、可推广的管理模式，引领行业转型升级、创新发展。

二、面向润滑油定制化生产的智慧协同管理主要做法

（一）协同化，建立多工厂协同管理体系

1. 总体规划

依据龙蟠科技发展规划，按照“精益生产、制造协同”的策略，分步搭建生产协同平台，贯通制造资源流程、供应链管理业务流程、财务资源业务流程、购销流程等。平台包括4层柔性架构，其中设备基础层主要是一些单元智能装备，包括机油高速全自动灌装线、SMB（服务器信息块）在线计量调和系统、DCS（分散控制系统）调和控制系统、定制化产品数字灌装线、智能仓储物流等智能设备；车间层包含计划排产、控制跟踪等系统，监控主要设备的运行状况，通过现场总线、以太网、PLC（可编程逻辑控制器）与上层MES（制造执行系统）通信，传感器搜集到的信息经此上传MES，MES系统负责从原料到产品全过程生产指挥和调度实现实时记录、掌控生产过程的工艺参数，确保生产过程合规；工厂管理层包括企业的各种信息化系统，实现企业资源计划（ERP）系统、OA（办公自动化）系统等各系统与MES系统集成在一起，将企业的各种信息通过分类、汇总后形成中间数据库，然后按照不同管理主体要求，进行对应的KPI（关键绩效指标）展示，指导、辅助企业管理人员做出客观决策；集团层可通过大数据优化分析，包括供应协同、App、营销U蚂蚁、BI（行为识别系统）等系统，对外及时

响应客户、供应商需求，并收集内外部数据信息，为决策提供支持数据支撑。

2. 统一公司数据标准，建设大数据可视化平台

针对各子公司数据管理系统，在 MES 系统、ERP 系统、DCS 系统、SRM（供应商关系管理）系统、BI 系统等系统和工业互联网技术的支撑下，为集团建立统一数据分析平台，实现数据标准化、数据可视化、数据应用创新化，更好地提高数据质量。以订单可视化管理为例，通过可视化车间管理的应用，实现了平台化派工，员工可以进入系统直接查收自己任务；车间做到实时报工数据采集，可以随时查看系统生产进度，根据生产情况安排插单等业务调整；面向订单生产，可随时跟进销售订单的执行情况，打造透明化车间，实现销售订单的全程可追溯。

3. 实施集团智慧运营平台 APS 一体化项目

智慧运营平台 APS 软件系统是集团智慧型协同管理的基础软件系统，系统上接龙蟠销售端系统，下接各子公司/工厂的 MES 系统，通过各工厂的 MES 系统与 SCADA（数据采集与监控系统）打通交互，系统平台全面支持与设备的互联互通。分布式的工业平台构架支持海量工业数据的采集，确保现场设备运行的稳定性和数据采集的及时性。系统平台支持集中扁平化的集团化管控建设，全面实现业务数据的一体化，真正实现集团总部对各子公司工厂的实时监控，提高管控水平。

（二）网络化，创新管理与两化融合结合

把两化融合与创新管理结合，在引进核心技术设备的同时，信息化建设做了全方位的升级，订制化地实施 MES 系统，ERP 系统、LIMS（实验室信息管理）系统及 DCS 系统，实现 MES 为核心的信息化系统综合集成。自主搭建工业云平台、U 蚂蚁平台、大数据分析平台，实现将订单管理系统、产品质量全程追溯系统一体化，以数据驱动管理推动信息化工作，充分运用大数据、云计算，建成并完善集团大数据应用管理平台，通过智能工厂的建设，互联网 + 技术的深度应用，导入工业化和信息化两化融合企业管理体系，实现用科技提升效率，用创新促进公司发展。

（三）智能化，建设智能化生产线

以智能设备为信息管理基础，通过协同平台集成设备相关信息，实现制造信息的协同化管理。

1. 智能调和系统

调和系统是集机械制造、气动、电气、通信、计量技术于一体，用于石油化工、润滑油等行业的同步计量调和设备。

2. 智能灌装线

通过灌装线工业优化设计，逐步提高灌装自动化生产效率，龙蟠科技引进了机油高速全自动灌装线、定制化产品数字灌装线、变速箱油高速全自动灌装线等智能化生产设备，实现润滑油多品种、小批量、定制化的全自动化灌装，提高生产效率和灌装质量。灌装线主要设备包括：自动理瓶机、理瓶机到装箱机间瓶输送线、灌装机（含灌装、旋盖、铝箔检测剔除、单听在线检重剔除）、铝箔封口机、自动开箱机、跌落式装箱机、自动封箱机、滚筒输送线、打带机、理箱平台、自动拆托盘机、缠绕膜机。

（四）定制化，打造 U - MAX 工业互联网平台

通过打造 U - MAX 工业互联网平台和小 U 定制微信平台，实现润滑油多品种小批量定制化生产，通过平台和小 U 定制 App 可输入自己的车型、排量、行驶里程等信息，获得关于质量等级、黏度等级、用油规格等方面的用油推荐，车主用户还可以自定义标签图片和文案内容在线生成个性化标签，从而获得一款最适合自己的专属润滑油产品，在线支付并下单采购，采购订单自动上传至 ERP 系统，审核后下发到 MES 系统进行生产，生产完成后和快递公司系统集成自动下单邮寄；同时，客户可根据每瓶润滑油包装上的二维码查询到产品从原材料、质量等级、黏稠度等制造信息，实现产品信息全过程追溯。

（五）溯源化，实施一品一码的全过程质量管控及追溯管理

龙蟠科技是行业内率先实现一品一码管理的企业，通过二维码上的信息记录可实现生产制造正向、逆向追溯。

正向追溯：通过在MES中录入产品批次号，可以查询出该批次所有的物料批次、部件批次、该产品的订单信息、每个工序参与制造的工人信息、每个工序的设备信息等。

逆向追溯：扫描最终包装产品的二维码序列号，则可查询出该批所有物料的批次，对应的前道子工序的订单信息，前道工序的批次，跟踪到供应商提供的原材料批次，获取生产过程中与该订单绑定的人员上岗离岗的记录及订单下达时扫描设备标识卡与订单绑定的设备信息。

三、面向润滑油定制化生产的智慧协同管理效果

（一）六大管理提升

1. 平台升级，组织、数据模型、集成扩展能力的全面提升

面向润滑油定制化生产的智慧型协同管理平台为龙蟠科技带来了专业的平台级能力，全面支撑集团级多组织架构和泛组织管理，并将涵盖协同运营、生产的集成能力、数据模型能力、安全保障支撑在内的平台能力进行了全面升级。平台将多维组织与业务融合统一，形成高效、智能的组织运营体系；贯通供应商、经销商、合作伙伴等外部组织，让企业实现产业链上下游各业务场景的协同化管理；通过应用分析体系，从平台层面提升数智模型的应用能力，激活企业数据资产；围绕龙蟠科技的生产，通过生产管控、售后服务、个性化定制等全过程数据信息的采集，促进龙蟠科技各环节数据分析能力提升。

2. 管理升级，创新性协同管理模式助推企业创新发展

面向润滑油定制化生产的智慧型协同管理平台基于多组织管理、集团门户、专业服务平台等，构建科学规范、创新高效的运作管理模式，提高企业运营效率。管理平台不仅通过多组织模型帮助龙蟠科技实现各子公司下交叉性的业务管理和人员协同，还借助集团门户实现资源信息的集中性管理和分散化运营。通过协同平台打通与差旅、人才招聘、采购等专业社会化服务的对接，实现在线化、可追溯、实时、高效安全的集中管理模式。

3. 流程升级，集团性、智能化的流程应用场景创新

协同运营平台一方面通过多组织流程管理等强化龙蟠科技的流程管理模式，另一方面深入探索AI技术与流程的结合，帮助龙蟠科技实现业务全流程的智能化管理。通过赋予工作流以独立性，实现无表单流程管理，满足企业重要工作内容随需调用流程的管理需求；帮助集团到子公司做到分级、分权、分工的流程设计和监控的精细化管理。

4. 生产升级，实现了多品种小批量生产和一品一码管理

面向润滑油定制化生产的智慧型协同管理，以中台的架构和技术、协同、业务、连接、数据的专业能力，夯实协同运营中台的落地效果；以移动化、AI智能推进前台的应用创新，实现企业多品种、小批量定制化、智能化业务场景，促进企业全过程管理能效，赋予龙蟠科技协同工作和运营管理的新体验。通过二维码上的信息记录可实现生产制造正向、逆向追溯。

5. 移动升级，移动端业务开启团队协作新方式

面向润滑油定制化生产的智慧型协同管理基于社交化业务的理念，为龙蟠科技打造了敏捷高效的团队轻协作平台，通过融合业务与沟通的场景化方案，让企业在统一平台上实现基于业务的实时沟通、分享和协作。同时，智慧协同运营平台还提供了全场景的移动办公、移动业务、移动集成等功能，比如无线投屏、无线打印、文件管理、防截屏功能等，让移动端的办公体验性和安全性大大加强，并通过客户管理、项目管理、HR管理等业务应用，以及移动集成的各类消息、待办和流程，用户可以在移动端便捷地完成各类业务的审批处理和操作。

6. 智能升级，AI + 协同的全面深度融合

基于协同运营中台的柔性体系架构，面向润滑油定制化生产的智慧型协同管理平台及业务连接、数据集成的优势，在智能工作助手、智能协作、智能流程、智能分析的全场景中全面赋能组织和业务管理，帮助龙蟠科技实现人机协同的自动化任务处理、智能化运维决策。实现数据的实时精准分析呈现；同时基于团队协作看板中智能搭建关联的项目进度报表等，帮助龙蟠科技管理者在移动端随时随地浏览查询，通过对业务、协同过程综合分析，及时发现问题并进行智能化决策。

（二）经济效益提升

龙蟠科技智慧型协同管理执行后，提高了销售收入、利润总额等，降低资产负债率、万元产值能耗等，实现销售收入增长 11.77%，利润总额增长 45.27%，资产负债率降低 5.17%，单位产值能耗降低 7.41%，龙蟠科技营业收入、利润、税金均保持稳定增长状态，相比 2019 年，2020 年龙蟠科技新增营业收入 20163.56 万元，新增利润 8516.78 万元，新增税金 299.1 万元。

（三）社会效益提升

协同管理创新模式已取得了一定成效，当前正向行业内及产业内上下游企业推广应用，同时龙蟠科技创新管理的应用也提升了产品质量，为行业树立了“质量标杆”，提升了我国新材料行业的整体制造水平，缩小我国新材料行业与国际先进制造水平的差距，提升整个行业竞争力，有利于行业智能化、绿色化发展，助推中国制造 2025。

1. 有利于行业智能化、绿色化发展

《中国制造 2025》将新材料产业作为两个核心基础产业，国家继续把新材料等战略性新兴产业作为国民经济支柱产业加快培育。润滑油行业是现代工业科技的助推剂，项目生产的润滑油是一种精细化工的新材料，是以“创新驱动、质量为先、绿色发展、结构优化”为主题的新发展模式，本次智能工厂的建设将大大提升生产效率，降低产品不良品率，降低单位产值能耗，推进了行业智能化、绿色化发展。

2. 有利于推动润滑油行业生产管理进步

伴随着行业对质量管控的加强，对润滑油企业提出了更高的要求，项目的实施有助于为润滑油行业智能制造升级提供可参照的标准，加快推动行业高质量制造管理的步伐，运用智能制造的新模式来提高生产效率、提升产品质量、加强质量监控、降低生产成本和质量风险，同时促进我国制造业的转型升级。

（成果创造人：吕振亚、郑边疆、朱　萍、胡人杰、夏文书、刘克印）

通信企业以“六新”为特征的数智化管理体系构建

中国移动通信集团天津有限公司

中国移动通信集团天津有限公司（以下简称天津移动）隶属于中国移动通信集团公司，现拥有员工超过4000人，业务涵盖个人、家庭、政企、新兴四大领域。天津移动拥有天津地区最大的移动通信网络和客户规模，持续为天津经济社会发展提供可靠信息化支撑。网络容量达到1850万户，高速光纤宽带覆盖近500万家庭，惠及近950万移动客户及近150万家庭宽带客户。建成空港、海泰、智慧港3个IDC（互联网数据中心）机房，具备装机能力1600余个机架，互联网出口带宽达11340G。天津移动率先在天津发布5G试商用和“双千兆”业务，是全国首批实现5G SA业务试用的单位之一。

一、通信企业以“六新”为特征的数智化管理体系构建背景

（一）适应数智化转型背景下行业变革和竞争环境变化的需要

当前，以数字化、网络化、智能化为特征的新一轮科技革命和产业变革深入推进，中国移动坚持以5G融入百业、服务大众为着眼点，稳步实施“5G+”计划，以技术融合打造产业转型升级加速器，以数据融通建强社会信息流动主动脉，以管理融智夯实数字社会建设新基石。天津移动必须通过大力发展AI、区块链等技术，结合5G的高带宽低时延高并发特性，推动千行百业的运营管理模式智慧化转型，实现效率和效益双提升。

（二）落实中国移动集团智慧中台战略推进数智化运营管理全面升级的需要

中国移动集团在持续夯实网络优势的基础上，需要进一步凸显数字化、智能化的转型方向，形成信息技术、数据驱动的新增长模式，为产品服务、运营管理等全领域、全环节注智赋能，促进全要素生产率显著提升。集团公司加强顶层设计，全力推进全网智慧中台构建，以支撑数智化转型所需的业务、数据、技术需求，统筹推动“业务+数据+技术”智慧中台建设运营，积淀了一大批关键能力，注智赋能，有力支撑了省公司和专业公司发展，促进了省公司数智化运营。

（三）提高市场竞争力和长期稳定持续发展的需要

天津移动市场竞争压力不断加大，减利因素有所增加，企业利润水平提高的难度日渐显现，面对现状天津移动紧密结合市场和企业实际提出科技兴企战略，在集团指导下各职能部门深度协同，以AI、区块链、大数据等技术开拓企业营收新领域，创造新发展机遇，以差异化竞争优势来确保市场竞争主体地位。因此，要求打造“市场、服务、运营、管理”全方位赋能的AI引擎，将AI嵌入运营管理主体流程，实现AI助力顶层设计，推动公司高质量发展，服务社会数字经济智能化升级。

二、通信企业以“六新”为特征的数智化管理体系构建主要做法

（一）数智化管理体系的总体战略和发展规划

天津移动数智化管理体系的总体目标为以AI等信息技术改造企业现有的业务、服务、网络、运营等管理条线，并不断催生新业态、新模式、新产品，孕育出信息服务巨大蓝海。总体战略为通过数智化转型，形成以5G网络为基础、AI和区块链等信息技术和数据要素为驱动的新增长模式，让数智化技术成为公司发展中的引擎、智脑，以“六新”为特征实现数智化转型。“六新”为全面数智化转型管理需要的六种模式，即“新市场、新网络、新服务、新销售、新运营、新安全”。实现“六新”的核心思路就是以AI技术赋能公司全场景、全流程、全专业，将AI技术和市场、服务、网络、安全、销售、运营紧密结合，以AI驱动体制机制革新，全面调整管理视角、方法及手段，全方位提升运营管理水平。

天津移动实现分步走的数智化发展规划，第一个阶段为储备期，构建全新的数智化管理体系，完成人、财、物等管理要素的准备，通过技术培训等措施全面提升员工数智化运营能力，并集中研发力量重点实现关键技术研发和自有能力沉淀。第二个阶段为发展期，以AI实验室等专业研发运营团队为依托，将AI技术赋能公司全场景、全流程、全专业，将AI技术和市场、服务、网络、安全、销售、运营紧密结合，以AI驱动现有体制机制革新。第三个阶段为成熟期，培育出一系列业界知名的AI应用，打造一批业界领先的关键技术和能力，成为产品应用规模大、对集团发展有显著推动的AI领军单位，同时全面调整管理视角、方法及手段，全方位提升运营管理水平，完成数智化转型的总体目标。

（二）以“六新”为特征的数智化管理举措

1. 新市场

新市场方面，以人脸识别、活体检测、人证比对等技术手段，支持摄像头、AR眼镜等多种智能设备快速识别客户身份，在营业厅等渠道中实现业务精准推荐。

自主研发人脸识别AR智能眼镜系统“AI荷尔蒙”，主要应用于天津移动校园营销、社区营销等走动式营销场景的人脸身份鉴权，其具有人脸识别、智能业务推荐等功能，支持营业人员通过头戴式视觉外设，实时捕获客户人脸，快速识别客户身份，依托研发的CRM（客户关系管理）业务推荐平台，快速定位客户需求，已在中国移动校园营销大规模应用，基于千万级人脸图像自主研发人脸识别模型，准确率达99.8%，达到行业领先水平。

打造新零售厅IT赋能系统，实现了天津移动5G旗舰厅到厅用户的智能身份识别，其基于高清摄像头和人工智能视频处理程序，结合机器视觉视频处理框架实现客户到厅的身份自动识别，利用CNN（深度卷积神经网络）不断优化识别模型，通过比对进厅用户的图像与当日基站用户的人脸特征向量集合，识别出用户身份，给予针对性的画像、标签，轻渠道精准营销推荐和潜在服务意图挖掘，提升到厅客户的业务感知。同时，纳入智能语音识别设备、身份嗅探设备和电子价签、云货架等，实现灵活的营业厅智慧运营。

2. 新网络

新网络方面，引入自然语言处理技术，赋能网络投诉工单智能稽核、智能派单，形成对现行以关键字识别为主要手段的投诉工单自动稽核方式的智能化升级。针对智能化运维，构建以四足机器人为平台的视觉巡检系统，降本增效，提升网络机房运维质量。

打造EMOS网络工单智能稽核系统，挖掘回单中自然语言的命名实体、事件和关系，实现投诉工单语义字段智能提取。通过对历史网络工单进行语义分析，构建基于特征词和泛化词的专家规则，对投诉工单中的N类语义字段进行分析提取“解决情况”“是否联系客户”“是否需要后续处理”等，针对网络投诉工单实现自动质检和稽核。打造网络投诉工单智能化自动派单系统，对热线人员建单中的非结构化描述语言进行智能分析，自动抽取关键语义信息并形成归纳建议，从而实现高效人机协同派单方案。

为了解决人工巡检强度大、质量不均衡、轮式机器人无法适应网络机房狭窄空间和复杂地形等问题，自主研发了“5G+AI”的机器人平台系统，实现四足机器人的例行巡视、热成像识别、人体追踪、仪表数字读取等功能，基于5G网络结合实现4K级高清图像的实时传送，在移动云高性能GPU集群完成处理和分析，并指挥机器人实时响应后台指令，从而完成图像自动存储对比分析、红外精确测温、巡检及告警发布等作业。自动触发告警，提醒运维人员进行检查，提升网络机房运维的智能化水平。

3. 新服务

新服务方面，以多轮对话、知识图谱等智能应答技术实现客户“自服务、预服务、精准服务”，快速响应客户投诉，提升服务感知和客户满意度。

打造互联网化帮助台系统，受理中国移动营业厅和渠道等一线人员在进行业务推荐或客户服务时遇到的故障、异常、投诉或疑难问题，解决传统客服系统面临“智能应答不准、搜索感知差、知识散落未整合、投诉工单质量不可控”等痛点，以热线服务、在线服务、工单协同、人脸/语音识别、智能知识库等方式，受理用户的故障处理、异常查询、业务咨询、投诉申告等诉求，提升内部用户的服务感知。

打造面向业务服务领域的专用知识图谱系统，将运维知识实体之间的关系和逻辑进行图形化展示，为客户服务域的知识库输出逻辑搜索能力，为智能机器人输出智慧应答能力，为工单处理输出自动回复能力。通过提供业务/服务/数据/事件之间复杂关系的结构化输出，串联运营与运维，训练数据来源于海量的 BOMC（业务运营管理中心）工单、在线客服记录、业务需求文本等，通过语义、逻辑识别，抽取出实体（业务、故障、异常、需求等）之间的关系，在客服系统实现语义搜索、智能问答、可视化业务知识搜索。

4. 新销售

新销售方面，打造面向通信运营商业务场景的知识图谱推荐引擎，针对权益运营、5G 换机、离网预警等需求实现智慧推荐和精准营销，提升销售成功率。

智慧推荐引擎将以认知图谱为核心的 AI 算法与智慧推荐领域相连接，将客户标签属性、互联网搜索、异动行为、位置信息、业务订购等多维数据进行语义整合，对每名用户的需求进行“看管、跟踪”，挖掘根因，并根据客群特征进行聚合，打造客户需求、商品知识、运营时机、运营场景四大知识图谱，实现多域数据融合，借助认知概念图谱 AI 模型，实现自动构建图谱，链路解释路径获取，助力单场景化识别，实现运营多场景互联，通过中国移动大数据微营销平台赋能全渠道，在客户任一触点接入时，均智能分析其需求，给予精准推荐，提升天津移动重点业务的推荐成功率。

5. 新运营

新运营方面，通过语音情感分类、文本挖掘及事理认知技术，精细化分析客户服务感知，主动进行客户情感修补和存量运营，降低离网风险。

打造面向热线语音实现智能情感分析系统，针对 10086 热线呼入呼出及网络投诉外呼语音，基于多模态信息处理技术实现语音情感分类及强度量化，以实时和离线两种模式开放能力，实时接口提供“情感分类、情感量化”服务，离线接口提供“情感分析报告”能力。运营人员通过用户情绪波动分析服务质量，主动进行客户情感修补和存量维系。

构建基于客户认知图谱的不满意根因挖掘能力，接入大数据标签、家宽用户感知探测、无线网络异常感知数据，具备 BOM 三域融通的数据基础，基于认知概念网络和事理图谱技术，打造了全场景、多功能域的满意度预测体系。以种子用户推理全量用户，预估全量非沉默用户对业务、服务、资费的满意度，并给出具体的不满意原因，帮助针对性做好用户服务和精准营销。

打造智能特殊事件识别能力，构建客户感知体系，为天津移动服务运营人员提供热线服务数据中发现特殊事件的能力，以针对热点、突发、异动事件进行发现、筛选、分析、监控。通过对多模态数据进行根因分析，以高频词配对、泛化语义匹配、孪生网络语义检索等方式，实现服事件主题的自动监控，对客户进行情感、语义、服务质量等层面的感知识别，构建客户真实感知体系，帮助服务满意度提升。

打造孪生网络泛化语义的服务合规性检测系统，构建面向海量热线语音的自动化质检能力，实现细粒度的语音转写文本情感分类、语义概念提取及事件分析，赋能无线、家宽等场景进行语音质检，包括家宽投诉外呼质检、家宽预约语音质检、5G 升级投诉客户历史溯源语音质检等，每个质检类目均构建关键词库，泛化语义匹配叠加负面情感识别，实现问题检出率大幅提升。

6. 新安全

新安全方面，打造“联邦学习 + 区块链”的多方安全计算引擎，解决了行业合作、交互可信和数据共享问题，在智慧零售、银行信用风险评估和满意度预测等场景体现价值，实现多方隐私数据共享，拓展了天津移动跨行业数据合作范围。

多方安全计算引擎，通过引入先进的联邦学习技术，充分发挥联邦学习的跨行业模型共享能力，并将 AI 模型上链，结合区块链链去中心化、开放、防篡改、匿名、可追溯的关键特性，实现了智能引擎系统。应用范围极广，在业务方面，以运营商、本地生活、视频内容、交通出行等多行业数据为支撑，实现精确的营销识别，并推荐最佳产品权益。在电信反欺诈方面，以运营商通信数据、银行流水、第三方支付流水、公安诈骗库等为支撑，实现精确的欺诈识别、欺诈名单共享、欺诈预警。保护各企业的数据安全的基础上，协调多方资源，实现企业间的联合建模，让区块链＋联邦学习成为智慧零售的引擎、智脑。

（三）“六新”数智化体系驱动业务和管理模式转变

1. AI 技术实现身份鉴权和走动营销，重新定义营业厅

以“六新”为特征的数智化能力提升，在新零售领域已实现了智慧营业厅、智能推荐引擎等全新业务流程体验，包括全景监控、人脸识别、精准营销、主动推荐、个性化服务、客户画像等，以厅店走动式营销＋AR 人脸识别眼镜解放双手，更好地为客户进行演示，以智能推荐引擎改变传统的“守株待兔”营销模式，实现随需而动的精细化营销。智能眼镜是为走动式营销而生的最佳载体，在运动中，系统支持实时的人脸检测与跟踪，解决零售场景中抓不准客户需求、留不住客户的问题。AR 智能眼镜系统也对线下零售多种业态场景打造个性化解决方案，如面向实体厅店的店内推荐方案，社区营销的走动式推荐方案，为行业应用提供最新的体验。不仅拓展了零售场景，也为实体厅店的经营注入新活力，助力商家打造“知人知面更知心”的新零售智慧门店。

2. 数据驱动问题画像和原因分析，助力服务降本、提质、增效

基于人工智能技术，构建了面向移动内外客户的智慧服务大脑。对外部客户，AI 技术提升客户服务满意度，基于语音情感识别、语音转写、认知图谱等技术识别移动业务日常运营服务的问题，及客户潜在不满情况，进行问题修复与客情维系；对内部员工，打造“智能帮助台”服务机器人，具备多轮对话、知识图谱等智能应答能力，辅助处理系统异常、界面报错、业务故障等问题，提升营业一线的业务服务运营效率。天津移动的服务模式，从传统的被动受理、投诉处理，转变为对潜在服务不满意、可能投诉的用户进行根因定位，经过对问题的画像处理，挖掘潜在不满意原因，便于客户服务部进行客情服务，提升满意度。

3. 结合技术优势解决安全问题，筑牢外部合作的信任基础

由于数据隐私保护问题，天津移动无法和行业用户采用数据融合方式，进行零售、风控、评估等跨行业合作，导致行业业务收入的损失。以“六新”为特征的数智化体系，采用区块链“可信媒介”技术解决共识和可信问题，所记录的交易不可篡改，模型的训练、推理、角色对齐均上链，通过智能合约、共识计算等实现天津移动和行业合作的可信网络，催生了“运营商＋互联网公司”多方共享的智慧零售、“运营商＋银行”联合信用评估等新应用，打破不同行业之间坚固的数据壁垒，各个参与企业的数据停留在本地数据库，即可完成多方安全计算和联合建模，取得比单独企业数据更好的分析效果，获取更全面的客户特征，推荐更精准，挖掘更多的商机，形成模型共享训练生态。

（四）建立专业研发体系，匹配组织架构和激励机制重构

1. 组织机制保障：以 AI 研发专项保障机制促进组织转型

天津移动紧密围绕智慧中台战略目标，在技术发展、人才培养、生态构建、政策机制等方面不断探索，成立了专业研发机构——AI 实验室，建设了以技术中台为依托的 AI 应用联合研发、运营、推广团队，集中资源在 AI 领域打造一系列标杆应用，如智能应答机器人、知识图谱推荐引擎、满意度预测模

型等。努力完善AI生态，以AI专业研发机构的产品、能力，驱动各专业条线的发展，聚焦AI嵌入各专业主体流程，促进协同研发，大力培养AI人才，实现AI梯队的规模化发展。举措包括：提供专项AI资金支持；实施专项科研配套奖励；注重产学研合作，提供项目支持。

2. 运营机制重组：“2+1+N”多措并举，激发团队活力

天津移动“2+1+N”多措并举，集中优势资源，激发创新活力，促进成果共享，鼓励全网优秀实践引入和能力输出，实现“百花齐放”的AI应用推广态势。其中，“2”是两项重点孵化举措，即优质AI应用推广复制和系统梳理领域业务场景，开展重点项目攻关，解决关键问题。“1”是一项组织管理举措，即以AI小组模式实现自主创新，结合业务需求组建若干条线的AI小组，组织灵活且各有侧重。“N”是体制、机制、运营模式、组织方式等方面的多项发展举措。

（五）构建支撑保障新机制，实施灵活的考核评价方法

1. 鼓励核心能力自主掌控，实施专业化评价

天津移动注重自主研发能力的培养和拓展，持续发展人工智能产品并为内外部注智赋能。以AI实验室等专业技术人员为主体组建自主研发团队，专注于研发5G/AI垂直行业赋能产品、人脸/物体的感知鉴权产品、智能客户服务产品、大数据挖掘及智慧业务推荐产品等。同时，注重推动“运营商+X”的行业生态形成，在行业解决方案实施中，也帮助合作伙伴打造AI特色的自主研发体系，助力传统行业向数字化智能化转型，万物智联，拓展渠道，提高效益。天津移动还以智慧中台建设为基础进行人员的专业化转型并实施评价，构建了专家积分体系并对应明确的职级、职位，鼓励专家积极参加集团级重点信息化项目试点，在集团公司统一资源池、统一AI平台、梧桐大数据等支撑下，在AI、大数据、区块链等方面“以建促练”，将项目建设和积分评价相结合，以项目、方案、实践来培养专业化专家团队，并让专业技术人员可以获得相应职级、激励。同时外部积极引入专业化人才进行补强，通过从传统IT支撑向服务化、专业化、产品化的项目制AI团队转型，为行业提供强大的组织架构支撑。

2. 打造“项目制”虚拟化团队，匹配专项激励机制

天津移动以“三大举措”实现产品化、服务化、专业化“三化”转型，包括：加强运营协同，将AI、大数据、系统平台等技术人员与业务管理人员统合到具体项目团队，以技术、管理、运营一体化的模式组建队伍；加强专业化培训，推动数智化技术更快更好地嵌入管理流程，培养技术、业务和运营专家队伍；加强团队对行业应用支撑的适配能力，通过建立机器人流程自动化等手段和机制，持续降低AI技术落地成本，帮助释放部分支撑人员，优化资源配置，降本增效。同时，以数智化核心能力提升实践活动为依托，注重培养一线专业能力，向高端智能化管控型人才转型，开展内部人力资源盘活工作，将工作量小、效益低下场景中的人员向发展潜力大、工作量饱满的场景中调剂，对人力资源管理部门、基层单位及员工分别执行“按期”“定量”“一次性奖励”考核，两年内一线作业人员的专家晋级率达到50%以上，提高了用工效率。

3. 与业界著名机构联合研发，塑造数智化产业生态

依托“中国移动联创+”行动计划，持续推进与天津大学等著名机构、院校合作，主动融入区域重要创新体系，共建省部级重大科技创新平台，联合申报省部级重大专项，推动协同创新。以天津大学《量子智能与语言处理核心算法研发》项目合作为例，联合团队以国家重点研发计划首席专家为首共30余人，重点研究面向运营商场景和数据特色的语音情感、认知理解、大数据分析技术，并开展量子语言模型、量子情感认知、量子自然语言理解技术在运营商热线语音数据集的实践。此外，也面向不同发展需要建立了“中国移动—亚信科技”联合AI创新团队、浙江大学国重实验室计算机视觉联合创新团队、河北工业大学机器人控制联合AI团队等，设立面向计算机视觉、自然语言理解、知识图谱等多个AI小组，组织申报了国家博士后科学基金等重点课题，实现数智化产业生态的百花齐放发展。

三、通信企业以“六新”为特征的数智化管理体系构建效果

（一）数智化转型基本实现，效益显著

天津移动通过实施并推动“六新”为特征的数智化管理体系，走出了一条专业化、智能化、敏捷化发展之路，核心 KPI 指标大幅提升，5G 网络质量、IT 信息化支撑质量等均处于集团内第一阵营。多项 AI 产品显著节约了服务成本，提升了业务和服务效率，增强了服务营销精准度，有效提升了天津移动整体收入水平。

（二）数智化赋能业务发展，运营管理水平再上新台阶

“六新”数智化管理体系实施以来，重点关注业务运营执行中的客户满意度，打造智慧知识库、智能工单辅助系统和应答机器人系统，实现业务支撑领域对内部用户服务的智能化支撑，以“代客下单”模式提升服务效率，已部署呼哈基地一点支撑全网，利用知识图谱、人脸识别、大数据等先进技术打造了智能应答机器人，构建了“服务中台”智慧运营体系，对接多系统实现嵌入，已支撑集团企管中心、管信和内蒙古、辽宁、新疆等 10 地，纳入集团智慧中台智能应答场景，实现一点支撑全网。通过“六新”体系也对政企客户进行精细化分析与运营，大幅提升了政企行业应用市场份额，提升面向智慧工业、智能制造业到的运营效率。

（三）在行业内率先实现数智化，极具推广价值

天津移动在通信行业内领先实现了数智化，作为运营商技术驱动管理转型的标杆，其方法、方案、措施极具推广价值。通过持续深入研究人工智能算法和应用，实现了深度学习应用在中国移动实际业务场景，基于现有组织架构和支撑系统进行提升，解决了生产、运营、管理中的实际问题，可以快速在业务运营、政企发展、网络运维等集团多种场景中推广应用。

（成果创造人：程　伟、赵东明、徐　敏、靳晓嘉、张　磊、符　珊、马永好、张　敏、邢　罡、田　雷、刘　静、石　理）

以提升油藏经营价值为目标的油气生产数字化转型管理

胜利油田鲁明油气勘探开发有限公司

胜利油田鲁明油气勘探开发有限公司（以下简称鲁明公司）地处山东省东营市，是中国石油行业上游板块重要一线油气生产基地，隶属胜利油田管理，主要从事低品位、复杂难动用油气藏的勘探开发，管理着曲堤、玉皇庙、青南3个油田、滨425等6个开发单元，共探明含油面积137.2平方千米，探明石油地质储量1.06亿吨。多年来，坚定不移地履行政治、经济和社会责任，坚持以国为重、多产原油、多做贡献。截至2020年年底，累计生产原油681.9万吨，天然气2.47亿立方米，累计实现收入241.1亿元、山东省利税100.9亿元。

一、以提升油藏经营价值为目标的油气生产数字化转型管理背景

（一）践行保障国家能源安全使命的关键所在

鲁明公司作为油气生产开发单位，基于保障国家能源安全的政治要求，明确提出推动实现较长时间内效益稳产60万吨、盈亏平衡点40美元/桶以下的目标任务。意味着今后一个时期，仍需立足于上产来保稳产，把持续增强油气主业发展作为重要基础和首要任务，坚决当好国内油气增储上产的推动者。特别是针对管辖区域稳产难度大、低品位油藏动用成本高等现实困难，传统油气生产经营和管理模式，很难满足产能持续扩张需求；同时随着主业岗位人员逐年压减，油藏经营管理、现场风险管控等方面的压力攀升，在一定程度上影响制约了油气勘探开发整体效能提升。这就要求必须通过大力推进油气生产数字化建设与转型，大幅提高对油藏经营过程、管理对象及油气资源的感知预判能力、敏捷反馈能力、整合运营能力和风险防控能力，以此提升生产运行效率、管理效率和决策效率，为推动做优做大做强油气主业开辟新路径激活新潜力。

（二）适应新时代信息技术发展的必然趋势

加快推进新一代信息技术和制造业融合发展，提升制造业数字化、网络化、智能化发展水平。在新一轮石油行业市场竞争中，加快油气生产数字化转型与升级管理，既是确保提高核心竞争力的关键所在，也是实现高质量发展的动能之源。但通过与国外先进企业对标，普遍存在新型技术手段应用、系统集成资源共享、管理体制机制建立等方面仍然存在较大差距。特别是传统油田企业普遍对信息化、数字化认识程度不一，主动性不够，各专业之间、各单位之间信息化应用水平差异较大，一定程度上存在需求不落地、建设消极应付、实施推动不力等问题。因此，鲁明公司主动适应国家信息化发展新形势、新要求，赋能传统工业化与新兴信息化深度融合，通过“信息化建设、数字化提升、智能化转型”三个阶段，大力实施油气生产信息化软硬件基础设施配套，推进终端及平台应用开发，完成主力油田全部生产现场标准化、信息化、数字化建设，为引领推动传统油气生产数字化建设与转型升级迈出了坚实步伐。

（三）助推企业实现高质量发展的现实需要

近年来，中国石化确立打造技术先导型公司，实现科技自强自立的战略目标，重点把大力推动传统产业数字化、网络化、智能化作为重要保证措施之一，胜利油田也提出增强智能化勘探开发、安全绿色、生产经营新能力的发展要求。鲁明公司统筹当前形势，对标“争做油公司体制机制建设探索者和引领者”定位，谋划实施“一体两翼五化”“十四五”发展战略，把打造“油气生产数字化建设与转

型新标杆”作为一翼进行重点部署，并按照“东部试点探索、中部实验论证、西部成熟推广”策略，持续推进物联网、云计算、大数据等信息化智能化技术与油气主营业务的深度融合，同步开展基于信息技术的业务流程再造与优化，推动转变管理方式、搞活运行机制、配套管理举措，以此倒逼质量变革、效率变革、动力变革，助力在更大范围、更高层次、更深领域推动企业高质量发展。现阶段，不仅要着力解决各专业、各单位之间信息化数字化应用水平差异较大；分析油藏、远程指挥、经营决策等核心能力相对不足；数据安全、网络安全、应用安全等防控水平偏低等实际问题，更要结合国企体制机制改革，找准油气生产数字化转型升级重点，积极构建与新体制机制相适应的组织方式和运行模式，加快企业管理体系和管理能力现代化进程，全方位深层次破解体制性机制性障碍瓶颈和高质量发展难题，用信息化培育发展新动能、释放发展新动力、塑造发展新优势，努力建设满足新时代高质量发展需要的现代化、数字化油公司。

二、以提升油藏经营价值为目标的油气生产数字化转型管理主要做法

（一）总体建设规划

1. 建设目标

2017 年开始，鲁明公司提出深化信息化建设、打造数字油田理念，同步将理念付诸实践，强化顶层设计规划，制订整体实施方案，按照“大平台、大系统、大运维”建设原则，针对性提出 3 个阶段建设目标。第一阶段，2017 年，开启油气生产信息化软硬件基础设置配套，推进终端及平台开发，完成主营运行中心和示范井场建设，探索构建标准化岗位和制度流程，初步满足信息化数字化试运营条件。第二阶段，2018—2019 年，完成主力油田全部生产现场标准化、信息化、数字化建设，生产、技术、经营一体化运行全面夯实，信息技术应用有力支撑现场管理、运营管理、改革发展，形成软硬一体数字油田管理模式。第三阶段，2020—2021 年，信息化数字化云服务环境，在生产开发、安全环保、油藏经营等全业务领域深度渗透，彻底打破专业壁垒，依托“油田管理虚拟专家”，自主调控注、采、输系统所有控制节点，全面支撑以油藏经营为核心的油公司体制机制建设，实现人员减半、效益翻番目标，清洁能源供能比例超 50%。

2. 建设思路

坚持贯彻新发展理念、构建新发展格局，适应国企体制机制改革，充分发挥云计算、人工智能等优势，持续放大“两化融合”叠加效应，深层次破解体制性、机制性障碍和高质量发展难题，历时 5 年全面构建形成“系统架构云边化、管理体系集约化、油藏开发智能化、风险防控立体化、业财运营融合化”为主要特征的油气生产数字化管理新格局，推动信息化数字化技术在生产开发、安全环保、油藏经营等全业务领域深度渗透，助推管理方式变革、新旧动能转换、经济效益翻升，实现油田生产经营活动从传统模式向现代新型油田的跨越式转型。一是推进系统架构云边化。按照“数据 + 平台 + 应用”技术架构和建设模式，深化运用数字化思维和技术，融入生产、开发、经营等关键业务流，一体构建覆盖全业务链的数字化综合管理决策系统，纵向配置“运营监控屏、智能仪表盘、岗位工作台”三层体系，全面打造数字化油藏经营管理云平台。二是推进管理架构集约化。通过整合“大业务”“大岗位”，重塑管理构架，建设智能运营中心、党建综合中心、监督监控中心，实现油气生产运营扁平、集约、高效，促进劳动生产率、运行效率显著提高。三是推进生产开发智能化。规模应用新一代信息设备，构建“数字孪生”平台，推动油田场景化、可视化管理，实现油气生产自动感知、智能自控，生产现场逐步走向“无人值守”，以及构建“油藏开发动态管控”等应用系统，自动监控油藏状态、智能调控生产参数、超前预判开发风险，使油藏开发在“最安全、最高效、最平稳”状态下运行。四是推进风险防控立体化。利用“视频智能识别、无人机自动巡航”

等新技术，构建全方位、全天候、全时段立体风险防控网，自动巡检关键生产环节，智能识别安全环保违章问题，全面取代人工巡检巡护，问题发现更全面，处置更高效。五是推进业财运营融合化。部署“油藏经营智能管家”，打通业财数据壁垒，精准定位洼地效益，便捷评估项目收益，实现成本实时分摊、收益智能归集，有力提升油藏经营能力。

（二）推进系统架构云边化

1. 搭建数字化运营管理云平台

按照“数据 + 平台 + 应用”顶层技术架构，深化运用数字化思维和技术，融入生产、开发、经营等关键业务流，一体构建覆盖全业务链的数字化综合运营管理决策系统，纵向配置“运营监控屏、智能仪表盘、岗位工作台”三层体系，智能算法、多元数据在云端一体化整合，现场监测、调控应用部署在边缘，云边一体化打造数字化油藏经营管理平台。

2. 建立5G 数据传输工控专网

立足满足全面数字化、智能化运行模式下的数据高速传输需求，采用5G + UPF 组网方式，探索构建高带宽、低延时的油田工业控制5G 私网，实现现场控制、无人机、机器人全部实现中心站远程实时操控，VR、AR、单兵、车辆等5G 设备动态接入，全面互联。同步探索通过5G 全域覆盖和太阳能电池技术结合，将油田生产现场所有传统仪器仪表更换为5G 传感单元，达到所有仪表传感、终端设备无线串联，打破时间、地域、空间限制，实现信息化建设全覆盖、无死角。

3. 健全信息安全管理体系

一是实现工控网安全隔离。从物理上与办公网分离，在网络边界、安全域间部署安全隔离设备，设置安全防护白名单，保障生产安全稳定运行。二是加强主机安全防护。部署主机安全卫士等主机防护软件，对工控主机的补丁升级、病毒防护进行集中管控。三是深度感知网络安全态势。结合油田内部网络及系统的安全防护和管理现状，建设网络整体数据收集、网络安全态势监控及重要资产、重点业务系统等重点监控的网络安全态势感知体系。通过情景仿真、机器学习、日志分析等技术挖掘网络数据中潜在的攻击威胁，对未知威胁的监测，实现网络信息安全的全面主动受控。

（三）推进管理架构集约化

1. 升级运营管理中心，实现业务一体协同

按照“统一、清晰、高效”原则，对生产单元工作信息流程进行优化调整，以传统生产指挥中心为基础，融入油藏经营、价值运营业务，重新组建“运营管理中心”，从职责定位入手，将日常监控、分析、调控、防控等业务全部集中整合到运营中心，打造油气开发主业运行核心枢纽。配套建设集办公、应急、值守和会议多功能生产运营大厅，配备运营监控大屏，实时监控“油气产销、经营创收、油藏开发、风险防控”等各环节最新动态，做到闭环监控、自动报警，同步搭建数字化运营管理平台，动态监控运行状况、准确预判风险异常、精准调控指标参数，实现从运行工作量向运行价值量、从分割运行到一体运营、从人工管控向数字管控转变。

2. 升级技术支持中心，全面支撑油藏运营

将传统技术管理室的产量运行、注采调配、单元管理等日常业务进行集约整合，技术管理职责逐步转型为技术服务支持，日常运行中，主要针对油藏开发、井筒工艺、注采工程、集输工程等油气生产全业务链条，进行短板剖析、综合评价，结合实际制定专业技术优化提升方案，组织技术提升改造，推动专业技术系统升级完善，同步整合行业优质技术服务资源，对运营管理提供强有力技术支持。

3. 建立监督管控班站，做强一线生产防控

依托数字化转型建设和市场化服务支撑，基层注采班站的工作重心从“传统人工现场操作”向

“监督监护、数据管理、信息维护、风险防控”职能转移。与此同时，通过信息化、数字化新技术应用普及，将工程监督、作业监督、风险防控等职责前移，结合标准化作业程序要求，重新梳理岗位工作职责，做实班站甲方管理职能，现场监督管护水平全面提升，更好推动“小甲方”管好“大乙方”。

（四）推进油藏开发智能化

1. 生产数据自动采集与控制

规模化应用工业互联网、云计算的新一代智能仪表，搭建生产信息传输网络，完成全部生产现场的固定式视频监控建设，累计部署自动采集仪表1873块、现场监控摄像头634个，实现温压、示功图、电流等70余种生产参数自动化采集，全面替代人工日常巡检、计量工作。例如，油井动液面自动测试仪、含水分析仪、单井产量智能计量装置等，实现油井产量、动液面、油罐计量等生产参数的自动化实时采集和全面感知，不仅将现场员工从烦琐重复的巡检计量工作中解放出来，显著提升工作效率、有效改善工作环境，更为深度推动两化融合夯实数据资源基础。全面推广自动化控制设备，通过部署油井智能控制柜、电子刹车，对传统阀门进行自动化改造，实现油气生产现场80%常规操作自动化，生产现场无固定人员值守，操控效率和质量显著提升，越来越多的一线员工从“抡管钳”转变为“点鼠标”。

2. 生产工况自动识别与报警

部署“基于大数据深度学习的油井工况智能监控”应用模块，实现油井异常工况高精度监控、识别、报警。监控油井工况、及时发现异常是采油生产重要日常工作，传统模式下需技术人员定期检查生产曲线、综合信息判断工况异常，该系统利用图像识别人工神经网络技术，学习了海量技术人员专家经验，能够对泵漏、管漏、杆断等50多种工况进行准确判断，系统每半个小时自动扫描生产油井，智能评估工况异常问题、自动推送改善建议，应用实施后，实现生产全过程的实时感知、管控和超前预警，油井工况异常发现和处置效率得到显著提升，同比减少原油产量效益损失约580万元。

3. 生产参数自动分析与调控

自动油井生产控参。管辖油区为低渗透断块油藏，当前正处在水驱低含水开发阶段，部分油井具有供液波动大、泵效不稳定的特点，传统采用恒定冲次生产，时常发生抽油泵低效干抽，不仅加剧设备磨损，也不利于举升效率提升。对此，为给每口油井装上自我管理的“人工大脑”，实现参数和工况的动态、精准匹配，构建“油井自适应控参”人工神经网络模块，深度学习海量调控操作，具备计算最优生产参数、远程自动调控能力。实施后大幅减轻技术人员分析调控工作量，主力油区油井自动控参比例达100%，油井平均泵效提升11%，工况稳定性提升25%，工况管理质量显著提升。

自动阶梯节电降费。由于一天中不同时段电费价格差异较大，尖峰期电价是低谷期电价的数倍，合理利用阶梯电价可以有效降低生产电费。通过智能集控模块，实现油、水井根据电价波动自动调控生产参数，电价低时调大生产参数、电价高时调小生产参数，实施后在保证油气生产系统平稳运行的前提下，生产电费下降约6%。

自动精细稳压注水。针对注水压力不稳定的问题，部署应用水井稳压注水模块，为每个注水节点设计稳压自动化控制策略，当注水压力超限时，变频器精准、自动调频控压，实施后，注水运行压力波动控制在0.75兆帕以内，倒泵恢复时长由原来20分钟缩短至3分钟，提效80%，同时还有效避免人工调节精度低、压力波动大的问题，降低地层返吐出砂的可能性，年节注水用电4.1万度。

4. 油藏开发自动模拟与优化

研究部署“油藏开发动态管控模块”。油藏数值模拟是油田开发管理的一种高效分析预测和方案优化技术，由于其技术门槛高、数据整理烦琐、模型更新不及时，技术人员很难快速上手、直接应用，严重制约基层油气开发单位的实践应用。依托“油藏开发动态管控模块”，每天自动抓取生产数据，对油田开发动态进行模拟计算，多维度评估油藏压力情况、剩余油富集区域、注采联通状态，全时段提供最新开发信息，及时发现注水驱替不均衡、压力保持不住等油藏开发异常问题，大幅减轻技术人员处理数据、更新模型的工作量，技术实用性、可用性、复制性得到本质提升，助推油藏开发管理向模型化、精准化、动态化变革，油藏开发技术管理效率提高20%。

构建“地面、井筒、油藏”三维模型。围绕油藏、工艺等管理目标，建立勘探开发一体协同研究与决策支持环境，支持地质、油藏、工程等多学科研究人员在线协同工作，推动油藏生产和管理向一体化、协同化、智能化转变。利用VR虚拟现实技术，建设沉浸式油田一体化分析模型，将油藏、井筒、地面三维数字化模型进行融合，实现地下、地面的有机关联，对全流程的生产异常进行超前预警，实现开发生产各环节多维度管控、跨专业业务协同，为解决开发瓶颈、制定经济有效的挖潜措施提供支撑，按照组织和开发对象建立由生产指标、油藏指标、工程指标构成的油藏开发状况指标体系，与模型联动，自动计算指标、实时监控指标动态、动态推送问题和报警，变事后报警为事前预警，实现油藏智能巡检。同时，升级分析交互形式，利用VR眼镜实现沉浸式操作，更加直观、高效。运用该系统发现部分油井造斜点数据异常、下泵深度不合理等问题，精准优化管杆泵组合设计。

（五）推进风险防控立体化

1. 定点防控智能识别

加快推进信息技术与安全生产深度融合，将原有井场、站库摄像头进行智能化升级改造，捕捉各单位海量生产现场安全、环保、质量问题和违章行为，提高违章行为识辨率和小目标识别精准度，形成违章行为自动识别数据库，重点构建和训练油田QHSSE（质量、健康、安全、公共安全、环境）视频智能识别人工神经网络，实现“人员闯入、不戴安全帽、未穿工装、井口漏油、控制柜柜门未关、吊车吊臂下站人”等十余种异常问题的识别和报警，大幅提升现场安全生产的预测、预判和预控能力，确保“责任全落实、风险全受控、监管全到位”。

2. 空天防控机动高效

打造“全自动无人机的巡航防控体系”，在生产指挥中心定时或随时启动无人机，按照预设线路，对管网电网进行飞行巡检，通过无人机挂载的红外摄像机，即使在夜间也可以精准发现人员异常聚集、油气集输管线泄漏等问题，对变压器、井场原油储罐等重点设备进行工况检查，及时发现异常发热、设备松动等异常情况，巡检完成后无人机自动返航、降落、充电，生产指挥中心全程远程监控操控，无须现场飞行人员操作。当前，单机日均巡井6次巡线4次，可替代传统4名人工日常巡井巡线工作量。

3. 边远防控全面覆盖

油田长停井、废弃井井场“远、散、多”，且往往处在“无电、无网、无路”的三无区域，管理难度大、安全风险高。通过部署应用光伏供电的边远井场远程监控系统，实时监控长停、废弃井井口压力、现场视频，智能报警井况异常、违规闯入，实现“轻点鼠标键盘，掌控千里油区”，确保长停废弃井等边远场地始终处在受控状态。

（六）推进业财运营融合化

1. 实时监控经营创效进度

针对经营业务专业性强、基层财务人才不足的现实难题，为提升全员经营算账能力，开发部署“油藏经营监控系统”，聚焦夯实数据融合基础，打通经营财务数据与生产运行数据之间的壁垒，通过生产成本自动分摊、财务数据自动归集、业财信息深度融合，实时查看油田经营收入、成本和利润情况，计算因油气产量或油价波动带来的收入变化，动态跟踪固定成本、人工成本、操作成本支出情况，实时反映油田经济运行质量，支持生产经营一体化智能预警和分析评估，实现油田运营的可视化、监控和诊断的实时化，大幅提升生产成本的管控能力、经营收益的预测能力、财务风险的防控能力。利用经营监控大屏进行内部公示，将财务“三本账”搬到线上，让全体员工了解企业经营情况，完善配套日常分析考核评价机制，将经营责任、创效指标、价值潜力关联到每个班站、岗位和员工，变人人有份、平均分配为单位工资凭效益，个人收入凭贡献，激发全员的岗位创效积极性、主动性，推动全方位全过程降本减费增效。

2. 自动识别无效低效环节

突出效益导向，建立“三线四区”经济运行模型，给单井效益评价划出硬杠杠。结合当前油价，对比油井产出效益与实际发生的运行、操作和完全成本，将单井划分到无效、低效、边际和利润 4 个区，并采取有针对性的提效措施，多产效益油，多干效益工作量。配套应用“油井效益评价”模块，全面推进经营管理从“常规过程管控”向“动态优化调控”转变，做到算效益账、干效益活、产效益油。赋予经济产量效益评价决策功能，按照过程节点层层分解剥离成本要素，精细解析量、价、耗，先算后干、边算边干、干了还算，对区块、单井实行效益分级、定向施策，精准指导油气生产、效益开发，实现了油井口口算清，原油产量吨吨求效，496 层成本“洋葱皮”层层挖潜，推进无效变有效、有效变高效、高效再提效。

3. 精准预测经营项目效益

建立储量、产量、工作量、投资、成本等生产经营业务关联模型，突出将产能建设、老区调整、地面工程改造项目的经济指标，与油气开采盈亏平衡点、企业内部利润、SEC 储量等油藏经营核心目标相关联，让经营、技术人员能便捷地对投资、成本项目经济效益和风险进行评价预测，有力提升了“事前算赢”能力，推动一切工作向价值创造聚焦、一切资源向价值创造流动。莱 78 老区产能调整建设期间，运用经济效益自动化评估系统，精准预判投资风险、定向优化实施成本，不仅有效降低了该区块的百万吨产能建设投资水平，更为下年度成本精细预算提供了可靠指导。

三、以提升油藏经营价值为目标的油气生产数字化转型管理效果

（一）油气生产主业经营水平实现大幅提升

自 2018 年以来，鲁明公司油气产量保持逐年递增态势，累计为国家开采原油 130 万吨，新增探明地质储量 550 万吨，油气资源阵地实现有效接替；劳动生产率大幅提高，用工总量整体压减一半，人均管井数提升 3 倍达到 5 口/人；同口径条件 2020 年实现利润 1. 15 亿元，较 2019 年增多 7408 万元，增幅达 177%，营业收入提升 5.4%，净资产收益率 7.7%，吨油完全成本下降 21%，吨油操作成本下降 27%，盈亏平衡点从 64.5 美元/桶下降至 49.8 美元/桶，SEC 剩余经济可采储量持续提高，增幅达 9.1%，经济储量替代率 110.8%，有力支撑保障了国有油气资产持续保值增值。

（二）现代化体制机制改革实现深度推进

鲁明公司在数字化转型和升级实践过程中，深化油藏经营、精益管理、价值创造等管理理念，采取变革性思维、革命性措施，对组织机构进行再审视、业务流程再梳理、资源配置再优化，重点按照业务流、管理流、监督流，持续健全以油藏经营为核心的运行机制，着力转变管理方式、创新管理举措，优化机关职能调整，推进大岗位（大工种）融合，全方位深层次破解体制性机制性专业壁垒、信息孤岛、地域阻断，逐步构建了“组织架构高效精干、岗位人员高度精减、油气主业高质聚焦”现代化油公司管理体系，形成了“层级管理、业务管理、时间管理”为一体的三维管理网络，全面增强企业活力、市场竞争力、发展引领力，为传统油田企业推进深化体制机制改革找到了着力点和突破口。

（三）油田企业数字化转型发展得到有力促进

近年来，先后有中石油大庆、长庆油田，中石化西北、华北油田等20余家单位，走进鲁明公司数字化转型试点单位考察交流，并将相关经验和管理模式在全国推广复制。特别是在数字化建设转型过程中，始终把绿色发展作为必须担当的政治责任和社会责任，通过加快光伏、地热、太阳能等新能源技术规模化应用，全面改变传统“大量生产、大量消耗、大量排放”生产模式，实现主力油区采油能效提高15%，光伏新能源应用占比超过20%、清洁能源占比过半，能耗总量及强度持续下降，能耗管控水平大幅提升。

（成果创造人：张宗檩、聂晓炜、刘建磊、王云川、马　俨、姜忠新、冯春雷、王　辉、蔡言河、杨　鹏、王　振、杨风标）

供热企业以绿色发展为导向的智慧供热控制系统建设

华能临沂发电有限公司

华能临沂发电有限公司利用4台14万千瓦和2台35万千瓦机组作为供热热源，采取热源—热网—用户“三位一体”直供到户和趸售两种模式供热，积极开展供热管网建设、运营管理及客户服务等工作。累计投资超9亿元，建设主支线管网377千米，供暖半径25千米，形成“三纵三横”的主管网架构，覆盖了兰山区、罗庄区、河东区、北城新区、经济开发区、高新区，是临沂市城区主要的集中供热单位。至2020年供热季，有353座热力站，入网供热面积已达4500万平方米。

一、供热企业以绿色发展为导向的智慧供热控制系统建设背景

（一）国家政策导向和能源发展转型对集中供热提出更高要求

伴随中国城镇化进程的不断推进，我国大中型城市集中供热的规模不断扩大，并趋向于采用多源联网互补运行方式提高供热可靠性和灵活性。在大中型城市供热生产过程中，面对庞大复杂的多热源供热系统，供热企业需要平衡好供热安全性、可靠性、舒适性、经济性的诸多方面的矛盾因素，给供热系统规划设计和调度运行提出了重大挑战，亟待采用现代化、科学化、智能化的方式在系统工程层面提升供热生产技术水平。

（二）供热行业的特点导致大型城市供热系统的复杂性增强

热源方面多采用人工经验结合运行数据分析的方法调度多热源间的负荷分配。供热主管网通常采用“定量调质”，即固定循环水流量而仅调节供热温度，“大流量、小温差”运行方式易造成能源浪费。用户热力站大部分采用局部反馈控制，部分区域供暖不足，“水力失调”现象普遍。大型供热系统的热水在一级管网内需经过数小时的流动才能到达远端热力站，突出表现为热网温度传输延迟特性和强耦合性，全网热力输送存在大滞后、强耦合、热惰性大等特点，热网水力、热力平衡调节难度大。

（三）基层企业智慧化发展需要优化热源分配，精细调控热网热量

长期以来，困扰我国北方采暖地区供热企业的突出矛盾和普遍性问题是城镇供热面积逐年发展，导致热网水力特性频繁变化，热网运行从而造成水力、热力失调严重、能耗水平居高不下等问题，华能临沂发电有限公司在生产过程中也遇到此类问题。随着近几年城区供热面积不断增大，部分城市区域热负荷增长较快，原有供热运行模式与能力同用户供热需求之间的矛盾逐渐加重，突出矛盾和问题主要表现在：热源方面，供热首站适应性较差；热网方面，供热系统逐渐不匹配；设备方面，部分设施老化；调控方面，热网平衡需优化；二级网方面，水力失衡严重。基层企业迫切需要结合先进的供热理论和管理经验，不断提升设备控制水平，推进热网智慧化平衡调整，争取用最少的能源消耗、最经济的运行方式、最少的人员投入，达到优质、安全、高效的供热目标。

二、供热企业以绿色发展为导向的智慧供热控制系统建设主要做法

（一）进行智慧供热系统设计，整体规划

1. 热源侧智慧运行方案设计

在热源侧，建立热源厂热力系统各台机组运行性能模型，通过在线寻优算法确定源侧的优化运行方案，对多热源间及热源内机组间的负荷分配方案进行实时寻优。

2. 热网侧仿真分析与智慧调控方案设计

在热网侧，建立一级网全网结构机理仿真模型，并结合运行数据对模型进行辨识修正，进而对热网

运行的关键参数进行预测分析及优化，对多热源热网解列运行及故障工况应急处置等调度方案进行在线寻优。

3. 需求侧负荷的大数据智慧分析及预测方案设计

在需求侧，基于热力站运行的历史数据，结合天气因素，对各热力站运行的短期负荷进行预测，并从供需动态平衡出发优化生产策略。

（二）明确智慧管理思路，科学进行方案实施

项目总体基于信息物理系统的技术架构，建立一套与物理系统对应的信息模型系统，于信息系统中的推演来预测物理系统的运行调控规律，实现对供热系统的优化调度。从需求侧负荷预测出发，指导热源进行生产与优化分配，再针对各站点的需求流量，对热网输送进行流动与传热模拟，再到建立各个站点的调控设备特性模型，进行预测性调控，最终实现对供热系统全过程的优化运行。项目的实施依赖完善可靠的自动化条件，依赖于数据条件等，该项目的主要实施方案分为以下几步。

一是根据项目的硬件条件要求，对热网进行必要的自动化条件的改造。

二是基于热网原有自控系统与信息化系统，制定热网基础信息数据、运行工况数据的对接协议，接入实时运行数据，并存储至平台数据库。

三是采用大数据算法，对运行数据进行清洗并存储，剔除并补齐异常或故障数据。

四是基于热网物理结构建立虚拟热网结构模型，后台接入热工水力算法，形成对热网流动、传热的仿真计算，且结合实际运行数据对热网的模型进行辨识修正。

五是基于机器学习算法，与运行数据相结合，建立对热力站点的短期负荷预测模型，并根据需求负荷转化成站点的需求流量，作为实际调控的目标参数。

六是依据未来工况的目标参数，结合热网仿真模型仿真计算，输出所有站点调控的参数，实施对全网站点的预测性调控。

七是搭建并行计算机集群的优化框架，加速求解过程。

八是基于并行优化框架，实现对多热源系统的负荷优化调度、运行参数的优化。

（三）校企合作，提供仿真分析核心技术解决方案

1. 采用浙江大学自主核心技术，打造智慧供热整体方案

根据华能临沂发电有限公司供热系统具体地形，管网的走向，基于 GIS（地理信息系统）平台建立包含地理信息的示范区供热系统热源、一级网、热力站结构模型。该模型包含现实系统的热源、管道、泵、阀门、各测点的位置信息，具备热源属性、管道尺寸，阀门开度，泵等各热网关键零部件属性参数信息，并可完成交互设定等功能。

分别建立关键机组及设备的结构机理模型，包括管道阻力机理模型；阀门运行特性机理模型；泵运行特性机理模型；根据 GIS 结构与各部件之间的拓扑连接关系，建立起基于 GIS 的供热系统的结构机理仿真模型，并实现对供热流动过程、传热过程、工况切换、控制参数调节等过程进行模拟。

经过数据前处理过程，已经能保证采集到运行数据的准确性。但是，由于工业生产过程中的运行工况点比较多，被用于理论仿真模型辨识修正时用到的测量值通常是来自不同工况下的采样的多组测量数据。此时认为多工况下的模型参数不随工况的变化而改变，而将随工况变化的参数并入测量变量中。在线辨识修正的过程是不断通过实际工况下运行数据与理论模型输出数据之间的辨识，再调整理论仿真模型中的参数，使模型的输出与现场实际测量数据一致或偏差最小，从而保证系统仿真模型与实际对象的一致性。它是保证仿真模型准确与实时在线优化的基础。该项目在短周期内，20～60 分钟时间段内，采用“同步方法”实时对一级网的管路阻力特性、阀门开度特性、泵运行特性进行辨识修正，建立高精度仿真模型。

按需供热是项目的目标之一，因此，建立了供热系统的负荷预测系统，能够获取在未来工况条件下，供热系统全网及各个站点的需求负荷，从而根据需求负荷对全网进行按需供热。项目搭建热力站负荷预测系统，基于热网的运行数据与机器学习算法，并结合运行人员对热网站点的评价的经验，进行不合理负荷的修正，最终给出符合热力站点的需求负荷，同时，建立站点换热器的模型，将需求负荷转化为需求流量，作为站点的控制参数进行调控。

2. 联合西安热工院打造热源负荷分配系统

以全厂供热效益最高为导向，进行供热机组厂级优化研究，提出基于供热面积、实时室外温度、标煤单价、上网电价、热网循环水量、热网回水温度等边界条件下的厂级电功率—热负荷多变量、多目标优化调度方式，实现智能化、实时化的运行指导。并在此基础上，开发一套厂级供热运行优化方法，并以多元化供热电厂为依托，编制运行优化软件进行工程应用验证。

3. 与基层企业实际运行经验结合，保证智慧供热系统适用性

项目组多次召开专题协调会，借鉴供热企业多年的供热运行经验，充分考虑管网运行安全和调度方式的特点，针对不同的建筑类型、采暖方式、入住率等问题，智慧供热调度管理平台将此经验与模型相结合，修正模型特性，构建匹配性、扩展计算更加精准的供热模型，并在此基础上，制定更加科学有效的智慧供热运行方案。

（四）全面分析原有设备状态，实现智慧供热系统无缝对接

首先进行各个站点的自动化改造，主要包括温度、压力、压差的传感器安装改造。

1. 热力站内自动化设备升级改造

热力站内一次侧供回水流量、压力数据，是自控系统最基础的运行数据，可用于运行人员定性判断站内的供热情况，也通过该数据，量化当前热力站阀门开度与压差对应的条件下，通过该热力站的流量，因此，这一组数据（以下简称阀门运行数据）构成了当前热力站内阀门的调节特性，这一特性可用于热力站预测性控制调节。该调节特性并非阀门的理论调节特性，需要从阀门的运行数据中辨识获得。

为实现系统优化控制，在全网一级网可采集各热力站的供回水温度、供回水压力、流量的基础上，对末端热力站供回水压差较小、出现平压差、倒压差的站点，为获取站内可靠的供回水压差数据，需要在站点供回水管上补充测量压差测量设备。而每个热力站内的流量需求与阀门调节特性并不相同，项目软件平台通过对接自控系统，获取大量不同工况、不同负荷条件下各热力站的阀门运行数据，并以此作为训练样本，采用机器学习算法，得到不同工况条件下的调节特性关系。

2. 管网小室升级改造

建立准确的供热管网水力仿真模型是进行管网监控和优化运行的重要前提，然而管网中管道阻力系数受多种物理参数影响，且随时间变化，管网的理论阻力系数与真实值存在较大偏差，从而使得管网仿真模型不能很好地模拟实际运行工况。为此，该项目根据管网原有的运行工况数据，采用了管网特性辨识技术，计算管段阻力特性系数。

3. 改造设备技术要求

根据热力站内与管网小室的应用环境不同，在站内使用有线压力与差压变送器，使用防护等级IP65，而管网小室的环境较为恶劣，有高温、腐蚀、浸水、无电源等特点，使用防护等级为 IP68 的无线通信设备。

4. 站内硬件设备情况分析

基于以上原则，根据华能临沂发电有限公司的历史运行数据，统计了热力站站内压力、压差需要改造的情况，累计热力站内共新增 41 处供回水压差设备。原有华能临沂发电有限公司数据采集，站内通

信均采用有线光纤进行数据传输，结合上位数据访问方式，于上位采用“端到端”的方式访问下位设备数据，不影响原有的网络结构。

5. 管网设备技术分析与应对

根据辨识的原则，将大网拆除为小网，在前端压差较大的地方，采用两个压力测点，在末端压差较小的区域，采用一个压力、一个压差测点，来获取供回水管的压力数据。管网小室较热力站内环境恶劣，设备较热力站内设备的条件更高，需要承受潮湿、浸水、腐蚀等情况，防护等级为 IP68，小室压力变送器等级为 0.1，差压变送器精度等级为 0.2 级。

小室数据通信采用无线数据传输技术方案。智能远程无线监测系统的数据采集模块采用大容量的锂电池供电，信号传输采用国际通用的 2.4G 无线网络通信，无须部署传输电缆，来实现小室数据的在线监测和分析，通过运营商网络，将数据发送至上位服务器，于服务器上安装运营商数据接收软件，将数据取下并存储至运行数据库中，供热网应用于模型的辨识修正。单个小室安装无线压力变送器、锂电源及无线数据采集箱一套，每间隔 5 ~ 15 分钟将数据发送至服务器。

（五）构建大数据管理平台，挖掘历史数据，提高下发控制策略准确性

1. 做好工控平台数据对接

平台采用机理建模与数据建模相结合，其中，数据辨识建模用于热力站特性辨识、用户侧负荷预测、热网循环泵、热网远控阀门运行特性的辨识等，其数据来源基于原有的 SCADA（数据采集与监视控制）系统，需要与原有 SCADA 系统数据进行对接。项目数据来源于两部分，大部分来自原有 SCADA 系统数据，另外的一部分数据来源于站内与小室改造所新增的数据。

运行数据是项目实施的最基本条件，该项目拟采用数据库视图的方式与原有自控系统进行对接。改造小室数据上传后，采用无线手段上传至运营商网络，采集数据可通过搭建 MQTT（消息队列遥测传输）数据服务器，配置好网络参数，即可从规定 IP 处获得相应传输的数据。接收到无线数据进行解析，解析后存入项目搭建的数据库服务器。

2. 接收运行数据清洗，保证数据准确

从运行数据来辨识的修正仿真模型的前提是运行数据的准确性，供热系统在实际运行过程中，工、变频循环泵的切换，热源端机组负荷的升降，初期管网流量巨变，仪表设备老化带来的误差，在采样过程中，都可能产生不合理的运行数据，如不对这些数据进行及时剔除，将使得对现实系统的辨识修正引向错误的运行参数。

所有模型应用与分析数据的使用，均需要对原始数据进行数据清洗。对测量数据中的误差数据进行校正或剔除，从而得到应用于负荷预测、模型修正的可用数据。

所有测量数据，均首先通过数据检测模块，根据数据清洗原则，对正常的数据，直接写入分析平台数据库中；对异常的数据，则对数据进行异常判断，如是设备故障则采用系统内置的补齐算法，统一补充缺失的数据，如是当前时刻的数据存在异常，则根据清洗算法，结合采集的历史数据，对异常数据补齐后存入数据库中。

3. 搭建并行计算机集群，实现高速数据计算与分析

大规模供热系统实时在线仿真及优化，对计算设备的速度要求非常高，单台设备一般难以满足，该项目通过搭建并行计算机集群的手段来解决计算时长的问题。

采用建立任务调度策略，将粒子更新速度与位置的操作并行地分配到各个子计算设备，以并行方式同时完成群体的更新进化，原来由单台设备承担的计算任务，被分配到多台子计算机的多个 CPU 上计算，大大提升整体优化速度，减少优化时长。

分布式架构方案，每个节点拥有自己的私有内存，分担存储负荷，节点之间通过网络传递数据，相

互协调完成任务。

（六）构建智慧供热运行管理模式，改变人工经验调节弊端

原有供热系统水力平衡的自动控制方法，主要是通过跟踪各热力站供回水水温与设定值的偏差，或直接跟踪进入热力站的热水流量与设定值的偏差而对站内的可调阀门或水泵进行反馈控制调节。然而，由于供热系统的热惰性和高时滞，以及多个热力站之间的水力耦合特性，使得针对一个热力站的反馈控制调节会明显受到其他热力站控制调节的干扰和影响。特别是在供热系统运行工况发生大幅度变化时，高时滞和强耦合特性可能会使供热系统在反馈控制模式下产生严重振荡，无法保持稳定运行。

因此，供热系统还在相当大的程度上需要通过人工经验方式来手动调节水力平衡。而在手动调节方式下，针对数量众多的阀门或水泵，每调整一个阀门的开度或水泵的运行频率，都需要等待系统运行稳定后，依据调节效果再作后续调节，需要经历调节、稳定、再调节的反复校准过程，效率低下且对运行人员的技术水平要求很高。

为此，基于供热系统的水力学仿真模型，通过在线仿真模型计算与运行数据辨识相结合，采用供热系统水力平衡调节的模型预测控制方法，解决大规模供热系统水力平衡调节的难题。

采用预测性预控手段实现全网水力平衡调节。水力平衡调节的过程中，运行人员在供热系统调节过程，面临两个主要难题：一是如何构建当前工况下的水力平衡，即初步调节，是构建全网平衡的基础；二是完成初平衡调节后，供热系统的运行允许波动的条件下，以一定的控制策略来保持平衡不被破坏。

该项目热网水力平衡调节的技术路线是结合预测性控制与反馈控制来实施的。预测性控制系统与动力热网仿真软件进行交互，可计算出当前工况下，热网满足水力平衡条件时阀门的开度，仿真系统计算生成的决策指令实时发送于热网监控系统，由热网监控系统将控制信息发送至下位控制模块执行，实现热网平衡的初步调节。

预测性控制系统可计算当前工况下的阀门开度的关键技术依赖于在线仿真系统与阀门特性辨识系统，通过在线仿真系统，可实时计算得到当前工况下通过阀门的流量，与当前阀门承担的压降值，通过阀门的特性辨识系统，经过历史经验数据的训练后，可以根据阀门流量、开度、压降，三者中的两者，从而可获得阀门的开度值。阀门特性辨识系统获得的压降为热力站内供回水主管上的综合压降，对实际运行中压差数据偏小的热力站，需要进行改造，增加压差测量设备。

反馈控制是预测性控制初调节的后续工作，通过跟踪不同的逻辑来调整阀门的开度，并不断保持这个过程。可跟踪一次侧阀门、跟踪二次网供水温度、跟踪二次网回水温度、跟踪全网平均温度、跟踪热力站设计流量等。反馈控制过程中，由上位系统计算得出的反馈控制参数（如温度、流量等），设定为下位执行机构的运行目标值，由下位执行机构根据固有算法自主调节运行过程、调节幅度、动作周期，进行闭环控制操作。

项目平台预测性调控模块，基于仿真模型与机器学习算法，给出未来工况条件下的调控策略，再进一步将策略，通过数据库对接（OPC 接口或 WEBSERVICE 接口）的方式提供给热网 SCADA 系统，由原有的热网 SCADA 系统执行参数下发来实现站内设备的控制。

然后，对原有热网 SCADA 系统进行改造，使 SCADA 系统定向访问数据参数接口，获取来自策略平台的调控参数，进行一体整体控制、分区参数控制与单站参数控制功能。在实施控制前需要运行人员进行确认，保证生成策略没有发生严重偏离的前提条件下，由人工进行确认下发执行。

（七）构建应急决策系统，实现对应急工况的科学应对

应急调度决策系统支持物理供热系统在应急工况下的快速响应决策，以及面向复杂热网运行时，根据供热系统运行工况条件自动搜索热网优化的解列方式。支持在供热系统事故状态及时记录更新至供热系统模型的条件下，对当前事故状态的供热模型进行不同调节手段的优化，运行人员也可自主选择优化目标。

当物理供热系统发生某个热源热量供应不足或部分热源脱网运行的应急条件下，或在各个热源的供热负荷突然受运行限制的条件下，系统能够支持应急热源调度策略方案的分析。系统主要是基于在线仿真系统中，对发生的应急工况中的设备条件、工况条件进行限制，并快速模拟应急工况，支持运行人员了解应急工况的影响区域，如何对供热系统参数进行调节，以减少受影响区域，或找到提升供热需求或供热效率的应急策略。相比传统被动式应急工况处理方式，模拟系统能支持供热企业更加主动预测影响，采用多种手段减少影响。

当供热系统运行方式发生改变或存在应急调度的需求时，应急决策优化支持设定热网中的解列阀门，自动搜索可行的联网或解列运行方案，通过进行多方案的快速计算，选择最优的解列方式进行运行。可应用于供热系统生成采暖季运行预案，亦可支持在热网发生热源故障，管网爆管、泄漏或供热分区被隔离的应急工况下，系统搜索可解列阀门路线，对故障情况下进行热网紧急优化解列，减少经济损失与人员伤亡。

（八）开展智慧供热模式培训，熟练掌握新技术新技能

基于智慧供热平台，组织供热调度中心，开展智慧供热系统的相关培训，优化供热企业运行管理模式，具体培训项目包括供热运行状态监测优化培训、热源负荷预测培训、供热机组负荷分配培训、热力站调控培训等。

三、供热企业以绿色发展为导向的智慧供热控制系统建设效果

（一）初步建立智慧供热仿真分析与决策优化体系

建立了1套GIS地理信息的城市供热一级管网仿真分析模型，建设1套基于大数据的供热生产负荷实时分析预测系统；面向清洁供暖优化目标，构建示范区“源网荷”全过程优化调度决策模型，建设了1套供热系统全过程仿真分析与调度决策平台。建设了1套厂级在线寻优系统，对多热源间及热源内机组间的负荷分配方案进行实时寻优。全网单次仿真计算时间小于2分钟，单次负荷预测时间小于8分钟。

（二）企业管理能力和集中供热效率效益得到有效提升

该项目工作创新性的在华能临沂发电有限公司内建立了一套覆盖“源—网—荷”供热生产全过程的仿真模型，并基于仿真模型建设智慧供热系统调度决策支持平台，解决原有供热系统存在的多种问题，包括显著提升供热生产的运行安全性，避免人为经验失准造成的意外后果，降低系统运行故障率；支持对各种故障条件下的热网运行方式进行模拟评估，快速形成事故处理的应急方案，提高运行决策速度；显著提升热网水力平衡水平，提升供热舒适性；支持优化热源厂的运行方式，提升热源侧的适应性，减少热网侧的运行的波动性；支持对热网扩建、改建，热源拆除、接入的各种可行技术方案进行事前分析比较择优，提高热网工程建设的科学决策能力。2021年全网热量、电量的总运行成本下降了1.09%，实现了节能降耗目的。

（三）取得显著的社会效益

该项目的研究开发和工程示范应用，成为智慧城市供热系统的建设积极探索和实践。项目成果有望在北方城镇地区，乃至全国范围内推广应用，为我国智慧城市能源系统的建设发挥重要作用。

（成果创造人：何培斌、张月宇、张　伟、李德成、张传祥、孟凡亮、乔　磊、贺　凯、钟　崴、林小杰、周　懿）

省级电网企业基于计量大数据应用的智能供电服务管理

国网内蒙古东部电力有限公司

国网内蒙古东部电力有限公司（以下简称蒙东公司）成立于2009年6月，由原属东北电网公司的赤峰、通辽电业局和原属内蒙古电力公司的兴安、呼伦贝尔电业局划转组建，主要负责赤峰、通辽、兴安、呼伦贝尔四盟市电网的规划建设、运营管理、供电服务等工作，承担内蒙古境内特高压及配套工程的前期协调、建设管理、运行维护等任务，供电面积47万平方千米（占内蒙古总面积40%），供电人口1057万（占内蒙古总人口44%），服务客户657万户。近年来，蒙东公司先后获得“全国全面质量管理40周年杰出推进单位”“国家电网公司文明单位”“内蒙古文明单位”“内蒙古‘五一’劳动奖状”、内蒙古“最具社会责任感企业”、内蒙古“百佳诚信企业”等荣誉。

一、省级电网企业基于计量大数据应用的智能供电服务管理背景

（一）适应国家改革和地方发展形势的客观需要

随着我国进入高质量发展新阶段，经济结构持续优化、新旧动能加快转换，宏观经济下行压力不断增大，电网企业利润空间逐步缩减，给企业发展带来严峻挑战。与此同时，随着全面深化改革不断向纵深推进，电力体制改革呈现全面发力、多点突破的态势，增量配电改革、售电侧业务放开等改革部署落地实施，售配电市场竞争日益加剧，对供电企业快捷响应市场客户和高效协作创新突破提出了更高要求。内蒙古是能源大省，丰富的煤炭资源、风力资源和太阳能资源推动发电企业快速发展，但电力外送能力落后于发电产能，窝电现象严重，少停多供、就地消纳、缓解窝电措施对供电企业配电网稳定运行提出严格要求。近年来，随着电网智能化进程加快推进，电动汽车、分布式能源、微电网、储能装置等设施大量接入，各种新型用电需求不断涌现，电网形态和运行特性发生显著变化，对配网的安全性、经济性、适应性和灵活性提出更高要求，迫切需要创新服务理念和模式，对供电服务的决策、组织、实施方式进行系统变革，加快构建与现代智能电网发展相适应的智能供电服务体系，不断提升配网供电效率，保障安全可靠的电力供应。

（二）优化电力营商环境提升供电服务水平的需要

党中央、国务院对优化营商环境高度重视，先后做出一系列重要部署，对进一步改善投资和市场环境，降低市场运行成本，营造稳定公平透明、可预期的营商环境提出明确要求。全国电力行业紧抓机遇，先后制定一系列措施，对市场主体减费降本、压时提效，在优化电力营商环境工作中不断出新。作为关系国计民生的国有重点骨干企业，国网公司在党和国家事业发展中肩负着重要责任和使命，提出新时期提升优质服务水平的新要求。深入践行“人民电业为人民”的企业宗旨，坚持以客户为中心，落实“供电服务是供电企业产品”的理念，全面提升客户供电服务水平，既是蒙东公司的职责所在、使命所在、价值所在，客观上也对提高供电可靠性、电能质量和抢修响应速度等提出更高要求。实施基于计量大数据应用的智能供电服务体系建设，强化供电服务指挥中心在优质服务管理中的职责定位，持续提升客户办电的便利性、满意度和获得感，具有十分重要的意义。

（三）履行社会责任优化全域配网资源配置的需要

近年来，随着城市与农村经济的快速发展，配网管理设备持续增多、范围不断扩大，特别是随着用户对供电质量和供电服务要求不断提高，传统配网运营管理方式已经难以适应新挑战。从蒙东公司来看，困难主要体现在：一是配网监测分析、调度控制能力不足，无法精确掌握配网运行状态，对客户需

求、问题精细分类存在短板，增强服务的针对性和及时性，成为提升配网管控能力的必由之路；二是配网故障信息的获取和处理分析仍然依赖于各自的专业系统，配网管理仍处于各部门“各自为战”的模式，信息不对称和片面化导致应对措施见效慢、效果差；三是调度运行指挥仍处于“盲调”状态，运行管理与服务指挥手段还不完善；四是配网资源整合及流程有待优化，服务效率有待提升。因此，迫切需要发挥全域配网资源作用，创新供电服务协同指挥管理，强化全链条线上闭环管理机制，打通专业壁垒提升供电服务质效，全面提升配网调度控制和规范化管理水平，为电力客户提供更加优质高效的服务，具有很强的紧迫性。

二、省级电网企业基于计量大数据应用的智能供电服务管理主要做法

（一）科学规划智能供电服务体系建设目标路径

1. 明确智能供电服务体系建设目标

蒙东公司通过系统调研、诊断分析，站在客户视角系统审视供电服务体系存在的短板不足，进一步明确智能供电服务体系建设目标，即聚焦“精准、高效、协同、优质”。其以增强配网调控能力、提升配网抢修效率、提高供电服务质量为着眼点，以建设“现代智能供电服务体系”为主线，坚持对外以客户为导向统一指挥、对内围绕可靠供电协同指挥，通过加强组织领导，构建智能供电服务体系。依托现代信息技术，打造全域配网资源智能化调度控制新模式，推动供电服务集约协同与资源协调联动，实现配网状态智能感知与供电运维高效运转，持续提升客户响应速度，提供优质高效供电服务，实现“接电快、停电少、服务好、运营优”的管理目标。

2. 制定智能供电服务体系建设路径

蒙东公司通过吸收借鉴先进企业经验、反复科学论证，制定智能供电服务体系建设路径，即坚持“以客户为中心”，基于供电服务产品视角，“大后台、通中台、强前台、实一线”，系统构建现代供电服务组织体系。在公司层面整合组建供电服务监管与支持中心（客户服务中心、计量中心），作为监管供电服务品质、支持供电服务产品形成和交付的大后台；在市公司层面整合组建供电服务指挥中心[运营监测（控）中心、配网调度中心、计量中心]，作为统筹协调区域内供电服务资源与活动的调度指挥中枢平台；在城区（园区）层面建设区块化、网格化、营配主体责任一体化的供电服务中心；在乡镇（牧区）打造全能全责型供电所，强化配网专业技术力量配置。通过系统构建智能供电服务体系，推动供电服务组织体系更集约，运营保障更高效。

（二）搭建全域配网资源智能化配置平台

1. 全面分析影响供电服务指挥的短板问题

一是配网“盲调”严重制约配调职能发挥。蒙东公司配网调度员普遍凭经验采取“对照线路图纸，电话下达命令”的简单方式开展配网调度工作，现场不发生故障、没有现场作业基本不进行调度，配网调度员对有无现场作业、现场工作人员是否正确执行调度指令无从知晓，对配电设备是否存在重过载、缺相、三相不平衡等异常情况更不得而知，配电网调度管控较为粗放，制约了配调职能的有效发挥。二是配电自动化覆盖率低，配网运行信息不能自动获取。配电自动化是配调自动获取配网运行信息的有效手段，但蒙东公司供电面积大、负荷集中度低、投资能力不足，只在个别区域的主干线路或负荷较多的分支处安装了少量配电监测终端和故障指示器，配调对配电网的运行状态无法全面掌握。三是配网图模管理松散，图实一致率低。配电网作为电网的最末端，设备量大、与客户联系紧密、变化频繁，日常的配电网建设、改造、大修、新增用户等情况经常发生，配网图模需要不断更新。受制于配电网缺乏精细管理手段，配网图模信息不能及时更新，导致图实一致率较低，各级管理人员及配调人员不能准确掌握设备现场情况，存在安全隐患。四是主动服务、主动运维举措无法落地。配电网发生故障导致客户停电时，只有客户拨打 95598 服务热线，供电公司才能知晓，再派发工单，安排事故抢修人员赴现场

检查维修，冗长的信息链条导致服务客户不及时，客户用电体验差，主动服务不能真正落实。

2. 构建配变侧客户侧的“感知神经网络”

一是完善设备层硬件功能。升级采集终端功能并配置运行参数，使其具备停电信息主动上报和用电信息高频采集能力，实现配变运行状态及负荷数据的实时监测，以及应用内置超级电容的电能表通信单元，实现客户侧用电信息的实时监测。二是提升通信层传输效率。升级 2G 无线公网为 4G 无线公网，更新窄带载波通信为宽载波通信，提升信息传输效率，保证数据的及时性。三是夯实图模基础保持图实一致。对所有 10 千伏配电线路及挂接设备全面摸排，对线变关系、开关刀闸位置等逐一核对，确保图实一致，规范录入系统，实现配网单线图电子化。同时建立图模异动更新机制，确保设备更新后图模及时更新，时刻保证图模与现场完全一致。

3. 创建计量大数据分析模型

研制开发基于计量大数据的分析研判模型，经过 4 次优化迭代，实现故障范围的准确研判和运行数据的监控展示。一是分析研判模型以线路为单位，每分钟遍历一次全线配变和末端客户的采集数据，根据停电信息的同时性判断配网故障范围，并实时在配网图模中展示。二是依托安装于配电变压器侧采集终端的高频数据采集功能，每 15 分钟计算一次配电线路关键结点的负荷情况，以及所有配电变压器的负载情况，实现全线路、全结点的重载、过载、三相负载不平衡、低电压等异常情况的在线监控展示。

4. 建设配电网状态感知系统

以用电信息采集系统计量大数据为核心，聚焦配电网监控手段和运行状态监测能力缺失、基层供电服务被动响应、配电网“被动感知”制约客户服务水平提升等突出问题，搭建配电网状态感知系统架构体系。融合采集、营销、营配调等多专业基础数据，构建基于计量大数据的配电网全景感知平台，支撑建立基于数据融合共享的配电网抢修模式，实现“大数据 + 配电网状态感知”的深度融合，推动配电网管理模式由“经验判断、事后应对”向“数据驱动、事前防范”转变。

（三）实行供电服务集约协同，促进资源协调联动

1. 开展业务集约同质管理，强化市县资源整合

统筹整合配网调度运行资源，推动盟市县公司配调、配抢业务直接集约至供电服务指挥中心管理；实施市县配网运行调控同质化管理，全面开展配网调度计划执行、配网倒闸操作和新设备启动调试等工作，实现配网调控业务的规范化、专业化和精益化。建立配网抢修应急机制和配网抢修进度督办机制，实现“国网客服南中心—地市公司—基层班组”抢修工单直派班组，有效减少派单流程环节；整合县公司调度班、监控班，实现减员增效；深化业务流程再造，制定供电服务指挥体系管理文件 20 个、业务工作标准 14 个，指导配网调控和抢修指挥业务有序开展。

2. 树立统一协同服务理念，提升业务协作效率

通过配网运行数据与供电服务信息“兼听”，提升供电服务指挥中台的贯通度，促进配网调度指挥、配网抢修指挥、供电服务指挥业务融合。开展配网计划、临时和故障等停送电信息全口径收集、分析、编译、审核和发布等工作，加强重要及异常停电信息预警、督办，确保停电信息及时准确公布。开展全口径抢（报）修工单的接收、故障研判、派单指挥、表号回填和回单审核与反馈等工作，推进数据实时采集和信息共享，支撑故障快速研判和准确定位，提升主动抢（检）修效率。95598 非抢修工单直派地市，加强投诉、意见工单处理和工单回复质量管控，提高客户诉求一次解决效率。

（四）打造全域配网资源智能化调度控制新模式

1. 构建配电网全景感知平台，彻底解决配网“盲调”问题

以面向对象协议采集终端、HPLC 等采集装备新技术推广应用为基础，以用电信息系统大数据为核心，融合营销、“营配调”集成等海量数据资源，构建大数据研判模型，可以研判所有配电线路、所有

分支及所有台区配变的运行状态，研判颗粒度达到最小，感知更精准、调控更准确，有效支撑全域配调工作的开展，彻底解决配网“盲调”问题。通过强化配网设备及线路图模信息化管理，保障图实一致性，实现配网调度可视化，确保配网设备运行、故障状态一目了然，现场操作与图形变化实时联动，调度员可以可视化复核调度指令执行情况，彻底解决了配网管控盲区。

2. 构建各类资源深度参与的主动服务、主动抢修模式

通过配网感知系统及时发现设备故障，贯通供指平台第一时间派发抢修工单，并同步通过短信平台将故障信息、影响范围传递给客户经理，由客户经理通过微信群告知受影响客户，改变了以往设备故障后，客户拨打95598报修电话，客服中心派单抢修的模式，从而避免用户由于电网设备故障停电而形成的“信息焦虑”，并及时发布抢修进度、预计恢复送电时间等，加强信息互动，极大改善客户用电体验。

3. 推动配网运检方式变革，实现精准主动运维

利用高频采集数据感知配变运行工况，与GIS（地理信息系统）地图相结合，支撑基层一线人员提升营配末端融合与供电服务能力，及时对变压器重过载、客户侧低电压等异常进行预警，支撑配电网主动运维，变事后抢修为提前预防，实时掌握台区变压器、集中器、电能表等设备的运行状态。同时，开展低压客户低电压、台区三相不平衡、配变负载异常、台区断相分析，实现供电服务末端的可视化管理，有效减轻巡视工作负担，对配电网运行异常问题的监管更加直观、定位更加精准、指挥更加有效。利用天气预报信息、恶劣天气预警等功能，开展停电预警分析预测工作，对于可能出现的大面积停电进行预警，提前预备抢修队伍。

（五）构建智能供电服务体系，持续提升服务品质

1. 构建智能供电服务体系，夯实资源配置基础

蒙东公司贯彻落实“大后台、通中台、强前台、实一线”建设理念，在市公司整合运营监测（控）中心、配网调度中心、计量中心，组建供电服务指挥中心。中心下设综合室、调度指挥室、信息数据监控室、计量资产校验室、计量装置运维班五个机构，供电服务指挥中心打造“一个中枢”“三个中台”。“一个中枢”，即神经指挥中枢，通过促进专业融合，贯通客户、电网两侧数据信息，综合取舍、科学研判，倾听市场呼唤、反映客户诉求、感知工况数据、掌握设备信息。“三个中台”，即电网资源中台、客户服务中台、营配数据中台，通过整合配网调度、供电服务、运营监测、计量采集资源等各项职能，背靠电网、面向市场、服务客户、发挥作用。

2. 明确分层分级工作职责，稳步推进体系建设

一是在盟市层级打造配网资源调控“战区指挥中心”。融合配网调度指挥、配网抢修指挥、供电服务指挥、配网运行数据监控与分析、电能计量数据采集与监控等多项业务，全面汇集市场需求、客户诉求，配网运行工况和设备状态信息。二是在县公司层级压实供电服务和电网运行主体责任。发挥县公司各级人员的管控作用，强化供电服务和电网运行日常管理，督办供电服务指挥中心下发的供电服务问题和设备异常消除，以及评价考核工作。三是在班组层级建立高效运转、协同推进的“三大体系”。建立安全高效的调度指挥体系，确保配网安全稳定运行。建立深度融合的运行指挥体系，结合供电服务和电网运行，及时捕捉电网异常和客户诉求信息，指导基层单位更好地开展各项业务。建立积极主动的运维服务体系，主动将电网运行信息和客户诉求及时传递到班组，督促班组主动运维、快速处理故障，使运维班组由传统被动运维模式向以信息化作支撑、准确量化考核为抓手的主动运维方式转变。

3. 构建高效协同指挥机制，促进专业深度融合

赋予供电服务指挥中心全域配网管理职能，推动营、配、调、计、数“五位一体”深度融合。一是建立横向协同机制。第一时间共享供电服务前台活动获取的数据情报，进行科学研判，穿透专业间数据壁垒，打破原有条块式管理，及时发现和消除供电服务过程中的各类异常问题，做到问题成因“一

目了然”，促进提升供电服务管理水平、服务效率。发挥配网运行和供电服务指挥中枢作用，通过各信息系统大数据客观展示业务活动开展情况，为专业部门提供决策支撑、考核建议。二是建立纵向指挥机制。根据电网运行和客户服务诉求，指挥基层单位开展生产、服务工作，形成业务监测、现场核实、整改落实的良好指挥互动格局，推动各项业务高效协同运转，促进基层单位管理提升。

4. 开展客户服务工单管控，确保指挥高效运转

编制下发《供电服务指挥中心关于12398热线工单接派单、审核、报备业务的工作说明》，提升基层单位自主管控95598工单、12398工单、重要服务事项报备水平，接派单及时率达到100%。常态开展座席业务理论培训和实操演练，建立服务应急机制，强化复电工单管控，有效压降欠费复电时长。开展业扩工单关键环节时限监测、管控，采取“每日预查、当日预警、周五预报”的管控方式进行实时预警、专人督办，实现业扩工单“零”超时，持续压减客户办电时长。开展业扩工单回访工作，实现工单回访全覆盖。常态开展负荷预测，进行可开放容量计算，保证负荷有序接入。建立监控漠视侵害群众利益问题管控机制，按日进行筛查督办，及时反馈工单处理情况，开展营业厅视频监控，规范窗口服务人员服务行为，努力提升客户满意率。

5. 强化网格客户经理服务，层层压紧压实责任

落实设备主人制，加强客户经理“我的设备我管理”的主人翁意识，片区、网格责任人人手“一张图”、人手“一本账”，充分利用营配调基础数据，将高低压电网结构图和设备信息台账融入移动作业终端，便于快速定位、查询。强化“我的客户我负责”的服务意识，推动网格间工作协同，网格内、网格间客户经理服从所属高压片区客户经理及站所负责人的统一指挥调度，共同开展配网抢修、带电作业、巡视巡检；推动网格与政府社区网格协同，主动对接社区网格，将供电服务网格与社区服务体系有机融合，客户经理加入服务区域内所有小区、社区、街道的微信群，与客户建立长期、稳定、便捷的24小时在线沟通渠道，第一时间了解客户诉求、解答客户难题。

（六）完善智能供电服务支撑保障，确保体系落地落实

1. 建立职责明晰组织体系，强化高效精益管理

蒙东公司高度重视基于计量大数据应用的智能供电服务体系建设，成立由总经理担任组长，主要职能部门及盟市公司负责人为成员的领导小组，负责体系顶层设计，审定项目实施方案，指导、协调和督促相关单位推进项目。成立专项工作推进组，由营销部、调控中心、设备部、监管中心及盟市公司人员组成，负责落实领导小组的各项决策部署，统筹设备安装、平台搭建、数据统计、质量监督等具体实施，定期召开例会并形成工作简报。合理分工各项工作，做到管理“横向协同，纵向贯通”。同时，强化过程及评价考核，及时推进周、月例会，确保工作有计划、有节点、有总结、有提升。

2. 建立闭环管控工作机制，保障体系落地实施

一是建立图模异动管控机制。通过对检修、抢修作业与图模变更流程开展闭环管理，形成完善的配网图模异动机制，实现现场动—图模动，图模与现场施工作业校验一致，检修、抢修作业才允许闭环投运，从异动机制上保证图模与现场的一致性。同时通过大数据分析，对发生停电的线路、分支，对其台区状态与开关状态不一致进行异常台区记录管理，如发现为图模问题，即发起图模异动流程进行图模变更，实现线上异动管控和图模更新，确保图模的准确性。二是建立停复电传动验证机制。在计划和故障停电、复电时，通过调度值班日志管理，核查系统研判的停电和复电范围是否与实际范围一致，通过大数据分析，核对台区停电和复电状态是否与实际运行情况一致，从而验证终端上报、图模绘制、研判模型的准确性，验证情况每日统计、每周发布。三是建立感知单元缺陷管控机制。通过终端上报缺陷管控模块，实现变台计量采集终端上报缺陷的自动登记，建立缺陷登记、处理管理流程，实现终端上报缺陷的实时全量管控，确保各类缺陷能够快速消除。

3. 开展多维服务指标评价，提升供电服务品质

蒙东公司通过建设供电服务综合评价体系，设置本质安全、可靠供电、运行维护、服务质量4个方面106项指标，全方面评价各单位营配调及供电服务管理水平。制定《供电服务质量评价实施细则》，每周召开投诉案例及非常不满意工单穿透分析会议，对存在的问题进行补全分析，全面推动工单处理质量确认录音工作，以细化管理促进工单处理质量提升。实施供电服务质量评价，梳理细化过程评价指标，全程管控客户服务规范，预警内部业务执行质量，跟踪短板指标提升成效，考核全业务、全流程服务质量，全力推动供电服务水平提升。

4. 建立人才队伍培养保障，促进人才快速成长

蒙东公司针对业务特征，组织营配调专业融合的多元化培训，有机结合业务培训、岗位练兵与竞赛调考活动，丰富竞赛调考项目，以“培训促素质、技能促生产、竞赛促质量”，大力开展职工技能建设，搭建技术交流平台，开展服务体系前沿技术研究，与高校深入合作，培育打造一支专业技能高、业务水平精、管理能力强的人才队伍。通过网络课堂、在线直播等方式实现讲座资源共享，为智能供电服务体系建设与运营、供电服务业务开拓等提供人才队伍支撑。建立业务互学、岗位互换和周期测评机制，努力促进业务融合，提高调度指挥人员能力素质。实践以来，累计开展3期培训班，培养盟市县86名优秀复合型人才。

三、省级电网企业基于计量大数据应用的智能供电服务管理效果

（一）探索实施智能供电服务管理，体系建设初显成效

蒙东公司通过开展基于计量大数据应用的智能供电服务体系建设，搭建全域配网资源智能配置平台，实现了配网状态智能感知、各项资源协调联动，配网运行管理与供电服务指挥手段持续完善，构建了“实一线、强前台、通中台、大后台”的服务格局，构建起了与现代智能电网发展相适应的智能供电服务体系。供电服务指挥直通现场，精准分析研判发展规划、电网施工、配网运维、网格服务等影响供电质量问题因素。

（二）全面提高了供电服务水平，客户满意度显著提升

通过实施基于计量大数据应用的智能供电服务体系建设，蒙东公司配网调度管理方式更加集约，配网调度与配网抢修业务深度融合，提高了停电信息发布的及时性和准确性。依托供电服务指挥平台，实现了故障报修工单的智能派单，供电服务的响应速度不断加快，停电发生至抢修工单发起时间由40分钟缩减到5分钟，现场抢修平均时长73.13分钟，同期压降66.07分钟，配网抢修工作质效显著提高。高压单、双电源各环节合计办理时间分别6.66个工作日、7.89个工作日，比国家要求时限压缩70%、75%。“行风及优质服务满意率”累计完成91.58%，在内蒙古自治区排名第一；客户满意度完成99.61%。

（三）企业效率效益大幅提升，促进了企业高质量发展

通过实施基于计量大数据应用的智能供电服务体系建设，蒙东公司取得了显著的经济效益和社会效益。2020年售电量352亿千瓦时，同比增长5.1%。在实践中，为支持企业复工复产、保障地方脱贫攻坚提供了有力支撑，2020年，精准落实国家阶段性降价与支持性两部制电价政策，为辖区内非高耗能大工业和一般工商业用户执行95折优惠电费。实施“欠费不停电”措施，延缓经营困难的中小微企业缴费期限，有效缓解了企业资金压力，对冲了突发的新冠肺炎疫情带来的影响。“实时感知配网运行状态，精准研判故障停电范围，及时告警供电服务异常、高效开展主动抢修服务”的方式，不但解决了配网“盲调”问题，同时有效节约了配电自动化建设资金8.5亿元。

（成果创造人：张成松、杜　平、李淑锋、王治国、王军亮、张玉峰、
李　原、张　赢、谢宏伟、苏浩轩、李海波、王大鹏）

电力企业基于政企协同的省级能源大数据融合管理

国网河南省电力公司

国网河南省电力公司（以下简称国网河南电力）是国家电网有限公司的全资子公司，国有特大型企业，肩负着为河南省经济社会发展和全省4300万电力用户提供可靠电力保障的重要任务，供电服务人口超过1亿人。截至2020年年底，国网河南电力辖市供电公司18家、业务支撑机构17家、县级供电企业110家。全社会用电量3392亿千瓦时、售电量2851亿千瓦时、营业收入1476亿元，资产总额为1856亿元。2017年，河南省政府发文建设河南省能源大数据中心，明确依托国网河南省电力公司建设。国网河南电力历经3年在国内初步建成“安全可靠、运营规范、平台开放、数据融合、应用智能”的省级能源大数据中心，已于2021年建成投入运营。

一、电力企业基于政企协同的省级能源大数据融合管理背景

（一）服务国家能源安全新战略实施的需要

我国能源行业发展进入全面转型升级阶段。由于新能源随机性和间歇性的特点，伴随着高比例、分布式新能源的快速发展，电网的安全稳定供应面临较大挑战。建设数据融合共享的能源大数据中心，发挥大数据在能源电力供需预警、新能源消纳预警、多能协同综合规划等方面的决策支撑作用；赋能传统能源产业，催生能源产业发展新技术、新业态、新模式，是推动国家能源安全新战略实施，实现能源高质量发展的重要基础，为能源行业效率提升、动能转换开辟新的广阔空间。

（二）推动国家电网公司战略目标落地的需要

国家电网有限公司顺应能源革命和数字革命融合的发展趋势，确立了建设具有中国特色国际领先的能源互联网企业战略目标，通过数字化推动电网智能化升级和企业数字化转型。面对高比例新能源并网、分布式新电源和微电网大规模接入低压配电网等多重挑战，亟待运用数字技术赋能传统电网，有效支撑源网荷储协同互动、水火风光互补互济，推动电网向能源互联网升级，破解安全、经济和绿色发展“不可能三角”难题。针对生产经营方式转变、运营管理水平提升、客户营商环境优化、综合能源服务拓展等高质量发展问题，需要运用数字技术促进能源流、业务流、数据流全面融合，推进电网生产、企业经营、客户服务等全业务、全环节数字化转型，提升生产运行和运营管理水平。

（三）服务河南国家大数据试验区建设的需要

国家大数据（河南）综合试验区作为国家确定的首批区域示范类综合试验区，承担着实施大数据战略、支撑网络经济强省建设的重大使命。当前，建设能源大数据中心时面临一些突出问题：一是数据高效归集机制尚未建立，二是数据标准不统一，三是安全体系尚未健全，四是价值挖掘能力不足。国网河南电力探索开展能源大数据中心建设实践，创新共建渠道实现全品类全行业能源数据融合贯通，对于服务能源行业数字化转型、促进能源行业低碳发展具有重要意义。

二、电力企业基于政企协同的省级能源大数据融合管理主要做法

（一）开创网省共建模式，明确中心目标定位

1. 构建政企协同模式，服务政府智慧治理

政企联动政策先行。河南省发展改革委和国网河南电力双方主要领导高度重视，多次协商部署工作。河南省政府、发展改革委、大数据局等政府部门先后发文20余次支持能源大数据建设，明确委托河南电力建设充电智能服务平台、重点用能单位能耗在线监测、“双替代”供暖大数据平台等。国家电

网有限公司将河南省能源大数据中心列入五大省级能源互联网综合示范工程。2020 年，省发展改革委与河南电力签署国网首个省级能源大数据中心委托建设协议，明确建设、运行费用纳入核价成本。河南省政府与国家电网有限公司签订“十四五”战略合作协议，明确共建河南省能源大数据中心。2021 年，河南省政府将能源大数据建设列入《河南省国民经济和社会发展第十四个五年规划和二〇三五年远景目标纲要》《河南省推进新型基础设施建设行动计划（2021—2023 年）》《2021 年河南省数字经济发展工作方案》，推动能源大数据建设提档升级。

建立常态化服务机制。建立常态化服务河南省发展改革委等部门能源研究和决策，将能源数据归集、能源信息 App 等典型应用嵌入政府业务工作链条，在河南省发展改革委网站设置能源大数据专栏，动态发布每日能源信息 4 类数据产品，积极对接河南省政府各部门及相关单位，联合开展能源大数据应用建设。为服务全省大气污染防控治理水平提升，与河南省生态环境厅对接，融合大气污染物排放和电力消费数据，助力绿色环保调度和线上环保监管；为服务全省规模以上工业企业运行态势监测和宏观政策制定，与河南省统计局对接，融合规模以上工业企业名录、年（月）度经济运行和电力消费数据；为服务人民幸福生活，与河南省云政平台、省公安厅、省工商局、房管局建立专线，开辟居民通过身份证号、企业通过统一社会信用代码等多渠道网上办电、不动产联办等服务，推动政务、公安、工商、房管数据与电力数据有效融合，助力营商环境改善。

建立协商共建机制。政企双方建立日沟通、周例会制度，建立健全协商共建机制。河南公司与省发展改革委等部门多次赴太原、上海、杭州、湖州等地实地调研，研究明确中心功能定位、建管模式等问题，形成了中心总体框架和建设方案。中心“一中心、两体系、三平台”总体设计及建设方案顺利通过评审，得到工信部、国家可再生能源中心、清华大学数据科学研究院、华为、腾讯、阿里巴巴等行业专家一致认可。结合专项建设任务，如与省工信厅、计量院协同推动车—桩—路—网大数据融合，与省大数据局、中国石油天然气公司联合开展能源大数据模型等标准研制等。

2. 建立组织管理架构，搭建顶层设计框架

以“发挥专业优势、厘清工作职责界面、进度质量可控、高效协同、快速运转”为组织管理思路，确立省级、公司级、项目级三级联动的能源大数据中心组织机构。同时，河南省政府以文件形式明确了能源大数据推动相关市场主体能源数据集聚，开展能源大数据挖掘分析，探索建立基于大数据精确需求导向的能源规划新模式，促进多能协同综合规划，提升能源行业经济效益和安全生产水平的建设目标。

河南省能源大数据中心按照服务“政府、企业、公众、公司”四大功能定位：辅助政府精准决策、支撑企业精益管理、服务公众便捷用能、推动公司提质增效，致力打造“安全可靠、运营规范、平台开放、数据融合、应用智能”的省级能源大数据中心。

中心遵从“一中心、两体系、三平台”总体架构：一中心，即河南省能源大数据中心，打造省域能源大数据创新应用统一平台；两体系，即安全防护体系、运营管理体系，保障能源大数据安全运行、高效运营；三平台，即软硬件基础设施平台、数据管理平台、应用众创平台，提供数据管理应用的软硬件环境，实现数据的存储、管理、访问，为客户提供生产运行、业务咨询、高级应用等服务。

中心建设遵循四大原则：一是坚持顶层设计、分步实施；二是坚持责权明确、规范管理；三是坚持数据确权、一数一源；四是坚持共建共享、差异服务。

（二）构建能源数据体系，多元数据归集渠道

1. 构建能源数据体系，确保“一数一源”

构建覆盖能源行业全品类、宏观经济及其他相关数据的能源大数据体系，设定不同数据来源采信优先级，明确数据提供部门，确保“一数一源”。能源行业数据来源于统计局等政府相关部门、相关企业和网站。宏观经济数据来源于国际能源署、国家统计局等权威统计、研究机构，数据年份延长至可查询

年。其他相关数据来源于省统计局、省能源局、省公安厅、省生态环境厅、省工商局等。

2. 拓展数据汇聚渠道，推动能源数据归集

一是推动全品类数据多渠道统一归集，明确电网相关数据由国网河南电力提供，政府负责协调电网以外数据归集和提供政策支持，多举措构建能源数据多元归集渠道。二是打通政企数据互联总通道。由省大数据管理局牵头，在国网河南电力设政务网节点，在国网系统内率先建成 1000M 政务外网互联"总通道"，实现电力数据与省、市、县政务数据互联互通。同时构建能源数据在线归集系统，实现数据在线归集、审核、报送和自动分析。三是以场景应用深入推进数据集聚。构建多元化应用场景体系，与生态环境厅合作建立绿色调度平台碳排放应用，数据中台接入大气污染物排放、燃煤机组污染物排放和碳排放、环保管控企业实时数据；与省气象局合作建立新能源消纳预测预警应用；与省发展改革委合作建立充电智能服务平台，接入全省 3000 家充电站、3.3 万个充电桩运行数据。探索建立县域数据归集机制。选择兰考县为试点，建立政府牵头、企业广泛参与的县域数据归集机制，通过系统对接、物联接入、批量导入、在线填报等方式，形成县域能源大数据归集模式。

3. 创建数据标准体系，打破数据融合壁垒

以"促进数据集聚、释放数据价值"为导向，依托国内外能源大数据产业及其他行业大数据标准建设经验，率先创新开展能源大数据标准体系研制，规范能源大数据中心建设和推广。一是编制能源大数据总则标准，规范全流程能源数据归集应用。二是编制能源大数据术语标准，定义研发和应用服务等领域概念。三是编制能源大数据模型标准，支撑能源异构数据标准化存储。四是编制电动汽车充电设施信息互联互通规范，推进充电设施行业健康有序发展。

（三）规范数据管控机制，统一全品类数据管理

1. 搭建能源数据中台，夯实数据安全底盘

一是搭建省级能源数据中台。建成省级华为 8.0 云和数据中台，以"大中台、微应用"支撑能源大数据业务转型发展。按数据流向层次划分为数据汇聚层、贴源数据层、共享数据层、数据管理层和分析数据层。二是构建网络和数据安全体系。从"技术、管理、可信、服务"四方面开展能源大数据中心安全体系建设。

2. 拓展数据接入方式，规范数据接入管理

全方位拓展数据接入方式，根据不同数据类型及来源，将能源数据归集方式分为四种。一是数据报送，针对各级政府部门与相关企业，形成固定的信息报送机制，定期在线上报能源信息，采用多级在线审核确保数据准确。二是数据抓取，针对互联网发布的各类公开信息来源，通过大数据手段完成信息的清洗、录入。三是系统接入，针对运行于互联网、政务平台、企业内部的信息系统，根据双方约定的数据访问方式和内容标准，建立数据接口，实现数据对接。四是终端接入，针对企业、居民、重点单位等用户级、场站级、设备级终端采集数据，通过 5G 无线通信等方式实现数据实时采集。

3. 创新数据认责确权，落实分类分级管理

建立健全能源数据管理制度，首创政府数据使用权、企业数据所有权、平台数据管理权的"三方确权"机制，规范数据分类分级管理。

数据三方确权机制。促成政府、大数据中心、企业签订三方确权协议，政府负责提出能源数据需求，委托大数据中心开展数据管理工作，企业负责数据的维护更新，大数据中心受政府委托负责数据归集、存储、使用权限分批、安全防护等工作。

数据分类规范管理。推进能源信息按主题和安全级别分类分级管理。按照主题分为大类、中类、小类三类。按信息来源将数据分为电力、煤炭、石油、宏观经济、气象、环境等基础大类，对于每一个大类主题，按照线分类法划分中类。对于每个中类，按照线分类法划分小类。

数据分级安全管理。将能源数据按安全级别和敏感程度分为涉密数据、内部数据、公开数据，并结合数据安全等级和用户类型设置管控要求和合理的访问权限。

（四）面向四类服务对象，赋能数据价值创造

1. 面向政府主管部门，辅助科学精准决策

服务政府多能协同规划。聚焦全省能源概况、能源监测、能源预测预警、能源项目管理等，汇集全省域的水、风、太阳能、煤炭、油、气等能源资源、生产、运输、转换、消费、实时运行等数据，打造全省能源运行“一张图”，服务政府掌握全省能源运行态势，便捷查看全省煤、油、气、电、新能源等能源运行情况。通过能源大数据深度挖掘，开展经济产业发展态势、安全运行、供需预测、碳排放减排等专业服务，常态化编制《能源周报》《能源月报》《用电量分析月报》《能源转型研究报告》等，相关成果已纳入河南省“十四五”能源发展规划。

服务政府智慧城市治理。汇集全省公共充电设施的实时运行信息，引导充电桩（站）合理规划布局，通过全省运营商信息的统一管理，实现充电设施建设、运营补贴的全线上申领、报送、审核和发放。利用电力数据覆盖范围广、实时性高的特点，结合人口迁徙、气象等外部数据，研制工商业复工复产、人口迁徙、居民空置率等数据产品，报送51期《河南省复工复产日报》《“21·7”特大暴雨灾后用电量影响分析》等，体现了强大的应急响应和决策支撑能力。

2. 面向能源行业企业，提升精益管理效益

服务企业节能降耗。实现全省重点用能单位—省平台—国家平台系统数据互联互通，能源消费数据监测可达工序级、设备级，为省内511家用能单位提供用能分析、诊断及能耗策略优化服务。采集统调329座新能源发电企业运行数据，实时监测新能源规模、分布及并网、发电、消纳等情况，提供新能源功率预测、优化选址、设备运维等服务，降低新能源企业运维成本。构建“绿能开发、绿能消费、绿能生活”三位一体的绿能指数体系，监测评估能源低碳绿色发展进程，服务企业精准投资。

3. 面向社会公众用户，便捷智慧用能节能

服务公众便捷用能。积极对接省发展改革委和省内134家充电设施运营商，打造全省电动汽车充电设施运营商数据接入统一平台，公共桩数据接入率达95%；研发推广中原智充App，打造智能找桩、一键导航、便捷支付等功能，实现“一个App畅行河南”。构建覆盖全省、各地市及典型用户的城乡居民生活用电监测体系，开展省市县居民用电态势监测和行为分析，研制人体舒适度指数，提高用户用电获得感和节能意识。

4. 面向公司运营管理，推动全面提质增效

服务公司提质增效。建设电力需求侧响应平台，建立年度3%最大用电负荷的需求侧可调负荷库，在电网尖峰和低谷时邀约电力用户参与电网削峰填谷，提升电网设备利用效率，降低电网投资。开展战略性新兴产业发展态势分析，基于用电量、经济增加值等数据，研判工业新旧动能转换发展对公司供电及售电量的影响，服务公司电网建设时序优化和营商环境改善。支撑公司开拓新兴产业。依托工序级、设备级的能源消费监测，为重点用能单位提供能效诊断服务，以及提供新兴产业态势监测、新能源场站规划选址、充电设施和分布式光伏监控运维等增值服务。

（五）推进平台开放共享，实现多方互惠共赢

1. 创建微服务微应用，创新产品开发模式

创新能源大数据微服务微应用开发模式，构建应用场景功能树，实现应用场景“目标导向，逐项分解”，功能研发“上下贯通，有效闭环”。设计应用场景时，自上而下逐级分解，将场景逐层细化为功能、微应用、微服务，并逐一明确到数据源。开发应用场景时，自下而上逐级开发模块化的微服务、微应用，再组合实现各项功能，最终完成应用建设。

自上而下，实现应用场景功能逐级分解。一是场景收集，收集梳理形成业务场景；二是场景分解，将应用场景分解形成详细功能需求清单；三是功能分解，将功能需求进一步分解形成微应用清单；四是微应用分解，将微应用需求进一步分解形成微服务清单；五是数据归集，根据微服务需求，收集需求数据、数据来源、传输频率，规范数据使用标准，实现数据源导入。

自下而上，实现应用场景功能的逐级开发。一是数据抽取，根据微服务需求，自动抽取所需数据；二是微服务开发，开发形成模块化微服务群；三是微应用开发，组合微服务，开发形成模块化微应用群；四是功能开发，筛选所需微应用，开发形成目标功能；五是场景开发，筛选所需功能，组合形成目标场景。

2. 打造纵向复用模式，推动省市县三级联动

基于河南省能源大数据中心的数据资源，逐步开展市县级分中心建设与推广。构建能源大数据省市县一体化应用体系，双向互动形成“1 + N + X”省市县三级联动典型范式。自下而上结合各地特色征集个性化需求，并自上而下统一技术路线，底层平台和数据资源共享，实现成果敏捷发布。

“省—市—县”数据体系逐步完善。底层数据统一存储，以应用场景个性化功能拓展带动市县级高频次、细颗粒度的数据归集，拓展能源数据接入的深度和广度。在兰考县等农村能源互联网建设试点，接入县域电力、燃气、地热等能源数据，实现“全县域、全品类、全链条”能源数据可观、可测，助力定制化能源服务。省级能源大数据成果快速复用。依托省级能源大数据中心顶层设计，统一市县级建设技术路线，实现成果快速复用和应用推广。协同新乡市发展改革委和大数据管理局建成新乡市能源大数据中心，完成6项成果上线发布。协同许昌市发展改革委建设基于能源大数据的双碳平台试点。结合地域特色需求，构建横向互动、纵向贯通的能源大数据融合应用体系，推动能源数字化产品一体化发展。

三、电力企业基于政企协同的省级能源大数据融合管理效果

（一）建成首个省级能源大数据中心

一是能源大数据中心在全国率先示范。全面完成《河南省推进国家大数据综合试验区建设实施方案》建设任务，中心建设运营费用获政策支持纳入输配电价。试行《河南省能源大数据管理办法》《河南省能源大数据应用场景运维管理细则》。河南省能源大数据中心在国网系统内首家建成投运，建成以电为中心的“能源—经济—社会—环境”数据库，发布“能源 +”9大系列39类产品165项服务，发布河南省能源大数据发展白皮书。二是政企协同共建省市县能源大数据中心。促成河南省政府等印发支持性文件20余份，河南省发展改革委与国网河南电力签署全国首份建设委托协议，中心建设被纳入河南省“十四五”规划。基于省级中心顶层设计，实现省市县能源大数据场景数据资源共享和应用快速推广，形成新能源运行监测、碳排放概况、发电侧碳排放监测、用户侧碳排放监测、全市监测、大类行业监测六大应用成果，对系统进行适应性改造和本地化部署即可实现应用上线，仅新乡市即节约建设运维费用330万元。

（二）夯实了能源大数据融合应用根基

一是坚持数据标准先行，规范数据管理应用。首创政府数据使用权、企业数据所有权、中心数据管理权的“三方确权”机制。率先提出能源大数据标准框架体系，被国网公司采纳，累计立项9项能源大数据技术标准，包括总则、术语、数据分级分类、客户主数据、数据目录、数据应用、数据模型等，大幅缩减数据融合、应用接口改造等投资和人力成本，并应用于指导7家省级能源大数据中心标准化、规范化建设。二是建立数据汇聚渠道，确保数据可靠获取。通过能源数据在线归集，接入29家骨干煤企、油企、气企、发电集团生产供应数据。通过重点用能单位能耗在线监测，接入511家重点用能企业煤、油、气、电、热数据。通过省充电智能服务，接入134家充电设施运营商、3.3万充电桩运行数

据。与省统计局、气象局、公安厅等部门建立专线，接入全省近2万余家规模以上工业企业信息，全省2000多个观测站温度、风速等实时及预测数据。三是规范数据管控机制，建成数据汇聚平台。示范建设涵盖400台服务器规模以上的省级能源大数据基础设施平台，首次梳理明确能源大数据指标体系、数据来源、数据接入、数据管理、共享服务、分级分类机制，累计接入数据超过45TB。

（三）赋能能源大数据产品提质增效

一是社会效益为先。服务政府科学决策，动态监测、精准分析全省各地区企业复工比例和产能，向河南省政府报送51期《企业复工达产情况监测日报》，获省委省政府主要领导批示；能源信息App省能源局全员应用，已推送90余期《能源周报》等数据产品。服务公众低碳出行，研发“中原智充”App，提供便捷找桩、扫码充电、预约充电、付费结算等一站式充电服务。二是经济效益提升。建设充电智能服务平台，服务运营商充电桩建设运营补贴申领“一次也不跑”，补贴申领从线下3个月缩短至线上半个月，累计审核补贴金额达1.5亿元。电动汽车用户找桩平均时间由8分钟减至2分钟。建设电力需求响应平台，涵盖工业、非工业空调、储能等多种负荷特性用户，2020年大负荷期间共计削减峰荷101万千瓦，节约电网投资约2.5亿元，企业参与响应获得补贴383万元。能源统计分析工作形式由线下改为线上完成，《能源运行月报》《新能源月报》《电力视角看经济月报》编制时间从10天缩短为半天，助力基层减负。三是生态环境优化。实现全省152台燃煤发电机组、3.4万环保管控企业污染物精准管控，高效支撑大气污染防治工作。建成重点用能单位能耗在线监测系统，实现能耗在线分析、双控预警分析等功能，服务全省511家用能企业节能增效。通过大数据精细化分析，优化新能源参与电力平衡比例，风电出力较传统提升10个百分点，光伏提升15个百分点，年度新能源利用小时同比增加76小时，预计可等效减少燃煤450万吨、减排二氧化碳737万吨、烟尘0.36万吨、二氧化硫2.3万吨、氮氧化物2.4万吨，助力生态环境可持续优化。

（成果创造人：王金行、白宏坤、杨　萌、刘湘莅、王圆圆、魏澄宙、张　园、华远鹏、杜习超、韩　丁、卜飞飞、杨永军）

高铁电机企业以合作共享为导向的数字化运维管理

中车永济电机有限公司

中车永济电机有限公司（以下简称永济电机）始建于1969年，是中国中车股份有限公司核心一级子公司，是我国交通、新能源领域牵引电传动系统专业化研制企业。截至2020年年底，永济电机拥有总资产82亿元，实现营业收入105.97亿元，向全球50多个国家、地区用户提供品质卓越的电传动系统产品。

一、高铁电机企业以合作共享为导向的数字化运维管理背景

（一）服务安全高效交通出行，提高产品质量的责任需要

当前，越来越多的制造企业由产品为核心向产品和服务并重转变，并从服务运营着手，开辟发展“新赛道”。永济电机作为重要的高铁配套企业，截至2020年，为国内在线运行的三种“复兴号”高铁列车提供了24000余台电机，市场占有率50%，电机运维服务环节不但关乎企业自身竞争能力的提高，更是人们安全出行的保障，尤其是售后检修服务不仅是处理故障的“救火队”，更是提供服务前置的“保健医”，在高铁运维管理中具有高价值性。

（二）抓住修程修制改革窗口，提升企业市场竞争能力的现实需要

国铁集团从2015年开始启动了机车车辆修程修制改革，延长车辆维修里程，推进自主修等步伐持续深入推进，永济电机利用产品技术承修机车及配套服务的优势逐渐丧失，市场份额下滑危机显现。因此，必须抓住路局“自主修”彻底来临前的机会窗口，一方面以大数据平台建设为抓手，全面提升技术实力、产品品质和服务能力，不断提升运维质量，并以售后检修所积累的现场经验和海量故障信息反哺新产品设计研发和老产品改造提升，提升产品附加值。另一方面坚持合作共享思想，以技术和经验换取长久市场，与路局、段方合作共赢，不断探索囊括众多利益主体的商业模式。

（三）顺应产业数字化发展趋势，推进企业转型升级的发展需要

以大数据和人工智能等为代表的新一代信息通信技术正向制造领域渗透，加速产品与服务的融合，加快线下产品、服务与线上数据的互动，强化人、机、物互联，推进企业进入产业数字化阶段。顺应此趋势，有助于永济电机提升数字化能力和管理水平，改变传统发展模式，改善客户体验，推进“产品+服务”转型发展，不断缩小与国外轨道装备一流企业同台对标的差距，服务轨道交通智能化高端化发展，并通过设计开发、制造、交付、运行全生命周期数据的建设，提升数据的应用场景，为价值链各个环节相互赋能提供数据支撑，推进企业转型升级。

二、高铁电机企业以合作共享为导向的数字化运维管理主要做法

（一）明确目标，构建数字化运维管理体系框架

明确数字化运维管理体系核心内容。永济电机紧紧围绕外部环境带来的机遇挑战和电机运营维护的实际情况，基于全生命周期大数据的共享协同，不断夯实运维的数字化基础，从外部合作模式探索、组织管理体系建设和员工活力激发等方面，设计搭建以合作共享为导向的高铁电机数字化运维管理体系。围绕售后和检修两个主要运维业务环节，推进闭环售后体系和精益组织体系建设，着力打造高质量运维服务，借助大数据、人工智能等新一代信息技术的深化应用，不断推进电机运维的智能化管理水平。

搭建数字化运维组织管理体系。首先，与数字化运维管理内容相适应，不断完善组织机构职能，建立统一、标准化的运维服务组织架构，规范一系列运维服务制度体系和作业流程。其次，完善内外部激

励机制，提升运维全过程服务能力。对内激发一线员工的专业服务水准和“保姆式”服务的主动性，对外奖励用户和供应商，组建供应商、公司、用户一体化合作共享服务体系和应急响应机制。再次，建立及时的、标准化的培训流程，包括专业知识培训、现场实地培训、远程技术支持培训和用户培训等。最后，搭建知识共享平台和技术创新平台，提升数字化运维的主动性。

（二）基于数据协同共享，夯实数据化运维基础

1. 贯通各环节，搭建全生命周期数据平台

大数据平台是提升运维能力和运维价值的基础，其关键是要贯通各个环节数据，建立全链条产品数据仓库，实施数据深度协同和共享。永济电机建立了基于产品全生命周期大数据平台（PML），以关键设备为管控对象，通过大数据采集与预处理、存储与管理、分析与挖掘、追溯和反馈，对研发、工艺制造、试验质保、检修售后等产品全生命周期进行管理，实现关键部件的状态监控，强化故障预警、诊断、评估和质量追溯等功能。同时，搭建 QMS（质量管理）、MRO（检修售后）、WMS（仓库管理）、ERP（企业资源计划）、TC（大数据管理）等核心系统，强化各系统之间的集成水平，提高各系统之间的数据串联对接、互推和协同水平，从全生命周期出发对产品进行正向追溯和反向追溯，实时掌握产品运行状态，提升数字运维能力。

2. 发力 PHM，提升实时数据采集监测能力

PHM（故障预测和健康管理）的重点是利用先进的传感器技术，并借助各种算法和智能模型来预测、诊断、监控和管理复杂设备的状态。永济电机着力攻坚通信网络 PHM 技术，自主研发车载数据传输设备，集数据高速传输和智能诊断技术于一体，实现对列车状态实时监控和分析、远程控制。加快变流器 PHM 技术研究，加强加密传感网络，提升变流器的自我感知能力，完善训练包含 IGBT、接触器、电感电容、变压器、传感器的故障预测模型，通过大数据训练完善后台预测算法。面临不同客户不同车型的智能技术多样化问题，注重建立统型化和模块化的数据采集装置和运维技术平台，实现电机故障预警和健康管理。

3. 投入智能硬件，提升运维智能化水平

永济电机不断增加售后检修环节的智能硬件投入，推进大数据、人工智能与电机产品的融合融通，尤其是基于人工智能及无线传感的电机故障辨识系统，努力提升运维的数字化、智能化水平，提升售后检修环节效能。一是大量投入智能影像、智能力矩系统等智能工具，减少人力作业，增强运维的准确性和及时性，同时实现数据直接采集和数据可追溯。比如使用智能扭矩装配系统，增强对关键工位螺栓坚固的改进，杜绝漏紧、错紧现象。又如在检修环节使用内窥镜智能检测系统，消除关键工位异物，传输存储检测数据，实现每台电机机内异物可追溯。二是投入电机检修管理 AR 运维指导系统，通过远程语音协助和现场智能自检，将图像、图纸实时传输给现场技术人员，加强规范标准高效作业。

4. 依托 MRO 系统，提升运维环节数据价值

MRO 系统是全生命周期数据平台中的核心系统之一，是企业运维服务的平台载体。永济电机依托 MRO 平台建设，不断增强运维环节的数据价值，在支撑高质量运维服务的同时，也力求反哺新产品设计和老产品改造。一是推进 MRO 系统的信息化建设和数据化管理，加强售后检修业务运营、人员结构、产品配件等板块的线上一体化管理。二是推进 MRO 系统与 OA（办公自动化）、PLM（产品生命周期管理）、QMS（质量管理体系）、ERP（企业资源计划）、WMS（仓库管理系统）等管理系统集成，实现数据互通，尤其是与 QMS 平台的紧密互动，实现产品全生命周期履历追溯，为精益检修、故障处理、备件调配、RAMS 质量分析等运维环节提供数据支撑。三是通过数据的跟踪、反馈和追溯，建立“实时监控—故障诊断—寿命预测—维修建议”解决方案，建设及时性、可靠性和规范性的标准化售后运营体系。四是利用装车电机的车载数据、离线数据、售后维护的业务数据等动态数据，以及部件维护

技术资料、故障分析数据等静态数据，逐步完善智能算法模型，开展产品预测预警，提前发现故障点，推进产品维保过程服务前移，不断提升 MRO 平台数据价值。

（三）基于共建共赢，探索运维服务外部合作模式

1. 技术平移模式

鉴于大多数动车段尚不具备检修技术研发能力，永济电机加强与段方进行协同创新，围绕经验、技术等各类资源交换共享。永济电机将检修技术分为三个层次，并为段方提供不同服务模式。1.0 版，解决 70% 的共性技术，直接平移给段方；2.0 版，解决 20% 的关键性技术；3.0 版，开展 10% 预判性技术，研发前沿性、动态性、创新性技术。对于 2.0 版和 3.0 版层面的技术，永济电机持续加快技术更新到用户使用的进程，保证最新技术的同步与共享，减少用户技术二次开发，降低投入成本。同时，永济电机还积极参与段方自主合作修，在签订技术支持协议的同时，承接产品故障修关键环节并提供配件服务，常年派驻技术人员在服务现场，进行实时现场指导和案例警示，为用户关键岗位人员提供免费的智能化精益产线实操培训。

2. 合资公司模式

永济电机和铁路局成立合资公司，发挥各自优势，共享发展成果。比如在沈阳铁路局，双方以股份各占 50% 方式成立合资公司，永济电机以技术入股，沈阳铁路局以人力、设备、场地及市场入股。永济电机通过技术换取市场，并大幅降低了产品装车及运营考核成本；用户依托永济电机技术、平台优势取得资质，提升自主修能力。利用合资公司平台优势，永济电机还能够快速迭代更新产品性能，弥补了在微机网络控制系统等产品设计经验上的不足，掌握了微机网络控制系统设计研发能力，逐步形成变流装置和微机网络控制系统的互换互修能力。

3. 外包内控模式

永济电机着力培养战略合作方，加强与产业需求相适应，资质条件、资金实力、质量保证、成本控制能力满足永济电机要求，尤其在新市场开拓、社会资源维护、业务支持等方面能为公司提供大力帮助的检修合作方形成利益共同体，协助公司抵御市场风险并增加销售收入。当前，永济电机已经建立了以长春基地为代表的 6 家战略合作方，探索了“制造外包 + 公司内控”合作模式。永济电机为合作方提供技术和操作培训，并对产线技术、工艺、质量进行管控，确保产品交付用户。合作方投入设备、工装、人员，承修永济电机在主机企业产品。

4. 其他合作模式

永济电机按照各基地生产特点，用户个性化需求，不断创新合作模式，比如提供工位式智能流水线服务。永济电机根据工艺要求、产品特点，以最小的成本、合理的设计，为多地用户提供工位式智能化流水线，提供点对点、面对面的用户服务，减少用户二次开发带来的投入成本。又如，与天津、太原等主机企业实行外包内做合作模式。由主机企业投入厂房设备、人员，永济电机提供市场，主机企业承揽产品非关键工序，在统一组织下完成产品交付。通过这种合作模式，实现了公司产品属地化检修，缩短了产品检修周期、降低运输成本，快速响应用户，同时还解决了主机企业员工就业。

（四）基于反馈追溯，建设标准化闭环售后体系

1. 加强“预防性维护”理念

“预防性维护”是从预防医学的立场出发，对产品的异状早发现和早治疗，降低产品故障率，使其保持在规定状态安全运行。统一上下游思想步调，建立应急响应机制。鼓励用户在点检、月检、季检、半年检时按规范要求及时反馈报告隐患，尽力避免故障发生。按照“利益共享、风险共担”的原则，激发主要供应商建立与客户需求相适应的售后服务组织机构、服务网络和应急响应机制，将供应商服务资源纳入售后服务统一管理中，并建立考核机制。建立巡回巡查机制，定期安排专人对辖区内主机企

业、机务段、动车段/所等用户进行走访，核查产品配属、问题处置情况，了解产品使用情况，及时了解产品运行情况并进行反馈。为提升用户体验，永济电机还在手机端实现了售后、检修的日报提交和查询功能。制作智能化故障案例手册。对产品故障情况进行定期汇总、筛选、核实、整理，针对常见故障和有代表性的故障，制作可视化、智能化故障案例手册，直观展示故障信息和处置方式，使服务人员判断故障有依据，处理故障有方法，更换配件有步骤，使用工具有标准，力度、强度有数据。

2. 建立标准化售后服务体系

标准化售后服务体系，是通过建立统一化、标准化、规范化的售后服务内容、作业流程和制度体系，为用户提供优质、高效、快捷的售后服务，确保交通运行安全可靠。包括：安装调试培训服务，与用户一同对产品数量、外观进行核查，对故障处理、维护保养等内容进行系统培训指导。对研发委托类产品的交付，设计人员到现场配合并指导用户作业。接力服务，针对新产品或新用户，在产品到达之前，售后人员提前一天到达核实产品配属机车信息，向用户介绍产品性能及注意事项，并有针对性地进行个性化培训。"4S 点"服务网络，在全国动车所、机务段终端设立售后 4S 服务网络，日常对车辆尤其是电机、变流器等关键部件进行清洁、查看、保养和诊治，发现隐患进行现场处理，对疑难故障，总部派专人 24 小时赶赴进行有效处理。

3. 强化售后追踪反馈制度

建立科学、规范的售后服务信息反馈、报告流程，建立售后运维信息平台，支撑产品全生命周期履历追溯。建立产品配属档案，对产品实行"户口化"管理，一车一档，保证产品的追溯性，设计"产品全寿命周期信息档案"电子软件化管理，使出厂产品都处于受控状态，为快捷处理故障、产品升级换代、技术改进和市场分析提供第一手资料。建立产品质量信息平台，定期对产品在线运行状况进行统计、汇总，编制台账。结合检修周期，分层分类处理问题，对生产制造环节造成的问题责令相关责任单位整改或纠正预防，品质保证部门负责督察改进效果，确保所有问题关闭。整合 FRACAS（故障报告、分析及纠正措施系统）信息，为产品的 RAMS（可靠性、可用性、可维修性和安全性）分析提供一手资料。质量分析及持续改进优化。定期组织售后人员和各个部门就典型问题案例交流，尤其是对"小而广"和"能干好"的问题进行整理案例编制。对源头质量问题，同步质量改进的知识在数据系统中的输入，协同开发部、工艺技术部进行重新研发设计。

（五）基于产线工位，建设精益检修体系

1. 创新分段式检修业务产线

永济电机在适合流水线生产的工序建设了轴承压装、电机总装、定子整备、收尾交验、解体清洗 5 条分段式产线，并结合各基地场地情况确定了"L"型的产线布局方案，为探索分段式检修提供了有力支撑。分段式检修产线，实行有节拍的标准作业，很大程度上改变了传统集体作业模式。不提前生产，以产线为中心开展工作，按工位配置人员，专人专事，上下工位实行自检、互检，解决产品一致性问题，由结果管控转变为过程管控。同时清除现场一切不必要的东西，优化物料配送方式，采用套餐式周转箱配送物料，工序需要什么就配送什么，减少了配件的磕伤碰伤问题。

2. 优化产线为核心的管理体系

围绕检修产线，梳理业务管理职责，重新搭建业务流程和管理流程，调整业务次序及人员结构，实现产线需求流拉动业务流和管理流，业务流、管理流服务支撑生产线流的良性循环效应。一是建立精益管理领导组、推进组和执行组三级组织机构及专业支持团队。二是树立产线需求流拉动管理流理念，树立"产线停止，所有工作均是无效"的价值流理念，创建异常响应微信平台，提升全员参与的紧迫感。三是实现全员角色转换。从业务流出发配置人员，取消不增值环节岗位，细化员工资质，重新培训重新上岗，充分发掘员工价值。

3. 建立以工位为核心的工序流程

电机检修业务中，因为每列电机数量不同，配件品种类多，客户交付周期多样。永济电机以用户需求为导向，确定个性化工位数量、检修业务数量和交付周期。工位数量的确定以产线节拍为前提，即工位数量 = 生产周期 × 日工作时间 ÷ 节拍时间。比如依据检修经验，按照每天有效工作时间 6.5 小时，每天检修 32 台电机，确定出产线的节拍为 12 分钟，实际运行中根据一个时期工作效率不断调整优化节拍时间。根据“多检少修”的原则，优化检修工艺流程，在保证产品质量的前提下，对工序进行合理的合并、调整、简化。最后，永济电机组织各工序员工开展工位切分，并进行现场模拟操作，各工序现场时间观测的准确性与奖励挂钩，以此来激发员工和班组长的积极性和执行性。

4. 强化精益管理的文化氛围

永济电机按照基础管理、工位表单、环境管理、安全管理、质量管理、生产管理、TPM（全员生产维护）管理、经济核算 8 个主题，以图文并茂的形式，编制《标准工位手册》，并对全员进行培训及上岗考试，开展劳动竞赛，在全员中形成“标准工位标准建”的标准氛围。结合电机检修各产线工位特点和工作要求，策划制作多方面员工行为习惯视频片，创作精益之歌，开展“学先进经验，做时代典范”道德讲堂，形成精益管理的文化氛围。建立改善机制，包括搭建员工创新活动流程及评定标准，定期对员工新提报的创新项目进行立项评审，同时开展精益改善提案征集活动，员工只要参与就有奖励，调动了全员参与精益改善的积极性。

（六）基于职业发展，建立员工价值共创共享机制

1. 完善晋升机制，拓宽发展空间和职业通道

永济电机加强培养机制的制度建设和落地安排，出台《公司新时期产业工人队伍建设五年提升计划》，切实有效拓展产业员工的发展空间和晋升渠道。一是全面搭建起产业工人基于业绩评定、能力牵引、量化评审的职业发展通道，并常态化运行。二是建立高端育才的特色化“牧羊”机制。通过工作业绩、专业能力、职业精神、发展潜质 4 个维度进行评估，建立一级人才池；对照能力素质模型确定能力梯度线，明晰短板弱项，形成二级人才池；按照能力水平就近归位或向高一等级能力晋级的原则，制订个人职业发展计划，实施对标成长。三是持续推进以“招工即招生、入企即入校、企校双师联合培养”为主要内容的新型学徒制，促进产业工人技能水平的提高。

2. 搭建创新舞台，提升员工活力和创造力

永济电机搭建创新舞台，同时加强技能拔尖人才选、育、树机制，建立行业院校专业育人、技能大师工作室选人、各类职业竞赛树人等一套工作机制，提升一线员工创造力，提升企业发展活力。首先，制度激发产业工人创新热情，出台《公司新时代群众性经济技术创新活动实施办法》，建立健全公司技术创新体系，引导鼓励员工立足岗位创新创效。其次，加大高技能人才培训基地建设和劳模创新工作室、技能大师工作室等项目建设力度。再次，积极组织一线员工开展“微创新”质量改进和技术攻关活动。最后，广泛举行“强技能、提品质、保交付”各类职业竞赛和专项劳动竞赛，“以赛促学、竞赛成才”效果不断提升。近 5 年来，员工创新项目共计 7552 项，表彰以员工名字命名的先进操作法达 79 项。

3. 给予“家”式关怀，促进员工体面舒心工作

开展“面对面、心贴心、实打实”服务基层活动，“新小家”建设是产业工人服务方面的一张“金名片”。一是遵循“以统为主，统分结合”的原则，研究制订“3 + N”的“新小家”模式，即以统一标识、统一设施、统一标准为基础，结合公司小家建设的多区域、多环境、多需求的特点，实施差异化、个性化建设。二是按照“以点连线，以线带面、分步实施，落地生根”的思路推进，做实做精。三是注重对驻外基地、售后服务站点、海外子公司等属地员工服务，令其感受到“家”的温馨感觉，

生活设施配置周到细致、一应俱全，还并配备了跑步机、台球等健身娱乐器材，彻底解决驻外及基地员工的生活后顾之忧，深受员工欢迎。

三、高铁电机企业以合作共享为导向的数字化运维管理效果

（一）高效地保障高铁运行安全可靠

永济电机的数字化运维管理体系及时有效地满足了客户需求，为电机产品全生命周期质量管理提供了一线实践支撑，正点交付率达98%以上。2020年，全国投入运营的3000组高速列车中，永济电机提供了近50%的运维，重大及以上事故发生项数为零，实现特定故障识别率达到95%，整体误报率低于1%。永济电机为过去我国铁路6次大提速提供了高品质的配套服务，为客户国铁集团动车组寿命中期翻新改造、系统替换方案及整车高级修周期延长验证等修程修制改革提供了全方位的翔实大数据支持。

（二）运维水平显著提升，经济效益显著增长

自2017年数字化运维管理体系实施以来，永济电机产品在全国铁路49个动车所、61个机务段良好运行，日检修电机能力由16台提升为32台，人均检修效率同比提高30%以上，产品检修周期缩短40%以上，电机检修优等品率由60%提升到85%。持续提升的运维质量促进了公司整体经济效益实现显著增长。永济电机营业收入从2017年的72.58亿元增长到2020年的105.97亿元，增幅46%，归属母公司净利润从2017年的5.57亿元增长到2020年的6.1亿元，增幅约为9.52%。检修业务板块营业收入逐年递增，2017—2020年分别为5.75亿元、6.17亿元、6.65亿元和7.3亿元。

（三）“产品+服务”转型发展取得实效

永济电机在高铁运维中所秉承的“本土化”运营和“属地化”管理，与用户建立了高质量的合作关系，有效提高了企业在越发激烈的市场中的竞争能力，促进了企业由产品制造向“产品+服务”转型发展。同时，永济电机在高铁运维中探索的各类对外合作模式，在工程机械、新能源等行业的服务中得到了成功复制和推广，推动企业全面转型发展。在工程机械领域，永济电机以“制造外包+公司内控”合作模式，与国内大型企业强强合作，大力拓展了机械电机市场。在新能源行业，永济电机运用“公司+政府+合作方”的模式，在国内8个省地设立制造基地，完成本地化的配套服务合作，并成为当前国内产品配套齐备、生产规模领先的风力发电机供应商。2020年新能源电机业务实现销售收入61亿元，同比增长36.5%。

（成果创造人：王　彬、牛志钧、申军平、张尔华）

煤矿企业智慧化管理体系构建

陕煤集团神木柠条塔矿业有限公司

陕煤集团神木柠条塔矿业有限公司（以下简称柠条塔矿业）位于陕西省神木市西北部，是陕北神府煤田南区规划的四对特大型矿井之一，是陕煤化集团在陕北建设的第一个千万吨级特大型矿井，也是省、市、县国有股份制合作的第一个煤炭开发建设项目。

柠条塔矿业注册资本金 14.26 亿元，在册人数 1312 人，主营业务为煤炭开采。井田保有资源量 22.97 亿吨，可采储量 16.51 亿吨，核定能力 1800 万吨/年，服务年限 70 年。柠条塔矿业始终坚持高起点、高标准，从矿井设计、建设施工、技术装备水平、员工队伍建设等方面，按照现代化和数字化的标准建设，矿井规模、技术装备和现代化水平处行业一流，已形成“多煤层开采、多采高并存、南北翼均衡生产”的生产格局。从 2009 年至今，累计安全生产原煤 2.35 亿吨，连续 8 年煤炭产量、销量和矿井单井生产能力分别创出了全省“三个第一”，国内前 5 名。2020 年产量 2000 万吨、销售额 76 亿元、利润 30 亿元，成为陕西省省属煤炭企业第一产煤大矿强矿，先后获得国家、陕西省“‘五一’劳动奖状”，以及“国家特级高产高效矿井”“国家级智能化示范矿井”“国家水土保持生态文明工程”“国家级绿色矿山”“陕西省职工创新十大企业”等荣誉称号，获得国家“科技进步成果”二等奖一项、省部级成果奖三项、地市级成果奖多项。

一、煤矿企业智慧化管理体系构建背景

（一）响应国家产业升级的战略需要

当前，我国国民经济已由高速增长阶段转向高质量发展阶段，正处在转变发展方式、优化经济结构、新旧动能转换的攻关期。在“两化”深度融合的推动下，工业领域正迎来巨大变革。工业互联网、人工智能等技术飞速发展，给许多传统行业都带来了颠覆性变革，将高新技术与传统技术装备、管理融合，实现产业转型升级，正成为重要的发展趋势。

（二）适应煤炭行业实际发展及产业升级的需要

当前，我国各地各行业相继实施智慧城市、智慧工厂、智慧农业等战略，各行各业发展十分迅速，均取得显著成效。

煤炭工业作为国家的基础工业，关系到国家的能源保障，有极其重要的战略地位。由于煤矿（井工）生产是地下大机器开采，井下条件复杂多变，生产工艺复杂，同时受顶板、煤尘、瓦斯、水等自灾害的威胁，安全隐患多，极大地制约着煤炭生产过程的安全性和生产效率，发展智慧化有极强的特殊性和迫切性。

智慧煤矿是高科技采矿的具体体现，是智慧中国的有机组成部分，也是确保煤矿安全生产、减员增效的重要举措。国家发展改革委等 8 部委联合发布《关于加快煤矿智慧化发展的指导意见》，加快我国智慧矿山建设，实现煤炭工业的现代化管理，是确保煤炭工业安全和稳步发展的必由之路。

（三）满足企业“减人、增安、提效（效率、效益、长效机制）”的需要

柠条塔矿业地处晋陕蒙国家能源基地腹部，是国家特大型矿井，地质条件简单，煤质优良，很适合率先开展智能化矿山建设，同时在生产和管理中存在许多制约因素和问题，急需智能化建设解决。在安全生产上，自动化、信息化程度不高，南北两翼生产，点多面广，环节多，配套多，用人多，安全隐患多，环境多变，跟踪难、分析难、控制难；在管理理念上，重技术轻管理，融合度不够，甚至脱节；运

营体系建设上，缺乏有效合作，产、供、销、管信息不能高效传递和协调，企业整体效率不高；在管理手段上，各类信息系统功能单一且相互独立，孤岛现象突出，数据深度挖掘利用难；在管理方法上，基于传统信息传递的精细化管理，过于繁杂，虽精细但失高效，需要信息化、快捷化。

管理发展是反应性的，管理环境和解决存在的问题决定着管理的变革。智慧化矿山是技术主导型的管理变革，是新型管理模式和组织形态，具有强大的驱动力，能高效解决众多问题，急需建设。

二、煤矿企业智慧化管理体系构建主要做法

（一）厘清思路，确定建设目标、框架和步骤

以“国内领先、世界一流”为宗旨，以“减人、增安、提效（效率、效益和长效机制）和提高煤矿职工福祉”为目标，针对实现智能化具有的优点和出现的特点（信息的广泛性、便捷性和廉价性），结合柠条塔矿业的安全生产经营管理实际，以“信息化为支撑，体系化合力管理”的思想，确定“技术赋能、信息共享、无人则安、组织扁平、业务协同、融合提升”的技术管理综合架构。

将信息化、大数据等技术与现代煤炭开采、工业工程等现代管理技术进行数据连接和深度融合，将产品、工艺、设备、环境、生产、管理等要素和过程，进行数字化表达和智能化运行，形成智能化生产和智慧化安全生产管理，实现采煤、掘进、运输、供电、供水、通风、压风等全过程安全高效智能运行。

拉通产、供、销、管各系统，创建全面感知、实时互联、数据驱动、智慧决策的煤矿智慧综合管控体系，构建企业智慧脑，实现业务信息向智慧能力的跃迁，形成大闭环管理，达到销售售价最优并指导生产、生产安全高效智能，物资供应及时经济，计划财务与业务融合。实现产供销互动、生产与管理一体、相关信息互通、技术经济互融、职能部门分进合击的现代化综合管理局面。统一规划实施步骤，统一标准、整体安排。

（二）智能化生产系统建设和智慧化产供销管综合管控平台建设

智能化生产系统建设按照“生产智能化，安管数据化，现场可视化”，应用机械化、自动化、智能化等硬技术（如自动校直、陀螺定位、记忆割煤等技术），装备综采工作面、掘进工作面、运输、通风（一通三防）、压风、供电、供排水系统、安全监控等系统。针对各系统和设备特点，采取不同的带有自动识别、分析判断的智能化控制方案，进行升级改造，实现以采、掘、运为主，通、排、供、地质、环境等为保障的智能化生产系统。

智慧化产、供、销、管综合管控平台建设在管理系统上，按照“业务融合，流程贯通，数据共享，合力经营”思路，拉通产、供、销、管等环节，将计划、生产、销售、物资、财务等业务融合，解决信息断点和闭塞，透明联动管控，提升运行链的效率；充分剖析现有生产、经营管理现状，将生产、销售、供应、管理等专业各要素，梳理、提炼、归纳，条理化、精细化、规范化、信息化，完善、优化各专业职能、流程、标准等，根据专业各要素的内在关系开展流程再造、工作标准优化，组成各自高效的运转系统。以整体管理现代化、效益效率最大化的目标，实施四个融合即营销、供应与生产融合，技术与经济融合，管理与信息化融合，制度建设与绩效考核融合，从机构、制度、流程等做好缜密安排，建设涵盖需求预测、以销定产、精准计划、业财融合、有效保障，分而有序、合则有力，安全高效的现代化综合管理体系。

在技术架构设计上，围绕“控制智能化、监测实时化、管理信息化、业务流转自动化、知识模型化、分析决策智慧化”的目标，遵循网络融合安全、信息互联互通、数据共享交换、功能协同联动的基本原则，基于一套标准体系、构建一张全面感知网络、建设一条高速数据传输通道、形成一个大数据应用中心、开发一个业务云服务平台，面向不同业务部门实现按需服务。

采用云计算、大数据、人工智能等技术建立各子系统和综合管理大平台。信息基础设施包括数据处

理企业私有云、数据传输网络、企业主数据、数据存储等。采用数据采集层、基础设施、数据处理层、运用层、执行层等多层体系结构，各子系统支持多种数据服务、通信协议和接口，整体具有冗余采集和容错机制，建立模块化、组件化的智慧矿山综合管控平台。

建立覆盖全矿区、井上下的 4G + 5G + Wi - Fi 6 工业数据传输网、企业私有云、万兆工业环网等基础设施设备，实现大宽带、高容量、低延时，满足智慧矿井建设安全生产、设备运行、施工管理、经营管理等业务的需要，为实现矿井的智慧综合管控奠定良好的数据传输和处理基础。

构建智慧化产、供、销、管一体化数据中台，建立煤矿大数据主数据管理系统及数据仓库，为平台运行管理和智慧决策支持提供数据支撑。统一数据采集、传输、存储和访问接口标准，建设安全生产、经营管理的大数据中心，建立包括地质勘探、掘进、开采、运输、通风、排水、供液、供电、安全防控等各装备智能联动控制及经营管理各业务系统的主数据库。逐步将煤矿现有子系统从底层数据获取直到上位机软件处理与分析的垂直应用模式，更替为“底层——设备获取数据、中层——数据中台提供数据服务、上层——数据应用进行智慧化管控”的扁平化数据治理模式，从而提高数据的灵活调用、自由组合能力，解决信息孤岛和数据重复获取问题。采用数据提纯处理加工手段，构建规范化、扩展性强、紧密结合煤矿业务的数据标签体系，完善数据的智能映射能力，形成面向煤矿业务流的大数据资产平台，建立健全完善的数据质量保障体系，数据资产服务能力，提供友好的数据可视化服务，形成多维数据资产，将数据的各个属性值以多维数据的形式表示，可以从不同的维度观察数据，从而对数据进行更深入的观察和分析。在煤矿安全风险评估专题及企业安全指数评价、运营决策分析及企业安全状况分析等方面实现数据价值变现。

利用大数据技术，深挖数据价值，对煤矿生产、经营各类数据的集成、存储、清洗，然后进行数据的分析计算，最终为各类生产、决策和管理进行服务，进而实现整个矿井的智慧化运行。在十多年生产、经营管理经验和数据集累上，结合全煤炭行业的生产、经营管理数据，在 ERP（企业资源计划）、MES（制造执行系统）、PLM（产品生命周期管理）等系统应用的基础上，依靠运用不同算法建立：煤炭市场预测分析模型、物流效率分析模型、仓储利用分析模型、仓储物流联动模型、能效分析模型、能耗控制优化模型、保养预测模型、设备安全连锁模型、电气线路预警模型、产线故障预警模型、产品质量分析模型、多环节设备安全预测模型、作业流程模型、业务流程模型、风险管控模型、多环节作业安全预测模型、全面预算模型等。

（三）实现智能化煤炭安全生产管理

1. 全面智能化煤炭生产，减人提效

通过全矿区井上下用于控制的矿用数据传输专网建设，综采、综掘等设备的自动化、智能化改造升级，煤层精细勘探，辅助系统（运输、供电、排水、通风等）智能化配套建设，环境安全智能化监测，在可视化的支持下，实现“机架联动 + 记忆割煤 + 地质模型 + 辅助智能 + 地面远程控制”，形成破煤、装煤、运煤（全线）、支护全工序的智能化，达到无人操作，有人巡检，做到指挥中心一键起停，实现煤矿安全生产全线智能化。

2. 实现信息化、可视生产管理

结合 GIS（地理信息系统）技术，实现对矿山采煤、机电、掘进、运输、通风、安全等监控监测系统的全覆盖，并且实现对各子系统的集成。通过可视集成平台实现对各类系统在线实时监测，通过表格、图形、图像、动画模拟以及色彩变化使管理者能及时了解产量监控系统、视频系统、人员定位系统、通风机、压风机等设备在线监测系统、设备点检系统等的运行状态，展示煤矿生产调度、安全监测、生产运行监控等信息，使问题无所隐藏，同时能够将各类管理对象的变化趋势直观显示，全面及时反映矿井生产、安全状况，协同调度指挥。

实现矿井生产、工程信息化联动管理，通过信息实时全面收集，配套工程之间信息合理共享，实现矿井生产过程与流程的有效衔接，各类专业系统及工程之间合理联动管理，有效管控交叉安全，效果显著。

3. 智能预判，实现“非高危本安型矿井”

借用军事“降维打击”理论，以信息化要素为抓手，降安全管理维度，推动“本安型矿井”建设。针对煤炭企业生产特点，将人员、设备、环境、管理四大安全要素全面纳入安全信息管理系统，广泛布点，大综合。建立工程施工、设备运行、人员定位、环境安全监测（矿压、瓦斯、煤尘、矿井水等）、安全管理等系统的信息采集、处理网络，全方位收集生产安全信息，有效集成。利用数据挖掘、知识发现技术，对各类监测监控数据结合安全历史信息深度挖掘、有效处理，构建安全生产智慧分析与预警模型，可视化、实时反映安全隐患，揭示煤矿安全大数据中隐藏的规律，将隐形信息显性化，将滞后信息提前化，实现煤矿安全生产态势的动态诊断，提高危险源识别的准确性、隐患排查和安全预警预报的及时性和准确性，做到全矿井各生产环节安全状态清、参数明、智慧管控，使安全管理“眼明、心亮、手快”，彻底摆脱依靠传统经验的模糊化安全管理模式，灵活、实时面向现场，高效跟踪闭环响应。

（四）建立具有预测性检修特色的设备全寿命周期智慧化管理

1. 实现从预防性检修向预测性检修转变

柠条塔矿业开发设备监测专家系统，在理论故障模型基础上结合从实际现场中收集的数据，来构建设备故障模式与健康状况预测与评价的预测模型。根据设备当前的状态和元器件的使用情况及备件的状态，判断出设备将来可能出现的问题，得出故障可能出现的位置与区域，提供可靠的故障诊断策略，确定最优测试诊断策略，克服了不及时定期维修、维护导致设备损坏和工人危险，克服预防维修的过度维修的问题，具有优化机器寿命和提高生产效率的优势。

2. 建设设备全寿命周期智慧化管理

融合新信息技术和现代设备管理技术和智能化运行的特点，通过“互联网 + 物联网 + PC + 手机App”，打破时空障碍、管理层级，将每一台设备的全寿命周期管理（采购、安装、使用、维修、报废等）同机电工作人员、管理人员连接在一起，解决全矿井机电管理“水流不到头”和“最后一公里”问题。对柠条塔矿业所有机电设备实现计划、购置、安装、运维、再制造到报废的全生命周期智慧管理。

在设备运行方面，建立设备能效分析模型、能耗控制优化模型、保养预测模型。通过合理的传感器部署和边缘计算软件，获取分布控制的数据采集和监控信息，打通智能化系统、数据中台和统一搭建的安全生产智慧化共享平台等系统，优化设备运行状态，让每一台设备处于良好运行状态、让每一个故障报警都能及时联动、每一条配件需求都能及时响应、每一次运维工作都能安全高效开展，真正实现各层级的业务和监督闭环，保障主要设备运行始终处于可控、在控的状态，实现设备高效、低耗经济运行。

从业务层面，全矿管理人员无论身处何时何地，都能通过“互联网 + 计算机 + 手机终端”实现机电设备终生管理数据库的资源共享，机电维修工能通过手机及时、准确地查找某台设备的规格型号、技术资料、备品备件情况、运行参数、检修记录等信息。

在设备综合管理方面，打造“统一的设备档案管理标准”“统一的设备/备件资源共享机制”“统一的设备运维标准体系”“统一的全局辅助决策能力”的“四统一”。通过固化、优化设备全生命周期管理业务审批流程，高效的开展在线协同，提升全局资源的配置能力和经营决策能力，科学适时制定设备更新计划。同时智慧系统依据设备规定使用年限和设备实际状态科学合理确定设备修理和报废的边界，列出设备修理和报废名单，报废设备合规处置。

（五）建立智慧化销售系统

智慧管理销售系统，由煤炭交易平台和煤炭销售管理系统相互协作构成。构建包括电子交易、会员管理、数据分析、价格走势、物流管理等能力的智慧化销售管理系统，有效拓宽煤炭销售渠道，网上拍卖，优化管理，降低交易成本，提高效率、效益，指导生产。

煤炭交易平台主要实现交易信息（煤质、价格、方式）的发布与处理，招标拍卖、煤炭超市和商铺的管理，交易监管、金融服务等功能。

智慧销售管理包括客户情况、销售收入、销售人员、铁地装车、煤炭物流等的管理。借助物联网物相连的技术和理念，对销售过程中物流运输轨迹、入库、出库等动态信息进行实时监控，科学调整煤炭库存管理方式，促进煤炭物流、生产和仓储高效协同运作。

将煤炭电商平台用户访问量、交易量、挂牌交易价格、拍卖交易价格、煤炭需求量、需求价格等煤炭市场交易主要信息进行分析、处理，建立不同数据之间的关系模型，进行煤炭价格和需求量的预测，提供分析报告，为煤炭企业销售决策、调整产品结构和科学合理排产提供依据，优化物流运输方案规划。

汽车地销进行智慧化管控，派车单二维码提煤凭证管理，双方电子凭证比对及装车情况确认；停车场及场内车辆智慧监管，智慧调度停车场的运煤车辆；自动化装车区域监管，运用车辆远距离身份识别，杜绝作弊违规情况发生；磅房无人值守，自助完成过磅。

火车装车站智慧化改造实现火车定位检测、煤流煤质跟踪、溜槽闸板控制、超载偏载检测、漏装误装控制等多种功能。同时将防冻液、抑尘剂等辅助系统进行整合，提升装车效率、避免装车事故，实现全自动化装车。配套电子车号识别系统、轨道称重系统及运销管理系统，实现了混编车组不停车装车、无人值守装车，火车装车系统与运销管理系统关联，实现客户对物流环节的实时跟踪和产地溯源。

（六）建立智慧化物资供应系统

物资供应保障有力是煤矿生产的必需条件。柠条塔矿业设备及其配件品种繁多，供应商种类多（3000 多种）、数量多（达 50 万多件），相关设备价格高昂及采购、配送、库存管理、配件更换流程复杂、环节多等诸多特点，将“互联网 +”技术及其高效的管理手段和采购管理、物资管理相融合，将复杂地采购管理和设备、配件的（时空）管理在信息平台上完成，实现供应商管理、采购管理、交易管理、配件设备管理平台化，及时、经济保证煤矿生产。

利用京东现有专业电商平台的企业端，将物资采购的各个环节交由平台运作，实现供应商资质认证管理、网络比价、网络竞标、交易（自动生成包含价格、交货期限、货运方式等信息的电子合同）、网络监管、在线支付，完成设备材料采购、保障配件质量，规范采购流程、降低采购成本、提高采购效率达到采购端转型升级的目的。

将电子标签、RFID（射频识别技术）等技术应用于采购物流，对物流运输路径和状态进行实时监控，根据物流状态制订接收计划，提高物流监管和物资验收、接收的效率。将物联网运用到物料库存管理中，收集物料入库、出库的时间地点数据，方便管理人员核对库存信息，加强库存物品的合理管控，保障库存管理的安全、提高库存管理的效率。

对柠条塔矿业长时间积累的大量采购端数据进行汇总、分析、处理，得到采购物料种类的分布、数量，制定出更加合理的采购方案、不同采购策略、资金的使用效率等信息，使整个供应链运作依赖于效率而不是库存，为企业未来采购计划的制定提供决策依据，进行采购价格预测、物流运输方案规划、设备和配件替换分析，解决传统采购模式下决策信息缺乏，难以量化对比的问题。

物资收货入库盘点、报损、调拨等业务，通过手持终端的 App，实现作业现场信息智慧识别及业务处理，物资库存品种、数量、批次、存放位置、到货出库情况等信息可随时掌握，确保物流信息实时同步共享，打通信息孤岛，将服务延伸到各区队及生产一线，实现区队移动网络24小时下单领用物资。

领料员在智慧物资系统发起领料申请，业务主管部门网上审批料单，审批结束后自动转入西煤云仓，仓库保管员在西煤云仓内做一键出库，出库单转入智慧仓库，领料员进入领料区通过人脸识别技术核实身份，智慧物流系统自动调度，所领物资由机器人自动配取。同时，智慧物资系统与智慧财务系统相连，及时传递物资信息，实现账、卡、物动态相符。

（七）建立智慧化计划财务系统

建立智慧经营管理计划平台，综合平衡，生成各类计划。根据煤层赋存条件（煤层厚度、倾角等工作面参数）、生产设备能力、人员配备、核定能力等智慧排产，形成生产计划（月计划、周计划、日计划）；根据生产接续需求、设备使用年限、设备完好状态等生成设备更新计划；根据年度生产计划，生产进度、材料定额等生成物料需求计划；根据市场情况和生产任务，生成销售计划等。

职能再造，互联互融，解决由不同的部门完成供应过程、生产经营过程、销售过程等基本环节产生的信息在整个生产经营的过程中的不连续、不完整、被割裂问题。在核算的同时，自动纳入核算对象的形象特点、计量单位、核算标准等内容，在会计凭证、账表、预算、定额、分析等管理中同步完成。在定义业务管理事项的同时，加入业务事项会计的特性，实现业务事项直接生成财务核算的功能。打通业务管理与财务核算的通道，实现业务与财务的信息共享，业财耦合，从反映价值走向创造价值。联通销售、物资供应、生产等业务系统与财务系统，当销售完成、物资供应进出货时，财务系统立即获得相应的信息资料，并对相应的收入、固定资产（设备）、材料等账套进行实时更新，让各项报表及时、准确跟进，快速反应了企业财务状况和经营成果。同时，开展全面预算管理，实施在成本约束下的生产、供应、销售等工作。

构建“十大过程（原煤生产、洗选加工、设备管理、设施管理、科研管理、机装机运、税费管理、经费管理、资金管理和其他业务）、十大环节（采煤、掘进、机电、运输、通风、灾害防治、采掘准备、设备修理、巷道维修、其他）”的“双十成本管控体系”。“干什么事，花多少钱，定额管控，体系降本”。细化明细，分别从“消耗明细”“列支渠道”和“降本措施”3个方面进行管控和核算，降低吨煤完全成本，客观反映煤矿生产经营过程的效率与效益。

三、煤矿企业智慧化管理体系构建效果

（一）实现煤矿少人化智能化煤炭安全生产，实现煤炭工业的第三次革命

通过矿井全面智能化建设，实现采煤、掘进、运输、供电、安全监测、装车等生产系统智能化运行，达到“无人值守，有人巡检”，彻底颠覆原有的煤炭生产方式，实现生产指挥中心一键启停，可坐在办公室用鼠标采煤，实现煤炭工业的产业升级，是煤炭工业的第三次革命，改变煤矿的形象，实现煤炭工业现代化。

（二）生产效率大幅度提升，取得良好的经济效益，实现更高的安全管理效率

智能化生产线具有高效、完善、稳定的生产能力，人均效率大幅度提升，高质量完成年产2000万吨级规模煤炭生产，实现了精细化定制化采煤，提高回采率。大幅度减少繁重、危险的人工现场操作，有效减少工作人员的工作压力，达到减人高效的目的。

智慧化安全生产管理，优化工作流程，促进职能变革、提高业务效率，使得安全生产现场“看得见、管得到、控得住”，煤矿安全程度和督查效率得到极大提升，有效地减少违章操作，降低安全生产事故。连续两年实现安全生产，杜绝轻伤及以上人身安全事故；减少事故影响，机电事故率逐年降低（0.65小时/万吨→0.29小时/万吨）；提高回采8%率；扩大了产能，形成了平均6万吨/天以上的生产规模，生产规模从1800万吨/年提升到2000万吨/年，矿井综合单产、月度产量、销量均处全国领先水平。

智慧计划提高计划的科学性和可行性，减少不必要的浪费；业财融合降低用电、材料、配件消耗，降低成本；智慧化销售提高产品与市场的匹配度，取得好的销售价格等；智慧化物资降低采购价格、减少库存、优化品种结构、方便区队使用；智慧化设备管理，实现精准检修，减少浪费和检修时间，提高设备的利用率。

商品煤质量明显提高，2020 年煤质从 5300 千卡/千克提升到 5800 千卡/千克，并持续稳定 5800 千卡/千克以上，达到了高端化工用煤要求；扩大了 5 个品种，满足了市场需求，达到产销两旺；2020 年化工煤销量达到 1300 万吨以上，占到销售总量的 77%；提高区域市场占有率 6 个百分点，提高市场美誉度，增加了客户稳定性，“柠化一号”品牌享誉华南华东市场。

煤炭产品完全成本降低，2020 年降低 15.32 元/吨，在同区域煤矿中处于领先水平。2020 年企业利润实现 30 亿元，生产经营工作稳步发展，提高了生存能力，促进了企业可持续发展。

（三）形成了煤矿智慧化管理模式，获得社会认可

形成“减人、增安、提效”矿山智慧化先进管控模式，取得实效，改变了煤矿形象，获得了好的经济效益，取得良好的管理成果，实现“挖煤”向煤炭制造、燃料变原料、粗放管理向精益化管理的转变，形成实用、高效的现代化煤矿管理模式，为煤炭企业生存与发展、新时期高质量探索出一条有效途径。

获得行业和社会认可，得到了各项荣誉和表彰。先后荣获“煤炭工业两化融合示范煤矿”“国家级安全高效特级矿井”“国家质量标准化一级矿井”称号；2020 年获得国家首批“智能化示范建设煤矿”“煤炭行业唯一的机器人集群作业示范矿井”称号；多次获得集团安全生产精细化管理示范矿、成本管理示范矿井等多项荣誉。神东煤炭公司等兄弟单位前来学习交流，中国煤炭工业报、陕西日报、陕西工人报等媒体多次对柠条塔矿业进行了相关报道。作为全国智能化示范煤矿，智慧化管理的先行者，形成可复制、可推广的煤矿智慧化管理建设范式和经验，发挥着示范引领作用。

（成果创造人：闫敬旺、谭　震、王树斌、张科利、王建文、陈万胜、
延光生、黄其仲、胡　俭、曹　豪、李孝利、苗　鑫）

钢铁企业以“四个一律”为目标的智能运营管理

宝武集团鄂城钢铁有限公司

宝武集团鄂城钢铁有限公司（以下简称鄂城钢铁）始建于1958年，前身是湖北省地方钢铁骨干企业——鄂城钢铁厂，是中华人民共和国成立后建设的18家地方钢铁骨干企业之一；2004年11月经国务院国资委批准与武钢联合重组，成为武钢集团控股子公司；2014年成为武钢集团全资子公司。2018年1月纳入中国宝武集团的一级子公司直接管理。2020年5月更名为“宝武集团鄂城钢铁有限公司”。2020年12月纳入中南钢铁管理。经过“十二五”“十三五”时期的快速建设发展，鄂城钢铁先后建设了260平方米烧结机、6米焦炉、2600立方米、130吨转炉、4300毫米宽厚板和连轧棒材、高速线材、合金型材等生产线，实现了设备大型化和“长材＋板材”的升级换代，形成了完备的钢铁全流程生产体系，钢铁主体装备达到国内一流水平，具备年产钢600万吨能力。鄂城钢铁在中国宝武集团被定位为“一基五元”中的钢铁制造板块，是集团在华中区域精品建材、优质工业材和高端板材制造基地。建材产品始终保持省内区域龙头地位，桥梁钢、高强钢、容器钢等宽厚板拳头产品跻身行业知名品牌，广泛应用于三峡工程、港珠澳大桥、沪通长江大桥、白鹤滩水电站等国家重大工程，是国内首家通过深海管线大口径直缝焊管鉴定企业，也是国内首家拥有Q500qE高强级和Q420qE正火型桥梁钢供货业绩企业，荣获“中国优秀钢铁企业品牌”“重大工程建设榜样”等荣誉称号。

一、钢铁企业以“四个一律”为目标的智能运营管理背景

（一）推进智慧制造建设是钢铁企业绿色可持续发展的迫切需求

鄂城钢铁作为冶金支柱产业和钢铁骨干企业的代表，长期以来是鄂州市地方经济和社会发展的重要支撑力量，随着钢铁供给侧结构性改革和长江大保护战略的深入推进，鄂城钢铁地处长江大保护的中游区域，北距长江直线距离不超过一千米，背靠国家4A级西山风景区，毗连城市水肺洋澜湖，紧挨周边村落街道，作为“高能耗、高污染”的典型城市钢厂，面临着极其严重的城市承载压力和环保治理压力。2019年4月29日，中国宝武与鄂州市政府签订战略合作协议，代表鄂城钢铁做出“高于标准、优于城区、融入城市”的绿色转型升级和高质量发展承诺。鄂城钢铁作为老国有企业，内部信息化和自动化基础整体薄弱，信息化技术和设备设施陈旧，管理信息系统都是“孤岛”，难以有效支撑内外部业务协同，严重制约了企业生产运行效率。因此，只有利用工业互联网、大数据、云计算等新一代信息技术，打破传统企业运营边界障碍和信息孤岛，全面实施以“四个一律”为目标的数字化运营管理，赋能传统产业极致高效、转型升级，才能实现逆境突围，拓展企业绿色可持续发展空间。

（二）实施智慧运营管理是助推传统制造业转型升级的重要举措

当前，新一轮科技革命与产业变革风起云涌，以云计算、大数据、物联网等新兴信息技术与制造业加速融合为主要特征的智能制造，是全球制造业未来发展的大势所趋。中国宝武贯彻落实制造强国战略，提出了成为全球钢铁业智能制造技术引领者和优秀实践者的目标，制定了智慧制造发展战略，实施高科技、高市占、高效率和生态化、国际化的“三高两化”路径，打造面向未来钢铁行业的全新竞争优势。2018年，鄂城钢铁纳入中国宝武一级子公司管理，作为中国宝武旗下制造单元的生力军，鄂城钢铁贯彻落实集团的战略部署。2019年建成投运运营管制中心和操业集控中心，构建以产销管理、铁区动态管控、物流动态管控、能源动态管控为核心的经营管控系统，大力推广现场智能应用，全力助推宝武集团产业智慧化向智慧产业化转变，为助推传统制造业极致高效、转型升级提供了有益示范。

（三）推动数字产业与钢铁产业深度融合是钢铁行业高质量发展的内生动力

近年来，钢铁工业正处于重要的战略调整期，迫切需要钢铁行业把握宏观经济领域发生根本转变的深刻内涵，把高质量发展作为当前和今后一段时期确定发展思路、选择发展路径、实施发展举措的根本要求。当前，绿色低碳、网络智能、共享共赢正成为智能制造发展的新特点，随着信息技术快速发展及信息化社会的到来，钢铁工业迫切需要加快形成企业管控的高度集成和高度协同的一体化、智能化运营管理体系，以支撑钢铁行业的高质量发展。

面对钢铁行业信息化、智能化发展趋势，鄂城钢铁贯彻宝武集团“四个一律”要求，推动数字产业与钢铁产业的深度融合，推进跨产业、跨空间、跨界面的“三跨”融合智慧化 2.0 版，推进信息系统和智能装备建设、智能装备技术成果应用和数据治理能力提升，优化经营管控系统、决策支持系统、操业集控系统和全厂可视化系统，加强大数据分析和价值挖掘，指导生产经营活动和管理决策，推动指标体系建设和绩效评价落实，打造成全流程钢铁智慧制造示范基地，以智慧运营效率提升为高质量发展蓄力赋能。中国宝武绿色发展与智慧制造现场会于 2020 年 1 月在鄂城钢铁召开，鄂城钢铁以一部“水的绿色交响”的宣传片，一篇“匠心智造、以融而昌”的主题报告，全景式展现了绿色智造的“鄂钢方案”，得到了集团领导、各部门及兄弟单位的高度评价。对标国家钢铁工业互联网建设的新规划，以人工智能、5G 应用技术为手段，以绿色化、数据化、网络化、智能化发展为主攻方向，促进钢铁制造流程全要素、全域的网络融合和数据融合，实现钢铁行业创新发展和数字化转型。

二、钢铁企业以“四个一律”为目标的智能运营管理主要做法

（一）突出规划引领，构建智慧制造运营管理模式

1. 构建智慧制造战略布局

鄂城钢铁以智慧制造三年行动计划为导向，以操作室一律集中、操作岗位一律机器人、运维一律远程、服务环节一律上线四个一律为目标，以工业互联平台建设为载体，以价值创造、风险监控、能力建设三个方面为主线，以中枢系统、界面技术、装备智能三个层面为重点，推进信息技术与先进制造技术深度融合，构建智能制造的战略布局。

2. 优化全流程经营管控系统

实行管理、业务流程优化再造，推进全流程智能化经营管控系统、决策支持系统和全厂安全可视化系统，实现从原料采购、矿石进厂、合同订单、生产质量、成品出厂、财务结算全流程线上管控、业财一体、数据不落地，实现跨系统数据共享和数据资源整合，挖掘数据价值，支撑运营管理决策，不断提升效率和效益，以治理体系能力提升助推高质量发展。

3. 统筹推进智慧制造项目建设

加强智慧运营管理，坚持以集中化、无人化作业、远程化、服务上线“四个一律”指数，作为智慧制造对标提升的重要指标。公司层面成立“智慧制造办公室”，统一负责“四个一律”指数提升工作总体策划、组织实施，推进智慧制造项目立项及实施管理，拟定智慧制造工作目标、重点任务和配套举措，形成工作推进方案，并分解落实到年度计划，采取绩效评价、劳动竞赛、智能产线认定等形式推进，强化过程跟踪、指标联动和结果运用，促进“四个一律”指数稳步提升。

（二）聚焦“四个一律”目标，促进智能运营管理“四项提升”

1. 实施“操作室一律集中”，提升劳动生产效率

针对鄂城钢铁生产现场操作室分散、作业点众多、工序协同性差，专业管理程度不高、信息分散，现场作业安全风险高、劳动强度大，装备的自动化水平偏低、数据和可视化共享度低，相关专业和紧急工种人员紧张等实际情况，推行操作室一律集中，实现生产操控集中化，倒逼各工序管理变革和技术能力提升。

集中化指数：ACC（All Controls in CCR Ratio）=（N－n）÷（N－1）×100%（N 为生产区域内的操控点总数，n 为生产区域中实际配置的操控室个数供）

2019 年建成的操业集控中心，面积为 4184 平方米，以少人化、集约化为目标，容纳包括能源、环保、热力热电、炼铁、炼钢、轧钢多个工序的集中控制区域和相应的配套区域，建立统一数据和应用平台，实现跨层级、跨系统的多源数据融合，连接 33 万余监控点、1333 个摄像头、25 套 AI BOX，形成 4 套制造执行系统、10 套过程自动化系统、258 套基础自动化系统的互联互通，将原来 114 个操作室集中成 1 个，将原分散在现场各区域的资源进行高效配置，率先实现国内钢铁工序全流程远程集控，成为国内首家搭载 5G 应用的全流程集控“智能”钢厂。

通过创新作业体系能力建设，首次设计以人为中心创建“操业导航”“区域指示”“全厂指示”核心应用，全新创建智能操业模式，实现各工序集中控制、高效协同。通过统一集成全厂视频，全方位监控生产，与系统报警联动，监控生产安全风险，以集约的原则对系统和操作画面整合提升操业效率，促进岗位融合和人员优化。通过统一平台和集中操业，以关键指标指导标准化作业和规范化管理，协助生产单元进行闭环生产管理，为生产组织变革和管理流程再造创造有利条件，促进了关键“智造岗位”和核心“智造人才”培养，提升了生产协同和管理效率。通过智能工厂创新应用，以视频 AI 分析、电子围栏、报警联动等通用技术为支撑，实现统一的平台汇聚不同系统的数据，对典型区域数据建模分析后，接入高炉、转炉工艺模型，提炼专家规则、开发关键工序操作一键化，实现高炉区域生产 3D 可视化、透明化，构建智能工厂知识沉淀平台。

2. 实施“现场一律机器人”，提升产线智能化水平

随着智能化装备应用，产线作业由原来的经验化操作向程序化、数字化、标准化操作转变。推进操作岗位“现场一律机器人”，以机旁作业无人化为目标，减少或者替代人工作业，降低生产成本和劳动强度，提升本质化安全水平。

无人化作业指数：AOM（All Operations by Machine Ratio）=（N－n）÷N×100%（N 为生产工艺需要的作业总数，n 为需要人工现场实施的机旁作业总数）

通过对主要产线的关键工位进行全面梳理，具备条件的推广应用机器人、无人化装备、智能检测设备、边缘智能技术等智能技术装备，重点开发了高炉炉前出铁口、转炉炉后及 LF 炉测温取样、连铸浇钢平台、轧钢等区域机器人技术，提高劳动效率，降低安全生产风险。

3. 实施设备远程运维，提升精益设备管理水平

针对鄂城钢铁各类设备点多面广，点检负荷居高不下，各类点检数据无法有效汇总运营等实际情况，推进“运维一律远程”，通过智能感知、信息通信等新技术，代替人工点检，对各类新型系统实施数据采集传输、综合汇聚、定位异常显示所在、远程检修维护、自动推送及执行预案、智能化建立优化模型等，实现点、线、面远程智能运维。

远程化指数：AMI（All Maintenances with Intelligence Ratio）=设备远程运维总得分÷设备远程运维目标分×远程覆盖系数×100%

建设设备远程运维管理平台，建立以单体设备远程运维指数、主作业线远程运维指数、总体远程运维指数为核心的远程运维指数，全面反映设备远程运维实施情况。通过对现场设备安装上传感器，实现对设备工作状态、参数的集中监控、及时检查和系统联络，有利于检测信号的提前预警、分析和诊断。通过建立设备远程监测诊断系统，优化了设备状态管控模式，提升了设备状态的掌控能力，确保了设备状态管理的实时性、主动性和有效性。通过建设关键旋转设备远程监测诊断系统，覆盖炼铁、烧结、焦化、炼钢、宽板、轧材、能源动力等范围，形成一套关键旋转设备状态监控、分析、智能诊断及综合管控的支撑体系，在状态精准掌控的基础上着力推进设备运行维护智能化，促进设备故障、维修成本及点

检负荷明显下降，实现设备"更好的状态、更优的投入、更高的效率"，初步实现基于智能决策、智能管理的设备管理模式，促进设备管理由传统的被动管理向智能管理升级转型。通过数据分析、智能模型识别和综合诊断机制，为用户提供准确的预警信息、状态判断结果和处理方案，形成状态监测、分析诊断、维护改善的良性循环，完成对设备运行生命周期全方位状态把握，并利用这些信息指导维修、支撑生产、提升效率。该系统平台投用以来，累计发现设备运行异常 80 多起，做到了从数据获取、智能判断到远程运维处理，切实减少了设备停机时间，提高了设备作业率。

4. 实施"应上尽上"，提升智慧服务水平

推进"服务环节一律上线"，通过智慧采购、智慧物流和智慧交易，把个性化的需求和标准化的服务对接，实现不同基地、不同产线之间的合理分工，优化管理效率，降低制造成本，提高市场竞争力。

服务上线指数：ASP（All Services on Platform Ratio） = （上网采购指数 + 交易上平台指数 + 物流上平台指数）÷ 3 × 100%

通过加快采购、销售、物流等业务与宝武钢铁生态圈服务平台建设、对接与完善，打通钢铁产业链全流程环节，实现钢铁生产端、流通端与销售端数据的深度融合和信息共享，采取大宗原燃料"集采分签"、战略客户"工地直供"等模式，促进系统降本增效，提升产品交易和物流效率，增加了上下游客户满意度，提高了智慧服务水平。通过采购供应链系统建设，实现采购供应业务管理的统一平台，统一管控，推行"阳光采购"理念，按照全网询比价招投标，追求高质量性价比，在风险有效管控前提下，实现内外协同效益最大化。通过建立客户自助平台，实现客商信息管理、合同管理、物流管理、财务管理、客户关系管理、客户服务管理、移动应用管理等。客户可以在手机 App 或者网页上随时掌握订单合同的生产、发货、运输、结算等动态信息；客服可以在线受理需求询单、办款订货、质量异议，交易完成后开展客户满意度调查等工作，形成"PDCA + 认真"闭环管理，实现了高效协同、快速响应和信息共享，有效提升了客户服务满意度，发挥了协同效益。通过物流动态管控系统建设，支撑鄂城钢铁采购物流、制造物流、销售物流的全流程管控，极大地提升了鄂城钢铁物流运作效率，确保生产供应与交货要求，及时应对内外部变化，降低了运输成本。

（三）推进"双基两化"建设，助力智能运营管理提质增效

1. 推进"双基两化"的目的和内涵

双基两化即基层基础、管理规范化和操作标准化，围绕提升运营业绩、改善经营效果、夯实专业管理等目标，以本质化安全、生产稳定顺行、设备状态可靠、各类风险可控等为出发点，大力推行管理规范化、操作标准化，全面提升治理体系能力。全力推进"双基两化"建设，既是鄂城钢铁由表及里、由外至内，持续改善外部环境、优化工作环境，促进员工由被动到主动、量变到质变，不断自主改善、提升能力素质水平的重要举措，也是营造鄂城钢铁"诚信、协同、创新、共享"的文化氛围，凝心聚力，深入推进组织机构扁平化整合、人事效率提升、企业竞争力提升，管理业务流程优化再造等各项变革的"助推剂"和"加速器"，更是适应钢铁行业及市场变化，苦练"内功"，推进信息化、工业化深度融合，确保宝武集团智慧制造战略规划落实落地，助推鄂城钢铁精益运营管理达标达效的关键核心。

2. 以"七个坚持"为抓手，推进"双基两化"走深走实

鄂城钢铁在推进"双基两化"工作中，围绕抓"6S"管理促进人的行为规范、抓三岗（岗位找茬、对标、提升）活动促标准化作业、抓全员改善日活动促体系能力提升、开展专项治理工作解决现场突出问题四个方面重点开展工作，着力抓好"七个坚持"，坚持将推进工作与"一人一表"绩效管理强挂钩，调动全员积极性和创造性；坚持管理规范化、作业标准化的两化原则，以点带面促进基层管理水平和员工能力素质双提升；坚持抓好"6S"精益管理、三岗活动、全员改善日等三项活动，推动对标一流管理提升活动走深做实；坚持同体系、同标准、同要求、同对待的四同原则，将协力单位纳入公司管

理体系，加强督促指导，实现同步提升；坚持开展五星班组创建活动，激活班组细胞活力，提高员工岗位创新能力；坚持深入推进精益设备六项管理举措，补短板、强弱项，提升设备保障体系能力，为系统稳定高效顺行打牢基础；坚持抓好安全、生产、质量、设备、能环、物流、成本七类专业管理，全力打造极致高效率和高效益平台，夯实高质量发展根基。

3. 夯实“双基两化”根基，为智能运营管理提供强力支撑

通过深入推进“双基两化”工作，提升了员工整体能力素质水平，增强了企业的本质化安全体系能力，改善了厂容厂貌和现场环境，优化了管理业务流程和岗位操作流程，为顺利推进鄂城钢铁“四个一律”为目标的智能运营管理提供了坚实的保障。

（四）突出绩效牵引，提升智能运营管理效率

落实国务院国资委、宝武集团对标世界一流管理提升行动计划，建立“五级四维”对标绩效系统，即公司级、厂部级、车间级、班组级、岗位级五级，行业先进、历史最优、对标企业、预算目标四维。实现了横向到边、纵向到底的对标管理全覆盖。瞄准市场和对标目标，借助对标绩效系统。一是建立员工 1 人 1 表绩效考核模式。按照“管理制度化、制度流程化、流程表格化、表格信息化”的管理理念，将低成本制造、工艺流程优化、产品结构调整、节能降耗等生产经营关键核心指标层层分解到岗到人，设定基准值、目标值、挑战值三档绩效目标，视指标完成情况，依次递进加大绩效激励强度，强化绩效责任、严格绩效考核，同岗位员工间收入差距达 40%，真正做到绩效升、收入升，绩效降、收入降。二是开展厂部级领导班子“赛马”机制。按照管控模式和单位属性将下属单位领导班子分“生产单元、经营单元”两个赛道进行月度“赛马”。以单位组织绩效完成度为主要依据，结合审计、纪检、巡视、信访维稳、保密、生产、质量、安全、环保、设备、消防等负面清单和管理“红线”进行评价，对于“跑赢”的班子，按月给予绩效嘉奖，持续激发团队协作、追求卓越、勇于挑战的能力。

（五）实施智能运营管理创新，助推传统钢企转型升级

1. 突出创新驱动，打造智慧服务钢企

围绕“价值创造、风险监控、能力建设的“三条主线”，以及管理中枢、界面匹配、装备智能的“三个层面”战略布局，借助数字“孪生”技术，实施大数据、云计算等技术装备有机结合，实现横向产业链和供应链协同的极致集成、纵向专业化和产业化的极致整合，打造“自动化 + 信息化 + 数字化”的智慧钢企和钢铁服务平台。2018 年 12 月 31 日完成经营管控系统全覆盖，整合贯通产、供、销和智慧云、标财、eHR（电子人力资源管理）、OA（办公自动化）智慧办公等相关业务系统，实现钢铁全流程信息化自动化整体集成切换，配套建立起适应全流程信息化管控的组织机构和业务流程，创造了宝武信息化建设的“鄂钢速度”，构筑智慧制造基石。

2. 突出智慧运营，打造钢铁“智能工厂”

围绕风险监控和极致效率提升主线，2019 年建成运营管制中心、操业集控中心，实现可视化监控、全流程集中操控和安全风险管控的一体化融合应用，成为拥有宝武自主知识产权、国内钢铁行业独树一帜的首创样本，全力助推产业智慧化向智慧产业化转变。其中，运营管制中心以经营管控、决策支持和可视化监控三大系统为核心，加强从原燃料进厂、生产制造到成品出厂的全流程可视化、智能化的管控，通过互联网、大数据分析，打造制造和服务智慧化的基础平台，实现钢铁生产全流程可视化、智能化管控。操业集控中心以操业导航、区域指示、全厂指示三大功能为重点，协同宝信软件开发 iPlat 平台，将原来 114 个操作室集中成 1 个，形成从焦化、炼铁、炼钢、能源、环保、计量等生产操作层面集控，打造操作集控、现场机器人的基础平台，实现钢铁全工序操作集控。与此同时，积极推进现场装备智能技术应用，实施高炉远程智能化开堵铁口、转炉自动出钢、自动测温取样等改造项目，极大提升了生产运行效率，高炉燃料比同比降低 4kg/t、产品成材率同比提高 0.3%。

3. 突出技术引领，推进高科技企业转型

充分挖掘智慧制造潜力，围绕能力建设主线，系统提升体系能力，有效支撑系统安全稳定运行、指标优化改善和劳动效率提升，助力钢铁制造业创新发展和数字化转型升级。提升现场装备智能化水平，完成高炉 TRT 远程集控、3 座转炉远程自动炼钢、旋转设备远程智维系统建设等项目，拓展操业集控范围，促进制造系统 KPI（关键绩效指标）和运营效率提升，富余煤气发电量同比上升 9.28%，综合煤气放散率同比下降 68.6%。探索组织变革和流程再造，主动适应智慧制造和智慧运营新模式、新要求，推进组织变革和流程再造，实行制造、安全、能环、设备、物流五部协同管制，同步推进岗位整合优化，提高全工序操作集控水平，促进了人事效率提升，2020 年主业人均产钢 1393 吨，位居行业领先水平。培育智慧创新成果。5G 智慧钢厂项目获得国家工信部“5G 应用”三等奖，并入选湖北“5G + 工业互联网”十大优秀案例，“基于工业互联网的数智鄂钢建设项目”获得国家工信部示范项目，展现了产业智慧化创新应用的新成效。

三、钢铁企业以“四个一律”为目标的智能运营管理效果

（一）实现企业精益管理水平和智慧运营效率“双优化”

在经营管理方面，鄂城钢铁实现了全工序、全流程的集成管控，形成了统一的信息平台，促进了经营管理与生产执行高效协同，加强了对生产过程、质量、成本、物料等环节流转效率管控，提高了运营管理的实时性、透明性和可追溯性，促进了精细化管理水平提升。

在智慧运营方面，通过实施“四个一律”的智慧制造项目改造，构建了集智能装备、智能工厂和智能运营于一体的智慧制造体系，促进了新工艺、新技术等科技成果的转换与应用，助推了企业绿色智能化转型和高质量发展。2020 年，经华为公司专家的独立评估，认为鄂城钢铁数智建设的自动化完成度、数字化完成度、智能化完成度均处于钢铁行业领先水平。

（二）实现企业经济效益提升

通过实施以“四个一律”为目标的智能运营管理，有效地降低原材料与能源消耗，缩短生产周期，提高产品质量，降低企业运行成本，提高生产效率和经济效益，全面完成了集团下达的安全环保目标、瘦身健体任务和 2018—2020 年 3 年任期目标。炼铁、炼钢、能环主业集控及现场智能装备实施前岗位人数为 1959 人，实施后岗位人数为 1695 人，人事效率提升 13.5%；2020 年钢、材产量高于行业平均增幅，创历史新高；铁钢比稳定在 750kg/t 以下，处于集团领先水平；工序成本削减 6 亿元，超额完成目标值 20%，铁成本达到行业第 10 位。

（三）实现企业社会效益和认可度提升

鄂城钢铁被评为集团安全、环保双“优秀单位”，荣获国家“高新技术企业”、工信部“绿色工厂”、湖北省企业和制造业“双百强”、钢铁行业“清洁生产环境友好型企业”和鄂州市“园林单位”等称号，获得湖北省“‘五一’劳动奖状”，得到了集团、地方政府和社会各界的广泛认可。

（成果创造人：王虎祥、谢成付、徐东明、赖小红、黄文林、成友刚、姜　红、李瑞江、胡　昕）

电力企业省级能源大数据中心建设与管理

国网福建省电力有限公司

国网福建省电力有限公司（以下简称国网福建电力）是国家电网公司的全资子公司，以建设和运营福建电网为核心业务，承担着保障福建省清洁、安全、高效、可持续电力供应的重要使命。公司经营区域覆盖全省9个设区市及平潭综合实验区，管辖9个市供电公司、1个水电企业、17个直属单位、62个县供电企业，拥有员工5.6万人、资产1230亿元、客户1981万户。

一、电力企业省级能源大数据中心建设与管理背景

（一）推动能源数据要素流动，助力国家数据战略实施的需要

党中央、国务院高度重视大数据在经济社会发展中的作用。工信部《关于工业大数据发展的指导意见》提出在重点行业建设国家级数据库，支持企业建设数据汇集平台，建立多级联动的国家工业基础大数据库。省级能源大数据中心建设是公共数据平台的有机组成部分，将聚合煤炭、石油、电力等能源数据资源，破解我国能源数据资源分散化、分割化和碎片化难题，促进能源生态的数据汇聚、共享，充分激发能源数据的市场流通潜力与价值倍增效应，助推我国大数据战略实施。

（二）激活能源数据特有价值，适应国家内需体系升级的需要

在国家扩大内需、人民消费升级的趋势下，能源作为供给侧改革的重点环节，亟须由商品供给向高质量服务供给转变。建设省级能源大数据中心，将深度挖掘能源数据特有价值，极大提升能源数据供给质量与需求搜寻效率，促进能源企业广泛使用数据提升能源服务水平，激发能源企业积极响应用户更加个性化、多元化、互动化用能需求，对能源行业推动供给侧结构性改革，适应内需体系升级的要求具有至关重要的意义。

（三）促进能源生态良性循环，做强国家能源数字经济的需要

当前我国能源数字经济繁荣仍面临能源体制机制与运营模式障碍，数据运营模式不完善、协同创新应用动力不足等问题亟待破解。推进省级能源大数据中心建设，一方面促进能源生产、传输、消费全环节、全要素，供需对接和资源优化配置，提升能源综合利用效率；另一方面为能源行业生态伙伴，针对政府部门、行业企业与社会大众的大数据需求，孵化培育新业务、新产品、新模式，提供宽松、开放、公平的产业生态基础支撑，带动产业链上下游共同发展，形成互利共赢、良性循环的能源数字经济新生态。

二、电力企业省级能源大数据中心建设与管理主要做法

2020年6月，福建省政府与国家电网有限公司签订战略合作框架协议，省发展改革委同意按照“政府主导、电网主建、多方参与、共建共享”模式，依托国网福建电力建设东南能源大数据中心。当前已接入各类数据种类341类，涉及电力内部数据约207TB，外部数据约1TB。紧跟数字福建建设方向，深挖政府、企业事业单位需求，构建“电易+”“能易+”数据产品体系，研发60余款数据产品以及能源规划与运行管理系统、企业环保用电监控、智慧制茶、智慧烤烟等系统平台。已向31家政府部门、500余家企业、700余个人用户提供大数据服务。

（一）科学规划实践路径，助力公司战略目标落地

1. 高点定位，明确中心建设任务

充分发挥东南能源大数据中心在能源行业数字化转型、数字福建发展建设、国家能源战略落地中的

关键作用，逐步巩固东南能源大数据中心的战略支撑作用与行业引领优势，提出“推动能源数据跨界融合、支撑政府治理水平提升、助力能源高质量发展、带动社会创新创业”的中心定位；依据政府、企业、公众能源数据产品及公司管理提质增效的需求，明确“一中心、三大平台、七大体系”的建设任务，以东南能源大数据中心为基础支撑，以数据汇聚共享平台、能源大数据中心门户、创新孵化平台为技术支撑，对外汇聚政务数据和能源联盟单位数据；对内按需汇聚发、输、变、配、用电数据；设计开发能源数据产品；以数据融合带动产业聚合、以融通应用推进产业联动、以持续创新驱动生态发展。

2. 整体设计，创新中心实践路径

东南能源大数据中心遵循“顶层设计、资源统筹、重点突破、生态共赢”的工作原则，围绕“塑造品牌形象、强化服务能力、推进业务转型”的建设目标，按照“强化数据融通、众创数据服务、打造共赢生态、夯实数据安全、创新组织架构”的发展思路，重点开展五大建设任务。一是疏通内外数据脉络，二是众创能源数据产品，三是共筑能源运营体系，四是夯实数据安全基础，五是建立专业管理机构。

（二）疏通内外数据脉络，促进能源上下游数据流动

1. 夯实数据资源管理基础，打造数据融通共享新模式

一是双轮驱动内部数据汇聚，推动电力数据统一管理。二是基于公司企业信息模型 SG – CIM 进行扩展，构建能源数据模型。三是遵循“以共享为原则，不共享为例外”，协同各业务部门，编制公司数据共享负面清单。四是构建统一数据资产目录，推动实现公司数据资产高效管理。五是基于公司数据运营平台，构建高效率汇聚共享能力，促进数据融通开放。

2. 打通内外数据流通壁垒，构建数据开放互通新渠道

一是多渠道推动外部数据汇聚，促进能源生态数据深度融通。建立健全“五个统一”外部数据接入管理机制，即“统一获取、统一登记、统一接入、统一存储、统一共享”。二是编制能源数据资源目录，强化数据开放流程管控。三是能源数据分类分级，建立健全数据安全合规管理制度。四是构建数据开放评价体系，释放数据资产新价值。

3. 融合多方数据资源特性，营造多元数据治理新形态

一是坚持边盘边用，全面梳理数据质量问题，针对接入能源大数据中心各类数据，抽取其数据库表结构，梳理补充数据库表和字段的准确描述信息，形成专业能源数据库表目录。通过数据目录管理工具，自主监测源端系统数据结构变动，实现对源端数据库表和目录的同步更新，确保与源端数据结构一致。

二是坚持边治边用，全面开展数据质量治理，以提供准确、可用的数据为目标，开发数据产品为驱动，收集数据质量治理需求。以能源大数据产品为重点，协同能源行业内部成员共同梳理数据质量问题和核查规则，形成有效的数据核查校验方法，开展典型数据问题常态核查，形成数据质量报告，推动数据质量常态化治理，促进能源数据质量闭环管理。

三是坚持边管边用，全面推动数据质量提升，构建智能化数据质量规则库，提供数据质量规则在线图形化配置方式，满足不同场景的质量规则创建需求，为数据质量校验提供强力支撑。实现无人值守数据质量校验服务，有效降低人工工作量，并系统自动生成完整、详细的质量校核报告。构建闭环问题整改评估分析服务，依托数据质量问题闭环管理流程，系统依据数据管理权责矩阵，实现数据质量的溯源认责，切实保障数据质量整改到位，助力全方位数据质量提升。

（三）研发能源数据产品，创新能源大数据服务

1. 深入分析生态圈各方产品研发需求，统一基础支撑平台服务标准

一是统一服务标准体系，实现基础支撑平台规范化。建立配套的管理制度、规范，包括数据管理、数据产品、技术支撑、业务运营、价值生态、组织保障六大体系，提供算法分析工具、数据可视化工具

等功能，满足“一站式”产品孵化需求，对数据产品进行统一的管理及运营，以保障基础支撑平台服务标准化、规范化。

二是提升技术服务能力，推动基础支撑平台平稳落地。建立包括资源管理模块、数据管理模块、产品创新模块、运营服务模块、生态合作模块、安全防护模块六大功能模块，提升基础平台、数据管理、产品创新、运营服务、生态构建等核心能力，开展能源大数据智能分析和价值挖掘，针对政府部门、产能企业、用能行业、社会大众进行差异化服务，助力国家政府治理现代化、能源企业数字化转型、人民群众美好用能，推进基础支撑平台落地。

2. 深化能源数据产品全生命周期管理，建立能源数据产品管控体系

一是建立产品研发流程，规范数据产品闭环管理。围绕需求库、模型库、产品库建设，畅通大数据产品从需求遴选、场景设计、技术研发、成果评价、应用推广、价值变现等全流程、全环节的运行机制，建立满足于不同服务需求的内外部数据产品体系，并通过制定科学合理的考核评价体系实现不断迭代优化。

二是梳理三库相关职能，明晰三库业务管理流程。围绕产品研发全生命周期管理目标，结合公司产品需求管理规范，梳理“三库”（需求库、模型库、产品库）各库职能及完整流程，划定各参与单位角色分工。通过业务流程梳理，厘清后续产品从需求到落地的工作开展形式及标准，逐步将管理的节点固化。

三是结合“三库”管理规范，构建“三库”上线运行机制。基于现有数据产品需求管理流程，结合数据产品全生命周期管理过程，拓展构建数据产品需求库管理、模型库管理及产品库管理流程，实现数据产品需求提报、可行性分析、产品研发、产品发布、产品下线等过程的全生命周期管理。

3. 拓展多元化能源数据产品服务场景，创新能源数据产品服务生态

一是研发“电易+”数据产品，唤醒电力数据特有价值。发挥电力大数据资源优势，提升电力数据价值挖掘的规模和深度，做强“电易+”系列数据产品。当前，已形成反映企业征信的“电易信”、研判社会经济运行的“电易通”、助力特色产业发展的“电易特”、分析能源供给和消费情况的“电易能”、辅助新基建发展的“电易新”、评估“三农”政策成效的“电易福”、服务社会治理的“电易安”七大数据产品板块，研发宏观经济电力指数、纺织业产业链经济运行指数、散乱污用户分析等50余款数据产品。

二是研发“能易+”数据产品，促进能源数据深度融合。依托水、煤、油、气多种能源数据汇聚融合、共享交换和挖掘分析，做优“能易+”系列数据产品。当前，已形成助力能源综合管理的“能易服”、服务社会高效治理的“能易安”、研判社会经济运行的“能易通”、反映新能源发展趋势的“能易新”、评估金融信贷风险的“能易信”、分析能效能耗水平的“能易效”等六大数据产品板块，研发智慧园区能源大脑、水电互助查窃助手等10余款数据产品，持续挖潜能源大数据要素价值，培育形成高价值能源数据服务。

三是充分发挥新型电力系统支撑能力，助力公司核心业务数字化转型。东南能源大数据中心服务公司“三个转型、两个升级”（电网生产、企业经营、客户服务数字化转型，创新能力和新兴产业升级）。对内落实公司电力大数据应用行动计划，协同专业部门研发“大数据+智慧监督”等应用。

四是打造行业级专业解决方案，助力重点产业升级转型。立足公司战略定位，发挥公司技术和市场优势，基于行业服务的不断深入，聚焦环保、住建、金融等重点领域，总结企业经营和产业升级等方面的难点和痛点，沉淀行业级典型经验，采用“物联网+大数据+微服务”的模式，开展行业级“一站式”整体解决方案研究。整合升级现有数据产品，针对特色产业、生态环保、基站运营、金融信贷、等系列数据产品，纵向延伸产品应用功能，以点带面，实现由环节服务、链条服务到整体服务的跃迁升

级，形成“一站式”服务能力。拓展能力辐射范围，以需求为导向，构建多场景解决方案，满足农业、环保、通信、金融等行业多元化、互动化的服务需求。

（四）共筑能源运营体系，形成能源生态良性循环

1. 建立专业化运营体系，促进能源生态共建共赢

东南能源大数据中心以共建共享产业、服务、金融、供应链、大数据等关键资源为核心，构建跨行业跨区域的合作载体。一是基于政策驱动、行业交换、企业带动模式等不同合作驱动方式，采取政府机构协力、领先企业牵头、行业联盟发起、数字产业推动等混合模式，采取项目协议、业务合作、战略联盟、合资企业等多层次合作方式，组建共享数据联盟，支撑在区域与行业层面搭建能源数字产业生态。二是积极探索构建“公益性服务＋市场化运作”的运营新模式，持续打造多元化、前沿化、专业化的大数据服务能力，推动用户需求释放和数据产品规模化应用，通过开展差异化需求分析，进而为客户量身打造数据集服务、数据产品、大数据平台、方案定制、行业咨询等个性化服务模式，建立起多层次、组合式的数据应用服务，并在实践中不断丰富运营体系和扩大品牌影响。

2. 提供公益性运营服务，助力数字政府高效建设

东南能源大数据中心以公益性运营服务为主，为政府提供能源大数据相关服务。设置省市两级产品经理，紧跟时事热点及政策导向，专人对接发改、工信、环保等政府相关部门，采用面对面访谈、问卷调研等方式，收集和分析有关政府部门的应用场景需求；针对政府需求，开展产品及产品体系设计，快速开发产品，并合作开展试点验证；借助门户网站及专业化的产品经理开展全省推广应用。洞察政策重点、行业热点、治理痛点，服务政府决策科学化、社会治理精准化、公共服务高效化，不断延伸拓展公益服务领域，切实发挥东南能源大数据中心示范带动作用。

3. 提供市场化运营服务，支撑重点行业业务发展

东南能源大数据中心聚焦福建省建设国家数字经济创新发展试验区重点支持方向，充分发挥创新主体作用，以公益性运营服务为主，切入能源、金融、电信、农业等行业，设置行业级的专业产品经理，为企业提供质优价宜的数据产品服务。建设省市两级的产业服务体系，整合属地营业厅、供电所及大客户经理等线下资源，利用百千万用户大走访、业扩报装等客户触点，收集用户需求，宣传和推广数据产品。

面向水电行业，以“数据产品＋大数据平台＋行业咨询”形式提供水电站运营领域的市场化服务，打造水电云平台和程控产品，形成小水电智能化管理整体解决方案，提供厂站监控、水情预测、经济调度、设备运维等方面服务，推动中小水电站生产运维管理向智能化、数字化转型，提升电站经营效益，同时助力清洁能源利用和消纳。面向金融行业，以“数据产品”形式提供金融风控领域的市场化服务，研发贷款前调查电力报告、贷款后检查电力报告等数据产品，形成贷款前中后期全流程征信服务体系，及时发现信贷风险隐患，为银行提供更为全面和精细的风险评估，降低运营成本和风险，产品按量计费，金融行业可根据自身需求，自由定制、灵活采购。面向通信行业，以“数据产品”形式提供金基站用能管理的市场化服务，研发通信基站精益管理电力助手数据产品，提供通信基站用电监测、停电告警、能耗管理等功能，辅助客户制定通信基站运维管理策略，降低运维及用能成本，助力提质增效。面向茶产业，以“数据产品＋大数据平台＋行业咨询”形式提供茶叶生产领域的市场化服务，打造茶产业整体解决方案，研发智慧制茶系列产品，辅助茶企、茶农实现远程自动控制，打破了传统茶叶制造方式，每年减少碳排放约4万吨，减少人工成本约30%，有效提升茶产业智能化、数字化水平，助推茶产业数字化升级转型。此外，通过大数据分析，透视茶产业发展态势，与“福茶网”达成合作，为茶企、茶农提供精准有效的行业咨询。面向烟草行业，以“数据产品＋大数据平台”形式提供电烤烟领域的市场化服务，研发智慧烤烟平台，实现烤烟全过程的数据可知、流程可视、质量可控、问题可溯，

有效减轻劳动强度，减少人工成本投入约50%，降低烤烟成本约35%，提升烟叶品质，采用智慧烤烟平台后，每户烟农平均每年约能增收0.5万元，助力烟农从“会烤烟”向“慧烤烟”转变。

（五）夯实数据安全基础，保障能源服务稳态运行

1. 构建数据安全合规管理体系，推动数据安全管理创新

一是加强数据安全保障体系顶层设计，优化完善数据安全管理组织，明晰管理职责和边界，健全相关制度规范，制定公司数据安全能力提升行动方案。二是完善数据安全运行流程，基于全生命周期安全防护理念，明确数据安全监测预警、信息通报、合规审计、应急演练和追踪溯源工作流程，确保流程环节衔接顺畅。三是建立个性化的安全防护方案，包括对外数据共享（如“政电”和“银电”数据合作）、内外数据交互（如业务系统App等交互场景）、内部数据共享（如“业务系统—数据中台”数据共享）、内部数据运维（如业务系统数据运维）四个方面的数据安全防控场景，制定差异化安全防控措施，实现关键环节安全可控。

2. 提升安全防护综合保障能力，夯实数据安全防护基础

一是强化基础平台和组件的安全检查，定期开展对数据库、数据中台和云平台中组件的渗透测试和配置核查，及时进行安全加固。二是加强数据全生命周期的安全技术应用，考虑传输、使用、存储、处理、交换、销毁等数据全生命周期各环节需要，按照数据分级情况，有针对性地采用身份认证、加密传输、去标识化、加密存储、水印管理、日志审计、动态脱敏等数据安全技术。三是建立7×24小时数据安全监测分析处置机制，依托网络安全分析室，充分运用机器学习、用户行为分析、态势感知、流量检测等技术，实现对越权访问、违规共享、恶意攻击等数据安全事件的在线监测和快速处置。

（六）建立专业管理机构，高效保障中心建设运营

1. 构建职责清晰、刚柔并济的管理组织体系

东南能源大数据中心采用“一体双驱，柔性扁平”的组织架构，权责分明，刚柔并济。在战略管理层面，构建“一体双驱”的管理模式，由国网福建电力牵头成立领导小组，省公司各业务部门横向协同、省地公司上下联动，以“直线—职能”型引领战略发展；在战略实践层面，构建“柔性扁平”的管理模式，在传统“直线—职能”型的基础上创新重构，吸纳水样组织优点，通过项目制等多种灵活方式，开展战略实践，充分激活员工的主观能动性，兼容并包，以战略合作、项目承建等多种方式对接政府下属相关单位、能源企业、大型用能企业，主动吸引外部优质合作伙伴，激励各方共同参与能源数据的商业开发，构筑刚柔并济的新型管理组织体系。东南能源大数据中心建设运营工作由省公司本部信息化职能部门、省公司下属单位及省属全资子公司联合承担。一是成立实体化运作的下设组织机构，建立“一体双驱”的管理骨架。二是组织机构内部以项目制为基础，搭建“柔性扁平”的组织结构。

2. 建立政企协同、多方联动的协同管理机制

东南能源大数据中心内外部同步发力，多措并举打通能源数据及业务壁垒，促进数据要素流动，共同挖掘能源数据潜在价值。国网公司、能源企业、省级单位、科研与产业单位共同建立“垂直一体、横向协同、全方位合作”的管理协同机制，联合政府主管部门、技术支撑机构及联盟单位，打造合作孵化、开放创新、激励和持续发展模式。一是加强政企产学研战略合作，二是强化技术交流和标准建设，三是建立产学研上下游资源共享机制。

三、电力企业省级能源大数据中心建设与管理效果

（一）为落实公司“一体四翼”发展布局固本强基

国网福建电力通过深度融合实体产业与数字技术，推动全业务、全渠道、全流程的管理变革和转型升级，重塑生产组织方式和运营模式，促进生产提质、经营提效、服务提升，开拓能源数字经济的蓝海市场。一是通过内外部数据深度融合、智能分析和价值挖掘，推动管理变革与业务模式创新，提升企业

科学决策、精益管理、智慧运营水平，推动各类生产要素优化配置，推进企业治理能力和治理体系现代化，实现企业内涵式发展，增强公司综合竞争力。二是聚合各类能源生态价值要素，赋能能源产业发展，带动各行业共同发展。

（二）为助力福建数字经济发展贡献国网力量

聚焦八闽经济发展，服务能源、金融、电信、制茶、烤烟等行业客户，取得了较好的经济效益，2020 年营收 4100 万元，成为战略性新兴产业发展的生力军。一是助力金融风控。研发企业信贷服务系列数据产品，围绕信用评估服务金融监管、风险分析辅助银行风控、征信补充促进企业融资等场景，促进整体信贷服务优化，累计与全省 100 多家银行达成合作协议。二是服务电信运营。研发通信基站管理智慧助手产品，实现基站用能异常诊断和资源优化配置，辅助铁塔公司、电信运营商提质增效，累计接入全省基站 11 万余座。三是推动数字农业发展。打造智慧制茶、智慧烤烟“产品 + 平台”整体解决方案，为茶企、烟农提供省钱、省时、省力的一站式服务，累计推广 400 套数字化做青产品、700 套烤烟程控产品。

（三）为唤醒能源电力数据价值打造福建典范

东南能源大数据中心服务国家治理体系和治理能力现代化，取到了显著的社会效益。一是精准研判经济形势方面，充分发挥电力数据“经济晴雨表”作用，落地春节期间稳产保供分析、外贸景气度分析、两岸经济、乡村振兴等应用场景，支撑政府科学研判社会经济运行态势，累计获各级政府部门领导批示和表扬 130 余次。二是创新市场监管监测模式方面，围绕房地产市场监测、环保监管等痛点难题，构建智慧住建、企业污染防治等大数据平台，为政府部门提供住宅空置分析、群租房识别、排污企业监测、散乱污研判等系列应用服务。三是重点项目管理方面，开发能源规划与运行管理系统，归集原煤、原油、天然气、成品油、电力等供给侧和消费侧的能源数据，集成风电、光伏等新能源项目管理功能，已成为发改、工信等政府部门的管理信息系统，助力能源项目管理数字化升级。

（成果创造人：黄惠英、李毅松、陈学先、邓　勇、李宏发、陈行滨、
熊　军、余　翔、陈　然、李霄铭、黄　锐、陈汉城）

化工企业以全产品链数据支撑的数字化运营管理

沧州大化集团有限责任公司

沧州大化集团有限责任公司（以下简称沧州大化或公司）是以甲苯二异氰酸脂（TDI）、聚碳酸酯（PC）为主导产品的大型综合性企业集团，前身为国家一级企业——河北省沧州化肥厂，是20世纪70年代初中国首批引进建设的13家大化肥企业之一，1973年建厂。作为中国现代化肥工业的奠基者，多年来为国家、省市经济发展做出了历史性贡献。1996年6月企业由工厂制改为公司制，2000年沧州大化股份有限公司成功上市，2006年10月与中国化工集团重组，进入央企行列，开启了沧州大化新的发展纪元。截至2021年6月，企业拥有总资产70亿元、职工1550人。

20世纪90年代中期，沧州大化进军聚氨酯产业，陆续建成投产2万吨、“2扩3”、5万吨、7万吨TDI及其配套装置，打破国外TDI技术垄断，是中国第一家成套引进并开车成功的TDI生产企业，填补了国内空白，极大提振了国内发展TDI产业的信心。同时作为国内异氰酸酯行业领军企业，独扛反倾销大旗，成为中华人民共和国成立以来第二家反倾销胜诉企业，为民族异氰酸酯产业赢得了10年的“黄金保护期”，被誉为“民族聚氨酯行业的一面旗帜”。

公司拥有16万吨/年TDI、10万吨/年PC、16万吨/年烧碱、13.5万吨/年硝酸、1.2万吨/年人造革的生产能力，已发展成为我国重要的异氰酸酯和聚碳酸酯生产基地。公司连年进入中国化工企业500强。荣获“全国‘五一’劳动奖状”，获得“中央企业先进基层党组织”“全国用户满意企业”“全国质量效益型先进企业”“聚氨酯产业领军企业”“中国优秀企业”“全国十大管理模式创新领先企业”“国家“863”计划CIMS应用示范企业”“国家两化融合协同创新首批理事单位”“‘十三五’国企改革典范企业”荣誉称号，企业改革实践荣获“第25届国家现代化创新管理成果”一等奖。

一、化工企业以全产品链数据支撑的数字化运营管理背景

党的十八大以来，以习近平同志为核心的党中央放眼未来、顺应大势，做出建设数字中国的战略决策。随着数字中国建设的深入实践，提出推动信息化更好造福社会、造福人民的美好愿景。国家“十四五”规划纲要中明确提出加快数字化发展，建设数字中国，国务院国资委下发通知，明确要求国有企业加快推进数字化转型。沧州大化坚决、快速落实中央决策精神，结合企业实际情况，多次召开专题会议进行分析，找短板、找瓶颈、找方法，切实将数字化转型与安全稳定生产、产品质量提升、科技研发攻关相结合，真正提升企业本质安全和效益水平，助力企业实现高质量发展。并结合企业实际情况，找准了4个薄弱方面。

一是作为大型化工企业集团，沧州大化TDI及PC生产工艺复杂，操作变量多，但生产运行和设备管理主要靠人工控制，过度依赖操作经验，不具备数据驱动的风险管控能力。

二是产品工艺流程由多个装置单元分别进行管理控制，缺少一体化的协调指挥和数字化作支撑，协同能力差。同时面对复杂的工艺条件，员工能力不足、工作效率低下，人工成本高。

三是“供、产、销”各个环节之间衔接不畅，信息壁垒严重，数据的不真实性让决策者难以快速准确地决策，企业内部信息流向自下而上，环环相扣的关系导致企业做出错误的决策，而企业传达指令是自上而下，生产经营指令传达到基层后，与实际存在较大偏差，管理效率低下。

四是缺少大数据分析优势，科技创新尤其是产品创新动力匮乏。

二、化工企业以全产品链数据支撑的数字化运营管理主要做法

（一）统一思想，厘清数字化转型是发展模式转换这一核心要义

沧州大化先后三次组织数字化转型研讨，聘请外部专家进行交流，组织数字化专题培训，在企业高层、中层及基层员工当中进行了广泛而深入的宣贯，统一思想，明晰数字化转型是“应用数字技术重塑客户价值主张、增强客户交互和协作、构建业务新体系和发展新生态的过程，是侧重于以数字技术为引领打造数字新能力，推动传统业务创新变革，构建数字时代新的商业模式，开辟数字经济新价值和发展的新空间”的重要意义和内涵。明确了传统的信息化是“以业务管理的规范化和优化为主要目标，主要侧重于以数字技术为支撑优化提升其业务流程和企业管理”的职能。通过逐层级的讨论，将数字化转型看作发展模式创新的一次革命，并坚信数字化转型可以推动企业实现深层次的质量提升，坚定了该企业推进数字化转型的决心和信心，提升了数字化转型工作的影响力。

（二）健全组织，将数字化转型作为公司战略强力推进

沧州大化成立了以总经理为组长的数字化转型工作领导小组，并将此项工作上升为公司战略，列入“十四五”发展规划及年度重点工作重点进行推进、督导。抽调骨干技术力量组建数字化转型推进团队，主要负责落实领导小组工作安排部署，确保各项工作落实落地。尤其是结合梳理出的“四方面主要问题”和提出的“四个主要目标”，逐项进行工作分解，落实具体措施、完成时间、责任人和奖惩标准。公司创新工作部每月对数字化专项工作挂图督导，党委工作部从落实集团公司党委部署角度每周进行专项督导，纪委从执纪问责角度进行专项检查，形成了多部门、多维度联动推进数字化转型的良好局面。同时，公司两次召开党委会和总经理办公会，确保投入、支持力度到位，并制定阶段性效果分析管理预案，确保数字化转型真正促进企业高质量发展。

（三）搭建平台，为全力推进数字化转型提供保障

1. 强化基础设施建设

几年来，沧州大化先后建立集一体化机房、万兆全光网、虚拟化服务器群、动态存储等设施为一体的数据中心，实施远程管控，为数字化应用提供强有力支撑。建立现代化的大型中央控制中心，将企业各装置总控制室全部进行集中，统一调度指挥，中心大屏综合展示生产运行信息。建立工业无线网、电子作业票证系统、可视化智能化巡检系统、无人化地磅系统、基于防伪二维码的物流管控及 ERP（企业资源计划）、MES（制造执行系统）、帆软数据平台等软硬件系统，支撑业务数字化运行。生产装置全部实现 DCS（分散控制系统）自动化控制，在线振动监测、PID 整定全面应用。建立工业网闸、工业防火墙、360 天擎和联软 IT 安全运维管理系统等安全防护设施。

2. 强化平台及系统建设

沧州大化建立以实时数据库为主，以在线监测、巡检、电子票证等系统为辅的生产运行数据平台；建立以订单数据库为主，以仓储、物流、结算等系统为辅的商务运营数据平台；建立以基于 X5、帆软的综合数据库为主，综合 ERP、人力资源等系统形成的管理决策数据平台。

以 MES 系统为主线形成了支持生产管控数字化管理体系运行的信息化应用平台，系统强调以数据为牵引开展业务活动，如通过系统对操作指标偏差进行监控和分析、对报警数据进行关联分析和根源查找、对指令执行实时闭环管理、对风险状态进行实时监控等，通过数字化手段实现生产运行的事前有效管控和事后根源分析。

以订单系统为主线形成支持商务数字化运营管理体系的全商务链信息管理平台，系统以订单数据为核心实施全过程管理，如匹配订单的物流管理系统完成从发货到签收的全过程管控、结算分析系统完成收款结算开票及商务分析的业务处理，以数字化手段实施精准营销。

建立以不变价成本为核心的生产绩效评价系统，通过不变价指标数据反映生产运行整体情况，通过

层层数据钻取查找生产运行中存在的问题，每一个关注点、每一个管理环节都有数据做支撑，为发挥绩效数据的时效性，实现了班组绩效数据的动态展示；建立以订单为核心的商务绩效评价系统，围绕实时在线的销量、利润率、落袋利润、销售费用等数据建立绩效评价模型，对业务开展督导和评价。

（四）因企制宜，厘清企业怎么实施数字化转型这一核心难题

沧州大化探索出了“纵扁横展 + 三化”法。

1. 纵向扁平化，最大限度提高工作效率

构建三级管理模式，打造扁平高效新范本。打破固有观念，取消车间，成立装置。从“车间”到“装置”，不是简单改个名字，而是改变了其职能。在原有生产管理模式下，车间处于企业的最基层，被动接受上级的工作指令，精力分散，需承接大量职能外的工作，导致车间疲于应付、难以专注于生产。为此，该企业针对化工生产 24 小时连续运转的装置特点，实施生产系统组织架构调整，改车间为装置，专注生产，剥离其他职能。同时取消集团、二级公司各专业管理部门对装置管理的“上下级关系”，围绕如何实现安全、稳定、优化生产，在企业内部推进服务型制造管理模式，变管理为服务，专注于生产。

沧州大化颠覆了传统化工企业的思维和管理模式，纵向构建三级管理模式，为化工企业实现基于数字化转型的扁平高效管理提供了最新范本，成为国内首创。

2020 年沧州大化建成和投运现代化、数字化控制中心，并以其为载体，深度实施组织机构和管理变革，为顺利推进数字化转型奠定基础。生产系统内取消装置和值班经理建制，控制中心设调度中心（分为一级调度、二级调度）和操作员两个岗位，将全部监控点和控制点按照重要程度分配到相应岗位，责任到人、控制点位到人；集团公司应急（运营）指挥中心作为决策机构，指令下达到基层减少至三级，即应急（运营）指挥中心、调度中心、操作员，最大限度实现了扁平高效管理，大幅提升了工作效率。

2. 横向集成，整合资源，推行供、产、销一体化管理

沧州大化实施以产品链条为载体的供产销一体化管理，横向整合优势资源，实现系统集成优化。应急（运营）指挥中心作为组织、协调和指令下达部门，每天召开生产运营协调会，在对产品市场进行准确预判的基础上，遵循效益最大化原则，确定工艺系统运行的负荷，进而确定原材料的采购数量；同样原料、原材料价格处于高位时，按照财务核算的产品边际贡献，适时调整装置负荷；改变了原有的以产定销的旧模式，各个单元联动形成合力，使生产紧跟市场走。应急（运营）指挥中心代表集团公司在下达安全生产及商务运营调度指令，实现全方位、全流程的系统集成、协同高效，最大限度优化运营、创造效益。

3. 量身定制“三化”生产管理新模式

信息看板化。全部实现了数字化指标实时在线，所有报警、指令及提示等信息都以管理看板的形式在控制中心大屏实时展示，实现了信息共享。让一线员工清楚地掌握集团公司管控信息，实现无偏差执行。

决策指令化。自下而上逐级反馈指令执行情况，实现了精准决策。

指令数字化。各层级下达的指令全部以数字化形式下达，精确到“什么时候开始、进行哪些操作、具体调整到多少、什么时间内调整完毕”，操作员在 MES 系统中获取指令信息、指标偏离信息和操作指导信息，在 DCS（分散控制系统）系统中进行操作调整，确保操作精准无误，指令执行无任何偏差。操作完成后，在中央显示大屏自动显示“完成”。

（五）数字赋能，强力推进智能化工厂建设

1. 自主开发和应用 AOAS 智能辅助系统

2020 年，沧州大化独立开发总控智能辅助系统（AOAS），用于辅助总控岗位进行 DCS 监盘，辅助

工艺工程师进行实时工艺监控、评判及向操作工提供必要操作指导。在指标发生波动但是没有达到报警值的情况下，系统弹窗可以通过动态报警提示总控人员，关注相应的指标变化；出现报警后，系统语音提示发生问题的原因和处置方法，便于准确处置。同时沧州大化实施自动化项目500余项，实现了可视化、自动化操作目标。通过对装置自控回路进行整定和分析，自控率由整定前的97%提高到99.8%；采用人工进行开关的阀门，全部实现了自动远程控制；对工艺频繁操作的问题逐项梳理，利用编程、改造等技术手段解决瓶颈问题20余项，全部实现自动控制，现场人员工作量明显下降。

2. 自主开发“三张图表”，生产管理由正常管控变为异常管控

为确保生产安全稳定运行，沧州大化自主实施“三张表和四线图”管理模式，三张表即报警表、偏差表（实时值、目标值、偏差度、报警偏差度）、指令表。以此为依托，运行指标分为红、橙、黄、绿四个区域分别代表运行指标偏离控制范围的程度，绿色代表处于最佳控制范围，黄色代表偏离最佳控制范围，但在可控制范围之内；橙色代表严重偏离最佳控制指标，但在可控范围之内，如不处理即将达到安全控制指标；红色代表偏离已经超过安全控制指标，但未达到连锁停车状态，生产安全可控，应立即采取措施进行消除或做好装置安全停车准备。同时通过趋势变化和AOAS系统的提示，总控操作人员只要关注报警的指标并进行处置，改变了原有的对所有指标进行监控和调整的模式，为准确实施异常管控提供了保障。同时，稳定的生产运行条件为实施之间分析由正常分析做样改变为异常分析做样奠定了基础。分析频次减少了50%以上，大幅降低了分析人员的劳动强度。

3. 实施工艺一键开车项目

随着石化先进生产技术的迅速发展，机械化、自动化水平的不断提高，对开停车的技术要求也越来越高。每一个装置的开车停车过程都非常复杂，因此其过程控制也很具有挑战性，几乎所有的过程变量值在生产过程中都会迅速改变，必须确保万无一失才可能达到正确的稳定状态。由于操作环境的多变性，容易引起非常严重的非线性问题，从经济和安全两方面考虑，都需要保证开车停车过程的稳定。针对装置开车停车过程的复杂性和多变性，沧州大化自主开发一键开车停车标准化项目，完成DCS仿真组态、一键开车程序在DCS项目文件中的组态、DCS项目文件编制，并已经应用于化工生产当中，可以实现数据采集、操作指导等功能，对每个步骤的准备条件、执行过程、急停条件、等待条件都以数字化形式进行了明确。

（六）实施全链条数字化、智能化管理，提升生产运营管控能力

企业推进数字化转型一个主要的目的就是提升企业生产运行的管控能力和价值创造能力。为此，沧州大化深挖数据价值，瞄准报警管理、智能巡检、设备管理、商务管理及运营评估分析等环节，全面提升企业运营水平。

1. 建立数字化、流程化报警管理模式

本着从源头上切断事故链条，消除报警的原则，沧州大化实现了生产过程和报警管理过程信息化全覆盖，将DCS报警指标划分为报警类和提示类，突出异常报警，提高监盘效率。发生报警时，大数据信息平台按照指标重要程度分级推送报警信息，相关人员收到报警信息，第一时间进行处置，有效避免了事故链的形成。同时查找造成报警的根本原因，通过技改或优化操作等措施彻底消除报警。

2. 建立智能化巡检系统

沧州大化建立职工智能巡回检查系统，职工巡检路线、内容、存在问题、设备状态等情况，利用先进设备直接通过信息和视频进行远程输送，控制中心和相关工程师、技术人员能够在第一时间监督职工巡回检查效果，能够在第一时间对发现的问题进行指导处理，能够在第一时间到现场进行处置，确保了在第一时间分析和消除问题隐患。

3. 建立基于数字化的设备全生命周期管理

改变原有的分专业管理和计划检修模式，将设备的档案、检修、备件等静态信息和振动、温度、电流、巡检、工艺指标异常等动态信息进行整合和关联，形成数字化设备状态评估结果，通过数据动态掌握设备运行状态，实施预防性维护，实现设备的一体化管理。建立可视化智能化巡检新模式，对巡检线路和巡检任务实施标准化管理，巡检信息通过数字、图片和视频等形式同步向控制中心人员和各相关专业管理人员推送，多角度进行巡检情况分析和判断，实现了现场巡检管理的标准化、规范化和数字化。

4. 建立以不变价成本为核心的生产运行数字化评估体系

建立以不变价成本为核心的生产运行数字化评价系统，不变价成本是企业自主创新的一个概念，简单说就是可控成本。主要是基于原料、工艺流程固定且连续化生产的技术型化工企业。在成本核算时将不可控的市场影响因素固化，突出可控成本，便于查找内部问题，在可比口径下体现通过强化管理所带来的成果，并直接反映在不变价成本上，形成可量化、可衡量的经济指标。通过不变价指标数据反映生产运行整体情况，通过层层数据分析查找生产运行中存在的问题，每一个关注点、每一个管理环节都有数据做支撑，改变了原有以定性为主的绩效评价模式，建立数字化动态定量评价模式，并以月度为周期通过自动生成的不变价成本指标数据进行评价并与薪酬挂钩。同时，以班次为周期通过当班结束后自动生成的运行绩效数据进行班组的动态排名，实现班组绩效数据的动态展示，在企业创造、应用以来，对生产系统实现“安、稳、长、满、优”运行起到了至关重要的作用。

5. 推进商务业务全流程数字化管理

整合销售、生产、物流、财务等管理和业务人员于同一数据平台中，形成有机整体。基于蓝凌流程管理平台，推进商务业务全流程数字化管理，形成了从订单建立、核算审批、货款核对、车辆安排、出库称重、物流跟踪、货到签收到结算开票的全业务链、全自动化、无缝连接的数字化管控流程。同时，建立商务管理指标体系和管理看板，为商务管理提供了及时、准确的管理数据。

（七）实施项目建设、产品创新数字化管理

1. 年产 10 万吨 PC 项目建设全过程实施数字化管理

2020 年 10 月，沧州大化年产 20 万吨（一期 10 万吨）PC 项目建成投产，实现了业内装置建设时间最短、产出高质量产品用时最短的新纪录，成为新的极具发展潜力和竞争力的 PC 产业新成员。在克服新冠肺炎疫情影响的情况下，数字化管理对项目建设起到了关键性作用。作为项目管理部门，规划发展部每周点评项目建设关键节点进度，同时对土建、管道、管廊、电气电缆、仪表电缆等进展情况全部用数字化进行展示，对完成情况及存在的问题一目了然，杜绝了瞒报、错报等行为发生，同样对项目试车进度、产品质量都以数字化形式进行跟踪管理和考核，确保了决策以数字化形式落地。

2. 深入挖掘数据价值，推进高端产品研发

沧州大化组建硅 PC 项目研发团队，建成了共聚实验室，进行了几百次实验，建立了数据实验库，并对一组组数据进行认真分析和对照，形成了多套解决方案，为硅 PC 一次投产成功奠定了坚实的基础，并实现共聚硅 PC 项目一次投料试车成功。沧州大化成为国内第一家连续生产法生产共聚硅 PC 的企业，填补了该领域国内空白，奠定了沧州大化在国内聚碳酸酯产业的领先地位，对于中国聚碳酸酯产业发展具有重大而深远的影响，河北新闻联播、河北日报、中国化工报、沧州日报等多家媒体相继进行报道。

三、化工企业以全产品链数据支撑的数字化运营管理效果

（一）决策能力和整体管理水平大幅提升

通过推进以数字化为支撑的智能化工厂建设，沧州大化已形成新型的组织能力，以数字化为依据的决策模式，将大量的基础工作在决策前以数字化的形式进行分析和研究，实现了决策精准化，所有决策

全部以表单化、数字化的形式进行贯彻和落实。同时根据业务流程优化要求建立业务流程职责，匹配调整部门和岗位职责，并按照调整后的职责和胜任要求，开展员工胜任能力分析，按照需求进行岗位人员调整，大幅提升管理水平。

（二）工作效率大幅提升

数字化转型就是利用数字化技术来推动企业组织转变业务模式，组织架构，企业文化的变革措施。通过不断的变革、不断深入推进数字化转型，全体员工从思想上、从认知上理解了数字化转型的意义和方法，特别是中高层管理人员的思想得到了快速转变，千方百计以数字化方式促进业务提高，并构建了以客户需求为中心、以数据为资产、以技术为手段、以人才为依托，能快速满足客户需求的支持业务创新的技术平台体系，工作效率大幅提升。特别是沧州大化纵向将指挥管理层级降为 3 级后，各层级执行决策的准确率提高到 90% 以上，消除了因指令模糊造成的执行错误，得到高度认可。

（三）本质安全水平大幅提升

通过对大数据进行分析，对装置实施数字化控制，大幅降低了操作工的劳动强度和工作复杂程度，也有效地规避了因人的不确定性而形成的问题隐患和事故。实施数字化转型以来，沧州大化各套生产装置均实现了安全、高效运行。沧州大化数字化转型获“线上中化”领导及国外专家冯恩波博士的高度评价，认为很多做法为国内首创，值得行业学习推广。沧州大化被国家应急管理部列为第一批“工业互联网 + 危化安全生产”建设试点单位。

（四）经济效益大幅提升

实施管理变革后，沧州大化员工人数下降 30%，公司将该部分人员全部转岗到新项目，人员利用效率大幅提升。沧州大化主导产品 TDI 的不变价成本连续下降。2021 年不变价成本较 2019 年下降 625 元/吨，年增收益 9600 余万元。同时，公司在建项目全部使用数字化模式进行，必将为沧州大化实现高质量发展起到重要推动作用。

（成果创造人：谢华生、刘　增、韩化成、赵红星、陈丽萍、王卫华）

鞋业企业基于 AI 视觉和大数据应用的规模化定制管理

丽荣鞋业（深圳）有限公司

丽荣鞋业（深圳）有限公司（以下简称丽荣鞋业）位于深圳市龙华区大浪街道新百丽工业园，是百丽国际下属的香港丽华鞋业贸易有限公司在中国大陆投资设立的以研发、生产、批发、零售、服务为一体的中国鞋业龙头企业，也是中国最大的鞋类零售企业。公司成立于 2021 年，由新百丽鞋业（深圳）有限公司根据战略规划和发展需要分立新设而来，承接原新百丽鞋业（深圳）有限公司的所有鞋类、箱包及其他各类经营业务，注册资金 7800 万美元，资产总值 13.73 亿元，现有职工 4000 余人。公司拥有自主设计和使用高效率、多品种的柔性生产线 80 多条，配备世界先进水平的智能化产品设计、高效率生产设备，采用 ISO 9001∶2015 质量管理体系及 ISO 14001∶2015 环境管理体系管理，拥有完善的产品质量检测系统，年生产皮鞋近 2000 万双。公司拥有 400 余人的专业研发设计团队，年开发新产品 20000 余款，拥有一个可进行原材料、半成品、成品鞋检测实验、配备专业检测技术人员的国家 CNAS 大型检测中心。

一、鞋业企业基于 AI 视觉和大数据应用的规模化定制管理背景

近年来，随着数字经济的崛起，客户对于产品的便捷性、高性价比及个性化的需求发生了翻天覆地的转变，对于生产和零售业来说，是一个必须面对的挑战，为扭转局面，百丽以数字化为动能，开始加速求变。

在传统的生产模式中，存在生产效率低、跨部门脱节等管理难题，主要表现为全面扩张、产品线过长、产品型号泛滥、复杂度大增、企业臃肿不堪、流程缓慢等，造成如下的管理难题：一是过程返工高达 60%；二是交付周期长，生产周期长达 10 天；三是原材料和在制品库存越来越高但又经常缺料；四是无法满足越来越高的客户品质、交付和成本需求，最终导致工厂的自产订单逐年萎缩。

因此，借助数字化专业技术，全面连接各个环节，打通生产端到供应端，已是大势所趋。鞋履个性化定制的未来趋势及工业 4.0 也给企业带来了关键转型契机。百丽通过精益管理赋能产线、关键技术工艺改变，将传统的工厂管理模式改变成精益的工厂管理模式，随着“基于 AI 视觉的柔性切割及大数据规模定制项目”的开展探索出了一条传统手工鞋业转型升级的新路。

二、鞋业企业基于 AI 视觉和大数据应用的规模化定制管理主要做法

（一）推动智能制造

1. 实现自动化排版切割

丽荣鞋业智能项目从 2017 年 1 月开始上线应用，到目前为止已经在硬件设备上进行巨额投入，联合研发 3 台真皮智能缺陷检测机、28 台切割机、10 台排版机、4 套排版终端、3 台云端排版运算服务器，5 个异地厂区在线实时生产。当前已上线正式应用系统：AI 全自动真皮伤残检测系统、自动排版系统、数控切割系统。传统生产模式下，人均机台日产出 300 对；基于当前新的生产模式，人均机台日产出 900 对，整体提升 300%。整个切割体系的突破主要来源于对瓶颈业务真皮的缺陷检测的突破。

通过应用 AI 全自动真皮上传检测系统，智能识别、质量可靠，准确率高。采用非接触式人工智能识别技术、伤残残性增强技术，系统自动识别并标注伤残类型，生成皮料轮廓及等级分区；识别精度达到 0.1 平方毫米，识别准确率借助深度学习算法可不断提升。效率方面：单人操作单台设备，速度是人工模式的 7 倍，每张扫描及处理速度小于 30 秒，皮料采用输送带自动输送无须等待，可 24 小时连续作

业，人工成本下降85%以上，人均产能提高600%。

2. 构建柔性生产能力

随着市场需求的多变，传统的生产模式以批量生产为主已经不能快速响应市场需求变化。基于自动化排版切割的深入应用，我们建立了弹性生产体系，无缝衔接快速换型，满足多品种，小批量个性化需求生产，打破了传统的刀模制作周期长的限制。丽荣鞋业积极推出新的业务模式：大规模批量定制，面向个性化定制客户12天出货订单已实现，现大规模批量定制达到50万对/年。

3. 计算机辅助制造深入研究方向

以柔性切割和底部自动化业务需求为切入点，丽荣鞋业计算机辅助制造CAM（计算机辅助制造）涵盖两个方向：一个是以2D系统为基础进行面部的柔性排版切割及管理，另一个是配合自动化设备部以机器人编程、视觉为基础的通信控制管理系统。

排版切割系统，是在已有的2D系统与国内外切割设备供应商合作，自主研发的数字化软件套件，其技术难点在于对真皮的伤残识别，以及自动分拣。经过不断寻求外部资源，希望找到更合适的成像技术和解决方案，实现面料、里料自动切割的全面应用。

通信控制管理系统，是与自动化设备部联合研究的创新项目，以底部打磨、刷处理剂、自动喷胶工序为切入点进行研究，以机器人编程、AI视觉为突破口，对3D拍照建模、轮廓特征点，提取转换，结合实际应用场景，借助鞋楦RFID（射频识别技术）参数传递，设计出准确的运动轨迹，最终通过PLC（可编程逻辑控制器）控制设备的通信完成简易自动化操作。

（二）搭建基于多元化供应商协同平台

1. 搭建SRM供应商协同平台

百丽搭建SRM（供应商关系管理）供应商协同平台，在此平台上首先引入货主理念，有效解决了不同采购模式下的库存组织和材料归属追溯问题。其次，利用数字化仓库管理，针对合格供应商导入条码一站式服务，从供应商到仓库，再到车间，RF条码扫描，交接方便快捷，货物信息可视化跟踪。再次，计划数据深度融合，重点在订单计划、主计划的管控指引下，分析应用，满足双周计划，生产计划、送货计划，持续优化物料供应模式。最后，自主研发的供应商移动App，提供了计划、质量、信息等掌上协同信息，随时随地查看数据，接收订单，加快业务响应和业务处理。

2. 推进AI全自动真皮伤残检测系统的前置到供应商

传统的皮料供应是基于实物流的供应，送货周期长、质检标准不统一、检验周期长、存储等待时间长。丽荣鞋业通过AI全自动真皮伤残检测系统的前置到供应商，实现了皮料实物到数字化信息的转换，通过数字化信息传递，突破了空间时间限制，皮料在供应商处完成真皮缺陷检测，获取相关电子皮信息，掌握皮料的轮廓、伤残、利用率，提前预判是否满足应用需求，针对符合要求的皮料，依据生产计划，进行皮料锁定及预排版，产出精准的供应商供货计划，实现了精准及时供料，去掉了检验等待不增值时间，突破了供应商送货质检退货循环的传统模式，进一步增强了供应链控制的最大化、响应的快速化，实现了供应商与企业双赢。

（三）探索规模定制的商业模式

在脚型采集和规模定制业务项目中，分四个阶段实现：第一个阶段是广泛性地采集脚型，采购1000多台设备，并布局到全国200个城市1000多家门店，拉开了全国脚型采集的序幕；第二个阶段是进行脚型大数据研究，对脚型进行分析分类，运用大数据和机器学习等专业技术，进行聚类分析，从而与鞋品结合，推出一系列鞋品解决方案，并尝试运用到新产品开发中；第三个阶段是定制业务的梳理和推广，与品牌和门店结合，将脚型研究和定制业务扩展到全面的门店，进行C端的转化，同时进行生产供应链的深度改革，将生产供应链从批量流改造成单件流的柔性化生产；第四个阶段是不断地供应链的改善和改造，基于现有的品牌和渠道，与现有的品牌和渠道深度结合，推出 C2M 的商业模式。

1. 脚型数据采集与分析

通过三维脚型扫描仪对脚型数据进行采集，所采集的脚型数据通过手机号进行关联并在微信公众号上进行脚型数据报告展示，客户可以通过数据报告对自己的脚型进行简单的了解。脚型报告包含但不限于脚长、基本宽、跖趾围、跗骨高、跗围、足弓、翻度、足型等，并对宽度、围度、脚背高、拇指高、踝骨高进行必要的分析，用户的脚型模型和数据存储在百丽集团的物理存储数据库中。

将所采集到的脚型数据通过三维脚型扫描仪终端上传到脚型数据库，进行存储；在不断积累的脚型数据基础上，通过地域、年龄、身高、体重进行分析，并对脚的长度、脚趾围、跖趾围、跗围、腰围、背围、兜跟围、基本宽、脚趾宽、腰窝外段宽度、踵心宽等 74 项维度进行脚部数据分析；通过脚型数据分析，从分析结果不断优化鞋楦数据，同时将脚进行分类，找出符合各款式鞋子穿着舒适的一类人。

2. 鞋品定制商城搭建

选择定制的样品或三维模型：用户从定制商城给出的鞋样品或三维模型中进行产品选择；所述的样品鞋或三维模型包含百丽国际旗下所有品牌及风格、适穿场合、的男女鞋类产品；所述的风格、适穿场合均以本领域技术人员惯常理解的含义，包且不限于巴洛克风格、波西米亚风格、洛可可风格、罗马风格、英伦风格、波普风格、正装鞋、商务休闲鞋、休闲鞋、运动鞋、童鞋、孕妇鞋、老人鞋、德比鞋、乐福鞋、牛津鞋、船鞋中的一种或多种，除了搭建独立商城，百丽还打通现有的零售系统，在每个门店开发了独立的端口，让每个门店都具备定制的功能。

3. 物料智能核查系统实现

用户确定定制的款式后，系统根据用户的指令检索组件适配材料的在库存量或与材料供应商协同用量材料是否满足快速提供，如果判断结果为“满足”，通知在线显示组件材料小样，如判断结果为“不满足”，将不显示该材料小样并通知计划采购部门对材料进行合理配置已满足后续定制需求。用户可选择系统给出的 A、B、C、D、E 等单区域或多区域的配色功能满足鞋组件组装个性化产品，同时支持在部分区域组件上增加刺绣、压印个性签名或者 LOGO 等。用户在组装产品过程中可以随意切换所选择的组件，所述的鞋组件包括至少鞋跟、鞋面、鞋里、鞋底、中底、饰扣、五金、鞋带、沿条或鞋子的其他构成中的一种，且提供除帮面材料外的一种或以上的样式及配色选择，帮面材料提供单区域两种或以上的配色选择（部分款式不限于单区使用一种配色）。

4. 脚型数据存储及订单管理

数据存储模块负责存储所述产品定制商城中输入输出的所有数据，利用数据库支持多用户大事务量的事务处理、数据安全性和完整性控制、支持分布式数据处理、可移植性的特点对用户的个人信息、脚型数据等数据进行存储，并通过积累分析用户数据，根据其脚型数据对其进行新款上线定向推荐。

将所述的数据存储中各用户的定制信息进行归类整理，以货号、款号、定制鞋码、鞋类等信息进行分类，并将订单数据在通过审核后，传送给制造部计划环节进行生产排产。所述的订单管理模块支持线上支付操作。

5. 定制生产实现及定制信息集成

制造部计划排产后，生产车间根据定制信息卡组织生产，定制鞋生产采用单对流的模式，每双鞋子的定制信息通过附带在定制信息卡的 RFID 芯片进行读取并记录制作步骤及生产完工的重要节点。优选为定制信息卡附带 RFID 芯片进行读取并记录数据，利用 RFID 芯片的可擦写性进行重复利用，在定制鞋制作完成后，打包前将 RFID 芯片及定制信息卡回收。更优选为将 RFID 芯片安装到定制鞋当中，在生产环节通过 RFID 芯片读取并在平板电脑上显示定制信息卡及相关定制工艺，制作过程通过数字化终端记录并显示数据，同时 RFID 芯片随同定制鞋“一生”，RFID 芯片即可记录所有定制信息，可在所有百丽集团旗下门店进行读取查验，成为定制鞋的“身份证”。

经过前期一系列的过程，实现了定制信息集成平台的搭建，通过这个平台，用户可以快速查看脚型报告，查找推荐鞋款，查阅定制订单状态，提交和监控售后信息，将用户、工厂、物流等各种交互信息聚合在一起。

（四）构建基于产品实现和订单履行的全价值链

在生产系统客户交付的全价值链中，组织流和业务流不断交互，形成一个个价值对象，以最终满足客户交付为目的，对每个价值对象的输入和输出过程进行 VSM（价值流图析），确定每个子流程的起点和终点，以及直接客户和交付成果，最终以交付客户的价值对象来贯通每个业务子流程，构建出基于产品生命周期全价值链管理的两个核心价值流：产品实现价值流和订单履行价值流。两个核心价值流上方是全域扁平组织管理，在业务运作过程中，基于每季每款不同的交付成果，将人、组织、业务连接起来，组建成不同阶段的产品交付的项目团队。

（五）实施精益生产的管理模式

与知名咨询公司瓴誉合作，从改变思想开始，首先组织中高层管理训练营，通过培训和游戏的方式让中高层的领导认识到传统工厂存在的巨大的浪费和改善空间，其次引入改善的方法，介绍若干改善工具的作用和卓越的效果，点燃中高层管理干部改善热情。

1. 建立标杆线

百丽生产的精益改善活动的实施从建立标杆线开始，即是在公司选出 1 套或 2 套生产线作为工厂的标杆，通过在标杆线体实施改善，提升标杆线的业绩指标，然后沉淀方法，复制到其他的线体，实现整体收益最大化。标杆线体通过不断的迭代，提升标准和管理水平，带动其他线体的稳步提升。这也是实施精益管理的大的逻辑。

2. 引入精益改善工具

生产引入的第一个改善工具是价值流图析，这个工具能让我们看到生产的主材料和信息在整个工厂系统的流动状况，能够识别出所有的断点、在制品、库存、增值时间、产品不良率、设备的 OEE，换型时间、缺料等状况。然后通过一个价值流现状图把所有的过程都展示出来，通过对每个制程的诊断，列出所有的浪费记录，通过重要性和难易度分析，找出爆炸点（影响较大的问题）。结合现状图做出未来的（一年）价值流图，为了达成价值流未来图，就需要制订一年的改善计划，也称价值流行动计划，价值流行动计划指引了一年的改善活动。

而从价值流工具分析出的爆炸点也刚好契合公司管理的痛点：品质、交付和库存。在价值流行动计划中也列出了改善的工具和改善的时间来提升这些指标。

在丰田精益屋的图示中，标准化作业是精益改善的基础和根本，标准化作业可以促进持续改善。这个工具也是价值流后第一个在标杆线实施的精益工具，主要是包含两部分的内容，一是布局优化，二是编制剧本并按剧本执行。

传统的产线布局是相对杂乱的，断点多、库存多，不良品堆满了流水线的每个角落，占用场地大，进而影响产品的生产周期。精益引进了世界级工厂制造 20 条原则，按照 U 形布局产线，既节省了大量的场地，又使得单件流变成了可能。产品在生产过程中实现单件流动，它是准时化生产的核心，是解决在制品的秘方，是消除浪费的最好方法，在品质的控制上也是巨大的突破。丽荣鞋业就是通过实施单件流把标杆线内部的返工率从原来的 60% 降低至 5.5% 的水平。

剧本包含 5 表 1 书，目的是通过时间观测、浪费查找和改善让整个生产线的负荷均衡，让员工的动作标准化。不能为了效率让员工加快作业速度，每个人都按照节拍生产，在节拍时间内做好自检和互检工作，既改善了品质也提升了效率。此外，还会做关键步骤关键点和作业指导书，让员工按照作业指导书作业，减少不良。

3. 搭建 BMS 系统来实施精益供应链

生产环节的质量控制拉动着上一个环节技转的改善，通过精益技转，在技术环节和技转环节做对和做好，建立操作的标准，制作操作的辅助工具、纸样、模具、治工具等来使现场的员工操作更简单、轻松，而且能保证品质。技术环节又拉动着研发设计端做品质的改善，通过爆款思维设计，在设计的维度思考如何能够一次就做对，实现在生产全价值链上的质量控制。从质量控制的 5 个等级来看，当前还处于品质内建的阶段，未来的方向是防呆防错，让员工没有做错的机会，质量的控制一定会再上一个新的台阶。

而在提升交付和降低库存方面，就需要引入精益供应链。通过搭建 BMS 系统来实施精益供应链。BMS 物料系统是 JIT 生产方式在百丽能够落地的一个非常重要的管理系统，以计划为龙头，链接客户和供应商，实现全价值链拉通。

BMS 系统在保证正产稳定，合理控制库存等方面作用巨大。这可从 PSI、计划排产、精益制造、供应商拉动几个维度分别说明 BMS 的实施和收益。

一是 PSI 模块（产销存）。

PSI 是一个平台，和客户直接沟通的平台，工厂结合客户订单需求、销售存货、物流在途、销售信息和工厂产能整合信息，定义款色出货紧急程度、优先级，并与客户沟通，更好达成客户需求，为客户服务。

在供应链中，牛鞭效应无处不在，需求预测信息沿供应链传递时失真、放大，导致整条供应链过量生产、过度扩张、库存积压，从而导致资金积压严重，影响公司资本运作。通过 PSI 平台，工厂和客户之间，工厂和供应商之间就可以实现按需订购，按需生产减少牛鞭效应导致的库存。

在拉动生产方式下，工厂只有在接到客户订单后才开始生产，工厂的一切生产活动都是按订单来进行采购、制造、配送的，仓库不再是传统意义上的储存物资的仓库，而是物资流通过程中的一个“枢纽”，是物流作业中的一个站点。物是按订单信息要求而流动的，因此从根本上消除了呆滞物资，从而也就消灭了“库存”。

多个品牌营业部和工厂之间都建立 PSI 的沟通平台，参与到工厂的订补单预测和备货中，部分营业部的管理者每周都会和工厂一起开供应链会议，了解工厂的产能和订单状况，通过订单削峰填谷，为工厂提供了稳定的需求。正是基于相对稳定的订单需求，工厂的总资产周转率也是从精益生产前的 6 次（精益生产前 10 年都是这个水平）提升到当前的 9 次。

二是计划模块。

供应链计划始于需求计划，可以说需求计划相当于供应链的第一推动力，需求计划制定出来后，根据库存量来判断生产多少，采购多少，后者以前者为基础，这样环环相扣构成了供应链的计划体系，驱动整个供应链的运作。

基于 PSI 后的订单需求，使用精益供应链的均布排产工具，按照客户的货期进行倒排，结合工厂的产能合理安排外协计划，确保订单的准时交付。同时，均布排产会以产品家族为基础，做平准化，确保客户收到的产品是多款、多色、均码，既不影响销售，也不会造成大量的积压库存，实现按需供货。

均布排产给生产现场的稳定提供重要的输入，也给供应商的生产计划提供了稳定的输入，供应商按需生产、交付，既不会有积压库存，也不会浪费产能。

为防止牛鞭效应在采购端放大，采购部门严格执行不放量原则，同时对于物料按照 ABC 分类法管控，物流中心按照周计划收货，防止过早送货带来的库存积压。

三是精益制造。

精益生产制造单元是根据客户需求使用均布排产拉动的。生产部门会提前知悉要生产的产品，因此有充足的时间做好生产准备工作。生产部门提前准备生产人员、生产技术资料、生产物料及生产工装模具等生产要素。技术准备方面，生产现场技术人员提前做好技术文件、新规格工装模夹具（包括零件、装配、检测）、新材料、生产前培训、质量控制、成本控制计划等准备工作。“两个准备”工作的实施，有效减少了生产线无效工时，使生产线高效运行。

通过现场的 VSM（价值流图析）改善工具，明确生产过程中的断点，而断点之间往往是大量的库存在做连接。使用 SW（标准化作业），对生产现场进行了布局的调整，把断点通过 U 形的布局连接起来，实现流动；在流不动的断点通过排片表的形式建立拉动系统。同时由现场的人员根据所生产的产品的现状制定出改善的剧本，确保员工的工作标准化，既保证了生产的品质，减少了过程中的返工（从精益转换前的 60% 到 6%），又确保输出的稳定，为准时交付提供条件。

生产现场有了标准化的前提，又引入 DM（卓越日常管理）的工具，把现场 KPI（关键绩效指标）、现场目视化、现场问题解决和现场领导力用于现场确保客户指标的达成。通过 SMED（快速换型）工具，实现单分钟换款，而 TPM（全员设备维护）是以提高设别综合效率（OEE）为目标，以设备预防维修体系为过程，全体人员参与为基础的设备保养和维修管理体系。

四是供应商拉动。

通过均布排产，让供应商安排产能，规划生产计划，然后采用看板，由工厂环节根据自己的节奏，逆生产流程方向，向供应商环节指定供应，其主要目的是在同步化供应链计划的协调下，使制造计划、采购计划、供应计划能够同步进行。在具体操作过程中，可以通过增减看板数量的方式来控制库存量，通过牛奶车的原理，“多批次、少批量”的方式向工厂配送原材料。

（六）搭建基于业务和行为的数字化管理平台

数字化管理平台是基于企业管理七要素：人、财、物、供、产、存、销的数字化支撑，其中供产存销管理是对业务能力的构建，人财物是对行为能力的构建。

对丽荣鞋业而言，底层是从供应商物料供应，到生产制造、物流发运，最后到零售客户的销售及售后服务，基于底层业务的数据采集是由操作层一个个岗位和角色操作完成，每个岗位在不同业务场景下完成不同系统的信息流输入，应用层的子系统根据不同流程匹配标准的解决方案，传达给操作层对每个流程节点的判断决策，当新生流程或异常出现时，由管理平台推送场景、问题描述等给上层管理者分析，需要多部门协同时，建立响应点检跟踪机制，最终解决方案由管理平台直接传达给操作层执行。

信息自下而上，管理自上而下形成闭环，实现业务数字化，管理标准化；对于人财物的沟通平台搭建，是基于集团叮叮无纸办公系统，由人员在线、组织在线、权限在线、沟通在线，共同构成管理在线，具体来讲，人员在线反映的是行为数据化，组织在线反映的是数据系统化，权限在线反映的是系统标准化，沟通在线反映的是标准行为化。通过管理在线的互动、反馈、沟通、评估、评价，利用大数据分析，提炼出业务解决方案，或管理方向和重点，或热词、热点，再结合实际业务可行性验证，最后沉淀出标准化解决方案。

总之，基于业务和行为的数字化管理平台的构建，是推动管理人员对一线操作层的赋能，是提升日常管理的剧本，是对现场问题的及时跟进和有效落实。

（七）建立基于业务和大数据相融合的应用规划

以 PD 战略部署为牵引，以 CVD、KPI 运营为支撑，从数据业务层、数据治理层、数据价值层、数据决策层四个层级实现全链路全渠道数据整合。

数据业务层，各子系统承载并沉淀业务数据，包括了脚型库、楦型库、PLM（产品生命周期管理）、BLF1 等生产系统内部数据，也包括零售系统、门店系统等集团数据，同时采用爬虫技术获取电商平台等外部数据。内外部数据整合，形成数据池和数据仓库。数据治理层，从数据治理的视角，构建数据关系，形成结果、规律、趋势等数据认知，同时在数据存储、架构、文档和内容等方面统一数据标准，并做好数据安全和归档，确保获得高质量的数据，将数据转换为资产。数据价值层，从供应端到生产端，再到销售端；从物料端到订单端，再到货品端；以不同维度、不同价值流，可视化方式进行展现，并通过钉钉和百通对管理层精准推送，展现大数据价值。数据决策层，依从战略分解，聚焦业务痛点，通过大数据挖掘分析技术，以专题、专项的方式开展，并从业务视角建模，洞察发展趋势，最后形成业务决策信息，支撑辅助管理决策。

总之，基于业务和大数据相融合的应用，以“数据从业务中来，到业务中去”为目标，实现“业务数据化，数据业务化”的数据闭环，最终实现以流程驱动业务，以数据驱动管理。

三、鞋业企业基于 AI 视觉和大数据应用的规模化定制管理效果

（一）生产效率大幅提高

智能伤残识别系统属于业内首创；跟传统对比，生产效率提升、成本降低；识别准确率在 90% 以上，与制鞋行业人工识别标记准确率基本相当，伤残识别率达到商业利用标准。传统生产模式下，人均机台日产出 1800 尺；应用 AI 全自动真皮伤残检测系统，人均机台日产出 9000 尺。同时，在人员技能方面，传统需要 2 年培养出的熟练工，AI 全自动真皮伤残检测系统经半小时训练即可操作。

通过数字化的实施，对业务流程进行优化和重塑，提高工作效率。软件上，现有的定制模式基本实现了与客户之间全链条的快速反应，实现了较高的柔性。客户需求是波动的，通过数字化产线的建设，形成具备快速满足客户需求的能力。数字化柔性生产给公司带来了焕然一新的变化。产线由大变小，就有了柔性的基因，我们由过去传统产线上整个生产的制程需要 10 天、20 天，逐步地转化到我们现在的数字化精益产线只需要 6 天，甚至能够做到 3 天就能完成整个产品从投单到成品出货和发运的全过程。整个产线的效率有了非常大幅度的提升，近两年的提升幅度都达到 30% 以上，材料的损耗也有 50% 以上的下降。

精益引入前，工厂的制造周期长达 10 天，甚至更长的 12 天，生产布局的调整、单件流的执行及现场精益工具的使用，使生产的周期不断压缩，从 2017 年的 10 天降低到 2021 年的 3 天。

（二）成本得到了有效的节约

一是皮料排版系统与传统排版对比。行业普遍是通过人工操作来进行排版，因为人力的局限性，极易出现排版精细程度不够，材料大量浪费，耗时长等问题。排版软件可实现多种排法模拟，生成最优排版方法，节约材料可达 10%。以往需要员工 2 天才能完成，排版软件仅需 2～3 小时，节省了材料，节省了时间，也节省了人工。二是排版软件与行业内排版软件对比。皮料排版普遍呈现无规则、成对匹配、色差、纹路部位特点，而丽荣鞋业的排版软件支持多种鞋类排版模式（单鞋、靴子、凉鞋等），可按指定工艺要求排版（只排在主要皮位、单脚互扣、鞋头反向、左右纹路一致等）；支持多种伤残标准（沙眼、血筋、破皮等）与部位的利用配置（帮脚、搭位、鞋头等）；支持多种排版路径（从上到下、从中间到周边、从左到右等）。支持更复杂场景的混合排版，通过高级排程管理系统拉动实现皮料的最大化利用，极大地节约了材料成本。

（三）品牌得到了有效的推广

搭建了完整的脚型数据库和楦型数据库，并不断地研究二者之间的匹配关系，提高鞋子和脚型匹配推荐的准确性；与其同时，建立丽荣鞋业的工艺标准化，以模块化的思路来降低个性化带来的困难，另外还建立了电子材料库即材料数据库，将二者高度集合，为我们的柔性生产铺平道路，自主研发了整套信息化系统，用数据来驱动业务流。

丽荣鞋业已在思加图、天美意、森达和百思图 4 个品牌中推广了定制业务服务，已经初步展露不错的效果，可以给门店带来 5% 的业务增长，随着业务的推进，有机会为门店带来 15% 的业务提高。

在项目研究和推进过程中，集合大数据和 AI 在传统企业中的深度应用。在研究和测试理想后，搭建自动选鞋模式，直接用于电子商务，有机会将电商的退货率从现有的 25% ~30% 下降到 10% ~15% 。

对于用户而言，脚型差异非常大，定制模式的推出，用户的鞋好穿和好看这两种需求就能得到兼顾，用户需要什么就制作什么，既满足了用户个性化的需求，也控制了企业的最终库存。对于脚型相对特殊的用户，比如特大、特小或者特肥、特瘦脚型，价值更大，可以让消费者更健康地穿鞋，这也是社会价值的体现。

（成果创造人：陈善航、吴华林、陈晓明、郭忠杰、刘海洲、郑帅锋、刘发辉、王子兵、陈　香）

转型升级与新兴产业拓展

科技型企业战略性新兴产业拓展管理

中车株洲电力机车研究所有限公司

中车株洲电力机车研究所有限公司（以下简称中车株洲所）始创于1959年，前身为铁道部株洲电力机车研究所，现为中国中车股份有限公司的一级全资子公司。下属八大业务主体，拥有2家上市公司，以及变流技术国家工程研究中心、动车组和机车牵引与控制国家重点实验室等11个国家级科研创新平台，3个企业博士后科研工作站，3个海外技术研发中心，11家境外分（子）公司。中车株洲所依托核心技术，通过战略新兴产业培育与拓展，形成材料、器件、部件、系统、整机和系统总成的产品形态，跨越轨道交通、风电、光伏、新能源汽车、电力、船舶、海工等行业领域。2020年，实现营业收入391亿元，员工近18000人，其中中国工程院院士1名，是国内产品型谱最完备、综合技术实力最强的轨道交通牵引控制系统首选供应商，轨道交通领域研发实力最强、产品种类最齐全、销售规模最大的高分子材料企业，全球深海机器人领导者，国际一流的半导体器件提供商，全球领先的汽车减振降噪零配件供应商以及风电叶片供应商。

一、科技型企业战略性新兴产业拓展管理背景

（一）承担大国重器责任、服务国家发展战略的主动选择

中国加入世贸组织后，积极融入全球化发展，加快培育和发展以重大技术突破、重大发展需求为基础的战略性新兴产业（以下简称战新产业），首批选择了节能环保、高端装备制造、新能源、新材料和新能源汽车等7个产业，通过组织实施应用示范工程、深化国际合作、加大财税金融等政策扶持力度来支持战新产业发展，把战新产业培育成为国民经济的先导产业和支柱产业。中车株洲所作为央企核心子企业以及由科研院所转制而来的科技先导型公司，一直定位为中车集团科技创新的策源地，有责任发挥创新示范和骨干引领作用。为此中车株洲所主动承担起发展战略性新兴产业培育和拓展的责任，致力于成为战新产业的探路者、领路人，在新能源汽车、风电、船舶等领域进行战略布局。

（二）解决战新产业拓展难题、实现企业持续快速发展的现实需要

战新产业的培育和拓展是企业避免单一产业抗风险能力弱、实现持续快速发展的普遍选择。但战新产业的培育和拓展也面临诸多难题和挑战。例如，战新产业属于资本密集型、技术密集型产业，其培育和拓展是一个长期过程，中短期内需要大量投入，但却难以获得收益，对于企业的现金流、人力等资源基础是巨大考验。战新产业培育与拓展意味着企业进入更多陌生领域，而不同行业有不同的规则和模式，经营体系需进行适应性调整，这对于长期专业化经营的企业而言并不容易。另外，每个产业都有发展窗口期，错过“窗口期”几乎就丧失了发展机遇。实施战新产业发展的企业，需要建立多元生态系统架构，解决战新产业培育与拓展难题，才有可能将战新产业做大做强，支持企业持续快速发展。

（三）防控战新产业发展过程的风险，实现企业健康稳健发展的保证

战新产业的培育和拓展是企业技术与经营的创新过程，无先例可循，受内外部环境、资源、体制机制等难题困扰，充满各种不确定性，失败的风险高、成功的概率小。如果战新产业遇到的风险不能及时防控或化解，不仅仅关系产业本身的生存与发展，甚至可能使整个集团陷入发展危机。因此，企业集团需要有不惧风险的文化与机制，鼓励创新、宽容失败，战新产业才有诞生的机会。企业集团也需要有系统、完善的产业培育和拓展系统，有效防控风险，战新产业才能得到持续发展。

二、科技型企业战略性新兴产业拓展管理主要做法

（一）明确战略性新兴产业拓展思路

“十五”时期，中车株洲所为应对铁路“跨越式发展”初期主业发展危机，提出“走好两条钢轨、走出两条钢轨”的发展战略，并依据自身科技型企业以及国有企业的双重特质，确定利用核心技术、围绕国家战新产业实施同心多元拓展的战略导向。为支撑同心多元战略的实施，有效满足战新产业在新技术孵化、技术成果转化、产业培育与成长等各阶段所需要的基础条件，解决各环节面对的主要问题，防控未知风险，中车株洲所构建起一套完整的管理体系。该体系雏形形成于“十五”时期，经历二十年的实践与完善，已内化为中车株洲所内在经营体系的核心部分，支撑中车株洲所持续保持创新动力、发展活力，推动实现同心多元战略发展目标。中车株洲所战新产业拓展管理体系由以下核心部分构成。

一是科技创新动能管理。中车株洲所厚植创新先导文化沃土，通过大量创新资源投入和激励机制实施，不断由“器件、算法、材料”三大根技术向相关多元领域延伸，源源不断播下新产业“种子”，为战新产业拓展提供方向支撑。科技创新动能管理为中车株洲所战新产业拓展提供核心基础，战新产业得以持续孵化。

二是战略研究与规划。在该体系中，中车株洲所通过战略研判机制、体系和方法，在纷繁复杂的环境中识别机遇，精准把握进入时机，避免进入太早成为“炮灰”、进入太晚错过窗口期，并有效整合内外部资源快速切入，顺应行业整体发展节奏。

三是内部运营协同共享管理。在明确战新产业发展方向、把握时机进入之后，中车株洲所充分调动企业内部市场、研发、制造等价值链以及管理资源，形成协同效应，助力战新产业突破与成长。

四是资源保障平台建设。包括资本平台搭建、差异化管控以及人才机制创新，通过对人财物的保障，支撑战新产业发展所需的巨额和长期的资金需求、市场化竞争优势构建等，为战新产业发展保驾护航，助力战新产业做优、做强。

（二）优化科技创新动能管理，拓展战新产业的着力方向

以“器件、材料、算法”根技术为基点，在战略目标牵引下，引领时代浪潮，在相关领域延伸，开展新技术研究和孵化，在适当时机将新技术转化、培育成新产业，创造新的增长点，是中车株洲所多元产业拓展的逻辑和模式。通过创新文化传承、创新资源投入与创新机制建设，不断优化创新动能管理，巩固和提升根技术能力、发掘根技术潜力，源源不断提供增量新方向，是中车株洲所作为科技型企业拓展战新产业的核心动能所在。

1. 坚持科技先导，持续探索新技术方向

中车株洲所作为科研院所转制而来的央企核心子公司，持续创新是其内在基因，产业报国是其责任使命，因此在发展中始终坚持科技先导，主动朝向“高、精、尖”技术领域以及行业前沿领域积极探索。在探索科技“无人区”过程中，中车株洲所提前展开技术布局，为战新产业拓展蓄势聚能。在这些方向上坚持技术先行，往往在专业技术上深耕多年甚至数十年，为后期的产业化探索以及在合适的时机将技术转化成产业，打下坚实的基础。例如中车株洲所在功率半导体器件领域取得的成绩，源于自20世纪60年代以来在半导体技术与产业上的长期持续积累；在风电、新能源汽车、工业等路外变流领域实现多元拓展也是由于在变流领域有着几十年的技术积累。

2. 高标准开展科技创新投入，引领科技创新平台

为了保证科研动力系统的有效运转，中车株洲所始终重视研发的高标准投入，即使在经营低谷期，研发投入也并未降低，1984年以来，中车株洲所以不低于年销售收入8%的资金用于科研开发，其中

20%用于基础、前沿和共性技术研发。

中车株洲所高度重视研发资质建设，各个战新产业按照行业先进标准进行科研装备、研发体系和标准建设，推动研发资质由企业级向省市级、国家级升级。中车株洲所已经创建变流技术国家工程研究中心、轨道交通车辆制造技术国家地方联合工程研究中心、国家能源主动配电网技术研发中心、大型交电装备复合材料国家地方联合工程研究中心、新型功率半导体国家重点实验室等11个国家级创新平台，建有国内领先、国际先进的轨道交通电气牵引与控制、电磁兼容性等一批实验室，研发基础能力得到夯实和提升。

中车株洲所还积极探索以校企共建、跨企共建、设立区域/产品研发中心等多种方式，布局全球创新资源优势地区，灵活运用技术合作、专利许可、技术转让等手段，实现跨地域和时空的协同创新，破解高端人才资源、基础前沿技术获取困局。如在英国、德国设立区域研发中心，与清华大学、浙江大学、英国剑桥大学、德国弗劳恩霍夫研究所等国内外顶级高校及科研院所在关键领域前沿核心技术领域开展深入合作与交流。

3. 优化科研激励机制，激发科技人员创新内驱力

为激发科技创新动力，中车株洲所利用“乔”型职业发展体系建立匹配科研分层创新的人才成长机制，使从事基础、前沿研发人才可以获得广阔发展空间。同时建立技术岗位分红、科技人员跟投机制。技术岗位分红使科技人员基于自身岗位价值和业绩贡献，享受新产业经营带来的增量利润，在已经开展的岗位分红中，技术类岗位人员占91%。对于已经孵化的新产业，以“国有资产保值增值”为前提，对符合要求的科研人员给予科技成果转化奖励，让一线研发人员共享科技转化成果。

（三）完善战略研究与规划管理，科学把控战新产业进入的时机

依托根技术，中车株洲所储备众多新技术项目，而要转换为增量产业，就要推进科研成果转化，精准把控推向市场的时机，适当提前布局，占领先机。这种对于时机的把控并不是随机的，而是要经过较长时期的跟踪研究，感应外界变化，同时在产业窗口期来临的时候快速整合内外部资源切入产业，确保产业布局步伐与行业整体节奏保持一致。为此，中车株洲所建立科学的战略研究决策机制和资源配置机制，以战略研究跟踪趋势，以科学评估选择“赛道”，以专家评审支撑决策，以多样化模式切入“赛道”。

1. 构建战略研究体系，支持战新产业战略规划制定

为动态、适时了解宏观趋势、产业政策趋势和行业发展趋势，科学判断产业的内外部环境变化情况，及时把握机遇、识别风险，中车株洲所建立战略研究体系，包括“战略研究”“产业研究”“行业资讯及政策研究”以及“专题研究”四大模块。成立株洲所产业经济研究中心，并建立战略研究协同工作机制，聚合全公司的研究资源，从科技、战略、市场、政策等多角度、多维度、多层次开展战略研究工作，通过政策及热点专题报告、行业研究报告、产业研究报告等成果载体，向各层级经营管理人员提供及时、专业的研究分析，为战新产业发展方向的选择提供专业意见及建议，及时提示新技术项目推向市场的合适“战机”。根据研究成果决策，开展产业发展规划的研究与制定，明确战新产业的发展定位、发展目标与实施规划，以指引战新产业的具体培育与拓展。

2. 构建新兴产业选择与评估标准，助力战新产业科学决策

为科学研判战新产业方向是否适合、时机是否恰当，中车株洲所构建新兴产业选择与评估标准。该标准基于新产业所在行业的市场前景、呈现的战略价值、培育发展的可行性等方面，从战略价值、市场吸引力、业务竞争力、实施保障与风险防控5个维度制定25个一级指标和22个二级指标等，形成定量

评价指标库，并赋予不同评估标准以不同的权重等级。新技术项目准备推向市场前，都要使用该套标准进行评估，只有评估结果理想才可进入产业化培育阶段，否则项目中止或有价值退出。

3. 整合内外部资源，快速切入新“赛道”

在明确拓展方向之后，企业需要在战新产业发展的机遇窗口期完成产业快速切入。为此，中车株洲所构建一套开放、灵活的资源整合模式，一方面充分发掘自身的存量资源效益支持产业进入；另一方面采取产学研合作、并购、合资等方式快速获取短缺资源、构建关键能力，通过“借力”实现自我赋能，为战新产业快速切入扫清障碍。

对于处于培育期、竞争格局未形成，具备核心技术能力的“种子产业”，中车株洲所一般采取整合内部资源、通过内部协同平台的模式切入。该模式下，产业经营团队负责搭建事业发展架构，核心价值链继续由具备同类产业要素的业务单元支持，包括市场、制造以及研发等。中车株洲所的新能源汽车、乘用车电驱动系统、智轨等都是采用此种模式完成市场切入的产业。

对于处于培育期或成长期，但自身缺乏支撑核心技术能力的“种子产业”，中车株洲所一般会采取产学研合作方式，以较低成本、快速获得或构建能力，推动产业尽快突破。中车株洲所的风电叶片、芳纶、PI 膜、智能打磨机器人等产业采取的就是产学研合作的拓展模式。

对于处在成长期或成熟期，竞争格局基本形成，自身缺乏核心竞争要素的成长型产业，中车株洲所一般采取并购路径。借助并购，中车株洲所在 IGBT、轨道工程机械、汽车材料、海洋工程装备、船舶电驱动等领域把握了战略机遇，实现了高起点切入。

对于已经进入产业化阶段的战新产业，中车株洲所在业务拓展上面临挑战尤其是遇到市场渠道瓶颈时，倾向于与下游产业链资源进行合资合作。中车株洲所风电装备、汽车半导体、芳纶等都采取了合资合作模式以获取市场进入渠道，形成“破壁”效应，加速产业发展步伐。

（四）强化内部运营协同共享管理，助力战新产业突破与成长

为求同存异，有效应对差异、发掘产业协同价值，中车株洲所建立内部生态协同机制，以总部整体平台支撑和赋能业务单元，助推战新产业孵化、培育和壮大。通过业务单位之间协同关系构建，各业务板块间形成紧密的耦合关系，实现多元产业集聚裂变效应。

1. 价值链协同共享

实施“经营城市”市场策略。深耕产业和市场资源富集的重点地域，使城轨、智轨、新能源汽车、新材料、风电等多元产业组合共同服务于城市发展，以城市多样化需求促进产业的发展壮大。“经营城市”市场策略发挥出产业组合拳功能，通过为区域重点客户提供多样化解决方案，精准满足不同城市的个性化需求，扩大中车株洲所的市场拓展空间。“经营城市”策略也体现出资源集合效应，实现市场营销资源和区域制造与服务资源共享利用，减少资源重复投入，提升战新产业协同发展效应。“经营城市”策略强化中车株洲所的战略关系网，从顶层完成需求确认和关系对接，将战新产业的单个项目、零散、短期市场行为转为系统谋划和长期战略合作，为战新产业市场拓展构建稳定的网络关系。自实施“经营城市”策略以来，中车株洲所在上海、西安、长沙、佛山、无锡、宁波等城市开创了多产业组合协同发展的良好局面。

实施协同研发策略。以中车株洲所研究院为依托，为战新业务提供基础、共性、平台技术和先进方法工具支撑，各业务单元面向市场需求开展应用技术研究、产品开发以及研发方法和工具适应性的改善，战新产业单元拥有分层分级的研发技术和方法支持。凭借中车株洲所完整的产业链和技术链优势，基于行业新趋势实施跨专业学科、跨业务单元的联合研发，在半主动减振、柜体轻量化、乘用车电磁兼

容、智轨系统等领域成功实践。创建25个专家工作室，充分发挥内部专家资源的辐射、引领和示范作用，为战新产业发展提供高水平技术专家资源支持。

实施柔性制造布局。为满足多元化产业经营的需要，中车株洲所建立“标准化工厂和移动工厂”柔性制造体系。标准化工厂是指以标准化、模块化设计的工厂布局，可以在异地快速进行工厂建设、扩容、共享、转移和关闭的工厂；移动工厂是指采取租赁形式的轻资产运作工厂布局，通过将生产设备转移来实现产能转移、减少重复投资和沉没成本的工厂。以风电叶片为例，在株洲、天津、射阳、云南、鄂尔多斯等地均设立标准化、模块化工厂，在各个产地之间互用模具实现产能转移，大幅降低建设成本。与此同时，中车株洲所实施区域性制造布局共建共享，丰富区域制造基地功能，提升资源配置效益。

2. 管理协同共享

成立多层次共享服务平台。为发挥总部对战新产业价值赋能作用，中车株洲所总部成立财务、人力资源、信息化、审计法务、基建等多个服务共享中心。由中车株洲所总部管控关键要素，如战略规划、架构设计、管理标准以及重大项目管理等，相关单位根据业务终端需求实施差异化管理。以信息化为例，中车株洲所总部负责统一信息化基础技术平台、信息化体系、安全平台顶层设计等，核心应用系统由总部统一规划、建设，并全级次贯穿实施，但与行业终端密切对接的应用系统由基层业务单元自行搭建。

构建行业协同平台。面向汽车、能源两大领域，中车株洲所搭建汽车行业协同平台（DCB）、能源行业协同平台（DEB）两大协同平台，集聚内部产业板块优势资源，形成合力面向市场，提升产业竞争力和行业品牌影响力。行业协同平台由下属相关单位构成，并根据产业需要分阶段赋予平台具体的工作任务。如DCB由研究院以及内部涉足汽车行业的产业单元组成，承担全所汽车产业顶层设计、汽车产业人才开发和内部协同机制建设以及搭建中车C-Car平台等工作任务。

3. 产业链协同共享

内部市场协同支持。一是依托内部市场支持战新产业的业绩突破；二是依托内部市场为战新产业提供产品验证平台，促进战新产业快速优化改进，构建竞争优势。中车株洲所风电整机对风电叶片、风电变流器，新能源整车对新能源汽车电机等产业就发挥了此类市场协同支持的作用。

内部供应协同支持。一是中车株洲所早期在基础器件“卡脖子”领域的布局为下游诸多产业发展提供支撑；二是内部供应链促进产业链整体竞争力提升，在行业低谷时“抱团取暖”，提升整体抗风险能力。中车株洲所半导体、传感器对乘用车电驱动系统以及其他变流系统的支撑，叶片、变流器、减隔振器件对风电整机的支撑，就是内部供应链协同共促产业链发展的典型案例。

（五）强化资源保障平台建设，助力战新产业做优做强

1. 资本平台保障

一是打造上市公司平台为战新产业拓展提供资本支持。“十五”时期，在中车株洲所提出“走出两条钢轨、走好两条钢轨，成为核心技术向相关产业进行多元化的佼佼者”的同时，提出要成为“在资本市场上规范运作的成功者”的战略目标，策划推动下属公司时代新材、时代电气先后登陆A股、H股资本市场，拓宽产业发展融资渠道，为发展战新产业提供强大的资本支撑。2021年，时代电气再次登陆科创板，为未来朝向清洁化、数字化、智能化发展提供新的资本平台保障。

二是构建投资平台，产融结合、以融促产。早在“十五”时期，中车株洲所联合本地国企成立联营投资公司，利用该公司平台，结合中车株洲所产业发展的实际需要，在交通与能源两大领域，聚焦进

口替代、自主核心技术打造的早中期、“硬科技”进行投资，创造新的产业机会；通过“孵化＋投资”，支持新产业孵化、培育及“非优势、非核心”产业退出，为业务结构优化提供更丰富的渠道。通过产融结合、以融促产，中车株洲所为战新产业的发展和做大做强提供了新路径。

2. 组织管控保障

针对不同产业市场运营规则、内部管控能力的差异带来的管控需求不一致问题，中车株洲所构建“战略＋运营”的差异化复合型管控模式，对已上市企业实施战略设计型管控，对运营链相对完整成建制非上市企业实施战略运营型管控，对处于孵化期、运营链条不完整的新产业单元实施运营支持型管控，对类金融投资型企业实施以财务管控为主的管控模式。匹配差异化管控模式，按照不同企业的发展定位，制定差异化的组织绩效考核机制和管控权责清单，落实差异化管控要求。差异化复合型管控模式，有效契合不同产业的管控要求，提升了管控效率，促进中车株洲所产业持续发展能力的提升和经营业绩的改善。

3. 人才保障

为支持战新产业经营“懂行规、讲行话”，从行业内引进汽车、风电等领域高端人才，构建“乔”型职业发展体系，让不同领域的员工获得职业发展空间，形成支撑战新产业拓展的人才队伍。已拥有中国工程院院士 1 名，院士后备人才 2 名，国家“千人计划”专家 2 名、国家“万人计划”专家 4 名，国家“百千万人才工程”国家级人选 4 名，博士 200 余名，硕士 3000 余名。

4. 机制保障

为与战新产业所在行业接轨，中车株洲所深化干部人事制度改革。针对各产业核心骨干人才开展股权类中长期激励计划，将核心骨干人才的个人利益与企业长远发展绑定。实施经营管理人员“两制一契”变革，推进总经理组阁制、市场化选聘职业经理人制度，辅以“末位淘汰”机制和“年度＋任期＋中长期”三元经营目标考核体系和薪酬兑现体系。通过这些机制，达到人员能进能退、工资能增能减、干部能上能下，全面激发人才队伍活力。

区分于一般业务，中车株洲所将战新产业的业务单位定位为战略业务单元予以考核，构建以战略重点工作考核为主、经营业绩考核为辅的业绩评价机制，将经营团队的经营重点放在能力建设以及具体经营行动而不是财务指标上。面向战新产业的长期性和高不确定性特点，以 3 年、5 年等中长期为考核期，实施重大工程专项奖励以及超额利润分享等激励模式，激发组织活力，激励团队士气，保障战新产业拓展过程中的积极性与主动性。

三、科技型企业战略性新兴产业拓展管理效果

（一）战新产业拓展成效显著

中车株洲所战新业务拓展成效显著，由单一从事铁路电气化装备的企业发展成为布局全球、拥有 3 家上市公司的多元化高科技企业集团，战新产业规模占比近 60%。产品形态涵盖材料、器件、部件、系统、整机和系统总成，跨越轨道交通、风电、光伏、新能源汽车、电力、船舶、海工等行业领域，多个产业位于行业前列，是国际一流的大功率半导体器件提供商，深海机器人功率排名全球第一，汽车减振降噪、轻量化材料排名全球第三，风电叶片市场规模稳居国内第二位。

战新产业的拓展，充分展示了中车株洲所的国企担当。中车株洲所在基础器件和材料领域的拓展，实现了高端产品国产化替代，保障了产业链安全。同时，中车株洲所还是商用车电动化、船舶电动化、风电与光伏装备发展的首批次企业与核心建设单位，为中国能源革命和电气化改革做出了重要贡献。

（二）企业经营业绩实现了健康发展

战新产业拓展，使中车株洲所抓住了中国经济社会发展关键阶段的重要机遇，经受住了内外部环境

动荡危机考验，经营业绩实现持续健康发展。“十一五”末收入突破100亿元，较“十五”末增长5.5倍，“十二五”末收入突破300亿元，“十三五”末收入突破400亿元，2005—2020年收入复合增长率24%。2020年新冠肺炎疫情突袭而至，面对国内外严峻形势，中车株洲所从容应对，销售收入同比增长27%，规划目标全面达成，实现了五年规划的顺利收官。

（三）战新兴产业拓展风险得到有效防控

经过实践不断锤炼，中车株洲所战新产业拓展的各类风险得到有效防控。中车株洲所基本踩准了战新产业的发展节奏，新能源汽车、风电、船舶、IGBT等产业的技术孵化、产业化节点与行业发展趋势高度一致，享受了产业机会窗口期的溢出效应，规避了产业选择与进入风险，经受住了严酷的市场竞争考验和行业低迷期的挑战，获得更为健康和稳健的成长。

（成果创造人：李东林、刘可安、张向阳、何政军、程　惠、涂晓红、苏建辉、黄　军、杨孝杰、何伯钧、贺天慈、段世彦）

大型建材企业区域产业链整合与优化升级管理

中国联合水泥集团有限公司

中国联合水泥集团有限公司（以下简称中国联合水泥）成立于1999年6月，是中国建材集团有限公司（以下简称中国建材集团）的核心企业。为全面落实中国建材集团“大水泥、区域化”的发展战略，中国联合水泥构建了“公司总部+运营管理区+子公司”的组织架构体系。2010年3月，作为中国联合水泥在河南区域设立的独立运作的经营管理机构，中国联合水泥河南运营管理区（以下简称河南区）成立。河南区下辖33家公司，业务分布河南省、河北省、山西省等，拥有年产能熟料3500万吨、水泥4500万吨、商品混凝土2500万立方米、砂石骨料1亿吨，矿产资源储备超20亿吨，年固危废协同处置能力80万吨，是河南省规模最大的集砂石骨料、水泥熟料、商品混凝土、水泥制品、固废处置、智能物流“六位一体”的大型材料集团。

一、大型建材企业区域产业链整合与优化升级管理背景

（一）实施绿色低碳发展的必然要求

水泥行业作为国民经济重要的基础原材料产业，多年来在为社会经济发展和国家经济建设做出巨大贡献的同时，还存在诸多问题：生产规模虽大，但仍有落后产能，产业技术结构亟待调整；部分省市虽完成了技术结构的调整，但由于发展过度，产能严重过剩；企业数量多，集中度不高，市场恶性竞争严重，企业经济效益较低。近几年，水泥行业提出超低排放目标，污染物排放治理加速升级，但水泥行业仍受到资源和环境的双重约束，下一步全行业朝绿色生态、循环经济、低碳生产的方向发展仍是必然趋势，通过持续提高生产技术水平，主动向节能减排、资源综合利用要效益，由资源与能源消耗型，向资源与能源节约、绿色环保型转变，已成为水泥企业实施绿色发展的新要求。

（二）推动行业健康发展的客观需要

随着中国经济进入新常态，水泥行业产能严重过剩、行业集中度低、市场竞争无序、行业价值被严重低估等主要问题进一步凸显。以河南地区为例，省内大企业缺乏绝对的市场话语权，无序竞争加剧，部分企业未落实地方政府错峰生产政策，在产能严重过剩的情况下，加剧了水泥市场的恶性竞争，对行业整体盈利水平有极大影响。河南区成立之初，业务类型单一，整体规模偏小，熟料年产能只有1020万吨、水泥年产能1075万吨，其中水泥产能占全省的比重仅6%，作为上下游产业的砂石骨料、商品混凝土产能皆为零，市场影响力极弱，难以应对市场大幅波动。基于此，为推动河南省水泥行业健康发展，河南区作为中央企业一分子，更需不断提高政治站位，通过扩大产能、发展多重业务经营模式，获取更优更宽的资源空间幅度，持续提高自身实力，推动行业资源整合，构建有序、健康发展的新行业生态。

（三）提升企业经营质量的主动选择

全球水泥行业传统巨头都是通过同步发展水泥、砂石骨料、商品混凝土等上下游业务实现可持续经营。2010年以来，河南区经营发展虽然取得了一定成绩，但仍存在区域内产能占比偏小、市场布局有待完善、资源配置难以支撑可持续发展等问题，尤其是产业链上的短板较多，建筑骨料矿山资源储备不够，生产过程智能化、数字化水平较低。“十三五”期间，河南省经济社会发展正处于重要战略机遇期，中部地区崛起、产业结构调整及高质量发展为河南经济发展带来新动力，也为中国联合水泥在河南省做强、做优、做大提供了难得的战略机遇。基于此，自2018年起，河南区快速抢抓资源，延伸产业

链条，规避因为某一单一市场下滑对公司整体业绩造成的影响，完善核心利润区建设，推动实施区域产业链整合与优化升级。

二、大型建材企业区域产业链整合与优化升级管理主要做法

（一）强化战略引领，明确区域产业链整合优化思路

1. 确立区域产业生态优化指导思想

河南区以习近平新时代中国特色社会主义思想为指导，立足新发展阶段，贯彻新发展理念，构建新发展格局，按照中国建材集团“建设具有全球竞争力的世界一流材料投资集团”战略定位，围绕中国联合水泥“做强水泥，做优商混，做大砂石骨料，做好综合利用”业务发展思路，提出实施“6521”发展规划（即水泥产能6000万吨/年，商品混凝土产能5000万方/年，砂石骨料产能2亿吨/年，利润总额100亿元），构建“两核七区，京广一带”战略布局，践行“砂石骨料—水泥熟料—商品混凝土—水泥制品—固废处置—智能物流”六位一体发展模式，实施“固链、强链、延链、补链、绿链”产业生态优化的“五链工程”（见图1），推进产业生态协同化、产业基础品质化、产业链条高端化、产业过程绿色化、产业制造数字化，争做“转型升级、绿色发展”的排头兵。

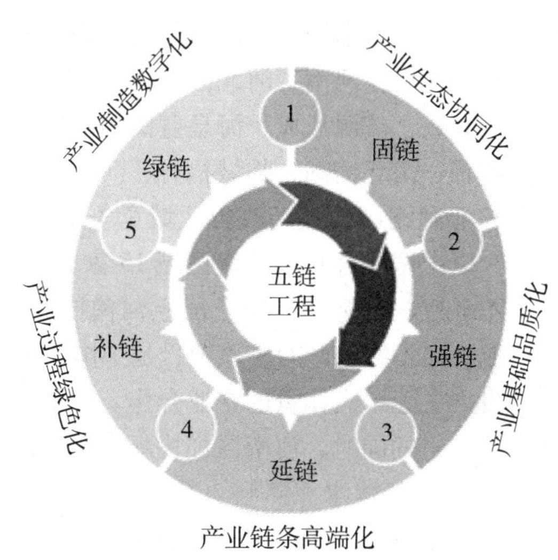

图1　中国联合水泥河南区区域产业链整合与优化升级管理

2. 构建“两核七区一带”战略布局

一是确立两大核心市场。河南区为进一步加强在河南省的市场控制力，选定郑州与洛阳作为发展核心区域，通过控制郑州、洛阳两大都市圈实现控制河南省主要市场。郑州都市圈和洛阳都市圈合并人口占全省人口总量30%，经济总量占比近50%，市场容量大，发展前景广。

二是优化七大经营片区。根据下属企业分布，河南区统筹建设豫西片区、南阳片区、鹤新片区、豫龙片区（包括驻马店、信阳市辖区域）、安阳片区、豫中片区和河北片区（包括邢台、保定市辖区域）七个一体化经营片区。在河南区的统一管理下，各片区优化产业布局，完善产业链条，实现同频共振，均衡发展，着力打造各个子核心利润区。

三是抢占“一带”矿山资源。京广铁路一线是河南省矿产资源和市场资源的分界线，靠近主市场的优势矿产资源从北到南基本分布在京广线及以西（南北长500公里、东西宽50公里）的狭长地带，可以说此“一带”是最靠近市场的资源，河南区积极抢占这“一带”的优势矿山资源，快速推进超大

型及大型砂石骨料基地建设，扼守咽喉，占领市场。

3. 探索“一体化 + 绿色化”经营模式

一是向上游拓展，抢占关键资源。矿山资源的不可复制和不可替代性强化了其在水泥企业经营发展中的关键地位，河南区立足于掌控关键区域的矿山资源，为可持续发展奠定基础。

二是向中游扩张，提升行业地位。河南区以优势水泥企业为主体，深化推进水泥、商品混凝土和砂石骨料三大核心资源的一体化整合、共享和协同经营，积极践行“水泥 +”业务发展模式。

三是向下游延伸，创造更大价值。河南区同步推动固危废协同处置、水泥制品、光伏发电、绿色物流园等项目建设，进一步完善产业链，提高高附加值产品比例，打造新的利润增长点。

四是向内部挖掘，加速转型升级。河南区全面建设绿色工厂、绿色矿山，打造绿色发展、循环发展、低碳发展、转型升级、智能化数字化行业新标杆。

（二）大力实施“固链”工程，推进产业生态协同化

1. 推进行业内重组，巩固多层次发展格局

秉持中国建材集团“实施大建材战略，通过区域性联合重组迅速做大做强，引领行业健康发展”的核心业务发展思路，中国联合水泥及河南区全面落实“大水泥、区域化”战略，通过联合重组启航发展之路，通过新线建设助力发展之路，通过掌控资源续航发展之路，全面优化多层次发展格局。

一是并购成熟企业。中国联合水泥先后在河南、河北区域联合重组了南阳航天、安阳海工、南阳恒新、邓州花洲、河南天广、郑州登电兴业、济源战成、海皇益民等区域知名水泥企业，产能规模迅速扩张，又联合重组了新安万基、河北鑫普、河北衡湖、临城福石、河南金强等多家水泥企业，并对现有水泥业务进行存量盘整，巩固和完善核心利润区建设，改善区域竞争格局。2019 年以来，河南区积极推进中国建材与河南投资集团的合作，以中国联合水泥河南区域 15 家企业及其部分子公司与河南投资集团旗下同力水泥 10 家企业及其子公司为重组标的，联合成立河南中联同力材料有限公司，注册资本 100 亿元，拥有河南省 20% 水泥产能、32% 熟料产能。该项目是中国建材集团规模最大的市场化单体联合重组项目，也是河南省建材行业发展史上最大体量的企业合作。

二是新建核心产能。在坚持联合重组的同时，河南区加快新线建设，充分利用已联合重组企业的资源、技术、管理与人才优势，通过改造、新建水泥熟料、粉磨生产线，不断完善市场和产业布局。从 2010 年开始，河南区先后自建安阳中联、洛阳中联等熟料生产线。近三年，河南区又建设了保定中联、安阳龙安等粉磨生产线，泌阳中联、禹州成磊等砂石骨料生产线，邓州中联、卧龙中联等商混生产线，保定中联、济源中联、洛阳中联、登封中联等协同处置项目。通过新项目的实施，河南区实现了战略区域内资源与市场的有效匹配，夯实了河南区的核心利润区和协同利润区。

三是掌控关键资源。河南区围绕“京广一带”，在资源丰富、靠近市场、交通便利的优势区域积极抢占优质矿山资源，快速推进大型砂石骨料基地建设。河南区以属地企业为抓手，正在布局 3 个 5000 万吨级超大型砂石骨料基地（安阳、驻马店、保定）、3 个 3000 万吨级大型砂石骨料基地（许昌、南阳、洛阳），通过占领产业链和市场咽喉要道，确保资源储备，实现可持续发展。

2. 实行片区一体化经营，加固核心竞争力

河南区按照“七区”战略布局，通过“联接、合作、协调、统一、同步”，优化市场布局，共享信息技术，合理配置资源，实现整体化运营。通过条块化管理、专业化管理、区域化管理的模式，实行“五集中”管理，提升管理效率。

一是营销管理集中。为避免交叉市场内耗、价格无序竞争，河南区统一市场管理，对销售尤其是价格进行集中管控。各片区在集中管控下，发挥一切地方资源优势对区域市场进行开发维护，条块结合，促进区域内企业间的竞争优势互补；通过销售合作，最大限度地扩大市场占有率，实现企业、片区与河

南区利益最大化。

二是财务管理集中。河南区通过财务人员集中管理、资金集中管理、预算管理和推行财务信息化，提高资金使用效率，控制财务风险、降低财务成本、提高财务管控能力。

三是采购管理集中。河南区统一集中招标采购，统一物资储备管理，提高议价能力，降低采购成本，减少资金占用，提高保供能力；建立三级采购体系，根据不同类别采购主体，中国联合水泥、河南区及区域内企业根据目录分类分别进行统一采购。通过统一采购，2020 年度河南区煤炭采购成本同比减少 5715 万元，铁质材料采购成本同比减少 230 万元，微粉采购成本同比减少 1000 万元，石灰石采购成本同比减少 1030 万元。

四是技术管理集中。河南区强化技术对标，提高产品稳定性和服务质量，增强适应市场的能力；加大技术改造力度，节能降耗，降低成本，提高企业竞争力。各企业日常的技术活动由基层技术部门承担，技术进步与科技创新采用自下而上的模式，区域技术管理强化组织、协调、服务、执行职能。近年来，河南区各项技术经济指标都得到了优化。

五是人事管理集中。河南区建立统一的人力资源管理体系，优化人力资源配置，降低人力成本，提高员工素质，提高组织和人才竞争力。制订并实施“三定”方案（定机构、定职能、定编制），规范各成员企业机构设置、薪酬结构；健全各企业绩效考核体系；建立统一的培训体系。

3. 推动生产协同，稳固错峰生产态势

一是促成政策引导。面对河南省水泥行业产能严重过剩困局，河南区提交了一系列错峰生产、节能减排的行业建议报告。2016 年，向河南省工信委汇报“短期通过错峰生产去产量提升行业效益，长期通过淘汰落后去产能推进供给侧改革”的设想，向河南省环保厅汇报“水泥行业主动承担社会责任，通过错峰生产、节能减排来实现蓝天白云”的倡议，助力河南省水泥行业走向科学错峰生产、实现错峰生产常态化的新局面。

二是搭建沟通平台。河南区始终坚持“行业利益高于企业利益，企业利益孕育于行业利益之中”的理念，积极向政府建言，与行业内大企业协调，同河南省行业协会沟通，搭建多方沟通平台。与此同时，全力推动开展行业错峰生产自查自纠，参与行业自律督察，配合政府部门监督检查，促进错峰生产有效落实，推动供给格局逐步改善。

三是主动降低产能。河南区积极参与《河南省水泥行业转型发展工作方案（2018—2020 年）》的编制，带头遏制新增产能，禁止任何形式的提产技改，加快淘汰落后产能。“十三五”时期，河南省水泥产量增速 -5.84%，位居全国所有省份倒数第三；主动淘汰安阳中联龙安分公司、临城中联衡水分公司落后水泥产能合计 60 万吨。

（三）大力实施“强链”工程，推进产业基础品质化

1. 做强水泥业务

在中国建材集团和中国联合水泥的支持下，河南区围绕优化市场布局、突出产业协同和强化运营管理三个方面，做强水泥业务，推动实施熟料基地企业对商品混凝土、粉磨企业的吸并和托管。河南区在沿京广铁路一线抢占优势矿山资源，抢抓区域水泥行业整合市场机遇，推动核心水泥项目联合重组，进一步提升市场话语权和影响力，打牢产业链基石。同时，通过实施产能置换、技改升级、淘汰落后等方式，建设洛阳中联、郏县中联、鹤壁同力等世界一流生产线，谋求基础水泥产业的高品质发展。

2. 做优商混业务

为进一步巩固核心利润区的市场份额，以水泥、砂石骨料带动商品混凝土拓量，增强对终端市场的控制力，自 2018 年始，河南区按照中国建材集团和中国联合水泥“延伸产业链”的战略部署，加大资金投入，新建与重组齐头并进，在具备水泥、砂石骨料资源优势、城市发展潜力大的中心市场，争取地

方政策支持，选址购地，建设新线；在无法取得土地的中心市场，科学规划布局，重组当地优势企业；在重组过程中，择优选择目标企业，先期采取租赁或委托加工方式进入当地市场，抢抓先机。河南区通过分区域分阶段、抓市场占有率、重视产能发挥、控制应收风险，多措并举做优商混，持续提高商混高品质运营。

3. 做大砂石骨料业务

河南区从2018年起大规模发展砂石骨料业务，丰富了产品组合，夯实了产业基础，持续增强产业链一体化竞争优势。一方面，依托水泥企业现有矿山资源，推进资源高品质开采。目前河南区已投产砂石骨料生产线中有16条属依托现有水泥企业矿山建设，充分利用剥离矿石，挖掘企业盈利潜力，实现矿山资源的“吃干榨净”。另一方面，创新发展模式，推进市场规模快速扩大，初步形成以股权置换、相互持股等多种合作方式的“安阳模式”。目前河南区已建成泌阳中联、禹州中联、保定新材料等多个政企合作、要素合作模式的专业化砂石骨料公司，实现以最小资金投入获取最大产能规模。

（四）大力实施“延链”工程，推进产业链条高端化

1. 落实降碳行动

河南区积极响应国家“碳达峰、碳中和”实施目标，以中国建材集团双碳路径研究为蓝本，积极探索降碳发展方向，实现产业链条向更清洁、更高端发展。所属企业按照“环境、安全、质量、技术、成本”进行经营要素的价值排序，把环境放在经营要素的首位，不断加大环境保护的资金投入和工作力度，通过源头削减、过程控制和末端治理，在水泥行业中率先开展超低排放改造工作，进一步减少污染物的产生和排放。在精心做好有组织排放治理的同时，全方位、全覆盖、无死角地进行无组织排放深度治理，降低了能源资源消耗，企业社会形象和综合效益得到了提升，实现社会效益、环境效益和经济效益的多赢。

2. 打造绿色低碳循环经济体

河南区坚持向绿色环保产业升级转型，所属腾跃同力充分利用光资源，提高再生能源使用比例，打造“零购电”工厂。目前该企业利用厂房屋顶、堆棚彩钢瓦顶、绿化空地共计5万平方米实施光伏项目，总装机容量为5兆瓦，年发电量可达到578万度，每度价格为市场目录电价的85%，每年可节约电费6万元。河南区结合铁路运输大运量、长距离的特点，发展绿色交通体系，目前已在安阳、驻马店等地建设绿色铁路物流园。河南区通过投资建设全省指挥调度中心、检验检测中心、技术研发中心，建设高性能混凝土示范生产线和绿色智能PC构件示范生产线、3D打印试验项目，建设绿色建材产业园，着力打造绿色高端低碳循环经济体，有效减少物流量、污染物排放，降低能源资源消耗。

3. 探索新兴业务

河南区充分发挥企业资金、资源、技术、区位等优势，积极参与到城市运营链条中，主动承担起处置工业废物、城市垃圾、污泥等社会责任，实现资源循环利用，共建无废城市，成为城市环境友好服务商。同时利用矿山特性，挖掘资源价值，优化矿山运营，开发花岗岩、大理石等精品石料业务，实现矿山资源的多样化发展。通过发展新兴业务，丰富产业类别，逐步提高附加值高、市场潜力大的产品收入占比，抢占利润制高点，牢牢占据产业链高端。

（五）大力实施“补链”工程，推进产业制造数字化

1. 发展智能制造

一是采用先进工艺。广泛推行智能质量控制、超低导热轻量节能模块化窑衬、低氮燃烧、生料在线分析、专家优化控制系统等技术应用，有效降低煤耗；推行大型风机、水泵定制节能改造、气悬浮风机改造、永磁电机改造、LED节能灯替代、能源管理中心建设等，持续降低电耗。

二是大力推广新能源。积极推进可替代能源（RDF）项目；利用空余场地、可用库房、可用矿山

推行分布式光伏、风力发电项目等，进一步降低能源、资源消耗；对生产、能源及质量等数据进行整合，实现透明化生产、扁平化管理和科学化决策的目标，以信息化手段节能降耗。

三是建设智能工厂。实现绿色制造过程管理与智能环境监控，实现绿色智能制造，建设“智能工厂”。所属洛阳中联已建成涵盖生产管控系统、水泥生产专家智能控制系统、智慧水泥设备管理系统、智能质量控制系统、智能矿山系统、精益生产管理系统、一卡通无人值守系统七大模块的数字化智能工厂；以 MES 系统为平台，实现各个系统间的互联互通，使各类能耗和污染物排放指标显著下降，生产运营集约化、智能化水平实现大幅提升，提高了生产运营质量，降低了员工劳动强度，改善了工作环境，有效降低了安全风险，经济及社会效益获得了有效提升。

2. 推动数字化转型

一是建设数字化矿山。所属禹州中联正通过 5G 通信技术对矿山生产过程进行实时动态监控，实现设备管理、人员管理、生产供应链等环节的全面提升，进一步优化管理、节省成本、保障安全、节能降耗。所属安阳中联建立了完善的三维可视化储量模型，能够智能精准识别爆堆矿石品位并对水泥用量进行智能配比，大大减少了矿产资源的浪费，生产成本节省了 20%。所属多座矿山建成智能喷淋抑尘系统，一改过去矿区作业粉尘漫天的脏乱差现象。

二是建设数字化工厂。河南区加快互联网、物联网、云计算、大数据等技术的引进和使用，利用可视化信息，对生产过程和设备、能源消耗自动监控，对信息资源进行管理、对工艺流程进行优化组合，建成数字化工厂。推广水泥窑炉计算机仿真与软测量、在线分析、工业机器人、全流程物联网等技术的应用，在化验室自动化运行、生产现场无人值守方面实现突破。推广在线物料分析系统、质量智能控制系统、智能生产系统、智能设备管理系统、远程控制、智能物流系统、智能巡检系统等技术，推进水泥行业生产过程数字化、智能化、柔性化。

三是应用物联网技术。深化互联网、物联网、云计算、大数据等的应用，加快两化融合管理体系标准在水泥行业普及推广，重点推进水泥、装配式建筑部品等建材企业信息技术的综合集成应用，实现生产制造、经营管理等过程的信息共享和业务协同。利用物联网技术、设备监控技术、视频监控技术等加强信息管理和服务，开展具有采购、生产、仓储、计量、销售、运输、质量管理、能源管理和财务管理等功能的商业智能系统应用。

（六）大力实施“绿链”工程，推进产业过程绿色化

1. 创建绿色工厂

河南区实施绿色工厂建设和智能化改造提升，树立绿色、环保、智能一体化经营旗帜，打造绿色智能化示范企业。河南区所属企业粉尘排放量在 $10mg/Nm^3$ 以下，部分企业实现了 $5mg/Nm^3$，远低于国家标准。通过建设以 MES 系统为核心的智能工厂，实现各系统间数据共享，构建统一开放的经营业务平台，提高水泥生产全流程的智能化和信息化水平，不断降低企业运营成本和单位产品能耗指标；积极响应《中国制造 2025》和传统制造业转型升级，大胆采用行业前沿技术，不断探索绿色智能化发展、产业链延伸和产品提质升级之路，深入推进水泥行业节能减排和技术升级改造。

2. 打造绿色矿山

河南区贯彻落实科学发展观，严格遵照绿色矿山建设原则和要求，按照“矿山管理规范化、资源利用高效化、生产工艺环保化、矿山环境生态化、矿地关系和谐化”的标准，积极采用先进、高效、节能的开采加工设备、技术和工艺，严格落实生态环境、地质环境、土地复垦、水土保持、安全生产的主体责任。着力加大绿色矿山创建力度，各企业均制定了绿色矿山建设方案并高标准实施，各矿山的矿容矿貌、生产现场、资源综合利用水平显著提升，已成为被各级政府推广的典型。

3. 实现绿色融合

一是积极发展水泥窑协同处置，实现与城市融合。河南区与多家科研设计院所探索水泥窑协同处置废弃物技术的研究与应用，在绿色发展理念指导下，利用水泥窑高温、高碱性环境的独特有利条件，发挥“一窑多用”功能，积极参与到城市运营的链条中，主动承担处置工业固危废、城市生活垃圾、建筑垃圾、污泥、污染土、河道淤泥及漂浮物等社会功能，发掘城市资源，完成由传统污染者向城市净化者的转变。目前已建成保定中联、济源中联、洛阳中联、登封中联协同处置项目，正在筹划卧龙中联、新安中联、黄河同力等企业新建协同处置生产线，3 年内协同处置固危废能力将突破 150 万吨/年。

二是推行产业集中，实现产业链条融合。大力建设绿色建材产业园，形成“砂石骨料—水泥熟料—商品混凝土—水泥制品—固废处置—智能物流”六位一体经营模式，实现建材工业全产业链无缝对接，做到社会物流量最低，污染物排放最低，工业固废物零排放，全产业链能源资源消耗最低，引导建材产品消费方式和建筑模式向集约化、节约化改变。河南区以水泥和熟料产能减量置换为抓手，淘汰了郏县中联等 4 条 2000（2500）吨/日熟料产能，在郏县、鹤壁新建世界领先第二代新型干法水泥智能示范生产线，分步推动粉磨产能向熟料基地集聚整合，建设保定、驻马店等水泥粉磨产业基地，全面打造国际先进水平水泥熟料产业园和现代水泥粉磨、物流综合产业园，大力推进水泥行业“两园一带”建设，创新“水泥 +”模式，集水泥、熟料、物流和协同经营于一体的水泥“绿色智造”新高地已打造成型，实现了“绿色发展、质效双升”。

三是主动去工业化，实现与园区、社区融合。河南区不仅做好厂区内部污染防治，更关注工厂与当地居民的邻里关系，减少噪声排放、采用纯电动车的绿色矿山运输方案、厂区周边绿化、进出厂道路清扫保洁等，减少工厂运营对当地社区带来的影响。对工厂进行去工业化改造，形成与当地自然景观相适应的工业旅游景点。

三、大型建材企业区域产业链整合与优化升级管理效果

（一）区域产业生态得到明显改善

一是行业生态不断优化。一方面市场恶性竞争减少，行业盈利水平逐渐回归理性；另一方面市场集中度提高，其中熟料前三家企业占比达到 57.1%，利用市场化手段优化了产能布局。二是产业链综合竞争力提高。河南区以“一体化”经营模式向客户提供一体化的服务，通过提供综合解决方案而非单独的产品制造的业务模式，可以发现更多提高客户忠诚度的机会，实现水泥、商混客户共享，进一步提升了中国联合水泥的品牌知名度，从而实现生产者向服务者的转型，实现可持续包容性增长和可持续发展。以“绿色化”发展引领水泥企业向绿色、低碳、环保、循环经济、生态环境修复者转型，向建设工程和生态环境的制造服务业转型，河南区成为低碳发展、绿色发展、循环发展的行业新标杆。三是产业链协同效应增强。水泥企业利用工艺技术优势，进行产品综合成本分析和性能控制，提高了商品混凝土最终产品的性能并降低了全流程的成本。同时，各产业间原料供给和废弃物利用产生关联作用，降低了生产成本，减少了浪费。另外，依据产业链综合收益定价，商品混凝土等终端产品能够以价格优势取得市场控制地位。

（二）企业经营效益实现明显提升

“十三五”期间，河南区整体效益明显提升，较“十二五”末，河南区资产总额、净资产额分别增长 33%、96%，营业收入、利润总额、净利润分别增长 18%、64%、61%，资产负债率降低 18 个百分点，经营质量持续改善。“十三五”末，河南区水泥业务利润占全年利润总额的比例为 49%；“水泥 +”产品利润占比达 51%，“水泥 +”经营利润已成为河南区效益的重要支撑。2020 年，河南区实现营业收入 80.8 亿元，经营活动净现金流 16.86 亿元，净利润、薪酬、利息、税费合计社会贡献 27.5 亿元；商混、砂石骨料净利润同比增长 43%，合计占比 49.4%，利润贡献提高 21 个百分点，砂石骨料

销量同比增长109%；产业链一体化布局较早较完整的安阳片区实现净利润4.7亿元，同比增长46%；综合成本同比降低3%，管理费用降低12%，销售费用降低17%，财务费用降低5%。

（三）形成行业绿色发展示范效应

一是推动了行业绿色发展。“十三五”期间，河南区共投入各类环保治理、绿色发展资金超10亿元；率先全部完成超低排放改造，三大污染物排放量同比分别下降24.98%、46.57%、56.55%，3年来共减排颗粒物900吨、氮氧化物12700吨、二氧化硫7500吨；多家企业被授予省市级“绿色生产示范企业”“清洁生产企业”荣誉称号，资源能源综合利用率不断提升。加大科技创新，全方位做好资源综合利用，将绿色发展贯彻到企业经营的方方面面、全过程覆盖，绿色发展成为河南区各企业的名片。二是形成了循环经济模式。河南区发挥水泥企业产业链优势，各水泥企业参与区域矿山整治，完全消纳矿山废弃物；发挥水泥窑高温煅烧优势，协同处置城乡生活垃圾、工业垃圾、污染土和危险废弃物等，减少垃圾发电二噁英排放和废渣掩埋的占地及二次污染问题；利用资源综合利用优势，对建筑固体废弃物资源化利用；助力“无废”河南建设，更好地践行了中国建材集团“善用资源、服务建设”的宗旨。

（成果创造人：刘宗虎、徐　磊、李学功、孙　良、朱其川、高延金、常　荻、张　帆、刘延伟）

轮胎企业以“创世界一流”为目标的转型升级

双星集团有限责任公司

双星集团有限责任公司（以下简称双星集团）始建于1921年，总部位于青岛市西海岸新区，是山东省轮胎行业唯一一家国有主板上市公司。2008年以前，双星集团主业为鞋和服装。2008年鞋服产业全面改制后从集团分离，双星集团全面转行到轮胎产业。2014年1月，双星集团开启了“二次创业、创轮胎世界名牌”的新征程，通过智慧转型，建成了全球轮胎行业第一个全流程“工业4.0”智能化工厂。同时，培育了智能装备、工业机器人（含智能物流）和绿色生态新材料三个新产业，搭建“研发4.0+工业4.0+服务4.0”产业互联网生态圈，成为五年来唯一一家被国家工信部授予“品牌培育”“技术创新”“质量标杆”“智能制造”“绿色制造”“绿色产品”“绿色供应链”“服务转型”全产业链试点示范的企业，被称为“中国轮胎智能制造的引领者”。双星轮胎品牌连续多年荣登“亚洲品牌500强”中国轮胎品牌榜首。2020年1月，双星开启了“三次创业、创世界一流企业”新征程。2020年7月，双星，成为青岛市首家完成集团层面混改的国有企业，由市属国有独资企业转为国有控股混合所有制企业。

一、轮胎企业以“创世界一流”为目标的转型升级背景

（一）中国轮胎行业转型升级的需要

中国虽然在十几年前就已成为全球最大的轮胎生产国和制造中心，但大部分企业属于劳动密集型、资金密集型、资源密集型企业，自主创新能力弱，国际竞争能力不强，经济运行能力不高，与世界橡胶工业强国美国、法国、德国、意大利、日本等相比，差距仍然很大，导致落后产能严重过剩，效益持续下降。行业存在品牌集中度低、产品附加值低、制造水平低“三低”情况。2020年以来，山东轮胎企业竞争日益加剧，虽然轮胎在全球范围内仍属于朝阳产业，但山东却因为同质化的中低端轮胎导致产能过剩，许多设备老旧的工厂都面临着与日俱增的压力，每年都有老牌轮胎企业破产倒闭。而第四次工业革命的浪潮正在全球范围内席卷制造业，并对轮胎行业产生着深刻的影响。因此，必须抓住第四次工业革命的机会，加速行业智慧转型和新旧动能转换，才可能创造出中国人自己的轮胎世界名牌。

（二）企业摆脱落后现状，促进自身发展的需要

2002年，双星集团吸收合并青岛华青工业集团股份有限公司，开始涉足轮胎、机械制造行业。2005年，收购十堰东风轮胎公司，开始生产轿车轮胎。2008年，鞋服产业全面改制后从集团分离，双星集团全面转行到轮胎产业。由于这些被收购的轮胎企业技术、产品、工艺、设备落后，双星集团长期在亏损边缘徘徊。2014年前整个集团的人才队伍较为落后，人员整体综合素质水平偏低，优秀的人才又非常匮乏，近万人的集团才不到40名本科生。因此，对双星集团来说，全面的转型升级势在必行。

（三）打造全球知名品牌，掌握市场话语权的需要

当前，全球轮胎产业发展已经进入后工业时代，新一轮的技术革命对行业产生了深远的影响：大型轮胎企业的研发力度不断加大，创新成果大量涌现，在品牌建设上取得优势的企业有望在新一轮竞争中胜出。随着中国经济的全方位崛起，轮胎产业发展迅猛，但还没有一个真正的全球知名品牌，更谈不上话语权。轮胎的三大关键技术基本上都掌握在别人手里。外国人的评价是“花纹是仿的，配方是抄的，设备是买的”。产品技术附加值低、品牌效应不足等已经成为制约中国从轮胎大国走向轮胎强国的重要因素。对于双星集团来说，启动智慧转型，实现智能制造，用高新技术改造传统轮胎行业，坚持自主创

新，提高核心竞争力，是打造世界知名品牌、掌握市场话语权的需要。

二、轮胎企业以“创世界一流”为目标的转型升级主要做法

（一）调整战略，明确转型目标

企业的转型升级必须依靠战略调整作为先导。2014年以来，双星集团按照中央指示精神以及省市有关部署，开启“二次创业、创轮胎世界名牌”新征程。通过环保搬迁、智慧转型，关掉了所有的老工厂和落后产能，建成全球轮胎行业第一个全流程“工业4.0”智能化工厂。

双星环保搬迁面临的压力是史无前例的，归纳起来主要三个：一是人的认识上的困难，观念不认同。当时双星很多产品有一定市场需求，设备也还能使用，老员工在观念上有抵触，但如果不转变，将来肯定会没市场。二是关厂不能影响经营。搬迁和新建一个工厂至少需要一年半，如果简单地把工厂关掉，骨干员工会流失，市场也会失去。三是建设“工业4.0”工厂是新挑战。要建全球第一个全流程轮胎“工业4.0”工厂，面临着工厂顶层设计没有成熟经验可以借鉴，全流程智能化运送和装备以及人才资金等各方面困难。

为了解决这些困难，双星集团积极整合全球资源，聘请专家进行顶层设计，并在全球范围内寻找可供参观的“工业4.0”工厂进行学习。在搬迁过程中，通过租赁山东省内的两个轮胎工厂，双星集团实现了搬迁不停产、搬迁不减单。

两年后的2016年6月，双星轮胎全流程“工业4.0”智能化工厂一投产便惊动了业界，被行业专家评价为“三年超越三十年”。11种、300余台智能机器人在各个生产线上自动加工着产品，工人只需要根据APS高级排产系统排出的用户订单生产计划，进行关键工序的调整和确认，智能机器人便可完成工作。11种智能机器人中的80%是双星集团自主研发和生产的，将人工效率提高了3倍，产品不良率降低了80%以上；工厂采用的APS智能排产系统被专家称赞为“全球第二家将APS应用到实际生产中的轮胎企业”，“引领了世界轮胎智能制造的方向”。

在首个“工业4.0”工厂旗开得胜后，2018年双星集团又建成第一个大规格乘用车胎“工业4.0”工厂。2019年东风轮胎又通过实施搬迁，建成中国轮胎行业第一个“芯片轮胎”“工业4.0”工厂。到2019年，双星集团的制造端全部实现“工业4.0”改造，一举成为国内最先进的轮胎制造企业之一。

（二）解放思想，再造企业文化

双星集团提出“第一、开放、创新”的发展理念。即以“第一”为使命，把“第一”作为一切工作追求的目标和出发点；以“开放”为路径，不断学习和借鉴国际先进的技术、经验和模式，与最优秀的公司合作，整合全球资源；以“创新”为己任，挑战不可能。

双星集团又提出“卓越、后我、拼搏”的企业精神，是挑战不可能，对用户、对集团、对目标不讲条件，把集团的利益放在首位，以集团和用户利益最大化为标准；在价值观层面，坚持“守住底线”和“用户永远是对的”，做到“公事、公正、公心”。通过文化宣贯和引导，推动干部员工从观念和作风上“找差关差”，不断提升自己的境界和学习能力，逐渐形成健康、快速、发展的双星新文化。

通过思想和观念的转变，双星集团实现解放思想、开拓创新，用新发展理念破除老观念，用改革创新增强新动能，用高质量发展开创新局面。

（三）管理变革，释放经营活力

在生产进入“工业4.0”的同时，对企业管理体系等进行迭代势在必行，只有通过由内而外的变革，才能助力企业尽快完成转型升级。“二次创业”以来，双星集团不仅从观念和文化上加速改革的步伐，更对企业的管理模式进行颠覆式创新，率先推出“市场细分化、组织平台化、经营单元化”的“三化”管理模式，建立集团、业务单元、经营单元三级决策体系。同时不断优化用人制度，实行效酬合一和长效激励，激发员工活力和创造力。

以市场细分化为目标，坚持市场细分、用户细分、产品细分、渠道细分；以组织平台化为保障，建立适应信息化时代的开放组织和智能化的高效运营平台，让员工在平台上为目标服务，同时强化风险管控、强化资产监督；以经营单元化为核心，从细分的集群用户或需求出发，建立经营单元，经营单元之间全部按照市场化原则进行结算。所有经营单元在集团和业务单元的统一战略下，通过高速高效的运营平台协同创新，自主决策、自主用人、自主分配，创造价值和分享价值。

"三化"管理模式一经提出，便在原本相对保守的轮胎制造行业刮起一股新风，在激发企业内部创新活力的同时，开放的平台思维也让双星集团拥有了更多的跨界合作者。双星集团与韩国现代共同出资成立合资公司，大力发展轮胎、冷链、医疗等行业的智能物流业务，打造全球领先的工业智能物流品牌；与玉柴物流共同开发玉柴专属定制轮胎，挖掘原配车厂资源，建立直面用户的新零售渠道和服务模式，共同打造港口和公交专用轮胎第一品牌；与正兴车轮共同打造"前店后场"的轮辋与轮胎一站式服务智慧生态平台，为车"量脚定鞋"，创立行业"胎轮合一"新业态。

（四）推进产品迭代，创新高差异化产品

双星集团利用互联网整合全球资源，不断创新具有细分价值主张的高端、高差异化、高附加值产品。双星集团自主研发的100万公里里程的卡客车胎（可翻新），比传统的30万公里轮胎寿命高2倍以上，可以解决用户频繁换胎浪费时间的问题，极大地降低了用户的运营成本和安全风险。

面向国内零售市场重磅推出的高端安全轮胎品牌KUMKANG（金刚狼），独特的金刚胎体技术，采用新一代军工防弹衣材料，胎体强度大幅提升，使得抗撕裂性和抗撞击性都达到较高水平，在行业三大主流媒体评测中连续斩获安全轮胎大奖。

双星高端卡客车轮胎品牌KINBLI（劲倍力）轮胎，应用超耐磨专利配方、纳米材料、专利帘线、专利子口结构、低生热配方、升级花纹设计和加强了的胎体，轮胎整体性能大幅提升，产品具有高里程、耐磨、耐偏磨的特点，真正做到专胎专用，拥有很高的市场占有率和良好的用户口碑。

双星通过颠覆式创新，超前开发TBR高性能"三劲"（劲龙、劲马、劲牛）产品，不仅更好地满足用户的需要，而且性能实现行业引领。此外，自主研发的"3A"（滚阻、噪声、湿滑都达到欧洲标签法A等）级轿车胎通过了德国TUV认证；低滚阻产品滚阻达到行业领先水平；新一代轿车防爆胎产品研发成功，更安全，更舒适；全球第一条大内径、高性能、高负载巨型矿山胎试制成功。

（五）重构商业模式，从"卖轮胎"到"卖公里数"

双星集团通过和利益相关方的合作实现产品创新与营销创新的跨界"融合"，也创造出轮胎行业的生态平台系统。利用多年来对轮胎行业物联网的探索和实践经验，双星集团成为行业内首家大规模实现"胎联网"商业化利用的企业。"胎联网"不仅是一项新技术，更是一种新模式和新产业。应用"胎联网"和智慧轮胎，不仅可以实现数据实时在线，还可以引导用户正确地选择轮胎和使用轮胎，在此基础上根据用户的使用特点，为用户设计和定制个性化需求的产品。同时实现由"卖轮胎"到"卖公里数"，再到卖汽车后市场所有产品，创造由"卖产品"到"卖服务"的全新模式和产业。

双星集团胎联网"智慧云"平台基于物联网、人工智能、云计算和大数据等信息技术，搭建以轮胎数字化、资产化、服务化和5G特征为中心的"胎联网"生态体系，实现轮胎的全生命周期管理。该平台在应用过程中，可做到胎温、胎压、行驶路线、路况、载重、磨损数据的实时在线，并传输到双星"胎联网"系统，真正实现轮胎、车辆、物流车队、轮胎企业之间的信息链接；还可以与车联网相关技术衔接，实现自动预警，让行驶更安全；同时，还可为大中型车队降低轮胎使用成本和油耗。目前，双星胎联网"智慧云"平台已在山东、陕西、河北等多个省市推广应用，并在全国40多个城市配套设立标准化轮胎服务站，为用户提供轮胎全流程专业化服务。通过"胎联网"的应用推广，预计未来5年内，双星集团将为1万家物流公司和2000万个汽车轮位提供服务。

（六）布局新产业，加速智慧转型

2014年以来，双星集团先后与德国西门子、瑞典ABB、韩国现代、德国HF（原克虏伯）等全球最优秀的公司开展合作，加速轮胎智能制造装备研发，助力轮胎行业转型升级。通过技术创新和产业升级，培育出智能装备、工业机器人和绿色生态新材料三大新产业，拥有颠覆性的新技术、新业态、新模式。

2018年12月，双星集团旗下的星华机器人（智能装备）及软件控制技术产业化基地竣工投产，主要从事工业机器人、机械手、智能化传输和仓储装备及智能化工厂整体解决方案的研究、生产和服务。双星集团与ABB及国内外部分高校和科研机构等达成战略合作协议，并与韩国现代成立合资公司，共同开发满足橡胶、轮胎、机械加工、汽车等行业需要的机器人和智能化工厂整体解决方案，有力地支持了双星集团“工业4.0”工厂的建设。

双星集团深耕绿色生态新材料，利用智能装备的研发与制造，联合多所著名高校解决全球废旧轮胎循环利用领域的17大关键共性技术难题，并在河南省汝南县建成全球首个废旧轮胎循环利用“工业4.0”智能化工厂，可把废旧轮胎“变成”初级油、绿色炭黑、钢丝和可燃气，变“黑色污染”为“黑色黄金”。该技术和装备填补了全球空白，实现废旧轮胎处理的“零污染、零残留、零排放”，成为2018年该领域唯一中标科技部国家科技重大专项企业。

双星集团和上达电子共同投资达亿星5G+AI智能高端新材料项目，解决了“卡脖子”难题，并填补国内空白。主要产品是聚酰亚胺黄色浆料（PAA）、高耐热聚酰亚胺（PI）薄膜、高透明聚酰亚胺（CPI）薄膜，可广泛用于航空航天设备、导航设备、飞机仪表、军事制导系统和手机、数码设备、汽车卫星方向定位装置、液晶电视、笔记本电脑等5G终端产品。

（七）控股锦湖轮胎，加速全球产业布局

2016年下半年，韩国锦湖轮胎最大债权人股东出售所持股权的消息先是在轮胎行业发酵，后来引爆整个产业界和新闻界，备受关注。此时，锦湖轮胎正面临“内外交困”的经营困境，与双星集团之前面临的问题有颇多相似之处。双星集团通过积极调整战略发展方向，借“工业4.0”发展东风，以智能化和技术创新实现涅槃，并走上高质量发展之路，对于帮助锦湖轮胎走出困境极具借鉴意义。

2018年7月，双星集团以增资的方式，持有锦湖轮胎45%的股份，成为其控股股东。锦湖轮胎曾经名列全球轮胎行业前十，在全球有8个生产基地和5个研发中心，它的低滚阻轮胎、智慧轮胎和不充气轮胎在全球处于领先水平，也是包括宝马、奔驰、大众、奥迪等主流车厂在内的战略供货商之一。

双星集团控股韩国锦湖轮胎，不是财务并购，而是战略并购。对韩国锦湖轮胎，双星集团只管三件事：战略协同、核心层任免和激励机制，让锦湖人经营锦湖。并购后，双星集团改组锦湖轮胎董事会，并确定由CEO（首席执行官）在董事会领导下独立经营的治理架构。为促进双星集团与锦湖更好发挥协同效应，成立战略运营委员会、薪酬评价委员会和未来委员会。

三年以来，在这样的战略布局下，双星集团与锦湖的战略协同步步推进。在这场跨越体量、国度、文化差异的融合中，双星集团与锦湖在品牌、产品、市场及生产等层面频频携手，双方的国际化布局也都在协同合作中焕然一新。锦湖轮胎重塑了内生动力。2019年8月，锦湖轮胎营业利润在连续10个季度亏损之后首度转正。2021年，双星集团与锦湖共同投资约19亿元扩大锦湖轮胎越南工厂产能。

2021年2月，双星集团携手锦湖轮胎和全国10家轮胎行业的领军经销商合资成立星锦科技有限公司。合资公司将承接锦湖品牌卡客车胎及轿车胎全球高端品牌ZETUM（泽图）在中国市场的推广，锦湖轮胎在中国的品牌布局进一步提升。与此同时，双星集团也利用锦湖轮胎在韩国等市场的销售渠道，拓展双星集团卡客车轮胎市场份额，提升双星集团在国际市场的知名度。

（八）率先混改，激活企业发展潜力

2018 年 8 月，国务院国企改革办启动国企改革专项工程“双百行动”，双星集团首批入选，成为当时青岛市唯一一家被国务院国资委列入国企改革“双百行动”计划的集团公司。2019 年 8 月，青岛市发布《推进国有企业改革攻势作战方案（2019—2022 年）》，指出：“支持双星集团等开展国企改革‘双百行动’试点工作”；同月，青岛市国资委发布《青岛市国有企业混合所有制改革招商项目书》，向全球公开发布 109 个拟混改项目，并出台《市属企业混合所有制改革操作指引》，规范混改工作操作流程和决策程序。借助这一契机，2019 年 9 月，双星集团正式启动集团层面混改工作。

2020 年 7 月，双星集团完成混改，成为青岛市第一家完成集团层面混合所有制改革的国有企业。双星集团混改的内涵是“四新”：“新战略、新资源、新机制、新治理”。

新战略：紧紧围绕橡胶轮胎、人工智能及高端装备、绿色生态高端新材料三大主业和模式创新，实施智慧生态、智慧轮胎、智能装备、绿色高端新材料的“三智一新”战略。

新资源：双星集团混改既坚持问题导向，又坚持战略导向，引进战略投资者，不仅引入资金，更重要的是引入支持双星集团实施新战略、打造千亿级企业的关键资源。

新机制：在引入战略投资的同时，开展员工持股，建立起“国有体制、市场机制”的新模式和“利益共享、风险共担”的长效激励机制，进一步提高国有企业活力和效率。

新治理：双星混改后，将继续以党建为统领，以“混”和“改”为手段，以做强做优做大为目标，强化股东会、放权董事会、完善监事会，不断完善相互制衡又快速有效并满足市场需要的法人治理结构，积极探索更加成熟、更加定型的中国特色现代企业制度。

通过“三智一新”的新战略和战略投资者的新资源，建立起“国有体制、市场机制”的新模式和“利益共享、风险共担”的长效激励机制，不断完善相互制衡又快速有效并满足市场需要的法人治理结构，积极探索更加成熟、更加定型的中国特色现代企业制度，进一步提高国有企业活力与效率。

三、轮胎企业以“创世界一流”为目标的转型升级效果

通过实施转型升级，企业由“汗水型”转向“智慧型”，并打造与之相适应的企业文化和管理模式，以高端、高差异化、高附加值产品赢得市场与客户的尊重，最终实现了模式重构：从“卖轮胎”到“卖公里数”，双星集团实现了转型升级，并在以下几个方面获得实效。

（一）以数字化为引领，带动全产业链升级

双星利用现代化供应链管理的思维和方法，积极建立贯通市场、研发、采购、制造、质量、销售、服务等全流程的产业互联网平台，以及覆盖主机配套、物流、汽车后市场、废旧轮胎回收及利用等全生命周期管理体系。推进了全产业链效率的提高，更加准确地发现和掌握产业链的痛点和难点，并通过产品创新和装备创新带动产业链升级。

2021 年 3 月，双星“基于 5G 的车路协同胎联网‘智慧云’平台”，成为轮胎行业唯一入选国家工信部“2020—2021 年度物联网关键技术与平台创新类、集成创新与融合应用类项目”名单的项目。通过物联网、人工智能、云计算和大数据等信息技术，不仅可以在线采集胎温、胎压、行驶路线、路况、载重、磨损等数据，事先预防和发现问题，而且可以降低轮胎使用成本和油耗。更重要的是，通过掌握用户使用喜好和特点，可以不断实现产品的升级迭代。

（二）树立国企混改样板

作为青岛第一家集团层面混改的国有企业，双星集团为青岛新一轮国企改革开了个好头，为青岛乃至山东国企混改树立了样板。通过混改，引入具有支持双星集团快速发展所需关键资源的战略投资者，并实施员工持股，进一步提高企业的活力与效益。

在混改后不到一年的时间里，全球轮胎行业第一个“工业 4.0”芯片轮胎工厂“东风轮胎”全面投产；全球第一条百万公里“胎联网”轮胎研发成功；全球第一条大内径、高性能、高负载巨型矿山胎试制成功；“胎联网”合作用户的轮位运营由不到3万到签约超过150万，运营超过33万。

2020年12月，双星集团被国务院国企改革办评为“2020年‘双百企业’三项制度改革专项评估A级企业”。2021年7月，双星集团入选“国务院国资委国有重点企业管理标杆创建行动‘标杆企业’名单”，成为橡胶行业唯一一家入选该名单的企业，也是青岛唯一一家获此殊荣的地方国企。双星集团混改有力地推动了青岛“推进国有企业改革攻势”落地，进一步增强了国有经济发展活力，为青岛加快建设开放、现代、活力、时尚的国际大都市贡献国企力量。

（三）“三次创业”，百年双星新启航

双星集团建成了全球轮胎行业第一个全流程“工业4.0”智能化工厂，培育了三个新产业，更关键的是收购了韩国锦湖轮胎。相对于八年前的双星，今天的双星更加开放、现代，甚至有着许多互联网的气息。

2020年，双星集团携手海尔卡奥斯、青岛科技大学推出了智慧轮胎全生命周期管理云平台，实现标准引领、基地引领、赋能引领。2021年以来，双星集团构建生态平台的动作频频。同年2月，双星携手锦湖轮胎和全国10家轮胎行业的领军经销商合资成立星锦科技有限公司，并与苏宁车管家共同打造集仓储、配送、体验、安装、服务于一体的新生态，直面车队、集团用户、C端用户提供服务，实现真正意义上的“线上线下无缝对接，路上路下无处不在”。2014年以来，双星集团资产和收入都实现了5倍以上的增长，双星轮胎连续荣登“亚洲品牌500强”中国轮胎品牌榜首。

（成果创造人：柴永森、张军华、王　博、张朕韬、史元政、王晓林、刘　兵、郭　林、李　昆、邹　阳）

国有钢铁企业以“新五力”为核心的战略管理体系构建

鞍钢集团有限公司经济发展研究院

鞍钢集团有限公司经济发展研究院（以下简称经研院）成立于2010年。经研院作为鞍钢集团的重要智库，下设钢铁产业、新兴与多元产业、竞争力与国企改革、宏观经济与国际化研究4个研究所，主要围绕战略规划、产业发展、改革创新、宏观经济开展研究，为集团决策提供重要支持。

一、国有钢铁企业以“新五力”为核心的战略管理体系构建背景

（一）落实高质量发展要求的有效途径

党的十九届四中全会明确提出，要增强国有经济竞争力、创新力、控制力、影响力、抗风险能力（即国有经济“五力”，以下简称“新五力”），为国有企业高质量发展指明了方向。“新五力”是衡量企业高质量发展的重要依据。但在企业层面，“新五力”还没有具体化，对“新五力”的内涵和标准缺乏清晰的定义，对如何提升“新五力”缺乏明确的思路，“新五力”对战略管理的引领作用不强。因此，建立既具有中国企业特色又反映鞍钢特点的“新五力”战略管理体系，指导鞍钢集团战略管理，是增强企业综合竞争力、落实高质量发展要求的有效途径。

（二）优化企业战略管理的客观需要

目前，大型国有企业在战略管理过程中普遍使用战略分析方法帮助制定战略，开展战略管理，但鞍钢集团在战略管理实践中认识到，各种战略分析方法尚不能完全满足鞍钢高质量战略管理需要，主要存在以下问题：一是偏向定性分析，量化指标支撑不足；二是战略管理标准的客观性、确定性、统一性不足；三是战略目标的确定缺少客观依据；四是战略路径选择不够直接、清晰；五是战略制定、执行、评价、考核、调整各环节衔接性较弱，战略管理支撑不足。创建世界一流企业、增强“新五力”是鞍钢战略管理追求的核心目标，建立“新五力”战略管理体系，可以帮助企业量化目标、清晰路径、监督执行、客观评价、科学考核、动态调整，形成战略管理PDCA循环，解决战略落地、执行和改善不足的问题，使企业战略管理得到科学持续的优化改善。

（三）提升企业综合竞争力的有力抓手

鞍钢集团是拥有钢铁产业、钒钛新材料产业、矿产资源产业等的多产业大型钢铁联合企业集团，各产业单元竞争力的联合体现就是综合竞争力。但长期以来，由于对各产业单元竞争力的认识大多停留在定性指标上，没有完全用行业标准和市场标准来界定和衡量，缺乏与世界一流企业指标的充分对标，因此各产业单元之间存在争资源、要政策的问题，没有完全按照“抓重点、补短板、强弱项”原则来发展。比如对矿产资源产业的投资力度相对不大，使企业综合竞争力的提升不够明显。通过运用“新五力”战略管理体系，就可以用行业标准、市场标准、世界一流企业标准衡量各产业单元竞争力，及时准确地梳理确定企业长短板，突出市场在要素资源优化配置中的决定性作用，是提升企业综合竞争力的有力抓手。

二、国有钢铁企业以“新五力”为核心的战略管理体系构建主要做法

（一）构建“新五力”评价体系

1. 明确指标选取原则和评价标准

“新五力”指标选择遵循五个原则，一是指标具有战略引导性，聚焦重点发展方向；二是指标精简，功能不重叠；三是可从公开渠道获得，可横向对标；四是横向、纵向企业指标具有差异性；五是指

标需动态调整、迭代更新，满足企业不同发展阶段的需要。“新五力”指标评价标准根据行业协会、国家统计局等相关部门数据资源、国家政策法规要求和行业发展趋势，在逐级平均法测算及统计分析、评估基础上，结合世界一流企业对标进行确定，评价标准具有时效性。

2. 构建指标评价体系

根据鞍钢管理架构和产业结构特点，构建了纵向分级、横向分类的“新五力”指标体系。在纵向上，分为集团、子企业两级；在横向上，分为钢铁、钢铁+钒钛、铁矿资源三类。分级指标选择时，分别从行业及产业、成本、效率方面考虑，分类指标选择时从不同的产业特点考虑。在应用过程中，指标体系根据国家政策要求和鞍钢发展需要适时调整。在“新五力”指标确定上，考虑到指标可公开获得并具有可对比可参照性。在竞争力方面：确定营业利润率、利润总额、全员劳动生产率为一级指标，二级指标增加效率、成本类指标，如高炉利用系数、铁钢比、铁精矿成本等；在创新力方面：确定研发费用占营业收入比例、国家级研发平台、国家科技奖/国际标准、体制机制创新作为创新力指标；在控制力方面：钢铁产业控制力主要体现在产业集中度、市场占有率上，另外我国铁矿石对外依存度80%以上，提升对铁矿石的控制力利于增强国家经济安全保障，确定粗钢产量、铁矿石自给率、核心区域市场占有率为一级指标，二级指标增加钒钛产品产量、铁精矿产量等指标；在影响力方面：一级指标选择品牌价值、服务国家战略能力、资产证券化率，二级指标选择名牌产品、上市公司数量、绿色矿山达标入库率等指标；在抗风险能力方面：选择资产负债率和低碳绿色指标。

在标准制定上，定量指标标准通过“测算+世界一流企业对标”确定；定性指标标准通过“统计分析+世界一流企业对标”确定；指标评价标准根据评价阶段确定。以2020年营业利润率和资产负债率评价标准为例，根据钢协88家会员企业数据，采用逐级平均法对2020年钢铁行业营业利润率和资产负债率标准值进行测算，得到的行业营业利润率平均值、优秀值分别为4.38%、10.55%，资产负债率平均值、优秀值分别为62.35%、32.94%。同期，浦项营业利润率为3.5%，资产负债率为39.72%，通过与浦项对标，测算的行业营业利润率平均值高于浦项，说明营业利润率标准合理，直接作为评价标准应用。但行业平均资产负债率远高于浦项，根据企业正常运营规律，资产负债率应该控制在40%~60%，因此将资产负债率平均值、优秀值标准分别调整为60%、40%。

3. 按需调整指标和评价标准

在应用推行过程中，为了使“新五力”评价体系适用于不同级别、不同类别企业，对指标和评价标准进行调整。因此，评价体系中部分横向、纵向指标虽然相同，但评价标准不同，或对指标直接进行调整。以全员劳动生产率为例，在纵向上，集团层面评价标准采用的是行业人均工业增加值，而子企业层面（鞍山钢铁、攀钢、鞍钢矿业）采用的评价标准是主业劳动生产率。在横向上，鞍钢矿业主业劳动生产率采用的是铁矿类企业人均铁精矿产量，鞍山钢铁和攀钢主业劳动生产率采用的虽然都是主业人均钢产量，但评价标准不同，其中鞍山钢铁人均钢产量评价标准与浦项对标确定，相对较高［平均值1200吨粗钢/（人·年）、优秀值2000吨粗钢/（人·年）］，而攀钢评价标准与其他钒钛磁铁矿同类企业对标确定，相对低一些［平均值800吨粗钢/（人·年）、优秀值1200吨粗钢/（人·年）］。

（二）建立“新五力”战略工作体系

1. 优化管理流程，推动战略管理全面向“新五力”战略管理转型

在战略管理架构上，鞍钢集团一直采用的是董事会/党委、集团总部、子企业三级战略管理体系。2019年起，为在集团全面推行“新五力”，三级战略管理体系开始全面向“新五力”战略管理转型，其中董事会/党委根据“新五力”研究确定战略目标，审议批准战略规划；集团战略规划部组织依据“新五力”分析编制集团战略规划，组织设定规划考核指标，确保战略落地，集团其他职能部门负责“新五力”专业化对接，研究专业领域规划的制定、实施和评估；子企业对接集团“新五力”战略管

理，承接落实集团总体战略规划，制定差异化“新五力”管理措施，推动战略管理措施落实落地。

2. 成立“新五力”战略管理领导机构，强化“新五力”管理决策和执行

鞍钢集团专门成立了由集团董事长任组长、总经理和战略主管领导及集团其他领导任副组长、职能部门和子企业领导为成员的“新五力”战略管理领导小组，以“新五力”分析为依据组织确定集团战略方向和目标，统筹推进战略制定和战略落实。战略管理领导小组下设“新五力”专项办公室，办公室主任由战略规划部总经理和经研院院长联合担任，办公室成员由经研院和战略规划部相关人员组成。办公室下设“新五力”行业对标组、世界一流企业对标组、宏观环境和政策研究组、产业研究组、国企改革研究组、规划编写组等工作小组，合理分工、各司其职、协调联动，为“新五力”战略管理提供支持。同时，经研院负责“新五力”战略评价体系的更新、升级、优化以及评价标准、战略绩效考核标准的制定，负责集团和子企业“新五力”战略管理培训。

3. 成立“新五力”战略推进工作组，强化战略措施落实

成立“新五力”战略推进工作组，由战略管理领导小组直接领导，负责跟踪、监督、评价“新五力”战略推进情况，推动战略落实。“新五力”战略推进工作组组长单位为经研院，成员单位包括集团战略规划部、财务部、管理与信息化部、科技发展部、资本运营部、人力资源部 6 个职能部门以及鞍山钢铁、攀钢、矿业公司、众元产业、工程公司、国贸公司、资本控股、财务公司 8 个子企业。经研院负责定期开展战略监控，成员单位定期向经研院反馈“新五力”相关指标进展情况。实施“新五力”战略管理之后，鞍钢集团建立了集团总部“新五力”战略绩效考核制度。为避免战略规划部既当“运动员”又当“裁判员”，保证评价结果的客观公正，鞍钢集团确定由战略推进工作组（经研院）负责战略监控，每季度通过“新五力”分析，监督、评估战略规划实施进展，跟踪战略任务推进情况，监控结果直接向“新五力”战略管理领导小组汇报。

（三）实施“新五力”战略管理评价

鞍钢集团根据“新五力”监控评价结果，建立了四类企业战略评价机制，对企业综合竞争力进行分类管理。四类企业评价结果由战略推进工作组（经研院）负责提供，分类依据是“新五力”指标的长、中、短板。长、中、短板的确定标准是通过“新五力”评价体系对企业进行系统扫描诊断，将指标值与评价标准对比，大于和等于优秀值的为长板，小于平均值的为短板，介于平均值与优秀值之间的为中板。根据“新五力”指标的长、中、短板情况，将企业分为四类，其中有长板、无短板的为一类企业；有长板、有短板的为二类企业；无长板、无短板的为三类企业；无长板、有短板的为四类企业。一类企业为最优企业，二类至四类逐级下降。战略推进工作组（经研院）在每季度进行“新五力”战略监控时，对鞍钢集团及鞍山钢铁、攀钢、鞍钢矿业等子企业进行分类评价，供各级企业实时跟踪、了解企业评级，激励企业及时采取有效措施向上晋升，向世界一流企业迈进。

（四）实施“新五力”战略管理引导

在鞍钢集团层面，根据四类企业评价结果建立企业分类管理机制，确立“新五力”战略管理导向，激励企业争创一类企业。在要素资源配置上，不同类型企业享受不同投资政策，其中一类企业投资优先，二类企业投资鼓励，三类企业投资受限，四类企业投资禁止。之前鞍钢集团投资决策采用的是“负面清单”制，仅列出不允许投资的条件，对战略引领考虑得不充分。采用“新五力”战略管理后，鞍钢集团改变了投资决策，由“负面清单”完全转向“投资计划”，将符合集团战略方向的提升“新五力”投资计划列入投资方向清单，将投资与战略、企业分类管理完全挂钩。在集团和二级公司董事会，四类企业评价结果与总经理年度评价和任期评价挂钩，权重系数分别为 10% 和 30%。在集团总部，根据集团一类企业即世界一流企业目标定位，各职能部门分别围绕“新五力”提升制定专项职能规划，集团投资、财务预算、人力资源配置、科技创新、数字化发展、管理创新、低碳环保、国际化发展等全

部跟着“新五力”战略走。在子企业层面，鞍山钢铁、攀钢、鞍钢矿业等二级公司根据一类企业目标定位，应用“新五力”分析制定子企业规划，生产计划全部跟着“新五力”战略走。

（五）落实消短锻长战略措施

基于“新五力”分析结果，鞍钢集团制定了“十四五”战略规划，并以提升“新五力”、创建世界一流企业为目标，明确了12条消短锻长战略路径，如提高营业利润率、降低资产负债率、做大规模、提高科技创新能力、加快科技创新“盆景”变“风景”等，制定了16条战略措施。

为促进消短锻长战略措施落地，在竞争力方面，鞍钢集团以“新五力”测算、分析为依据，根据战略规划目标构建了基本目标、奋斗目标、挑战目标的“三区间”步步高赛跑机制。在创新力方面，发挥两个国家重点实验室作用，聚焦国家关键核心技术攻关任务，配置集团人财物最优质资源，重点围绕汽车用钢、造船和海工用钢等8类产品实施“拳头产品”和“卡脖子”技术攻关。在体制机制创新方面，314家企业全面推行“两制一契”管理（任期制、聘期制、契约化），促进年度和任期“摸高”，推行职业经理人制度，实施混改企业、上市公司、科技型企业、新设项目公司股权激励、分红激励、项目跟投等多元多层中长期激励。在智慧制造方面，开展数字鞍钢建设，全面推进鞍钢网络、平台、应用、模式及生态升级，打造数字生态。在控制力方面，深入推进鞍钢本钢重组，提高鞍钢集团产业集中度占比。在影响力方面，全集团开展“擦亮鞍钢品牌”竞赛活动。在抗风险能力方面，优化融资结构，“十四五”期间将资产负债率逐步降低到60%以下，加快超低排改造和“双碳”路线图的制定，加大氢能应用技术开发及余热余能等绿色能源开发利用。

在子企业层面，消短锻长措施全面落地，如鞍山钢铁聚焦“新五力”目标，高起点设置利润指标，在集团下达的2021年“三区间”利润考核目标基础上，对标钢铁行业优秀标准值，对奋斗值、挑战值分别提高16.7%、13.7%后作为年度奋斗值和挑战值，用“摸高”指标激励各级企业负责人争创一流；攀钢、矿业公司建立产量和效益摸高机制，实行五档“阶梯式”激励；鞍钢股份对175名高管和核心骨干实施股权激励；矿建公司30名核心骨干出资1336万元实行员工持股；废钢公司实行项目跟投；工程技术公司157名核心骨干实施科技型企业股权激励；积微物联混改嫁接优势资源等。

（六）推动战略调整迭代循环

1. 战略监控

“新五力”战略推进工作组每季度对集团、子企业“新五力”战略指标完成情况进行监控，对未完成规划的指标、短板指标及劣于行业增长指标亮红灯，提出战略警示，同时对战略任务推进情况进行跟踪、监督，未按期推进的提出警示。董事长对监控报告做出批示，责成相关部门/单位提出解决措施，并作为下一步战略重点监督内容。

例如，在集团层面，在2019—2020年连续两年的战略监控中，发现鞍钢集团营业利润率、全员劳动生产率、资产负债率三项指标虽有提升，但一直是短板，被亮红灯提出警示，集团高度重视，确定为集团“十四五”重要战略指标。通过重点监督推进，消短板效果明显，2021年上半年集团营业利润率达到13.5%，升为长板；资产负债率比2019年降低5个百分点，接近中板；全员劳动生产率升为中板，实现“十三五”以来首次短板突破。

在子企业层面，战略监控对“新五力”提升作用明显。以高炉利用系数为例，2019年鞍山钢铁、攀钢多数高炉利用系数为短板，导致炼铁工序效率低、成本高。通过对高炉利用系数监控、警示，鞍山钢铁、攀钢将高炉利用系数作为战略重点不断推进。2021年上半年，鞍山钢铁、攀钢多数高炉利用系数已经提高20%以上，升为中板，且部分高炉刷新历史纪录。效率提升，带来成本降低、利润增加，2021年上半年鞍山钢铁、攀钢营业利润率分别达到9.89%、8.72%，位居行业第19名、24名，比2020年排名提高43名、18名，均由2020年的短板升为中板，超额完成年度规划目标。

2. 战略迭代

鞍钢集团根据“新五力”监控、国家政策调整和集团发展需要，建立战略迭代制度。指标调整方面：2021 年下半年，针对集团“两金”占用、期间费用存在问题，在“新五力”指标体系中增加了“两金”占比等 6 个指标；面对国家限制钢产量政策，对“新五力”指标中下半年粗钢产量指标进行压减调整，同时提出下半年整体盈利不低于上半年的要求。战略调整方面：为在“卡脖子”关键核心技术攻关方面彰显“大国重器”担当作用，鞍钢集团对科技创新战略进行了调整，将加大研发经费投入，聚焦国家关键核心技术攻关任务，尽快解决“卡脖子”问题，争当原创技术“策源地”和现代产业链“链长”。针对集团公司战略调整，子企业同步调整生产经营战略，积极探索新形势下最佳生产经营组织模式，以效益为中心，兼顾战略客户需求，加强质量管理和服务跟踪，按照效益高低动态做好资源优化，高质量完成全年任务，确保跑赢行业。战略监控迭代破解以往战略管理闭环差、落地难问题。通过定期战略监控、迭代，推动集团抓投资，严控投资完成率，强化投资管理；抓计划，促使年度生产经营计划完全跟随“新五力”战略指标走，避免两层皮；抓考核，将“新五力”战略指标评价纳入年度绩效和领导人员任期考核，强化战略考核。通过强化战略规划与投资计划、生产经营计划、绩效考核的有机衔接，形成有效激励和有力约束，有效把控战略方向，促进战略落地，夯实了“新五力”战略管理基础，推动战略管理 PDCA 循环。

三、国有钢铁企业以“新五力”为核心的战略管理体系构建效果

（一）形成了一套行之有效的战略评价体系

鞍钢集团创建的“新五力”战略评价体系，采用的是战略引领“指标 + 评价”标准进行长短板评价模式，与其他采用“指标 + 权重 + 赋分”进行总分评价模式的战略评价体系相比，形成了一套新的战略评价体系。在集团层面，形成了 15 个指标和标准组成的“新五力”战略评价体系，在子企业层面，根据鞍山钢铁、攀钢、鞍钢矿业不同的产业特点，分别形成了 18 个指标 + 标准组成的钢铁类“新五力”战略评价体系、22 个指标 + 标准组成的钢铁 + 钒钛类“新五力”战略评价体系、12 个指标 + 标准组成的铁矿资源类“新五力”战略评价体系。在战略制定、分解、监控和修正迭代过程中，鞍钢集团通过在纵向、横向上应用适合各企业特点的“新五力”战略评价体系量化评价，将增强“新五力”具体落实到综合竞争力全面提升的实践中，“新五力”对战略管理的引领作用得到有效发挥，并在本钢集团得到有效推广和应用。

（二）集团战略管理能力显著增强

“新五力”战略管理体系辅助鞍钢集团将战略管理做实做细，解决了以往战略管理中普遍存在的战略目标不明确、路径不清晰、战略落地落实不足、实施效果难以评价、战略迭代依据不足等痛点难点问题。在“新五力”战略管理体系指导下，鞍钢集团制定了以“7531”（7000 万吨级粗钢产量、5000 万吨级铁精矿、3000 亿元级营业收入、100 亿元级利润）为核心的“十四五”战略规划。在战略推进过程中，通过“新五力”战略监控、警示，短板指标快速升级改善，规划目标实施到位，战略迭代有据可依。“新五力”客观、公正的战略评价得到了集团上下的广泛认可，各部门和子企业的对标方式积极改变，由之前的与自己比、与历史比主动转变为与“新五力”标准比、与世界一流企业比，相互之间的关系由竞争转为竞赛，鞍钢集团战略管理能力显著增强。2021 年上半年，鞍钢集团营业利润率达到 13.5%，居行业第 5 位，同比前进 49 位，达到历史最好水平；吨钢利润 973 元/吨，居行业第 2 位；实现利润 202 亿元，集团利润首次突破 200 亿元，是具有里程碑意义的标志性成果。同时，鞍钢集团成功重组本钢，粗钢规模达到 6300 万吨，成为全国第二大、世界第三大钢铁企业和中国最大的铁矿石生产企业。

（三）全面推动了企业高质量发展

鞍钢集团应用“新五力”战略管理，将企业放在市场上、摆在行业中，在集团内部统一了思想，统一了标准。在“新五力”战略目标引领下，鞍钢集团大力提高经营质量，深入推进关键“卡脖子”核心技术、原创技术开发，快速推进混改、职业经理人、股权激励、分红激励、员工持股、项目跟投等体制机制改革。清晰的战略目标，明确的战略责任，激发了鞍钢集团的活力和内生动力，“摸高”赛跑机制实现子企业负责人年度兑现差距最大达9倍，2021年以来在18户企业中聘任职业经理人，实行职业经理人制度企业户数比达9.8%；2021年上半年资产负债率比2019年下降4.94个百分点，融资结构持续优化。在子企业层面，朝阳钢铁“授权＋同利”改革实现2021年15项主要技经指标创历史最好水平；废钢公司项目跟投实现当年建设、当年投产、当年盈利；矿业公司“摸高”机制实现2021年前5个月铁精矿产量超历史最高水平，利润总额超2020年全年水平；鞍山钢铁、攀钢深入推进智慧制造建设，应用工业机器人176台套，15条产线完成数字化智能化升级改造，2个大数据应用平台被工信部评为试点示范，擦亮鞍钢品牌。鞍钢集团应用“新五力”战略管理，解决了以往战略与实际运行关联性不强的问题，实现了投资、预算、科研、生产等全部跟着战略走，高目标、高激励，战略引领真正全面得到落地落实，战略管理更加规范、有序，综合竞争力均衡提升，落实高质量发展要求更具操作性。

（成果创造人：林　垚、王　军、计　岩、毛艳丽、李宇粱、林　超、王艳红、侯跃丹、景　馨、李　根、李成志）

快速实现增量上产的战略大气区开发建设管理

中国石油天然气股份有限公司西南油气田分公司

中国石油天然气股份有限公司西南油气田分公司（以下简称西南油气田）隶属中国石油天然气股份有限公司，所属二级单位44个，合同化员工约3万人，资产总额近1000亿元，年经营收入超500亿元，主要负责四川盆地的油气勘探开发、天然气输配、储气库以及川渝地区的天然气销售和终端业务。其天然气用户遍及川渝地区，拥有1000余家大中型工业用户、1万余家公用事业用户以及2500余万家居民用户，在川渝地区市场占有率达77%。

一、快速实现增量上产的战略大气区开发建设管理背景

（一）推动国家和集团公司战略部署，保障国家能源安全的需要

在天然气清洁能源大发展的态势下，国内天然气消费进入新一轮快速发展期，但天然气产量年均增长率不足7%，对外依存度仍达45%，供需矛盾突出。国家部委积极落实天然气协调稳定发展各项政策，推进加快国内勘探开发和扩大利用规模，力争到2020年底前国内天然气产量超过2000亿立方米。集团公司党组专题讨论“国内勘探与生产加快发展规划方案”，要求西南油气田2019—2025年累计新增天然气探明地质储量9400亿立方米，年均1340亿立方米，累计新建产能550亿立方米。

（二）科学开发四川盆地丰富天然气资源，打造中国石油西南增长极的需要

从资源潜力分析，四川盆地天然气资源总量38万亿立方米，累计探明4.1万亿立方米，探明率小于11%，仍处于早—中期勘探阶段。充分总结气藏地质特征、开发特征，积极有序推进油气资源高效开发利用，是西南油气田和地方政府双方践行新发展理念，建设清洁能源示范省的重要途径，也是支撑下一步复杂大型气藏规模效益开发、打造中国石油西南增长极的主要攻坚方向。

（三）适应气矿勘探开发复杂多样性，推动企业转型升级和高质量发展需要

随着市场发展，公司结构和制度开始显得相对老旧冗杂，针对技术创新和管理创新缺乏系统性的梳理与总结，与时俱进的理论模式较少，受四川盆地特殊的复杂地理地形，气源、管网和市场相互交织以及人力资源限制的影响，气矿后续勘探开发任务将会愈加复杂多样，对气矿的处理能力提出了更高的要求，实现规模上产，效益开发的难度越来越大，技术创新与管理创新的需求越来越高，亟须推动企业向现代企业迈进，提高生产效率。

二、快速实现增量上产的战略大气区开发建设管理主要做法

（一）制定基本思路与目标部署，强化“领导力”引领战略落实

1. 分析研判，提出高效开发建设基本思路

以科学的认识论和方法论为思想基础，以卓越的领导为核心，以技术创新、管理创新和文化创新为内生动力。从2017年起，针对“打造中国石油西南增长极”的战略目标，确立“常非并重”（常规气和非常规气并重）的发展方向，强化顶层设计，以“油公司”改革为重点，有序推动组织机构、经营机制、管理模式的转变提升，大力推进科技开放创新和联合攻关，提高勘探开发能力，深入发展大型复杂气田、老田新用、多区块发展页岩气，并借助信息化手段提高管理效率与劳动生产率，快速实现增量上产，严控质量安全，坚持效率效益导向，有效激发人才创新创效活力，力争3年内实现从200亿立方米到300亿立方米产量的突破，同时为更高阶段目标的实现建立强有力的理论与实践基础。

2. 战略部署，制定新老气田突破快速上产模式

保持特大型气田和特大型气区稳定输出——在安岳气田保障龙王庙组气藏年产气90亿立方米长期稳产，推进震旦系气藏建成年产能60亿立方米，形成年产能150亿立方米稳定输出的百亿级大气田。在川南页岩气区以提高单井产量为主要目标，凝心聚力加快页岩气开发，气区实施地质工程一体化，目标年产能120亿立方米。

挖掘老气田潜力，降本稳产——采取边勘探边开发的滚动评价建产模式，进一步挖掘老气田的产气潜力，努力唤醒一批具有潜力的“沉睡”气田，持续推动老气田精益生产，将综合递减率控制在8%以内，夯实50亿立方米稳产基础，力争实现老区气田长期稳产100亿立方米。

开发上产接替新领域——在稳定老气田产能的同时，抓好新层系开发评价，加快川东北高含硫、川西深层、川中致密气、川西火山岩等资源的开发进度，形成新层系50亿立方米的新增产能格局。加大加快区块评价，集中评价落实万亿探明储量区，择优评价落实后备区块和开发潜力。

3. 强化“领导力”建设，“刚性”引领战略落实

“领导力”建设主要针对公司中层以上的主要领导，重点在以下三个方面进行特别培养：一是时刻强化领导干部强烈的责任心和使命感，深种“油气兴企、油气兴国”的坚定信念，有勇有谋，敢于担当；二是提高领导者格局和适应市场变化的能力，能够把握企业的发展方向和确定科学的发展目标，以及有效落实发展战略和制定可行的制度规划；三是强化领导者创新能力和专业素质，以“精益求精、追求卓越”为目标，提高政治能力、调查研究能力、科学决策能力、改革攻坚能力、应急处突能力、群众工作能力、抓落实能力，敢于亮剑、攻坚破难，对矛盾和问题不敷衍、不回避，敢于打破传统思维和框架，推动创新和突破。

（二）推进“油公司”改革，扁平组织架构，提高管理效率

1. 解体“大而全、小而全”传统会战方式，建立专业化“油公司”模式

第一，业务归核。剥离企业的非核心业务，分化亏损资产，回归主业，保持适度相关多元化，集中精力专注于四大主营业务——勘探、开发、管道、销售的提质增效工作，做强做优主营业务，做精做专生产保障业务，有序退出低端低效的后勤与社会服务业务。

第二，甲方主导。充分发挥公司勘探开发优势，强化在工程设计、技术政策、关键工具等重要环节的主导作用，建立健全技术评价体系、技术标准、控制流程，形成具有“油公司”特色的科学高效决策支撑机制，坚持“联管联责、分级负责、业务主导、属地管理”工作原则，完善监管体制，增强监督在现场的权威性、话语权，对工程的进度、费用、质量进行动态控制管理，引导和规范工程服务企业按照公司的要求高质量完成施工。

第三，精准激励。针对不同员工在不同时段、不同环境、不同发展状况的特性，运用科学有效的程序和措施，对员工的需求进行精确识别、精确满足、精准引导的激励方式，以激发员工最大的工作潜能和创新意识。

2. 优化精简组织架构，推进矿区扁平化管理

一是推进机关部门职能优化。以“去行政化”为目标，优化公司机关部门设置，推进“大部制”建设，通过整合专业职能、厘清职责界面、再造制度流程、搭建决策信息共享平台等方式，强化机关在管控、协调、监督、服务等方面的职能，配套构建并持续完善压减编制和管理人员的倒逼机制，推动建立精干高效机关科室，最大限度提高管理质量、效率、效益。

二是推动生产组织模式精简。在老区完善“公司—油气矿（厂）—作业区（净化分厂）”三级管理架构，在川中北部区域开展“公司—采油（气）作业区”新型管理模式试点，作业区作为二级一类单位进行管理，不设置基层单位，直接管理到井站。生产现场管控模式由现有的“气矿—作业区—气

田—中心站—井站及阀室”五级管理模式简化为“作业区—气田—井站及阀室”三级管理模式，在生产管理上采用“无人值守、远程监控、定期巡检”方式，作业区气田调控中心直接管理到单井、阀室和集气站，取消中心站，减少数据传输控制环节。

三是精简优化基层组织机构。对管理幅度较小、产量较低、边际贡献差和区域相邻的作业区（净化分厂）进行整合，合理调整有关单位的管理幅度和生产经营规模。对存在业务交叉、同区域内形成竞争的终端燃气公司进行重组，汇聚优势资源应对系统外部竞争。按照“强化技术安全保障、上移经营管理职能”的思路，优化作业区等三级单位机关职能，压减机关人员编制，对部分规模较小、业务相对单一的三级单位内部不再设置机构，直接设置岗位。

四是推进矿区机构改革。撤销矿区机关，组建矿区服务事业部，作为集团公司矿区服务系统12家一类专业化企业之一，主要为西南油气田公司、川庆钻探工程公司等川渝驻矿石油企业提供生产、物业及公用事业服务、社会公益性服务、离退休管理及医疗卫生服务等。公共公益服务业务回归政府和社会，职能管理业务、生产保障业务移交分公司和主业单位，矿区员工向上市单位、对外投资公司和物业公司全面转移安置，最终形成矿区组织全面解体、物业公司独立运营的新型管理体制。

（三）产学研结合加强技术创新，推动勘探开发技术突破升级

1. 重组改制内部研究机构，提供专业技术和规划支撑

勘探开发研究院主要围绕公司的战略发展目标以及油气勘探开发生产实际，研究解决四川油气勘探开发中的地质与油藏工程技术问题，为寻找油气资源，增加地质储量，提高油气田开发效益和水平而开展各类油气勘探开发科技攻关，编制中长期规划、开发方案和调整方案，承担勘探与生产的数据建设、管理和服务等工作，并为海外天然气项目提供勘探开发技术支持和技术服务。天然气研究院在天然气质量控制、标准化及能量计量方面开展研究，建设具有国际影响力的天然气生物脱硫实验平台，在脱硫和硫黄回收新技术、高酸性气田开发整体防腐技术等方面向国际领先水平迈进。针对储层特性开展液体体系创新，加快技术工程化和技术转化，推进地面标准化建设，以实现气田高效开发。

随着新的研究领域的发现、新业务的增加，西南油气田又根据创新的需要，将部分业务从原来的组织机构中分离出来，形成负责专项研究技术系列的安全环保研究院、页岩气研究院，在专门的领域内做专做精，将创新做到极致。

2. 充分借助外部力量，产学研结合开展联合攻关

一是建立“企业+研究院”形式的外部技术支持中心。主要任务是集中西南油气田内外部优势科研力量，攻克关键瓶颈技术，引领西南油气田天然气的高效勘探开发。与东方地球物理公司合作建立西南物探研究院，在先遣勘探、地震采集、处理解释和信息技术方面提供保障和支撑。与中国石油勘探开发研究院合作建立四川盆地研究中心，立足四川盆地勘探发现和天然气、页岩气增储上产面临的关键问题与技术难题，组织攻关研究，沉淀形成四川盆地天然气、页岩气勘探、开发等特色理论技术。与工程技术研究院在川渝地区页岩气开发上合作建立西南项目部，集中力量解决川渝地区页岩气开发中的八大关键技术难题和完成三项工作任务。

二是建立“企业+高校”的基础理论研发中心。主要依托高校科研、人才资源优势，强化天然气勘探开发重大理论和关键技术攻关，夯实企业长远发展的基础。包括与长江大学、中国石油大学、成都理工大学、西南石油大学等合作，以研究项目的方式，重点围绕四川盆地常规天然气和非常规天然气的构造演化与成藏、油气开发和储气库建设中气藏工程、提高采收率、油气钻井完井、沉积相与岩相古地理、油气地质等方面面临的重大理论问题和关键技术瓶颈，开展基础研究和科技攻关。

三是建立多学科、多单位联合的科研攻关团队。以突破各项技术难点和重大项目技术瓶颈为目标，打通专业和单位界限，与美国、加拿大等国的同行建立联络机制，形成开放的互动交流平台，建立以自

主研发为主、智力借脑为辅、多专业结合的技术创新新模式。与80多家工程建设企业优势互补，建立少井高产、数字化气田新样板，大幅提高含硫气的硫黄回收率、建设速度。与动态所、地物所、开发所联合攻关、精诚合作，成立龙王庙开发井井位论证组，并充分利用开发方案设计、开发地质研究、地震处理解释、动态跟踪研究的新成果，加强勘探开发研究院、开发部、矿区的联系，摸索出井位论证的全新工作模式。

3. 建立独特的勘探开发技术体系，提高开发效率

一是建立天然气成藏要素刻画、气藏精细描述地球物理配套技术系列，使深层构造误差从3%降至2%，储层预测符合率提高到80%，实现盆地深层复杂构造成像、不同类型圈闭识别、有利储集体精细雕刻及定量描述。

二是建立深井、超深井、长水平段水平井安全快速钻完井配套技术系列，钻成深度达8060米的五探1井，将川西7000米以深钻井周期缩短至300天以内，高磨地区开发井钻井周期控制在140天以内，保障深层、超深层海相碳酸盐岩气藏的安全、快速钻探。

三是开发以提高单井产量为核心的储层改造技术系列，使单井产量大幅度提高，龙王庙组气藏测试产量提高2～4倍，高磨灯四段气藏提高2～6倍，川西超深层井均测试产量提高16.5%，支撑深层海相碳酸盐岩气藏效益勘探开发。

（四）加强智能化部署，建设数字油田，推动管理质效提升

1. 成立信息技术联合创新平台，升级信息化基础设施

建立西南油气田信息技术联合创新平台。借助此平台与十余家国内外知名院校、企业，围绕打造数字化、智能油气田全方位开展多维度合作，通过针对性的研究与技术攻关形成核心技术体系，同时加快信息技术复合型人才培养，全面支撑智能油气田的建设目标。

构建“云、网、端”基础设施系统。开发共享集成的软硬件环境（云），建成西南区域网络中心和两个公司级中心机房，实现公司计算资源、数据存储和应用系统的集中部署、统一管控；打造油气田“信息高速公路”（网），建设干线环网汇接中心、支线光网连接井站、光缆总长近6800千米的完整光传输系统，完成自控生产网和综合办公网两套核心网络建设，实现二级单位千兆接入、作业区百兆接入和重点生产单元网络全覆盖；全面建设场站数字化系统（端），充分依托油气生产物联网和SCADA等系统的建设应用，积极推进老区信息化改造和新区生产现场数字化覆盖，对15个净化厂、1379口生产井、1120座站场的数据进行自动采集、实时传输和集中存储，实现重要井站关键阀门自动连锁与远程控制、站场视频采集与闯入报警等功能。

构建大数据管理平台。构建统一的数据采集与集成应用服务系统，为地质单元、井站、管网等多系统公共数据的一次采集、集中管理和多业务应用提供支撑；建立基于总部EPDM数据模型和具有天然气业务特色的数据标准，覆盖勘探、开发、生产、管道、销售全业务链的专业数据资源，开展大数据分析技术应用模式研究，推动从生成报表向驱动业务、从简单应用向深度挖掘的转变。

2. 打造智能数字油气田，逐步推进生产自动化

以“岗位标准化、属地规范化、管理数字化”和“自动化生产、数字化办公、智能化管理”为目标，打造七大区域数字油气田，在38个作业区通过完善工业控制系统和物联网系统，应用增强现实（AR）、虚拟现实（VR）、机器人、无人机、机器学习等智能技术，在前端开展自动采集、连锁控制、自动布防，在中端进行实时监控、状态诊断、集中管控，在后端进行智能分析、辅助决策、全生命周期管理，构建“单井无人值守＋区域集中控制＋调控中心远程支持协作”管理模式和“电子巡井＋定期巡检＋周期维护＋检维修作业”运行模式，逐步推进智能化在各个气区与日常工作的结合，为全面实现自动化奠定基础。

3. 深化专业系统集成与应用，精细化提高管理质效

在勘探开发领域，搭建一体化勘探与生产技术数据管理平台，完成 A1 系统升级应用，大幅提升数据资产管理能力和面向应用的服务能力；深化应用油气水井生产数据管理系统，形成从前期计划、产能建设、动态监测、能核实到储量核定的油气生产闭环管理；结合地质工程一体化平台和生产物联网建设成果，搭建页岩气开发生产管理分析中心，初步实现数据共享、专业分析、综合利用和辅助决策。

在生产运行领域，以生产运行管理系统为核心，结合调度指挥等系统的应用，搭建油气田生产监控与远程指挥平台，提升对生产作业现场的管控水平和应急处置能力。

在经营管理和综合办公领域，推进 ERP 应用集成项目实施，升级改造办公管理系统，大力推行移动办公，布局协同工作、会议管理、协同驾驶舱等系统功能模块，精简规范合同、公文、档案、报销、督办等管理流程，提升精细化管理水平、综合办公质量和工作效率效益。

（五）结合实际深化 HSE 管理，狠抓风险防控，打造安全环保之墙

1. 创新 HSE 监督模式，夯实质量与安全“防火墙”

一是建立“一个工作法则，四种监督方式”的工作模式，即按照“监督有计划、实施有方案、检查有确认、事后有总结”的工作法则开展日常监督、专项监督、重点区域驻场监督和远程信息化监督，每年发布监督年度报告，对发现的问题进行分类统计和趋势分析，找出管理中存在的突出短板，同时将监督检查发现问题情况、整改完成质量纳入 QHSE 过程考核指标，与绩效考核挂钩，严格考核兑现，形成全方位闭环管理。

二是在监督站建立常态化的驻站培训机制，通过师带徒、点对点、理论与现场相结合等方式加强对二级单位 QHSE 监督人员业务技能的指导和培训。HSE 监督中心定期组织开展阶段监督技术交流活动，对各监督站监督情况进行分析交流，并组织各监督站混合编组开展防硫化氢中毒、城镇燃气、危险化学品、作业许可、敏感时段等联合交叉检查工作，大幅提高监督质量和效率。

三是外协监督。为匹配急剧增长的生产建设工作量和频繁的重点生产装置检维修作业，降低制度和机构改革带来的监督力量缩减影响，有力实施重点风险作业风险管控监督，实现监督对象全方位、全环节、全过程覆盖，保证监督质效，HSE 监督中心引入外部专业力量，聘请第三方专业监督人员，对重点产能建设项目的现场进行驻点监督，在长期驻地施工现场区域开展监督检查，在协助公司监督人员工作的同时以第三方的专业角度对发现的问题进行审核把关。

2. 建立三级专职 HSE 监督模式，确保执行落地

按照“控风险、推体系、强过程、抓监管、保目标”的 HSE 管理工作思路，西南油气田质量安全环保处在安全环保与技术监督研究院设立 HSE 监督中心，具体业务由安研院下属 HSE 监督室实施，陆续在所属主要生产单位组建 12 个 QHSE 监督站，形成“公司—HSE 监督中心—二级单位监督站”三级全网络专职 HSE 监督模式。

HSE 监督中心主要负责制定年度计划、业务指导和工作跟进、检查监督、相关数据整理分析以及定期向公司报告检查结果与重大问题。监督站按照属地管理的原则，执行本单位具体监督工作，同时执行公司、HSE 监督中心监督业务安排。

3. 构建多重预防机制，筑牢风险管控防线

一是从源头上加强安全管理。建立“业务主导、专业支持、分级治理”的工作模式，业务部门组织隐患排查治理工作；质量安全环保处汇总治理计划，对隐患评估定级，按资金渠道编排年度治理建议。全年开展公司级隐患排查两次，上、下半年各一次。申报公司立项治理的隐患，需提前开展隐患评估，并经安全环保与技术研究院评估定级。健全隐患从发现、报告、立项、治理到验收的全套合理流程，启动作业区数字化系统（2.0）隐患统计模块功能升级，实现安全隐患台账记录“一本账”管理。

二是狠抓“两个现场”风险防控，努力实现“零伤害”。在生产现场和施工现场推行风险作业预约机制，基层生产单位每日提前预约并公示次日风险作业活动，未经公示实施的风险作业活动，按违章进行处罚。监督机构通过到现场检查、电话抽查等方式，对公示的风险作业全覆盖分级监督检查，基层HSE人员开展日审，二级单位质量安全环保部门开展季审，公司每半年开展作业许可全覆盖审核，对审核发现的造假及严重违反规定的行为“零容忍”，并进行追责处理。严格作业许可管理，利用作业许可数字化系统进行作业活动数据分析和远程检查，确保安全管控措施步骤环环相扣、无法逾越。

三是狠抓承包商管理。西南油气田将“承包商管不住的风险”作为新增六大风险之一，制定“联管联责、分级负责、业务主导、属地管理”工作原则，严把承包商“五关”管理——队伍资质关、队伍素质关、施工监督关、现场管理关、HSE业绩关，实施承包商单位“红黄牌”、承包商人员“黑名单”，以及承包商单位、人员“双退出”机制。对参与作业活动的所有人员的能力、培训和授权提出严格要求，编制培训需求矩阵，确定各类人员应具备的能力及考核标准，明确需要培训的21门课程并编制了标准培训课件，由HSE培训中心实施考试考核。

（六）打造高质量创新型人才队伍，释放持续发展活力

1. 精心选“苗”，搭建成长平台，“育”出青年实干家

尊重各单位、部门在选人用人中的推荐权和建议权，坚持以“五人小组”会议方式开展动议工作，充分运用领导班子民主测评、重点考核及优秀年轻干部调研成果，精心“选苗”。持续开展两级干部队伍年龄结构分析研判，组织调研组开展优秀年轻干部专题调研，分层次、分类别建立结构合理、素质优良的动态干部人才库，做到“心中有数”，防止“急用现找”。把年轻干部培养使用情况纳入“一报告两评议”，搭建双向交流实践锻炼、外派挂职等成长平台，有计划地将年轻干部放到关键岗位和基层一线，使他们快速熟悉业务流程、提高业务能力，在勘探热点、开发重点、市场前沿、重要工程项目中加强历练、增长才干、提升能力，促进年轻干部更快成熟。

2. 双通道改革，“用”出技术人才专业能力

为充分激发和发挥技术人才的能力，西南油气田启动专业技术岗位“双通道”改革工作。即根据岗位职能、工作特点，在管理类岗位发展通道基础上，设立专业技术类岗位发展通道，建立与管理岗位相对应的技术岗位管理、薪酬体系，制定能上能下、薪酬能高能低的动态机制，打破专业技术人员职业发展瓶颈，为专业技术人员建立更独立、稳定的职业发展通道。

在技术岗位发展通道上，改变单纯用科研成果评价重大基础研究专家以及片面将论文、专利、项目资金数量作为专家评价标准的做法，改变“周月季”“过程中期”等名目繁多的各式评审评估和无重大意义报表、审批事项的做法，针对专家人才的成长期、专业领域、使用方向等不同特点，建立健全以科研诚信为基础，以创新能力、质量、贡献、绩效为导向的科技人才考评体系，最大限度释放更多精力，激励潜心研究、自由探索攻关。

3. 调整考核模式，多维度精准激励，“比”出好业绩

西南油气田以加强绩效考核的“刚性约束”和差异化导向为目标，科学构建分级分类考核评价指标体系，把履行岗位职责、解决实际问题、创造工作实绩作为考核评价的基本依据，突破以往较为单一的考评方式，以平时考核为基础、年度考核为主线、重点考核为补充，积极探索任期综合考核评价的具体措施。在员工激励上进一步树立效益导向，工资总额向效益突出、人均劳动效率高的单位倾斜，树立“收入靠贡献”的分配导向，二次分配向基层一线、艰苦岗位的员工倾斜，向做出成绩和贡献的干部员工倾斜，把收入真正与岗位价值、能力水平、业绩贡献和单位经济效益相挂钩，促进收入分配更合理、劳动要素产出更高效。以专项奖励、增效精准奖励基金、基层单位奖励基金三种形式完善并规范薪酬精准激励机制，重点增强高层次人才、核心人才、骨干员工薪酬市场竞争力，制定“单项奖励管理办法”

“特别贡献奖”评定规则，设杰出成就奖、基础研究奖、技术发明奖、科学技术进步奖等，进一步激励科研人员创新创效。

4. 追求卓越，“炼”出优秀基层管理者

西南油气田将班组能力建设作为提高油气田开发劳动效率的重要手段之一，通过“十佳百优”班组长选树活动，从思想素质、技术素质和综合能力等方面全面考察班组长，通过层层选拔，评选出100名优秀班组长和“十佳”班组长，对“十佳”班组长开展职业生涯设计，把适合从事操作技能工作的班组长培养成技能专家，把愿意长期在班组长岗位上无私奉献的班组长打造成“王牌”班组长。为进一步推动班组长岗位管理能力“百炼成钢”，西南油气田提出持续实施“班组长千人培训计划”，集中加强对公司3000多名一线班组长开展管理能力进阶式培训，每年培训1000名以上，每3年完成一遍轮训，打造一支坚强、高素质的班组长队伍。

三、快速实现增量上产的战略大气区开发建设管理效果

（一）勘探开发技术极大进步，开启了资源大发现，提前完成建设300亿立方米大气区目标

突破了多个勘探开发的重大理论问题和关键技术瓶颈，在大型复杂深层碳酸盐岩油气藏、高含硫气藏、老气田、超深层气藏和页岩气勘探开发等方面取得丰硕成果，其中20余项成果达到国际先进水平，在支撑引领国内天然气工业发展中发挥了重要作用。牵头完成各级标准70项，其中国际标准3项，国家标准37项。荣获省部级以上奖励305项，国家科技进步奖13项。2020年3月，提前高效完成战略目标，全面建成300亿立方米战略大气区，为建设“中国石油西南增长极”与下一步5年内完成500亿立方米目标、保障国家能源安全奠定了坚实的基础。

（二）推动了“川气自用、外气补充、内外互供、战略储备”格局形成，为国家能源安全贡献了积极力量

推动了“川气自用、外气补充、内外互供、战略储备”格局的形成，使川渝和全国天然气市场紧密联系在一起，为打造全国“一张网”天然气供应体系提供了重要支撑。推动了川渝地区的能源结构优化与发展变革，带动了地区相关产业发展，引领了区域经济新增长，为国家能源安全贡献了积极力量，并为后续公司战略规划提前打开局面。

（三）经济效益与管理效率极大提升，为公司快速科学发展奠定坚实基础

生产组织模式实现转型升级，在全部作业区建成了数字化气田，开辟了智能化管理新形态，全员劳动生产率大幅提升，利润呈现跨越式增长，勘探开发业务的经济增加值（EVA）和投资资本回报率持续大幅上升。培养了一大批国内一流的天然气产业技术和管理人才，形成了能够推动公司提升创新能力、有效支撑公司战略目标实现的人力资源相对优势，为公司快速科学发展奠定坚实基础。

（成果创造人：张道伟、谭敬明、何　骁、王良锦、戴晓峰、胡　焱、
谢敬华、张　勇、李　啸、李　季、李秀松、周美辰）

航空主机企业以集群化产业园为载体的社会化配套能力建设

成都飞机工业（集团）有限责任公司

成都飞机工业（集团）有限责任公司（以下简称成飞），创建于1958年，隶属中国航空工业集团有限公司，是我国航空武器装备研制生产和出口的主要基地，民机零组件重要制造商，国家和省市重点优势企业。成飞始终坚持聚焦主业，落实强军首责，为国防现代化建设和国民经济建设做出了重要贡献，获得国家和省部级科技进步奖500余项，专利700余项。先后荣获了“全国五一劳动奖状”“全国质量奖”“中国企业自主创新奖”“全国两化融合突出贡献单位”“全国企业文化建设典范企业”等数百项省部级以上荣誉。

一、航空主机企业以集群化产业园为载体的社会化配套能力建设背景

（一）加快航空装备现代化的客观需要

当今世界正在经历百年未有之大变局，国际国内形势错综复杂，为适应新形势、应对新挑战，加快推进国防和军队现代化建设是有效维护国家安全的必然要求，以“机械化、信息化、智能化”为标志的航空装备现代化建设需求也更加凸显。当前新冠肺炎疫情仍在全球肆虐，国际供应链问题日益凸显，打造安全稳定、优质高效低成本的供应链是航空装备现代化发展的重要保障。航空主机企业贯彻“小核心、大协作、专业化、开放型”的发展思路，聚焦核心能力建设，因地制宜，充分利用社会资源，提升资源利用率和配套能力，实现航空产业建设和区域经济协调发展，推进航空装备现代化。

（二）实现成飞转型升级发展的必然选择

“十四五”末，成飞将挑战跻身于世界航空航天企业前十五强的目标。波音、洛马等国际知名航空制造企业主要采用全球化布局、专业化合作、模块化发展的产业体系，赢得行业领先地位。由于历史原因，国内航空主机企业主要采用“大而全”的生产组织模式。这种传统模式不利于产业规模扩大及专业技术快速发展，也不符合企业高质量发展和可持续发展的要求。成飞要推动“十四五”战略目标的实现，必须打破“大而全”的生产组织模式，借鉴标杆企业经验，扩大开放合作，采取区域化布局、专业化和模块化发展路径，建立专业化开放型的科研生产体系，快速实现企业转型升级发展。

（三）快速提升配套企业能力的需要

由于航空装备现代化建设快速发展的需要，相应要求主机企业必须具备稳定充足的航空产品配套能力。而当前成飞供应链配套面临两方面问题，一是企业规模小、分布散、专业化程度不高、管理相对粗放、人员不稳定等问题；二是配套企业以承接工序外包业务为主，工序外包产品周转次数多、资源占用高、参与人员多，导致制造成本高、生产效率低。“十三五”以来，成飞承担的科研生产任务呈快速增长趋势，单纯依靠现有的设备、设施等生产资源已难以支撑大幅提升的科研生产任务，社会化配套需求大幅增长，急需利用社会优质资源完成不断增加的批产配套任务。因此，主机企业通过加强与社会资本、社会力量的密切协同，引导社会优质企业集聚发展并快速建设配套能力，是实现优质高效低成本配套的最快捷、最有效的途径。

二、航空主机企业以集群化产业园为载体的社会化配套能力建设主要做法

（一）深化“大协作”，策划社会化配套能力建设目标及路径

1. 社会化配套能力建设目标

为了满足航空装备配套能力快速提升的需要，成飞按照“小核心、大协作、专业化、开放型”的

发展思路，通过发挥龙头企业引领带动作用，积极对接地方政府，开创了“1 + 1 + N”（龙头企业 + 政府 + 配套企业）发展模式，借助地方政府高效配置资源、社会配套企业决策机制灵活等优势，建立了“价值相向、利益共享、责任共担”的合作策略，高起点谋划建设以“专业化、集约化、市场化”为特点，集下料仓储配送、零件加工、部件装配、理化测试、热表处理、检验检测等于一体的航空零组件集群化产业园，形成“1 小时”航空产业生态圈，打造高质量、高效率、高效益的航空零组件社会化配套能力。

2. 社会化配套能力建设路径

成飞积极发挥大型国企“链长”作用，协助地方政府规划建设全功能的航空零组件配套集中发展区，通过成飞“需求牵引”和政府“筑巢引凤”，吸引并遴选优质社会企业入园集聚发展。在产业园布局热表中心、检测中心、物料中心、交付中心四大共享功能中心，支持入园企业实现从工序外协向全工序完整产品交付的重大转变；指导建设专业化、智能化的绿色高效生产线，为入园企业提供零组件全链制造技术支持和培育，提升入园企业“专精深”的技术能力；健全“全流程”配套供应商管控机制、“成飞云”数据协同共享机制及“盯监导”派驻供应商代表机制，实现对入园企业的“体系化”管控与保障。产业园建设有效解决了配套企业规模小、分布散、专业能力弱、管理水平不高等问题，打造成“专业化程度高、配套功能完整、技术门类全、生产规模大、创新能力强”的集群化产业园，有效支撑航空装备的高质量交付。

（二）突出航空主机专业特点，规划产业园全功能

1. “四维度”梳理社会化配套需求

为了适应航空装备提速发展的需要，成飞基于“十四五”生产任务及内部产能评估，结合航空制造能力成熟度情况，梳理社会化配套需求。建立了技术重要性、竞争态势、成本控制、供应商控制的“四维度”能力等级识别原则，建立了零组件级的社会化配套判定标准。如在技术重要性方面，基于航空制造技术的专业化特点，从零件原材料、外形特征、尺寸、工艺装备、加工工艺等角度建立了制造技术图谱，对细分领域的制造技术是否切合未来发展方向、技术本身的成熟度等级进行研判，形成了制造技术重要性的判定要素和条款。成飞应用判定标准，将科研生产能力划分为核心能力、重要能力和一般能力，建立了《航空装备零组件能力等级清单》，在航空主机配套零组件中，定义了适合社会化配套需求产品的占比超过 70%，为加快社会化配套、供应链稳步转型、供应链能力持续提升建立了基线。

2. 专业化设计绿色高效的生产线

成飞瞄准航空产业未来发展趋势，紧跟制造技术发展前沿，结合航空产业专业化发展需求及社会化配套产能供应现状，对产业园进行高起点谋划，策划布局专业化板块和专业化生产线。

为了提高产业园整体产出效率，成飞进一步细分专业。首先，根据制造技术将社会化配套产品分为结构机加、系统机加、钣金、装配、工装等大类；其次根据零组件原材料种类、尺寸大小、产品形状、工艺特性、加工方式等维度细分为 20 多个品类，依据“产品专业化、产线柔性化、工艺合理化”原则及精益制造理念，以高效协同和效率提升为导向进行专业分区，共布局了柔性机加、智能钣金、数字化装配、工艺装备等专业板块。

在设计专业化生产线方面，根据社会化配套需求，优先布局有产能缺口的专业能力，通过统一建线方案、标准，严格把关生产线建设准入门槛，鼓励入园企业引入先进的技术装备、工艺标准和管理理念，设计柔性化、数字化、智能化生产线，包括高精度数控加工智能化生产线、柔性加工生产线、智能钣金生产线、数字化检测生产线、“生态、智能、零排放”热表处理生产线等近 100 条专业生产线，基本覆盖航空零组件制造技术专业。

3. 集约化布局航空特色共享功能中心

为解决航空配套企业规模较小、投资建设有限、绝大部分不具备全工序加工能力的现实问题，成飞

在产业园规划布局了具有航空制造特点的热表中心、检测中心、智能物料中心、交付中心等四大共享功能中心，面向入园企业开放，支持零组件企业在园区完成上下游工序协作，形成精益物流和产品完整交付能力。为了实现全工序配套，提升四大中心的运行效率，结合供应链安全和市场化原则，全面梳理市场能力，在外部不具备条件的情况下，成飞仅承担热表中心运营，对供应链安全形成有效管控，其他功能中心按市场化方式由第三方机构运营，广泛吸引社会资源积极参与国防建设，节约了入园企业的投资压力，使其专注于设备投资和生产线建设，提高自身的技术和管理能力。同时，成飞与地方政府共同策划打造协同创新赋能平台、现代航空工业创新服务平台、航空智造共享云服务平台、科成云大数据存储分析服务平台，为入园企业解决"卡脖子"技术问题、快速实现成果孵化、降低运营成本奠定基础。

（三）发挥"链长"企业优势，建设集群化产业园

1. 扩大配套需求吸引社会企业集聚

为了快速实现战略转型升级发展需要，成飞在聚焦核心能力的基础上，扩大开放合作，大力释放社会通用性强、市场竞争充分的能力，根据市场机制，吸引社会优势企业有序参与航空装备建设。为吸引社会优质企业和优质项目入园集聚发展，加速产业园产能形成，成飞通过制定社会化配套的内部激励考核政策，并与绩效工资强关联的策略，加快推进一般产能释放。同时，针对入园企业专门定制了"优先选择、优先获取订单"的策略，以此吸引优质企业入园集聚发展。

在吸引社会企业入园过程中，成飞发挥"链长"作用，积极协助地方政府制定《促进航空产业园发展的若干政策措施》等专项招商政策，采取对入园企业减免租金、降税降费、创新奖励等策略，缓解了入园企业资金压力；推动地方政府搭建政金企深度合作平台，以政府引导资金为基础，用好政策性银行、专项债和企业债，筹备组建四川航空产业发展股权投资基金，解决了入园企业融资难问题。

为解决企业入园发展的后顾之忧，成飞协调并支持地方政府按照"产城一体"思路建设宜居宜业的生活圈，加快园区的"水电气路信"等基础设施建设及配套服务，配套打造了人才公寓、职工之家、医院、学校。同时，为了解决入园企业的人才瓶颈问题，支持地方政府在附近建设航空职业技术学院，多措并举，协调地方政府加快资源整合、要素匹配和项目推进效率，引导入园企业放心入驻、创新发展。

2. 协同地方政府遴选优质企业入园

为了确保优势企业和优质项目入园，成飞创建可量化的入园准入控制基线，评估内容包括合法合规、历史绩效和建线方案三大部分，从供应商法人治理、财务资信、公司资质、专业技术能力（含特殊过程能力）、质量体系有效性、历史绩效评价、产线专业性/先进性及产能规模等多个细分维度建立遴选模型。与地方政府组建了以成飞专家为主的联合团队，分批次、分专业开展意向企业的评估、遴选工作，推荐了26家优质企业，高效推进了地方政府的招商引资和企业入驻。

3. 支持入园企业专业化生产线建设

为支持入园企业建设专业化生产线，成飞发挥龙头企业航空零组件（机加、钣金、钳焊、热表、检测等）全链制造技术优势，在入园企业生产线建设中提供专业指导和服务。成飞基于数十年技术积淀和先行优势，针对不同类型企业关注焦点和需求，持续开展技术服务与技术输出工作，提供包括智能车间整体解决方案、成套技术解决方案、生产线制造要求和技术标准，并派出精益专业人员到现场指导生产线精益布局；在智能工艺流程方面，提供了快速程编系统、后置处理系统、切削参数库等技术支持和服务项目；在信息化建设方面，依托成飞公有云，提供入园企业生产设备云上管控、现场数据实时采集和分析处置等技术支持。通过专业指导，目前已完成30条专业化生产线建设并投产。

（四）快速赋能入园企业，提升入园企业配套能力

1. 培育入园企业"全工序"高效配套能力

基于大部分社会化配套企业仍是工序配套的现状，为了打造入园企业的"全工序"配套能力，成

飞制订“四中心”运营方案并面向入园企业开放，提升入园企业与热表处理、检验检测、智慧物流、产品交付等共享功能中心的一体化运营效率，支撑了入园企业从工序外包向全工序完整产品交付的能力转变。基于社会化配套供应链安全需要，成飞按产业园专业需求派驻专业技术代表现场指导，畅通交流机制，支持入园企业快速解决“全工序”生产制造过程中的问题，打通了集下料仓储配送、加工制造、部件装配、热表处理、理化测试、检验检测、包装、交付于一体的零组件制造技术能力，推动入园企业的优质高效配套。相比工序配套，全工序协作大大减少了零件周转次数，提高了配套效率，降低了成本，有力支撑了对成飞的高质高效配套。

2. 提升入园企业“专精深”技术能力

鉴于当前配套企业规模相对较小、专业技术能力有待进一步精进的现状，成飞在产业园布局先进的制造专业技术，配套齐全的基础设施，优质社会企业入园后，引导其建设先进生产线。针对入园企业在技术标准、工艺设计、加工技术等方面的问题，成飞充分发挥技术、标准优势，通过实施专业技术合作研究、现场技术问题解决、云上服务等措施，分步骤、分专业引导和培育配套企业提升专业技术能力，持续打造零组件制造专业化发展优势。

航空配套企业通常承担了多项目、多品类、小批量的产品配套，与航空装备现代化发展所要求的优质高效低成本的配套要求存在差距。为此，成飞根据社会化配套需求量大小，动态调整与配套企业的合作策略，改变传统配套企业普遍承担多品类、交叉重叠、效率不高的现状，调整为减少品类“做专做精”的合作方式。同时，针对配套需求较大的品类，采取市场化竞争机制，在园区内选取多家供应商配套，既提高了协作配套的效率和质量，又保证供应商能专注于细分品类的技术研究和工艺创新，以此提高入园企业“专精深”能力。

3. 实施“分层分级”培训提升入园企业软实力

依托成飞供应商管理学院，根据入园企业操作层、技术层、管理层的人员素质情况，按照需求紧迫程度制订分层级、分阶段的差异化培训方案，采取“请进来、走出去”“集中培训、现场实操”等灵活培训方式，输出航空主机企业成熟的技术及管理经验，快速赋能园区配套企业。2019—2020 年对所有签约入园企业的管理、技术、操作人员实施专项培训 300 多人次。通过边建设、边培训，仅用 1 个多月完成企业入驻和正式投产，并快速形成产能。

（五）健全园区管控机制，构建稳定健壮的供应链

1. 健全“全流程”供应商管控机制

为激发入园企业主动提高配套质量和交付准时性，成飞优化了“全流程”供应商管控程序，从供应商准入认证、评估选择、履约监控及退出等全流程细化明确了管控策略和控制措施。协同地方政府制定入园门槛，细化准入条件，加大遴选优质供应商的工作力度；实施供应商分类管控及健全“索赔”机制，优化了《产品外包控制程序》，强化监督检查，提升供应商的合同意识与契约精神；重构供应商绩效评价体系，完善了《供应商评价管理办法》和《供应商绩效改善规定》，强化绩效评价结果应用，采取“绩效与选择”“绩效与付款”等联动机制，将供应商绩效评价结果与供应商选择、采购份额分配、财务付款、退出淘汰等直接挂钩，通过差异化的“T_0+X”付款方式，既缓解了主机企业的资金压力，降低供应链成本，又激发了供应商优质准时配套交付的积极性。

2. 建立“成飞云”数据协同共享机制

为了提升从投产到交付的供应商全制造过程协同管控能力，实现成飞与园区的生产制造计划一体化管理，基于成飞公有云搭建了供应链协同管控中心，通过对入园企业实施数字赋能专项工程，应用物联网、5G 等新技术，建成了园区现场设备数据实时采集、生产进度、物流跟踪、质量信息反馈、合同履约监控及园区生产可视化等功能，实现了入园企业的计划、生产、交付等动态信息的统一管控，显著提升供应链进度管控、问题协调处置效率，提升了产业园信息化水平。

3. 创建“盯、监、导”派驻供应商代表机制

对标波音空客等世界一流航空制造企业，进一步加强供应链管控能力建设，成飞在产业园成立了派驻供应商代表室，实施“1（总代表）+3（采购/技术/质量代表）+N”的团队运作方式，派驻总代表、技术代表、质量代表、采购代表，明确“盯、监、导”的工作定位，通过“盯战略”引领配套企业与成飞战略协同，“监过程”实施前出管控新举措，“导提升”引导配套企业实现高质量发展，对供应商进行体系化的管控与支持。实施供应商代表机制以来，组织指导26家供应商开展体系重构和体系文件编制，通过体系检查发现待改进问题约60项，提出建议近50项，并指导供应商改进，有效提升供应商履约能力和自我管理能力，有力支撑了航空主机供应链稳定性和效率的同步提升。

三、航空主机企业以集群化产业园为载体的社会化配套能力建设效果

（一）突破“80%”社会化配套率，支撑航空装备现代化建设

成飞以集群化产业园为载体，已签约项目40个，实现了社会化配套率和配套能力的显著提升。2019年，产业园一期仅仅用5个月时间，成为“当年拆迁、当年建设、当年投产”的重要里程碑节点。2020年，成飞社会化配套率突破80%，配套指标比2018年提高30个百分点，配套金额增长210%。基本初步实现了集群化发展，满足了航空装备扩产提能需求，后续将依托产业园承载更宽范围、更高价值量的社会化配套任务，更好地支撑航空装备现代化建设。

（二）建成园区“双百”配套能力，打造开放型科研生产体系

在本成果实践中，成飞向产业园释放产能，吸引社会资本打造集群化航空产业园，已引入26家外部优质企业入园集聚发展，打造建设近“100条”生产线，新增“100万件”以上的零组件配套能力，实现从工序配套向全工序完整产品交付的重大转变，破解了当前一般能力条件建设受限以及配套产能不足等难题。成飞在员工总数下降的情况下，营业收入持续攀升，从2018年的200亿元增加到2020年突破400亿元。产业园区有力支撑了成飞供应链稳定安全和高质高效，构建形成了规模化的开放型科研生产体系，为“十四五”时期成飞快速提升综合竞争力、全面塑造发展新优势积蓄了新动能，有力助推了成飞转型升级发展。

（三）实现入园企业“3个提升”，有效推动地方经济发展

成飞发挥航空产业链“链长”作用，与地方政府共同打造集群化的航空产业园，吸引社会企业和社会资本参与航空装备配套，引导社会优质企业集聚发展，快速赋能，推动入园企业实现“专业技术能力提升”“全工序交付能力提升”和“运营管理软实力提升”，增强了入园企业综合竞争力。产业园吸引160亿元社会资本参与投资建设，带动航空产业链上下游、左右岸企业同步发展，提供了大量的就业机会，经济辐射效应明显；新增800余台设备设施，一定程度推动了国产装备的批量化应用，促进高端装备的国内循环。产业园初步建成了一个健康可持续发展的航空供应链生态，带动了地方制造业能级的快速跃升，有效推动地方航空经济的规模化发展，促进了国防建设与地方经济建设的协调发展，形成了对地方航空产业和地方经济的整体拉动和示范效应。

（成果创造人：宋承志、干继才、李红军、倪永锋、刘洪杰、程　忠、
庞剑英、代　军、王　聪、文　远、刘宏伟、曾　涛）

世界领先的潮流能电站商业化开发与运营管理

杭州林东新能源科技股份有限公司

杭州林东新能源科技股份有限公司（以下简称林东公司）创立于2013年4月，其前身为创办于美国洛杉矶的联合动能科技有限公司，是中国从事海洋潮流能研发工作的高新技术企业，业务范围涵盖海洋清洁能源的研发设计、海洋工程装备生产制造以及新能源领域的技术服务等。林东公司建成投运的兆瓦级舟山潮流能电站位于浙江省舟山市岱山县秀山乡南部海域，实现了潮流能兆瓦级机组全天候并网发电，被国际能源署认定为“世界领先”海洋潮流能发电站，装机规模和科技水平达到世界领先水平。

一、世界领先的潮流能电站商业化开发与运营管理背景

（一）深度开发海洋清洁能源的需要

发展清洁能源，降低碳排放是世界经济发展的重要趋势。海洋清洁能源作为清洁能源的重要形态，具有储量巨大、清洁无污染、不占用陆地等突出优点，是理想的可再生能源。我国拥有3.2万千米海岸线，可供开发的潮流能发电坝址富集于浙江、福建海域，如能够突破潮流能发电技术难题，仅浙江舟山海域可开发容量就达700万千瓦，相当于三峡总装机的1/3。但海洋潮流能的开发利用程度还比较低，潜能尚未发挥，需要发挥企业的创新主体作用，深化海洋潮流能的开发利用，减少能源生产侧碳排放，推动能源电力从高碳向低碳、由化石能源为主向以清洁能源为主转变。

（二）占领潮流能商业化开发运营制高点的需要

国际能源署对于潮流能电站的商业化开发运营的认定标准包含两个方面，一是将潮流能转化为电能并入电网，二是连续并网送电一年以上。从实现难度来看，主要存在两方面的壁垒，一方面是技术壁垒，存在诸多技术难题；另一方面在于可持续并网的商业化基础不够成熟，全球尚未建成可持续并网发电的海洋潮流能电站。林东公司立志抓住市场机遇，践行创新驱动发展战略，提升潮流能领域的创新能力，突破技术瓶颈，抢占潮流能开发技术制高点，赢得未来市场竞争优势。

（三）践行企业使命和可持续发展战略的需要

作为清洁能源的重要形式，潮流能电站的运营，能够有效丰富我国清洁能源种类，对海岛地区而言，兆瓦级潮流能发电机组商业化应用，不仅可以弥补风光等新能源不能全天候发电的不足，对保障偏远海岛能源安全也具有重要现实意义。林东公司作为潮流能领域的创新企业，坚持致力于为全球提供清洁永续的优质能源，全力推动全球海洋清洁能源先进技术的创新研发与科技合作，积极推广海洋电力开发技术与产业化应用的企业使命，确立潮流能电站商业化运营和可持续发展的战略，发挥产业协同作用，突破政策环境、技术研发、管理机制、并网接入等难题，解决潮流能可持续并网的现实障碍，助力我国潮流能发电商用项目尽早落地，实现潮流能商业化发展。

二、世界领先的潮流能电站商业化开发与运营管理主要做法

（一）制定战略发展目标，明确潮流能开发运营路径

林东公司依托扎实的研发创新，不断积累项目建设与运营经验，努力成为具有较大国际影响力的海洋能发电系统方案设计服务商、海洋发电高端装备制造商和海洋绿色电力生产商，立志在海洋能技术创新研发和装备制造领域始终走在世界前列。

林东公司以培育潜心研发的科学家精神和具有产业链资源整合能力的企业家精神为引领，对全球类似项目开展细致调研，聚焦潮流能发电涡轮能量的稳定捕获、稳定转换、调节负载系统、防腐、仿生物

系统等关键技术，与流体力学专家、新材料专家等联合创新，确立与传统潮流能发电技术截然不同的开发运营路径，即实施模块化设计，设计出一系列不同装机容量、不同获能方式的发电机组模块，根据海下潮流能的特点，将不同模块整合形成最优发电机组；实施积木化施工，安装过程将不同模块按照设计要求拼装在固定的发电机组框架内，降低海下施工难度；实施平台化集成，通过创新发展平台集成内外部创新资源，通过系统总装平台，集成最新技术装备，建成适应不同海域、不同洋流特点的潮流能电站。

（二）成立发展推动联盟，营造潮流能发展良好环境

1. 联合多方成立发展推动联盟

潮流能商业化开发运营是系统工程，需要产业链上下游企业共同参与、协同创新。林东公司联合电网企业、技术研发、装备制造等企业成立潮流能发展推动联盟，以建设世界首座商用海洋潮流能电站为目标，充分发挥产业链企业在潮流能电站“可持续商业化”发展中的作用，打通企业间制度“经络”，畅通产业链大循环，合力推动潮流能示范项目的落地及其规模化发展。

林东公司作为发展推动联盟的主体，积极开展新能源技术研发、电站建设和投资运维，促进潮流能技术突破；联盟成员之一国网舟山供电公司积极协调地方政府解决项目建设过程中的配套政策、海上航道等系列问题，主动承担潮流能电站接入点的送出工程建设、入网服务、电费结算业务，切实解决能源送出和消纳问题；在站址规划、电价批复、运维检修等领域，推动产业链企业建立战略合作机制，整合分散资源，发挥各自优势，最终形成以发展推动联盟为主心骨的潮流能开发、利用、创新格局。

2. 打通潮流能建设运营产业链

不同于成熟的风光水火发电产业，潮流能发电是“装备项目＋发电项目＋海洋工程”的产业创新综合体，需要上游设备厂商在核心零部件、原材料等方面进行创新研发；需要海洋施工企业在海上桩基、海上起重等方面解决复杂海况精密安装难题。在技术研发、电站运营、电量交易等产业环节的基础上，林东公司协调多方资源，联合水轮机专业生产商开展零部件制造、整机组装，联合常石集团等大型起重船运营企业开展海上施工建设，强化与生产商技术合作。内部高级技术人员全程参与生产商核心零部件制造、关键施工环节的过程鉴证，明确生产工艺标准和技术要求，确保各个环节“符合标准、质量可靠”。通过打通潮流能上下游产业链，形成技术研发、设备制造、整机组装、海洋施工、电站运营和电量交易各环节分工负责、各链条紧密合作的产业发展格局，为全面开展技术攻关和商业化运营奠定基础。

3. 积极争取政府配套政策支持

抓住国家鼓励新能源行业发展和海洋开发利用的有利契机，多方争取资金、人才、用海许可等配套政策支持，营造了潮流能创新应用的良好环境。在研发资金方面，项目先后三次获得国家自然资源部可再生能源专项资金，两次获得浙江省人民政府重大专项资金，缓解了项目研发资金压力。在创新人才方面，积极开展浙江省级企业研究院平台认定，获得浙江省科技厅领军型创新创业团队认定及“万人计划”科技创新领军人才奖励，为项目人才培养及创新平台营造了良好的环境。在政策协调方面，积极向浙江省海洋渔业局汇报，取得在舟山毗邻海域建设海上特殊大型设施的海域使用许可证，夯实项目建设用海用地的合法性。

（三）实行集成创新模式，突破可持续发电关键技术

1. 聚合资源，打造两大科技创新发展平台

作为尚未规模化应用的新能源种类，潮流能的开发利用和商业化运营，最核心的还是关键技术的突破与创新。在浙江省委省政府的支持下，林东公司实施平台化创新策略，先后成立了浙江省林东新能源开发研究院、浙江省大型海洋潮流能工程实验室两个科技创新发展平台。

研究院重点开展新型大功率水轮机、大型海洋潮流能发电设备等硬件研发与设计工作。实验室重点开展涡轮水轮机叶片设计模型系统、海洋防腐防生物系统、电力传输及控制系统等软件的研发与测试。通过杭州千岛湖实验基地和舟山潮流能示范基地对平台创新成果进行测试与验证，形成对标全球先进水平的海洋潮流能发电研发创新和产业化能力。

在两个科技创新平台的基础上，积极引入外部优质科研力量，拓展多渠道交流合作，建立与高校、科研机构、国际组织等联合研发的协同工作机制，先后与浙江省海洋科学院签署《浙江省海洋能开发利用研究中心共建协议》，共同研制潮流能电站选址技术规范、潮流能发电装置技术要求、水平轴潮流能叶片外形检验方法等一系列技术标准和规范。与国家海洋行政主管部门、电网企业等开展项目合作，在海洋能资源调查、电站项目规划、海洋工程、运维监测、大数据建设等关键环节加强资源共享。

2. 聚焦重点，攻关稳定发电关键技术壁垒

林东公司潮流能技术研发团队聚焦影响可持续稳定发电的关键技术领域，发挥各自技术优势，开展联合技术攻关。

一是针对能源捕捉系数低的关键问题，研制不同类型的水轮机并开展运行效果测速，先后生产了多叶片低转速的阻力型垂直轴、四叶片高转速的升力型垂直轴、三叶片高转速的升力型水平轴等共三代机组，并全部完成下海测试。测试过程中，通过振动传感器、温度传感器、流速传感器、风速传感器、潮位传感器全面采集机组的转速、功率、电流电压、故障码等，5G 远程监控机组的运行状态，收集运行数据，研究开展潮流能机组运行特性的分析，为机组运行状态画像，为商业化运行和设计优化改进打下坚实的基础。

二是针对海洋弱碱性对海底设备造成侵蚀的问题，联合多家大学开展海底设备防腐蚀研究，成功研制“轴承净水冲压技术”，满足东海水域杂质环境下设备密封性和抗腐蚀性的要求。

三是针对海洋垃圾流动造成设备磨损的问题，借鉴国网舟山供电公司海底电缆运维经验，提出“海底流动防护罩”解决方案，及时对海洋垃圾进行屏蔽，降低了设备安全风险。

四是创新研发“流向传感技术”“挡板升降技术”“水轮机朝向转向技术”等系统，解决机组双向发电的难题。在科技创新发展平台的基础上，系统解决了发电效率低、设备防腐性能差、海洋垃圾防护、电力传输等问题，潮流能发电项目具备了启动流速低、生存能力强、系统适应性强、环境友好性强的突出特点，为潮流能电站稳定发电奠定坚实技术基础。

3. 关注成本，创立“模块化”设计安装方式

与传统新能源电站建设相比，潮流能单位容量建设成本高出约 40%，建设成本是影响潮流能电站投资回收期的重要因素。为系统解决建设成本过高的问题，林东公司深入比较国际上五大主流潮流能获取装置，首次提出“潮流能发电机组模块化”设计方式，首创“即插即用”型潮流能电站设计思路。

一是在对特定海洋区域进行海水密度勘探、潮流流速测量、负荷需求预测的基础上，设计出一系列不同装机容量、不同获能方式的发电机组模块；根据水域特点和发电需求，对模块进行选择和组合，从而构成性能不同、规格不同的最优发电机组，实现机组组合与水流特点高度匹配。

二是在组装方式上，采用一个总成平台来承载发电模块、电力设备、海上特种设备，形成一个用于自动处理发电机组硬件设备的工业标准，通过预留安装空间，当安装新的发电设备时，达到“即插即用”的安装效果。

三是实际组装发电装置时，先将水轮机固定在内框架，然后将多个内框架分别固定在外框架上，安装过程类似积木拼接，大大简化安装程序、降低安装难度。通过潮流能发电机组“模块化”设计、“积木化”安装、“平台化”集成，不仅满足了不同水域的机组安装需求，同时大幅降低了建设成本，为推动潮流能电站商业化运营提供了系统的解决思路。

（四）实施智能运维策略，实现机组低成本高效发电

1. 守住安全底线，建立海下运维生命支持系统

潮流能发电不同于风电、光伏等其他清洁能源，发电设备处于海下，复杂海况、高盐高湿都对潮流能发电设备的运维工作构成极大的挑战。林东公司基于固定在海床上的总成系统平台，建立海下发电设备生命支持系统，在潮流能发电机组上安装运维钢管，直通海下设备，实现海下实时运维作业。相比海底潜航式运维方式，基于海底设备生命支持系统运维模式，能够有效保障运维人员安全，同时降低运维成本。

同时建立完善的海底远程监控系统，通过后台可视化实时监控机组运行各项参数，做到全天候无人值守，一旦机组出现异常情况，可远程停机保障设备安全。在总成系统平台和生命支持系统的保障下，实现了海下发电设备的安全稳定可靠运行。在“利奇马”“烟花”等台风肆虐舟山期间，潮流能电站正面“迎接”台风巨浪，发电机组经受住12级以上台风考验，所有机组全部正常发电并网运行。

2. 实施数据交互，保障机组水下安全稳定运行

潮流能运行稳定性是衡量潮流能能否商业化发展的一项关键指标，林东公司与国网舟山供电公司打通数据双向通道，建立一体化发电机组运行维护机制，确保电量全额送出。

一是建立统一的数据汇总中台，打通网源双方数据通道，实现机组运维数据、海洋环境数据、电网运行数据等多种数据的统一分析。发电侧和电网侧通过对机组的运维数据、环境数据等进行协同监控，全面分析机组出力变化和受端电网运行状况，及时调整，实现水轮机最佳输出功率。

二是利用大数据建立潮流能出力的预测模型。与国网舟山供电公司联合开展阻力型垂直轴、升力型垂直轴、升力型水平轴三种水轮机典型出力曲线功率图谱研究，建立大数据预测潮流能发电功率模型，将潮流能发电功率与网络约束分析管控、日前调度计划等相融合，实现网源企业共享，提供潮流能规划建设时序建议，规避大规模并网后可能产生的局部弃能现象。

三是开展海上平台的可视化监控。潮流能发电设备位于海下，一旦有船只靠近此区域抛锚可能会对平台造成严重安全影响。林东公司与国网舟山供电公司通力合作，运用AIS虚拟航标技术，在潮流能电站周边建立海缆路由电子围栏，设置海上管控或警戒水域，在海图及导航仪显示系统上自动标记海缆禁锚区，对进入警戒区的违停船只及时进行警告和劝离。

（五）加强网源企业合作，确保潮流能可持续稳定并网

1. 协同各方力量，推进国内首个潮流能电价批复

潮流能电站实现商业化可持续运营的必备条件是取得上网电价批复。林东公司与发展推动联盟单位国网舟山供电公司充分协作，取得国家电网公司认证的潮流能电站并网发电全量数据，并将系统、完整、准确的潮流能上网数据提供给政府部门，为政府决策提供支撑；积极向自然资源部海洋战略规划与经济司汇报，取得“国内总装机规模最大”“潮流能领域全国首位”的项目情况说明函，为发改委最终电价的批复提供数据基础。

2019年浙江省发改委正式批复，上网核定电价确定为2.58元/千瓦时，填补了我国潮流能发电指导电价政策空白。在此基础上，林东公司与国网舟山供电公司于2019年8月正式签订全国首份潮流能购售电合同，并完成首期99.2万千瓦时上网电量结算，标志着我国海洋潮流能发电站正式进入商业化运营。

2. 整合电网资源，利用柔直技术消除并网谐波影响

潮流能属于新开发能源，大规模并网过程中必将产生大量谐波，林东公司依托舟山地区世界首个五端柔性直流输电系统，通过柔直系统消除谐波。与国网舟山供电公司达成谐波治理合作协议，在登陆点配置多端口直流断路器，升级全套柔性直流输电控制保护系统，形成与潮流能送出电压相匹配的10千

伏低压柔性直流电网，通过“交转直”消除潮流能上网谐波振荡，将潮流能并网影响降到最低。同时对后续潮流能规模扩大预留充分接收容量，提高网源协同调节能力和供电效率。

3. 网源企业协同，智能化运维提升送出线路可靠性

10千伏潮兰线是潮流能电站电量稳定送出的生命线，一旦发生外部线路故障造成无法并网将严重影响能源署对世界首台潮流能电站的认定。林东公司建立基于技术共享的协同运维机制，将原属潮流能电站独立运维的潮兰线送出线路与国网舟山供电公司一体化运维，发挥电网企业的技术优势、经验优势，确保潮流能送出线路安全可靠、电量全额送出。在送出线路运维模式上，推动电网企业改变传统的人工巡线业务方式，采用“全无人机巡线、全机器人巡站、全不停电作业”模式，利用无人机、智能机器人等新设备红外成像、图像识别等功能开展高频次、高精度、全自动的巡检；利用自适应的绝缘操作杆开展不停电作业，消除海岛特殊地形对带电作业的制约，确保送出线路的稳定运行，实现潮流能发电全天候送出。截至目前，林东公司协同国网舟山供电公司合作完成带电作业89次，消除线路紧急缺陷12处，未发生非计划停运故障，打造形成“潮流能不停电送出线路”。

（六）组织编制技术标准，提升潮流能产业话语权

1. 率先开展潮流能产业技术标准研发

林东公司积极推进潮流能领域技术创新成果向标准转化，坚持标准与科研、工程应用一体化推进原则，加强标准体系整体布局，通过“标准领跑”助力创新成果全球共享，提升产业话语权。

一是对设备研发、工程设计、建设安装、电站运营等阶段技术创新成果进行总结提炼，制定《潮流能发电装置能力型垂直轴技术要求》《水平轴潮流能叶片外形检验方法》等14项潮流能产业技术标准。

二是发挥国网舟山供电公司在并网服务、电能质量控制等方面的经验优势，共同编制完成《舟山海域海洋潮流能电站选址技术规范》，对潮流能建站选址提出进一步规范要求。

三是积极参与地方政府组织开展的《舟山市新能源消纳长效机制指导意见》《潮流能发电并网服务手册》等服务和质量标准的研发工作，逐步形成具有推广示范意义的潮流能开发利用技术标准体系，对全国范围内推广建设潮流能电站起到示范引领作用。

2. 建立国际化的知识产权保护体系

在全球新能源开发市场竞争日趋激烈的大背景下，潮流能的开发利用不仅仅是国内市场的竞争，更是全世界范围内的激烈博弈，因此构建具有国际视野的知识产权保护体系就成为必要举措。

林东公司立足全球，聚焦模块化大型海洋潮流能发电关键技术与装备，按照总成平台系统、双向调节水轮机涡轮系统、海底防腐系统、防海洋生物依附系统、高强度耐冲刷保护系统等核心系统群，对其中的关键技术、关键材料系统开展国际国内专利一体化申报。通过《保护工业产权巴黎公约》申请专利，向目标国发起专利申请，同时通过《专利合作条约》（PCT），与《保护工作产权巴黎公约》相补充，实现“一国申请，多国有效”的目标。

截至2021年5月，申报并获批国际国内专利64项，包括可调节负荷的潮流能发电装置、模块化双向潮流能发电装置、固定于水底的潮流能发电装置、阵列化海洋潮流能发电装置等，实现核心关键技术全覆盖，建成完整自主的知识产权体系，规避核心技术的知识产权潜在纠纷，形成技术“护城河”。

3. 积极参与技术交流扩大行业影响力

鉴于全球范围内潮流能开发的进程相对较慢、技术水平相对滞后的情况，林东公司在国内、国际积极推广潮流能技术。一是与国际能源署（IEA）密切合作，定期提供林东潮流能电站的建设、运营、并网发电的相关经营数据，发挥示范引领效应，吸引全球范围内更多主体投资海洋清洁能源的开发工作。二是积极参与国际、国内技术交流，相继参与“中德创新发展论坛”、第八届清洁能源部长级会议、阿

斯塔纳能源世博会等论坛和会议，受到国内外媒体广泛报道。三是推动潮流能发电项目与港珠澳大桥、“蛟龙”号载人深潜器一同入选全国“优秀海洋工程”。目前浙江地区已有12家单位参与到潮流能研发建设中来，围绕该项目，初步形成以潮流能为主体的海洋新能源开发运营良性生态。

三、世界领先的潮流能电站商业化开发与运营管理效果

（一）实现了潮流能电站商业化运营，为后续新能源开发利用提供了示范

通过本成果的应用实施，中国企业在世界范围内率先掌握了潮流能大规模稳定并网发电技术，形成了系统的潮流能发电装备技术与新能源项目建设运营体系，实现了我国海洋潮流能发电从无到有的关键转变。截至2021年10月，潮流能发电机组稳定发电并网运行超过52个月，项目累计发电总量超过215万千瓦时，结算电费500余万元。度电发电成本较欧洲国家低6.05元，机组年满发小时数已从600小时大幅提升至1500小时，展现出良好的经济效益前景。同时，受益于首座实现商业化运营的潮流能电站的可持续运营，由网源企业协同进行新能源开发利用的模式受到市场关注，充分验证了网源协同的技术攻关能力、商业运营能力、可持续发展能力，为后续国内新能源的开发利用提供了良好示范样本。

（二）全面抢占潮流能技术的制高点，掌握了潮流能行业话语权

通过潮流能电站的可持续商业化运营管理，推动了海洋潮流能科技研发和创新，实现了技术研发的大突破，抢占了潮流能开发利用的技术制高点。建成了15大核心系统群，完成了关键技术、关键材料国际国内专利申报，截至目前，获批国际国内专利64项，形成完整自主创新知识产权体系，系统解决了潮流能技术“卡脖子”问题，成为完全由我国自主研发的具有颠覆性的世界级重大科技原始创新项目，实现前瞻性基础研究、引领性原创成果重大突破，大大提升了海洋科技创新能力。

（三）填补了潮流能商业化发展空白，逐步实现企业使命和可持续发展战略

潮流能电站的建成和可持续并网发电，践行了林东公司“为全球提供清洁永续的优质能源”的初心使命，大力推动了海洋清洁能源开发，有效扩大我国清洁能源种类，为沿海城市提供重要能种补充，具有重大的生态价值和深刻的绿色发展意义。与国内高效燃煤机组类比，舟山潮流能电站项目并网发电以来累计节约标准煤1539吨，减少粉尘排放量1036吨，减少二氧化碳排放量3798吨、二氧化硫排放量113吨、氮氧化物排放量56吨。以舟山海域700万千瓦可开发装机测算，年发电量可达210亿千瓦时，满足2个舟山市的全社会用电需求，实现舟山地区社会用电的全面绿色供给，相当于节约标准煤25.4万吨，减少二氧化碳排放量164万吨，减排效果和经济效益巨大。此外，舟山潮流能项目建设得到了社会各界的关注和充分肯定，受到国内外的广泛关注。

（成果创造人：林　东、葛军凯、姜　芳、张秀峰、朱福巍、翁　琪、
陈　历、胡贤斌、田宏悦、励力帆、崔立卿、张　叶）

推动清洁能源开发的海上风电建设与运营管理

华能国际电力江苏能源开发有限公司清洁能源分公司

华能国际电力江苏能源开发有限公司清洁能源分公司（以下简称华能江苏清洁能源分公司）是华能国际电力江苏能源开发有限公司的分支机构，位于江苏省南京市鼓楼区。采取“总厂制”管理模式，先后注册成立11家项目公司，分布在南京、徐州、扬州、南通、盐城、连云港、常州7个地级市，负责中国华能集团在江苏的风电及其他清洁能源开发、建设和经营管理任务，资产总额270亿元。截至“十三五”末，投产加核准装机总容量为297.55万千瓦（其中海上风电为250万千瓦），在区域公司装机占比达20%，海上风电规模在江苏省内占比为17%。

一、推动清洁能源开发的海上风电建设与运营管理背景

（一）构建新型能源体系的必由之路

为因应我国近年来传统能源产能过剩、能源开发利用效率不高等突出问题，发电企业应大力推动能源生产和消费革命，助力构建清洁、低碳、安全、高效的新型能源体系，更好地满足新时代人民群众日益增长的美好生活用电需要。为此，华能江苏清洁能源公司以海上风电等清洁能源项目作为在苏重点突破方向，走出了一条以“海上风电发展为主，海陆并举”的高质量发展之路，成为华能集团公司从陆上向海洋拓展的重要支点和前沿基地。

（二）发挥区域资源优势的顺势之举

江苏海上风电资源丰富，发展空间巨大：截至2020年年底，我国海上风电累计装机容量达到900万千瓦，江苏省海上风电累计装机573万千瓦，占全国海上风电累计装机容量的63%。华能江苏清洁能源分公司抓住江苏省海上风电大有可为的历史机遇，以建设千万千瓦级海上风电基地为目标，在创新新能源技术、改变江苏区域能源结构上为地方经济社会发展提供了安全、优质、高效的绿色电力保障。

（三）应对去政策“红利”的必然选择

海上风电因大多靠近沿海经济发达地区负荷中心而发展迅猛。为加快推进海上风电去补贴平价化进程，财政部、国家发改委、国家能源局2020年1月20日发布《关于促进非水可再生能源发电健康发展的若干意见》（财建［2020］4号），明确不再将新增海上风电项目纳入中央财政补贴范围，按规定完成核准（备案）并于2021年12月31日前全部机组完成并网的存量海上风电，按照相应价格纳入中央财政补贴范围。至此，海上风电享受政策“红利”的时代一去不复返。为积极应对去补贴、推竞价、促平价、降电价等诸多挑战，华能江苏清洁能源分公司着力提升战略规划能力、成本管控能力、科技创新能力、专业管理能力、价值创造能力、党建赋能能力，以适应新形势下的海上风电高质量发展。

二、推动清洁能源开发的海上风电建设与运营管理主要做法

（一）明确发展路径

1. 坚持规模化发展

按照高质量发展和打造千万千瓦级海上风电基地的要求，加快推进海上风电规模化、集约化开发。华能江苏清洁能源分公司已初步完成近期3个百万千瓦海上风电基地目标，其中，华能如东八仙角海上风电是当时亚洲已建成的装机容量最大的海上风电场（30万千瓦），华能大丰海上风电是国内离岸距离最远的海上风电场（40万千瓦），华能灌云海上风电是国内首个旋转潮汐流海上风场（30万千瓦）。华能如东H3海上风电是目前国内国产化程度最高、规模最大的海上风电场（40万千瓦），正在建设启东

H1、H2、H3 共计 80 万千瓦海上风电项目。

2. 坚持产业化发展

一是充分依托华能集团在资金、技术、人才、品牌上的优势，积极参与盐城、连云港等地海上风电产业园区建设，协同风机厂家、设计施工单位等合作方，打造产业链上下游利益共同体，促进产业协同，优化产业布局。二是联合海上风电设计、制造和电网企业，加强技术标准建设，引领装备研发、制造技术发展，助力江苏沿海打造技术研发自主化、装备制造本地化的海上风电研发制造产业基地。三是全面参与江苏海上风电基地规划，主导开展设计、施工和运维体系建设，开发掌握海上风电核心先进技术，有效对接发展战略，紧密依托产业集群，构建具备核心竞争力和自主知识产权的华能特色海上风电科技研发体系。

3. 坚持数字化生产之路

落实“无人值班、少人值守”管理理念，主动谋求“数字化风场＋智慧运维”构建，坚持走创新、数字化生产之路。近年来，借助华能江苏新能源集控中心平台，着重实现生产数据全景接入、实时监控、信息分级、搭建辅助系统、电子两票、智能报表、风机及升压站设备遥控等功能，充分挖掘数据潜在价值，切实做好做实新能源运行管理。目前集控中心共接入 13 个新能源场站，包括 5 个陆上风电场、4 个海上风电场和 4 个光伏电站，接入风力发电机组 445 台、光伏逆变器 1429 台、光伏组件 59 万个，接入总容量为 153. 54 万千瓦，“四遥”点数总计 43 万个，集控中心按照 500 万千瓦接入容量进行设计，同时充分预留 1200 万千瓦数据接口和拓展空间。

4. 坚持市场化发展

一是加强政策研读和交易规则研究，从本质上把握绿证交易政策，建立适应市场变化的快速反应机制和高效的市场信息收集交流机制，充分利用部分项目提前取得绿证的有利条件，提前谋划，实现利益最大化。华能江苏清洁能源分公司 2016 年完成协合铜山项目收购，2018 年完成华能铜山与协合铜山的吸收合并；同年通过新设立公司的方式取得如东 H3 项目，由此增加了 34. 8 万千瓦的装机容量。二是打破部门壁垒，成立专业化攻关小组，满足业务领域拓展需要。三是多措并举扩展现有融资渠道，积极探索融资租赁等方式，确保各项目资金充足。四是积极开展江苏省新能源云平台补贴申报工作，助力降本增效。

（二）培育核心竞争力

1. 坚持合作与并购“两条腿”走路

一是不断拓展合作模式和思路，从其他企业手中争取已核准资源，谋求企业利益最大化。在如东 H3 项目中，成立平台公司，确保收购；在射阳 H1 项目中，开创性采用股权质押，开辟了华能在股权合作领域的新路。后续这种思路还应用于与林洋合作的启东 H1、H2、H3（80 万千瓦）项目，采用引入华能基金公司预先收购股权，并委托华能管理的模式，在有限的海上风电资源竞争中，确保资源牢牢掌握在自己手中。二是摸透地方政策，瞄准政府需求。引进 LM 叶片厂，规划建设风电专用码头，助力打造射阳海上风电产业园。

2. 提升创新发展能力

一是通过将海上风电建设的技术创新成果与工程开发相结合，为竞争性配置方案的推进和未来深远海风电开发提供强有力的技术支撑。依托射阳等海上风电建设，全力开展“机组及部件智能运输、现场批量安装调试运行工艺技术和检测装备及应用验证”，“海上风电全生命周期智能化管理技术应用研究及系统开发”，“多维多源环境下海上风电场群规划优化和机组整体结构设计关键技术”；运用能源物理社会系统（CPSSE）概念及沙盘推演方法，开展“华能江苏海上风电发展路径优化研究”等 16 个国家、集团重点科技项目和课题研究，涵盖基础理论研究、新技术、新产品研发和应用等。二是持续推进核心能力创新。瞄准行业发展前沿，打造海上风电原创技术策源地。在如东 H3 项目、启东海上风电项目，开展 5 兆瓦、7 兆瓦海上风电国产化试验机型的设计制造，积极推动主轴承、齿轮箱、电气系统、PLC 主控系统等部件国产化进程，实现海上风电关键核心技术自主可控；主动对接国家重大战略需求，以风电规划、建设、生产等全生命周期内存在的重大技术难题为出发点，开展“科技引领，创新驱动”科技创新竞赛，助力核心技术人才脱颖而出；坚持产学研用一体化模式，积极与清华大学、东南大学等知名高校以及科研院所合作开展项目攻关。

3. 发挥党建引领作用

一是建立党委定期研究安全生产、工程建设、前期发展等重大事项机制，切实发挥把方向、管大局、保落实作用。二是健全“述评考用”有效贯通的工作机制，层层压实党建责任。三是通过在送出工程、施工组织等急难任务中挂牌“党员突击队”等活动，把党员先锋模范作用发挥出来。

（三）树立运维标杆

1. 打造智能管理平台

华能江苏清洁能源分公司全力打造以资产为核心的全生命周期智能管理平台，包含项目开发、智慧建造、智慧运维和延寿退役四大模块。这四大模块涵盖质量管理、安全管理、进度管理、工程造价、资产管理、设备健康诊断、海上作业窗口期管理、风场智能感知管理、知识文档管理等多个子模块，打破了海上风电项目前期、基建期和运行期间的藩篱，实现多源数据的实时在线采集融合与利用。

2. 实现生产全过程数据采集

一是采用“集控中心 + 运维场站”的管理模式，并通过远程集控中心，开展天气、船舶、在线振动监测、海缆监测等实时数据接入，实现海上风电生产全过程、全景化数据采集。二是针对海上风电运维过程中遇到的新问题，通过新增传感器的方式，实现传感器最优部署，扫除设备状态监测的盲点，提高设备状态的感知能力。三是针对各个设备厂商数据格式标准不统一的问题，制定统一的运维数据采集标准，并将标准前置至设备招标采购期，为后续数据挖掘、梳理奠定基础。

3. 开展可视化运维

针对海上风电场多、分布广、气象条件复杂，而运维站人员较少，海上交通可达性差等特点，运维人员利用图像识别、实时通信等技术，开展可视化运维，随时“直播”维修实况，实现集控中心对海上风电运维的实时监管及信息交互，进一步深化专家远程诊断内涵，进而辅助生产运维。

4. 形成最经济的运维策略

一是依托全周期智能管理平台，兼容多家风功率数据格式，接入东润环能、兆方美迪、国能日新、南瑞继保的短期、超短期预测数据，部署预测结果、曲线对比、指标对比等 6 项功能，全面比对各厂商预测水平，为海上风电运维站选择最优的预测源提供指导意见。二是提前探索新能源电力交易，谋划超短期、小批量的新能源现货交易市场。三是依托大数据平台、智能诊断预警平台、调度系统等多种系统，实现海上风电运维的大数据分析、智能工作任务排布、智能工作任务下发、过程监控、效果评价等各项功能闭环，有效减小计划偏差，形成最经济的运维策略。同时，随着运维数据的不断积累，智能运维系统可不断修正运维策略，进而提高运维效率，降低运维成本，为海上风电平价上网打下了坚实基础。

（四）打造效益效能提升强引擎

1. 推动卓越运营

围绕做强做优目标，华能江苏清洁能源分公司牢牢盯住稳增长、降成本、提效率等方面关键环节，多点发力推动卓越运营，打造效益效率效能提升强引擎。一是开展全面对标管理。围绕“寻标、对标、建标、提标、创标”建立并动态调整对标指标，抓住形成成本管理的每个要素，划出小核算单元，测算出最优指标，最终落实管控责任，实现全员、全过程、全要素、全价值链的成本管控。二是强化资金统筹与分配，提升资本要素在企业发展中的引领作用，加强内部资金管理，统筹安排，切实提高资金使用效益。三是围绕年度基建、发展、生产、经营重点目标任务，优化审批流程，缩短管理链条，提升统筹协调、资源配置、高效服务的能力，压实各项目安全生产、成本管控和区域发展责任，形成职责清晰、上下联动、高效协同的管理模式。

2. 推进创新

一是持续推进核心能力创新。瞄准行业发展前沿，打造海上风电原创技术策源地。在如东 H3 项目、启东海上风电项目，开展 5 兆瓦、7 兆瓦海上风电国产化试验机型的设计制造，积极推动主轴承、齿轮箱、电气系统、PLC 主控系统等部件国产化进程，实现海上风电关键核心技术自主可控。二是主动对接国家重大战略需求，以风电规划、建设、生产等全生命周期内存在的重大技术难题为出发点，开展“科技引领，创新驱动”科技创新竞赛，助力核心技术人才脱颖而出。三是坚持产学研用一体化模式，积极与清华大学、东南大学等知名高校以及科研院所合作开展项目攻关。

（五）实现新能源业务跨越式发展

1. 建设清洁能源基地

一是在海上风电开发中，按照华能集团“东线”发展战略，集中连片规模化开发海上风电，已形成“投产一批、建设一批、核准一批、锁定一批”的滚动开发格局。二是带动产业链协同创新发展，打造原创技术策源地。即，组建江苏海上风电研发中心，推动海上风电装备设计、制造、施工和运维技术进步；开展校企合作，加快专业技术人才培养。三是积极推进盐城海上风电研发制造产业基地建设，促进江苏海上风电产业全面提档升级。四是建设施工—运维一体化的海上风电应用基地，为海上风电集约化、规模化开发创造条件。

2. 建设智能化创新发展基地

一是持续推进安全智能管控水平，即将“云、大、物、智、移”等技术与生产安全管理相结合，以数字化、信息化、智能化提升安全管控水平，推动安全管理平台智能化系统应用完善。在设备防护层面，围绕移动两票、设备状态智能检测、船舶动态管理等方面，建设智能化设备防护体系，对运行操作和基建作业过程的风险点进行智能管控；在人员防护层面，通过对人员定位、三维可视化等智能技术应用，实现对人员的有效管控；在安全环境层面，通过区域化进行授权管控、危险区域智能提醒等功能，构建一个智能化安全环境网络。另外，针对海缆锚害安全新课题，积极与海事部门 VTS 系统建立联动机制，丰富无线通信手段，拓展海上风电安全保障信息化建设；针对海上施工可达性差、安全管控面广、人力无法全方位覆盖的安全管理难题，持续挖掘和拓展智慧运维系统功能，不断强化海上风电安全管理智慧化建设。二是创新投运国内首个海上风电智慧运维平台。平台采用自主可控的国产硬件设备，以拥有自主知识产权核心软件为支撑，在安全管理、设备管理、能效管理、数据分析 4 个方面，累计部署具有“生产特色”的 46 项功能模块（安全管理 11 项、设备管理 21 项、能效管理 12 项、数据分析 2 项），逐步形成大平台、小应用格局。具有较强兼容性，能接入各家主机厂设备数据，有效提供故障预判、远程诊断、集中消缺，实现华能江苏区域海上、陆上所有风电场设备约 40 万个数据接入，通过对海量数据进行挖掘与分析，实现风电机组设备状况实时分析和全方位预警，量身打造机组高效发电专业智能控制在线辨识模块，为风场智慧运维提供了信息支撑。

3. 建立人才培养基地

一是牢固树立人才是第一资源的理念，着力打造一支锐意进取的员工队伍。建立优秀年轻干部人才库，加大对 80 后干部的配置力度，加大对 90 后干部的了解力度，不断筑牢干部队伍建设根基；畅通人才队伍双通道建设，在一线建设现场、在急难险种任务中锻炼和培养干部，结合企业实际，重点在技经评价、股权运作、法律等领域，培养专业化复合型人才，强化建设人才梯队。二是加强科技成果总结提炼。以如东、大丰等海上风电项目为依托，积极申报“江苏省电力科学技术进步奖”“江苏省科学技术进步奖”“中国电力科学技术进步奖”“中国科学技术进步奖”等奖项；开展“微创新”，成立科技攻关组、海上风电青年创新工作室，鼓励专业技术人员结合生产实践和基建实际，对日常技术管理、革新、创造等工作进行总结提炼，形成科技创新成果。

（六）量化业务评价指标

1. 建立业务评价指标

对照国务院国资委提出的世界一流企业应具备的基本特征，华能江苏清洁能源分公司在海上风电建设的运营管理中，针对4个方面提炼出18个指标，对实践效果进行评价。一是资产方面。包括总资产，装机总容量，海上风电容量，海上风电省内占比，资源储备情况等指标。二是效率效益方面。包括营业收入、人均营业收入、EVA、利润总额、资产负债率、利用小时、弃风率等指标。三是科技创新方面。包括科技投入率、专利数量、高层次技术技能人才等指标。四是市场能力方面。“走出去”发展能力，区域品牌价值，信用评级、国际化人才等指标。

评价结果显示，华能江苏清洁能源分公司在华能集团内部同类型公司里发展规模、经营绩效遥遥领先，硬实力走在发展前列，已具备管理的良好基础。但还存在以下短板，具体而言，一是存量资产价值创造能力后劲不足。启东、如东等早期投产陆上风电项目已进入中年服役期。叶片断裂频率较高，齿轮和轴承缺陷较为突出，设备检修、维护成本逐年增高。二是行业领军人才缺乏。培养领军人才的体制机制还不完善，选拔、储备力度不足。目前还没有培养出华能集团公司在海上风电领域的技能型专家、工匠，缺乏在行业内具有影响力的专家或专业带头人。三是品牌创建存在差距。华能江苏清洁能源分公司品牌创建工作不突出，以优秀企业文化凝聚发展动力作用不明显，企业文化的品牌力和美誉度还不强，国家级荣誉争创意识不够，社会影响力和软实力有待加强。四是科技创新氛围不足。科技创新体制机制、关键技术研发的创新活力没有充分迸发出来。

2. 持续改进做法

一是坚持创新驱动发展战略，加大创新投入力度。不断加强与高等院校、科研院所、制造企业和地方政府的合作，构建开放性、协同型、高效化产学研深度融合创新体系；创建创新工作室联盟，推动成果转化、服务公司发展；发挥企业创新主体作用，积极开展推动海上风电“卡脖子”关键核心技术取得重大突破；加快培养国际标准化高端人才，参与编写IEC国家标准，实现创新成果转化为国际标准领先实力。二是建设价值型企业。以企业整体价值最大化为原则，增强公司各领域协同发展能力，实现可持续发展；坚持以市场为导向，适应海上风电平价化趋势，积极履行社会责任，不断延伸海上风电产业价值链，提升海上风电市场占有率和技术贡献率，打响华能江苏清洁能源分公司品牌影响力；不断完善企业价值评价体系，突出价值创造的正向激励，充分彰显企业的行业价值、经济价值和社会价值。三是细化指标体系，分别制定近期、中期、远期规划。在不同阶段规划中分解工作目标、细化工作任务，树立目标任务滚动推进意识。

三、推动清洁能源开发的海上风电建设与运营管理效果

（一）实现规模化快速发展

通过海上风电开发建设，有效提升了项目管理效益和效率。“十三五”期间，安全生产保持平稳，装机容量实现从20万到100万千瓦的跨越，资产总额从27亿元上升到270亿元，基建投资从6亿元提升至86亿元，利润从0.23亿元上升至5亿元，实现跨越式发展；2017年至2020年，发电量从10.83亿千瓦时增至26.19亿千瓦时，归属母公司净利润从1.05亿元增至2.56亿元，资产负债率从73.49%下降至69.11%；启东、如东、铜山、六合、如东八仙角、灌云光伏顺利进入补贴清单，累计回收陈量

电费104330.7875万元。

（二）实现运维领先

一是以海上风电运维体制改革为起点，逐步推进专业化管理，加强设备全生命周期管理，控制设备检修运维成本。通过对叶片运行过程中采集数据进行精准分析，准确预判出如海场6号风机叶片前缘磨损缺陷，减少直接经济损失上千万元。二是通过设备全生命周期运营管理实践，探索成本更低、风险可控的运维模式，不断提高项目收益水平。2020年海上机组可利用率为99.32%；成立了技术攻关专项小组，组织完成如海场北区“大孤岛”试验，有效保障外部线路停电期间风机主设备健康；以AGC、AVC整改闭环为目标，实现调度结算扭亏为盈。2018年、2019年、2020年海上风电平均利用小时数分别为3032、2491、2402小时，在江苏省位于前列。

（三）沉淀技术经验

2017年以来，依托如东海上项目，与施工单位、科研单位合作开展了11个子课题研究；围绕海上风电风资源计算、智能控制、钢管桩优化、尾流预测、关键设备选型、质量控制等8个方面，截至2020年年底，华能江苏清洁能源分公司累计受理、授权发明专利29项，实用新型专利10项，软件著作7项；通过大丰、灌云、如东H3、射阳等海上风电建设，全力开展“海上风电全生命周期智能化管理技术应用研究及系统开发”等6个课题研究，累计投入资金8828.6万元；依托如东八仙角海上风电项目开展的“海上风电风能高效利用与低冗余高可靠性桩基关键技术及应用”项目获得“2020年度中国电力科学技术奖一等奖”；2021年6月29日投产的华能盛东如东海上风电场，项目安装150台发电机组，其中HZ-171-5MW机型首次实现机组一级部件100%国产，所有元器件级零件国产化率超过95%，对实现我国海上风电全产业链国产化具有重要推动作用。

（成果创造人：李必辉、姚　晖、陈晓路、沙　浩、杭兆峰、杨立华、姚中原、于　芸、庞　然、戴　乐、张诗雨）

城市电厂以打造综合能源供应服务商为目标的转型升级管理

华能苏州热电有限责任公司

华能苏州热电有限责任公司（以下简称苏州热电厂）始建于1987年，由华能国际电力股份有限公司、苏州新区高新技术股份有限公司、江苏长江节能实业发展有限公司共同出资建设，主要从事电力、热力的生产和供应，是苏州西部城区重要的热电负荷中心。拥有1座煤机电厂、1座燃机电厂，装机总容量63万千瓦（煤机12万千瓦、燃机51万千瓦），并拥有200公里的供热管网和60公里的天然气管道专线。建厂30多年来，苏州热电厂累计实现销售额100.20亿元，利润总额7.15亿元。荣获“江苏省文明单位”等称号。

一、城市电厂以打造综合能源供应服务商为目标的转型升级管理背景

（一）新形势下能源行业发展的必然要求

一是随着“互联网+”行动、“供给侧结构性改革”、电力体制改革等政策的不断深入，分布式能源、储能等基础能源技术与大数据、云计算、人工智能等数字信息技术大规模应用，加速了能源产业的跨界融合和竞争。二是传统封闭单一的能源生产利用模式已不能满足人民日益增长的美好生活需求，我国能源行业发展的重心已从单纯的“保障供应”延伸到“以客户为中心的能源服务”，能源产业链上传统企业的专业经营模式势必转向面向用户和市场的服务模式。

（二）传统火电在新能源格局下的必然选择

在“四个革命，一个合作”能源安全新战略和“碳达峰、碳中和”目标指引下，我国电力结构转型明显。2020年，非化石能源电力装机容量已占全国装机容量的43.4%，传统火电生存空间被不断压缩。但是，由于我国“富煤少气”的资源禀赋以及电网尖峰负荷波动明显、大容量电力储存技术还不完善等现实条件，虽然传统火电的装机占比在减少，但发电量占比仍保持在70%以上，承担着基础负荷、调频调峰、热电联产等重要任务。因此，在顺应新能源快速成为电力系统主体的进程中，火电企业必须抓住窗口时间，加快业务形态和服务模式的创新，延伸价值链条，促进转型升级，实现应对多能并进的“协同发展”。

（三）因应城市电力市场竞争的必然选择

苏州热电厂地处长三角核心城市之一——苏州市的西南核心，集合了煤电、气电、供热、天然气等多个产业形态。在城市产业结构调整升级、电力市场化交易持续推进以及煤炭、天然气等燃料价格居高不下的背景下，苏州热电厂的供热需求持续收缩，电量竞争不断加剧，燃料成本保持高位，盈利空间被不断压缩。此外，机组老化、人员结构不合理、创新力度不足等内部因素，也加剧了经营困难。特别对于城市电厂而言，资源限制多、机组容量小、扩建空间少，很难依靠持续扩大规模推动经营效益的增长。但是，在城市的高速发展中，低碳、高效、精准、个性化的能源服务需求又不断出现，苏州热电厂必须抓住商业机遇，在综合供能的基础上，通过有效管理手段实现能源强力耦合、服务精准对接，主动融入城市发展大局中。转型源网荷一体化、多能互补共同发展的综合能源供应服务商是苏州热电厂提高效益、实现高质量发展的必经之路。

二、城市电厂以打造综合能源供应服务商为目标的转型升级管理主要做法

（一）构建顶层设计，转型综合能源供应服务商

1. 成立组织机构

为加快转型发展，2018 年 9 月，苏州热电厂成立了由总经理任组长、副总经理任副组长、各部门负责人任小组成员的领导小组，统筹推进综合能源服务化转型。领导小组下设专项工作小组，由生产技术骨干和部分优秀管理人员任成员，具体实施推进管理创新工作。

2. 确立发展理念

苏州热电厂确立了四点发展理念：一是立足本地，坚持与城市共生。主动与城市经济文化相融合，在城市发展中体现价值、谋求空间。二是系统思维。着眼全局，超越传统点状电源概念，实现各项业务互联互通互补，达到“1 +1 +， +1 >n” 的效果。三是技术赋能。通过融合先进技术，尤其是利用数字化手段，着力解决“信息孤岛”问题，加强各个业务的关联性和市场化服务的灵敏柔性，提高能源利用效率和供应服务水平。四是精益高效。转型综合能源供应服务商的本质不在于形式上的多元，而在于业务耦合后效率和效益的双重提升，在整合发展过程中要加强成本核算，确保业务规模扩大，效益也随之增加。

3. 明确管理思路

苏州热电厂在规模效应不具优势的情况下，通过统筹“一厂多站”资源，破除利益藩篱和机制弊端，明确了综合能源一体化管理的基本思路。即在内部管理上，统一工作形式和内容、目标和手段；在生产基建上，统一外表工艺和内在质量；在经营发展上，统一需求与供应，将自身发展与当地自然、社会、人文、生态融为一体。

4. 制订总体目标

转型升级管理的总体目标是：建立完善“同城，多站，多能”一体化管理方式，由简单的业务多元化转向多品类能源的融合互补，增强综合能源供应服务中的源网荷协同性；有效提升综合能源供应服务的经济性、安全性、舒适性和环保性，让用户“为能源买单”的同时，也更愿意“为能源服务买单”，从而提高各项收益，打造具有苏州热电厂特色的能源企业转型升级示范。

（二）拓展多能联供，形成综合能源供应服务的网络基础

1. 强化电能支撑

苏州热电厂以煤电机组、燃气机组为核心，衍生出其他能源服务。一是以发电机组长周期稳定运行为目标，根据政策变化和市场形势，合理制订年度发电计划和电量结构，争取稳定的基数电量和更高的利用小时数。二是优化开机方式和检修周期，避免集中停运，确保生产持续在线。三是加强对电网检修信息的收集，提前调整运行方式、安排消缺工作，提高迎峰度夏等机遇期机组平均负荷率，增加电量收益。四是准确定位煤电、气电在新型电力系统中调峰和兜底保供作用，在重要时间节点完成保供任务，持续巩固苏州热电厂社会地位。

2. 自建热力网络

在“以热定电”模式下，供热量是热电联产机组的生命线，苏州热电厂明确了“自建自管、滚动开发”策略，不断扩大热网规模。一是采用“上天入地”施工方法，即在水中打桩、抬升基础、搭设支架，建起绵延 8 公里的热网高架桥；采用“非开挖技术”，在大运河河道底部建造穿河隧道，同时保证航道通行和热网运行安全。二是铺设东线、南线、西线等纵横数百公里供热干网，延伸出数条管径不同、压力不同的供热支线，建成总长超过 200 公里、覆盖约 180 平方公里的供热管网。三是利用联网优势，串联相距十余公里的煤机、燃机电厂，形成热源备用和支撑，扩大供热半径，提高供热可靠性。四是综合测算燃料成本，向主管部门争取到价格更优的混合汽价，并建立定期沟通、调价机制，平抑煤

炭、天然气成本波动，2019—2020 年争取到 5 次供热价格上调，增收约 1800 万元。

供热管网让苏州热电厂在接入电网之外，独立拥有一张能源网络，实现和用户的直接连接，为热源点的多能互补和与热用户的源网协同，建立了自主可控网络基础。

3. 开发新能源

苏州热电厂在化石能源占比大的背景下，大力布局分布式能源和新能源，补齐能源结构性短板。2014 年，苏州热电厂就开展风力发电可行性研究，在太湖西山岛上建设试验台，采集大量基础数据，一旦有所规划，便能迅速推进风电项目。2019 年，获批“国家首批燃机创新示范项目”，在建设燃机国产化创新试验平台的同时，以中型燃气—蒸汽联合循环分布式能源，开展冷、热、电三联供。2020 年，制订全员开拓光伏项目奖励方案，举全厂之力寻找光伏资源，按照“能建则建、能收则收、建收并重”原则，与政府、企业、资源商合作开发光伏发电项目，足迹遍布市内市外、省内省外，已完成多个光伏项目备案，为新能源项目发展迈出坚实一步。

（三）实行一体化管理，提高综合能源供应服务的管理效率

1. 压减经营主体

虽然苏州热电厂煤机、燃机 2017 年起同时独立经营，但却面临共用热网、人员的局面。为打破这种局面，苏州热电厂通过股东增资方式，对燃机吸收合并，压减经营主体，实现一厂之下“煤机”“燃机”两站一体化运营管理。在“一厂两站”模式下，苏州热电厂整体规模变大，资源实现共享，减少冗余重复，降低生产和管理成本。同时，电、热、气多业务统一管理、目标一致，为多能并存下的多能共进创造了管理基础。

苏州热电厂改变传统单独核算煤机、燃机电站效率、成本的方法，以提高整体盈利水平为目标，进行全厂级别经济测算，合理分配燃机、煤机电热负荷，发挥以老带新、新老共进的“同城、多站”一体化管理协调互补优势。

2. 优化部门分工

一是针对煤机、燃机分别独立设置运行、检修专业部门，保证生产管理专业性，而营销管理、安全监管、人力资源、财务管理等部门不再分设，既精简组织机构，又保证全厂管理标准一致。二是建立重点任务督办机制，对重点工作分解细化、全程跟踪，定期通报监督评价结果，并与部门绩效挂钩，提升责任部门执行力和管理效率。三是实行岗位资格准入制，开展职业技能等级认定，定期测试，量化评估人员能力，不合格者需要重新培训，确保人岗匹配。

3. 培养技能人才

一是加速培养“一专多能”的复合型人才。苏州热电厂依托华能集团“网络学院”，建立“互联网 +”的学、考、评培训平台，全厂教培资源集中在平台展示，以内部上传和外部引用“双途径”，建立实用性强、更新频率快的资料库。所有资料均以标注知识点方式归纳，然后依据不同岗位需求和培训清单，关联调用相应知识点材料，快速组织个性化培训内容。一方面，职工可利用手机 App 随时随地开展碎片化学习，通过网页端开展云端培训、考评和归档等常态化学习。另一方面，培训主管部门则可在后台即时查看培训进度，通过错题统计，找出薄弱环节，及时改进全厂培训管理。二是发挥人才专长，促进成果转化。依托劳模创新工作室搭建厂级职工创新平台，打破专业和部门壁垒，聚集各类创新要素，以项目小组为单位开展创新创效课题研究。小组成员基于项目需求动态变化，实时协调补位，增强创新活动的灵活敏捷性。最终，以项目完成度作为评价标准，按照贡献大小给予奖励，在正向激励下激发职工的创造力和能动性。

（四）加强精细管理，强化综合能源供应服务的成本控制

1. 建立燃料全过程管理平台

燃料成本占到火力发电厂生产成本的近70%，为降低燃料成本，苏州热电厂建立信息化的燃料全过程管理平台，将采购、运输、计量、检验、库存、耗用全过程实体行为转换成精细化数据管理。

燃料全过程管理平台主要包括集团侧、厂侧和监控系统三个部分。集团侧由调运中心统一调运煤炭船运和中转，实时统计运输时长、运输费、滞期费、结算费等指标，精确计算费用使用状况。厂侧数据中心全面收集燃料到厂后各类原始信息，在线统计“量、质、价、耗”等关键数据，自动生成实时报表，提供趋势分析、图表展示和状态预警等功能，帮助管理人员迅速锁定成本控制关键点。监控系统主要由工业电视和门禁系统组成，覆盖燃料生产管理全区域，通过进出权限分配、现场操作录像等方式，规范人员行为，提高燃料管理准确度和公信力。

2. 建立全面能耗指标体系

苏州热电厂建立全面能耗指标体系，按照“日、周、月”时间节点开展全面“横向”“纵向”对标工作。一是每日召开生产早会，分析运行日报中指标变化原因，及时调整节能降耗措施；每周召开经济分析会，对主要指标进行同比和环比分析，找出变化趋势和影响因素，制定有效措施加以改进；每月召开对标分析会，与国内同类型机组进行对比分析，在指标水平、管理方式和手段等方面对标找差。二是加强当月经济指标与年度计划对比，分析偏差原因，确定改进目标、责任人和整改时间，实现闭环管理。三是通过采用近一年来数据平均值和同类型电厂最优值作为机组启动能耗指标对标对象，从各个环节进行优化提升，成功缩短联合循环机组冷态启动时长近50分钟。2020年，燃机2号机组获评中电联E级供热机组对标AAA级荣誉称号。

3. 开展全周期寿命管理

苏州热电厂以技术监督和可靠性管理为基础，建立健全设备技术台账和统计报表，掌握设备个性化特征，开展全生命周期的设备管理。结合运行状况、人员素质、复杂程度，量化检修工作量，将以计划为依据的定期维修、以故障为特征的事后维修、以改善为目标的提升维修、以预判为基础的状态维修等不同方式相互结合，提高检修效率，降低检修成本。同时，制定班组、部门、厂部三级验收制度，确保设备检修的质量。

4. 构建风险分析管控平台

面对不同能源形态下不断细分的安防要求，苏州热电厂通过构建风险分析管控平台，从模糊的“人防”转向精准的“技防”。一是对生产工艺、设备设施、作业环境、人员行为等全面辨识，形成不同专业、班组、作业形式下的风险大数据库。二是根据出现频率和危害程度，对风险评估定级，形成风险清单和风险空间分布图，使得危险可见、风险量化。三是从人、机、环、管不同角度制定管控措施，自动生成按优先级排布的防范措施卡，实现风险分级管控。四是以“两票”为切入点，全面关联措施卡至运行管理、SAP等日常工作平台，提高实用性。五是引入智能门禁系统、智能安全帽和无人机监控等先进手段，加强人员身份识别和行为监控，实时影像播报，减少管理盲区。

（五）融合数字技术，提升综合能源供应服务的智慧化水平

1. 搭建网络架构

综合能源的站点多、用户多、距离大，快速协同响应至关重要。为此，苏州热电厂构建以分散控制系统DCS、厂级监控信息系统SIS、管理信息系统MIS为核心的网络架构，以数字化手段强力耦合各业务环节。分散控制系统DCS通过传感器泛在感知运行参数，以现场总线、硬接线等通信方式整合信息，在“算法+算力”支持下实现能源生产自动调整与控制；厂级监控信息系统SIS收集各类生产信息，进行海量数据自动统计和智能分析，通过图标、曲线、报表实时传递，辅助管理者做出科学决策；管理信

息系统 MIS 通过丰富的接口和应用，实现生产管理、物资管理、财务管理、行政管理等业务的数据共享和系统整合，以网络化方式重构业务流程，实现协同办公、协同审批、协同管理的在线管理。同时，利用厂网交互系统，实现和电网实时连接，在电网智慧调度下，自动调整电力负荷输出，实现源网协同。

2. 创立热网运行平台

利用物联网技术，苏州热电厂首创热网运行平台，将 200 多家热用户端的压力、流量、余额等数据实时传送至监控室，精确定位人员巡检路线，全面掌控热网状况。一是平台自动生成热曲线、报表等，挖掘运行数据，快速提示异常，并可对用户端参数进行远程设置，从而提供更为个性的用户服务。二是利用远程自动计量站和电子支付技术，建立“先充值、后用汽”的预付费系统，用户可以通过手机、电脑等方式在线预付汽款，资金到账后系统后台自动即时恢复供汽，增强用户体验感，提高汽款回收率，增加电厂流动资金，苏州热电厂也因此获得华能集团“第一批供热经营示范企业”荣誉称号。

3. 建立管道监控服务系统

60 多公里的天然气管线，传统人力运维不但费时费力，而且会存在大量管理盲区。为此，苏州热电厂建设“千里眼”天然气管道监控服务系统，以电信运营商铁塔资源为支撑，装设 62 路高分辨率、具有夜视功能和设备断电、物体移动侦测等报警功能的多用途监控摄像机，利用 4G/5G 移动通信技术，将天然气管线周边安全信息实时集成到监控中心，并且能够实施声音、画面、短信分类报警，从而实现对管道及周边情况进行全天候有效监管。

4. 开发嵌入式仿真机

为打破国外主机厂商对于燃机控制系统的技术封锁，苏州热电厂联合国内厂商，首创联合循环机组嵌入式仿真机，全范围、全过程实时动态仿真联合循环机组运行状态。系统与实际运行有着完全相同的软件平台、操作界面、控制逻辑和执行环境，在作为培训平台的同时，以开放式架构破解燃机控制系统“黑匣子”，为下一步燃机控制系统自主改造提供有利条件。

（六）对接市场需求，延伸综合能源供应服务的价值链条

1. 参与电力辅助服务

随着用电负荷结构性变化和清洁能源大量消纳，电网调频、调峰压力激增，电力辅助服务补偿机制也逐渐完善。苏州热电厂充分利用燃机快速启停优势，响应电网负荷需求，主动提供调峰辅助服务，缓解局部供需矛盾。此外，深入研究调频市场交易规则，提升设备性能，提高机组的调节精度和响应范围，做好电网调频需求跟踪，制定合理报价策略，常态化提供调频辅助服务。

2. 开展供热定制服务

针对企业、医院、商场等不同类型的城市热用户，苏州热电厂拓展供热定制服务，以满足热用户新建、改造、扩容过程中的各项所需。一是在建设热网管线时，就将后期升级扩容和周边潜在用户摸底清楚，预留接口和传输裕量，安排专人定期走访，以便快速建设改造。二是利用热网监控平台数据，分析用户使用感受，对供热参数和实际需求不匹配的，主动提示办理增容或改造。三是整合上下游合作供应商，提供从经济测算、方案制订到物资采购、建设施工的一站式“交钥匙”服务，减少用户时间成本和经济成本，增加服务性收入。

3. 提供热水供应服务

城市中浴室、温泉等服务业每天消耗大量热水，传统的小锅炉烧水，既不环保，也不节能。为此，苏州热电厂对锅炉连续排污、定期排污、冷渣机冷却水回水等生产余热进行集中回收，增建热水加热装置和储罐生产热水，并以合理的价格销往城区热水用户，实现能量再利用和增收创效。同时，定期组织人员及时搜集用户意见，根据季节和气温不同，调整热水产量和温度，提高用户满意度。

4. 合作拓展燃气输配服务

苏州热电厂因其全长60.3公里、覆盖5个行政区的天然气管道专线存在富余输送能力，遂推进与中石油燃气公司合资成立天然气管道资产平台公司，以借助专业团队，和途经行政区企业洽谈天然气开发使用，开拓天然气输配服务领域。

（七）融入城市发展，促进综合能源供应服务的可持续发展

1. 实施“后工业化”设计

苏州市在经济腾飞的现代图景下，又蕴含着山水人文的典雅意境。为此，苏州热电厂燃机项目建设理念大胆转向“后工业化”设计，将工业建筑与自然生态、人文环境相融合，创作出契合本土风格和城市风貌的现代工业艺术品。一是以紧凑模块化布置理念，将汽机房和燃机房联合布置、将化学及水工设备布置优化为“五水合一”的“全厂水务中心区”，在满足功能需求的同时，减少工业占地，单位千瓦占地仅0.13平方米，远低于行业标准。二是以多功能回廊替代综合管架，兼顾生产需求和人文关怀。廊道顶部热力管道通行其中，提供检修维护通道和空间；廊道连通电厂各区域，为参观、工作、巡检人员提供安全、舒适、便捷的人行通道；通过镂窗、空廊等设计，形成空间流通，植物与机器设备互为“对景”与“借景”，将苏州园林的审美体验转换成工业文化的空间体验。三是以简洁美观形象，体现文化内涵，消除工业建筑冰冷感。采用素色墙面，辅以深色压顶，表达江南传统建筑白墙黑瓦的意境；协调建筑和设备的色彩搭配，采用灰白相间的跳跃式处理，展示工业的活力；开放式围墙将封闭的生产流程变成了通透的文化展示区，机械设备在不同角度上变成了景观与形式的正面表达，宣传企业科技硬实力和文化软实力。

2. 开展污染综合治理

由于能源生产的固有属性，不可避免地产生废气、废水、噪声和固废。为此，苏州热电厂按照“分类处理、循环利用”原则，进行污染综合治理。一是对燃煤机组进行烟气治理一体化改造，升级脱硫工艺和脱硝工艺，废气排放降低至达标指标的20%，实现“超净排放”。二是采取燃烧调整和燃烧器升级改造双重技术措施，燃气轮机NOx排放均值下降近7毫克/立方米。三是按照“雨污分流、一水多用、分质处理”思路改造厂区给排水系统，经常性排水经全部在厂内回收再利用。四是将制水过程中产生的污泥，经脱水烘干后送入流化床锅炉进行掺烧处理，自我消纳减少固废垃圾。五是通过在室内布置高噪声设备，在外立面增加复合墙体结构，设置消声器、隔声屏障、隔声窗等减噪装置以及封堵生产区域所有孔洞缝隙等多重手段，使厂界噪声远低于国家标准，为工业科技找回人文关怀。

3. 实施城市循环经济综合能源项目

随着我国城市化进程加快，城市污泥急剧增加，常规填埋处理不仅占用大量土地资源，而且有害物质也未得到彻底清除，存在二次污染的风险。为此，苏州热电厂与苏州高新区合作实施城市循环经济综合能源项目。该项目利用厂区空地新建污泥干化系统，依托流化床锅炉燃烧特性和既有环保设备，实现污泥干化耦合燃煤焚烧，成功建成苏州高新区唯一的污泥处置中心，不仅实现了污泥安全干化、环保焚烧，而且焚烧后的灰渣也能作为建筑材料使用，实现资源循环利用。污泥处置中心每年可处理污泥约8万吨，资源化利用固体废弃物2万吨。

4. 开展地企合作

围绕苏州高新区生物医药、高端装备制造等领域，苏州热电厂深度挖掘热力数据，参与政府产业热力图编制，推动重大热用户与产业规划精准匹配。将集中供热作为基础设施，与地方招商项目同规划、同推进、同投产，实现集中供热和项目投产的良性发展，成为城市中不可或缺的能源支撑。

三、城市电厂以打造综合能源供应服务商为目标的转型升级管理效果

（一）提高管理效率

一体化的综合能源供应服务管理机制有效降低了内部成本，生产经营保持稳定向好态势。2020 年，苏州热电厂人员效率大幅提高，全员劳动生产率同比上升 39%，人工成本利润比同比上升 36%。2019 年，燃机累计缩短检修工期约 27 天；2020 年，煤机 2 号机组实现大修后连续运行 502 天，刷新机组投运以来长周期运行的纪录，2 台燃机机组实现“四个安全”运行 2000 小时。苏州热电厂先后荣获“中国电力优质工程奖”“中国安装优质工程奖”等荣誉。

（二）改善收入结构

2020 年，苏州热电厂在销售收入受大形势影响而减少的情况下，依然实现了利润总额的高速增长，年度利润同比增幅 161%。各类节支增收措施效益显著，在 2020 年创造经济效益约 3700 万元：统筹分配热负荷增收约 300 万元；污泥掺烧增利近 600 万元；实施煤机引风机汽动化改造、燃机燃烧器改造、污废水回收处理、优化燃机启动共节约成本约 960 万元；职工创新工作室开展课题研究 20 余项，增创利润 280 余万元；调频调峰累计收益约 450 万元，供热增值服务增加收入近 1300 万元。更重要的是，供热服务、污泥掺烧等多项服务型业务快速拓展、形成规模，电热主营外收入逐步增加，使得电厂收入结构得到优化升级，2021 年上半年，各类服务型业务创造的利润已超过电热主营利润，形成了新的利润支撑，实现了从单一生产到综合服务的业务转型和收益提升。

（三）服务城市发展

自 2019 年起，苏州热电厂通过循环利用、高效治污等方式，每年减少废水排放约 26 万吨，处理城市污泥约 7.3 万吨，通过超净排放和燃烧器改造，每年减少二氧化硫排放量约 860 吨、氮氧化物排放量约 270 吨、烟尘排放量约 60 吨，减轻了城市生态承载压力。同时，随着联网供热区域的不断扩大，累计替代苏州市区 500 余台小锅炉，拔除 150 多座黑烟囱，苏州热电厂逐渐成为城市绿色可持续发展的嵌入式能源保障。

（成果创造人：沙　浩、纪春启、陈志锋、郭蕙敏、张建东、
李　博、赵巍伟、屠莹颖、陈　艳、李辰洁）

能源销售企业电力现货市场动态报价管理

华能浙江能源销售有限责任公司

华能浙江能源销售有限责任公司（以下简称能销公司）位于浙江省杭州市，由中国华能集团全资组建，负责组织、协调浙江区域火电、燃机、水电、风电等各类型机组参与各类电力市场交易。

一、能源销售企业电力现货市场动态报价管理背景

（一）顺应电力体制改革的需要

2015年，中共中央、国务院发布《关于进一步深化电力体制改革的若干意见》（中发〔2015〕9号），文件明确了电力体制改革的重点和路径，按照管住中间、放开两头的体制架构，有序放开输配以外的竞争性环节电价，有序向社会资本放开售电业务。2017年8月，国家发展改革委、国家能源局将浙江省列为首批电力现货市场建设试点地区之一。2017年9月浙江省人民政府印发《浙江省电力体制改革综合试点方案》（浙政发〔2017〕39号）和《浙江电力市场建设方案》等配套子方案，主要包括输配电价改革、电力市场建设、交易机构组建和售电侧开放等方面。其中，有序放开输配以外的竞争性环节电价，直接打破了电力行业的传统定价模式，市场主体也随之出现多元化趋势，包含用户等资源优势突出的电网背景售电公司、在节能领域有垄断优势的服务类企业背景的售电公司、市场经验丰富的社会资本售电公司等。这对具有发电背景的售电公司而言，树立市场化竞争意识、跳脱传统思维和工作模式、以动态报价管理方式参与批发侧竞价是必然选择。

（二）发现电力商品价格的需要

一是市场运行中的电力商品要达到供需平衡，存在两方面的实际意义。一方面是经济层面上、供需均衡达到平衡价格；另一方面是物理层面上，在网络安全约束下达到的电量及其他参数的实时运行平衡。因此，在实际运行中，现货运行出清的结果，是在符合物理安全校核的基础上按照社会福利最大化原则进行求解。二是浙江省全社会用电量占比中有近1/3来自省外电源供电，随着新能源的蓬勃发展，太阳能、风能等清洁能源占比的逐渐升高，清洁能源的不稳定性对电网安全稳定运行提出更高要求，也给负荷预测增加了巨大难度。上述问题体现了电力商品价格发现的复杂性，一套行之有效的动态报价模式是进入蓝海航行必备的船桨。

（三）应对不断完善的电力市场改革规则的需要

浙江省电力市场运行以来，存在以下问题。一是外来电与清洁能源尚未在真正意义上进入市场，作为保障性电源，在特殊时期，如夏季水电丰水期，大量挤压煤电发电空间，将引起煤电的价格踩踏与非理性竞争；二是发电成本波动大，尤其化石燃料中的燃煤和天然气，直接影响着市场中主力电源主体的市场行为；三是浙江电力现货采用节点电价机制，市场出清价格与网络阻塞情况密切相关；四是对于传统发电企业而言，从计划模式到市场模式的思维转换还需要过渡时间，绩效考核指标有待调整。为此，浙江省不断对市场交易规则开展修订调整。为应对规则调整，成长为目标市场中具备核心竞争力的能源企业，探索开展动态报价管理的需求十分迫切。

二、能源销售企业电力现货市场动态报价管理主要做法

（一）识别电力现货价格主要影响因素，明确动态报价总体思路

电价形成的主要影响因素包括电能成本和电价形成机制。其中，电能成本是电价形成的基础。电能成本包含燃料成本、启动成本、空载成本、单位变动成本、边际成本等。而电价最终通过市场机制形成

的部分，首先取决于市场中其他参与者的市场行为，用户侧的电力需求、新能源发电能力、其他市场主体的成本与报价策略等。最后，在电力供需两端参与中，市场本身的规则、主体规模与类型、运行方式，以及在政府等外部监管的力量影响下以综合算法下形成电力现货的价格。综上所述，影响现货价格的主要因素即基于各类成本的内在因素、市场供需关系和市场规则算法等双边因素及政府等外部监管的因素。据此，能销公司制定了动态报价的总体思路，即动态报价可以包括但不限于需求报价、激增报价、基于时间的报价、智能报价等方面的内涵。

（二）综合考虑成本等内部要素，精准测算边际成本价格

一是自主加强对边际成本的深入研究测算，建立符合自身实际的边际成本测算模型。能销公司建立的成本测算模型以边际成本计算为基础，加入启停机组机会成本、机组供热、辅助服务等影响因素，综合测算机组所能接受的最低电能边际成本。二是普及现货知识，利用培训、会议、交流等多种方式积极营造电力市场化改革的氛围，培育市场化理念。三是充分考虑启停机成本，加强对市场供需关系的分析，测算停机与不停机两种报价方案的盈利情况，充分利用规则范围内的报价手段规避停机可能带来的损失。四是通过运行分析，不断优化燃煤机组性能，如加减负荷速率、低负荷运行能力、调频性能及外加储能等项目模块。目前，机组扩容、调频性能优化方面已经取得显著成效，优化后的燃煤机组调频性能迅速跃升至全省前列。

（三）依据市场与供求变化，制定差异化报价策略

售电公司编制报价策略、交易策略、单个用户经济测算等，都是以精准的负荷预测为前提的。为预测短期（两周以内）负荷主要考虑天气因素，包含往年同期历史天气情况、前几日天气、极端天气、台风、特殊气候信息如厄尔尼诺现象等，能销公司创新构建基于“气象相似日”附加自适应动态规划校正环节的短期负荷预测模型。该模型中同样包含历史负荷信息，以及社会活动记事等修正因子。模型的建立大大提高了用户负荷需求预测的准确度。

同时，在短期负荷预测研究的基础上，能销公司寻求在电网架构和区域条件下发电的最优策略。总体思路是按电源进行分类讨论，即基荷、腰荷、峰荷三类电源。基荷机组成本最低，市场竞争力强，在负荷预测高且供需偏紧时要考虑报高价争取利润，供求宽松时要在最大限度保证满发的情况下，略高报价保证收益；对于腰荷机组，前有基荷的低成本电量拦截了大量客户需求，只能去竞争随着负荷增加基荷机组无法继续满足的那部分需求，该部分负荷是变动的，因此基于精确的负荷预测对基荷机组的报价指导意义尤为重要。最稳妥的报价策略是基于机组在不同负荷水平条件下的边际成本进行分段报价，对于峰荷机组而言更是如此，当有特殊的网络断面约束、潮流限制、机组及线路检修时，需要特殊分析。目前，能销公司报价决策系统辅助服务功能模块可以测算未来两天的统调用电负荷，平均预测精度在95%以上。

（四）基于政府与市场监管，主动争取话语权

在不断完善的电力市场中竞价，完全按照经济学原理去指导市场行为，必然会与实际情况及预期目标产生偏差，因此对市场监管的政策规则把握显得尤为重要。作为市场主体，能销公司积极践行动态报价管理，认真履行职责义务，把握意见征集及各渠道发声机会，充分发挥在政策制定中的话语权与方向引导作用；注重人才队伍建设，着力培养专业技术扎实、对市场敏锐度高、研究与挖掘能力强的优秀人才，在充分理解交易规则基础上，在有限空间内寻求最优解的思路，不断运行迭代。

（五）成立专业组织机构，落实职责分工

能销公司通过对国际成熟电力市场大型发电企业管理体制的研究，构建了“运营中心”适应现货市场管理体制的战略。一是调整职责分工，扩充人员力量，优化运作流程，开展月度计划协调会，确定总体报价策略与生产计划；根据月度交易方案，每日召开报价早会，复盘分析前日市场运行情况，制订

下一日报价方案，生产、财预、交易密切配合交流，报价工作开展流畅度得到提升。二是统筹协调区域内发电企业的市场交易，构建现货市场统一运作、零售市场分片区负责、生产运行相互配合的管理体制，逐步实现燃料、金融、财预等相关专业统一运作的管理体系。

能销公司通过“运营中心”主体进行动态报价管理的具体执行。一是汇总各关联部门信息，运行部主要申报机组运行、缺陷情况；财预部主要申报耗煤单价、冷热温态实际启动成本信息；生产部主要申报各负荷阶段综合厂用电率、供电煤耗、冷热温态通知时间等技术信息。二是使用负荷预测功能测算未来两天内浙江省统调负荷情况。三是收集天气、节假日、特殊事件、线路检修、外来电情况、全省机组运行情况等综合信息，结合负荷预测，测算可竞价空间，形成市场边界条件，使用报价寻优功能系统初步形成最优报价方案。四是综合交易中心发布的市场信息，及负荷预测、断面检修、必开必停、外来电等，进一步进行对比融合修正后形成最终报价方案。其中，动态报价管理的关键在于分段定价，对不同机组类型的不同负荷段分组，合理设置价格梯度；基于时间的报价，保持机组状态的实时监控，检修机组出力受限等因素纳入报价方案制订，尤其要测算涉及机组启停等阶段在规则内时间把控；基于不断变化的市场条件调整报价，其中尤其要关注外来电与受天气影响大的光伏、风电等新能源电源带来的供需比波动。

（六）搭建信息系统，为动态报价管理数字化赋能

现货市场运行存在以下问题。一是现货市场运行数据收集量大，数据处理繁杂，并且考虑市场运行规则调整的空间，参与主体的增多等诸多未来不可控因素，从取数基本处理到中远期预测及分析收益等深层次需求，历史数据库集成，仅仅靠人工收集如此大量的数据难上加难；二是流程方面，传统的人工计算、报送、审核，差错率高、审批流程烦琐，无法满足高频次、快节奏的市场化竞争需要；三是风险控制方面，电力市场逐渐走向全面放开和多元化竞争的格局，在为市场主体带来新的发展机遇的同时，也带来了前所未有的风险与挑战，需要建立一套行之有效的现货市场风控管理体系。为解决上述难题，能销公司自主开发了现货报价决策系统——华能浙江现货报价决策系统。

报价决策系统是以电力现货市场仿真为核心技术，通过负荷预测、电价预测和报价寻优等关键算法，辅助发电企业进行现货市场报价决策的信息管理系统。该系统以纵向连接决策流程，横向集结系统内职能部门，通过数字化展示推动信息开放共享，驱动营销体系全要素、全生产流程、全价值链的协同优化、深度互联，实现设施共通、数据共享、成果最优，基于系统化理念打造一体化的、覆盖内部生产经营管理的数字业务系统。该系统可为现货市场报价决策提供强大的技术保障，同时极大提升公司现货市场管理水平和市场竞争力。

系统一期主要实现大屏展示、数据整合、报价管理、结算管理、信息管理等功能。在一期项目的基础上进一步开展系统二期开发，以优化系统设计、拓展系统功能、升级系统架构的思路开展，基于现货市场模拟仿真、负荷预测、报价寻优等关键技术，以现货市场平台为基础，接入电厂生产、运行、燃料、财务等各类数据，形成区域公司统一的智慧数据平台。该平台可以帮助发电企业挖掘数据资源，打通数据壁垒，将数据作为重要的资产进行管理运营，开拓电力市场中发电企业新业态和新模式。

全省现货市场信息展示模块主要包括全省信息展示、出清数据统计、公司日报生成、历史信息查询和运行日志记录等功能。在全省信息展示界面中，可以看到查询日的统调负荷、节点电价、系统平衡、电网备用情况等内容，全面展示查询日电力现货市场信息，帮助使用者快速建立对现货市场运行情况的直观认识；数据统计子模块主要展示查询时段的公司各电厂出清结果，包括出清负荷、节点电价、电厂合约、辅助服务表现等内容；历史信息子模块主要包含历史负荷、气候情况、电网备用和市场价格等数据，运行日志主要记录现货市场运行过程中发现的各种问题和异常情况。

报价管理模块功能主要包括制定决策依据、现货报价、流程审批。通过设置机组参数，结合负荷预

测模块的未来时段负荷预测等数据，计算得出下一日可竞价空间和供需比，自动生成现货报价辅助决策依据；根据辅助决策依据、报价寻优情况、实际运行情况等，综合考虑制定下一日的报价策略，并在该模块中完成编辑、审核批准流程。

三、能源销售企业电力现货市场动态报价管理效果

随着报价决策系统的逐步建立，以及天气预测水平的提高，能销公司建立了高效准确的短期负荷预测模型。数据测试结果显示，负荷预测功能平均精度可达95%以上。负荷预测技术水平的提高，有利于计划用电管理，有利于合理安排机组运行方式和机组检修计划，有利于节煤、节油和降低发电成本，更精准地指导报价。

在第二次现货市场运行中，长兴电厂七天机组负荷率达到80.9%，超合约电价为513.63元/毫瓦时，相比全省平均增加161.353元/毫瓦时，收入增加432万元；通过报价抢发超合约电量，玉环电厂#4机超发电量6700万千瓦时，为玉环电厂增加利润1050万元。第三次现货市场运行中，电量方面，华能煤机负荷率在各发电集团中排名第二，利用小时数领先统调平均15小时；电价方面，玉环电厂现货市场度电均价达到232.8元/毫瓦时，比全省百万机组均价高8.1元/毫瓦时，在各集团百万机组中排名第一。长兴电厂现货市场度电均价达到245元/毫瓦时，比全省六十万机组均价高19.4元/毫瓦时，在各集团六十万机组中排名第一；调频收入方面，玉环、长兴调频性能大幅提升，桐乡燃机实现了调频市场参与，并成为全网性能最优机组，浙江公司整体调频净收入实现由负转正，达150万元。

同时，动态报价的实施节约了人工成本，实现商业模式创新增收。在动态报价管理前，以现有技术手段和满足当前现货市场信息收集分析处理工作要求的条件下，数据收集分析工作需再增加3～5人，实施后年可节约人工成本120万元以上；在商业推广方面，为其他试点企业提供动态报价管理服务，实现新的盈利增长点。

（成果创造人：陈文杰、彭芸珊、吴科俊、徐明祺、陈浩飞、
吕月秋、胡　昊、朱桦挺、占艳琪）

地方国有企业基于“一核三翼多协同”的集成电路产业投资管理

合肥市产业投资控股（集团）有限公司

合肥市产业投资控股（集团）有限公司（以下简称合肥产投集团）成立于2015年3月，由合肥市国有资产控股有限公司和合肥市工业投资控股有限公司合并组建而成。作为合肥市国资委所属三大平台公司之一，集团定位于产业发展和创新推进的国有资本投资公司。截至2020年年底，集团注册资本152.82亿元，资产总额616亿元，净资产247亿元；国内主体信用评级AAA级，国际信用评级BBB级；拥有全资企业24家，控股企业4家，参股企业20家。围绕国家、省市战略部署，立足区域产业发展全局，合肥产投集团发挥平台作用，立足产业发展，提升管理水平，形成了“以‘产业平台’为核心、‘资本平台’为支撑、‘创新平台’为引擎、‘开放平台’为载体”的良好发展局面。

一、地方国有企业基于“一核三翼多协同”的集成电路产业投资管理背景

（一）发挥新型举国体制优势的必由之路

集成电路产业是信息产业的核心，是引领新一轮科技革命和产业变革的关键力量。我国在集成电路领域受制于人的情况比较严重。近年来，国家颁布的相关政策将集成电路产业从“战略性新兴产业”上升至“新型举国体制”的战略高度，强调要充分利用国家和地方现有的政府投资基金支持集成电路产业发展，鼓励社会资本按照市场化原则，多渠道筹资，设立投资基金，提高基金市场化水平。面对百年未有之大变局，助推集成电路产业创新从量的积累向质的飞跃、从点的突破向系统能力提升转变，需要充分释放新型举国体制优势，特别是要充分发挥国有企业在科技创新和产业变革中的主体作用。

（二）聚焦地方资源禀赋的必然要求

作为长三角城市群副中心，合肥是连接长江中游城市群与长三角城市群的重要节点，区位优势叠加国家综合性科学中心创新优势，抢抓机遇建设战略性新兴产业集群势在必得。2013年前后，合肥的家电、平板显示、汽车等支柱产业转型升级都遇到了缺“芯”问题，自此合肥从市场需求出发谋划“强芯”“补芯”的思路逐渐清晰，发展集成电路产业迫在眉睫。合肥产投集团作为合肥市属国有资本投资平台，在合肥打造“IC之都”的科创新赛道上，助力合肥充分发挥资源禀赋、补足发展短板、扛起地方集成电路产业发展大旗责无旁贷。

（三）推进集团转型升级的动力引擎

合肥产投集团是在多家企业资产、股权重组划转整合基础上成立的，成立伊始，尽管接收企业众多，但存在盈利能力不强、资产流动性不高、产业亟待升级等问题。特别是在投资板块，合肥产投集团吸收继承合并前企业的投资资质，在投资路径、项目资源、募资规模、管理机制、人才储备、品牌效应等方面，与国内头部机构的差距较大，产业机会整合和资源嫁接能力远远不够。在新一轮国资国企改革的浪潮中，新生的合肥产投集团亟须探索一条适合自身的突围式道路。

二、地方国有企业基于“一核三翼多协同”的集成电路产业投资管理主要做法

（一）创新集成，打造“一核三翼多协同”平台

经过多年产业投资探索，产投集团逐渐构建出“一核三翼多协同”的集成电路产业赋能型平台，即以集团总部为核心，以包含旗下合肥市创新科技风险投资有限公司（简称创新投资公司）、合肥市产投资本有限公司（简称产投资本公司）、合肥市国正资产经营有限公司（简称国正公司）三大专业化投资公司的资本平台做羽翼，综合运作自有资本、银行资本、社会资本、旗下类金融企业合肥市中小企业

融资担保有限公司（简称中小担保）等金融资源，吸引汇聚国内外集成电路顶尖专家团队为代表的产学研协同创新资源，以开放、共享、共赢的理念，将项目、人才、配套资源引入集成电路产业，共同打造大循环、强互动、错位发展、优势互补的集成电路产业赋能型平台。

利用“一核三翼多协同”平台，合肥产投集团加强投资方式创新，通过“直投 + 基金”双轮驱动，构建全生命周期的投资管理与综合赋能体系，撬动了大量社会资本进入集成电路产业领域，在纵向产业上下游和横向专业服务两大子系统上，形成以资本链耦合产业链、技术链、人才链、创新链、政策链等多链协同的产业投融资生态，极大发挥国有资本对产业集群的引领带动效应。

（二）超前谋划，促进产业和资本全面高效对接

投资布局集成电路产业，合肥产投集团几乎是从零起步。对于这一重要的战略性新兴产业，不能因循传统行业发展道路，必须创新模式，探索全新路径。为了更好地推动产业和企业发展，合肥产投集团首先深入研究集成电路产业特征，对标先发地区的发展经验，围绕“尖”端前沿，瞄准前瞻性、开拓性、颠覆性技术突破，在充分借鉴把握产业脉络的基础上形成“龙头企业—大项目—产业链—产业集聚—产业基地”的开放式、融合性产业培育思路，用市场的逻辑谋事，用资本的力量干事，促进产业和资本高效对接，吹响国内集成电路产业投资“先行者”号角。

合肥产投集团以“龙头企业”为切入点，以“股权投资”为抓手，通过汇聚资源要素，打造创新驱动平台，强链、补链、延链，完善产业链布局，为产业科技进步营造良好创新生态，增强产业核心竞争力，辐射带动产业集群繁荣发展，最终形成国家级产业基地。同时，在资产、资金、资本顺畅链接、动态循环的过程中，合肥产投集团发挥国有产业投资平台效应，有效提升了国有资本配置效能，不断构筑新的竞争优势。

（三）精准浇灌，以直接投资锻造“城之重器”

合肥产投集团直接投资集成电路包括两种形式。一种是产业股权投资，包括新设企业、直接控股等，目的是通过前瞻布局为合肥本地引入龙头企业，以龙头企业带动集成电路大项目，以大项目吸引汇聚助力本地产业实现跨越式发展；二是产融结合投资，主要包括海外并购、参与企业定向增发、IPO 等的战略性投资，目的在于实现以资本注入服务产业，以产业促进资本增值，构建资本后盾和盈利增长点，同时拓展产业渠道，提升产业层级，满足地方产业发展的支撑需求，形成协同效应。

1. 产业股权投资：引入龙头项目，一子落满盘活

合肥长鑫 12 吋存储器晶圆制造基地项目（以下简称长鑫项目），是国内第一家投入量产的动态随机存取存储芯片（DRAM）设计制造一体化项目。长鑫项目对于推动我国芯片产业逐步实现独立自主，带动上下游产业链的国产化，具有重要意义。从想法到落地、从图纸到雏形、从投产到量产，合肥产投集团可谓倾全集团之力推动长鑫项目屹立合肥。

全球视野，逆风破浪为合肥铸 DRAM 招牌。合肥产投集团成立之初即对长鑫项目谋篇布局，在合肥市委市政府的高度重视和支持下，合肥产投集团对接国内外优质资源，引入 12 吋晶圆存储器（含 DRAM 等）项目落户合肥。2017 年，合肥产投集团遵循“优势互补、分工协作、责任明确、风险共担、分段实施、控制风险”的原则，引入兆易创新作为长鑫项目产业运营方。几年来，以合肥产投集团为代表的合肥方，与兆易创新精诚合作，共同创业，突破重重难关，成就长鑫项目崛起。

全力以赴，服务大局推长鑫项目更上一层楼。为支持长鑫项目发展，合肥产投集团通过多种渠道为项目筹集资金、引入配套，多重保障为项目顺利快速推进保驾护航；在产业链上下游，为长鑫项目引入沛顿科技等项目；在工程及生活配套上，新设公司推进厂房建设，为长鑫项目引入 168 中学等宜居工程；主导推动长鑫项目实现股权多元化，为下一步自主研发和产品产业化加速发展奠定基础。

2. 产融结合投资：聚焦资本运作，破边界开先河

恩智浦（NXP）射频芯片项目，开合肥市参与跨国并购的先河。合肥产投集团出资3亿美元，联合中信并购基金、北京建广资产以及安徽省信用担保集团总投资18亿美元共同投资荷兰恩智谱射频芯片业务，目前已成功退出，较原始投资增值1.2亿元。该项并购开了合肥市参与跨国并购的先河，通过资本运作的创新，与相关产业合作方建立了良好的合作基础，并为后续安世半导体等跨国并购项目积累了有效经验。

中芯国际配售项目，打通战略合作渠道。2020年7月，中芯国际正式在上海证券交易所科创板挂牌上市，此前合肥产投集团通过全资子公司创新投资公司参与配售，成为中芯国际的战略投资者，也是中芯国际上市战略投资者中唯一一家市级投资机构。这是合肥产投集团围绕打造合肥集成电路产业集群、推进产业转型升级的又一具体体现，未来将进一步推进中芯国际与合肥市战略合作。

（四）筑巢引凤，以基金投资驱动全产业链布局

合肥产投集团围绕集成电路产业，着力打造产投系集成电路基金丛林，基金投资覆盖早期成果转化、天使轮、VC、PE到中后期成熟产业化项目及二级市场资本运作等全生命周期，孵化了一批成果显著的集成电路产业项目，成为合肥市连接集成电路产业链协同发展和投资合作的重要纽带，起到了市级产业投资平台在集成电路产业发展的战略引导、资源整合上的支撑作用。

合肥产投集团旗下市天使基金、市创投引导基金、国正公司合作基金等形成多梯队、多层次、有特色的强力“组合拳”。至2020年年末，合肥产投集团与产业资源方累计设立6只集成电路产业基金，基金注册总规模108.6亿元，是合肥市唯一有聚焦于集成电路产业投资基金群的国有投资公司，也是合肥市在集成电路产业投资标的最多、规模最大、影响最广的投资机构。

1. “从无到有”：天使基金孵化和培育集成电路早期项目

创新投资公司运营的合肥市天使投资基金，是安徽省规模最大、投资进度最快、国内排名前列的直投型政府天使基金。近年来，发挥市级天使基金的辐射和带动作用，充分联动各县区，组建10支县区天使子基金，构建“覆盖全市、深耕县区、走出合肥”的天使基金群。截至目前，市、县两级天使基金总规模超过10亿元。市天使基金专注“投早、投小、投科技”，成立以来先后投资了20余家本地集成电路项目，如合肥芯谷微电子、合肥芯欣智能科技、合肥中航天成电子科技、合肥芯测半导体等，累计投资额1.6亿元，覆盖集成电路设计、装备、封测等各个领域。

2. “从有到专”：引导基金和专项基金辐射产业链上下游

产投资本运营的创投引导基金是合肥市支持集成电路产业发展的政府引导基金主力军。一方面，基金通过与社会资本及产业资源方合作，深入贯彻落实合肥市支持和引导社会资本参与政府集成电路项目招商引资的政策，建立良好的参股子基金合作机制；另一方面，通过磨合、学习，培养和锻炼了一批具备专业素养的产投系投资团队，酝酿形成投资合作新模式，通过自主投资一批集成电路产业化项目，成为市、区集成电路招商落地和投资合作的典型。

基金合作，知名机构齐共舞。创投引导基金通过与华登国际等头部基金合作，共同出资设立了合肥市中兴合创半导体创业投资基金、合肥华登集成电路产业投资基金合伙企业、安徽省集成电路产业投资合伙企业、安徽省芯火集成电路产业投资合伙企业、合肥华登华芯集成电路产业投资合伙企业5只基金，对外投资集成电路上下游项目40多个，总投资额超30亿元。其中投资合肥本地项目14个，合肥落地投资额4.5亿元。

模式创新，合作成效显峥嵘。合肥华登基金首开“双GP”合作模式，通过管理决策的创新，投资成果突出。投资项目中思立微被兆易创新并购上市，中微半导体、芯原微和思瑞浦均已在科创板上市。2019年10月，国家集成电路产业投资基金二期股份有限公司完成设立，安徽省芯火集成电路产业投资

合伙企业作为重要主体参与组建大基金二期。通过合作纽带的强化，合肥产投集团投资参与大基金二期，对提升合肥市集成电路产业的战略定位有重要意义。

独立运营，自主管理放异彩。创投引导基金先后设立了新站基金、合肥市集成电路基金、安徽省智能语音和人工智能基金以及合肥市投促基金等自主管理型基金，加码在集成电路领域，不仅实现了合肥市集成电路和新型显示产业的深度融合，也在汽车电子、信创等集成电路领域发力。创投引导基金投资的视涯科技、合肥新汇成作为泛半导体产业，是合肥市新型显示产业的成熟产业化项目，当前市场估值均已超过 30 亿元；5 英寸功率半导体器件线富芯微电子是合肥集成电路特色工艺的代表。

3. “借力使力”：国正公司基金发力存储产业链配套项目

国正公司与经开区、盈富泰克等国有资本，以及通富微电、盛美半导体等行业龙头企业共同设立合肥石溪产恒集成电路产业创业投资基金（有限合伙），基金总规模 10 亿元，首期规模 3 亿元，致力于以市场化运作方式围绕长鑫存储上下游企业进行产业投资。截至目前，基金已过会项目 7 个。同时，国正公司与石溪基金合作，深耕存储产业链上下游，致力于围绕存储产业链整合投资资源，为打造长鑫项目存储产业集群和投资赋能做出了积极贡献。

（五）耐心资本，利用“看得见的手”谋划产业发展

集成电路领域属于资本密集型产业，无论是自身建设还是项目收购、并购、都需要巨额资金的支持，单纯依靠社会资本不足以支持行业快速发展。作为国有资本投资机构，不同于社会资本规模小、成本回报要求高的特点，合肥产投集团充分发挥国有资本“价值投资”战略优势，用“看得见的手”谋划产业发展。

1. 弥补市场失灵，平衡优化布局做芯片“破壁者”

集成电路产业链需要“早期培育 + 龙头引领”，单纯通过市场化手段逐一攻克且要达到领先市场的水平，较为困难。而产投集团全生命周期的投资管理与综合赋能体系具有两个特征：一是投大项目，二是投早期项目。这种“一大一小”的哑铃式投资偏好恰与集成电路产业特点结合起来，较好地解决了市场两头失灵的问题。

2. 给予经营自主，耐心护航助企业穿越“死亡谷”

产投集团培育产业的过程中，始终坚持国有资本的投资特点：一方面，国有资本投资于实体经济的主要目的在于助力产业发展，对基金投资对象的经营活动一般不干涉，直接为被投企业提供长期稳定的资本金，达到扶持目的后适时退出，这样有利于企业管理人独立自主开展业务；另一方面，国有资本能够给予初创企业、早期项目更多的资源、政策、品牌支持，能够降低投资过程中的逆向选择风险，耐心护航助企业穿越创业“死亡谷”。

3. 优化产业布局，全链投资为本地打通上下游

通过“一核三翼多协同”平台，合肥产投集团以“耐心资本”进行全产业链投资，打通集成电路产业上下游，为优化产业布局、平衡各环节企业发展注入新活力。在设计领域，定向增发兆易创新，投资思瑞浦、格科微、矽磊科技、恒烁半导体、宏晶微电子等众多芯片设计企业；在制造领域，参与中芯国际战略配售，增强与国内晶圆代工龙头企业的合作，进一步带动集成电路产业链相关企业在合肥的加速集聚，并参与投资 IGBT 功率半导体企业比亚迪半导体，助力 IGBT 车规级功率半导体国产化替代；在封测领域，投资新汇成、悦芯半导体等项目；在材料领域，投资集成电路用电子特气前驱体材料企业安德科铭；在设备领域，战略投资 PCB 光刻机设备企业芯碁微电子；在第三代半导体领域，多次投资芯谷微电子。同时产投集团及产投系基金群在其他各泛集成电路领域均有所布局。

（六）综合赋能，“四位一体”激发产业投资源头活水

为了快速实现在集成电路产业的纵深布局，合肥产投集团从资金、人才、运作、研究等多维度深

耕，构建"四位一体"的保障体系，保障产业投资资源充足、方向合理。

1. 资金保障：多层次、宽渠道、立体化、全方位

为了拓宽资金来源，合肥产投集团多管齐下，着眼于银企、社企合作模式创新、融资渠道创新、融资架构创新等，充分发挥国有企业雄厚的运作实力和经验，实现银企、社企良性互动，探索融资新思路。

在债权融资方面，为保证集成电路项目资金需求，合肥产投集团积极拓展融资渠道，一方面采用开立国际信用证，使用融资租赁方式保证贸易融资需求；另一方面积极与银行对接，探索展开税收保函和进口信用证押汇业务，降低进口设备资金占用成本，缓解资金压力，保障项目按期推进。2017 年和 2020 年，合肥产投集团两度在国际资本市场亮相，以超低利率成功发行共计 6 亿美元的海外债，更是为本地项目引入了国际金融活水。

在基金募资方面，国有资金是拉动投资的主力军，产投集团以政府投资基金为主要手段，发挥财政资金的引导撬动作用，不断创新投融资模式，坚持市场化运作，通过发起设立基金，以"基金 + 产业""基金 + 基地""基金 + 项目"等多种模式，打通藩篱，引入社会资本，实现"四两拨千斤"，形成了总规模超过 900 亿元的基金丛林，带动了近 4000 亿元的投资。

2. 人才保障：高层次、专业化、梯队化、本土化

投资驱动的本质是人才创新驱动。产投集团始终重视投资团队的建设与培养，打造一支有激情、有干劲、经验足、素质高的投资团队。人才引进方面，深入实施"人才强企"战略，加大优秀人才引进力度，实现人力资源年龄结构、知识结构、能力结构的持续优化。人才培育方面，建立投资人才培养机制，提升投资团队业务能力，培养出愿意扎根合肥，对振兴合肥产业有情怀的投资团队。一是建立业务培训机制，提高投资人员的业务技能和综合素质；二是建立"传帮带""做中学"的培养模式，采用以老带新、以师带徒的模式，让新人快速熟悉投资业务流程，在项目实践历练中快速成长；三是践行"动车组"理论，激发投资人员的主动性，让每名投资人员都力争成为"动力装置"，共同推动投资业务的高效发展。

3. 运作保障：协同化、共享化、接力投、借势投

一是在集团投资板块内部协同信息、共享资源，多层级联动，形成接力投、联合投的合力。产投集团依托布局早期项目，积累了丰富的企业资源库。在企业库中寻找优质标的，跟踪企业发展，了解资金与资源需求情况，发挥国有资本长期投资、价值投资的优势，实现优质项目对接的接力投资，打造一批"隐形冠军""单项冠军"，助推企业走向资本市场。

二是加强集团投资板块与各子公司之间的协同作战。协调集团旗下基金投资板块与担保等债权融资板块、创新平台板块协同作战，实现集团内部资源有机整合、借能取势，延伸拉展投资链条，构建完善投资生态。

4. 研究保障：有深度、有精度、有远度、有高度

集成电路产业股权投资具有高风险、长周期、专业化特点。为了更好地介入产业，合肥产投集团高度重视建立高水平的研究团队，为产业投资提供从宏观经济、行业研究到投资策略的宽领域、全链条的研究覆盖和决策支持，着眼于"有深度，有精度，有远度，有高度"的目标，构建起宏观经济、资本市场、国企改革、行业及公司研究框架，并定期发布研究报告。

2020 年，为摸清合肥市集成电路产业现状，剖析不足与薄弱环节，精准服务产业链高质量发展，合肥产投集团牵头组织集成电路业内权威专家和集团内部力量，成立编写组，开展调研分析，编撰了《合肥市集成电路产业发展蓝皮书（2020）》（以下简称《蓝皮书（2020）》）。《蓝皮书（2020）》对合肥市集成电路产业进行了基础性、全局性、前瞻性的研究，全方位、多层次展现中国、安徽、合肥的集

成电路产业全景图，聚焦集成电路新器件、新材料、新工艺等技术趋势，深度挖掘本地集成电路产业的一手资料，多维度解析合肥发展集成电路产业的优势与短板，并给出政策建议，得到了市委、市政府主要领导的肯定性批示，也为集团投资团队的后续投资提供了“产业导图”。

此外，合肥产投集团还与集成电路行业协会、政府政研室、高校及各类专业研究机构等保持了广泛的联系，整合内外部研究资源，建立良好的投研联动机制，为集成电路股权投资的精准推进提供智力支持。

（七）战略联盟，以相融共生扩大企业影响力

合肥产投集团基于集成电路产业发展的需求，集聚政策、资本、技术、人才等关键要素资源，建立资本联盟、机构联盟、社会联盟的三层次战略联盟体系，通过构建生态圈、创新产业链，做产业发展的“连接器”“转化器”“放大器”。

1. 资本联盟——业务投资“连接器”

合肥产投集团一直重视对外交流和合作，加强与政府有关部门的对接联络，与各开发区、各县（市、区）加强联系，合作设立基金，形成了资本联盟。例如，2020 年，合肥产投集团联合高新区、新站区、肥西县等 9 个县（市、区）共同出资设立合肥市产业投促基金，与县（市、区）招商投促团队充分联动，共同促进优质重点产业项目落地合肥，目前已投资合肥沛顿、合肥鑫丰两个集成电路项目。资本联盟的合作模式，精准支持区域经济，打造了“资本 + 服务 + 资源”的产业生态闭环，借助“产业 + 资本”“基金 + 基地”“投资 + 招商”等抓手，形成当地政府招商引资的核心竞争力，实现了县（市、区）联动发展一盘棋，形成了“风险共担、利益共享”的格局，促进合肥集成电路产业格局从被动追赶到主动超越。

2. 机构联盟——项目成果“转化器”

合肥产投集团建立与各类投资机构、券商、律所、银行等长效交流机制，保持信息畅通，实现项目互荐、资源共享，充分发掘优质项目。同时，加强与高等院校、科研院所、创新中心合作，聚焦关键共性技术、前沿引领技术、应用型技术，建立政企产学研多方参与机制，形成基础研究、技术开发、成果转化和产业创新全流程创新产业链。合肥产投集团旗下合肥市微电子研究院有限公司是合肥国家“芯火”双创平台的承建和运营单位。该平台聚焦集成电路产业对共性技术平台的需求，打造面向智能家电、存储器、汽车电子、显示驱动等领域的公共技术服务平台。目前平台已经与 30 余家 IC 企业签订 EDA 使用服务协议，为 20 余家设计公司提供流片服务，与 40 余家企业签订测试服务协议，与中科大、安徽大学、合肥工业大学及 EDA 厂商合作，为政府决策提供咨询服务，为合肥集成电路企业搭建资源和技术服务综合平台，助力企业技术研发和转化。

3. 社会联盟——合作资源“放大器”

利用长三角一体化的机遇，合肥产投集团注重加强与市外、省外的交流合作，打破固有的地域限制，探索和发展产业运营新模式。作为合肥市半导体行业协会副理事长单位，合肥产投集团长期服务于合肥市集成电路产业发展，并陆续承办了集成电路领域有较高影响力的海峡两岸半导体高峰论坛（连续五届）、第十五届海峡两岸信息产业和技术标准论坛、2020 年半导体设备市场年会暨合肥半导体产业发展论坛等峰会，聚集了一大批海内外行业精英齐聚合肥共商发展大计，为合肥市招商引资、招才引智提供了友好交流的平台。

三、地方国有企业基于“一核三翼多协同”的集成电路产业投资管理效果

（一）围绕城市战略，建立了梯次型集成电路产业集群

通过运作“一核三翼多协同”平台，合肥产投集团围绕城市总体发展战略，以长鑫项目为龙头，建成一批具有产业带动、产业集成作用的大基地、大产业、大项目。据不完全统计，合肥市集成电路产

业领域国有资本参与投资的50多家集成电路企业中，合肥产投集团参与投资的超30家，占据“半壁江山”。合肥产投集团的投资领域辐射集成电路全产业链布局，逐步助力合肥建立起梯次型集成电路产业集群，推动技术链、资金链、创新链深度融合，形成具有规模优势和集聚效应的产业创新生态，助力合肥打造产业“新地标”。目前，合肥市已获批首批国家战略性新兴产业集群，成为全国唯一的“海峡两岸集成电路产业合作试验区”，被国家发改委、工信部列为集成电路产业重点发展城市之一。据芯思想研究院发布的2021年中国大陆城市集成电路竞争力排行榜，合肥已上升至全国第六位。

（二）满足产业需求，解决了部分“卡脖子”关键问题

作为全国最大的家电制造基地，全国规模最大、产业链最完整的新型显示产业基地，全国重要的装备制造基地，全国重要的新能源产业基地，合肥对各类集成电路产品的需求巨大。合肥产投集团匹配优势产业，积极拓展终端及应用市场的开发，满足了合肥产业发展布局需求，同时解决了部分“卡脖子”关键技术问题，夯实了本地产业根基。匹配优势产业，开展泛半导体投资，实现了与新型显示产业的深度融合，从根源上“补芯”；拓展终端应用，“产投系”基金围绕信创产业和汽车电子等终端应用布局，为集成电路下游应用“开疆拓土”；紧跟先进技术，发力5G滤波器、混合集成电路 MicroLED 项目、第三代半导体项目、人工智能芯片项目等；突破关键难题，合肥产投集团投资的多家企业一定程度上具备了突破“卡脖子”难题的能力，如合肥芯碁微装、长鑫项目，在细分领域实现了从0到1的突破。

（三）助力转型升级，实现了企业综合实力的显著提升

合肥产投集团通过“一核三翼多协同”平台的创新实践，走出了一条适合自身的突围式道路，逐渐成为一家优秀的国有资本投资公司——“十三五”期间，合肥产投集团综合实力显著提升，截至2020年年末，总资产616亿元，增幅超100%；2020年投资收益19.36亿元，较2016年有近8倍增长；2020年国有资产保值增值率105.84%，较2016年年末增长13.3个百分点。

此外，在资本运作、基金管理等投资综合能力方面，合肥产投集团也受益良多。通过参与集成电路企业资本运作，合肥产投集团提升了自主培育上市项目的核心能力，包括合肥本地的科威尔、芯碁微等企业在内，目前投资的集成电路企业已成功上市11家。“产投系”基金群打通“募投管退”的全流程，投资业务“从无到有、从小到大、从大到强”，历经“委托管理—合作管理—自主管理”三次迭代升级，实践了基金与省、市、区、县各级招商合作的高效机制，塑造了“合肥产投”投资品牌。近年来，合肥产投集团获得清科“2021中国政府引导基金50强”、融资中国“2020—2021年度中国最佳政府引导基金TOP30”“2020年度中国投资机构软实力LP 100榜单”等多项荣誉。

（成果创造人：雍凤山、袁　飞、王　晴、白玉静、杨希娟、李静芸）

国有钢铁企业以高质量发展为导向的转型升级管理

湖南华菱钢铁集团有限责任公司

湖南华菱钢铁集团有限责任公司（以下简称华菱集团）是1997年年底由湖南省三大钢铁企业——湘钢、涟钢、衡钢联合组建的大型企业集团。1999年，整合优质钢铁资产，华菱钢铁在深圳证券交易所上市，是国内最早在省域内实现钢铁产业整合的企业；2005年，华菱集团通过股权转让的方式引进米塔尔钢铁公司，与世界最大的钢铁公司开展战略合作；2009年，华菱集团成功投资澳大利亚FMG公司。华菱集团经过20多年发展，从组建时年产钢220万吨发展到年产钢2600万吨以上，在岗职工3.45万人，资产总额1100亿元，是国内十大钢铁企业之一。华菱集团下辖华菱钢铁等全资、控股企业76家，主要产品覆盖宽厚板、冷热轧薄板、无缝钢管、线棒材等10大类5000多种规格系列，是湖南省最大的国有企业。

一、国有钢铁企业以高质量发展为导向的转型升级管理背景

（一）履行国企使命，践行供给侧结构性改革的需要

随着国家加快推进供给侧结构性改革和“三去一降一补”的战略部署，特别是针对钢铁行业化解过剩产能各项工作的强力推进实施，为钢铁企业解决历史遗留问题、加快结构调整与产业升级，实现转型发展提供了极为难得的机遇。华菱集团作为特大型国有钢铁企业集团，贯彻落实党的十九大精神，践行深化供给侧结构性改革，抓住有利时期，实现高质量发展，打造世界一流企业，既是集团的战略目标所在，也是国有企业的使命担当使然。

（二）谋求竞争优势，适应钢铁行业激烈竞争的需要

从湖南钢铁产业基础来看，一是原燃料资源匮乏。湖南地处内陆，“缺煤少矿”，铁矿石对外依存度高达83.7%，主焦煤全部从山西、河北等地购买，受资源制约的程度远高于全国平均水平。二是物流成本高企。采购的大宗原燃料要经过多次倒运，费用和损耗高。据测算，大宗原燃料物流成本高出全国同类企业70元/吨钢。三是发展规模受限。集团经过20多年技改投入和扩大产线，钢铁主业已实现满负荷生产，在现有产能政策和资源承载基础上，难以通过量的扩张实现规模效益。

从竞争态势产业布局来看，国内并购进程加快，宝武广东钢铁沿海布局新项目的建设，宝武重组重钢后的产能建设，武汉钢铁基地竞争力的全面提升，以及江西钢铁业整合效应的全面显现，产能过剩、行业竞争激烈，湖南钢铁处于“北压南顶、东西对进”的竞争格局。

从财务运行成本要素来看，“十二五”时期，华菱集团技术改造的巨额投资基本依靠银行贷款，在产能过剩、钢价低迷的情况下，大投入不能实现大回报，资产负债率持续攀升，财务负担沉重，经营风险加大。到2016年年底，华菱集团资产负债率为85%，债务总额为660亿元，财务成本大大高于钢铁企业平均水平。

华菱集团作为国内十大钢铁企业之一，适应钢铁行业竞争激烈的变化，围绕减债降负、提质增效、转型发展三大任务，谋求持续竞争优势、拓展生存发展空间，成为企业发展的首要任务。

（三）寻求生存发展，实现企业扭亏脱困转型的需要

创新能力较弱，市场竞争能力不强。主导产品高技术含量、高盈利能力的品种不多，缺乏具有核心技术竞争力的拳头产品，综合售价与行业先进企业差距较大；研发投入不足，缺乏前沿性、基础性的科研支撑，新钢种开发跟随仿制多，原始创新少；缺乏优秀研发人才，中部地域劣势难以吸引高水平专业

人才，技术创新体系不健全。

体制机制僵化，改革步伐有待加快。华菱集团属于传统国有大型钢铁企业，传统的思想观念、僵化的体制机制、金字塔式的组织结构、不规范的法人治理结构等问题比较突出。国企员工能进能出的问题未有根本突破，劳动生产率与行业差距大，缺乏竞争理念，内部激励与约束长效机制缺失。2016年，华菱集团人均产钢500吨/人·年，比行业低300吨/人·年左右。

生产运营质量不佳，环保工作任务艰巨。一是与精益生产体系还有较大差距，现场管理较为松懈，生产均衡不够稳定，按期交付有待提高。二是生产运营质量和智能化水平不高，部分高端钢材不能生产或不具备批量生产能力，生产质量事故时有发生。三是钢铁企业属于“双高”行业，按照环境保护法对行业新标准要求，华菱集团吨钢环保投资需要增加13%，吨钢环保运营费用需要增加40%，环保技术改造资金严重不足。

在2015年中国钢铁业陷入行业性亏损的背景下，华菱集团亏损高达37亿元；2016年利润仅为3亿元；2017年集团下属上市公司“华菱钢铁”被实行“退市风险警示”处理，股票变更为“＊ST华菱”，企业陷入经营困境。

二、国有钢铁企业以高质量发展为导向的转型升级管理主要做法

（一）重新定位企业战略，明确做精做强钢铁主业

认真贯彻中央和省委、省政府决策部署，牢牢把握新时代发展机遇，主动担当作为，重新定位企业战略，明确集团发展战略：以高质量发展为导向，聚焦钢铁主业，做精做强，将集团逐步建设成为主业竞争优势突出、产业协同发展、财务结构稳健、持续为利益相关方创造价值的具有国际竞争力的钢铁材料综合服务商。

第一，规模强企。钢产量规模保持中国十大钢之列，销售收入和利润总额站稳我国钢铁行业第一方阵，成为具有世界影响力的钢铁企业。

第二，科技强企。基于产品的高端定位及终端客户的个性化需求，技术研发费用投入占销售收入3%以上，聚焦技术创新体系构建与产品升级，打造拳头产品序列，各子公司形成3～5个战略产品序列，实现从“产品跟随复制者”向“行业标准制定者、产品结构升级领跑者”的转变。

第三，经营强企。加大产品结构迭代升级，增加中高端品种的聚集效益，重点品种钢销量占公司销量50%以上，主导产品市场占有率和销售价格排名行业前三名，产品综合销售价格达到行业前十水平。区域市场主导，细分市场领先，成为区域内最有竞争力的钢铁企业。集团各子公司实现产品区域化分工，并各具特色。

第四，运营强企。钢铁主业主要技术经济指标达到行业先进平均水平，财务结构合理，资产负债率低于60%；进一步提高全产业链竞争能力，重点发展钢材深加工、金融、现代物流、资源贸易、节能环保等产业，形成2～3个具备较强竞争力和影响力的区域或细分领域龙头企业，打造1～2个上市平台，使集团在产业组合上形成钢铁主业与集群产业互为补充的配置，促进公司可持续发展。培养1000名左右的核心人才，打造具有战略思维、国际视野、忠诚担当的领导人才，具有客户思维和改革创新精神的专业管理人才，具有引领创新能力的高技术人才，具有工匠精神的高技能人才队伍。劳动生产率达到行业领先水平，钢铁主业实现人均产钢1200吨。

第五，环保强企。严格执行国家能源环保法律、法规和产业政策，响应节能减排要求，加快结构调整步伐，走绿色转型、生态发展道路，做到全过程、全方位减少和控制污染物排放，加快全面实现超低排放并达到国家A类标准，尽早实现碳达峰并做好此后的减碳工作。

（二）有序退出落后产能，构建精益生产管理体系

1. 落实淘汰产能工作

迅速落实淘汰落后产能 150 万吨钢的生产能力，包括中冶湘重 1 座 50 吨电炉和锡钢 1 座 90 吨电炉，并通过国家关部委和省级相关单位的验收；2018 年成功处置低效资产江苏华菱无锡钢管有限公司，完成去产能的任务。

2. 夯实钢铁产业基础

加快建设完成精炼、热处理、节能环保等配套产线的升级项目，形成以湘钢 5 米宽厚板、涟钢 2250 热连轧机和冷轧汽车板、衡钢 720 大口径轧管机组等为代表的现代化生产线，技术装备达到全国先进水平，部分达到世界先进水平，形成同行业为数不多的板管棒线金属制品兼有、普特结合、专业化分工生产格局；钢材产品以厚板、薄板、无缝钢管和线棒材等为主，在造船、海工、能源、汽车、油气、工程机械等用钢领域形成竞争优势；完成节能减排的技术改造项目。

3. 构建精益生产体系

以精益生产为抓手，通过系统结构、人员组织、运行方式和市场供求等方面的变革，确保生产系统适应用户需求不断变化。建立高产稳产体系，围绕生产全流程深入开展对标挖潜，实施系统增效降本措施。始终坚持问题导向，持续开展以项目制为抓手的对标挖潜工作，通过对标先进钢铁企业，推动铁、钢、材的产能利用率达到行业先进水平。加强系统攻关，推进全集团系统生产高效稳定运行，重点解决高炉长期波动、指标落后等关键瓶颈问题，坚持以高炉为中心，提高高炉利用系数和冶炼强度，进一步释放钢后产能。在未增加主体冶炼设备投入、未新增钢铁产能的情况下，依靠技术进步，充分发挥现有产线能力，提升生产的组织效率，保持产量实现稳步增长。

（三）完善技术研发体系，产品迈向价值链中高端

1. 完善技术研发体系

落实“深耕行业、区域主导、领先半步”的研发与营销策略，建立完善的 IPD（销研产一体化）集成产品研发体系。下属企业设有国家级的技术中心、国家示范院士专家工作站、国家级博士后科研工作站、省级企业技术中心，并与国内高校、科研院所、产业链上下游企业建立联合产学研创新平台。持续加大研发与技术创新投入力度，聚焦钢铁品种领域的前沿技术，2020 年研发费用占比达到营业收入的 3.54%。产品研发调整瞄准细分行业和市场，以供货批量、市场占有份额、单品种盈利能力等作为评价指标，集中各方面资源，加大产品研发力度，突破一批关键技术，每年研发 3 ~ 6 个重点品种，滚动开发，真正做到深耕行业，成为细分市场的引领者。2017 年以来，荣获两项国家科学技术进步奖二等奖，多项冶金科学技术奖一等奖、省科学技术进步奖一等奖；获得各项技术专利 467 项，其中发明专利 211 项；牵头制定、参与行业标准修订 49 项，先后有 50 多个新产品成功实现国产替代，海工钢、船板钢、耐磨钢、高强钢等部分品种解决国内“卡脖子”的钢材需求。

2. 面向价值链的中高端调整产品结构

坚持创新驱动和高端定位，按照“人无我有、人有我优、人有我特”的思路，实施技术改造建设，推进集团工艺现代化、装备大型化、操作自动化、管理精益化的历史转变，调整产品结构，从型、线、棒长条材向高技术含量、高附加值的中厚板、超薄板带材、汽车板、油管、油套管为主，不断迭代升级，逐步迈向产业链、价值链中高端。2020 年，华菱集团“高附加值、高技术含量、高盈利能力、满足客户终端个性化需求”的重点品种钢年产销量超 1000 万吨，占比由 2016 年的不到 30% 增加到 2020 年的 52%，在海工、船舶、工程机械、油气管线等领域树立“多个国内第一”技术门槛，品种广泛应用于“超级工程”“一带一路”标志性项目。

3. 依据产品结构推进区域分工

为理顺集团内部的产品结构，将省内4家子公司建设成为“分工明确、各具特色”的生产基地。华菱湘钢成为全球最大的单体宽厚板生产基地，轧制成材率、非计划控制水平、产品交货期等KPI指标达到行业领先水平；华菱涟钢成为中南地区最大的热轧、冷轧板卷供货基地，产品整体水平达到国内领先水平，薄规格耐磨钢板在国内市场占有率排名第一。华菱衡钢作为中国第二大专业化无缝钢管生产企业，是全球无缝钢管生产机组全、先进机型多、产品规格齐的企业之一。VAMA公司（华菱—米塔尔合资）汽车板引进、吸收世界领先的技术工艺，在汽车用钢的酸轧、连退、镀锌（镀铝锌）、激光拼焊等方面均处于国内甚至全球领先水平。

（四）完善质量管理体系，智能制造赋能企业转型

1. 坚持以客户为中心的经营理念融入企业的价值观

紧盯市场和客户需求，提供“保姆式”服务。将电子商务、物流仓储、供应链金融等有机结合，为客户提供全流程质量控制、交货期管理、供应链服务，通过创新营销服务模式，满足快速响应客户个性化需求。

2. 推行全流程的“质量零缺陷”管控体系

推进内控标准体系的全覆盖，构建质量数据监控平台，建立以用户为中心的产品技术服务体系等，通过CRM、产销系统、MES（PCS）及智能型自动控制系统，实现产品定制生产、质量受控与精准交货；组建CTS和EVI团队，提供“24小时”响应和“私人定制”式服务，质量合格率保持在98%以上。通过提高管理水平、优化生产节奏、采取低库存管理等措施，存货周转率由2017年的8.1次逐年提高到2020年的14.1次，总资产周转率由1.04次逐年提高到1.87次。通过主导产品的交货期管理，有效拓展市场。

3. 加快智能制造赋能企业转型

加速工业企业数字化、智能化转型，推动形成新模式、新生态，加速构建融合发展新图景，加快智能化改造。华菱湘钢实现5G自动化天车、加渣机器人、高密集视频监控，AR远程装配、AI钢板质检等多个5G智慧钢铁应用。华菱涟钢以工厂可视化、透明化、精细化管理为目标，搭建高端板材制造智能化数字化平台。华菱衡钢依托新一代5G信息技术，全力构建智慧工厂，实现从设计、生产到销售各个环节的新信息数据互联互通和资源整合优化。

（五）优化资金资产结构，化解企业债务风险危机

为化解历史债务包袱，抓住国家支持实体经济企业降杠杆政策机遇，积极开展资本运作，通过整合企业资源，开展有效的资产流动和重组，配置投资融资规模，优化资产结构，实现减债降负，进一步提高资产运营效率，化解经营风险，助力产业升级转型。

1. 缓解资金紧张

积极推进衡阳、湘潭、娄底100亿元权益性投资快速到位，有效降低资产负债率，而且大幅降低融资成本。积极抢抓“三去一降一补”政策机遇，与浦发银行合作，落实45亿元降杠杆资金，实现湖南省降杠杆的零突破，创造国内钢铁行业降杠杆单笔资金之最。把握时机处置持有的财富证券股权，获利6.2亿元。

2. 盘活资产存量

紧扣降低杠杆、盘活存量目标，全力推进债券融资、股权融资、盘活资产、内部消化历史遗留问题。其中，发行超短融资券、中期票据等，直接融资55亿元；推动市场化债转股和钢铁资产整体上市，6家债转股实施机构向华菱集团新增资32.8亿元；在行业资金面整体偏紧的情况下，成功处置江苏锡钢资产，净回笼资金27.5亿元。

3. 调整财务结构

加快推动钢铁资产实现整体上市，全国钢铁行业和地方国企第一单市场化法治化债转股项目按计划落地；成功申请获批40亿元可交换债券发行额度，完成第一期发行上市20亿元，成为省内首只和深交所2019年度首只公募发行可交债；推动主体信用评级提升，集团公司主体信用评级首次升至AAA级；省内首例DFI成功注册。加大直接债务融资力度，通过发行短期融资、中期票据和公司债等，实现直接债务融资95亿元，负债结构不断优化，融资成本进一步降低；适度减持FMG股票及盘活其他资产，实现净回笼资金39亿元。

4. 提高资金效益

依托已有的经营成效，开展市场化债转股，重大资产重组新股成功发行上市，发行可交债15亿元、可转债40亿元，发行10亿元中票并滚动发行30亿元超短融，企业资本结构逐步优化。上市公司华菱钢铁外资评级首次步入"A"，上市公司信息披露被深圳证券交易所考核为优秀。减债降费多措并举，集团本部2020年年末融资总额为152亿元，净融资负债91亿元，净负债规模较年初减少49亿元；平均融资成本3.8%，同比降低50个BP，集团本部债务包袱大幅减轻。

2020年华菱集团资产负债率由2017年的85%降至60%，4年下降25个百分点，好于行业平均水平。高质量完成5个"100"亿元目标，权益性融资、债券融资、资产盘活、市值增加、实现利润均超100亿元。信用评级达到AAA，财务费用支出由2016年45亿元降至2020年约16亿元，融资资信全面改善。

（六）改革企业体制机制，激发员工队伍内生活力

1. 完善集团管理体系

以集团价值创造能力最大化为核心，立足于运转规范、运作高效，加快构建职能清晰、流程优化、管放结合、权责到位的母子公司管控体系和集团战略执行体系。合理界定母子公司管理边界，建立审批、审核与备案等管理清单，对子公司实施分类分级管理，明确集团总部"战略管控、价值创造、职能支撑"的定位要求，突出总部核心职能，打造战略管控中心、职能服务中心和风险防控中心，优化组织机构，实现扁平化管理，集团总部真正成为"大集团、小机构"，将集团公司和股份公司在编管理人员控制在90人之内。

2. 推进"三项制度"改革

坚持"综合考核、尾数淘汰"，以提升劳动效率为重点，完善绩效管理体系，干部能上能下成为常态，员工能进能出形成机制，收入能增能减全面实现，劳动效率显著提升。在用工方面，大力推进"两化融合"与智能制造项目，优化工艺结构与组织结构，提高劳动生产率，打造以提升产线效率、人均劳动生产率、产品质量为目的全新竞争优势；进一步完善员工退出机制，拓宽员工退出渠道，稳定员工队伍。在薪酬方面，企业绩效管理突出效率导向、价值导向，改革薪酬分配制度，实现收入与业绩挂钩、薪酬与市场接轨。坚持"以奋斗者为本""不让雷锋吃亏的理念"，建立实施指标激励与责任考核体系，对计划执行情况实行季度检查分析、年度考核评价、三年综合考评，对未完成年度计划任务70%的直接予以免职，对完成及超额完成年度工作目标的，及时兑现。

3. 夯实组织人才基础

围绕企业高质量发展要求，大力推进涵盖"一个指导思想，三大主要目标，四支队伍建设，五大人才机制，一套责任体系"的"13451"人才战略。2016年以来，集团公司、股份公司两套班子从15人精减到9人，"三钢"领导班子人数减少25%；华菱集团员工由4.5万人精减到3.5万人（其中钢铁主业在岗人员2.2万人），钢铁主业人均产钢从2016年的500多吨提高到目前的1200吨以上，其中湘钢、涟钢已超过1300吨。广大干部职工抱着强烈的忧患意识、危机意识，少谈成绩、多看问题，秉承

“干就干最好、争就争一流”的精神，始终将精力聚焦于巩固高产高效平台，不断提升企业核心竞争力。

（七）加强上下协同合作，提升产业链供应链稳定

1. 布局上游资源，提升原燃料保障能力

为提升上游原燃料保障能力，华菱集团投资澳大利亚第三大矿业公司FMG，成为其第二大股东，目前持有FMG约8.6%的股份，年享权益矿超过1500万吨。与山西焦煤、平煤等大型煤炭企业建立长期稳定的战略合作关系，提升焦煤、焦炭的保障能力。发展废钢加工产业，在湖南、广东等地布局废钢加工配送基地，提升废钢资源的保障能力。

2. 强化中游协同，提升产业链运行效率

积极发展供应链金融、现代物流、信息服务、技术服务、电子商贸等服务钢铁产业链运行的生产性服务业，推动资源共享与产业发展协同，促进产业链整体提质升级，提升产业链整体竞争优势，有效增强抵御各类风险的能力。目前，华菱集团中游服务产业营收占比快速提升，成为集团总体营业收入的1/3。

3. 发展下游产业，推进加工配送业发展

加快建设面向先进制造业的高端金属材料加工配送，包括与下游龙头企业合作建设加工配送中心，通过系统配套和深入对接，快速推进钢铁产业链向下游高端用户嵌入式延伸，增强与客户的黏度，择机向零部件产业延伸发展。其中，娄底地区产业园现有规模以上配套企业9家，2020年完成总产值5.58亿元，营业收入5.87亿元。衡阳地区深加工产业园现有配套规模以上企业13家，2020年完成总产值15亿元，完成营业收入15亿元。

4. 加快绿色发展，努力实现产城融合发展

积极贯彻落实国家“双碳”目标政策要求，开展钢铁产品全生命周期评价，提高资源和能源利用效率，全面实现超低排放目标，打造绿色工厂，与钢厂所在地城市实现相融共生。2017年以来，华菱集团累计投入环保项目资金约30亿元，用于烧结脱硫脱硝、焦炉提质改造、煤场加盖、粉尘治理、煤气发电、连铸坯热装热送等节能环保改造项目，主要能耗、污染物排放指标明显改善。

（八）发挥党建引领作用，为高质量发展提供保障

1. 提高企业党建政治站位

各级党组织坚持以习近平新时代中国特色社会主义思想为指引，贯彻落实创新、协调、绿色、开放、共享的新发展理念，大力推进供给侧结构性改革，以发展方式转变、发展动能转换和质量效益提升，为华菱集团高质量发展注入新活力，聚焦主责主业，实行转型升级，持续推动质量、效率、动力“三大变革”，使传统钢铁产业蝶变为新型先进制造业，成为钢铁行业的引领者。

2. 深化党建生产互融互促

树立党的一切工作到支部的鲜明导向，聚焦全年经营目标任务、技改建设、精益生产、结构调整、降本增效等中心工作，深化党支部“五化”建设、“书记联项目”“党员先锋行”活动，鼓励、支持基层党组织创新工作方式，充分发挥党组织凝聚力和党员先锋模范作用。让广大党员在各项急难险重任务时亮身份、挑重担、当表率，破解生产运行、产品研发、市场拓展等方面难题，使党建工作成为企业价值链上的重要增值环节。

3. 加强推进党风廉政建设

认真落实党委主体责任和纪委监督责任，推进班子成员履行“一岗双责”。坚持问题导向反“四风”，深入落实“六减一推进”，力戒形式主义、官僚主义。持续推进各级党委开展巡察工作和专项治理整治，促进纪律监督与监察监督、巡察监督、审计监督有效结合，严肃问责追责，推动全面从严治党

从严治企向基层延伸。

近年来，华菱集团基层党组织以“不忘初心、牢记使命”主题教育为主线，紧扣“打赢高质量发展开局战”中心任务，扎实推进支部“五化”建设，合格率达到100%；积极推进基层党组织减负项目建设，“华菱支部五化”平台成功上线，600多个基层党组织和近万名党员实施“书记联项目”“党员先锋行”项目4000多个，党组织的凝聚力、战斗力进一步增强。

三、国有钢铁企业以高质量发展为导向的转型升级管理效果

（一）优化产品结构，形成差异化的优势

三年来，华菱集团重点品种钢实行“差异化”战略，在细分行业和市场占有份额逐步提高，综合售价达到或接近标杆企业价格，达到行业先进水平，成为细分市场“隐形冠军”。在能源与油气领域，市场份额占20%以上，居行业首位；在造船和海工市场，华菱集团是世界前三大造船企业的主力供应商，获得宽厚板的军品供货通行证，市场份额超过25%；在机械和桥梁领域，华菱集团是世界最大工程机械公司卡特彼勒在中国的两大战略合作伙伴之一，也是中联、三一等工程机械制造商的主要供货方。在汽车用钢领域，与安赛乐米塔尔合资生产Usibor 1500、Usibor 2000等轻量化产品，在高强度、轻量化汽车用钢解决方案中，可使最新的乘用车白车身重量下降27%，汽车全寿命周期减少排放19%，产品直供特斯拉和宝马等中高档车型。华菱集团拳头产品海工板、桥梁板、冷镦钢、石油无缝钢管、油套管、起重机臂架用无缝钢管等产品被中国钢铁协会评为“金杯优质产品”；“双菱”牌热轧带肋钢筋连续三届获国家银质奖（最高奖），“双菱牌”商标被国家工商总局认定为“中国驰名商标”。

（二）转型初见成效，效率效益跨越式增长

产量指标保持快速增长，2017年，生铁、粗钢、钢材产量分别为1754万吨、1808万吨、1787万吨，到2020年，分别提升到2109万吨、2678万吨、2516万吨，生产规模相当于新增一个当时的湘钢或涟钢的规模。钢材销售利润、吨钢综合能耗、高炉利用系数、自发电率、烧结工序能耗、综合成材率等多个经营指标进入行业前列，综合能耗由2017年的546公斤/吨降到2020年的464公斤/吨，铁水单耗由2017年870公斤/吨降到2020年的750公斤/吨。环保指标包括综合能耗、碳排放、厂区植被绿化覆盖率等指标已达到行业先进水平。碳排放强度由2017年2.0吨CO_2/吨钢下降至1.6吨CO_2/吨钢，低于行业平均水平。人均产钢由2017年500吨/人·年提高到1200吨/人·年，实现翻番，达到行业先进水平。

2020年与2016年相比：钢产量由1728万吨增至2678万吨，增加950万吨；销售收入由838亿元升至1520亿元，净增682亿元。实现利润2018年为75亿元，2019年为85亿元，2020年为102亿元；2020年钢产量全国排名第九，利润位列第三。2019年、2020年销售利润率连续两年超过行业平均水平，2020年超过行业平均水平1.74个百分点。总资产回报率连续三年（2018—2020年）好于行业平均水平，2020年高于行业平均水平5.14个百分点。成果实施三年，产生直接经济效益总额136.4亿元，间接经济效益总额556.4亿元。

（三）做法获得认可，成果示范效果显著

华菱集团转型升级的做法得到上级有关方面肯定。湖南省国资委在国资系统企业内部进行宣传推广。中国钢铁协会专门在长沙组织召开“对标分析会”，包括宝武、鞍钢、河钢、首钢、中信泰富等20多家知名钢企陆续前来调研交流。华菱集团的知名度、影响力得到显著提升。

（成果创造人：曹志强、易　佐、周应其、肖　骥、
阳向宏、罗桂情、蔡大为、刘　涛）

建筑企业深度挖掘属地市场的经营战略实施

中铁建工集团山东有限公司

中铁建工集团山东有限公司（以下简称山东公司）位于山东省青岛市，属于中铁建工集团的全资子公司，是中国铁路工程集团有限公司专业工程公司20强单位之一。具有建筑工程施工总承包一级等多项施工资质。2020年新签合同额387亿元，营业收入超120亿元，在施项目126个，其中山东省内项目115个。职工2000余人。先后三次获得“鲁班奖”、两次获得国家优质工程奖等奖项。

一、建筑企业深度挖掘属地市场的经营战略实施背景

（一）摆脱经营困境推动企业转型发展的需要

“十三五”以来，我国经济已由高速增长阶段转向高质量发展阶段，目前正处在转变发展方式、优化经济结构、转换增长动能的攻关期。山东公司成立较早，而且坐拥沿海开放城市青岛，但在2016年以前，公司名下无资产、无资质、无人员、无业绩、无优势，所有业务均以集团公司分公司名义运作。更为严重的是，多年来没有融入当地市场，打“游击战”式的经营方式，无法提供持续的、稳定的市场订单，导致项目点状分布，未形成规模化的产品矩阵，管理成本居高不下，市场竞争力不高；基于无形的市场壁垒，无论在哪儿承接项目，都是外地企业，无法享受本地企业的政策红利，经营成本较高，经营层次很是低端；长期以来，在与同行业先进公司和地方施工企业的市场竞争中，劣势明显。随着建筑市场竞争的白热化，山东公司不进则退，退无可退。

近年来，国内地方基础设施建设规模持续加大，但随着建筑市场的大浪淘沙，以及行业监管力度的加大和社会诚信体系的完善，建筑业企业分化明显，建筑企业转型升级需求迫切。山东公司认识到，作为在竞争激烈的国内建筑市场求生存的建筑企业，亟须改进发展模式，强练内功，站稳属地市场；亟须打造属地优势，形成自己的根据地，并以此辐射周边，抢占市场；亟须创新央企与地方政府合作模式，助推属地市场的开拓，融入地方建设大潮中，大力拓展企业发展空间。

（二）践行新发展理念推进高质量发展的需要

“十三五”以来，国家提出国有企业要通过改革创新，走在高质量发展前列。高质量发展是新时代的要求，是体现创新、协作、绿色、开放、共享的新发展理念，建筑业企业在大力推进创新、绿色发展的同时，开放、协作、共享的发展理念同等重要。以往的山东公司，固守陈规、囿于习惯，创新意识不强，未立足于属地市场，未能融入地方经济建设中，开放、协作、共享理念不高，因而发展质量不高；市场开拓方面，思维僵化，未能积极与当地政府、支柱企业有效联动，未能发挥各自优势，各取所需；产品结构方面，民营项目占比90%以上，未能深度参与地方重点项目，产品单一，抗风险能力较弱；经营层次方面，多为民营、私营客户，欠缺大客户、大业主；发展理念方面，仅盯眼前目标，未能考虑长远发展，未能与业主，尤其是与各级地方政府、属地支柱企业形成合作联盟，共享发展成果。

山东公司认识到，作为中国中铁区域化战略的重要组成部分，肩负山东区域房建市场的开拓责任，必须守土有责，理当有所作为。山东公司就应立足山东、融入山东、深耕山东；就应从山东各区域市场做起，以创新意识融入属地市场，扎根属地市场，依靠属地市场，大力推进区域中心城市经营战略；就应以创新式协作、共建、共享经营理念为地方经济发展多多做出贡献，助力属地政府改善民生、提高经济社会发展水平，共建共享高质量发展的成果。

（三）发挥企业优势抢抓市场机遇的需要

近年来，随着新基建、双循环等战略的实施，以及各级政府将改善民生、满足人民群众日益增长的物质文化需求作为奋斗目标，大力推进诸如先行区、示范区、经济圈及城镇化建设、棚改旧改、乡村振兴等涉及国计民生的重大项目，地方建筑市场因而蓬勃发展。在这期间，中央赋予山东一系列战略任务，从2018年新旧动能转换，到2019年的山东自贸区、上合示范区，再到2020年的黄河流域生态保护和高质量发展规划等，为山东建筑业发展带来了巨大机会。同时，基于政府建设资源节约型、环境友好型的城市建设理念，亟须创新建设模式，引进有实力、有优势的企业参与到城市建设中来。

中央企业在企业资信、品牌价值、技术能力、资金实力、资源整合能力方面优势明显，这些优势也是包括各地市政府等在内的潜在客户的实际需求。作为中央企业驻鲁分支机构，山东公司理应响应国家号召，抓住当前机遇，顺承山东良好的发展势头，充分发挥央企优势，从提高服务品质入手，实现由传统单一的施工单位向城市综合服务商转变；坚持以客户需求为导向，大力推进服务能力建设，打造既能提供拳头产品的核心竞争力，又能提供多样化、全流程、全业态服务的“一条龙”“交钥匙”的服务能力，为客户解决实际需求，营造共生共荣的“双赢”“多赢”局面。

二、建筑企业深度挖掘属地市场的经营战略实施主要做法

（一）打造企业发展战略根据地

1. 打造战略根据地

山东公司于2017年提出了“以青岛、济南为中心，辐射山东”的区域化战略布局，并于2019年逐步布局山东16地市；2021年年初，战略布局重新调整，确定了“以青岛、济南为中心，深耕山东市场，辐射周边”的路线图，逐步向江苏、安徽、河南、湖北、辽宁、大湾区等市场拓展，建立区域经营机构。根据统计情况来看，2020年，山东公司90%以上的新签合同额和营业额均来自山东省内，并在山东省内逐渐形成了以青岛、济南（辐射泰安、菏泽、聊城、滨州、德州、东营）、鲁南（以日照为中心辐射临沂、枣庄、济宁）、鲁中（潍坊、淄博）、烟威（烟台、威海）为区域中心的战略支撑点，上述区域市场每年订单量稳健增长，为山东公司依托山东这个“大根据地”、开拓省外新根据地奠定了坚实基础。同时，山东省外市场推进情况良好，2021年上半年承接项目11项，徐州、武汉、深圳作为区域中心城市的“根据地”逐渐成形。

2. 打造规模优势

规模优势代表着一个企业的市场地位和实力。为此，山东公司根据市场布局方向，以提高订单量、打造规模优势、提高市场占有率为目标开展经营工作。一是逢标必投。强化“根据地”内市场开拓，主动出击，逢标必投，提高项目参与度。二是灵活经营。在坚守底线的同时，在市场开拓方面以量换价，加大力度，迅速占领市场。为此，山东公司形成了项目条件“十不投”“十六慎投”清单，助力识别项目条件优劣，提高经营质量。三是强攻重点工程。针对区域内有影响力的重点工程，提前摸排形成清单，定人定目标，认真筹划，一项目一策划，实时跟进，势在必得。四是坐地经营。经总部研判具有开拓价值的城市，由经营人员驻地办公，抢先机，加大工程信息跟踪力度，确保实现预期经营成果。随着规模的扩张，山东公司2020年新签合同额突破350亿元，营业额120亿元以上。

3. 构建区域经营机制

山东公司推进并完善区域中心城市经营战略，严格落实属地经营主体责任，分子公司50%以上领导班子领任务、包区域，驻地办公、驻地经营，构建“区域指挥长管总、经营机构管揽、项目部以干促揽”的区域经营机制。山东公司2/3领导班子成员主责区域经营，通过领导班子驻地带队经营，配备经营、生产、技术、财务等业务部门，实现了专班专区、坐地经营，为打好“阵地战”提供机制架构基础。目前，包保区域均实现了“有人员、有机构、有区域、有信息、有网络、有项目”，以及“进可攻、退可守”的良好开端。

（二）推动经营区域机构设置标准化

区域总部和分子公司是城市经营的主体和第一责任人，山东公司积极推进机构常设和人员常驻机制，厘清权责关系，量化考核绩效，推动城市经营区域机构设置标准化。一是总部战略决策。山东公司总部负责宏观的战略制定，推进改革创新，完善机制，督促检查和绩效考核，同时负责驻地城市经营工作，协助、督促各层级经营机构开展工作，具体包括负责制定战略规划、确定近远期发展目标和发展方向；推进改革创新，完善机制，加强内控建设，做好后台管控服务；确定各区域城市经营建设思路、目标和措施，管控和评估区域发展进程和质量，确保城市经营管理不走样；强化目标考核，以经营贡献率为标准，以经营结果为导向，提高区域发展质量。二是总部经营部门统筹协调。总部经营部门作为上通下达的中枢，负责战略目标的分解和落地，统筹经营系统的建设，完善改进制度体系，协调、督促各级经营机构开展工作，落实考核及兑现工作；经营开发部同时设经营人员，明确包保区域和经营目标，经营人员不限制数量，根据需要配置。三是区域经营机构战术实施。各区域分公司、区域经营指挥部统筹区域内各项经营生产工作，落实区域内“三网一平台”建设，领目标、领任务、管现场、管经营、管考核，按年度指标落实情况确定奖罚及评优评先。具体来说，一线及以上城市设置区域分公司授权运营，新承接10个以上项目（产值30亿元以上）的城市亦可设立分公司或由区域指挥部晋升为区域分公司，并将周边城市划入分公司管辖范围作为其包保区域；分公司成立区域经营中心，设置相关职能部门，统管辖区内项目经营、生产工作，标配人员不超过27人，但经营人员不限制数量，根据需要配置；同时，对于市场规模持续壮大的核心重点城市，由山东公司领导班子成员包保驻点办公，力促区域公司快速成长；新承接5个以上项目（产值10亿元以上）的城市设区域经营指挥部，设立集中办公场所，配置3~5人，统管辖区内项目经营工作。四是城市经营办事处坐地经营。为增强与客户的黏性，山东公司实行坐地经营策略，专人专攻，盯紧项目推进进程，即由上一级经营机构对潜在目标城市进行市场定位，划定拟开拓的目标城市（一般为地级市），设立办事处并建立展示企业形象的办公区域，配置2~3名专职经营人员，明确经营目标，紧盯当地市场，紧盯重要客户，紧盯重点项目，实现坐地经营。

目前，山东公司已形成“公司决策层—经营开发部—各区域分公司—区域经营指挥部—城市经营办事处”的标准架构，以及“公司总部战略决策—管方向、总部经营部门统筹协调—管系统、区域经营机构战术实施—管面、城市经营办事处坐地经营—盯点”的权责体系。经过实践，这套体系架构具有良好的可复制性，如需开拓新区域，可按标准迅速配置到位，抢占市场先机。

（三）推进“三网一平台”建设

1. 推进经营资源网建设

山东公司推进驻地经营，不断密织网络，围绕客户资源和社会资源建设，全力推进经营资源网建设。一是全力构建包括省、市、区三级政府平台公司，以及知名地产公司等在内的战略客户资源网，确定重点开拓/维护客户，以获得项目先机为导向，明确工作方向；构建包括全国排名靠前的设计院、金融机构、专业分包单位等在内的经营联盟资源网，加强协同，提高联合竞标能力；建立股份公司、集团公司、本级公司在内的包括业绩、证书、人员、获奖情况的内部资源库，保证投标质量；梳理业内标杆和先进单位的包括业绩、证件、人员在内的竞争对手资源网，做到知己知彼、有的放矢；建立战略大客户维护机制，形成大客户资源网，指定经营人员对大客户强化沟通，定期维护，积极做好已完项目、在施项目的跟踪服务，积极配合解决大客户项目建设过程中的问题和需求，确保大客户后期订单持续、稳定。二是注重开发政府平台公司。与民营、私营企业相比，政府或政府平台公司在履约能力、潜在项目存量、抗风险能力等方面优势明显，山东公司采用“一次开发+项目日常维护+高层定期互动”的开发模式和“现场保市场”的经营理念，进行重点开发经营。山东公司50%以上的项目业主为当地政府或政府平台公司，这均受益于山东公司加强各地的政府平台公司开发工作。

2. 推进经营信息网建设

全力推进经营信息网，加强经营信息收集、甄别和跟进机制。一是对区域内各省、市级年度重点项目、市区县级政府投资计划、市区县社会投资计划以及市区县住建、卫计委、文旅、教育、交通等部门年度建设计划和市区县平台公司年度建设计划进行搜集，做到不漏掉任何一个重点区域和重点客户的重要经营信息。二是落实全员经营机制，实行“给信息、有奖励，真信息、有人盯，高质量信息、保证有成果”的经营信息管理原则。三是根据项目经营信息的重要程度，划分 A、B 类项目，建立项目经营信息日报、周报、月报制度，督促经营人员盯紧、靠紧、咬紧，确保完成经营目标。

3. 推进经营考核网建设

全力推进区域经营考核网建设。山东公司通过制定《经营开发人员量化考核管理办法》，对所有经营人员采取“积分量化 + 述职考核”的模式进行年度考核，并通过经营策划、经营节点实施反馈情况加强对经营人员的全过程考核。考核结果均进行公示，明确奖罚，及时兑现。改革伊始，山东公司为提高经营人员的积极性，重点加大了对经营人员的奖励力度，效果明显。

4. 推进市场信用维护平台建设

全力推进市场信用维护平台建设。山东公司高度关注各地市场主体考核工作，将企业打造为行业内的诚信标杆，形成企业市场考核优势。一是针对要进驻的市场，各区域经营机构和人员要快速熟悉当地市场规则，落实入市规则和涉及主体考核要求，提前应对。二是各区域经营人员要高度关注所属区域的信用考核，明确责任人，认真研究落实加扣分细则，加强与主管部门的沟通，创造条件多加分，建立消除扣分的应对机制并严格奖罚。近几年，山东公司已成为外地入青岛企业市场考核满分仅有的两家企业之一、外地入济南企业建筑市场主体考核三家满分企业之一。这两大城市市场的满分信用评价，显著提高了山东公司参与公招项目的竞标能力。

（四）提升企业履约能力

1. 打造履约优势

山东公司实施“完美履约”的品质战略，打造履约优势。一是成立技术中心，打造“BIM、精装、钢结构、幕墙、机电、设计”六大团队，全面加强后台支援能力。二是加强分供方资源建设，严格引进、考核、激励、淘汰，分级管理，确保工人素质良好。三是加强专业分工建设，组建专业施工队伍，提升施工质量水平。四是狠抓项目施工策划、商务策划，提高计划落地效果，推进成本控制和二次经营。五是将进度、质量、生产、安全文明、创优管理等重点指标纳入项目过程绩效考核，重奖重罚，严格过程管控。

2. 树立品牌形象

近年来，山东公司与各平台公司的首个合作项目，大多体量小（仅有几百万、几千万元），或仅为专业承包工程（如土石方、勘察设计等），但山东公司均把此类项目作为重点项目，保质保量按期完成施工，在赢得业主信任和口碑的同时，也为获得后续项目打下基础。同时，在各个区域市场，山东公司有计划地打造一个或多个高标准的样板工程，积极争取政府层面的各类示范、观摩、现场调研等活动的举办权，充分展现山东公司现场管理水平、企业实力和文化特色，提高山东公司知名度，助力经营工作开展。

（五）打造精英团队

1. 提升经营队伍综合素质

一是在经营队伍选用方面，坚持优中选优，确保经营队伍具有较高的综合素质。近几年，山东公司自项目经理队伍中选择优秀人员补充到经营队伍中，这些项目经理懂现场、懂管理、能公关、能冲锋，对改善经营队伍整体质量发挥了重大作用，实践证明效果较好。二是拓展用人思路，从社会上选择具有丰富人脉和较高综合素质能力的人员充实到经营人才队伍中，为经营工作打开了一个新局面。

2. 打造"老经验 + 新激情"的组合搭档模式

在经营人员培养方面，山东公司加强引进高等院校新鲜血液，新老搭配，以老带新，打造"老经验 + 新激情"的组合搭档模式；同时，各职能部门加大业务培训力度，重点加强对一线经营人员综合素质能力培训，培育经营人员"多面手"。

3. 创新绩效评价机制

一是对经营人员分年度、分阶段性下达经营目标，既明确新签合同额任务，也明确市场布局目标，并量化"三网一平台"建设目标。二是采用信息化手段，加强日常动态考核，规范经营行为和工作纪律。三是提高基准收入，强化目标考核，及时兑现，确保劳有所得。目前，山东公司已形成一支层级分明、结构分工合理，定期考核、优胜劣汰、晋升快速、薪资超前、真奖真罚，经营策略高超、经营效果明显的高质量经营队伍，培养了一批兼具积极性与创造性的人才。截至 2020 年年底，山东公司经营系统在职经营人员共计 91 人，具备独立经营能力的经营人员近 50 人。2020 年，山东公司调离经营岗位 11 人，引进 26 人，经营人员净流入 15 人。

（六）打造政企共赢新局面

1. 创新融资模式

山东公司积极开展城市建设投资业务，主动对接地方政府及各类平台公司，创新推进 PPP、F + EPC、BOT/BOOT、ROT、TOD 等合作模式，积极参与除房地产投资以外的各类股权、基金、地方债等基础设施投资项目，为政府解决资金缺口问题，获得地方政府好评。近年来，山东公司与各级政府及平台公司签订战略合作协议近 100 份，投资项目落地 10 余个，直接投资超 40 亿元，带动承接施工项目超 150 亿元，投资施工双轮驱动效应明显。

2. 聚焦民生工程

在棚改旧改、供水供电及路网改造、学校医院配套、河湖整治、城市绿地建设等民生项目方面，山东公司发挥规划设计、投资建设、咨询服务全产业链优势，不仅为政府出谋划策，而且通过创新合作模式，积极引入资金，破解项目实施难题，快速推进项目实施，为老百姓打造满意工程，助力政府取信于民，造福于民。近两年，山东公司承建了济南、青岛、日照、枣庄、菏泽、东营等地近千万平方米棚户区改造 EPC 项目，青岛 8 所、日照 6 所、济南 3 所中小学校配套项目，齐鲁医院、高密医院、章丘中医院、眼科医院、烟台玲珑医院等数十座医院，以及青岛城阳区多条道路路网升级、河湖整治、日照森林公园等项目建设。

三、建筑企业深度挖掘属地市场的经营战略实施效果

（一）综合实力明显提升

通过区域中心城市经营战略的实施，山东公司发展质量显著提升。山东公司建立了安全、质量、成本、合约、供方等各管理环节的标准化、模块化、流程化体系，完善了红线机制、第三方评价机制，山东公司各项内控管理不断完善和提升，先后荣获"中国中铁先进三级工程公司""中国中铁'卓越型'高质量发展示范企业"，连续四年获"中国中铁三级专业工程公司 20 强"，连续八年被集团公司评为"四好"班子。

山东公司的稳健发展也被行业主管部门认可，近年来共计荣获鲁班奖、国家优质工程奖等 5 项国家级奖项（连续 3 年获得鲁班奖工程），获得"泰山杯""青岛杯"等 81 项省市级奖项；获全国安全生产标准化示范工地、全国建筑业绿色施工示范工程 10 项，省级安全文明工地和绿色施工科技示范工程 29 项；荣获国家实用新型专利 122 项，发明专利 4 项，各类省部级及股份公司以上科技进步奖 11 项、工

法 38 项、QC 成果 25 项、BIM 奖项 73 项，成果丰硕。

（二）经济效益显著提高

通过区域中心城市经营战略的实施，山东公司不仅解决了企业生存问题，而且通过持续深耕重点市场，重点开拓优质客户，承接了大批重点项目，企业市场占有率、社会影响力和综合实力逐年提高。跟据统计情况来看，“十三五”期间，山东公司各项经济指标均实现跨越式增长。其中，2017 年实现新签合同额 108 亿元，提前三年完成“十三五”100 亿元目标，“十三五”期间累计新签合同额 872. 37 亿元，年均增长率为 56. 13%；2018 年实现营业额 57. 3 亿元，提前两年完成“十三五”50 亿元目标，“十三五”期间累计营业额 349. 39 亿元，年均增长率达 45. 17%；2017 年实现利润总额 2. 26 亿元，提前三年完成“十三五”2. 2 亿元目标，“十三五”期间利润总额 13. 02 亿元，年均增长率达 44. 57%。

（三）社会声誉深受好评

随着属区域中心城市经营战略的不断推进，山东公司城市经营布局不断完善，持续受到社会各界关注，社会口碑良好。山东公司与多个省市级政府、知名房企、上市公司等建立了战略合作关系；中央、省、市等多家新闻媒体对山东公司进行了全方位的报道；山东公司被山东省政府确定为重点扶持企业，青岛市政府也在山东公司总部建设等方面给予了巨大支持。

近两年，山东公司荣获中央企业最高荣誉——中央企业先进集体，国家精神文明类最高荣誉——全国文明单位，工程建设企业信用评价最高等级——AAA 信用等级；荣获“山东省建筑业 30 强企”“山东省富民兴鲁劳动奖状”“山东省全员创新企业”“省级高新技术企业”“青岛市最具影响力企业”等各类综合奖项 36 项，65 个先进集体及个人荣获集团公司级以上各类荣誉。

（成果创造人：张建喜、何晔庭、赵　虎、王　伟、冯明耀、陶云雷、王中伟、王同厂、史怀添、孙祥琨、许光锋）

新材料制造企业坚持新发展理念的非对称柔性战略管理

江苏视科新材料股份有限公司

江苏视科新材料股份有限公司（以下简称视科新材）是我国眼镜行业具有自主品牌的高科技企业，主导产品为视光防护材料，产品涵盖防蓝光单体、变色树脂单体、镜片 3 大系列 35 个品种，是我国眼镜行业重点骨干企业、国内防蓝光单体材料龙头企业，是全球最大的太空 PC 镜片制造企业；2020 年营业收入 30600 万元，净利润 6104 万元，税收 3386 万元，净利润率名列行业第一；拥有江苏省光学树脂及制品工程技术研究中心、江苏省研究生工作站、江苏省博士后科研实践基地、江苏省企业技术中心等研发平台；通过了 GB/T 23001 国家两化融合管理体系贯标、GB/T 29490 国家知识产权管理体系、GB/T 19022 国家测量管理体系（AAA）、ISO 9001 质量管理体系、ISO 14001 环境管理体系、ISO 45001 职业安全健康管理体系、SA 8000 社会责任管理体系、ISO 50001 能源管理体系等体系认证；被认定为“国家级高新技术企业”“国家专精特新‘小巨人’企业”“江苏省服务型制造示范企业”“江苏省科技创新发展优秀企业”“淮安市市长质量奖企业”等。

一、新材料制造企业坚持新发展理念的非对称柔性战略管理背景

（一）应对国内外经济环境的需要

世界经济增速全面放缓，我国视光材料行业处在新一轮科技革命和产业变革的孕育期，新经济变革将促使其全球化的进一步深化。视科新材坚持用全面、长远的眼光看待当前的困难、风险、挑战，从发展方向、目标、路径等方面进行顶层设计，统筹考虑企业生存与发展全局，明确战略管理目标，通过品牌知名度、市场美誉度和消费者忠诚度的提升，打造行业高端和优质品牌形象，有效应对全球化经济形势与国际化竞争。

（二）应对视光材料产业转型升级的需要

发达国家虽已退出视光材料某些生产制造环节，但在上游高端视光材料研发方面形成了长期的市场垄断，国内眼镜制造企业长期受外资企业控制，国内所需主要靠进口，产业链的关键环节及控制权缺失。视科新材通过全力培植产品设计能力，从价值链高端环节入手实现技术赶超，培育具有核心竞争力的产品，抢占产业制高点，推进产业布局从追赶到引领的重大跨越。

（三）企业自身坚持新发展理念的需要

创新、协调、绿色、开放、共享的新发展理念，是企业为适应环境、条件、任务、要求等新变化而采取的必然选择。视科新材坚持绿色发展目标，树立全员绿色低碳理念，开展洁净化生产，通过战略管理创新不断向价值链两端延伸、渗透，拉长产业链条，让创新驱动、协同平衡、环境友好、开放共赢、包容共享成为企业实现高质量发展的必由之路，从战略高度上把握大势，引领企业变革和可持续发展。

二、新材料制造企业坚持新发展理念的非对称柔性战略管理主要做法

（一）制定非对称柔性战略

1. 确定非对称柔性战略及目标

视科新材以“使命和愿景”为基点，本着“为人类眼睛护航，做镜片材料领跑者”的使命愿景，确定非对称柔性战略，并建立了非对称柔性战略管理体系。采用多种分析工具，通过内外部环境分析，多层次沟通，归纳吸收专业咨询机构的意见，在归纳整理国内外行业龙头相关战略布局的基础上，选择和优化战略方案，从而完成战略制定，通过对战略精准定位，确定非对称柔性战略；同时，加强战略评

估和调整，进而不断改进战略的“多变性”，使战略目标能够统筹和协调近期、中期、远期的利益，确保战略制定的质量。

视科新材通过细致的战略分析与制定，确定非对称柔性战略，明确战略目标，考虑到竞争对手和标杆绩效，对战略目标进行细化分解，确定关键量化指标和对应时间安排。

2. 树立非对称柔性战略理念

视科新材围绕大目标、大格局、大方向，从战略管理高度上把握大势，树立非对称柔性战略管理理念，其核心思想主要表现为：避开正面与对手直接对阵交锋，从眼镜产业上游视光单体细分市场深挖市场潜力，从价值链高端环节入手，聚焦己方长处与优势，延伸拉长产业链条，因势利导，出其不意达成战略目标的思维。这种思维的特点在于它不是靠权力、影响力，而是依赖于人的心理认可，依赖于每位员工内心深处激发的主动性、内在潜力和创造精神。

视科新材从时间、宽度和效果三个关键维度入手。首先，要求对环境的变化迅速做出反应，在短时间内聚集优势资源和力量，实时地调整企业的经营方针、策略及措施；其次，只选择自己擅长的领域，不是每件事都做，只做1米宽、1000米深的事，视科新材的方案往往与众不同，把“差异化”做到极致；最后，不只是拿出应对方案，更重要的是考虑方案的合理性与效果，强调面对全球经济环境的变化，发挥比较优势制胜，追求精益求精和卓越。因此，视科新材的非对称柔性管理是依据组织的共同价值观，强调刚柔并济，相得益彰，是以提高人的凝聚力和掌握战略主动权的一种管理新思维。

3. 构建非对称柔性战略管理体系

视科新材注重从人力资源、顾客与市场、智能制造、技术创新、品牌营销、卓越绩效、过程管理、测量分析等方面进行整合改进，围绕组织、人才、技术、信息化和文化五个方面打造新型核心能力，打造“五位一体”的战略管理新模式，构建非对称柔性战略管理体系。首先，由高层领导和外聘专家组成战略委员会，统一领导质量管理工作，明确管理相关责任部门和具体工作，确保管理活动的有效实施；其次，明晰各项管理活动的工作流程，合理界定战略区间，保证高效推进；最后，利用信息化系统为各部门进行工作流程的再造和优化，从结构层次上提高管理的效率和柔性。

（二）打造网络化无边界服务型组织架构

1. 扁平化的组织结构

视科新材的长远发展要求采取非对称柔性战略，而非对称柔性战略必然要求由非对称柔性组织来实现。视科新材在组织设计上，要求组织结构能够网络化、扁平化，使信息传递及时、准确、灵活，避免发生遗漏、误解和失真，由传统的金字塔模式向非对称柔性管理模式转变，采用矩阵式组织结构和项目小组制，按产品体系划分为单体事业部、镜片事业部、成镜事业部等部门；同时，成立各分公司和若干项目管理部，责任、权利和工作方法需要参加同一任务、解决同一问题的团队来协商解决，面对的是变化迅速的全球化市场，各部门间相互配合；人员之间不搞“捆绑式”匹配，而是通过“相互认可”配置，发挥人才集聚的巨大潜能；管理服务机构以云平台等形式与其建立直接的沟通渠道，加强组织内的协调与沟通，使上下级间的协商多于指挥，克服力量非对称、态势非均衡，达到其他组织无法模拟的竞争力，打造“无边界服务型”管理机构，极力保证组织内部的变化与创新。

2. 制度保障和机制建设

视科新材制定《非对称柔性战略管理制度》《知识产权战略管理制度》《品牌营销管理制度》《两化融合管理制度》《人力资源管理制度》《绩效考核制度》等，要求员工在非对称柔性战略管理体系框架下完成任务，为战略管理提供制度保障。企业成立战略规划委员会，项目部牵头组织，各部门参与制定，把战略目标按时间区间与层级转化分解为各阶段目标和关键绩效指标，保证战略目标落地；实行目标责任和弹性工作相结合的工作机制，促进由固定用人向合同用人、由身份管理向岗位管理的转变，使员工的归属弹性化，人员管理出现交叉化，沟通方式横向化和网络化，既有软化因素来激发人，也靠硬性目标考核人，软硬结合，与传统层级组织有很大的不同。传统层级组织总是依赖于制度规范与眼前的策略进行行为选择，表现为企业适应与变革之间的摩擦、操作系统的机械与时滞；而视科新材组织是为一个共同目标而组成的不同工作单元，某些成员甚至有多项任务，同时在多个工作单元里承担任务，用“角色描述”代替“工作描述”，让每一个人都想取得对战略起支持性作用的业绩，不断改善非对称柔性战略的内容和执行效果，使战略渐入佳境，形成与国际接轨的、有战略眼光的、应变能力强的管理机制，为集中优势资源提供有力的组织结构支持。

3. 非对称柔性战略管理流程

视科新材的非对称柔性战略管理流程包括战略制定、战略部署、战略调整三个环节。视科新材首先根据眼镜行业外部特征及发展趋势，结合自身资源优势，通过综合分析确定非对称柔性战略，这是整个战略管理的起点，涉及外部环境、内部资源、企业未来和市场竞争等，通过战略制定，明确战略目标；其次，把战略目标转化为关键成功因素和关键业绩指标，根据战略行动方案，进行组织调整、优势资源分配和管理变革等措施落实，确保将战略转化为实践，强化战略部署；最后，在评估战略目标执行的基础上，进行战略改进与调整，修正关键战略目标，减少绩效差距，使战略管理每个环节相互联系、循环反复，不断优化战略管理流程，进而保持持续的战略优势。

（三）非对称柔性战略部署

1. 战略规划的制订与展开

视科新材根据总体战略目标，利用平衡记分卡这一战略规划工具进行梳理，分别从供应与生产层面、财务层面、顾客与市场层面和学习与成长层面四个方面绘制战略地图，形成八大战略规划，涵盖顾客与市场规划、生产运营规划、供应链规划、人力资源规划、财务规划、信息化规划、技术创新规划和品牌战略规划，对关键过程进行有效控制，对资源进行优化配置，使考评和战略有效衔接起来。根据八大战略规划下达的年度任务，制订年度经营计划，并从层级和时间两个维度，把年度经营计划的各项目标、资源和举措分解至各部门/班组，形成相应的年度、月度计划，保证战略的落地。

2. 科学合理配置各项资源

视科新材通过年度人力资源计划、年度财务预算、实物资源计划等，对内外部资源进行整合与优化，实时跟进资源的计划分配、实际分配和实际使用情况，对资源的计划使用情况与实际使用记录进行比较分析，避免资源的浪费和不足，统筹配置人力、财务、实物资源，确保资源与战略目标的匹配。

3. 严格监测关键绩效指标

视科新材对战略规划进展情况的关键绩效进行测量，指标涵盖八大战略规划领域，充分体现股东、员工、顾客、合作伙伴、社会等各相关方的利益；建立以关键绩效指标为主线的、覆盖各级组织（公司—部门—岗位）、各级流程（一级流程—二级流程—三级流程）和各个时间段（年度—季度—月度—周—日）的绩效监测体系。确保企业的战略目标、战略行为、战略资源和绩效管理成为一个联系紧密的整体，更好地服务战略决策。

（四）非对称柔性战略调整

1. 加大顾客与市场战略调整

视科新材对顾客与市场重新定位，突破传统眼镜客户的市场定位，深度挖掘医疗防护市场，契合视光和眼科的大健康医疗，加大客户数据收集与体验，在重视现有产品客户业务保量增长的同时，开拓医疗光防护眼镜细分市场，加大对医疗防护市场的开发与营销服务升级力度；从关注产品转变为关注客户，把客户感知的但还没有完全表达清楚的需求转化为客户明确说出“这正是我想要”的产品，从关注短期盈利转变为关注客户满意，不断提高客户满意度，以推动产品、服务和管理的改进，从而确保赢得顾客和保持顾客，实现合作共赢。

2. 加快技术创新战略调整

视科新材在分析国内外视光技术发展趋势的基础上，瞄准发达国家同行业先进水平，围绕主要竞争对手的技术研发路径，避开与竞争对手在已成熟技术和产品上的竞争，如日本三井公司的高折射视光单体，产品长期垄断全球，在全球拥有260项专利。视科新材通过调整研发主攻方向，进行防蓝光单体性能与集成研究，并逐步从进口替代走向视光材料的前沿开发，抢占技术制高点；再如，国外变色技术和防蓝光技术由于技术路线不同，两者难以兼容。视科新材通过不断调整技术创新路径，将变色技术与防蓝光技术有效集成融合，产品国内外首创。同时，加强与国内院校的产学研合作、增加研发经费投入和加强专利前瞻性布局等战略举措，在新产品开发前要通过专利信息分析和查新，调整技术方案，对信息分析不乐观的项目不予立项研发，加快技术创新战略调整，扩大非对称技术优势。

3. 加强卓越绩效战略调整

视科新材进一步加强全员和全过程的成本控制，把成本控制向生产全过程延伸，压缩生产性开支，加强资金管理，提高资金使用效率，提高资金运作水平，开源节流增收节支，提高资金周转率；加强应收账款管理，扩大应收账款，加快销售货款的回笼管理；增加基本账户余额动态平衡管理与财务杠杆运用，降低企业资产负债比例，提高资金的收益率；改进运营流程当中的低效率环节，提高劳动生产率，改进生产工艺流程，提升节能降耗指标，提高设备利用率，降低设备故障率和闲置率，扩大高新技术产品在产值中所占的比例等，使战略的发展具有延续性，进而获得持续的优势绩效。

（五）信息化手段支撑保障的非对称柔性战略

1. 构建覆盖全部业务流程的信息化系统

视科新材在非对称柔性战略的指导下，建设覆盖全部业务管理的信息化系统，建立具有高度集成和拓展弹性的分层架构，实现业务集成和数据共享，配置云星空信息平台，为员工及相关方准确获取信息提供可靠保障。如，财务部门资金回笼信息与市场客户信息的及时汇总，在第一时间掌握市场行情，调整市场战略，同时利用系统进行成本预算、核算、分析、考核，在成本管理基础上，实现财务预算编制、执行与考核等；建立网络销售平台，为不同级别的经销商提供实时在线销售、索赔与售后服务等信息支持；企业SCM系统利用互联网技术，通过与ERP的集成，使供应商与企业的生产、物流、仓储、财务等信息同步，实现业务协同和资源共享；通过门户网站、邮件等渠道发布产品、企业文化、财务公告等方面的信息，为顾客、供应商、合作伙伴等获取信息提供支持。

2. 信息化手段促进管理流程再造

视科新材基于新一代信息通信技术与先进制造技术深度融合，将智能制造技术贯穿于产品设计、生产、管理、服务等各环节，建立智能化光固化旋涂装备、镜片成型工序自动分拣系统、表面瑕疵自动检测系统，引进单臂机械手等智能化设备，加大智能化改造；开展树脂单体配方信息化建模和镜片性能仿真，利用三维软件Solid Works绘制产品模型，获取相关代码，然后根据设计需要，分析、确定模型的参数变量，通过VB编程环境设计应用程序操作界面，以尺寸驱动方式实现对产品的设计，并在上述模型的基础上进行“聚合”“脱气”“过滤”“浇注”“固化”“脱模”等模拟操作；CAE分析工程师开展工艺流程设计和仿真分析，优化树脂单体的结构；同时，满足研发设计人员在设计过程中通过网络实现与客户设计协同的需要，完成个性化定制。建成系统集成、数据共享、流程优化、管理高效的一体化的信息系统，把信息化作为引领、支撑企业管理变革的重要手段。

3. 多举措保障信息和知识的安全

视科新材运用信息系统交验和“防错”技术，确保信息完整保存；在PDM图形数据仓的基础上建立知识子库，系统规划数据收集，确保数据完整有效；制定《信息发布审查制度》，规范数据信息的录入，同时使用电子签名、数字证书等保证信息的可靠性；制定《信息安全管理制度》《信息系统应用管理办法》，使用反病毒软件、防火墙、数据备份、异地保存等措施，保证信息的安全；制定《保密存储管理制度》《岗位数据管理制度》《统计管理制度》《知识产权管理制度》等保障数据的保密性，知识库实行分级授权管理，员工根据权限登录查询，对机密数据实行专有 IP，与员工签订保密协议等；同时，通过系统监测分析，确保信息的准确性。

（六）建立绩效管理系统，服务战略目标

1. 绩效管理合理化

视科新材以战略为导向，建立绩效管理系统，有效地选择、收集和分析整合运营过程中的数据信息，依照《公司章程》的规定，由董事会对经营团队进行自上而下的评价考核，并分解成公司级、部门级、岗位级、三层 KPI 和日常运营监测指标，从财务、人力资源、营销、技术、安全环保、生产和采购等多方面，将战略目标转化为各层级的绩效指标，层层分解、落实到岗，真正将绩效管理落实到位；以 PDCA 循环为方法持续改进绩效，提高企业竞争力和经营绩效，从财务绩效指标、顾客和市场指标、员工发展等方面对绩效进行全面评价，并从企业发展战略和内、外部环境变化来综合评价企业的竞争能力与应变能力，服务企业战略目标。

2. 提高绩效预测准确性

视科新材采用“时间序列法”“回归分析法”“德尔菲法”等分析方法，对关键绩效进行对比分析和预测。如记录第一个月、第二个月、第三个月的销售额等，利用时间序列分析方法，对未来各月的销售额进行预报，找出时间序列背后的变化规律，为关键绩效预测提高科学依据。再如，用回归分析法对产品质量和用户满意度之间的关系进行分析，设用户满意度为因变量（Y）、质量为自变量（X），并建立线性关系：$Y=A+BX+§$。式中：A 和 B 为待定参数，A 为回归直线的截距；B 为回归直线的斜率，表示 X 变化一个单位时，Y 的平均变化情况；§ 为依赖于用户满意度的随机误差项；对于经验回归方程 $y=0.857+0.836x$，回归直线在 y 轴上的截距为 0.857、斜率为 0.836，即质量每提高一分，用户满意度平均上升 0.836 分。通过多种预测工具的并用，提高预测准确性。

3. 考评方式与激励政策多样化

视科新材成立薪酬与考核团队，负责董事和高级管理人员的薪酬策略与方案的制定，审核经营管理团队的绩效指标并进行相应的绩效考核，同时负责企业整体薪酬战略计划与拟定企业股权激励计划等事项；建立经营团队经营业绩同激励约束机制相结合的考核制度；注重运用组织绩效评审及绩效评审结果来改进领导体系的有效性；对高层次人才实行特殊的考评与激励政策，由人才与领导协商确定可量化的 KPI 目标，通过绩效面谈与高层次人才共同确定下一个绩效管理周期的绩效目标，让高层次人才了解自己在考核期的行为态度是否合格、业绩是否达到目标，使双方达成对评价结果一致的看法，使高层次人才清楚同事对其工作绩效的看法，从而不断改进绩效。

（七）文化引领与人才支撑保障的非对称柔性战略

1. 刚柔并济的文化氛围

视科新材的非对称柔性战略管理是构建在企业文化基础之上的，靠企业文化来推动和润滑。视科新材在推广非对称柔性战略管理时，不是照搬固定的管理条文，而是坚持“刚柔并济”的原则，以柔克刚，以刚制柔，充分利用“3·15 国际消费者权益日”“4·26 世界知识产权日”“5·20 世界计量日”等活动，将知识的普及和知识产权保护融入企业文化的塑造之中，各个部门的管理者和员工共同工作并提供想法和信息，参与制定企业战略，尽可能让全体员工将自己的本职工作与企业的战略管理工作结合起来，认识到自身工作与战略管理的关系，增强员工的归属感和责任感，提升全体员工的战略管理意识，打造刚性目标，弥补企业在战略管理上的不足，并形成独特的优势，使战略目标与企业文化保持一致，共同构筑视科新材的“魂”，推动企业管理更上一层楼。

2. 强化知识学习与管理

视科新材以创建学习型组织为切入点，加强知识学习，从文化倡导、机制保障、工具落实、平台建设四个方面入手，加快知识的收集、共享、应用和创新，培育组织学习力和系统创新力；坚持全员培训和重点提高相结合、专业技能培训与组织文化培训相结合，根据企业发展规划、岗位任职条件及员工实际情况，选择合适的培训内容和方法，使员工培训与企业的发展规划深度融合，学以致用；开展“企业与时代共同前进、企业与客户共创价值、企业与员工共享发展”的核心价值观主题宣传活动，引导、鼓励、支持员工树立正确的人生观和发展方向；完善一线“谈心”制度，深化对“管理沟通”的认识，利用部门每周工作例会，加强各部门学习成果和各种信息的共享与交流，关注焦点、掌握反馈、明确价值、换位思考、满足需求、达成共识，让组织内的沟通更加有效，使双向沟通有“法”；对不同性格特征的人，多语重心长，少口若悬河，只讲干货，少说废话，巧用批评与表扬等，结合个人自身工作实际，谈心得，找差距，把精华宣讲出来，破防备“心墙”，确保沟通无障碍。

3. 构建人才非对称柔性管理机制

视科新材建立适应人才发展的非对称柔性管理机制，强调管理的“软化”，以“真诚之心”引才，通过招聘会、猎头公司等形式放眼全球揽人才，吸引更多人才加盟；以“舍得之心”聚才，在提供优厚工资待遇的同时，给人才提供一定的风险收入，作为其岗位工资的补充，同时，对有突出贡献的博士人才给予1% ~5%的股权激励，实现人才自身价值与企业价值的最大化；以“包容之心”待才，对引进的高层次人才实行不定时工作制，提供宽松优良的工作环境、灵活的工作方式，不急功近利，容许犯错，允许适当时间回学校搞科研和参加各种级别的学术会议，科研地点可在图书馆、厂外、大学等。通过“三心”感化、人文关怀，使人才自觉、自愿地将自己的知识、思想奉献给企业，实现“资源共享”，使人才成为战略目标的贡献者，也为企业战略优势保持提供智力保障。

三、新材料制造企业坚持新发展理念的非对称柔性战略管理效果

（一）人才技术双赢管理效益提升

拥有高层次人才19人，其中，国家“万人计划”人才2人，国家“千人计划”人才1人，江苏省“双创计划”人才等16人，博士学位11人，硕士学位8人；人才存量3年增长率35%，人才增量3年增长率33%。智能化设备在装备系统生产线中的比重达81%，智能化设备价值占总生产线原价83%，车间内智能化设备联网数77%；产品成本较前一年降低6%，产品合格率提升3%，产品设计周期缩短1/3，企业管理效率大幅度提升。

（二）利税销售增长经济效益凸显

视科新材近二年销售平均增长率为18%，净利润增长率为39%，税收增长率为73%。其中，2020年净利润率20%，税收率超10%，净利润率名列行业第一，经济效益较好。

（三）积极回馈社会社会效益显著

设立爱心基金，先后资助82名贫困学子；开展“护眼明与助心明”双明公益活动，为1200名师生免费验配眼镜价值100万元；获得授权发明专利28项，4项标准被列入眼镜行业标准领跑者；注册商标52件，获江苏省著名商标1件、市名牌2件；获得省部级科技进步奖二等奖和三等奖各1次；拥有省级重点研发平台，为国家级视光材料及制品重点实验室培育点；为下游眼镜企业提供技术服务3年累计109家，为10897人提供客户个性化定制服务；“SIGO +”自主品牌眼镜产品行销全球94个国家，获得更多国际分工利益与动态比较优势；被认定为国家级高新技术企业、江苏省高成长企业、江苏省“小巨人”企业、国家专精特新“小巨人”企业等。

（四）绿色清洁生产生态效益优良

生产车间为四层高标准厂房，节约土地45亩；选用节能设备和增加LED照明，每年节约用电34600千瓦时；建立ISO 50001能源管理体系和ISO 14064碳排放体系，通过ISO 14001环境体系认证等，生产过程中挥发气体通过回收装置回收；固体废弃物委托有资质的企业做无害化处理利用，每年减少废弃物排放3吨；生产脱脂污水，通过厂区水处理后循环使用，每年节约用水7500吨，使"固、气、水"实现循环利用。企业向"用地节约化、原料无害化、生产洁净化、废物资源化、能源低碳化"的方向发展。

（成果创造人：王明华、张鹤军、郑　莹、范为正、司云凤、
邹永存、薛晓花、吴　潇、郑永华）

龙头企业牵引的区域钢铁产能整合管理

宝钢集团新疆八一钢铁有限公司

宝钢集团新疆八一钢铁有限公司（以下简称八钢公司）始建于1951年，2007年并入宝钢集团，现为中国宝武集团下属子公司，年产钢能力达1080万吨，占全疆钢铁产能的57%，是新疆维吾尔自治区规模最大、产业链最长、产品最全的大型钢铁联合企业。八钢公司拥有铁矿石生产基地4个、焦煤生产基地2个，在南北疆和乌鲁木齐还建有百万吨焦化厂、金属制品加工厂，参股钢铁物流集散中心，具有完整的钢铁产业链。随着对新疆伊犁钢铁有限责任公司（以下简称伊犁钢铁）、新兴铸管新疆有限公司（以下简称巴州钢铁）兼并重组的完成，在疆内已形成乌鲁木齐、伊犁、巴州3个钢铁生产基地。截至2020年年末，资产总额522亿元，员工人数16880人，累计粗钢产量856万吨，占全疆粗钢总产量的65.5%；钢材产量829万吨，占全疆钢材总产量的58.4%。八钢公司本部通过技术改造升级，装备水平进入大型化、现代化行列，产品结构不断优化，覆盖棒材、线材、型材、中厚板、热轧薄板、冷轧板、镀锌板、彩涂板及金属制品等品种，产品规格2000多个。

一、龙头企业牵引的区域钢铁产能整合管理背景

（一）深化供给侧结构性改革，化解钢铁行业产能过剩矛盾的迫切需要

2014年开始，全国钢铁行业产能严重过剩问题凸显，钢铁行业进入“寒冬期”。2015年、2016年新疆钢铁产能利用率不足36%，钢铁企业全面亏损。“十三五”时期，尽管新疆化解过剩产能1000余万吨，市场环境明显改善，但新疆钢铁产能利用率远未达到合理水平，仍然处于结构性产能过剩状态。实施新疆钢铁产能整合，有助于进一步提高产业集中度，有效实现钢铁行业要素共享和资源分配，推动产业链、供应链多元化，提高资源配置效率和配置广度；有利于科学规划布局、合理调整结构，从根本上化解结构性产能过剩矛盾。

（二）贯彻新发展理念，融入新发展格局的需要

2020年年底的中央经济工作会议提出，要加快构建以国内大循环为主体、国际国内双循环相互促进的新发展格局。实施新疆钢铁产能整合，有助于规模效应和集聚效应的发挥，凝聚行业力量，聚焦钢铁行业高质量发展，研究开发与新疆发展相适应、与丝绸之路经济带建设需求相契合的品种，实现钢铁产品结构升级；有助于延伸产业链，提升价值链，创造新供给，满足新疆日益发展多层次、多样化市场需求，有效减少同质化竞争、无效和低端供应，助力需求侧管理，释放市场潜力，激发企业活力，引领新疆钢铁行业进一步提质增效，更好地融入新发展格局。

（三）落实国企改革三年行动部署，提升钢铁企业核心竞争力的需要

《国企改革三年行动方案（2020—2022年）》提出，要优化国有资本布局，推动战略性重组和专业化整合，引导企业进一步聚焦实体经济，做强做精主业。中国宝武集团以成为全球钢铁业引领者为愿景，落实国企改革三年行动部署，围绕“国内2亿吨钢铁产能”目标，积极探索与民营钢企的多元化合作，加速推进中南区域的股权收购和西北区域的产能整合。八钢公司作为中国宝武集团西北产业的平台，立足资产经营层定位，实施新疆钢铁产能整合，构建“一总部多基地”的管控模式，聚焦多基地采购、销售、制造和物流的协同创效，可以快速实现八钢公司规模和效益双提升，促进八钢公司高质量发展迈上更高水平，引领新疆钢铁行业健康可持续发展。

（四）促进新疆工业强基增效，引领新疆钢铁工业高质量发展的需要

《关于推动钢铁工业高质量发展的指导意见》要求，加快推进钢铁行业兼并重组，进一步深化混合所有制改革，推动行业龙头企业实施兼并重组，组建并打造若干世界一流超大型钢铁企业集团。八钢公司作为新疆钢铁行业龙头企业，牵头实施新疆钢铁行业兼并重组，可以从根本上改变当前钢铁产业“低小散乱差”局面，提高产业集中度，加强与上下游企业的协作，构建完整的产业体系，发挥产业链整体竞争优势，提升能源资源利用效率和绿色化水平，增强企业的抗风险能力，推动新疆钢铁行业健康平稳高质量可持续发展，促进新疆工业强基增效和转型升级。

考虑上述原因，八钢公司自2015年开始实施基于供给侧结构性改革背景的新疆钢铁产能整合管理实践。

二、龙头企业牵引的区域钢铁产能整合管理主要做法

（一）在探索中寻求新疆钢铁产能整合管理之路

1. 新疆钢铁行业产能整合在市场“寒冬”中蹒跚起步

新疆钢铁产能整合思路最早萌生于2014—2015年，当时正值钢铁行业遭遇“寒冬”，全疆钢铁企业全面亏损。八钢公司在综合分析新疆钢铁行业内外部环境的情况下，拟牵头重组疆内有关钢铁企业，分别成立南疆钢铁公司和北疆钢铁公司。适逢2016年国家实施以化解钢铁、煤炭过剩产能为重要突破口的供给侧结构性改革，新疆钢铁市场供求形势发生变化，部分企业扭亏为盈。因此，新疆钢铁产能整合管理按下“暂停键”。

2. 新疆钢铁产能整合在自律协同中积累经验

2017年，新疆钢铁企业开始以行业自律为主的市场供需平衡探索经营模式，为今后实施整合重组积累经验。其间，八钢公司牵头组织疆内重点钢铁企业按照各自产能核定产量比例，根据钢材最佳销售半径确定市场范围，以此进行生产营销协同。2017—2018年，新疆钢铁行业呈现恢复向好的发展态势，但由于钢铁产能结构性过剩矛盾并没有从根本上解决，行业运行仍不平稳，钢材价格一直处于全国价格“洼地”。

3. 新疆钢铁产能整合的时机日渐成熟

“十四五”时期是新疆钢铁工业实现高质量发展的关键期，但新疆钢铁行业仍然存在产能过剩压力、产业集中度低、生态环境制约、产业安全缺乏保障等问题。新疆钢铁行业要实现高质量发展，减量、调整、升级势在必行。2019年，八钢公司在自治区党委和自治区人民政府的大力支持下，通过市场化、法治化方式成功实施增资扩股工作，为改革转型发展、增强可持续发展能力提供了有力保障。作为新疆钢铁行业“领头羊”，八钢公司有义务、有能力发挥钢铁企业生产经营管理的优势，通过新疆钢铁产能整合，引领新疆钢铁行业迈入健康可持续发展的新阶段。

（二）系统推进，强化钢铁产能整合组织保障

1. 成立新疆钢铁产能整合管理组织保障机构

为系统推进新疆钢铁产能整合，八钢公司成立钢铁产能整合领导机构和工作小组，并建立工作机制。领导机构负责新疆钢铁产能整合全面工作。协调对接整合目标上级管理部门，指导整合工作组开展工作。协调对接宝武集团领导及职能部门，对接自治区党委、政府相关部门，获得集团、自治区对整合工作的指导和支持；工作小组下设综合协调组、法务组、财务/资产/债务组、资源保障组、产销协同组、能源环保体系组、安全体系组、人力资源组，主要负责开展尽职调查及谈判工作。为按期推进目标企业整合工作，及时协调解决尽职调查和谈判过程中出现的各种问题，八钢公司制定整合工作推进保障机制，实行“天天读、周简报”，定期召开重大问题专题讨论会，推进项目进展，编制专业调研报告，上报宝武集团决策。

2. 充分协商，确定新疆钢铁产能整合原则

八钢公司在对新疆钢铁企业充分调研、与重点企业充分协商自愿的前提下，遵照统一策划、分步实施、重点突破的原则，分阶段对疆内长流程钢铁企业实施联合重组。一是以共商、共建、共享、共担为原则，以优化产线布局、压减富余产能、提高装备效率、发挥协同效应、改善市场秩序、提升盈利水平、发展混合所有制、实现资本证券化为整合工作方针。二是应整尽整原则，即以各钢铁企业共赢为目的，根据疆内钢铁企业的不同性质、财务状况采取不同的方式分类实施。

3. 确立钢铁产能整合路径，因地制宜有序推进

八钢公司在建立整合管理组织保障和确立整合原则的基础上，根据新疆钢铁企业运行发展动态，按照“统一策划、应整尽整、先易后难、分而治之”策略，制订整合路径。

首先，以目标公司净资产为基础，实施调查、审计、评估等工作，确定其股权价值。八钢公司主导设立平台公司，通过存量转让或增资扩股，使目标公司成为平台公司全资子公司或控股子公司。

其次，制订钢铁产能优化利用方案，实行“采购、销售协同、生产管控”三统一，明确基地定位和跨基地同工序协同，突出强化对标找差与体系能力提升的深度结合，强化联合重组以后的融合和化合，快速构建基于区域实际的八钢公司“一总部多基地”管控模式。

最后，通过整合协同，在并入的基地平稳运行后，由上市公司——八一钢铁股份公司进行定向增发，吸收平台公司。

（三）制订整合方案，细化整合流程

1. 制订整合方案，开展可行性研究

首先，开展可行性研究。根据新疆钢铁行业发展新形势，聚焦研究目标企业发展动态，制定《新疆钢铁行业产能整合方案》，编制《设立平台公司整合新疆钢铁企业可行性研究报告》等，用于指导整合工作的开展。按照疆内钢铁产能整合方案，经中国宝武集团公司与目标公司高层会晤达成共识，启动整合前期工作。

其次，成立调研工作组，调研目标公司。由八钢公司主要领导和相关部门负责人组成调研工作组，开展前期调研工作。八钢公司正式与目标企业洽谈，实地走访目标公司。同时对接政府等相关部门，获得自治区、当地政府对整合工作的指导和支持。

最后，签订整合框架协议，实施尽职调查。八钢公司与目标公司达成整合意向后，与目标公司签订《联合重组框架协议》和《保密协议》。整合工作团队开始进驻目标公司，完成对目标公司的尽职调查，形成尽职调查报告。

2. 细化整合流程，依法依规高效推进

为避免各目标企业股东争议，八钢公司坚持统一策划、统一标准，聘请相同的审计、评估机构进驻目标公司，全面开展审计评估工作，确认各目标企业净资产价值，出具审计评估报告并向中国宝武集团报备。根据尽职调查报告，拟订谈判方案，与目标公司股东沟通，确定对各目标公司的持股方案。同时，根据中国宝武集团对新疆钢铁企业整合的总体部署，设立新疆钢铁产能整合平台公司，形成目标公司整合可行性研究报告，报中国宝武集团审批，完成目标公司股权收购、工商变更登记工作。

（四）设立平台公司，确定股权交易方式和整合资金来源

1. 设立新疆钢铁产能整合平台公司的必要性

由于整合疆内目标公司所需的资金规模较大，在中国宝武集团出资的基础上，还需引入基金等外部投资者。同时，对看好未来新疆钢铁整合效益、希望出资的目标企业股东等投资者，也需要搭建一个吸收各方投资者的平台公司，以形成股权多元化的投资主体。另外，鉴于目标公司在股权结构、产能装备、生产经营管理、区域环境等各方面的差异性，平台公司的设立可以统一标准，便于操作的公平一致

性，也便于整合后的统一规划、统一管理，实现统一生产配额、统一划分区域市场的整体协同。

2. 确立股权交易方式

在确保平台公司对目标企业绝对控股的前提下，目标公司通过存量转让或增资扩股，成为平台公司全资子公司或控股子公司。八钢公司为目标公司股东提供四种股权交易方式（创新点）。

第一种方式，目标公司股东以全部股权出资平台公司，即目标公司股东都不退出，股权全部上翻到平台公司。

第二种方式，目标公司股东转让部分股权变现，剩余股权出资平台公司，即目标公司股东转让其部分股权，保留的那部分股权上翻到平台公司。

第三种方式，目标公司股东转让全部股权变现退出，即目标公司股东都变现退出。

第四种方式，目标公司股东保留部分股权在原公司，平台公司收购目标公司51%～70%的股权，即目标公司股东转让其部分股权变现退出、剩余的股权留在目标公司继续参股。

3. 设立新疆钢铁产业结构调整基金

设立新疆钢铁产业结构调整基金，由中国宝武集团、八钢公司、华宝投资、国家及地方政府、战略（财务）投资者和民营企业等投资，利用产业基金投资平台公司整合新疆钢铁企业。一是通过设立新疆钢铁产业结构调整基金筹资投资平台公司。基金主要出资人及出资额度：中国宝武、八钢公司和华宝投资出资20亿元；新疆维吾尔自治区内产业结构调整专项扶持资金、中央专项扶贫类支持资金、国调基金、央企运营基金等战略投资人，华宝信托就项目募集的专项信托计划、华宝证券就项目募集的专项资产管理计划等资管类资金；目标企业原股东通过出让股权获得的资金重新注入产业基金，新疆区域内上市公司等财务投资人出资。二是通过银行并购贷款。

考虑基金的募集较为复杂、所需时间较长，为增强目标公司股东的信心，投资计划拟分为两步实施；即先由中国宝武系出资10亿元设立平台公司，基金募集到位后再收购平台公司。

4. 成立新疆天山钢铁联合有限公司

按照中国宝武集团对新疆钢铁企业整合的总体部署，计划新设平台公司，注册资本10亿元，采取认缴制方式。由八钢认缴出资5亿元，占出资额的50%；中国宝武集团认缴出资2.5亿元，占出资额的25%；华宝投资认缴出资2.5亿元，占出资额的25%。2020年3月31日，注册成立新疆天山钢铁联合有限公司（简称天山钢铁），中国宝武集团及八钢公司以天山钢铁为收购平台，按照统一策划、重点突破的原则，整合收购疆内长流程钢铁企业。

（五）制定对策，破解目标公司整合管理难题

新疆伊犁钢铁有限责任公司（以下称伊钢公司）前身为新疆伊犁州钢铁厂，是1958年建成的国有独资企业，1998年6月作为伊犁州工业企业改制的试点，改制为职工全员持股的有限责任公司。整合前，伊钢公司股权结构为：职工股东（31名个人股东代表伊钢公司1341名职工）持有77.125%股权，八钢公司持有20%股权，伊犁州国有资产投资经营有限责任公司持有2.875%股权。

八钢公司通过对伊钢公司的尽职调查，发现伊钢公司主要存在以下几方面问题：一是伊钢公司组织机构复杂，审计评估难度大；二是伊钢公司股权结构分散、股东意见众多，难以达成一致；三是历史遗留问题较多，处理较为复杂；四是股权处于代持状态，并被金融机构质押无法进行交易问题，同时还存在股权交易价款支付比例及留存收益分配等问题。针对上述情况，八钢公司整合领导小组反复研究，逐一制定对策，多管齐下，一项一项落实解决。

针对伊钢公司组织机构复杂，需评估其钢铁、煤矿、铁矿等大量工作，八钢公司安排专人到现场与评估、审计、法律“三所”协同办公，紧盯审计评估过程，加强评估过程管控，确保评估估值准确。

针对伊钢公司股权结构分散、股东意见难以达成一致等问题，八钢公司安排谈判小组制定策略，分

别从股东代表和个人股东两个维度分组进行沟通交流，释疑解惑。其中，对持股代表（伊钢公司5人组成的持股会）进行了5轮谈判，与200多名股东代表的谈判也历时3天才完成。

针对伊钢公司历史遗留问题较多、处理复杂等情况，八钢公司充分考虑了伊钢公司的企业特点，兼顾股东诉求、属地政府意见，合理做好风险评估，制定“一企一策”，针对性地解决问题，确保整合工作合规、合理、合法。经过反复沟通、多轮谈判，伊钢公司最终于2020年9月27日召开了全体股东大会，通过了伊钢公司股权收购方案。

针对金融机构质押伊钢公司股权问题，八钢公司积极与银行对接，办理股权解压，在具备股权转让条件后，完成工商登记变更。

针对伊钢公司所属矿产资源在股权转让期间被列入生态保护地，矿权不具备评估条件，无法评估的问题，八钢公司认真研究自治区相关政策，开拓思路，创新性地增加交易附加条款，比如在一定期限内，矿产资源被划离生态保护地，具备评估条件和开采价值后，再进行估值等，使交易双方最终达成一致意见。

（六）全面实行“一总部多基地”管控模式

1. 实施“三个统一”的管控模式

为了充分发挥“一总部多基地”的协同效益，八钢公司对现有产、供、销体系、物流体系进行了管理变革，优化各方在销售端、采购端和生产、物流过程中的资源配置，降费增效，全面提升整体盈利能力。营销体系进行了管理变革，对各大区设置进行了优化配置，以便实现快速响应，为用户提供更加高质量的服务。

统一营销。八钢公司总部层面统一钢铁产品资源调配、营销政策和价格体系，使各基地目标市场合理回归，基地间形成网络化的资源保供能力，钢产品和产业链延伸产品的“一体化销售”营销模式持续优化，市场占有率稳步提升，“一总部多基地”的规模效应初步显现。

统一采购。乌鲁木齐基地、南疆公司、伊钢公司在库拜地区的焦煤采购统一由总部实施，议价能力进一步提高，通过引入欧冶竞价平台、引入本部供应商参与竞价、签订长协等措施促使大宗原燃料市场价格下浮。存量资源的供给流向进一步优化，各基地采购成本和物流成本大幅降低。

统一生产管控。基于各基地产品定位和跨基地同工序协同，八钢公司在产销平衡、合同资源分配和生产组织协同上统筹安排，在全疆范围内快速推进建立了资源配置最优模型。乌鲁木齐基地立足全疆钢铁产品集散中心，确保板型优（板材、型材、优钢）产品结构占比90%；伊钢基地产品覆盖伊犁地区及217、218国道沿线所至的部分南疆地区；巴州基地产品覆盖南疆及青海、西藏、甘肃等地。八钢公司总部统一安排原料需求计划、生产计划、物流运输计划，搭建总部生产管控、原料管理、工艺技术、科技创新、质量检化验管理的统一专业化平台，借助信息化手段将各基地生产管理报表进行梳理和优化整合，通过一张表掌握总部及基地的综合生产信息，实施制造管理模式的计划管理、质量技术管理、科技创新管理，实现质量和检化验体系全覆盖、质量控制指标及判定标准统一口径管理，总部和基地配煤配矿模型、各生产单元关键经济技术指标由总部统一策划下达。

2. 物流协同管控

由于新疆特殊的地理环境，新疆钢铁企业物流成本占销售收入的比例居高不下，“一总部多基地”模式为物流成本优化提供了更大的空间。八钢公司借助动态物流管控系统，已经实现大宗原燃料、产成品发运和厂内物流的动态跟踪，同时采用信息化手段加强“两金”管控和库存管理。八钢公司基于多基地采购物流、销售物流和厂内物流现状，坚持自有生产资料和社会化生活资料相结合，对现有物流线路进行了全面系统梳理，通过“对流”线路的设计，实现车辆的重去重回，提高效率，降低成本。

3. 健全完善保障机制

八钢公司全面深化改革领导小组作为“一总部多基地”整合融合工作指挥层，负责研究确定总体思路、方向和重大改革举措，审议批准专项方案，协调推进重大事项，指导督促各项举措的落实。

第一，“一企一策”设计“一总部多基地”。八钢公司遵循所处产业发展的客观规律及业务运作方式等特点，“一企一策”设计“一总部多基地”管理模式。根据资产经营层公司自身发展阶段及当前管理体系、信息化等方面能力，量身定制“一总部多基地”管理模式分阶段目标。尊重各基地历史沿革，充分考量不同基地企业文化影响，积极稳妥推进“一总部多基地”管理模式落地，并将加强党的领导，完善基层党组织建设与“一总部多基地”管理实践相结合。

第二，信息化配套建设同步推进。八钢公司结合乌鲁木齐本部信息化建设进度和智慧制造成果，对巴州钢铁、伊犁钢铁两个基地的基础自动化、信息化和智慧化现状进行了同步调研，逐一梳理本部对两个基地系统的移植和覆盖问题，启动八钢信息化改造及两基地的信息化建设项目。

第三，策划实施“百日行动计划”。以只争朝夕的速度伺势推进整合、融合、化合，在销售、采购、生产、物流、财税、设备等方面强力推进协同效益。强化跨基地同工序协同，促进组织管理扁平化、流程效率最大化、资源利用最大化，把“一总部多基地”协同效益发挥纳入八钢公司重大、重要风险管控体系，确保八钢公司规模、效益双提升。

第四，推进文化认同。对整合后的两基地开展“同一个宝武”企业文化宣贯。以“同一语言、同一标准、同一平台、同一文化”为遵循，八钢公司总部与伊犁钢铁、巴州钢铁协同协作，同频共振，以品牌标志推广为抓手，以企业文化理念宣贯为重点，通过“VI 统一、内外宣统一、文化活动统一”实现管理对接，强化员工的身份认同、情感认同和文化认同。

三、龙头企业牵引的区域钢铁产能整合管理效果

（一）新疆钢铁产能整合管理实践为混合所有制企业兼并重组提供了八钢方案

八钢公司立足新疆实际和经济社会发展现状，聚焦协同创效，按照整体推进与重点突破的原则，对新疆钢铁产能整合方案进行了精心策划，对整合后的产能格局和市场重构进行了全面系统的研究，严守投资和经营责任制合规性底线，基于目标企业性质，针对性制定一企一策，积累了国有、非公经济和混合所有制性质的钢铁企业联合重组的实操经验。2020 年天山钢铁按照市场化、全股权收购方式完成了对原新兴铸管新疆有限公司、新疆伊犁钢铁有限责任公司的股权收购，新疆钢铁产能整合工作取得重大突破。特别是成功重组伊钢公司在行业内极具代表性，为今后实施混合所有制企业兼并重组提供了八钢方案。

（二）新疆钢铁产能整合协同效应凸显

随着铸管新疆、伊钢公司联合重组的完成，八钢公司在疆内已形成首府乌鲁木齐、北疆伊犁、南疆巴州三个钢铁生产基地。按照“一总部多基地”管理模式，八钢公司通过发挥协同效应，优化各方在销售端、采购端、制造端和物流过程中的资源配置，降本增效，已形成合作共赢局面。第一，通过产品协同销售、优化销售区域、缩小销售半径、重点培育各钢厂周边地区的市场，减少了不必要的价格竞争，稳定了市场秩序。第二，八钢公司同各片区钢厂根据物流费用重新优化在南、北疆区域的份额，降低了综合运费。第三，八钢总部统一寻源进行原燃料统一采购，提升了八钢公司的议价能力和话语权，形成了以规模化需求为引导的以量换价低成本采购模式。第四，通过各基地资材备件的统一采购、统一调配及协同生产检修，提高了设备维修效率，减少了采购成本和维修费用。

截至 2021 年 5 月底，“一总部多基地”协同效益测算 28810 万元，完成进度 41.17%，达到预期目标。

（三）“一总部多基地”信息化升级改造释放红利

创新了管理模式，构建了以产业链、数据链为基础，集物流、信息流、资金流为一体的实时、精准、高效的“一总部多基地”管控信息化平台系统，实现了资源共享和管理集约高效。目前，八钢信息化管理平台在中国宝武集团内已处于领先水平，为八钢公司更好、更快实现智慧制造 2.0 奠定了坚实基础。通过产能整合协同和信息化改造，促进管理和效率双提升，为八钢公司 2021 年 1—5 月经营业绩、利润创历史同期最优提供了有力支撑。一是信息化管理平台已在巴州钢铁和伊犁钢铁的全面覆盖。二是八钢公司成为中国宝武集团内第一家与欧冶体系（钢铁、大宗商品、金融服务等全覆盖的产业平台）全面对接的子公司。三是通过对各基地开展整合融合“百日行动计划”，八钢公司本部与各基地在管理、绩效改善等方面取得跨越式提升。四是信息化管理平台系统助推八钢公司未来的规模化和高质量发展，为八钢公司实现区域内更多的钢铁产能整合打下了坚实的管理基础，为中国宝武集团未来国内、国际产能整合提供了可借鉴、可复制的解决方案。

（成果创造人：肖国栋、薛宪营、陈海涛、狄明军、李东林、姜旭海、于自泳、樊国康、蒋　为、刘俊武、胡乐天、汪小华）

以服务型制造为导向的分布式能源管理

陕西鼓风机（集团）有限公司

陕西鼓风机（集团）有限公司（以下简称陕鼓）成立于1968年，是一家有着50余年能量转换领域技术优势，以系统解决方案为中心，设备、EPC、服务、运营、金融、供应链、智能化七大产业协同发展的智慧绿色能源企业，是分布式能源领域的系统解决方案商和系统服务商。陕鼓的产品广泛应用于石油、化工、冶金、空分、电力（包括核电）、城建（地铁）、环保、制药等国民经济的支柱产业领域。目前，陕鼓下属有陕鼓动力、标准股份2家上市公司和陕鼓青海能源、陕鼓浙江能源、陕鼓实业、陕鼓欧洲研发公司、陕鼓捷克EKOL公司、陕鼓印度公司、陕鼓香港公司、陕鼓卢森堡公司、西仪集团、标准菀坪、标准海菱、标准精密、标准国贸等多家全资或控股子公司及陕鼓能源动力与自动化工程研究院；在全国运营10个气体厂、5个水处理厂、2个分布式一体化模式发电厂，以及全球首个能源互联岛全球运营中心及欧洲服务中心、威腾欧洲公司、印度服务中心、印尼工程代表处等多个海外机构。

一、以服务型制造为导向的分布式能源管理背景

（一）深化服务型制造是适应国家经济发展的需要

无论从经济学理论还是产业实践来看，向服务型制造转型都是传统制造业拓展盈利空间、重塑竞争优势的一条必由之路。从微笑曲线来看，在价值链中，附加值更多体现在两端，即设计和销售，处于中间环节的生产附加值相对较低，服务型制造有助于企业向高附加值攀升；从世界制造业发展实践来看，制造业服务化已是大势所趋。

2020年，为推动我国服务型制造快速发展、促进制造与服务深入融合，工信部等15个部门联合印发的《关于进一步促进服务型制造发展的指导意见》提出，以习近平新时代中国特色社会主义思想为指导，全面贯彻党的十九大和十九届二中、三中、四中全会精神，深入贯彻新发展理念，以供给侧结构性改革为主线，充分发挥市场在资源配置中的决定性作用，更好发挥政府作用，强化制造业企业主体地位，完善政策和营商环境，加强示范引领，健全服务型制造发展生态，积极利用工业互联网等新一代信息技术赋能新制造、催生新服务，加快培育发展服务型制造新业态、新模式，促进制造业提质增效和转型升级，为制造强国建设提供有力支撑。陕鼓作为行业排头兵企业和老牌的国有企业，主动承担这份责任与担当，站在国家发展的高度思考企业的发展方向，坚决走深化服务型制造业的发展之路。

（二）聚焦分布式能源是深化服务型制造的最优选择

陕鼓之所以选择通过聚焦分布式能源来实现服务型制造业的深化，主要出于以下内外因素的考虑。

外因。一方面，分布式能源是指分布在用户端的能源综合利用系统。从国内外能源发展进程来看，分布式能源正越来越被视作传统供能模式的有力补充。另一方面，与发达国家相比，我国的能源利用效率比发达国家低约10个百分点，我国资源能效还有很大的提升空间；党的十八大以来，以习近平同志为核心的党中央，高瞻远瞩，审时度势，把绿色发展确立为五大发展理念之一，加强生态文明建设、加强环境治理，日益成为新形势下经济发展的重要推动力。同时，与上一轮经济发展周期中普遍存在的粗放式发展模式不同，在去产能和消费升级这一时代背景下，用户需要的不再是单一功能的硬件设备，而是可以统筹考虑各方面因素，从设备、工程、服务、营运乃至金融提供一站式高品质服务的绿色智慧解决方案。另外，“中国制造2025”“一带一路”、流程工业的升级改造、新型城镇化、智慧城市等国家战略和发展趋势为陕鼓带来了巨大的发展机遇。据不完全统计，分布式能源市场总量超过10000亿元，

是风机行业市场总量的30倍，市场空间巨大。

内因。一方面，陕鼓在能源领域具有深厚的底蕴，在分布式能源领域积累了相关技术和综合实力，已具备了服务型制造业战略再聚焦分布式能源领域的能力。陕鼓历年来为社会提供的能量回收设备每年所能回收的能量，相当于4/5个三峡电站。陕鼓的主导产品轴流压缩机、TRT机组均为“中国名牌”产品；透平机械设备故障智能诊断系统、空分EAOC智能控制系统、高浓度废水回收装置运营技术、综合能源运营系统工艺及运营优化技术等一系列技术成果为进军分布式能源领域打下了坚实的基础。管理方面持续开展体制机制改革和流程再造，逐步调整构建分布式能源系统解决方案的支撑体系。另一方面，陕鼓目前已形成了包括设备、EPC、运营、服务、金融、供应链、智能化的七大产业领域，从能源市场的供给侧考虑，可为用户提供从能源结构、综合能效、单位成本、运营成本等多维度实现产业升级的服务解决方案，拓展分布式能源发展领域。

综上所述，服务型制造业转型深化，战略再聚焦分布式能源是陕鼓可持续发展的最优选择。

（三）以能源互联岛为核心的系统解决方案是满足分布式能源市场需求的典型案例

陕鼓的分布式能源系统解决方案主要是通过高效的联产联用，对用能单位即用户当地分散存在的太阳能、风能、水能、生物质等可再生能源进行有效利用，并对能源生产、运输、存储、利用等环节产生的余气、余热、余压等余能进行回收利用，从而可以更清洁、更经济地提供绿色能源。

陕鼓从自身的供能、用能实际出发，在临潼生产区建成了全球首个“能源互联岛全球运营中心”综合示范项目，该项目在2018年11月7日由中国工业报主办的2018第十四届中国工业论坛中被评为“中国工业首台（套）重大技术装备示范项目”。通过实施能源互联岛示范项目，陕鼓将自身万元产值能耗降低至0.009吨标煤/万元，只有行业平均水平的12%；企业的供暖单位成本下降了25.53%，碳排放量下降了30.71%，公辅系统占地面积减少48.96%，运营人员减少58.62%，天然气依赖程度降低10%，可再生能源贡献率达到34%。通过示范项目的建设，打造了节能、降本、减排、集约、智能少人、能源结构优异的分布式能源多能互补系统行业标杆，以能源互联岛为核心的系统解决方案得到了充分的验证，以能源互联岛为核心的系统解决方案是满足分布式能源市场需求的典型案例。

二、以服务型制造为导向的分布式能源管理主要做法

（一）战略指引产业布局，建立分布式能源业务体系

基于对宏观经济的思考及陕鼓自身能力的认知，2016年陕鼓在全集团范围内召开“新常态、新思维、新举措”学习研讨动员大会。通过广泛研讨，大家一致认为“分布式能源”是陕鼓第二次腾飞的新风口，是陕鼓践行服务型制造业的深入探索，是陕鼓应对新常态、获得新发展、打造千亿市值、形成分布式能源绿色强企的重要机会。经过陕鼓党政联席会和全体职工代表审议，确定“将聚焦分布式能源作为陕鼓新时期的发展方向”的发展思路；分布式能源战略聚焦从市场角度是拓展，从战略角度是聚焦。深化服务型制造战略再聚焦分布式能源。

随着企业统一思想，重新规划发展战略，全体员工的思维和观念认识发生了深刻地变化。陕鼓在以设备（产品）为圆心，为用户提供机组成套、EPC、服务、金融、运营配套服务的第一阶段战略转型的基础上，进一步深化服务型制造战略，向以分布式能源系统解决方案为圆心，向用户提供以能源互联岛技术为核心的增值服务转换。能源互联岛系统解决方案是从需求侧出发，提供从供给侧（供水、供暖、供冷、电力、燃气、工业气体、蒸汽）到排放端（污水、垃圾、余热、废弃等）全生命周期一体化综合能源解决方案，实现能源消费本地化、提高产能端高效梯级利用，实现土地集约、功能集约、设备集约和运营集约，以智能管控、专业运营模式，按时、按需、按质向用户端提供分布式清洁能源与新基建三大方面紧密结合，精准面向用户提供七大领域（设备、EPC、运营、服务、金融、供应链、智能化）的一体化智慧能源解决方案，从而使陕鼓进一步形成了设备、EPC、运营、服务、金融、供应链、智能

化七大产业领域。

陕鼓通过设立系统方案中心、金融方案中心、系统服务事业部、服务中心，组建集团高管业务协调领导小组、业务协调工作小组，以及分布式能源资源协作网等一系列机构调整和设置工作，搭建分布式能源业务体系，有力保障产业发展。其中，系统方案中心是分布式能源技术方案和商务方案的资源整合和方案优化中心，负责全集团分布式能源系统解决方案的策划、分解、开发、集成和提供。金融方案中心负责全集团金融方案的提供及其资源整合（金融方案包括投资方案和融资方案，具体包括但不限于市场分析、投资分析、财务分析、融资模式、项目效益分析、用户情况分析、风险评估等）。系统服务事业部负责服务产品的全过程管理（包括冶金领域销售订货、服务合同订货、服务产品用户的接待、现场服务和售后服务与维保、货款回收工作等）。服务中心覆盖了中国、德国、俄罗斯、韩国、美国、巴西、印度、土耳其、越南等多个国家和地区，形成了以分布式能源系统解决方案为目标的业务体系。

（二）强化核心能力，有效支撑分布式能源战略落地

1. 强化核心设备制造能力

通过与国外技术专家团队、机构深入合作，积极开展新产品开发及新材料、新工艺的研究，持续推进能量转换设备技术改进及升级换代。目前陕鼓具有成熟的大型轴流压缩机技术，以及应用于风洞实验室装置和高空实验台装置的特殊需求轴流压缩机。掌握了工业流程能量回收装置前沿技术，真实气体压缩机领域已具备多种冷压缩机产品的设计及制造能力；在离心产品领域已形成了较强的核心竞争力；在天然气液化与油气长输管道领域具备了全系列 LNG 混合冷剂压缩机、全系列电驱/燃驱管线输送压缩机设计及制造能力。具备了汽轮机热电联产成套项目、军用舰船通风机设计制造能力。其中，主导产品轴流压缩机、TRT 机组均为“中国名牌”产品。截至 2020 年 12 月底，共获国家科技进步奖 6 项，省（部）科技奖 120 项、市级科技奖 40 项；共申请专利 633 项，其中发明专利 173 项；透平机械设备故障智能诊断系统、空分 EAOC 智能控制系统、高浓度废水回收装置运营技术、综合能源运营系统工艺及运营优化技术等一系列技术成果的开发及应用，有效地支撑陕鼓在分布式能源领域的能量转换装备需求，助力分布式能源战略实施及系统解决方案的制订。

2. 强化工程总包能力

通过对赌激励机制及行业对标，强化业务部门的市场化意识，形成以项目经理为核心的市场支持和交付中心，确保实现精准履约；通过重组设计院，提升自主设计能力，建立完整的工艺、电气、仪表、土建等全专业设计组织架构及人员配置，形成工程设计院 + 成套部技术组 + 外部合作资源的“三位一体”技术研发体系及技术研发孵化生态模式；通过“离散型制造企业能源互联岛技术工程化研究”“煤化工流程工业能源互联岛技术包研究”等技术研发课题，提升工程总包核心技术能力。

3. 强化陕鼓智能服务能力

2011 年，陕鼓成功申报并完成国家 863 项目——“装备全生命周期 MRO 核心软件行业应用”；2014 年，陕鼓参与了西安市科技计划技术转移促进工程项目“重大装备智能服务平台技术研发及产业化”；2017 年，围绕“智能制造”国家战略，提出“服务智能化”。陕鼓搭建了智能服务信息平台，提升服务人员专业能力，实现从项目用户需求到安装交付的全过程数字化、可视化，实现高效率、高质量、低风险、低成本的项目交付。

4. 强化市场响应速度

制订销售前后端互为资源、协同作战、统一指挥的“前端区域化、后端专业化”的营销体系架构方案。围绕提供系统解决方案，对内部支持产业团队进行了包含技术/商务方案、金融方案的系统解决方案支撑全流程的梳理。

（三）提供全过程的专业化服务，做用户的“智慧管家”

在能源互联岛系统解决方案中，陕鼓可以为用户提供包含全生命周期管理服务、环境管理服务、优化改造服务等的全生命周期的服务管理，做用户的“智慧管家”。为满足客户需求及摆脱同质化的竞争格局，陕鼓服务产业不断推陈出新，目前已形成核心服务产品、节能环保产品、分布式能源产品 3 大领域，14 大类共计 68 个服务产品，包含安装调试、专业检维修、表面修复、工业运维服务、机组性能优化、备件零库存、智能服务、专业润滑油、技术培训等。其中，长期协议服务、运维服务、备件零库存服务为代表性创新模式。

长期协议服务是与用户签订 3 年或以上服务协议，根据用户设备运行状况及需求，集成现有服务专项产品以服务包形式提供给用户。该服务具有收益准、组织精、成本低、辐射广及复制易的特点。

运维服务是指专业团队驻用户现场，采取现场技术服务和陕鼓工业信息后台专家支撑相结合的方式，对设备运行提供点巡检、日常检修、大修、备品备件等服务，对机组性能提升、机组改造、能效优化等提供建议。该服务统筹规划了设备全生命周期经济、安全、稳定运行的过程管理。不仅聚焦于设备管理结果，更关注设备运行的过程管理。

备件零库存服务是一种集约化共享式备件服务平台。用户和陕鼓共同出资生产储存关键、高价值备件，在陕鼓备件库统一储存、统一管理，多客户共享使用。该服务具有响应快、占地少、投入低的特点。

为支撑企业快速发展和海外业务的迅猛增长，近年来陕鼓加速全球化战略布局，实施海外服务本土化战略，建立区域服务中心。目前，陕鼓建立了中国服务中心、欧洲服务中心（捷克）、印度服务中心、俄罗斯服务中心等全球服务体系，覆盖了中国、德国、俄罗斯、韩国、美国、巴西、印度、土耳其、越南等多个国家和地区。

（四）拓展工业能源运营产业，为用户实现运营节约服务

陕鼓推广“陕鼓分布式能源智能综合利用示范项目”，通过系统分析与研究，形成陕鼓运营管控系统。运用该系统已为用户实现 10 个气体厂、3 个污水处理厂、1 个分布式一体化模式发电厂等项目能源系统的互联，各项目运行参数、能源数据存储及应用、大数据分析、远程操控及优化运营均实现一体化集中监控，后续将最终实现所有工业运营项目的系统互联、数据互通。

通过构建运营保障体系，实施全方位环境实时监控。通过对烟气、废水、炉渣、粉尘等大量排放物的实时监测分析，全面掌握项目公司生产对生态环境的影响情况，及时采取有效措施，对用户各项指标进行综合治理。

通过构建本质性安全管理平台，系统集成了重大危险源的实时信息采集，对于人、环境、设备等信息实时监控，及时了解安全风险。

通过制定标准操作规范、建立预防维保体系，以及对 EMS 能源管理系统、EAM 资产管理系统、在线监测/诊断系统等一系列智能管控工具的应用，将“粗放管理、末端控制”变为“过程控制、量化管理”，实现生产运营的高效稳定运行，提高安全生产经济性。对生产各类消耗的数据进行收集，进行故障诊断、时效分析、故障排查、预测性维护等，实现设备智能预测维护，提高装置在线率。以石化行业 550 万吨/年重油催化热裂解项目为例，陕鼓为用户提高能源利用率 3% ~5%，提高能源回收率 8% 以上；以煤化工行业 180 万吨/年煤制乙二醇项目为例，单位产品能耗可降低 6% ~8%，能源回收率可提高 10% 以上；以冶金行业 300 万吨/年规模的退城入园钢铁企业为例，能源利用率可提升 5% 左右，每年为钢企增加收益 2 亿元以上。

通过搭建完整的数字化交付体系，实现了用户工业流程能效分析及优化服务。数字化交付体系包括数字化设计、数字化分析和数字化展示。数字化设计用集成的三维实体模型完整地表达了产品定义信

息，将制造信息和设计信息共同赋予到产品三维数字化模型中，减少了 90% 的设计时间，提高了 20% 的设计效率。严格按照设备参数、工艺反应机制搭建的数学模型中加入控制策略，真实地模拟实际装置运行状况并开展诸如装置开停车、操作规程编制校核、控制策略校核与优化、核心设备与工艺系统匹配性校验、工艺负荷响应等分析验证工作，对机组性能及机组与装置工艺系统匹配性做分析验证，提出性能优化服务方案。

（五）搭建产业链利益共同体，促进产业链发展

陕鼓紧跟国家政策导向，围绕公司主业为制造业供应链的客户企业提供金融服务，创造价值的同时注重防控风险，创新产融互促开展模式，实现制造供应链共同发展。

1. 通过实施融资服务，形成牢固的利益共同体

陕鼓历经十多年的产融结合实践历程，结合分布式能源市场需求，借助自身企业金融资源，建立了“金融企业（银行、保险）＋核心企业（陕鼓）＋客户企业（用户）”多位一体的“收益共享、风险共担、实现共赢”的融资服务运作机制，产业链各方优势互补、取长补短，实现了多赢，形成了一个牢固的利益共同体。通过融资服务，用户在缺乏资金的情况下，利用金融机构提供的资金，启动了项目，抓住了市场机遇，提高了市场竞争能力。通过融资服务，金融机构寻找到了收益较好、风险较低的理想投资项目，获得了良好的融资收益，同时创新理财产品。通过融资服务，给配套厂商、工程商等各类合作伙伴带来了市场机遇，从而获得新的订单。在投融资模式上持续创新，逐步探索了“基金＋”“信托＋”等新型投融资模式。

其中产业基金模式、买方信贷模式、融资租赁、“投资＋模式”为代表性创新模式。近年来，陕鼓通过产融互促业务，在自身获得了良好收益的同时，为用户产业发展注入了活力。2020 年，陕鼓通过投融资方式，拉动市场订货 115 多亿元，约占全年总订货额的 58% 。

2. 通过建立供应链生态平台，助推产业发展

随着服务型制造业的深化，供应链协同程度越来越高，业务外包比例不断提升，而对于以分布式能源为代表的以提供系统性整体解决方案为主要服务内容的领域，整个供应生态本身就是服务面向效用的服务提供者，而这样的供应生态可称之为服务制造型供应生态。陕鼓努力从核心企业的单线价值链转变为所有企业之间以供应链金融为核心的星额价值网。

打造以分布式能源领域客户需求为最终驱动力的开放型互联网平台。开启“平台＋服务”模式，目前主要有以下功能。

电子商务，主要服务于交易业务。交易是供应生态中企业基本也是目前最主要的互动方式，是供应链生态系统的基础。通过互联网平台开展贸易业务有助于高效管理业务，积累各类数据，结合大数据技术形成对交易风险、企业信用、产品品质、行业热点趋势的评估数据，这些数据对开展供应链金融、选择合作伙伴（采购或联合研发）、调整市场策略等具有重要价值。

仓储物流，是实现商品流通的必要服务，也是通过优化管理能够有效提升供应链效率、降低供应链成本的业务环节。另外，物流互联网平台通过卫星定位、车联网、智能仓储等先进技术，能有效保证物流环节上的信息流和物流两流合一，对于控制交易风险具有极其重要的意义，也是供应链金融业务开展的重要基础。

供应链金融，此业务的优势在于供应链上的实体企业通过供应链金融可以解决资金流动性的问题；核心企业通过供应链金融可以缓解自己的支付压力，同时稳定自己的供应体系；银行和保理也可以获得风险相对可控的业务。三方共赢的局面将促使资金流入供应链体系，尤其是在金融去杠杆的压力几乎都由民营经济承担的大环境下，供应链金融是拯救实体经济流动性短缺的良方。供应链金融结合互联网技术后，更加能够突破时空的限制，降低操作成本，形成规模效应。

研发众包，是在上述三类业务相辅相成，培养出良好的供应链生态环境的同时，供应链持续向分布式能源领域客户输出价值的保证。研发众包目前的主要业务方式是将企业需求通过网络平台高效对接给各类研发工作者。后续发展趋势是对研发过程管理不断开发线上功能，最终目标是让平台能够完成跨企业研发协同管理。

三、以服务型制造为导向的分布式能源管理效果

（一）陕鼓服务型制造业战略再聚焦已初见成效

陕鼓先后获得国家和省市级表彰和赞誉。2017 年，陕鼓首批被国家工信部授予“服务型制造试点示范企业”，以智慧绿色服务型制造成功转型的“陕鼓模式”4 次被写入陕西省政府工作报告。陕鼓产品获国际最佳节能技术和最佳节能实践，获中国制造业“单项冠军产品”，获世界制造业“创新产品”金奖；荣获“综合能源系统创新特别奖”“全国优质工程奖”；“分布式能源智能综合利用示范项目”被评为“中国十大能源互联网示范项目”；企业入选央视《大国重器》，先后获“中国工业大奖”“中国工业功勋企业”“中国工业榜样（企业）”“全国五一劳动奖”“在振兴装备制造业工作中做出重要贡献单位”“全国质量奖”“全国绿色工厂”“全国企业文化示范基地”“国家级两化深度融合示范企业”等多项荣誉。陕鼓得到了国家、部委、省、市等各级领导的关心和指导。

陕鼓经营指标持续攀升，2017 年销售额同比增长 65. 21%，海外销售额同比增长 76. 67%，利润总额同比增长 103. 17%；2018 年销售额同比增长 86. 30%，海外销售额同比增长 111. 38%，利润总额同比增长 52. 56%；2019 年销售额同比增长 28. 54%，海外销售额同比增长 51. 03%，利润总额同比增长 51. 59%；2020 年销售额同比增长 149. 24%，海外销售额同比增长 33. 98%，利润总额同比增长 21. 21%。陕鼓自 1968 年建厂至今累计纳税总金额为 66. 23 亿元。其中 2000 年企业转型后至今纳税 64. 92 亿元，占总纳税额的 98%。

基于在分布式能源领域多年的探索研究和努力实践，陕鼓在临潼制造园区投资建成了全球首个区域能源、资源全循环利用及运营管理中心暨“陕鼓能源互联岛”，将区域内冷、热、电、风、水、废、安防、消防、环境监测智能九联动系统的合理布局、高效运转，实现了土地集约、功能集约、设备集约和运营集约，将陕鼓临潼制造园区成功地打造成了全球透平行业万元产值能耗最低、排放最少的制造基地，打造成分布式能源全球运营中心。

（二）在提高用户竞争力的同时，拉动上下游产业链升级

用户方。用户得到了定制化的系统解决方案并与方案提供商保持稳定的合作关系；陕鼓能源互联岛系统解决方案已在冶金、煤化工、石油化工、智慧园区等领域得到了实践，为用户降低了能耗与排放、减少了人工成本，提高了安全管控能力，取得了良好的经济和社会效益。

供应商方。在以供应链金融服务平台上可凭融单融资、拆分融单向二级供应商支付，形成核心企业信用穿透，实现早获款（应收确权即可收款）、低成本（融资成本降低）、高效率（线上实时放款），获得更多的商业机会。

金融机构方。通过经营模式的拉动式创新，增加可投资项目机会；有效获取产业链交易中的核心数据；以供应链金融服务平台为风险屏障有效保证资金安全性，降低供应链金融非标业务成本。

产业链各方优势互补，取长补短，实现了多赢，形成了一个牢固的利益共同体，从而使市场竞争力得到了有力的提升。陕鼓和产品提供商开拓了更多的市场，其经济效益和品牌价值得到了同步放大，有效地拉动了产业链升级。

（三）能源互联岛系统解决方案是推动我国“绿色发展”理念的有力支撑

陕鼓能源互联岛系统解决方案是对各自为政的传统能源供给和管理模式的颠覆式创新，从根本上解决了能源供给侧与需求侧的能源资源统筹问题，体现了互联网思维是去中心化、分布式、个性化的定制